WITHDRAWN

HARVARD LIBRARY

WITHDRAWN

V&R

ARBEITEN ZUR GESCHICHTE DES PIETISMUS

IM AUFTRAG DER
HISTORISCHEN KOMMISSION
ZUR ERFORSCHUNG DES PIETISMUS

HERAUSGEGEBEN VON
M. BRECHT, G. SCHÄFER UND H.-J. SCHRADER

BAND 34

VANDENHOECK & RUPRECHT
IN GÖTTINGEN

DEUTSCHE SPÄTAUFKLÄRUNG UND PIETISMUS

IHR VERHÄLTNIS IM RAHMEN
KIRCHLICH-BÜRGERLICHER REFORM
BEI JOHANN LUDWIG EWALD (1748–1822)

VON

HANS-MARTIN KIRN

VANDENHOECK & RUPRECHT
IN GÖTTINGEN

Die ersten 16 Bände dieser Reihe erschienen im Luther-Verlag, Bielefeld. Ab Band 17 erscheint die Reihe im Verlag von Vandenhoeck & Ruprecht in Göttingen

FÜR ANNETTE

Die Deutsche Bibliothek – CIP-Einheitsaufnahme

Kirn, Hans-Martin:
Deutsche Spätaufklärung und Pietismus: ihr Verhältnis im Rahmen kirchlich-bürgerlicher Reform bei Johann Ludwig Ewald (1748–1822) / von Hans-Martin Kirn. –
Göttingen: Vandenhoeck und Ruprecht, 1998
(Arbeiten zur Geschichte des Pietismus; Bd. 34)
Zugl.: Münster (Westfalen), Univ., Habil.-Schr., 1996/97
ISBN 3-525-55818-X

© 1998 Vandenhoeck & Ruprecht, in Göttingen
Printed in Germany. – Das Werk einschließlich aller seiner Teile ist urheberrechtlich geschützt. Jede Verwertung außerhalb der engen Grenzen des Urheberrechtsgesetzes ist ohne Zustimmung des Verlages unzulässig und strafbar.
Das gilt insbesondere für Vervielfältigungen, Übersetzungen, Mikroverfilmungen und die Einspeicherung und Verarbeitung in elektronischen Systemen.
Satz: Satzspiegel, Nörten-Hardenberg
Druck und Bindung: Hubert & Co., Göttingen

Vorwort

Die vorliegende Abhandlung wurde im Wintersemester 1996/97 von der Evangelisch-Theologischen Fakultät der Westfälischen Wilhelms-Universität Münster als Habilitationsschrift im Fach Kirchengeschichte angenommen. Sie wurde für den Druck überarbeitet.

Für freundliche Begleitung und Unterstützung danke ich insbesondere Herrn Prof. D. Dr. T D. D. Martin Brecht, Münster, der auch das Erstgutachten erstellte. Ferner sei allen gedankt, die mir durch ihre Hinweise und Anregungen behilflich waren, so Herrn Prof. Dr. Peter Maser, Münster, als Zweitgutachter, und Herrn Prof. Dr. Hans-Jürgen Schrader, Genf. Damit verbindet sich mein besonderer Dank an die Historische Kommission zur Erforschung des Pietismus und ihren Vorsitzenden, Herrn Archivdirektor i. R. D. Dr. Gerhard Schäfer, für die Aufnahme in die Reihe der »Arbeiten zur Geschichte des Pietismus«.

Weiter danke ich den Mitarbeiterinnen und Mitarbeitern der in Anspruch genommenen Bibliotheken und Archive, dem Evangelischen Oberkirchenrat in Stuttgart für die Beurlaubung und die Gewährung eines Druckkostenzuschusses, dem Verlag, und – wiederum last not least – meiner Frau für schlicht Unschätzbares.

Tübingen, im Juni 1998   Hans-Martin Kirn

Inhaltsverzeichnis

Vorwort 5

1 Einführung 11

2 Johann Ludwig Ewald in Literatur und Forschung – ein Überblick . 26

3 Das Ideal der »apostolischen Christusreligion«: Ewalds »Wende« . . 38
   3.1 Aufklärungs-, Theologie- und Geistbegriff: Weichenstellungen in der Korrespondenz mit Johann Kaspar Lavater und Johann Jakob Heß 39
   3.2 Bibeltheologische und frömmigkeitspraktische Vertiefungen: Die Korrespondenz mit Philipp Matthäus Hahn 53
      3.2.1   Die theologischen Schwerpunkte: Christologie, Pneumatologie, Eschatologie (Johannesapokalypse) 57
      3.2.2   Der Reformgedanke: Gesangbuchrevision 74
      3.2.3   Der Sammlungsgedanke: Erbauungsversammlungen 77
   3.3 Frühe geistige Verwandtschaft mit J. H. Jung-Stilling 87
   3.4 Ewalds »Wende« im Spiegel seiner Berufung nach Lippe-Detmold 1781: Obrigkeitliche Erwartungen, theologisch-pastorales Vermächtnis und Abschied von Offenbach 90
   3.5 Aufklärung und biblische Heilsökonomie: Die »Erziehung des Menschengeschlechts« 103

4 Kirchliche Bildungsreform: Religions- und Katechismusunterricht, Predigerausbildung und Kultus 119
   4.1 Religions- und Katechismusunterricht: Das pietistische Ideal des Bibelchristentums 119
   4.2 Pastoraltheologische Neuorientierung: Geistliche Qualifikation und Charisma in Ausbildung und Praxis 151
   4.3 Der Kultus: Gottesdienst- und Liturgiereform im Vorfeld des Unionsgedankens – die Begegnung mit dem Heiligen im Sakralen 164
      4.3.1   Gemeinde- und Chorgesang, Kirchenmusik und Agende . . . 164
      4.3.2   Interne und externe Profanierungen 172

4.4 Zur Predigtpraxis: Die Kasualrede zwischen Traditionskritik und
   Traditionsbewahrung 176
   4.4.1   Judentaufe 177
   4.4.2   Krankheit, Trauer und Tod 180
   4.4.3   Todesstrafe 182
4.5 Neuansätze kirchlicher Jugendarbeit und Erwachsenenbildung . 183

5 Kirchliche Strukturreform: Die Kirchenverfassung 190
   5.1 Der Generalsuperintendent – Beamter oder Bischof? 190
   5.2 Christusglaube und Kosmopolitismus: Religiöse Toleranz und
       Bekenntnisbindung 192
   5.3 Gesamtprotestantische Perspektiven der Kirchenreform:
       Die Union 204

6 Staatliche Bildungsreform (Volksaufklärung) und die Frage der
  Volksreligion 222
   6.1 Landschulreform 222
   6.2 Legitimationskrise der Volksaufklärung: Ständeverträgliche
       Apologie 242

7 Staats- und Zeitkritik 262
   7.1 Despotismuskritik: Der Reformappell an die Fürsten 1792 . . 262
   7.2 Privilegienkritik: Der Reformappell an den Adel 1793 . . . 271
   7.3 Zeitkritik: »Zeitgeist« und »Gemeingeist« 276

8 Kritische Philosophie: Die Rezeption I. Kants 288
   8.1 *Über die Kantische Philosophie – Briefe an Emma* (1790) . 288
   8.2 *»Die Göttlichkeit des Christentums«* (1800) – Apologie des
       biblischen Offenbarungsglaubens 298
   8.3 Skizze zu den Grundlagen einer christlicher Sittenlehre . . 320

9 Moderne Pädagogik: Die Rezeption J. H. Pestalozzis 324

10 Die gesellschaftliche Stellung der Frau:
   Bildungschancen und -grenzen 353
   10.1 Die Reform der höheren Mädchenbildung 353
   10.2 Geschlechteranthropologie: Die »weibliche Bestimmung« . . 358

11 Judenemanzipation und -assimilation 377
   11.1 Der religionsgesetzliche Grundkonflikt 377
   11.2 Emanzipationsgesetzgebung und staatliches Bildungsdiktat . 381

12 Die Entfaltung der »apostolischen Christusreligion«:
Spätaufklärungspietistische Frömmigkeitstheologie 421
  12.1 Geistliche Betrachtungen und Lehrpredigten 421
  12.2 Pragmatische Biographie: Leben Davids und Salomos 427
  12.3 Die Intensivierung der christologischen Frage: Die »Fehde«
      mit J. J. Stolz. 431
  12.4 Ekklesiologische Grundlinien 448
      12.4.1 Innere und äußere Kirche 448
      12.4.2 Mission und Ökumene 451
      12.4.3 Naherwartung und Völkerfriede 457
  12.5 Der Gesamtentwurf einer spätaufklärungspietistischen (Laien-)
      Dogmatik: »*Die Religionslehren der Bibel*« (1812) 473
      12.5.1 Ur- und Patriarchengeschichte 484
      12.5.2 Von Mose bis zum Exil 487
      12.5.3 Die Sendung Jesu und der Apostel 490
  12.6 Mystische Theologie 502

13 Zusammenfassung 519

14 Anhang 532
  14.1 Rezensionen als Spiegel theologischer Interessen 532
  14.2 Zeitschriftenprojekte 539

15 Werk-, Quellen- und Literaturverzeichnis 552
  15.1 Verzeichnis der Werke Ewalds 552
  15.2 Ungedruckte Quellen 563
  15.3 Gedruckte Quellen 564
  15.4 Literatur 582

Register 592

1 Einführung

Die Erforschung des spannungsreichen Verhältnisses von Spätaufklärung und Pietismus steckt noch in den Anfängen.[1] Nach wie vor warten die Anregungen, die Martin Brecht 1984 in einem programmatischen Aufsatz zum Spätpietismus als »vergessenem oder vernachlässigtem Kapitel der protestantischen Kirchengeschichte« gegeben hat, auf detaillierte Untersuchung und Weiterführung.[2] Brecht mahnt darin zu Recht eine differenziertere Betrachtung des Phänomens eines Pietismus zwischen Aufklärung und Erweckung bzw. Erweckungsbewegung und Restauration an und erläutert u. a. anhand eines Überblicks über wichtige Schriften Johann Ludwig Ewalds (1748–1822) dessen mögliche exemplarische Rolle. Das Verhältnis von Pietismus und Aufklärung dieser Zeit wird als überaus komplex vorgestellt: Einerseits bleibt der Pietismus von aufklärerischem Gedankengut nicht unberührt, andererseits trägt die Aufklärung selbst weithin ein »frommes Gepräge«.[3] In die Fragestellung eingeschlossen ist die Problematisierung der gängigen kirchen- und theologiegeschichtlichen Zäsuren, die sich, vereinfacht gesagt, entweder am politischen Zentralereignis der Französischen Revolution oder an mehr oder weniger deutlich aufeinander folgenden geistesgeschichtlichen Neuansätzen wie dem Idealismus oder dem Aufkommen der Schleiermacherschen Theologie orientieren und dabei die Komplexität des Übergangs ins 19. Jahrhundert nur unzureichend in den Blick bekommen.

Von den sachlichen Schwierigkeiten mitgeprägt, trägt die bislang wenig einheitliche Begrifflichkeit ihren Teil zum Problem bei, die fraglichen Phänomene des Übergangs angemessen zu würdigen. Dies zeigt sich vor allem beim Aufklärungsbegriff, der trotz aller Bemühung um eine differenzierte Sichtweise[4] noch nicht genügend in seiner Weite wahrgenommen und daher auch immer wieder von einem z. T. negativ bestimmten normativen Rationalismusverständnis überlagert wird. So kann beispielsweise der Begriff der

---

[1] Vgl. Wolfgang Albrecht, Deutsche Spätaufklärung. Ein interdisziplinärer Forschungsbericht bis 1985, hg. v. Thomas Höhle, Halle (Saale) 1987, 89. Insg. s. die Pietismus-Bibliogr. in PuN, bes. die Rubriken III.09 u. III.10. Eigens hingewiesen sei auf Hartmut Lehmann, Dieter Lohmeier (Hrsg.), Aufklärung und Pietismus im dänischen Gesamtstaat. 1770–1820, Neumünster 1983.

[2] Martin Brecht, Der Spätpietismus – ein vergessenes oder vernachlässigtes Kapitel der protestantischen Kirchengeschichte, in: PuN 10.1984, 124–151.

[3] Ebda., 137 f.

[4] Vgl. die Art. »Aufklärung I. Philosophisch« v. Rainer Piepmeier u. »Aufklärung II. Theologisch« v. Martin Schmidt, in: TRE 4, 575 ff.; Ulrich Im Hof, Das Europa der Aufklärung, München 1993.

»radikalen Aufklärung« auf mehr oder weniger extreme theologische Positionen im Zusammenhang von Neologie und Rationalismus (in der gängigen Terminologie) Anwendung finden, während von anderer Seite zugleich ein Mann wie Johann Georg Hamann – durchaus zu Recht – als »radikaler Aufklärer« tituliert wird.[5] Auch der Tendenzbegriff der »frommen« Aufklärung taugt im Kontext der deutschen Aufklärung, um die allein es hier geht, m. E. zur Differenzierung kaum.[6] Statt dessen empfiehlt sich zunächst die Unterscheidung zwischen einem epochalen und einem inhaltlichen Aufklärungsverständnis. Ob dabei die Zeit der Spätaufklärung besser mit der Mitte des 18. Jahrhunderts oder mit den 70er Jahren angesetzt wird, bleibt für die Fragestellung ohne Bedeutung, wichtig ist allein ihre Ausdehnung bis etwa zum Beginn der Restaurationszeit 1815/1819. In den in dieser Arbeit vorgestellten Schriften Johann Ludwig Ewalds, die einen weiten Themenkreis umfassen und deren letzte in das Jahr 1822 fällt, schlägt sich ein entsprechend fortdauerndes epochales Aufklärungsbewußtsein nieder. Die geistige Ausstrahlungskraft der Spätaufklärung als praktischer Bildungs- und Reformbewegung bleibt auf das Ganze gesehen ungebrochen. Dem widerspricht, auf die gesamtkulturelle Entwicklung gesehen, das Auftreten innerer Spannungs- und Gegenkräfte wie Idealismus und (Früh-)Romantik nicht, die gerade in ihren gegensätzlichen Momenten zunehmend als Momente der Aufklärungsbewegung selbst erkannt werden und, worauf schon der zeitgenössische Streit um »wahre« oder »falsche« Aufklärung zeigt, nicht mehr nur als deren Ablösung betrachtet werden können. Die zeitliche Abgrenzung entspricht – den Beginn mit dem Gründungsjahr der Deutschen Christentumsgesellschaft um 1780 oder mit Johann Kaspar Lavater und Philipp Matthäus Hahn in die 70er Jahre gesetzt – der von Horst Weigelt und Martin Brecht für den »Pietismus im Übergang vom 18. zum 19. Jahrhundert«, von Brecht zunächst als Spätpietismus bezeichnet. Die berechtigte Skepsis gegenüber diesem Begriff beruht auf der von ihm suggerierten Vorstellung, der Pietismus sei im frühen 19. Jahrhundert an sein Ende gekommen, was so allgemein trotz der in den Vordergrund tretenden Erweckungsbewegung und dem sich ausbildenden Neupie-

---

[5] Vgl. die ansonsten instruktive Darstellung von Horst Weigelt, Der Pietismus im Übergang vom 18. zum 19. Jahrhundert, in: Martin Brecht u. Klaus Deppermann (Hrsg.), Der Pietismus im achtzehnten Jahrhundert (Geschichte des Pietismus 2), Göttingen 1995, 700–754, 707, 710, 738, 744; Oswald Bayer, Zeitgenosse im Widerspruch. Johann Georg Hamann als radikaler Aufklärer, München-Zürich 1988.

[6] Zur »frommen Aufklärung« vgl. Gustav Adolf Benrath (Hrsg.), Johann Heinrich Jung-Stilling, Lebensgeschichte, 2. Aufl. Darmstadt 1984 (= Jung-Stilling, Lebensgeschichte), XX, XXIX. Zur These, Jung-Stilling sei zeitweilig ein Vertreter der »frommen Aufklärung« gewesen, vgl. Otto W. Hahn, Jung-Stilling zwischen Pietismus und Aufklärung. Sein Leben und sein literarisches Werk 1778 bis 1787 (EHS.T 344), Frankfurt/M. u. a. 1988; zum Begriff ebda., 532 f., Anm. 196. Statt bestimmte Erscheinungsformen der Aufklärung als »fromm« (oder unfromm?) zu qualifizieren, sollte man nach dem Frömmigkeitstypus selbst fragen und diesen nach seinen Grundzügen als aufgeklärt-intellektualistisch, -antiintellektualistisch bzw. mystisch, pietistisch oder anders benennen.

tismus nicht behauptet werden kann. Freilich läßt sich in Analogie zur geläufigen Rede von der Spätaufklärung auch für den Begriff des Spätpietismus ein begrenztes Recht reklamieren, wenn damit auf die Überwindung der Höhepunkte der jeweiligen Epochenprägung abgehoben, nicht aber das vielfältige substantielle Fortwirken bestritten wird. Hier soll dem Begriff des Spätpietismus der des spätaufklärerischen Pietismus oder des Spätaufklärungspietismus vorgezogen werden. Dieser bleibt den weiteren, eher epochal akzentuierten Bezeichnungen wie »Pietismus im Übergang« oder »Pietismus in der (Zeit der) Spätaufklärung« zugeordnet und läßt so auch weniger stark (spät-)aufklärerisch durchformten pietistischen Positionen Raum. Die zahlreichen formalen und inhaltlichen Analogien und Wechselbeziehungen zur Spätaufklärung, wie sie bei Johann Ludwig Ewald und anderen sichtbar werden, weisen jedenfalls auf einen spezifischen, durch zentrale Momente der (Spät-)Aufklärung transformierten Pietismus.

Für die inhaltliche Erfassung dessen, was als Aufklärung und dann als deren mögliche Modifikation und Umprägung unter pietistischem Vorzeichen in der hier anvisierten Übergangszeit gelten kann, bedarf es einer Typologie, welche die tragenden Grundideen der Aufklärung und ihren Bedeutungswandel bis hin zur Spätaufklärung allererst beschreibbar macht. Einen m. E. auch für die hiesige Fragestellung hilfreichen Versuch in dieser Richtung hat Norbert Hinske mit seiner Unterscheidung von Programm-, Kampf- und Basisideen der Aufklärung vorgestellt.[7] Auch wenn sich diese Terminologie zunächst mehr für die Aufklärung als für den Pietismus empfehlen mag, da jene eine philosophische Wurzel hat, eignet sie sich doch auch zur Erfassung der geistigen Signatur einer praktischen Reformbewegung, auf die sich die Aufklärung gerade in ihrer Spätphase hin entwickelte. Ergänzt werden muß freilich der soziale Aspekt, der die jeweiligen Vermittlungsinstanzen benennt, für die Aufklärung wäre dies vor allem die Sozietätsbewegung, für den Pietismus Konventikelwesen wie auch die vielfältigen Formen schriftlich und mündlich gepflegter geistlicher Freundschaft.

Die wichtigsten Leitideen einer entsprechenden Typologie der Aufklärung finden sich allesamt bei Johann Ludwig Ewald wieder, zum Teil in religiös neu interpretierter Form. Sie seien hier kurz genannt, schon im Blick auf die kommenden Themen gewichtet und in der Richtung ihrer Interpretation skizziert. Zu den *Programmideen* zählen einmal der Begriff der Aufklärung selbst, der in jeder Hinsicht als Leitbegriff übernommen und theologisch auf seine Frühform der göttlichen Erleuchtung hin transparent gemacht wird, sodann die für den Bildungsgedanken zentrale Vorstellung der menschlichen Perfektibilität, die für das Individuum übernommen, aber für die Offenba-

---

[7] Norbert Hinske, Die tragenden Grundideen der deutschen Aufklärung. Versuch einer Typologie, in: Aufklärung und Haskala in jüdischer und nichtjüdischer Sicht, hg. v. Karlfried Gründer u. Nathan Rotenstreich (WSA 14), Heidelberg 1990, 67–100. Hinske skizziert jeweils in einem Dreischritt ursprünglichen Begriff, geschichtlichen Wandel und Schlagwortgebrauch.

rungsgeschichte abgelehnt wird. Die Leitgedanken der Eklektik, des Selbstdenkens und der Mündigkeit kommen alle im Namen eines biblisch-apostolischen Christentums kritisch gegen die kirchlich-dogmatische Tradition zur Geltung. Als *Kampfideen* im Streit um falsche Begriffe und Vorstellungen fungieren Vorurteil und Aberglaube, bei Ewald typisch spätaufklärerisch auf Volksvorurteile bezogen, aber auch umgekehrt gegen den Dogmatismus der Vernunft mit ihrer Kritik an allem Mystisch-Irrationalen. Als Basisideen, die mehr auf die anthropologischen Grundbestimmungen zielen, fungieren im allgemeinen die Bestimmung des Menschen (zur irdischen und himmlischen Glückseligkeit), bei Ewald theologisch als Bestimmung zur Gottebenbildlichkeit reinterpretiert, und die allgemeine Menschenvernunft, nun hinsichtlich der Gotteserkenntnis in ihre Grenzen und auf die positive Offenbarung gewiesen. Von der Idee der allgemeinen Menschenvernunft leiten sich wiederum die Ideen von Öffentlichkeit, Pressefreiheit und Toleranz ab, wie sie für Ewalds Reformschriften im politischen Raum, für freie Meinungsäußerung in religiösen Belangen und konfessionelle Toleranz grundlegend sind.

Zum näheren Vergleich mit der (Spät-)Aufklärung muß auch für den Pietismus eine entsprechende Typologie erstellt werden. Hier mag der Hinweis auf bekannte Größen wie das frömmigkeitsgeschichtlich markante Heiligungsstreben neben der Rechtfertigung und die Aufnahme mystischer Traditionen, die Konzentration auf das Bibelstudium der Laien, die chiliastische Zukunftshoffnung, die Überkonfessionalität und den Sammlungsgedanken genügen, die als zentrale *Programmideen* gelten können und sich neben dem grundlegenden Reformgedanken alle bei Ewald in bestimmter Ausprägung wiederfinden.[8] Als originäre *Kampfideen* wären der Funktion nach etwa die Absetzung von der Profanität der Welt oder die Überwindung des sündhaften Ichtriebes zu nennen, die sich so aufgrund aufklärerischen Einflüsse bei Ewald nicht oder nur abgeschwächt beobachten lassen, während wiederum anthropologische *Basisideen* wie die Gottebenbildlichkeit des Menschen, die in ihr angelegte Gleichförmigkeit mit Christus und die religiöse Bildungsbedürftigkeit und -fähigkeit als ursprünglich pneumatologische Größen voll ausgeprägt sind. Diese und ähnliche Unterscheidungen machen auch eine nähere Bestimmung des eigenartigen, vielfach bemerkten Schwankens zwischen Nähe und Distanz zum traditionellen Pietismus leichter, das für Männer wie Lavater und Jung-Stilling, aber auch für Ewald selbst charakteristisch ist. Wenn sich diese nicht mehr direkt als Pietisten verstehen wollten, so nicht nur wegen unterschiedlicher biographischer Prägung, der stärkeren Betonung des Individuellen in der Frömmigkeit und der entsprechenden Distanz zum Sammlungsgedanken der Konventikel – diese erscheinen gegen ihre anfänglich untadelige Hilfe-

---

[8] Zum Pietismusbegriff vgl. Johannes Wallmann, Der Pietismus (KIG 4/O1), Göttingen 1990, 7 ff.; ders., Vom Katechismuschristentum zum Bibelchristentum. Zum Bibelverständnis im Pietismus, in: Richard Ziegert (Hrsg.), Die Zukunft des Schriftprinzips (Bibel im Gespräch 2), Stuttgart 1994, 30–56; ders., Was ist Pietismus?, in: PuN 20.1994, 11–27.

stellung zur Stärkung der Innerlichkeit inzwischen als zur äußeren Form erstarrt – sondern auch wegen jener mehr oder weniger latenten »Kampfideen« der eher an den »Vätern« orientierten, traditionsgebundenen Pietisten ihrer Zeit und der etwa in der jungen Christentumsgesellschaft Organisierten, welche sich zunehmend im direkten Gegensatz zur Aufklärung sahen, ja, den Aufklärungsbegriff selbst zum Kampfbegriff machten. Diese Verschiebung diskreditierte in ihren Augen den Begriff des Pietismus, der nun für ein gesetzlich-veräußerlichtes Christsein stand. Der Streit um »wahre« und »falsche« Aufklärung wurde als hinfällig betrachtet. Die eher traditionsverpflichteten pietistischen Gruppen haben sich anders als die Vertreter des Spätaufklärungspietismus immer stärker im Gegensatz zur Aufklärung gesehen und wie später weite Teile der Erweckungsbewegung und konfessionalistische Kreise die Aufklärung in toto als offenbarungs- und bibelkritischen Sündenfall der Neuzeit bekämpft.[9] Der »Pietismus im Übergang vom 18. zum 19. Jahrhundert« umfaßt also gegenläufige und spannungsreiche, frömmigkeitsgeschichtlich aber zusammengehörige, der Geschichte des Pietismus zuzurechnende Strömungen und Einzelgestalten, zu denen auch Ewald zählt.

Grundlage der Gesamtbewertung ist die Beobachtung, daß sich alle wesentlichen Auseinandersetzungen, in die Ewald eintrat, auf dem Boden der Aufklärung vollzogen. Dies gilt auch für den Kampf, der gegen die Neologie und die sog. »Berliner Aufklärung« geführt wurde, also jene theologische Richtung, die sich seit etwa 1740 ausbildete und nach gängiger Auffassung seit den 90er Jahren in den sog. Rationalismus überging. Der Anspruch auf »wahre« Aufklärung war nicht nur polemischer Natur, sondern hatte einen realen Hintergrund schon in den Gegensätzen, die sich aus verschieden gezogenen Konsequenzen und unterschiedlichen Ausprägungen der Aufklärungsbewegung selbst ergaben. Hinzu kam das pietistische Erbe. Dieses spielte im Raum des Spätaufklärungspietismus für die Ausbildung des Gegensatzes zur Neologie die entscheidende Rolle, ohne daß fundamentale Gemeinsamkeiten mit der Aufklärung aufgekündigt worden wären, wie schon die Aufnahme wichtiger frühaufklärerischer Positionen etwa zum prinzipiell harmonischen Verhältnis von Vernunft und Offenbarung zeigt. Den Gefahren einer zunehmend intellektualistisch geprägten Aufklärung glaubte man nur durch die Zusammenführung von pietistischen und mystischen Traditionen mit der antiintellektualistischen Seite der Aufklärung begegnen zu können. Die sich so ausbildende spätaufklärerische Form des Pietismus zeichnete sich durch eine auffallend große geistige Weite in der Suche nach verwandt erscheinenden philosophischen und literarischen Impulsen aus. Dies führte schon früh, wie bei Ewald zu sehen, zu einem konstruktiven Umgang mit der epochal emp-

---

[9] Zum Phänomen eines durch die Aufklärung »hindurchgegangenen« Pietismus vgl. unter eingeschränkteren Gesichtspunkten die ältere Arbeit von Hermann Bößenecker, Pietismus und Aufklärung. Ihre Begegnung im deutschen Geistesleben des 17. und 18. Jahrhunderts. Eine geistesgeschichtliche Untersuchung, (Diss. ungedr.) 2 Bde., Nürnberg 1958.

fundenden Kantschen Destruktion der klassischen Metaphysik und ihren Folgen sowie zu einer neuen Würdigung des Ästhetischen aufgrund einer analogen Betrachtung von Religion und Kunst, und dies jeweils in typisch pietistischen Frömmigkeitsinteresse. So ergaben sich vielfältige Berührungen mit den selbst schon mehr oder weniger pietistisch inspirierten Richtungen von Sturm und Drang, Empfindsamkeit, Idealismus und Romantik. Hinzu kam die im Zeichen des Aufklärungsanspruchs wichtige Übernahme der Impulse jener Formen inneraufklärerischer Kritik am zeitlosen Vernunftdogmatismus wie die Philosophie Rousseaus, die sich in verschiedener Hinsicht für eine Verbindung mit pietistischer Frömmigkeit und Weltanschauung anbot. Im Zusammenwirken dieser Kräfte gewann der spätaufklärerische Pietismus auch das Gesicht einer spezifischen Form des christlichen Humanismus. Trotz aller Gegensätzlichkeit darf nicht vergessen werden, daß sich auch die Neologie wie der Spätaufklärungspietismus um ein praktisches, von (vermeintlicher) dogmatischer Spekulation befreites biblisches Christentum bemühte.[10] Wenigstens im Anliegen, wenn auch nicht in der Durchführung, blieb noch etwas von der anfänglichen, wenn auch spannungsreichen Weggemeinschaft zwischen Pietismus und Aufklärung erhalten. Nur innerhalb dieses Gesamtzusammenhangs kann Ewalds Stellung näher umrissen werden.

Ihre spezifische Prägung erfuhren die Grundideen der Aufklärung bei Ewald durch die in der Spätaufklärung vor allem von Einzelgestalten vielschichtig vertretene pietistische Frömmigkeit. Hierfür stehen Persönlichkeiten wie Friedrich Christoph Oetinger, Philipp Matthäus Hahn und Johann Kaspar Lavater, aber auch der pietistische Impulse aufnehmende und umgestaltende Johann Gottfried Herder, der nicht umsonst eine breite Resonanz im spätaufklärerischen Pietismus fand. Neben Herder werden bei Ewald vor allem Rousseau und der von pietistisch-philadelphischen Gedanken inspirierte Philanthropinismus rezipiert. Auch das durch frühe freundschaftliche Kontakte mit Christian Wilhelm von Dohm gestützte Engagement für die Judenemanzipation sowie die Beförderung des Unionsgedankens und die Übernahme einer frühliberalen Wirtschaftsgesinnung gehören in den weiteren Kontext der eigenständigen Verbindung und Neuformung des pietistischen und aufklärerischen Erbes.

Ein weiterer geistesgeschichtlicher Interpretationsansatz, der als Hauptmoment der Aufklärung die Rehabilitation der Sinnlichkeit namhaft macht, bestärkt die hier umrissene Gesamtsicht.[11] Diese Rehabilitation konnte verschie-

---

[10] Vgl. selbst die zunehmend extreme Position Karl Friedrich Bahrdts, dessen Schrifttitel wenigstens den Anspruch dokumentieren: Die Lehre von der Person und dem Amte unsers Erlösers in Predigten rein biblisch vorgetragen, Frankfurt/M. 1775; ders., Versuch eines biblischen Systems der Dogmatik, 2 Bde., Eisenach u. Leipzig 1785.

[11] Panajotis Kondylis, Die Aufklärung im Rahmen des neuzeitlichen Rationalismus, Stuttgart 1981 (= Kondylis). Zum Intellektualismus als Denkform, die nichts mit der Motivation zu tun hat, vgl. ebda., 569, 571 (Anm. 157).

dene Wege beschreiten. Für Ewald wie für Lavater stand die der psychischen Sinnlichkeit in Gefühl und innerer Anschauung zum Zwecke der Wiedergewinnung der Einheit von Denken und Empfinden, »Kopf und Herz«, im Vordergrund. Faktisch wurde im Gefolge des Rousseauschen Kernsatzes, Existieren sei Empfinden, ein Primat des Gefühls vor dem Wissen und der Reflexion konstatiert, und dies im Blick auf das Selbst- wie auf das Weltverhältnis.[12] Ihre Ausgestaltung fand dieses Vorhaben in der Aufnahme der für die Aufklärung typischen doppelten Thematik von Natur und Geschichte, die beide religiös neu gedeutet wurden. Dabei erhielt, exemplarisch in Lavaters Physiognomik als Versuch einer religiös-ästhetischen »Ausdruckswissenschaft« von der Gestaltwerdung des Göttlichen vorgeführt, auch die physische Sinnlichkeit in der äußeren Anschauung eine neue religiöse Bedeutung. Dieser wohnte freilich die entschiedene Tendenz zur Vergeistigung inne, welche die Begegnung mit Natur und Geschichte ebenso wie mit dem Mitmenschen als Medium der Gottesbegegnung zu thematisieren erlaubte. Die Bibel wurde dabei zur zentralen Einweisungsinstanz in die Wahrnehmung von Natur, Geschichte und dem eigenen Selbst als den Orten vielgestaltiger, Glauben weckender Gottesoffenbarung. Die Grundlagen dieser, die mystisch-geistgewirkte Erfahrung göttlicher Unmittelbarkeit mit der Geschichtlichkeit der Offenbarung verbindenden Sicht finden sich vor allem im württembergischen Pietismus, bei J. K. Lavater und J. G. Herder, die sie Ewald vermittelten.

Neben dem Aufklärungsbegriff bedarf auch der des Rationalismus einer Präzisierung, da auch er unter starken Verzerrungen leidet, so in der theologiegeschichtlich üblichen Entgegensetzung von Rationalismus und Supranaturalismus. Deren Problematik zeigt sich wiederum deutlich bei der Beschreibung von Übergangsphänomenen, die mit dieser teilweise stark polemisch geprägten Begrifflichkeit in heilloser Verwirrung endet.[13] Selbst der frühe Vermittlungsversuch Karl Friedrich Stäudlins, beide Größen auf eine höhere Einheit zurückzuführen, offenbart das Dilemma auf seine Weise.[14] Statt dessen

---

[12] »Exister pour nous, c'est sentir; notre sensibilité est incontestablement antérieure à notre intelligence, et nous avons eu des sentiments avant des idées. [...] Conoitre le bien, ce n'est pas l'aimer [...]«, Rousseau, Émile, OC 4, 600.

[13] Dies führt trotz aller Mühe um Akzentuierung zur fast völlig beliebigen Rede von »rationalem Supranaturalismus« und »supranaturalistischem Rationalismus«, vgl. noch Friedrich Nippold, Hb. der neuesten KG seit der Restauration v. 1814, Elberfeld 1867, § 1; dagegen schon völlig vereinfacht Wolfgang Gericke, Theologie u. Kirche im Zeitalter der Aufklärung (KIG III,2), Berlin 1989, 135 f. (zudem mit allzu groben zeitlichen Schematisierungen).

[14] Die höhere Einheit sah er schon in der Verkündigung Jesu und der Apostel angelegt, Karl Friedrich Stäudlin, Geschichte des Rationalismus und Supernaturalismus vornehmlich in Beziehung auf das Christenthum [...] Nebst einigen ungedruckten Briefen von Kant, Göttingen 1826. Zu Hamann, Lavater, F. H. Jacobi, Jung-Stilling und M. Claudius als »Vorahner und Verkünder der ›Erweckung‹ in der Gegnerschaft zum theologischen Rationalismus« vgl. Franz Schnabel, Deutsche Geschichte im 19. Jahrhundert, Bd. 4, Die religiösen Kräfte, 3. Aufl. Freiburg i. Br. 1955, 297 ff. Zur Erweckungstheologie vgl. Erich Beyreuther, Die Erweckungsbewegung (KIG 4, Lief. R, T. 1), 2. erg. Aufl. Göttingen 1977, R 2 ff., der die Verbindung mit dem aufkläreri-

ist davon auszugehen, daß jede theologische Richtung zu jeder Zeit genötigt ist, ihre ultra rationem liegende Grundhaltung zu rationalisieren und, selbst wenn sie gegen das Denken an sich polemisierte, sich seiner konsequent bedienen müßte. Dieser Tatbestand erfordert eine Unterscheidung zwischen Rationalismus als Argumentationsform, mit der völlig unterschiedliche Grundhaltungen, seien sie mehr existentiell ausgeprägt wie die mystische und pietistische oder mehr spekulativ wie die theosophische, plausibel gemacht werden, und dem Rationalismus als weltanschaulicher Grundhaltung selbst, die besser als Intellektualismus oder auch als Vernunftdogmatismus bezeichnet wird. Dieser hat als Denkform sein Charakteristikum darin, daß er die Vernunft dergestalt zur überlegenen oder ausschließlichen Vergewisserungsinstanz in Wahrheitsfragen macht, daß er sie von Empfindung und Willen sondert und so das Unpersönlich-Allgemeine zu ihrem eigentlichen Gegenstand wird. Die Neologie läßt sich in dieser Perspektive als rationalistische Ausprägung eines an Allgemeinbegriffen orientierten Intellektualismus im weiteren Gefolge Christian Wolffs (1679–1754) und des englischen Deismus fassen, während ihre ernsthaftesten Gegner aus dem Bereich des sog. Supranaturalismus einen existenz- bzw. offenbarungs- und geschichtsbezogenen Rationalismus vertraten, der die biblische Offenbarung auf rationalem Wege vor der Hybris der Vernunft in Schutz zu nehmen versuchte.[15] Ewald übernahm zahlreiche rationalisierende Argumentationsweisen, doch prägte ihn nach seiner »Wende« eine pietistische Grundhaltung, die sich dem rein diskursiven Denken versagte. Zu den Rationalisierungsformen seines Denkens gehört zweifellos auch die Deutung der biblischen Heilsgeschichte als schlüssigem Menschheitsdrama und göttlicher Theodizee, doch die Grundhaltung ist nicht rationalistisch, sondern pietistisch, und dies gerade auch in ihrer empfindsamen Stilisierung. Schon dem zeitgenössischen Begriff des »wahren« Rationalismus, wie ihn der Ewald stark beeinflussende F. H. Jacobi für seine Glaubensphilosophie in Anspruch nahm, wohnt jene wichtige Unterscheidung inne, welche die gängigen Klassifizierungen durchbricht.[16]

---

schen Supranaturalismus »im Grunde« als Übernahme des Offenbarungsverständnisses der Aufklärung betrachtete.

[15] Selbst für Friedrich Christoph Oetinger, der wie kaum einer den Gegensatz zur Neologie ins Prinzipielle führte, läßt sich geltend machen, er sei mit seiner Absicht, das Ganze der Welt aus biblischen Grundbegriffen zu erkennen, der Aufklärungsphilosophie verhaftet geblieben, vgl. Wallmann, Pietismus, 137–143.

[16] Vgl. Kondylis, 19 ff., 287 ff., 563 ff. Als Gegenbegriff zum Rationalismus fungiert der des Irrationalismus, der entsprechend formal und inhaltlich bestimmt wird: Die weltanschauliche Grundhaltung ultra rationem kann aus philosophischer Sicht immer als irrational gelten, ist aber als Mystisch-Irrationales vom Logisch-Irrationalen streng zu unterscheiden. Beim Gebrauch des Wortes Vernunft gilt es hauptsächlich zwischen einem subjektiven Sinn als formalem Seelenvermögen, das die Frage nach der Stellung der Vernunft im Gesamt der Seelenkräfte und die Frage ihrer fundamentalen Rezeptivität noch offenläßt, und einem objektiven Sinn als mehr oder weniger autonomer Spitzeninstanz zur religiösen Wahrheitserkenntnis mit entsprechender Handlungsfreiheit zu differenzieren, wobei im Kontext der deutschen (theologischen) Aufklärung, der

Die von der Aufklärung selbst bereitgestellte und geförderte antiintellektualistische Denkweise bestimmte nicht nur die Art und Weise, wie I. Kant und J. H. Pestalozzi von Ewald rezipiert wurden, sondern ermöglichte auch die Wiederaufnahme der augustinisch-neuplatonischen Tradition vor allem in erkenntnistheoretischer Hinsicht. Der antiintellektualistische Protest bezog einen guten Teil seiner Kraft aus der Konfrontation mit der zunehmend als kalt und entseelt, d. h. säkular erlebten Welt. Die zum Teil vehement vorgetragene Luxus- und Dekadenzkritik im Gefolge Rousseaus mit ihrer Überhöhung der Natur und des Ländlichen hat ihren theologischen Ort als Kritik der Entfremdung gegenüber dem Phänomen des Heiligen. Hilfe versprach die als apostolisch oder biblisch apostrophierte »Christusreligion«, die wie keine andere den Kern der Humanität durch alle Zeiten zu bewahren versprach, und dies aufgrund ihres positiven Bezugs zur göttlichen Offenbarung. Sie galt auf spezifische Weise als Bildungsreligion, insofern die Begegnung mit dem Heiligen ohne religiöse Bildung ebenso unmöglich war wie das Menschsein an sich. Der aufklärerische Gedanke universaler Menschenbildung und Humanität wird auf den eschatologischen Reich-Gottes-Gedanken hin transzendiert. Die »Christusreligion« avanciert zu einem Leitbegriff, dem Ewald zuerst wohl in Lavaters *Physiognomischen Fragmenten* begegnet ist. Er markiert im Selbstverständnis einmal den Gegensatz zur tugendzentrierten, um ihren mystischpneumatologischen und heilsgeschichtlich-eschatologischen Gehalt gebrachten »Jesusreligion« deistischer Vernunftaufklärung, sodann gibt er dem überkonfessionellen Bewußtsein der Zusammengehörigkeit Ausdruck, das die Minorität der Christusgläubigen in der »unsichtbaren Kirche« ökumenischer Weite verbindet. Das Christentum der Christusgläubigen, die der Lavaterfreund Johann Konrad Pfenninger auf der Suche nach biblischen Unterscheidungsbegriffen nach Act 11,26 auch als »Christianer« titulieren konnte, stand dabei aufgrund der Deutung des Begriffs der Menschenwürde auf die Gottebenbildlichkeit als deren höchstem Ausdruck und Gewähr unter dem umfassenden Anspruch, Anthroposophie im Wortsinn oder auch »System der Humanität« schlechthin zu sein. Bildung des Menschen ist demnach an ihrer

---

die skeptische und nihilistische Spitze fehlt, die Autonomie der Vernunft nur als von Gott gesetzte in den Blick kam und mithin ihrer Struktur nach theonom blieb. Wenn im folgenden der übliche Sprachgebrauch der Wortfelder Deismus, Vernunft- oder Naturreligion aufgenommen wird, dann steht die zweite Bedeutungsvariante im Hintergrund; zum Deismus vgl. die erste große Darstellung von Gotthard Victor Lechler (1811–1888), Geschichte des englischen Deismus. Mit einem Vorw. u. bibliogr. Hinweisen v. Günter Gawlick, Repr. Nachdr. d. Ausg. Stuttgart – Tübingen 1841, Hildesheim 1965; Lechlers Werk gab der liberalen protestantischen Theologie zu Beginn des 20. Jh. wesentliche Impulse, vgl. ebda., Vorw., XXI f.; Christoph Gestrich, Art. Deismus, TRE 8, 392–406; im hiesigen Kontext genügen zur Näherbestimmung deistischen Denkens folgende Elemente: die logische (nicht unbedingt zeitliche) Vorordnung einer allgemeinen, freiem vernünftigem Nachdenken zugänglichen natürlichen Religion moralischen Charakters vor jede Offenbarungsreligion; die Ermächtigung zur Kritik aller positiven Religion im Namen der Vernunftreligion mittels moralisch-kritischer Bibelexegese; die Annahme einer objektiven Suffizienz der Vernunftreligion.

Wurzel ein religiöses Phänomen, Bildung zur »Christusreligion« die überlegene Gestalt jeder religiösen Bildung und Erziehung, Gabe und Aufgabe zugleich.[17] Auch J. G. Herder nahm den Begriff der Christusreligion in seinen *Christlichen Schriften* für das Ideal einer ins Herz geschriebenen, von aller kirchlichen Veräußerlichung in Lehrmeinungen und Gebräuchen freien, universalen Menschheitsreligion auf. Herders Entgrenzung des Begriffs vertrug sich freilich nicht mit dem Sonderbewußtsein im Umfeld Lavaters, das wie bei J. K. Pfenninger nach neuen Unterscheidungsnamen wie dem des »Christianers« suchen ließ. Für Ewald ergänzten sich die Sichtweisen; er blieb zeitlebens davon überzeugt, daß die in der neueren Zeit vom Pietismus wesentlich mitgetragene mystische Grundhaltung des Glaubens und das zu ihr gehörende Minoritätsbewußtsein den Kern des christlichen Humanismus ausmache.[18]

Für das Kirchenverständnis von Bedeutung ist das Gewicht, das dem pneumatisch-pneumatologischen Aspekt von Anfang an zukam. Als die »wahre« Kirche wurde nicht mehr allein die unsichtbare des Glaubens bestimmt, sondern in Aufnahme des pietistischen Modells der ecclesiola in ecclesia wie tolerant-philadelphischer Motive und der aufklärerischen Trennung von Glaube und Konfession, privater und öffentlicher Religion, die über Konfessionsgrenzen hinweg erfahrbare Glaubensgemeinschaft in der mystischen Christusliebe. Die in den Raum der Erfahrung geholte Christusmystik als Grundgestalt des Glaubens stellte eines der Hauptkriterien für das Zusammengehörigkeitsgefühl dar, das die derart Erweckten über Konfessions- und Gruppengrenzen hinweg in ihrem Protest gegen die Intellektualisierung des Geistes in Theologie und Kirche verband. Die polemische Distanzierung gegenüber der Neologie, die zum großen Teil gegen ihre eigenen Intentionen mit dem Deismus- und Naturalismusverdacht belegt wurde, hat hier ihre theologischen Wurzeln.[19] Die Frage nach der pneumatischen und mystischen Wirklichkeit des Glaubens und der Heilsgewißheit avancierte im Zuge der allgemeinen Subjektivierung zur Hauptfrage, für welche man in der Leibniz-Wolffschen Tradition keine Antworten mehr fand. Gefordert war, idealtypisch gesprochen, eine Abkehr vom Dogmatismus der Vernunft, der sowohl im aufkläre-

---

[17] Johann Konrad Pfenninger, Die Familie von Eden oder gemeinnüzige Bibliothek des Christianism für seine Freunde und Gegner, H. 1, Zürich 1792, 21 ff., 26.
[18] Herder, Von Religion, Lehrmeinungen und Gebräuchen (Christliche Schriften, 5. Sammlung, 1798), SWS 20, 133–265, 264 f.
[19] Wie wenig die protestantische Aufklärungstheologie trotz unbestreitbarer Anregungen aus dem Bereich des englischen Deismus generalisierend als deistisch oder sozinianisch geprägt und mit dem Vorwurf des Moralismus bedacht werden kann, zeigt schon Johann Salomo Semler, Christologie und Soteriologie. Mit Einl., Komm. u. Reg. hg. v. Gottfried Hornig u. Hartmut H. R. Schulz, Würzburg 1990 (= Semler, Christologie); es handelt sich um den Neudr. der *Vorbereitung auf die Königlich Grossbritannische Aufgabe von der Gottheit Christi*, Halle 1787; zum Begriff der moralischen oder geistlichen Welt in Differenz zur physischen Welt der Natur vgl. z. B. ebda., 170. Trotz zum Teil einseitiger Urteile (etwa zu Deismus und Offenbarung) noch immer instruktiv: Karl Aner, Die Theologie der Lessingzeit, Nachdr. der Ausg. Halle 1929, Hildesheim 1964.

rischen Gewand der Neologie als auch im konfessionellen der reinen Lehre auftreten konnte, und die Ausbildung einer Theologie des Geistes und der Kraft. Nicht zuletzt die theologischen Schwächen dieser Konzeption förderten die pietistischen Allianzen mit konservativen und orthodoxen Positionen, die schließlich den Gang von Erweckung und Erweckungsbewegung wesentlich mitbestimmten.

Im Verständnis der Mystik konkretisiert sich der spätaufklärungspietistische Neuansatz gegenüber den Strömungen zeitgenössischer Theologie. Statt die Mystik als Sonderthema der Gottes- oder Gnadenlehre zu behandeln oder sie als logisch irrationales Phänomen schlicht der religiösen Exaltiertheit (»Schwärmerei«) zuzuweisen, wird sie bei Ewald in ihrer konstitutiven Bedeutung für Theologie und Glaubenspraxis neu erfaßt. So erscheint die unio mystica nicht nur als Seitenstück der Frage göttlicher Allgegenwart oder ethisch als vernunftbestimmte Willenseinigung mit Gott im tätigen Gehorsam, sondern als Grundfigur eines den ganzen Menschen ergreifenden, erfahrungsgesättigten Glaubens. Vorausgesetzt ist die vom Pietismus wesentlich vorangetriebene »Demokratisierung« der Mystik, indem nicht ein religiöses Sondererlebnis, sondern die mystische Lebensführung eines jeden Christen zum Zielpunkt wird. Gerade die Intensität, mit der Ewald wiederholt die Gottes- und Christusferne als Grundproblem des Einzelnen und der Epoche artikuliert, weist auf die zentrale Bedeutung der antiintellektualistischen, vom Pietismus gestärkten Mystik affektiver Gottes- und Christusliebe, die sich im sachlich direkten, aber geschichtlich vielfältig vermittelten Gefolge der johanneischen und paulinischen Christusmystik sah. Faktisch hat sich deren sakramentale und ekklesiologische Bestimmtheit – wie in weiten Teilen der an einer effektiven Umformung des Menschen kraft der Macht der Gottesliebe orientierten mystischen Tradition – hin auf eine Psychologisierung und Emotionalisierung des Glaubens erweitert.[20] Dem Begriff des Mystischen haftet zwar mangels einhelliger Verständigung über Inhalt und Umfang in historischen Zusammenhängen zuweilen etwas Vages an, doch kann auf ihn gerade in unserem Kontext schwerlich verzichtet werden. Es zeigt sich ein klar umreißbarer Umgang mit der Grundvorstellung von der unio des Menschen mit Gott, welcher zu den gewichtigen Versuchen einer Erneuerung der Mystik im Raum des Protestantismus gehört.[21]

Im Blick auf die geschichtliche Einordnung des Ewaldschen theologischen Denkens sind die auch für Lavater gültigen Ähnlichkeiten mit der Schleierma-

---

[20] Zur traditionellen Skepsis gegenüber dem Sinnlichen der Mystik in der Tradition der biblischen Theologie vgl. Gotthilf Traugott Zachariä, Biblische Theologie oder Untersuchung des biblischen Grundes der vornehmsten theologischen Lehren, Bd. 4, Göttingen u. Kiel 1775, § 245. Zu neueren systematischen Ansätzen einer pneumatologisch strukturierten Theologie vgl. Christian Schütz, Einführung in die Pneumatologie, Darmstadt 1995, zur geschichtlichen Entwicklung ebda., 32 ff., bes. 114 ff.
[21] Vgl. insg. Andrew Louth, Art. Mystik II, in: TRE 23, 547–580, bes. 575 f.

cherschen Theologie und ihrer Gründung der Religion in Gefühl und Anschauung nicht zu übersehen. Der antiintellektualistische, vom religiösen Ureindruck bestimmte Grundzug sollte bei Schleiermacher seine wirkmächtigste Entfaltung finden, doch nun wiederum in einer wissenschaftstheoretisch fundierten rationalistischen Argumentationsform, die Männer wie Ewald in ihrer intuitiven, praktisch-erzieherisch orientierten und gänzlich unspekulativen Denkweise weder beherrschten noch beherrschen wollten. Das Biblizistisch-Antirationalistische und die herausragende Bedeutung der religiösen Innerlichkeit für die theologische Argumentation weisen daher auch primär den Weg zu erweckungs- und bibeltheologischen Entwürfen des 19. Jahrhunderts. Neben der direkten Nähe zu Gottfried Menken, Wegbereiter der Erweckungsbewegung in Bremen, stehen vor allem die sachlichen Verbindungslinien zu Friedrich August G. Tholuck (1799–1877) und Johann Tobias Beck (1804–1878). Die Weite des kulturellen und gesamtgesellschaftlichen Horizonts, wie ihn Ewald nicht zuletzt im Gefolge Herders immer auch in seiner »Vielschreiberei« bewahrte, findet sich hier nicht mehr, dafür aber etwa bei Beck neben dem konzentrierten Interesse an einer psychologischen Durchdringung des Glaubens im Rahmen wissenschaftlicher Theologie die Skepsis gegenüber den pietistischen »Kampfideen« und Organisationsformen der Zeit, wie sie Beck in der Basler Mission die Oberhand gewinnen sah. Ein vergleichbares Moment von Nähe und Distanz bietet schon Ewalds Sorge um die zunehmende Instrumentalisierung des pietistischen Sammlungsgedankens für Massenzwecke, wie sie ihn im Blick auf die Traktatmissionen und die frühe Erweckungsbewegung beschäftigte, wobei die Skepsis hier wie da zutiefst pietistisch motiviert blieb.[22]

In der vorliegenden Arbeit soll der reformierte Theologe Johann Ludwig Ewald als eine außerordentlich vielseitig wirksame Persönlichkeit im Geflecht von Spätaufklärung und »Übergangspietismus« vom 18. zum 19. Jahrhundert vorgestellt werden. Man könnte diesen Mann der Kirche kurz einen pietistischen Spätaufklärer oder, wenn die pietistische Frömmigkeitsprägung stärker gewichtet werden soll, einen spätaufklärerischen Pietisten nennen.[23] Auch wenn seine Antworten auf die Herausforderungen der Zeit, wie er sie wahrnahm, meist Gelegenheitscharakter tragen und der wissenschaftlichen Strin-

---

[22] Zur theologiegeschichtlichen Orientierung vgl. die instruktive Skizze bei Wolfhart Pannenberg, Problemgeschichte der neueren evangelischen Theologie in Deutschland. Von Schleiermacher bis zu Barth und Tillich (UTB 1979), Göttingen 1997 (= Pannenberg, Problemgeschichte), 35–109.

[23] In einem sehr weiten Sinne könnte Ewald wie Lavater, Hamann und Jung-Stilling auch der »religiösen Nebenlinie« der Kultur der Klassik zugeschlagen werden, doch bliebe diese Beschreibung Th. Nipperdeys notgedrungen zu allgemein, vgl. Thomas Nipperdey, Deutsche Geschichte 1800–1866. Bürgerwelt und starker Staat, 6. Aufl. München 1993 (= Nipperdey, Geschichte), 404. Noch weniger befriedigt freilich E. Hirschs Perspektive der »frommen Außenseiter«, vgl. Emanuel Hirsch, Geschichte der neuern evangelischen Theologie im Zusammenhang mit den allgemeinen Bewegungen des europäischen Denkens, 5 Bde., 5. Aufl. Gütersloh 1975 (= Hirsch), Bd. 5, 70, sowie das ges. Kap. 48.

genz ermangeln, manche Schrift weniger mehr gewesen wäre und schon gar nicht alle Antworten befriedigen können, bleiben die behandelten Themen doch von übergeordneter Bedeutung, und dies über den Raum der Kirche hinaus.

Zur biographischen Orientierung seien hier die wichtigsten Stationen seines reich bewegten, trotz Unterbrechungen vom sozialen Aufstieg bestimmten Lebens genannt. Geboren wurde Johann Ludwig Ewald am 16. September 1748 in Hayn in der Dreieich (Dreieichenhain, heute: Dreieich) bei Offenbach/M., zum Fürstentum Isenburg-Birstein gehörig, als Sohn des Amtskellers Georg Ernst Ewald (gest. 1772) und seiner Frau Maria Charlotte (1719–1751/52), Tochter des Regierungsrats Johann Ludwig Vigelius in Birstein. Mit achtzehn Jahren begann er das Studium der Theologie in Marburg, u. a. bei Carl Wilhelm Robert (1740–1803), einem von der Leibniz-Wolffschen Tradition der Harmonie von Vernunft und Offenbarung geprägten Theologen. Er dürfte Ewald zeitlebens wichtig gebliebene Grundanliegen der Aufklärung vermittelt haben. Nach dem Abschluß des Studiums folgten eine kurze Zeit als Hauslehrer in Kassel und sodann eine erfolgreiche, wenn auch wenig geliebte Tätigkeit als Hofmeister der jüngeren Prinzen des Landgrafen Wilhelm von Hessen-Philippstal.

1773 berief Fürst Wolfgang Ernst II. von Isenburg-Birstein Ewald als reformierten Prediger zunächst auf die Pfarrstelle des Dorfes Ravolzhausen und noch im gleichen Jahr auf die zweite Pfarrstelle in Offenbach/M. Bald finden wir ihn als wichtigen Mitarbeiter bei der vom Fürsten in die Wege geleiteten Katechismusreform. 1775 heiratete Ewald Rahel Gertraud du Fay (1749–1822) aus der bekannten Frankfurter Kaufmannsfamilie.[24] Dem Ehepaar wurden insgesamt fünf Kinder geschenkt, drei davon in Offenbach, zwei später in Detmold. Der erste Sohn Friedrich Wilhelm, am 21. Juli 1778 geboren, starb wenige Wochen nach der Geburt, ein Ewald besonders erschütterndes Erlebnis. In die Offenbacher Zeit fällt Ewalds »Wende«, ein sich länger hinziehender aufwühlender Prozeß geistiger Neuorientierung, der den Charakter einer Bekehrung annahm. Statt eines aufklärerisch-moralischen wird nun ein pointiert heilsgeschichtliches Reich-Gottes-Verständnis einschließlich Chiliasmus und Apokatastasis und damit eine trotz zeittypischer Abwandlungen im Kern pietistische Eschatologie jenseits reformatorisch-orthodoxer Grenzziehungen vertreten. Zentrale Bedeutung kommt hierbei den Kontakten mit Johann Kaspar Lavater und seinem Zürcher Umkreis sowie dem Briefwechsel mit dem schwäbischen Pietisten Philipp Matthäus Hahn zu. Von diesem ließ er sich auch zur Einrichtung von Erbauungsversammlungen in Offenbach anregen. Neben seinem Pfarramt begann er eine außerordentlich rege schriftstellerische Tätigkeit, die sein ganzes Leben lang anhielt.

---

[24] Zur Familie du Fay vgl. Alexander Dietz, Frankfurter Handelsgeschichte, Bd. 2, Glashütten i. T. 1970, 278–281; Bd. 4,1, Glashütten i. T. 1970, 315–320.

1781 berief Graf Simon August Ewald zum Generalsuperintendenten in Lippe-Detmold. Rund 15 Jahre nahm er dieses Amt mit großem reformerischem Engagement wahr, bis ihn politische Umstände 1796 zum Verlassen Detmolds und zur Rückkehr ins Pfarramt nötigten. In der Detmolder Zeit erschienen neben einer Bibelgeschichte, (Lehr-)Predigten und Erbauungsschriften zahlreiche pädagogische, homiletische, pastoraltheologische und kirchenreformerische Publikationen, aber auch von den aktuellen politischen und philosophischen Ereignissen bestimmte Schriften wie die zur Revolutionsthematik und zur Kantschen Philosophie, in der Regel für ein breiteres Publikum bestimmt. Auch das erste Zeitschriftenprojekt, die »Urania«, wurde hier in Angriff genommen.

In Bremen versah Ewald in den folgenden Jahren die zweite Pfarrstelle an der St. Stephanigemeinde, 1802 auch zum Professor am dortigen Gymnasium bestellt. Hier kam Ewald zuerst mit der als wesensverwandt empfundenen Reformpädagogik Pestalozzis in Berührung. Für deren Rezeption und Fortentwicklung setzte er sich wie auch für Belange der Schulreform in Bremen mit der ihm eigenen praktischen Begabung und Zielstrebigkeit ein. Es entstehen Werke aus dem Bereich der geschlechtsspezifischen Verhaltens- und Ratgeberliteratur sowie verschiedene Schriften zur bildungsbürgerlichen Orientierung in gesellschaftspolitischer und philosophisch-theologischer Hinsicht. Mehr erbaulichen Charakter trugen die Versuche gegenwartsbezogener Aktualisierung bzw. religiös-empfindsamer Rekonstruktion der Biographien alttestamentlicher Personen wie David und Salomo, hinzu kamen Reiseberichte und zahlreiche Predigtentwürfe. Ein weiteres erbauliches Zeitschriftenprojekt wird in Bremen auf den Weg gebracht, das allerdings wie alle drei Versuche dieser Art – zuletzt in Baden – nur von relativ kurzer Dauer war.

Mit der Berufung zum Professor für Moral- und Pastoraltheologie in Heidelberg 1805 begann die Badener Zeit Ewalds, u. a. durch die Freundschaft mit dem Kollegen Friedrich Heinrich Christian Schwarz (1766–1837) und mit Johann Heinrich Jung-Stilling geprägt. Schon 1807 wechselte er als Vertreter der reformierten Kirche in den neu eingerichteten Oberkirchenrat nach Karlsruhe. Publiziert werden u. a. umfangreiche Vorlesungen zur Erziehungslehre und Schriften zur Ehe, die »Religionslehren der Bibel« eine Art Laiendogmatik, die von Anfang an ein zentrales Anliegen markierende Bibelgeschichte sowie Schriften zur Union und zur Judenemanzipation. Noch im letzten Jahr, Ewald starb am 19. März 1822 in Karlsruhe, erschien die für Ewalds Verständnis wichtige Schrift zu Mystik und Mystizismus, die zugleich Nähe und Distanz zur Erweckungsbewegung deutlich werden läßt.[25]

Der Weg führt im folgenden, ausgehend von einem Forschungsüberblick, von der Analyse der Korrespondenzen mit Johann Kaspar Lavater, Johann

---

[25] Zum Biographischen s. die Literatur im Forschungsüberblick sowie zuletzt Steiger, Kap. I (s. u. Kap. 2, Anm. 38).

Jakob Heß und Philipp Matthäus Hahn, denen in theologischer Hinsicht eine Schlüsselrolle zukommt, zu den Fragen innerkirchlicher Reform auf den verschiedenen Gebieten religiöser Bildung und kirchlicher Verfassung. Ein weiterer Bereich stellt Ewalds Engagement auf dem Feld der staatlich verantworteten elementaren Volksbildung vor, die neben einer Erhöhung des Alphabetisierungsgrades der niederen Schichten zugunsten effektiverer Berufsausübung und politischer Stabilisierung auch die neue Gestalt einer von pietistischen Momenten bereicherten Volksreligion im Auge hat, gefolgt von Themen politischer Reform in Despotismus- und Privilegienkritik und gesamtgesellschaftlicher Orientierung am Zeit- und Gemeingeistthema. Weitere Kapitel widmen sich der früh einsetzenden Auseinandersetzung mit I. Kant und der Bedeutung seiner Philosophie für den Offenbarungsglauben sowie der Entdeckung Johann Heinrich Pestalozzis als Schlüsselfigur einer christlich-humanistischen Psychologie und Pädagogik. Das Bildungsthema kehrt einmal anhand der Reformversuche zur Verbesserung der Mädchenbildung für die höheren Schichten, sodann in spezieller Prägung als Problem der von der beginnenden Restauration behinderten Fortsetzung der Judenemanzipation wieder. Das Schlußkapitel widmet sich erneut der theologischen Fragestellung des Anfangs und erörtert die wichtigsten Aspekte des von Ewald in der Wendung gegen den aufklärerischen Intellektualismus seiner Zeit ausgebildeten Christusglauben unter explizit mystischer Perspektive.

Die stoffliche Darbietung innerhalb der einzelnen Kapitel folgt nach Möglichkeit biographischen Gesichtspunkten, wobei die Kapitel selbst immer wieder einen zeitlichen Rückgang notwendig machen, besonders im theologischen Schlußkapitel. Verzichtet wird auf eine eingehendere Untersuchung der drei Zeitschriftenprojekte; ein Exkurs soll wenigstens einige charakteristische Züge vorstellen. Weiterhin unterbleibt eine detailliertere Behandlung der Verhaltensschriften aus dem Bereich der Ratgeberliteratur, die vor allem als Spiegel sozial- und mentalitätsgeschichtlicher Verhältnisse des aufstrebenden Bürgertums von Interesse sein dürften, sowie eine Analyse der zahlreichen Übersetzungen von Ewaldschriften. Diese lassen zwar auf eine recht breite Rezeption vor allem im niederländischen Sprachbereich schließen, doch bleibt die Wirkungsgeschichte als solche noch weithin im dunkeln.

2 Johann Ludwig Ewald in Literatur und Forschung – ein Überblick

Die frühesten Würdigungen Johann Ludwig Ewalds beziehen sich auf seine pädagogische Reformtätigkeit als Generalsuperintendent in Lippe-Detmold (1781–1796). Schon 1790 rühmte Samuel Baurs *Charakteristik der Erziehungsschriftsteller Deutschlands* Ewalds aufklärerisches Bildungsengagement aus Anlaß der Herausgabe seiner Bibelgeschichte als Lesebuch für die Landschulen von 1788.[1] Als »talentvolle[n] Chef an der Spitze der Geistlichkeit« mit erfolgreichem Einsatz für das Schulwesen charakterisierte Ferdinand Weerth zwei Jahrzehnte später seinen Vorvorgänger im Amt des Generalsuperintendenten in seinem Bericht über das Elementarschulwesen in Lippe.[2] Auf Weerths Bericht verwies Johann Heinrich von Wessenberg in der 1814 erschienenen Übersicht über die Elementarschulbildung in den europäischen Ländern des 18. Jahrhundert. Er bescheinigte Lippe-Detmold achtungsvolle Erfolge im Erziehungswesen im Kreis der kleineren protestantischen Staaten.[3] Auszüge aus Ewalds Volksaufklärungsschrift von 1790 veröffentlichte Wessenberg 1814 neben Abschnitten seiner *Elementarbildung des Volks* und einschlägigen Äußerungen Adam Smiths (1723–1790), um auf die fortgesetzte Dringlichkeit schulreformerischer Bemühungen in religiöser und politischer Hinsicht hinzuweisen.[4] Eine positive Bilanz von Ewalds pädagogischer Tätigkeit zog in der jüngeren Vergangenheit Hans Sprenger, der Ewalds volksaufklärerisches Wirken im Rahmen von aufgeklärtem Absolutismus und Merkantilismus als

---

[1] Für einen besonderen Vorzug des Buchs hielt Baur die Beachtung des Zusammenhangs der alttestamentlichen Geschichten, mochte auch der Stil zuweilen als zu gedehnt erscheinen. Ewald war Baur schon als homiletischer und asztetischer Schriftsteller aufgefallen, von dem er noch auch Vorzügliches zu dogmatischen Themen erwartete. Samuel Baur, Charakteristik der Erziehungsschriftsteller Deutschlands. Ein Handbuch für Erzieher, Leipzig 1790, Nachdr. Vaduz/Lichtenstein 1981 (Paedagogica, hg. v. Heinz-Joachim Heydorn und Gernot Koneffke), 99 f.

[2] Ferdinand Weerth, Ueber Elementar-Schulen im Fürstenthum Lippe. Ein historischer Bericht, Duisburg und Essen 1810, 2. Weerth wies auf die von Ewald als Lehrmittel in den Elementarschulen eingeführte »Lesemaschine« und die beiden ersten Teile von Ewalds Lesebuch aus dem Jahre 1788 hin, die noch in Gebrauch waren, 60.

[3] Neben dem Musterland Anhalt-Dessau galten ihm die Markgrafschaft Baden und Sachsen-Gotha als fortschrittlich. Johann Heinrich von Wessenberg, Die Elementarbildung des Volks im Achtzehnten Jahrhundert, Zürich 1814, 51 (Anm.).

[4] Archiv für die Pastoralkonferenzen in den Landkapiteln des Bisthums Konstanz. 1814, Konstanz und Freiburg, Bd. 1, 1814, 241–247. Adam Smith, Untersuchung über die Natur und die Ursachen des Nationalreichthums, 2. verb. Aufl. Bd. 3, Breslau 1799, 157–169.

Beginn eines neuen Abschnitts der Bildungs- und Erziehungsgeschichte in Lippe umriß.[5]

Unter literaturgeschichtlicher Perspektive rückte Friedrich Rassmann 1823 Ewald unter Hinweis auf dessen Drama *Mehala* von 1808 und die Eheschriften von 1810–1813 mit ihren verschiedenen Auflagen in sein »Pantheon« ein.[6] Bekannt sind die von Respekt getragenen Äußerungen des älteren Goethe in *Dichtung und Wahrheit* über den in der Jugend geistreich-heiteren und später zu ehrenvoller Bekanntheit gelangten Theologen, ohne daß näheres über seine Entwicklung bemerkt wurde. Hatte Ewalds Hochzeit noch als Anlaß für die Abfassung des später von Beethoven vertonten geselligen »Bundesliedes« gedient, so verspotteten die polemisch-ironischen *Xenien* Ewalds *Urania* als Sudelgefäß und ihn selbst wie auch Lavater im typisierenden Spiel des Epigramms als »Frömmler«.[7] In neuerer Zeit fand Ewald auch als Jugendbuchautor Erwähnung.[8]

Die ersten ausführlicheren biographischen Angaben machte Heinrich Döring 1843, der Ewald zu den wissenschaftlich gebildeten besseren deutschen Prosaisten mit poetischem Talent zählte.[9] Trotz einzelner Fehler und zeitbedingter Wertungen finden sich hier schon alle wesentlichen Etappen von

---

[5] Charakteristisch war für Sprenger das »Zwielicht der Zeit«, das sich bei Ewald als ins Bewußtsein tretende, aber nicht vermittelte Spannung zwischen Aufklärung und Bibelchristentum zeigte. Hans Sprenger, Johann Ludwig Ewalds Trivialschulen, in: Lippische Mitteilungen aus Geschichte und Landeskunde 41. 1972, 144–180, 170 (mit zahlreichen undifferenzierten Urteilen). Vgl. Leo Rauschenbach, Die geschichtliche Entwicklung der Volksschule in Lippe bis zum Ersten Weltkriege, in: Lippische Mitteilungen aus Geschichte und Landeskunde 32.1963, 16–87, zu Ewald 33–42.

[6] Friedrich Rassmann, Pantheon deutscher jetzt lebender Dichter und in die Belletristik eingreifender Schriftsteller, begleitet mit kurzen biographischen Notizen und der wichtigsten Literatur, Helmstedt 1823, 74. Ewald, Eheliche Verhältnisse [...], 4 Bde., Leipzig 1810–1813, 2. Aufl. 1821 (vgl. Steiger, Bibliogr. 305, 305a–e), der 3. und 4. T. auch u. d. T. Ehestandsscenen, 2 Bde., Elberfeld 1813 (s. Steiger, Bibliogr. 316, dort nicht als mit Bd. 3 und 4 der *Ehelichen Verhältnisse* identisch erkannt). Ähnlich nahm noch Wilhelm Kosch auf Ewald Bezug. Als dessen Hauptwerke galten die *Mehala* und die Reisephantasien von 1797 (vgl. Steiger, Bibliogr. 286 u. 146). Wilhelm Kosch, Deutsches Literatur-Lexikon. Biographisches u. bibliographisches Hb., Bd. 1, Halle 1927, Sp. 414 f.

[7] Goethe, Werke (Hamburger Ausgabe), Bd. 10, 98, Z. 13 ff.; Bd. 1, 93 f. (erste Fassung). Epigramm »Urania«, Xenien, in: Schillers Werke. Nationalausgabe 1, Weimar 1943, 340. Vgl. Heinrich Detering (Hrsg.), »In magischen Kreisen«: Goethe und Lippe, Lemgo 1984, 55 ff. Goethes Gedicht »Sehnsucht« erschien mit einer möglicherweise von Ewald stammenden Melodieangabe zum erstenmal 1793 in der *Urania*.

[8] Vgl. den Art. v. Erich Strobach, in: Lexikon der Kinder- und Jugendliteratur, hg. von Klaus Doderer, Erg. u. Reg.bd., Weinheim, Basel 1982, 185–187, der allerdings grobe biographische und sachliche Fehler enthält, außerdem Theodor Brüggemann u. a. (Hrsg.), Hb. der Kinder- und Jugendliteratur. [Bd. 3]. Von 1750–1800, Stuttgart 1982 (mit biogr. Fehler zur Tätigkeit Ewalds – nicht in Marburg, sondern in Bremen war Ewald Professor am Lyzeum, 1224).

[9] Art. J. L. Ewald, in: AEWK, Sektion 1, T. 39, Leipzig 1843, 284–286; danach i. W. auch NBG 16, Paris 1856, Sp. 846–847. Döring hob den einfachen und populären Stil, eine blühende Sprache und lebendige Darstellung hervor, ebda., 256.

Ewalds Werdegang und Lebenslauf erfaßt. Döring vermerkt Ewalds streng religiöse Erziehung durch den Vater, von ihm als pietistisch gedeutet, einen »populären Rationalismus« in der Anfangszeit als Prediger, die persönliche Krisenerfahrung in Offenbach, die ihn 1778 zu einem öffentlichen Bekenntnis über seine neue Ausrichtung auf ein bibelorientiertes Christentum führte, wie es ihm durch Lavater und Philipp Matthäus Hahn eröffnet worden war, und die Einrichtung von Erbauungs- und speziellen Jugendunterweisungsstunden. Von der kirchenleitenden Tätigkeit Ewalds in Lippe-Detmold hob er (fälschlicherweise) die Einrichtung des Lehrerseminars und die seinen Weggang nach Bremen mit sich bringende Einmischung in die Politik hervor; von Ewalds Wirken als Prediger in Bremen fand das verstärkte pädagogische Engagement im Zusammenwirken mit Johann Kaspar Häfeli in der Schulreform und die Reise in die Schweiz zu J. H. Pestalozzi und die Auseinandersetzung mit dessen Methode Erwähnung, ebenso die gesundheitsbedingte Aufgabe des Predigtamts, die Berufung an die Universität Heidelberg 1805 und später in die Kirchenleitung nach Karlsruhe. Seine religiösen Ansichten blieben nach Döring seit 1778 im wesentlichen gleich.[10]

1877 notierte Friedrich Wilhelm Gaß neben den biographischen Daten verschiedene Übersetzungen von Ewald-Schriften ins Holländische und Französische und die Studien Johann Gottfried Herders, Immanuel Kants und Johann Gottlieb Fichtes, ohne daß es zu einer näheren Charakterisierung der theologischen Position Ewalds kam.[11]

Ein widersprüchliches Bild zeichnen die beiden älteren Standardwerke zur Universitätsgeschichte Heidelbergs. Franz Schneider charakterisierte Ewalds philosophischen Standort als antirationalistisch und zu Kants esoterischem Kritizismus distanziert, zählte ihn aber im ganzen zu den Kantianern.[12] Theologisch rechnete er ihn wie den praktischen Theologen Friedrich Heinrich Christian Schwarz (1776–1837) bei überwiegend praktischer Begabung und geringer wissenschaftlicher Bedeutung einem gemäßigten Supranaturalismus zu, der trotz starkem Interesse an rechter Lehre ohne festes theologisches System ausgekommen sei.[13] Richard August Keller hielt Ewald dagegen schlicht für einen Vertreter der Orthodoxie.[14]

---

[10] Vgl. ähnlich Heinrich Eduard Scriba, Biographisch-literärisches Lexikon der Schriftsteller des Großherzogthums Hessen im neunzehnten Jahrhundert, Abt. 2, Darmstadt 1843, Art. Ewald, 210–214.

[11] Art. J. L. Ewald, in: ADB 6 (1877), 444–446. Vgl. auch GG 2. Aufl. Bd. 5, 377 f.

[12] Franz Schneider, Geschichte der Universität Heidelberg im ersten Jahrzehnt nach der Reorganisation durch Karl Friedrich (1803–1813), (HAMNG 38), Heidelberg 1913, 111, 192, 231 f.

[13] Schneider verwies dabei auf Ewalds Engagement im Zusammenhang mit der neuen Habilitationsordnung, wo dieser die Möglichkeit eines Ausschlusses von Privatdozenten forderte, die »anstößig« lehrten, ebda., 192.

[14] Richard August Keller, Geschichte der Universität Heidelberg im ersten Jahrzehnt nach der Reorganisation durch Karl Friedrich (1803–1813), (HAMNG 40), Heidelberg 1913, 171. Im

Auf kirchengeschichtlicher Seite blieb lange ein wenig spezifischer, z. T. mit negativem Vorzeichen versehener Rationalismus- und Aufklärungsbegriff bestimmend.[15] Nach Wilhelm Butterwecks Geschichte der lippischen Landeskirche sagte sich Ewald 1778 vom herrschenden Rationalismus los, ohne jedoch in eine Gegenposition zu verfallen.[16] Butterweck bemerkte wohl »erweckte Kreise« in Detmold, die sich um die mit Lavater verbundene Fürstin Christine Charlotte Friederike zur Lippe versammelten, doch zählte er Ewald nicht dazu.[17] An denselben Kategorien wie Butterweck orientierte sich auch Wilhelm Neuser, nach dem der »talentvolle, vielseitig gebildete Mann« trotz seiner Absage von 1778 den Rationalismus nicht eigentlich zu überwinden vermochte.[18]

Präziser skizzierte Peter Katz die geistige Welt Ewalds, indem er den starken Einfluß Johann Gottfried Herders hervorhob, aber neben Philipp Matthäus Hahn und Lavater auch auf dessen Freunde Johann Jakob Heß und Johann Konrad Pfenninger verwies. Mit seiner »Bekehrung« von 1778 habe sich Ewald zwar vom Rationalismus abgewandt, aber auch als ein von Christusinnigkeit durchdrungener Supranaturalist seine ihm eigene geistige Weite bewahrt, deutlich sichtbar in der Aufnahme der Gedanken Pestalozzis. Bibelge-

---

Rahmen der Heidelberger Universitätsgeschichte erschien Ewald zuletzt in: Dagmar Drüll, Heidelberger Gelehrtenlexikon, Bd. 2, 1803–1932, Berlin, Heidelberg u. a. 1986, 66.

[15] Vgl. Hermann Beck, Die religiöse Volkslitteratur der evangelischen Kirche Deutschlands in einem Abriß ihrer Geschichte (Zimmers Handbibliothek der praktischen Theologie 10c. Die religiöse Volkslitteratur), Gotha 1891, 284.

[16] Wilhelm Butterweck, Die Geschichte der Lippischen Landeskirche, Schötmar 1926 (= Butterweck), 270 f. Ähnlich zwiespältig erscheint schon Ewalds Vorgänger Ferdinand Stosch, der immerhin einem »gefühllosen« Rationalismus entgegenzuwirken versucht habe. Vgl. die biographische Skizze zu Ewald von Karl Lamprecht, in: Max Staercke (Hrsg.), Menschen vom lippischen Boden, Lebensbilder, Detmold 1936, 131 f. In neuerer Zeit nahm Ernst-Otto Braasch in seiner Behandlung der Mitglieder der badischen Generalsynode von 1821 Butterweck auf. Was die Unionsbestrebungen betrifft, bescheinigte er Ewald »eine fundierte Kenntnis von Kirchen- und Theologiegeschichte«, doch ein geringeres Interesse an landestypischen Fragen. Sein optimistisches Eintreten für eine nicht an einem Lehrkonsens gebundene Union wird einem Nachwirken von Empfindsamkeit und Aufklärung zugeschrieben. Ernst-Otto Braasch, Die Mitglieder der Generalsynode 1821. Biographien, in: Hermann Erbacher (Hrsg.), Vereinigte Evangelische Landeskirche in Baden 1821–1971. Dokumente und Aufsätze, Karlsruhe 1971, 668–733 (694–697).

[17] Der besondere Freund und Seelsorger der Fürstin war Johann Friedrich Ludwig Dreves, ebda., 184. Dreves hatte in Marburg und Göttingen studiert, war von 1786–1793 Konrektor in Detmold, 1793–1795 dritter Pastor dort und als solcher auch Religionslehrer am Gymnasium. 1795 wurde er nach kurzer Amtstätigkeit in Hillentrup auf die 2. Pfarrstelle in Detmold berufen, um 1820 ließ er sich wieder nach Hillentrup versetzen, ebda., 370. Dreves gehörte zu den engeren Freunden Ewalds in Detmold, 1796 verehelichte sich Dreves in erster Ehe mit Ewalds Tochter Elisabeth Marianne (gen. »Lischen«, geb. 5. Oktober 1779, von Ewald erwähnt als »Louise« in: Über Lebensgenuß, Jb. für die Menschheit 1790.1, 328; gest. bereits am 14. November 1798 in Detmold, vgl. StArch Detmold, Personenstandsreg.).

[18] Art. J. L. Ewald, in: NDB 4 (1959), 693 f., darin u. a. Hinweise auf die Bekanntschaft mit Goethe, auf das pädag. Wirken in Lippe, auf den Prozeß beim Reichshofrat und das Eintreten für die pädagogischen Gedanken Pestalozzis.

schichte und Heilsgeschichte wurden nach Katz zum Mittelpunkt seiner theologischen Interessen, wobei der (herkömmlichen) Dogmatik nur noch eine geringe, der Polemik gar keine Bedeutung mehr zugekommen sei. In der Badener Zeit von 1805 an, als Ewald in den Kreis um Johann Heinrich Jung-Stilling und Johann Niklas Friedrich Brauer eintrat, habe sich schließlich der Horizont zur Erweckungsbewegung hin geweitet.[19]

In jüngerer Zeit hat Volker Wehrmann in seiner Darstellung zur Entwicklung des Erziehungs- und Bildungswesens in Lippe den Aufklärungsbegriff in epochaler und theologischer Hinsicht für Ewald ungebrochen in Anspruch genommen. Als Vertreter der Aufklärung im allgemeinen und der Volksaufklärung im besonderen sah er Ewald auch in theologischer Hinsicht aufklärerisch-rationalistischen Grundimpulsen wie Distanz zum Offenbarungsglauben und Hinwendung zum Moralprinzip der Glückseligkeit verpflichtet.[20] Dabei hatte schon die Herausgabe des Briefwechsels von Lavater mit Meta Post (1769–1834) in Bremen durch Günter Schulz wichtige Hinweise auf die Rolle Ewalds im Kreis der dortigen Lavaterfreunde gegeben und den theologischen Kontext erhellt, in dem Ewald als gewichtige Stimme gegen die aufklärerische Neologie wahrgenommen wurde.[21] Der für die Spätaufklärung pädagogisch akzentuierte allgemeine Aufklärungsbegriff war schon bei Wilhelm van Kempen in seiner Herausgabe der Korrespondenz Ewalds mit dem Fürsten Leopold Friedrich Franz von Anhalt-Dessau bestimmend gewesen.[22] Ähnlich verhält es sich bei Hilde Kraemer in ihrer Untersuchung über die Handbibliothek der Fürstin Pauline zur Lippe.[23]

---

[19] Neben der Förderung der Unionsbestrebungen kam auch Ewalds Engagement für die Bibelgeschichte in Baden zur Sprache. Art. J. L. Ewald, in: RGG 2. Aufl. Bd. 2, (1928), 455, ebenso wieder RGG 3. Aufl. Bd. 2 (1958), 799 (mit einzelnen falschen Jahreszahlen). Danach auch Art. in: BBKL 1 (1970).

[20] Volker Wehrmann, Die Entwicklung des Erziehungs- und Bildungswesens im Lande Lippe im Zeitalter der Aufklärung, Detmold 1972, zugl. u. d. T.: Die Aufklärung in Lippe. Ihre Bedeutung für Politik, Schule und Geistesleben (Lippische Studien 2), Lemgo 1972 (= Wehrmann), bes. 172, 245 f., ähnlich ders., (Hrsg.), Die Lippische Landeskirche (1684–1984), Detmold 1984, 127–137.

[21] Zu deren Vertretern in Bremen zählt Schulz neben Johann Jakob Stolz, mit dem Ewald in eine kurze literarische Fehde geraten sollte, und Johann Smidt auch Häfeli, Ewalds Mitstreiter in der Bremer Elementarschulreform, denen es im Unterschied zum engeren Lavaterkreis eine besonders intensive Hinwendung zu praktischen und sozialen Aufgaben der Zeit attestiert. Günter Schulz, Meta Post im Briefwechsel mit Lavater (1794–1800), in: Jb. der Wittheit zu Bremen 7. 1963, 153–301. Lavater am 3. 12. 1796, 242: »Er [Ewald] ist übrigens in ganz Deutschland der Einzige, der dem allbeherrschenden Neologismus entgegen arbeitet.« Die Anmerkung zu Ewald S. 227 enthält verschiedene falsche Angaben.

[22] Wilhelm van Kempen, Die Korrespondenz des Detmolder Generalsuperintendenten Ewald mit dem Fürsten Leopold Friedrich Franz von Anhalt-Dessau 1790–1794/1798, in: Lippische Mitteilungen aus Geschichte und Landeskunde 33.1964, 135–177.

[23] Der Aufklärer Ewald kommt schlicht neben so unterschiedliche Männer wie Karl Friedrich Bahrdt und Albrecht von Haller zu stehen. Hilde Kraemer, Die Handbibliothek der Fürstin Pauline zur Lippe, in: Lippische Mitteilungen 38.1969, 17–100, 26.

Auch Klaus Pönnighaus folgt in seiner Untersuchung zum kirchlichen Vereinswesen im frühen 19. Jahrhundert am Beispiel des Fürstentums Lippe den von Butterweck, Gaß und Wehrmann vorgezeichneten Bahnen. Zwar wird nebenbei vermerkt, Ewalds theologische Existenz sei möglicherweise noch nicht endgültig erhellt, doch geht die Darstellung von einer rationalistischen Grundposition im Sinne des Intellektualismus aus, die auch dessen theologische »Wende« überdauert habe. Eine nähere Differenzierung zwischen Aufklärung und Rationalismus wird nicht versucht.[24]

Die weiteren Forschungen zu Volksaufklärung und Volksbildung, die auf Ewald eingehen, führen bislang über die bekannten Klassifizierungen nicht hinaus.[25] Wichtige Präzisierungen der politischen und ökonomischen Aspekte der Volksaufklärung als bürgerlichem Bildungsprogramm erbrachten allerdings kleinere unveröffentlichte Einzelstudien, die im Staatsarchiv Detmold aufbewahrt werden.[26]

---

[24] Klaus Pönnighaus, Kirchliche Vereine zwischen Rationalismus und Erweckung. Ihr Wirken und ihre Bedeutung vornehmlich am Beispiel des Fürstentums Lippe dargestellt (EHS.T 182), Frankfurt/M. u. a. 1982, 73 ff., 442 (Anm. 11).

[25] Vgl. Werner Schneiders, Die wahre Aufklärung. Zum Selbstverständnis der deutschen Aufklärung, Freiburg u. München 1974, bes. 135 ff. Reinhart Siegert, Aufklärung und Volkslektüre. Exemplarisch dargestellt an Rudolph Zacharias Becker und seinem »Noth- und Hülfsbüchlein.« Mit einer Bibliogr. zum Gesamtthema, Frankfurt/M. 1978 (= Siegert, Aufklärung), s. Reg. Dieter Narr, Studien zur Spätaufklärung im deutschen Südwesten (Veröff. der Kommission f. gesch. Landeskunde in Baden-Württemberg, Reihe B Forschungen, 93), Stuttgart 1979, 113, 195 f., 507. Narr hält Ewald für einen moderaten Aufklärer, dessen Volksaufklärungsschrift er als eine der eindrücklichsten zum Thema begrenzter Volksaufklärung betrachtet. Jürgen Voss, Der Gemeine Mann und die Volksaufklärung im späten 18. Jahrhundert, in: Hans Mommsen u. a. (Hrsg.), Vom Elend der Handarbeit. Probleme historischer Unterschichtenforschung (Geschichte und Gesellschaft. Bochumer Historische Studien 24), Stuttgart 1981, 208–233, bes. 218 f. (mit Bezug auf Wehrmann).

[26] Gerhard Knop, Johann Ludwig Ewald (1747–1822) in den politischen Wandlungen seiner Zeit, Münster 1960 (masch.). Zur Schwierigkeit im Umgang mit dem epochalen und inhaltlich bestimmten Aufklärungs- und Rationalismusbegriff vgl. ebda., 9, 17 ff., 41 ff., 85 f., 110 ff. StArch Detmold, Sign. D 71-404. Amelie Böck, »... daß der Handel blüht, die Sitten sich mildern, daß mehr Freudenquellen geöffnet werden dem Volk ...«. Versuch einer kritischen Analyse des Programms der Volksaufklärung am Beispiel des Johann Ludwig Ewald (1747–1822), Tübingen 1984 (masch.). StArch Detmold, Sign. D 71–936 (Der Titel greift ein Zitat aus Ewalds Volksaufklärungsschrift, 80 f., auf) Böck hebt die Ambivalenz des von Ewald vertretenen Volksaufklärungsprogrammes hervor; zu Recht wird betont, daß von diesem zwar keine politische Emanzipation des Bauernstandes beabsichtigt war, aber dessen Anwendung auf die Bildungspolitik dennoch neue Orientierungsmöglichkeiten schuf. Dies heißt: Was politisch restriktiv, dem Feudalabsolutismus verhaftet und für die politische Mündigkeit eher negativ war, erwies sich im Blick auf die Ausbildung einer spezifisch kapitalistischen Wirtschaftsgesinnung, wie sie sich im Arbeitsbegriff zeigte, als zukunftsträchtig. Die Rolle der Religion wurde allerdings nur in ihrer Funktion der Herrschaftsstabilisierung in den Blick genommen. Caroline Wagner, Volksaufklärung und Ständewesen in Lippe – Johann Ludwig Ewald als politischer Schriftsteller, Bielefeld 1986 (masch.). StArch Detmold, Sign. D 71–1027. Wagner konzentriert sich auf die Analyse der Volksaufklärungsschrift von 1790 und der Adelsschrift von 1793 im realpolitischen Kontext in Lippe; Ewald erscheint darin als Vertreter des politischen Frühliberalismus und der standes-

Auf die politische Dimension von Ewalds Aufklärungsverständnis ging Zwi Batscha 1977 ein, indem er es als Beispiel für den im Raum von Kultur und Politik nach wie vor für aktuell gehaltenen Konflikt der Spätaufklärung zur Frage von Subjekt und Objekt der Aufklärung heranzog. Neben einer Position wie der von Johann Gottlieb Fichte erschien Ewalds ständespezifische Orientierung als konservativer Funktionalismus ohne emanzipatorisches Potential.[27]

Von kirchengeschichtlicher Seite gab Martin Brecht entscheidende Anstöße zur Neubestimmung des theologischen Standorts Ewalds. Zum erstenmal wurde hier Ewalds theologische Neuorientierung anhand seiner Beteiligung an pietistischen Zirkularkorrespondenzen genauer erhoben, seine mit einer allgemein als aufklärerisch bestimmten Position in Spannung stehende Zugehörigkeit zum Freundeskreis um Philipp Matthäus Hahn und Johann Kaspar Lavater umrissen und auf die Möglichkeit einer Überlagerung von Aufklärung und Pietismus bzw. einem durch die Aufklärung hindurchgegangenen nachaufklärerischen Pietismus hingewiesen.[28] Weitere Anregungen in dieser Richtung gab Horst Weigelt, der auf die Rolle Ewalds im Freundeskreis um Lavater und das Verhältnis zur Christentumsgesellschaft einging und die Beziehung Lavaters zu Ewald im Blick auf die evangelische Erweckungsbewegung neben der von Lavater zu J. G. Hamann und insbesondere zu Jung-Stilling als wirkungsgeschichtlich am bedeutsamsten herausstellte.[29]

Auf eine bislang gänzlich vernachlässigte Verbindung weist Frank Aschoff hin, der in seiner Arbeit über den 1798 nach Kiel berufenen Theologen

---

spezifischen Emanzipationsinteressen des aufgeklärten Bildungsbürgertums; die beiden Schriften werden antagonistisch gesehen: Als Volksaufklärer vertrat Ewald eine geburtsständische Bildungstheorie, als Kritiker des Adels Postulate, welche diese sprengten. Zu Ewald als Aufklärer im Kontext der politischen Situation in Lippe vgl. auch die knappe Skizze von Arnold Ebert, Die Spuren der Französischen Revolution in Lippe. Untersuchung der Wirkungen – Reformerische Pionierarbeit des Generalsuperintendenten Johann Ludwig Ewald und der Fürstin Pauline, in: Lippische Blätter für Heimatkunde Nr. 2, 1989, 5 f.

[27] Zwi Batscha (Hrsg.), A. Bergk, J. L. Ewald, J. G. Fichte u. a. Aufklärung und Gedankenfreiheit. Fünfzehn Anregungen, aus der Geschichte zu lernen, Frankfurt 1977 (= Batscha), bes. 36–39; darin Teilabdr. der Aufklärungsschrift Ewalds, 337–358 (= Ewald, Ueber Volksaufklärung [...], Berlin 1790, 16–85); vgl. Horst Möller, Vernunft und Kritik. Deutsche Aufklärung im 17. und 18. Jahrhundert, Frankfurt/M. 1986 (= Möller, Kritik), 40.

[28] Martin Brecht, Pietismus und Aufklärung in Lippe. Johann Ludwig Ewald und seine Freunde, in: Lippische Mitteilungen aus Geschichte und Landeskunde 56. 1987, 75–91. Vgl. Karl Dienst, der Brecht referierend aufnimmt, an der Frage nach Ewalds Frömmigkeit anknüpfend: Der »Bund« zwischen Frankfurt/M. und Offenbach/M. – Ein kleines Kapitel »Goethe und Ewald« –, in: JHKGV 40. 1989, 305–311.

[29] Horst Weigelt, Lavater und die Stillen im Lande. Distanz und Nähe. Die Beziehungen Lavaters zu Frömmigkeitsbewegungen im 18. Jahrhundert (AGP 25), Göttingen 1988, vgl. 118, 130, 162, 170–174 (Daten sind zu korrigieren, ebda., 170: Ewald war seit 1773 Pfarrer in Offenbach, seit 1781 in Detmold); ders., Der Pietismus im Übergang vom 18. zum 19. Jahrhundert, in: Geschichte des Pietismus 2, 725 (wiederum zu korrigieren: das Datum von Ewalds Amtsantritt in Offenbach; die Aussage, Ewald sei 1781 erst Superintendent und »später« Generalsuperintendent geworden).

Johann Friedrich Kleuker im Zusammenhang von Zeitschriftenbeiträgen auf Ewald gestoßen war. Die Auswertung des Briefwechsels Kleukers mit Johann Lorenz Benzler brachte seit 1783 bestehende Kontakte mit Ewald an den Tag.[30]

Unter Aufnahme von Wehrmann und Brecht charakterisiert Johannes Arndt in seiner Studie zur Geschichte Lippes im Zeitalter der Französischen Revolution Ewald als Vertreter eines für das Land typischen dritten Weges zwischen »radikaler Aufklärung« und Pietismus.[31] Zu einer klareren Verhältnisbestimmung von Aufklärung und Pietismus kommt es dabei nicht. Dem steht schon die ältere Typisierung des Pietismus als weltflüchtig entgegen. So blieb das Bild vom »milden« Rationalismus als der in Lippe obrigkeitlich geförderten Richtung der Aufklärung bestimmend, der die vier Generalsuperintendenten, beginnend mit Ewalds Vorgänger Ferdinand Stosch und in Ferdinand Weerth ihren Höhepunkt erreichend, angehört hätten.[32] Die pietistischen Züge, die Ewald und seinem Nachfolger Ludwig Friedrich August von Cölln zugestanden werden, kommen nicht eigens zur Geltung. Pädagogisch rechnet Arndt Ewald auf vereinfachende Weise dem Philanthropinismus zu, auch wenn diesem in Lippe trotz vereinzelter Widerstände bis zur Durchsetzung des Neuhumanismus nach 1810 eine wichtige Rolle zuzuschreiben ist.

In seiner literatur- und frömmigkeitsgeschichtlichen Untersuchung zum älteren Jung-Stilling als Erbauungsschriftsteller der Erweckung, die sich dessen periodischer Schriften zwischen 1795 und 1816 annimmt, geht Gerhard Schwinge auf Ewalds Beziehung zu Jung-Stilling ein, der in der Karlsruher Zeit dessen engster Freund werden sollte. Dabei werden vergleichsweise Ewalds Zeitschriften *Urania (für Kopf und Herz)* (1793–1796) und die *Christliche Monatschrift* (1800–1805) herangezogen.[33] Ewald selbst wird als »enorm frucht-

---

[30] Frank Aschoff, Der theologische Weg Johann Friedrich Kleukers (1749–1827) (EHS.T 436), Frankfurt/M. u. a. 1991, 184 f., 228.

[31] Johannes Arndt, Das Fürstentum Lippe im Zeitalter der Französischen Revolution 1770–1820, Münster u. New York 1992 (= Arndt), vgl. ebda., 176, 379, 381, 399; Wehrmann, 272 ff. Von den älteren Untersuchungen zur lippischen Landesgeschichte sei hier nur erwähnt: Hans Kiewning, Generalsuperintendent Ewald und die lippische Ritterschaft, in: Lippische Mitteilungen aus Geschichte und Landeskunde 4. 1906, 147–184.

[32] So auch in der auf Wehrmann zurückgreifenden überblicksartigen Darstellung von Hans Jürgen Dohmeier, Das kirchliche Leben zwischen Tradition, Aufklärung und Erweckung, in: Erhard Wiersing (Hrsg.), Lippe im Vormärz. Von bothmäßigen Unterthanen und unbothmäßigen Demokraten, Bielefeld 1990, 83–127. Dohmeier weist zu Recht auf die faktische Zurücksetzung und schließliche Aufgabe des Heidelberger Katechismus als Lehrbuch, auf neue Akzente im Glaubenbegriff und in der Anthropologie und damit auf eine Abkehr von den Vorstellungen der Kirchenordnung von 1684 hin.

[33] Gerhard Schwinge, Jung-Stilling als Erbauungsschriftsteller der Erweckung. Eine literatur- und frömmigkeitsgeschichtliche Untersuchung seiner periodischen Schriften 1795–1816 und ihres Umfelds (AGP 32), Göttingen 1994 (= Schwinge), 58 f., 169 ff., 266 u. ö. (s. Reg.); Ewalds letztes Zeitschriftenunternehmen, die *Zeitschrift zur Nährung christlichen Sinns* (1815–1819) fand keine eigene Charakterisierung mehr. Schwinge weist auf ein schon 1815 erschienenes ausführliches Verzeichnis von Ewald-Schriften hin (ebda., 58, Anm. 33), das sich im Anhang an Theodor

barer, teils spätpietistisch-erbaulicher, teils aufklärerisch-volkspädagogischer Schriftsteller« vorgestellt, dessen *Christliche Monatschrift* im Unterschied zu Jung-Stillings vom endzeitlichen Bußruf bestimmten *Grauen Mann* den »geruhsame[n], milde[n] Geist einer aufgeklärten Religiosität« atmete, wie sie zu dieser Zeit das Normale gewesen sei.[34] Von einem durch die Aufklärung hindurchgegangenen Pietismus, wie Brecht es für den frühen Ewald in Vorschlag gebracht hatte, mochte Schwinge wenigstens für die Badener Zeit nicht reden, auch wenn er der Beobachtung zustimmte, Aufklärung werde von Ewald als »christliche Kategorie« in Anspruch genommen. Insgesamt erscheint ihm neben dem Begriff des Pietismus insbesondere der der Erweckung für Ewald bei aller Vorsicht im Urteil unangemessen, jedenfalls nicht in dem Sinne, wie er für Jung-Stilling zutreffe.[35] Schwinges Arbeit erweist sich darin als hilfreich, daß sie über die von ihr selbst angesprochenen und in theologischer Hinsicht wenig erschlossenen Vergleichspunkte hinaus eine Profilierung des Verhältnisses der beiden Freunde und ihrer Positionen erleichtert. Immerhin war deren persönliche Verbundenheit von einer Grundüberzeugung getragen, die weiter ging, als gemeinhin angenommen, war sie doch stark genug, nicht unbeträchtliche sachliche Differenzen auszuhalten. Wie für Jung-Stilling fungierte auch für Ewald die reformerische Neologie als Platzhalter eines innerkirchlichen Willens zur Destruktion des Offenbarungsglaubens. Freilich ist angesichts des weithin polemischen Charakters der Auseinandersetzung zu bezweifeln, ob die Neologie – im zeitgenössischen Sprachgebrauch ein Kampfbegriff – die Ehre hatte, ein *theologischer* Hauptgegner zu sein, wie Schwinge meint.[36] Die theologische Auseinandersetzung wurde wesentlich von Seiten des sog. Supranaturalismus geführt, so von Gottlob Christian Storr (1746–1805) und der von ihm begründeten sog. älteren Tübinger Schule. Gewichtige Unterschiede zwischen Jung-Stilling und Ewald sind im Blick auf das konkret-apokalyptische Denken, die Frage des Institutionellen und die Verknüpfung von Religion und Bildung zu erwarten, während beide aufgrund ihrer Verpflichtung gegenüber einer mystischen Gestalt von Glauben und Theologie einem im Sinne Gottfried Arnolds »unparteiischen«, d. h. überkonfessionellen Christentum anhingen und gleichzeitig mit deren Hilfe eine zum Teil schroffe innerprotestantische Distanzierung von den sog. »Neugläubigen« betrieben. Damit verband sich trotz unterschiedlicher Ausprägung jener für Jung-Stilling nicht anders als für Ewald charakteristische Gedanke eschatologischer Sammlung der Erweckten des »wahren Christentums« im Vorfeld der

---

Konrad Hartleben, Statistisches Gemälde der Residenzstadt Karlsruhe und ihrer Umgebungen, Karlsruhe 1815, findet: Litterärisches Karlsruhe [...], 23–31.
[34] Schwinge, ebda., 58; 173.
[35] Zu Brecht s. ebda., 173, Anm. 519.
[36] Die neuere Verwendung des Begriffs Neologie tendiert stärker zum Epochalen, er markiert demnach die deutsche Aufklärungstheologie etwa zwischen 1740 und 1790, vgl. Art. Neologie, in: HWP 6, 718 ff.

Scheidung von Glaube und Unglaube, der die Bedeutung des Kirchlich-Institutionellen bewußt nivellierte, keiner Gruppierung zu sehr verpflichtet und doch allen gegenüber Offenheit signalisierend, soweit sie wesentliche Wahrheitsmomente des von der Liebesmystik bestimmten Christusglaubens zu vergegenwärtigen schienen. Dies gilt im Blick auf die überkommenen Kirchengestalten ebenso wie im Blick auf die Basler Christentumsgesellschaft, die Gemeinden der Herrnhuter oder die Gruppen der Tersteegenanhänger wie für alle, die sich Pietisten nannten.[37]

Eine erste ausführliche Arbeit zu Ewald legte inzwischen Johann Anselm Steiger vor.[38] Diese zeichnet sich durch eine prononciert dogmatische Betrachtungs- und Bewertungsweise aus, als deren Maßstab reformatorische Theologumena fungieren. Als charakteristisch für Ewalds Denken wird eine Dialektik zwischen – je nach Thema – »biblisch-dogmatisch« oder »biblisch-orthodox« und politisch bzw. pädagogisch »aufgeklärt« benannt. Theologisch sei Ewald den Mittelweg eines Einzelgängers zwischen Neologie und »Orthodoxismus« gegangen, der wohl pietistische Impulse aufgenommen, aber deren Einseitigkeiten überwunden habe. Seine einzigartige Statur habe er durch die kraftvolle Rezeption und Reformulierung reformatorischer Theologie gegen den theologischen und philosophischen Zeitgeist gewonnen, und dies in den Hauptbereichen Hermeneutik, Rechtfertigungslehre und Zwei-Reiche-Lehre. Allenfalls am Rande werden gewisse Schwächen – etwa in der Rezeption von Luthers Kreuzestheologie – zugestanden.[39] Auf dieser Linie wird Ewald schließlich zu einem Vorläufer der Luther-Renaissance des frühen 19. Jahrhunderts.

Der von Ewald in der Tat beschrittene »Mittelweg« muß m. E. im historischen Kontext anders bestimmt werden. Wohl lassen sich bei ihm in theologischer Hinsicht manche Affinitäten mit Luther beobachten und auch einzelne Bezugspunkte auf diesen benennen, doch von einem intensiven Gespräch mit der reformatorischen Theologie kann – anders als etwa bei J. G. Hamann – keine Rede sein. Als tragender Grund des Ewaldschen Denkens läßt es sich jedenfalls nicht ausmachen. Viele Gemeinsamkeiten erklären sich auch ohne direkte Auseinandersetzung schon aus dem existentiell orientierten, intensiven Bibelbezug, den Ewald pflegte.[40] Entscheidend aber ist, daß sich dieser in einem spätaufklärerisch-pietistischen Kontext entfaltete, in dem man sich in gut pietistischer Tradition der Fortsetzung der Reformation verpflichtet sah und immer auch Luthers Stimme gegen vermeintliche Fehlentwicklungen vor

---

[37] Vgl. Schwinge, 78 f., 86.
[38] Johann Anselm Steiger, Johann Ludwig Ewald (1748–1822). Rettung eines theologischen Zeitgenossen (FKDG 62) Göttingen 1996 (= Steiger).
[39] Für die Gesamtbewertung aufschlußreiche Wendungen finden sich bei Steiger z. B. ebda., 79, 97, 153 f., 161, 171, 186, 255, 273, 349.
[40] Vgl. die Beobachtungen von Gerhard Ebeling, Johann Caspar Lavaters Glaubensbekenntnis, in: ZThK 90.1993, 175–212, bes. 185.

allem orthodoxer Art zu Hilfe rief. Im übrigen ließe sich die augenfällige geistige Verwandtschaft des Ewaldschen wie des Lavaterschen Denkens mit der bernhardinischen Liebesmystik ohne das pietistisch vermittelte mystische Erbe nicht erklären. Insgesamt bleibt die von Steiger aus dem Interesse an einer fortdauernden Aktualität reformatorischer Theologie versuchte »Rettung« des Bibeltheologen Ewald aus »dem Meer der Vergessenheit« – inwieweit dies eine Lessingsche »Rettung« sein kann, sei dahingestellt – derart stark von dogmatischen Gesichtspunkten bestimmt, daß die historische Profilierung verliert und nicht gewinnt.[41] Dies liegt abgesehen von problematischen Implikationen des vorgetragenen Kirchengeschichtsverständnisses vor allem an einem allzu engen Pietismusbegriff. Steiger rechnet offenbar nicht mit einer spezifisch spätaufklärerischen Gestalt des Pietismus. Dabei hat schon Gerhard Kaiser in seiner zuerst 1960 erschienenen Studie *Pietismus und Patriotismus im literarischen Deutschland* anhand von Friedrich Karl von Moser, Lavater und Herder auf zahlreiche Vermittlungsleistungen von Pietismus und Aufklärung hingewiesen.[42] Viele der dortigen Beobachtungen lassen sich auch an Ewald verifizieren. Steiger unterschätzt somit nicht nur die Spannweite des »Pietismus im Übergang« vom 18. zum 19. Jahrhundert, der sich durch eine vielschichtige Aufnahme und Umprägungen klassisch-pietistischer Anschauungen auszeichnet, sondern auch die längerfristige Bedeutung des frühen – besonders auch des radikalen – Pietismus für die Geschichte religiöser Subjektivität überhaupt wie auch für den Umgang mit zentralen Problemen der Zeit, etwa die Ewald stets wichtig gebliebene Überwindung des protestantischen Konfessio-

---

[41] Hierzu gehört, daß der Anspruch auf »theologische Zeitgenossenschaft« mehr vom eigenen theologischen Denken als vom historischen Kontext her bestimmt und vermittelt ist. Auch überzeugen die »methodischen Vorüberlegungen zur Aufgabe der Kirchengeschichte« im Einleitungsteil historiographisch nicht. Diese stellen nicht nur eine – theologisch gewiß mögliche – dogmatische Begründung der Kirchengeschichtsschreibung vor, sondern reden sogar deren Unterwerfung unter das Kriterium des »reformatorischen Lehrkonsenses« das Wort, Steiger, 20–26. Wohl stimme ich der dort aufgenommenen Grundthese G. Ebelings u. a. zu, Kirchengeschichte sei Auslegungsgeschichte der Heiligen Schrift, doch diese These gewinnt ihre historiographische Relevanz erst, wenn sie in ihren verschiedenen ekklesiologischen – auch sozialen und institutionellen – Bezügen entfaltet und die Grenzziehung gegenüber dem (vor allem vorgängigen) dogmatischen Urteil gewahrt bleibt. An sich entscheidet die These, soll sie nicht auf die Auslegungsgeschichte biblischer Bücher im engeren Sinn beschränkt sein, weder über das Methodische der Kirchengeschichte als historischer Wissenschaft noch über deren Gegenstandsbereich, sie benennt nur die unabdingbare ideelle Mitte, insofern es Kirche und Glaube ohne Heilige Schrift nicht gibt. Steiger begnügt sich freilich anhand der griffigen Leitkategorien von Erinnern und Vergessen mit fundamentalen Aspekten, so daß die Geschichtsschreibung zum Glaubensakt wird und ihr geradezu Verkündigungsqualitäten zuwachsen, vgl. ebda., 444 f.

[42] Gerhard Kaiser, Pietismus und Patriotismus im literarischen Deutschland. Ein Beitrag zum Problem der Säkularisation (VIEG 24), Wiesbaden 1961 (2. erg. Aufl. Frankfurt/M. 1973, = Kaiser, Pietismus). Konzeption, Begrifflichkeit und Einzelbewertungen bedürften einer eigenen kritischen Würdigung. Zu den Gründen, auch Lavater in die Traditionslinie des Pietismus zu stellen, vgl. ebda., 24 f.

nalismus und der Diskriminierung der Juden. So kommt es bei Steiger auch zu keiner angemessenen Würdigung der Unionsgedanken Ewalds. Ungeachtet der Kritik bleiben die Bibliographie der Druckschriften Ewalds, der Autographen und Archivalien[43], die längst fällige Korrektur und Ergänzung biographischer Zusammenhänge und verschiedene Aspekte theologischer Ortsbestimmung im Rahmen einer sog. biblisch-narrativen Theologie anerkennenswert.

Im folgenden wird ein die Themenbereiche erweitert aufnehmender Weg beschritten, Ewalds Stellung im Geflecht der Strömungen seiner Zeit näher zu bestimmen. Damit soll ein Beitrag zum besseren Verständnis des spannungsreichen Wechselspiels von Aufklärung und Pietismus in der Spätaufklärungszeit geleistet werden. Die Vielschichtigkeit der behandelten Themen zeigt, wie dringlich weitere Grundlagenarbeit im Blick auf Textgattungen und Einzelautoren, vor allem aber auch das interdisziplinäre Gespräch in der Pietismus- und Aufklärungsforschung ist.[44] Von kirchen- und theologiegeschichtlicher Seite steht neben der weiteren Erhellung des pietistischen Erbes in der Spätaufklärung, dem mit Ewald ein wichtiger Referenzpunkt gegeben ist, vor allem auch eine Intensivierung der Erforschung der theologischen Aufklärung und eine weitere Profilierung der spätaufklärerischen (Reform-)Orthodoxie an. Nur so kann die Epoche des Übergangs vom 18. zum 19. Jahrhundert im Zusammenspiel der Kräfte in ihrer Eigenständigkeit besser erfaßt und auf eine Synthese der verschiedenen fachspezifischen Betrachtungsweisen hingewirkt werden.

---

[43] Schon von Wilhelm Frels wurden Ewald-Autographen nach dem Stand um 1930 aufgenommen: Deutsche Dichterhandschriften von 1400 bis 1900. Gesamtkatalog der eigenhändigen Handschriften deutscher Dichter in den Bibliotheken u. Archiven Deutschlands, Österreichs, der Schweiz und der CSR (Bibliographical Publications, Germanic Section Modern Language Association of America, 2), Leipzig 1934, Nachdr. Stuttgart 1970. In Steigers Bibliographie fehlt u. a. der Briefwechsel mit Johann Georg Müller aus dessen Nachlaß, s. den von E. Zsindely hg. Katalog, Schaffhausen 1968.

[44] Hier sei aus dem Bereich der germanistischen Pietismusforschung vor allem hingewiesen auf die fächerübergreifend interessante Arbeit von Hans-Jürgen Schrader, Literaturproduktion und Büchermarkt des radikalen Pietismus. Johann Heinrich Reitz' »Historie Der Wiedergebohrnen« und ihr geschichtlicher Kontext (Palaestra 283), Göttingen 1989 (= Schrader, Literaturproduktion), mit instruktiven Übersichten zu Forschungslage und Begrifflichkeit in Kap. I u. II; zu Pietismus, Radikalpietismus und »philadelphischer Bewegung« s. ebda., 49–73.

3 Das Ideal der »apostolischen Christusreligion«: Ewalds »Wende«

Der bislang nur unzureichend ausgewertete Briefwechsel mit Johann Kaspar Lavater (1741–1801), Johann Jakob Heß (1741–1828) und Philipp Matthäus Hahn (1739–1790) vermittelt wichtige Einblicke in die lebenslang prägend bleibenden Momente der frühen theologischen und frömmigkeitspraktischen Neuorientierung Ewalds.[1] Was gemeinhin als »Wende« bezeichnet wird, stellt sich im Kern dar als ein Prozeß der Abkehr vom überkommenen moralisch akzentuierten Reich-Gottes-Verständnis neologischer Art hin zu einer pneumatisch-pneumatologisch und heilsgeschichtlich ausgerichteten Reich-Gottes-Theologie pietistischer Prägung, wie sie J. K. Lavater und Ph. M. Hahn auf je eigene Weise vertraten.[2] Eines ihrer Spezifika liegt in der Aufnahme des spätaufklärerischen Bildungsgedankens und dessen Adaption an die tragenden

---

[1] Der in der Zentralbibliothek Zürich aufbewahrte Briefwechsel wurde von Hans Sprenger 1968 mit kurzen Anmerkungen zur jeweiligen Datierung zusammengestellt, doch erkannte Sprenger den Umfang der Korrespondenz nicht richtig (Kopien der Briefe nebst Sprengers Anmerkungen finden sich im StArch Detmold, Sign. D 71–536). Zwei Ewald zugeschriebene Brieffragmente sind auszuscheiden, es handelt sich um Brief 3 und 4 nach Sprengers Zählung, also um das zweite und dritte in Steigers Auflistung, Bibliogr. A 58, nach FA Lav. Ms 507 Nr. 267 f. Wie sich aus formalen und inhaltlichen Kriterien ergibt, stammen sie von Johann Gottfried Herder. Die Briefe finden sich nicht in der GA der Herderbriefe. Hier sei nur kurz auf die Datierungsfrage eingegangen: Für den ersten Brief ergibt sich aufgrund der Erwähnung von Goethes Umzug nach Weimar, der bevorstehenden Übersiedlung von Matthias Claudius nach Darmstadt und des nahen Jahreswechsels die schlüssige Datierung auf Ende 1774, bei Berücksichtigung des sonstigen Herder-Briefwechsels kämen die Tage vor dem 30. Dezember in Frage, vgl. GA 3, 240 f. Der nachträglichen Datierung des zweiten Brieffragmentes auf den 20. April 1774 widersprechen die inhaltlichen Kriterien nicht; die bei Steiger angestellten Mutmaßungen zur Datierung erübrigen sich also, soweit sie Ewald betreffen. Zum Nachweis des Briefwechsels in der Zentralbibliothek Zürich s. Steiger, Bibliogr. A 58–A 65. Werden im folgenden Briefnummern zur Korrespondenz Ewald – Lavater bzw. Heß genannt, beziehen sich diese auf die Anordnung Sprengers. Der erste überlieferte Brief Ewalds an Lavater vom 12. Juli 1774 dürfte den Beginn der bis ins Jahr 1800 reichenden, nicht vollständig erhaltenen Korrespondenz darstellen.

[2] Zum Begriff des Moralischen als Bezeichnung der im Gewissen gründenden praktischen Glaubensüberzeugung (Gesinnung) der Privatreligion im Gegensatz zu äußerlichen Vorstellungsarten und Vergesellschaftungsformen, wie sie die öffentliche Religion ausmacht, vgl. Semler, Christologie, 84 f., 90, 106, 111, 218 ff. u. ö., zur moralischen Reich-Gottes-Vorstellung im Gegensatz zur geschichtlichen vgl. ebda., 103 f., 108 f.; Gotthilf Samuel Steinbart, System der reinen Philosophie oder Glückseligkeitslehre des Christenthums für die Bedürfnisse seiner aufgeklärten Landesleute [...] eingerichtet, 3. verb. Aufl. Züllichau 1786 (= Steinbart, Glückseligkeitslehre), § 96, 303 ff.

Elemente der in der Bibel entdeckten, noch in der Gegenwart zugänglichen »apostolischen Christusreligion«. Subjektiv bekam der Prozeß der »Wende« für Ewald die Bedeutung einer Bekehrung, auch wenn sie keinem klassischen Schema folgte.

3.1 Aufklärungs-, Theologie- und Geistbegriff: Weichenstellungen in der Korrespondenz mit Johann Kaspar Lavater und Johann Jakob Heß

Charakteristisch für den bei Ewald sichtbaren Bekehrungstypus sind das Prozeßhafte im Fortschritt der geistlichen Selbstdeutung und die zentrale Stellung des geistlichen Lehrers, wie sie zuerst in der Einschätzung Lavaters, aber auch seiner Zürcher Freunde – unter diesen spielte neben J. J. Heß vor allem Johann Konrad Pfenninger die entscheidende Rolle –, zum Ausdruck kommt. Sie galten Ewald einmal in aufklärerischer Manier als sokratische Hermeneuten, welche das in ihm religiös Angelegte zu wecken und seiner Innerlichkeit zur rechten Selbstauslegung zu helfen verstanden, sodann nach dem Modell von Meister und Jünger als solche, die den göttlichen Ruf in die Nachfolge autoritativ vermittelten und das geistliche Wachstum begleiteten, hierin in begrenzter Weise die Funktion der »Väter« im herkömmlichen Pietismus übernehmend. Zum Selbstbewußtsein, das die neue Erfahrung einer prinzipiellen Gleichheit in der christlichen Bruderschaft vermittelte, gehörten daher die Gesten demütiger Jüngerschaft, zunächst gegenüber Lavater und dann Philipp Matthäus Hahn, im Falle Lavaters in einer tiefen Verehrung des »Herzensgenies« als *der* verkannten und mißachteten prophetischen Gestalt des Jahrhunderts zum Ausdruck gebracht.[3] Die Abschlußformeln der Briefe enthalten prägnante Verweise auf die theologische Seite der »Wende« als Hinkehr zu einer liebesmystisch gegründeten Frömmigkeit. Zentrale Topoi sind die durch die Christusliebe Gestalt gewinnende Gottebenbildlichkeit und das Offenbarwerden der göttlichen Doxa in der Glaubensgemeinschaft nach dem Maß geistlicher Erkenntnis.[4] Auch Lavater lernte Ewald als zum Freundeskreis gehörend schätzen, ein vollends vertraulicher Ton zeigt sich aber erst in den Briefen vom Jahr 1793 an, nachdem Lavater in Detmold zu Besuch gewesen

---

[3] Ewald an Heß, 17. Oktober 1776, Brief 6; vgl. Ewald an Ph. M. Hahn, 22. Juli 1778, LB Stuttgart, cod. hist. 8° 103a, 67 (zum Briefwechsel Ewald-Hahn s. Steiger, Bibliogr. 56). »Unbegreiflich wird es jedem künftigen Jahrhundert seyn, wie man Lavatern im achtzehnten mißverstanden, mißkannt, mißhandelt hat. Gott stärke ihn, daß er nicht unterliege!« Am Schluß stand der sehnliche Wunsch, von Lavater erleuchtet und gestärkt zu werden; Brief an Heß vom 17. Oktober 1776. Vgl. Ewald an Lavater, 14. Februar 1796, Brief 45.

[4] Ewald an Lavater, 17. Juli 1778, Brief 7, Abschlußformel: »Er [Gott] stärke Sie durch den, der uns zu Gottes bildern erheben will, und durch Menschen mit Christusherrlichkeit erfüllt, werd' auch gestärkt Ihr schwächerer Bruder Ewald.« Der erste Brief hatte die Wendung von der Gottebenbildlichkeit noch ohne nähere Bestimmung in den Segenswunsch für Lavaters Kur aufgenommen.

war.[5] Bis zuletzt äußerte dieser gegenüber Dritten seine Achtung vor Ewald als einem herausragend befähigten Zeugen der leitmotivisch unter dem Begriff der »wahren« bzw. »apostolischen Christusreligion« gefaßten Glaubens- und Denkweise.[6] Ewald sah sich dabei stets mehr als Nehmender; neben der Korrespondenz widmete er sich der fortdauernden intensiven Lektüre der Schriften der Schweizer, und suchte sie nach Kräften zu verbreiten.[7]

Die Beschäftigung Ewalds mit Lavater reicht hinter den Beginn des Briefwechsels im Juli 1774 zurück. Schon im ersten Brief, der im Auftrag des Fürsten Wolfgang Ernst II. von Isenburg-Birstein geschrieben worden war, um Lavaters Meinung zum Entwurf eines neuen Landeskatechismus zu erfahren, findet sich ein entsprechender Hinweis.[8] In einer kurzen Wendung des Briefes, dessen Stil in der Anrede zunächst die gewohnte Etikette wahrt, um sie sogleich in geschickter Form zugunsten überschwenglicher Verehrungs- und Freundschaftsbekundungen und dem Wunsch persönlicher Bekanntschaft zu durchbrechen, preist Ewald Lavater als den, der ihm vor kurzer Zeit zum erstenmal »eine Ewigkeit wünschenswerth« gemacht habe. Möglicherweise wird damit auf die Lektüre von Lavaters *Aussichten in die Ewigkeit* angespielt, deren dritter Band 1773 erschienen war.[9] Angenommen werden kann ein erstes Schlüsselerlebnis

---

[5] Vgl. Lavater an Ewald, 4. Oktober 1783, Brief 12. Lavater an Ewald, 25. August 1793, Brief 29.

[6] Lavater an Meta Post, 17. Januar 1799; Lavater an Johann Michael Sailer, in: Hubert Schiel, Sailer und Lavater. Mit einer Auswahl aus ihrem Briefwechsel, Köln 1928, Brief 62.

[7] Vgl. Ewald an Lavater, 22. Juli 1781, Brief 9. Ewald an Heß, 23. Sept. 1776, Brief 5. Ewald versah demnach einen nicht autorisierten, zunächst ohne Namensnennung vorgesehenen Druck von sechs in Offenbach zirkulierenden Predigten Lavaters mit einem Vorwort, was bei diesem eine allerdings nur kurzfristige Verstimmung auslöste; Ewald gab die Schuld dem ortsansässigen Buchdrucker, da er den Druck nicht habe verhindern können, habe er eben ein Vorwort dazu geschrieben.

[8] Ewald an Lavater, 12. Juli 1774, Brief 1. Zur Katechismusreform vgl. Steiger, 35 ff. Fürst Wolfgang Ernst II. hatte nach einer Zeit der Vormundschaft mitten im 7-jährigen Krieg 1759 als 24jähriger die Selbstregierung angetreten. Wie für andere kleine und mittlere Staaten, etwa für Lippe-Detmold, so war auch für Isenburg die Sanierung der Staatsfinanzen eine der Hauptaufgaben, die der Fürst mit einem strengen Sparkurs anging und erfolgreich voranbrachte. Bei den verschiedentlich in kaiserlichem Auftrag durchgeführten Schuldenzwangsverwaltungen ging ihm der wirkliche Geheime Rat Christoph Friedrich Brauer (1714–1782), vormals Kanzleidirektor in Büdingen und seit 1765 bei der Regierung in Offenbach tätig, zur Hand, dessen Sohn Johann Niklas Friedrich (1754–1813) später in Baden mit Ewald verbunden sein sollte, vgl. Klaus Peter Decker, Wolfgang Ernst II. Fürst von Isenburg – ein Regent im Zeitalter der Aufklärung. Erbauer des Birsteiner Schlosses und Förderer Offenbachs, in: Der Kreisausschuß des Main-Kinzig-Kreises (Hrsg.), Mitteilungsblatt, Beiträge zur Heimatgeschichte, 18. Jg., H. 3, 1993, 194–224, der auch auf die verwandtschaftlichen Verflechtungen zwischen den herrschenden Häusern in Isenburg, Anhalt-Dessau und Lippe-Detmold hinwies.

[9] Eine spätere Bemerkung bezeugt die Kenntnis des Werks, PüL (s. Abkürzungsverz. der Ewald-Schriften unter 15.1), H. 12, 6 f. (Predigt über I Kor 2,9 f.). Zur Schrift vgl. Peter-Michael Nikolitsch, Diesseits und Jenseits in Johann Caspar Lavaters Werk: »Aussichten in die Ewigkeit« 1768–1774 vor dem Hintergrund seiner religiösen Entwicklung – ein Beitrag zum Christologieverständnis Lavaters, (Diss.) Bonn 1977, zur äonischen Seligkeit 61 ff.

in der Auseinandersetzung mit der in existentielle Ungewißheiten führenden absoluten Prädestinationslehre (gemina praedestinatio), die ganz gegen ihre ursprüngliche Intention nicht mehr als Stütze, sondern als Gefährdung der Heils- und Glaubensgewißheit erfahren wurde, da sie mit dem menschlichen Freiheitsbewußtsein und den Grundsätzen der Moralität nicht vereinbar schien. Sowohl beim Fürsten, der den Auftrag zum Anschreiben Lavaters gab, als auch bei Ewald zeigte sich ein ausgeprägtes Interesse an Lavater, der nebst dem Fürsten auch Ewald bald darauf in Offenbach besuchte.[10]

Das auf dieser Ebene mit dem Fürsten enger werdende Verhältnis führte später zu dem Vorwurf, die von Ewald 1778 öffentlich bekannte theologische »Wende« sei politisch motiviert gewesen.[11] Der Fürst, der ebenfalls mit Lavater in einen Briefwechsel trat, berief in der Folgezeit auf die Pfarrstelle in Offenbach nach dem Weggang Ewalds nacheinander zwei Männer aus Lavaters Umkreis in Zürich, zunächst Johann Jakob Stolz, der die Pfarrstelle von 1781 bis 1784 bekleidete, dann Georg Christoph Tobler, der das Amt von 1784 bis 1792 versah.[12] Schon zu Ewalds Zeiten bildete sich im höfischen Umfeld ein Freundeskreis mit regem Bücher- und Briefaustausch, der nach dessen Weggang maßgeblich von J.J. Stolz und seinen engen Kontakten zum Fürsten

---

[10] Lavater besuchte Ewald offenbar am 1. August 1774. Zur Reise und den Kontakten Lavaters u. a. mit Johann Georg Hasenkamp, Samuel Collenbusch und den Brüdern Jacobi vgl. Jung-Stilling, Lebensgeschichte, 319 f.

[11] Brief Ewalds an Philipp Matthäus Hahn vom 27. Januar 1779, LB Stuttgart, cod. hist. 8° 103a, 137–145, 142. Möglicherweise reagierte Ewald mit seinem »Bekenntnis« auf derartige Vorwürfe.

[12] Zu Stolz, der den Fürsten auch über theologische Streitigkeiten in Zürich auf dem laufenden hielt, ergab sich schnell ein außergewöhnlich vertrauliches Verhältnis, wie es mit Ewald nicht zustande gekommen war. Briefe von Stolz an den Fürsten finden sich in: BirArch Korrespondenzen, Nr. 14431, St. 14–25 (vom 26. September 1781 – 27. April 1784); die Anrede klang schon von St. 15 (Brief vom 2. Juli 1782) an: »Bester Fürst«; außerdem finden sich Briefe von Stolz in den Korrespondenzen Nr. 14433. 1782 begleitete Stolz den Fürsten auf einer mehrwöchigen Schweizerreise. Lavater lobte 1782 den Fürsten als Vorbild gelebter Christusfrömmigkeit, benahm er sich doch gegenüber dem neu ins Amt getretenen Stolz jenseits aller Standesgrenzen wie ein Freund und Bruder, Johann Caspar Lavater, Sämtliche kleinere Prosaische Schriften vom Jahr 1763–1783, Bd. 3, Briefe, Winterthur 1785 (Nachdr. 1987, 3 Bde. in 1 Bd.), 318 f. Im Birsteiner Archiv (= BirArch) sind tägliche Gebete von der Hand des Fürsten erhalten, BirArch, Nr. 4675, ebenso Briefe Lavaters an den Fürsten und Antwortkonzepte aus den 80er Jahren, BirArch Korrespondenzen, Nr. 14431, St. 68–78. Zur Berufung von Stolz vgl. St. 70, Brief vom 6. August 1781. Unter der Korrespondenz findet sich z. B. auch ein Trostbrief zum Tod der ersten Frau von Wolfgang Ernst II., Sophie Charlotte, St. 69, Brief vom 13. Oktober 1781; Erwähnung fand der Besuch Lavaters beim Fürsten im Juli 1782 auf einer Reise, die ihn von Frankfurt über Offenbach, wo Stolz ihn um den sonntäglichen Predigtdienst gebeten hatte, nach Wilhelmsbad und Hanau und wieder zurück führte, St. 71, Brief vom 14. Juli 1782. Im Juni 1786 kündigte Lavater eine weitere Reise in Begleitung seines nach Göttingen gehenden Sohnes und seinen Besuch in Offenbach an, St. 78, Brief vom 2. Juni 1786. Welches Gewicht Lavater seiner Stimme beim Fürsten gab, zeigen die Vermittlungsversuche im publik gewordenen Streit zwischen Wolfgang Ernst II. und dessen Bruder wegen umstrittener Apanagegelder in den 80er Jahren, BirArch, Korrespondenzen, Nr. 14431, St. 72–76 (Briefe aus den Jahren 1782 bis 1784).

geprägt wurde.¹³ Nicht weniger positiv beeindruckt von Wolfgang Ernst II. und seiner Gemahlin als Lavater zeigte sich 1799 Jung-Stilling, nachdem er sie persönlich kennengelernt und in der territorialen Nachbarschaft Isenburg-Büdingen ebenfalls die »wahre Christus-Religion« vertreten gesehen hatte, dort durch den regierenden Grafen Ernst Casimir, seine Frau und deren Schwester, Gräfin Caroline von Bentheim-Steinfurt, mit der er einen Briefwechsel führte.¹⁴

Kam somit Ewalds Interesse an Lavater mit gleichgerichteten Neigungen im Fürstenhaus überein, so verlegt eine Andeutung im frühen Austausch mit Heß den Wunsch nach Kontakt und Orientierungshilfe durch den Lavaterkreis bis in die Anfänge seiner Bekanntschaft mit der »neueren Theologie« zurück.¹⁵ Ob damit eine in die Studienzeit in Marburg zurückreichende Unzufriedenheit mit Positionen im Umkreis der sog. Neologie gemeint ist, bleibt offen. Eine explizite Kritik seiner theologischen Lehrer findet sich jedenfalls nirgends, auch der in dieser Hinsicht am ehesten in Frage kommende Carl Wilhelm Robert (1740–1803) wird von Ewald nicht in einem derartigen Zusammenhang zur Sprache gebracht. Vielmehr empfahl er noch 1792 als Generalsuperintendent anläßlich eines Vorschlags zur auswärtigen Prinzenerziehung neben Jung-Stilling gerade den inzwischen ins juristische Fach gewechselten Robert als Vertrauensperson in Marburg, was bei gewichtigen theologischen Differenzen sicher unterblieben wäre.¹⁶ Anläßlich einer Reise im Jahr 1796 stattete er Robert einen Besuch ab, wobei diese Begegnung wie die Erinnerung an das einstige Studium zu keinerlei negativen Assoziationen anregte.¹⁷ Fest steht, daß der Studienfreund Jakob Ludwig Passavant (1751–1827) den frühen Wunsch nach Kontakt mit den Zürchern immer wieder in Erinnerung rief.¹⁸ Passavant blieb auch in Detmold einer der engeren Freunde

---

¹³ So kam die franz. Ausg. von Lavaters »Physiognomischen Fragmenten« schon im Dezember 1782 ins fürstliche Haus. BirArch Korrespondenzen, Nr. 14431, St. 15 ff., vgl. Korrespondenzen, Nr. 14433, Brief von Stolz an den Fürsten vom 1. November 1783 nach Erhalt des »Christlichen Magazins« und der »Sammlungen zu einem christlichen Magazin«.

¹⁴ Jung-Stilling, Lebensgeschichte, 525. Über die Spannungen unter den Zürcher Theologen war der Fürst im Februar 1776 von Kaspar Fels aus Genf unterrichtet worden. Dieser war einst Prinzenerzieher am Hof in Birstein gewesen und sowohl mit Balthasar Pietsch, Mitglied der Offenbacher Regierung und ebenfalls mit der Prinzenerziehung betraut, als auch mit dem Birsteiner Hofprediger und Inspektor Georg Heinrich Emmerich (1734–1795) verbunden; Pietsch und Emmerich wurden Ewalds Freunde. BirArch Korrespondenzen Nr. 14431, St. 34, 24. Februar 1776.

¹⁵ Vgl. die wohl nicht nur hyperbolische Aussage gegenüber Lavater Ende 1777 (Brief 7), »das Christenthum« habe ihm nie recht gefallen, bevor er Lavaters Schriften kennengelernt habe.

¹⁶ Es dürfte also zu einfach sein, Robert als Vermittler der später von Ewald aufgegebenen und bekämpften »Aufklärungstheologie« anzusehen, Steiger, 31, vgl. ebda., 58.

¹⁷ StArch Detmold L 77 B, Fach 2, Nr. 12, 77 ff., Gutachten vom 2. Oktober 1792; Ewald, Fantasieen auf der Reise, und bei der Flucht vor den Franken, von E. P. V. B. Herausgegeben von J. L. Ewald, Berlin 1797, 83 ff.

¹⁸ Ewald an Heß, 17. Oktober 1776, Brief 6. Zu Passavant als Teilnehmer an Roberts Kreis vgl. Steiger, 31 f. Passavant wurde 1787 nach Detmold berufen, kurze biogr. Angaben finden

Ewalds.[19] Insgesamt deutet nichts darauf hin, daß Ewald jemals ein ausgesprochener Verfechter der von ihm später so vehement bekämpften aufklärerischen Neologie war, auch wenn er sich im Zeichen seiner Neuorientierung von ihrem verderblichen Einfluß infiziert sah.[20] Im wesentlichen trat Ewald in eine schon vielseitig entwickelte Frontstellung gegen die »Berliner Aufklärung« ein. Dabei mag die eigene Schwäche in der rein diskursiven Argumentation und das nie ganz verlorene Bewußtsein, mit dem Gegner ein gemeinsames Anliegen zu teilen, die Massivität der Polemik mit befördert haben. Beiden Richtungen ging es darum, in mehr oder weniger großer Freiheit gegenüber konfessionellen Bindungen den Menschen der Zeit unverstellte Wege zu den biblischen Grundlagen des Glaubens zu weisen. Die »Berliner Aufklärung« wurde für Ewald im Zuge der eigenen Profilierung zum Inbegriff einer den christlichen Glauben zerstörenden Form theologischer Aufklärung, deren positives Gegenstück er selbst zu vertreten suchte. Ihm zufolge übte die »falsche« Aufklärung nicht nur legitime Kritik an Aberglauben und Vorurteil, sondern machte unter Mißachtung der sinnlichen Natur des Menschen den Glauben wie Gott zu einem Konstrukt der Vernunft und hob damit die konkrete Existenz des Menschen und die ihn tragenden religiösen Gewißheiten auf. Diese Form der Aufklärung schien nicht nur eine übermächtige Partei innerhalb der theologischen Wissenschaft zu vertreten, gegen die Ewald 1776 bei J.J. Heß die Gründung einer theologischen Zeitschrift anregte, sondern auch Ausdruck eines sich christlich gebenden praktischen Deismus zu sein, der sog. »Berliner Religion«. Das neologische Anliegen einer Vermittlung von biblischem Wissen und neuzeitlich-aufgeklärtem Bewußtsein fand kein Verständnis.[21]

---

sich bei Philipp Meyer, Die Pastoren der Landeskirchen Hannovers und Schaumburg-Lippes seit der Reformation, Bd. 2, Göttingen 1942, 158.

[19] Es war höchstes Lob, wenn Ewald gegenüber Lavater 1791 versicherte, der unter Heimweh nach seiner Schweizer Heimat leidende Passavant sei ihm das geworden, was Pfenninger Lavater war, Ewald an Lavater, 25. April 1791, Brief 17. Zu Passavants Nervenleiden, für welches das rauhe Klima in Detmold mitverantwortlich gemacht wurde, vgl. Ewald an Lavater, 3. Oktober 1792, Brief 26. Passavant kümmerte sich nach dem Tode Pfenningers 1792 mit um die Existenzsicherung für dessen Familie, vgl. Ewald an Lavater, 25. Dezember 1792, Brief 27.

[20] Als Hauptvertreter der Neologie kommen in Betracht: Johann Salomo Semler, Johann Friedrich Wilhelm Jerusalem, Wilhelm Abraham Teller und, weniger eindeutig, Johann Joachim Spalding, vgl. Brief Ewalds vom 17. Oktober 1776 an Heß. Zur bibelorientierten Überwindung des orthodoxen Lehrbegriffs in der Neologie auf der Basis des Simplizitäts- und Allverständlichkeitsideals vgl. Johann Friedrich Wilhelm Jerusalem, Betrachtungen über die vornehmsten Wahrheiten der Religion. Ausgew. u. hg. v. Wolfgang Erich Müller (Niedersächsische Bibliothek Geistlicher Texte 2), Hannover 1991 (= Jerusalem, Betrachtungen), 266 f., 289 f. (aus: Nachgelassene Schriften, T. 1, Braunschweig 1792); Wolfgang Erich Müller, Johann Friedrich Wilhelm Jerusalem. Eine Untersuchung zur Theologie der »Betrachtungen über die vornehmsten Wahrheiten der Religion«, Berlin 1984.

[21] In der Zeitschriftenfrage bat Ewald Heß um Absprache mit Lavater und Pfenninger, erhielt aber von Heß, der sich mit dem Gedanken auch schon getragen hatte, zunächst keine und dann eine wegen Überlastung ablehnende Antwort. Briefe an Heß, 23. September und 17. Oktober

Von dieser für die Zeit nach der »Wende« typischen Frontstellung ist im Blick auf das in Ewalds erstem Brief vorgetragene aufklärerische Interesse des Fürsten an einer Katechismusreform noch nichts zu bemerken. Der parallel zur »Besserung« des Volks verwendete Aufklärungsbegriff, dem die Rede von einer »aufgeklärten« oder »bessernden« Religion entspricht, wird noch ausschließlich als offener Bildungsbegriff für ein zentrales kirchliches Reformanliegen in Anspruch genommen. Ihm liegt die Überzeugung von der Untauglichkeit der konfessionellen Glaubensvermittlung zur Erzielung von Glaubensfrüchten zugrunde.[22] Der Heidelberger Katechismus leistete demnach nicht mehr, was er im Sinne christlicher Heiligung leisten sollte, darin wußte man sich mit Lavater einig.[23] »Aufklärung« ist hier ganz vom religiösen Bildungsinteresse an einer auf individueller Überzeugung basierenden praktischen Lebensführung bestimmt, die sich mit dem pietistischen Heiligungsstreben berührt und nicht näher dogmatisch abgegrenzt wird.[24] Dieses Aufklärungsverständnis wird Ewald auch nach seiner »Wende« mit spezifischeren Inhalten weiter in Anspruch nehmen.

Es bleibt auffällig, daß Lavater an dem ihm 1774 vorgelegten Katechismusentwurf, der aus der Hand Ewalds stammte, keine fundamentale inhaltliche Kritik übte, sondern diesen im Gegenteil für vergleichsweise gut und brauchbar hielt. Insgesamt entsprach er freilich seinem hohen Ideal nicht, das er selbst nach jahrelanger Beschäftigung mit der als äußerst schwierig empfundenen Materie zwar vor Augen, aber nicht erreicht hatte: Ein Lehrbuch, das in toto wie das Neue Testament seinen Mittelpunkt in der Person Jesu als concretissimum göttlicher Offenbarung habe.[25] Nicht die Vermittlung dogmatisch korrekter Begriffe und Vorstellungen in reformatorisch-orthodoxer Tradition bewegte ihn, sondern die Frage, wie die Person Jesu in Aufnahme der biblischen

---

1776; Christliche Monatschrift [...], hg. v. J. L. Ewald (= ChrM) 1803.2, 473 f. (Ewalds Beiträge zur Zeitschrift finden sich jahrgangsweise bei Steiger, Bibliogr.).

[22] Zum Begriff der »Besserung« vgl. Speners Rede von der »gottgefälligen Besserung« im Untertitel der »Pia desideria«; zur Parallelisierung von Besserung und Erbauung vgl. GVUL 8, 1473.

[23] Religiöse Aufklärung war in diesem Sinne bestimmt als (lern-)pädagogisch motivierte Abkehr vom Heidelberger Katechismus als Lehrbuch in einem Programm religiöser Volksbildung, das die kontroverstheologischen Momente durch die Rückbesinnung auf die biblische Sprachwelt zu neutralisieren suchte, ohne den Rahmen der konfessionellen Lehrnorm der Kirche zu sprengen, d. h. den Heidelberger Katechismus als Bekenntnisgrundlage explizit in Frage zu stellen. Dies führte freilich zwangsläufig zu einer Entwertung des Heidelberger Katechismus, mochte er im konkreten Fall auch formell noch dem neuen Katechismus beigedruckt sein, um bei der Konfirmation Verwendung zu finden; anders Steiger, 36 ff.

[24] Zur Aufnahme des Aufklärungsbegriffs bei Lavater vgl. dessen Definition als Unabhängigkeit von allen fremden, d. h. ungeprüften Meinungen und Systemen, in: Orelli (Hrsg.), Lavater, Ausgewählte Werke (= Orelli) Bd. 2, 140, nach: Lavater, Anarchis (1795).

[25] Lavater an Ewald, Mitte Juli 1774, Brief 2. Vgl. Ebeling, Lavater, 85, Anm. 121 (dort die Briefstelle nicht quellenmäßig nachgewiesen), wieder in: Karl Pestalozzi, Horst Weigelt (Hrsg.), Das Antlitz Gottes im Antlitz des Menschen. Zugänge zu Johann Kaspar Lavater (AGP 31), Göttingen 1994, 23–60 (mit einer Berichtigung), 52, Anm. 121.

Berichte wieder zur konkreten Gestalt für die Gegenwart werden könne. Einen formaldogmatischen Aufbau, wie er im Frage – Antwort – Schema noch am leichtesten zu verfolgen war, hatte Lavater zugunsten des Erzählzusammenhangs der biblischen Geschichte mit ihrer imaginativen Kraft, der schließlich auch für Ewald zentral werden sollte, schon aufgegeben. Theologische Gegensätze im engeren Sinne machte Lavater nicht namhaft, der Aufklärungsbegriff wird nicht problematisiert. Diese wohl kaum nur diplomatisch gemilderte, sondern ausgewogene und im Bewußtsein der Schwierigkeit der Aufgabe vorsichtige Kritik radikalisierte Ewald später zur Profilierung seiner »Wende« zum massiven Selbstvorwurf, an der Einführung eines gänzlich untauglichen Katechismus mit sozinianischen und deistischen Elementen mitschuldig geworden zu sein, was ihn bis in die letzten Lebensjahre hinein beunruhigte.[26]

Soziale Aspekte des offen bildungsorientierten Aufklärungsbegriffs kommen in dem nach Abschluß der Katechismusreform im Austausch mit J. J. Heß über ein *Christliches Lesebuch für den gemeinen Mann* zur Sprache, von dem Ewald einen Entwurf angefertigt hatte.[27] Dieses Lesebuch sollte eine Art Volkskatechismus für Erwachsene zur sonntäglichen häuslichen Lektüre werden, die vorhandenen Erbauungsbücher und konfessionell orientierten Schriften verdrängen und die elementaren Inhalte kirchlicher Lehre als Biblische Geschichte erzählend darbieten. Andere Inhalte volksaufklärerischer Bemühungen, wie sie später im dritten Band des Ewaldschen Lesebuchs hinzukommen sollten, wurden ausdrücklich als minder wichtig ausgeschlossen. Auch wenn aus naheliegenden Gründen ein direkter Angriff auf die herkömmlichen Katechismen unterblieb, war das Unternehmen Zeichen zur Bereitschaft ihrer Verdrängung, da das Lesebuch deren alten Anspruch einlösen sollte, das Nötige zum Leben und seligen Sterben zu vermitteln. Ewald war sich dessen bewußt, daß vom »gemeinen Mann« keine ausgeprägte Lesebereitschaft zu erwarten war, so daß ein derartiges Unternehmen von vornherein den Charakter einer Verlegenheitslösung trug und an sich auf eine Verbesserung der Elementarbil-

---

[26] Ewald an Friedrich Heinrich Christian Schwarz, Schwiegersohn Jung-Stillings, am 2. Juli 1816, UB Basel, Nachlaß Schwarz XIV 18,3–4; insg. s. Steiger, Bibliogr., A 3–A 4. Wolfgang Ernst II. hatte sich demnach später noch bei Ewald nach der Möglichkeit einer Revision erkundigt; er wäre offenbar sogar auf Anraten Ewalds zu einer gänzlichen Abschaffung des Katechismus bereit gewesen, hatte aber vor dem Widerstand der Bevölkerung, der noch stärker als bei dessen Einführung war, kapituliert. Steiger sieht den ersten Brief Ewalds an Lavater als Beleg, daß Ewald »der aufgeklärten Theologie in einem neuen Katechismus zum Durchbruch« habe verhelfen wollen, wobei diese Theologie »aufgeklärt« im Sinne christologischer Defizite war, die Ewald freilich habe kaschieren wollen. M. E. kann Lavaters Kritik nicht mit der späteren Selbstkritik Ewalds eins gesetzt werden.

[27] Ewald bat Heß, der sich in Offenbach u. a. durch seine 1776 erschiene *Geschichte der Patriarchen* bereits einen Namen gemacht hatte, um seine Meinung; Briefe vom 23. September und vom 17. Oktober 1776 (5 und 6). Der Ewaldsche »Entwurf« ist abgedr. bei Steiger, 520–524. Ein Schriftenverzeichnis zu Heß findet sich bei Friedhelm Ackva, Johann Jakob Heß (1741–1820) und seine Biblische Geschichte. Leben, Werk und Wirkung des Zürcher Antistes (BSHST 63), Frankfurt/M. u. a. 1992 (= Ackva), 286–299.

dung drängte.[28] Heß sah sich mit seinem anvisierten Leserkreis bürgerlichen Mittelstandes in einer gänzlich anderen Ausgangslage. Er konnte auf ein Lesebedürfnis eingehen, das real vorhanden war, entsprechend war sein bildungsorientierter Aufklärungsbegriff weit optimistischer gegenüber der möglichen und nötigen Vermittlungsleistung von Geschichtskenntnissen und Realien.[29] Der zum schlichten Glauben bestens gestimmte Landmann brauchte nach Ewald nur ein geringes Maß an »sogenannter« Aufklärung im Sinne der Vermittlung von Bildungswissen eines städtischen Bürgertums, das als Mittelstand zwischen elitärem Gelehrtenzirkel und Masse der Ungebildeten eine möglichst einfach begreifliche, vom Mysterium entledigte Religion nach dem »bon sens« verlange. Dies Religionsverständnis zu verallgemeinern hieße jedoch, das Volk zu entmündigen, das Gott hauptsächlich im feierlichen Dunkel und Wunderbaren des Numinosen suche und finde.[30] Die Distanz zum innerbürgerlichen Bildungsprozeß war Ewald wichtig, da er den »gemeinen Mann« nicht nur als bildungsbedürftig, sondern auch als vom bürgerlichen Bildungswillen bedroht ansah. Dies weist auf die prinzipielle Ambivalenz des volksaufklärerischen Engagements, sich einerseits des Zaubers eines unreflektierten Daseins, wie es besonders beim Landmann gesehen wurde, als Indikator bürgerlicher Krisenphänomene zu bedienen, andererseits aber die zivilisatorische »Roheit« des Landmanns zu beklagen und deren Überwindung zu fordern. Inwieweit Religion überhaupt wesentlich vom Mysterium bestimmt ist, kam trotz der Kritik an einer nur oberflächlich aufgeklärten bürgerlichen Religiosität bei Ewald nicht weiter zur Sprache, obwohl sich gerade hier das Aufklärungsverständnis hätte profilieren können und ihm zweifellos ein nicht geringes Potential innerbürgerlicher Kritik am Verlust von religiöser Unmittelbarkeit und Ursprünglichkeit innewohnt, wie sie vom Rousseauschen Naturverständnis her begünstigt wurde. Einig war man sich darin, daß religiöse Aufklärung als Unterricht im wesentlichen an das Erfassen von Geschichte als Modus göttlicher Offenbarung gebunden ist, wie sie die Heilige Schrift bietet.

In der Unterscheidung von »wahrer« und »falscher« Aufklärung, die Heß in seiner Antwort näher zu bestimmen versuchte, überlagern sich verschiedene Gesichtspunkte.[31] »Wahre« Aufklärung, die J. J. Heß zufolge den Kriterien von

---

[28] Zum allg. Problem vgl. Reinhard Wittmann, Der lesende Landmann. Zur Rezeption aufklärerischer Bemühungen durch die bäuerliche Bevölkerung im 18. Jahrhundert, in: Der Bauer Mittel- und Osteuropas im sozio-ökonomischen Wandel des 18. und 19. Jahrhunderts. Beiträge zu seiner Lage und deren Widerspiegelung in der zeitgenössischen Publizistik und Literatur, hg. v. Dan Berindi u. a., Köln 1973, 142–196.
[29] 23. September 1776, Brief 5.
[30] Ewald an Heß, 17. Oktober 1776, Brief 6. Steiger übersieht die schichtspezifische Argumentation.
[31] Der Brief ist im Briefwechsel nicht enthalten, es findet sich aber in der *Christlichen Monatsschrift* 1803 ein Briefauszug, bei dem es sich um das Schreiben von Heß handeln dürfte, ChrM 1803.2, 470–474 (undat., ohne Anrede, der Briefanfang fehlt, das übrige mit klarem Bezug zu Ewalds vorausgegangenem Brief, dem Sinne nach vollständig).

Vernunft und biblischer Offenbarung gleichermaßen entsprechen muß, wird als pädagogisch geschickte Vermittlung richtiger Vorstellungen (»Begriffe«) von biblischer Lehre und Geschichte zunächst aufklärerisch im klassischen Sinn der Kritik an Vorurteil und Aberglaube verstanden und umfaßt als solche immer auch die Vermittlung von Bildungswissen. Darüber hinaus aber – hier lag Ewalds Schwerpunkt – ist sie Verkündigung, die ihr Vorbild im erfahrungsbezogenen und sinnenfälligen Gleichnis Jesu hat. Ihre Kunst wird darin gesehen, Menschen erst auf ihr neues Sein vor Gott anzusprechen, bevor sie als Subjekte der Sittlichkeit in den Blick kommen. Die Verschiebung der Akzente gegenüber dem klassischen Schema von Gesetz und Evangelium ist ebenso offenkundig wie die pädagogische Differenzierung.[32] Jede soziale Schicht braucht demnach den ihr angemessenen Umfang und die für sie geeigneten Methoden von Aufklärung. Unter diesen Prämissen scheute sich Heß nicht, Ewalds besonderes Bemühen um die unteren Bevölkerungsschichten als dessen besondere Gabe zu loben und ihn und sich selbst gerade in ihrer unterschiedlichen Zielgruppe als aufgeklärte Bibelfreunde zu sehen.[33]

Die für Ewalds theologische Entwicklung wichtigen Fragestellungen, die mit Lavater und später mit Ph. M. Hahn zur Sprache kommen, beziehen sich wiederholt auf pneumatisch-pneumatologische Sachverhalte, für die man in der zeitgenössischen Theologie keine angemessene Behandlung fand. Drängende Unklarheiten bestanden in der Frage nach einer zeit- und sachgemäßen Interpretation der biblischen Geistesgaben (spezielle Berufung), der Gebetserhörung (spezielle Offenbarung) und der Heils- und Erwählungsgewißheit (Prädestinationslehre). Zunächst wünschte Ewald von Lavater oder Pfenninger – nicht von Heß – eine ausführliche Erörterung zur Aktualität biblischer Geistesgaben.[34] Die Frage hatte ihn schon seit geraumer Zeit bewegt. Sie war Gegenstand einer nicht näher bekannten Korrespondenz mit dem befreundeten Birsteiner Hofprediger Georg Heinrich Emmerich gewesen, die allerdings zu keinem befriedigenden Ergebnis geführt hatte.[35] Ewald sah sich im Zwie-

---

[32] Der »falschen« Aufklärung fehlte es nicht unbedingt an der Einsicht in die richtigen Inhalte, sondern am mangelnden Bewußtsein der Vermittlungsproblematik. Bildungswissen wurde nur zu leicht zum Machtwissen, der einfache Gläubige zum Opfer der Scheinautorität gelehrter Abstraktion und begrifflicher Schlußverfahren. Darauf zielt auch das bei Ewald immer wieder beklagte oder verspottete »Vernünfteln«.

[33] Bei Ewald meldeten sich gegenüber Heß deutliche Vorbehalte, die jedoch nicht aufgearbeitet wurden. Heß besaß für ihn eine zu optimistische Sichtweise von der Möglichkeit und dem Nutzen religiöser Volksaufklärung. Sein Schweigen gegenüber Heß entschuldigte Ewald damit, erst weitere Erfahrungen sammeln zu müssen. Ewald an Lavater, 17. Juli 1778, Brief 7.

[34] Ewald an Heß, 17. Oktober 1776, Brief 6. Zur Frage der Hoffnung auf Wiederkehr des Geistes in der Christusreligion vgl. auch ChrM 1804.1, 401–416, mit Nachbemerkung Ewalds, ebda., 416 f. (vgl. Steiger, Bibliogr. 253).

[35] Emmerich hatte 1751 mit dem Studium in Marburg begonnen und es noch im selben Jahr in Basel fortgesetzt; er stammte aus ähnlichen Verhältnissen wie Ewald, der Vater war zunächst Verwalter und dann Amtsschultheiß und Hofkeller. Die Pfarrergeschichte des Sprengels Hanau (»Hanauer Union«) bis 1968. Nach Lorenz Kohlenbusch bearb. v. Max Aschkewitz, Bd. 2

spalt: Obwohl sich die Anschauung von der Dauer der Geistesgaben als substantiell-realer göttlicher Krafterweise – was sowohl die unmittelbare Einwirkung des Heiligen Geistes in den Gang der Dinge selbst als auch die fortdauernde Begabung der Christen mit den urchristlichen Geistesgaben umschloß – schwerlich mit seinem allgemeinen Gottes- und Vorsehungsglauben vereinbaren ließ, fand er dagegen doch keine stichhaltigen exegetischen Argumente.[36] Der kirchlich-dogmatischen Tradition kam keine merkliche Orientierungsfunktion mehr zu, die Bibel wurde zur kritisch gegen die Tradition gewendeten Vergewisserungsinstanz. Die Bibel verloren und bis in die ersten Jahre seiner pfarramtlichen Tätigkeit nicht wiedergewonnen zu haben, gab Ewald später seiner strengen religiösen Erziehung die Schuld, an der Valentin Wudrians *Kreuzschule* maßgeblichen Anteil gehabt habe.[37] Noch 1798 wurde

---

(VHKHW 33), Marburg 1984, 528. Die weiter nicht bekannte Korrespondenz mit Emmerich wird auch in Ewalds Brief an Lavater vom 22. September 1783, Brief 11, erwähnt. Lavater lernte Emmerich 1782 in Birstein kennen, Lavater, Sämtliche kleinere Prosaische Schriften vom Jahr 1763–1783, Bd. 3, Briefe, Winterthur 1785 (Nachdr. Hildesheim u. a. 1987, 3 Bde. in 1 Bd.), 319. Später trat Emmerich als Vermittler von Schriften aus dem Lavaterkreis an den Fürsten hervor, Ende der 80er und Anfang der 90er Jahre pflegte er enge erbauliche Kontakte zu Mitgliedern des Anhaltinischen Fürstenhauses, die in Homburg vor der Höhe Wohnung genommen hatten. BirArch Korrespondenzen Nr. 14439.

[36] Lavater war schon 1769 mit seinen in ähnliche Richtung zielenden Fragen recht freimütig an zahlreiche Zeitgenossen mit Bitte um Antwort herangetreten, unter anderem an Herder, der darauf freilich nicht einging. Lavater, Drey Fragen von den Gaben des Heiligen Geistes. Allen Freunden der Wahrheit zur unpartheyisch-exegetischen Untersuchung vorgelegt [...] Im September 1769 (Weigelt, Lavater, 185); Ernst Staehelin (Hrsg.), Johann Caspar Lavaters ausgewählte Werke (= Staehelin) 1, Zürich 1943, 206 ff. Vgl. Herder, Briefe GA 2, Nr. 127 (Brief vom 30. Oktober 1772).

[37] Von der in strenger Regelmäßigkeit abgehaltenen Hausandacht mit fortlaufender Bibellese und anschließender Lektüre eines Abschnittes aus Valentin Wudrians Trostbuch *Kreuzschule* setzten sich vor allem die elterlichen Ermahnungen und Strafen in der Erinnerung fest; BRU 75, vgl. Ausg. 1819/1823, 87; ERB, 83; Valentin Wudrian, Schola crucis et tessera christianismi [...], 6. Aufl. Frankfurt 1719 (1. Ausg. Hamburg 1627). Auch in späteren Äußerungen monierte Ewald die verbreiteten Fehler religiöser Erziehung: Sie führe nicht in den »Geist der Bibel« ein, sondern male das Spinnengewebe eines Systems menschlicher Vorstellungsarten vor Augen, worin »der hohe [Erziehungs-]Plan Gottes wie ein Prozeß vor der Amtsstube, und die Besserung der Menschen« wie ein chemischer Prozeß« erscheine. Diese Redeweise deutet weniger auf pietistische als auf orthodoxe Einseitigkeiten, die Ewald auch anderweitig kritisierte (das imputative Rechtfertigungsverständnis und den primär von der Taufwiedergeburt her bestimmten Heiligungsbegriff), AR II, 93 f. Steiger, 29, vermutet beim Vater ohne zureichenden Grund eine pietistisch geprägte Frömmigkeit. Zur Verbreitung von Wudrian vgl. die Lokaluntersuchung von Hildegard Neumann, Der Bücherbesitz der Tübinger Bürger von 1750 bis 1850. Ein Beitrag zur Bildungsgeschichte des Kleinbürgertums, München 1978, 23, 29. Zwischen 1750 und 1760 gehörte Wudrian nach J. Arndts *Paradiesgärtlein* und den *Vier Büchern vom wahren Christentum* zu den verbreitetsten Erbauungsbüchern; zwischen 1800 und 1810 bildeten neben Arndts Werken J. F. Starcks *Handbuch* die Spitze, Wudrian trat zurück; immerhin fand er sich nicht viel weniger zahlreich als Steinhofers oder G. Chr. Storrs Predigten, um dann im Zeitraum zwischen 1840 und 1850 wie auch Storrs Predigten nur noch in kleiner Zahl aufzutauchen, während sich Starcks Handbuch noch weiterer Verbreitung erfreute.

dieses Werk von ihm als Beispiel problematischer kirchlicher Tradierung massiver abergläubischer und angsteinflößender Teufelsvorstellungen genannt.[38]

Diese offenen Suchbewegungen nach einem existentiell entlastenden Glaubensverständnis gehören wesentlich mit zum Prozeß der theologischen und geistlichen Neuorientierung, der zu einem Durchbruchserlebnis führenden Lektüre von Lavaters drittem Teil der *Physiognomischen Fragmente*.[39] Die Begegnung mit diesem Werk, das ihm vom Fürsten Ende 1777 ausgeliehen worden war, wurde als bislang unbekannte Geist- und Krafterfahrung mit Offenbarungscharakter erlebt. Sie markiert den gemeinhin als »Wende« bezeichneten Einschnitt, der über das primär moralische Verständnis des Reiches Gottes als allgemeinem Zielbegriff vernünftig-sittlichen Handelns im Leibnizschen Sinne hinaus auf eine konkret erfahrungsbezogene »Theologie der Gestalt« wies, die den traditionellen Antagonismus von Geist und Sinnlichkeit und damit die These vom Primat der Vernunft in Sachen Religion zu überwinden versprach.[40] Von den Begleittexten beeindruckten daher insbesondere die Ausführungen zum Mehrwert der Religion gegenüber der Tugend in Anknüpfung und Abgrenzung von Johann Joachim Spalding, die für Ewald grundlegende Bedeutung erlangten. Der Glaube existiert demnach in einer vom Anruf Gottes her eröffneten Unmittelbarkeit, die sich im religiösen Gefühl als einer Art göttlicher Uraffektion – auch unabhängig von dessen ethischen Implikationen – niederschlägt, und zwar aufgrund eines schöpfungsmäßig in der Gottebenbildlichkeit verankerten geistlichen Sinnes für die Gottheit, der in der Gottesliebe zur Verähnlichung mit seinesgleichen, d. h. mit Gott, und darin zur Gestaltwerdung Gottes im Menschen drängt. Das in dieser Konkretheit typisch mystische Verständnis der Gotteserfahrung versprach dem Glauben eine der sinnlichen Erfahrung adäquate Gewißheit, konkret vermittelt in der Begegnung mit dem Antlitz des Nächsten, in dem Christus durch den Glauben Gestalt gewinnt zugunsten der eigenen Gestaltwerdung.

Von besonderer Bedeutung ist die graduelle Differenzierung des religiösen Gefühls und seiner ethischen Motivationskraft im analogen Dreischritt der »Stufen der [kollektiven und individuellen] Menschheit«, deren höhere die vorangegangene überbietend einschließt: Naturreligion, (alttestamentlichem)

---

[38] Ewald, Fantasieen auf einer Reise durch Gegenden des Friedens, Hannover 1799, 318 f. (mit Anspielung auf I Petr 5,8).

[39] J. K. Lavater, Physiognomische Fragmente, zur Beförderung der Menschenkenntniß und Menschenliebe [...], Dritter Versuch [...], Leipzig u. Winterthur 1777. Ewald berichtete Lavater später von in der Gegend verbreiteten Klagen über den Gebrauch der Fragmente durch Regenten in vielen Teilen Deutschlands, um mit schnellem physiognomischem Urteil ihre Günstlingswirtschaft zu kaschieren und bat Lavater, er solle vor diesem Mißbrauch warnen, Brief 7 (2. T., 1777/1778).

[40] Zur Lavaterschen Gestalttheologie und zum programmatischen »Glauben durch Lesen« der Fragmente vgl. Klaas Huizing, Verschattete Epiphanie. Lavaters physiognomischer Gottesbeweis, in: Das Antlitz Gottes, 61–78, bes. 72 f. Wolfgang Ernst II. stand schon im Subskribentenverzeichnis des ersten Bandes, Leipzig u. Winterthur 1775.

Judentum und »apostolische« oder »biblische Christusreligion«. Allein die letztere realisiert demnach die menschliche Gottebenbildlichkeit als Gestaltgewinn Christi in einem über das irdische Leben hinausweisenden Bildungsprozeß voll und ganz.[41] Bei Ewald brach hierin ein neues Bewußtsein von der möglichen Intensität realer Gotteserfahrung durch, die in ihrer Grundgestalt auf den Anbetungsakt des Gebets zurückführte und sinnliche Dichte annahm: In der Vollgestalt des Glaubens wurde das paulinische »Gott in Christus« Gegenstand des Erlebens in einem überwältigenden Schauen und Fühlen Christi.[42] Im Hintergrund stand nach Ewalds späteren Äußerungen gegenüber Philipp Matthäus Hahn ein aufgrund unbewältigter Schuld verunsicherter Glaube, der mangels Vergebungs- und Heilsgewißheit mit massiven Verwerfungsängsten zu kämpfen hatte. Die Lavater-Lektüre verhalf einer neuen Glaubensperspektive zum Durchbruch, welche in der Folge sogar die widersprüchlichen Erfahrungen der Nähe und Ferne Gottes zu integrieren vermochte, danach wiederholt in pietistischer Sprache als Bekehrungserlebnis thematisiert.[43] Unsicherheiten in der Frage der doppelten Prädestination blieben erhalten, doch davon wagte er Lavater nicht zu schreiben. Aus dem Blickwinkel einer mystisch-geistgewirkten Erlebnisgestalt des Glaubens in der Anbetung formulierte Ewald nun den typisierten Gegensatz zur Kälte und Leere der »Berliner Religion« und ihrer Theologie, welcher das im religiösen Gefühl wurzelnde Doxologische gänzlich abgesprochen wird.[44] Vergleichbares hatte Herder in seinem Schreiben an Lavater über einige ihn faszinierende Aspekte der *Aussichten in die Ewigkeit* 1772 formuliert, in dem er den um sich greifenden kalten und herzlosen Ton, die Verstümmelung der Sprache der biblischen Offenbarung durch die auf begriffliche Abstraktion fixierte Schultheologie und deren Verlust der Sprache des »inneren Menschen« beklagte.[45]

---

[41] »Bildung« zur Christusreligion meinte zunächst die jedem Menschen bleibend verliehene religiöse Anlage aufgrund der geschöpflichen Gottebenbildlichkeit, und griff dann weiter aus auf die aktive religiöse Bildung als Entwicklung der Anlage nach individuellen Gesichtspunkten, ebda., 229 ff. (10. Abschn., 1. Fragm.). Zum Bildungsbegriff vgl. August Langen, Der Wortschatz des deutschen Pietismus, 2. erg. Aufl. Tübingen 1968, 94 ff. (= Langen, Wortschatz). Zur Ausprägung bei Schleiermacher vgl. Gerhard Ebeling, Frömmigkeit und Bildung, in: Ebeling, Wort und Glaube 3, Tübingen 1975, 60–95.

[42] Dies verweist auf jenes mystische Empfinden unmittelbarer Christusnähe, das Lavater im Blick auf Zinzendorf als die »echte Salbung« eines Christen pries; Orelli 1, 292 ff. (über die Brüdergemeine), vgl. Meta Post an Lavater, 17. November 1795, Schulz, Brief 25, die hier das paulinische »Beten ohne Unterlaß« assoziierte.

[43] »[...] noch nicht zwei Jahr[e] leb ich dem, kenne ich den, in dessen Kenntniß ich diese 30 Jahr hätte leben sollen, meinen Jesus!!« Cod. hist. 8° 103a, 91. Zum Motiv der heilenden Christusnähe vgl. z. B. die Rede vom innigen »Anschmiegen« an Jesus bei Meta Post im Briefwechsel mit Lavater 1794 und 1795, Brief 1 (166), Brief 17 (192).

[44] Ewald griff in der Beschreibung seiner Enttäuschung über die sog. »Berliner Religion« gerne das Bild des zur Stütze ergriffenen, aber die Hand durchbohrenden Schilfrohrs aus Jes 36,6 auf, vgl. cod. hist. 8° 103a, 65 ff.

[45] Mit dem Verlust der Kategorie wachsender Verähnlichung mit Christus war für Herder ein fundamentales moralisches, d. h. geistliches Problem berührt, das er in der gängigen Morallehre

Diese falle eher in das Gebiet der Poesie als in das der theologischen Abhandlung. Ewald erinnert in einer späteren Bemerkung daran, daß die *Aussichten* in der Tat als Sammlung für eine Dichtung und nicht als textnahe Bibelauslegung gedacht waren, als welche sie freilich oft genommen und dann – nach Ewald mit gutem Recht – abgelehnt wurden.[46]

Ewald schickte den unter dem ersten Eindruck eines großen Durchbruchs formulierten Brief an Lavater zunächst nicht ab. Der Überschwang der ersten Begeisterung verlor sich wieder, doch auch unter der eingetretenen Ernüchterung hielt sich die Überzeugung, eine höhere Stufe der Glaubens- und Heilsgewißheit erreicht zu haben.[47] Davon zeugte für ihn die gewachsene Fähigkeit, Gott bzw. Christus inkarnatorisch im Antlitz des Nächsten zu erkennen und sich so zu einer affektiv wirksamen Menschen- und Gottesliebe leiten zu lassen, wie dies der Lavaterschen Intention der *Physiognomischen Fragmente* entsprach. Eine derartige in der Gottebenbildlichkeit gründende Anlage zu einer grenzenlosen Menschen- und Gottesliebe, wie sie die Christusgemeinschaft in stetiger Vervollkommnung zu realisieren versprach, sah Ewald bei sich in der Entfaltung begriffen, auch wenn er sie nicht im gewünschten Umfang zu realisieren vermochte. Die geschärfte psychologische Selbstbeobachtung führte im Rückblick auf konkrete Begegnungen immer wieder zu Enttäuschungen über die offenbar noch weit zurückgebliebene eigene Liebesfähigkeit und damit zur Selbstanklage. Eine Predigt zu Versen aus dem Hohelied der Liebe I Kor 13 aus dem Jahr 1781, die Ewald vom Liebesgebot her las, illustriert die Sachlage von der theologischen Seite mit der ihr eigenen psychologischen Akzentuierung des klassischen Verhältnisses von Gesetz und Evangelium: Die beim Allgemeinen und nicht Konkreten ansetzende »kalte Vernunft« deute die paulinische Rede von der gänzlich selbstlosen und alles umfassenden Liebe als exzessive Schwärmerei, nehme dem göttlichen Gebot in seiner Unbedingtheit die Spitze und mache daraus eine Klugheitsregel, statt sich von der Radikalität der Forderung auf deren einzigen Ermöglichungs-

---

– nicht zuletzt unter dem Einfluß des englischen Deismus – gänzlich veräußerlicht sah; diesen Sündenfall der Theologie konstatierte Herder auch bei dem ansonsten geschätzten, als Freund Lavaters angesprochenen Johann Joachim Spalding. Freilich kritisierte Herder Lavaters allzu großer Beredsamkeit angesichts eines von der Sache her auf mystische resignatio zielenden Themas: Dieser wurde dem von Klopstock vorgegebenen Ideal des bescheidenen Sehers göttlicher Geheimnisse nicht gerecht, der zur rechten Zeit zur schweigenden Anbetung überleitete, wie auch Jesus schweigend die Ewigkeit lehrte. Herder an Lavater, 30. Oktober 1772, Briefe, GA Bd. 9, Nr. 127.

[46] Vgl. PüL H. 12, 6 f. (7, Anm.).

[47] »Liebster Lavater, das lebendige Gefühl ist verraucht, wie's mit allen meinen so starken Empfindungen geht: aber es bleibt so viel davon zurück, daß ich Ihnen noch mals danke [...]. Ich falle freilich gewaltig zurück aus der Höhe, in die Sie mich hinaufgezogen hatten; aber doch nicht so tief, als ich vorher war; ich werde doch etwas höher bleiben können.« Die verschiedenen Briefteile entstanden innerhalb eines Zeitraums von mehr als einem halben Jahr ab Ende 1777; einer ist datiert auf den 7., der Schluß auf den 17. Juli 1778, Brief 7.

grund ihrer Erfüllung in der von Gott in Christus bedingungslos geschenkten Liebe weisen zu werden.[48]

Für die pietistisch-spätaufklärerische Frömmigkeitspraxis, wie sie sich von der Lavaterschen Physiognomik her erschloß, spielt der Umgang mit Silhouetten, das von Selbstbeobachtung geprägte Tagebuch und das Christusbild eine wichtige Rolle.[49] Sie alle treten in die Funktion sakramentaler Vermittlung christlicher Gemeinschaft ein und übernehmen Aufgaben des Andachtsbildes.[50] So wird das Tagebuch zur »Seelensilhouette«, welche dem vertrauten Leser reale Teilhabe am Schreiber vermittelt. Auch für Ewald spielte diese Art medialer Kommunikation eine wichtige Rolle. Dringend wünschte er Lavaters Handauflegung und Erweckung von Geistesgaben als Zeichen seiner speziellen Berufung, der er sich von seiner Ordination her nicht mehr sicher war. Da eine entsprechende persönliche Handlung nicht möglich war, spielte er mit dem Gedanken, ob sich Lavater zur Übermittlung entsprechender Geisteskräfte nicht mit einem Stück Tagebuch oder einer Silhouette behelfen könne.[51] Als einen derart begabten Geistmittler betrachtete Ewald nicht nur Lavater, sondern auch Hahn, dem gegenüber er den gleichen Wunsch nach Handauflegung äußerte und ebenfalls von der Möglichkeit einer Geistmitteilung durch die Silhouette sprach.[52] Es wird deutlich, daß zur Negation der

---

[48] »Lerne Liebe Gottes in Jesu glauben; so wirst Du lieben lernen, wie Gott in Christo geliebt hat. [...] O meine Theuersten, lasset uns zu Jesu wenden; seine Liebe erwegen, uns Ihm übergeben – Außer ihm können wir nichts, durch ihn können wir alles.« Ewald, Von der Natur, und dem hohen Werth der Liebe [...], 1781 (= LIEB), 37–56, 54 ff. (3. Predigt zum Thema: Was ist echte Liebe? Text: I Kor 13,6 f.).

[49] Das Interesse an Physiognomik blieb bei Ewald erhalten, wie die Bitte an Lavater um entsprechende Beiträge für die *Urania* zeigt, Ewald an Lavater, 3. Oktober 1792, Brief 26; vgl. auch den Brief vom 25. Dezember 1792. Meta Post übersandte Lavater noch am 1. November 1800 eine gelungene Silhouette von Ewald, die sie bei einer von Ewalds Verehrerinnen gefunden hatte; merkwürdig erschien ihr, daß man keinen Schattenriß von Jesus besaß, Schulz, Brief 82; Lavater dankte für die »treffliche Silhouette des trefflichen Ewalds«, Brief 83 vom 15. November 1800.

[50] Vom »heiligen Genuß« sprach Meta Post beim Anblick der für gewöhnlich verhüllten Kreuzesdarstellung, die sie von Lavater erhalten hatte, Meta Post an Lavater, 16. April 1796, Schulz, Brief 33.

[51] Ewald an Lavater, 17. Juli 1778, Brief 7. Er versprach Lavater die Übersendung von selbstgefertigten Silhouetten außergewöhnlicher Persönlichkeiten seiner Umgebung einschließlich einer Beschreibung ihres Charakters. Zur Handauflegung vgl. die von Lavater im Zusammenhang mit Swedenborg angesprochene Entfesselung der »Divinationskraft«, die in minderen Graden in jedem Menschen vorhanden war, doch zu ihrer »Erweckung« der unmittelbaren Stirnberührung besonders geistbegabter Wesen bedurfte. Orelli 1, 271 ff. (Brief vom 6. Februar 1785); zur Divinationsfähigkeit des Menschen aufgrund göttlicher Traumgesichter s. Lavater, Pontius Pilatus, T. 3, 149 f., vgl. die Abhandlung F. X. von Baaders zur »Divinations- und Glaubenskraft« (1822), in: SW 4, 61–92.

[52] Ewald an Hahn, 22. Juni 1778. LB Stuttgart Cod. hist. 8° 103 a, 65; vgl. Ewald an Hahn, 22. August 1778, ebda., 102 f., wo er sich eine Silhouette als Ersatz für persönliche Begegnung wünschte; Ewald an Hahn, 11. Oktober 1778, ebda., 119, 121. Der sehnliche Wunsch nach persönlicher Begegnung sollte sich nicht erfüllen.

»kalten« Schultheologie auch die der mechanistischen Naturlehre gehört, soweit sie einen Anspruch auf umfassende Weltdeutung vertrat. Beide galten als gleichermaßen geistlos. Statt sich wie diese an abstrahierenden Allgemeinbegriffen zu orientieren, sollte von der konkreten Gestalt der Dinge und ihrer Symbolfähigkeit ausgegangen werden, ein Gegensatz, der an Goethes Polemik gegen die neuzeitliche Naturwissenschaft erinnert und in spätaufklärerischer Zeit unterschiedliche Ausprägungen fand. Lavater schlug in seiner Physiognomik einen anderen Weg ein als Herder, der 1778 aus vergleichbarem Ungenügen eine empirisch begründete Psychologie als Seitenstück der Hallerschen Physiologie forderte.[53] Ewald schloß sich den Grundgedanken der Lavaterschen Physiognomik an, doch bewahrte er zeitlebens die Offenheit gegenüber der empirischen Psychologie im Interesse religiöser, d. h. bibeltheologisch begründeter Bildung.

Schon die hier sichtbar werdenden Neuentdeckungen und spezifischen Akzentuierungen im Aufklärungs-, Theologie- und Geistverständnis machen deutlich, welches Gewicht der religiösen Innerlichkeit und dem philadelphisch-überkonfessionellen Denken neben der stark vom Wunsch nach aktueller Geist- und Krafterfahrung her bestimmten Bibelzentriertheit zukommt.[54] Das Ideal der »apostolischen Christusreligion« läßt sich in seiner Verbindung von Christozentrik und Bibelfrömmigkeit nur als spätaufklärerisch geprägter pietistischer Frömmigkeitstypus erfassen. Dies wird im folgenden durch die Verbindung mit dem württembergisch-pietistischen Denken noch deutlicher.

*3.2 Bibeltheologische und frömmigkeitspraktische Vertiefungen:
Die Korrespondenz mit Philipp Matthäus Hahn*

Vom württembergischen Pietisten Ph. M. Hahn versprach sich Ewald, was Lavater nicht leistete: Die Einführung in die Grundlagen einer biblisch-heilsgeschichtlichen Dogmatik, die dieser zu Ewalds Bedauern nicht schrieb.[55]

---

[53] Nicht Stirn und Nase sollten den Stoff liefern, sondern Lebensbeschreibungen, am besten autobiographischer Art, die als »lebendige Physiognomik« die Lavatersche überböten, das (Fach-)Urteil von Ärzten und Freunden, und die Dichtung. J. G. Herder, Vom Erkennen und Empfinden (1778), in: SW, hg. v. B. Suphan (= SWS), 33 Bde., Berlin 1877–1913, Bd. 8, 165–235, 180. Der behauptete Gegensatz entsprach freilich nicht Lavaters Intention.
[54] Zum Begriff des Philadelphischen s. Schrader, Literaturproduktion, 63–73; Geschichte des Pietismus 2, Sachreg. Stichwort »Philadelphia/philadelphisch/Philadelphier«.
[55] Cod. hist. 8° 103a–d, cod. hist. 8° 103a, 45–47. Ewald erläuterte im Schreibens vom 22. Juni 1778 an Hahn die Umstände, die ihn zur Aufnahme der Korrespondenz führten, ebda., 65–72. Auszüge aus Briefen Hahns an Ewald in: Christian Gottlieb Barth (Hrsg.), Süddeutsche Originalien, Hahn, Hosch und Andere [...], H. 4, Stuttgart 1836, 8–18; danach wieder bei Ernst Philipp Paulus (Hrsg.), Philipp Matthäus Hahn. Ein Pfarrer aus dem vorigen Jh. nach seinem Leben und Wirken aus seinen Schriften und hinterlassenen Papieren geschildert, Stuttgart 1858, 224–233. Zum Charakter der Zirkularkorrespondenz und den allgemeinen Verfahrensregeln vgl. Titelblatt und Vorbericht Hahns im Band Cod. hist. 8° 103c. Der Abschnitt über Hahn in Lavater,

Nach einigem Zögern nahm er im März 1778 mit Hahn Kontakt auf.[56] Die Gemeinde in Offenbach hatte inzwischen beträchtliche Veränderungen in Ewalds Amtsführung beobachtet, vor allem eine ungewohnte Gebetspraxis auf der Kanzel und am Krankenbett. Ewald pflegte nun das sog. erhörliche Gebet, das über den allgemeinen Vorsehungsglauben hinaus vom Gedanken der persönlichen Führung und der Erwartung merklichen göttlichen Eingreifens in den Gang der individuellen Lebensgeschichte geprägt war.[57] Er suchte in Hahn den Mystagogen, der ihn in die als Heiligtum apostrophierte biblische Metaphysik einführte.[58] Was er im Austausch mit Hahn und durch die Lektüre seiner Schriften, vor allem der Evangelienpredigten, fand, war der Zugang zu dessen eschatologisch ausgerichteter Reich-Gottes-Theologie als einer Metaphysik der Geschichte. Sie erschloß ihm die Bibel als göttliche Offenbarung eines realgeschichtlichen Gesamtzusammenhangs von der Schöpfung bis zur Vollendung und damit einen zentralen Topos württembergisch-pietistischen

---

Physiognomische Fragmente [...], Dritter Versuch, 273 f., wurde im Korrespondenzbuch referiert, cod. hist. 8° 103a, 38–41. Hahn bekundete seine brüderliche Verbundenheit mit Lavater, ihre Differenzen in endgeschichtlichen Fragen empfand er zwar als schmerzlich, aber nicht als unüberbrückbar. In den Korrespondenzbüchern der LB Stuttgart finden sich verschiedentlich Eintragungen der Zürcher, so von Pfenninger, Lavater, Stolz, Häfeli und J. J. Heß; cod. hist. 8° 103a, 55 f. (Pfenninger, 30. März 1778); cod. hist. 8° 103a, 227 f. (Häfeli, 9. Nov. 1779), cod. hist. 8° 103b, 87 (Stolz, 19. Oktober 1781); cod. hist. 8° 103b, 87–91 (Lavater, 10. Dezember 1781), cod. hist. 8° 103c, 103 (Lavater, 19. März 1782); 104 (Häfeli, 19. März 1782), 131 (J. J. Heß). Zu Lavater und Hahn vgl. Rudolf F. Paulus, Die Briefe von Philipp Matthäus Hahn an Johann Caspar Lavater, in: BWKG 75.1975, 61 ff. Unter den Empfängern der Zirkularkorrespondenz war auch August Christian Reuß (1756–1824), später Professor und Hofarzt in Stuttgart und Bezieher von Ewalds *Christlicher Monatschrift*.

[56] Wie gegenüber Lavater fanden in den Schluß der Briefe verschiedentlich dichte Formulierungen Eingang, die theologisch wichtige Gedanken aufnahmen, so am Schluß des ersten Briefes der bedeutsame Gesichtspunkt der in der Liebes- und Glaubensfähigkeit zur Entwicklung angelegten Gottebenbildlichkeit; diese wurde zwar in Christus verbürgt gedacht, aber ihr volles Erwachen erst in der endzeitlichen Auferstehung der Christus Liebenden erwartet. Cod. hist. 8° 103a, 47. Vgl. Martin Brecht, Der württembergische Pietismus, in: Geschichte des Pietismus 2, 225–295.

[57] Cod. hist. 8° 103a, 66. Vgl. insgesamt die ähnlichen Aussagen in der Offenbacher Abschiedspredigt, 9. September 1781.

[58] Cod. hist. 8° 103a, 45 f., vgl. Brief vom 22. Juni 1778, ebda., 66 f. Hahn bemühte sich um die »Urbegriffe« der biblischen Metaphysik, vgl. F. Chr. Oetingers »Grundideen«, »letzte Begriffe« oder »Fundamentalbegriffe« der Heiligen Schrift wie Leben, Königreich, Herrlichkeit, Geist und Seele als Grundideen des Heiligen Geistes; sie waren in der Bibel nicht immer entfaltet, aber in nuce vorhanden; ihnen auf die Spur zu kommen war die Aufgabe der philosophia sacra, deren System das Ganze aller möglichen Erkenntnis umspannen sollte. Zum weiteren Verständnis der »Urbegriffe« als notiones communes oder semina aeternitatis, die der Seele als Möglichkeiten innewohnen und durch den Gebrauch der Sinne erweckt werden, vgl. auch Herder, SWS 32, 212 (Wahrheiten aus Leibniz). Hahn selbst hatte verschiedentlich zum Ausdruck gebracht, wie er seine Auslegung der Bibel gegenüber den Ansprüchen kirchlicher Lehrtradition sah: Als eine mühsame Bewegung, das Alte neu zu sehen und sich von eingefahrenen Sichtweisen zu befreien, ohne mit der Substanz des Alten zu brechen. Hahn an Heinrich Boßhard, 24. März 1777, cod. hist. 8° 103a, 22–25, 22.

Denkens.[59] Für die pneumatische Gegenwart des Reiches Gottes sprach die Erfahrung der Christusliebe und das von dieser vermittelte Bewußtsein der Verbundenheit aller Glieder der ecclesia invisibilis, welche in der Tradition kirchlicher Dogmatik gerade kein Erfahrungsgegenstand war.[60] Die Reich-Gottes-Vorstellung prägte sich von hier in verschiedenen Aspekten aus: Im präsentischen der Glaubenserfahrung und -gemeinschaft in der mystischen Christusliebe, im futurisch-endgeschichtlichen der Parusieerwartung und im beide umgreifenden heilsökonomisch-erzieherischen Aspekt göttlichen Handelns in individuellen und kollektiven Belangen.

Gleich anfangs legte Hahn Ewald vier Eckpfeiler seiner Bibelauslegung vor, die Grundlage des weiteren Gesprächs wurden: Die Erwartung eines künftigen messianischen Reiches Gottes (Millennium), die Apokatastasis nach dem Jüngsten Gericht, die freie Gnadenwahl Gottes als Wahl der Erstlinge (vgl. Apk 14,4) und das wahre Menschsein Jesu als des inkarnierten Logos.[61] Damit waren für Hahn zugleich entscheidende Differenzen zur »Berliner Aufklärung« und den klassischen Aufklärungsprinzipien wie zeitlose Allgemeinheit und objektive Rationalität der erkannten Wahrheiten genannt. Das Bild der »Berliner Aufklärung« blieb freilich ambivalent: Einerseits schmähte Hahn die einen Voltaireschen Deismus verfolgende »Berliner Religion« als ansteckendes Gift, andererseits anerkannte er deren historische Bedeutung für die Ausbildung ihres Gegensatzes, dem er sich selbst verpflichtet sah. Im Bewußtsein gemeinsamer Wurzeln konnte er sie als verständliche Gegenbewegung zur streng orthodoxen Lehrtradition würdigen und ihren Anteil an der Eroberung der Freiräume für die eigene Auseinandersetzung mit den überkommenen Lehrnormen positiv hervorheben.[62] Die zentralen heilsökonomischen Aspekte der Bibelauslegung gingen seiner Meinung nach dort verloren, wo – meist

---

[59] Anfang 1781 faßte Ewald die Bedeutung Hahns für sein Bibelverständnis dahingehend zusammen: Er habe ihn gelehrt, ohne Vernachlässigung des Buchstabens den Geist des Neuen Testaments zu erfassen. Der paulinische Gegensatz von Buchstabe und Geist als Bezeichnung des Gegensatzes von altem und neuem Äon (vgl. II Kor 3,6) und eines entsprechenden Schriftverständnisses wurde hier zum Ausdruck des bleibenden Verweischarakters von Teil und Einheit der Teile in einem planvollen geistgewirkten Ganzen göttlicher Heilsökonomie. Ewald an Hahn, 3. Januar 1781, cod. hist. 8° 103b, 6. Im Schreiben an Justus Christoph Krafft vom 16. Oktober 1780 (s. Anhang Text 1) hob Ewald auf Hahns Evangelienpredigten als entscheidender Wegweisung ab.
[60] Cod. hist. 8° 103a, 72, vgl. z. B. 121 f. oder 210.
[61] Ebda., 47–49 (ohne Datum). Wieder abgedr. in: ChrM 1803.1, 412–414. Zur Hahnschen Theologie vgl. Walter Stäbler, Pietistische Theologie im Verhör. Das System Philipp Matthäus Hahns und seine Beanstandung durch das württembergische Konsistorium (QFWKG 11), Stuttgart 1992; zur Apokatastasis bei Hahn s. auch Friedhelm Groth, Die »Wiederbringung aller Dinge« im württembergischen Pietismus. Theologiegeschichtliche Studien zum eschatologischen Heilsuniversalismus württembergischer Pietisten des 18. Jahrhunderts (AGP 21), Göttingen 1984, 153–162.
[62] Hahn an Ewald, Brief vom 16. Juli 1778, cod. hist. 8° 103a, 74–85. Vgl. Voltaire, Art. Théiste, Dictionnaire philosophique 2 (Les Oeuvres Complètes de Voltaire / The Complete Works of Voltaire 36), Oxford 1994, 545–548.

unter Hinweis auf die Standardmetapher von Kern und Schale –, zeitlich Bedingtes in einem kritischen Abstraktionsprozeß vom ewig Wahren gesondert werden sollte, da die geschichtliche Konkretheit göttlicher Offenbarung nicht hintergehbar sei. Das der Neologie angelastete Dilemma, mit der Schale auch den Kern zu verlieren, versprach die eigene, von J. A. Bengel (1687–1752) und F. Chr. Oetinger (1702–1782) inspirierte biblische Metaphysik der Geschichte zu vermeiden.[63] Charakteristisch ist dabei die apokalyptische Stilisierung der Gegenwart, die nach Hahn die Zeichen der Hure Babylon (Apk 17,1 f.) an sich trug: Die Völker seien trunken vom Wein der Hurerei, sprich, der Irrlehre der Aufklärungstheologie Berliner Provenienz mit der ihr eigenen Verblendung gegenüber der Gesamtschau der göttlichen Heilsgeschichte.[64]

Kehrte Ewald zu Anfang des Briefwechsels ganz zum Mißfallen Hahns seine Unreife und Unwürdigkeit bis zum Angebot bedingungsloser Unterwerfung unter Hahns geistliche Autorität hervor, so entwickelte sich der Austausch bald zum brüderlichen Gespräch.[65] Ewald bewies seine Eigenständigkeit in der Kritik an einzelnen Auffassungen Hahns, näherte sich ihm aber in entscheidenden Punkten an.[66] Die kirchlicherseits höchst problematischen, schon von älteren »groben« (radikalen) Pietisten wie Johann Wilhelm Petersen (1649–1727) dezidiert vertretenen Ansichten von Millennium und Apokatastasis fand Ewald keineswegs anstößig, wie Hahn befürchtet hatte.[67] Vielmehr erkannte er eine weitgehende Übereinstimmung gerade in der Apokatastasisfrage mit dem, was ihm schon vor seiner »Wende« wünschenswert erschienen war: Ohne die Vorstellung einer über den Tod hinaus gegebenen Besserungs- und Bildungsmöglichkeit schien Gott für den Menschen schlechterdings nicht liebenswert. Die nötige Gewißheit hatte Ewald in dieser Frage freilich nicht erreicht. Erst Hahn verhalf zur biblischen Begründung der nach aufklärerischem Sprachgebrauch zu erwartenden »allgemeinen Glückseligkeit«, womit

---

[63] Cod. hist. 8° 103a, 115. Der Philosophiebegriff ist ähnlich wie bei Lavater nicht generell negativ besetzt, fungiert aber als Kampfbegriff gegen das Spekulative, nicht hinreichend von der biblischen Sprach- und Denkweise Legitimierte; »wahre« Philosophie wird immer als vom Glauben getragene Philosophie betrachtet.

[64] Ebda., 83.

[65] Hahns Brief vom 16. Juli 1778 erhielt Ewald um die Zeit der Geburt seines ersten Sohnes Friedrich Wilhelm am 21. Juli; er antwortete am 22. August 1778, cod. hist. 8° 103a, 91–103, vgl. cod. hist. 8° 103a, 105.

[66] Wie im folgenden deutlich wird, besteht kein Grund, Ewald zum reformatorisch-orthodoxen Kritiker Hahns zu machen und, in der Konsequenz, alle Einreden Ewalds gegen orthodoxe Lehraussagen nur auf einen verknöcherten »Orthodoxismus« bezogen zu sehen, gegen Steiger, 48 ff.

[67] Philipp Matthäus Hahn (o. Vf.), Sammlung von Betrachtungen über alle Sonn-[,] Fest[-] und Feyertägliche Evangelien, durch das ganze Jahr. nebst Sechszehen Passions-Predigten für Freunde der Wahrheit, o. O. 1774 (= Hahn, Betrachtungen), vgl. ders. (o. Vf.), Eines ungenannten Schriftforschers Betrachtungen und Predigten über die Sonn- und Feiertägliche Evangelien wie auch über die Leidensgeschichte Jesu für Freunde der alten Schrift-Wahrheit, 2. aufs neue durchges. u. verb. Aufl., Leipzig 1780 (Mälzer, Nr. 951, 954); auf die letzte Ausg. bezog sich Ewald, Über Predigerbeschäftigung und Predigerbetragen (= ÜP) H. 1, Brief 3.

sich das aus der reformierten Tradition überkommene Problem einer doppelten Prädestination, das Ewald so belastet hatte, erledigte.[68] Ewalds Eschatologie nahm deutlich pietistische Züge an.

3.2.1 Die theologischen Schwerpunkte: Christologie, Pneumatologie, Eschatologie (Johannesapokalypse)

Nicht überzeugt hatten Hahns Aussagen zur Christologie, zur Frage der Geistesgaben und zur Johannesapokalypse. An sie schlossen sich ausführliche Erörterungen an. Schwierig gestaltete sich zunächst die Verständigung über die *christologische Frage*. Hahn hatte sein Interesse am wahren Menschsein Jesu mit der irritierenden Aussage vorgebracht, dieses müsse mit der gehörigen Unvollkommenheit gedacht werden. Ewald sah darin eine Infragestellung der vollen Inkarnation des Logos und widersprach.[69] Dabei war die Unvollkommenheit im Hahnschen Sinne gerade mit dem vollkommenen Menschsein Jesu gegeben: Einmal in der Erniedrigung in den Todesleib, zum andern im stufenweisen, d. h. bruchlosen, aber spannungsgeladenen Fortgang der Offenbarung des Göttlichen von der menschlichen Geburt des Gottessohnes aus Maria bis zur Auferweckung.[70] Für Hahn und Oetinger wie auch für Herder stand der Gedanke im Vordergrund, volles Menschsein sei immer Menschsein im Werden und bleibe daher gebunden an Entwicklung und Vervollkommnung der menschlichen Natur, von der Jesus als Mensch gerade im soteriologischen Interesse nicht ausgenommen werden dürfe. Dies führte freilich zu Interpretationsschwierigkeiten, so etwa im Blick auf Hahns Aussagen zum stellvertretenden Opfertod Jesu.[71] Auch wenn Ewald der in die Spannung von

---

[68] Zum kirchenamtlichen Umgang mit der von den Bekenntnisschriften nicht gedeckten Apokatastasislehre vgl. den Bericht von Friedrich Gottlieb Süskind über sein theologisches Examen vor dem Konsistorium in Stuttgart 1791: Die vom Konsistorialrat Georg Friedrich Griesinger über die Prädestination gestellten Fragen ermöglichten zwar die Erörterung bekannter Argumente über Determinismus und Fatalismus, führten aber zu keinem befriedigenden Ergebnis; im späteren privaten Gespräch gab sich Griesinger aufgeklärt: Er für sich halte die Annahme einer Apokatastasis für die einzig befriedigende Antwort auf die aufgeworfenen Fragen, auch wenn diese Ketzerei nicht öffentlich vertreten werden dürfe. Brief von Süskind an Carl Immanuel Diez, 2. Juli 1791 (Brief 15), UB Tübingen, Hss. Abt., Mh 633.
[69] Vgl. z. B. Hahn, Betrachtungen, 208. Ewald faßte seine Auffassung dahingehend zusammen, daß der Logos »Menschheit« oder »Fleisch« annahm, damit das Göttliche dem Menschen erträglich erschien und ihn fähig machte zu sehen, wozu er bestimmt war: »*Gottheit* war also *ganz* in dem *ganzen* Menschen Jesu.« Cod. hist. 8° 103a, 68 f.
[70] Cod. hist. 8° 103a, 108 ff. Für Hahn wie für Oetinger war eine pointierte Redeweise wie die des »theotokos« im Blick auf Maria nicht möglich, allenfalls im Blick auf die Auferstehung als göttlicher Geburt; Oetinger bestritt ausdrücklich den Satz, Maria habe »Gott« geboren, da Gott per definitionem keine Unvollkommenheiten an sich trage.
[71] Ewald hatte gefragt, wie Hahn den Opfertod Jesu als bewußt auf sich genommenes, in der Gottes- und Nächstenliebe gegründetes stellvertretendes Leiden und Sterben verstehen könne, wenn er doch den Anschein erweckt, als habe Jesus vor allem um seiner selbst, d. h. seiner

Erniedrigung und Erhöhung eingezeichnete Gedanke einer Höherentwicklung nach dem neuplatonischen, in der Tradition christlicher Mystik häufig rezipierten Grundsatz der Läuterung des Irdischen zum Himmlischen bzw. der Erhebung der Materie zum Geistigen hin zunächst so nicht nahelag, genügte ihm doch die klassische chalkedonensisch-orthodoxe Zweinaturenlehre keineswegs. Noch gegen Ende seines Lebens kritisierte er unter Berufung auf die im Philipperhymnus thematisierte Erniedrigung den abstrakten »System-Jesus« der Tradition, welcher die »reine Menschheit« Jesu, wie sie in besonderer Intensität in den Worten am Kreuz aufleuchte, nicht deutlich genug zur Geltung bringe.[72] Die Betonung des Menschseins Jesu war mitbedingt durch die spezifisch mystische Frömmigkeit, die einen Menschen als Gegenstand ihrer Liebe forderte. In diesem Sinne formulierte Lavater später, es helfe nicht, an die Gottheit Jesu zu glauben, wenn man den Menschen Christus nicht über alles liebe. Der Anbetungsakt war ihm ein pneumatischer Akt der Liebe, weshalb er einen Christus liebenden Aufklärer wie Martin Crugot (1725–1790) trotz seiner sozinianischen Anschauungen höher schätze als alle ihm bekannten rechtgläubigen Orthodoxen zusammen, die es an der affektiven Christusliebe mangeln ließen.[73]

Ein verwandtes und nicht weniger schwer zu vermittelndes Thema stellt Hahns von J. Böhme und Oetinger inspirierte Annahme einer präexistenten himmlischen Menschheit Jesu dar – gemeinhin mit der himmlischen Sophia identifiziert –, nach deren Bild der irdische Mensch erschaffen sei und deren Abstieg in die irdische Leiblichkeit die Voraussetzung biete, diese zur himm-

---

eigenen Vervollkommnung willen leiden müssen; vgl. Hahn, Betrachtungen, 214. Hahn erläuterte dies so: Zwar könne der Eindruck entstehen, als habe Jesus um seiner selbst willen gelitten, aber eben nicht, insofern er Sünder war, sondern insofern er nach Joh 13,1 und 15,13 für die Seinen starb, d. h. in Liebe den Leib seiner Gemeinde trug. Daraus konnte wiederum leicht der Hahn fernliegende Schluß gezogen werden, Jesus sei nur für Jünger und Gemeinde und nicht für die Welt gestorben, cod. hist. 8° 103a, 109 ff.; die Versöhnungslehre war aber nicht nur ekklesiologisch, sondern kosmologisch orientiert, denn Christus war als das Haupt der Gemeinde zugleich das des ganzen Alls, vgl. Betrachtungen, 215 f. Steiger, 48, nimmt diese Verschränkung in seiner Kritik nicht wahr. Deutlicher ekklesiologisch-sakramental akzentuiert zeigt sich etwa F. X. von Baaders verwandte Auffassung von Christus als dem »Engel Gottes par excellence«, der zuerst als Haupt seines Leibes (der Gemeinde) auferstanden sei und deshalb nur zusammen mit seiner Gemeinde im Abendmahl Auferstehung feiern könne, Baader, SW, 7, 123 f.

[72] BIB 1819/1823, 55 f., 60. Die Stelle ist zugleich aufschlußreich für die Relativierung der traditionell dem Wirken der göttlichen Natur zugeschriebenen Wunder Jesu: Die im tiefsten Gefühl menschlicher Schwachheit ausgestoßenen Klagerufe am Kreuz überbieten nach Ewald das Wunderwirken in der Beförderung von Glaube und Liebe bei weitem. Zu Ewalds angeblich reformatorischer »Wundertheologie« vgl. Steiger, 414 ff.

[73] Lavater an Meta Post, 19. März 1796, Schulz, Brief 32 (20.); vgl. Lavater an Meta Post, 14. Februar 1798, Brief 61: In der Menschheit Jesu liege des Menschen Arkanum: »Wir müssen den Menschen Jesus zu unserer ersten Instanz machen. Er als Mensch muß unser Gott seyn.« Zu Crugot vgl. dessen Andachtsbuch: Der Christ in der Einsamkeit, neue verb. Aufl. Breslau 1776, und Oetingers Kritik an dessen Versöhnungsverständnis, Wörterbuch 664 f.

lischen Vollkommenheit zurückzuführen.[74] Ewald übernahm die Vorstellung, die über die gängigen dogmatischen Präexistenzvorstellungen ideeller Art hinausführte, soweit sie ihm biblisch begründbar erschien. Auch wenn ihr im Vorstellungshorizont der Bibel kein außerordentliches Gewicht zugewiesen werden konnte, überzeugte ihn doch der Grundgedanke der Schöpfungs- und Offenbarungsmittlerschaft der himmlischen Menschheit Jesu und der durch sie ermöglichten Vergöttlichung des Menschen, die den Gedanken einer stufenweisen Offenbarung Gottes und einer menschlichen Entwicklung zur Vollendung einschloß.[75] Damit verbunden war die Abkehr von der traditionellen Zweinaturenlehre in ihrem Verständnis der unio personalis ebenso wie die prozeßhaft-effektive Akzentuierung des Rechtfertigungsverständnisses, die Ewald im wesentlichen mitvollzog. Anstoß nahm er vor allem an der Intensität, mit der Hahn die Frage nach dem metaphysischen Grund der Versöhnung verfolgte und vermutete darin den unstatthaften Versuch menschlicher curiositas, eine schlüssige Erklärung ihrer Möglichkeit zu finden. Statt dessen plädierte er im Namen eines noch nicht zum Schauen gekommenen Glaubens dafür, es bei der unterschiedlichen biblischen Begrifflichkeit zu Versöhnung und Erlösung zu belassen, auf Fragen nach dem realen Zusammenhang zwischen dem Tod Jesu und des Menschen Versöhnung zu verzichten und im Interesse an der Ursprungssituation des Glaubens nach dem religiösen Gefühl, also dem religiösen Ureindruck zu fragen, welches zur Ausprägung der jeweiligen Begrifflichkeit führte. Diese sei auf unterschiedliche Erlebnisformen zurückzuführen, in denen der Glaube seine Erfahrung der Rettung beschreibe und neuen Glauben provoziere. Ein rein immanenter psychologischer Vorgang sollte dies nicht sein, da das religiöse Gefühl die schöpfungsmäßige Offenheit gegenüber dem göttlichen Anruf bezeichnete, doch zeigt sich deutlich das Interesse am Vorrang des inneren Erlebens und der aus ihm geborenen Sprache des Bekenntnisses vor jeder Form objektivierender oder gar spekulativer theologischer Erkenntnis.[76]

---

[74] Die Annahme einer himmlischen Menschheit Jesu erinnert an die frühe Vorstellung vom »Adam kadmon« und an die apokalyptische Rede des himmlisch präexistenten Menschensohnes, vgl. äthHen 39,6 ff.; der Gedankenkreis fand seine spezifische Entfaltung im gnostischen Abund Aufstieg des Erlösers und in der theosophischen Spekulation, so bei Paracelsus, Schwenckfeld, Weigel und Böhme wie auch im radikalen Pietismus und in philadelphischen Gemeinschaften; zu Hahn vgl. Stäbler, Pietistische Theologie im Verhör, 117 ff.; zu Böhme ebda., 124 ff., zur Böhme-Tradition vgl. Franz Xaver von Baader, SW 4, 352 (Anm.).
[75] Hahn an Ewald, 16. Juli 1778, cod. hist. 8° 103a, 79 ff. Vgl. Hebr 2,5 ff.; 5,5–10. Belegstellen für die himmlische Menschheit waren Joh 6,51; 17,5; I Kor 15,47 f., I Tim 3,16; ein doketisches Problem ergibt sich aus dieser Anschauung bei Hahn nicht. Das Kreuzesleiden Jesu wird unter dem göttlichen »dei« zu einer »physikalischen« Notwendigkeit und Voraussetzung der Erhöhung, als Belege dienen Lk 24,26 u. Hebr 2,9 f.14.17. Jesu Gottheit sollte dadurch nicht geschmälert werden, so daß Hahn durchaus – wenn auch nicht in klassisch-paradoxer Weise – eine Leidensfähigkeit Gottes in Christus annehmen konnte. Steiger 49, interpretiert die Wendung »So leidet seine ganze Gottheit nicht noth [...]«, cod. hist. 8° 103a, 82, m. E. falsch.
[76] »Alle Außdrüke des N. T. von der Erlösung durch Jesum scheinen mir nicht für den *Kopf*,

Hahn überzeugte Ewald davon, daß ihn in seinem Bemühen um Erkenntnis der Versöhnung zuallererst der Anspruch der biblischen Offenbarung selbst als Kundgabe eines zur Aufgabe des glaubenden Verstehens gemachten göttlichen Mysteriums (Eph 1,9 f.) und apologetische Interessen leiteten. Durch fortgesetzte, vom Heiligen Geist erleuchtete Schriftbetrachtung seien Annäherungen an das Geheimnis in Form von Gefühl und Ahnung möglich und notwendig, auch wenn eine die biblische Vielfalt der Zugänge einengende Systematisierung der Versöhnungslehre nicht angehe. Die geistgewirkte Einheit der Anschauung blieb somit dem vom göttlichen Geist »aufgeklärten« religiösen Gefühl, also einem von Gott selbst vermittelten Gesamteindruck vorbehalten.[77]

Inhaltlich kam vor allem das Problem einer im Lauf der Zeit einseitig gewordenen Rechtfertigungslehre in den Blick: Von der neologischen Aufklärungstheologie sei sie moralisch, von der Orthodoxie juridisch ermäßigt worden. Dem sollte unter Herausarbeitung des geist-leiblichen Zusammenhangs zwischen Irdischem und Himmlischem in Jesus und entsprechend in den Glaubenden ein Korrektiv entgegengesetzt werden, um beide Anschauungen in ihrer jeweils begrenzten Überzeugungskraft kenntlich zu machen und eine Vermittlung anzudeuten, die nicht bei einem bloßen Gegensatz verharrte.[78] Der juridische Aspekt sollte keineswegs geleugnet werden, doch

---

sondern für das *Herz* gesprochen, oder für den *ganzen Menschen*. Jesus hat uns mit Gott *versöhnt*, *Leben gegeben*, von *Sünden gereiniget[,] Opfer geworden* [...] diese RedensArten sollen nicht die überhaupt allzugrüblende und Unglauben voraussetzende Frage beantworten: wie hat uns J:[esus] erlöset? man thut also unrecht, wenn man auf eine Klasse dieser Ausdrüke ein System baut, und so ein System muß einseitig werden: sondern mir kömmts vor[,] als sagte der Geist Gottes zu den Menschen: *fühlt ihr euch Feinde Gottes, ihr seid versöhnt mit Gott: fühlt ihr euch todt in Sünden, ihr habt neues leben* [...] Nicht aber daß das nur so gesagt seie, damit das sagen einen psychologischen Nutzen schaffen solle; sondern alles *vollkommen wahr*, nur nicht Erklärung des: wie? [...]«. Cod. hist. 8° 103a, 69 f.

[77] Ebda., 112 ff. Dies war der Grund, warum selbst der ungebildete Laie zum wahren Gelehrten, Philosophen, Metaphysiker und Theologen werden konnte; Hahns Suche nach vertiefter Einsicht in das Geheimnis der Versöhnung führte ihn zur Frage, ob nicht die Unterscheidung von Fleisch und Geist zusammen mit der Unterscheidung von Gemeinde als Leib Christi und Christus als Haupt des Leibes weitere Perspektiven eröffneten, ohne daß dies zur Entfaltung kam. Ewald ließ sich durch Hahn zu einem verstärkten Studium der paulinischen Unterscheidung von Fleisch und Geist anregen.

[78] »Leib«, »Fleisch« und (individuelle und kollektive) »Menschheit« wurden bei Hahn immer wieder parallel verwendet, ebenso »irdisch« und »tierisch«. Nach Hahn gibt es einen irdischen und himmlischen, einen tierischen und präexistenten Leib (Fleisch, Menschheit) Jesu. Cod. hist. 8° 103a, 81. Das irdische »Fleisch« konnte mit dem Leib der Sünde gleichgesetzt, zugleich aber auch von einem himmlischen, d. h. erhöhten »Fleisch« gesprochen werden, ebda., 79 f., vgl. Hahn, Betrachtungen, 216, wo Hahn den lebendig machenden Geist (Joh 6,51) mit Jesu erhöhtem Fleisch identifiziert. Der Begriff des Fleisches war ebensowenig wie der des Leibes an sich schon negativ qualifiziert, sofern nicht die gesamte Erhöhungsvorstellung als bloße Vergeistigung unter Zurücklassung der Materie betrachtet wird. Dabei sah es Hahn gerade als die Würde des »Fleisches« an, zum Auferstehungsleib und damit zur höchsten Intensität der Gottesgemeinschaft erhoben zu werden, Hahn, Betrachtungen, 208.

fehlten einstweilen die Voraussetzungen, ihn richtig zu verstehen, eine typisch kirchlich-pietistische Entschärfung radikalpietistischer Polemik.[79]

Ewald bemühte sich intensiv um ein Verständnis der Hahnschen Christologie und Versöhnungslehre und eignete sie sich in ihren wesentlichen Zügen an. Eigens legte er ihm den Stand seiner Erkenntnisse vor und ließ sie sich von Hahn bestätigen.[80] Die Menschwerdung Jesu skizzierte Ewald als Fleischwerdung des durch Leiden und Tod zur vollen Vergöttlichung bestimmten göttlichen Ebenbildes bzw. göttlichen Wortes in Aufnahme der Weisheitslehre Prov 8,30 f., so daß von einer »Gottwerdung« Jesu im Laufe seines Lebens gesprochen werden konnte. »Fleischwerdung« bedeutete einerseits Verhüllung des Göttlichen im menschlichen »Fleisch« und andererseits dessen göttliche Durchdringung und Vergeistigung. Erst Verherrlichung und Erhöhung brachten auf dem Weg der Entäußerung und gänzlichen »Ausleerung« in die Knechtsgestalt die volle Gottwerdung Jesu. Für die Umschreibung des dynamischen Verhältnisses von göttlicher und menschlicher Natur Jesu und die Idiomenkommunikation in der unio personalis wurde auf das traditionelle Bild der vere et realiter gedachten Durchdringung von Feuer und Eisen zurückgegriffen.[81] Der menschgewordene Logos hatte mit jedem Menschen Uranlage und Bestimmung gemeinsam, er unterschied sich von diesem nur durch seine urbildhafte Präexistenz, über die keine näheren Angaben gemacht wurden.[82]

Im Gefolge der Gleichsetzung des Logos mit der personifizierten Weisheit ergibt sich ein subordinatianischer Zug, der für Ewald bestimmend wird. Hier war es Hahn, der auf dogmatische Vorsicht drängte, insofern er jeden Anklang an arianische Vorstellungen vermieden wissen wollte.[83] Immerhin blieb es bei der Vorstellung, die Auferstehung Jesu sei dessen göttliche Geburt, da er *von nun an*, d. h. ganz und ausschließlich in bislang unerreichter Intensität, Gott lebe (nach Röm 6,10).[84] Der menschgewordene Logos und seine volle Vergöttlichung, die unter irdischen Bedingungen nur als Vergeistigung denkbar war, wurden so zum Urbild der Vergöttlichung eines jeden glaubenden Menschen.[85] Gerade in der Versöhnungslehre blieben jedoch wie im Gespräch mit

---

[79] Cod. hist. 8° 103a, 80.
[80] Ewald an Hahn, 22. August 1778, cod. hist. 8° 103a, 91–103, 97 f. Ewald gab an, durch Hahn insbesondere über die Stellen Joh 5,26, I Kor 8,6, II Kor 5,21, und Act 13,33 mit dem Zitat aus Ps 2,7 »aufgeklärt« worden zu sein. Cod. hist. 8° 103a, 98.
[81] Vgl. FC, Solid. decl. VIII, 18 f.
[82] Cod. hist. 8° 103a, 96.
[83] Statt wie Ewald zu formulieren, Jesus sei Gott *geworden*, sollte man sich mit der biblischen Rede von der Verherrlichung und Erhöhung und den Aussagen zu Christus als Erstgeborenem und Schöpfungsmittler nach Kol 1,15 f. begnügen. Hahn verwies auf den seiner Meinung nach besseren Ausdruck, Jesus sei »geborener Gott« geworden, das klinge milder (!). Cod. hist. 8° 103a, 108.
[84] Tod und Grab galten als die Geburtsschmerzen der Gottheit Jesu, ebda., 96.
[85] Wenn Hahn sagte, Jesus habe nicht immer »wie Gott« gedacht, sondern menschlich als (Eben-)Bild Gottes, dann steht dies nur dann nicht in Spannung zur orthodoxen Lehre vom status exinanitionis, wenn Hahn nur den realiter vollzogenen Verzicht auf die Herrlichkeit der

Lavater viele Fragen offen.[86] Für Hahn gehörte das Verkennen der Bedeutung dieser Lehre in der theologischen Diskussion in den Kontext endzeitlicher Verblendung, doch hoffte auch er auf ein neues Verständnis jenseits des traditionell Geläufigen.[87]

Zurückhaltend urteilte Ewald in der zum Kreis der *Geistesgaben* gehörenden Wunderfrage, welche die fortdauernde Gültigkeit der biblischen Verheißungen von der Wirkmächtigkeit des geisterfüllten Glaubens zum Gegenstand hatte. Ewald wagte nicht, diese zu bestreiten, doch er schloß vom Fehlen der Wunder in der Gegenwart nicht auf mangelnden Glauben und Verfall des Christentums, sondern auf den Willen Gottes selbst: Der Christ, der sich mit Christus eins wisse, werde vom Heiligen Geist abgehalten, um Wunder zu bitten, so daß die Wunderbitte als teuflische Versuchung erscheinen konnte.[88] Aktuell wurde dies für Ewald im Miterleben des qualvollen Sterbens seines ersten Sohnes Friedrich Wilhelm, der nur wenige Wochen alt wurde. Die bei der Sterbebegleitung gemachten Erfahrungen mit dem Gebet um Heilung erschlossen ihm neu die Bedeutung der geistgewirkten Ergebung in den Willen Gottes, die ihm allererst die Kraft gab, an der Seite des Kindes auszuharren.[89] Hahn hielt einzelne Wundertaten als Zeichen für die Ungläubigen bei entsprechender Willenseinheit des Glaubenden mit Christus nach wie vor für möglich und wünschenswert und bewegte Ewald im Blick auf Mt 21,21, 17,20 und Joh 14,12 zum Zugeständnis, es müsse der Unglaube sein, der nicht mehr möglich werden ließ, was für die Apostel noch möglich war. Dieser suchte jedoch auf verschiedenen Wegen nach weiteren Gründen zur Festigung seiner Meinung. Zum einen bemühte er sich wie Lavater durch Wechsel des Standpunkts, die Grenze zwischen natürlich und übernatürlich zu relativieren. Dem Wunder sollte in einem höheren Sinn seine Natürlichkeit zurückgegeben werden, indem die Annahme des Wunderbaren auf die menschliche

---

göttlichen Natur meinte. Nach orthodoxer Lehre war der status exinanitionis die Entäußerung der menschlichen Natur von den *an sich* ihr aufgrund der Idiomenkommunikation zustehenden Herrlichkeit der göttlichen Natur, d. h. der freiwillige Verzicht auf Gebrauch und Ausübung der göttl. Herrlichkeit durch die menschliche Natur aufgrund der zu vollbringenden Erlösung. An sich hätte die menschliche Natur an allen Eigenschaften der göttlichen Natur *von Anfang an* teilhaben können. Cod. hist. 8° 103a, 111.

[86] Brief vom 11. Oktober 1778, cod. hist. 8° 103a, 126 f., vgl. ebda., 144, Brief vom 27. Januar 1779. Zu Hahns näherem Verständnis der Versöhnungslehre vgl. dessen Karfreitagspredigt über Kol 1,19–23, die Ewald stark beeindruckte, in: Betrachtungen, 199–220.

[87] Schon jetzt habe der Drache mit seinem Schwanz ein Drittel der Sterne, d. h. der theologischen Lehrer, vom Himmel herabgefegt (Apk 12,4). Cod. hist. 8° 103a, 22–25, 25. 24. März 1777 (Hahn an Heinrich Boßhard).

[88] »Jesus wolte ja auch nicht bitten, daß Steine Brod würden [Mt 4,3]. Übrigens bin ich sehr überzeugt, daß die Verheissungen von der Kraft des Glaubens allgemein sind.« ebda., 70 f.

[89] Ewald an Hahn, 11. Oktober 1778, bei Hahn am 22. Oktober eingegangen, cod. hist. 8° 103a, 117–127. Friedrich Wilhelm war am 21. Juli 1778 geboren worden, am 11. Oktober berichtete Ewald Hahn von seinem Tod. Bei dem in NDB 4, 693 genannten Friedrich Wilhelm Ewald, der 1825 als Großkaufmann im Weinhandel starb, handelt es sich um den am 18. Dezember 1783 geborenen Sohn gleichen Namens, das dort gen. Geburtsjahr 1776 ist falsch.

Beschränktheit zurückgeführt wurde, von der ungewöhnlichen Wirkung auf die im höheren Sinn gewöhnliche Ursache göttlicher Kraft zurückzuschließen.[90] Zum anderen stellte er die Fortexistenz apostolischen Urchristentums vorzugsweise bei einfachen Christen in niedrigem Stand fest. Diese lebten gerade in ihrer schlichten Nachfolge dem göttlichen Willen gemäß und traten doch nicht durch spektakuläre Wundertaten hervor. Ewald bemühte freilich nicht nur den Erfahrungshorizont des Laien als Korrektiv falscher Erwartungen, sondern erklärte den ausdrücklichen Wunderverzicht zur eigentlichen Glaubensprobe der Gegenwart. In der Nachfolge des duldenden Jesus in Gethsemane müsse und könne das individuelle Leiden als göttlicher Ratschluß übernommen und getragen werden.[91]

Für Hahn lag der Schlüssel zum Verständnis der Gegenwart in der Dramatik des Apokalyptischen, doch wehrte auch er unbeschadet der Erwartung einer künftigen Zunahme der Gebetserhörungen eine Überbewertung der Wunder als glaubensbegleitender Zeichen ab.[92] Beide stimmten darin überein, daß die primäre Geistesgabe der Zeit nicht die der Wunderkraft, sondern die der Weissagung bzw. prophetischen Rede nach I Kor 14 sei.[93] Sofern die Zürcher um Lavater auf die Geistfrage in der Korrespondenz eingingen, mieden sie wie Ewald alle apokalyptischen Akzentuierungen der Gegenwart und betonten die noch ausstehende, aber verheißene Geistmitteilung nach Joel 3.[94]

Das pneumatologische Interesse führte weiter zur Erörterung trinitätstheologischer Fragen. So schlug sich Hahns frühe theologische Auseinandersetzung mit Johann August Urlsperger auch in der Korrespondenz mit Ewald nieder. Hahn wies auf seine im *Schwäbischen Magazin* abgedruckte Abhandlung über die ersten beiden immanenten »Ichheiten« der Gottheit und seine Auffassung vom Heiligen Geist als der dritten, an die Geschöpfe grenzenden »Ichheit« als der äußeren Seite Gottes hin.[95] Ewald stimmte vor allem in die letzten Aus-

---

[90] Vgl. Lavater, Natürliche Erklärung der biblischen Wunder, in: Orelli 1, 314 f.
[91] Cod. hist. 8° 103a, 99 f., Brief vom 22. August 1778.
[92] Als die herausragenden Zeichen der apostolischen Zeit galten Armut und Leidensbereitschaft, nicht Wundergabe oder Zungenrede. Cod. hist. 8° 103a, 82 f., ebda., 115 f.
[93] Vgl. ebda., 98 f. Ewald nannte als Voraussetzung des Gebrauchs der prophetischen Gabe die Empfänglichkeit des »inneren Sinns«, des Sensoriums für die Gottheit; darauf verwies für ihn auch die Rede vom Christussinn nach I Kor 2,16 und die von der Reinheit des Herzens nach Mt 5,8. Bei christlichen Freunden habe er diese Voraussetzungen erfüllt gesehen und anfangsweise auch selbst damit Erfahrungen gemacht.
[94] Lavater oder Pfenninger an Hahn, 3. Dezember 1783, cod. hist. 8° 103a, 262–269. Hahns Antwort vom 2. Januar 1784, ebda., 269–275. Hahn ging hier von der Erfüllung von Apk 17,2 und 18,3 aus; im Brief vom 31. August 1778 war die Erfüllung von Apk 13,8 noch nicht eingetreten.
[95] Cod. hist. 8° 103a, 104 f., Hahn, Bescheidene Untersuchung der Dreieinigkeitslehre des Herrn D. Urlspergers [...], in: Schwäbisches Magazin von gelehrten Sachen, 1778, 201–210; 333–341; 442–457, 565–578; ders. (o. Vf.), Eines ungenannten Schriftforschers vermischte Theologische Schriften (= Hahn, Theol. Schr.), Bd. 1, Winterthur 1779. Vom Separatdruck hatte Ewald im November 12 Exemplare erhalten, cod. hist. 8° 103a, 208. Weitere Ausführungen Hahns finden sich ebda., 221–223 (23. Januar 1780); nicht nur der Sohn, auch der Geist sollte

führungen zum Heiligen Geist begeistert ein: Das Äußere Gottes erfülle nach Röm 5,5 und I Kor 2,10 das Innere des Menschen und nach Weish 1,7 die ganze Schöpfung, wodurch der Mensch befähigt werde, die Nähe des an sich fernen Gottes nach Maß des in ihm wohnenden Geistes durch sympathetisches Vermögen (»Sympathie«) in allen Dingen zu ahnen. Dies folgte wie bei Herder aus dem (neu-)platonischem Grundsatz, Gleiches könne nur durch Gleiches erkannt werden. Da sich der Geist Gottes als »Ausfluß« (effluxus) der Gottheit in die unendliche Vielfalt der Lebensformen modifizierte und im Sichtbaren vernehmbare Sprache wurde, waren der diesbezüglichen mystischen Kommunikation mit Gott über die Gestalt der Dinge grundsätzlich keine Grenzen gesetzt, denn jede Gestalt konnte in irgendeiner Weise als Realsymbol Gottes gelten.[96] Aus diesem Zusammenhang erklärte sich Ewald die johanneische Rede vom Kennen der Seinen durch Jesus (vgl. Joh 10,27 f.), die Gott offenbarende Sprache der Natur (als natura naturata) und der Heiligen Schrift sowie das »Erkennen« der Gläubigen untereinander einschließlich der Möglichkeit, von der Silhouette eines großen Mannes zu Gottesanbetung und Andacht erhoben zu werden.

Der Geist Gottes – identisch mit der göttlichen Liebe – fungiert dabei als das eigentliche Lebensprinzip, welches das Maß und die Intensität des geschöpflichen Lebens im ganzen bestimmt und auch im Ungläubigen gleichsam anonym wirkt. Ewald sah in dieser Auffassung vom Korrespondieren und Sympathisieren der Vielgestalt des aus der einen göttlichen Quelle kommenden Geistes das schon lange in ihm existierende Lebensgefühl aufgegriffen und richtig gedeutet, wenngleich er dies noch nicht nach dem Hahnschen Ideal der Schriftsprache auszudrücken vermochte.[97] Der Gottesbegriff ist der der natura naturans, der die Welt der Einzeldinge zur natura naturata ausgestaltet und zum »Lesen« ihrer Symbolik als Glaubensakt einlädt, ohne daß dabei die Sinne und ihre Wahrnehmungsfähigkeit entwertet werden, ein für die Würdigung des Ästhetischen und Empirischen gleichermaßen wichtiger Tatbestand. Hier wurde mit der Grund für Ewalds Aneignung einer mystisch-sakramentalen Weltsicht bei gleichzeitiger Offenheit gegenüber dem Empirischen gelegt, die unter anderem auch in seinen späteren Naturpredigten aufscheint.[98] Das der mystischen Kommunikation zugrunde liegende Sprach-

---

als göttlich und menschlich zugleich gedacht werden können. Wilhelm Ludwig Hosch (1750–1811), dem Hahn dies schrieb, ließ sich zu weitergehenden spekulativen Überlegungen zum Wort-Logos der immanenten Trinität als Mutter anregen, um die Entstehung der Menschheit und der Engelwelt als göttliche Zeugung zu erklären und die Verbindung zum dunklen Wissen der alten Theogonien über Männliches und Weibliches in der Gottheit zu schaffen, cod. hist. 8° 103a, 242–246, 11. April 1780, ein Beispiel für die Lebendigkeit der Auseinandersetzung.

[96] Zum »Ausfluß« vgl. Langen, Wortschatz, 67 f., 327, 410 (Ausfließen der Kreatur aus Gott). Vgl. die Aussagen Hahns zur Geistesgeburt aus Jesu Geist in seinem Brief vom 6. Januar 1780, cod. hist. 8° 103a, 214, mit Hinweis auf Joh 3,5 f.16 (»gleich zeugt seinesgleichen«).

[97] Ebda., 119 f. (11. Oktober 1778).

[98] Der »Naturtext« stand neben dem der Heiligen Schrift mit eigenen, wenn auch beschränkten

verständnis weist auf J. Böhme, aber auch auf Hamann und Herder. Wichtig ist das der Sprache zugeschriebene schöpferisch-intuitive Moment, das so im barocken und im aufklärerisch-rationalistischen Sprachdenken nicht zur Geltung kommt.[99] Hier schlägt es die Brücke zwischen Religion, Poesie und Naturanschauung, ein gerade für Ewalds Bibelauslegung wichtiger Gesichtspunkt. Vom Gesamtverständnis her ergeben sich Berührungspunkte zur späteren romantischen Naturforschung des Herder wie Oetinger schätzenden Gotthilf Heinrich Schubert (1780–1860). Ebenfalls von einer pietistischen Frömmigkeit geprägt und zur Erweckungsbewegung hin offen, kommt dieser unter Schellings Einfluß zur Einsicht in die geistig-organische Einheit der Natur, welche die Betrachtung der Einzelphänomene stets auf die höhere Anschauung eines von der Schöpfung her göttlich durchwirkten Ganzen beziehen lehrt.[100]

Mit der von Hahn aufgenommenen Bengelschen kirchengeschichtlichen Deutung der *Johannesapokalypse* vermochte sich Ewald nicht anzufreunden. Er hielt die Zeit ihres Verständnisses für noch nicht gekommen, da nähere Aktualisierungen nicht überzeugten. Kanonkritische Problematisierungen wie Zweifel an deren Authentizität waren selbstverständlich ausgeschlossen.[101] Dem Glauben genüge einstweilen die futurisch-eschatologische Perspektive des universalen Kyriosbekenntnisses im Philipperhymnus (Phil 2,11), allenfalls schwere Anfechtungen, wie sie Hahn in der endzeitlichen Versuchung zur Anbetung des Tieres nach Apk 13,8 kommen sah, mochten nähere »Aufschlüsse« nötig erscheinen lassen. Hahn verteidigte zu diesem Zeitpunkt die Bengelsche Auslegung noch uneingeschränkt wegen ihrer bislang unerreichten textimmanenten Konsequenz und Stimmigkeit. Die problematische Terminierung der Parusie legitimierte er mit dem ureigenen Interesse von Glauben und Hoffnung an Konkretheit.[102] Diese Beharrlichkeit ließ Ewald schwanken, er stellte sein Urteil zurück und machte sich Anfang 1779 an das Studium Bengels.[103] Immerhin führte dies dahin, daß er nun eine wenigstens

---

Offenbarungsqualitäten. Vgl. die Empfehlung des ersten Heftes der Naturpredigten durch Beneken, in: Jb. für die Menschheit, 1789. 10. St.; Beneken zählte die Betrachtung über den Tod (6.) zum besten, was Ewald bis dahin geschrieben hatte.

[99] Vgl. Kaiser, Pietismus, 183 ff.

[100] Zu Schuberts Stellung in der romantischen Naturforschung (starke Prägung durch Herder und Schelling) vgl. den Beitrag von Dietrich von Engelhardt in der Gedenkschrift zum 200. Geburtstag: Gotthilf Heinrich Schubert [...]. (ErF 25), Erlangen 1980, 11–36.

[101] Cod. hist. 8° 103a, 67 f. Vgl. Hahns Aussage, durch den Zweifel an der Authentizität der Apk habe Gott eine Decke vor die Augen der Ungläubigen getan, ebda. 79.

[102] Ebda., 77 f.

[103] Hahn empfahl das Studium von Bengels *Gnomon*, seiner *Erklärten Offenbarung* und der *Sechzig Reden*, um die Ewald alsbald bat. Cod. hist. 8° 103a, 94 f. Hahn an Ewald, 31. August 1778, ebda., 103–116, 107 f. Ewald an Hahn, 11. Oktober 1778, ebda., 117–127, 123. Johann Albrecht Bengel, Gnomon Novi Testamenti [...] 2. Ausg. Ulm 1763 (Mälzer, Nr. 398, vgl. 396 ff.); ders., Erklärte Offenbarung Johannis [...], Neue Aufl. Stuttgart 1773 (Mälzer, Nr. 459, vgl. 455 ff.); ders., Sechzig erbauliche Reden über die Offenbarung Johannis [...], Stuttgart 1771, (Mälzer,

anfängliche Erfüllung der Johannesapokalypse in der Gegenwart für möglich hielt, um dem apokalyptischen Gedanken der Frist einen Sinn abzugewinnen.[104] Freilich befriedigte weder Bengel noch die im Lavaterkreis laut werdende, Bengel gegenüber kritische Thematisierung von Naherwartung und Jüngstem Gericht, auch wenn sich Ewald deutlich mehr an den Zürchern als an Hahn orientierte.

Als markante, die Positionen zu Zeitbewußtsein und Deutung der Gegenwart verdeutlichende Stimme aus dem Umfeld Lavaters kann Johann Jakob Stolz' Darlegung im *Christlichen Magazin* Pfenningers gelten, das auch Ewald bezog.[105] Die von der frühen Kirche über Luther und Bengel immer wieder gehegte Naherwartung war demnach zwar wie die apokalyptische Deutung des Lissaboner Erdbebens im seelsorgerlichen und psychologischen Interesse als Ausdruck letzter Hoffnung in hoffnungsloser Zeit verständlich, hielt aber doch den Kriterien einer Gegenwartsdeutung nicht stand, von denen er zwei namhaft machte: Zum einen die epochale Wiederkehr des im aufklärerischen Zeitbewußtsein für überwunden gehaltenen Aberglaubens und seine Synthese mit dem von Frankreich ausgehenden radikalaufklärerischen Skeptizismus («Unglauben») als Verschwörung gegen das Christusbekenntnis, zum anderen der Minderheitsstatus einer politisch marginalisierten christlichen Gemeinde, also das Ende des Staatskirchentums, bei zunehmendem Bewußtsein einer intensiven Geistes- und Christusgemeinschaft wie zu apostolischen Zeiten. Der erste Gesichtspunkt beinhaltete eine Periodisierung der Aufklärungsepoche in eine legitime frühe Phase der Kritik an Vorurteil und Aberglauben und eine Radikalisierung im Gefolge der von Voltaire repräsentierten französischen Aufklärung und des englischen Deismus. Als symptomatisch für deren Vordringen in Deutschland erachtete Stolz die ungehinderte Veröffentlichung der Reimarus-Fragmente durch Lessing. Die Aufklärung trägt somit nach Stolz objektiv dialektische Züge, sie hebt sich, nun allerdings eschatologisch in der Verkehrung, als Übergangsepoche im Vorfeld des Antichristen selbst auf.[106]

Nr. 481, vgl. 478 ff.). Im Januar 1779 nahm Ewald sich das Studium der *Reden* vor, im November äußerte er sich positiv darüber.
[104] Cod. hist. 8° 103a, 207 ff. Zu Lavaters Umgang mit der Apk, die Ewald nicht befriedigte, vgl. dessen 24 Gesänge: Jesus Messias, oder die Zukunft des Herrn. Nach der Offenbarung Johannes, o. O. u. J. (Zürich 1780).
[105] Johann Jakob Stolz, Einige Blicke auf die Gegenwart und in die Zukunft in Beziehung auf das Reich Jesu, in: Christliches Magazin (= ChrMag) 1779, Bd. 1, 1. St., 73–108.
[106] Hermann Samuel Reimarus (o. Vf.), Von dem Zwecke Jesu und seiner Jünger. Noch ein Fragment des Wolfenbüttelschen Ungenannten, hg. von G. E. Lessing, Braunschweig 1778; zur späteren Fassung vgl. ders., Apologie oder Schutzschrift für die vernünftigen Verehrer Gottes, hg. v. Gerhard Alexander, Bd 2, Frankfurt/M. 1972, Buch 1 u. 2. Wie Stolz urteilte Lavater noch 1797: »Ich denke noch nicht, daß gerade izt das Antichristenthum unter uns sey. Aber das Geheimnis des Unglaubens ist bereits zu einem solchen Sauerteig gediehen, der nothwendig nach und nach die ganze Masse versäuern muß.« Lavater an Meta Post, 20. September 1797, Schulz, Brief 50; vgl. Meta Post an Lavater, 19. April 1800, Brief 79, mit Anspielung auf Lavaters Gedicht *Der Antichrist*, das sie Ewald zukommen lassen wollte.

Der bedeutendste Hinweis für das Nahen apokalyptischer Zeit aber war für Stolz die Wiedergewinnung des Dramatisch-Geschichtlichen im apostolischen Reich-Gottes-Gedanken durch Männer wie Lavater, Herder und Hahn, die, weithin unabhängig voneinander und auf unterschiedlichen Wegen, wieder den Kern des Evangeliums entdeckten. Die reformatorische Theologie blieb demgegenüber geschichtlich relativ und marginal, noch im antipäpstlichen und antischolastischen Kampf befangen und fern vom Drang zu höherer Christuserkenntnis, wie sie Lavater in mystischer Sprache als »Gottesdurst« apostrophierte, eine auch von Ewald rezipierte Sicht.[107] Herder bekundete im Juli 1779 gegenüber Lavater seine Zustimmung zu diesem Aufsatz, auch wenn ihn Länge und deklamatorischer Stil störten, ein Zeichen seiner Wertschätzung der Zürchern in dieser Zeit.[108]

Anfang 1780 teilte Hahn Ewald seine Kritik an Herders Erklärung der Offenbarung von 1779 mit.[109] Der bei Herder angewandte hermeneutische Grundsatz, der die Apokalypse auf die Zerstörung Jerusalems zu deuten erlaubte und gleichwohl ihre Offenheit für spätere Erfüllungen behauptete, öffnete seiner Meinung nach der Willkür in der Auslegung prophetischer Texte Tor und Tür.[110] Gleichwohl hegte er die Hoffnung, es könne eine Synthese zwischen Herders und Bengels Erklärungsart geben.[111] Ein Jahr später gestand Ewald Hahn, er habe sich im Blick auf die Apokalypsedeutung immer mehr von ihm und Bengel entfernt.[112] Neben einer nicht nachvollziehbaren Gewichtung einzelner Zeitbegriffe bei Bengel monierte er vor allem das fehlende Verständnis für die poetische Seite des Buches. Die sich wie Wasserwogen herandrängenden Visionen könnten unmöglich buchstäblich eine sich durch Jahrhunderte schleppende Kirchengeschichte meinen. Begeistert hatte er Herders Erklärung als gelungene Vermittlung von Anliegen älterer, an buchstäblicher Erfüllung orientierter und neuerer, poetische Gesichtspunkte

---

[107] Stolz, ebda., 102 ff. Als mögliche Zeichen der Zeit für den kommenden Abfall deutete Stolz, wenngleich mit Vorsicht, die Preisgabe des Religiösen an das Urteil von Ästhetik und Vernunft. Das erste erschien ihm wie Goethescher Geniedrang und Klopstockische Dichtkunst als Modeerscheinung, das zweite bedrohlicher als Zeichen der Auszehrung des in der endzeitlichen Anfechtung auf Stärke angewiesenen Glaubens. Lavater, Gottesdurst (7. Oktober 1776), in: ChrMag 1779.2, St. 2, 169–173.

[108] Herder, Briefe GA 4, Nr. 80, Z. 32 ff.

[109] Hahn an Ewald, 6. Januar 1780, cod. hist. 8° 103a, 211–218, 216 f. Der gegenüber Herder kritische Abschnitt fehlt interessanterweise im Abdr. des Briefs in der ChrM, 1803.2, 465–470. Herder, ΜΑΡΑΝ ΑΘΑ. Das Buch von der Zukunft des Herrn, des Neuen Testaments Siegel, SWS 9, 101–288. Vgl. Martin Brecht, Hahn und Herder, in: ZWLG 41.1982, 364–387.

[110] Der Reiter auf dem weißen Pferd nach Apk 19,11 ff. deutete nach Hahn auf Christus und nicht auf Titus, die himmlischen Kriegsheere auf die Berufenen und Auserwählten und nicht auf die römischen Kriegsvölker, ebda., 217.

[111] Hahn schätzte Herder als Werkzeug Gottes, aber eben nur als Grenzgänger und Mittler zwischen Gläubigen und Ungläubigen, ein »Mittelding zwischen einem philosophischen und apostolischen Christen.« Cod. hist. 8° 103a, 216.

[112] Cod. hist. 8° 103b, 4–9, Brief vom 3. Januar 1781.

würdigender Theologie aufgenommen. Trotz einzelner Kritikpunkte an Herder, etwa zur Erklärung der Zahl 666, war damit Bengels Auslegung für ihn überwunden. Statt wie Hahn nach einer möglichen Vereinbarkeit von Herder und Bengel zu fragen, suchte er, angeregt durch Herders vermittelnde Position zwischen »Buchstaben« als sensus literalis und »Geist« als Poesie, nach einer Brücke zwischen Hahn und dem neologisch orientierten Philanthropinisten Johann Bernhard Basedow (1724–1790) in der Auslegung des Alten Testaments, hier hinsichtlich der auf Christus gedeuteten messianischen Weissagungen des Alten Testaments, die Basedow zeitgeschichtlich ausgelegt wissen wollte.[113]

Ewald sah die biblischen Weissagungen über ihre Erfüllung im Kleinen und in zeitlicher Nähe hinaus auf größere Entwicklungen in ferner Zukunft bezogen, das Begrenzte und Naheliegende galt ihm als »Sakrament« des Umfassenderen und Ferneren, ein für Ewalds Bibelauslegung wichtig bleibender Grundgedanke, später explizit unter dem Begriff des Perspektivischen aus der Malerei wieder aufgenommen.[114] Die buchstäbliche Erfüllung blieb das absolute Ziel, alle anderen typologischen oder mystischen Erfüllungen galten als Vorzeichen jener letzten endgültigen. Wie auf dieser Grundlage die Johannesapokalypse schließlich auszulegen sei, blieb im einzelnen jedoch unklar, so daß auch Hahn nicht davon zu überzeugen war. Ewalds Hoffnung richtete sich zunehmend auf Lavater, dem er zutraute, Hahn von Bengels Auslegung abzubringen.[115] Es zeigt sich, daß Hahns Auseinandersetzung mit Herder im Gespräch mit Ewald die Bereitschaft zur vorsichtigen Lösung von Bengel beförderte, noch bevor die Auslegung Gottlob Christian Storrs weiter auf Distanz drängte.[116]

---

[113] Johann Bernhard Basedow, Methodischer Unterricht der Jugend in der Religion und Sittenlehre der Vernunft [...], Altona 1764, Vorr. XXXVIII; Nachdr. Hildesheim 1985 (zus. mit: ders., Methodischer Unterricht in der überzeugenden Erkenntniß der biblischen Religion [...], Altona 1764); ders., Vermächtniß für die Gewissen, 2 T., Dessau 1774, T. 2, 162 ff., 292 f.; zum jüdischen Charakter der Zehn Gebote, die trotz Basedows Einwänden bei rechter Erklärung eine »schöne Moral für Kinder« bildeten, vgl. Johann Gottfried Herder, Journal meiner Reise im Jahr 1769. Hist.-krit. Ausg., hg. v. Katharina Mommsen, Stuttgart 1976 (= Herder, Journal), 43, Z. 26 ff. (SWS 4, 343–461, 375).
[114] Cod. hist. 8° 103b, 6 ff.
[115] Ewald an Lavater, 22. Juli 1781, Brief 9; vgl. Herder an Hamann, Dezember 1780, Briefe, GA 9, 296 (zu Bd. 4, Nr. 128).
[116] Gottlob Christian Storr, Neue Apologie der Offenbarung Johannes, Tübingen 1783. Hahn gestand, Bengels Auslegung vor Jahren ohne besondere Prüfung übernommen zu haben, doch behielt diese in seinen Augen Vorzüge, die der Herderschen nicht zukamen. Inhaltlich wies er auf zwei Punkte hin. Die »eigentliche« Erfüllung des größten Teils der Apokalypse stehe noch aus, besonders das 13. Kapitel mit seiner Rede von den beiden Tieren. Das eine Tier deutete er als weltliche Monarchie, welche der Christenheit Lehrvorschriften geben und den Glauben an Jesus von Nazareth als den Sohn Gottes nach den christologischen Hoheitstiteln verbieten lassen werde. Gegenüber Herders Annahme anfänglicher, unvollkommener Erfüllungen verwies er auf die Entstehung des Papsttums, die als Beginn einer kirchengeschichtlichen Hauptepoche des Abfalls gewürdigt werden müsse. Weder die reformierte noch die lutherische Kirche der Ge-

Der Austausch mit Hahn macht deutlich, welche gewichtige Rolle Herder für den gesamten Prozeß der Abgrenzung Ewalds gegenüber der »Berliner Aufklärung« und insbesondere die Ausformung seiner *anthropologischen Grundanschauungen* spielte. Ewald gehörte zu den eifrigen Lesern Herders. Er verehrte ihn wie Hahn und Lavater als religiöses Genie, doch hielt er ihn persönlich für derart unnahbar, daß er eine Kontaktaufnahme nicht wagte.[117] Es darf angenommen werden, daß zu Ewalds früher Herderlektüre die 1774 erschienenen *Provinzialblättern für Prediger* gehörten, in denen Herder gegen die »Berliner Aufklärung« polemisierte. An Herder mißfiel dem irenisch gestimmten Ewald allein die unduldsame Haltung gegenüber Johann Joachim Spalding, den jener in den *Provinzialblättern* angegriffen hatte.[118] Ewald nahm Spalding als Verführten, aber ansonsten Untadeligen in Schutz. Hier klingt etwas an von dem Respekt, den sich Ewald gegenüber Spalding trotz der Ablehnung seiner neologisch geprägten Theologie immer bewahrte, und zwar insbesondere gegenüber dessen lebenspraktischer, Vernunft und Empfindung gleichermaßen ansprechender Denkweise. Herder selbst hatte in einem Brief an Spalding seine polemischen Spitzen von 1774 bedauert und das Mißverständnis einer persönlichen Gegnerschaft auszuräumen gesucht. Seine eigentliche Absicht galt der Distanzierung von radikalaufklärerisch-neologischer Theologie und Religion, wie er sie von Wilhelm Abraham Teller (1734–1804), Johann August Eberhard (1739–1809) und Friedrich Nicolai (1733–1811) mit z. T. nicht geringer Schärfe propagiert sah.[119]

Für Ewalds erkenntnistheoretische und anthropologische Auffassungen wichtig wurde insbesondere Herders Schrift *Vom Erkennen und Empfinden der*

---

genwart sah er ganz von Päpstlichem befreit, auch wenn die Reformation die größten Abweichungen von Lehre und Denkweise der ersten Christen beseitigt habe. Cod. hist. 8° 103b, 25 f. Vgl. Brecht, Wir sind correspondierende Pietisten, in: PuN 7.1981, 69–86, 86; Reinhard Breymayer, »Anfangs glaubte ich die Bengelische Erklärung ganz ...« Philipp Matthäus Hahns Weg zu seinem wiederentdeckten »Versuch einer neuen Erklärung der Offenbarung Johannis« (1785), in: PuN 15.1989, 172–219, bes. 189 ff.

[117] Cod. hist. 8° 103a, 93. Erhalten sind spätere Briefe Ewalds an Herder aus den Jahren 1787, wo er für einen jungen Theologen Fürsprache wegen einer Pfarrstelle einlegte, und zwei weitere im Zusammenhang der Zeitschrift *Urania* aus den Jahren 1791 und 1792, vgl. Steiger, Bibliogr. A 47.

[118] Cod. hist. 8° 103a, 92 f. Herder, An Prediger. Funfzehn Provinzialblätter (1774), SWS 7, 225–312. An theologisch interessanten Schriften Herders waren bis dahin noch erschienen: Auch eine Philosophie der Geschichte zur Bildung der Menschheit (1774), SWS 5, 475–594; Aelteste Urkunde des Menschengeschlechts, 1. Bd. 1774, SWS 6, 193–511; 2. Bd. 1776, SWS 7, 1–172; Erläuterungen zum Neuen Testament aus einer neu eröffneten Morgenländischen Quelle (1775; = Herder, Erläuterungen), SWS 7, 335–470. Vgl. Wilhelm Maurer, Die Geschichtsphilosophie des jungen Herder in ihrem Verhältnis zur Aufklärung, in: Gerhard Sauder (Hrsg.), Johann Gottfried Herder 1744–1803 (Studien zum achtzehnten Jahrhundert 9), Hamburg 1987, 141–155 (zur Lebensalteranalogie und ihre Deutung als säkularisierte Neufassung der traditionellen Vierreichelehre s. ebda., 147 ff.); Kondylis, 615–636.

[119] Herder, Briefe GA 3, Nr. 85, Brief vom 15. Juni 1774. Brief an Spalding vom 29. September 1774, GA 3, Nr. 102.

menschlichen Seele in der publizierten Neufassung von 1778, auf die ihn Hahn sogleich nach ihrem Erscheinen aufmerksam machte.[120] Hahn sah die Schrift mit seinem und Oetingers Anliegen übereinkommen, so daß die in Herder gesetzten Hoffnungen geradezu euphorische Ausmaße annahmen. Mit Herders Hilfe schien nicht nur eine Lösung der von der Leibniz-Wolffschen Schulphilosophie hinterlassenen Einheitsproblematik des Leib-Seele-Verhältnisses und damit von Sinnlichkeit und Geist möglich – die prästabilierte Harmonie der getrennt gedachten Monaden (Substanzen) von Seele und Körper war über ein »als ob« ihrer gegenseitigen Beziehung nicht hinausgekommen –, sondern auch eine generelle Rechtfertigung des eigenen Schriftverständnisses einschließlich der Auslegung der Johannesapokalypse im Sinne Bengels. Hahn entdeckte bei Herder vor allem Oetingers Lebensbegriff. Besonders beeindruckte ihn der Grundgedanke einer Entwicklung des niederen Lebens (der Materie) zum höheren unter der alles durchwirkenden Kraft des Geistes, interpretiert als Warten des inneren Menschen auf die Auferstehung des Leibes. Der Mensch war bei Herder als Mittelwesen zwischen Körper- und Geisterwelt in der Verschiedenheit seiner Seelenkräfte vom göttlichen Geist zur Einheit gebracht und unter Vermeidung der Übergangsprobleme mechanistischer Naturauffassungen einem vom Schöpfer gestifteten großen Wirkzusammenhang der Kräfte von Kosmos und Geschichte eingefügt. Die dem zugrunde liegende Logos-Mystik, die für die weitere Spinozarezeption Herders von Belang sein sollte, erlaubte es, den Menschen als Mikrokosmos zu bestimmen und alle Lebensphänomene untereinander derart verkettet zu sehen, daß die qualitative Analogie und das tautologische Wechselverhältnis von Innen und Außen zu den Hauptkategorien ihrer Beschreibung wurden.[121] Die Herdersche Auffassung sollte Ewalds Welt- und Menschenbild und sein Verständnis von Natur und Offenbarung wesentlich mitprägen.[122]

In anthropologischer Hinsicht wurde von Herder vor allem die Debatte über das Leib-Seele-Verhältnis anhand der Kritik an der These von der Un-

---

[120] Zur Thematik, von der Preußischen Akademie der Wissenschaften als Preisfrage gestellt, s. auch Oetinger, Gedanken von den zwo Fähigkeiten zu empfinden und zu erkennen, und dem daraus zu bestimmenden Unterschiede der Genien, Frankfurt/M. u. Leipzig 1775.
[121] Vgl. Herder, SWS 8, 178, 183; 32, 215 f. Zur universalen Kategorie der die Lebensprozesse bestimmenden wechselseitigen Einwirkung von Innen und Außen vgl. Ewald, Ueber Deklamation und Kanzelvortrag, 1809, 9 f., wo diese Wechselwirkung beschrieben und im Blick auf die christliche Religion im Gefolge der zuerst von Hahn näher erschlossenen Geisttheologie inkarnatorisch gedeutet wird: »Es ist der Organismus der Christlichen, wie jeder wahren Religion – Wirkung des Aeussern der Gottheit [d. h. des Heiligen Geistes] auf das Innere des Menschen; Verkörperung Gottes, mögt' ich sagen, zu Vergeistigung des Menschen; Gott, offenbart im Fleisch. Christus ward, was *wir* sind, damit wir werden, was *Er* ist.« Ebda., 14 f.
[122] Vgl. cod. hist. 8° 103a, 76. Ewald beschreibt an anderer Stelle das Verhältnis von Natur und Offenbarung als das von alttestamentlichem Priester und Prophet: Die Natur unterrichte wie der Priester im Vollzug der äußeren Riten der Religion, während die Offenbarung den inneren Gehalt erkläre wie der Prophet den inneren Geist der Religion, Ewald, Ueber Geist und Bemühungen [...], ÜP 7, 20.

sterblichkeit der Seele angeregt, soweit sich diese im Gefolge der Monadenlehre bewegte und ihre Begründung in der der Seele von sich aus eignenden Geistigkeit fand. Ewald erinnerte an seine erste Konfrontation mit dem Problem durch Herders kritische Notiz in seinen *Erläuterungen zum Neuen Testament* von 1775.[123] Ewald teilte das Interesse, Leib und Seele (und Geist) als Unterscheidung einer schöpfungsmäßigen Einheit verstehen zu lernen und das Problem verschiedener Substanzen, die nur in eine Quasi-Beziehung zueinander zu treten vermochten, zu vermeiden.[124] Dazu half neben dem anthropologisch auf eine Lebenseinheit gedeuteten biblischen Scheidungssverbot von Mk 10,9 (Mt 19,6) der Gedanke an den dem Erdenkloß eingehauchten göttlichen Odem nach Gen 2,7, der auf eine gegenseitige Durchdringung von »Fleisch« und »Geist«, Irdischem und Himmlischem wies.[125] Der Mensch blieb ein von diesen Gegensätzen durchdringendes Wesen, das Animalisches und Göttliches zugleich in sich trägt, was zur pointierten Rede führte, er sei Tier und Gott in einem. Präfiguriert war diese kreatürlich gegebene Durchdringung im präexistenten Christus als Urbild der Menschenschöpfung, die sich Ewald in Aufnahme des Gedankens von der himmlischen Menschheit Jesu als Akt göttlichen Kopierens vorstellte.[126] Der Begriff des »Fleisches« dient dabei sowohl zur Bestimmung des Gegensatzes zum »Geist« nach dem kosmischen Gegensatz von irdisch bzw. tierisch und himmlisch als auch zur Bezeichnung der anthropologischen Einheit von Leib, Seele und Geist, so daß Ewald auch das Ergebnis des göttlichen Schöpfungsvorganges als »Fleisch« in Analogie zur johanneischen Rede der Fleisch-, d. h. Menschwerdung des Wortes bezeichnen konnte.[127] Von der Radikalität der paulinischen Anthropologie, die »Fleisch« und »Geist« als Gegensatz von des Menschen Verfallenheit an die

---

[123] Herder, Erläuterungen, in: SWS 7, 402. Weitere Verweise auf die Schrift Herders bei Ewald finden sich in der Schrift zur Größe Jesu (zu Kol 1,16) und in den Religionslehren, Bd. 1, 111 (zu den »Zend-Büchern«), Bd. 2, 9. 286.

[124] Zu Lavaters vergleichbarer Kritik an der Unsterblichkeit der Seele als »subalternem Schulbegriff« vgl. Orelli 1, 276 f.: Unsterblichkeit im lebendig-praktischen Sinn war nicht demonstrierbar, sondern allein der Glaubens-, Liebens- und Hoffensfähigkeit des Menschen zu einem praktischen Zweck, dem Zweck des Genusses, erweisbar. Die Annahme einer unsterblichen Substanz o. ä. hielt Lavater nicht mit dem Auferstehungsglauben vereinbar. Seine Gedanken entwickelten sich hin zur Vorstellung einer Seelenwanderung, Lavater an Meta Post, 25. Januar 1799, in: Schulz, Brief 69.

[125] Auch Hahn nahm im Gespräch mit Thomas Wizenmann über die Leib-Seele-Problematik das biblische Scheidungsverbot auf; er begründete damit seine Anschauung von der belebten Materie in Anwendung auf die prinzipielle Untrennbarkeit von Leib und Seele, da Materie (Leib) und Lebensprinzip (Seele) schöpfungsmäßig verbunden waren, von Hahn als »ein ewiger Hylozoismus« bezeichnet (der Ursprung des Gedankens in kosmologischer Hinsicht liegt in der ionischen Naturphilosophie). Philipp Matthäus Hahn, Hinterlassene Schriften [...], hg. v. Ch. Ulr. Hahn, 2 Bde., Heilbronn u. Rothenburg/Tauber 1828, Bd. 1, 133 f.

[126] Cod. hist. 8° 103a, 93 ff., 22. August 1778.

[127] Ebda., 95. »Fleisch« war also keineswegs nur negativ als Sinnlichkeit qualifiziert, »Fleischwerdung« des Wortes war »Menschwerdung«.

Sündenmacht und seiner Freiheit in der Knechtschaft Christi bestimmte, war auf dieser Ebene nichts mehr geblieben.

Nicht nur Hahn, sondern auch Pfenninger hatte Herders Schrift von 1778 begrüßt und Auszüge aus ihr im ersten Jahrgang seines der »Aufklärung« der biblischen Religion gewidmeten *Christlichen Magazins* abgedruckt.[128] Herder gehörte an vorderster Stelle neben Hahn und den Zürchern um Lavater zu denen, die in Zusammenarbeit mit Johann Georg Hamann, Jakob Michael Reinhold Lenz (1751–1792), Karl Theodor Anton Maria von Dalberg (1744–1817), Johann Georg Schlosser (1739–1799), Johann Friedrich Kleuker und Jakob Heinrich Obereit (1725–1798) ein entsprechendes Organ durch Beiträge oder Auszüge aus ihren Werken zu tragen imstande erachtet wurden. Ein vergleichbarer Kreis wurde von Ewald wieder in der Gründungsphase seiner Zeitschrift *Urania*, die Pfenningers Anliegen aufnehmen und fortführen sollte, für die Mitarbeit ins Auge gefaßt. In beiden Fällen blieb das Unternehmen Episode, das hohe Ziel wurde nicht erreicht.[129] Herder selbst sah keine derartig enge Verbundenheit mit dem Lavaterkreis oder mit Hahn.[130] Von Lavaters drittem Teil der *Physiognomischen Fragmente* keineswegs begeistert, sah er die Distanz eher wachsen. Hahns Evangelienpredigten (»Postille«), die er Anfang 1779 in den Händen hatte, fanden seinen Beifall nicht, Lavaters übermäßiges Lob dieser Predigten blieb ihm unverständlich.[131]

Die durch Hahn vermittelte Oetinger-Lektüre, an deren Anfang die Vorrede zu Swedenborgs Philosophie stand, stellte sich für Ewald zwar als schwierig, aber gewinnbringend heraus.[132] Eine harsche Kritik Lavaters an Oetinger

---

[128] ChrMag 1779.2, 1. St., 133–152.

[129] Cod. hist. 8° 103a, 55 ff., der Plan für die neue Zeitschrift vom 22. Februar 1777 war angehängt an ein Schreiben Pfenningers vom 30. März 1778; u. a. waren Rubriken zur Sektengeschichte, zum Judentum und zum Islam vorgesehen, neben älteren Stimmen sollten auch solche aus der Reformation aufgenommen werden, der gegenüber aber keine besondere Verpflichtung bestand; zum Leserkreis vgl. ebda., 207 f., ChrMag 1779.1, 1. St., 4 ff. (Vorr.), wo das Magazin als »Lese-Magazin für denkende und lesende Verehrer der Offenbarung« vorgestellt wurde, das eine Lücke zwischen Gelehrtenzeitschrift und Volksschrift füllen und von Polemik und Apologetik frei sein sollte.

[130] Vgl. Herder an Lavater, Juli 1779, Herder, Briefe, GA 4, Nr. 80 (98, Z. 76 ff.), vgl. Herder an J. G. Müller, Juli 1781, ebda., Nr. 175 (187, 44 f.)

[131] Herder an Hamann, 9. April 1779, in: Herder, Briefe GA 4, Nr. 69 (Z. 163 ff.). Dagegen fand Herder Zugang zu einem anderen Württemberger aus der weiteren Bengel-Schule, zu Magnus Friedrich Roos; 1777 war er in den Besitz von Roos-Schriften gelangt, die er trotz ihres Verhaftetseins an »alle Fehler seiner Landsmannschaft« im Briefwechsel mit Hamann positiv aufnahm. Herder an Hamann, Mitte August 1777, in: Herder, Briefe GA 4, Nr. 15 (38 f., Z. 127 ff.) Es handelte sich um Roos' *Lehre und Lebensgeschichte Jesu Christi* (Bd. 1, Tübingen 1776), und dessen *Fußstapfen des Glaubens Abrahams, Lebens-Beschreibungen der Patriarchen und Propheten* (St. 1–6, neue Aufl. Tübingen 1773–1775; zuerst Tübingen 1770–1771, vgl. Mälzer Nr. 2626, 2570 ff.); das letzte Werk war auch in Isenburg – Büdingen vorhanden.

[132] Ewald an Hahn, 31. August 1778, cod. hist. 8° 103a, 105. Friedrich Christoph Oetinger, Swedenborgs und anderer Irrdische (!) und himmlische Philosophie [...], 2 T., Frankfurt/M. u. Leipzig 1765 (Mälzer, Nr. 2045, vgl. 1883).

hatte zunächst generelle Vorbehalte geweckt, die aber überwunden wurden.[133] Intensiv bemühte sich Ewald um Oetingers Schriften, besonders auch um das *Wörterbuch*, und bekannte, es habe ihm zu wichtigen Einsichten verholfen.[134] Freilich schien ihm Oetinger nicht immer die vom Grundsatz der Schonung der Schwächeren im Glauben gebotene Zurückhaltung walten zu lassen.[135] Angesprochen sah er sich von den Grundgedanken einer sich gegenseitig bestätigenden dreifachen Offenbarung göttlicher Wahrheit in Bibel, Mikrokosmos (innerer Mensch) und Makrokosmos (Natur), auch wenn ihm die Oetingersche »Chemie«, die ihm bald als dessen Steckenpferd vorkam, fremd blieb.[136] Gleichwohl schätzte er Oetinger als eines der bedeutendsten religiösen Genies der Zeit.

Der Kreis der Lektüre wurde bald auf ältere Mystiker ausgedehnt: Ende November 1779 nannte Ewald als seine Hauptlektüre neben der Bibel, den Schriften Hahns und Oetingers Johannes Tauler, Jakob Böhme und Gottfried Arnold, ohne daß er näher darüber Auskunft gab.[137] Es ist anzunehmen, daß hier die Grundunterscheidung zwischen einer mystischen, vom Primat des Willens und der Empfindung vor der Vernunft ausgehenden Theologie und Religiosität und einer vom Primat der kritischen Vernunft bestimmten intellektualistisch-»scholastischen« Denkweise weiter vertieft wurde. Wie bei Hahn

---

[133] Cod. hist. 8° 103a, 93. Lavater, Unveränderte Fragmente aus dem Tagebuch eines Beobachters seiner Selbst; oder des Tagebuchs Zweyter Theil, nebst einem Schreiben an den Herausgeber desselben, Leipzig 1773; photomech. Nachdr. (Schweizer Texte 3) Bern u. Stuttgart 1978, 224, vgl. ebda., 7. Lavater hatte in einem Brief vom 20. März 1773 eine Schrift Oetingers (»Die christliche Religion«) als geradezu gotteslästerlich bezeichnet, da sie kein Wort von der göttlichen Liebe als dem Ein und Alles der Bibel sage.

[134] »Ich lese fleissig in Oetingers Schriften, besonders im Wörterbuch; hat mir schon manche Aufschlüsse gegeben, und es ist tiefe Ahndung in mir, ich werde es verstehen lernen, das ich freilich jetzt noch bei weitem nicht kan. Ich kan schlechterdings nichts verwerfen an dem Mann, und wenn mirs offenbarer Unsinn scheint; so sehr ist mein Glaube an ihn gewachsen.« Cod. hist. 8° 103a, 144f. Oetinger (o. Vf.), Biblisches und Emblematisches Wörterbuch, dem Tellerischen Wörterbuch und Anderer falschen Schrifterklärungen entgegen gesetzt, O. O. 1776; Wilhelm Abraham Teller, Wörterbuch des Neuen Testaments zur Erklärung der christlichen Lehre, 2. Aufl. Berlin 1773; ders., Zusätze [...], Berlin 1773.

[135] Cod. hist. 8° 103a, 121 f. Zur Kritik Oetingers an Lavater und Spalding im Blick auf die vorschnelle Zuflucht zur Rede vom liebenden Gott angesichts mangelnden Verständnisses von dessen Zorn vgl. Wörterbuch, 665 f.

[136] Cod. hist. 8° 103a, 209. Vgl. z. B. Oetinger, Wörterbuch, 757f., zur »Chemie« 75f., 167f., 203.

[137] Cod. hist. 8° 103a, 209 f. An Böhme vermißte Ewald die Klarheit der Begriffe: Mit einer durch die Mutter oder die Schule besser ausgebildeten Sprachkraft hätte er einer der tiefsten Denker Deutschlands – in der Mystik-Schrift von 1822 ein deutscher Plato – werden können, Ewald, Vorlesungen über die Erziehungslehre [...], 3 Bde., Mannheim u. Heidelberg 1808–1810 (= EL I–III; Steiger, Bibliogr. 290, vgl. 290a), hier Bd. 3, 124, vgl. ders., Briefe über die alte Mystik und den neuen Mysticismus, Leipzig 1822 (= MYS; Steiger, Bibliogr. 378). Von Oetinger war erschienen: (o. Vf.), Inbegriff der Grundweisheit, oder kurzer Auszug aus den Schriften des teutschen Philosophen [...], Frankfurt/M. u. Leipzig 1774, mit Anh., wie Böhme »mit Vorsicht« zu lesen sei, ebda., 41–46 (Mälzer, Nr. 2012).

zeigt sich eine große Aufgeschlossenheit gegenüber dem pantheistischen Gedankenkreis, der zwar in der Gestalt des sog. Spinozismus als nicht schriftgemäß abgelehnt wurde, aber als Panentheismus die biblische Grundwahrheit zu bewahren versprach, daß alle Dinge aus Gott seien und wieder mit ihm eins würden. Jakob Böhme zeichnete sich nach Hahn gerade dadurch aus, daß er bei allem Nachdruck, den er auf die reale Nähe Gottes in der Schöpfung legte, die als Ferne Gottes verspürte Differenz zwischen Schöpfer und Geschöpf nicht negierte.[138] Gleichwohl wurde die unmittelbare Erfahrung des von Gott durchdrungenen Ich zum Ausgangspunkt und Schlüssel der Welterkenntnis. Ewald sollte das Thema der Mystik am Ende seines Lebens in einer eigenen Schrift ausführlicher aufnehmen und die hier eröffneten, immer wichtig gebliebenen Perspektiven verdeutlichen. Zu diesen gehört die grundlegende Spiritualisierung der Welt als Ort voller Symbole göttlicher Gegenwart, die es mittels einer geheiligten Sinnlichkeit zu entdecken gelte. Auch wenn Ewald kein unkritischer Rezipient der ihm vom württembergischen Pietismus vermittelten Gedanken war, so hat er doch Wesentliches von ihm aufgenommen und zeitlebens in Verbindung mit dem von den Zürchern und von Herder Vermittelten bewahrt. Gerade die Zurückweisung bestimmter spekulativer Momente in Christologie und Eschatologie kann die grundlegenden Gemeinsamkeiten im Welt- und Menschenbild nicht verdecken.

3.2.2 Der Reformgedanke: Gesangbuchrevision

Der Austausch mit Hahn über die Grundsätze einer Gesangbuchrevision, die Wolfgang Ernst II. mit Ewalds Hilfe gegen erwarteten Widerstand konfessionell gebundener Geistlicher bewerkstelligen wollte, erhellt weitere Aspekte zum Aufklärungsverständnis in Hinsicht auf Frömmigkeit und Kirchenbild. Zwar vertrat Ewald in der Frage der Modernisierung älteren Liedguts einen selbst gegenüber Hahn konservativen Standpunkt, der ihn wie Herder und andere den möglichst unveränderten Erhalt der ursprünglichen Sprachgestalt fordern ließ und allenfalls bei biblisch begründeter Kritik Eingriffe erlaubte, doch stand dem eine große Bereitschaft zur Modernisierung der Gesamtkonzeption des Gesangbuchs gegenüber.[139] Die pietistische Differenzierung nach den Bedürfnissen unterschiedlicher Frömmigkeitsstufen ließ zunächst eine

---

[138] Hahn an Christian Adam Dann (1758–1837), 20. September 1780, cod. hist. 8° 103a, 255–262.

[139] Cod. hist. 8° 103a, 71 f., 100 ff.; SWS 11, 68 ff.; 31, 707 ff. Vgl. Konrad Ameln, Johann Gottfried Herder als Gesangbuch-Herausgeber, in: JLH 23. 1979, 132–144. Zu beachten sind die jeweiligen Begründungszusammenhänge. Steiger, 55 ff., bleibt m. E. zu allgemein. Ewald argumentierte durchaus auch pragmatisch: Jede Liedveränderung biete dem traditionsverhafteten »gemeinen Mann« ein vermeidbares Ärgernis in seiner Erbauung. Auch Hahn lag am möglichst treuen Erhalt der überkommenen Sprachgestalt, doch gab er sprachlichen und poetischen Gesichtspunkten ein höheres Gewicht, cod. hist. 8° 103a, 84.

Vermehrung des empfindsamen Liedguts für die Gruppe reiferer Christen erforderlich erscheinen, die sich von der Menge der Kirchenbesucher abhob. Genügte letzteren das allgemeine Liedgut, zu dem Ewald vorrangig moralische Gesänge und Danklieder zählte, so vermißten die ersteren Lieder, welche ihre Glaubenserfahrungen in der Christusgemeinschaft aufnahmen und deren tiefere Dimensionen, die Ästhetik des Gottesgenusses und der »Herrlichkeit eines wahren Christen«, thematisierten.[140] Zur entsprechenden gruppenmäßigen Differenzierung wurde der Aufklärungsbegriff herangezogen, doch in einer Form der Zurückstufung, die Hahn nicht akzeptieren sollte: Ewald unterschied die »Aufgeklärten« als noch Unmündige und Anfänger im Glauben nach I Kor 3,2 von den mündigen Pneumatikern. Damit widersprach er einmal dem Vorwurf religiöser Schwärmerei von neologisch aufgeklärter Seite, ohne freilich wie in späteren Zusammenhängen die Chance zu nutzen, die Mündigkeit des Pneumatikers als höhere Stufe der Aufklärung zu artikulieren. Zum andern bot ihm dies den Grund, eine Aufteilung des Gesangbuches in einen Teil für den öffentlichen Gottesdienst und einen für die im wesentlichen vom Pneumatiker geübte Privatandacht vorzuschlagen. Für den öffentlichen Gottesdienst verlangte Ewald eine Vermehrung der Lieder mit anbetendem und hymnischem Charakter im Klopstockschen und Lavaterschen Sinn und eine Verminderung des lehrhaften Liedguts, wobei entsprechend entbehrliche Lieder wie solche von Gellert nicht ausgeschieden, sondern der Privatandacht zugeschlagen werden sollten, um dem »gemeinen Mann« seinen ohnehin geringen Lesestoff nicht ungebührlich zu beschneiden.[141]

Stark war wie auch bei Hahn der Wunsch nach biblischen Geschichts- oder Erzähllieder, eine freilich wenig entwickelte Gattung. Ludwig Friedrich August von Cölln (1753–1804), Nachfolger Ewalds im Amt des Generalsuperintendenten für Lippe-Detmold und ebenfalls Lavateranhänger, sollte sich in Zukunft als Verfasser derartiger Lieder versuchen.[142] Wichtig war Ewald wei-

---

[140] Passions- und Leidenslieder nahmen eine Mittelstellung ein, Ewald sah sie auch bei der breiten Masse ankommen. Cod. hist. 8° 103a, 101.

[141] Anbetend-hymnische Lieder hatten »die Resultate vom gefaßten Lehrbegriff des Christenthums oder einzelner Theile derselben« vorzustellen und sollten »Empfindung, Frohlocken darüber« enthalten. Cod. hist. 8° 103a, 71. Lavaterlieder wurden später in Detmold Gegenstand des religiösen Unterrichts und bei Festlichkeiten reichlich in Gebrauch genommen. Lavaters Liedersammlungen und sein Vorstoß um eine Reform des Kirchengesangs in Zürich 1785 standen in ähnlichem Sachzusammenhang, vgl. Lavaters Synodalrede vom 26. April 1785, in: Staehelin 3, 180–186.

[142] Es ging Ewald wohl nicht nur allgemein um den Zusammenhang der jeweiligen Choräle mit den biblischen Texten und Sonntagsevangelien, sondern um die spezielle Liedgattung. Diese wurde erst in neuerer Zeit wieder für den Gemeindegesang entdeckt, vgl. die im Evangelischen Gesangbuch (EG) abgedruckten biblischen Erzähllieder, Nr. 311–315. Zu Cöllns Dichtungen vgl. Stücke wie: Auferstehung Christi, Marie von Magdala, in: ÜP H. 7, 195–202, und die Osterkantate, in: ChrM 1800.1, 100–107; Ewald an Lavater, 21. August 1791, Brief 21. Zur Familie von Cölln vgl. Hans Deetjen, Prediger Georg Conrad von Cölln und seine Söhne. Ein Beitrag zur von Cöllnschen Familiengeschichte, in: Mitteilungen aus der Lippischen Geschichte

terhin die gute Singbarkeit der Melodien, im Zweifelsfall entschied die Melodie, nicht der Text.[143] Psalmen genügten in Auswahl nach guter Übersetzung, der Lobwasser-Psalter hatte ausgedient.[144]

Hahn bot Ewald eine weitgehende Mithilfe bei dieser Gesangbuchrevision an, zumal er selbst ein geeignetes Gesangbuch vermißte und ihm die Gelegenheit günstig schien, eine ansprechende Liedersammlung zu erstellen und drucken zu lassen, zog aber sein großzügiges Angebot wieder zurück.[145] Es blieb bei Empfehlungen zur Psalmenauswahl und beim Rat, Lieder aus den beiden ersten Teilen von Ph. F. Hillers *Liederkästlein*, welches in den Kornwestheimer Erbauungsstunden Verwendung fand, auszuwählen und Johann Bernhard Basedows nichtkonfessionelles Gesangbuch heranzuziehen, das nach Hahn zahlreiche schriftgemäße Lieder enthielt.[146] Von Berührungsängsten mit dem Aufklärer Basedow ist nichts zu spüren, wie auch dieser sich trotz aller Differenzen wenigstens vom Pietismus Herrnhuter Prägung stark angesprochen fühlte. Nicht einverstanden war, wie angedeutet, Hahn mit Ewalds abwertender Verwendung des Aufklärungsbegriffs in der Einschränkung auf

---

und Landeskunde 5. 1907, 62–88; Butterweck, 271 f.; L. F. A. von Cölln hatte in Göttingen studiert; ein längerer Aufenthalt in der Schweiz führte zur persönlichen Bekanntschaft mit Lavater, nach dem Tod seines Bruders Dietrich wurde er 1785 dessen Nachfolger in der Hilfspredigerstelle bei seinem Vater in Oerlinghausen, 1786 heiratete er Sarah Esther Merrem aus Bremen, die Familie Merrem gehörte zum Bremer Lavaterkreis und war eng mit Meta Post befreundet; nach dem Tod des Vaters im Februar 1789 folgte er diesem im Amt.

[143] Vgl. Hahn, cod. hist. 8° 103a, 83 ff.

[144] Cod. hist. 8° 103a, 71 f.; vgl. 101 f. Abkehr von Lobwasser-Psalter und Heidelberger Katechismus, Aufnahme neuer empfindsamer Lieder und Bewahrung der Textgestalt der älteren des 16. und 17. Jahrhunderts waren auch Anliegen Cöllns, die in die Ausgabe des Gesangbuchs von 1799 eingingen, vgl. Ludwig Friedrich August von Cölln, Bemerkungen über alte geistliche Lieder und Erzählung einiger Glaubenserfahrungen, die sie veranlaßten, in: ChrM 1803.1, 23–38; Butterweck, 72. Als Gegenbeispiel einer aufgeklärt-neologisch geprägten Gesangbuchreform kann die von Johann Friedrich Mieg (1744–1819) und D. Gottlieb Heddäus (1744–1795) bewerkstelligte Revision des reformierten Gesangbuchs der Kurpfalz gelten, das 1785 in Heidelberg erschien; zu deren Grundsätzen gehörte neben einer durchgreifenden Modernisierung der Sprachgestalt des älteren Liedguts, die Vermehrung der lehrhaften Lieder und vor allem die möglichst konsequente Verbannung des Anthropomorphismus zugunsten einer weniger sinnlichen Gottesvorstellung, das Ausscheiden entsprechend anstößiger älterer Choräle, des Lobwasser-Psalters und des Heidelberger Katechismus, Otto W. Hahn, Jung-Stilling, 97–106; Alexander Völker, Artikel Gesangbuch, in: TRE 12, 547–565; 554, 16 ff.

[145] Cod. hist. 8° 103a, 106, Brief vom 31. August 1778.

[146] Philipp Friedrich Hiller, Geistliches Lieder-Kästlein zum Lobe Gottes bestehend aus 366 kleinen Oden über soviel biblische Sprüche, 2. Aufl., 2 Bde., Stuttgart 1768–1771 (vgl. Mälzer, Nr. 1200, 1202 u. ö.); die Basedowschen Gesangbuchausgaben (die erste von 1767 mit 277, die zweite mit 403 Liedern) erschienen unter verschiedenen Titeln, hier sei auf die dritte Ausgabe verwiesen u. d. T.: Einer Philadelphischen Gesellschaft Gesangbuch für Christen und für philosophische Christgenossen, Germanien 1784. Von den mit Zurückhaltung bewerteten Gellertliedern wurde nur das bekannte »Jesus lebt, mit ihm auch ich ...« uneingeschränkt positiv beurteilt, das auch Basedow in sein Gesangbuch aufgenommen hatte (in der obigen Ausgabe unter der »besonders für Christen« – um Unterschied zu den eher deistisch orientierten »Christgenossen« – vorgesehenen Abteilung, Nr. 273, vgl. EG 115.

die Unmündigen im Glauben.[147] Ihm lag daran, am Aufklärungsbegriff als Grundkategorie göttlicher Erleuchtung, welche auch die höheren Stufen christlicher Erkenntnis umfaßte, unzweideutig festzuhalten, eine pietistische Aufklärung erschien also geradezu als wünschenswert. Die paulinische Unterscheidung von Unmündigen und Mündigen im Glauben und die ihnen entsprechende Nahrung von Milch und fester Speise I Kor 3,2 bezog Hahn daher auf elementare Anfangslehren und sublimere Lehrinhalte wie Taufe, Auferstehung und Jüngstes Gericht auf der einen, Opfertod und Hohepriestertum Jesu auf der anderen Seite (vgl. Hebr 5,12–14; 6,1–3). Ähnlich hatte schon der stark von Bengel geprägte Magnus Friedrich Roos (1727–1803) gegen neologische Deutungen der Vollkommenheit auf die Sittenlehre argumentiert.[148] Einen wesentlichen Unterschied zwischen öffentlichem Gottesdienst und privater Andacht vermochte Hahn nicht zuzugeben, eine formale Teilung des Gesangbuchs lehnte er daher bei allem Respekt vor den Bedürfnissen der Privatandacht ab. Die Gesangbuchrevision fand keinen Fortgang, ihr Abschluß stand im Juni 1781 noch aus, als Ewald sich schon auf seinen Weggang nach Detmold einstellte.[149]

Es zeigt sich auch hier, daß die positive Inanspruchnahme des Aufklärungsbegriffs in Kreisen des spätaufklärerischen Pietismus gegen den neologischen Alleinanspruch auf zeitgemäße Aufklärung gerichtet war, gemeinsame Wurzeln aber nicht geleugnet wurden. Bei aller Strenge der Abwehr, die sich gegen die herrschende Form der Aufklärungstheologie aufbaute, blieb doch das gemeinsame antikonfessionelle Anliegen eine Brücke zu *den* Aufklärern, die sich dem irenisch interpretierten philadelphischen Denken verpflichtet wußten, wie dies bei Basedow unzweideutig der Fall war.

3.2.3 Der Sammlungsgedanke: Erbauungsversammlungen

Der Einrichtung von privaten Erbauungsversammlungen in der aus etwa 600 Familien bestehenden reformierten Gemeinde in Offenbach gingen enttäuschende Predigterfahrungen voraus.[150] Rund zwei Jahre hatte Ewald nach dem

---

[147] Die biblischen »Urbegriffe« bestimmten anderes als »Milchspeise«: Hebr 6,1 f. nannte als Auslegung von Hebr 5,12 f. u. a. die Lehre von der Taufe, vom Händeauflegen, von der Auferstehung und dem Jüngsten Gericht, cod. hist. 8° 103a, 115.
[148] Magnus Friedrich Roos, Einleitung in die biblische Geschichten [!] von der Schöpfung an bis auf die Zeit Abrahams, Tübingen 1774 (Mälzer, Nr. 2554), Vorr., XXXV ff. Zu Roos s. Brecht, in: Geschichte des Pietismus 2, 266–268.
[149] Ewald berichtete Hahn am 11. Oktober 1778, er habe dem Fürsten seine Gedanken vorgetragen, aber danach nichts mehr von ihm gehört. Cod. hist. 8° 103a, 127. Ewald wollte 1781 im Vorfeld der Berufung nach Detmold zur Empfehlung Abschriften von seinen Arbeiten in Konsistorial- und Schulsachen vorlegen, so auch »Vorschläge zu einem Gesangbuch, das bald zu Stande kommen« werde, Lippisches Landeskirchenamt Detmold, Archiv, Konsistorialregistratur II/13/1, 56.
[150] Über die näheren Umstände gibt neben der Korrespondenz ein von Ewald anhand seines

Durchbruchserlebnis seiner »Wende« in den Sonntags- und Donnerstagspredigten erfolglos versucht, durch den Ruf zur Buße und Umkehr die nach Apk 3,15 als lau charakterisierte Gemeinde für ein Christentum nach den Regeln der als »Gesetz Christi« verstandenen Bergpredigt zu gewinnen. Diese wurde nicht vom lutherischen Gesetzesbegriff, sondern vom pietistischen Nachfolgeideal her interpretiert. Hahn machte ihm die kommunikativen Rahmenbedingungen wirksamer Predigt und damit den Grund für sein Scheitern deutlich. Das traditionelle Amtsverständnis und die konkreten Schranken der Ständehierarchie und der Konvention hinderten demnach die erweckliche Predigt entscheidend. Ein vom Geist- und Gemeinschaftsgedanken und damit vom Charisma getragener Amts- und Kirchenbegriff, legitimiert vom Postulat des Priestertums aller Gläubigen, trat in den Vordergrund.[151] Der Einrichtung einer Erbauungsversammlung in Offenbach stand vor allem der Separatismusverdacht im Wege, der auch den Widerstand von Johannes Conradi, Amtskollege Ewalds auf der ersten reformierten Pfarrstelle, beflügelte.[152]

Entsprechend vorsichtig machte sich Ewald ans Werk, zumal für den Anfang nur wenige Teilnehmer in Aussicht standen.[153] Hahn, der Ewald die Geschichte der Kornwestheimer Erbauungsstunden übersandte, wurde zum beratenden Begleiter. Er mahnte wiederholt zur Geduld und lieferte Argumente zur Rechtfertigung.[154] So erinnerte er an die zentrale theologische

---

Tagebuchs verfaßter, die Beteiligten anonymisierender Bericht über die Entstehungsgeschichte der Privatversammlung in Offenbach Auskunft, den Pfenninger 1780 in seinem »Christlichen Magazin« abdruckte. Ewald (o. Vf.), Die Geschichte der Privatversammlungen zu N. Aus einem Tagebuch gezogen. Von O. E., in: ChrMag 1780.3, 1. St., 197–226 (Steiger, Bibliogr. 4). Am 3. Januar 1781 verwies Ewald Hahn auf den Band, cod. hist. 8° 103b, 8.

[151] Ewald nahm in seinem Amtsverständnis in antiorthodoxer Stoßrichtung das gemeinaufklärerische Ideal des »Menschenfreundes« auf und deutete es sogleich antineologisch auf den »Christusverehrer« in seinem Sinne »wahrer« Aufklärung; das Bildungsideal führte insbesondere zu einer Aufwertung des Schullehrers gegenüber dem Pfarrer, vgl. ÜP H. 3, 114 ff. Gerade der Elementarschullehrerstand begegnet wiederholt als Träger pietistischen Gedankenguts.

[152] Cod. hist. 8° 103a, 141. Bislang waren in Offenbach nur eine kleine Zahl mystisch-theosophisch orientierter Anhänger Jakob Böhmes und John Pordages derart organisiert, als Separatisten von offiziell kirchlicher Seite mißtrauisch beargwöhnt und bekämpft. Die Mitglieder der Gemeinschaft lebten zwar bürgerlich ehrbar, besuchten aber die Kirche nicht und gaben zuweilen Anstoß »durch allzufreyes Reden gegen öffentlichen Gottesdienst und Sakramente«, ChrMag 1780.3, 217 f. Zu Conradi, der von 1773 bis zu seinem Tod 1793 Erster Pfarrer in Offenbach war, vgl. W. Diehl, Pfarrer- und Schulmeisterbuch, 393. Zu dieser Zeit war nicht einmal den Offenbacher Katholiken eine eigene gottesdienstliche Versammlung erlaubt gewesen. Erst 1798 stellte der Fürst dafür einen Raum des Schlosses zur Verfügung, Decker, 215.

[153] Zu den anfänglich überlegten Grundsätzen gehörte der vorläufige Ausschluß von Frauen – Ewald wollte den Anschein vermeiden, sein früheres Leben eines galanten, Frauenbekanntschaften suchenden Weltmanns in neuer Form fortzuführen –, die relative Geschlossenheit des Kreises mit nur beschränkter Zulassung von Interessierten als Zuhörern, die strikte Erfüllung der kirchlichen Pflichten und das Vermeiden von Besonderheiten in Kleidung und Benehmen. Die endgültigen Regelungen sollten aber einvernehmlich mit den künftigen Teilnehmern erreicht werden. Den Ausschluß von Frauen redete ihm Hahn wieder aus. Cod. hist. 8° 103a, 123 ff., 141.

[154] Hahn, Erzählung von Anfang und Fortgang der Erbauungsstunden in Kornwestheim, Win-

Lehraufgabe des Predigers, der einem Professor der Theologie vor Ort gleichkomme und billigerweise auch berechtigt sein müsse, Privatkollegien zu halten. Entsprechend sollten die Erbauungsversammlungen der Wiedergeborenen durch das primäre Interesse an Gotteserkenntnis bestimmt sein, das von sich aus zur Heiligung führe. Erkenntnisorientierte Erbauung bekämpfe als wahre Aufklärung Unwissenheit und Vorurteil, um für die zu erwartenden endzeitlichen Anfechtungen gerüstet zu sein. Von Pietismus war selbst im Austausch mit Hahn nur im pejorativen Sinne eines »falschen« separatistischen und asketisch-weltflüchtigen, gesetzlich geprägten Pietismus der »Kopfhänger« die Rede, gegen den auch schon ein Friedrich Karl Moser polemisieren konnte.[155] Der Begriff war im engeren Sinn der Gruppenbezeichnung polemisch verbraucht und blieb es für Ewald im großen und ganzen auch weiterhin. Wenigstens in dieser Hinsicht will er nicht als »Pietist« gelten. Ähnliches läßt sich bei Jung-Stilling, Lavater und anderen beobachten.[156] Es besagt daher wenig, wenn sich der Begriff bei Ewald nicht einmal in der Zeit der Erbauungsversammlungen in Offenbach als Selbstbezeichnung findet.[157] Der Frömmigkeitstypus bleibt pietistisch, und zwar auch in seiner sich immer stärker spezifisch spätaufklärerisch-weltoffen zeigenden Ausprägung, zu der ein starkes Hervortreten der Individualität und die Abgrenzung gegenüber der traditionell-pietistischen Kreisen nachgesagten gesetzlichen Enge gehört. Die Zu-

---

terthur 1779, vgl. ders., Theol. Schr. 1, 49 ff. (Mälzer, Nr. 998), Nachdr. u. d. T: Erzählung vom Anfang und Fortgange der Erbauungsstunden in K., in: ChrMag 1779.1, St. 2, 150–179. Der Brief, mit dem Hahn seinen Bericht an Ewald übersandte, ist in der Zirkularkorrespondenz nicht enthalten. In der *Christlichen Monatschrift* ließ Ewald 1803 jedoch einen Brief Hahns abdrucken, bei dem es sich um dieses Schreiben handeln dürfte, ChrM 1803.2, 47–50. Der undat. Brief enth. Anklänge an Informationen, die Ewald am 11. Oktober 1778 zur Situation in Offenbach gegeben hatte, Erbauungsstunden waren noch nicht eingerichtet.
[155] Vgl. Kaiser, Pietismus, 17.
[156] Vgl. Hahn an Ewald, undat. (vor dem 27. Januar 1779), ChrM 1803.2, 49: »Sie wollten keine Pietisten machen, keine Kopfhänger bilden, sondern nur in der Lehre Jesu, neben öffentlichen Unterweisungen, besonders gründen, weil jetzo die christliche Lehre so viel Gegner und Zweifler habe und die Nothwendigkeit erheische, Jeden auf die Zukunft fester zu gründen.« Vgl. Ewald an Hahn, 27. Januar 1779, cod. hist. 8° 103a, 137: in Offenbach seien zwar einige frömmer als er, Ewald, aber »pietistisch, separatistisch gesinnt, ängstliche Seelen«, ungeschickt, Licht und Salz der Welt nach dem Auftrag der Bergpredigt zu werden. Jung-Stilling, Lebensgeschichte, 216, 291, 306, vgl. 344 f., 310, 322, 366, 370, 381; dabei blieben Männer wie Spener und Francke Idealfiguren christlicher Nachfolge, ebda., 607; Lavater, Physiognomische Fragmente, Bd. 3, 244; vgl. weiter aus katholischer Sicht z. B. J. M. Sailer, SW 14, 296 f. (Pietismus als Frömmigkeitshaltung ohne wahre Demut); F. X. von Baader, SW 1, 390 f.; 8, 48; 8, 309, Anm.; 12, 209; 15, 396; der Bettelstolz des wissenschaftsfeindlichen Pietismus entsprach der Vernunfthybris des Rationalismus im Protestantismus. Zur Beerbung des frühen antiorthodoxen Pietismus durch die Neologie vgl. Christian Friedrich Duttenhofer, Freymüthige Untersuchungen über Pietismus und Orthodoxie, Halle 1787, Vorr.
[157] Vgl. Ewalds Äußerungen im *Christlichen Magazin*, die im Ausräumen möglicher Mißverständnisse Grenzen gegenüber verschiedenen Formen schwärmerischer Frömmigkeit ziehen und sich dabei pauschal von Pietismus, Separatismus und anderen Ketzereien absetzen, ChrMag 1780.3, 197.

sage der Bergpredigt, Licht und Salz der Erde zu sein, wurde dabei zunehmend auch als göttliche Weisung zu aktiver Weltgestaltung verstanden und so das bildungsreformerische Engagement für eine recht verstandene Aufklärung zu einer das Säkulare durchdringenden Form des pietistischen Heiligungsstrebens mit eigenem Zeugnischarakter gemacht.

Anfang Februar 1779 brachte Ewald nach einer Predigt über Joh 6,37, die er geschickt mit einer Einladung in sein Haus beschloß, innerhalb von vierzehn Tagen eine Versammlung von acht Personen zustande, in der die Bergpredigt nach dem Literalsinn zum Zwecke der Gewissenserforschung und Verhaltensänderung gelesen wurde.[158] Vorausgegangen war eine wöchentliche private Unterredung zwischen Ewald und dem Hofrat und Fürstlich-Isenburgischen Landphysikus Heinrich Georg Marschall, bei der schon das Matthäusevangelium studiert und gemeinsam gebetet worden war.[159] Diese Zusammenkunft kann als direkter Vorläufer der Erbauungsversammlung gelten, für die Ewald Stand und Ansehen Marschalls nutzte. Als weiteren wichtigen, freilich noch nicht völlig vom »Christussinn« ergriffenen Freund – der traditionelle Begriff der Bekehrung wurde ebenso gemieden wie der Glaubensbegriff, der als zu unspezifisch galt – stellte Ewald den Regierungsrat Balthasar Pietsch vor, der sich anfangs nicht überwinden konnte, mit »gemeinen einfältigen Leuten« zusammen in einer Erbauungsversammlung zu sitzen.[160] Auch Hahn hatte in Kornwestheim die Vorbehalte verschiedener Ratsherren wegen der Standesnivellierung in den Erbauungsstunden zu spüren bekommen.[161] Trotz aller Vorsicht geriet Ewald schnell in den Verdacht, eine Sekte gründen, Gütergemeinschaft einführen, Kirchgang und Sakramentsempfang herabsetzen und zum Müßiggang – als Aufkündigung der gesellschaftlich grundlegenden Arbeitspflicht – verführen zu wollen. Man stritt sich, ob es sich bei der neuen Gruppierung um Herrnhuter, Pietisten oder Separatisten handelte. Einige

---

[158] Zum festen Stamm zählten anfangs nur vier Leute, von denen zwei nicht den besten Ruf hatten. Die Versammlung trat jeden Donnerstag am Abend zusammen. ChrMag 1780.3, 213. Vgl. Ewald an Hahn, 27. Januar 1779, cod. hist. 8° 103a, 137–145. Der Brief wurde zwischenzeitlich beim Schreiben 14 Tage liegengelassen, besteht also aus 2 Teilen, vgl. ebda., 142.

[159] Marschall, geb. am 5. April 1745 in Marburg, war von Haus aus katholisch; in erster Ehe war er mit Maria Margarethe geb. Cäsar verheiratet, nach deren Tod am 11. September 1786 heiratete er am 28. Januar 1790 Luise Caroline geb. Gaudelius, Tochter des Hofapothekers in Offenbach. Marschall starb in Offenbach am 16. September 1817 (Freundliche Auskunft des Stadtarchivs Offenbach). Ewald vermerkte bei ihm eine gewisse Neigung zu ängstlicher und gesetzlicher Frömmigkeit, cod. hist. 8° 103a, 139.

[160] Ewald respektierte seine Haltung in der stillen Hoffnung auf eine wachsende Offenheit, ebda., 140 (mit Hinweis auf Joh 6,44).

[161] »Sie [einige Ratsherren] meynen, es schike sich für ihren angeseheneren Stand nicht, zu so geringen Leuten sich zu halten: da sie doch öfters gesehen, daß Regierungsräthe, Expeditionsräthe, Kammerräthe und Generals-Frauen in die Stunde kamen.« ChrMag 1779.1, 2. St., 155. Zur Offenbacher Versammlung, deren Teilnehmer mit den üblichen Schwierigkeiten innerfamiliärer Zerwürfnisse zu kämpfen hatten, gehörten auch ein einfacher Landmann und ein junger Kaufmann aus Frankfurt.

Teilnehmer hatten in der Öffentlichkeit durch das brüderliche »Du« und den Erweis des Bruderkusses Anstoß erregt, worauf Ewald alle derartigen Verhaltensweisen untersagte. Als Belastung erschien vor allem die Anziehungskraft der Versammlung auf Personen zweifelhaften Rufes und die Fluktuation der Teilnehmer.[162] Dabei war die anfängliche Bandbreite der Frömmigkeitsrichtungen und theologischen Anschauungen beträchtlich: Endzeitliche Hoffnungen auf eine Geistausgießung und Erweckung im ganzen Isenburger Land fanden ebenso Vertreter im Kreis wie streng mystisch-spiritualistisches, an J. Böhme orientiertes Gedankengut, die Blut- und Wundenbegeisterung aus Herrnhuter Tradition und eher orthodox geprägte Gläubigkeit.[163] Im Zuge der inneren Klärungsprozesse und Abgrenzungen zeigte sich, daß Ewald ekstatischen und mystisch-spiritualistischen Richtungen, soweit sie seinem Drängen auf Umkehr und konsequente Jesusnachfolge aufgeschlossen blieben, weniger kritisch begegnete als quietistisch oder klassisch-orthodox Ausgerichteten. Letztere kritisierten sein Verhalten schlicht als gesetzlich. Aller Nachdruck lag bei Ewald auf der effektiven Entsündigung der Gläubigen und einer entsprechend geistgewirkten Lebensführung, wobei er – dies erinnert an den alten Streites zwischen A. Osiander und Ph. Melanchthon – ein primär forensisch-deklaratives Rechtfertigungsverständnis ebenso ausgeschlossen wissen wollte wie eine auf bloßes »Ruhen in den Wunden Christi« ausgerichtete Innerlichkeit.[164]

Stark bemühte er sich um die Integration der Böhme-Anhänger vor Ort. Er studierte J. Böhme, von Hahn ermutigt, im Bewußtsein tiefer Gemeinsamkeit auch deswegen, um diese über die Erbauungsversammlung wieder zur Kirche zurückzuführen. Ihn beeindruckte vor allem ihr außergewöhnlich starkes emotionales »Attachement« an Jesus und seine Lehre, das er bei der Mehrzahl der Kirchgänger vermißte, und versprach sich von ihrer Rückkehr einen kräftigen Impuls vorbildlich gelebten Christentums in dem als gänzlich verweltlicht erachteten Offenbach.[165] Zu den inneren Spannungen der Anfangszeit kam die zunehmende Erregung in der Gemeinde, auf deren Höhepunkt die Spaltung durch Boykott der Ewaldschen Gottesdienste drohte. Eine hef-

---

[162] ChrMag 1780.3, 206 f., 211 f., 223.
[163] Ewald betrachtete den jungen Böhme-Anhänger als vom Geist bewegt, Angehörige hielten ihn aber für geistig verwirrt und medizinischer Behandlung bedürftig. Cod. hist. 8° 103a, 142 f. (27. Jan. 1779). Nur von einer »gewissen häretischen Eigendynamik der Versammlung« zu sprechen, ohne näher nach Ewalds eigener Rolle zu fragen, greift zu kurz, gegen Steiger, 54.
[164] »Gott will uns nicht um Jesu willen *so ansehen,* als wären wir rein [tamquam iustus]; wir sollen *würklich rein* werden.« ChrMag 1780.3, 211.
[165] Cod. hist. 8° 103a, 140 f. Die empirische Unterscheidung von Christen im engeren und weiteren Sinne, der pietistische Gedanke der ecclesiola in ecclesia, hebt den Einheitsgedanken der Gemeinde nicht von vornherein auf, auch wenn er ihn gefährdet; zugrunde liegt die Differenzierung nach dem Maßstab des Glaubens und dem der Liebe. Der Verzicht auf die durch die Taufwiedergeburt gegebene sakramentale Einheitsvorstellung bedeutet freilich, die Bildung des Leibes Christi zur Aufgabe erwecklicher Predigt zu machen. Steiger, 54, beachtet dies nicht hinreichend.

tige Auseinandersetzung mit seinem Amtskollegen und der Versicherung gegenüber anderen Predigern, keine geschlossene Versammlung halten zu wollen, brachte Entlastung und wenigstens die Duldung von dieser Seite.[166] Im November 1779 – den Sommer über hatte er wegen Überlastung an Hahn nicht geschrieben – berichtete er Hahn vom Treffen von fünf bis sieben Teilnehmern aus Offenbach und aus Frankfurt zu Bibellese, Gespräch und Gebet, die Lektüre folgte dem Hahnschen Neuen Testament.[167] Als erste Früchte der Heiligung vermerkte Ewald die wachsende Bereitschaft zu asketischer Lebensführung, die sich vor allem im Verzicht auf weltliche Freuden wie Wirtshausbesuch, Tanz- und Kegelvergnügen und im Einüben stiller Duldsamkeit gegenüber Anfeindungen äußerte. Generell asketische Zielsetzungen verfolgte der durchaus sinnenfreudige Ewald nicht. Hahn ermunterte ihn in Zeiten des Ermüdens ob der bescheiden bleibenden Anfänge zur Fortführung des Unternehmens mit dem Gleichnis von der selbstwachsenden Saat (Mk 4,26–29), das auch ihm in den Anfängen der Kornwestheimer Erbauungsstunden geholfen hatte.[168]

Neben Hahns Predigten taten besonders die Epheserbriefauslegungen gute Dienste, fast in jedem Haus der Teilnehmer waren sie vorhanden.[169] Für eine breitere Anerkennung der Erbauungsversammlungen sorgten schließlich weitere Aktivitäten Ewalds im Bereich der Jugendkatechisation. Er hatte im Lauf des Jahres 1779 im Vorfeld der Konfirmation zwei Kreise für Jugendliche eingerichtet, in denen er mit Hilfe der Bergpredigt zur Jesusnachfolge anleitete und den Abendmahlsgang vorbereitete. Die Mitte Oktober 1779 in bisher unbekannter Eindringlichkeit gefeierte Konfirmation mit einer Predigt Ewalds

---

[166] Der »Erfolg« ließ Ewald sogleich über Eitelkeit und Selbstgefälligkeit auf seiner Seite sinnieren, ein Beispiel für die Strenge, mit der er die geforderte Selbstbeobachtung im Dienst der Herzensreinheit (Mt 5,8), ein bleibend wichtiges Motiv seines Glaubens, verfolgte. Hahn wurde ihm dabei über den Berater hinaus zum Beichtvater, den er um Fürbitte ersuchte. ChrMag 1780.3, 207 f., cod. hist. 8° 103a, 205 ff.

[167] Hahn, Die heiligen Schriften der guten Botschaft vom verheissenen Königreich, oder das sogenannte neue Testament [...] neu übersetzt; und mit vielen zum lautern Wortverstand leitenden Hülfsmitteln, Fingerzeigen und Erklärungen versehen, o. O. 1777 (Mälzer, Nr. 944). Ewald erwähnte im Brief an Hahn auch die zeitraubende Sorge um die Armenanstalt, die ihm kraft Amtes oblag, cod. hist. 8° 103a, 204. Dem Brief Ewalds an Hahn vom 28. November 1779 ist zu entnehmen, daß ein Brief Hahns vorausging. Von der arbeitsintensiven Rechnungsführung für die Armenanstalt zeugt auch der Brief von Stolz vom 2. Oktober 1784 an den Fürsten, in dem er von seinen Bemühungen sprach, seinem Nachfolger Tobler den Einstieg zu erleichtern, in: BirArch Korrespondenzen, Nr. 14433.

[168] Zum Gleichnis vom Sämann Lk 8,4 ff., Mk 4,26 ff. für den Reich-Gottes-Gedanken vgl. ChrMag 1779.1, 160 f., Hahn, Betrachtungen, 99–108 (Predigt über Lk 8,4–15 am Sonntag Sexagesimä). Auch Hahns Schwierigkeiten mit dem Konsistorium wegen seiner abendlichen Erbauungsstunden und der ohne Zensurerlaubnis gedruckten Bücher gingen in einen ummittelbar nach seiner Rückkehr aus Stuttgart geschriebenen Brief an Ewald ein, cod. hist. 8° 103b, 20–29, Brief vom 16. Februar 1781.

[169] Cod. hist. 8° 103b, 8 f. (Brief Ewalds vom 3. Januar 1781). Hahn, Theol. Schr. Bd. 1, Winterthur 1779 (Mälzer, Nr. 953).

über die Liebe zu Jesus ließ nun auch die Erbauungsversammlung, in die schließlich bis zu zwanzig Personen kamen, in einem freundlicheren Licht erscheinen.[170] Diese übernahm in begrenztem Ausmaß zudem die Rolle einer Lesegesellschaft, bildete sich doch in diesem Rahmen ein relativ konstant bleibender Bezieherkreis von zwölf bis fünfzehn Personen in Offenbach und Umgebung, der Hahn-Schriften abnahm und auch für Oetinger Interesse zeigte. Ewald beförderte dies nach Kräften, wobei neben Ewald nur Marschall und Pietsch imstande waren, Schriften Hahns ohne Rücksicht auf die Kosten zu subskribieren.[171] Zur Gründung einer Lesegesellschaft im engeren Sinne mit gebildeteren Teilnehmern unter Obhut des Fürsten, in der auch politische Literatur wie die Schlözerschen *Staatsanzeigen* angeschafft wurde, kam es in Offenbach erst nach Ewalds Weggang durch J.J. Stolz.[172]

Ende 1780 wurde Ewald und der Offenbacher Kreis in Ph. M. Hahns Korrespondenznetz aufgenommen.[173] Ewald hielt die meisten seiner Freunde für noch nicht reif genug, Eigenständiges zur Korrespondenz beizutragen, gab aber verschiedenen Gelegenheit, Notizen der Verbundenheit einzuschreiben.[174] Wohl war dies mit Anlaß für Hahns Bemerkung, schwächere Brüder sollten besser in einem eigenen Briefbuch korrespondieren.[175] Ein in Ewalds Augen idealer Korrespondentenkreis hätte freilich die Zürcher Lavater, Pfen-

---

[170] In den Kreisen versammelten sich auf freiwilliger Basis fünfzehn bis sechzehn zum Teil schon konfirmierte Mädchen und sechs bis sieben Jungen zu getrenntem Unterricht nach den beiden Sonntagsgottesdiensten. Ewald an Hahn, 28. November 1779, cod. hist. 8° 103a, 204–210. ChrMag 1780.3, 222 ff.; vgl. Marschall an Hahn, 29. Oktober 1781, cod. hist. 8° 103c, 6 f.
[171] Cod. hist. 8° 103a, 143 f., vgl. Ewald an Lavater, 22. Juli 1781, Brief 9. Im Januar 1779 vermittelte Ewald Schriften Hahns an seinen Freund Jakob Ludwig Passavant in Hannoversch Münden.
[172] Stolz hatte für die Lesegesellschaft im Oktober 1782 die Schlözerschen *Staatsanzeigen* angeschafft, nachdem der *Briefwechsel* zu Ende gebracht war; auch sonst handelte Stolz bei der Buchbeschaffung zuweilen mit dem stillen Einverständnis des Fürsten. August Ludwig von Schlözer (Hrsg.), Briefwechsel meist historischen und politischen Inhalts, 10 Bde., Göttingen 1776–1782; ders. (Hrsg.), Staatsanzeigen, Göttingen 1782–1793.
[173] 22. Dezember 1780, cod. hist. 8° 103b, 1–4. Die portofreie Übermittlung hatte der schon früh für die Basler Christentumsgesellschaft aktive Stuttgarter Regierungsrat Johann Karl Christoph Freiherr von Seckendorff übernommen, s. Ernst Staehelin (Hrsg.), Die Christentumsgesellschaft in der Zeit von der Erweckung bis zur Gegenwart. Texte aus Briefen, Protokollen und Publikationen (ThZ.S 2 u. 4), Basel 1970 u. 1974, Reg.; Seckendorf bezog später auch Ewalds *Christliche Monatschrift*.
[174] Zu diesen gehörten neben Marschall und Emmerich der Seidenfabrikant J. Anton André, der Seidenweber Johann Andreas Pfaltz (1721–1793) und ein nicht näher bestimmbarer E. Ernst, die alle über Ewald mit Hahns Schriften bekannt gemacht worden waren. Cod. hist. 8° 103b, 10 (Marschall); 11–13 (Emmerich, der schon seit Jahren Schriften Lavaters und Hahns kannte), 13–15 (André), 15–17 (J. A. Pfaltz), 17–20 (E. Ernst). André besuchte Hahn und Seckendorf 1781 auf der Durchreise, cod. hist. 8° 103c, 14; ebda., 37. Später tauchte auch der Hanauer Seidenfabrikant Johann Balthasar Pfaltz (1757–1816) auf, cod. hist. 8° 103c, 46–48 (Berufe und Lebensdaten nach Auskunft des Stadtarchivs Offenbach). Im Haus der Familie Pfaltz traf sich die Erbauungsversammlung nach Ewalds Weggang.
[175] Cod. hist. 8° 103b, 27.

ninger, Stolz und Häfeli einschließen müssen.[176] Offen sprach er aus, daß Hahn ihn nicht in allem befriedigte.[177] Lavater freilich begeisterte das Unternehmen der Korrespondenzbücher nicht. Er sah es als Zeichen für die bislang allgemein noch recht große Entfernung vom Christussinn der »Ganzgläubigen«, die eine derart von Parteilichkeit gefährdete Vergewisserungsform des Glaubens nicht mehr bedurften. So wandte er sich auch strikt gegen Versuche, den Korrespondentenkreis auf bekenntnistreue Glaubensartikel zu verpflichten. Ob orthodox oder neologisch aufgeklärt: Beides war ihm gleichermaßen weit vom irenisch-philadelphisch geprägten Ideal biblisch-apostolischen Christentums entfernt.[178] Den hier angedeuteten »dritten Weg« eines spätaufklärerischen Pietismus im Raum der Kirche sollte auch Ewald verfolgen.

Nach Ewalds Weggang aus Offenbach Ende September 1781 übernahm H. G. Marschall die Leitung der Erbauungsstunde, die freilich aufgrund einer nicht gelungenen Teilung einen Einbruch ihrer Teilnehmerzahl hinnehmen mußte und auf etwa neun Personen schrumpfte. Wie aus einem Schreiben Emmerichs an den Fürsten hervorgeht, existierte sie noch 1787.[179] Hahn hatte die Offenbacher auf Stolzens Vorbehalte gegenüber dem Konventikelwesen eingestimmt und den Rat gegeben, grundsätzlich jeden Getauften nach dem Maßstab der Liebe als Christen zu betrachten, da in jedem ein Anfang des Glaubens in Gestalt des göttlichen Lebens- und Liebeskeimes liege – was auch unabhängig von der Taufe galt. Er trug nach Kräften dazu bei, daß der Übergang von Ewald zu Stolz ohne Konflikte vonstatten ging, indem er den Offenbachern die Gemeinsamkeiten in den Grundüberzeugungen vor Augen hielt.[180]

---

[176] Stolz und Häfeli waren eng befreundet, im Juni 1784 erwartete Stolz Häfeli anläßlich von dessen Übersiedlung nach Dessau zu Besuch in Offenbach, BirArch Korrespondenzen Nr. 14431, St. 15 (2. Juli 1782, u. a. zur gemeinsamen Epistelübersetzung), St. 19 (19. Oktober 1782) zur Reaktion der Zürcher auf Stolzens Predigtband, St. 24 (16. April 1784) zu Häfelis Weggang, wo es hieß: »Es fällt ihm auch leichter, die Schweitz zu verlaßen, da ich auch schon in Deutschland bin.«

[177] Cod. hist. 8° 103b, 4–9, Ewald an Hahn, Offenbach, 3. Januar 1781.

[178] Cod. hist. 8° 103b, 87–91, zum vorgeschlagenen »Credo« vgl. ebda., 55–75.

[179] Marschall an Hahn, 29. Oktober 1781, cod. hist. 8° 103c, 5–9; Marschall an Hahn, 2. Dezember 1781, ebda., 44; Emmerich an Wolfgang Ernst II., 18. November 1787, BirArch Nr. 14439.

[180] Der im Menschen liegende göttliche Lebenskeim war auch für Hahns weitere Auseinandersetzung mit der Frage der Unsterblichkeit der Seele von Belang. Im November 1781 teilte Hahn Marschall und den Offenbacher Freunden seinen Bruch mit der überkommenen Gestalt dieser Lehre mit. Eine Unsterblichkeit, die der Seele von sich aus zukomme, gebe es nicht, denn das ewige Leben sei Gabe des Glaubens (Joh 3,16), die Unsterblichkeit ein göttliches Gnadengeschenk um Christi willen. Der Tod war freilich nicht als absolutes Ende gedacht, an dem die göttliche Neuschöpfung einsetzte. Vielmehr blieb ein Lebenskeim erhalten, der erweckt werden konnte wie die ruhende Knospe am Baum, die im Frühling ausschlug. Hahn lag daran, die Themen von Unsterblichkeit, Auferweckung und ewigem Leben wieder christologisch zu begründen und so als Gegenstände des Glaubens zurückzugewinnen. Brief Hahns vom 17. November 1781, cod. hist. 8° 103c, 10–22; vgl. cod. hist. 8° 103c, 43 f.

Wie eine in der *Christlichen Monatschrift* 1800 veröffentlichte Anfrage mit Ewalds Antwort zeigt, galt dieser auch künftig noch als kompetent in Fragen der Erbauungsstunden.[181] Der Vorgang verdeutlicht, wie Ewald im Konfliktfall die Gewichte setzte. Im konkreten Fall hatte ein Schullehrer nach der sonntäglichen Predigt Erbauungsversammlungen begonnen und war darüber in eine Auseinandersetzung mit dem Ortsgeistlichen gekommen, der die Sache wegen Separatismusverdachts an höhere Stelle zu melden drohte und den Lehrer in die Gefahr brachte, seine Stelle zu verlieren. Für Ewald stand das Recht zu solchen Zusammenkünften zwar außer Frage, doch sollte den Forderungen der Obrigkeit nachgegeben werden, wenn keine gütliche Einigung auf Ortsebene möglich war. Vor allem sollte der Schullehrer nicht wegen der Versammlungen sein Amt niederlegen, hatte er dort doch als Lehrer Möglichkeiten religiöser Bildung, die wichtiger waren als der Bestand der Erbauungsversammlung. Notfalls sollten die Erweckten durch gute Lektüre gestärkt und Erbauungsstunden dort gehalten werden, wo sie niemand verbieten konnte, in der Familie. In diesem Fall kam es zu einer Verständigung, die Versammlung blieb erhalten und stärkte das Gemeindeleben. Ewalds Auskunft weist zugleich auf die überragende Bedeutung der schulischen Erziehung hin, die zunehmend sein Interesse fand.

Der religiöse Bildungs- und Erziehungsgedanke eröffnete einen tieferen Zugang zum Gemeinde- und Kirchenverständnis, als es von der sich vereinzelt in Erbauungsversammlungen realisierenden Glaubensgemeinschaft her möglich war. Schon Hahn war aus ähnlich ernüchternden Predigterfahrungen wie Ewald auf die Frage gestoßen, wie die religiöse Bildung besonders der unteren Bevölkerungsschichten im größeren Maßstab befördert werden könne und auf die Idee gekommen, eine Traktatgesellschaft einzurichten oder, was noch besser schien, eine von Wanderrednern getragene Volksmission in Entsprechung zu den mit Erfolg herumreisenden katholischen Bußpredigern ins Leben zu rufen.[182] Eingefordert wurde die Solidarität der Glaubenden höherer Stände mit den weithin vergessenen oder gar verachteten unteren Sozialschichten als den Armen des Evangeliums (vgl. Mt 11,5, I Kor 1,26–28) mit apologetischer Tendenz.[183] Ein ähnliches Vorhaben einer überregionalen Schriftenmission, die sich mit der Zeit auch nichtreligiösen gemeinnützigen Volksbildungsthemen widmen sollte, wurden im ersten Band des *Christlichen Magazins* vorgestellt.[184] Dies zeigt, daß der religiös motivierte, aber keineswegs

---

[181] ChrM 1800.1, 308–311, Brief im Ausz., undat., aus »O.«
[182] Cod. hist. 8° 103a, 214 ff. Als Träger der letzteren wünschte er sich eine »patriotische Gesellschaft«; wäre sein Herzog evangelisch, würde er ihm einen Plan dazu vorlegen, einstweilen sollten Schriften diesen Mangel notdürftig ausgleichen. Die Planungen zur Gründung einer Traktatgesellschaft stammen von Anfang 1779.
[183] Cod. hist. 8° 103a, 127–136.
[184] ChrMag, 1779.1, 1. St., 217–220 (Nachricht dat. auf den 5. Oktober 1778). Initiator war der damalige Archidiakon Georg Jakob Schäblen (1743–1802) aus Öttingen, zuletzt Generalsuperintendent des Fürstentums, der sich auf dem Gebiet der Volksbildung äußerst rührig zeigte.

auf religiöse Inhalte beschränkte Volksbildungsgedanke auch in den Ewald zu dieser Zeit besonders nahestehenden Kreisen Aufmerksamkeit fand.

Die Anmerkungen, die Ewald den 1803 in der *Christlichen Monatschrift* abgedruckten Briefen Hahns aus der Anfangszeit der Korrespondenz beigab, belegen seine fortdauernde Hochschätzung des schwäbischen Pietisten.[185] Anfangs stellte er ihn seinen Lesern als einen in Württemberg und »bei einer gewissen Klasse von Christen« sehr bekannten Mann vor, dessen Schriften – besonders die Evangelienpredigten – in der Zeit seiner theologischen Neuorientierung, die er als Abkehr vom sozinianischen oder, was ihm genauer schien, deistischen »System« bezeichnete, mehr auf ihn gewirkt hätten als jemals andere Schriften außer der Bibel. Entschuldigend fügte er an, er belasse die Briefe in der »einfältigen Galiläersprache«, die für Hahn charakteristisch sei.[186] Die Veröffentlichung sollte die theologischen Ansichten Hahns einem weiteren Kreis von »Bibelforschern« bekannt gemacht und zur Diskussion gestellt werden. Für den Fall, daß sich keine Reaktion ergab, kündigte Ewald eine eigene Stellungnahme an, wozu es nicht kam. Die inhaltlichen Differenzen waren nicht größer geworden. In einem Beitrag zur *Christlichen Monatschrift* aus dem Jahr 1800, der 1807 in einer Schrift wieder aufgenommen wurde, erwähnte Ewald seine Meinungsverschiedenheiten mit Hahn in der Frage der Apokalypsedeutung, die ihn im Blick auf die Zeitereignisse weiterhin beschäftigte.[187]

Insgesamt wird deutlich, daß der pietistischen Erbauungsversammlung hier eine doppelte Bedeutung zukommt. Einmal repräsentiert sie den klassisch pietistischen Willen zur Sammlung und »Bildung« der wahrhaft Gläubigen, zum anderen weist sie mit ihrer Praxis der Relativierung sozialer Unterschiede über sich hinaus und wird so zu einem wichtigen Anknüpfungspunkt für den spätaufklärerisch demokratisierten Bildungsgedanken. Ewald sollte die Ein-

---

Schäblen dachte offenbar an ein im ganzen deutschsprachigen Süden verbreitetes, regional organisiertes Ankauf- und Verteilnetz, beispielhaft für große Städte nannte er Augsburg, Nürnberg, Stuttgart und Ulm, für die er Beitragssätze vorschlug; jeder Ort sollte Geldgeber und Verteiler selbst bestimmen.

[185] ChrM 1803.1, 412–423, zwei Briefe, vgl. LB Stuttgart cod. hist. 8° 103a, 47–49, undat. (1778), cod. hist. 8° 103a, 74–85, vom 16. Juli 1778; 1803.2, 47–50, ein Brief, nur hier (1778/1779); 1803.2, 465–470, vgl. cod. hist. 8° 103a, 211–218, vom 6. Januar 1780; z. T. sind die Briefe gekürzt.

[186] Die Entschuldigung wurde zweimal vorgebracht, ChrM 1803.1, 412 Anm., 1803.2, 465, Anm. (»Wohl dem, der sich auch an so etwas nicht ärgert!«).

[187] Ewald, Haben wir bessere Zeiten zu hoffen? [...], in: ChrM 1800.2, 345 f., ders., Der Christ, bei den großen Weltveränderungen [...], 1807 (Steiger, Bibliogr. 281), 202. 1796 wandte sich der mit Lavater bekannte Israel Hartmann (geb. 1725) aus Ludwigsburg an Ewald, über die Umstände ist nichts bekannt; Ewald lobte diesen ergrauten altwürttembergischen Pietisten unter Verweis auf Jes 40,31 als einen Jüngling an Leben und Munterkeit; Ewald an Lavater, Brief 45. Zu Israel Hartmann vgl. Walter Grube, Israel Hartmann. Lebensbild eines altwürttembergischen Pietisten, in: ZWLG 12.1953, 250–270. Jung-Stilling, Lebensgeschichte, 539. Geschichte des Pietismus 2, 264, 724.

richtung von Erbauungsversammlungen an seinen späteren Wirkungsorten nicht weiterbetreiben. Neben den Rücksichten, die seine gehobene Stellung erforderten, wird man hierfür besonders eine im Sinne Lavaters oder Jung-Stillings stärker werdende Einsicht in die Vorläufigkeit aller Sondergruppenbildungen gegenüber dem wahren, von philadelphischer Gesinnung getragenen Geistchristentum namhaft machen können. Die pietistischen Grundimpulse wirken gerade darin fort, wenn sich auch, wie besonders im schriftstellerischen Wirken zu sehen, die Bereiche spezialisieren und auseinanderentwickeln. Was sich an pietistisch geprägtem Bildungswillen noch am ehesten ungebrochen im Bereich von Bibelgeschichte und Erbauungsschrifttum entfaltet, findet auch Eingang in die allgemein-spätaufklärerische Bildungskonzeption Ewalds, so daß beide Bereiche keineswegs, wie es auf den ersten Blick scheinen mag, beziehungslos nebeneinander stehen.

3.3 Frühe geistige Verwandtschaft mit J. H. Jung-Stilling

Die Briefe J. H. Jung-Stillings in der Zirkularkorrespondenz weisen auf schon früh bestehende Gemeinsamkeiten mit Ewald in der Nähe zu Ph. M. Hahn. Jung-Stilling war 1779 durch das Gerücht einer neuen Rechenmaschine auf Hahn als »kalkulierendes Genie« und »zweiten Leibniz« aufmerksam geworden. Von seinem Kollegen im Lehramt in Kaiserslautern, Ludwig Benjamin Schmid (1737–1793), einem gebürtigen Württemberger und Bengel-Anhänger, hatte er Hahns Schriften über die Trinität und die Erbauungsstunden erhalten und sich von diesem sogleich angesprochen gefühlt.[188] Noch bevor er auf Inhaltliches einging, brachte Jung-Stilling seine apokalyptische Grundstimmung in einem vergehenden christlichen Europa mit den Motiven der endzeitlichen Vereinzelung der Christen (Diasporamotiv), der mit leidenschaftlicher Sehnsucht erfüllten Pilgerschaft nach dem himmlischen Jerusalem und der der Weltzeit gesetzten letzten Frist zum Ausdruck. Da religiöse Existenz in ihrem Kern als mystisch betrachtet wird, richtet sich sein Augenmerk auf die »reine Gnosis« der Mystik, die sich für ihn wie ein roter Faden durch

---

[188] Schmid fand zu dieser Zeit außer bei Jung-Stilling kaum noch Verständnis für sein Interesse an Bengel; wer überhaupt noch etwas von diesem wisse, sage: »das sind Sachen, die für Wirtemberg gehören.« Cod. hist. 8° 103a, 169–171. Die freundschaftliche Beziehung zwischen Schmid und Jung-Stilling hatte keinen Bestand, Jung-Stilling suchte Distanz zu den organisierten »Erweckten« in Kaiserslautern wie auch später zur Christentumsgesellschaft, Otto W. Hahn, Jung-Stilling zwischen Pietismus und Aufklärung [...], 57 ff.; zu Jung-Stilling und Ph. M. Hahn vgl. ebda., 63 ff., s. a. Reg.; Otto W. Hahn geht zwar im Zusammenhang mit Schmid auf den Briefwechsel Jung-Stilling-Ph. M. Hahn in der Zirkularkorrespondenz ein, doch bleibt offen, wie sich die unterschiedlichen Aspekte in den Äußerungen Jung-Stillings in den Vorstellungskreis einer »frommen Aufklärung« fügen sollen. Offenbar ist von einer viel stärkeren Kontinuität in der Entwicklung Jung-Stillings auszugehen, die der problematische Begriff der »frommen Aufklärung« nur verdeckt.

die Religionsgeschichte zieht.[189] Das verborgen bewahrte Wissen vom Geheimnis Gottes und der Natur, das sich schon im Altertum bei Sabäern, Ägyptern, Griechen und Persern findet, ging demnach ein in die Geschichte christlicher Mystik bis hin zu den prophetischen Gottesboten der neueren Zeit. Zu diesen zählt er neben J. Böhme, J. A. Bengel, F. Chr. Oetinger und Hahn auch Lavater und Herder. Die Erbauungsstunden sah Jung-Stilling als positives Zeichen eines erfahrungsorientierten Christentums, dem Anliegen wahrer Mystik aufgeschlossen, auch wenn er selbst entsprechenden Kreisen fernblieb.[190]

In einem weiteren Schreiben an Hahn präzisierte er seine Auffassung vom gegenwärtigen Stand der Christenheit, an Hahns Aussage zur kleinen Zahl wahrer Christen in Analogie zur ungelehrten Jüngerschar Jesu anknüpfend, ein auch für Ewald ekklesiologisch bedeutsamer Gedanke.[191] Im mangelnden Verständnis dieses Gedankens der kleinen Zahl lag für Jung-Stilling das Grundübel der von religiöser Universalisierung faszinierten Gegenwart, die doch nur den Ruin der abendländischen Kirche bedeute. Die Verantwortung dafür wurde auf die auch im Lavaterkreis übliche Weise der französischen Aufklärung und speziell Voltaire angelastet, der zum Vorläufer des falschen Propheten von Apk 13,11 ff. avancierte. Schon in den vereinzelten Forderungen einer Vereinigung aller christlichen Kirchen sah er im Gefolge Bengels die antichristliche Universalreligion im Zeichen des kommenden Tiers (Apk 13,1 ff.) ihr Haupt erheben. Die Kehrseite dieser Sicht war eine massive Kritik der kirchlichen Orthodoxie: Bei ihr lag der Ursprung des Problems, hatte diese doch den christlichen Wahrheitsanspruch mit Hilfe der Drohung ewiger Verdammnis zum eigenen intoleranten Exklusivitätsanspruch erhoben und damit entsprechende Widerstände geweckt. Auch hier meldet sich die Periodisierung der Aufklärung als einer in ihrem Toleranzgebot legitimen, aber in ihrer Radikalisierung sich selbst aufhebenden, dem Antichristen anheimfallenden deistischen Bewegung. Dies fügte sich in die Gottfried Arnoldsche Sicht der Geschichte des Christentums als einer Abfallsgeschichte vom apostolischen Anfang, doch blieben nach Jung-Stilling auch in endzeitlicher Perspektive noch genug Merkmale der Göttlichkeit der christlichen Religion für diejenigen erkennbar, die glauben wollten,

---

[189] Jung-Stilling unterschied hierbei drei Kategorien von Glaubenden: Mystiker (im engeren Sinn), gelehrte Philosophen und einfältig Glaubende, wobei letztere trotz ihres Buchstabenglaubens die »verborgene Perle« des Reiches Gottes nach seiner Überzeugung oft eher fanden, als die ersteren. Diese Aussage setzt voraus, daß dem Glauben fundamental eine mystische Dimension zueigen ist, auf welche die Mystiker im engeren Sinne jeweils neu hinweisen.

[190] Cod. hist. 8° 103a, 162–167. Böhme galt als der Seher des Unaussprechlichen, wovon er mit armer Sprache kündete, verständlich für den mit intuitiver Ahnung, Geist und Einfalt Begabten; Bengel »räumte in der Schrift auf« und ließ in die Zukunft blicken, Oetinger war der Steinbrecher im Steinbruch, welcher ohne Steinmetze und Maurer umsonst arbeitete, Lavater der hin und her eilende Landvermesser und Baumeister, den nur ein Künstler verstehe, Hahn schließlich der Vermittler an breitere Bevölkerungsschichten. Hahn bestätigte Jung-Stilling in seinem Antwortschreiben »wahren Schriftgeschmack« und stimmte auch seinem Urteil über Oetinger zu, cod. hist. 8° 103a, 167–169.

[191] Cod. hist. 8° 103a, 178–185, nochmals abgeschrieben 195–199 (mit anderem Datum).

so daß der einzelne sich nicht mit Hinweis auf ein objektives Verhängnis entschuldigen konnte. Das mit der Frage des universalen christlichen Wahrheitsanspruchs gestellte Problem der Seligkeit moralisch rechtschaffener Heiden, dem sich auf publikumswirksame Weise Johann August Eberhard gewidmet hatte, sah Jung-Stilling mit der von E. Swedenborg vertretenen Annahme einer jenseitigen Unterweisungs- und Bildungsmöglichkeit im Christusglauben gelöst, mochte das Millennium selbst als eigentliches Reich Christi auch nur den wahren Christusgläubigen offenstehen.[192]

Die hier ausgesprochenen ekklesiologischen Grundüberzeugungen finden sich, freilich ohne apokalyptische Dramatisierung, auch bei Ewald. Letztere hatte offensichtlich nicht das gleiche Gewicht wie das Bewußtsein der Verbundenheit im mystisch-geistgewirkten Christusglauben, der auch für die späteren Zeugnisse der Wertschätzung Jung-Stillings von seiten Lavaters trotz zahlreicher Vorbehalte tragend blieb.[193]

Ewald, der den 1789 erschienenen Teil von Jung-Stillings Lebensgeschichte sogleich positiv rezensierte und offenbar auch mit den vorausliegenden Teilen vertraut war, lernte Jung-Stilling neben Passavant und Cölln in den Osterferien 1792 persönlich kennen. Auf einen weiteren Besuch in Bremen 1798 folgte die lange Freundschaft der Familien in Ewalds Badener Zeit bis zum Tod Jung-Stillings 1817.[194] In seinem Nachruf pries Ewald die jahrzehntelange Freundschaft und das 12jährige engere Verhältnis zur Familie seit der Übersiedlung nach Baden, für die Jung-Stilling eine wichtige Mittlerrolle gespielt hatte. Jung-Stilling wirkte für Ewald weniger durch sein Schrifttum als vielmehr durch seine ausgedehnte Korrespondenz, die er nur noch von der Lavaters

---

[192] Johann August Eberhard, Neue Apologie des Sokrates, oder Untersuchung der Lehre von der Seligkeit der Heiden, neue verb. Aufl. 2 Bde., Frankfurt/M. u. Leipzig 1787 (zuerst Berlin u. Stettin 1772); Gottfried Leß, Ueber die Religion [...], Bd. 2, Göttingen 1785 (Vorr. zur 2. – 4. Aufl. 1773–1776); demnach verpflichten die lutherischen Bekenntnisschriften nicht zur Annahme einer sicheren Verdammnis der Nichtchristen, da von keiner absoluten, sondern nur von einer hypothetischen moralischen Notwendigkeit des Christusglaubens auszugehen sei; gegen Eberhard wandte sich u. a. G.E. Lessing: Leibniz, Von den ewigen Strafen, 1773, in: Lessing, Werke in sechs Bänden, Zürich 1965, Bd. 6, 173–197.

[193] Vgl. Brief Lavaters an Ewald, 9. (11.) August 1795, Brief 42 (8.); Lavater an Meta Post, 30. August 1794, Schulz, Brief 4, Lavater an Post, 9. Oktober 1795, Schulz, Brief 23, vgl. Post dazu in Brief 25. Meta Post schrieb im Juni 1800 an Lavater, er müsse Jung wohl seinen Gang gehen lassen. Dessen eigentümliche Sprache führte sie auf frühe Lektüre – wohl Tersteegen –, den Umgang mit Pietisten und Mystikern aller Art und das Aufgreifen moderner poetischer Redensarten zurück. Meta Post an Lavater, 25. Juni 1800, Schulz, Brief 80.

[194] Schon in die *Urania* sind Texte Jung-Stillings aufgenommen worden, so im ersten Bd. u. a. drei Erzählungen. 1814/15 gab Ewald drei Bändchen Stilling-Erzählungen heraus, im November 1815 hielt er die Rede zur silbernen Hochzeit des Ehepaars Jung-Stilling und ehrte es 1817 mit einem auch separat gedruckten Nachruf in seiner *Zeitschrift zur Nährung christlichen Sinnes* (= ZNchrS; vgl. Steiger, Bibliogr. 351–352a); Jung-Stilling, Lebensgeschichte, 486, vgl. Schwinge, 58 f. Die Ewaldsche Rede zur Silberhochzeit findet sich in: ZNchrS 3. H., 1816, 297–304, ein Stück in Versen mit dem Titel »Die Zöglinge Gottes« zu dessen 75. Geburtstag am 12. September 1815, ebda., 438–440.

übertroffen sah. Ein Hauptmoment im Leben des Verstorbenen erkannte Ewald im pietistisch bedeutsamen Streben nach Verähnlichung mit Christus. Der mit physiognomischem Sinn Begabte habe dies noch in dessen Gesichtszügen auf dem Totenbett wahrnehmen können. Bezeichnenderweise führt Ewald die zu Lebzeiten verbreitete Meinung gegnerischer Zeitgenossen, Jung-Stilling sei ein religiöser Schwärmer, nicht auf seine *Geisterszenen* oder seine Apokalypseauslegung zurück, sondern auf die das pneumatisch-pneumatologische Defizit zeitgenössischer Theologie einklagende Grundüberzeugung von der Christusgemeinschaft als erfahrbarer Geist- und Kraftgemeinschaft, die auch er unbeschadet aller Differenzen teilte.[195] Der Vorwurf der religiösen Schwärmerei und des Mystizismus ging schließlich ungebrochen auf die junge Erweckungsbewegung über, der gegenüber Ewald zurückhaltend bleiben sollte.[196]

Der Vergleich mit Jung-Stilling schärft den Blick für die im spätaufklärerischen Pietismus gemeinsamen Grundanschauungen. Trotz aller Differenzen zwischen den stark ausgeprägten Einzelpersönlichkeiten bleibt ein auf vielfältige Weise artikuliertes Einheitsbewußtsein erhalten, das sie historisch einer gleichgerichteten Bewegung zugeordnet sein läßt.

3.4 Ewalds »Wende« im Spiegel seiner Berufung nach Lippe-Detmold 1781: Obrigkeitliche Erwartungen, theologisch-pastorales Vermächtnis und Abschied von Offenbach

Auf der Suche nach einem neuen Generalsuperintendenten für Lippe-Detmold nach dem Tode von Ferdinand Stosch Anfang Juni 1780 war am 6. Mai 1781 eine Anfrage an den von Konsistorialrat Anton Friedrich Büsching in Berlin neben anderen vorgeschlagenen Frankfurter reformierten Pfarrer Justus Christoph Krafft ergangen, ob er geneigt sei, die Stelle anzutreten oder ob er einen geeigneten Kandidaten empfehlen könne.[197] Krafft lehnte aus gesund-

---

[195] Ewald, Leben und Tod eines christlichen Ehepaars, 1817, 4, 8 u. ö.
[196] Vgl. z. B. Leonhard (Benedikt Maria) Werkmeister (o. Vf.), Aloys Henhöfers [...] religiöse Schwärmereien und Schicksale, Gmünd 1823, 3 ff.
[197] Zu Ferdinand Stosch (1717–1780) vgl. Butterweck, 269 f.; Stosch besaß reiche pädagogische Erfahrung im Bereich der Gymnasialbildung. Krafft gehörte zum Freundeskreis Jung-Stillings, vgl. dessen Lebensgeschichte, 333 u. ö. (s. Reg.), in seinem Nachruf, ebda., 499 ff. charakterisierte ihn Jung-Stilling als gelehrten Theologen, großen Bibelforscher und »warme[n] Liebhaber des Erlösers [...]. Ohnerachtet er sehr orthodox war, so war er doch der toleranteste Mann von der Welt, höflich und gastfrey im höchsten Grade.« Ebda., 501; vgl. ANTL 7.1795, 96. Sein Nachfolger wurde der Studienfreund Ewalds, Jakob Ludwig Passavant, ANTL 7. 1795, 128, 479. Der Briefwechsel zur Berufung Ewalds findet sich im Lippischen Landeskirchenamt Detmold, Archiv: Konsistorialregistratur II/13/1 (309), 1 ff. (vgl. Steiger, Bibliogr. A 22); hier: II/13/1, 46. Der Bericht Ewalds an den Fürsten Wolfgang Ernst II. über die Vorgänge der Berufung und die Bitte um Entlassung aus seinen Amtspflichten nach Erhalt der förmlichen Vokation findet sich in: BirArch Korrespondenzen, Nr. 14431, St. 3, 19. Juni 1781 (vgl. Steiger; Bibliogr. A 8).

heitlichen Gründen ab, empfahl aber Ewald.[198] Dessen theologische Neuorientierung beschrieb der als orthodox, aber tolerant geltende Krafft als tiefgreifenden geistigen Umbruch, der zur Abkehr von der »philosophischen«, d. h. aufklärerisch-moralischen Predigtweise der Zeit geführt habe.[199] Zur Bestätigung legte er drei an ihn gerichtete Briefe Ewalds bei.[200] Zwei Ewald zur Empfehlung gereichende Sachverhalte hob er hervor, einmal dessen Verbundenheit mit dem Pietismus Hahnscher Prägung durch die Teilnahme an der Zirkularkorrespondenz, an der teilzunehmen sich Krafft trotz Ewalds Bitte nicht hatte entschließen können, zum anderen dessen tolerante Grundeinstellung in Lehrfragen und seine Abgrenzung vom orthodoxen Konfessionalismus, wie sie in seiner Stellungnahme zum Proklamen der evangelisch-lutherischen Generalsynode von Jülich-Berg zum Ausdruck gekommen sei. Ewald hatte unter Hinweis auf Hahn gegen die lutherisch-orthodoxe Form der Rechtfertigungslehre Stellung bezogen und Einwänden von katholischer Seite eine gewisse Berechtigung eingeräumt.[201]

Trotz unterschiedlicher Akzentuierung blieb die Ablehnung markanter Positionen in konfessionell-orthodoxer und neologisch-aufklärerischer Hinsicht gemeinsame Überzeugung aller Verantwortlichen in Detmold, auch wenn man den künftigen Generalsuperintendenten nicht im Kreis der reputierten Wunschkandidaten fand.[202] Man suchte vor allem einen die Grundsätze praktischen Christentums in Lehre und Leben befördernden Mann der Mitte, der das schulische Reformanliegen vorantreiben konnte und die Kraft zur Integra-

---

[198] Seine Empfehlung stützte Krafft u. a. auf das Urteil des Jung-Stilling-Freundes Johann Friedrich Mieg, der aus Heidelberg angereist war, um Ewald als Prediger zu hören. Außerdem war bekannt, daß Ewald das Vertrauen des Fürsten besaß. Krafft selbst sollte Ewald erst nach Abschluß des Berufungsverfahrens in Offenbach predigen hören, sich in seinen hohen Erwartungen aber nicht enttäuscht sehen. Krafft an Regierungs- und Konsistorialrat Christoph Ferdinand August (von) Schleicher, 12. Mai 1781, Konsistorialregistratur II/13/1, 48.
[199] Zum Zeitpunkt des Umbruchs vermochte Krafft nur ungefähre Angaben zu machen, er liege etwa fünf oder sechs Jahre zurück.
[200] Die beigelegten Briefe Ewalds an Krafft sind die Stücke 49–51, datiert vom 10. Januar 1781, 16. Oktober 1780 und 23. Januar 1781.
[201] Trotz der Hochachtung, mit der Krafft von der Zirkularkorrespondenz sprach, bestanden neben den persönlich formulierten Momenten der Zurückhaltung sachliche Differenzen, vgl. Brief Ewalds v. 16. Oktober 1780. Hahns Schriften – Ewald hatte ihm u. a. die Evangelienpredigten und die Epheserbriefauslegungen zukommen lassen – hatten ihn nicht sonderlich angesprochen. Vor allem scheinen Vorbehalte gegenüber dem ausgeprägten Sammlungs- und Sendungsbewußtsein dieser pietistischen »christlichen Wahrheitsfreunde« bestimmend gewesen zu sein. Marschall gehörte mit zu Krafft weitem Freundeskreis, der Männer unterschiedlicher theologischer Prägung umfaßte.
[202] Eine landesinterne Berufung schied mangels fähiger Kandidaten und aus Furcht vor Unruhen unter der Geistlichkeit aus. Bedenken bestanden z. B. gegenüber Gottlieb Friedrich Wilhelm Chapon, seit 1777 auf der zweiten Pfarrstelle in Detmold, Butterweck, 369; die Leichenrede des am 14. Februar 1786 Verstorbenen hielt Ewald, abgedr. in: Ewald, Über Predigerbeschäftigung und Predigerbetragen (= ÜP) H. 8, 27–46 (zu den verschiedenen Heften s. Steiger, Bibliogr., jeweils zum Erscheinungsjahr).

tion der verschiedenen Strömungen innerhalb der Geistlichkeit besaß.[203] Dies erhoffte man sich, wie es inhaltlich am deutlichsten Konsistorial- und Regierungsrat Chr. F. A. Schleicher zum Ausdruck brachte, am ehesten von einer allen theologischen und philosophischen Systembildungen abgeneigten, ganz der Bibel als Geschichte zugewandten Persönlichkeit.[204] Dabei zeigte das Drängen Schleichers bei Krafft auf Signale »untrüglicher Gewißheit«, daß Ewalds Gesinnungswandel auch ernst genommen werden könne, und der Wunsch nach weiteren Informationen aus der Hand von Emmerich, mit dem sich auch Ewald beraten hatte, den hohen Stellenwert der Abgrenzung gegenüber einer mit der Laienfrömmigkeit schwer zu vereinbarenden, als lebensfern und abstrakt diskreditierten Aufklärungstheologie im neologischen Sinne.[205]

Krafft suchte Schleicher zu beruhigen, indem er Ewald direkt um Stellungnahme zu den Anfragen aus Detmold bat und das betreffende Schreiben nebst einem Brief Emmerichs in der Antwort an Schleicher beilegte.[206] Als blaß

---

[203] Im Schreiben des Regierungs- und Konsistorialrats Schleichers an Anton Friedrich Büsching in Berlin vom 10. Juni 1780 wurde im Namen des Landesherrn ein tüchtiger und gelehrter reformierter Theologe gesucht, der »zur Ausbreitung reiner LehrSäzze in der Religion und zur Beförderung eines tätigen Christentums« geeignet war; Konsistorialregistratur II/13/1, St. 2. Die Antwort Büschings vom 17. Juni 1780 (St. 4) empfahl u. a. Krafft. Rat Friedrich Wilhelm Helwing (1758–1833) aus Lemgo, der Georg Joachim Zollikofer, den bekannten Leipziger Prediger, gewinnen wollte, schrieb diesem, in Lippe-Detmold suche man einen Mann mit dem Talent, das Volk zur »freiwilligen Nachfolge Jesu durch Lehre und Leben« zu gewinnen. St. 7 (28. Juni 1780). Zollikofer antwortete am 9. Juli, er wolle entweder in seiner Gemeinde bleiben oder in die Schweiz zurückkehren. Im Begleitschreiben Helwings an Schleicher (St. 9) kommentierte dieser: Ein Schweizer werde durch nichts so sehr belebt als durch Freiheits- und Vaterlandsliebe, und am Ende sterbe er nirgends lieber als in seiner Heimat. Neben Zollikofer lehnte auch Vilmar, Hofprediger in Kassel, einen Ruf ab, St. 10–12. Im Schreiben an Friedrich Eberhard von Rochow in Reckahn vom 27. Juli 1780 wurde formuliert, die Obrigkeit verlange einen Mann, der »ein wärmeres Gefühl in der Religion« auszubreiten wisse. Nach Schleichers Brief an Johann Joachim Spalding in Berlin vom 2. Oktober 1780 sollte der Gesuchte gemäß dem Willen des Grafen »Wahrheit und Tätigkeit« in der Religion unter den Untertanen fördern und die Schulreform vorantreiben. Bezeichnenderweise wurde die ursprünglich gewählte Formulierung, neben Beförderung der Schulreform werde die »Ausbreitung aufgeklärter Lehrsätze in der Religion« erwartet, wieder durchgestrichen. Offenbar hielt man den im Bildungs- und Reformkontext unproblematisch verwandten Aufklärungsbegriff auf theologischem Gebiet schon für eher mißverständlich als den der traditionell anmutenden reinen Lehre im Schreiben an Büsching. Zum Gang der Berufung vgl. auch Steiger, 60 ff.

[204] St. 47 (24. Mai 1781).

[205] Krafft brachte noch am 2. Juni 1781 im Schreiben an Schleicher Christoph Georg Ludwig Meister, Theologieprofessor in Duisburg, ins Gespräch, den er 1779 dort kennengelernt hatte; Meister war mit Jung-Stilling befreundet. Ebenfalls denkbar schien eine Berufung des Hofpredigers Emmerich, der sich der Aufgabe aber nicht gewachsen fühlte, vgl. den Brief Emmerichs, beigelegt zu St. 54; zudem war fraglich, ob ihn der Fürst würde gehen lassen, der ihn nach der Konfirmation des jungen Prinzen Himmelfahrt 1781 zum Inspektor ernannt hatte, Krafft, St. 54. Zu Schleicher vgl. St. 52 (24. Mai 1781).

[206] Konsistorialregistratur II/13/1, 55–56. St. 55 datiert vom (Montag) 31. Mai 1781, es wurde zusammen mit St. 57 am 2. Juni von Ewald an Krafft geschickt. Sollte der »Dienstag Mittag«, an dem der Brief Ewalds an Krafft (St. 56) geschrieben worden ist – um Anfangs- und Schlußteil

können darin Ewalds Hinweise auf Studienzeit und theologische Lektüre gelten. Die Erwähnung von Johann David Michaelis (1717–1791) und Johann Salomo Semler (1725–1791) war von der Frage initiiert, ob sich Ewald mit seinen eher dürftigen Kenntnissen der alten Sprachen, vor allem des Griechischen, überhaupt für ein Amt mit gymnasialer Bildungsaufsicht eigne. Das Bekenntnis zur Abkehr vom »neumodischen philosophischen Christentum« blieb plakativ, doch entsprach es den Erwartungen. Zunächst war, wie sich im zeitlich nahen Briefwechsel Ewalds mit Wolfgang Ernst II. zeigt, mit der Rede vom »philosophischen Christentum« eine Predigtpraxis gemeint, die ihre Mitte nicht mehr in der Thematisierung von Sündenerkenntnis und Gotteskindschaft fand.[207] Inhaltlich verweist das »philosophisch« aufgeklärte Christentum auf eine Konzeption wie die »Christusphilosophie« Gotthelf Samuel Steinbarts (1738–1809), die sich als eine von geschichtlichen Bedingtheiten möglichst gelöste, der allgemeinen Vernünftigkeit als selbstevident empfehlende moralische Glückseligkeitslehre empfahl.[208] Ungeachtet des stets betonten Gegensatzes zur Neologie darf nicht übersehen werden, daß zahlreiche Berührungspunkte mit dem aufklärerischen existentiellen Rationalismus bestanden, wie ihn Steinbart vorträgt.[209] Dazu gehört die kritische Wendung der Bibelauslegung gegen die kirchliche Lehrtradition, die Offenheit gegenüber dem Rousseauschen Menschenbild in der Kritik am Erbsündendogma sowie die starke Gewichtung des Empirisch-Psychologischen in Selbstwahrnehmung und Erfahrung für die Anthropologie. Die intellektualistisch-moralisierende Zuspitzung auf Seiten der Neologie und die gegenseitige Polemik verdeckten dies jedoch. So konnte sich Ewald auch mit seiner pauschalisierend-polemischen Rede begnügen, zumal er noch weitere Vorzüge seiner Person zu nennen wußte. Eine nicht geringe Überzeugungskraft gegenüber Schleicher schrieb Ewald seiner praktischen Er-

---

gekürzt und undatiert abgedr. bei Steiger, 61 f. (Anm. 147) –, der Dienstag vor dem 2. Juni im Mai 1781 gewesen sein, so wäre er auf den 25. Mai zu datieren. Emmerich hatte Ewald bestärkt, den Ruf nach Detmold anzunehmen, Konsistorialregistratur II/13/1,55.

[207] Die Verbindung mit den Freunden Emmerich, Marschall und Pietsch sowie mit dem Fürsten blieb auch nach Ewalds Weggang aus Offenbach bestehen, wie die erhaltenen Teile der Korrespondenz aus den Jahren 1780 bis 1783 und 1800 zeigen. BirArch Korrespondenzen, Nr. 14431, St. 1–13 (1780–1800). Vor dem Abschied hatte der Fürst unter Aufhebung der Etikette Ewald ein freundschaftliches Verhältnis angeboten, was freilich, wie die standesgemäßen Anredeformen von Detmold aus zeigen, nicht durchzuhalten war. Brief vom 11. Dezember 1781, St. 8. Vgl. Brief Emmerichs an den Fürsten vom 22. November 1781 mit dem Dank für den Auftrag, Stolz in sein Amt einzuführen; dem Schreiben lag ein Brief Ewalds an Emmerich bei, den dieser dem Fürsten zum Lesen übergab, um ihn dann an Pietsch weiterzureichen. BirArch Korrespondenzen, Nr. 14439.

[208] Vgl. Steinbart, Glückseligkeitslehre; zur Erläuterung des Titels vgl. Forts. der Vorr. zur 2. Aufl. 1780. Vgl. grundlegend Heß, Bibliothek der heiligen Geschichte. Beyträge zur Beförderung des biblischen Geschichtsstudiums, 2 Bde., Frankfurt u. Leipzig 1791–1792, Bd. 1, 1 ff. (Grundsätze); Bd. 2, Vorr. (Aufnahme von Einwänden zum 1. Bd., Verteidigung des historischen Glaubensgrundes der Christusreligion).

[209] Zum existentiellen Rationalismusbegriff, zu dessen Kennzeichen die Verdrängung des Logischen durch das Psychologisch-Historische zählt, vgl. Kondylis, 309 ff.

fahrung in konsistorialen Angelegenheiten und persönlichen Empfehlungen im Umkreis der herrschenden Familien zu. Dabei kamen die verwandtschaftlichen Beziehungen zum Tragen, die zwischen Isenburg, Anhalt und Lippe-Detmold bestanden.[210]

Weitere Verbindungen bezogen das Isenburg-Birstein benachbarte Territorium Isenburg-Büdingen in das Beziehungsgeflecht mit ein. So führte Christoph Georg Ludwig Meister, von Krafft ebenfalls für das Amt des Generalsuperintendenten empfohlen, mit Eleonore geb. Gräfin von Bentheim-Steinfurt, seit 1779 mit Ernst Kasimir Graf zu Isenburg-Büdingen verheiratet, und insbesondere mit deren in Büdingen wohnhaften Schwester Caroline Ferdinandine (1759–1834) einen lang anhaltenden geistlichen Gedanken- und Schriftenaustausch.[211] Meister sollte 1796 nach Ewalds Weggang erneut für die Generalsuperintendentenstelle in Detmold in Vorschlag gebracht werden.[212] Immer wieder finden sich einflußreiche Persönlichkeiten, welche die Ablehnung neologischer Aufklärung mit Sympathie für das weitere Umfeld des spätaufklärerischen Pietismus verbanden, wie das Beziehungs- und Wirkungsfeld Lavaters und Jung-Stillings zeigt.

Keine besonderen Schwierigkeiten ergaben sich aus der Übersendung des von Ewald mitverantworteten Isenburger Katechismus von 1775.[213] Ewald sah

---

[210] Die erste Frau von Fürst Wolfgang Ernst II., Sophie Charlotte, war eine geborene Prinzessin Anhalt-Bernburg-Hoym (1743–1781, Tochter des Fürsten Viktor Amadeus I. von Anhalt-Bernburg, in erster Ehe mit Gräfin Charlotte Luise, einer Isenburgerin aus Birstein verheiratet. Gräfin Casimire zur Lippe war eine geborene Prinzessin von Anhalt-Dessau, die 1796 von Fürst Leopold II. zur Lippe geheiratete Fürstin Pauline eine geborene Prinzessin von Anhalt-Bernburg.

[211] Meister wurde 1784 Prediger in Bremen; nach Meta Posts Liste gehörte der mit Jung-Stilling Verbundene nicht zu den engeren Lavateranhängern, Schulz (Hrsg.), Meta Post, 299. Vgl. Büdinger Archiv, C. G. L. Meister, Predigten, Gedichte und Schriften, 1778–1811, ungeordnet. Darunter befindet sich eine Predigt über Ps 39,8–10 für den ersten Sonntag nach Neujahr von Gräfin Caroline mit der explicatio: Entschließungen eines wahren Gottesverehrers zum Jahresanfang: 1. zur Hoffnung, 2. zum Dulden (Selbstverleugnung!), 3. zur frohen Zuversicht. Zu den wichtigen Elementen gehört der auch für Ewald zentrale Gedanke einer Schöpfung und Erlösung umgreifenden, von göttlicher Liebe getragenen Erziehung und Entwicklung: »dies Leben ist nur Plan, Erziehung, Vorbereitung zum künftigen. Dort werde ich Gottes Weisheit ganz erkennen [...].« Dies vertrug sich durchaus mit der Ermahnung zu treuer Berufserfüllung ohne weltflüchtige Ansätze. Am Schluß findet sich ein interessanter Anhang, überschrieben mit: »Einige Stimmen aus dem Auditorio an die talentvolle Verfasserin dieser Predigt«, unterzeichnet mit »Grimm« (9. Januar) und »M.« [Meister], 5. April 1792, in Versform. Der erste greift das männliche Predigtmonopol aufgrund des paulinischen Lehrverbot für Frauen als überholt an: Paulus schmeichle mit seinem Verbot wohl dem Stolz der Männer, »doch wär er jetzt noch auf der Welt, *dir* würd er es nie verwehren.« »Seit unserm alten Monopolium, Gehts auf der Kanzel oftmals schief und krum [...] Verkehrt ist oft der Dinge lauf. O Carolina, zum Gedeihn der Menschheit sollt es anders seyn, *Sie* müssen runter! *Du* hinauf!« [auf die Kanzel]. Meister setzte Carolines Auftreten ab von Selbstgenügsamkeit und Stolz so mancher Predigtamtskandidaten und dankte seiner »theuren, edlen Lehrerin« für die herzergreifende Predigt.

[212] Gerhard Segelken, Eine Gedächtnispredigt, Bremen 1811, 34.

[213] Konsistorialregistratur II/13/1, 70; vgl. Ewald an Schleicher, St. 73 (September 1781); die Instruktion wurde am 4. Juli 1781 übersandt, St. 67. Offiziell eingeführt wurde Ewald in Detmold

das offenbar ohne Not übergebene Werk trotz der »beträchtlichen Revolution« in seinem Denken noch nicht als völlig mißlungen an, sondern wies kurz auf einzelne, inzwischen kritisch gesehene Kapitel hin. Dies betraf vorrangig die Versöhnungs- und Erlösungslehre sowie die Pneumatologie, in geringerem Maß die media salutis und die Eschatologie, nicht aber zum Beispiel die recht ausführliche Pflichtenlehre. Im Birsteiner Archiv findet sich ein handschriftlicher Entwurf mit Anmerkungen zu diesem Katechismus aus der Zeit um 1780. Das der Ordnung des in sechzehn Kapitel gegliederten Katechismus folgende, in Frage und Antwort gegliederte Schriftstück war offenbar ein Ergänzungen und Änderungen beinhaltendes Handexemplar des Unterrichtenden, vermutlich aus der Feder von G. H. Emmerich.[214] Die Anmerkungen zu Versöhnung und Erlösung nehmen die z. T. ausgesprochen aufklärerische Begrifflichkeit auf und präzisieren sie gegen neologische und orthodoxe Mißverständnisse. So wird der Zielbegriff der tugendhaften Glückseligkeit von seiner Voraussetzung im stellvertretenden Opfertod Christi als Befreiung von Sünde und Tod her interpretiert, und der Zweck dieses Opfertodes auf einen umfassenden Heilungs- und Heiligungsprozeß des einzelnen bezogen.[215] Besonders ausführlich fallen die Anmerkungen zur Pneumatologie aus, ein Hinweis auf die zentral gewordene Bedeutung dieses Themas für die Gewißheit der Gotteskindschaft, die ihre reflexive Bestätigung im Gefühl der Gottesnähe finden mußte.[216] Gerade diese reflexive Gestalt des Glaubens wurde bei der

---

am 21. Oktober 1781 durch den Superintendenten Großkopf, vgl. St. 76. Der Isenburger Katechismus war von einer Kommission von vier Predigern erarbeitet worden, Ewald hatte nach Absprache mit den andern »bei dem Hauptaufsaz die Feder geführt«, d. h. den ersten Gesamtentwurf verfaßt. Steiger fand den Katechismus wieder auf, 38 f., Bibliogr. 1.

[214] O. Vf., Einige Anmerkungen zur nähern Aufklärung unsers Katechismus und Beförderung des Glaubens an Christenthum, BirArch Nr. 4663 (2. St., fadengeheftet, ohne S.), später m. E. zu Recht auf ca. 1780 datiert, vgl. Steiger, Bibliogr. A 10, der allerdings an einen Vorentwurf zu einem Katechismus denkt. Die Handschrift läßt Emmerich als Verf. vermuten, inhaltlich dürften keine gewichtigen Differenzen zu den Ewald wesentlich gewordenen Kritikpunkten bestehen. Der ausführliche Eingangsteil widmet sich der Bibel als ältester Religions- und geschichtlicher Offenbarungsurkunde, angefangen von der Ablehnung der Verbalinspiration zugunsten einer Sachinspiration über die Quellen der Gotteserkenntnis in Glauben (d. h. Glaubenserfahrung) und Bibel als für die Vernunft notwendiger positiver Gottesoffenbarung (Ewald hätte wohl die Natur hinzugefügt); weiterer Leitgedanke ist die erzählende Grundstruktur der Offenbarung als Antwort auf die existentiellen Grundfragen des Menschen bis hin zum Aufweis der Überbietung, wenn auch nicht Erledigung der alttestamentlich-jüdischen Sippen- und Nationalgeschichte in der universalen Erziehungsgeschichte Gottes mit der Menschheit.

[215] Das Ineinander von Rechtfertigung und Heiligung brachte die Heilungsmetapher zum Ausdruck: Der Arzt Jesus heile die zerrüttete Seele und gebe ihr seine Ethik (vorzugsweise die Bergpredigt) als notwendige Begleitdiät zur Genesung mit auf den Weg. Zur Rede von der Sittenlehre als Diät der an Immoralität erkrankten Seele vgl. Pfenninger, Von der Popularität im Predigen, Bd. 1, Zürich u. Winterthur 1777, 103 ff.

[216] Vgl. dagegen die Auslegung von I Kor 2,14 und die Kritik an Luthers Übersetzung bei Steinbart, Glückseligkeitslehre, § 54, 125: der »Psychikos« (»Seelenmensch«) pflege nur sinnliche Vorstellungen, während der »Pneumatikos« im abstrakt-vernünftigen Nachdenken geübt sei.

Masse vermißt. Eindringlich wird das geistlose »System des ehrlichen Mannes« beklagt, das sich in Grundregeln der Rechtschaffenheit erschöpfe und nichts von realer geistgewirkter Gotteskindschaft wisse.[217] Im Rahmen der kirchlichen Taufpraxis, die den Täufling nicht als Subjekt des Glaubens ansprechen konnte, bedeutete dies, die Eltern verstärkt mit dem Ernst der Übergabe des Kindes an Gott zu konfrontieren und an den christlichen Erziehungswillen zu appellieren. Auch hier zeigen sich mit Ewald verwandte Züge pietistisch-aufklärerischer Frömmigkeit.

Nachdem sich das Gerücht von Ewalds Weggang aus Offenbach verbreitet hatte, hielt dieser fünf Predigten über das Hohelied der Liebe (I Kor 13), die als theologisch-pastorales Vermächtnis an die Gemeinde gelten können.[218] Hier findet sich sein vom Gedanken göttlicher Liebespädagogik geprägtes Verständnis des paulinischen solus Christus von I Kor 2,2 in knapper Form skizziert, das auch Gegenstand seiner Antrittspredigt in Detmold wurde.[219] Charakteristisch ist die zentrale Stellung der Gottebenbildlichkeit des Menschen als Ermöglichungsgrund des Liebescharismas, von dem Paulus I Kor 13 spricht, und die analoge Betrachtungsweise von religiöser und psychologischer Entwicklung unter dem Vorzeichen der ihrem Wesen nach göttlichen Liebe. Wie jedem Menschen eine natürliche Anlage zur Liebesfähigkeit innewohne, die sich nur unter erzieherischem Einfluß entwickle, so brauche auch der im Menschen liegende göttliche Liebeskeim nur eine entsprechende Aktualisierung durch die Gottesliebe, die Bedingung für die Möglichkeit der unio mystica.[220] Es gilt: Wer liebt, hat Teil an Gott, ja, »er ist Gott, insoweit er Liebe ist«.[221] Auf diese Einsicht zielte die Vergegenwärtigung des Gekreuzigten als *des* schlechthin Gott und den Nächsten liebenden Menschen, um ihm ähnlich zu werden. Als energetisches Grundphänomen war die Liebe für Ewald in Auslegung von I Kor 13,13 Inbegriff von Glaube und Hoffnung.[222] Die Gott-

---

[217] »Gewisse Grundsätze annehmen, sich darauf bessern wollen – ist nicht die Seeligkeit der Kindschaft! Nein, Glauben, Kinderglauben an Gott und Jesum! Gott und Jesum näher fühlen, als Vater! auf ihn hin blicken, sich seiner freuen, und bis zu Thränen erhoben werden: *das ist Zeugniß des Geistes Gottes.*« Vgl. Voltaires Devise im »Catéchisme de l'honnête homme« (1763): J'adore Dieu, je tâche d'être juste, et je cherche à m'instruire.

[218] LIEB; Steiger, Bibliogr. 5. Gehalten wurden die Predigten wohl zwischen Juli und September 1781. Der Predigtaufbau gleicht sich in allen 5 Predigten: Exordium – Gebet – Text – Thema mit Gliederung (zwei bis drei Punkte), – corpus mit eingeschlossener applicatio – Schluß.

[219] Vgl. den Schluß: »Und so sehet Ihr, daß ich am Ende wieder nichts anders weiß, als den, zu dem Euch jedes Wort meiner Predigten und meiner Kinderlehren, jede Ermahnung in meinem Hause, und jeder Trost auf dem Krankenbett hinführen solte – *Jesum Christum den gekreuzigten* [I Kor 2,2].« Ebda., 97.

[220] »[...] nur sie [die ihrem Wesen nach göttliche Liebe] verwandelt ein Wesen in das Andere.« LIEB, 14. Wie Gott dem ersten Menschen das Leben einhauchte, so blies er ihn nochmals an, damit er lieben könne, ebda., 74. Vgl. die Formulierung am Schluß des Briefes vom 17. Juli 1778 an Lavater, Brief 7.

[221] LIEB, 94.

[222] Die Verähnlichung mit Christus orientierte sich notwendigerweise am Vermögen, wie Christus zu lieben, ebda., 14; zum Glaubensverständnis vgl. ebda., 53; Sündenerkenntnis (»Gott

ebenbildlichkeit begründete somit die Möglichkeit zunehmender Vergöttlichung des Menschen durch Liebe (amor Dei), wie urbildlich und exemplarisch an Jesus zu sehen. Nicht verschwiegen wurde die Gefährdung: Der zu solcher Höhe fähige Mensch blieb als Mittelwesen der Schöpfung aufgrund der konstitutiven Ambivalenz seiner Seele ständig vom Absturz ins Tierische, also vom Selbstverlust, bedroht.

Damit sind wichtige Aspekte des augustinischen Gottes- und Menschenbildes aufgenommen, doch zugleich wird das traditionelle Sündenverständnis entschärft.[223] Deutliche Unsicherheiten gegenüber der orthodoxen Lehre vom Urstand und vom Sündenfall, die das evolutive Moment nicht ohne weiteres aufnehmen konnte, zeigen sich. Es lag nahe, aufgrund der aktualen Liebesfähigkeit des Menschen von einem durch den Sündenfall hindurch geretteten unversehrten Rest der imago Dei oder einer wenn auch tiefgreifend gestörten Grundermächtigung zu Religion und Humanität auszugehen. Der Sündenbegriff verlor damit seine Radikalität, die er vom Überindividuellen der Sündenmacht her besaß. In den Vordergrund tritt das Ich mit seinem Bewußtsein vom Zurückbleiben hinter den wahren Möglichkeiten seiner selbst.[224] Auch im Blick auf das Gottesverständnis ergeben sich Spannungen zur dogmatischen Tradition. Das Gottsein Gottes kam, nach I Joh 4 als höchste Liebe bestimmt, nach Ewalds Überzeugung in der traditionellen Lehre vom Wesen und von den Eigenschaften Gottes nicht angemessen zur Geltung. In der Tat wurde der amor Dei meist anderen Attributen (proprietates) Gottes zugeordnet oder gleichrangigen beigeordnet, etwa wenn er als vollkommene Liebe neben der vollkommenen Gerechtigkeit der göttlichen Heiligkeit subsumiert wurde. Zwar sollten alle Attribute Gottes das göttliche Wesen selbst ausdrücken, aber die formale Kategorisierung war nicht an der göttlichen Liebe orientiert.[225] Um dieser mehr Gewicht zu verschaffen, legte Ewald auf exegetischer Ebene den Finger auf den poetischen Charakter des Textes und versuchte, die Geist und Sinne vereinende »Ordnung der Empfindung« der klassischen Begriffsordnung entgegenzusetzen.[226] Im Blick auf die Wirkungsweise der göttlichen

---

sei mir Sünder gnädig«) und Lebensübergabe (Bekehrungsmotiv), entspringen demnach aus dem Erwägen der dem Menschen in Christus von Gott erwiesenen Liebe, ebda., 55 f., 95 f.

[223] Vgl. Ewald, Die Erziehung des Menschengeschlechts [...], Lemgo 1783 (= ERZ; Steiger, Bibliogr. 9), 374. Zum Verständnis der Gottebenbildlichkeit bei Oetinger, die vom Gedanken der Kraftentfaltung einer Essenz ausgeht, vgl. ders., Wörterbuch, 522.

[224] Vgl. Ph. M. Hahns Rede vom Sündenfall als Stillstand im Wachstums- und Vervollkommnungsprozeß, Betrachtungen, 230. Die Rede vom Verlust der iustitia originalis (vgl. Heidelberger Katechismus Frage 6) mußte Ewald daher auch als übertrieben negativ erscheinen, vgl. Ewald, Etwas über Catechismen [...], Heidelberg 1816 (= CAT; Steiger Bibliogr. 341), 38.

[225] Zur Subsumierung der Liebe unter die Eigenschaften Gottes in religionspädagogischem Zusammenhang vgl. das von Ewald mit Vorw. versehene Werk von Philipp Heinrich Haab, Religions-Unterricht durch Bibel-Geschichten, Bd. 1 Glaubenslehre, Stuttgart 1817, 181 ff.

[226] Letztere wurden der »kalten Vernunft« zugeschrieben, LIEB, 50. Der im Sprachgebrauch der Zeit nicht eindeutige Begriff der Empfindung muß in seiner ganzen Weite als perceptio, sensatio und emotio genommen werden, umfaßt also das Unmittelbare und Unreflektierte in

Liebe griff er die Rede vom »Ausfluß« aus der Gottheit auf und bezog sie statt auf den Geist auf die Liebe als Lebenskraft, vergleichbar dem Leben schaffenden Licht der Sonne. Die aus Gott fließende Liebe teile sich der außermenschlichen Natur ebenso mit wie dem Innern des Menschen, von dem nach physiognomischer Sicht das Antlitz Ausdruck war, in höchster Intensität ging sie ein in Christus. Das Kreuzesgeschehen wird vom Liebesbegriff her interpretiert und nicht umgekehrt. Leben und Tod Jesu bilden demnach den Höhepunkt im stufenweise fortschreitenden Universalisierungsprozeß der göttlichen Liebe als kosmischer Lebenskraft, der in der Patriarchengeschichte als Familien- und Sippengeschichte beginnt und sich über die Geschichte der jüdischen Nation zur Menschheitsgeschichte entfaltet. Analog dazu sah Ewald die sukzessive Entwicklung der Liebesfähigkeit des Einzelnen vom konkreten Kreis der Familie über das Volk zur Menschheit insgesamt. Natur und Geschichte verbindet ein gemeinsamer Entwicklungsprozeß. Im Fortgang der Heilsgeschichte bildet sich somit die Tatsache ab, daß der Mensch, freilich nach Grad und Modalität unterschieden, gemeinsames Gut von Familie, Nation und Menschheit ist, und die Familie mehr als jede andere soziale Institution den Anspruch erheben kann, zentrales Gemeinschaftssubjekt zu sein. Individual- und Menschheitsgeschichte verbindet der Gedanke universaler Erneuerung unter Christus, dem »Haupt« nach Kol 1,15 ff. Die im Mittelpunkt christlichen Lebens stehenden Momente Berufung, Rechtfertigung und Heiligung wurden entsprechend ausgelegt als Momente des liebenden Seins in Gott im Bewußtsein der Gotteskindschaft. Auch hier gilt das Interesse dem effektiven Aspekt der Rechtfertigung, die Sprache des Rechts wird gemieden und statt dessen auf das zurückgegriffen, was die traditionelle orthodoxe Dogmatik im Rahmen der vocatio interna des Erwählten als insitio in Christum oder unio cum Christo zur Geltung gebracht hat.[227]

Im Blick auf den von der Gottesliebe personal bestimmten Lebensbegriff ergeben sich zahlreiche Berührungspunkte mit Johann Georg Hamann und Friedrich Heinrich Jacobi.[228] In ethischer Hinsicht kommen bei Ewald vor

---

der Wahrnehmung ebenso wie das gefühlsmäßige Resultat, vgl. Johann Georg Hamann, Sokratische Denkwürdigkeiten. Aesthetica in nuce. Mit einem Komm. hg. v. Sven Aage Jørgensen, Stuttgart 1968, 48 ff. (»Die Unwissenheit des Sokrates war *Empfindung*«, ebda., 49, 26). In der zweiten Predigt zu den Versen 4 f. weist Ewald auf die exegetischen Versuche hin, die Beschreibung der Liebe begrifflich zu ordnen, ohne sich für die Ergriffenheit des Paulus und die von dieser gesetzten Maßstäbe zu interessieren, LIEB, 22.

[227] Zur Verbindung von Gottebenbildlichkeit und Heiligung vgl. Meta Post an Lavater: eine ihrer Lieblingsstellen in der Bibel seien die parallel gesetzten Worte zu Heiligung und Gottebenbildlichkeit: Lev 11,44 bzw. I Petr 1,16 und Gen 1,26; Schulz, Brief 28 vom 12. Februar 1796.

[228] »Liebe ist Leben; sie ist das Leben selbst; und nur die Art der Liebe unterscheidet jede Art lebendiger Naturen«; Gotteserkenntnis war nur durch »erregte Liebe«, d. h. durch göttliches Leben, möglich; der über aller Vernunft stehende Friede Gottes bestand im »Genuß und Anschauen einer unbegreiflichen Liebe«; Jacobi, Ueber die Lehre des Spinoza, in: Werke 4.1, 212 f.; vgl. Thomas Wizenmann (o. Vf.), Die Resultate der Jacobischen und Mendelssohnschen Philosophie; krit. untersucht v. einem Freywilligen, Leipzig 1786 (= Wizenmann, Resultate), 151 f.

allem zwei Aspekte der Gottebenbildlichkeit zur Sprache. Einmal kritisierte er das verbreitete Verständnis der Gottebenbildlichkeit als Legitimation freier Verfügungsgewalt über die Natur. Das Benennen der Tiere, welches das dominium terrae im Schöpfungsbericht zum Ausdruck bringt, sollte als Akt der liebenden Zuwendung, nicht der Inbesitznahme verstanden werden.[229] Zum andern sah er mit dem Glauben an die Gottebenbildlichkeit des Menschen den aufklärerischen Toleranzgedanken gestützt, der keinen Raum mehr für die Durchsetzung weltanschaulicher Exklusivitätsansprüche ließ, seien sie nun konfessionalistisch oder skeptizistisch motiviert.[230]

Ewalds Weltverhältnis erweist sich als im Kern mystisch-sakramental, und dies markiert eine wesentliche Differenz zur Neologie wie zur Orthodoxie: Die der außermenschlichen Natur, dem menschlichen Leben als Geschick und der Geschichte des Christus eingeschriebenen Zeichen der Gottesliebe gelten ihm als die Mittel, Glauben zu wecken, allerdings »weniger um des Glaubens willen, als weil Glaube an Liebe – Liebe wirkt.«[231] Nicht so sehr der Glaube als solcher, sondern seine Folgen interessierten. Diese bestehen im sakramentalen Schmecken und Sehen der Freundlichkeit Gottes (Ps 34,9), das sich überall den Sinnen darbietet.[232] Die in der mystischen Tradition als »schmackhaft« gekennzeichnete Gotteserkenntnis bezieht sich hier auf das ganze Dasein, so daß das Christsein schlechthin wie bei Johann Georg Hamann als »Geschmack an Zeichen« gelten konnte.[233] Christus lieben bedeutet dabei, wie Christus Gott zu lieben und wie Christus von Gott bis in das Physiognomische hinein gestaltet zu werden. So konnte Ewald sagen, daß man dem, der wie Christus liebe, seine Gottebenbildlichkeit ansehen könne. Wie in Lavaters Physiognomik zeigte sich die ethische Bedeutung des Antlitzes: Auch im Würdelosen sieht die Liebe sub contrario die verborgene Größe.[234] Dabei deutete Ewald das mystische Schmecken im Sinne der durch die Liebe unmittelbar gewordenen Einigung mit Gott. Konkret wird demnach der Glaube

---

[229] »Es war nicht Gewalt, womit jezt so oft über Thiere geherrscht wird [und sie zur seufzenden Kreatur von Röm 8,22 macht], sondern es war Gott, der sie dem Adam zuführte, daß er jedem seinen Namen gäbe.« LIEB, 40. Die uranfängliche Herrschaft des Menschen über die Tiere, also das dominium terrae als Bestimmung der imago divina wurde dogmatisch freilich nie tyrannisch verstanden; rex totius mundi war der aufrecht geschaffene Mensch nur in Analogie zu Gott, dem sanctissimus et iustissimus.

[230] Geistlicher Hochmut sei schlimmer als Ketzerei, sofern es sich dabei um aufrichtigen, unvorsätzlichen Irrtum handle; dieser sei schon von Jesus im Unterschied zum ersten nicht verurteilt worden, LIEB, 16.

[231] LIEB, 15.

[232] Die Vorordnung des Schmeckens als Empfindung der Gegenwart Gottes vor dem Sehen (als mystische Gottesschau) in Ps 34,9 unterstreicht die Bedeutung der geistlichen Erfahrung, vgl. Gottfried Arnold, Historie und Beschreibung der Mystischen Theologie. Faks.-Neudr. der Ausg. Frankfurt 1703, Stuttgart-Bad Cannstatt 1969, 63.

[233] Vgl. ebda., 35 f.; zu Hamann s. kurz Sven-Aage Jørgensen, Hamann und seine Wirkung im Idealismus, in: Chr. Jamme u. G. Kurz (Hrsg.), Idealismus und Aufklärung, 153–161; 158 f.

[234] LIEB, 40, 48.

als Gottesliebe geweckt durch die Gnadenerfahrung der Sündenvergebung, was klassisch pietistisch Wiedergeburtserfahrung heißen kann. Diese stellt den Motivationsgrund christlicher Ethik überhaupt dar, unter das Leitmotiv der Dankbarkeit gestellt. Die himmlische Vollendung bedeutet in dieser Konzeption ein immer tieferes Hineinwachsen in die liebende Gemeinschaft mit Gott und Christus, war also, wie später näher erläutert, die Vollendung der personalen, auf Kommunikation angelegten Grundstruktur des Menschen und darin ethisch bestimmt. Das erhöhte Endliche wurde vom Unendlichen erfüllt gedacht, ohne daß es das Unendliche je würde ganz erfassen können – eine Variation des Gedankens vom unendlichen Progressus der Vervollkommnung unter dem Vorzeichen der grenzenlosen Liebesfülle Gottes.[235]

Ein Beispiel, wie Lavater mit den Themen Vollkommenheit und Liebe als Bestimmung des Menschen und zugleich als Gottes Werk am Menschen umging, gibt die Predigt, die er im Juni 1783 in Offenbach über I Thess 5,23 f. anläßlich seines Besuches bei Stolz hielt.[236] Die theologische Grundfigur einer »Pädagogik reiner Liebe«, wie sie bei Ewald und Lavater sichtbar wird, erinnert an François de S. de Fénelon (1652–1715), Bischof in der Ära Ludwigs XIV. und wichtiges Vorbild katholischer Reform, den Ewald besonders als Erziehungsschriftsteller und Mystiker schätzen lernte.[237]

---

[235] Ebda., 86 f. Das in der reformierten Dogmatik unter dem locus de notione dei dargelegte »Quod finitum, non capax infiniti (quod finitum est, infinitum comprehendere non potest«, vgl. z. B. Musculus, 430, Heppe-Bizer, 42) bleibt bestehen, die Vergöttlichung hebt die letzte Differenz zwischen Schöpfer und Geschöpf also nicht auf. Vom Gleichwerden des Menschen mit Christus war auf unterschiedliche Weise die Rede: Dem Bild des Sohnes Gottes gleich, also wie er verherrlicht werden (Röm 8,29); Gott von Angesicht schauen; der Bestimmung Gottes voll entsprechen. Daneben konnte aber auch in letzter Zuspitzung von einem Gleichwerden des Menschen mit Gott in Erfüllung des zur Verheißung gewordenen »eritis sicut deus« von Gen 3,5 die Rede sein.

[236] Johann Caspar Lavater, Vollkommenheit[,] des Menschen Bestimmung und Gottes Werk. Eine Predigt gehalten am 22. Junius 1783 zu Offenbach am Mayn, in: Johann Caspar Lavaters Sämtliche kleinere Prosaische Schriften vom Jahr 1763–1783, Bd. 1, Winterthur 1784, 323–342, Nachdr. 1987. Lavater erklärte die Gottebenbildlichkeit zum eigentlichen Inbegriff der christlichen Lehre, denn in ihr lag die Möglichkeit einer Verähnlichung mit Gott als vollkommenem Wesen begründet. Die göttliche Vollkommenheit, zu der der Mensch gelangen sollte, bestand in der mystischen Liebe: der Allerliebenswürdigste wolle geliebt sein, und durch Allgeliebtheit allbeseeligen, 328 f. Lavater besuchte Stolz 1782 und 1783, vgl. ebda., 325 und cod. hist. 8° 103c, 42 f.

[237] Vgl. z. B. Ewald, Vermischte Christliche Ideen und Empfindungen, Hannover 1794–1795 (= IE; Steiger, Bibliogr. 116), Bd. 1, 223 ff.; Bd. 2, 231 ff.; ders., Über die Kantische Philosophie [...], Berlin 1790 (= KA; Steiger, Bibliogr. 53), 64; ders., Entwurf eines christlichen Religionsunterrichts [...], Hannover 1793 (= ERU; Steiger, Bibliogr. 77), Nr. 4 – Fénelons *Abenteuer des Telemach* als Werk der Prinzenerziehung und Lehrbuch politischer Ethik auf religiös-mystischer Basis, Les aventures de Télémaque, fils d'Ulysse, hg. v. Marguerite Haillant, Paris 1993 (= Fénelon, Télémaque); EL II, 201; Ewald, Die Religionslehren der Bibel [...], 2 Bde., Stuttgart u. Tübingen 1812 (= RL u. RL II; Steiger, Bibliogr. 313), hier Bd. 1, 47; ders., Christenthums Geist und Christen-Sinn [...], Winterthur 1819 (= ChG; Steiger, Bibliogr. 371) hier Bd. 2, 5.

Bei seiner Abschiedspredigt in Offenbach am 9. September 1781 trug Ewald einen persönlich gehaltenen Rückblick auf seine Offenbacher Zeit und seine theologische Neuorientierung vor, die nun als radikaler Bruch erscheint.[238] Die ersten Jahre seiner Tätigkeit sind als eine fruchtlose Zeit moralisierender, auf die Überzeugung von den Vorteilen der Pflichterfüllung ausgerichteter Predigtpraxis charakterisiert, in der Jesus als Sittenlehrer und nicht als Erlöser im Mittelpunkt gestanden habe, bis unbewältigte existentielle Nöte die Wende brachten.[239] Der Begriff der Bekehrung wird gemieden, da gegen die gängige Assoziation der eigene Entschluß nicht zum Angelpunkt des Wandels gemacht werden sollte.[240] Gleichwohl spaltet sich im typisch paulinischen Bekehrungstopos von »einst« und »jetzt« die Zeit: Das »Einst« wird entwertet, das »Jetzt« als Gnadenzeit unter dem göttlichen Freispruch gepriesen und mit Hilfe der Selbstreinigungsformel, die Paulus beim Abschied von Ephesus nach Act 20,26 f. sprach, an die Verantwortung der Gemeindeglieder appelliert.[241] Ein in den »Sammlungen« der Basler Christentumsgesellschaft 1800 veröffentlichter Brief Ewalds an einen Freund charakterisiert die »Wende« im gleichen Duktus als göttliche Rettung vor dem Sturz in den Abgrund des Unglaubens, etikettiert mit den zeittypischen Schlagworten Spinozismus, Skeptizismus und Atheismus. Der Brief dokumentiert zugleich die Annäherung Ewalds an die Christentumsgesellschaft in der zweiten Hälfte der 90er Jahre und seine bleibenden Vorbehalte gegenüber der Enge einer allzu wörtlichen oder gar bekenntnistreuen Schriftauslegung. Sein Interesse galt vor allem den Nachrichten aus der weltweiten Christenheit, denen sich die Basler *Sammlungen* ab 1797 zunehmend öffneten. Diese Entwicklung trug offenbar dazu bei, Ewalds Vorbehalte zurückzustellen und den Sammlungsgedanken der Gesellschaft im Vorfeld der Parusie positiver zu würdigen.[242]

---

[238] Des Pfarrer Ewalds lezte Worte an seine Offenbacher Gemeinde. Den 9ten September 1781, Offenbach am Main 1781 (= WO), 9, vgl. ebda., 3, 75. Zum zentralen Verständnis der Verkündigung als Verkündigung des umfassenden göttlichen Heilsplans vgl. Ewalds Abschiedspredigt in Detmold (Steiger, Bibliogr. 139).
[239] »Selbstgemachte Leiden, Ernde eigener Saat, nöthigten mich, Zuflucht zur Religion zu nehmen. Ich nahm sie zu der Religion, die ich damals hatte.« WO, 11. Der ergriffene Stab aber zerbrach (Jes 36,6). Zur Rede vom Halt gebenden Stab vgl. den Brief Ewalds an Hahn vom 27. Jan. 1779, dort bezogen auf Hahn als stärkeren Bruder im Glauben auf die Verheißung Jesu Mt. 18, 14, cod. hist. 8° 103a, 137 f. Zur Vergeblichkeit moralisierender Predigt angesichts einer Übermacht der Leidenschaften über den Verstand vgl. Jung-Stilling, Lebensgeschichte, 159 f.
[240] Daher sollte die Bekehrung nach Jer 31,18 als Werk Gottes verstanden werden, ausgehend von der Bitte um Bekehrung, WO, 12.
[241] WO, 13 f.
[242] »Ich bin einer von denen, die der HErr von dem Abgrunde des Spinozismus, Skeptizismus und Atheismus (oder aus den Tiefen der schrecklichsten Zweifelsucht, des Unglaubens und der Gottesläugnung) zu sich gezogen, ja wohl im eigentlichsten Sinne *gezogen* hat. Einer von denen, die er auf seine Schultern nehmen, und zu der *Heerde* tragen mußte, weil ich nicht dahingehen *konnte* noch *wollte*. Einer von denen, die durch Kreuz und Trübsal, durch namenloses Leiden seinem Reiche nahe werden mußten, dessen Weg noch immer durch Dornen geht, die oft

Noch Ende 1795 war das Verhältnis ein anderes gewesen. Ewald hatte Lavater unter dem Siegel der Verschwiegenheit (»sub rosa«) die Nachricht zukommen lassen, Jung-Stilling habe sich der Gesellschaft angeschlossen – was nur im Sinne brieflicher Kontakte, nicht aber einer Mitgliedschaft richtig war –, auch spiele der Landgraf Friedrich Ludwig von Hessen-Homburg eine bedeutende Rolle in ihr, und formulierte seine ebenfalls für Lavater zutreffende Skepsis gegenüber derartigen Sammlungsversuchen: »O! die blinden Menschen mit ihrem menschlichen Machwerk, ohne *Ihn* [Christus]!«.[243] Seine theologischen Grundanschauungen waren von der Annäherung an die Christentumsgesellschaft nicht berührt. In einer im Sommer 1804 in Basel gehaltenen Predigt über Röm 1,15 f. ging Ewald nochmals entsprechend auf seine Neuorientierung ein; noch in der Vorrede zu seinen *Religionslehren der Bibel* von 1812 begegnet die »Wende« unter den Bekehrungsmetaphern von »einst« und »jetzt«.[244]

Festzuhalten bleibt, daß Ewalds Aufstieg zum Generalsuperintendenten in Lippe-Detmold ohne sein Bekenntnis zur Abkehr vom »philosophischen Christentum« der Neologie nicht möglich gewesen wäre. Strikte Konfessionalität über das kirchenrechtlich Gebotene hinaus wurde dagegen nicht erwartet. Für die Verantwortlichen wichtig waren allein tolerante Grundhaltung in Glaubensangelegenheiten, Führungsqualitäten und die Bereitschaft zur Fortführung der begonnenen Reformen. Dies bot Ewald genügend Raum zur Entfaltung seines vom Liebesbegriff bestimmten theologischen Gestaltdenkens, das seine Stärke in der Konzentration auf die mystisch-sakramentale Weltsicht hat. Typisch spätaufklärerische Ermäßigungen, etwa im Sündenver-

---

schmerzhaft stechen. Ich weiß also, was der Mensch an dem HErrn hat, und was er an sich selbst hat, und wem die Ehre gebührt, wenn sich ein Mensch zu ihm halten kann. Lassen Sie uns in brüderlicher Eintracht miteinander verbunden seyn, wir haben *Einen* HErrn, *einen* Weg, *ein* Ziel. Geben Sie mir Gelegenheit, an der Basler Gesellschaft insofern Theil zu nehmen, als man dadurch in seiner Schrift-Erkenntniß nicht gebunden wird. Lassen Sie mich Etwas wissen von dem, was in der unsichtbaren Kirche Christi vorgeht. Der HErr werde uns täglich näher in unserer Ferne; er lasse uns noch Manna in der Wüste, bis das ersehnte Kanaan kommt. Amen!« in: Sammlungen für Liebhaber christlicher Wahrheit und Gottseligkeit, Basel 1800, 33 f. Der Briefauszug findet sich als hsl. Eintrag in das in der Mainzer UB vorhandene Ex. von Ewald, Der Blick Jesus auf Natur, Menschheit und sich selbst [...], 2. Aufl., Hannover 1796, vor dem Titelblatt; geschrieben vom Besitzer M. Zeller, der das Buch von H. Heerbrandt 1799 erworben hatte. Zu den *Sammlungen* und Jung-Stillings Verhältnis zur Christentumsgesellschaft vgl. Schwinge, 60 ff.

[243] Ewald an Lavater, 12. Dezember 1795 (Nr. 43).

[244] Ewald, Gast- und Gelegenheitspredigten, Elberfeld u. Leipzig 1809 (= GaGe; Steiger, Bibliogr. 292), 72 f. Die Predigt wurde möglicherweise vor der Basler Christentumsgesellschaft gehalten. Ewald nahm die Rede vom die Hand durchstoßenden Rohrstab aus Jes 36,6 auf, um seine Krisenerfahrung zu beschreiben, ebenso wieder in der Vorr. zu den RL, IVff., wo an die Bedeutung von J.J. Heß, Ph. M. Hahn und Lavater für seine Neuentdeckung der Bibel als göttlicher Antwort auf seine existentielle Not erinnert wurde. Zur Verwendung von Jes 36,6 vgl. auch Fénelon, der das Rohr auf die Schwachheit der menschlichen Natur deutete: »wenn wir uns darauf stützen wollen, so beugt sich das Rohr [...] und fährt uns durch die Hand«, nach der Übers. v. M. Claudius, Fénelon's Werke 2, 99.

ständnis, bleiben nicht aus, wie auch Gemeinsamkeiten mit der abgelehnten Neologie nicht verleugnet werden können. Dabei steht, wie der biographische Umgang mit seiner »Wende« und die Annäherung an die Christentumsgesellschaft bestätigen, die Zugehörigkeit zum Pietismus der Spätaufklärung zu keiner Zeit in Frage. Sie bestimmt seinen »Mittelweg« zwischen Neologie und Orthodoxie.

3.5 Aufklärung und biblische Heilsökonomie: Die »Erziehung des Menschengeschlechts«

Eine erste Darstellung biblischer Theologie in heilsökonomischer Sicht findet sich in der 1783 unter Aufnahme des Titels der Lessingschen Erziehungsschrift von 1780 veröffentlichten Predigtreihe aus der Anfangszeit in Detmold.[245] Eingeleitet wird der Band durch Abschnitte der Antrittspredigt in Detmold über Christus, den Gekreuzigten (I Kor 2,2), die stark vermittelnde Züge trägt und den obrigkeitlichen Erwartungen entsprochen haben dürfte. Das »solus Christus« wandelte Ewald hier zum unus et totus Christus ab, den sowohl die orthodoxe wie auch die neologische Verkündigung in ihrer Einseitigkeit verfehlten. Die Wahrheitsmomente, die das Jesusbild jeder Seite hatte – Jesus als Tugendlehrer und Vorbild einerseits und sein priesterliches Amt in satisfactio und intercessio andererseits –, wurden anerkannt, doch machten sie nach Ewald nur miteinander in gegenseitigen Bezogenheit ein Ganzes aus. Die Einheit von Person und Werk Jesu begründete so geschickt den Appell an den kirchlichen Einheitswillen.[246]

Die Predigtreihe selbst zeichnet den Gang der biblischen Offenbarungsgeschichte als Erziehungsgeschichte der Menschheit mit ihrem Höhepunkt in der Christusoffenbarung nach. Wie bei Lessing wird die Erziehung als Grundbegriff der Geschichtsbildung aufgenommen, doch nun direkter auf die heilsgeschichtliche Periodisierung einer planvoll angelegten Gesamtgeschichte als Geschichte des Gnadenbundes Gottes mit der Menschheit bezogen. Bei diesem handelt es sich um nichts anderes als den schon durch den präexistenten

---

[245] Ewald, Die Erziehung des Menschengeschlechts nach der Bibel. Sechzehn Predigten, Lemgo 1783 (= ERZ; Steiger, Bibliogr. 9, vgl. 9a). Auszüge aus der Antrittspredigt in Detmold am 21. Oktober 1781 über I Kor 2,2 statt einer Einleitung ERZ, 9–24. Derselbe Text lag der Antrittspredigt von Stolz am 2. Dezember 1781 in Offenbach zugrunde. Zur biblischen Offenbarungsgeschichte als Erziehungsgeschichte vgl. Johann Christoph Döderlein, Institutio theologi christiani in capitibus religionis theoreticis nostris temporibus accomodata, 2 Bde., 6. Aufl. Nürnberg/Altdorf 1797 (zuerst 1782; = Döderlein, Institutio), Bd. 1, 19, der Heß, Kleuker, Leß und Lessing im apologetischen Anliegen übereinstimmen sah.

[246] Als der *eine* Christus war er jeweils der *ganze*, der Sonne gleich, die dem einzelnen die Freundlichkeit Gottes aufscheinen ließ und darin als Ganze gegenwärtig war. So sollte der Gekreuzigte allen alles und doch immer einer (als Erlöser, Lehrer, Vorbild usw.) sein; ERZ, 16 f.; 20 f.

Christus vermittelten Schöpfungsbund.[247] Als Ziel der göttlichen Offenbarungs- und Erziehungsgeschichte wird daher auch die Wiederherstellung der durch den Sündenfall entstellten und in ihrer Entwicklung gehemmten, in Christus urbildlich dargestellten Gottebenbildlichkeit und deren Vollendung im Eschaton benannt.[248] So kommt es zu einer Zusammenschau der reformierten Tradition des Werk- und Gnadenbundes, wie sie Friedrich Adolf Lampe vertrat, mit den Grundgedanken Lessings.[249] Die föderaltheologische Konzeption streng systematisierter Bundesschlüsse spielt dabei keine Rolle mehr. Auch bei F. H. Jacobi und Th. Wizenmann fand Lessings Schrift Anklang, da sie mit dem Erziehungsgedanken ein für die Zeit verständliches Interpretament der Geschichtlichkeit von Offenbarung beibrachte, doch schloß dies Kritik an der näheren Ausführung nicht aus.[250]

So hob Wizenmann die Paragraphen zur alttestamentlichen Geschichte (§§ 8–18) als wichtig und bislang vergeblich gepredigt hervor, fand aber bei Lessing nur das Äußere und die Form des geschichtlichen Zusammenhangs unter dem Erziehungsgedanken erfaßt, nicht aber den Zusammenhang selbst aufgezeigt.[251] Dieser stellte sich wie bei Ewald als Entwicklung des schon vor der Zeit in Christus beschlossenen göttlichen Schöpfungsplanes dar, wie sie unter Wizenmanns Mitwirkung von Philipp Matthäus Hahn skizziert und in

---

[247] Vgl. Ph. M. Hahn, Betrachtungen, 124. Zu Heß' positiver Aufnahme von Lessing vgl. Ackva, bes. 123 f., 126 f.

[248] Die der imago-Dei nach Gen 1,26 f. gewidmeten ersten beiden Predigten blieben in ihren Aussagen schwankend: Einerseits konnte vom Verlust der imago Dei durch den Sündenfall die Rede sein, andererseits von den verbliebenen Resten, die sich vor allem in der personalen Liebesfähigkeit des Menschen zeigten. Dem Sündenfall galt die 3. Predigt, ERZ, 65–86. Die 4. Predigt, zwei Wochen nach der dritten gehalten, behandelte die Folgen des Sündenfalls nach Röm 5,12, ebda., 87–108. Urständliche Gottebenbildlichkeit wurde an anderer Stelle als Bestimmung zur Herrschaft über die Tiere im Sinne des (schonenden) regnum terrae bestimmt, eschatologische Gottebenbildlichkeit als Gleichgestaltetwerden mit Christus und Eintritt in die universale Herrschaftsfunktion des Kyrios im Millennium, ebda., 357.

[249] Vgl. BIB 1819, 142, statt »Campe« ist »Lampe« zu lesen, gemeint war Friedrich Adolf Lampes *Geheimnis des Gnadenbundes* (6 Bde., 1712–1719). Gotthold Ephraim Lessing, Die Erziehung des Menschengeschlechts, in: Werke 6, 56–77. Die ersten 53 Paragraphen waren schon 1777 gedruckt worden, der Rest 1780, Lessing nannte sich nur als Hg., nicht als Vf. Zu Lessing vgl. Kondylis, 595–615.

[250] F. H. Jacobi sah die theologischen Voraussetzungen der Lessingschen Schrift kritischer, wenn er die spekulative Ableitung der Trinitätslehre aus der Struktur des Selbstbewußtseins Gottes in § 73 nur unter spinozistischen, den Offenbarungsbegriff aufhebenden, Voraussetzungen für schlüssig hielt; Jacobi, Ueber die Lehre des Spinoza, 1. Aufl. 41 f., 2. Aufl. (Werke 4.1), 86–88; vgl. ders., Wider Mendelssohns Beschuldigungen in dessen Schreiben an die Freunde Lessings, in: Werke 4.1, 169–276; 236, 249 f.

[251] Wizenmann, Resultate, 220 f. (u. a. mit Kritik an der Reinkarnationshypothese des § 94, ebda., 223 Anm.). Zum Verständnis der auf die Messianität Jesu zielenden Geschichte des Alten Testaments vgl. Wizenmann, Die Geschichte Jesu nach dem Matthäus als Selbstbeweis ihrer Zuverläßigkeit betrachtet; nebst einem Vorbereitungsaufsatze über das Verhältniß der Israelitischen Geschichte zur Christlichen […] mit einer Vorr. v. Johann Friedrich Kleuker, Leipzig 1789 (= Wizenmann, Geschichte Jesu), 3–60 (2. Aufl. 1864, hg. v. C. A. Auberlen).

einer gleichnamigen Schrift 1784 anonym veröffentlicht worden war.[252] Auch J. F. Kleuker stellte bei grundsätzlich positiver Aufnahme kritische Bemerkungen zur Lessingschrift an und warnte vor weiterer Systematisierung, da eine pädagogische Theologie auch nicht mehr Erkenntnisgewinn verspreche als eine föderale.[253] Für das Zeit- und Geschichtsbewußtsein wichtig ist, daß das in die Erziehungskonzeption aufgenommene organische Entwicklungsdenken das Dramatisch-Eschatologische und damit auch das Apokalyptische nicht in Frage stellte. Offenbar versprach gerade der Erziehungsgedanke eine fruchtbare Synthese.

Die nach Schöpfungs- und Sündenfallgeschichte behandelte göttliche Ökonomie des Alten Testaments gliederte Ewald traditionell in die Zeit der Patriarchen (oeconomia sub patriarchis) und die Zeit des mosaischen Gesetzes (oeconomia foederis gratiae sub Mose). Eine extensivere christologische Auslegung einschlägiger Texte verbot das geschärfte historische Bewußtsein, doch wurde ihr prinzipielles Recht nicht bestritten, da der sukzessive fortschreitenden Offenbarung schon immer ihre Mitte und ihr Ziel in Christus mitgegeben sei, auch wenn dies meist verborgen bleibe. Die frühen Anzeichen von Messiashoffnung und Auferstehungsglaube in der Abrahamsgeschichte zeugten davon.[254] Die Behandlung der die beiden Testamente übergreifenden Gesetzesproblematik verbindet reformatorisch-orthodoxe und pietistische Momente: Die Unerfüllbarkeit des mosaischen Gesetzes und der Weisungen Jesu aus eigenem Vermögen wurde paulinisch von Röm 3,20 her, die dennoch bestehende Notwendigkeit ihrer Erfüllung und deren Möglichkeit vom Wort Jesu

---

[252] Ph. M. Hahn (o. Vf.), Die Stuffenweise Entwicklung des Schöpfungs-Plans Gottes in Ansehung des Menschengeschlechts. Ein Versuch, über die verborgene Weisheit Gottes im Geheimnisse des Kreuzes Christi, welche Gott vor den Weltzeiten zu unserer Herrlichkeit bestimmt hat. I Kor 2,7, Dessau u. Leipzig 1784 (die Schlußparagraphen u. die metrische Übertr. von Ps 1 stammten von Thomas Wizenmann, hg. wurde die Schrift wohl aus Zensurgründen von der mit Hahn korrespondierenden Caroline von Massenbach).

[253] Kleuker, Neue Prüfung, Bd. 2, 263–275. § 4 der Erziehungsschrift war für Kleuker der Schlüssel; die Aussage, die Offenbarung habe dem Menschengeschlecht nur früher vermittelt, was die menschliche Vernunft auch aus sich selbst habe finden können, wurde als spekulativ zurückgewiesen, ebda. 266. Zur entsprechenden Kritik J. G. Hamanns an Lessings Erziehungsgedanken vgl. kurz Friedrich Wilhelm Kantzenbach, Idealistische Religionsphilosophie und Theologie der Aufklärung, in: Chr. Jamme, G. Kurz (Hrsg.), Idealismus und Aufklärung. Kontinuität und Kritik der Aufklärung in Philosophie und Poesie um 1800 (Deutscher Idealismus 14), Stuttgart 1988, 97–114, 106 f.

[254] ERZ, 109–130. Eine Art Protevangelium sah Ewald in Gen 12,3b, das traditionelle Protevangelium Gen 3,15 wurde nicht eigens behandelt. Eingeschoben findet sich ein leidenschaftliches, seelsorglich motiviertes Plädoyer für die religiöse Erfahrung der Liebe Gottes, welche in existentieller Not allen allgemeinen Versicherungen wie Sündenvergebung oder Unsterblickeit der Seele überlegen war, ebda., 119 f. Die sukzessiv größer werdende Klarheit der Messiasverheißungen wie Jes 11, Mi 5, Dan 9, Jes 53 usw. wurde analog zu den Entwicklungsgesetzen der Natur gesehen, etwa zum Aufgehen der Blüte aus der Knospe. Als weiser Erzieher redete Gott anfangs dunkel, um Interesse zu wecken, ebda., 122 f.

in der Bergpredigt her nach Mt 5,17 f. entfaltet.[255] Den inneren Konflikt deutet Ewald hier wie immer wieder nach der klassischen Stelle Röm 7,14 ff. als fundamentalen Selbstwiderspruch. Dabei führte die objektive Unausweichlichkeit dieses Konflikts geradezu zwangsläufig zur Annahme seiner göttlichen Auflösung als Erlösung, so daß schon die conditio humana den existentiellen Gottesbeweis beinhaltete.[256] Auch der Glaubende wächst demnach prinzipiell nicht über die Klage des Unerlösten von Röm 7,14 ff. hinaus, wie Ewald in anderem Zusammenhang deutlich machte, irdisch war also keine geistliche Vollkommenheit erreichbar. Das Festhalten am fundamentalen inneren Zwiespalt hatte für Ewald den Sinn, das Christusbekenntnis vom aktuellen Lebensvollzug her zu verstehen: Wahre Frömmigkeit wird somit immer aus dem Bewußtsein der eigenen Schwachheit und der Todesverfallenheit geboren.[257]

Aus dem Blickwinkel des für den Menschen aus eigenem Vermögen unlösbaren Gesetzeskonflikts stellte Ewald als wichtigste Lehre der Bibel und Inbegriff des Evangeliums die Lehre vom stellvertretenden Opfertod Jesu vor.[258] Er bediente sich in der Beschreibung des Versöhnungswerks vorzugsweise der auf den Menschen bezogenen Reinheitsmetaphorik, indem er die durch den Tod Jesu ermöglichte »Entsündigung« zum Oberbegriff machte, Rechtfertigung und Heiligung in eins faßte und die Sünde vornehmlich von ihren Folgen her in den Blick nahm.[259]

Erneut tritt die schon im Gespräch mit Ph. M. Hahn aufgetretene Schwierigkeit zutage, das »Wie« der versöhnenden Wirkung des Todes Jesu als reale »Entsündigung« der menschlichen Natur zu fassen. Ewald dachte an eine substantielle Umgestaltung oder Läuterung der Materie aufgrund des Opfers Jesu analog zur Ordnung der Natur, in der er wie Herder ebenfalls eine vom

---

[255] Die 6. Predigt stand unter dem Motto: Das Gesetz kann nicht bessern, ebda., 131–154. Wegen der Gefahr des Mißbrauchs wies Ewald auf unbedingte Zusammengehörigkeit dieser Predigt mit der folgenden hin; ebda., 155–174. Der Gesetzesbegriff des Paulus bezog sich auf das gesamte mosaische Gesetz und nicht nur auf Teile desselben, etwa das Zeremonialgesetz. »Vor und nach Christi Erscheinung blieb der Zwek Gottes mit dem Menschen immer der nemliche. Immer solt' er Ebenbild der Gottheit in Licht und Kraft und Reinheit und Liebe seyn. Christus war [...] das längstbestimmte, nur bisher unsichtbar gewesene Mittel zu dem nemlichen Zwek. Er zeigte nur den leichteren Weg, um das Gesez zu erfüllen, gab Mut und Kraft dazu [...].« Ebda., 172. Vgl. Lessing, Erziehung des Menschengeschlechts, § 80, wo die »Reinigkeit des Herzens« als die Fähigkeit vorgestellt wurde, die Tugend um ihrer selbst willen zu lieben.

[256] 8. Predigt, Bedürfnis nach Jesus als Retter, Röm 7,24 f., ERZ, 175–198. Die diagnostizierte Krankheit war eine solche zum Tode, die allein den Schrei nach Erlösung, nicht die Therapie in sich trug.

[257] Ewald verwies anhand bekannter Persönlichkeiten auf den Vorbildcharakter der Frömmigkeit gerade unter dem Aspekt einer starken Empfindung für die Todesproblematik, ebda., 184 ff.

[258] 9. Predigt: Jesus Christus »entsündigt« die Menschen hauptsächlich durch seinen Tod, Kol 1,19 f., ERZ, 199–226.

[259] Zum Wortfeld »Entsündigung«, »entsündigen« vgl. Grimm, Deutsches Wörterbuch 3, 638, biblisch z. B. Ex 29,36; Lavater, Pontius Pilatus, 4. T., 329 (das »allentsündigende« Blut Jesu als Lebensprinzip); s. auch Paul Gerhard, EG 133,2; Rudolf Alexander Schröder, EKG (Ausg. 1953) 162,2 (nicht mehr im neuen EG).

Opfergedanken getragene Läuterung des niederen Lebens im Aufstieg zum höheren erkannte.[260] Die eigentliche Vermittlungsleistung schrieb er dem Heiligen Geist zu, der nach der Pfingstgeschichte als göttliche Kraft, nicht aber als näher bestimmbare innertrinitarische Person zu fassen sei.[261] Die kirchlichen Sakramente kommen in dieser bibelzentrierten Betrachtungsweise nicht in den Blick, obwohl der Zusammenhang entsprechende Gedanken nahelegte. Weiter diente der Pfingstbericht als Beleg dafür, wie Geistwirken und biblische Lehre in Gestalt von erzählter Geschichte von den göttlichen Heilstaten zusammenhing, eine frühe theologische Begründung des Programms der Bibelgeschichte. Außerdem hielt Ewald an der bleibenden Bedeutung der Geistesgaben für das Christsein der Gegenwart fest, da sie unabhängig von ihrer näheren Bestimmung als natürliche oder übernatürliche Kräfte Ausdruck der mystischen Gottesgemeinschaft seien und für deren Erfahrbarkeit sorgten. Deren Vollendung stand freilich erst mit der Parusie Christi zu erwarten, die der Kanzelgruß II Kor 13,13 den Gläubigen in ständiger Erinnerung hielt.[262]

Den Auferstehungsglauben und die schon mit Hahn diskutierte Frage der Unsterblichkeit der Seele griff Ewald aus seelsorglicher Sichtweise anhand der Gewißheitsfrage auf, die auf dem Sterbebett ihre letzte Dringlichkeit erhielt.[263] Hier half in aller Regel wie in der reformatorischen Tradition nur ein fester Verheißungsglaube. Die Begründung zeigt eine bemerkenswerte Bereitschaft zu Konzessionen an das Ideal aufklärerischer Vernunftautonomie: Erfahrungsgemäß vermochten sich nur wenige im Denken Geübte mit einer aus der Natur der Seele geschlossenen Unsterblichkeit zu beruhigen – was immerhin denkbar schien und im Einzelfall ohne weitere Problematisierung zu respektieren war. Allgemein aber galt: Nur im Glauben mit Christus als dem ersten Auferweckten nach I Kor 15,20.23 zusammengeschlossen, konnte dessen Auferweckung als tröstende Verheißung für das eigene Geschick in Anspruch genommen und, ein für die Sterbevorbereitung und die seelsorgerliche Begleitung Trauernder wichtiger Topos, das freudige Wiedersehen mit den bereits Verstorbenen in Aussicht gestellt werden.

---

[260] »Daß Leben aufgeopfert werde, um neue Lebenskraft zu geben, davon sehen wir Beispiele genug in der Natur.« Pflanzenleben werde den Tieren geopfert, Tierleben dem Menschen, ebda., 221 f. »So läutert sich alles hinauf: höheres Leben muß von geringerm, durch Aufopferung, und Zerstörung *werden*.« Herder, SWS 8, 176.
[261] 10. Predigt: Die entsündigende, mit Gott versöhnende Kraft des Todes Jesu zeigte sich an denen, die den Heiligen Geist empfingen, Act 2,33, ERZ, 227–254. Hauptpunkte der Predigt: I. Wirkungen des göttlichen Geistes im Alten Testament bis zu Joel 3; II. der erhöhte Christus als Spender des Geistes. Zu den Wirkungen des Geistes bei den Aposteln gehörten die Heilungswunder als Zeichen für die neue Anteilhabe an Gottes Wesen, ebda., 245 f.
[262] Ebda., 251 ff. Im allgemeinen wurde davon ausgegangen, daß die speziellen Geistesgaben wie die Wundergabe mit der erfolgreichen Ausbreitung des Christentums erloschen und nur dieser zu dienen hatten, vgl. Leß, Ueber die Religion, Bd. 2, 1785, § 31.
[263] 11. Predigt, nach Joh 5,25, ERZ, 255–280.

Den Voraussetzungen der Teilhabe an der mystischen Gottesgemeinschaft galt eine eigene Predigt, die auf charakteristische Weise nicht nur den Glauben, sondern Glaube und Liebe zusammen in ihrer vermittelnden Funktion vorstellt.[264] Die Abgrenzungen beziehen sich wiederum auf orthodoxe und neologische Positionen, wobei ersteren die einseitige Betonung des Glaubens nach seiner materialen Seite als fides historica, letzteren die Identifizierung von Glaube und der erst aus ihm folgenden Tat der (Nächsten-)Liebe vorgehalten wird. Dabei forderte Jesus nicht nur Glaube und Liebe, sondern weckte sie auch, die Gotteskindschaft und den ihr impliziten freien Gehorsam begründend.[265]

Weitere Predigten haben die Spannung in der Existenz des Christen zwischen der »schon jetzt« und »dann erst recht« gewährten Teilhabe an Gott nach I Joh 3,2 und den daraus erwachsenden Anfechtungen zum Gegenstand.[266] Nicht schlechthin der Glaube als Akt oder inhaltliches Bekenntnis, sondern die geistgewirkte Jesus- oder Christusliebe wurde zum Kriterium der Gotteskindschaft, mithin zur nota verae ecclesiae inmitten der ecclesia visiblis. Neben dem Verlust an pneumatisch-pneumatologischer und eschatologischer Substanz, den Ewald im Christentum der Zeit und insbesondere bei seinen Gegnern beklagte, gab auch die Neigung zur schwärmerischen Überhöhung bestimmter Charismen und die Stilisierung bekannter Personen zu Idealen der Frömmigkeit Anlaß zur Kritik. Davon war insbesondere ein Teil seines eigenen Predigt- und Lesepublikums betroffen, wie u. a. der Hinweis auf Lavater, J.J. Heß, Ph. M. Hahn und den in Leipzig wirkenden Georg Joachim Zollikofer (1730–1788) zeigt, der zu den Wunschkandidaten für die Stelle des Generalsuperintendenten gehört hatte.[267]

Den Gesamtzusammenhang göttlicher Pädagogik erschloß das hymnische Gotteslob Röm 11,33–36. Es zeigt, daß der göttlichen Erziehung des Menschengeschlechts, zu der auch die endzeitliche Judenbekehrung gehört, ein ewiger Gnadenbund Gottes mit dem Ziel der vollen Wiederherstellung der

---

[264] 12. Predigt: Jesus will Glaube und Liebe, wenn man Teil an ihm und seiner Hilfe haben will, Gal 5,6, ebda., 281–308.

[265] In Anspielung auf die häusliche Praxis der Bibellese findet sich eine auch für die Christologie charakteristische Bemerkung: Meist suche man nach dem Göttlichen, nach Kern- und Trostsprüchen, und übersehe das Menschliche der Geschichten, die doch am ehesten Glaube und Liebe weckten: »Das Menschlichste in der Bibel ist gerade das Göttlichste!« Ebda., 307.

[266] 13. Predigt: Was soll aus dem Menschen durch Christus werden? I Joh 3,2, ebda., 309–334, die folgende Predigt führte die Auslegung fort, ebda., 335–358. Der aus dem Briefwechsel bekannte Ausdruck des eschatologischen Erwachens nach dem Bild Christi findet sich auch am Ende der dreizehnten Predigt.

[267] »Nicht die Menschen um uns her, sondern die Menschen in der Bibel; nicht *Lavater, Heß, Zollikofer, Hahn,* nicht *Kasimire von der Lippe,* oder *Sophie [Charlotte] von Isenburg,* so treflische Menschen sie immer seyn mögen, sondern *Johannes* und *Paulus* und *Petrus* zeigen, was Christus könne und Christus gebe – was Gemeinschaft mit Gott, was Friede Gottes, was Fülle des Geistes sey.« Ebda., 329. Zur Namensnennung vgl. die rechtfertigende Anm. S. 329. Sophie Charlotte von Isenburg war die erste Frau von Wolfgang Ernst II.

Gottebenbildlichkeit des Menschen zugrunde liegt.[268] Die futurisch-eschatologische Perspektive weitete sich in der Folge mit zum Teil spinozistisch anmutenden Formulierungen ins Universale der Allversöhnung, wo Gott als der geglaubt werden würde, der er immer war: Alles in allem (I Kor 15,28). Dies Sein Gottes wird als reine actuositas bestimmt: Gott in der Pflanze und Gott im Cherub, Gott im Satan und Gott in Christus.[269] Auch wenn sich darin die Glaubenserkenntnis findet, Gott wirke sub contrario und werde selbst noch durch sein Gegenteil ins Recht gesetzt, überschreitet die Aussage doch jeden reformatorisch oder orthodox namhaft zu machenden Konsens hin auf den Heilsuniversalismus der Allversöhnungshoffnung, wie sie zum Grundbestand des württembergischen Pietismus der Zeit gehörte.

Die letzte Predigt Ewalds steht außerhalb der Reihe, ließ sich aber von ihrem Thema her, der als Erweckung gedeuteten vocatio, gut in den Predigtband einfügen. Sie betont mit der für Ewalds religiöse Toleranz maßgeblichen Aussage Joh 6,44 den Gnadencharakter des Glaubens, ausgehend von der schon bei Jung-Stilling verhandelten Frage, der sich Ewald später eigens zuwenden sollte, wie sich der Universalitätsanspruch des christlichen Glaubens mit der geringen Zahl der Christusgläubigen vertrage.[270] Ewald umging das dogmatische Problem, ob ein Mensch von sich aus dem Anruf Gottes, seinem »Ziehen«, widerstehen könne.[271] Fest stand für ihn nur, daß dieser Anruf, der den Menschen in seiner Passivität erreicht, unabdingbare Voraussetzung des Glaubensschrittes ist: Er teilt sich mit durch die unterschiedlichen Formen göttlicher Offenbarung, durch die Sprache der Natur, der Bibel und der persönlichen Führung, die mit der Endlichkeit des eigenen Daseins konfrontiert und aufgrund der kreatürlichen Selbstliebe vorhandene religiöse Bedürfnisse weckt. Auf diesen Anruf als »Ziehen« Gottes aufmerksam zu machen, betrachtete Ewald als die Hauptaufgabe des Predigers und Christen im Dienst göttlicher Erweckung.[272]

Die Veröffentlichung dieser Predigten führte zu aufschlußreichen Reaktionen, wobei der Grundgedanke der göttlichen Erziehung keinerlei Anstoß erregte. Lavater, der sie bei seinem Aufenthalt in Bad Teinach erhalten und auf der Rückreise zu Ende gelesen hatte, bestätigte Ewald im Juli 1783 »reinen richtiggefaßten Schriftgeist«, er habe viel Freude an den Predigten gehabt und wolle sie allerorten empfehlen, besonders am badischen Hof. Nur mit einzel-

---

[268] 15. Predigt: Betrachtungen über den Plan Gottes mit den Menschen, Röm 11,33–36, ERZ, 359–388.
[269] Ebda., 382 f. Zu Gott als actus purissimus vgl. auch Oetinger, Wörterbuch, 168 f. (vgl. Apk 4,8).
[270] 16. Predigt: Vom Zuge des Vates zu Christo, Joh 6,44, ebda., 389–414; gehalten wurde die Predigt »in einer fremden Stadt«.
[271] Darauf sollte der örtliche Prediger eingehen, ERZ, 394.
[272] »Nicht als *eigenwillige Bekehrer*, sondern als *Werkzeuge Gottes* wollen wir handeln.« Ebda., 410. Zum »Ziehen« Gottes im mystisch-pietistischen Kontext vgl. Langen, Wortschatz, 45 f., 377, 420; Hahn sprach u. a. von »Gnadenzügen«, Betrachtungen, 105.

nen Stellen wie dem noch so wenig erhellten Punkt vom Opfertod Christi war er verständlicherweise nicht zufrieden.[273]

Ganz anders reagierte Justus Christoph Krafft in Frankfurt, der Ewald der Heterodoxie bezichtigte. Dieser widersprach entschieden, indem er ein Bekenntnis seines Glaubens niederschrieb, um mögliche Mißverständnisse auszuräumen und die tatsächlichen Differenzen zu benennen.[274] Naheliegenderweise betonte Ewald seine Eigenständigkeit gegenüber den Zürchern.[275] Ein besonderes Gewicht kommt einer solchen Aussage weder vom Zusammenhang noch von der Sache her zu, vor allem aber läßt sich aus ihr nicht auf eine besondere Nähe zu Krafft schließen. Auf den ersten Blick kann freilich der Eindruck entstehen, als habe Krafft durch seine Kritik Ewald zur Korrektur seiner Position bewogen und ihn von der Notwendigkeit reformatorischer Theologumena für eine aufklärungskritische Theologie überzeugt.[276] Daß dem nicht so ist, geht aus verschiedenen Beobachtungen hervor. Zunächst dürfte sich eine Notiz in einem Brief Ewalds an Lavater auf eine gleichartige Kritik wie die von Krafft oder auf diese selbst beziehen. Daraus ergibt sich, daß Ewald derartige Einwürfe mit ihrem Drängen auf Rechtgläubigkeit und kleinlichem Beanstanden auf eine regelrechte Verblendung im Blick auf das Wesentliche biblischer Theologie zurückführte.[277] Ewald sah in Grundfragen der Gottes-, Versöhnungs- und Rechtfertigungslehre keine gravierenden Unterschiede zu Kraffts Position, da die strittigen Aussagen entweder direkt biblisch begründbar oder in traditionell dogmatische Sprachform zu übertragen waren. Dies besagt freilich mehr über die beanspruchte Interpretationsweite und Integrationsfähigkeit eines abseits konfessioneller Lehrbildung angelegten Systems biblischer Dogmatik, die den Anspruch »wahrer« Aufklärung ebenso wie den auf »wahre« Orthodoxie einzulösen versprach, als über den tatsächlichen Gleichklang mit der kirchlich-dogmatischen Tradition im allgemeinen oder einer bestimmten Gestalt reformatorischer Theologie im besonderen, wie sich auch bei Hahn zeigt.[278]

---

[273] Brieffragment vom 13. Juli 1783 (Nr. 10), mit der Schlußbitte, Gott möge Ewald zu weiser und geistvoller Fortsetzung stärken.

[274] Auszüge aus den Antwortbriefen Ewalds an Krafft sind abgedr. in: ChrM 1804.1, 51–69.

[275] Ebda., 68.

[276] So Steiger, 64 ff., der Krafft »zumindest« als Wegbereiter einer Luther-Rezeption bei Ewald sehen möchte. Es ist m. E. ein Fehlurteil, wenn Krafft mit seinem »reformatorisch-rechtgläubigen« Einfluß Lavater und Hahn »zumindest« gleichgestellt wird.

[277] »Solten Sie wol denken, daß ich wegen der Predigten der Heterodoxie – doch nicht hier im Lande, sondern aus dem Reich her – bin beschuldigt worden? Wie wenig *die Hauptsache* der Bibel doch noch erkannt wird! – Mit welcher unbegreiflichen Verblendung man doch noch an Nebendingen hängt – freilich, Von anderer Seite wieder *sehr* begreiflich! – – .« Ewald an Lavater, 22. September 1783.

[278] Das Verhältnis zum Systemgedanken bleibt durchweg ambivalent: Einerseits wird der Begriff als Ordnungsgröße aufgenommen, andererseits in seiner spezifisch konfessionellen und philosophischen Beanspruchung, wie auch bei Herder, Hamann und F. H. Jacobi, negiert. Ewald sprach von »seinem« System, dem biblischen, und dem »bloß menschlichen«; zugleich relativierte er

»Wahre« Orthodoxie im Ewaldschen Sinne war vor allem vereinbar mit weitgehender Distanz zur Lehrautorität der Bekenntnisschriften und dem Toleranzgebot in Lehrfragen über alle Grenzen der verfaßten Kirchentümer hinweg.[279] So konnte Ewald Krafft gegenüber seine »wahre« Orthodoxie beteuern, ohne sich doch zu einer eigentlichen Korrektur seiner Position veranlaßt zu sehen oder gar orthodox im Krafftschen Sinne zu werden.[280] Auch wenn

---

den Begriff in der Wendung »System oder Nichtsystem« in Hinsicht auf sein Denken, ebda., 68. Im Brief Ewalds an Lavater vom 22. September 1783 heißt es in positiver Aufnahme des Systemgedankens: »In dem Mittelpunkt zu stehen, woraus ich auf all diese Bibelausdrüke, Bibelbilder hinaussehen, alle auf Einmal übersehen könnte – das wünscht' ich, aber ich stehe noch nicht da.« Die Skepsis gegenüber dem (kirchlichen) Systemgedanken kennzeichnet auch die Neologie, vgl. Teller, Lehrbuch des christlichen Glaubens, Helmstedt u. Halle 1764, das als biblische Dogmatik entworfen ist.

[279] Der rechtschaffene Reformierte, Lutheraner, Katholik, Herrnhuter und Separatist »hat mit Euch Einen Gott, Einen Herrn, Einen Glauben, Eine Taufe [Eph 4,5].« Das christliche Credo reduzierte sich auf Gotteskindschaft, Erlöserfunktion Jesu und die Bibel als Gottes Wort, im übrigen nichts weiter. Auch wenn der konfessionellen Bindung wie bei Jung-Stilling eine gewisse vorläufige Berechtigung zukam, so stand doch die subjektive Überzeugung über jeglicher Objektivation in einer Lehrorthodoxie. Alle ihrer Gotteskindschaft Gewissen hatten an der einen Wahrheit mehr oder weniger Anteil, daher zählte allein der Fundamentalkonsens zwischen den Menschen guten Willens aller Konfessionen und Gruppierungen. Des Pfarrers Ewalds lezte Worte an seine Offenbacher Gemeinde. Den 9. September 1781, Offenbach/M. 1781 (= WO), 21 f.

[280] Krafft Vorwurf, Ewald spreche nur von einem Gott der Liebe und nicht auch von einem solchen des Zorns und relativiere die göttliche Strafe für die Sünde zu deren natürlicher Folge, wies Ewald mit einer Zuordnung zurück, die Krafft so kaum genügt haben dürfte: »ich glaube Zorn, weil ich Liebe in Gott glaube.« ChrM 1804.1, 52. Präziser christologisch äußerte sich dazu Oetinger in seinem Wörterbuch, 665 f. Krafft Kritik am Verständnis der Versöhnung, welches die Rede von Opfer und Lösegeld in Abgang zu bringen geeignet sei, hielt Ewald für sachlich unberechtigt und typisch dogmatistisch. Dem sola fide reformatorischen Rechtfertigungsverständnisses zuzustimmen, bereitete Ewald kein Problem, solange es nicht nur im Sinne forensisch-imputativer Rechtsprechung, sondern effektiver Gerechtmachung (nach Röm 3,20) interpretiert wurde, hier u. a. auch das Anliegen Oetingers aufnehmend, die Versöhnung als physisch-effektiv *und* moralisch-endzwecklich zu verstehen, Wörterbuch, 664. Die Gerechtsprechung propter Christum sola fide geschieht nach Ewald eindeutig um des auf den Weg Gebrachten willen: »[...] weil Er ihn nun auf dem Wege sieht, auf dem er ganz rein, ganz gerecht werden kann und werden wird. Eph 5,25–27«, ChrM 1804.1, 53. Weitere, für Ewald nur als Mißverständnis zu erklärende Kritik richtete sich auf die 8. Predigt (ERZ, 185 ff.) mit ihren Aussagen zu hochgestellten Vorbildern der Frömmigkeit, die Krafft herabsetzend behandelt fand. Ewald sah sich dagegen durch die das eigene Innenleben schonungslos aufdeckenden Veröffentlichungen aus Lavaters *Tagebuch* und durch Rousseaus *Confessions* bestätigt, welche als Korrektiv zu dessen Überzeugung vom (ursprünglichen) Gutsein des Menschen im *Émile* zu lesen seien. Lavater, Geheimes Tagebuch. Von einem Beobachter Seiner Selbst, Leipzig 1771, photom. Nachdr. (Schweizer Texte 3), Bern u. Stuttgart 1978 (zus. mit Lavaters Unveränderten Fragmenten aus dem Tagebuch, 1773); Rousseau, Oeuvres Complètes, hg. v. Bernard Gagnebin u. Marcel Raymond, 4 Bde., Paris 1959–1969 (= Rousseau, OC), Bd. 1 u. Bd. 4. Ewald wünschte solch offene Bekenntnisse von den Frömmsten aller Kirchen gesammelt und im *Christlichen Magazin* veröffentlicht, ebda., 185 f. Diese Stelle ist einmal Hinweis auf die kritische Rousseau-Lektüre Ewalds, sodann aber auch auf die enge Verwandtschaft im Individualitätsbewußtsein. Eine weitere Differenz machte Krafft im Blick auf die Auslegung von Röm 7 und 8 namhaft;

Ewald sich nach Kräften mühte, die Mehrzahl der aufgeworfenen Fragen im Sinne einer Relativierung dogmatistischer Rechthaberei als Scheinprobleme zu entlarven, bleiben doch die Spannungen zumal im Rechtfertigungsverständnis unübersehbar. Der eigentliche Differenzpunkt aber ist als pneumatologisch-ekklesiologischer zu benennen.[281]

Ewald bestritt unter Berufung auf die klassischen Legitimationsgrößen Bibel und Erfahrung eine ungebrochene Kontinuität zwischen urchristlicher Gemeinde und gegenwärtiger Christenheit im Blick auf den Vollbesitz des Heiligen Geistes, und dies nicht nur hinsichtlich der in Abgang gekommenen Heilungs- und Wundergabe. Die mangelnde Präsenz des pfingstlichen Geistes in der Kirche zeige sich vielmehr in der nur mangelhaft erfahrenen realen mystischen Christusgemeinschaft, wie sie das neutestamentliche Bild vom Weinstock und den Reben nahe lege.[282] Gegenwärtiges Christsein bewege sich in der Regel allenfalls auf der Stufe der Jünger zu Lebzeiten Jesu, welche die Erstlingsgaben des Geistes, aber nicht seine pfingstliche Fülle besaßen.[283] Dies läßt die Grundelemente erkennen, nach denen die Kirchengeschichte als Abfallsgeschichte zwischen Jüngergemeinschaft, apostolischer Geistkirche und endzeitlicher Geistkirche gedeutet wird, zu der unbeschadet näherer Differenzierungen auch die nur begrenzt wirksame Gegenbewegung der Reformation zählte. So hatte der Christ der Gegenwart nicht nur traditionell um Erhaltung des Geistes, sondern um eine neue Geistausgießung zu bitten, also ein neues Pfingsten zu erwarten. Dem Vorwurf Kraffts, er leugne die Personalität des Heiligen Geistes, setzte Ewald nichts entgegen. In der Tat wisse er nicht, ob ein realer Unterschied sei zwischen Vater und Geist, da von der Bibel hier nichts entschieden sei. Die kirchliche Lehre von der immanenten Trinität wurde als spekulativ verworfen.[284] In der Schlußbemerkung zu den veröffentlichten Briefauszügen stellt Ewald 1804 fest, seine 1783 geäußerten Ansichten hätten sich im wesentlichen nicht geändert, er finde sie vielmehr durch fortgesetztes Bibelstudium bestätigt.[285] Die Sicht der Reformation bleibt wesentlich pneumatologisch bestimmt, ihr Eigentliches gab sie weiter an den Pietismus: Was etwa beim jungen Luther an innerer Geisterfahrung lebendig

---

beide Kapitel habe Ewald fälschlicherweise *einem* Subjekt zugeschrieben und damit das Leben unter dem Gesetz und das Leben im Geist ineins gesetzt. Ewald widersprach der Folgerung entschieden, indem er die Zäsur zwischen Röm 7,24 und 25 in den stufenweise sich vollziehenden Glaubens- und Heiligungsprozeß selbst aufgenommen wissen wollte, eine Auslegung, die Ewald immer festhielt. ChrM 1804.1, 57 f. Vgl. die 8. Predigt, ERZ, 177–198.

[281] ChrM 1804.1, 59 ff.
[282] Zu den Zeichen dieser geist-leiblichen unio gehörten neben den Wundern, die als bloße Mirakel freilich nicht von Interesse waren, das Eintreten der Gläubigen füreinander im Gebet (intercessio) und die untrügliche Gewißheit im rechten Handeln jenseits psychologischer Erklärungsmuster in geistgewirkter Unmittelbarkeit und spontaneitas, ebda., 60 f.
[283] Ebda., 62.
[284] »Mir ist es genug, zu wissen, was vom Geiste kommt, kommt von Christus und dem Vater.« Ebda., 67.
[285] ChrM 1804.1, 68 ff.

war und sich im Interesse an frömmigkeitspraktischer Mystik niederschlug, fand sich in der Folgezeit wieder bei Johann Arnd, Spener und Francke.[286]

Der Unzulänglichkeit seiner Aussagen zum Opfertod Christi in den Predigten war sich Ewald bewußt, doch gerade an diesem umstrittenen und weithin problematisierten, von orthodoxer Seite als Schibboleth empfundenen Thema wird deutlich, wie wenig Ewald die traditionellen dogmatischen Antworten befriedigten. Der Briefwechsel mit Lavater bezeugt die Intensität, mit der nach plausiblen Lösungen gesucht wurde. Eine Zwischenbilanz seines Nachdenkens legte Ewald im September 1783 Lavater vor.[287] Seine pneumatologisch-eschatologische Deutung des Opfertodes Jesu zeigt, wie wenig sich Ewald von Kritikern wie Krafft beeindrucken ließ und in Aufnahme der durch Hahn vermittelten Ansätze eigene Wege ging. Aus der herkömmlich für die Abendmahlsdiskussion relevanten Stelle Joh 6,54 schloß er von V. 63 her, daß mit dem Fleisch und Blut des Menschensohnes der Heilige Geist gemeint sein müsse.[288] Die Bitte Jesu um Verherrlichung durch den Vater (Joh 17,5) verstand er als Bitte um Empfänglichkeit für die Fülle des Geistes, die Jesus nicht mit der Taufe, sondern mit seinem Opfertod zuteil geworden sei. Dieser wurde als Durchbruch im Läuterungsprozeß der Materie bzw. der Leiblichkeit vom »Fleisch« zum »Geist« und als Schlüssel zur Universalisierung des Geistes interpretiert, wie sie mit der Sendung des Pfingstgeistes anhob. Entsprechend wurde die Reinigung durch das Blut Jesu (I Joh 1,7), die »Entsündigung« und Gerechtmachung, als Werk des Geistes gedeutet, dessen Fülle der gegenwärtigen Christenheit freilich abging. Ihr Ort »zwischen den Zeiten« wird pneumatologisch bestimmt, hier als Zeit zwischen Pfingsten und sehnsüchtig erwarteter endzeitlicher Geistausgießung bei der Parusie Christi. Ein »Mittelwesen« ist der Mensch demnach nicht nur in der Hierarchie des Kosmos zwischen Tier und Gott, also nach der Ordnung der Natur, sondern auch nach der Ordnung der Geschichte.[289]

---

[286] Vgl. die Notiz in: Ewald, Predigten auf alle Sonntage und Feiertage des Jahrs, 2 Bde., Leipzig 1789, Bd. 1, 284.
[287] Ewald an Lavater, 22. September 1783, Brief Nr. 11. Neben Lavater hatte sich offenbar auch Fürst Leopold Friedrich Franz von Anhalt-Dessau in dieser Frage unbefriedigt gezeigt.
[288] Schrieb Joh 6,54 die Leben spendende Wirkung dem Fleisch und Blut Jesu zu, so V. 63 dem Geist. Dies erlaubte im Sinne einer Erklärung des Schwereren aus dem Leichteren bzw. des Vorgängigen durch das Spätere den entsprechenden Schluß.
[289] Auch Ewald litt unter dem gespannten Warten auf die Parusie. Angesichts der Parusieverzögerung wurde fragend erwogen, ob sich Gott nicht doch durch intensives Bitten zur Abkürzung der Zeit bewegen lasse. Freilich wurde schmerzlich der Mangel an der nötigen Glaubenskraft empfunden, die wiederum nur Gott schenken konnte. »Wurden ja die *Tage der leiden* um der Auserwälten willen verkürzet – warum nicht die Tage des Bitens? [...] O, wenn wir Glauben hätten. Wenn Gott uns Glauben gäbe!« Ewald an Lavater, Brief Nr. 11. Lavater sah die Welt visionär an der Schwelle von revolutionären Umbrüchen kosmischen Ausmaßes. Neue öffentliche Wundertaten und Endzeitkämpfe stünden bevor, die Christenheit zu läutern und zu sammeln. Dabei spielte das Magische für den Glaubensbegriff eine wichtige Rolle, wie Ewald in seiner späten Schrift zur Mystik nochmals bestätigte. Lavater unterschied zwischen den Phä-

Die hierauf von Lavater vorgelegten Gedanken zum Opfertod Jesu gaben der pneumatologischen Akzentuierung Ewalds eine sakramental-naturphilosophische Wendung zu einer essentiellen Bluttheologie, doch sah er sich in den Hauptpunkten mit Ewald einig.[290] Lavaters Interesse galt, an Oetinger erinnernd, der den Sterblichen durch Tod und Auferstehung Jesu neu zugänglich gewordenen Lebenskraft der Unsterblichkeit, die allein eine gottnahe bzw. gottähnliche Existenz ermögliche.[291] Die Rede vom glimmenden Docht im Gottesknechtslied Jes 42,3 weise darauf hin, daß Gott odem- und willenlos, dem erlöschenden, ja erloschenen (!) Funken der Unsterblichkeit im Menschen ähnlich werden, d. h. nahe kommen mußte, um ihn neu zu entfachen. Erlösung und Versöhnung durften dabei nicht nur moralisch gedeutet, sondern mußten in ihrer vollen Leiblichkeit gewürdigt werden, was ohne den Bezug auf das Blut als Sitz des Lebens nicht möglich war. Das Blut Jesu wird in der Folge als universale Lebenskraft verstanden, apostrophiert als »Vitalquintessenz« der Unsterblichkeit, die ihre Wirksamkeit als Entsündigung in den Glaubenden entfalte.[292] Dies legte den Gedanken einer Vermittlung im leiblichen Genuß des Abendmahls nahe, was an die patristische Vorstellung vom φάρμακον ἀθανασίας, der »Medizin der Unsterblichkeit« erinnert. Sakramentsmagie sollte freilich ausgeschlossen sein: Der Glaube als Äußerungsform des religiösen Sinnes bestimme die Intensität des »Geschmacks«, den die unmittelbare Berührung der menschlichen Sinne mit Gott und der Welt der Geister hervorrufe.[293] Im Sprachduktus der Heilung: Je größer der Glaube, um so mehr durchdringe Christus als Universalmedizin den Menschen und bringe jene effektive Entsündigung zustande, die einem neu geschaffenen oder neu belebten Göttlichen im Menschen zur Existenz verhelfe. Dieser Vorgang konnte auch als göttliche Zeugung bestimmt und gesagt werden, das Gottessensorium im Menschen werde durch Christi Fleisch und Blut »befruchtet«.

---

nomenen einer naturzwingenden satanischen Magie und einer Magie aus göttlicher Vollmacht. Das Auftreten beider deutete er auf ein neues universales Bewußtsein wechselseitiger Abhängigkeit von Geist und Materie und damit auf eine Überwindung des Weltbildes der vernunftaufklärerischen Schulphilosophie.

[290] Briefe vom 4. Oktober und 19. November 1783, Nr. 12 u. 13; vgl. Döderlein, Institutio, 6. Aufl. 1797, 437.

[291] Ein deutliches Gewicht liegt auch hier auf dem Geistig-Sinnlichen: Die Gottesnähe verschafft »Genuß«, Tod und Auferstehung Jesu ermöglichen ein unmittelbares Genießen der höchsten Lebens- und Liebeskräfte Gottes.

[292] I Joh 1,7 galt es wörtlich im Sinne priesterlicher Tätigkeit zu verstehen: Das Blut Jesu Christi war reales Mittel der »Reinigung« von aller Sünde, Schwäche, (grober) Sinnlichkeit und Sterblichkeit; Christus war im höchsten Sinne Hoherpriester, Versöhner und »Entsündiger«, indem er selbst das Opfer für die Sünde war.

[293] Zum geistig-sinnlichen Stichwort »Berührung« durch Gott und »Nähe Gottes« vgl. die während der Bremer Zeit in Offenbach gehaltene Predigt Ewalds über II Kor 13,11, in: GaGe, 49–58. Die gesteigerte »Berührbarkeit« durch Gott war für Lavater verbunden mit intensiver Schriftmeditation.

Weder für diese Thematik noch für die zentralen Anliegen eines endzeitlich gestimmten Wartens auf die Erscheinung Christi und der mystischen Christusgemeinschaft fand Ewald in Detmold das gewünschte Gehör, so daß sich besonders in der Anfangszeit immer wieder Zustände der Bedrückung über die eigene Außenseiterrolle einstellten. Das Jahr 1783 brachte den Weggang von Johann Gottfried Röderer (1749–1815), Prorektor am Detmolder Gymnasium und von Ewald bis dahin als einziger religiöser Freund und Bruder am Ort bezeichnet, was der Korrespondenz mit Lavater und anderen zusätzliches Gewicht gab.[294] Die frühen Briefe aus Detmold an Fürst Wolfgang Ernst II. bringen ebenfalls die Wehmut über den Verlust der Offenbacher Freunde und die Klage über das Fehlen geistlich Gleichgesinnter zum Ausdruck, so daß es im Juni 1783 heißen konnte, er müsse das Wesentliche seiner christlichen Existenz ganz in sich verbergen.[295] Allein die Kontakte mit der ob ihrer Religiosität gelobten Christine Charlotte Friederike zur Lippe, Witwe des Grafen Simon August, boten in dieser Hinsicht Befriedigung. Ein besonders enges Verhältnis sollte sich zu deren Hofdame Caroline von Roeder entwickeln. Mit der Zeit bildete sich zwar ein Kreis von Lavateranhängern, die dessen Schriften studierten, doch Detmold blieb für Ewald mit Ausnahme der im Laufe der Zeit hinzugewonnenen engeren Freunde, der Pfarrer Ludwig Friedrich A. v. Cölln, Jakob Ludwig Passavant und Johann Friedrich L. Dreves (-1834) ein Ort vorwiegend toter Kirchlichkeit mit wenig Sinn für (seine) Religiosität.[296] Noch um 1794 schrieb er an Lavater, er kenne nur wenige wirkliche Christen vor Ort, weshalb er die allgemeine christliche Kirche und die Gemeinschaft der Heiligen »nur« glauben könne, getröstet freilich von der Seligpreisung Joh 20,29.[297] Dabei hinterließ die hier in Verbundenheit mit

---

[294] Brief an Lavater vom 22. September 1783, Nr. 11, mit Dank für Lavaters ermutigenden Brief vom 13. Juli: »Er hat mir um desto woler gethan, je seltener mir in meiner hiesigen Lage und Abgesondertheit so etwas ist.« Röderer, der zum Straßburger Kreis um Johann Daniel Salzmann und Goethe gehört hatte, war von 1778–1783 Konrektor am Gymnasium in Detmold und zugleich Bibliothekar, ab 1779 Prorektor; zu seinem Abschied hieß es: »Es thut mir weh für die Schule und weh für mich. Er war mein lezter religiöser Freund; mein Einziger *Bruder* hier. Grüßen Sie doch Pfenn.[inger] von mir, und bitten ihn sehr, daß er doch in Correspondenz, in Verbindung mit mir bleibe. Ich bin *so sehr allein*.« Im gleichen Brief wird Lavater um Empfehlung für einen geeigneten Nachfolger ersucht. Vgl. August Stöber (Hrsg.), Johann Gottfried Röderer von Straßburg und seine Freunde. Biographische Mitteilungen nebst Briefen an ihn und von Goethe, Kayser, Schlosser, Lavater, Pfenninger, Ewald, Haffner und Blessig, 2. Aufl. Colmar 1874.
[295] BirArch Korrespondenzen, Nr. 14431, St. 11.
[296] Ewald an Lavater, 25. April 1791, Brief 17.
[297] Ewald an Lavater, 1794, Brief 34; Vgl. schon den Schluß der 15. Predigt in: ERZ, 285 f.: »Gott! wenn ich's noch hier erlebte, daß auch Aufgeklärte, Nachdenkende, Vielliesende mit Eifer und Lehrbegierde die Bibel läsen; daß der Gang der darin erzälten Geschichten, die darin gegebenen Aufschlüsse ihnen wichtiger würden, als sie leider! jezt noch den Meisten sind [...] wenn ich's noch erlebte, daß die Bibel einmal auch unter uns nicht blos das *heiligste*, sondern auch das *unentbehrlichste* Buch wäre, das man auf jede Reise mitnähme [...] o Gott! mit welch anderem Mut und Freude wollt' ich dann auf diese Kanzel steigen [...]«; 1787 hieß es, er kenne

Lavater gelebte pietistische Frömmigkeit bleibende Eindrücke, so bei dem jungen Johann Arnold Kanne (1773–1824).

Dieser erlebte den schulischen und katechetischen Unterricht bei Dreves und Passavant als überaus positiv, besonders aber lernte er die seelsorgerliche Begleitung durch den letzteren in seiner anfechtungsreichen Zeit der Suche nach lebendiger Erfahrung der Christusnähe (»Leben in Christo«) schätzen. Kanne, der später in den Jean-Paul-Kreis eintrat und von F. H. Jacobi mannigfaltige Förderung erfuhr, sollte im Alter von 40 Jahren in Nürnberg eine von seinen Freunden nicht unkritisch gesehene Bekehrung erleben. Darin sah er nach vielen Jahren der »Christusferne« das einst in Detmold Vermittelte wieder aufgenommen und zum Durchbruch gebracht. Diese »Wende« wurde wesentlich befördert durch Kontakte zu einem Nürnberger Anhänger Philipp Matthäus Hahns, dem mystisch wie feinmechanisch begabten »Rosenbäcker« Matthias Burger (1750–1825), der auch mit Lavater in Verbindung stand. Er vermittelte Kanne Hahns geistliche Schriften. Kannes Freundschaft mit dem Naturforscher Gotthilf Heinrich Schubert weist zugleich auf die Brücken zur Romantik, zur Erweckung im Geist der Basler Christentumsgesellschaft und zur Erweckungsbewegung.[298] Wie bei Ewald werden bei Kanne und seinem Nürnberger Umfeld Lavaters und Hahns Wirken neben dem von Jung-Stilling als in großer Gemeinsamkeit gleichgerichtet betrachtet. Kanne läßt, etwa im Verständnis von Kirche, Mystik und inwendigem Christentum, aber auch in der Hoffnung auf eine endzeitliche allgemeine Judenbekehrung und die Apokatastasislehre in den nach seiner »Wende« veröffentlichten Schriften weitreichende Gemeinsamkeiten mit Ewald erkennen. Der Aufklärungsbegriff ist bei Kanne zu dieser Zeit freilich schon deutlich negativer akzentuiert und die theologische Problematik des zeitgenössischen Bildungs- und Erziehungsoptimismus, etwa im Erbsündenverständnis, klarer ins Bewußtsein getreten. Kanne erwähnt Ewald im Kontext seiner autobiographischen Aufzeichnung als ein seinem Leserkreis wohlbekannter Herausgeber der *Christlichen Monatschrift*. Aus dieser Zeitschrift hat er selbst mehrere Erzählungen zum Thema »Gebetserhörung bei Krankheit« in seine Sammlung von Biographien Wiedergeborener übernommen. Der Name Ewald war auch hier in Verbindung mit den publizistisch rührigen »Männern Gottes« Jung-Stilling, Lavater, dem aus Schlesien stammenden, der Herrnhuter Brüdergemeine nahestehenden Gottlob Friedrich Hillmer (1756–1835) und den Baslern ein Begriff geworden.[299] Gerade Hillmers *Christliche Zeitschrift für Christen,* zwischen 1806 und

---

wenig Städte und Gemeinden, wo die Bibel so wenig gelesen werde wie in Detmold, PüL H. 2, 23.

[298] Vgl. Walter Hahn, G. H. Schubert im Kreise der Erweckten, dargestellt anhand von Briefen J. T. Naumanns, in: Gotthilf Heinrich Schubert. Gedenkschrift [...], Erlangen 1980, 137–147. Zum Pietismus in Nürnberg vgl. kurz Horst Weigelt, in: Geschichte des Pietismus 2, 724 f.; zu gegenseitigen Empfehlungen von Kanne und Jung-Stilling s. Schwinge, Reg.

[299] Johann Arnold Kanne. Aus meinem Leben [,] gefolgt von Georg Heinrich von Berenhorst Selbstbekenntnisse, hg. v. Albéric Caron de Viat mit einem Beitr. v. Carl Schmitt (1918), Wien

1836 erschienen, setzte die Intentionen von Ewalds *Christliche Monatschrift* fort; sie ist von Hillmer, der auch mit Ewald Kontakte hatte, möglicherweise als eine Art Fortsetzungsunternehmen gedacht gewesen.[300] Wie bei Kanne ergeben sich bei Hillmer Übergänge und Verbindungslinien zur Basler Christentumsgesellschaft und zur Erweckungsbewegung, ein für die Zuordnung Ewalds zu diesem Umfeld wichtiger Tatbestand.

In die Detmolder Anfangszeit fiel die Bekanntschaft mit Johann Friedrich Kleuker, der Ewald für die Freimaurerei und ihr mystisch-esoterisches Wissen gewinnen wollte.[301] Zwar lehnte Ewald nach einiger Bedenkzeit und einer Rückfrage bei Lavater schließlich einen Beitritt ab, doch gestaltete sich das Verhältnis auf der persönlichen Ebene positiver, als er es von dessen Schrifttum her erwartete.[302] Kleuker, der in gewisser Distanz zu Lavater und den Zürchern stand – eine Ausnahme bildete offenbar allein Johann Jakob Stolz – und umgekehrt auch von Lavater nicht besonders geschätzt wurde, übergab Ewald sein Manuskript über das 1775 in erster Auflage erschienene und 1782 von Matthias Claudius übersetzte theosophische Werk *Des erreurs et de la vérité* zur Lektüre.[303] Es handelte sich dabei um Kleukers Schrift *Magikon*, die 1784 gedruckt wurde und unter anderem Franz Xaver von Baader (1765–1841), den großen katholischen Romantiker und Mystiker, tief beeindruckte.[304] Ewald fand darin, wie er Lavater schrieb, viel Treffliches und ganz und gar

---

u. Leipzig 1994, 7–37, mit kurzer Bibliogr., ebda., 65. Vgl. Kanne, Leben und aus dem Leben merkwürdiger und erweckter Christen aus der protestantischen Kirche, 2 Bde., Bamberg u. Leipzig 1816–1817 (= Kanne, Leben), bes. die Einleitungen; Zu Judenbekehrung und Apokatastasis ebda., Bd. 1, 209, einen abschließenden Würdigung der Johanna Eleonora Petersen (1644–1724); der autobiographische Abriß findet sich als Anhang im 1. Bd., die von Ewald aus dem 1. Band der ChM 1800 übernommenen Erzählungen – die eine weckte bei Kanne Erinnerungen an Detmold – in Bd. 1, 43–51, 128–131, vgl. Bd. 2, VI (Vorr.). Zu Hillmer im Kreis von Hans Ernst von Kottwitz vgl. Peter Maser, Hans Ernst von Kottwitz. Studien zur Erweckungsbewegung des frühen 19. Jahrhunderts in Schlesien und Berlin (KO.M 21), Göttingen 1990, 21–27.

[300] Vgl. Schwinge, 178–183, 179. Ewald teilte mit Hillmer die Ablehnung der von Jung-Stilling vertretenen apokalyptischen Endzeiterwartung, ebda., 182 (Anm. 552).

[301] Ewald schrieb Lavater am 22. September 1783, er habe Kleuker »vor einiger Zeit« kennengelernt, der vorausgehende Brief datiert vom 2. bzw. 13. Juli, die Begegnung dürfte also ins Jahr 1783 gehören. Der Nachlaß Kleukers befindet sich in der UB Kiel.

[302] Vgl. Briefe Lavaters vom 4. Oktober und 19. November 1783, 12 u. 13. Lavater wollte über die künftige Entwicklung der Freimaurerei, die in großen Umwälzungen stecke, mangels Kenntnissen nicht urteilen, lobte aber Ewalds schließliche Ablehnung eines Beitritts. Ewald hatte erwogen, ob die Freimaurerei »ins Gebiet der Apokalypse« gehören könnte.

[303] Matthias Claudius (Hrsg.), Irrthümer und Wahrheit, oder Rückweiß für die Menschen auf das allgemeine Principium aller Erkenntniß [...], Breslau 1782, Nachdr. 2 Bde., Stuttgart 1922–1925. Zur Bewertung des Werks durch die Berliner Aufklärung vgl. Berlinische Monatsschrift 6.1785, 19 ff. (Garve an Biester und dessen Antwort), wieder in: Was ist Aufklärung? Beiträge aus der Berlinischen Monatsschrift, Darmstadt, 4. Aufl. 1990, 182 ff.

[304] Kleuker (o. Vf.), ΜΑΓΙΚΟΝ oder das geheime System einer Gesellschaft unbekannter Philosophen unter einzelne Artikel geordnet [...] 2 T. in 1 Bd., Frankfurt/M. u. Leipzig 1784 (vgl. Nachdr. 1980), Aschoff, 102 ff.

nicht das Schwärmerische, das man vermuten mochte.[305] Die Offenheit gegenüber dem mystischen Denken erklärt manche Übereinstimmung Ewalds mit Baader, der im übrigen auch auf Ph. M. Hahns Epheser- und Kolosserbriefauslegung positiv Bezug nahm.[306] Kleuker blieb für Ewald weiterhin ein verläßlicher Zeuge antineologisch-bibelorientierter Theologie, auf dessen Schriften er besonders in apologetischer Zielsetzung gern zurückgriff.[307]

Ewalds Aufnahme des Lessingschen Erziehungsbegriffs und seine Transformation in biblisch-heilsgeschichtliche Zusammenhänge, wie sie ihm vom Württemberger Pietismus vermittelt wurden, führen somit zu weiteren Präzisierungen seines Stellung im Spannungsfeld von Spätaufklärung und Pietismus. Vor allem die im Glaubens-, Trinitäts- und Geistverständnis keineswegs marginalen Differenzen gegenüber der reformatorischen und orthodoxen Tradition treten, verdeutlicht in der Auseinandersetzung mit Krafft, nochmals neu an den Tag. Klar wird auch, daß Ewald für seine engeren frömmigkeitstheologischen Anliegen in Detmold nur wenig Resonanz fand. Das Bild vom tatkräftigen Reformer, der die ihm gewährten Freiheiten und optimalen Bedingungen für ein gedeihliches Wirken im Geist spätaufklärerischer Bildungs- und Schulreform durchaus zu nutzen und zu würdigen wußte, läßt die Problematik der zuweilen als schwere Last empfundenen inneren Vereinsamung leicht vergessen.

---

[305] Ewald an Lavater, 22 September 1783, Brief 11.
[306] Zu Ph. M. Hahn vgl. Franz Xaver von Baader, SW 2, 46, Anm. (zur Durchdringung des irdischen Leibes mit dem himmlischen, in: Ueber den Blitz als Vater des Lichtes. Aus einem Schreiben an den geheimen Hofrat Jung, 1815); SW 6, 24, Anm. (zur noch ungenügend erkannten Relevanz des »göttlichen Liebesgrundes« als christlich-ethischem Grundprinzip für die Einrichtung des Staatswesens und das politische Handeln, 1815).
[307] Im Februar 1800 schrieb Ewald an Lavater, Kleuker bringe in Kiel zwar kein Kolleg zusammen, sei aber ansonsten zufrieden; unverständiges Erstaunen habe bei Kleuker die geringe Bibelkenntnis der Predigtamtskandidaten erregt, ein Ewald vertrauter Notstand. Ewald an Lavater, 14. Februar 1800, Brief 53.

4 Kirchliche Bildungsreform: Religions- und Katechismusunterricht, Predigerausbildung und Kultus

4.1 Religions- und Katechismusunterricht:
Das pietistische Ideal des Bibelchristentums

Mit dem Antritt seines Amtes als Generalsuperintendent in Lippe-Detmold 1781 und der Übertragung der Schulaufsicht eröffnete sich Ewald ein nahezu ideales Arbeitsfeld mit weithin freier Entfaltungsmöglichkeit in Erziehungs- und Bildungsfragen, vornehmlich auf dem Gebiet der Elementarschulreform.[1] Das gute Verhältnis zu Regierungsrat Schleicher, der mit ihm und einem Sekretär, zu dieser Zeit Friedrich Georg Knoch (1751–1827), das Konsistorium bildete, und die Unterstützung durch Kanzler Ferdinand Bernhard (von) Hoffmann war ebenso Voraussetzung zügiger Reformen wie die verfassungsmäßig eher problematische Tatsache, daß wegen erbherrlicher Streitigkeiten keine Sitzungen des in der Konsistorialordnung vorgesehenen Generalkonsistoriums mehr stattfanden.[2] Hoffmann, der Ewald als Beförderer einer »Aufklärung biblischer Christusreligion« schätzte, gehörte neben diesem zu den tragenden Säulen der Schulreform.[3]

---

[1] In der Instruktion für Ewald vom 4. Juli 1781 finden sich nur allgemeine Aussagen: Ewald habe alles, was zu Verbesserung des Kirchen- und Schulwesens einschließlich der Lehrerbildung gereichen könne, in Vorschlag zu bringen, Landeskirchliches Archiv Detmold, II/13/1,67. Positiv äußerte sich Ewald u. a. im Juni 1783 gegenüber Fürst Wolfgang Ernst II, BirArch Korrespondenzen, Nr. 14431, St. 11. Im Rückblick hieß es 1788: »Unvergeßlich ist mir von dieser Seite der Eintritt in mein hiesiges Amt. Wie man mich *nichts* beschwören, *nichts* versprechen ließ; wie man mir keine Einzige Pflicht auflegte, sondern mir nur Jugendbildung, Aufsicht über alle Schulanstalten nannte, und das Weitere meinem Herzen überließ [...]«, Ewald, Über Direktion des Schulwesens, in: ÜP H. 5, 119–124, 124. Vgl. Wehrmann, 153 ff.; ders. (Hrsg.), Die lippische Landeskirche, Detmold 1984, 131 ff., Arndt, 366 ff., Steiger, 66 ff.
[2] Vgl. die diesbezügliche Kritik von Hoffmann, in: Wilhelm Gottlieb Levin von Donop, Historisch-geographische Beschreibung der Fürstlichen Lippeschen Lande in Westphalen, 2. verb. Aufl. Lemgo 1790, Faks. mit Einf. und Erg. von Herbert Stöwer, Lemgo 1984 (= Stöwer, Landesbeschreibung), 51. Knoch, der Sohn des bekannten Archivats Johann Ludwig Knoch, hatte in Marburg Rechtswissenschaft studiert, er versah das Amt des Konsistorialsekretärs von 1779 bis 1818, vgl. Butterweck, 279.
[3] Ewald rühmte Hoffmann 1802 als den Hauptinitiator der Schulreform, während im *Deutschen Museum* 1785 Ewald selbst als deren Seele genannt wurde, Deutsches Museum 2.1785, 68 ff., ChrM 1802.1, 472 ff. Stöwer, Landesbeschreibung, 9; Knop, 19 f. (mit Hinweis auf die Dienstgeschichte Hoffmanns). Ein Artikel im *Neuen Westphälischen Magazin* 1792 wußte freilich auch von Grenzen zu berichten: Ewald würden bei der Ausführung seiner Pläne zahlreiche Schwierigkeiten gemacht, in: Stöwer, Landesbeschreibung, Anh. I, 155 (der ungenannte Vf. war Lipper). Im Bemühen um Kontinuität stellte Ewald die Reformen in geistlicher Hinsicht als

In seinen *Briefen über den Gebrauch der Bibelgeschichte beim Religionsunterricht* warb Ewald 1783 unter dem Motto von Glaubensvermittlung und Gottesgemeinschaft (I Joh 1,3) für seine These, die religiöse Elementarbildung in der Schule bestehe in nichts anderem, als daß sie den Schülern eine durch Erzählen lebendige Begegnung mit heiliger Geschichte vermittle. Dem traditionellen Memorieren von Bibelgeschichten und Katechismus wurde der Abschied gegeben.[4] Diesem Konzept blieben auch die Nachfolger Ewalds verpflichtet.[5] Ausgangspunkt war der Konsens mit der im spätaufklärerischen Philanthropinismus formulierten Kritik an Inhalt und Methode der nicht kind- und sachgerechten herkömmlichen religiösen Unterweisung, wie sie J. B. Basedow eindrücklich formuliert hatte.[6] Auf das Lesenlernen anhand der gängigen ABC-Bücher mit ihren religiösen Texten wie Vaterunser und Glaubensbekenntnis folgte in der Regel ein ausgedehntes Memorieren und Abfragen von Gebeten, biblischen Sprüchen, Bibelgeschichten und Katechismus. Das traditionelle Katechismuslernen wurde mehr und mehr als »Einpfropfen« unverstandener Inhalte mit allen Folgen der inneren Entfremdung und Veräußerlichung des religiösen Gehalts beanstandet.[7] Das gesteigerte Individualitätsbewußtsein führte zu einer stärkeren Gewichtung des religiösen (Primär-)Eindrucks gegenüber dem Lehrinhalt. Was spätaufklärerisch an methodischer und inhaltlicher Kritik vorgebracht wurde, ließ sich leicht auf das pietistische Ideal der Erziehung zum Bibelchristentum hin modifizieren. Gerade die häusliche Bibellese brauchte, sollte sie nicht gänzlich zur bloßen Leseleistung werden, eine neu zu konzipierende schulische Grundlegung. Die von Ewald verfolgte kirchenamtliche Neuordnung der elementaren Vermittlung von Glaubenswissen nach Methode und Inhalt zielt auf eine Ausscheidung der konfessionellen Katechismen, hier des Heidelberger Katechismus, aus dem Unterricht, und zwar sowohl aus dem Unterricht, den der Lehrer in der Schule gab, als auch aus dem vom Pfarrer erteilten Schul- und Konfirmandenunterricht. Von ei-

---

späte Frucht der Gebete der für Volksbildung aufgeschlossenen Fürstin Casimire dar. Ewald, ÜP H. 4, 221 f.

[4] Ewald, Briefe über den Gebrauch der Bibelgeschichte beim Religionsunterricht, ÜP H. 1, Lemgo 1783 (= BRU). Die Vorbemerkung vom 24. Februar 1783 betonte die ursprünglich lokale Abzweckung der Schrift. Eine Empfehlung der »Briefe«, als Gattung typisch für den volksaufklärerischen Anspruch der Allgemeinverständlichkeit, im Blick auf die Bedeutung der Geschichte für den Volksunterricht findet sich in: A. H. Niemeyer, Handbuch für christliche Religionslehrer, Bd. 2, 49.

[5] Vgl. Weerth, Elementar-Schulen, 22 f.: »Die denkendsten Männer waren und sind mit ihm [d. h. Ewald] einer Meynung, und man ist im Lippischen bis auf den heutigen Tag dem Grundsatz, die Religion des Volks auf die heilige Geschichte zu gründen, getreu geblieben.«

[6] Vgl. Basedow, Methodischer Unterricht, 1764, Vorr.

[7] Die Zulassung zum Abendmahl wurde gemeinhin verstanden als Privileg, nicht mehr memorieren zu müssen. Auch das bibelorientierte Ideal einer »guten« christlichen Erziehung, das die fortlaufende Bibellektüre in den Hausandachten vorsah und einmal im Jahr durch die ganze Bibel führte, geriet wie das Memorieren unter das Verdikt der Veräußerlichung; schließlich verlangte dieses Vorgehen die Lesung von täglich drei, an Festtagen sieben Kapiteln, ebda., VI.

nem zeitgemäßen Katechismus wurde erwartet, daß er als Fortsetzung und Vertiefung der ausgewählten schulischen Bibelgeschichte konzipiert war, also einen gänzlich anderen Charakter als die herkömmlichen Katechismen trug. Eine Durchsetzung dieser Gesamtkonzeption sollte Ewald nicht gelingen. Er mußte sich am Ende mit einer ersten Stufe, der Einführung der Bibelgeschichte in den schulischen Unterricht, begnügen.

Die kritische Distanz gegenüber J. B. Basedow, wie sie amtlicherseits in Lippe schon früher sichtbar geworden war, bewahrte auch Ewald. Zu offen hatte sich jener gegenüber der historischen Bibelkritik gezeigt und der Unterweisung in der natürlichen Religion absoluten Vorrang vor der Einführung in das biblische Christentum eingeräumt. Letztere hatte nach Basedow ihren Platz nur am Ende der normalen Schulzeit im unmittelbaren Vorfeld der Konfirmation.[8] Ewald setzte dagegen auf eine Modernisierung der vom Memorieren beschädigten Tradition des bibelgeschichtlichen Unterrichts. Zur Begründung griff Ewald auf den in der Spätaufklärung leitmotivisch gewordenen Begriff der Popularität zurück. Dies signalisiert zweierlei: Einmal die pädagogische Offenheit gegenüber dem neu erwachten Methodenbewußtsein und der Frage nach dem Kindgemäßen, sodann den theologischen Anspruch auf »Allverständlichkeit« der Bibel für den mündigen Laien. Der »populäre« bibelgeschichtliche Unterricht zielte auf eine pädagogisch untermauerte Neubegründung der häuslichen Bibellese, die in allen Bevölkerungsschichten darniederlag. Wie Ewald von einer der Bibel »an sich« eignenden Popularität zu sprechen, bedeutete zugleich das Eingeständnis, daß faktisch von einem entsprechenden Leseverhalten nicht die Rede sein konnte. Vom Gesamtkonzept her empfiehlt es sich, Ewalds Vorhaben als einen für die Zeit der Spätaufklärung spezifischen Versuch der Pädagogisierung früher Impulse des pietistischen Bibelchristentums zu verstehen.[9]

Bald nach seinem Amtsantritt hatte sich Ewald die Erarbeitung einer zeitgemäßen Fassung der Bibelgeschichte vorgenommen, um auf diesem Weg traditionell-orthodoxe und neologisch-aufklärerische – später rationalistisch genannte – Lehrbücher aus dem Unterricht zu verdrängen.[10] Freilich stand zu befürchten, manche Schullehrer würden ohne hinreichende Aneignung einer

---

[8] Ebda., XXIII. Zu philanthropinistischen Einflüssen in Lippe vgl. Wehrmann, 69–83 (Christian Wilhelm Dohm, Johann Lorenz Benzler, Gräfin Casimire). Benzler warb 1774 u. a. für das Basedowsche Elementarwerk, LIB 1774, 121–128. Zur katechetischen Aufarbeitung einer natürlichen Religion oder reinen Vernunftreligion als Basis aller Religion vgl. K. F. Bahrdt, Katechismus der natürlichen Religion als Grundlage eines jeden Unterricht [!] in der Moral und Religion, zum Gebrauche für Eltern, Prediger, Lehrer und Zöglinge, 2. verm. Aufl. Görlitz 1795.

[9] Vgl. BRU, 47 f., 50; Brief 7, ebda., 70 ff.

[10] Als Briefempfänger der Schrift von 1783 fungieren zwei zu typischen Vertretern ihrer Generation stilisierte Prediger, ein älterer vertrat die Orthodoxie, ein jüngerer den »Sozinianismus«, der in der Ausgabe der Briefe von 1819 und 1823 zum sog. theologischen Rationalismus aktualisiert wurde, vgl. Ausg. 1783, 48 mit Ausg. 1819 u. 1823, 62.

neuen Unterrichtsmethode auch die neue Bibelgeschichte wie die alten Bibelhistorien nur als Memoriervorlage benutzen.[11] Dagegen sollte das Fesseln der Kinder durch Erzählen in der Adaption philanthropinistischer Lernmethoden spielerisches und gleichsam wie in freier Natur stattfindendes anschauliches Lernen ermöglichen.[12] Das vorkritische kindliche Bewußtsein galt als noch nicht in Denken und Empfinden gespalten und daher für das Wunderbare der Gottesbegegnung in ausgezeichneter Weise offen, in das die biblische Geschichte einführte.[13] Diese elementare Aufgeschlossenheit gegenüber dem Numinosen rechtfertigte auch das Beibehalten von Inhalten, die nach neologischem Grundsatz als schwärmerisch galten, da sie sich nicht auf a priori definierbare Konstanten der Weltordnung beziehen ließen, so etwa die Vorstellung vom unmittelbaren Eingreifen Gottes in den Weltenlauf, die Existenz und Wirksamkeit überirdischer Mächte wie Engel und Teufel und die Erwartung der sichtbaren Wiederkunft Christi. Allenfalls auf der Ebene der Darbietung hielt Ewald diese biblischen Inhalte für problematisierbar.[14]

Eine spezifische Prägung der Ewaldschen Konzeption ergab sich aus seiner Reich-Gottes-Theologie und ihrem Interesse am teleologischen Charakter der Heilsgeschichte. Nicht nur einzelne biblische Geschichten, sondern Bibelgeschichte als in die Zukunft noch offenes Gesamtdrama der Menschheitsgeschichte galt es zu vermitteln. Dies ging über die Intentionen der traditionellen Bibelgeschichten wie über die orthodoxe Katechismusdogmatik weit hinaus. Das Interesse an der Heilsgeschichte als Drama spiegelt sich in der Bedeutung, die Anfang und Ende der Menschheitsgeschichte zufallen, zum einen der Ur- und Patriarchenzeit als Ursprungsgeschichten der Menschheit, zum andern der Dramatik des Endes der Welt- und Menschengeschichte in der Apokalypse. Die von der Aufklärung in der empirischen Naturerkenntnis rehabilitierte Sinnlichkeit verlangt demnach ihr Recht auch im Bereich der

---

[11] ÜP H. 4, 133 f. Die Vorr. zum 1. Bd. des Lesebuchs warnte daher vor dem Auswendiglernen der Geschichten, LB I, 8. Ziel war das Nacherzählen des Gehörten. Zu den ersten beiden Teilen des Lesebuchs und seiner »aufklärerischen« Erzählmanier am Beispiel der Lebensgeschichte Jesu vgl. Wehrmann, 251 f. Wehrmann erfaßt die tendentiellen Verschiebungen im Religions- und Katechismusunterricht m. E. besser als Steiger, auch wenn sein unzulänglicher Aufklärungs- und Rationalismusbegriff ihn neben methodischen Fortschritten nur religiöse Verflachung sehen läßt, Wehrmann, 258 ff.; vgl. Steiger, Kap. 2, bes. 184 ff., der die Kontinuität mit der »inhaltlich orthodoxen Pädagogik« betont, ebda., 186.

[12] Die neuen Lernmethoden in den naturkundlichen und naturwissenschaftlichen Fächern ließen Experiment und Lernen in der Natur zu Carl von Linnés »Systema naturae« im gleichen Verhältnis stehen wie Bibelgeschichte und konfessionelles Lehrsystem.

[13] Kindern fühlten demnach »wahrer« und dächten »philosophischer« als die Erwachsenen, waren also für den prägenden »Totaleindruck« aufgeschlossener, der jeder Begrifflichkeit vorausliegt, BRU, 77. Zur Skepsis gegen eine den »Totaleindruck« behindernde begriffsorientierte Volksaufklärung vgl. Justus Möser. Briefwechsel. Neu bearb. v. William F. Sheldon u. a. (VHKNS 21), Hannover 1992, Nr. 595 (Brief an Rudolph Z. Becker, 28. Januar 1786).

[14] Ebda., 16 f., vgl. Brief 8; zur Deutung der biblischen Berichte von Besessenheit als Krankheit s. Teller, Wörterbuch, 40 ff., Stichw. »Besessen, Besessener«.

Geschichte und der von ihr vermittelten inneren Anschauung. Die Begründung für die Einführung der Bibelgeschichte konnte sich also geradezu aufgeklärt-empiristisch geben, indem der Grundsatz aufgenommen wurde, der Weg der Erkenntnis führe nur vom Konkreten zum Allgemeinen.[15] Eine Unterscheidung zwischen temporären und allgemeinen Wahrheiten sollte dabei nur insoweit zulässig sein, als die biblischen Texte sie mit göttlicher Autorität selbst forderten, eine Position, wie sie ihre nähere theologische Begründung bei Gottlob Christian Storr und seiner Ablehnung der Semlerschen Akkomodationshypothese mit ihrer Unterscheidung von hermeneutischer und dogmatischer Wahrheit fand.[16] Religiöse Bildung wurde auf ihren Grund zurückgeführt als affektive Begegnung mit einer religiöse Erfahrung verdichtet darbietenden Geschichte, die Glauben zu provozieren versteht.[17] Wegweisend blieben in theologischer Hinsicht Ph. M. Hahn, J. K. Lavater und J. J. Heß.[18]

Für die heilsgeschichtliche Deutung wird wie bei Heß eine sachliche Nähe zur aufklärerischen Geschichtsschreibung konstatiert, die unter dem Aspekt des auf Polybios verweisenden Pragmatischen einen neuen Zugang zur historischen Individualität und ihrer Logik zu gewinnen suchte. Johann Lorenz Mosheim war in seinen kirchengeschichtlichen Werken entsprechend prag-

---

[15] Der hermeneutische Grundsatz, das menschlich Allgemeine könne nur kraft seiner Erscheinung im einzelnen als allgemein erkannt werden, betraf allein die Erkenntnis-, nicht die Seinsordnung, vgl. BRU, 23, 33 ff.

[16] Vgl. G. Chr. Storr, Dissertatio hermeneutica de sensu historico, Tübingen 1778. Die Fragestellung verblieb freilich im Bann des Abgelehnten, da der Anspruch auf direkte Regulierung der historischen Wahrnehmung durch die dogmatische keine hinreichende Begründung erhielt.

[17] BRU 12, 14, 53 ff. Dies erklärt auch das Interesse an christlichen Lebensbildern.

[18] BRU 19 f., 23, 51 f. Lavater, Pontius Pilatus, 4 T., Zürich 1782–1785 (bis 1783 waren T. 1 u. 2 ersch.); ders., Betrachtungen über die wichtigsten Stellen der Evangelien, Bd. 1 Dessau u. Leipzig 1783 (zu Mt u. Mk; Bd. 2, Winterthur 1790, zu Lk u. Joh); Ewald lobte das Werk als wahres »Handbuch der [Christus-]Religion«. Heß, Von dem Reiche Gottes, 2 Bde., Zürich 1774, 2. Aufl. 1781 u. ö.; ein Auszug erschien 1794 in: Pfenninger, Die Familie von Eden, H. 2, posth. hg. v. J. K. Lavater, Zürich 1794, 129–294. Über die bestimmenden Faktoren der Heßschen gesamtbiblischen Konzeption besteht bislang noch kein Konsens; zuletzt hat F. Ackva die heilsgeschichtlich-theokratische Sichtweise strikt aus der konsequenten Übertragung der profanhistorischen Grundsätze aufgeklärt-pragmatischer Geschichtsbetrachtung auf die Bibel zu erklären versucht; demnach spielten weder die coccejanische Föderaltheologie noch die Reich-Gottes-Theologie J. A. Bengels und seiner Schule eine nennenswerte Rolle für die Konstitution des Heßschen Geschichtsverständnisses, dessen Wurzeln im früh aufgenommenen englischen Antideismus gesehen werden; Ackva, 73 f., 85, 133 ff., 279 f.; der Frage einer Überlagerung verschiedener Traditionen, welche die sich immer deutlicher herausbildende Nähe zur Tradition Bengels erklärbar machte, wird m. E. nicht ernsthaft nachgegangen; so wenig Heß auch als Coccejaner oder Bengel-Schüler im engeren Sinne gelten mag, so wenig läßt sich sein geschichtstheologischer Entwurf im Umfeld der Neologie ansiedeln und (zugleich) den »Frühidealisten« Lessing und Herder zuordnen. Zu Heß und Lavater vgl. Ackva, Die Bedeutung von Lavater für das theologische Werk von Johann Jakob Heß (1741–1828), in: Karl Pestalozzi u. Horst Weigelt (Hrsg.), Das Antlitz Gottes im Antlitz des Menschen. Zugänge zu Johann Kaspar Lavater (AGP 31), 280–290.

matisch vorgegangen.[19] Auch Herder hatte den Begriff im Bewußtsein der tiefen Krise, in welche die religiöse Bildung geraten war, früh rezipiert. 1769 notierte er seine schulischen Forderungen nach einem pragmatischen Studium der Religion und »lebendiger Exegetik« durch Geschichte unter dem hohen Anspruch, dies sei »das beste Mittel, ein neues Christliches Publikum zu schaffen.«[20] Für eine die Bibelgeschichte fundierende Bibelauslegung bedeutet das pragmatische Geschichtsverständnis nach Ewald vor allem, den organischen Zusammenhang der verschiedenen Erzählungen unter dem Gesichtspunkt göttlicher Führung und Erziehung und dessen Niederschlag im Psychologischen wahrzunehmen. Wie sich die Artenvielfalt in der Natur in Gattungen strukturieren lasse und sich doch in allem nur ein Lebensprinzip zeige, so walte auch in der Verschiedenheit und Anordnung der biblischer Geschichten der eine (Liebes-)Gedanke des erzieherischen Handeln Gottes mit dem Menschen. Die vorausgesetzte Einheit des Ganzen ermöglicht somit eine strukturierte Wahrnehmung nach dem Grundsatz der Analogie. Aufgabe einer auf den menschlichen Lebensvollzug zielenden Bibelauslegung ist es demnach, die Analogien im geschichtlichen Handeln Gottes und der Menschen herauszuarbeiten, um Kriterien für den eigenen Ort im Drama der gottsuchenden Menschheit zu finden.[21] Diese empfindsam-analogische, auf der psychologischen Wahrnehmung des Einen im Mannigfaltigen fußende Bibelauslegung vermochte nach Ewald anders als die historisch-kritische Distanzierung und Abstraktion die Kontinuität mit dem alten sensus spiritualis oder mysticus zu wahren. So trug er keine Bedenken, etwa den Exodus aus Ägypten auf die geistliche Existenz des Christen zu deuten.[22] Im Unterschied zur Allegorese entwertete dieser analogische Sinn den Literalsinn jedoch nicht als uneigentlich, sondern ließ ihn auf der ihm eigenen historischen Ebene als sensus historicus bestehen.[23] Dies war nur möglich aufgrund der Annahme eines nexus

---

[19] BRU, Brief 4. Die Empfehlung der Hahn-Lektüre war mit der Bemerkung verbunden, sich an dessen Stil und seinen Bengelschen apokalyptischen Berechnungen nicht zu stören, BRU, 32. Zur pragmatischen Methode vgl. kurz Möller, Vernunft und Kritik, 159 ff., zu Heß vgl. Ackva, 44 ff.

[20] Herder, Journal, 51, Z. 18 f. (SWS 4, 381).

[21] »[. . .] Spiel der Leidenschaften gegen einander! Knoten und Entwickelung – unaufhörliches Drama Himmels und der Erden! – Das soll mir wol populär seyn. Es fasset jeden Menschen überall! er ist überall dabei! die Sitten mögen noch so fremd seyn, – Denkungs- und Handlungsart ist einheimisch.« BRU, 82. Der Begriff des Dramatischen erhob die Biblische Geschichte zur Poesie, (weithin) unpoetisch im Stil, doch poetisch in der Sache, die Bibel zur Schauspiellehre durch Geschichte und zur Schule aller Dichtung, Lavater, Orelli 3, 101 ff. (Pontius Pilatus); zur Analogie in der Bibelauslegung vgl. Herder, SWS 8, 170 f.

[22] BRU, 33 ff. mit einer Beil., die eine tabellarische Übersicht zur Erhebung von Grundsätzen analogen göttlichen Handelns im Leben von Mose, David, Israel, Jesus, christlicher Kirche und dem einzelnen Christen enthielt. Als Grundmuster ergab sich die Abfolge von mystisch erfahrbarer Nähe und Ferne Gottes, von Erniedrigung und Erhöhung. Für die Kirche und den einzelnen Christen stellte sich die Frage nach kommenden Leidenszeiten, Gebetserhörung und Geistausgießung.

[23] Zur mystischen Auslegungstradition hieß es: »Unrat freilich viel! aber in dem mit unter eine

rerum universalis, der die Vergegenwärtigung innerer Entwicklungen nach Ursache und Wirkung in übergeordneten Gesamtzusammenhängen ermöglichte.

Für die Bibelgeschichte werden somit Gesamtzusammenhang und innere Entwicklung im ganzen und im einzelnen entscheidende, vom Erzählen und seiner Wirkmächtigkeit auf Bewußtsein und Handeln bestimmte Kategorien. Im Hintergrund des Ganzen ist die in den Naturwissenschaften seit Mitte des Jahrhunderts geführte Diskussion zu erkennen, die gegen mechanistische und mathematische Modelle dynamische Vorstellungen von der Natur und ihrer von inneren Triebkräften bestimmten Entwicklung ins Spiel brachte und damit auch die Geschichtswissenschaften beeinflußte.[24] So zeigt sich schon am Thema »Bibelgeschichte im Unterricht« ein lebhafter Austausch mit inneraufklärerischen Entwicklungen der Zeit. Die von der Aufklärung generell betriebene Hinwendung zu Natur und Geschichte wird religiös neu auf die Eröffnung von Offenbarungssituationen hin gedeutet, wobei die Hinkehr zum Konkreten als Verwandtschaft mit dem naturwissenschaftlichen Experiment und der induktiven Methode empfunden wurde und immer wieder entsprechende Bezüge, etwa zu Francis Bacon (1561–1626) und David Hume (1711–1776), auftauchen. Lenkten Ph. M. Hahn und J.J. Heß den Blick vor allem auf den Gesamtzusammenhang der biblischen Heilsgeschichte, so vergegenwärtigte Lavater insbesondere die Bedeutung der biblischen Geschichte für die Ausbildung einer personalen, von realer Geist- und Krafterfahrung bestimmten Gottesvorstellung.

Neben der Aufnahme des empirischen und historischen Analogiedenkens im Rahmen der bibelgeschichtlichen Interessen läßt sich ein stark gegenwartskritischer Bezug zum klassischen Altertum beobachten. Vor allem die religiöse Sprachkraft der Antike erscheint als ein in der Gegenwart nur noch selten erreichtes Ideal. Zu den Ausnahmen zählte Lavaters Gedicht »Bibelgott«, das zum Zeugnis einer der Zeit verlustig gegangenen Sprache von Gott wurde, wie sie in ihrer elementaren Wucht an die heidnischen Weisen des Altertums gemahnte.[25] Für Ewald stand fest, daß die mit dem Geist der Bibel vertrauten Christen in der Gottesfrage auf Seiten Sokrates' und Ciceros stünden, ja, es

---

Perle verborgen stekt, die Sie in manchem lichthellen, ästhetisch schön geschriebenen theologischen Werke nicht finden werden [...]«, ebda., 37.

[24] Auf geschichtswissenschaftlicher Seite hat Johann Christoph Gatterer 1766 in Abkehr von der traditionellen Hof- und Kabinettsgeschichte die Forderung einer die unterschiedlichen lebensweltlichen Verflechtungen menschlichen Daseins berücksichtigende universalgeschichtlichen Betrachtungsweise vorgetragen, vgl. Friedrich Hauer, Johann Christoph Gatterers »Historischer Plan« (Wie schreibt man Geschichte?), in: Historiographiegeschichte als Methodologiegeschichte. Zum 80. Geburtstag von Ernst Engelberg, SDAW 1.1991, 106–111; Georg G. Iggers, Die Göttinger Historiker und die Geschichtswissenschaft des 18. Jahrhunderts, in: Mentalitäten und Lebensverhältnisse. Beispiele aus der Sozialgeschichte der Neuzeit, FS Rudolf Vierhaus, Göttingen 1982, 385–398.

[25] ChrMag, Bd. 4, St. 1, 297.

erschien ihm »immer nötiger, gegen Christen sich auf Heiden zu berufen«.[26] Ganz im Sinne J. G. Hamanns sollte Gott auch als Gott der Heiden gewürdigt und gegen kirchlich-konfessionelle Enge wie intellektualistisch-geschichtslose Abstraktion ernst genommen werden. Gerade die der letzteren zugeschriebene Schwächung der Kraft religiöser Überzeugung sollte Johann Jakob Stolz 1789 zur begeisterten Aufnahme und Verteidigung des Schillerschen Gedichts *Die Götter Griechenlands* bewegen. Indem er die Widerspruchslosigkeit zwischen den Gottesvorstellungen der heidnischen Antike und der Bibel herausstellte – beide lebten von heiliger Geschichte und der durch sie initiierten religiösen Erfahrung –, beklagte er zugleich den epochalen Verlust an Gottesbewußtsein. Wie Ewald verweist auch Stolz neben Lavaters »Bibelgott« auf Cicero.[27] Dies erinnert neben Hamann an Friedrich Hölderlins Zusammenschau von antiker und christlicher Religion und Bildung, die ihn 1799 im Blick auf die Gegenwart seufzen ließ: »O Griechenland, mit deiner Genialität und deiner Frömmigkeit, wo bist du hingekommen?«.[28] In der Tradition des mythisch-poetischen Denkens und Sprechens der Antike und der sie rezipierenden Dichtung wurde nach Ewald noch bewahrt, was die historisch-philologische Bibelkritik verloren hatte: Das Bewußtsein von heiliger Sprache und der durch sie vermittelten Begegnung mit dem Heiligen im Drama zwischen Gott und Mensch. Wenn mit Nachdruck die Wiederentdeckung der Bibel als eines wie Homers *Odyssee* – 1781 war die Versübersetzung von Johann Heinrich Voß erschienen – wahrhaft »menschlichen« Buches gefordert wird, dann im Sinne des existentiellen Anspruchs, den die Konfrontation mit dem göttlichen Handeln im Lebensvollzug eines anderen stellt, dort in Irrfahrt und Heimkehr des Helden.[29] Religiöse Überzeugungen bilden sich nach dieser Auffassung, unbeschadet alles weiteren Klärungsbedarfs, nur mittels Ergriffenheit oder »Erweckung«. Diese sollte die Bibelgeschichte vermitteln helfen.[30]

In kurrikularer Hinsicht formulierte Ewald daher in Aufnahme und Weitung der pietistischen Metaphorik des Weckens als Ziel, daß der Schullehrer anhand der Bibelgeschichte die »Erweckung« des Glaubens anzubahnen und die dazu nötigen Kenntnisse zu vermitteln habe, um dem Katechismusunterricht und der Predigt des Pfarrers den Boden zu bereiten.[31] Die konfessionellen

---

[26] BRU, 39.
[27] G. Schulz, Johann Jakob Stolz im Briefwechsel mit Johann Caspar Lavater 1784–1798, in: Jb. der Wittheit 6. 1962, Beil., bes. 186 f., 194 f.
[28] Brief an den Bruder, 1. Januar 1799, in: Friedrich Hölderlin, SW 6,1, Briefe, Stuttgart 1954 (Stuttgarter Hölderlin-Ausgabe), Nr. 172, Z. 186–188. Vgl. Gerhard Kurz, Höhere Aufklärung. Aufklärung und Aufklärungskritik bei Hölderlin, in: Chr. Jamme, G. Kurz (Hrsg.), Idealismus und Aufklärung, 259–282.
[29] Vgl. z. B. Herder, SWS 10, 146 f. Johann Heinrich Voß, Odüssee, Hamburg 1781 (zahlr. Nachdr.).
[30] BRU, 79 ff., 96 f.
[31] »Was kann doch der Prediger anders wollen, als Glauben und Liebe zu Gott, zu Christus wecken, bei Kindern durch Katechisationen, bei Erwachsenen durch Predigt?«, BRU, 44.

Katechismen fügten sich nicht in ein derartiges Unterrichtskonzept, die Abschaffung des Heidelberger Katechismus war daher klares Ziel.[32] Die gewünschte Beauftragung Ewalds zur Erarbeitung eines neuen Landeskatechismus unterblieb freilich. So war nur an einen dem Katechismusunterricht vorangehenden bibelgeschichtlichen Religionsunterricht zu denken, ein Kompromiß, den später auch andere Vertreter der Bibelgeschichte vorschlugen, so der von Ewald hochgeschätzte, in Schaffhausen als Lehrer wirkende Hamann- und Herder-Freund Johann Georg Müller (1759–1819).[33] Freilich blieb auch diese Lösung wegen ihrer erkennbaren Zielrichtung nicht ohne Widerspruch.[34]

Nähere Überlegungen zum lehrplanmäßigen, vom Fachlehrer erteilten Religionsunterricht wurden in Detmold im gymnasialen Zusammenhang angestellt und wenigstens teilweise realisiert. Ewalds Freund Johann Friedrich L. Dreves stellte eine entsprechende Konzeption vor, die sich auch auf das Nacheinander von schulischem Unterricht und Predigerkatechisation auf dem Land übertragen ließ.[35] Grundgedanke blieb die pädagogische Anbahnung des Glau-

---

[32] Wenn Ewald auf induktivem Wege zu demonstrieren versuchte, daß der wesentliche Inhalt des Heidelberger Katechismus außer den Zehn Geboten und der gänzlich entbehrlichen antikatholischen Polemik auf biblischen Erzählungen gründe und ohne diese nicht verständlich sei, so geschah dies gerade im Interesse seiner Abschaffung; es bestand aller Grund, sich vor dem Verdacht willkürlicher Neuerung in Schutz zu nehmen. BRU, Brief 6, 61–69; über Bibelgeschichte hinaus wiesen die Katechismusfragen 12, 14–17, 30, 38–40, 42, 64, 72, 74, 78 u. 80. Wegen ihrer »Einfalt, Fülle und Herzlichkeit« für jeden Christusverehrer überzeugend lobte Ewald 1786 die Fragen 20, 27 f., 117, 120 u. 125; zum Lehrbuch für Kinder ungeeignet machten ihn die überladenen Perioden und die erklärungsbedürftigen Vorstellungsarten der Dogmatik, »die aus dem Lieblingssystem des Verfassers« genommen seien, ÜP H. 4, 235 f. Technisches zur Erzählkunst findet sich bei Ewald in: BRU, 80 f., 98 ff.; dazu gehören die Verfremdung des (allzu) geläufigen Lutherdeutsch, die Vergegenwärtigung der Personen durch Handlung, Beachtung des Spannungsbogens und das Vermeiden von moralisierenden Zusammenfassungen allgemeiner Art; Erzählen war eine Kunst, die noch am ehesten Kinder und Landleute beherrschten, ebda., 102.
[33] Zum Briefwechsel Ewald – J. G. Müller s. Endre Zsindely, Katalog des Johann Georg Müller-Nachlasses der Ministerialbibliothek Schaffhausen, Schaffhausen 1968, 20 u. 77 (Briefe Ewalds von 1794–1810, an Ewald von 1810).
[34] BRU, 86–89, vgl. den 16. Brief in Ewalds Ausg. der Schrift von 1819, 153. J. G. Müller, Kurzer Begriff des christ.[lichen] Glaubens. In einer Auswahl biblischer Sprüche zum Gebrauch für den ersten Religionsunterricht, Schaffhausen 1808, 2. Aufl. 1808, 3. verb. Aufl. 1811, Vorr. 3 ff.; vgl. Ewald an Schwarz, 2. Juni 1809, Nachlaß Schwarz XIV 6,1. Ewald hielt schließlich allein noch Müller für begabt genug, eine seinem Ideal nahekommende Bibelgeschichte zu entwerfen, BRU 1819, 135 ff. Auf Müller berief sich auch Ph. H. Haab, der im Sinne Ewalds formulierte: »Das Herz kann allein durch Geschichte, durch Thatsache belebt werden [...] Glaube, Hoffnung und Vertrauen können allein durch Geschichte begründet werden.« Er kehrte für den Konfirmandenunterricht das übliche Verfahren um, die christliche Glaubens- und Sittenlehre aus biblischen Geschichten zu entwickeln, indem er nach systematischen Gesichtspunkten geordnete Sätze von Dogmatik und Moral durch biblische Geschichten erläuterte. Ewald begrüßte die Schrift als weiteren Beleg für die Bedeutung von Bibelgeschichte, Philipp Heinrich Haab, Religions-Unterricht durch Bibel-Geschichten, 2 T., Stuttgart 1817–1818, hier: T. 1, V.
[35] J. F. L. Dreves, Ueber die Einrichtung eines zwekmäßig fortschreitenden biblischen Reli-

bensaktes durch Bibelgeschichte, der die Kraft zur Erweckung des göttlichen Liebeskeims im Menschen und damit die Aktualisierung seiner Gottebenbildlichkeit zugesprochen wurde. Diese Erweckung bedurfte nicht notwendigerweise des Buß- oder Erweckungsrufes, sie konnte sich allmählich und in der Stille vollziehen, wie es die auf ein natürlich-organisches Geschehen gedeutete Wachstumsmetaphorik auch nahelegte.[36] Mit dem weiten Ausgriff auf die anthropologische Grundbestimmung zur Gottebenbildlichkeit erklärt sich schließlich, warum sich die Bibelgeschichte als heilige Geschichte in methodisch geeigneter Weise auch für die Bildung des Sprach- und Denkvermögens und der sittlichen Entscheidungskraft empfahl, also zu einem Universalbildungsmittel zur Humanität avancierte.[37]

In Zusammenarbeit mit Seminarinspektor Simon Ernst Moritz Krücke (1759–1834) gelang die Ausarbeitung einer Biblischen Geschichte für die Hand des Lehrers und deren Einführung in den Unterricht.[38] Die anfangs aufgenommenen typischen Einleitungsfragen lassen einen vorsichtigen Anschluß an die fachexegetische Diskussion erkennen.[39] Die beiden Hauptteile

---

gionsunterrichts durch mehrere Klassen einer höheren Schule, in: ÜP H. 8, 139–226, mit Vorbemerkung Ewalds, ebda., 139–141. Der Aufsatz war schon als Schulprogramm gedruckt worden und sollte nun einem größeren Publikum unterbreitet werden. Dreves war 1786 als Konrektor mit der Übernahme des bibelorientierten Religionsunterrichts beauftragt worden. Dreves wünschte sich für sein Fach einen nach dem Kenntnisstand der Schüler flexiblen Klassenverband ohne Rücksicht auf die übliche Einteilung nach Sprachkenntnissen. Seinen Bemühungen war nur ein Teilerfolg beschieden: Nur in den zwei mittleren Klassen wurde der Fachlehrerunterricht eingeführt, in der ersten und vierten Klasse mußte Religion weiterhin vom Klassenlehrer erteilt werden.

[36] Der Weg der Erziehung zur Gottesliebe führte von der die Nähe Gottes konkret thematisierenden Bibelgeschichte in der vierten Klasse und den Grundzügen einer biblischen Dogmatik in der dritten zur apologetischen Behandlung der Bibeloffenbarung als Antwort auf die elementaren religiösen Bedürfnisse des Menschen in der zweiten Klasse und endete mit einer christlichen Tugendlehre in der ersten.

[37] Alles Gute und Edle in der Bibel drehe sich anders als in anderen Schriften nur »um *Liebe* zu einem Guten, Edlen [...].« Schlußzitat von Beroaldus über die Liebe (Quod in Navigio gubernator, quod in civitate magistratus, quod in mundo sol, hoc inter mortales est amor. [...] et mortalium vita sine amore vitalis non est). Ebda., 159.

[38] Simon Ernst Moritz Krücke (1759–1834) war in Detmold Schulrat und Seminarinspektor, Butterweck, 315. Krücke hatte in Göttingen studiert, zu seiner Kandidatenprüfung legte er gute Zeugnisse von Chr. G. Heyne, Feder und J. L. Koppe vor, StArch Detmold L 65, Nr. 204, fol. 208 ff. In der Biblischen Geschichte hatte er auf Ewalds Wunsch hin die Abschnitte von Salomos Regierung bis zur Nikodemusgeschichte bearbeitet. Ewald, Lesebuch für die Landschulen[,] auch zum Gebrauche der Landleute in ihren Häusern, Bd. [1] u. 2, Lemgo u. Duisburg 1788 (Bd. 1 und 2 enthalten die Bibelgeschichte); Bd. 3 Lemgo u. Duisburg 1793, Vorr. zum ersten T. vom Mai 1787 (= LB I–III, zit. wird hier nach dem Druck von 1826). Vgl. Steiger, Bibliogr. 38. Nach Neuser, NDB 4, 694 und Sprenger, 171 blieb das Werk, Gegenstand heftiger Kontroversen, bis 1837 in Gebrauch. Ein prachtvolles Gegenstück entstand in den um 1815 in Freiburg erschienenen Bänden einer Kupferstichbibel, zu der Ewald die Texte lieferte, vgl. Steiger, Bibliogr. 339.

[39] Hier einige Beispiele: Zu Gen heißt es, die mosaische Verfasserschaft sei glaubhaft (also nicht notwendigerweise zwingend), »weil er bei seinem Volke alte Geschichten fand, die er dazu

der Geschichte des Alten und Neuen Testaments schließen mit einer Zusammenfassung, angehängt sind eine Erzählvorlage zur Autorität der Bibel, eine Sittenlehre für Kinder und eine biblische Kritik kursierender Volkssprichwörter.[40]

Im Lesebuch finden sich zwei charakteristische Aktualisierungen, einmal zur Bileamsgeschichte (Num 22–24) und zum andern zur Geschichte von der Heilung des besessenen Geraseners (Mk 5,1–20 par), die im Zusammenhang gesehen werden müssen. Sie sind geprägt vom volksaufklärerischen Bemühen um Bekämpfung des furchtbesetzten Volksaberglaubens an die Wirkmächtigkeit von Hexen, Zauberern und Teufelsbündnissen, machen aber zugleich deutlich, daß die Existenz des Teufels und böser Geister im Rahmen der biblischen Offenbarungsautorität nicht in Frage gestellt werden durfte. So wird im Unterschied zur aufklärerischen Radikalkritik traditionelle Lehre apo-

---

brauchen konnte« (nach der sog. Älteren Urkundenhypothese), LB I, 13; unklar blieb die Verfasserfrage bei Jos und Hiob, dem nach allgemeiner Überzeugung ältesten Buch der Bibel; Koh wird als Pseudepigraphie vorgestellt, ebda., 16, in Ewalds *Salomo* (1800) gilt Koh dagegen als wahrscheinlich authentisch (gegen Eichhorn), ebda., 366. Cant wird im Lesebuch nach Herders *Liedern der Liebe* von 1778 als Sammlung von weltlichen Liebesliedern eingeführt, die freilich nur für wenige nützlich zu lesen seyen, LB I, 16; für das Verständnis der Prophetenbücher, die schwersten der Bibel, werden historische und poetische Kenntnisse angemahnt, ebda., 19. Das Johannesevangelium gilt als Zusatz, den Johannes zu den übrigen drei Lebensbeschreibungen Jesu verfaßt habe, ebda., 21, bei der Apk wird auf das noch Unerfüllte des Buches und die Nutzlosigkeit von Berechnungen der Parusie hingewiesen, ebda., 27.

[40] Auf das jeweilige Stichwort folgen eine oder mehrere ausgedruckte Bibelstellen und Reimverse. Die im Sinne einer Weisheitslehre aneinandergereihten, immer wieder wie schon in Rochows *Kinderfreund* von 1776/1779 auf Stellen aus Sir verweisenden Stichworte richten sich nach der traditionellen Pflichtenlehre der Moral und umfassen die Pflichten gegenüber Gott, sich selbst, den Nächsten und die Standespflichten in Familie und Haus und gegenüber der Obrigkeit; auch Gotteserkenntnis und Gottesliebe werden in dieser aufklärerischen Tradition unter die Pflichten subsumiert. LB I, 582–604. Die christliche Selbstliebe war Pflicht nach Gal 5,14 und Eph 5,29, ebenso der Arbeitsfleiß und die Vorbereitung auf den Tod (Sir 7,40, »Laß, Gott, oft in gesunden Tagen, Mein Grab mich in Gedanken baun, Und bei des Lebens Freud' und Plagen, Auf dich und auf das Künft'ge schaun, Damit ich meiner Pflicht getreu, Des höhern Lebens fähig sey«) und die Ehrung der Toten (Sir 38,16 u. 18; »Nicht bloß, Gott, weil's die Welt so will, Will ich die Todten ehren, Nein, weil sie dieses Lebens Ziel und Ewigkeit mich lehren. O gieb denn doch, daß jede Leiche, Wär' auch ihr Anblick schauerlich, Zu meiner Besserung gereiche, Dann bleibt der Tod nicht fürchterlich«). In den Bereich der Nächstenliebe gehörte die Warnung der Lehrer vor zu harter Strafe der Kinder (Sir 30,1, »Vernünftig, Gott, laß mich, Die Kinder hier bestrafen [...]«.; die Pflichten gegen die Obrigkeit werden klassisch mit Röm 13,1–7 begründet. »Wer gehorcht, der thu's mit Lust; jeder Bürger, sich bewußt, Daß er nicht regieren kann, Sey ein guter Unterthan [...]«), die Verpflichtungen gegenüber dem Lehrer ergaben sich aus Hebr 13,17. Prediger und Schullehrer werden dazu angehalten, dem christlichen Glauben abträgliche Sprichwörter zu sammeln und durch Bibelstellen zu widerlegen, Kinder und Landleute ihrerseits ermahnt, entsprechende Sentenzen nicht zu gebrauchen. Dazu gehörten z. B.: »Was ich nicht weiß, macht mich nicht heiß«; »Was zum Munde eingeht, sündigt nicht« (Mt 15,11); »Den Seinigen gibts Gott im Schlafe« (Ps 127,2); »Je ärger Schelm, je größeres Glück«; »Den hat Gott gezeichnet«; »Not hat kein Gebot«; »Es ist mir getan!«; »Der Teufel hat mich geritten!«; »Niemand kann seinem Schiksal entfliehen«, ebda., 605 ff.

logetisch gesichert, zugleich aber doch der zeitgenössischen Vorurteilskritik Raum gegeben. Die Existenz von Hexen und Zauberern wird wenigstens für die Gegenwart kategorisch bestritten. Gut reformatorisch kann daher am Ende eingeschärft werden, daß der Fiduzialglaube aller Teufel mächtig sei – wobei nicht mehr die Überwindung der objektiven Mächte von Sünde, Tod und Teufel, sondern der subjektiven Lebensangst und des Vorurteils in den Vordergrund rückt.[41] Die sonstigen in direkter Anrede an die Kinder formulierten moralisierenden Repliken sind Randerscheinungen. Bei der Erzählung besonders wichtiger Texte wie der zu Kreuzigung und Auferstehung Jesu waren die Lehrer gehalten, für einen liturgisch-feierlichen Rahmen zu sorgen. Dazu gehörte das Einüben der stillen Anbetung und das Singen von neueren Andachtsliedern.[42]

1789 konnte Ewald berichten, das biblische Lesebuch sei in zwei Teilen gedruckt und könne bis Ende des Jahres in allen Schulen eingeführt werden.[43] Wie er 1787 an Kanzler Hoffmann schrieb, sollte das Lesebuch außer der Fibel

---

[41] »Es giebt solche Leute [Hexen, Zauberer usw.] nicht [...]. Aber wenn es auch solche gäbe; so sehet Ihr an Bileam, daß ein Mensch, der auch gern Jemand durch Beschwörungen schaden wollte, ihm doch nicht schaden kann, wenn es Gott nicht haben will. [...] Denkt nur recht oft daran; damit Ihr Euch nicht davor fürchtet, wenn Ihr groß werdet. Redet es auch Anderen aus, wenn sie sich etwa davor fürchten. [...]« Ebda., 154 f. Zur Heilungsgeschichte: »Kinder, Ihr sehet aus dieser Geschichte freilich, daß es Teufel, böse Geister giebt, und daß sie auch in Menschen damals [!] ihr Wesen gehabt haben. Wir müssen dies dem Herrn Jesu und seinen Schülern glauben, weil diesen Leuten vieles von Gott offenbart war, wovon wir nichts wissen. Aber Ihr habt sehr unrecht, wenn Ihr etwas vom Drachen, von Teufelserscheinungen, von Hexen und Zauberern glaubt, wovon unter den Leuten so viel geredet wird. [...] Wenn man es genauer untersucht, so findet man, daß Alles immer natürlich zuging, oder Betrug dahinter steckte. Es ist also thöricht, sich vor einer Hexe oder einem Zauberer zu fürchten, und es ist *sehr sündlich*, Jemand so etwas zu beschuldigen. Thut Ihr das nie, Kinder, und wenn Ihr es von Andern höret, so saget: es sey nicht wahr, das könne Niemand wissen, als wem es Gott offenbaret habe. Sehet auch noch aus dieser Geschichte, daß Jesus und Gott volle Gewalt über den Teufel haben. Wenn Ihr also auf Gott und Jesum vertrauet, und Ihm zu gehorchen sucht, so kann Euch kein Teufel schaden, und wenn er auch jetzt noch wirkte, wie damals.« Ebda., 394 f.

[42] Die Ablehnung des Gekreuzigten, einen Betäubungstrunk zu nehmen (Mt 27,34) wurde mit einer Warnung gegen übermäßigen Alkoholkonsum versehen, aber das Hauptaugenmerk galt der feierlichen Stimmung; ebda., 488–496. Dem Vorwurf, sich im Lesebuch nicht deutlich genug über Plan und Anlage desselben geäußert zu haben, begegnete Ewald 1793 im Blick auf die bevorstehende Veröffentlichung des dritten Teils des Lesebuchs mit einer eigens verfaßten kurzen Rechtfertigung und verwies auf den grundlegenden Charakter seiner *Briefe* von 1783; Ewald, Ueber den Plan, die Einrichtung und den Gebrauch des dritten Theils des Lesebuchs für die Lippischen Schulen, in: ÜP H. 8, 111–125. »Diese Wirkungsart [durch Bibelgeschichte religiöse Grundkenntnisse zu vermitteln] schien mir, besonders bei dem Volke den Vorzug vor jeder andern zu verdienen, weil sie die natürlichste und gewöhnlichste, von Gott selbst durch die Einrichtung in den Familien und Staaten sanktioniert ist.« Ebda., 112.

[43] Vgl. ÜP H. 6, 107–153, StArch Detmold L 65, Nr. 227, 1–100. Für die Kinder armer Leute wurden die Anschaffungskosten über den Armenkasten und über vom Konsistorium bereitgestellte Geldmittel bestritten. Nach Ewalds Vorschlag vom 29. Juni 1787 sollten auf Staatskosten drei Jahr lang jährlich 200 Exemplare angeschafft und an Arme verteilt werden, L 65, Nr. 227, Nr. 30.

und Friedrich Eberhard von Rochows (1734–1805) *Kinderfreund* von 1776 alle anderen Schulbücher, also auch die Bibel selbst, entbehrlich machen.[44] Gleichwohl bezeichnete es Ewald gegenüber aufgebrachten Stimmen in der Öffentlichkeit 1789 als Vorurteil, er wolle durch das Lesebuch die Bibel aus dem Unterricht verdrängen, weshalb er ausdrücklich deren weiteren täglichen Gebrauch auf Gebieten befürwortete, welche wie die Spruchweisheit und die Psalmen nicht unmittelbar Geschichte und doch allgemein von Nutzen waren.[45] Hier zeigt sich die Schwäche der Konzeption: Die Frage blieb offen, wie sich das Verhältnis von Biblischer Geschichte und der Bibel als Lehr- und Lebensbuch für Erwachsene näherhin darstellen sollte. Wenigstens für den Elementarunterricht der unteren Klassen wies die Konzeption den Weg zur Schulbibel und damit zur aufklärerischen Modifikation der älteren pietistischen Tradition, die sich nie am Gebrauch der Vollbibel im Unterricht gestört hatte.

Gegenüber Lavater äußerte sich Ewald im August 1791 nach der Rückkehr von einer Visitationsreise befriedigt über die Einführung der Bibelgeschichte in den Unterricht, die von den Kindern gut aufgenommen würde. Dennoch mußte er eingestehen, daß manche, vor allem ältere Schullehrer mit dem Erzählen überfordert waren und ihre vertraute Memoriermethode nun mit dem Lesebuch weitertrieben.[46] Der Rechtfertigungsdruck gegenüber Kritikern blieb erhalten, möglicherweise durch im Gefolge der Französischen Revolution freier geäußerte religionskritische Stimmen gestärkt, wie ein Vortrag Ewalds vom April 1791 zeigt.[47] Der erste Vortrag plädierte unter scharfer Kritik gängiger Schulbücher für eine absolute Priorität Biblischer Geschichte als dem denkbar geeignetsten, weil zeit- und sachgemäßen Mittel religiöser Elementarbildung, die eine Schlüsselfunktion für die Ausbildung von Humanität und den Erhalt der Gesellschaftsordnung spiele. Ewald berief sich dabei in seiner historischen Argumentation nicht nur auf Griechen und Römer, wo die kultisch verfaßte Religion aufgrund ihrer Präsenz in allen Lebensbereichen ausgezeichnete Bildungsmacht gewesen sei, sondern auch auf das Judentum, das in seinem Kultus ein sinnliches und symbolisches Elementarbuch von Glaubens- und Sittenlehren besessen und sich allein durch seine so verfaßte Religion zum menschlichsten Volk früher Zeiten entwickelt habe.[48] Auf der

---

[44] Ewald an Kanzler Hoffmann am 29. Juni 1787, StArch Detmold L 65, Nr. 227, 30.

[45] ÜP H. 6, 110.

[46] Er tröstete sich mit dem Hinweis auf die Priester des Alten Testaments, die selbst im ritualisierten Opferdienst noch religiöse Empfindungen zu wecken vermochten und hoffte dies auch für den Schulunterricht. Ewald an Lavater, 21. August 1791, Brief 21.

[47] ÜP H. 7, 147–159. Der Vortrag wurde vor der nicht näher beschriebenen, aber Ewald gegenüber offenbar eher kritisch eingestellten »Theologischen Gesellschaft« in Detmold gehalten, vgl. ÜP H. 8, 126–138, wo vom »Theologischen Klub« die Rede ist, der wohl denselben Kreis meint. Vielleicht besteht ein Zusammenhang mit dem später erwähnten Theologischen Lesekabinett in Detmold, vgl. Subskribentenverzeichnis der ChrM, Ende Bd. 2, 1800.

[48] Die Ankündigung von Segen und Fluch Dtn 28 sollte nicht nur als Drohung verstanden

im apostolischen Christentum erreichten höchsten Stufe der »Reinheit« der Religion, die nicht mehr primär dogmatisch, sei es traditions- oder vernunftbestimmt, sondern psychologisch als Reinheit der Empfindung und der anschaulich vermittelten Eindrücke verstanden wird, empfahl sich die Bibelgeschichte wie von selbst als zeitgemäßes Bildungsmittel.[49] Unter Berufung auf Christian Gottlob Heyne (1729–1812) und Herder wurde die ansonsten drohende Gefahr beschworen: Der Rückfall der Gesellschaft in das Stadium des geschichts- und religionslosen Tiermenschen.[50]

Im Rückblick fand die Einführung der Bibelgeschichte im Unterricht weithin Anerkennung. Die Vermittlung einer heilgeschichtlichen Gesamtschau, wie sie Ewald von seiner Reich-Gottes-Theologie her intendierte, konnte freilich auf der Ebene der Elementarbildung nicht gelingen. Nach dem zeitgenössischen Urteil F. Weerths vermochte die Bibelgeschichte schon im Blick auf die große Mühe, die man im Lehrerseminar mit ihr gehabt hatte, den entscheidenden »theokratischen Gesichtspunkt« nicht weiterzugeben.[51] Auch Ewald wagte gegen Ende seines Lebens eine durchweg positive Antwort nicht mehr.[52]

Das geplante nahtlose Ineinandergreifen von schulischem Religionsunterricht und Konfirmandenunterricht erwies sich in Lippe als nicht durchsetzbar.[53] Viele Prediger katechisierten auch noch nach der Einführung von Bibelgeschichte im Unterricht nach eigenen Entwürfen oder je nach Geschmack nach Friedrich Adolf Lampes *Milch der Wahrheit* oder Johann Samuel Diterichs *Unterweisung zur Glückseligkeit*. Das eine Werk schloß sich an den Heidelberger Katechismus an, das andere zeichnete sich neben dogmatischen Einseitigkeiten

---

werden, sondern als »psychologische Vorherverkündigung«, bezogen auf den jeweiligen religiösen Sinn des Volks, ÜP H. 7, 151.

[49] ÜP H. 7, 154.

[50] Christian Gottlob Heyne, Nonnulla in vitae humanae initiis a primis Graeciae legumlatoribus ad morum mansuetudinem sapientes instituta (1765, mit Nachtr.), in: Opuscula academica [...], Bd. 1, Göttingen 1785, 207–220. Johann Gottfried Herder, Ideen zur Philosophie der Geschichte der Menschheit, T. 3 (1785), SWS 14, 1–254, 114 ff.; vgl. SWS 17, 138.

[51] Zur katechetischen Methode des schulischen Elementarunterrichts, wie er in Lippe eingeführt worden war, vgl. Weerth, Elementar-Schulen, 33 f.; demnach las der Lehrer einen Abschnitt entweder aus der Biblischen Geschichte oder einem Lehrbuch vor, erzählte ihn nach, zerlegte die Sätze durch Fragen, ließ diese die Schüler wiederholen, verbesserte gegebenenfalls die Frage und gab als Hausaufgabe, die Erzählung und die katechetische Zergliederung aus dem Kopf niederzuschreiben.

[52] BIB, 143. Vgl. die noch eher zuversichtliche Äußerung aus dem Jahr 1786 in: ÜP H. 4, 232: »Alle Regierungsmaximen Gottes, alle psychologische Säze von Entstehung, Wachsthum und Ende des Glaubens und Unglaubens, des Hasses und der Liebe, des Göttlichen, Menschlichen und Teuflischen im Menschen; alle Symbolik und Metaphysik der Bibel wird nur durch Ueberblik des großen Ganzen erkannt; und auch der Landprediger hat gar manche Köpfe unter seinen Kindern, die davon etwas fassen [...].«

[53] Zur Geschichte des Heidelberger Katechismus als Lehrbuch in Lippe vgl. Butterweck, 176 ff., Wehrmann, 241 ff. 1779 war gegen die Forderung nach Abschaffung des Heidelberger Katechismus dessen Beibehaltung beschlossen worden.

durch eine zeitgemäß-aufgeklärte Begrifflichkeit aus. Beide hielt Ewald gleichermaßen zu Unterrichtszwecken für untauglich.[54] Schon 1786 hatte er Gedanken zu einer methodischen und inhaltlichen Reform des Katechismusunterrichts veröffentlicht und vergeblich gehofft, mit dem Entwurf eines neuen Landeskatechismus beauftragt zu werden.[55] Die Ausführungen zeigen, wie Ewald sich einen Katechismus in der Spannung zwischen Subjekt- und Sachbezogenheit vorstellte.[56]

Ein *biblischer* Katechismus sollte sich demnach einerseits am menschlichen Bedürfnis nach Beantwortung existentieller Fragen wie der nach dem Todesgeschick, dem Ursprung des Bösen und der Bestimmung des Menschen orientieren, andererseits die geschichtliche Gestalt, in der die biblische Offenbarung darauf Antworten gab, nach Maßstäben historischer Gewißheit bewahren und dem Autoritätsverlust der Bibel als Offenbarungszeugnis besonders unter der Landbevölkerung Widerstand leisten. In einem Vortrag im Oktober 1791 nahm Ewald die Ausführungen von 1786 wieder auf und erweiterte sie zu einem neuen Plädoyer für eine Katechismusreform, die freilich auch zwei Jahre später bei Veröffentlichung des Vortrags nur mehr eine vage Hoffnung war.[57] Dabei bemühte er sich noch deutlicher, seine Konzeption als genuin

---

[54] ÜP H. 4, 100. Friedrich Adolf Lampe, Milch der Wahrheit, nach Anleitung des Heidelbergischen Catechismi zum Nutzen der Lehr-begierigen Jugend aufgesetzt [...], 6. Aufl. Frankfurt/M. u. Leipzig 1760 (zahlreiche Aufl.). Lampe führte die Fragen und Antworten des Heidelberger Katechismus mit eigenen weiter; so kamen z. B. zu Frage 2 weitere zum Wort »Katechismus«, zu dessen Inhalt, zur Bedeutung von Religion und zu den »Hauptreligionen« Judentum, Heidentum, Islam und Christentum hinzu, um diese mit der Frage nach der wahren Religion, dem Christentum, zu erübrigen, ebda., 3. Wie wenig Ewald von Lampe begeistert sein konnte, zeigen schon dessen Sündenbegriff und die massive Teufelsvorstellung, ebda., 30. Johann Samuel Diterich (o. Vf.), Unterweisung zur Glückseligkeit nach der Lehre Jesu, neue verm. Aufl. Berlin 1782 (zuerst 1774), verfolgte sein Leitmotiv diesseitiger und jenseitiger Glückseligkeit als Gotteskindschaft nicht bibelgeschichtlich, sondern dogmatisch und moralisch; im christologischen Teil finden zwar Präexistenz und Gottessohnschaft Jesu Anerkennung, doch der Versöhnungstod Jesu wird allein als neue Ermutigung zum Gottesgehorsam vorgestellt, ebda., Nr. 75 u. 82. Auch die bekannte Bibelgeschichte von J. Hübner, die neben Lampe im Unterricht verwendet wurde, fand Ewalds Gefallen nicht. Steiger, 196 ff., konstatiert freilich eine Verwandtschaft zwischen der biblischen Pädagogik des Orthodoxen Hübner und Ewalds Anliegen, doch dürften die Differenzen erheblich mehr Gewicht haben. Zur Kritik von J. J. Heß am »Gerippe« der älteren Bibelgeschichten, worunter auch Hübner fiel, vgl. Ackva, 102 f., zur Charakterisierung von Hübners Bibelgeschichte im Gegensatz zu der von J. P. Hebel vgl. Johannes Schilling, Johann Peter Hebel als Theologe, in: PTh 81.1992, 374–390; 379 ff.

[55] Ewald, Etwas über Katechisiren, nebst Entwurf zu einem zwekmäßigen Katechismus, in: ÜP H. 4, 222–248. Die Äußerung, er halte den Entwurf »bis jezt« insgesamt für gut und zweckmäßig, wenngleich für verbesserungsfähig, läßt auf eine frühere Abfassungszeit schließen.

[56] Ebda., 247.

[57] Die politischen Umstände schienen zunächst günstig, vgl. die Andeutung, man müsse die von Gott geschenkte Freiheit nutzen, vom »Kirchensystem« wegzukommen, ÜP H. 8, 136; am Schluß stand die Hoffnung, der Heidelberger Katechismus werde als ein antikatholisch konzipiertes Glaubensbekenntnis ganz in Wegfall kommen, ebda., 138. 1793 hieß es immer noch in diesem Sinn: »Wol uns, daß wir ihn, wie ich hoffe, ganz weglassen dürfen!«

aufgeklärt erscheinen zu stellen, indem er die moralische Besserung und die Glückseligkeit des Menschen zum Hauptzweck der christlichen Religion erklärte, der mit herkömmlichen Mitteln nicht mehr zu erreichen sei. Formal sprach er sich für eine Abschaffung des Frage-Antwort-Schemas zugunsten fortlaufend numerierter Sätze und für die Aufnahme einer kurzen Kirchengeschichte aus. Der Nachdruck, mit dem Ewald sein Anliegen vertrat, weist auf die Widerstände der Predigerschaft, die sich wohl weithin darin einig war, daß ein neuer Landeskatechismus nur neue Probleme bringen würde.[58] Inzwischen war unter anderem auch der Hannoversche Katechismus von 1790 erschienen, den Ewald 1791 ausführlich und wohlwollend rezensierte, auch wenn er seinem Ideal nicht entsprach.[59] Zur Einführung in Lippe eignete er sich schon deshalb nicht, weil er noch zu stark konfessionell geprägt war und nicht in ein bibelgeschichtliches Unterrichtskonzept paßte. Anders als Herder, der sich pädagogisch-psychologischer Kritik an den herkömmlichen Lehrbüchern nicht verschlossen, aber mangels überzeugender Alternativen bis auf weiteres für ein Verbleiben beim Alten – hier bei Luthers Kleinem Katechismus – geraten hatte, setzte Ewald auf eine gänzliche Neufassung. Konzeptionell war weniger ein Lehrbuch als vielmehr eine Anleitung zur thematisch strukturierten Bibellektüre vorgesehen und so dem pietistischen Anliegen seine spezifische Note gegeben.[60]

Einen Entwurf zum Religions- bzw. Katechismusunterricht für die Jugend der sog. höheren Stände legte Ewald 1793 vor. Auch wenn dieser inhaltlich weitläufiger und anspruchsvoller ausfiel, als es ein Landeskatechismus hätte werden können, zeigt er doch die von Ewald verfolgte Richtung.[61] Der Entwurf lag dem Unterricht zugrunde, den er Prinz Casimir August (1777–1809) zur Vorbereitung auf dessen Konfirmation erteilt hatte, war aber auch mit anderen erprobt worden.[62] Gedacht war der Katechismusentwurf als Leitfaden für die

---

[58] ÜP H. 8, 129 ff.

[59] ÜP H. 7, 1791, 175–181. Religiöse Aufklärung hatte unter pädagogischem Gesichtspunkt nach Ewald folgendem Grundsatz zu folgen: »Nach und nach Licht verbreiten [...], vorsäzlich manche Schatten lassen [...], immer aber das Licht so mildern, daß man sich besser im Ganzen freut, und das gemilderte Licht so lassen, bis man es nuzen lernte [...].« Ebda., 176 f., 179. Diesem Anliegen entsprach der Katechismus weithin. Bei der Lehre von der Taufe (8. Abschn., bes. Fragen 12 u. 16 f.) wurde die gelungene Erklärung der abrenuntiatio diaboli gelobt, ebda., 178.

[60] Vgl. Herder an den Erlanger Theologen Friedrich Wilhelm Hufnagel, 20. Dezember 1784, Briefe, GA 4, Nr. 72 (88, Z. 20 ff.).

[61] Ewald, Entwurf eines christlichen Religionsunterrichts für die Jugend in gebildeten Ständen, Hannover 1793 (= ERU; Steiger, Bibliogr. 77, vgl. 74). Steiger geht auf diese Schrift nicht näher ein.

[62] Casimir August war der jüngere Halbbruder des Fürsten Leopold I. zur Lippe (1767–1802), der 1796 Pauline Christiane Wilhelmine von Anhalt-Bernburg heiratete. Onkel der beiden Halbbrüder war Fürst Franz von Anhalt-Dessau, mit dem Ewald korrespondierte. Ewald war 1788 mit der Erstellung eines allgemeinen Unterrichtsplans für den Prinzen beauftragt worden und hatte selbst den sich zunehmend schwierig gestaltenden Religionsunterricht übernommen. In einem Promemoria vom 13. Juni 1790 beklagte er sich über das Desinteresse und den Standesdünkel des Dreizehnjährigen. Die Schuld dafür suchte Ewald bei der höfischen Etikette

Hand des Predigers oder Hofmeisters, nicht für die des Schülers, der nur die Bibel als Lehrbuch in Händen haben sollte. Der Entwurf, der dogmatischen Ordnungskriterien folgt, weist voraus auf die ausgeführte Darstellung eines Religionsunterrichts für Konfirmierte, wie ihn Ewald 1819 als Erweiterung und Überarbeitung seiner am Karlsruher Töchterinstitut vor 12–18jährigen Schülerinnen gehaltenen Katechisationen veröffentlichte, und auf seine biblische Dogmatik, die *Religionslehren* von 1812.[63] Die fortlaufend numerierten kurzen Abschnitte sind überwiegend thesenartige Zusammenfassungen mit nur wenigen Merksätzen.[64] Der Unterrichtende war gehalten, möglichst frei vorzutragen und sich nur den Gedankengang und die aufzuschlagenden Bibelstellen zu notieren, der Schüler hatte seinerseits eigenständig Notizen über das Gehörte anzufertigen, das Memorieren war aufgegeben. Die Bibeltexte wurden vorzugsweise nach der Zürcher Übersetzung dargeboten, doch zum besseren Verständnis neben Luther auch zeitgenössische Übersetzungen wie die von J. D. Michaelis und K. F. Bahrdt (1741–1792) herangezogen, für die Psalmen kamen besonders J. A. Cramer (1723–1788) und G. Chr. Knapp zum Tragen.[65]

---

und Konvention und der mangelnden Einflußnahme des herrschenden Bruders. Vgl. StArch Detmold L 77 B, Fach 2, Nr. 11, v. a. Nr. 12. In weiteren Überlegungen zum Lektionsplan bot Ewald im April 1791 Unterricht in Natur- und Verfassungsrecht an; dabei wurden die allgemeinen Natur- und Menschenrechte und ihr Verhältnis zu den besonderen Standesrechten entwickelt: »ich wolte mich bemühen, in diesen Stunden *den Menschen* seinem Kopf und Herzen so wichtig zu machen, wie er, besonders einem Vornehmen und einem Regenten seyn muß.« Ebda., Nr. 12,11 ff. Am 9. Dezember 1791 empfahl Ewald unter Berücksichtigung der Krankheit des Fürsten eine auswärtige Erziehung des Prinzen. In einem Gutachten vom 2. Oktober 1792 nach der Konfirmation wies er erneut auf die Nachteile eines Verbleibens am Hof hin und empfahl einen Wegzug an die Lüneburger Ritterakademie oder nach Neufchatel, wo auch die jüngeren Prinzen von Isenburg mit Erfolg erzogen worden waren; vom Fürstlichen Collegium Carolinum in Braunschweig riet Ewald ab. Der Religionsunterricht war nach der Konfirmation eingestellt worden, allein in Naturrecht und Geschichte des Christentums fand eine Fortsetzung statt, ebda., Nr. 12, 116. Auf Empfehlung von Passavant und Ewald wurde 1793 Balthasar Pietsch aus Offenbach als Hofmeister mit dem Titel eines Regierungsrats eingestellt. Pietsch begleitete den Prinzen 1793 nach Stuttgart, wo dieser die letzte Phase der Vorlesungen an der Hohen Karlsschule miterlebte, bevor im April 1794 die Übersiedlung nach Marburg erfolgte, ebda., Nr. 13.

[63] Ewald, Christenthums Geist und Christen-Sinn [...], 2 Bde., Winterthur 1819 (= ChG; Steiger, Bibliogr. 371); ders., Die Religionslehren der Bibel, aus dem Standpunkt unserer geistigen Bedürfnisse betrachtet, 2 Bde., Stuttgart u. Tübingen 1812 (= RL, RL II; Steiger, Bibliogr. 313).

[64] Vgl. Nr. 81. Eine nähere inhaltliche Untergliederung wurde nicht gegeben.

[65] Johann David Michaelis, Deutsche Uebersetzung des Alten Testaments, mit Anm. für Ungelehrte, 13 Bde., Göttingen u. Gotha 1769–1785 (u. ö.); ders., Uebersetzung des Neuen Testaments, 2 T., Göttingen 1790. Karl Friedrich Bahrdt, Das Neue Testament oder die neuesten Belehrungen Gottes durch Jesum Christum und seine Apostel, Berlin 1783; zum Alten Testament vgl. ders., Die Kleine Bibel, 2 Bde., Berlin 1780 (mit Ausnahme der neu übersetzten poetischen Texte folgte Bahrdt hier weitgehend Luther); Johann Andreas Cramer, Poetische Übersetzung der Psalmen, mit Abh. über dies., 4 Bde., Leipzig 1755–1764; als Klopstockinterpret und -imitator fand Cramer bei Ewald keinen Anklang. Georg Christian Knapp, Die Psalmen [...] mit Anm., 3. verb. u. verm. Aufl. Halle 1789.

Außerdem gab er dem Unterrichtenden weiterführende Hinweise auf die von ihm verwendete neuere Literatur, so auf wichtige Werke von J.D. Michaelis und G. Leß, Herder, Heß und Pfenninger.[66] Den Ausgang bildet in traditionell dogmatischer Folge eine allgemeine Bestimmung von Religion als Lehre von der Gottesverehrung, gefolgt von Aussagen zu den Quellen der Gotteserkenntnis in der allgemeinen Schöpfungsoffenbarung und der speziellen biblischen Offenbarung.[67] In das Gebiet der Schöpfungsoffenbarung fiel bei Ewald neben der natürlichen Gotteserkenntnis, die aufgrund der Erfahrung göttlicher Güte einen allgemeinen Begriff von Gott vermittelte, auch die göttliche Sprache des menschlichen Herzens mit seinen das Irdische transzendierenden Bedürfnissen und der Fähigkeit zum Analogieschluß von der irdischen auf die himmlische Glückseligkeit.[68] Die charakteristischen anthropologischen Aussagen greifen auf die Grundanschauung vom Menschen als bildungsfähigem und -bedürftigem Mittelwesen in der Naturordnung zwischen Tier und Gott zurück. War der Mensch im Blick auf die Natur als Spitzenwesen zu betrachten, so blieb er im Blick auf die den Selbstzweck der natürlichen Lebensvollzüge transzendierenden Fragen ein von der Natur hilflos gelassenes, spezieller Gottesoffenbarung bedürftiges Wesen. Kinder, Taubgeborene und die legendären, in der Einsamkeit aufgewachsenen, »Tiermenschen« zeugten von der Unfähigkeit des isolierten Einzelnen zur Selbstentwicklung, da ihm weder Begriffe noch nennenswerte Fertigkeiten angeboren waren. Die Ausbildung des spezifisch Humanen hängt somit an der sozialen Vermittlung durch ein personales Gegenüber, dieses aber verweist nach Ewald in seiner absoluten Gestalt auf Gott. An der Wurzel jeglichen Welt- und Selbstverhältnisses konstatiert er einen Urakt des Glaubens, wie ihn J.G. Hamann, F.H. Jacobi und in seinem Gefolge Th. Wizenmann – freilich nur zum Teil mit Recht – in David Humes Erkenntniskritik als »belief« benannt fanden. Dieser »Glaube« sollte beispielsweise den Schluß vom Nacheinander bestimmter Empfindungen auf eine notwendige Kausalität verständlich machen, von der selbst nichts gewußt werden kann.[69] Für Ewald war dies vor allem unter antiintellektualistisch-

---

[66] Z. B. J.D. Michaelis, Mosaisches Recht, 6 Bde., Frankfurt/M. 1770–1775, 3. Aufl. 1775–1793. Gottfried Leß, Ueber die Religion: Ihre Geschichte, Wahl und Bestätigung, 2 Bde., Göttingen 1784–1785 (u. ö., 3. Bd.: Anhänge, auch u. anderem Titel). Herder, Aelteste Urkunde, s. o.; J.J. Heß (o. Vf.), Geschichte Moses. Von dem Vf. der Geschichte Jesu, 2 Bde., Tübingen 1788; Johann Konrad Pfenninger (o. Vf., »K.K.S.«), Philosophische Vorlesungen über das sogenannte Neue Testament. Vor Gelehrten, für Nichtgelehrte Denker ohne Glauben und Unglauben, 6 Bde., Leipzig 1785–1789 (Bd. 6: Philosophische Vorlesungen Vor Gelehrten [...] über das sogenannte Neue Testament); vgl. Rez. von Bd. 1–5 (1. 1785, 2 und 3 1786, 4. 1787, 5. 1788) in: ÜP H. 5, 1788, Bd. 6 in: ÜP H. 6, 1789; zum positiven Urteil J.G. Hamanns und F.H. Jacobis vgl. Friedrich Heinrich Jacobi, Werke 3, 65, 76 f.
[67] ERU, Nr. 1–23.
[68] Vgl. PüL H. 12, 19 ff. »Unser Herz ist eine unabhängige Gottheit in unserem Wesen [...]«, ebda., 39.
[69] Friedrich Heinrich Jacobi, David Hume über den Glauben oder Idealismus und Realismus,

psychologischem Aspekt für die Apologie des Offenbarungsglaubens (faith) von Interesse. In der existentiell bestimmten Wahrheitserkenntnis besteht demnach strukturell kein Unterschied zwischen der Unmittelbarkeit sinnlicher Evidenz und der Unmittelbarkeit religiöser Erfahrung, beide bedürfen keines demonstrativen Beweises ihrer Möglichkeit, können aber auch nicht widerlegt werden.[70] Die Aussagen zum Tod des Menschen nehmen den Analogieschluß von Phänomenen des Übergangs in der als Aufstiegsordnung vom Materiellen zum Geistigen hin ausgelegten Natur nach neuplatonischen Motiven auf, so daß der Tod als notwendiger Gestaltwechsel in der Läuterung zu höherem Leben plausibel gemacht werden konnte.[71] Damit kommt die organische Gesamtschau der Wirklichkeit deutlich zum Ausdruck.

Die Vernunft kommt wie bei F. H. Jacobi und im sog. Supranaturalismus wesentlich als subjektiv-formales Vermögen zur Wahrnehmung von Verhältnissen ohne eigene Vermittlungsleistung gegenüber den christlichen Offenbarungsinhalten in Betracht und kann darin an den weiten Vernunftbegriff der frühen Aufklärung, etwa bei John Locke, anschließen. Die Vernunft wurde jedoch für fähig gehalten, ex negativo nichtchristliche Offenbarungsansprüche unter Anerkennung bestimmter Wahrheitsmomente begründet abzuweisen, eine jener Formen aufklärerischer Rationalisierung, die sich Ewald ohne Bedenken zu eigen machte. Der Weg zur speziellen Gottesoffenbarung der Bibel wird entsprechend durch den Ausschluß der Offenbarungsansprüche nichtchristlicher Religionen und ihrer heiligen Schriften vorbereitet, was die Aufnahme eines gewichtigen Kapitels Religionsgeschichte in den katechetischen Unterricht ermöglicht, ein trotz der apologetischen Interessen bedeutsamer Vorgang historischer Orientierung. Der Avesta der zoroastrischen Religion des Parsismus fand besondere Aufmerksamkeit, da hier erstaunliche Parallelen zur Bibel festgestellt wurden, die schon Herder, Kleuker und Häfeli angesprochen hatten.[72] Weiter zur Sprache kamen neben dem antiken Orakelwesen die Veden der Hindureligion[73], die »Klassiker« der Chinesen[74] und der mit

---

ein Gespräch, Breslau 1787, in: Werke, Bd. 2. Ulrich Voigt, David Hume und das Problem der Geschichte (Historische Forschungen 9), Berlin 1975, 106 f.; Kondylis, 572 ff.

[70] Vgl. ebda., Nr. 2, 12, 14; Wizenmann, Resultate, 5 f., 20 f., 54 f.; zu Hegel und Hamann in dieser Frage vgl. Sven-Aage Jørgensen, Hamann und seine Wirkung im Idealismus, 155 f.

[71] Vgl. auch Herder, SWS 31, 566.

[72] Ewald fand wenig Verständnis für den liturgischen Charakter der Schrift. Abraham Hyacinthe Anquetil-Duperron (1731–1805) veröffentlichte 1771 die erste französische Übersetzung des Avesta; er hatte 1755–1762 in Indien in Surat bei Parsenpriestern deren heilige Schriften studiert und zahlreiche Handschriften und eine neupersische Übersetzung des Avesta mitgebracht.

[73] Der »Esaur-Vedam«, eine Erklärung »des Vedam[,] der Indier Bibel«, war schon von Voltaire hoch gelobt worden, vgl. Leß, Ueber die Religion, Bd. 1, § 24.

[74] Genannt wurde »Schuking«. Der Terminus »ching« (= klassisch) galt allgemein für die Bücher der Väter, früh wurde der Name des Konfuzius damit verbunden; von den sechs Klassikern, mit den sechs Künsten identifiziert, hieß der erste »Shu« (Geschichte). Zum religionsgeschichtlichen Interesse bei Jerusalem vgl. dessen Betrachtungen, 128 ff.

ähnlichen Vorwürfen von Absurdität – wie in der antijüdischen Tradition der Talmud – zurückgewiesene Koran; jener fand hier bei Ewald erstaunlicherweise keine Erwähnung. Das gesamte Vorgehen entspricht der Behandlung des Offenbarungsanspruchs nichtchristlicher Religionen bei G. Leß und J. F. Kleuker, die diese zwischen die Behandlung des Alten und Neuem Testament plaziert hatten.[75] Die Darbietung der biblischen Heilsgeschichte folgt unter dem Aspekt der Erziehung dem bekannten Schema von Schöpfung und Urgeschichte als allgemeiner Weltgeschichte, der Entfaltung der Familiengeschichte Abrahams[76] und der nationalen Geschichte des Volkes Israel[77] sowie der sich ins Universale weitenden Geschichte Jesu und der Apostel[78] bis hin zur Apokalypse.[79] Apologetische Abschnitte zum Offenbarungsglauben kamen hinzu.[80] Innere Gründe wie die Authentie der biblischen Bücher, die historische Glaubwürdigkeit der Wunder und die christologische Erfüllung alttestamentlicher Weissagungen stehen neben der Widerlegung äußerer Einwände. Gleichwohl galt die subjektive Geisterfahrung als der sicherste Weg zur Überzeugung von der Wahrheit der biblischen Offenbarung, so daß sich die Bedeutung des argumentativ verwendbaren Wissens wieder relativierte.[81]

Ein 1793 abgedruckter Brief Ewalds zur Frage der Bibelauthentie und der Weissagungsfrage verdeutlicht diese Spannung. Unter Berufung auf G. Leß und Johann Benjamin Koppe polemisierte er gegen die »ungläubigen Herren« T.[öllner] und E.[ichhorn], die sich um ihres Deismus willen zu allerlei willkürlichen Bibelinterpretationen entschlossen hätten. Zugleich versicherte er,

---

[75] Leß, Ueber die Religion, Bd. 1, § 20 ff.; Kleuker, Neue Prüfung, Bd. 2, 64 ff.

[76] Der Erwählungsgedanke wurde ebenfalls durch den Erziehungsgedanken interpretiert; hier wurden auch Ausschnitte des Buches Hiob gelesen, das der Zeit Abrahams zugerechnet wurde, ERU, Nr. 38.

[77] Neben dem Dekalog als »Geist« (Nr. 44) der alttestamentlichen Gesetzgebung fanden wie öfter bei Ewald besondere Aufmerksamkeit die humanitäre Gesetzgebung zum Schutz der Armen und der abhängigen Lohnarbeiter sowie die vorbildlichen Bestimmungen zu Tierschutz und Kriegsrecht. Implizit liegt hier eine Art »Fürstenspiegel« vor. Cant wurde im Unterricht am besten übergangen, ERU Nr. 54 (39).

[78] Die Orientierung am Leben Jesu öffnete den Blick für die soziale Verpflichtung des Christentums: Jesus hatte arme Eltern, um mit den Bedürfnissen der armen Volksklassen vertraut zu werden, ebda., Nr. 61.

[79] Ebda., Nr. 23–88, eine Zusammenfassung zur Bibelgeschichte schließt den Teil ab. Am Schluß einzelner Abschnitte finden sich der Lernstoff zusammengefaßt in Aussagen a) von Gott, b) vom Menschen, c) allgemein, so ebda., Nr. 35, 39, 48. Für die Apk wird ein Ineinander von Poesie und Prophetie festgestellt, Hauptsache blieb die Ansage der Parusie Christi und das ihr vorangehende Martyrium der Christusverehrer; eine Deutung auf die Zerstörung Jerusalems wird auch hier abgelehnt. Ebda., Nr. 86 f.

[80] Allein schon die formale Autorität der Gottesoffenbarung sollte den absoluten Glauben an alles, was die Bibel selbst als glaubwürdig vorstellte, begründen; nur so schien die nötige Unabhängigkeit von metaphysischen oder philosophischen (Vor-)Urteilen gewährleistet, ebda., Nr. 94. »Die Wunder mußten also historisch wahr seyn.« Ebda., Nr. 92 (S. 101).

[81] Ebda., Nr. 96. Vgl. die bei J. S. Semler zunehmend wichtiger werdende Gründung der Glaubensgewißheit auf die subjektive Erfahrung, die freilich auch in der Gestalt der Anfechtung auftreten konnte, Semler, Christologie, 52 ff. (Einf.), 236.

die historische Kritik berühre die für den Gläubigen maßgebliche Gewißheitsfrage nicht, selbst eine kritische Reduktion des Kanons (!) vermöge die Grundlagen der »biblischen Christusreligion« nicht in Frage zu stellen. Wie in der Kunst stehe auch in der Religion die sinnlich-ästhetische Urteilskraft (des Laien) über der historischen Kritik: Nur der Törichte lasse sich den Genuß eines Musikstückes durch taube Musikkritiker verderben, welche über die Verfasserschaft von Partituren stritten.[82]

Der abschließende Hauptteil des Entwurfs legt die Begründung und die Gestalt christlicher Ethik dar. Als christozentrische Liebesethik, die ihre Motivation aus der Dankbarkeit bezieht, steht sie unter dem Anspruch einer zunehmenden Gleichförmigkeit des Handelnden mit Christus.[83] Näher kommt das Thema in der Auseinandersetzung mit der Kantschen Pflichtethik zur Sprache. Von Interesse ist die Überführung der Lehre von den Eigenschaften Gottes in den Kontext der Ethik. Deren eigentliche lebenspraktische Relevanz lag nach Ewald darin, daß der Mensch sein Lebensgeschick nach Röm 8,28 in zunehmender Deutlichkeit als Ausdruck des erzieherischen Liebeshandelns Gottes deuten lernte und sich vor Fehltritten warnen ließ. Die spezielle christliche Ethik gestaltet sich folglich als Lehre vom Gebrauch der alle Lebensvollzüge umfassenden »Bildungsmittel« zu gesteigerter Gottähnlichkeit. Damit ist ein Weg des Aufstiegs zu Gott gewiesen, der sich als Reinterpretation der Perfektibilitätsvorstellung Rousseaus verstehen läßt.[84]

Die kirchlichen Heilsmittel wurden in den Rahmen der detaillierten und facettenreichen Tugend- und Pflichtenlehre als »Bildungsmittel« aufgenommen, so das Abendmahl als Dankbarkeit und Gegenliebe stärkendes Erinnerungsmahl zur Erneuerung des Taufbundes.[85] Anderes führt die Elemente der Haustafeltradition fort. Zur Praxis des Gebets, das subjektiv als Stärkung des Gefühls göttlicher Allgegenwart und der schlechthinnigen Abhängigkeit von Gott gefaßt wird, dem Besuch der öffentlichen Gottesdienste und dem Gebrauch der Sakramente tritt der öffentliche Bekenntnisakt und das intensive Bibelstudium – verhalten klingt das Ideal der Privatversammlungen an.[86] Ein

---

[82] Ewald, Zweifel über Bibelauthentie und Weissagungen, in: ÜP H. 8, 256–263, 259.

[83] ERU, Nr. 97–201. Demnach setzt allein die Erfahrung ungeschuldet gewährter Gottesliebe (Evangelium) die Antwort des Menschen in Jesus- und Gottesliebe, Selbstliebe und Nächstenliebe frei, wobei die Jesusliebe gegen einzelne neologische Bedenken die adoratio Christi einschloß; der Liebesgedanke wehrte vor allem das gesetzliche Mißverständnis ab, ohne die volle Beanspruchung des Subjektes zu minimieren (die Liebe ließ sich zwar nicht befehlen, mußte aber gelenkt, gereinigt und erweitert werden), ebda., Nr. 125.

[84] Vgl. Rousseau, Diskurs über die Ungleichheit. Discours sur l'inégalité. Krit. Ausg. des integralen Textes [...] neu ediert, übers. u. komm. v. Heinrich Meier, 3. Aufl. Paderborn 1993 (= Rousseau, Discours), 103 f.

[85] ERU, Nr. 199 f. Der charakteristische Schluß formuliert unter dem Motto des Wachstums im Guten die Bitte, Gott möge durch seinen Geist »den innern Menschen, den göttlichen Theil unserer Selbst«, d. h. die Seele nach ihrem Denk- und Empfindungsvermögen stärken (nach Eph 3,16), ebda., Nr. 201.

[86] »Unterredung mit christlichen Freunden, Singen erbaulicher Lieder und gemeinschaftliches

eigenes Gewicht erhielten die Pflichten des Menschen gegenüber sich selbst. Aufgrund natürlicher Selbstliebe, der Rousseauschen amour du soi, war der Mensch zur Förderung seiner geistigen und emotionalen Fähigkeiten, zur Gewissensbildung anhand strenger Selbstprüfung und zur Gesundheitsvorsorge angehalten. Letztere gab u. a. Gelegenheit, über den Suizid zu sprechen, der als Krankheitsphänomen den gängigen vorurteilsbelasteten Distanzierungs- und Verurteilungsmustern entnommen wurde.[87]

Im Rahmen der Pflichtenlehre kommt die Rede auch auf den Schutz der Menschenrechte in naturrechtlicher Tradition, etwa der Glaubens- und Gewissensfreiheit, als deren vorbildlicher Hort von Rousseau her die Schweiz galt.[88] Das dem künftigen Herrscher vermittelte Bild der Regulierung sozialer Herrschaft blieb nach den Grundsätzen der von radikaldemokratischen Gleichheitsideen freigehaltenen Ständegesellschaft traditionell der fundamentalen, die augustinische Naturrechtstradition fortführende Verwirklichung der Trias von Gerechtigkeit, Billigkeit und Menschlichkeit verpflichtet, hinzu kam die besondere Einschärfung der Verantwortung für das staatliche Bildungswesen. Gerechtigkeit als Grundtugend und iustita distributiva, Billigkeit als situationsbezogenes Regulativ und das beides einigende Ideal der humanitas als Schutz vorstaatlicher Menschenwürde und -rechte blieben auch weiterhin für Ewald die appellativen Grundfiguren politischer Verantwortung im Rahmen des Ideals der konstitutionellen Monarchie.[89] Insgesamt entsprechen die von Ewald vermittelten Herrscherpflichten dem friderizianischen Ideal des »ersten Dieners im Staat«. Ein gleichartiges Herrscherbild zeichnete Kanzler Hoffmann in seinem Fürstenspiegel für den Erbprinzen Leopold aus dem Jahr 1786.[90]

Casimir August wurde am 23. September 1793 von Ewald konfirmiert. Dieser veröffentlichte noch im selben Jahr den Ablauf des Gottesdienstes mit dem eigens entworfenen Glaubensbekenntnis des Prinzen, das die nach Ewalds Vorgaben angelegten Prüfungsfragen zu Glaubens- und Sittenlehre abschloß.[91]

Gebät wird auch gewis die Seele zum Guten stimmen [...]«, mit Berufung auf Kol 3,16 und Mt 18,19, 202 f., ERU Nr. 198.

[87] Ebda., Nr. 139. Zur Differenzierung von natürlicher Selbstliebe (amour du soi) und gesellschaftlich bedingter egoistischer Eigenliebe (amour-propre) bei Rousseau vgl. Émile, ou de l'éducation (1762), in: OC 4, 239–869, 491 ff. Vgl. Hans-Martin Kirn, »Ich sterbe als büßende Christin ...« Zum Suizidverständnis im Spannungsfeld von Spätaufklärung und Pietismus, in: PuN 24, 1998, FS M. Brecht / G. Schäfer, 252–270.

[88] ERU Nr. 182 u. 190. Zur Frage der Prinzenerziehung in Neufchatel oder auch in Genf, Ewald an Lavater, 11./12. Januar 1792, Brief Nr. 22.

[89] ERU Nr. 184 ff. Zum Stellenwert der Goldenen Regel als »Gesetz der Billigkeit« in der Prinzenerziehung vgl. Herder, SWS 31, 573. Zum Wandel der Gleichheitsvorstellung vgl. Otto Dann, Gleichheit und Gleichberechtigung. Das Gleichheitspostulat in der alteuropäischen Tradition und in Deutschland bis zum ausgehenden 19. Jh., Berlin 1980.

[90] Stöwer, Landesbeschreibung, 62 ff., bes. auch 66.

[91] Ewald (Hrsg.), Glaubensbekenntniß und Vorsäze des Prinzen Casimir August zur Lippe bei Seiner öffentlichen Konfirmation am 23ten Sept. 1792 nebst den Reden, die dabei gehalten

Das vorgelegte Privatbekenntnis bekundet wie alle vergleichbaren Konfirmationsbekenntnisse höhergestellter Personen der Zeit die Distanz zum Formelhaften der Tradition und den hohen Stellenwert, den das Ideal frei gewonnener individueller religiöser Überzeugung inzwischen bekommen hatte. Als Credo der Gemeinde kommen die Texte nicht mehr in den Blick. Was einerseits als liturgischer Formverlust zu beklagen ist, muß andererseits auch als Kraft zur individuellen Neuformulierung im Horizont spätaufklärerischer Transformation typisch pietistischer Bekenntnismomente gewürdigt werden.[92] Neben dem Thema der Gottebenbildlichkeit und dem Erziehungs- und Vervollkommnungsgedanken finden sich bei Ewald auch Anspielungen auf den Chiliasmus und die Hoffnung auf Allversöhnung. Die Befragung zur Sittenlehre schloß mit der Verkündung der gefaßten Vorsätze, an ihrer Spitze die Versicherung, in der Jesus- und Gottesliebe ständig zunehmen zu wollen.[93]

Auch Hofprediger Emmerich hat 1781 den Gang der Konfirmation des Isenburgischen Erbprinzen Karl Friedrich Ludwig Moritz mit Fragen und Antworten nach eigenem Entwurf veröffentlicht.[94] Die einzelnen Themen wurden bei ihm mit deutlich biblischem Bezug abgehandelt, das Ideal einer an der Bergpredigt orientierten und vom regelmäßigen Bibelstudium inspirierten Frömmigkeit steht im Vordergrund. Das Sakramentsverständnis ist wie auch sonst bei Ewald vom Charakter des Erinnerns, der Feier und der Darstellung bestimmt: In Taufe und Abendmahl werden demnach auf einfache und sinnliche Art das Wesen und die Grundwahrheiten des Christentums vergegenwärtigt. Die Einsetzungsworte des Abendmahls erklärte Emmerich zwar noch betont konfessionell, doch entscheidend war die vom gläubigen Subjekt zu leistende innere Entsprechung, indem die äußere Handlung »Ausdruck und Gemälde des Herzens« sein mußte, um nicht zur leeren Zeremonie

---

worden, Lemgo 1793 (Steiger, Bibliogr. 91). Ewald betonte zwar, der Prinz habe das Glaubensbekenntnis selbst erstellt, aber es kann als Summe des Ewaldschen Unterrichts und Hinweis darauf gelten, welche Elemente dieser in sein Ideal eines biblischen bzw. bibelgeschichtlichen (und eben nicht orthodoxen) Glaubensbekenntnisses aufgenommen wissen wollte.

[92] Ewald (Hrsg.), Glaubenbekenntniß, 5–8.

[93] Ebda., 9 f. Der Gottesdienst lief folgendermaßen ab: Anrede und Gebet; erster Teil der öffentlichen Prüfung: Fragen zur Glaubenslehre, Abschluß: Glaubensbekenntnis des Prinzen; Liedverse, zuerst vom Liturgen als Gebet gesprochen, dann vom Chor gesungen); zweiter Teil der Prüfung: Fragen zur Sittenlehre, Abschluß: Vorsätze; Liedvers (wie oben zuerst als Gebet gelesen, dann vom Chor gesungen); Anrede an den Prinzen mit Verpflichtung und Einsegnung; Liedvers (wie oben, nach einer Komposition des Kantors Pustkuchen); abschließende Ermahnung; Liedvers (wie oben); Fürbittegebet. Die Gemeinde beteiligte sich demnach nicht durch eigenen Gesang, der wohl zu dürftig erschien, der Chor übernahm ihre Rolle.

[94] Georg Heinrich Emmerich (Hrsg.), Glaubensbekenntniß Seiner Durchlaucht des Erbprinzen von Isenburg Carl Friedrich Ludwig, nebst denen bei dieser Gelegenheit gehaltenen Reden, Offenbach 1781. Die Konfirmation fand am 24. Mai statt, gepredigt wurde über Mt 10,32 f., ebda., 9–29. Der Erbprinz verbrachte danach zwei Jahre bei Gottlieb Konrad Pfeffel in Kolmar, ArchBir Nr. 14432. In diesem Zusammenhang hat sich auch ein Brieffragment von Sophie von La Roche erhalten, datiert auf den 22. November 1783, aus dem die Verbundenheit mit der fürstlichen Familie hervorgeht, in: BirArch Korrespondenzen, Nr. 14432.

herabzusinken.[95] So spiegeln diese Bekenntnisse in besonders deutlicher Weise die jeweilige theologische Position des Unterrichtenden und das wahre Ausmaß der Entfremdung gegenüber dem Apostolikum.[96]

Wieder aktuell wurde die Katechismusfrage für Ewald in der Badener Zeit.[97] Im April 1810 schrieb Ewald an Heß von seiner Beauftragung durch das badische Ministerium des Innern, einen Landeskatechismus für die beiden evangelischen Konfessionen zu entwerfen.[98] Entsprechende Grundsätze und ein Entwurf waren schon positiv aufgenommen worden, doch ließ Ewald beides durch Johann Georg Müller in Schaffhausen an Heß schicken und bat um dessen Stellungnahme. Heß erklärte sich nach längerem zwar mit dem ihm von Ewald Vorgelegten im großen und ganzen einverstanden, wollte aber anders als Ewald an der strengen Gliederung in Abschnitte zu Gott und seinem Gesetz, Mensch und Fall, Erlösung, Heiligung und ewigem Leben, kurz: an der Ordnung »Gott – Mensch – Mittler zwischen Gott und Mensch«, festhalten.[99] Die Katechismusreform kam jedoch nicht voran, Ewald gab den Auftrag zurück. 1816 unternahm er einen letzten Versuch zur Beförderung der Angelegenheit im Horizont des Unionsgedankens, doch herrschte schon ein resignierender Ton angesichts der konfessionell-restaurativen Kräfte in der Kirche, die sich jeglicher Veränderung entgegenstellten.[100] Starker Widerstand ging offenbar von den Reformierten der Pfalz aus, für die der Heidelberger Katechismus einen wesentlichen Teil ihrer schwer erkämpften Identität darstellte.[101] In seinem Schreiben an Friedrich Heinrich Chr. Schwarz nannte er

---

[95] Ebda., 62 ff.

[96] Vgl. Herder, SWS 31, 561–599 (Konfirmation des Erbprinzen Karl Friedrich von Sachsen-Weimar, 20 März 1799), ebda., 604–635 (Konfirmation der Prinzessin Karoline Luise, 15. April 1802); Friedrich Samuel Gottfried Sack (Hrsg.), Glaubensbekenntniß [...] des Prinzen Friedrich Wilhelm Kronprinzen von Preussen. Nebst den bei der Konfirmazion Sr. Königl. Hoheit gesprochenen Reden [...], Berlin 1813 (Credo ebda., 5–27).

[97] Seine Vorlesungen zur Katechetik in Heidelberg hielt Ewald nach dem Lehrbuch des Göttingers J. F. Chr. Gräffe (1754–1816) und eigenen Entwürfen. Anzeige der Vorlesungen [...], Heidelberg [1807]. Johann Friedrich Gräffe, Vollständiges Lehrbuch der allgemeinen Katechetik nach Kantischen Grundsätzen zum Gebrauche akademischer Vorlesungen, 3 Bde., Göttingen 1795–1799; eine zeitgemäße Katechetik basierte nach Gräffe auf der Analyse der menschlichen Seelenkräfte, entsprechend gliederte sie sich nach Erkenntnis-, Gefühls- und Begehrungsvermögen.

[98] Ewald an Heß, 21. April 1810, Brief Nr. 58. Vgl. zur Badener Wirksamkeit Ewalds Steiger, 143 ff. (zur Arbeit an einer Bibelgeschichte), 156 ff. (zum Katechismusstreit mit Schwarz).

[99] Heß an Ewald, 19. Dezember 1810, Brief 59. Heß hatte einen vor Jahren im Auftrag verfertigten Entwurf einer »Religionslehrform« beigelegt, den er aber inzwischen als für einen Katechismus zu weitläufig, verbesserungsbedürftig und zum Teil dem Ewaldschen Entwurf unterlegen erachtete.

[100] Ewald, Etwas über Catechismen überhaupt, über Ursins und Luthers Catechismen insbesondere, und über Vereinigung der beiden evangelischen Confessionen, Heidelberg 1816 (= CAT; Steiger, Bibliogr. 341). Die in der UB Tübingen vorhandene Schrift trägt eine hsl. Widmung Ewalds als eines »väterlichen Freundes« an den Tübinger Johann Christian Friedrich Steudel (1779–1837) aus der Storr-Schule.

[101] Ebda., 52 f.

als Anlaß für seine Schrift von 1816 die Ratlosigkeit der Kirchensektion, mit den uneinheitlichen Ergebnissen einer Umfrage und der eingegangenen Gutachten umzugehen.[102]

Ewalds Stellungnahme ist daher von besonderem Interesse, weil sie eine relativ ausführliche Darlegung seiner Kritikpunkte an den überkommenen Katechismen beider Konfessionen enthält. Zudem findet sich neben dreizehn Grundsätzen eines nachkonfessionellen Katechismus – eine erweiterte Variation des 1791 Dargelegten unter Auslassung des Vorschlags eines kirchengeschichtlichen Abschnitts –, auch der entsprechende Entwurf.[103] Der Eingangsteil des Entwurfs, den Ewald ausformuliert hatte, geht charakteristischerweise von einem allgemeinen Religionsbegriff und den immer wieder betonten religiösen Bedürfnissen des Menschen aus, die, sind sie erst einmal ins Bewußtsein gehoben, auf Befriedigung durch den Empfang der biblischen Offenbarung warteten. Der theologisch präzise Einsatz des am Römerbrief orientierten Heidelberger Katechismus beim Elend des Menschen vor Gott galt als zu wenig psychologisch vermittelt und sollte daher auf der Ebene menschlichen Endlichkeitsbewußtseins hintergangen werden. Die Notwendigkeit einer positiven göttlichen Offenbarung wird also, für Ewalds anthropozentrische Betrachtungsweise charakteristisch, von einer bestimmten Subjektivitätsvorstellung her plausibel gemacht. Auf einen Überblick zum Inhalt der Bibel folgt als Hauptteil die übliche Darstellung der fünf Perioden biblischer Offenbarungsgeschichte mit angehängten Resultaten für die Glaubens- und Sittenlehre.[104] Als Glaubensbekenntnis der Konfirmanden wird eine kurze Zusammenfassung des Hauptinhalts der Bibel vorgeschlagen, wobei wohl an eine Form gedacht war, wie sie Prinz Casimir vorgestellt hatte. Abschließend sollte ein Vergleich der aus der biblischen Geschichte erhobenen Inhalte mit den allgemein bestimmten existentiellen Bedürfnissen des Menschen erfolgen und der obligatorische Beweis der Göttlichkeit der Schrift aufgrund des Eintritts von Offenbarung als Gewährung von Sinn in den Sinnverlust erbracht werden, bevor die üblichen Ermahnungen zur frommen Lebenspraxis und zur Bildung von Vorsätzen für die Zukunft den Schlußpunkt setzten.[105] Die herkömmlichen katechetischen Hauptstücke werden hier in den Gang der biblischen Heilsgeschichte eingewoben: Der Dekalog bekam seinen Platz in der Geschichte der jüdischen Nation und wurde dadurch einerseits in seiner Bedeu-

---

[102] Brief vom 7. Juni 1816, Nachlaß Schwarz XIV, 17[4–5].
[103] Hierbei dürfte es sich im Kern um die Heß zugesandten Materialien handeln. Der Katechismusentwurf wird in 10 Punkten vorgetragen, CAT 25–36. Steiger, 127, vermißt den besagten Entwurf und einen gedruckten Katechismus Ewalds aus dieser Zeit.
[104] Vgl. Döderlein, Institutio, 6. Aufl. Bd. 1, 13 ff. (De periodis religionis revelatae), u. a. mit Hinweis auf Heß' Schrift vom Reich Gottes von 1775 und, dieser in der Darstellung überlegen, Kleukers Entgegnung auf die Reimarus-Fragmente: Kleuker, Einige Belehrungen über Toleranz, Vernunft, Offenbarung, Theologie, Wandrung der Israeliten durchs rothe Meer und Auferstehung Christi von den Todten [...], Frankfurt/M. 1778.
[105] Ebda., 31–36.

tung für Christen historisierend relativiert, andererseits als ureigen dem jüdischen Volk zugesprochen. Dies korrespondiert mit der Hervorhebung der Bergpredigt Jesu als der spezifisch christlichen Sittenlehre. Das Vaterunser (Gebet) und das Abendmahl finden sich neben dem Gottesdienstbesuch im Abschnitt zum Leben Jesu bei den »Bildungsmitteln für die höhere Welt«, die Taufe als Initiation ins Christentum – und nicht etwa als Aufnahme in die Kirche – am Ende der apostolischen Zeit. Vom Apostolikum ist nicht mehr die Rede, es wurde schlicht unter die Bibelgeschichte subsumiert und als in dieser aufgehoben betrachtet.

Die für ein Lehrbuch erheblichen Mängel des Heidelberger Katechismus und des Lutherischen Kleinen Katechismus in methodischer und inhaltlicher Hinsicht hatten schon Aufklärungspädagogen wie der gegenüber der Neologie offene Theologe August Hermann Niemeyer (1754–1828) in Halle beanstandet.[106] An sie schloß sich Ewalds Kritik an. Luthers Kleiner Katechismus, für »einfältige Pfarrherrn und Gemeinden« bestimmt, erschien in dieser Sicht als unvollständig, beim Heidelberger Katechismus mißfielen neben dem didaktisch unvermittelten Beginn der ersten Frage bibelfremde Elemente »roher« kirchlicher Dogmatik, die fragmentarische Abhandlung der Moral und die antikatholische Polemik, die in einem Staat mit großem katholischem Bevölkerungsanteil – Baden hatte etwa zwei Drittel katholische Einwohner – nicht mehr akzeptabel war.[107] In dogmatischer Hinsicht mahnte Ewald im Blick auf letzteren eine zu exzessive Rede von Sünde und Erlösung und ein entsprechend negatives Menschenbild an. Die Sünde wurde nach dieser Auffassung nicht deutlich genug in ihrem Charakter als Zwischenbestimmung der menschlichen Existenz zur Geltung gebracht, sondern geradezu zur Wesensbestimmung der menschlichen Natur verfälscht. Erfahrung und Selbstwahrnehmung widersprachen nach Röm 7,14 ff., auf den ständig aktuellen inneren Kampf zwischen Vernunft und Leidenschaften hin interpretiert, der einseitigen Behauptung von der natürlichen Neigung zum Gotteshaß, doch auch der Annahme, die Vernunft könne diesen Kampf beenden (zu Frage 5).[108] Die traditionelle Urstandslehre war mit dem allgemeinen Bildungsgedanken und die Erbsündenlehre mit der Verantwortung für das eigene Tun nicht vereinbar (zu Frage 6 und 7).[109]

---

[106] Ebda., 36–56, 50. August Hermann Niemeyer, Handbuch für christliche Religionslehrer, 2 Bde., 5. verb. Aufl. Halle 1805–1807 (Bd. 1 u. d. T.: Populäre und Praktische Theologie oder Methodik und Materialien des christlichen Volksunterrichts, Bd. 2 u. d. T. Homiletik, Pastoralwissenschaft und Liturgik), Bd. 1, 21 f., Bd. 2, 230 ff., vgl. RL II, 141.

[107] CAT, 53.

[108] Auch Röm 8,7 wurde nicht als Einwand akzeptiert, da die dortige Unausweichlichkeit nicht mit Haß gleichzusetzen sei. Zu den einzelnen Fragen des Heidelberger Katechismus vgl. Catechismus, oder kurtzer Unterricht Christlicher Lehre, wie derselbe in denen Reformirten Kirchen und Schulen der Chur-Fürstlichen Pfaltz, auch anderwärts getrieben wird [...], Heidelberg 1767.

[109] Statt einer angeborenen gänzlichen Verdorbenheit von Geburt an sei allenfalls eine keineswegs zwanghafte »Neigung« zur Sünde (inclinatio ad malum als unbestimmte Tendenz) anzu-

Damit kamen von Rousseau inspirierte Gedanken über die an sich positiven Naturtriebe des Menschen und die Bedeutung der Erziehung für deren Lenkung zum Tragen, wie sie schon G. S. Steinbart gegen die Orthodoxie namhaft gemacht hatte. Faktisch bedeutet dies eine Annäherung an die ältere pelagianische Tradition als eigentlich frühchristlicher, wie sie Steinbart offen gefordert und noch bei Melanchthon gegen Luther bewahrt gesehen hat.[110] Die christologischen und soteriologischen Kritikpunkte beziehen sich auf Elemente der Idiomenkommunikation der klassischen Zweinaturenlehre und die Begründung des Todes Jesu mit der göttlichen Strafgerechtigkeit (zu Frage 17 und 40). Die Rede von der Erlösung als Befreiung aus der Gewalt des Teufels wurde als zu exzessiv beanstandet, da diese die Unmöglichkeit einer Schuldzurechnung zur Voraussetzung habe (zu Frage 34). Abgelehnt wurde ferner die als allzu krass empfundene Aussage, Jesus habe Zeit seines Lebens in Hinblick auf die sündige Menschheit den Zorn Gottes getragen (zu Frage 37).[111] Zu unbestimmt blieben dagegen für Ewald die Anklänge an den zentralen Topos der mystischen Christusgemeinschaft (zu Frage 32). Eine von der zeitgenössischen Theologie längst als sachlich falsch entlarvte antikatholische Polemik wurde in den Aussagen zur Heiligenverehrung und zum Meßopfer beanstandet (zu den Fragen 30 und 80).[112] Geradezu als »non plus ultra von Unrichtigkeit und Intoleranz«, besonders belastend in konfessionsverschiedenen Ehen, galt die Schmähung des römischen Meßopfers als einer abgöttischen Verleugnung des einmaligen Opfertodes Christi.[113] Selbst bei einer entspre-

nehmen. Eph 4,24 gebe keine Auskunft über eine urständliche Vollkommenheit, Ps 51,7 sei Ausdruck tiefer Reue und nicht anthropologische Grundbestimmung. Vgl. die Kritik an Augustin und dem von ihm maßgeblich geprägten kirchlichen Erbsündenverständnis bei Steinbart, Glückseligkeitslehre, § 22 ff., 52 ff.; Ewald ist hier näher bei Steinbart als bei G. Chr. Storrs unausgeglichen wirkenden Aussagen: Storr sprach im Blick auf die Erbsünde vorsichtig von einer angeborenen fehlerhaften Disposition oder Anlage, die es dem Menschen zwar nicht schlechterdings unmöglich, aber doch sehr schwer mache, das göttliche Gesetz zu befolgen, aber auch kurz und bündig von einem angeborenen Verderbnis, das sich in einem entschiedenen Hang zum Bösen zeige, Lehrbuch der Christlichen Dogmatik, 1803, § 55 f. Ebenfalls abgelehnt wird bei Ewald die Anschauung von der in Frage 12 implizierten ewigen Verdammnis der Ungläubigen; der von Frage 52 ausgesprochene Gedanke, die ewige Verdammnis der Feinde Jesu und der Christen gereiche dem Gläubigen zum Trost, wird als »empörende, antichristliche Idee« zurückgewiesen.
[110] Steinbart, Glückseligkeitslehre, § 24, 56 ff., § 43, 100 ff.
[111] Ewald berief sich u. a. auf John Lightfoot, einen der »alten rechtgläubigen Theologen«, welcher die Aussage von der Höllenfahrt Christi nach dem Apostolikum und den Satz »Christum passum esse extremam dei iram« zurückgewiesen hatte, Johannes Lightfoot, Opera omnia, Bd. 1, 2. Ausg. 1699, 759–775, 766; vgl. Döderlein, Institutio, 6. Aufl. Bd. 2, 262, bes. 264 ff. Subjekt von I Petr 3,19 f. war nach Ewald der schon zu Noahs Zeiten wirkende Logos, während Döderlein sich auf die Aussage vom Abstieg der vom Körper getrennten Seele Jesu beschränkte.
[112] Vgl. Schwarz, Handbuch der christlichen Religion 3, 246 ff.
[113] Ewald führte den repraesentatio-Gedanken des Tridentinums an, Sessio XXII, Cap. 1, in: Denz. 1740. Das bei Ewald auf deutsch Zitierte ist unpräzise und hebt auf die gebrauchten Verben ab, mit denen das Verhältnis von Meßopfer und Opfertod Christi bestimmt wurde, ebda., 44 f. Vgl. Jacques Bossuet, Exposition de la doctrine de l'église catholique, Paris 1761, 154.

chenden Relativierung durch historische Erklärung mußte schon ein entsprechender Erklärungsbedarf dem Ansehen eines Katechismus schaden.[114] Ein letzter Kritikpunkt betrifft die marginale Rolle, welche die Sittenlehre Jesu, also im wesentlichen die Bergpredigt, spielte, die nur als Anhang zum primär für Juden bestimmten Dekalog zur Sprache kam.[115] Die kurze Stellungnahme zu den Lutherischen Katechismen hebt den Unterschied zum Heidelberger Katechismus hervor: Dieser sei mehr dem theologischen System, jene mehr einer »populären Religion«, allerdings stark Lutherscher Prägung, verpflichtet. Für den Unterricht waren auch sie nicht oder nur in der Hand sehr guter Pfarrer brauchbar. Beim Großen Katechismus beanstandete Ewald, daß er neben der ebenfalls unerträglichen antikatholischen Polemik »den Teufel überall einmischt« und von dessen Gewalt eine überzeichnete und mutraubende, das sittliche Streben schwächende Vorstellung vermittle.[116]

Weitere Argumentationshilfen für die Befürworter einer Katechismusreform nehmen Fragen des Kirchenrechts und der gängigen Praxis in anderen Ländern auf. Weder auf reformierter noch lutherischer Seite anerkannte Ewald eine kirchenrechtliche Bindung an die überkommenen Katechismen als Lehrbücher.[117] Über diese entschieden grundsätzlich die Konsistorien, eine Ansicht, die F. H. Chr. Schwarz im Blick auf den Symbolcharakter des Heidelberger Katechismus nicht teilte. Ewald verfocht die These vom kirchenrechtlichen Vorrang der gemeinreformatorischen Verpflichtung auf die Augsburger Konfession und deren Apologie vor den Beschlüssen der Synode von Dordrecht, die sich schon des Lehrbuchproblems bewußt war.[118] Selbst wenn der Heidelberger Katechismus als exklusive Bekenntnisgrundlage der Kirche gewertet würde – entsprechendes galt für eine extensive Auslegung der Konkordienformel hinsichtlich einer Bindung an Luthers Katechismen –, bleibe

---

[114] CAT, 64. In einem Nachtrag zum katholischen Messeverständnis verweist Ewald auf das ausgewogene Zeugnis des 1791 vom Katholizismus zum Luthertum konvertierten Ignaz Aurelius Feßler (1756–1839) und dessen deutscher Übers. des römischen Meßformulars (zum Fest Johannes des Täufers am 24. Juni); Feßler, Ansichten von Religion und Kirchenthum, 3 Bde., Berlin 1805, Bd. 2, 12. Brief, 182 ff., u. Beil., 409–449; auch für Feßler war der Gottesdienst der Herrnhuter Inbegriff des einfachen und erhabenen Kultus und deren Kirche noch am ehesten die Basis eines wünschenswerten »Bundes religiöser Christen« aus allen Konfessionen, ebda., Bd. 1, 320 f., 372 f. Ewalds Schrift war schon beim Drucker in Heidelberg, als er Feßlers Werk zu Gesicht bekam; es war ihm so wichtig, daß er in einem Brief vom 1. Mai 1816 F. Chr. Schwarz bat, sich das Manuskript geben zu lassen und für die Einfügung des Nachtrags zu sorgen. Zugleich bat er Schwarz, bei den Verlegern auf schnellen Druck und Bekanntmachung der Schrift zu sorgen, »weil *jezt* gerade die Krise ist, auf die[,] ihre Wirkung im Land berechnet ist.« Schwarz Nachlaß XIV, 16.

[115] CAT, 46, mit Hinweis auf den Eingang und das Sabbatgebot des Dekalogs.

[116] Ebda., 47 f.

[117] Vgl. Ewald an Schwarz, Nachlaß Schwarz XIV, 18–19.

[118] Die Dordrechter Synode hatte die Erstellung eines kurzen Auszugs des Heidelberger Katechismus für den Jugendunterricht beschlossen, der noch während der Sitzungszeit vorgelegt und gebilligt worden war; vgl. Henrich Ludolf Benthem, Holländischer Kirchen- und Schulenstaat, Bd. 1, Frankfurt u. Leipzig 1698, 206–225.

die Differenz zwischen der Lehrnorm und dem Katechismus als Lehrbuch bestehen.[119] Der Heidelberger Katechismus eignete sich nach Ewald freilich weder zum Symbol der Kirche noch zum Lehrbuch für die Jugend, und dies gerade wegen seines Ineinandergreifens von dogmatisch einseitig fixierten Lehrdifferenzen und »populären« Abschnitten (z. B. die Fragen 26–28). Was für das eine zu wenig, sei für das andere zu viel.[120] Ewalds weitgehende Unbekümmertheit gegenüber dem Kirchlich-Konfessionellen zeigt sich deutlich in der Einschätzung der Reformationszeit im Gespräch mit Schwarz, der von einer »klassischen« Zeit gesprochen hatte. Ewald lehnte diese Redeweise unter Hinweis auf die Verschränkung des Religiösen und Politischen in den Umbrüchen jener Zeit kategorisch ab, als klassisch könne allenfalls die Zeit Jesu und der Apostel gelten.[121]

Zur lehrmäßigen und kirchenrechtlichen Argumentation trat der Hinweis auf den längst unterschiedlich geregelten Gebrauch des Heidelberger Katechismus in den reformierten Ländern und seine fortschreitende Verdrängung aus dem Unterricht.[122] Andere Länder hatten schon Reformen gewagt, so Isenburg-Birstein 1775 und Lippe-Detmold 1802, in Anhalt-Dessau existierte seit 1786 ein Unionskatechismus.[123] Gerade der Unionsgedanke, den Ewald als eigentlichen unerledigten Auftrag aus der Reformationszeit betrachtete, vertrug sich mit zweierlei Lehrbüchern ebensowenig wie mit unterschiedlichen Kirchenbüchern.[124] Hierin ergeben sich klare Analogien zur Schleierma-

---

[119] Vgl. Schwarz, Nachlaß, XIV 19,1–3. FC Vorr., BSLK 2, 760, 37–761,28. Ein lutherisch-orthodoxer Anspruch auf permanenten Gebrauch der Katechismen Luthers wurde mit Verweis auf Luther selbst zurückgewiesen, der freie Lehrbuchwahl zugestanden und sich nur gegen einen dauernden Wechsel ausgesprochen hatte, Vorr. zum Kleinen Katechismus.

[120] CAT, 60 f.

[121] Die Reformationszeit war für Ewald trotz Anerkennung der reformatorischen Leistung des jungen Luther eine von politischen Unruhen, theologischen Kontroversen und obrigkeitlich gedeckter religiöser Polemik geprägte Epoche. Nachlaß Schwarz, XIV 18,2–3. Könne man schon die Zeit Platos und Phidias' allenfalls im Blick auf Wissenschaft und Kunst, nicht aber im Blick auf die politischen Ereignisse klassisch nennen, um wieviel weniger die reformatorische Epoche, wo die Gährung mitten in das Gebiet der Religion griff: »In der Gährung [aber] ist kein guter Wein.« Ebda., XIV 19,3.

[122] In der Schweiz war der Heidelberger Katechismus noch in verschiedenen Kantonen offizielles Lehrbuch (Bern, Basel, Aarau, St. Gallen und Schaffhausen), doch zum Teil nur in einer Auswahlsammlung; Zürich, Thurgau, Glarus und Appenzell verwendeten den Zürcher Katechismus, dessen Abschaffung oder Umgestaltung seit langem gewünscht wurde. Eingeführt war der Heidelberger neben dem Kleinen Katechismus Luthers noch im Hessischen, aber in den Schulen war er faktisch durch andere verdrängt worden, da es den Predigern freigestellt war, ein kurzes Lehrbuch daneben zu verwenden. In Holland beschränkte sich sein obligatorischer Gebrauch auf die Nachmittagspredigten, bei Katechisationen war der Prediger frei, aus den Schulen war er verbannt. CAT, 51 f.

[123] Treibende Kraft in Dessau war der Superintendent Johann Friedrich De Marées (1761–1832); Häfeli hatte 1795 das Angebot erhalten, nach Dessau zurückzukehren und dessen Stelle einzunehmen, da dieser »freiwillig« abdanken sollte, woraufsich Häfeli nicht einließ; vertraulich mitgeteilt von Meta Post an Lavater, 17. November 1795, Schulz, Brief 25.

[124] Ebda., 53 f.

cherschen Reformationsdeutung, auch wenn Ewald den protestantisch-katholischen Gegensatz in keiner vergleichbaren Schärfe sah wie jener.[125]

Ewald plädierte für eine zügige, auch gegen Widerstände mit obrigkeitlicher Strenge durchgeführte Katechismusreform mit dem Ziel eines obligatorischen einheitlichen Landeskatechismus, doch sollte ein vertretbares Maß an Rücksicht auf die Freiheit der Prediger und der Gemeinden bewahrt bleiben.[126] F. H. Chr. Schwarz sprach sich gegen den Gedanken der Verpflichtung zugunsten einer besseren theologische Bildung der Predigtamtskandidaten durch Erhöhung der Prüfungsanforderungen aus, was Ewald wegen des akuten Mangels an Kandidaten für undurchführbar hielt. Ungeschminkt brachte er gegenüber Schwarz das kirchenleitende Interesse zum Ausdruck, ein Instrument zur Steuerung der die lehrmäßige Anarchie befördernden Einflüsse universitärer historisch-kritischer Bibelauslegung, wie sie von Männern wie W. M. L. De Wette und H. E. G. Paulus ausgingen, auf die kirchliche Unterrichtspraxis in die Hand zu bekommen.[127] Angesichts der geringen Reformbereitschaft war nach Ewald viel gewonnen, wenn wenigstens der Heidelberger Katechismus durch eine um dogmatische und polemische Härten gereinigte und nach der Kurzfassung der Dordrechter Synode eingerichtete neue Version ersetzt und obligatorisch gemacht werden würde. Nach dem Vorbild Hollands sollte der Katechismus aus den Schulen entfernt und auf den Konfirmandenunterricht beschränkt werden, am besten erschien freilich der Druck eines Unionskatechismus wie in Anhalt-Dessau. Den Predigern sollte in einer Übergangszeit die freie Lehrbuchwahl zugestanden werden, jedoch mit der bezeichnenden Einschränkung, den ethischen Teil des Unterrichts wegen der für unvollständig erachteten Abhandlung der Sittenlehre in den alten Katechismen sogleich nach dem neuen zu unterrichten.[128]

Ewalds *Briefe* von 1783 wurden 1819 und 1823 zur Zeit der Ausarbeitung und des Erscheinens von Johann Peter Hebels Bibelgeschichte in erweiterter und überarbeiteter Form neu herausgegeben unter dem programmatischen Titel *Bibelgeschichte, das einzig wahre Bildungsmittel zu christlicher Religiosität*.[129] Aktualisierung der pädagogischen Bezüge durch die Rezeption Pestalozzis, Vertiefung der theoretischen Begründungszusammenhänge, Berücksichtigung

---

[125] Vgl. Martin Ohst, Schleiermacher und die Bekenntnisschriften. Eine Untersuchung zu seiner Reformations- und Protestantismusdeutung (BHTh 77), Tübingen 1989.

[126] Vgl. die drei Briefe Ewalds an Heinrich Christian Schwarz aus dem Jahr 1816, Nachlaß Schwarz XIV, 17–19; Steiger, 156 ff., geht dem Unionsgedanken nicht nach.

[127] Ebda., XIV 18,5–6.

[128] Die alten Ausgaben sollten »unterdrückt«, also eingezogen und Neudrucke nicht mehr erlaubt werden, ebda., 55.

[129] Ewald, Bibelgeschichte, das einzig wahre Bildungsmittel zu christlicher Religiosität. Briefe an Aeltern, Prediger, Lehrer, und Lehrerinnen, und die es werden wollen, Heidelberg 1819 (dem Großherzog Ludwig I. von Baden gewidmet) und 1823 (= BIB; Steiger, Bibliogr. 361, 361a-b). Die Zahl der Briefe verdoppelte sich von 9 auf 18. Zu Ewald und Hebel vgl. Schilling, 380 ff.; Schwinge, 243 (Anm. 123), Steiger, 143–153.

badischer Verhältnisse und Vermehrung der Beilagen charakterisieren diese Neufassung.[130] In philosophischer Hinsicht kommt die Wertschätzung Johann Gottlieb Fichtes zum Tragen, den Ewald nun im Vorfeld der Theologie für einen vom Bildungsgedanken bestimmten Offenbarungsbegriff in Anspruch nahm. Fichte hatte im ersten Teil seiner *Grundlage des Naturrechts* von 1796 von der Notwendigkeit der Erziehung im Prozeß der Menschwerdung des Menschen und unter Hinweis auf Gen 1–2 von der Erziehung des ersten Menschenpaares durch einen Geist gesprochen. Ewald identifizierte als »Altgläubiger« diesen Geist mit dem göttlichen Logos als Offenbarungsmittler.[131]

Die Paradiesgeschichte wurde in dieser Lesart zur Gründungsgeschichte der an Erziehung bzw. Bildung – beide Begriffe können noch als synonym gelten – gebundenen Humanität durch Sprache, deren Entstehung von der Nachahmung des göttlichen Offenbarungswortes hergeleitet wurde.[132] Der Anblick der Natur mußte zwar in der Urgeschichte die Erzählungen von Gottes Handeln ersetzen, doch im Fortgang erwuchs sowohl aus der als Schöpfung gelesenen Natur als auch aus der anschaulich erzählten Geschichte Gotteserkenntnis. Die Rechtfertigung vor orthodoxen Kritikern nötigte zur Legitimation durch die Tradition, zunächst durch Luther, um dann in der beliebten Manier

---

[130] Vgl. die Umarbeitung des ersten und des fünften Briefes (1811: neunter Brief). Was 1783 im Rahmen der vom Eindruck des Konkreten ausgehenden Erzähltheorie beispielhaft an Tugendlob auf die verstorbene Gräfin Casimire geäußert wurde, gestaltet Ewald 1819 im Blick auf Großherzog Karl Friedrich von Baden weit detaillierter zum Herrscherlob um, indem er an dessen sozialreformerische Maßnahmen erinnert. Dazu zählt die Einführung der sog. Sonntagsschulen (entstanden in England als (Bibel-)Leseschulen), die den Elementarunterricht ergänzten und zur Disziplinierung der heranwachsenden Jugend beitrugen, die Aufhebung der Leibeigenschaft und bestimmter Besitzwechsel- und Wegzugsabgaben, die Maßnahmen zur Witwen- und Waisenfürsorge, verschiedene Erlasse in der langen Tradition der ursprünglich gegen die höfische Verschwendung gerichteten Luxus- und Spielverbote, die Errichtung einer Taubstummenschule und die Einrichtung von Strick- und Nähschulen, BIB, 63–65. Diese Schilderung der sozialen Leistungen der Vergangenheit wurde zur appellativen Basis für das Anmahnen der noch immer bestehenden Mängel auf dem Gebiet des Schulwesens: Das Fehlen eines Schullehrerseminars, wie es katholischerseits schon bestand, und die mangelhafte Lehrerbesoldung, die vielerorts noch immer nicht den Lebensunterhalt gewährleistete, ebda., 157.

[131] BIB, 10. »Der Mensch wird nur unter Menschen ein Mensch [...] Ein Geist nahm sich ihrer [der ersten Menschen] an, ganz so, wie es eine alte ehrwürdige Urkunde vorstellt, welche überhaupt die tiefsinnigste erhabenste Weißheit enthält, und Resultate aufstellt, zu denen alle Philosophie am Ende doch wieder zurück muß«, Fichte, Grundlage des Naturrechts nach Principien der Wissenschaftslehre (1. Teil 1796), GA I, 3, 311–460; 347, Z. 18 f., 348, Z. 4 ff.; zum menschlichen Leben als Prüfungs- und Bildungsanstalt und »Schule der Ewigkeit« im Sinne eines praktischen transzendentalen Idealismus vgl. Fichte, GA I, 6, 299, Z. 20 ff.; zum Anfang des obigen Zitats, das bei Ewald wiederholt vorkommt, vgl. SI, 13 f.; EL I, 185; RL, 97; VOR 129; ChG, 75.

[132] Der Geist-Logos sprach demnach mit dem ersten Menschenpaar wie Eltern mit ihren Kindern und lehrte es die einfache Natursprache der Urzeit, Beobachtungs- und Unterscheidungsvermögen konnten sich bilden, das moralische Gefühl als sittliches Bewußtsein entstehen. BIB, 11 ff., vgl. Friedrich Leopold Graf zu Stolberg, in: Vaterländisches Museum, Nov. 1810, 517 ff.

der Zitatenhäufung den Bogen über Fénelon – Auszüge aus dessen Werk hatte Matthias Claudius übersetzt – zu Herder und Johann Georg Müller zu spannen.[133] Auch Jean Paul, der in seiner Erziehungslehre *Levana* bei der Erörterung der Grundsätze religiöser Bildung an Fénelon und Herder erinnerte, benannte die Bibelgeschichte als primäres Bildungsmittel.[134] Mit Jean Paul wie mit Pestalozzi verband Ewald das spätaufklärerische Interesse an einer harmonischen Ausbildung der individuellen menschlichen Anlagen, was das Ziel einer Bildung oder »Veredelung« des Menschengeschlechts durch Erziehung einschloß. Primäres Bildungsideal ist dabei nicht wie etwa bei Schiller der Künstler oder Dichter, sondern der religiöse Mensch. Für die pragmatisch-heilsgeschichtliche Gesamtschau wurde nicht auf Hahn, sondern auf den bekannteren Johann Jakob Heß und seine Schrift vom Reich Gottes verwiesen.[135]

Den inzwischen verbreiteten, auch in Baden benutzten Hannoverschen Katechismus beurteilte Ewald nun kritischer als zu Anfang.[136] Ein Vorzug der älteren reformatorischen Katechismen vor den neueren blieb ihre stärkere Bindung an die Bibelgeschichte, ein ganz und gar relativer Vorzug, den anzuerkennen nicht als Entdeckung einer ausgeprägten Biblizität jener Katechismen gewertet werden kann.[137] Erst die Rekonfessionalisierung, die besonders nach 1840 auch von der konfessionellen Richtung der Erweckungsbewegung mitgetragen wird, sollte sich neu an den Katechismen des 16. und 17. Jahrhunderts als schulischen Lehrbüchern orientieren. Was Ewald im Sinne des spätaufklärerisch abgewandelten pietistischen Ideals des Bibelchristentums auf-

---

[133] BIB, 158 ff. »[...] ob ich gleich bei Anderen, für hyperorthodox gelte«, BIB, 158. Martin Luther, Vorr. zur Historia Galeatii Capellae, übers. v. W. Link, WA 50. (381) 383–385 (Ewalds Luther-Zitate folgen jeweils der Jenaer Ausg., 1555 ff., hier: deutscher Teil, Bd. 6 (1568), 531a–532b); Fénelon wurde von Ewald – wie im übrigen auch von F. L. Graf zu Stolberg – als einer der religiös empfindsamsten katholischen Theologen geschätzt, er las ihn auf Französisch; vgl. Matthias Claudius, Fenelon's Werke religiösen Inhalts nebst einem Anhang aus dem Pascal. Aus dem Franz. übers., 3 Bde., neue Aufl. Hamburg 1823 (zuerst 1800–1811), zum Gebrauch der Geschichten für Kinder s. ebda., Bd. 3, 218 ff. Zu den Herderzitaten s. BIB, 160 f., Haab, Religions-Unterricht, neben Ps 78,1.3 f.6; Herder, Briefe, das Studium der Theologie betreffend, SWS 10, 1–268 (11, 129–153), 10, 269 ff.; 11, 1–128. Johann Georg Müller, Von dem christlichen Religions-Unterricht, 2. Aufl. Winterthur 1811, 13 ff., 22 ff.

[134] »Nicht durch die Lehrsätze, sondern durch die Geschichte der Bibel keimt lebendige Religion auf [...]«, Jean Paul, Levana, § 40, in: Werke 5 (SW I, 5), 587. Vgl. Ruth Scheier-Binkert, Das Bild des Kindes bei Jean Paul Friedrich Richter, (Diss.) Zürich 1983, 106 ff.

[135] Vgl. Heß, Kern der Lehre vom Reiche Gottes, Zürich 1819. Als Beilage ist ein Entwurf zu Inhalt und Zusammenhang der ganzen Bibelgeschichte angefügt, BIB, 145–152.

[136] BIB, 79 ff. Die Kritik am Hannoverschen Katechismus bezog sich u. a. auf die negative Fassung des Artikels von der Erniedrigung Jesu als Verzicht auf jeden eigennützigen Gebrauch seiner göttlichen Vorzüge, wo doch positiv von der wahren Menschheit Jesu mit all ihren Schwächen und Versuchungen hätte die Rede sein sollen, auch entsprach die Lehre vom Gebet nicht den biblischen Geschichten zu Gebetserhörungen. Der Katechismus war auch in Württemberg eingeführt worden, Ausg. 1793.

[137] Gegen Steiger, 189. BIB, 84.

zubrechen suchte, festigte sich wieder: Die Einheit von Religions- und Konfirmandenunterricht unter dem Konfessionskatechismus.

4.2 Pastoraltheologische Neuorientierung: Geistliche Qualifikation und Charisma in Ausbildung und Praxis

1784 warb Ewald erstmals für die Erneuerung des Predigerstandes durch eine umfassende Ausbildungsreform unter pastoraltheologischen Gesichtspunkten pietistischer Prägung.[138] Seine Vorschläge erinnern in ihrer Praxis- und Bibelorientierung an Speners Pia desideria, das Hauptanliegen geistlicher Qualifikation läßt auch an Gottfried Arnolds Pastoraltheologie denken.[139] Strukturell laufen die Vorschläge auf einen stärkeren Einfluß der Kirchenleitung auf die universitäre Ausbildung hinaus, ohne diese wie in manchen erweckten Kreisen als solche in Frage zu stellen.[140] Die Ewaldsche Kritik am üblichen Weg ins Predigtamt war polemisch-radikal und die Kandidatenschelte scharf: Die Ausbildung vermöge den hohen religiösen, persönlichen und beruflich-praktischen Erfordernissen pastoraler Existenz in keiner Weise gerecht zu werden, die Ordination sei Initiation in klerikales Heuchlertum. Das nachlassende Sozialprestige des Amtes tat in dieser Sicht ein übriges, die Prediger dem ihnen aufgetragenen Dienst am Wort in den Gemeinden zu entfremden und sie Anerkennung als Sachwalter ökonomischer und sonstiger berufspraktischer Kenntnisse suchen zu lassen.[141] Hier werden von Ewald grundsätzliche Anfragen

---

[138] Zum Prediger als »Volkslehrer« vgl. Wehrmann, 110–124 (u. a. mit Zitaten von Ewald). Eine wichtige Rolle bei der Urteilsbildung spielten die Prüfungs- und Visitationserfahrungen Ewalds; zum Kandidatenexamen vgl. StArch Detmold L 65, Nr. 204.

[139] Gottfried Arnold, Die Geistliche Gestalt Eines Evangelischen Lehrers [...], 2 T., Frankfurt u. Leipzig 1722–1723 (2. Aufl.), vgl. z. B. zur Evangeliumsverkündigung und Lebensgemeinschaft mit Christus ebda., T. 1, 322 ff.; zur mystischen Theologie als Aufgabe T. 2, c. 1, §§ 36 f.

[140] Ewald, Ueber Predigerbildung, Kirchengesang und Art zu predigen. Erfahrungen, Bemerkungen und Wünsche, Lemgo 1784, ÜP H. 2, 7–35; 8. Kurt Aland (Hrsg.), Philipp Jacob Spener, Pia desideria (KIT 170), 3. Aufl. Berlin 1964, bes. 15 ff., zur Bedeutung des Bibelstudiums vgl. ebda., 53 f., zur Reform der universitärer Ausbildung mit persönlicher geistlicher Begleitung ebda., 69, 76, zu praktischen seelsorgerlichen und homiletischen Übungen im Studium ebda., 78. Zu Spener, Francke und zum Hallischen Pietismus vgl. die Beiträge von Martin Brecht in: Der Pietismus vom siebzehnten bis zum frühen achtzehnten Jahrhundert, hg. v. Martin Brecht (Geschichte des Pietismus 1), Göttingen 1993, 281–389, 440–539; Geschichte des Pietismus 2, 319–357.

[141] ÜP H. 2, 8 f., 15, vgl. 33 ff.; der Prediger trete für gewöhnlich »unbekannt mit sich und der Natur, der Bibel und andern Menschen; unbekannt mit allen Menschenbedürfnissen« ins Amt, das ihn doch zum Stellvertreter Christi in der Gemeinde berufe. Zu beobachten sei eine bis zur Selbstverleugnung reichende Anpassung vieler junger Kandidaten an klerikales Gehabe, um ihr schwaches Selbstbewußtsein zu stützen; einer tiefsitzenden inneren Orientierungslosigkeit entspringe auch die Hinwendung zu nichtgeistlicher Bildung, was zur Polemik gegen den »Prediger im Nebenberuf« führte. Als ernstes Berufsproblem, dem Müßiggang zugeordnet, erscheint der Alkoholmißbrauch. Vgl. Ewald an die Regierung, Begründung seines Plans vom 8. Juni 1790, StArch Detmold, L 77 A, Nr. 1856, fol. 1 f.

an die Praxis des Predigtamtes im Gefolge J. J. Spaldings und J. G. Herders fortgeführt. Wohl legte Spalding für Ewald ein zu starkes Gewicht auf den Geistlichen als »Depositair der öffentlichen Moralität«, doch stand die im Anschluß an Montesquieu formulierte Grundaussage, der Geistliche habe Andacht *und* Bürgerpflicht zu lehren, nicht in Frage.[142] Im Blick auf die Schlüsselrolle von Charisma und Frömmigkeit für das Amtsverständnis stimmte Ewald mit der Forderung nach Aktualisierung der pietistischen Tradition überein, wie sie im Kreis der frühen Christentumsgesellschaft laut wurde.[143] Eine tragende objektive Ordnung des Amtes gilt als unwiederbringlich verloren. Besserung versprach allein die Wendung zum religiösen Subjekt und seiner Bildung.

Ewald schlug vor, schon in der Schulzeit mit Hilfe der Lehrer als religiöspsychologischer Seelenführer auf eine Auswahl und Förderung künftiger Theologiestudenten hinzuarbeiten, freilich ohne Wissen der Betroffenen, und zum Schulabgang eine entsprechende Studienempfehlung abzugeben.[144] Als Qualifikationsmerkmal kam der »religiöse Sinn« und seine Entwicklung als religiöse Begabung, d. h. als Charisma, in Vorschlag.[145] Ewalds Plan sah weiter vor, die für tauglich Erachteten zunächst analog zur Handwerkslehre ein Praktikum bei einem Pfarrer absolvieren zu lassen, bevor der Studienort nach konsistorialen Vorgaben gewählt werden konnte.[146] Im Interesse einer effektiven Studienkontrolle war neben einer ständigen Korrespondenz zwischen Universität und Superintendent oder Konsistorium an die Einstellung von kirchlich verpflichteten öffentlichen Hofmeistern zur Betreuung und Überwachung der Studenten gedacht, also an eine universitäre Parallele zu den württembergischen Stiftsrepetenten.[147] Im Zuge einer stärkeren Gewichtung der praktischen Ausbildung begrüßte Ewald Einrichtungen wie das Pastoral-

---

[142] Spalding, Ueber die Nutzbarkeit des Predigtamtes und deren Beförderung, 2. verm. Aufl. Berlin 1773, 50, 63; Herder, An Prediger. Funfzehn Provinzialblätter (1774), SWS 7, 225–312.

[143] Unentbehrliche Einschärfung der Wichtigkeit des Lehramts, in: Auszüge aus dem Briefwechsel der Deutschen Gesellschaft thätiger Beförderer reiner Lehre und wahrer Gottseligkeit, Bd. 1, Basel 1783, 16–21 (mit Hinweis auf G. Arnold, Spener und Francke).

[144] ÜP H. 2, 12 ff.

[145] Der »religiöse Sinn« wird bestimmt als Anlage oder Befähigung zu religiöser Empfindung etwa in der Naturbetrachtung, beim Umgang mit Musik oder der Pflege einer Freundschaft, oder auch als »Geschmack« an der Beschäftigung mit dem Unsichtbaren, wie er sich in der aufmerksamen Hinwendung zu Natur und Bibel als Gottesoffenbarungen äußere, ebda., 15.

[146] Dahinter steht das allgemein empfundene Problem eines zu frühen Abgangs auf die Universität im Stande mangelnder Studienreife und das Fehlen einer durch Zensuren vergleichbar gemachten Qualifikation. Vgl. die Ansätze zu einer generellen Regelung in Preußen durch das Reskript vom 23. Dezember 1788 und die Kommentierung desselben in: Jb. für die Menschheit 1789.1, 333–360, 389–408 (mit Abdr. des Reskripts, ebda., 342–353); dort wird gefordert, die allgemeine Beurteilung »reif« oder »unreif« beizubehalten, doch durch Zensuren zu qualifizieren, und einen zentralen Qualifikationsnachweis mit zentral gestellten Aufgaben, also das spätere Zentralabitur, einzuführen; von Preußen wird erwartet, Vorreiter einer Reform für ganz Deutschland zu werden. ÜP H. 2 15 ff.

[147] Ebda., 21 f.

institut unter Heinrich Philipp Sextroh in Göttingen.[148] Generell sollte das letzte halbe Jahr der Studienzeit praktischen Übungen zugute kommen, wie dies auch die später von Ewald empfohlene pastoraltheologische Schrift von Johann Georg Rosenmüller (1768–1835) forderte.[149] Von hier aus wurden neue Perspektiven zur besseren Nutzung der Kandidatenzeit entwickelt, die bislang für gewöhnlich mit der Übernahme einer meist ungeliebten Informatoren-, Hofmeister- oder Schullehrerstelle ausgefüllt wurde.[150] Für den praktischen Ausbildungsgang verlangte Ewald neben den üblichen Bereichen Katechese, Homiletik und Seelsorge die Einrichtung eines Bibelkollegs nach Art eines collegium pietatis, verbunden mit der Verpflichtung zum Entwurf einer eigenen biblischen Dogmatik ausschließlich mittels Bibellektüre, um über das als lähmend empfundene positionelle Dilemma zwischen Orthodoxie und Heterodoxie (Neologie) hinauszuführen.[151]

Ewalds Plan zeugt von einem ausgeprägten Mißtrauen gegenüber der akademischen Freiheit und großer Bereitschaft zu bürokratischer Reglementierung. Es lag freilich in der Konsequenz des obrigkeitlich-konsistorialen Anspruchs auf Beurteilung geistlicher Qualifikation, einen möglichst weiten Vorlauf der Kontrolle und Bestätigung zu etablieren und damit einer wenig objektiven Beurteilungspraxis den Anschein der Legitimität zu geben. Konkrete Vorschläge für landesherrliche Bestimmungen im obigen Sinne machte Ewald im Juni 1790, als er die Chancen ihrer Durchsetzung wachsen sah.[152] Auch von obrigkeitlicher Seite bestand ein mehr auf praktische Befähigung der Prediger zielendes Interesse. So hatte Kanzler Hoffmann in seiner Landesbeschreibung 1786 auf eine Verordnung des verstorbenen Grafen Simon August hingewiesen, daß den Gemeinden nicht mehr wie häufig bis dahin an holländischen Universitäten dogmatisch geschulte, analytisch vorgehende Prediger zugemutet werden sollten, sondern solche, die an deutschen Universitäten studiert und bei ihrem Examen bewiesen hätten, daß sie »für Verstand und Herz zugleich« zu predigen und zu unterrichten verstünden, also dem Anspruch der Erbauung genügten.[153] Ewald versuchte daher, die Reform zu

---

[148] Ebda., 26, Anm.
[149] Johann Georg Rosenmüller, Ausführlichere Anleitung für angehende Geistliche zur weisen und gewissenhaften Verwaltung ihres Amtes, 2. verb. u. verm. Aufl. Leipzig 1792, § 10.
[150] Ewald stimmte aus eigener Erfahrung in die verbreitete Klage über das oftmals demütigende Hofmeisterleben ein. Was er als eigene Erfahrung schilderte, läßt darauf schließen, daß er sich aus Überdruß so oft wie möglich zu Lektüre und Studium moderner Sprachen wie Englisch, Französisch und Italienisch zurückzog. ÜP H. 2, 24 ff. Vgl. Ewalds Brief an Herder vom 4. November 1787 (Biblioteka Jagiellońska, Krakau), wo er für einen jungen, in seinem Hofmeisterdasein unglücklichen Mann (»und ich begreifs leicht«) Fürsprache wegen einer Predigerstelle einlegte.
[151] Auch das Lehrerseminar sollte wegen der Schulaufsichtspflicht der Prediger in den Ausbildungsgang mit einbezogen werden. ÜP H. 2, 28 ff.
[152] StArch Detmold L 77 A, Nr. 1856, fol. 1–10, vgl. den gekürzten und in der Schreibweise modernisierten Abdruck in: Wehrmann, Das ev. Pfarrhaus, 37 ff.
[153] Stöwer, Landesbeschreibung, 9.

einem unmittelbar staatlichen Anliegen zu machen, dem nur auf dem Verordnungswege zu entsprechen war. Seine neuerlichen Vorschläge betrafen die Art und Weise der schulischen Auswahl und Begutachtung der künftigen Theologiestudenten, die Wahl des Studienortes – für die ersten Jahre wurde nun Göttingen, für das letzte Jahr wegen der Vorzüge für die praktische Ausbildung Marburg vorgeschlagen –, und die Begleitung in der letzten Studienphase. Dabei war an eine spezielle Aufsicht durch einen geeigneten Professor gedacht, der mit dem Generalsuperintendenten in Verbindung stand. Im Falle Marburgs schlug Ewald den durch seinen in mehreren Auflagen erschienenen »Entwurf zum Unterricht im Christentum« (zuerst 1778) und seine »Anweisung für Prediger« (1789) bekannt gewordenen Johann Jakob Pfeiffer (1740–1791) vor, einen ausgewiesenen, theologisch moderaten Praktiker, auf den er auch sonst empfehlend hinwies. Auch im Kandidatenexamen sollte sich die stärkere Praxis- und Bibelorientierung niederschlagen und gegebenenfalls zur Fortbildung verpflichten.[154]

Ewalds Vorschläge fanden bei der Regierung nicht den erwarteten Anklang. Besonders die frühe schulische Auslese, die Vorgabe *zweier* Studienorte und die universitäre Beaufsichtigung wurden verworfen. Die bisherige Examenspraxis sah man als ausreichend an, auch wenn Offenheit für die weiteren pädagogischen Anliegen signalisiert wurde.[155] So kam nicht zustande, was Ewald als Vorbild für andere Länder gern verwirklicht gesehen hätte.

Das Interesse an einer Ausbildungsreform teilte Ewald mit bildungsorientierten Praktikern anderer theologischer Ausrichtung wie Heinrich Gottlieb Zerrenner (1750–1811), Johann Moritz Schwager (1738–1804) und Christoph Ludwig Hahnzog, deren neologisch-aufklärerische Grundorientierung zu-

---

[154] Über die bisher übliche häusliche Predigtausarbeitung zu einem vorgegebenem Text hinaus sollte eine einstündige schriftliche Prüfung stattfinden, bei der unter Aufsicht eine Predigtdisposition zu einem unbekannten leichteren Text zu erstellen war; als Hilfsmittel waren nur die deutsche und hebräische bzw. griechische Bibel vorgesehen. Das anschließende mündliche Examen konzentrierte sich in Glaubens- und Sittenlehre auf die Bibel und die Kenntnis der Ursprachen. Des weiteren dachte Ewald an eine praktische Übung in der Auslegung von Bibeltexten ohne Vorbereitung, an eine Befragung zu umstrittenen Bibelstellen, die nicht den kritischen Exegeten, sondern den »feinsinnigen Christusverehrer« forderte, eine praktische Katechisationsübung und an die Prüfung der Kenntnisse des Kandidaten über das Schullehrerseminar, die Unterrichtsmethode in den Landschulen und die Jugendbildung im allgemeinen. Ein detailliertes Prüfungsprotokoll sollte Auskunft über die nötige Fortbildung geben, deren Stand bei der ersten Versetzung durch ein Kolloquium mit Generalsuperintendent bzw. dem künftig zuständigen Superintendenten zu überprüfen war. Zum Versetzungskolloquium sollte wiederum eine Predigt über einen selbstgewählten Text und eine öffentliche Katechese gehören. L 77 A, Nr. 1856, fol. 5 ff. Zur allgemeinen Klage über mangelnde Hebräisch- und Griechischkenntnisse der Kandidaten in Berlin durch die Examenskommission vgl. die Notiz in: ANTL 7.1795, 751 f. Vor allem das Hebräische ließ demnach zu wünschen übrig, selten könne es einer erträglich übersetzen und erklären.

[155] L 77 A, Nr. 1856, fol. 22 f., 26. März 1791. Zur Vorbereitung der Predigtamtskandidaten auf ihre Schulaufsichtsaufgabe vgl. Wehrmann, 119 f., zu Ewalds Studienplan in Baden vgl. Steiger, 127 ff.

gleich die Differenzen zur pietistisch-aufklärerischen Ewalds deutlich macht. Zerrenner beklagte ebenfalls die für eine Dorfpfarrei mangelhafte universitäre Ausbildung der Prediger und forderte die Berufung erfahrener Dorfprediger an die Universitäten. Auch er verlangte exegetische Übungen nach der Art einer Betstunde, um das von den Kandidaten vernachlässigte Bibelstudium zu fördern. Anders als Ewald hielt er jedoch in volksaufklärerischer Tradition ein Ökonomikum, das Kenntnisse über Haus- und Feldwirtschaft vermittelte, für unabdingbar.[156] Ähnlich verhält es sich mit dem Reformansatz Schwagers, für den die praktische Erfahrung in bäuerlichen Tätigkeiten zu den Voraussetzungen eines glaubwürdig versehenen Predigtamtes gehörte.[157] Neben den finanziellen Notwendigkeiten stellte Schwager das wie bei Ewald als zunehmend schwierig empfundene Rollenverständnis des Pfarrers und die damit verbundene Verunsicherung der Anerkennungsverhältnisse heraus.[158] Dies hing für ihn wesentlich mit dem von Spalding beförderten Ausscheiden der priesterlichen Vollmachten aus dem protestantischen Amtsverständnis zusammen, eine Entwicklung, die nach und nach auch von der Landbevölkerung wahrgenommen wurde. Die Kritik am Priesterlichen und ein auf den Ratgeber ausgerichteter Amtsbegriff qualifizierte Spalding demnach zum Aufklärer und schied ihn von der überlebten Orthodoxie. In der Konsequenz konnte sich der Prediger nach Schwager nur mehr dadurch legitimieren, daß er dem wirtschaftlich nützlichsten Stand der Gesellschaft wieder auf der ihm ureigensten Ebene nützlich wurde. Dies lag für ihn freilich direkt im kirchlichen Interesse an Reformen. So rühmte er sich, ohne nennenswerten Widerstand ein neues Gesangbuch eingeführt und 1788 die Privatbeichte zugunsten der öffentlichen Vorbereitung abgeschafft zu haben.[159]

Über den neologischen Fortschrittsglauben gibt Hahnzog offen Auskunft: Zwar sei es einstweilen unverzichtbar, dem Volk eine positive Religion zu

---

[156] Heinrich Gottlieb Zerrenner, Etwas über die akademische Bildung des künftigen Dorfpredigers, in: Jb. für die Menschheit, 1788.1, 384–369. Vgl. Christian Friedrich Germershausens Lob von Hessen-Darmstadt, wo von jedem Theologiestudenten der Besuch eines prüfungsrelevanten Kollegs über Ökonomie verlangt werde, Chr. F. Germershausen, Die Hausmutter in all ihren Geschäfften, Bd. 1, Leipzig 1782, Vorr. (o. S.)

[157] Der Anspruch auf Volksnähe stimmt freilich mit der sozialen Wirklichkeit nicht überein; so erschien ein zu enger Kontakt mit den Gemeindegliedern, etwa durch Hausbesuche, als nicht wünschenswert, da dies das Ansehen des (primär pädagogisch verstandenen) Amtes schädige. Den landwirtschaftlich tätigen Prediger forderten freilich auch Ängste um die Sicherung des Einkommens. Gegen die verschiedentlich erwogenen Pläne, dem Pfarrer sein Land zu nehmen und finanzielle Entschädigung zu zahlen, sprach die schleichende Geldentwertung, die den Predigerstand in die Armut treiben würde. Johann Moritz Schwager, Die Kunst, sich das Zutrauen des gemeinen Mannes zu bemächtigen, in: Jb. für die Menschheit 1788.1, 459–489.

[158] Vgl. Christian Homrichhausen, Evangelische Pfarrer in Deutschland, in: Werner Conze, Jürgen Kocka (Hrsg.), Bildungsbürgertum im 19. Jahrhundert. T. I. Bildungssystem und Professionalisierung in internationalen Vergleichen (Industrielle Welt 38), Stuttgart 1985, 248–278 (recht allgemein).

[159] Schwager, ebda., 486.

erhalten, doch die Entwicklung werde, wenn auch möglicherweise erst nach Jahrhunderten, bei einer dem Volk genügenden natürlichen (Vernunft-)Religion enden.[160] Auch der als »enfant terrible« einer radikalen Aufklärung verschrieene Karl Friedrich Bahrdt äußerte sich 1785 deutlich zu den Mängeln des universitären Studiums und schlug einen detaillierten Studienplan vor, der die ökonomische Bildung noch um die medizinische erweitert sehen wollte, um die seelsorgerlichen Möglichkeiten des Landpfarrers zu verbessern.[161] Dabei übten auch Hahnzog und Schwager Kritik am Auftreten der ins Amt kommenden jungen Gefolgsleute der Neologie, doch betraf dies einzig deren pädagogische Ungeschicklichkeit, ohne Rücksicht auf die Fassungskraft des »gemeinen Mannes« und dessen Widerstandskräfte überkommene Vorstellungen von Höllenstrafen und satanischer Macht über den Menschen in Frage zu stellen; für die inhaltlichen Klagen, wie sie besonders von orthodoxer Seite, aber auch von Ewald laut wurden, hatte man kein Verständnis. Im Unterschied zur berufspraktischen Sicht der Natur als Aufgabe der Reflexion leitete Ewalds mystische Weltsicht ihn an, die Natur in seinen Predigten als lebendige Größe einer religiösen Kommunikation zur Geltung zu bringen und die Natur als Symbol auf einen Anruf des sich offenbarenden Gottes hin zu deuten.[162]

In homiletischer Hinsicht nimmt Ewald die von Spalding und Pfenninger herausgestellten Leitbegriffe »Erbauung« und »Popularität« auf.[163] Mit Spalding wird Erbauung im Sinne der Beförderung von Religionserkenntnis und -empfindung als Predigtzweck bestimmt. Hier ergeben sich also deutliche Berührungspunkte zwischen dem Neologen Spalding und Ewald, soweit das prak-

---

[160] Christoph Ludwig Hahnzog, Über den Einfluß des Ackerbaus und der dahin gehörigen Geschäffte auf die Charakterbildung des Landmanns, in: Jb. für die Menschheit 1788.1, 547–581.

[161] Karl Friedrich Bahrdt, Ueber das theologische Studium auf Universitäten [...], Berlin 1785.

[162] Vgl. Schwager, ebda., 470 f.; die Anschauung, jedes Äußere in der Natur sei Bild eines Inneren und Höheren bzw. Zukünftigen, läßt Ewald z. B. das Erwachen des Frühlings als apokalyptische Ansage der Neuschöpfung, den Herbst als Ansage des Todes und Vergehens zu höherem Leben deuten; alles in der Natur konnte so dem Glaubenden zur Ansage der Nähe Gottes werden, auch das Schrecken bringende Gewitter, das die Nähe des *heiligen* Gottes spüren lasse; jedes Mittel war bei Gott Zweck und jeder Zweck wieder Mittel, so daß jede Geburt in der Welt als ein Tod, und jeder Tod als eine Geburt zu höherem Leben betrachtet werden konnte, ÜP H. 2, 138. Ewald, Predigten über Naturtexte, H. 1–3, Hannover 1789–1790 (und weitere Hefte); vgl. ähnlich Jung-Stillings Verständnis der göttlicher Naturoffenbarung als Stärkung des Bibelglaubens durch den in allen Geschöpfen laut werdenden Ruf: »Alles und in Allen Christus« und die Gattung der Rätsel in dessen *Taschenbuch,* Schwinge, 290 ff.; Steiger, 15, weist zu Recht auf die Differenz von Ewalds *Naturpredigten* zu Zerrenners *Natur- und Ackerpredigten* hin, relativiert aber zugleich wegen einer rechtfertigenden Wendung Ewalds gegenüber den möglichen Erwartungen frommer Leser in der Vorr. – m. E. zu stark – die Bedeutung der Natur als Gleichnis und Stimme Gottes auch und gerade (wieder neu!) für den Glaubenden; es besteht kein Anlaß, die Ewaldschen Naturpredigten – in Anklang an die Schleiermacherschen »Reden« – besonders an die *Gebildeten* unter den Verächtern der Offenbarungstheologie gerichtet zu sehen.

[163] Ewald, Ueber die Art zu predigen, ÜP H. 2, 57–219 (mit Beil.). Pfenninger, Von der Popularität im Predigen, 3 Bde., Zürich 1777–1786, bes. Bd. 2; vgl. Niemeyer, Handbuch für christliche Religionslehrer, Bd. 2, 59 f., 180 ff.

tische Interesse an gelebter Religion gemeint war. Die von diesem angemahnten Grundsätze aufgeklärter Vernünftigkeit und Allgemeinverständlichkeit boten freilich noch kein hinreichendes Kriterium für die Festlegung der zu vermittelnden Inhalte der biblischen Glaubenslehre, um die der Streit mit der Neologie ging. Für Ewald wie für Pfenninger war diese nicht abstrahierbar von der geschichtlichen Gestalt der Offenbarung und daher nur im Rahmen einer Reich-Gottes-Theologie zu erfassen.[164] Pfenninger hatte das Leitbild der Popularität wie Spalding aus Interesse an der lebenspraktischen Relevanz der Predigt gegen eine einseitig lehrhafte Predigtweise entfaltet und von der psychologischen Konstitution des Menschen her eine ausgewogenere Berücksichtigung der verschiedenen Seelenvermögen des Menschen gefordert.[165] Dies kommt bei Ewald in den formalen Predigtkriterien »deutlich«, »behältlich« und »interessant« zum Tragen, die auf Verstand, Gedächtnis, Empfindung und Imagination zielen.[166] Für die Deutlichkeit spielen dabei nicht nur die begriffliche Klarheit und der einfache Satzbau eine Rolle, sondern auch das Bildhaft-Anschauliche, das im Gegensatz zur abstrakten und abgenutzten Begrifflichkeit »reiner Lehre« steht.[167] »Behältlich« meint den Abschied von den starken Formalisierungen der orthodoxen Lehrpredigt hin zu übersichtlicher Gliederung und Gedankenentwicklung, wofür Pfenninger eine besondere Gabe hatte. Für andere »interessant« konnte nur predigen, wer selbst von der Sache ergriffen war, ein Tatbestand, mit dem Ewald seinem Publikum die Berechtigung der pietistischen Auffassung erklärte, nur Wiedergeborene und Erweckte könnten erwecklich predigen.[168]

---

[164] Vgl. Spalding, Neue Predigten, Tübingen 1787, Vorr.; Pfenninger, Von der Popularität im Predigen, 2 Bde., Zürich u. Winterthur 1777–1781, Bd. 3 o. O. 1786; zum populären Charakter der Verkündigung Jesu vgl. ebda., Bd. 1, 80 ff.: der Lehre Jesu komme das Verdienst der Popularität gerade insofern zu, als sie nicht eine »*unhistorische* (wenn gleich noch so simple) *Dogmatik von Gott, dem Menschen und der Tugend,* sondern die *historische Lehre vom Reich Gottes und desselben Könige Jesus*« sei. Bd. 2 befaßt sich näher mit den Verkündigungsinhalten der Glaubenslehre (gegen Semler und Steinbart). Der homiletisch-wissenschaftlichen Begründung der Popularität widmete sich erstmals Johann Christoph Greiling, Theorie der Popularität, Magdeburg 1805.
[165] »Dem Verstande, dem Gedächtnisse, dem Empfindungsvermögen, dem Willen des gemeinen Mannes angemessen – muß eine Predigt seyn. Dann ist sie popular.« Pfenninger, ebda., Bd. 1, 4.
[166] Pfenninger hatte »klar« (Verstand), »behältlich« (Gedächtnis), »lebhaft und rührend« (Imagination und Empfindung) und »leicht anwendbar« (Willen) unterschieden, ebda., 4 ff.
[167] Dazu zählte Ewald traditionelle Begriffe wie Heil, Gnade, Buße und Rechtfertigung, ÜP H. 2 74 ff., zur sinnlich-konkreten Anschaulichkeit vgl. Pfenninger, ebda., Bd. 1, 41 ff.; Bd. 2, 76 ff.
[168] ÜP H. 2, 83 ff.; vgl. Pfenninger, ebda., 47: »*Um zu rühren, sey dein Herz selbst gerührt* [d. h. von Gott bewegt], heißt da die große einzige Regel.« Weitere Spezialfragen wie die Bedeutung des Predigtanfangs, die Problematik einer allzu strengen Trennung von Abhandlung (explicatio) und Anwendung (applicatio), die Wichtigkeit der abwechslungsreichen Rede und der Anregung zum eigenen Weiterdenken kamen zur Sprache, wobei der Homiletik lernpsychologische Erfahrungen der Kindererziehung zugute kamen, ebda., 92.

In dieser Sache sah Pfenninger den Einfluß des ansonsten geschätzten Spalding negativ, beförderte dieser doch einseitig einen der vernünftigen Überzeugung und dem Gewissensappell verschriebenen Predigtstil.[169] Die Zusammenschau von psychologischer Organisation, Erfahrung und Offenbarung qualifiziert schließlich bei Ewald als erbaulich und populär, was den Menschen als ganzen zu erfassen und, individuell modifiziert, in seinem Ich derart zu erschüttern vermag, daß ihm »Tod und Ewigkeit, Gott und Christus« neu zur Lebensfrage werden.[170] Um das Gespür für thematische Einheit und lebendige Darstellung zu schärfen, wird dem Prediger das Studium empfindsamer Poesie empfohlen, besonders Klopstocks *Oden* galten als anregend.[171] Die erbaulich-populäre Predigt zielt somit auf pietistisch-empfindsame Weise vor allem auf die Vermittlung des besonderen religiösen Erlebnisses, dem die Inhalte nachgeordnet sind.[172] Als Urbild gelungener Vermittlung gilt wie bei anderen Aufklärern die Verkündigung Jesu, in der die entscheidenden Momente der populär-erbaulichen Redekunst wiederentdeckt wurden, auch wenn seiner Lehrart ein Maß an Freiheit und Kasualität zukam, das nicht ohne weiteres auf die kirchliche Verkündigung übertragbar war. Wie Pfenninger hatte auch der von Klopstock mitgeprägte, in der in pietistischer Tradition stehenden Erziehungsanstalt Kloster Bergen bei Magdeburg unterrichtende Friedrich Gabriel Resewitz (1729–1806) entsprechende Beobachtungen angestellt und sie für seine bekannten Jugendpredigten fruchtbar gemacht.[173]

Mit der Hervorhebung der Predigerpersönlichkeit einer ging die Ermutigung zum eigenen Predigtstil – Spalding, Georg Joachim Zollikofer, Lavater und Justus Christoph Krafft stehen für je eigene Typen des Predigtcharismas –, die Vergegenwärtigung des Hörers, seiner Bildung und Erwartung, Gedanken- und Empfindungswelt und die Kunst des Anknüpfens an Bekanntes und Naheliegendes.[174] In Beilagen veröffentlichte Ewald Auszüge aus eigenen Pre-

---

[169] Pfenninger, ebda., Bd. 1, 48 ff.

[170] Eine begriffliche Aufklärung über religiöse Sachverhalte war ebensowenig erbaulich wie deren Gleichsetzung mit moralischer Besserung; ÜP H. 2, 59 ff.

[171] Ebda., 214.

[172] Ebda., 93, 159 ff.

[173] Pfenninger, ebda., Bd. 1, 55 ff.; Friedrich Gabriel Resewitz, Predigten für die Jugend. Neue Sammlung. Zu Kloster Bergen gehalten [...], Frankfurt u. Leipzig 1782, Vorber.; Resewitz vertritt eine vernunft- und erfahrungsbezogene »subjektivische« Predigtweise in Übereinstimmung mit der Praxis Jesu entgegen der vom Lehrbegriff ausgehenden »objektivischen«; evangelisch predigen hieß für ihn, wie Jesus predigen; das Studium seiner Methode »ist unsere wahre und einzige Homiletik. Haben wir diese große Beredsamkeit von ihm gelernt, so folgt Ueberzeugung und willige Annehmung in dem Menschen von selbst; so werden wir auf ähnliche Weise, wie Er, Eindruck machen, und Frucht schaffen.« Resewitz orientierte sich wie Ewald an den Zielbegriffen Liebe, Vertrauen, Ehrfurcht und Dankbarkeit, die gegenüber Gott und seinem Sohn zu wecken und zu fördern seien; er steht jedoch für eine allgemeinere Form religiöser Empfindsamkeit. So pflegte er eine Art der Tugendpredigt, die Ewald kaum genügt haben dürfte. Ebda., 21 f., 22 ff. (Grundsätze).

[174] ÜP H. 2, 57 ff., 67 (zu Krafft s. auch 147 u. 154). Spalding predigte nach Ewalds Urteil »sanft überredend«, Lavater »feurig«, Zollikofer »philosophisch« und Krafft »herzlich und lieb-

digten und ging weiter auf homiletische Einzelfragen ein.[175] Dabei werden zentrale Aspekte seiner Theologie sichtbar: Die christologische Mitte der Schrift, die festliche Gegenwart Gottes in der Natur als Schöpfung (natura naturata), das stufenweise Fortschreiten der Geschichte und das Nahen des Reiches Gottes, das Weltende und die Parusie Christi.[176] Die Bedeutung der homiletischen Fragestellung im Blick auf Erbauung und Popularität für die Gegenwart unterstrich Ewald durch Verweise auf einen breiten Kreis bekannter Autoren, der von Herder über den Osnabrücker Schriftsteller, Historiker und Staatsmann Justus Möser (1720–1794) und den philanthropinistischen Pädagogen Christian Gotthilf Salzmann (1744–1811) bis zu Gotthilf Samuel Steinbart reichte, so daß sich ein gemeinaufklärerischer Grundkonsens in der Überwindung des Lehrhaft-Konfessionellen ergab.[177] Später orientierte sich Ewald an August Hermann Niemeyer, dessen Handbuch zur Homiletik er seinen Vorlesungen in Heidelberg zugrunde legte.[178]

Durchzusetzen begann sich eine verstärkte Sensibilität gegenüber dem Hörer nach sozialer Herkunft und Bildungsgrad und eine entsprechende Zuordnung von Predigtgattungen. Dem aufgeklärten Bildungsbürgertum der Städte entsprach nach Ewald am ehesten die argumentative Themapredigt, die freilich statt einer bloßen Affirmation göttlicher Offenbarungslehren deren Vernunftgemäßheit zeigen und lebenspraktisch deuten mußte. Diese gemeinaufklärerische Zielsetzung war zu überbieten durch Hinführung zu den der Vernunft zwar nicht widersprechenden, aber nicht aus ihr ableitbaren Inhalten der Christusoffenbarung.[179] Die Grenze argumentativer Überzeugung wurde

---

reich«; so unterschiedlich die Hörererwartungen auch sein mochten – Zollikofer und Zinzendorf repräsentieren den spannungsreichen Gegensatz –, so wenig durften sie doch den Anspruch erheben, alleiniger Maßstab zu sein, ebda., 69 f.

[175] Individualität des Predigers, Textwahl, Predigtvorbereitung, Predigteinleitung (exordium), öffentliches Gebet (invocatio), Rolle der Beweise, Disposition und Stil, Predigtvortrag (der Prediger lerne von guten Schauspielern!); ebda., 145 ff.; vgl. ÜP H. 8, 5 ff. Der Geniegedanke war gebrochen durch die Erfahrung des Mangels an »Beweis des Geistes und der Kraft«, wie ihn die Apostel noch besaßen, ÜP H. 2 194.

[176] Der Zusammenhang verdeutlicht die Ambivalenz des kollektiven Fortschrittsgedankens bei Ewald: Der »Fortschritt« einer Nation bedeutete analog zum Individualgeschick entweder, daß sie »vergöttlicht« oder »durchteufelt« wurde, je nachdem, wie sie dem göttlichen Erziehungswillen gehorchte; die objektive Fragestellung relativierte sich freilich beim einzelnen, dem sich das absolute Ende der Geschichte in der Gestalt seines Todes näherte, ÜP H. 2, 123.

[177] Vgl. G. S. Steinbart, Anweisung zur Amtsberedsamkeit christlicher Lehrer unter einem aufgeklärten und gesitteten Volke, 2. Aufl. Züllichau 1784 (1. Aufl. 1779); grundlegend war das primär praktische, d. h. auf Glaubensvollzug zielende Interesse an den kirchlichen Glaubenslehren und deren Relativierung je nach der ihnen zugesprochenen Fähigkeit zur Glaubensstärkung in Gottesliebe, Gottvertrauen und kindlicher Ehrfucht gegen Gott und zur Lenkung der positiven menschlichen Grundtriebe zum Guten hin, ebda., 11; 89 ff.; vgl. ähnlich Spalding, Ueber die Nutzbarkeit des Predigtamtes [...], 92 f., 101 f., 123 ff., 176 ff.

[178] Niemeyer, Handbuch für christliche Religionslehrer, Bd. 2, 5. Aufl. Halle 1805.

[179] »Gesunder Menschenverstand widerspricht Christenthum nirgends; aber Christenthum ist doch noch etwas anders, als Menschenvernunft; und Christusmoral noch etwas anders als Ver-

analog zu der in der Kindererziehung bestimmt. Hier wie dort war Vertrauen nicht durch das Unterwerfungsgebot der Vernunft, sondern nur durch personale Autorität zu begründen, der um ihrer selbst willen geglaubt wurde. Für die Landbevölkerung empfahl Ewald die fortlaufende Auslegung einer Perikope und eine stärker analytische Predigtweise. 1794 regte er anhand von Beispielen aus Origenes und Athanasius an, auf dem Lande die Homilien nach altkirchlicher Art wieder einzuführen, ermögliche dies doch eine stärkere Akzentuierung des Geschichtlichen.[180] Eine spezielle, in ihrer Ausführlichkeit und ihren Details beachtliche Studie zu Deklamation und Kanzelvortrag veröffentlichte Ewald 1809. Hier wird nochmals die Bedeutung des homiletischen Bemühens als Verpflichtung gegenüber dem Heiligen deutlich: Die Kunst der Beredsamkeit stehe im Dienst einer Nomokratie, »in der das Heilige über das Verständige, und das Verständige über das Sinnliche« zur Herrschaft gelange.[181]

In den Bereich der pastoraltheologischen Anleitungsliteratur gehören Ewalds Anmerkungen über Predigerwürde aus dem Jahr 1786 und über die Amtsklugheit der Landprediger von 1794.[182] Insbesondere letztere, gerichtet an junge Prediger zum Amtsantritt, geben einen Einblick in die zunehmend schwieriger gewordene Stellung des Pfarramts im ländlichen Sozialgefüge und die Notwendigkeit, ein gewisses Maß an kritischer Distanz zur weltlichen Macht zu gewinnen, um das Vertrauen der Landbewohner zu erwerben. Gerade in Westfalen galt dies als besonders mühsames Unterfangen.[183] Gesten der Offenheit wie die persönliche Vorstellung beim Antritt des Amtes waren noch gänzlich ungewohnt. Ewald mochte sie nicht allgemein empfehlen. Noch erregte es Aufsehen, wenn bekannte Prediger bei der Antrittspredigt auf ihren Lebenslauf eingingen.[184] Ein nach Ewalds Erfahrungen beachtliches Konfliktpotential mit rapidem Ansehensverlust des Amtes bot das Drohen mit bürgerlichen Zwangsmitteln im Bereich der Kirchenzucht, die Durchsetzung übereilter Neuerungen bei Stellenwechseln und die kleinliche Erledigung der

---

nunftmoral, weil sie auf ganz anderem Fundament ruht und zu ganz anderer Höhe führt.« ÜP H. 2, 182.

[180] ÜP H. 9, 187–278. Zum Lob der Homilie vgl. Herder, SWS 11, 18 f.

[181] Ewald, Ueber Deklamation und Kanzelvortrag. Skizzen und Ergüsse; auch zum Leitfaden akademischer Vorlesungen brauchbar, Heidelberg 1809, 9. Ewald hatte in Heidelberg praktische Predigtübungen angeboten, vgl. Anzeige der Vorlesungen [...], Heidelberg [1805–1807].

[182] Ewald, Gedanken über wahre und falsche Predigerwürde, in: ÜP H. 3, 114–151; ders., Einige Bemerkungen und Erinnerungen über die Klugheit eines Landpredigers bei Führung seines Amtes, in: ÜP H. 9, 5–29.

[183] In der Sozialhierarchie vor Ort kamen dem Pfarrer nur die landesherrlichen Beamten gleich, so daß in der Regel ein näherer gesellschaftlicher Umgang nur innerhalb dieser Familien möglich und schon aus diesem Grund ein gutes Verhältnis zum Repräsentanten der Obrigkeit wünschenswert, wenn auch dem Ansehen beim »gemeinen Mann« nicht immer dienlich war. ÜP H. 9, 23 f.

[184] Als Beispiel nannte Ewald Gotthard Ludwig Kosegartens Antrittspredigt in Altenkirchen auf Rügen, die allerdings positive Reaktionen hervorrief, ebda., 9 f.

bei Amtsantritt fälligen Meliorationsrechnungen der Vorgänger oder ihrer Erben. Als eigener Problembereich erscheint das Verhältnis des Predigers zum Schullehrer, der sich aufgrund verbesserter Ausbildungsverhältnisse aus der herkömmlichen Subordination zu lösen begann. Die in den Städten schon vorangeschrittene Entwicklung beobachtete Ewald mit Mißtrauen.[185] Zugleich aber betonte er die Mitverantwortung des Pfarrers für das nötige Ansehen der Lehrer im Gegenüber zur Gemeinde. Ewald ging es um die Konzentration des Predigers auf seine mit der Ordination übernommenen geistlichen Aufgaben und eine um der Glaubwürdigkeit des Amtes willen konsequentere Einübung der Unterscheidung von geistlich und weltlich zur Vermeidung von Konflikten.[186]

Die zentrale Bedeutung für die Verbesserung der geistlichen Qualifikation der Prediger schrieb Ewald von Anfang an ganz im Spenerschen Sinne dem regelmäßigen Bibelstudium zu.[187] Betrieben vorwiegend ältere Prediger nach seiner Beobachtung immerhin noch eine begriffsorientierte Exegese mit Hilfe älterer Wörterbücher und Kommentare der Buxtorf-Schule, so hielten sich die Jüngeren weithin an das in Kompendien und Zeitschriften zusammengetragene Sekundärwissen oder griffen zum Tellerschen Wörterbuch. Ewald nahm das vorurteilskritisch gebrauchte Motiv des Selbstdenkens auf und verband es mit der Forderung nach Akkomodation des Lesers an den Text und seine Vorstellungs- und Empfindungswelt, eine Richtung, die er nicht nur von der Neologie, sondern auch von der traditionsgebundenen Orthodoxie umgekehrt sah. Wahres kritisches Bewußtsein entwickelte sich demnach nur aus der Not mangelnder Glaubensgewißheit. Musterbeispiel eines solch gewissenhaft und unparteiisch vollzogenen »kritischen« Umgangs mit der Bibel war ihm Johann Albrecht Bengels Auslegungsweise.[188] Unter Zurückstellung schwieriger Texte wurde zur Meditation des Literalsinns ermuntert, die sich in der Doppelbewegung von intensiver Textbefragung und leidenschaftsloser Erwartung einer Antwort in mystischer »Leerheit« abspielte. Hinzu kam die Einübung des Blicks auf das große Ganze der biblischen Theodizee, dem Drama des göttlichen Heilsplans, und die schriftliche Selbstkontrolle des Meditations- und Studienertrags.[189] Als Hilfsmittel empfahl Ewald neben der Lektüre von Heß' Reich-Gottes-Schrift besonders die griechische Ausgabe des

---

[185] Ewald tadelte etwa die zu große »Freiheit und Gleichheit« der Lehrer, wenn die Pfarrer sie die Lieder des Gemeindegesangs auswählen ließen, die sie zu begleiten hatten.
[186] ÜP H. 9, 13 ff.
[187] Ewald, Ueber Bibelstudium, in: ÜP H. 4, 7–92.
[188] ÜP H. 4, 17 ff. Vgl. Bengels Motto aus der Vorr. zum Hb. des NT von 1734, bis zur 25. Ausg. des NT v. Nestle-Aland vorgedruckt: Te totum applica ad textum; rem totam applica ad te.
[189] Im Blick auf das Ganze der Schrift spielten wiederum pneumatologische Themen wie Geistesgaben, Gebetserhörungen, Erfüllung der Weissagungen und Voraussetzungen für den Anteil der Gläubigen an den Verheißungen Jesu und der Apostel eine zentrale Rolle, ÜP H. 4, 17, 30 ff.

Neuen Testament mit Anmerkungen und Exkursen von J. B. Koppe. Koppe galt als theologisch solide und unangreifbar, Herder schätzte ihn ebenso wie Gottlob Christian Storr.[190] Bei dieser Zusammenführung von Exegese und Heilsgeschichte in der Schriftmeditation hatte sich das historische Bewußtsein vor dem existentiellen zu legitimieren. Die geglückte Begegnung mit dem Text trug sakramentalen Charakter. sie wurde mit der Ankunft eines ermüdeten Wanderers verglichen, der Hunger und Durst durch die Gaben von Brot und Wein zu stillen vermochte.[191]

Beispiele eines derartigen Bibelstudiums für Prediger und »lichtdurstige« Menschen schlossen sich aus der Feder Ludwig Friedrich August von Cöllns, in dieser Zeit Hilfsprediger an der Seite seines Vaters in Oerlinghausen, zu den ersten drei Kapiteln des Epheserbriefes an.[192] Sie zeigen, wie nahe sich Ewald und sein späterer Nachfolger im Amt in ihren theologischen Auffassungen waren. Die paraphrasierende Behandlung des Textes bietet ein Beispiel für die Bedeutung des Pneumatologischen in der Abwehr autonomer Vernunftaufklärung und Selbstbildung.[193] Auch Cölln hatte während seiner Hauslehrerzeit 1776 eine Art Bekehrung erlebt, die ihn zu einer bibel- und erfahrungsorientierten Frömmigkeitstheologie und in direkten Gegensatz zur neologischen Akkomodationshermeneutik führte.[194] Was ihm als »simple göttliche

---

[190] Johann Benjamin Koppe, NT Graece perpetua annotatione illustratum, Bd. 1, Göttingen 1778 (zu Gal, I-II Thess u. Eph); 1783 ersch. Bd. 4 (zu Röm). Herder erwähnte in einem Brief an Lavater vom Juli 1779 Koppes Neues Testament im Gegensatz zu Leß' Dogmatik positiv, Herder, GA Briefe 4, 98. Am 25. April 1791 berichtete Ewald an Lavater, J. T. Spittler gebe Koppes Predigten heraus (Brief 17); Lavater gab im folgenden Brief unkommentiert eine Äußerung wieder, daß sich diese schwerlich anders als Dissertationen lesen ließen.

[191] ÜP H. 4, 19 f. Inspirationstheologische Fragen relativierten sich auf dieser Ebene: Es blieb einerlei, woher die biblischen Verfasser ihre Wahrheiten hatten, »mochten sie als Augenzeugen, oder als Aufbewahrer gewisser Traditionen und Volkslieder, oder als Angehauchte von der Gottheit reden – das kann dem ungelehrten Bibelleser vorerst [!] Einerlei seyn, wenn Er nur weiß, daß die Sachen alle wahr sind. Wichtige Warheit respektirt Jeder Wahrheitsliebende, auch wenn sie blos durch Völkersage oder Hieroglyphe aufbewahrt w[i]rd; und durch den unmittelbarsten göttlichen Anhauch kann eine Lehre oder eine Verheis[s]ung nichts weiter als – wahr und gewis werden. Ist aber die Bibelgeschichte nicht gerade [bloße] Erdichtung[,] so giebt sichs mit dem Uebrigen von selbst«, ebda., 34.

[192] ÜP H. 4, 35–91; Lavater nahm den Beitrag positiv auf.

[193] Zum Ganzen vgl. die Hauptideen, ÜP H. 4, 82–87.

[194] Davon zeugen die beiden Briefe, die er aus Anlaß einer von ihm u. a. wegen Gewissensbedenken gegen die eidliche Lehrverpflichtung auf den Heidelberger Katechismus abgeschlagenen Berufung auf die Pfarrstelle in Meienberg 1777 an das Konsistorium und den ihm persönlich bekannten Regierungsrat Schleicher geschrieben hatte, abgedr. bei Deetjen, 68 ff. Cölln hatte dem Konsistorium am 16. August 1777 mitgeteilt, er sei von der Wahrheit des Heidelberger Katechismus in einigen Stücken noch nicht überzeugt und sehe auch einige Sätze in Widerspruch mit dem Zweck und Inhalt des Evangeliums; offener erklärte er sich im Brief an Schleicher (unterzeichnet mit: »Mit wahrer Liebe Ihr Freund v. Cölln«): auch wenn er sich mit der eidlichen Verpflichtung auf den Katechismus nicht damit verpflichte, dessen Inhalt zu glauben, so doch, diesen »nach seinem gantzen Inhalt zu lehren, und ich will nur lehren, was ich glaube.« Von der »eigentlichen sogenannten Theologie« halte er nichts, seit einem Jahr lese er in seiner freien Zeit

Galiläerweisheit« vom wahren Gott und wahren Menschen als Kern der Religion aufgegangen war, beinhaltete die Erkenntnis, daß sich jede geistig-religiöse Wahrheit als Sprache auf eigene oder fremde sinnliche Erfahrung bezog und schon aus diesem Grund die anthropomorphe Bildsprache der Bibel nicht generell als uneigentlich und nur zeitbedingt jüdisch relativiert werden durfte.[195] Als Ausdruck geistgewirkten Empfindens und Erkenntniswillens teilte sie das Vorläufige der im Blick auf das Ewige selbst uneigentlichen und vorläufigen irdischen Existenz. Die frühen Christen hatten demzufolge noch Sinn für die Sprache der Dinge, der Natur und des Kultus, sprachschöpferisch griffen sie deren Chiffren auf, um von ihrer Gottesbegegnung zu sprechen.[196] Unverständlich war diese Sprache allein für die nicht durch die Geistestaufe Christus Geweihten.[197] Nicht das konsequent ausgebildete historische Bewußtsein, sondern das religiöse, sich schon im Naturempfinden als Anruf anmeldende Geistes- und Gottesbewußtsein entscheidet somit wie bei Ewald über das Verstehen oder Nichtverstehen des Bibeltextes.[198] Schon ein früherer Aufsatz Cöllns, den Ewald 1786 abdruckte, weist auf den gemeinsamen Gedanken- und Erfahrungshintergrund hin.[199]

---

nur die Bibel; einen Zugang zur philologisch orientierten Bibelexegese der Zeit hatte er nicht gefunden, jeder Sprachgelehrsamkeit zog er die Einsichten einer von erbaulicher Bibellektüre geprägten Laienfrömmigkeit vor.

[195] Vgl. Luthers präzisere Bestimmung von Theologie und Gotteserkenntnis durch die Rechtfertigungslehre, WA 40 II. 327. In Cöllns Sinne ist es zu verstehen, wenn Ewald Ph. M. Hahn eine »einfältige Galiläersprache« attestierte. Zur Bedeutung der Frage für die Andacht vgl. die Kritik alter Andachtsbücher wegen ihrer platten Sinnlichkeit bei Spalding, Die Bestimmung des Menschen, neue verb. u. verm. Aufl. Schaffhausen 1776, 87–104, 101. Zum Anthropomorphismus vgl. Semler, Christologie, 105 ff.

[196] ÜP H. 4, 40 f., 45.

[197] Die biblische Benennung der Christen als »Heilige« gab Cölln mit »Geweihete«, »durch die Geistestaufe Christusgeweihete« wieder, ebda., 50, vgl. 40 f.

[198] In diesem Zusammenhang kam es zu einer theologischen Begründung des psychologischen Interesses. Wenn sich Gott schon in der Natur offenbarte, dann war der Mensch die größte und geheimnisvollste Gottesoffenbarung in der Natur, ein unerschöpfliches eigenes Buch im liber naturae. Und doch war dies nur ein Geringes im Vergleich zu dem mit Gottes Geist beseelten und zur himmlischen Vollendung bestimmten und zum Teil schon gelangten Menschen, ebda., 71 f., 45.

[199] Cölln, Einige Gedanken über die Ursachen der Kälte für das Christenthum und seine[n] Lehre[r], in: ÜP H. 3, Lemgo 1786, 67–112, Der Beitrag stand unter dem Motto von II Kor 1,24; er wurde noch in der Distanz zum Pfarramt geschrieben, vgl. ebda., 67, 70 f. Den Titel hielt Ewald für irreführend und empfahl eine Überschrift wie: Ermunterung an Prediger, die Bibel noch einmal von vorn an zu studieren und sich ganz für oder gegen Christus zu erklären, ebda., 113. Der Grund für die Korrektur ist nicht klar; vielleicht wollte Ewald allein eine positive Formulierung vorziehen oder stieß sich am grammatikalischen Bezug von »seine Lehrer« als Prediger, was in der Tat dem Inhalt nicht entsprach; auch in der Kopfzeile erschien der Schlußteil des Titels wie in der Überschrift, außer S. 77 und 107 (»seine Lehre«); Cölln könnte aber nach anderen Formulierungen (ebda., 70) auch sinnvollerweise »seinen Lehrer«, d. h. Christus, gemeint haben.

Die Verbesserung der praktisch-theologischen Ausbildung blieb Ewald ein ständiges Anliegen. Die in Bremen vom evangelisch-reformierten Ministerium projektierte Gründung eines Predigerseminars, an der neben Ewald und Häfeli eine ganze Reihe Prediger mitzuwirken versprochen hatte – Stolz gehörte zu der Minderheit, die sich entschuldigen ließ – entsprach den in Detmold entwickelten Gedanken.[200] Auch in der Badener Zeit sollte das Thema wieder aufgegriffen werden.[201]

4.3 Der Kultus: Gottesdienst- und Liturgiereform im Vorfeld des Unionsgedankens – die Begegnung mit dem Heiligen im Sakralen

4.3.1 Gemeinde- und Chorgesang, Kirchenmusik und Agende

Um dem Gottesdienst wieder stärker den Charakter der gemeinschaftlichen Feier zu geben, bemühte sich Ewald in den 80er Jahren intensiv um eine Verbesserung des Kirchengesangs.[202] Überaus positive Eindrücke von der ergreifenden Wirkung des gottesdienstlichen Gesangs hatte Ewald bei Besuchen der Herrnhuter und im Bethaus des Philanthropins in Dessau gewonnen.[203] Zu Unrecht war die Kirchenmusik im allgemeinen entweder unter Hinweis auf die zentrale Bedeutung der Wortverkündigung vernachlässigt oder dem Anspruch und den Formen konzertanter Musik unterworfen worden, was nach Ansicht der Kritiker den der Anbetung fremden Aspekt des Theatralischen im Gottesdienst ungebührlich in den Vordergrund rückte. Ewald forderte im Gefolge Klopstocks und Johann Friedrich Reichardts (1752–1814) eine neue Hinwendung zu dem im Wechsel von Chor und Gemeinde gesungenen vierstimmigen Choral mit Orgelbegleitung.[204] Gerade der kompositorisch und

---

[200] Vgl. die Anzeige zur Gründung eines Predigerseminars in Bremen in: ChrM 1800.2, 79 f., u. die Nachricht ebda., 239, nach der sich ein Straßburger »Verehrer des Christenthums« bereit erklärt habe, 15 Ex. von Roos' Kirchengeschichte zu spenden, sollte das Vorhaben zustande kommen – was offenbar nicht der Fall war.

[201] Vgl. Schwinge, 97 ff.

[202] Ewald, Ueber Kirchengesang, in: ÜP H. 2, 36–56; kurz Ewald, Fantasieen auf einer Reise, 1799, 43. Vgl. die einschlägigen Artikel der MGG sowie Friedrich Blume, Geschichte der evangelischen Kirchenmusik, 2. neu bearb. Aufl. Kassel u. a. 1965, 227 ff., 391 ff.

[203] Bei Ewalds Besuch in Dessau war Salzmann dort noch tätig, er fand also zwischen 1781 und 1784 statt, vgl. ÜP H. 5, 63 (Anm.). Ähnlich beeindruckt sollte Jung-Stilling 1789 aus einem Gottesdienst der Brüdergemeine in Neuwied kommen, um von da an immer mehr zur Überzeugung zu gelangen, die Herrnhuter seien die eigentlich christlichen Mustergemeinden mit besonderer Rolle in der endzeitlichen Vorbereitung des Reiches Gottes; Jung-Stilling, Lebensgeschichte, 456, 515, vgl. die Feier der Karwoche mit der nicht durch konfessionelle Trennungen gestörten Abendmahlsfeier bei seiner ersten Reise nach Herrnhut, ebda., 585 ff. In den Brüdergemeinen war das Freylinghausensche, zuerst 1704 in Halle erschienene, Gesangbuch in Gebrauch; auf diesem baute das Gregorsche Brüder-Gesangbuch von 1778 auf, zu dem 1784 ein Choralbuch erschien.

[204] Ausgiebig zu Rate gezogen wurde von Ewald Johann Friedrich Reichardts *Musikalisches*

schriftstellerisch rege Reichardt, einer der Hauptvertreter der Berliner Liederschule, hatte eindringlich auf die Bedeutung der Singchöre – großes Vorbild war der Chor der Dresdner Kreuzschule – für den Choralgesang im Gottesdienst hingewiesen und eine Abkehr vom gängigen konzertanten Stil meist schlecht eingeübter Opernarien und Operettengesänge verlangt.[205] Als Zeichen guten musikalischen Empfindens führte Ewald die in einzelnen Landgemeinden Lippes übliche Praxis an, ohne Orgel wenigstens zweistimmig Choräle im Kirchenstil zu singen. Freilich fehlte es an geeigneten Gesangbüchern ebenso wie an der kundigen Liedauswahl der Prediger.[206] Angesichts der dringlich gebliebenen Gesangbuchreform brachte Ewald die im Gespräch mit Philipp Matthäus Hahn entwickelten Gedanken vor, doch sollte es während seiner Amtszeit in Lippe-Detmold zu keiner Revision mehr reichen.[207] Erst unter Cölln kam es 1799 zur Ausgabe eines neuen Gesangbuchs, das zuletzt unter Ferdinand Stosch 1772 einer Bearbeitung unterzogen worden war.[208]

Die Grunddifferenzen in der Gesangbuchfrage der Zeit verdeutlicht die Auseinandersetzung von Friedrich Leopold Graf zu Stolberg mit Gerhard Anton von Halem 1790 zur Zeit der Oldenburger Gesangbuchreform.[209] Halem, der mit ausgesprochenen Lavatergegnern wie F. Nicolai (1733–1811),

---

Kunstmagazin, 2 Bde., 1782–1791, Repr. Nachdr. Darmstadt 1969; vgl. darin die Ausführungen zur Kirchenmusik mit Beispielen, ebda., Bd. 1, 179–193; Bd. 2, 16–18; zum Erlebnis des erhebenden vierstimmigen Psalmengesangs in Zürich vgl. ebda., Bd. 2, 16. Herder bescheinigte Reichardt, er komponiere ganz im Klopstockschen Geist, GA Briefe 4, 128. Zum Ideal der Simplizität und dem zwei- bis vierstimmigem Choral s. auch Ewald, Ueber Simplicität in Liedern und Musik für das Volk, in: ÜP H. 5, 112–114, und Lavaters Liedersammlungen von 1769, 1771, 1776 und 1780, z. B.: Auserlesene Geistliche Lieder, Aus den besten Dichtern Mit Ganz neuen leichten Melodieen versehen, Zürich 1769 (Komponist: J. Z. Gusto), darin finden sich neben drei- und vierstimmigen Liedern allerdings auch noch Soli und Duette. Zu Klopstock vgl. dessen Ode »Die Chöre«: Klopstocks Oden und Elegien. Mit einem Nachw. u. Anm. hg. v. Jörg-Ulrich Fechner, 152–154.
[205] Musikalisches Kunstmagazin, Bd. 1.1782, 118 ff. (mit Beispielen).
[206] ÜP H. 2, 37, 52. Im Idealfall teilten die Prediger dem Kantor im voraus den Gang ihrer Predigt mit, um diesem eine entsprechende Vorbereitung für die Hinführung zur Predigt durch Orgelspiel und Gesang möglich zu machen, ein Anliegen, das sich mit der pietistischen Betonung des Liedes vor der Predigt traf.
[207] ÜP H. 2, 39 ff. Als Grund für die gebotene Vorsicht gegenüber modernisierenden Eingriffen wird hier deutlicher die Bedeutung des Originals für den ungebrochenen Eindruck der ursprünglichen Empfindung des Dichters hervorgehoben. »Entweder geht der ganze Geist solcher Lieder verloren; oder Alles, was man daran ändert und feilt, ist neuer Lappe auf ein altes Kleid, wodurch der Abstand nur ärger und sichtbarer wird.« Ebda., 39 ff. Außerdem mußten die mit einer Revision Befaßten in Rechnung stellen, daß besonders die älteren Lieder Zeit zur Erschließung brauchten, wie Ewald selbst im Umgang mit den Liedern »Was Gott tut, das ist wohlgetan« von Spenerfreund Samuel Rodigast (EG 372), »Jesus, meine Zuversicht« (EG 526) und »In allen meinen Taten« (EG 368) aufgegangen war.
[208] Vgl. StArch Detmold, L 77 B, Fach 14, Nr. 23 I, fol. 42 f., Wehrmann, 261 f.
[209] Zu Aspekten der religiösen Orientierung bei Stolberg und Halem vgl. Claus Ritterhoff, Friedrich Leopold Graf Stolberg und Gerhard Anton von Halem. Positionen fundamentalistischer und »aufgeklärter« Religiosität um 1800, in: JGNKG 90.1992, 105–116.

J. E. Biester (1749–1816) und Johann Heinrich Voß (1751–1826) ebenso in Verbindung stand wie mit Lavaterfreunden und auch Kontakte mit Ewald unterhielt, war an der unter Federführung von Generalsuperintendent Esdras Heinrich Mutzenbecher (1744–1801) unternommenen Reform beteiligt und korrespondierte über die Aufnahme verschiedener Lieder mit Voß und Stolberg.[210] Voß wünschte schon länger gottesdienstliche Gesänge zu schaffen, sah jedoch darin wenig Sinn, solange der öffentliche Gottesdienst nicht nach Grundsätzen der Naturandacht eingerichtet war.[211] Stolberg warnte aus einer Ewald vergleichbaren antineologischen Einstellung heraus vor sozinianischen und naturalistischen Tendenzen. Er rechnete Halem wegen wiederholt geäußerter Zweifel an der vollen Historizität der Evangelien zunächst der Neologie zu und kritisierte seine Mitarbeit an der Reform des Gesangbuchs, das auf dieser Basis nicht »christprotestantisch« werden könne, ließ sich aber beruhigen.[212] Dringend empfahl Stolberg die Lektüre von Thomas Wizenmanns posthum herausgegebener *Geschichte Jesu*. Ewald berief sich wiederholt auf Stolberg als Geistesverwandten. Noch Anfang 1800 lobte er gegenüber Lavater dessen Bekenntnis zum »Altchristentum«, zu dem die fortdauernde Realität

---

[210] Gerhard Anton von Halem, Selbstbiographie nebst Sammlung von Briefen an ihn [...], hg. v. C. F. Strackerjan, Oldenburg 1840 (= Halem, Selbstbiographie), Briefe Nr. 95 ff., vgl. Friedrich Leopold Graf zu Stolberg, Briefe, hg. v. Jürgen Behrens (Kieler Studien zur deutschen Literaturgeschichte 5), Neumünster 1966, Nr. 269. Wolfgang Erich Müller, Aspekte der theologischen Spätaufklärung in Oldenburg, in: JGNKG 90.1992, 63–81; Mutzenbecher war in den 90er Jahren u. a. mit der Gründung eines Lehrerbildungsseminars (1793), der Herausgabe einer neuen Agende (1795) und einem Katechismus (1797) befaßt gewesen, ebda., 65. Im Zuge der seit 1786 um Lavaters »Schwärmerei« geführten polarisierenden Auseinandersetzung sah Voß Stolberg als von Lavater Verführten, doch brach er nicht mit ihm wie August Hennings 1797, der mit Stolberg auch die Freundschaft zu Voß verlor, vgl. ebda., Briefe Nr. 39, 122, 179, 184. Die Vorbehalte Halems gegenüber Lavater verringerten sich 1791, nachdem er ihn in Zürich getroffen hatte, ebda., Brief Nr. 112. Nicolai stand seit 1788 mit Halem in Kontakt und fühlte sich mit ihm verbunden; Ewald besuchte Halem 1798, 1799 traf er sich mit Nicolai in Pyrmont; wie er an Halem berichtete, sprach er viel mit ihm über dessen (antilavatersche?) »Phantasmen«, ebda., Brief Nr. 195, vom 3. November 1799; Ewald, Fantasieen auf einer Reise, 1799, 312 ff. Ewald erbat von Halem zu Ehren des frisch Vermählten Fürsten Leopold II. mit Pauline 1796 zum Tag nach ihrem Einzug einen dramatischen Prolog mit Solostimmen und Schlußchor für ein öffentliches Schauspiel; nach Ewald verdiente die Prinzessin diese öffentliche Ehrenbezeugung, doch brachte er zugleich auch den politischen Hintergedanken zum Ausdruck, daß »hier Alles auf sie ankommt«, ebda., Brief Nr. 165. Zu ähnlichen Gelegenheitsdichtungen vgl.: Prolog am Geburtsfeste Unsrer Fürstin zu dem Schauspiel von Kotzebue: Armuth und Edelsinn im Character der Luise gesprochen von Hannchen Ewald am 23ten Febr. 1796, Lemgo (o. J.), als dessen Vf. Ewald angenommen wird; Steiger, Bibliogr. 136. Kotzebues Lustspiel »Armuth und Edelsinn« wurde 1795 veröffentlicht.

[211] Halem, Selbstbiographie, Brief Nr. 95, vgl. Nr. 99.

[212] Halem versicherte, er sei von der Vortrefflichkeit der Lehre und Person Jesu überzeugt, nicht aber von den dogmatischen Bestimmungen zu seiner Person, seinem Wunderwirken und seinem Gottesverhältnis (Frage der Zweinaturenlehre, des Eingriffs in die Gesetze der Natur, der Auferstehung, der Präexistenz und der Gottessohnschaft). Vgl. Halem, Selbstbiographie, Briefe Nr. 96, 6. Februar 1790 und Nr. 100, 10. April 1790.

spezieller Geistesgaben ebenso gehörte wie die lebendige Hoffnung auf die Wiederkunft Christi.[213] An dieser Wertschätzung änderte auch Stolbergs Konversion Anfang Juni desselben Jahres nichts, zumal auch Ewald im Katholizismus manche Vorzüge gegenüber dem Protestantismus entdeckte.

Ewalds konkrete Vorschläge zur Verbesserung des Kirchengesangs unter der Zielsetzung einer liturgischen Einheit des Gottesdienstes sahen die Anstellung eines Kantors und die feste Einrichtung eines Singchores mit dem Ziel der Errichtung einer »Normalgemeinde« im Kirchengesang vor, bei der Chor und Orgel die Gemeinde singen lehrten.[214] Der Detmolder Kantor sollte die Küster und Kantoren auf dem Land beaufsichtigen und dafür sorgen, daß diese zur Bildung eigener Chöre befähigt wurden. Auch wenn dieser Plan nicht unmittelbar verwirklicht werden konnte, wurde er doch dank der Unterstützung von Seiten der Regierung in den folgenden Jahren entscheidend gefördert. 1785 erhielt Anton Heinrich Pustkuchen (1761–1830), einer der ersten, der in das Detmolder Lehrerseminar nach seiner Einweihung durch Ewald im Jahre 1781 aufgenommen worden war, von der lippischen Rentkammer ein Stipendium zur musikalischen Aus- und Weiterbildung in Orgelspiel und Komposition.[215] Mit der Suche geeigneter Lehrmeister war Ewald betraut worden. Es fand sich eine befriedigende Lösung beim Organisten Zink in Hanau, der sich zudem durch Chorerfahrung empfahl. Nach einem Zwischenaufenthalt in Mainz wechselte Pustkuchen zu dem bekannten Organisten J. G. Vierling in Schmalkalden, einem Schüler Johann Philipp Kirnbergers (1721–1783).[216] Pustkuchen trat nach seiner Rückkehr noch im Jahr 1786 die für ihn freigehaltene Stelle des Kantors an der Provinzialschule und des Organisten an.[217] Von der Notwendigkeit des vierstimmigen Chor- und Gemeindegesangs mußte die Regierung freilich erst überzeugt werden, bevor sie die zur Gründung des Chors nötigen Gelder bewilligte.[218] Ewald verteidigte das Vorhaben religiös-ästhetisch

---

[213] Ewald an Lavater, 14. Februar 1800, Brief Nr. 53. Stolberg betonte stärker als Ewald die absolute Historizität der Bibel.
[214] »Präludium, Gesang, Predigt und Gebät, wären immer aus Einem Stük – Ja! das Alles träumt' ich, projektirt' ich oft, und ich ich weiß gewiß, es würde wirken. Wenigstens wär' es Saat für die künftige Generation gesäet.« ÜP H. 2, 53.
[215] Die Akten zur Ausbildung Pustkuchens und zur Beförderung des Kirchengesangs finden sich in StArch Detmold L 77 A, Nr. 1974.
[216] Ewald nahm Pustkuchen auf eine Reise nach Frankfurt mit, um ihn in Kassel beim Organisten Kellner unterzubringen; Ewald hörte freilich Ungutes über dessen »Denkungsart« und entschloß sich, für Pustkuchen eine andere Stelle zu suchen. Vierling berichtete nach Detmold vom guten Fortgang des Unterrichts und seinem vertrauensvollen Verhältnis zu Pustkuchen, Briefe Vierlings vom 3. September und 11. Oktober 1786, L 77 A, Nr. 1974, fol. 21 ff. Vgl. ÜP H. 7, 66.
[217] Zu seinen Aufgaben gehörte der Musikunterricht in der zur Musterschule zu gestaltenden Provinzialschule, und im Lehrerseminar, vor allem lag Ewald an der Bildung eines vierstimmigen Singchors und eine entsprechende Schulung der Seminaristen, um durch sie die musikalische Volksbildung zu befördern. Vgl. ÜP H. 4, Lemgo 1786, 218 f.
[218] L 77 A, Nr. 1974, fol. 36 (27. November 1786).

mit dem Hinweis auf den Eindruck, den der Gesang der Herrnhuter zu vermitteln vermöge, fachmusikalisch mit dem Urteil bedeutender Komponisten und mit ähnlichen Bemühungen in anderen Ländern.[219] Der schließlich von Pustkuchen gegründete Chor sang zum erstenmal Karfreitag 1789 Strophen bekannter Lieder zwischen den Predigtabschnitten.[220]

Um Bedenken gegen den liturgischen Chorgesang zu zerstreuen, hielt Ewald eine Predigt über Mißstände des Gottesdienstes, zu denen er neben dem schwachen Gemeindegesang häufige störende Geräusche und eine durch ständiges Kommen und Gehen beeinträchtigte Sammlung bemängelte.[221] Die Reaktionen reichten von der Nachfrage nach ordentlichen Singstunden bis zur Befürchtung, im Gottesdienst werde das Singen gänzlich vom Chor übernommen. 1788 hatte Ewald einen Konsistorialbeschluß zur Einführung des von Vierling angekündigten neuen Choralbuchs erwirkt.[222] Dieses versprach eine ausreichende Zahl singbarer Melodien, ohne die Beteiligten zu überfordern.[223] Gegen anfängliche Einwände von Seiten des Kanzlers, der erst die Einführung eines neuen Gesangbuchs und die Verbesserung der musikalischen Bildung der Orgelspieler auf dem Land abwarten wollte, wurde das Choralbuch angeschafft. Ewald hatte sich davon überzeugt, daß so gut wie alle Organisten im Lande einen Choral zu spielen imstande waren, wenn sie ihn vorher geübt hatten.[224] In der Folgezeit sang der Detmolder Chor im Gottesdienst nach dem Vierlingschen Choralbuch.[225] Auch auf dem Land gewannen die Bemühungen zur Verbesserung des Kirchengesangs konkrete Gestalt. Die Schulmeister, die aus dem Lehrerseminar hervorgegangen waren, wurden um

---

[219] Ebda., fol. 38 f. (29. November 1786).

[220] Der Chor brachte schon vor seinem ersten Auftreten im Gottesdienst verschiedene neuere Stücke von Reichardt zur Aufführung, so der 65. Psalm nach Mendelssohns Übersetzung und die Weihnachtskantilene von Matthias Claudius aus dem Jahr 1784, Reichardt hatte die Partituren für Ewald kopieren lassen. Der Chor vereinigte schließlich Schüler des Seminars, der Stadtschulen, gesangesfreudige Stadtbürger und Schullehrer der Umgebung, Weerth, Elementar-Schulen, 31. Zu Reichardts »trefflicher Weihnachts-Kantilene, wo die Freude und das Gefühl der Errettung und die demütige Anbetung so schön ausgedrückt« seien, s. F. Schleiermacher, *Weihnachtsfeier*, KGA I/5, 49,34–50,4.

[221] ÜP H. 6, 127–153; die Predigt über Kol 3,16 ebda., 136 ff.

[222] L 65, Nr. 74, fol. 150, Zirkular des Konsistoriums an die drei Superintendenten vom 1. Juli 1788. J. G. Vierling, Choralbuch auf vier Stimmen, zum Gebrauch bei dem öffentlichen und Privatgottesdienst, mit einem Haupt- und Melodienregister, Kassel 1789.

[223] Die gedruckte *Musikalische Nachricht* Vierlings vom 20. Mai 1788, die das Choralbuch ankündigte, war Ewalds erstem Votum vom 16. Juni 1788 beigelegt und findet sich eingebunden in fol. 150 f. Den Mangel an neuen Melodien illustrierte Ewald durch den Hinweis, daß der Choral »Wer nur den lieben Gott läßt walten« mehr als siebzig Liedern zur Melodie habe dienen müssen.

[224] L 65, Nr. 74, 150 d u. e. Zu neuen Choralbüchern der Zeit vgl. die von Kühnau, Berlin 1786, 1790 u. ö.

[225] Der Chor fungierte des öfteren als Vorsänger der Gemeinde; sein Gesang konnte die Predigt unterbrechen, an die Stelle des Abschlußgebets der Predigt treten oder die Antwort auf eine vom Prediger formulierte Frage geben, ÜP H. 6, 131 ff.

die Erntezeit nach Detmold beordert und erhielten einige Wochen Anweisungen, wie ein Singchor zu bilden sei. Außerdem wurden Prämien ausgesetzt für die, die in Jahresfrist den besten Chor gebildet hatten.[226] Länger anhaltende Erfolge waren auf dem Land jedoch nicht zu verzeichnen. Die schulischen Singübungen beschränkten sich bald wieder auf den Gesang einiger weniger bekannter Lieder zu Beginn und Ende des Unterrichts, so daß sich Pustkuchen 1810 gehalten sah, eine Anleitung zur Bildung von Singchören auf dem Land zu veröffentlichen. Hatte sich auch der vierstimmige Gemeindegesang nicht wie erwartet durchgesetzt, so blieb das Ziel doch unverändert und die Chorschüler gehalten, vierstimmige Choräle einzuüben.[227] Vom desolaten Zustand des Kirchengesangs zeugt weiterhin die Vorrede des von Pustkuchen 1810 herausgegebenen Choralbuchs. In manchen Gemeinden des Landes waren kaum noch zwölf Melodien bekannt, die zudem noch lokal verschieden und überaus schlecht gesungen wurden. Pustkuchen machte dafür die seit längerer Zeit aufgegebenen schulischen Singübungen verantwortlich und suchte durch sein Choralbuch für die im Gebrauch befindlichen Gesangbücher Abhilfe zu schaffen.[228] Insgesamt weisen die Reformversuche auf die bis in die Gegenwart nicht aufgegebenen Bemühungen um den vierstimmigen Gemeindegesang, auf das Laienchorwesen, das sich in den eigenständigen Kirchenchorgründungen des 19. Jahrhunderts niederschlug, und auf die Erneuerung der protestantischen und katholischen Kirchenmusik, wie sie u. a. von der von Ewald begrüßten Palestrina-Renaissance ausging.[229]

Einer umfassenden länderübergreifenden Agendenreform redete Ewald 1788 das Wort.[230] Sprache, dogmatischer Ton und konfessionelle Bestimmtheit der älteren Agenden forderten dringend Abhilfe, doch es fehlte am Konsens über Grundsätze und Möglichkeiten, sie durchzusetzen.[231] Nach der Sichtung

---

[226] Ebda., 135 f.
[227] Anton Heinrich Pustkuchen, Kurze Anleitung, wie Singechöre auf dem Lande zu bilden sind, o. O. (Rinteln), 1810.
[228] Pustkuchen (Hrsg.), Choralbuch für die Gesangbücher der reformirten Gemeinden im Fürstenthum Lippe, Rinteln 1810. Pustkuchen griff dabei besonders auf das alte Müllersche Choralbuch mit seinen über 800 verschiedenen Melodien zurück und bearbeitete diese, hinzu kamen Melodien aus dem Vierlingschen und neue Melodien aus dem Sächsischen und Hamburgischen Choralbuch; im Umfang von 150 Melodien, welche für die 647 Lieder der beiden im Gebrauch befindlichen Gesangbücher vorgesehen waren, orientierte sich Pustkuchen an Vierlings Choralbuch, das für 590 Lieder mit 154 Melodien auskam. Außerdem wurden dem Choralbuch noch Lieder für besondere Zwecke beigegeben, so etwa zum Singen am offenen Sarg. Im Satz nahm Pustkuchen besonders Rücksicht auf die Tatsache, daß nur wenige Orgeln im Land mit einem Pedal versehen waren. Vorr., Vff.
[229] Vgl. kurz Blume, Geschichte der evangelischen Kirchenmusik, 221 ff.; Hb. der deutschen Bildungsgeschichte 3. 1800–1870, hg. v. Karl-Ernst Jeismann und Peter Lundgreen, München 1987 (im folgenden: HDBG 3), 406 f.
[230] Ewald, Ideen und Projekte, einige Verbesserungen des öffentlichen Gottesdienstes betreffend, in: ÜP H. 5, 129–157. Ewald verwandte den Begriff des Gottesdienstes neben dem der Gottesverehrung, ohne für ersteren das Mißverständliche einer Fron wie Basedow und Salzmann zu assoziieren.

denkwürdiger Schriften aus dem Bereich des aufklärerischen liturgischen Reformbemühens, unter anderem von Georg Friedrich Seiler (1770–1807) und Christian Gotthilf Salzmann, entwarf er Richtlinien einer nachkonfessionell-zeitgemäßen »rein christlichen« Liturgie.[232] Die bei dieser Gelegenheit vorgestellten Grundsätze lassen den weiteren Rahmen erkennen, in dem die Frage des Kirchengesangs stand. Die Vollgestalt der erstrebten Liturgie war nur denkbar als neugewonnene Einheit von reformierter, brüderischer und römischer Tradition, die lutherische wurde nicht eigens erwähnt. In bezug auf die brüderische Tradition war er sich mit den Philanthropinisten Basedow und Salzmann einig, denen zufolge die an vielen Orten prosperierende Brüdergemeine für die Aufklärungsbewegung eine Vorreiterfunktion in der Liturgiereform spielte.[233] Ewalds Überlegungen zielten auf eine Erweiterung der Formulare nach dem Vorbild der römischen Messe und, wie schon mit der Förderung des Kirchengesangs intendiert, eine stärkere Betonung des Gottesdienstes als Gemeindefeier.[234]

Inhaltlich war strenger biblischer Bezug gefordert, was besonders im Tauf- und Abendmahlsformular auf gewichtige Änderungen hinauslief, so auf den Abschied von der Taufwiedergeburtslehre, die geradezu als orthodoxe Schwär-

---

[231] ÜP H. 5, 130 ff., 145.

[232] Georg Friedrich Seiler, Liturgisches Magazin [...], 2 Bde., Erlangen 1784–1786. Christian Gotthilf Salzmann, Verehrungen Jesu, gehalten im Betsale des Dessauischen Philanthropins, Leipzig 1784; ders., Gottesverehrungen, gehalten im Betsale des Dessauischen Philanthropins, 4 Sammlungen, 2. Aufl. Wolfenbüttel 1786–1787.

[233] Salzmann hatte darauf hingewiesen, daß Basedow die Methode ständiger Abwechslung als Unterbrechung der Predigt durch Musik und Gesang von der Brüdergemeine übernommen habe, Salzmann, Gottesverehrungen [...] 2. Aufl. 1786, XXVII. Auch für den »Mystiker auf dem Thron«, Zar Alexander I. von Rußland, kam, wie er gegenüber Jung-Stilling 1814 äußerte, der Ritus der Brüdergemeine dem christlichen Ideal am nächsten; dieser mochte nicht widersprechen, wies aber außerdem noch auf die Bedeutung der Kirchenzucht hin, Schwinge, 148 f.

[234] Als formale Grundsätze werden genannt: 1. Die christliche Liturgie ist zu bestimmen als Vorschrift über die Art, wie die zur christlichen Gottesverehrung gehörigen Handlungen ihrem Zweck nach vorzunehmen sind. 2. Jede Liturgie muß zweckmäßige Einheit sein. 3. Sie muß den Menschen entsprechen, die den Gottesdienst besuchen, das heißt, vor allem dem »großen Haufen«, daher gilt: a) sie darf nicht zu nüchtern (reformierte Tradition), nicht zu gefühlsbetont (Tradition Zinzendorfs), nicht zu sinnlich wie (römische Tradition) sein, dieser Tradition dieser Elemente ausschließen, da sie zum Menschsein des Menschen gehörten; b) sie muß die Bedeutung des ersten Eindrucks, der anfänglichen Stimmung, berücksichtigen; c) sie muß auf mehr Abwechslung von Gesang, Predigt, Chor- und Gemeindegesang bedacht sein; d) sie hat dies nach dem Gang des Kirchenjahrs in den Formularen zu berücksichtigen (Ordinarien und Proprien). 4. Eine so weitreichende Liturgiereform darf nicht übereilt durchgeführt werden. Ewald, Ideen und Projekte, 137 f. Diese formalen Grundsätze stimmten im wesentlichen mit den bei Salzmann geäußerten überein, s. z. B. Gottesverehrungen, 2. Aufl. Wolfenbüttel 1786 (Vorr. zur ersten Auflage), Gottesverehrungen, Vierte Sammlung, 2. Aufl. Wolfenbüttel 1787. Freilich war Ewald nicht mit dem aufklärerischen Satz einig, als Grundlage einer Union reiche die Ausgrenzung des Strittigen nach dem Grundsatz: »Der Mährische Bruder und der Anhänger Socins können, einer wie der andere, rechtschaffen handeln, vergnügt leben und ruhig sterben.« Salzmann, Gottesverehrungen, Zweite Sammlung, 2. Aufl. Wolfenbüttel 1787, XIX.

merei galt.²³⁵ Obwohl den Standesunterschieden auf agendarischem Gebiet an sich keine Bedeutung zukam und daher die Formulare nicht auf die jeweilige Stufe der Bildungs- und Sozialhierarchie hin entworfen werden durften, glaubte Ewald wenigstens für die im Haus vollzogenen Taufen und Trauungen Alternativformulare für Gebildete und den »gemeinen Mann« fordern zu sollen.²³⁶ Ewald verschickte seine Richtlinien an Landesherren, Konsistorien, Superintendenten und einzelne Persönlichkeiten, um die Möglichkeit eines Konsenses reformierter Länder für eine gemeinsame Liturgiereform auszuloten. Seine Anfrage macht deutlich, daß er den Einfluß freierer Liturgiereformgedanken in der Orientierung an der allgemeinen Konsensfähigkeit der natürlichen Religion im Sinne Basedows und Salzmanns fürchtete. Zwar teilte Ewald deren Interesse an einer Überwindung der Konfessionalität und an der notwendigen Allgemeinverständlichkeit (»Popularität«) der Liturgie, hielt aber sein bibel- und christuszentriertes Erbauungsverständnis dem der natürlichen Religion entgegen.²³⁷ Die Resonanz auf diesen Vorstoß war nicht sonderlich groß. Zwar signalisierten verschiedene Fürsten Wohlwollen, aber die Initiative zur Gründung eines reformierten Fürstenbundes zwecks Liturgiereform verlief im Sande.²³⁸ 1786 legte Ewald als konkreten Einzelvorschlag für eine »rein biblische« Liturgie einen Entwurf zu einem erneuerten Trauformular vor, der die überkommene Strenge liturgischer Form und Sprachgestalt hinter sich ließ.²³⁹

---

²³⁵ Für die Gegenwart wurde nicht mehr wie für die biblische Zeit von einer direkten Verbindung von Geistesgabe und Handauflegung ausgegangen, auch waren Taufakt und Glaubensbekenntnis weit auseinandergetreten, ÜP H. 5, 139 ff. Zur Frage der Wiedergeburt vgl. das ähnliche Verständnis beim frühen Stolz, Ueber das Dogma der Wiedergeburt, in: ChrMag 1779.2, 1. St., 36–45. Als Fundament der Christusreligion gibt dieser den Glauben an Christus als »Entsündiger« der menschlichen Natur an; zu dem sich individuell unter Schmerzen vollziehenden Übergang mit seinen »Revolutionen« (Bußkampfmotiv) passe am ehesten das Bild von (neuer) Geburt und Wiedergeburt. Diese »Geistesgeburt« konnte auch beschrieben werden als verborgenes Heranreifen (Bild des Samenkorns) und langsame Reinigung zum Urbild Christi. Vgl. Ewald, in: ChrM 1803.1, 383–392 (aus einer Predigt über Joh 3,3.5).
²³⁶ ÜP H. 5, 129 ff.
²³⁷ Ebda., 144 ff. Basedow hatte schon früh für die exemplarische Einrichtung eines mehr auf Erbauung und Erinnerung als auf Unterricht zielenden allgemeinchristlichen Gottesdienstes auf der Grundlage eines biblischen Credo plädiert, um eine Annäherung der Konfessionen zu befördern und das Christentum für die sog. Naturalisten wieder attraktiv zu machen, Basedow, Betrachtungen über die wahre Rechtgläubigkeit und die im Staate und in der Kirche nothwendige Toleranz, Altona 1766, §§ 58 ff. In seinem »Vermächtniß« von 1774 fordert er angesichts einer zunehmend areligiös werdenden Gesellschaft den Zusammenschluß von Christen und Naturalisten zur Einrichtung eines gemeinsamen Gottesdienstes der natürlichen Religion in einem »Tempel der allerheiligsten Providenz«, wo er Lavater, Spalding, Mendelssohn, Reimarus und die Anhänger des Naturalismus in der Gottesverehrung vereint sah, Vermächtniß für die Gewissen, Bd. 1, Vorr. Grundlegend war Reimarus, Die vornehmsten Wahrheiten der natürlichen Religion. Mit einer Einl. [...] hg. v. Günter Gawlick (Reimarus, GS), 2 Bde., Göttingen 1985.
²³⁸ Ebda., 148.
²³⁹ Ebda., 150–157. Das Trauformular ist folgendermaßen aufgebaut: Eingangswort, Schriftlesung Gen 2,18–24 (Schöpfungsgeschichte), Ansprache, Traufragen, zuerst an Braut und Bräuti-

4.3.2 Interne und externe Profanierungen

Im Zeichen einer Reinigung gottesdienstlicher Liturgie von sachfremden Elementen standen die von Ewald und Regierung schon zu Beginn seiner Amtszeit unternommenen Anstrengungen zur Abschaffung der Fest- und Kommunionopfer und der Proklamation privater und öffentlicher Bekanntmachungen von der Kanzel. Beides wurde als widersprüchlich zum Wesen des Gottesdienstes als Feier des Heiligen und als störend für die gemeinschaftliche Erbauung angesehen. Freilich sollten weniger liturgische als vielmehr monetäre Gesichtspunkte den Gang der Dinge bestimmen, da es um Fragen pfarramtlichen Einkommens ging.[240] In Lippe-Detmold war es wie in anderen Ländern üblich, die gottesdienstliche Kollekte an den drei hohen kirchlichen Festtagen und den Vorbereitungsgottesdiensten für das Abendmahl den Predigern als Teil ihrer Besoldung zu überlassen. Diese Kollekte mit ihrem festgesetzten Mindestbetrag machte einen beachtlichen Teil der Predigereinkünfte aus, teilweise mehr als die Hälfte.[241] Nach einem ersten Plan Anfang 1782 war als Ersatz vorgesehen, einen bestimmten Betrag durch offizielle Rechnungsführer (»Kirchendechen«) einziehen zu lassen, also eine Art Kirchensteuer zu erheben, deren Eintreibung notfalls die Ämter erzwingen konnten. Schwierigkeiten bei der Festsetzung des Betrages, Fragen rechtlicher Kompetenz und Widerspruch gegen die erwartete obrigkeitliche Beteiligung verhinderten eine schnelle Lösung. Im Namen des Konsistoriums verfaßte Ewald daher im Oktober 1784 ein Votum an die Landstände, in dem er, gestützt auf das klassische Werk zum protestantischen Kirchenrecht von Justus Henning Boehmer (1674–1749), auf den historischen Ursprung dieser Opfer in der Übernahme alttestamentlicher kultischer Opferverpflichtungen hinwies und den Unterschied zum Charakter einer freiwilligen Gabe betonte, den die gottesdienstliche Kollekte im Urchristentum hatte und den sie wiedergewinnen sollte.[242] Weiter führte er die durch die Geste des Bezahlens ins Zwielicht gebrachte Würde des Amts und des Sakraments sowie die in anderen Ländern schon vollzogene Abschaffung der Opfer ins Feld und schlug einen kircheninternen Einzugsmodus durch die Küster gegen Entgelt vor.[243]

---

gam gemeinsam, dann einzeln, trinitarisches Zusammensprechen und Trausegen, Schriftlesung Mt 19, Fürbittengebet und Segen in optativer Form unter Aufnahme von Ps 128. In die z. T. paraphrasierende Übersetzung der Schöpfungsgeschichte sind Erläuterungen eingearbeitet. Der Schluß lautet: »Hören Sie nun noch den Segen eines frommen Ehepaars, wie ihn David im 128[.] Psalm beschreibt: [...] Gott gebe, daß dieser Segen in vollem Maas über Sie komme, und über Ihnen bleibe. Amen.« Ebda., 157.

[240] Ewald, Vorgehabte Reinigung des öffentlichen Gottesdienstes, in: ÜP H. 5, 180–218.

[241] Für den »gemeinen Mann« war mindestens 1 Mgr. (Mariengroschen) vorgeschrieben, Meier oder andere Begüterte gaben nach den Befragungen in der Regel neun bis zwölf Mgr., vgl. ebda., 195 ff. (1 Mgr. = 6 Pfennige = 1/36 Reichstaler).

[242] Ebda., 183 ff., StArch Detmold, L 77 A, Nr. 1821, 2 ff., L 65, Nr. 147. Vgl. Justus Henning Boehmer, Jus ecclesiasticum Protestantium [...], 3 Bde., 5. Aufl. Halle u. Magdeburg 1756–1774, Bd. 3, lib. 3, tit. 30, §§ 94, 96, 99, 101 f.

Die versammelten Landstände vermieden eine Entscheidung in der Sache und verwiesen die Angelegenheit an das Konsistorium zurück: Die Abschaffung der Opfer betreffe unmittelbar die Gerechtsame der Prediger, daher müßten diese zuerst gehört werden. Die vom Konsistorium notgedrungen bei den Predigern eingeholten Stellungnahmen schwächten Ewalds Position weiter. Es wurde deutlich, daß die Fest- und Kommunionopfer nicht nur bei den Predigern, sondern auch bei einem großen Teil der Bevölkerung eine ungebrochen hohe Akzeptanz besaßen und nicht den widerlichen Eindruck machten, den Ewald voraussetzte. Wie schwer sich dieser mit der Lage der Dinge abfand, zeigt sein indirekt geäußerter Vorwurf, die religiöse Empfindung sei im Bereich des Kultischen weithin abhanden gekommen und das Gespür für die Ehrfurcht vor dem Heiligen verlorengegangen.[244] Die von den Predigern genannten Schwierigkeiten bezogen sich vor allem auf die drohenden Einkommensverluste. Die Mehrheit gab die nicht zumutbare Ungewißheit zu bedenken, die das Einsammeln des Geldes durch Küster oder Schulmeister mit sich brächte, auch der Modus der Buchführung wurde kritisiert, da zu befürchten sei, daß aus Angst vor künftigen Rechtsansprüchen nur noch der Mindestbetrag gegeben werde. Andere führten Argumente der Kirchenzucht an und sahen die Funktion der Vorbereitungsgottesdienste zum Abendmahl in Frage gestellt.[245] Um der Reform angesichts der zu erwartenden Widerstände von Seiten der Landbevölkerung noch eine Chance zu geben, schlug Ewald eine auf Detmold begrenzte versuchsweise Erprobung vor.[246] Dies scheiterte am Widerstand Schleichers, der zum Bedauern Ewalds durchsetzte, daß das gesamte Vorhaben angesichts der zu erwartenden Unruhe im Volk auf unbestimmte Zeit vertagt wurde.[247] Die Erfahrungen, die man seit der Einführung des neuen Katasters 1768 bis zu dessen gesetzlicher Fixierung im

---

[243] ÜP H. 5, 186 ff. Rechtliche Bedenken gegen den obrigkeitlichen Geldeinzug und die etwaige Anwendung von Zwangsmitteln ließ Ewald nicht gelten, doch fürchtete er Widerstand bis hin zu Prozessen oder wenigstens Verbitterung gegenüber den Predigern in der Bevölkerung, vergleichbar den Problemen des Schulgeldeinzugs. Zum Einzug der Opfer durch Bauer- oder Dorfrichter vgl. Boehmer, ebda., § 102.

[244] ÜP H. 5, 190 ff., erneutes Votum Ewalds ebda., 191–205. »Den rohen Päbstler beleidigt's auch nicht mehr, wenn er die Leiden unsers Herrn in einer tragi-komischen Farce vorstellen sieht [...]«, ebda., 193.

[245] Nicht ernst nahm Ewald die Argumente, welche die Mitwirkung der Lehrer problematisierten, die dadurch an Ansehen verlieren oder von ihrer Unterrichtsverpflichtung abgehalten würden. Mancher Prediger reise herum, um zu »kollektieren«, und halte sich dadurch auch nicht für beschimpft, vgl. ebda., 198 ff.

[246] Ebda., 200 ff. »Da der Plan ist, das Volk mehr zu bilden; so muß nach und nach immer mehr Freiheit gegeben, und der Freiheit überlassen; aber es darf durchaus nicht mehr Zwang und Einengung eingeführt werden, weil Zwang alle Mittel der Bildung unwirksam macht.« Ebda., 202.

[247] Schleicher erwartete Widerstand von Predigern und Landgemeinden aus den Grenzgebieten, die an das Preußische, Hessen-Nassauische (Grafschaft Schaumburg mit Rinteln) und Paderbornische angrenzten, auch hielt er die Detmolder Gemeinde für eine Probephase nicht für repräsentativ genug, ebda., 205 f.

Jahr 1783 gemacht hatte, ließen Zurückhaltung geboten sein. Zwar meinte Ewald im Rückblick 1788, es sei richtig gewesen, die Neuregelung damals wegen drohendem Aufbegehren des Volkes nicht mit Gewalt durchzusetzen, doch glaubte er inzwischen die Zeit gekommen, dieses unerledigte Problem in der Öffentlichkeit neu aufzuwerfen, freilich ohne Ergebnis.[248]

Zur Erneuerung gottesdienstlicher Liturgie sollte auch die Entfernung der üblichen Publikationen privater und offizieller Angelegenheiten von der Kanzel beitragen. Die Anregung ging namens der vormundschaftlichen Regierung von Kanzler F. B. Hoffmann aus.[249] Sie stand im Zeichen einer zunehmenden Entflechtung der kirchlichen und bürgerlichen Kommunikationsebenen. Die gottesdienstliche Versammlung stand nicht mehr fraglos für die repräsentative Öffentlichkeit vor Ort. Eine Umfrage bei den Predigern ergab, daß diese fast einstimmig bereit waren, auf die Einnahmen aus privaten Publikationen zu verzichten.[250] Gleichwohl scheiterte das Vorhaben am anfangs nicht erkennbaren Widerstand der Landstände, nachdem von den Ämtern und Städten, die den neuen Modus der Bekanntmachung durch Küster und Schulmeister umsetzen sollten, eine Vielzahl von praktischen Einwänden geltend gemacht worden waren. Ewald hatte der Regierung eine detaillierte Regelung vorgeschlagen und darauf hingewiesen, daß auch jetzt schon die Publikationen vor allem mündlich weitergegeben würden, da oft kaum die Hälfte der Untertanen die Kirche besuchte.[251] Die versammelten Landstände machten gegen Ewalds Vorschläge wiederum Rechtsgründe geltend und plädierten mangels besserer Gelegenheit für die Beibehaltung der herkömmlichen Kanzelabkündigung.[252] Die Regierung mußte sich mit einer Anordnung zur Einschränkung

---

[248] Ebda., 207 f. Zur Katastereinführung, die mit Protesten der Bevölkerung und Klagen von Bauern beim Reichskammergericht verbunden war, vgl. Arndt, 142 ff.

[249] StArch Detmold L 65, Nr. 138, fol. 3, Regierung an das Konsistorium, 2. Dezember 1783. ÜP H. 5, 209–218. Zu den offiziellen Bekanntmachungen gehörten obrigkeitliche Verordnungen, Vorladungen, polizeiliche Aufrufe, Gefängnis- und Zuchthausstrafen usw. Ewald berichtet, er habe einmal zwischen Predigt und Abendmahl eine Polizeiverordnung über die Größe des Kalbsbratens ablesen sollen, was glücklicherweise verhindert werden konnte.

[250] Die Gebühr wird mit ½ Gulden, also 12 Mgr., angegeben. Dies brachte den Predigern nach eigenen Angaben im Durchschnitt von drei Jahren zwischen einem und zehn Talern pro Jahr ein, mithin wurden (2/3 eines Talers = 1 Gulden) zwischen drei und dreißig private Abkündigungen wie Verkäufe aller Art, Geldforderungen usw. im Jahr verlangt, ÜP H. 5, 210 f. Vgl. L 65, Nr. 138, fol. 6 ff. (Stellungnahmen der Prediger).

[251] Ebda., 213 ff. Ewald verlangte u. a. eine verständlichere Formulierung der amtlichen Bekanntmachungen unter Verzicht auf den Kanzleistil. Seinem Vorschlag nach sollte das Publikandum in Städten den Stadtdienern, auf dem Land den Bauerrichtern schriftlich mitgeteilt werden. Nach dem Gottesdienst hätte es dann an den Hauptausgängen der Kirche auf ein Zeichen hin verkündet und schriftlich ausgehängt werden können. Zu allgemeiner Kenntnis konnte nur gelangen, was den Dorfvorstehern und Bauerrichtern auf der Amtsstube vorgelesen und erklärt worden war, und danach, wie üblich, im Intelligenzblatt veröffentlicht wurde. Jede Bauernschaft sollte ein bis zwei Exemplare halten, die von den Bauerrichtern aufbewahrt und weitergeleitet werden sollten. Ebda., 216. StArch Detmold L 65, Nr. 138, fol. 58 ff., 9. März 1786.

[252] L 65, Nr. 138, fol. 63 f., Stände an die Regierung, 27. März 1786.

der Abkündigung profaner Dinge von den Kanzeln begnügen.[253] Die mangelhafte Befolgung dieser Verordnung machte nach einigen Monaten eine zweite nötig, welche anhand eines Beispiels den neuen Publikationsstil zeigte.[254] Über Ansätze war die Lösung des Problems nicht hinausgekommen, doch hoffte Ewald auch auf diesem Feld auf künftige weitergehende Regelungen.[255] Noch bis in die 90er Jahre führte er diesbezügliche Auseinandersetzungen, so über das Ablesen bestimmter Polizeiverordnungen, die zuweilen zu großem Gelächter in der Kirche führten.[256]

Auch mit externen Profanierungen hatte sich Ewald zu befassen. Im April 1792 legte L. F. A. von Cölln dem Konsistorium seine Klagen über mangelnde Sonntagsheiligung und religiöse Sammlung bei den ländlichen Haustrauungen vor. Das erste Problem betraf Zuspätkommende und Alkoholisierte, welche die ohnehin schlecht besuchten Gottesdienste störten. Als Schuldige machte Cölln die Wirte, die selbst während des Gottesdienstes nicht vom Ausschenken abließen, und die Juden aus, die durch ihre Handelsgeschäfte Christen vom Kirchgang abhielten. Er forderte für beide Teile harte Strafen und eine effektivere Überwachung der Gasthäuser. Was die Haustrauungen betraf, erwartete Cölln entweder ein neues Einschärfen älterer Bestimmungen oder aber das Verlegen der Trauung wie in anderen Ländern in die Kirche.[257] Die auf Cöllns Klage hin erlassene Landesverordnung über Sonn- und Festtage ging auf die drei Beschwerdepunkte ein und erneuerte frühere Erlasse.[258] Auf eine Verlegung der Trauungen in die Kirche wurde verzichtet.[259]

---

[253] Weitläufige Landesverordnungen sollten allein durch öffentliches Anschlagen, kurze aber durch Kanzelproklamation und Anschlag bekanntgemacht werden, eigentlicher Ort der Bekanntmachung sollte das Intelligenzblatt und der öffentliche Anschlag sein. Zum Intelligenzblatt vgl. Wehrmann, 215 ff., Arndt 419 ff., Friedrich Huneke, Die »Lippischen Intelligenzblätter« (Lemgo 1767–1799). (Forum Lemgo, H. 4), Bielefeld 1989.
[254] Landesverordnungen der Grafschaft Lippe, Bd. 3, Lemgo 1789, 230 f. (15. Mai 1786); 251 (15. Januar 1787), wieder in: Sammlung der [...] Verordnungen, Lemgo 1835, 40 ff.; Zirkular des Konsistoriums an die Prediger vom 26. Januar 1787, L 65, Nr. 138, fol. 70.
[255] ÜP H. 5, 218.
[256] Vgl. L 65, Nr. 138, 73 ff.; 1798 fand Ewald in Hamburg erneut Anlaß zur Klage über die mit Profanem überladenen Abkündigungen (mit Erinnerung an den Widerstand bei der Abschaffung der Kommunionopfer in Detmold), Fantasieen auf einer Reise, 1799, 44 f.
[257] StArch Detmold L 65, Nr. 75, fol. 21.
[258] Das Schank- und Handelsverbot während des Gottesdienstes war schon in die Polizeiordnung von 1620 aufgenommen und mehrfach wiederholt worden. Gegen die an Sonn- und Festtagen Handel treibenden Juden hatte sich eine Verordnung aus dem Jahr 1731 gewandt. Die Frage der Hochzeiten war 1783 Gegenstand einer Verordnung gewesen, welche die bis dahin gültigen strengen Einschränkungen der Feierlichkeiten ermäßigt hatte. Vgl. Landesverordnungen 1, 784 f., Verordnung wegen der Hochzeiten, Kindtaufen und andern Zehrungen, vom 5. Dezember 1722 (eine entsprechende Verordnung von 1688 hatte wenig Beachtung gefunden).
[259] Landesverordnungen 4, 63–65, vgl. Ewalds Votum L 65, Nr. 75, fol. 22.

4.4 Zur Predigtpraxis: Die Kasualrede zwischen Traditionskritik und Traditionsbewahrung

Das zunehmende Individualitätsbewußtsein forderte allgemein eine verstärkte Beachtung der Gattung der Kasualrede.[260] Sie wurde nach Ewalds Beobachtung von den Predigern noch weithin als Verlegenheit empfunden und in der Regel wenig situativ und hörerorientiert gestaltet, obwohl sie besonders gute Voraussetzungen für eine wirkungsvolle Vorurteilskritik bot.[261] Die homiletischen Schwierigkeiten mit der Kasualrede verwiesen auf die Schwierigkeiten im abstrahierenden Umgang mit der biblischen Verkündigung selbst, die in ihrer ereignis- und personenbezogenen Konkretheit das eigentliche Vorbild der Gattung und der Predigt überhaupt abgab.[262] Ewald legte 1793 vier Beispiele von Kasualreden aus seiner Tätigkeit vor, die mit Ausnahme der ersten, der Leichenrede auf seinen Kollegen Chapon aus dem Jahr 1786, vorurteilsbeladene Themen berühren: Judentaufe, Suizid, Krankheit und Tod.[263] Dabei gingen Vorurteilskritik und Anweisung zu frommer Lebensführung im Sinne der Aszetik ineinander über. Eine weitere Kasualrede, die Ewald danach veröffentlichte, steht im Zusammenhang mit der letzten in Detmold vollzogenen Hinrichtung des 30jährigen Tagelöhners Franz Henrich Böger im Jahre 1794, der des Raubmords überführt worden war, und berührt das Problem der Todesstrafe.[264] In den Kontext des Umgangs mit dem Tod und einer sich veränderten Einstellung gehören auch die in Ewalds Amtszeit fallenden fort-

---

[260] Ewald, Ueber Kasualpredigten. Einige Ideen und Proben, in: ÜP H. 8, 5–110. Über die generelle Bedeutung des Kasuellen vgl. Pfenninger, Von der Popularität im Predigen, Bd. 1, 72 f.; Rosenmüller, Ausführlichere Anleitung für angehende Geistliche [...], § 56, §§ 181 ff.
[261] Meist begnügten sich die Prediger damit, auf das Besondere in Einleitung und Schluß einzugehen oder gingen von losen Assoziationen aus; entsprechend wurde noch beim Tod des Kaisers Franz I. (1765) über Gen 49,33 und 50,1 gepredigt, nur weil der Nachfolger Joseph (II.) hieß. »Die allgemeinen Abhandlungen und Deklamationen unserer neuern Prediger machen [...] die Sache wirklich nicht besser, ob sie gleich weniger Lächerliches haben.« ÜP H. 8, 7 ff.
[262] Ebda., 13 f. Gegen das Ausweichen der Prediger ins Allgemeine galt: »Eine gute Kasualpredigt muß allein bei der Einen Gelegenheit brauchbar seyn, bei der sie gehalten wird [...]« Ebda., 14. Ewald riet dem Prediger, den entsprechenden Vorfall intensiv zu vergegenwärtigen: »[...] eine Absicht Gottes entwikelt sich uns, weil wir die Wirkung bemerken, die der Vorfall auf Menschen thut. *Diesen in uns wahren Eindruk halte man ja fest!* Man führe seine Zuhörer darauf, wie *man selbst* darauf gekommen ist. Sicher darf Jeder darauf rechnen, daß das auch *andere* Herzen trifft, was *sein* Herz wirklich traf [...].«. Ebda., 12.
[263] ÜP H. 8, 27–110. Die Leichenrede für Gottlieb Friedrich Chapon wurde am 19. Februar 1786 über Mt 25,21 gehalten, Chapon war am »Nervenfieber« gestorben. Ewald schickte selbstkritisch (und zu Recht) voraus, daß dieser Predigt wie auch der zweiten zur Judentaufe noch zu wenig Individualität eigne, ebda., 25. Von Chapon, dessen Frau kurz vor ihm gestorben war, zeichnete Ewald das Bild eines gewissenhaften, allzeit kränklichen und durch die Amtsgeschäfte überforderten Menschen; als letztes Wort auf dem Sterbebett wurde I Petr 5,7 überliefert, ebda., 42. Zum Suizidproblem s. o. Anm. 87.
[264] GaGe, 1. Predigt.

gesetzten Bemühungen der Regierung um Ausgrenzung der Friedhöfe aus den Städten und Dörfern und Einschränkung der Trauerbräuche.

4.4.1 Judentaufe

Die Taufe eines Juden in Detmold am 2. November 1783 nahm Ewald zum Anlaß, anhand von Röm 11,17–32 den in der christlichen Bevölkerung weit verbreiteten Judenhaß zu verurteilen und zu größerer Toleranz zu mahnen.[265] Die Konversion selbst kommentierte Ewald angesichts großen Mißtrauens gegenüber den unterschiedlichen Motiven mit Zurückhaltung, fügte aber doch am Ende die von der Perspektive endzeitlicher Judenbekehrung getragene Hoffnung hinzu, der Getaufte werde sich als einer der Erstlinge unter seinen Brüdern erweisen, auch noch nach Jahren seiner Berufung treu sein und sein Teil zum Christuszeugnis unter den Juden beitragen. Die Person des Konvertiten blieb im Dunkeln.[266] Aus dem Detmolder Taufregister geht hervor, daß es sich um einen Juden namens Salomon Simon Levi aus Rischenau im Kirchspiel Falkenhagen handelte, der auf den Namen Christian Ludwig Rischenau getauft wurde.[267] Schon im Jahr 1782 war es in Detmold nach entsprechendem Unterrichtsbesuch zur Taufe von zwei verwaisten jüdischen Jugendlichen aus Rischenau gekommen, deren Väter dort Schutzjuden gewesen waren.[268]

In seiner Predigt zeichnet Ewald die Geschichte des Judentums nach dem Vorbild von Röm 9–11 in die universale göttliche Heilsgeschichte ein. Damit

---

[265] ÜP H. 8, 47–69, »Ratschluß Gottes über die Juden«, wieder abgedr. in: GaGe, 15–33; das Thema der Predigt lautet hier: »Wie sollen die Gesinnungen des Christen gegen Juden seyn?«, der Bibeltext wird nach anderer Übersetzung wiedergegeben. Das Ex. der GaGe in der UB Tübingen trägt den Besitzvermerk Christiane Flatt(in). Die Predigt ist klassisch aufgebaut: Exordium – Text – Propositio bzw. Divisio – Explicatio (keine Untergliederung in Demonstratio und Applicatio) – Conclusio. Zur Situation der Juden in Lippe vgl. im Überblick bei Michael Guenter, Die Juden in Lippe von 1648 bis zur Emanzipation 1858, Detmold 1973, Arndt, 309 ff.; bes. aber Klaus Pohlmann (Bearb.), Vom Schutzjuden zum Staatsbürger jüdischen Glaubens. Quellensammlung zur Geschichte der Juden in einem deutschen Kleinstaat (1650–1900), (Lippische Geschichtsquellen 18), Lemgo 1990.
[266] »Und so siehst du denn, der du dich heute als Schüler Jesus bekennen willst, was du seyn und werden kannst: – Einer der Erstlinge unter deinen Brüdern! – Füle deine Würde, aber auch deine Pflichten.« ÜP H. 8, 68. Zur Vorsicht, die Prediger und Konsistorium gegenüber Taufbegehren von jüdischer Seite walten lassen sollten, ebda., 48.
[267] Taufregister, StArch Detmold. Als Taufzeugen fungierten, wie in solchen Fällen üblich, hochgestellte Persönlichkeiten, hier die Witwe des Fürsten Simon August und der Vormund Ludwig Henrich Adolf Graf zur Lippe.
[268] StArch Detmold, L 65, Nr. 193. Der erste namens Süßmann war wegen seiner Gottesdienst- und Kinderlehrbesuche von der jüdischen Gemeinde als sog. »Mamser« geächtet worden, als Alternative wäre ihm nur der Gang zu den Benediktinern nach Marienmünster geblieben, was er nicht wollte, vgl. ebda., Bl. 2. Der zweite Jüngling, Salomo Simon Levi, hatte seinen Vater vor vier Jahren verloren, die Witwe mit ihren 7 Söhnen war verarmt.

wird auf geschichtstheologischer Ebene der generalisierenden christlichen Verwerfungs- und Enterbungsthese widersprochen. Freilich beschränkte sich die positive Würdigung des Judentums auf seine Funktion als Tradent der alttestamentlichen Gottesoffenbarung in der Linie Augustins.[269] Das exilierte Judentum der Gegenwart stand dagegen wegen seiner Verwerfung des Messias Jesus zu Recht unter der strafenden Gerechtigkeit Gottes, die jüdische Geschichte nach Christus blieb für den Christen demütigendes Beispiel des göttlichen Gericht über den Unglauben. Zum jüdischen Exil (»Elend«) gehörten demnach nicht nur die vielfältigen wirtschaftlichen, sozialen und politischen Diskriminierungen, sondern auch die Gottesferne und das Joch drückender Satzungen rabbinischer Tradition. Gleichwohl blieb im Blick auf Gottes Schöpferhandeln die eschatologische Rettung Israels im Zeichen alttestamentlicher Bundes- und Zionstheologie nach Röm 11,26 f. wie in der vorwiegend pietistisch geprägten Tradition konkrete Hoffnung. Anders als im Raum des kirchlichen Pietismus leitete sich daraus kein Missionsauftrag ab.[270]

Gerade der heilsgeschichtliche Aspekt der Offenbarung ging nach Ewalds Überzeugung in den Bemühungen um eine universale natürliche (Vernunft-) Religion verloren, da sie von der fundamentalen Bedeutung der konkreten Glaubensüberlieferung für die Gotteserkenntnis abstrahieren und geschichtslos werden mußte.[271] Auch wenn Ewald es ablehnte, einzelne Judentaufen als Zeichen einer nahen allgemeinen Judenbekehrung zu deuten, so sah er doch bei allem Vorbehalt gegenüber endzeitlichen Zeichenlehren drei Phänomene der Gegenwart in endgeschichtlichem Kontext: Die Lockerung der Traditionsgebundenheit im assimilationsbereiten Judentum, umschrieben als um sich greifende allgemeine Denkfreiheit, sodann die Signale der bürgerlichen Judenemanzipation, wie sie von Christian Wilhelm von Dohm und etwa zeitgleich

---

[269] »Schändlich wär' es ja, den Lehrer seiner Jugend zu verachten, ob er gleich zulezt versunken wäre. – Und noch schändlicher ists, die Juden zu verachten, durch die die Erste Gottesoffenbarung zu uns kam. – Verehr' auch das Gefäß, das dir den Schaz trug, ob es gleich jezt besudelt ist.« ÜP H. 8, 58, vgl. 60 f.

[270] Einzelne Auserwählte gibt es nach Ewald zu allen Zeiten unter den Juden. »Die verworfen wurden, sinds wegen Unglaube und Verstokung worden. Freilich den Heiden zum Glük, die ihnen vorkamen, aber sie sollen sich reizen lassen und nachkommen – ach! das hätt' ich so gerne! [...] Sehet die Juden an, und bedenket den Ernst Gottes; – sehet Euch an, und bedenket die Liebe Gottes. Seid demüthig, sonst geht es Euch wie ihnen. Auch sie, wenn sie glauben, werden wieder eingesezt in ihre Erste Stelle [...].« Ebda., 52 ff., vgl. 63 f., 68 f. Besonders treffend fand Ewald die Lage des Judentums im Exil mit der traditionellen Stelle Hos 3,4 f. beschrieben. Die Worte des Paulus zur endzeitlichen Rettung Israels (Röm 11,25 f.) hielt er für so klar, daß ihm andere Auslegungen wie die von Semler, der an Judenchristen dachte, schlechterdings unverständlich blieben, vgl. Jer 31,31, Jes 10,20; vgl. Koppe, NT Graece 4, Göttingen 1783, z. St., der allerdings anders als Ewald noch von einer Hinwendung der Juden zur christlichen Heilslehre spricht.

[271] »Immer war der Erste Saame von Religion irgend eine Ueberlieferung von einer Gottheit, so verstellt und unsinnig sie auch seyn mochte, und es ist der Geschichte, so weit wir sie kennen, völlig gemäs, was Paulus sagt: ›daß ein Gott sey, ist offenbar, denn Gott hat es offenbaret!‹ [Röm 1,19].« ÜP H. 8, 57.

in praktischer Politik von Joseph II. ausgingen, und schließlich das Erstarken einer auf die Parusie Christi bezogenen Reich-Gottes-Theologie auf christlicher Seite, welche mit den Juden an einer noch ausstehenden Erfüllung der alttestamentlichen Prophetie festhielt.[272] Hier zeigt sich deutlich die immer wieder zu beobachtende Freiheit, typisch aufklärerisch-säkulare Momente in das heilsgeschichtliche Denken aufzunehmen bzw. dieses für jene zu öffnen, ohne darin besondere Spannungen wahrzunehmen. So forderte Ewald statt gezielter judenmissionarischer Bemühungen, wie sie das Hallische Institutum Judaicum von 1728 bis zu seiner Auflösung 1792 verfolgte, das Einüben praktischer Toleranz als spezifisch christlicher Verhaltensweise, hierin einig mit Theologen wie Johann Georg Rosenmüller. Diese liberale Position bedeutete freilich, wie im Zusammenhang der späteren Ewaldschen Schriften zum Status der Juden klarer zu sehen, nur vordergründig eine Entlastung des Verhältnisses, denn auch Rosenmüller setzte weiterhin auf eine Annäherung des Judentums an das Christentum und zwar durch zunehmende wissenschaftliche »Aufklärung«, was faktisch die Forderung nach einem Bruch mit der rabbinisch-talmudischen Tradition beinhaltete.[273] Immerhin aber vergrößerte sich der Spielraum für eine aktive Toleranz des Judentums in der Gegenwart, wo die missionarische Aktivität als voreiliges Eingreifen in Gottes Heilshandeln abgelehnt, die eschatologische Hoffnung nach Röm 11,25 f. aber nicht aufgegeben wurde. Dies erinnert an judenmissionskritische Positionen vornehmlich aus dem Raum des frühen radikalen Pietismus. Im spätaufklärerischen Pietismus gewinnen sie, wie Ewald zeigt, wieder an Bedeutung. Die Bindung an exklusive Endzeitspekulationen hat sich gelöst, der Kerngedanke einer besonderen Wertschätzung des jüdischen Gottesvolks gerade in seiner geschichtlichen Besonderheit aber ist geblieben. So konnte er auch kirchlich adaptiert werden und das moderne Emanzipationsdenken befruchten.[274]

---

[272] Ebda., 66 ff.
[273] Johann Georg Rosenmüller, Ausführliche Anleitung für angehende Geistliche [...], §§ 172–177. Missionarische Anstrengungen wie die des Callenbergschen Institutum Judaicum in Halle galten allgemein als gescheitert; was die Mission nicht leistete, sollte die Wissenschaft vorantreiben, insofern diese die erwünschte Annäherung des Judentums an das Christentum denkbar werden ließ; soweit im Einzelfall Taufunterricht notwendig war, mahnte Rosenmüller bei den Geistlichen die Berücksichtigung der exegetischen Fachdiskussion an; diese riet zur Vorsicht in der Anwendung des traditionell beliebten Weissagungsbeweises; statt dessen sollte von Paulus (Röm, Gal) und vom Hebräerbrief her die Überlegenheit der christlichen gegenüber der mosaischen (!) Religion herausgearbeitet werden.
[274] Vgl. Hans-Jürgen Schrader, Sulamiths verheißene Wiederkehr. Hinweise zu Programm und Praxis der pietistischen Begegnung mit dem Judentum, in: Hans Otto Horch u. Horst Denkler (Hrsg.), Conditio Judaica. Judentum, Antisemitismus und deutschsprachige Literatur vom 18. Jahrhundert bis zum Ersten Weltkrieg. Interdisziplinäres Symposion der Werner-Reimers-Stiftung Bad Homburg v.d.H., T. 1, Tübingen 1988, 71–107, 94 ff.

4.4.2 Krankheit, Trauer und Tod

Einer Predigt über den rechten Umgang des Christen mit schwerer Krankheit und Schwäche – in der traditionellen Pflichtenlehre mit der Gesunderhaltung des Körpers verbunden –, legte Ewald den Bericht über Krankheit und Genesung Hiskias Jes 38 zugrunde.[275] Die hier gegebenen aszetischen Ratschläge für ein geistlich und körperlich gesundes Verhalten konzentrieren sich auf den Beginn einer Krankheit und die Zeit der Besserung, also auf die Phasen, wo eigenverantwortliches Handeln noch am ehesten möglich ist. Mehr einer ars vivendi als einer ars moriendi verpflichtet, fügt sich die Predigt zunächst in den Rahmen des aufklärerischen Interesses an Volksgesundheit und Etablierung ärztlicher Fachkunst gegen Volksmedizin und Schicksalsergebenheit, geht aber im speziell Geistlichen darüber hinaus. Zugleich zeigt sie die praktischen Schwierigkeiten einer Krankenseelsorge der Zeit. Zum einen hatte der Prediger gegen das Vorurteil zu kämpfen, sein Krankenbesuch bringe den Tod, da er für gewöhnlich nur zur Sterbestunde ins Haus gebeten wurde. Zum anderen bestanden auf Seiten der Prediger Kontaktprobleme, weil die Offenheit der Menschen, ihre Krankheiten zu zeigen und über sie zu sprechen, Angst vor Ansteckung und schwer zu überwindende Ekelgefühle hervorriefen. Dies veranlaßte Ewald zur Mahnung an die Gemeinde, im Krankheitsfall Rücksicht auf den Prediger zu nehmen.[276] Grundsätzlich aber schärfte Ewald den Krankenbesuch und den Empfang des Abendmahls schon am Beginn der Krankheitszeit ein, um diese als Zeit geistlicher Reifung durch Selbstprüfung, Buße (Schuldbekenntnis), praktische Schritte der Versöhnung und Gebet zu nutzen.[277] Die Anschauung vom Tod als Übergangsphänomen eines Gestaltwechsels, die auch Herder kannte, erwies sich unter dem Aspekt der Seelsorge als besonders hilfreich: War im Innersten des Menschen ein unaustilgbares »Paradiesgefühl« von seiner Bestimmung zum ewigen Leben vorauszusetzen, so konnte dies als die schöpfungsmäßig natürliche Seite des christlichen Auferstehungsglaubens angesprochen werden. Von einer gleichsam natürlichen Auferstehungshoffnung sprach Ewald auch aus Anlaß von Pfenningers Tod 1792 gegenüber Lavater.[278]

Eine eigene, für die Veränderung der Einstellung zum Tod relevante Thematik stellen die obrigkeitlichen Versuche zur Neuordnung der Begräbnis-

---

[275] ÜP H. 8, 78–110.
[276] »Es ist üble Sitte an manchen Orten, seine Geschwüre, seine abgezehrten Glieder zu zeigen, dem Prediger die Hand in seiner Hand zu halten. [...] ich, der ich selten an Krankenbette komme, ich darfs laut sagen, [...] daß man dadurch den in Gefahr der Ansteckung bringt, der uns durch seinen Zuspruch wol machen soll.« Ebda., 104 f.
[277] Ebda., 99 ff.
[278] Der Tod Pfenningers habe bei ihm ein Gefühl wachgerufen, das er bis in seine frühe Jugend zurückverfolgte: Nach dem Tod einer nicht näher benannten Frau von Isenburg, die ihm viel bedeutete, habe er tagelang (!) bei deren Leichnam gesessen in der festen Überzeugung, sie werde wieder erwachen. Ewald an Lavater, 3. Oktober 1792, Brief 26.

und Trauerpraxis dar. Ewald zeigte sich gegenüber dem regierungsamtlichen Vorgehen zurückhaltend. Schon im März 1778 war an die Ämter und Städte des Landes ein Zirkular mit Fragen zur beabsichtigten Neuanlage von Friedhöfen außerhalb der Ortschaften ergangen.[279] Auch in Lippe sollte durchgesetzt werden, was andernorts bereits wegen volksgesundheitlicher Bedenken – die aus Gräbern entweichenden Ausdünstungen galten als schädlich – im Gange war. So hatte man in Wien Erkundungen über die dortige Regulierung der Begräbnis- und Trauerpraxis eingeholt.[280] Mit der Ausgrenzung des Bereichs der Toten ging die gesetzliche Beschränkung der Trauerbräuche wie Leichenmahlzeiten, Geläute und Trauerkleidung einher, um den bei Beerdigungen nötigen Aufwand zu minimieren.[281] Aus den auf das Zirkular eingegangenen Antworten der Ämter und Städte ging hervor, daß eine allgemeine Verlegung der Kirchhöfe weder für möglich noch für nötig gehalten wurde, insbesondere stellten die Familiengräber vor kaum lösbare rechtliche Hindernisse.[282] Gleichwohl war noch im November 1779 eine Beerdigungs- und Friedhofsverordnung erlassen worden, welche keine Familiengräber mehr vorsah, sondern die fortlaufende Reihenbestattung festlegte.[283] Dies war mit weiteren Eingriffen in die lokale Beerdigungskultur verbunden, indem das traditionellerweise von Nachbarn vollzogene Grabausheben einem amtlich bestellten Totengräber übertragen wurde.[284] Mit der Umsetzung der Verordnung zeigte sich die Regierung nicht zufrieden.[285] Aufgrund von Erhebungen unter den Predigern zu Ewalds Zeit meldete das Konsistorium jedoch, das Wesentliche der Verordnung werde eingehalten und verwies auf die nötige Schonung der Gefühle des »gemeinen Mannes«.[286] Die Antwort des Kanzlers mit ihrer nachdrücklichen Forderung nach voller Umsetzung der ergangenen Bestimmungen zeigt, welches Gewicht er der Sache gab. 1780 war in Verschärfung einer vorangegangenen Bestimmung eine »Verordnung zur gänzli-

---

[279] L 77 A, Nr. 9158, L 65, Nr. 124 ff.
[280] L 77 A, Nr. 9158, fol. 3–7. In Wien war wie auch später in Lippe die frühe Beerdigung bei Juden in Verdacht gekommen, die Volksgesundheit zu schädigen, ein neuer Anlaß, über die »abergläubigen Ceremonien« der Juden zu klagen.
[281] L 77 A, Nr. 9158, fol. 6. Zur finanziell motivierten Einschränkung der dem »Luxus« zugerechneten Trauerbräuche durch Selbstverpflichtung der Bürger vgl. H. M. A. Cramer, Nachricht von der in Quedlinburg kürzlich abgeschafften, bisher gewöhnlichen Familientrauer, in: Jb. für die Menschheit, 1788.2, 562–586. Die Maßnahmen zielten auf Senkung der Beerdigungskosten, Verkürzung der Trauerzeit (höchstens acht Wochen), Abschaffen der speziellen, nach Verwandtschaftsgraden gestuften Trauerkleidung zugunsten eines einheitlichen schwarzes Bandes. Ähnliche Sparmaßnahmen wurden für die Festlichkeiten aus Anlaß einer Taufe erwogen.
[282] Auswertung der eingegangenen Antworten L 77 A, Nr. 9158, fol. 117 ff.
[283] Vgl. Abschn. »Kirchhöfe« in: Clostermeier, Auszug, 127 (Verordnung vom 9. November).
[284] So wurde auf Weisung der Regierung in Oerlinghausen ein offizieller Totengräber eingestellt. L 77 A, Nr. 9158, fol. 116, Regierung an das Konsistorium, 23. März 1779; vgl. fol. 129. Ähnliches in Lemgo, L 65, Nr. 126, fol. 5, 17 (1785).
[285] L 65, Nr. 123, fol. 1. Auswertung der Antworten der Prediger ebda., fol. 59 ff.
[286] Ebda., fol. 65, 28. Juni 1785.

chen Abschaffung der Trauer[bräuche]« und des Tragens schwarzer Kleidung bei Beerdigungen ergangen, als Begründung wurde der starke Geldabfluß ins Ausland für die Trauerkleidung genannt.[287] 1785 wurde in einer erneuten Verordnung das weiterhin geübte Tragen schwarzer Kleider im Trauerfall und bei der Kommunion als Vorurteil angegriffen.[288] Die bei Leichenbegängnissen üblichen Gastmahle waren schon 1770 und 1780 verboten worden.[289] Zu den weiteren Regulierungsversuchen von Trauer- und Bestattungsbräuchen zählen die Vorstöße zur schlichteren Gestaltung der Särge, wie sie 1786 von der Regierung initiiert wurden. Auch im Konsistorium war man der Meinung, der Aufwand bei Begräbnissen sei noch zu hoch, wollte aber doch die Pietät gewahrt wissen. So empfahl man 1794 eine Preisgrenze für Särge, ein Verbot aufwendiger Fertigungen und schlichte Leichenbekleidung.[290]

Insgesamt mühte sich Ewald mit Rücksicht auf die Betroffenen um eine möglichst schonende Umsetzung der obrigkeitlichen Wünsche. Zur taktischen Klugheit gehörte auch das Wissen um die soziale Brisanz der Solidarisierungseffekte, die Zwangsmaßnahmen obrigkeitlicher »Aufklärung« auslösen und die zentralen bildungspolitischen Anstrengungen behindern konnten.

4.4.3 Todesstrafe

Für seine Predigt am Sonntag vor der letzten in Detmold vollzogenen Hinrichtung im Jahr 1794 wählte Ewald als Text Warnung und Zuspruch von I Kor 10,12 f. Geschickt bezog er die paulinische Stelle auf zwei äußerlich gegensätzliche Reaktionen, die der spektakuläre Fall hervorgerufen hatte, auf die Selbstsicherheit der Überheblichen und den Schrecken der Ängstlichen.[291] Ewald stimmte zwar dem allgemeinen Urteil zu, den Mörder ereile nun seine gerechte Strafe, aber eine Dämonisierung der Person des Übeltäters erfolgt nicht, be-

---

[287] Nur die ersten Hofbedienten waren von der neuen Kleiderordnung ausgenommen, das Reglement der Hoftrauer wurde eingeschränkt. Landesverordnungen 2, 738 f. (vgl. Nr. 305). 1785 mußte festgestellt werden, daß die Verordnung vom 10. Oktober 1780 nicht eingehalten worden war; ihre Gültigkeit wurde nochmals eingeschärft, Landesverordnungen 3, 133 f.
[288] Vgl. Clostermeier, Auszug, 21 (Stichwort »Abendmahl«).
[289] Ebda., 142.
[290] L 65, Nr. 124, fol. 46. Die Vorschläge, zu denen das Konsistorium 1794 auf Wunsch der Regierung Stellung beziehen mußte, kamen aus dem Amt Schwalenberg. Nach dem Vorschlag des Konsistoriums sollte ein Sarg nicht mehr als 4 bis 5 Rtl. kosten, die billigsten Särge in Blomberg, die für die Armen aus der Armenkasse bezahlt wurden, kosteten zwischen 18 und 30 Mgr., ebda., fol. 42. Vgl. die Berichte über das Aufbahren der Toten aus dem Jahr 1788, L 65, Nr. 125.
[291] Ewalds Predigt wurde am Sonntag vor der Hinrichtung am Mittwoch, dem 16. Juli 1794, also am 13. Juli, gehalten. Auf dem Weg zum Richtplatz begleiteten den Delinquenten Passavant und Dreves. Vgl. den Bericht des Kriminalassessors Johann Conrad August Stertzenbach (1760–1838), Actenmäßige Erzählung [...], 1794, Faks. d. Orig.-Ausg., (Kleine Faks. aus d. Lipp. Landesbibliothek H. 3), Detmold 1979. Die Akten finden sich im StArch Detmold, L 86.

gegne doch jeder in der verabscheuten Tat nur einer auch in ihm selbst liegenden Möglichkeit. Die Todesstrafe selbst wird nicht problematisiert. Auch eine Resozialisierung des Missetäters unter pädagogischem Gesichtspunkt bleibt außerhalb des Vorstellbaren. Vielmehr wird die Todesstrafe noch traditionell unter Hinweis auf die noachitischen Gebote (Gen 6,9) und die Aufrechterhaltung der auf der Heiligkeit des Lebens fußenden staatlichen Ordnung verteidigt. Entsprechend gestaltete sich der Trost nach der herkömmlichen Unterscheidung zwischen himmlischem und irdischem Urteil, der dem reuigen Mörder den Tag der Hinrichtung als Tag der Vereinigung mit Gott in Aussicht stellte. Die Hörer wurden zur verstärkten Selbstprüfung vor Gott unter Gebet und Bibellektüre angehalten, um das Problem des Bösen in Gestalt überreizter Leidenschaften unter Kontrolle zu bringen. In der Art und Weise, wie die Versuchungsproblematik angesichts des vorurteilsbesetzten Themas des Dämonischen behandelt wird, zeigen sich Ansätze zu einer Motivforschung der bösen Tat: Die Versuchung zum Bösen wird nicht mehr an eine Außeninstanz delegiert, sondern jeder auf sein eigenes Inneres verwiesen. Zwar ging Ewald wie auch sonst davon aus, daß die biblischen Texte keine Möglichkeit ließen, die Existenz eines Satans schlechthin zu leugnen, doch dessen Bedeutung für den einzelnen blieb relativ, denn jede Versuchung zum Bösen konnte nach I Kor 10,13a als menschlich gewertet werden. Den in ihrem Gewissen Erschrockenen sicherte Ewald mit V. 13b zu, daß alles, was als Versuchung von Gott selbst ausgehe – und für die Glaubenden ging alles von Gott aus –, die moralischen Widerstandskräfte nach pädagogischem Grundsatz nicht überschreite.

4.5 Neuansätze kirchlicher Jugendarbeit und Erwachsenenbildung

1786 stellte Ewald dem Publikum und besonders den Kollegen im Pfarramt als Beispiel zukunftsweisender, die gewohnten pastoralen Dienste erweiternder Amtsführung die Lebensgeschichte des im Februar 1785 im Alter von nur 29 Jahren als Predigeradjunkt bei seinem gichtkranken Vater in Oerlinghausen verstorbenen Dietrich von Cölln vor.[292] Ewald war eng mit ihm verbunden

---

[292] Ewald, Etwas aus der Lebensgeschichte eines jungen, thätigen Landpredigers, D. von Cölln, zu Oerlinghausen, in: ÜP H. 3, 5–54. Vgl. Deutsches Museum 1787.2, 322 f., hier wird der ethnographische Beitrag über die lippischen Bauern im *Westphälischen Magazin* von 1784 dem Verstorbenen zugeschrieben. Der Hrsg. dieses Magazins, der den Artikel 1790 nochmals als Zusatz zu von Donops *Historisch-geographischer Beschreibung der Fürstlichen Lippeschen Lande in Westphalen* herausgab, nennt als Verf. den »verstorbene[n] Prediger *von Cölln*, welcher sich insbesondere um die Verbesserung der Oerlinghauser Schulen verdient gemacht hat«; dieser sei seines Wissens der erste gewesen, der eine treffliche, aus intensivem Studium erwachsene Beschreibung des lippischen Landmanns geliefert habe. Demnach schrieb man Dietrich von Cölln den Aufsatz zu und nicht, wie heute angenommen, dem Vater Georg Konrad von Cölln (1715–1789), dem eigentlichen Stelleninhaber (vgl. Stöwer, Landesbeschreibung, 8), oder gar Ludwig Friedrich August von Cölln (vgl. Siegert, Aufklärung, 1256).

gewesen, auch wenn er bekannte, daß ihm dessen in die Kindheit zurückreichende Belastungen einer depressiv-kränklichen, von asketischer Bußfrömmigkeit geprägten Entwicklung fremd geblieben waren.[293] Früh von Ch. F. Gellert angesprochen und diesen noch auf dem Totenbett zitierend, war er durch Ewald zu intensivem Bibelstudium und zur Lektüre des theologischen Schrifttums der Zürcher angeregt und an der pietistischen Zirkularkorrespondenz beteiligt worden. Schon 1783 hatte ihn eine Krankheit bedenklich zu schwächen begonnen.[294] Seine Stärken entfaltete Cölln, beeinflußt von F. E. v. Rochow und J. H. Pestalozzi, in einer die traditionellen Grenzen des Pfarramtes sprengenden Arbeit mit Kindern und Jugendlichen, die er außerhalb der Schule versammelte und sogar beim Viehhüten auf dem Feld aufsuchte. Aufsehen und Bekanntheit über das Land hinaus verschaffte ihm einer der öffentlichkeitswirksamen Begleitumstände dieser Arbeit, die Einführung von jährlichen Schulfesten zu Beschäftigungs- und Bildungszwecken im Jahr 1781.[295] Die Idee hatte Cölln 1780 aus einem Periodikum für Landprediger aufgegriffen. Ihre Realisierung, die nur mit obrigkeitlicher Zustimmung und finanzieller Beihilfe des Konsistoriums möglich war, verlangte weitläufige Begründungen wie Verbesserung des Schulbesuchs, Vertrauensgewinn für Lehrer und Geistlichkeit bei Kindern und Erwachsenen und, auf längere Frist, eine Veränderung der in den Augen des städtischen Bürgertums zu wenig zivilisierten, weil den Tugenden von Sparsamkeit und Selbstbeherrschung nicht genügend verpflichteten ländlichen Festkultur.[296]

Cölln empfahl sein Vorhaben unter dem Generalnenner der »wahren« Aufklärung, als deren Ziel der bessere Christ und Untertan erschien. Es gelang ihm, den Verdacht auszuräumen, die Feste würden zum Brennpunkt politischer Unruhe werden und die bei einer solchen Gelegenheit zelebrierte Spielfreude würde den Arbeitsfleiß untergraben oder gar zur Auflösung der agra-

---

[293] Die Schilderung, für die Ewald auf frühe Aufzeichnungen und Briefe des Verstorbenen zurückgriff, zeichnet die Entwicklung seiner von einer starken Mutterbindung geprägten Persönlichkeit von der Jugendzeit bis in die näheren Umstände von Krankheit und Sterben nach. In der Bevölkerung hieß es, Cölln habe sich totgearbeitet, doch Ewald widersprach dem Gerücht mit einem ärztlichen Gutachten.

[294] Noch in der Studienzeit in Halle, die nicht sonderlich intensiv gewesen war, hatte Dietrich von Cölln sich in einem gesundheitlich aufreibenden, geistlich verstandenen asketischen Kampf gegen seinen Sexualtrieb verausgabt. Im Sommer 1783 hielt er sich zur Erholung bei Ewald in Detmold auf, der ihn bei dieser Gelegenheit zum eigenständigen Entwurf einer biblischen Dogmatik drängte; dies Unternehmen wurde Gegenstand zahlreicher Gespräche, ÜP H. 3, 41 f.

[295] Vgl. August Reuter, Schulfest in Oerlinghausen. Ein Beitrag zur lippischen Schulgeschichte, in: Mitteilungen aus der lippischen Geschichte und Landeskunde 23.1954, 289–293. Johann Moritz Schwager, Von dem Einflusse des Schulmeisters auf den Charakter des gemeinen Manns, in: Jb. für die Menschheit 1788.2, 524–543. Arndt, 402, datierte das erste Schulfest fälschlicherweise auf 1779.

[296] Vgl. Hermann Bausinger, Volkskundliche Anmerkungen zum Thema »Bildungsbürger«, in: Jürgen Kocka (Hrsg.), Bildungsbürgertum IV, Stuttgart 1989, 206–214. Zur ländlichen Festkultur in Lippe s. zusammenfassend Arndt, 444 f., zu Bayern vgl. Beate Heidrich, Fest und Aufklärung. Der Diskurs über die Volksvergnügungen in bayerischen Zeitschriften (1765–1815), München 1984.

rischen Ordnung beitragen. Das erste Schulfest fand im Anschluß an einen sonntäglichen Festgottesdienst im Mai 1781 mit Musik, Geläute, Umzug, Bewirtung und Aufführungen der Kinder auf einer Wiese bei Oerlinghausen als eine Art Gemeinde- und Volksfest statt.[297] Eine ausführliche Schilderung erschien in den dem Lippischen Intelligenzblatt beigegebenen Aufsätzen.[298] Das bislang unbekannte Zeremoniell mit seinem stark naturreligiösen Gepräge rief freilich auch Widerspruch und Spott hervor, was Cölln nur schwer ertrug.[299] Nach Johann Lorenz Benzlers öffentlicher Aufforderung, mehr über den Unterricht selbst und seine Verbesserung zu berichten, gab Cölln in mehreren fortlaufenden Berichten eine Darstellung seiner seit zwei Jahren praktizierten Unternehmungen.[300] Unzufrieden mit dem herkömmlichen Konfirmandenunterricht, hatte er wie auch Ewald in Offenbach auf freiwilliger Basis einen sonntäglichen Katechumenenunterricht eingerichtet, an dem vierzig zum Teil schon Konfirmierte teilnahmen. Nach dem Schulfest kamen weitere sonntägliche Veranstaltungen für Jugendliche und Erwachsene hinzu, so etwa thematische Gottesdienste, in denen Erziehungsfragen behandelt und Anfragen der Eltern beantwortet wurden. Geplant waren darüber hinaus außergottesdienstliche Zusammenkünfte von Erwachsenen, doch kamen diese wegen des Verdachts auf (separatistisches) Quäkertum nicht zustande.[301] Auch publizistisch war Cölln aktiv, so in der Herausgabe einer handschriftlich verfaßten Schülerzeitung, die für Schülerbeiträge offen war und, mehrmals abgeschrieben, in einer Art Lesegesellschaft zirkulierte, in die durch das Vorlesen auch Eltern und Nachbarn einbezogen waren; gerne hätte er anstelle dieser Zeitung

---

[297] Das Konsistorium hatte 10 Rtl. für das Fest am 27. Mai bewilligt, das Programm war durch Cölln in seinem Gesuch vorgestellt worden, ÜP H. 3, 27 ff.
[298] Den Ablauf eines Kinderfestes schilderte auch Ewald in: Predigten über Naturtexte, H. 1, Hannover 1789, 4. Predigt, 46–61. Im *Deutschen Museum* 1787.2, 551 ff., findet sich die Nachricht von einem Kinderfest in Ulm. Zu Lippe vgl. Wehrmann, 158 ff.
[299] ÜP H. 3, 30 f.; aufschlußreich für die Verbindung von Naturgestaltung, Naturandacht, Geselligkeit und Bildungsanspruch ist der von Ewald veröffentlichte Bericht des Predigeradjunkten Johann Heinrich Friedrich Schönfeld in Reelkirchen über die durch Gemeinschaftsarbeit der Schüler zuwege gebrachte Einrichtung eines Erholungs- und Spielplatzes und dessen feierliche Einweihung unter Anwesenheit Ewalds und der Fürstin, ÜP H. 9, 30–81. Die Einweihung fand am 30. Juni 1790 statt. Bei der Prozession zum Festplatz und dessen Schmücken mischten sich militärisches Zeremoniell und religiöse Naturbegehung und -andacht, ebda., 50 f. Schönfeld wirkte von 1788 an bis zu seinem Tod 1850 in Reelkirchen, Butterweck, 549. Als eifriger Vertreter der praktischen Volksaufklärung fügte er dem Spielplatz nach Überwindung nutzungsrechtlicher Bedenken unter Anleitung von Ewalds *Hand- und Hausbuch* eine Baumschule hinzu, lehrte die Kinder (und diese die Eltern) das Pfropfen und besserte sein eigenes Gehalt durch die Baumschule auf.
[300] LIB 1781, Nützliche und unterhaltende Aufsätze, 109–124 (Beschreibung des Schulfestes), 145–152, 161–170 (zu den Hintergründen und sonstigen Veranstaltungen). Benzlers Aufforderung findet sich ebda., 126–128.
[301] Gegen Ende des 18. Jhd. waren Quäker aus England nach Deutschland zugezogen, zu Gemeindebildungen kam es etwa in Pyrmont und in Minden. Vielleicht steht der Begriff »Quäker« aber auch unspezifisch für Separatisten.

ein kostenlos verteiltes gedrucktes Volksblatt gesehen, wie es früher schon Benzler und noch im April 1793 Ewald verlangt hatten, doch setzte die Regierung weiterhin auf die ausschließliche offizielle Unterstützung des Intelligenzblattes.[302]

Cöllns Ansätze einer neu strukturierten Jugendarbeit lassen einen auffallend stark sexualethisch bestimmten Begründungszusammenhang erkennen. Dieser spiegelt wohl einerseits die persönlichen Probleme, die sich bei ihm schon früh aus der Beobachtung der eigenen sexuellen Regungen ergaben, verweist aber andererseits auch auf die sich allgemein im Umgang mit der Thematik äußernde Körperangst der Zeit und die philanthropinische Anti-Onanie-Kampagne.[303] Schon 1779, also vor seiner durch Ewald vollzogenen offiziellen Einführung als Adjunkt seines kranken Vaters, war es zu einer Auseinandersetzung um die gemeinhin nicht nur zu den Krankheiten, sondern zu den Unzuchtsverbrechen gerechnete Masturbation (»Selbstbefleckung«, »Selbstschändung«) von Jugendlichen gekommen.[304] Stein des Anstoßes war ein europaweit reisender Leinwandhändler, der angeblich einigen Kindern diese Praxis als heilsame Gewohnheit empfohlen und sich damit moralisch und rechtlich schuldig gemacht hatte. Es schien dringend geboten, die Beaufsichtigung der Jugendlichen gerade an Sonntagen zu verstärken. Cölln schrieb um Rat an F. E. v. Rochow, der ihm bezeichnenderweise empfahl, gegen dies »Verderben des Tempels Gottes« öffentlich vorzugehen. Weiser urteilte der ebenfalls befragte J. H. Jung-Stilling, der zum Schweigen in der Öffentlichkeit und zum Gebet riet, was auch schon Cöllns Absicht gewesen war.[305] So zwang er die betroffenen Knaben zum Geständnis und ließ sie Besserung geloben. Der Vorgang bestärkte Cölln in der Überzeugung von der Notwendigkeit der Schulfeste, auch wenn er sich über deren begrenzte Möglichkeiten im klaren war und vor allem, wie er nach näheren Kontakten mit der Landbevölkerung feststellen mußte, weder bei den Jugendlichen noch bei den Erwachsenen ein entsprechendes Unrechtsbewußtsein gegenüber derart »roher« Sinnlichkeit erkennbar war. Es blieb nur, neben den pastoralen Beschäftigungsversuchen im Namen der Volksaufklärung an die Obrigkeit zu appellieren, dieser schon von Kindern und Jugendlichen mit ruhigem Gewissen geübten »Sodomie« entge-

---

[302] StArch Detmold, L 65, Nr. 150, 14 f.; vgl. Wehrmann, 222 f., 234; Arndt 423.

[303] Eine Annäherung an das vielschichtige Thema bietet Karl Braun, Die Krankheit Onania. Körperangst und die Anfänge moderner Sexualität im 18. Jahrhundert (Historische Studien 16), Frankfurt/M. u. a. 1995.

[304] Zum moralischen und medizinischen Aspekt von Sündhaftigkeit und Gesundheitsgefährdung wie Tabes dorsalis (Rückenmarksschwund) vgl. auf theologischer Seite J. D. Michaelis, Moral, Bd. 2, Göttingen 1792, § 84; ders., Mosaisches Recht, Reg. Bd. 6, Stichwort »Selbstbefleckung«. Vgl. Ewald an Lavater, 11. Dezember 1783 (Nr. 14): Was Pfenninger vom Dessauer Philanthropin geschrieben habe, sei größtenteils richtig, nur daß das bewußte Laster noch lange nicht ausgerottet sei, selbst der Erbgraf habe sich dazu verführen lassen.

[305] Zum Thema Onanie bei Jung-Stilling in dessen Zeitschrift *Der Volkslehrer* (1781–1784), die Cölln gekannt haben dürfte, vgl. Jung-Stilling, SS Erg.-Bd., 250–256, Schwinge, 200 f.

genzuwirken.[306] Ein gewisses Erbe pietistischer Leibfeindlichkeit wird man im Kontext der hier sichtbaren zeittypischen Tabuisierungen jugendlicher Sexualität wohl sehen dürfen, auch wenn die Transformation der ursprünglich religiösen Distanzierung vom Unrein-Weltlichen ins Moralische und Medizinische zum Teil weit fortgeschritten erscheint. Immerhin zeigt sich bei Cölln, daß von spätaufklärerisch-pietistischer Körperangst und Leibfeindlichkeit auch Impulse zur stärkeren Wahrnehmung sozialer Aufgaben ausgehen konnten.

Auch an anderen Orten in Lippe wurden in der Folgezeit Schulfeste gefeiert. Ewald wohnte wie sein Kollege im Konsistorium, Schleicher, solchen Feiern von seinem Amtsantritt an wiederholt bei. In einer in Oerlinghausen gehaltenen Predigt faßte er die tragenden pädagogischen Absichten nach der offiziellen Sichtweise zusammen: Gegengewicht zu anderen Dorffesten, Förderung des regelmäßigen Schulbesuchs, Verbesserung des Sozialverhaltens der Jugendlichen untereinander und Festigung der Lehrer- und Predigerautorität.[307]

Wie sehr die Einrichtung der Schulfeste als Ausdruck einer zu weit gehenden »Aufklärung« des Landmanns umstritten blieb und mit neuer Intensität die Frage nach dem Amtsverständnis der Geistlichen stellte, zeigt die von Ludwig Friedrich August von Cölln, dem Bruder des verstorbenen Dietrich, 1791 vorgelegte Verteidigung gegen den Vorwurf der Religions-, Sitten- und Staatsgefährdung.[308] Besonders das Oerlinghauser Schulfest, das inzwischen ohne finanzielle Zuschüsse auskam, war Gegenstand von Angriffen geworden, nachdem es andere begeistert gelobt hatten, so etwa Johann Jakob Stolz in einem im *Deutschen Magazin* abgedruckten Brief an Friedrich Leopold Graf zu Stolberg im August 1787.[309] Zunächst zeichnete Cölln die schon immer schwierige Position der Landprediger seit Beginn der Aufklärungsepoche angesichts der an ihn gestellten Erwartungen nach. War anfangs vor allem die ökonomische Fachbildung gefordert, so folgte mit der Demokratisierung der Bildungsidee, die von Rochow und dem Philanthropinismus befördert wurde, die Erwartung der Vermittlung allgemeinbildender Inhalte.[310] Nun geriet der Landprediger in den gegenaufklärerischen Strudel der Denunzierung des Volksaufklärungsprogramms durch Schlagworte wie »Geheimkatholizismus« und »revolutionäre Gesinnung«. Symptom des Umschwungs war die publizistische Entrüstung über die revolutionären Geschehnisse in Brabant und Lüt-

---

[306] »Ihr Herren, die ihr den gemeinen Mann aufklären wollt, ist euch mit Bürgern gedient, die als Kinder oder Jünglinge Sodomie mit ruhigem Gewissen treiben und es ebenso ehrlich halten wie eheliche Handlung?« LIB 1781, Nützliche und unterhaltende Aufsätze, 168.
[307] ÜP H. 3, 34 f., Ausz. aus der Predigt in Oerlinghausen 1784 in: ÜP H. 2, 1784, 97 ff.
[308] Ludwig Friedrich August von Cölln, Gedanken über Bildung der Landjugend durch Kinderfeste, in: ÜP H. 7, 74–109, mit Anm. Ewalds 109–114. Ein Schulfest wurde auch vom Dorf Westhofen in der Grafschaft Mark berichtet, ebda, 74.
[309] Ebda., 89 f., Stolz an Stolberg, 20. August 1787, abgedr. in: Deutsches Museum, 1787.2, 321–330.
[310] Vgl. die unterstützende Anm. Ewalds, ebda., 83; Wehrmann, 122, schrieb das Zitat fälschlicherweise Cölln zu.

tich.[311] Gerade bisher eifrige Vertreter der theologischen Aufklärung begannen, sich von den fortgesetzten Bemühungen der staatlichen Volksbildung als politisch bedenklicher »moderner Aufklärung« zu distanzieren und die entsprechend engagierten Landprediger in Mißkredit zu bringen.[312] Hier setzt nach Cölln die Problematik der Schulfeste ein. Die Agitation gegen die Volksaufklärung hatte antikatholische Affekte mobilisiert, die sich nun gegen die Schulfeste kehrten, indem man deren prozessionsähnliche Umzüge als Rekatholisierungsversuche eines Geheimkatholizismus deutete.[313] Dagegen verteidigte Cölln die Einrichtung als sachgerechten Ausdruck eines Menschenbildes, das Bildung nicht auf Belehrung beschränkt, sondern auf die ursprüngliche Einheit von Denk- und Empfindungsvermögen bezieht und daher Feier und Fest einschließt.[314] Die Aspekte geheiligter Sinnlichkeit und religiöser Empfänglichkeit in der freien Natur spielten dabei ebenso eine Rolle wie der die sozialen Beziehungen stabilisierende Gemeinschaftsaspekt der Feier.[315] Das Schulfest fungiert darin als Indiz einer der städtischen Zivilisation überlegenen ländlichen Lebenswelt. Das Gefälle des aufklärerischen Bildungsanspruchs ist wie bei Ewald umkehrbar: Die erstere bedurfte, wollte sie überleben, der »Aufklärung« durch das auf dem Land noch weckbare Potential von Humanität in Naturverbundenheit und Festlichkeit, wie sie das Volkslied zum Ausdruck brachte.[316] Freilich plädierte Cölln anders als einst sein Bruder mit Rücksicht auf die Gewohnheit gegen eine zu enge Verbindung von Gottesdienst und Spiel und Tanz in der Natur.[317]

---

[311] Vgl. unten zu Ewalds Revolutionsschrift.
[312] »Denn diese Herren hatten längst gemerkt, daß das Volk bey seinem alten Glauben an Gott und Tugend bleiben müsse, um ihnen nicht ins Gehege zu kommen. Nur klar solte das Volk nicht sehen, es muste, wie an der Roßmühle, gehorsam der Peitsche seines Treibers, in seinem ewigen Kreise fortwandeln.« Cölln, ebda., 86, vgl. 89.
[313] »Männer von allen Ständen, warum nicht auch Geistliche[,] kamen endlich zu der Einsicht, daß die Fahnen Banniere, die Blumenkränze und Guirlanden Rosenkränze bedeuteten. Wenn man nur erst das Volk an das Neue und Auffallende dieser Aufzüge gewöhnt habe; so würde alles nacheinander schon folgen. Wohlmeinend wurde das zur freundschaftlichen Warnung dem armen Landman beygebracht, um seine Seele zu retten.« Ebda., 87.
[314] Ebda., 85. Vgl. den lobenden Hinweis Ewalds auf Cöllns Grundsatz zweckmäßiger Volksbildung: »Es giebt eine gewisse Bildung, die für den Menschen in jedem Kreise und jeder Lage paßt, die den ganzen Menschen, ohne ihn zuerst in Kopf und Herz zu zerspalten, ergreift und ihn zu einem Wesen bildet, das allenthalben seinen Werth behauptet und seinem Adel Ehre macht.« Ebda., 100. Vgl. den Untertitel der *Urania*: »Für Kopf und Herz«.
[315] Natürlich fehlten auch die üblichen Hinweise auf Beförderung der Moralität und die Hoffnung auf eine intensivierte Häuslichkeit nicht, ebda., 95 f.
[316] »Solte die Liebe für den Gesang bey unserm Landmann getödtet seyn; so wäre das eine traurige Erscheinung. Sie bewiese, daß die lezte[re] Resource, wodurch die in den Städten verwelkende und absterbende Menschheit wieder erfrischt und belebt werden muß, sich auch zum Grabe neigte.« Ebda., 97.
[317] Ebda., 103 f., 106. Ewald stimmte dem Anliegen zu, hielt es aber doch für gut, wenn ein Volksfest immer mit einem öffentlichen Gottesdienst begonnen wurde, wie es beim Kirchweihfest an vielen Orten der Fall war.

Auch Ewald verteidigte den Schulfestgedanken durch Hinweis auf den möglichen politischen Nutzen in der Erweckung von Patriotismus. Zwar bestand trotz vereinzelter Bereitschaft zum Protest auf dem Land kein revolutionäres Potential, doch sollten regelmäßig wiederkehrende Schul- oder Dorffeste im Rahmen einer obrigkeitlich geförderten Volksfestkultur besser als Mittel politischer Stabilisierung genutzt werden.[318] Damit waren insbesondere nationale, d. h. der obrigkeitlichen Fürsorge gewidmete Gedenktage gemeint.[319] Was Ewald auf der Seite der Kultusreform im Zeichen des Heiligen zu intensivieren strebte, hat sein Pendant im Ideal einer religiös-politisch motivierten Volksfestkultur nach antikem Vorbild bekommen.[320] Trotz aller Bemühungen vermochten sich jedoch die Schulfeste auf die Dauer nicht durchzusetzen.[321]

Rückblickend zeigen Ewalds Reformbemühungen in den verschiedenen kirchlichen Bereichen, wie produktiv er aufklärerisches Gedankengut aufnehmen und seinen spätaufklärerisch-pietistischen Interessen jenseits von neologischer Aufklärung und kirchlicher Konfessionalität dienstbar machen konnte. So bestehen in der Kritik am traditionellen kirchlichen Unterricht grundlegende Gemeinsamkeiten mit dem von brüderischen Traditionen beeinflußten Philanthropinismus und seiner überkonfessionellen Grundrichtung. Die praktische Umsetzung folgt jedoch dem pietistischen Ideal des Bibelchristentums. Die pastoraltheologischen und homiletischen Vorstellungen Ewalds bleiben mit ihrer Betonung religiöser Subjektivität und dem Zurückdrängen des Lehrhaft-Objektiven auf dieser Linie. Es zeigt sich eine gewachsene Sensibilität gegenüber der inneren Stimmigkeit und Überzeugungskraft des Kultischen, aber auch gegenüber den sozialen Bedingungen glaubwürdiger Verkündigung im gesellschaftlichen Kontext. Dabei liefert gerade die Kasualrede charakteristische Beispiele für das zuweilen spannungsvolle Ineinander von aufklärerischer Vorurteilskritik und pietistischer Bibelfrömmigkeit. Von dieser sind auch die Unternehmen zur Gottesdienst- und Liturgiereform geprägt, die Ewald stets unionsbereit und mit ökumenischem Weitblick verfolgt hat.

---

[318] Zu den Bauernunruhen im Herbst 1790 vgl. Arndt, 190 ff. Zur »patriotischen Erweckung« durch die Festkultur vgl. Kaiser, Pietismus, 58 ff.
[319] ÜP H. 7, 99. Als positives Beispiel führte Ewald das vom Fürsten von Anhalt-Dessau an seinem Hochzeitstag verordnete Volksfest an; Ähnliches könnte in Lippe etwa am Huldigungstag geschehen, ebda., 111 f. Der Begriff der Nation und des Vaterlands ist in diesem Kontext noch strikt provinziell und herkunftsbezogen gebraucht.
[320] Vgl. Wessenberg, Elementarbildung, 1814, 31, der auf die Rolle des dem christlichen Kult vorausgehenden antiken Schauspiels als Unterrichtsmittel verweist.
[321] Weerth wußte 1810 nur noch von einem im Zusammenhang mit dem Examen jährlich wiederkehrenden Fest in der Detmolder Freischule zu berichten, das ganz im Zeichen fürstlicher Wohltat an den armen Schulkindern stand; Elementar-Schulen, 80 ff.

5 Kirchliche Strukturreform: Die Kirchenverfassung

5.1 Der Generalsuperintendent – Beamter oder Bischof?

Schon bald nach seinem Amtsantritt in Detmold sah sich Ewald durch die Einbindung des Amtes in die bürokratisch-administrative Struktur des Konsistoriums in seiner Erwartung, eine geistliche Leitungsaufgabe innerhalb der Pfarrerschaft anzutreten, enttäuscht. Nicht ein wie in der Herrnhuter Tradition bruderschaftlich geprägtes Bischofsamt im »altchristlichen« Sinne hatte er angetreten, sondern das Amt eines Konsistorialrats, der im wesentlichen auf dem Verordnungswege tätig war. Im Gespräch mit Kanzler F. B. (v.) Hoffmann kam zutage, daß es schon früher ähnliche Klagen gegeben hatte. Ewald unterbreitete daraufhin Vorschläge zu einer administrativen Neustrukturierung kirchenleitender Funktionen im Rahmen der Kirchenordnung von 1684.[1] Dabei ging es um eine Stärkung der geistlichen Kompetenzen der drei (Klassikal-)Superintendenten gegenüber denen des Konsistoriums, das im Laufe der Zeit alle wesentlichen Befugnisse an sich gezogen hatte. Nur von Seiten der Superintendenten konnten die gradus admonitionis gegenüber den Geistlichen in der nötigen Differenzierung angewandt werden, ohne daß ein Streitfall, wie üblich, sofort rechtsrelevant wurde und statt der brüderlichen Ermahnung ein formeller Verweis erging. Die Superintendenten und der Generalsuperintendent als Vorgesetzter sollten wieder mehr eigenes Profil bekommen, indem sie sich als Teil der Predigerschaft und nicht als behördliche Ausführungsorgane verstehen lernten. In anderen Ländern wie Anhalt-Dessau, Hessen-Kassel und Hannover sah Ewald derartige strukturelle Probleme nicht. Ihm zufolge förderte der bisherige Mißstand vor allem eine dem Prediger als Priester Gottes widersprechende und das Amt beschädigende Unterwürfigkeit gegenüber dem Konsistorium als obrigkeitlichen Behörde.[2] Die der Vormundschaft vorgelegten Entwürfe wurden im Mai 1784 genehmigt, wegen Bedenken gegen mögliche erbherrliche Einwände aber nicht als förmliches

---

[1] StArch Detmold, L 65, Nr. 74, 126 ff. (Bl. 238 ff.), Regierungsverordnung betr. Prediger und Schuldiener vom 11. Mai 1784, in: Landesverordnungen 3, Nr. 144, 105 f.; Konsistorialverordnung für die Klassikal-Superintendenten, 27. Mai 1784, in: Landesverordnungen 3, Nr. 145, 107 f.

[2] Das Priesterliche ergibt sich hier aus dem Auftrag der Evangeliumsverkündigung als Darbringung der höchsten Gottesgabe, des Wortes, an die Gemeinde, doch zeigt sich später eine stärker kultisch-sakramentale Akzentuierung. Wie wichtig Ewald die mit dem Verkündigungsauftrag gegebene Würde war, läßt sich aus einem durchgestrichenen Satz seines Entwurfs schließen, der eine zeitweilige Amtsenthebung derjenigen vorsah, denen der erforderliche »freie, edle Sinn« fehlte (zu § 3).

Gesetz von den Kanzeln publiziert.[3] Am konsistorialen System hielt Ewald, wenigstens soweit darin Geistliche das Sagen hatten, immer fest. Dies zeigt sich nicht zuletzt in den Vorbehalten gegenüber dem presbyterialen Pfarrwahlrecht der Gemeinde. So kommentierte er den Vorschlag eines sich in der *Christlichen Monatsschrift* 1803 über die Problematik der Patronatsrechte äußernden sächsischen Theologen, örtliche Gremien entscheiden zu lassen, mit der Bemerkung, gut besetzte Konsistorien würden immer noch besser wählen als Gemeinden.[4]

Ein weiteres Problem stellte sich im Zusammenhang der Pfarrstellenbesetzung. 1784 wurde das Konsistorium von der Regierung aufgefordert, Vorschläge zur Abschaffung des sog. Vakanz- oder Gnadenjahres bei den Pfarreien im Land zu unterbreiten. Nach der Kirchenordnung hatte eine durch den Tod des Stelleninhabers vakant gewordene Stelle ein Jahr lang frei zu bleiben, um den Hinterbliebenen durch die weiter gewährten Einkünfte übergangsweise das Auskommen zu sichern.[5] Leitend war nicht der Gedanke an eine bessere soziale Fürsorge für Pfarrerswitwen und deren Kinder, sondern die schlechte pfarramtliche Versorgung der Gemeinde in Unterricht, Schulaufsicht und Seelsorge während der Vakanz. Als Hauptproblem zeigte sich die Beschaffung einer anderweitigen finanziellen Entschädigung. Ewald schlug einen zehnprozentigen Gehaltsverzicht der Prediger mit Ausnahme der unterdurchschnittlich Verdienenden vor, um damit die Witwe des Vorgängers zu unterstützen und im Bedarfsfall einen Anspruch auf entsprechende Versorgung der eigenen Familie zu erlangen. Modell war die auf den bäuerlichen Gütern geübte Leibzucht (Leibgedinge, Altenteil). Dies hätte eine vertragliche Lösung mit lebenslanger Versorgung der Hinterbliebenen bedeutet.[6] Die gutachterlichen Berichte der Superintendenten ergaben, daß ein gänzliches Aufheben des Gnadenjahres als unmöglich erachtet wurde, zumal bis zur Wiederbesetzung einer Stelle ohnehin drei bis sechs Monate vergingen.[7] Die mangels eines eigenen Fonds zur Witwen- und Waisenfürsorge angestellten Überlegungen Ewalds zur Finanzierung wurden für unausführbar erklärt, da sie sich nicht für eine allgemeine Regelung eigneten. Das Konsistorium votierte daher für eine Beibehaltung des Gnadenjahres. Die Versorgung der Gemeinden über Gottesdienst und Kasualien hinaus wurde kurzerhand den für die Vertretung Zuständigen aufgetragen und Küster und Presbyter zur Überwachung aufgerufen. Für überlegenswert wurde erachtet, Kandidaten nach Beendigung des Studi-

---

[3] StArch Detmold, L 65, Nr. 74, 129, 11. Mai 1784, vgl. 130f.
[4] O. Vf., Zufällige Gedanken über die nöthige Vorsicht in der Wahl der Subjecte bei Besetzung der Predigerstelle, in: ChrM 1803.1, 401–411.
[5] Kirchenordnung (von 1684), Kap. 18, § 10–13, in: Landesverordnungen 1, Lemgo 1779.
[6] StArch Detmold L 65, Nr. 120, fol. 3 (Votum vom 13. Mai 1784). Als belastbar galten die Prediger, die mehr als 300 Rtl. jährlich einnahmen; diese sollten 30–50 Rtl. jährlich abgeben. Weniger gut dotierte Stellen, die es allerdings nicht mehr in großer Zahl gab, waren ausgenommen. Zum Vergleich: Das Gehalt des Generalsuperintendenten betrug 1000 Rtl.
[7] L 65, Nr. 120, fol. 7 ff.

ums ein Praktikum in Detmold machen und vakante Stellen durch diese besorgen zu lassen.[8] Die Regierung begnügte sich damit, das Gnadenjahr blieb erhalten.[9]

5.2 Christusglaube und Kosmopolitismus: Religiöse Toleranz und Bekenntnisbindung

In zwei Schriften aus dem Jahr 1788 und 1790 setzte sich Ewald mit der Frage der gesetzlichen Lehrverpflichtung im Rahmen religiöser und politischer Toleranz auseinander.[10] Den Anlaß bot das sog. Wöllnersche Religionsedikt vom 9. Juli 1788 mit seiner Forderung nach Rechtgläubigkeit der preußischen Geistlichen, dem das Zensuredikt vom 19. Dezember 1788 folgte.[11] Im Hintergrund stand die schon länger geführte Debatte über das Toleranzgebot gegenüber Vertretern einer natürlichen Religion, wie es pointiert von Reimarus' erstem, durch Lessing 1774 veröffentlichten Fragment über die auch die bürgerlich-rechtliche Anerkennung einschließende Duldung der Deisten vertreten worden war. Johann Georg Schlosser hatte sich von 1784 an bei verschiedenen Gelegenheiten zum Thema geäußert, aber im Verständnis des

---

[8] L 65, Nr. 120, fol. 15 f., 12. Oktober 1784. Die Schwierigkeiten lagen z. B. darin, daß die weniger gut dotierten Stellen ausgenommen waren und u. U. auch zwei Witwen auf einer Pfarrei zu versorgen waren.

[9] Verordnung des Konsistoriums vom 11. Dezember 1784, L 65, Nr. 120, fol. 22 f.

[10] Ewald, Soll und kann die Religion Jesus allgemeine Religion seyn? Parallele zwischen Christenthum und Kosmopolitismus, Leipzig 1788 (= AR; Steiger, Bibliogr. 37); ders., Soll und kann die Religion Jesus allgemeine Religion seyn? Forts. und Erweiterung, Leipzig 1790 (= AR II; Steiger, Bibliogr. 54). Der Schrift von 1788 sind als Motto zwei Zitate von Cicero und F. H. Jacobi beigegeben. Widerspruch gegen Ewalds engherzig klingende Thesen kam u. a. vom Mecklenburger Geistlichen Friedrich Traugott Schmidt (1742–1813) mit der zum Titel einer Schrift erhobenen Gegenbehauptung, die Christusreligion solle doch allgemeine Religion sein (Neustrelitz 1797), vgl. Karl Schmaltz, Kirchengeschichte Mecklenburgs, Bd. 3, Berlin 1952, 238.

[11] Zu unterscheiden sind folgende Verordnungen und Einrichtungen: Das »Edikt, die Religionsverfassung in den preußischen Staaten betreffend«, vom 9. Juli 1788, das »Erneuerte Zensuredikt für die preußischen Staaten« vom 19. Dezember 1788 (Verbot »atheistischer« Schriften), die Immediat-Examinationskommission vom Mai 1791, die das Edikt vom 9. Juli 1788 gegen »Rationalisten« vollstrecken sollte, und der neue Landeskatechismus von 1792 als Maßstab des Rechtgläubigen. Vgl. Ernst Rudolf Huber (Hrsg.), Deutsche Verfassungsgeschichte seit 1789, Bd. 1, Stuttgart u. a. 1957, 108. Zum offiziellen Niederschlag der Debatte im Kreis der Regierungen vgl. z. B. die kommentierende Anzeige von Schriften durch den Regensburger Reichstagsgesandten beim Westfälischen Grafenkollegium, StArch Detmold L 41A, Nr. 1055 f. Eine Zusammenstellung der mit dem Religionsedikt aufgeworfenen Fragen und der dazu erschienenen Diskussionsbeiträge (Aufklärungsverständnis, Staatsrecht, Lehrverpflichtung, praktische Umsetzung) bietet Heinrich Philipp Konrad Henke, Beurtheilung aller Schriften welche durch das Königlich Preußische Religionsedikt und durch andre damit zusammenhängende Religionsverfügungen veranlaßt sind, Kiel 1793. Vgl. J. F. Gerhard Goeters, Joachim Rogge (Hrsg.), Die Geschichte der Evangelischen Union. Ein Handbuch, Bd. 1, Berlin 1992 (= Goeters, Union), 46–51.

Deismus nicht immer Ewalds Zustimmung gewonnen.[12] Dessen Hauptkritik galt der religiösen Intoleranz, die er sowohl auf der Seite der orthodoxen wie der deistischen bzw. neologischen Interpreten des christlichen Glaubens entdeckte. Er führte dies auf eine falsche, beiden Richtungen in ihrer Gegensätzlichkeit gemeinsame Vorstellung von der Verallgemeinerungsfähigkeit religiöser Wahrheiten zurück. Der autoritär-dezisionistische Charakter jeder Art von Lehr- und Vernunftorthodoxie wurde klar erkannt, ohne das Problem grundsätzlich lösen zu können.[13]

Ewalds »dritter Weg« sah vor, den Bekennern eines christlichen Deismus im Zeichen religiöser Freiheit und Toleranz öffentlich anerkannte Gemeindebildungen bei völliger bürgerlicher Gleichstellung zu gestatten und die verbliebenen Lehrer der reformatorischen Kirchen neu auf tragende Inhalte der »biblischen Christusreligion« zu verpflichten, was faktisch auf eine mit dem Toleranzgedanken begründete Kirchenspaltung hinauslief. Als Verpflichtungsgrundlage für die Amtsträger einer solchen Kirche empfahl Ewald eine modifizierte Fassung des Apostolikums und eine Kurzfassung der biblischen Geschichte. Dies konnte nur bedeuten, den ersten Schritt zur Etablierung eines reinen Bibelsymbols unter Verzicht auf die Bekenntnisschriften und damit zur überkonfessionellen Bekenntnisbildung hin auf eine Bekenntnisunion zu wagen.[14]

Die Begründung setzt beim mystischen Charakter des christlichen Glaubens als Phänomen religiöser Begabung und konkreter Berufung an, die den wenigen wahrhaft Gläubigen von vornherein den Status einer Minderheit im Kirchenvolk zuweist, deren Schutz aber zur zentralen Forderung erhebt. Das Motiv des »offenen Geheimnisses«, das alle kennen und doch nur wenige verstehen, ließ Analogien zwischen dem geistgewirkten Christusglauben, wie er sich vom Ruf Jesu in die Nachfolge herleitete, und der antiken Weisheitstradition entdecken, fand aber auch Vergleichspunkte mit der zeitgenössischen Idee des Kosmopolitismus.[15] So entdeckte Ewald die zentrale Unterscheidung

---

[12] Reimarus (o. Vf.), Von Duldung der Deisten. Frgm. eines Ungenannten, in: Lessing, Werke 6, 220–238. Schlosser, Über die Duldung der Deisten. An Herrn Geheimen Rath Dohm in Berlin, Basel 1784; ders., Noch etwas über die Deistenpredigten, bei Gelegenheit einer Rezension in der allgemeinen deutschen Bibliothek, an Herrn **, in: Neues Deutsches Museum, 4.1791, 207–229; vgl. Schlossers Werke (SW) in: Johan van der Zande, Bürger und Beamter. Johann Georg Schlosser 1739–1799 (VIEG 119), Stuttgart 1986, 198 ff., Nr. 44 u. 87, außerdem Nr. 73. Vgl. Ewald an Röderer, 2. August 1784, Stöber, 130 f.
[13] Vgl. Reimarus, in: Lessing, Werke 6, 221.
[14] AR, 65 ff., vgl. AR II, 159 ff.
[15] AR 15; 29 ff.; 39 ff. Das Nachfolgeideal wird so beschrieben: »[...] ein Auge, das ohne Spannung überall den *Vater* [...] sieht; und eine Kindlichkeit, dem kleinsten Winke des Vaters zu folgen [...] – eine Kindlichkeit, die nichts will für sich, und eine Männlichkeit, die Alles thut, durch und ausführt für den Vater, und wär' auch die ganze Welt dagegen; solche Strenge gegen sich selbst, und solche Nachsicht mit Andern; – ein so weites, offenes, allumfassendes Herz, das sich in jede Schwachheit und Schiefheit und Beschränktheit hineinfü[h]lt, und Alle bedauert, Alle trägt mit Liebe; für Alle so gern wirken, leben und sterben möchte, und nur dann ausbricht

zwischen Initiierten und unkundiger Menge bei den altgriechischen Weisen Zeno aus Kition, Begründer der Stoa, und Pythagoras, wie von Diogenes Laertios, dem Kronzeugen altgriechischer Philosophie seit dem Spätmittelalter, berichtet worden und bei Pierre Bayle (1647–1706), dem unerschrockenen Kritiker der selbstgenügsamen Vernunft, nachzulesen war.[16] Daran sollte sich die Kirche der Gegenwart selbstkritisch zum Schutz derjenigen Gläubigen erinnern, die aufgrund ihres »Christussinns« Zugang zu den sublimeren Wahrheiten des Christentums wie zur mystischen Christus- und Gottesgemeinschaft hatten.[17] Auf die Idee eines Vergleichs mit dem ebenfalls nicht primär organisatorisch beförderbaren Gedanken des Weltbürgertums hatte Ewald Ch. Wielands gegen die Illuminaten gerichtete Darstellung im *Deutschen Merkur* 1788 gebracht.[18] Die abstrakt-aufklärerische Kosmopolitismusidee wird also zugunsten des individuellen und kollektiven Persönlichkeitsdenkens abgelehnt. Wieder tritt das zentrale Interesse an der Gestaltwerdung des Göttlichen zutage, nun ekklesiologisch im Gedanken einer für den religiös Begabten *sichtbaren* Kirche des Geistes oder des *erfahrbaren* mystischen corpus Christi. Lavaters *Physiognomische Fragmente* dienten zum Beleg: Der schlichteste physiognomische Sinn, von Lavater als Geistoffenbarung verstanden, erkenne beim Anblick des deistisch gesinnten Henry St. John Bolinbroke (1678–1751) unmittelbar die Differenz zur Gestaltungskraft des Christussinnes etwa bei Zinzendorf.[19] Entsprechende Beobachtungen ließen sich nach Ewald auch im Alltag anstellen. Eine wirkliche Universalisierung des Sinns für Religion blieb

---

im Eifer der Liebe, wenn mans Ihm unmöglich macht, zu wirken [...].« Ebda., 45 ff. Das im Blick auf die Willenseinheit mit Gott angesprochene Mystische kann auch als Mystisch-Irrationales bezeichnet werden, sofern es eine Grundhaltung ultra rationem meint, die sich vom Logisch-Irrationalen unterscheidet, vgl. Kondylis, 36 ff.; besser wäre freilich, das Mystische als nonrational zu bestimmen.

[16] AR, 3 f.; DHC, Art. Pythagoras, bes. Note H u. I, in: Pierre Bayle, Oeuvres diverses, hg. v. Elisabeth Labrousse, Suppl. I, Hildesheim u. New York 1982, 741–748, 744.

[17] AR, 5 ff., 17 ff., 44 f. Vgl. Joh 16,12 f.; Mt 10,27; Mt 11,25 f., Mt 13,11 f., Mt 22,14 u. ö.; AR II, 185, vgl. Mt 11,28. Zum Christussinn als pneumatologischer Größe vgl. I Kor 2,16; auch Steinbart schlug vor, anstelle des oft mißverstandenen Wortes »Glaube« vom »Sinn Christi« zu sprechen, doch fehlte die spezifisch mystische Komponente, Glückseligkeitslehre, § 73. Zum Verständnis des Esoterischen in der Mystik vgl. G. Arnold, Historie und Beschreibung der Mystischen Theologie, 72 ff. Ewald bewies überdies seine Bekanntschaft mit Herders *Plastik* von 1778, indem er auf die dortigen Aussagen zur Erkenntnis von Form und Fläche verwies, SWS 8, 1–87.

[18] »Das ganze Geheimnis liegt in einer gewissen natürlichen Verwandtschaft und Phantasie, die sich im ganzen Universum zwischen sehr ähnlichen Wesen äußert, und in dem geistigen Bande, womit Wahrheit, Güte und Lauterkeit des Herzens edle Menschen zusammen kettet.« Christoph Martin Wieland, Das Geheimnis des Kosmopolitenordens, in: Wieland, Werke, hg. v. Fritz Martini u. Hans Wernder Seiffert, Bd. 3, München 1967, 550–575; 560, 1–5.

[19] Vgl. Lavater, Physiognomische Fragmente, Bd. 3, 275 f., Ewald griff auch Lavaters Bemerkungen zur Seltenheit scharf beobachtender Augen und musikalischer Ohren auf, die der Seltenheit des religiösen Sinns für das Erhabene der Christusreligion entsprachen, ebda., 242.

nach Ewald der Zeit nach der Parusie Christi, dem Millennium, vorbehalten.[20] Einen wesentlichen Teil des theologischen Streits in den Fronten von orthodoxer und neologisch-deistischer Orientierung schrieb Ewald der mangelnden Einsicht in diese Zusammenhänge zu. In ihrem Anliegen gab Ewald beiden Recht: Der ersten darin, daß sie sich nicht mit einem allgemeinen Vernunftglauben zufriedengab, der letzten darin, daß sie die für sublimer erachteten Christuslehren aus einer »Religion für alle« ausgeschieden wissen wollte.[21]

Als Gebot der Stunde war in kritischer Distanz zu orthodoxen Tendenzen des Staatskirchentums gegenseitige Toleranz und der Verzicht auf bürgerlich relevante Absolutheitsansprüche angesagt, alles wahrhaft Christliche sollte für sich selbst sprechen.[22] Ausdrücklich verteidigte Ewald dabei die freie wissenschaftliche Untersuchung der Bibel gegen konservative Bedenken.[23] Die entscheidende praktische Wendung aber bekam der Gedanke religiöser Toleranz im Blick auf das Christentum als öffentliche Religion. Hier beginnt sich die eigentliche Absicht der Schrift als Fürstenrat abzuzeichnen: Die Apologie des Religionsedikts im allgemeinen bei gleichzeitiger Kritik an der orthodoxen Akzentuierung des Wöllnerschen.[24] Gerade im Zeichen der Freiheit des Bekenntnisses fordert Ewald das Eingreifen des Staates zum Schutz der zu Opfern stilisierten Anhänger der »apostolischen Christusreligion«. Dies bringt überraschende Parallelen im Ansatz mit J. S. Semlers Verteidigung des Religionsedikts in ebenfalls nichtorthodoxer Interpretation an den Tag: Auch er fürchtete die deistisch-naturalistische Intoleranz, nun allerdings in ihren verheerenden Wirkungen auf den Fortbestand der bislang öffentlich anerkannten Religionsparteien.[25] An der grundsätzlichen Notwendigkeit einer positiven Lehrverpflichtung zweifelten beide nicht, die Möglichkeit eines Gewissenskonflikts wurde aufgrund der Unterscheidung von öffentlicher und privater Religion nicht zugestanden.[26]

Besonderen Anstoß nahm Ewald wie auch J. F. Kleuker an der Mendelssohnschen, im Namen der Gewissensfreiheit und der strikten Trennung von

---

[20] AR, 36 f.
[21] Ebda., 49 ff. Der pneumatologische Charakter des Sublim-Christlichen zeigte sich in Begriffen wie Gottesgemeinschaft, Christus- und Gottesmitteilung, Geisteskraft, Gottesnähe, Gotteshilfe und Erhöhung zur Christusähnlichkeit.
[22] Ebda., 53 f., vgl. Mk 4,9.
[23] AR II, 176 ff.
[24] »Weisheit ists freilich, zu hören, wenn Weisheit redet; aber größere Weisheit, still fortzuhandeln, wenn Parteigeist schreit. Lernet, Fürsten, diese hohe Weisheit von Gott!« AR, 75. Zur Gesamtproblematik, insb. auch zur Fragen der »Gegenaufklärung« vgl. immer noch: Paul Schwartz, Der erste Kulturkampf in Preußen um Kirche und Schule (1788–1798), Berlin 1925.
[25] Johann Salomo Semler, Vertheidigung des königlichen Edikts vom 9ten Jul. 1788, wider die freimüthigen Betrachtungen eines Ungenannten, Halle 1788, 89, 133 f.
[26] Auf den Einwurf der Härte und Unmenschlichkeit bei einer Nichtanstellung äußerte Ewald: »Allerdings! darum wurden auch schon so viele abgedankte Soldaten zu – *Schulmeistern* gemacht, damit sie doch Brod hätten. [...] Der Mann würde Akademist, Professor, Kammerrath, oder wozu er sonst taugte.« AR, 62, 74.

Staat und Religionsgemeinschaft vorgebrachten Kritik jeglicher Art von kirchlichem Zwangsrecht in der Jerusalem-Schrift von 1783.[27] Streitfragen in Religionsangelegenheiten sollten nach Mendelssohn allein mittels Überzeugungskraft gelöst werden, weder Staat noch Kirche sollten sich ein Richteramt anmaßen. Dagegen beharrte Ewald darauf, daß der durch landesherrliches Kirchenregiment in der Predigerwahl die Rechte der Gemeinden wahrnehmende Fürst verpflichtet sei, sich des eindeutig christlichen Bekenntnisses der Prediger zu versichern und entsprechende Sorgfalt bei der Besetzung kirchenleitender Ämter walten zu lassen. Auch für die Minorität der zerstreut lebenden Christusgläubigen habe er Sorge zu tragen, etwa durch die Bereitstellung geistlicher Literatur und die Einrichtung besonderer Besuchsdienste durch Prediger für »sublimeres Christentum«.[28] Ohne das Wöllnersche Religionsedikt direkt zu nennen, verteidigte Ewald die Berechtigung solcher Verordnungen, die er als notwendige Regulative der öffentlichen Verkündigung für den Predigerstand mit der landesherrlichen Fürsorgepflicht begründete. An die Stelle der »reinen Lehre« orthodoxen Zuschnitts trat jedoch die »reine Bibelreligion«, die den Fürsten als Grundlage für künftige Religionsedikte empfohlen wurde. So ergibt sich indirekt Zustimmung und Kritik gegenüber dem Wöllnerschen Religionsedikt: Zustimmung hinsichtlich der grundlegenden Notwendigkeit derartiger Bestimmungen, Kritik an deren faktisch orthodoxem Gepräge und dem zwangsläufig mit bürgerlichen Nachteilen verbundenen Vollzug.[29]

In der kritischen Stoßrichtung ähnlich, doch das Mißliche des Edikts in fortlaufender Kommentierung deutlicher analysierend, fiel J. K. Pfenningers Besprechung in den *Sokratischen Unterhaltungen* aus.[30] Die eigentliche Aufgabe

---

[27] Moses Mendelssohn, Jerusalem oder über religiöse Macht und Judentum, GS, Bd. 3, Leipzig 1863, Nachdr. Hildesheim 1972, 2. Abschn., 299 ff.; Mendelssohn, Schriften über Religion und Aufklärung, hg. u. eingel. v. Martina Thom (Texte zur Philosophie- und Religionsgeschichte), Berlin 1989, 395 ff.; vgl. Kleuker, Neue Prüfung, Bd. 2, 243 ff.

[28] AR, 65.

[29] Zur radikalen Ablehnung gesetzlicher Lehrverpflichtung im Lager der Lavaterkritiker in Berlin vgl. die anon. ersch. Schrift des reformierten Predigers Andreas Riem, Über Aufklärung. Was hat der Staat zu erwarten – was die Wissenschaften, wo man sie unterdrückt? Wie formt sich der Volkscharakter? – und was für Einflüsse hat die Religion, wenn man sie um Jahrhunderte zurückrückt und an die symbolischen Bücher schmiedet? Ein Wort zur Beherzigung für Regenten, Staatsmänner und Priester. Zweites Fragm., ein Komm. des ersten, zweite unv. Aufl. Berlin 1788, wieder abgedr. in: Batscha, 139–160 (2. Fragm.). Zur Kritik der Bekenntnisverpflichtung als unzeitgemäßem Disziplinierungsinstrument vgl. auch Gebhard Ulrich Brastberger, Über den Ursprung und Werth der kirchlichen Gewohnheit, durch Symbolische Schriften den Innhalt der christlichen Religion festzusetzen, mit Anwendung auf die neuesten Unionsprojekte, Ulm 1788, hg. v. Christian Friedrich Duttenhofer. Duttenhofer wollte wie Ewald eine Verpflichtung auf die kirchlichen Symbole allenfalls als Ausdruck der Achtung vor ihrem Wert als geschichtliche Zeugnisse respektieren, nicht aber im Sinne einer verbindlichen Norm des Lehrvortrags. Auch Duttenhofer berief sich als kritischer Aufklärer auf die alleinige Geltung der biblischen Autorität, wie sie die Reformatoren eingefordert hatten, in: Brastberger, ebda., Vorr., Heilbronn, 4. Februar 1788.

[30] Pfenninger, Sokratische Unterhaltungen, Bd. 3, 342–380.

eines christlichen Fürsten der Gegenwart, im Geiste der Gewissensfreiheit das nichtchristliche öffentliche Bekenntnis zu erleichtern, sei nicht in Angriff genommen worden, und doch bleibe dies, selbst auf die Gefahr hin, daß das christliche Bekenntnis erschwert würde, dringliches Bedürfnis. Statt den »gewissenwürgenden Knoten« der Staatskirchenverfassung ordentlich aufzulösen, sei er nun wieder fester angezogen worden.[31] Das Ergebnis könne nur eine zunehmende Anbequemung der Prediger an orthodoxe Erwartungen und damit eine weitere Verunsicherung der Gemeinden sein.[32] Wie Pfenninger lehnte Ewald die ganze Stoßrichtung des Edikts ab.

Die Rezension der Ewaldschen Schrift in der *Allgemeinen Literatur-Zeitung* 1790, die wenig Verständnis für dessen Parallelisierung von Christentum und Kosmopolitismus aufbrachte, veranlaßte ihn zu einer Erklärung im Intelligenzblatt derselben und zur Präzisierung seiner Aussagen in der genannten Fortsetzungsschrift. Dabei bekannte sich Ewald ausdrücklich zu Lavater, fürchtete aber vorschnelle Etikettierungen.[33] Er selbst prangerte seine Gegner der »Berliner Aufklärung« als inkonsequente und die »Unvernunft der Vernunft« propagierende Deisten, Sozinianer und Naturalisten an, welche wohl den christlichen Offenbarungsglauben seiner spezifischen Inhalte entleeren, aber keinen Verzicht auf den Namen »christlich« tun wollten. Eigens genannt wurden Gotthelf Samuel Steinbart, Karl Friedrich Bahrdt und Nicolai mit der *Allgemeinen Deutschen Bibliothek*.[34] Neben Lavater und Pfenninger traten Luther, Herder und Kant als Wegbereiter einer die Grenzen der Vernunft in Sachen Religion achtenden »altgläubigen Christusreligion«.[35] Schwierigkeiten in der Festsetzung eines Bibelsymbols wollte Ewald nicht anerkennen.[36] Seine Rede

---

[31] Ebda., 373 f., mit dem Schluß: »Die Strenge über der alten Ordnung muß vielleicht die Unordnung aufs höchste treiben, die Katastrophe fördern und die neue Ordnung zur Zeitigung bringen«, ebda., 380.

[32] Vgl. die »Demütige Bittschrift eines Häufleins rechtgläubiger Christen« an König Friedrich Wilhelm II., von Peter Martin Rosenkranz, Schulmeister in O. (Pommern), überreicht 24. 1. 1792, ebda., 381–383.

[33] Vgl. ALZ, 30. Januar 1790.

[34] Zur Auseinandersetzung Semlers mit dem Naturalismus vgl. Semler, Beantwortung der Fragmente eines Ungenanten insbesondere vom Zweck Jesu und seiner Jünger, Halle 1779; ders., Vorläufige Antwort auf eines Naturalisten unbillige Prüfung der vertrauten Briefe über die Religion, Halle 1786 (Verteidigung Spaldings; der Vf. der Schrift hatte alle »Supernaturalisten« verspottet, ein nach Semler, der sich selbst als solchen sehen mußte, »ganz neugebacken Wort«, ebda., 45; zur theologischen Nähe ders., Letztes Glaubensbekenntniß über natürliche und christliche Religion, mit einer Vorr. hg. v. Chr. G. Schütz, Königsberg 1792. Zur Ewaldschen Abwehr des Naturalismus bzw. Deismus unter dem Deckmantel des Christentums vgl. ähnlich Storr, Ueber den Geist des Christenthums [...], in: MCDM 1.1796, 153 ff.

[35] AR II, 77 f., 135 ff.

[36] Für exegetische Fragen empfahl er Koppe, so z. B. zum Reich-Gottes-Verständnis den grundlegenden Exkurs in: NT Graece 1, 212–229. Zur Rede von der Heilsgeschichte als Theodizee Gottes vgl. AR II, 36. Hauptelemente, die ein »Auszug« aus der Bibel würde aufnehmen müssen, waren: Sünde und Gesetz, Sündenbekenntnis und Sündenvergebung, Christusgemeinschaft und Gottähnlichkeit, Gotteskindschaft und Heiligung. Hervorgehoben wurde

vom Christussinn bestimmte er näher als religiöse Begabung und instinkthaft geleitetes Gefühl, das der menschlichen und göttlichen Reize, der Erweckung und Förderung durch erfahrene Liebe bedürfe. Die Grundfigur verweist deutlich auf Herder.[37] Kausalitäts- und Teleologiekonzepte verschränken sich hier, insofern der Christussinn als auf seine Erweckung gleichsam wartend dargestellt wird.

Schwer zu beantworten blieb die Frage, warum sich in der Gegenwart nicht eine größere Zahl von Menschen durch diesen Christussinn auszeichne. Was oberflächlich als Phänomen des Zeitgeists erschien, wurde wie bei Herder als eine an der Wurzel der Seele, dem Empfinden, liegende kollektive Erkrankung gedeutet.[38] Ein Seitenstück des Verfalls war die bloße Gefühlsbestimmtheit der »Empfindelei«, von der sich Ewald erregt distanzierte – was nicht gegen, sondern für seine Nähe zur Grundhaltung der Empfindsamkeit spricht.[39] Im Bereich der religiösen Erziehung zeigte sich das Problem im mangelnden Verständnis für das Heranreifen des Gefühls für das Heilige. Die herkömmlichen Formen des Unterrichts boten wenig Hilfe, zu einer eigenen religiösen Überzeugung zu kommen.[40] Viel eigene Einschätzung erkannte Ewald in der Zeitanalyse wieder, die der Reformkonservative Ernst Brandes (1758–1810) aus Hannover in der *Berlinischen Monatsschrift* vorgelegt hatte.[41]

---

ferner die Bedeutung der Reich-Gottes-Predigt Jesu und der weithin vernachlässigten pneumatologischen Themen, welche die fortdauernde Einheit der wahren Christusgläubigen durch die Zeiten zum Gegenstand hatten. Christliche Ethik hat sich demnach anders als die allgemeine Sittenlehre auf die Autorität der Versöhnungsbitte und nicht auf das bloße Gebot zu gründen. AR II, 125 ff.

[37] Wie die natürlichen Instinkte ihre jeweiligen auslösenden Reize brauchten, so der Christussinn die Erweckung durch die (göttliche) Liebe, den tiefsten Reiz, Herder, SWS 8, 176. An prominenten biblischen Beispielen ließ sich diese Anfangsgestalt des Glaubens als Aufgeschlossenheit für die Gottesbegegnung beobachten, so an Nathanael (Joh 1,44 ff.), Kornelius (Act 10) und Paulus, dessen Damaskuserlebnis diesen Sinn voraussetzte. Zur Gestalt des Nathanael vgl. ChrM 1803.2, 218 ff., 1804.1, 449 ff.

[38] AR II, 86, 89 f.

[39] AR II, 87 f. Das Heer der Empfindsamen treibe schändlichste Onanie [!] mit seinem Herzen und pumpe jeden Tropfen Gefühl so rein heraus, daß Todeskälte und unheilbare Erschlaffung folgen müsse. Sachlicher setzte sich Campe in pädagogischer Hinsicht mit der sog. Empfindelei auseinander, vgl. Campe, Von der nöthigen Sorge für die Erhaltung des Gleichgewichts unter den menschlichen Kräften. Besondre Warnung vor dem Modefehler die Empfindsamkeit zu überspannen, in: Campe, Revision, Bd. 3, Hamburg 1785, 291–434.

[40] Jede Menschenknospe werde vor der Zeit aufgebrochen, der »innere Mensch« zerstört, AR II, 87 f., 98; vgl. Herder, SWS 8, 227. »Nur innere Wahrheit, Treue gegen seinen Wahrheitssinn, Glauben und Handeln nach seiner Überzeugung will Jesus und schäzt Jesus.« Ebda., 103.

[41] Ernst Brandes, Ueber den verminderten Sinn des Vergnügens, in: Berlinische Monatsschrift 15.1790 421–475. Die Klage über den nachlassenden Sinn für Freude und Vergnügen unter der Jugend der höheren Stände gehört in den Kreis der zeittypischen Klage über »Verweichlichung«, Langeweile und Luxus; das konstatierte moralische Defizit zeigte sich nach Brandes z. B. im nachlassenden Engagement für Belange des Gemeinwohls; verantwortlich gemacht wurden u. a. rückständige politische Verhältnisse und einseitig utilitaristische Erziehungsgrundsätze, wie er sie durch den Philanthropinismus verbreitet sah. Die geheimen Kanzleisekretäre Brandes und August

Biblisch gesehen schienen die Auskünfte zur universalen Sendung Jesu und der Erwählung zunächst widersprüchlich: Einerseits war die Rede von den Wenigen, die allein den Weg zum Leben finden würden, andererseits galt der Anspruch, sich aller zu erbarmen.[42] Eine Lösung des Problems bot nur die auf eine Allversöhnung hinauslaufende Annahme, die auf Erden noch unvollendete Bildung des religiösen Menschen werde im Jenseits zu Ende geführt.[43]

Seine Forderung einer institutionellen Trennung von christlich-protestantischer und deistisch-aufklärerischer Kirchengemeinschaft hielt Ewald gegen den Vorwurf der Intoleranz aufrecht. Dieses Sichten und Sondern der wahren Christusverehrer werde der Sache des Christentums nicht schaden, sondern nützen.[44] Er plädierte dafür, jeder Gemeinde das Recht zu geben, sich mehrheitlich der einen oder anderen Richtung anzuschließen. Diese sollte dann auch für die Durchsetzung der jeweils eigenen Bekenntnisgrundlage sorgen.[45] Für die ins Auge gefaßte christprotestantische Kirche bedeutete dies zwangsläufig die Revision des konfessionellen Bekenntnisstandes, wobei eine allgemeine Verpflichtung auf die Bibel als Offenbarungsurkunde nicht genügte.[46] Wie die Gegner den »Geist des Protestantismus« zu beschwören, hatte nach Ewald nur dann eine Berechtigung, wenn es sich um den Kampf gegen die bürgerlich-rechtliche Benachteiligung aufgrund des religiösen Bekenntnisses handelte, was aber in politisch aufgeklärten protestantischen Ländern im Fall des Deismus und der Neologie nicht zu fürchten war. Daher sah Ewald keinen Widerspruch zwischen einer Ausgrenzung der Anhänger einer natürlichen Religion aus der jeweiligen Kirchengemeinschaft und dem Gedanken religiö-

---

Wilhelm Rehberg – beide verfaßten Schriften zur Französischen Revolution – repräsentieren in politischer Hinsicht den in Hannover starken Reformkonservativismus, vgl. Carl Haase, Ernst Brandes. 1758–1810, 2 Bde. (VHKNS 32, Niedersächsische Biographien 4), Hildesheim 1973–1974.

[42] Ebda., 109 ff. Ewald verweist auf die Auslegung von Gal 3,22 durch Bengel und Koppe, s. Gnomon u. NT Graece 1, z. St.

[43] »Auch dort wird Menschenbildung, freilich auf anderem Wege, fortgesetzt, bis er ganz ausgeführt ist, der große Liebesplan Gottes [...]«. AR II, 113. Vgl. das Gleichnis vom Sauerteig und Hebr 12,23 (die »Erstgeborenen« setzten »Nachgebore« voraus). »Wenn's analogisch fortgeht, so werden in der Epoche jenes Lebens gewiß noch Mehrere gesammelt.« Ebda., 117.

[44] AR II, 189 f.

[45] Ebda., 150 ff. Die betonte Rede von den Gemeinderechten bezieht sich auf das Recht gegenüber den kirchlichen Instanzen, die Bestellung von entsprechenden Predigern einzufordern, also angesichts der sonstigen Vorbehalte Ewalds gegenüber einem Pfarrwahlrecht der Gemeinde allenfalls auf ein Mitwirkungsrecht bei der Pfarrberufung. Bei unüberwindlichen Schwierigkeiten der Amtsträger, sich im Rahmen der nach Ewalds Vorstellungen noch christlich zu nennenden Kirche auf ein biblisches Credo zu verpflichten, hielt Ewald ein Verbleiben im Amt nicht für möglich, auch wenn der Betroffene verarmen würde. »Es ist Empfindelei, aber nicht Liebe, auf Kosten der Gerechtigkeit gegen Viele, barmherzig gegen einen Einzelnen zu seyn.« Ebda., 173. Eine Amtsenthebung sollte freilich nur in Ausnahmefällen in Betracht kommen.

[46] Ebda., 165 ff.

ser Toleranz. England und Holland galten in dieser Hinsicht als vorbildlich. Jeder Religionspartei sollte der öffentliche Gottesdienst und die Bestimmung der eigenen Lehrgrundlage gestattet werden. Dies bedeutete die Propagierung einer Reinigung der Kirche und Aussonderung der für nicht christusgläubig Erachteten im Namen der Religionsfreiheit, wobei Ewald zugeben mußte, daß die von ihm bekämpften neologisch orientierten Aufklärer in den Gemeinden selbst eine Minorität waren. Ewalds Argumentation berührte sich in diesem Punkt mit streng konfessionell-orthodoxen Forderungen. Sie wurde daher von seinen Gegnern auch als in Wahrheit gegenaufklärerisch aufgefaßt.[47] In der Forderung, einer freireligiös-deistisch geprägten Kirche die staatliche Anerkennung als öffentliche Religionsgemeinschaft nicht zu versagen und ihren Anhängern jede bürgerlich-rechtliche Benachteiligung zu ersparen, folgte Ewald den radikalen, bei H. S. Reimarus und J. B. Basedow gehegten und auch von J. G. Schlosser und J. K. Pfenninger vertretenen Gedanken.[48] Weit zurückhaltender hatte in dieser Frage J. S. Semler in seiner Verteidigung des preußischen Religionsedikts geurteilt. Da der Staat kein Interesse an einer Vermehrung der bisher öffentlich anerkannten Religionsgemeinschaften haben könne und diesen ihrerseits nicht daran gelegen sei, ein sozinianisches oder deistisches Bekenntnis zu übernehmen, blieb nach Semler nur wie bisher die stille Duldung im Sinne der tolerantia simplicis permissionis der existierenden kleineren Gruppen von Sozinianern und Deisten.[49]

In einem exkursartigen Nachtrag zu seiner Schrift *Salomo* äußerte sich Ewald im Jahr 1800 nochmals zur Toleranzfrage.[50] Vom Neuen Testament her war anders als in der Mosaischen Religion, die um ihrer Selbsterhaltung willen intolerant gegenüber götzendienerischen Praktiken sein mußte, uneingeschränkte Toleranz gegenüber dem Glaubensirrtum als solchem geboten. Ewald ging davon aus, daß längst die Zeit zur Gründung freireligiöser Gemeinden gekommen war, die der Staat vorantreiben sollte. Als das eigentliche Problem der Gegenwart erschien nun freilich die sich ausbreitende, für das Gemeinwohl als gefährlich erachtete religiöse Skepsis und Indifferenz der Gebildeten, welche die zuerst anonym erschienenen Schleiermacherschen *Reden über die Religion*

---

[47] Ebda., 120, vgl. 134. Die gegen Ewald geäußerten Vorwürfe bezogen sich daher auch auf die Exklusivität seines Glaubensverständnisses, auf die Gefahr der Kirchenspaltung und neuer religiöser Intoleranz, ebda., 191.

[48] Vgl. Reimarus, Von Duldung der Deisten; ders., Apologie oder Schutzschrift für die vernünftigen Verehrer Gottes, hg. v. Gerhard Alexander, Bd. 1, Frankfurt/M. 1972, 174 ff. (I. 5, § 12); Basedow, Betrachtungen über die wahre Rechtgläubigkeit und die im Staate und in der Kirche nothwendige Toleranz, Altona 1766; Pfenninger (o. Vf.), Sokratische Unterhaltungen [Bd. 1 u. 2:] über das Aelteste und Neuste aus der christlichen Welt. Ein Versuch. 3 Bde., Leipzig 1786–1789 (= Pfenninger, Sokratische Unterhaltungen), Bd. 3, 333 ff. Zum Ideal sokratischen Gesprächs im *Grauen Mann* Jung-Stillings vgl. Schwinge, 68.

[49] Semler, Vertheidigung, 105 ff.

[50] Ewald, Salomo. Versuch einer psychologisch-biographischen Darstellung, Leipzig u. Gera 1800 (= SAL; Steiger, Bibliogr. 187), 306–335.

von 1799 treffend aufgegriffen hatten. Eine nähere Auseinandersetzung mit Schleiermachers Bemühen um die Gebildeten fehlt, doch dürften schon hier die Gedanken der *Reden*, etwa die ohne personalistischen Gottesbegriff auskommende »Anschauung des Universums«, für Ewald als zu abstrakt und zu wenig am gesamtbiblischen, geschichtlich und personal bestimmten Offenbarungszeugnis orientiert gewesen sein.[51] Es ist zu vermuten, daß Ewald wie Friedrich Heinrich Christian Schwarz in seiner wohlwollend-kritischen Rezension der »Reden« eine gewisse Geistesverwandtschaft mit dem Verfasser – vor allem im Blick auf die an Herders Religionsverständnis gemahnenden Berührungspunkte in der Bestimmung des Gefühls – gespürt hat und doch zugleich mit deren objektiv-lehrmäßiger Seite nur schwer zurechtkam.[52] Umgekehrt sind aus den Jahren 1797 und 1800 zwei knappe, doch aufschlußreiche Zeugnisse Schleiermachers über Ewald bekannt. Die von der Schwester Charlotte (1765–1831), seit 1783 in der Brüdergemeine Gnadenfrei lebend, 1797 übersandten Abschriften aus Ewalds Zeitschrift *Urania* vermochten demnach wohl Friedrichs Sympathie für »schöne Empfindungen« und »echte Kindlichkeit« zu wecken, doch beurteilte er Ewalds Erbauungsschriftstellerei, für die ihn die Schwester wiederholt begeistern wollte, insgesamt deutlich negativ.[53] Zur 1796 dringlich vorgebrachten Bitte, sich doch »mit unserm lieben Ewald« bekannt zu machen, scheint er keine Neigung verspürt zu haben.[54]

Die Bestimmung von Toleranz als praktischer Sorge für die Ausbreitung von Wahrheit und Unterdrückung von Irrtum unter Wahrung der Interessen von Geistesfreiheit und Gemeinwohl wies Ewald den Weg zur Unterschei-

---

[51] Ebda., 310 f., 314 f. Schleiermacher, Über die Religion. Reden an die Gebildeten unter ihren Verächtern (1799), in: KGA I/2, 185–326; zu den »Reden« vgl. Kurt Nowak, Schleiermacher und die Frühromantik. Eine literaturgeschichtliche Studie zum romantischen Religionsverständnis und Menschenbild am Ende des 18. Jahrhunderts in Deutschland (AKG(W) 9), Weimar 1986, bes. Kap. 4; Christian Albrecht, Schleiermachers Theorie der Frömmigkeit. Ihr wissenschaftlicher Ort und ihr systematischer Gehalt in den Reden, in der Glaubenslehre und in der Dialektik (SchlAr 15), Berlin u. New York 1994, Kap. 2.

[52] Zur Rezension von F. H. Chr. Schwarz (1800) s. Schleiermacher, KGA I/2, LXX-LXXII; weder bei Ewald noch bei Schwarz findet sich wie bei Friedrich Samuel Gottfried Sack (1738–1817) der Pantheismusvorwurf, ebda., LXIIff. F. H. Chr. Schwarz hatte aus Anlaß der *Reden* mit Schleiermacher Kontakt aufgenommen, woraus sich ein offenherziger und gehaltvoller Briefwechsel ergab, der allerdings 1802 zum Erliegen kam. 1809 wurde er zwar wieder aufgenommen, erreichte aber nicht mehr die alte Vertraulichkeit, vgl. KGA V/4, LXXV-LXXIX.

[53] Vgl. Schleiermacher, KGA V/2, Brief 402, 112–121 (F. Schleiermacher am 9. Sept. 1797 an die Schwester; demnach gefielen die von der Schwester abgeschriebenen und gemeinsam gelesenen Texte Bruder Karl am wenigsten); die negative Aussage (F. sei Ewald »nicht gewogen«) enthält der Brief der Schwester v. 28. Nov. 1800, KGA V/4, Brief 983, 52–74; 53 f. Charlotte hatte Ewalds *Hand- und Hausbuch* von der befreundeten Friederike Eleonore Elisabeth von Aulock (1764–1834) aus Pangel/Schlesien geschenkt bekommen, die ihr schon 1797 Ewalds Gleichnisbuch (»Der Blick Jesus [...]«) in der 2. Aufl. v. 1796 hatte zukommen lassen, vgl. KGA V/2, Brief 381, 34 ff. (die Angabe zur 2. Aufl. in der entspr. Anm. der KGA ist fehlerhaft).

[54] KGA V/2, Brief 340, 292–294 (Brief Charlottes v. 20. Okt. 1796 nach der Lektüre in Bd. 1 des Jg. 1794 der *Urania*).

dung von religiöser und politischer Toleranz.⁵⁵ Letztere verlangte eine positive Religionspflege von Seiten des Staats zur Sicherung seiner religiösen Grundlagen. Als bloße Rechtsgemeinschaft war ein Staatswesen nicht denkbar. Dies bedeutete die konfliktträchtige Verbindung zweier Elemente, einmal der bürgerlichen Gleichstellung aller Staatsbürger ohne Rücksicht auf Religionsangelegenheiten selbst für dogmatische Atheisten, zum andern das staatliche Eingreifen gegen die Propagierung einer strikten weltanschaulichen Neutralität des Staats. Dieser bedurfte des im Volk verankerten Heiligen als Garanten allgemein anerkannter Normen und Werte. Ansonsten betrieb der Staat seine Selbstauflösung oder verfiel an Substitute des Heiligen wie das revolutionäre Frankreich. Eine Toleranz des bloßen Gewährenlassens blieb in dieser Sichtweise staats- und religionsfeindlich. Für die Verantwortlichen, z. B. den Regenten, wurde die reformatorische Unterscheidung der beiden Regimente dergestalt eingefordert, daß sie als Mitmenschen und -bürger religiös-theologische, als Amtsträger politische Toleranz üben sollten. Beide fielen nicht, wie Rousseau gegen Diderot meinte, in eins, sondern waren zu unterscheiden nach den in ihrem Bereich geltenden Mitteln Wort und Rechtsgewalt bzw. nach individuellem Menschenrecht und gesellschaftlicher Verantwortung.⁵⁶ Wegen seiner besonderen Verpflichtung gegenüber einer hohen Stufe der Moral stand für Ewald immer noch das Christentum im Vordergrund staatlicher Religionspflege, auch wenn nicht mehr von einem christlichen Staat im engeren Sinn gesprochen werden konnte.⁵⁷ Er erinnerte an den zunächst gegen den römischen Katholizismus und den Jesuitenorden gerichteten Vorschlag des Kieler Philosophen Martin Ehlers (1732–1800) aus dem Jahr 1786, alle Bürger auf eine religiös-moralische Grundordnung zur Sicherung des Staates zu verpflichten, als deren Inhalt die allgemeinen Vernunftwahrheiten der natürlichen Religion vorgestellt wurden.⁵⁸ Dies entsprach dem Rousseau-

---

[55] Vgl. Franz Volkmar Reinhard, System der Christlichen Moral, 4 Bde., Reutlingen o. J. (nach der 4. verb. Aufl. v. 1802, Bd. 3 Reutlingen 1813), Bd. 3, § 346, S. 647 ff., 663.
[56] SAL, 308 ff., 321 f. Vgl. Rousseau, Du contrat social ou Principes du droit politique (1762), IV, 8 (De la religion civile), in: OC 3, 347–470, 460–469.
[57] SAL, 324, 334 f.
[58] Martin Ehlers, Winke für gute Fürsten, Prinzenerzieher und Volksfreunde, 2 Bde., Kiel u. Hamburg 1786–1787, Bd. 1, 145 ff.; Ewald hielt trotz seiner sonstigen Zurückhaltung gegenüber der »Jesuitenriecherei« Ehlers Vorbehalte gegenüber einer freien Religionsausübung wegen der Gefahr staatsfeindlicher Umtriebe für berechtigt; Ewalds allgemein gehaltene Bemerkungen gegen einen gewaltbereiten Fundamentalismus trugen Elemente des Antijesuitismus der katholischen Reformbewegung fort; sie ließen sich ohne weiteres als Rechtfertigung staatlicher Jesuitenverbote lesen; als Ingebriff eines staatsfeindlichen Extremisten galt bezeichnenderweise der »dogmatische Atheist mit Jesuitenmoral«. Wegen der offenen Aufnahme von Katholiken kritisierte Ehlers besonders die junge Basler Christentumsgesellschaft, die ein Opfer jesuitischer List zu werden drohe, ebda., 383 f.; zu Fichtes negativer Reaktion auf Ehlers *Winke,* die er im Zusammenhang seiner Pläne, eine Prinzen-Hofmeisterstelle zu übernehmen, 1789 in Zürich las, s. Fichte, GA II,1, 211, 22 f.

schen Gedanken einer Volks- oder Zivilreligion.[59] Nicht anders argumentierte K. F. Bahrdt, dem zufolge die Grundsätze der natürlichen Religion, die seiner Meinung nach nur auf freier Überzeugung und nicht auf Offenbarungsautorität beruhten, nicht nur für die ewige Seligkeit, sondern auch für den Erhalt des Staats und seinem Interesse an Toleranz und Gewissensfreiheit hinreichten. Dies ging bei ihm freilich einher mit einer Herabwürdigung der Bibel als Buch des »Pöbels«, der nicht gänzlich der Autorität der positiven Religion entbehren könne.[60] Die Ergänzung spezifisch christlicher Art, die Martin Ehlers als Modell kirchlicher Lehrverpflichtung vorschlug, fand ebenso wie die Idee eines Staatssymbols Ewalds Sympathie. Kirchlicherseits sollte neben der loyalen Amtsführung nur die in ihrer Autorität zu bewahrende Bibel, vorrangig das Neue Testament, als Werk göttlicher Vorsehung Gegenstand einer Verpflichtung sein. Nähere Bestimmungen oder gar ein Rückbezug auf die Bekenntnisschriften wurden nicht für nötig erachtet, für sein spezifisches Interesse an der Wahrung der biblischen Offenbarungsautorität sah Ewald offenbar in einem solchen Rahmen genügend Raum.[61]

Die Haupteinwände gegen das preußische Religionsedikt, welche der Einmischung des Staates in innerkirchliche Angelegenheiten und der Behinderung der freien Entwicklung des protestantischen Lehrbegriffs galten, ließ Ewald nach wie vor nicht gelten. Grundmodell seines Verständnisses von Toleranz blieb die Neubestimmung ihrer Grenzen nach den Maßstäben einer mehrheitlich christlich geprägten Volksreligion. Gefahren, die sich hieraus für eine nichtchristliche Minderheit wie das Judentum ergaben, wurden nicht hinreichend bedacht. Wie von den sog. christprotestantischen Kirchen die freireligiös Gläubigen getrennt werden sollten, so von dem zur (mindestens begrenzten) Assimilation bereiten Judentum die Vertreter und Anhänger der rabbinischen Orthodoxie – mit dem Unterschied, daß für die letzteren nach diesem Modell konsequenterweise die Staatsbürgerrechte strittig bleiben mußten, da sie selbst in den Augen vieler Liberaler die Minimalbedingungen einer

---

[59] Die von Rousseau namhaft gemachten positiven Dogmen einer Zivilreligion sind: L'Existence da la Divinité puissante, intelligente, bienfaisante, prévoyante et pourvoyante, la vie à venir, le bonheur des justes, le châtiment des méchants, la sainteté du Contrat social et des Loix; Rousseau, Du Contrat social VIII, OC 3, 468. Das neuere Verständnis von Zivilreligion (etwa die civil religion des »American Creed«) ist säkular als identitätsstiftende Ideologie bestimmt, es konzentriert sich auf den moralischen Grundkonsens einer Gesellschaft und dessen quasireligiöse Züge, vgl. kurz Berndt Ostendorf, Identitätsstiftende Geschichte: Religion und Öffentlichkeit in den USA, in: Merkur 49.1995, 205–216.

[60] Karl Friedrich Bahrdt, Würdigung der natürlichen Religion und des Naturalismus in Beziehung auf Staat und Menschenrechte, Halle 1791, 201 ff.; 289 ff.

[61] Ehlers, Entwurf eines allgemeinen Glaubensbekenntnisses [...] mit besondern dazu kommenden Artikeln für christliche Religionslehrer, ebda., 203–385, 351 ff. Den Abschied von der orthodoxen Inspirationslehre sah Ehlers durch die Stimme J. Chr. Döderleins besiegelt, vgl. dessen Institutio, 6. Aufl. Bd. 1, 89 ff., zusammenfassend 104 ff.: die Theopneustie der ntl. Schriften beziehe sich allein auf diejenigen Sachverhalte, »quae ad religionem sive declarandam uberius, sive confirmandam pertinent«; in dieser weiten Fassung gab es keine Differenz zur Neologie.

Volksreligion, d. h. die Übernahme eines allgemeinen Moralkonsenses, nicht erfüllten. Der vom religiösen Toleranzgedanken eröffnete Spielraum wurde so – hierin ganz im Sinne der primär innerchristlich relevant gewordenen Zwei-Reiche- bzw. Regimenten-Lehre – von den näheren Bestimmungen der politischen Toleranz wieder eingeschränkt, insofern nicht der Mensch, sondern der Staatsbürger als Subjekt des Anspruchs auf religiöse Toleranz betrachtet wurde.

5.3 Gesamtprotestantische Perspektiven der Kirchenreform: Die Union

Höhepunkt und Abschluß in der Auseinandersetzung mit der Frage der künftigen Gestalt der protestantischen Kirche stellen die beiden Schriften zu Kirchenreform und Union aus den Jahren 1818 und 1821 dar.[62] Die erste Schrift, Friedrich Wilhelm III. von Preußen gewidmet, ist eine überarbeitete und erweiterte Fassung der auf die öffentliche Aufforderung des preußischen Innenministers Schuckmann (1755–1834) vom 17. September 1814 hin eingereichten Vorschläge zur Reform des gottesdienstlichen Lebens. Ihre Veröffentlichung sollte das vom preußischen König verfolgte Ziel einer evangelisch-christlichen Kirche nach biblischen Grundsätzen anderen Ländern empfehlend vor Augen halten.[63] Den Reformdruck, den Ewald auf dem Protestantismus in seinem restaurativ-konfessionellen Gepräge schon angesichts der kultischen Attraktivität des Katholizismus lasten sah, unterstreicht der Verweis auf eine Klage des von Novalis bestimmten Poeten Otto Heinrich Graf von Loeben (1786–1825) über den Verlust an altchristlicher Frömmigkeit und die Leere des protestantischen Gottesdienstes, die über die bisherige Gestalt des Protestantismus hinausdränge.[64] Dabei konnte das in der preußischen Union Erreichte keinesfalls genügen. Bei der zweiten Schrift handelt es sich um

---

[62] Ewald, Unmaasgebliche Vorschläge zu Verbesserung des evangelischen Kirchenwesens, der Königl. Preuß. Regierung ehrerbietig vorgelegt, Berlin 1818 (= VOR; Steiger, Bibliogr. 359); Ewald stilisierte sich zum Simeon nach Lk 2,29, Ende der Vorr. März 1818 (o. S.), u. 105 f.; die mit der Sichtung der Reformvorschläge betraute Kommission hatte Ewald Anfang 1815 positive Rückmeldung gegeben, ebda., Vorw., Januar 1818;, die Antwort der Kommission erfolgte am 31. Januar 1815. Ewald, Einiges Geschichtliche[,] woran bei einer bevorstehenden Vereinigung der beiden protestantischen Kirchen wohl erinnert werden darf, mit Winken auf ihre Zweckmäßigkeit. Der Badenschen General-Synode vorgelegt, Heidelberg 1821 (= GESCH; Steiger, Bibliogr. 377). Ewald konnte wegen Krankheit seine Gedanken nicht mehr mündlich vortragen, Vorw., Mai 1821. Gerade in diesem Kontext zeigt sich die Bedeutung der Unionsperspektive für Ewald, der Steiger keinerlei Gewicht gibt.

[63] Vgl. Erich Foerster, Die Entstehung der Preußischen Landeskirche unter der Regierung König Friedrich Wilhelms des Dritten nach den Quellen erzählt [...], 2 Bde., Tübingen 1905–1907 (= Foerster, Landeskirche), Bd. 1, 169–286, 319–428 (Beil., u. a. das Gutachten der Geistlichen Kommission v. 6. Juni 1815); Goeters, Union, Bd. 1, 83–90.

[64] Loeben schrieb unter dem Pseud. Isidorus Orientalis.

eine konkrete Argumentationshilfe vorwiegend historischer Art für die Unionsverhandlungen der badischen Generalsynode 1821.[65]

Die Frage nach der künftigen Gestalt der Kirche stellte sich zunächst als Kultfrage. Ewald erinnert an seine in Detmold unternommenen Anstrengungen zur Erneuerung des Gottesdienstes im Zeichen religiöser Ergriffenheit in Fest und Feier und den Versuch zur Mobilisierung einer reformbereiten Fürstenunion.[66] Bevor die vielfältigen Ursachen des kultischen Niedergangs zur Sprache kamen, wies er auf die Notwendigkeit einer wissenschaftlich-psychologischen Begründung des Kultes hin, wie sie von Philipp Friedrich Pöschel (1769–1838) gefordert worden war.[67] Gerade die an F. Schleiermacher gemahnende Begründung der Religion in Gefühl und innerer Anschauung schärfte im Kontext des Lavaterschen Gestaltdenkens das Bewußtsein für den Kultus als sinnlicher Repräsentationsform des Heiligen. Das Interesse an einer Intensivierung der religiösen Empfindung durch Wort und Symbol als zwei Weisen der Sprache ließ neu nach Ausdrucksmöglichkeiten fragen, so daß sich die Liturgie als Wechselspiel von Eindruck und Ausdruck darstellte, bei Schleiermacher ins Verhältnis von Rezeptivität und Produktivität gesetzt. Die Bedeutung der verschiedenen Sprachgestalten leitet sich demnach von der Stärke des Eindrucks her, den sie vermittelten. Dies relativierte die Bedeutung der Predigt und des direkten Zuspruchs, da ein erhebender Chorgesang weit tiefer in die Begegnung mit dem Heiligen einführen konnte. Daraus ergab sich in Aufnahme und Fortführung der Detmolder Kritik und der Ansätze Pestalozzischer Pädagogik die Beleuchtung dessen, was geeignet war, Empfang und Austausch religiöser Eindrücke im Gottesdienst zu behindern.[68] Dazu zählte die Länge der Predigt, die immer noch meist etwa eine Stunde dauerte, die eigenmächtige Inanspruchnahme agendarischer Freiheiten durch die Prediger, welche zum Verfall der kultischen Sprache beitrage, und die allgemein zu geringe Selbsttätigkeit der Gemeinde.[69] Auch dem Kirchengesang und der Gestaltung des Kirchenraums sowie den liturgischen Zeiten, Gefäßen und

---

[65] Vgl. Huber, Deutsche Verfassungsgeschichte Bd. 1, 458 ff., Bd. 2, 268 ff.
[66] Neben dem Kirchenmusikalischen erwähnt Ewald hier auch die Einführung von Erinnerungsfesten, so zum Totengedenken, VOR, 1 f.
[67] Philipp Friedrich Pöschel, Ideen über Staat und Kirche, Kultus, Kirchenzucht und Geistlichkeit. Ein Beitrag zur Verbesserung des protestantischen Kirchenwesens, Nürnberg 1816. Der von 1817 an in Augsburg als Stadtpfarrer amtierende Pöschel war u. a. viele Jahre Rezensent der Jenaer Literaturzeitung für Philosophie und Pastoraltheologie.
[68] VOR, 6 ff., 12–36. Wie wenig hier vom Wort als Zuspruch und Verheißung her gedacht wurde, zeigt die Bemerkung, daß die Benediktion eines ehrwürdigen Bischofs mehr Benediktion sei als die eines gewöhnlichen Dorfpfarrers, ebda., 11.
[69] Die Warnung vor eigenmächtigen Veränderungen der Liturgie oder Ersatz durch selbst verfertigte Vorlagen der Prediger wenigstens in den Hauptstücken hatte Ewald schon im Gefolge von Brandes 1802 aufgegriffen, ChrM 1802.1, 432–345 (Quelle war das *Hannoversche Magazin*). Brandes hatte gegen die schwindende Autorität der offiziellen Formulare das alleinige Recht der obersten Staatsbehörden auf Änderung betont.

Gewändern gebührte eine höhere Aufmerksamkeit.[70] Nach außen vermißte Ewald bei den Geistlichen das Gespür für ein würdiges Auftreten in der Öffentlichkeit, das sich auf ihre Stellung als Liturgen auswirke.[71] Insgesamt fehle es dem Protestantismus im Unterschied zum Katholizismus an Symbolen, die das Heilige sinnlich repräsentierten und den Menschen von früher Kindheit bis zum Tod begleiteten.[72] Die kultische Repräsentanz des Heiligen verstand sich als Nachahmung der schöpfungsmäßig vorgezeichneten Art und Weise, wie Gott auf den Menschen durch das Natursymbol wirkte und ihn bildete.[73] Den Vorwurf, er nähere sich damit dem katholischen Kultus, wies Ewald dadurch zurück, daß er ihn ausdrücklich im Namen protestantischer Freiheit bejahte. Er erinnerte nicht nur an die unterschiedliche Entwicklung der Gottesdienstgestaltung in den protestantischen Ländern, sondern behauptete auch eine größere Nähe Luthers, Melanchthons und Calvins zum römisch-katholischen Gottesdienstverständnis im Blick auf Kunst und Musik, als dies deren konservative Sachwalter wahrhaben wollten.[74]

Die Ursachen für die geringe Attraktivität des gottesdienstlichen Lebens im Protestantismus suchte Ewald nicht nur im Bereich des kultischen Vollzugs, sondern auch in gesamtgesellschaftlichen Veränderungen, so in der bildungsbürgerlichen Distanzierung vom Kultus als »Kappzaum« für das unmündige Volk.[75] Dies schlug sich nieder im Verfall der Kirchenzucht, die ganz im Unterschied zur römisch-katholischen und anglikanischen Praxis selbst bei

---

[70] Zum heiligen Gesang, durch den der Mensch nicht nur zu Gott, sondern auch Gott zum Menschen spreche, s. I Sam 19,23 f., II Kön 3,15. In größeren Städten ging manch Gebildeter erst zur Predigt in die Kirche, Prediger verließen beim ersten Vers des letzten Liedes den Gottesdienstraum; dabei erinnerte Ewald an die konfessorische Bedeutung des Gesangs für den Gang der Reformation in einzelnen Städten wie Braunschweig, Lübeck, Göttingen und Heidelberg, vgl. VA (s. Abkürzungsverz. der Ewaldschriften unter 15.1) 1811, 255 ff.; schon in der Antike standen Musik und Gesang im Dienst des Heiligen; an Napoleon I. bewunderte Ewald seinen Sinn für die Bedeutung der Musik im Rahmen staatlicher Repräsentation, was in einer bürokratisierten Welt leicht vergessen werde, ebda., 257 ff. Ein Vorabdruck eines Abschnitts aus VA 1811 unter dem Titel: Gesang, als Mittel zur Volks- und Menschenbildung, findet sich in: Süd-Deutsche Miscellen [...], 1811, 61–63 (Nr. 16, 23. Febr. 1811); Steiger, Bibliogr. 311.

[71] Ewalds Milieuskizze zur Geistlichkeit liest sich so: »Wenn der Geistliche wie ein Petitmaitre erscheint, mit modisch geschnittenem Rock, einem Kragen oder Bäffchen, mit einem noch ein kleinliches Surrogat eines Priesterkragens, mit feinem gesticktem [!] Chapeau, der zwischen und unter dem Miniaturbäffchen herausprahlt; mit einem recht unordentlich gelockten Titus und einem Backenbart bis unter die Halsbinde: so blickt schon aus diesem Anzuge so viel Eitelkeit und Gefallsucht [...], daß man sogleich weniger Zutrauen zu seinem hohen Ernst und seiner Salbung haben kann.« Ähnlich unpassend war es, wenn der Geistliche seinen Priesterrock bei allen Geschäften brauche, »wenn er damit und in Stiefeln über die Straßen eilt, wol gar darin raucht, spielt, sich in lautem Scherz vergißt: so hat er dieß Gewand entweiht [...]«. VOR, 25.

[72] VOR, 19 ff.

[73] Ebda., 26 ff.

[74] Ebda., 29 ff., mit zahlreichen – auf die aktuellen, stärker konfessionell orientierten Gegner zugeschnittenen – Hinweisen auf Luther, Melanchthon und Calvin.

[75] VOR, 37 ff. Eine außergewöhnlich rege Kirchlichkeit trotz mangelhafter Gottesdienstordnung wurde von Königsberg und Bremen berichtet.

noch bestehenden Ordnungen wie in Baden faktisch nur auf dem Land und dort vornehmlich gegenüber den unteren Bevölkerungsschichten angewandt wurde. Die grundsätzliche Notwendigkeit der Kirchenzucht ergab sich für Ewald aus dem Zusammenhang von Legalität, Moralität und Religiosität, die aufeinander aufbauten. Ihre nähere Begründung liefert parallel dazu der Kirchenbegriff: Die (sichtbare) Kirche wird definiert als Vereinigung von Menschen zu dem Zweck, Ehrfurcht vor dem Heiligen und durch diese Sittlichkeit zu begründen, zu erhalten und zu fördern. Alle Mittel zur Erreichung dieses Zweckes waren gerechtfertigt, wenn ihre Anwendung nur nicht den Zweck selbst in Frage stellte oder der menschlichen Natur nicht angemessen war. Die Wahl der Mittel erforderte freilich Rücksicht auf den Grad der jeweiligen Bildung, Kind und »großer Haufe« mußten in der Kirche wie im Staat zunächst gleichermaßen als Unmündige betrachtet und zur bloßen Legalität erzogen, das heißt in diesem Fall, zum Gottesdienstbesuch verpflichtet werden.[76] Erst danach war eine Weiterführung zur Moralität durch Begründungsangebote und Werben um Vertrauen möglich und damit ein Durchdringen zur wahren Gottesverehrung »im Geist und in der Wahrheit« (Joh 4,24) erreichbar. In diesem Übergang von der Legalität zur Moralität vollzog sich für Ewald der Schritt von der sichtbaren zur unsichtbaren Kirche. Anders als in der reformatorischen Tradition wird damit die letztere als Gegenstand des Glaubens von der in Wort und Sakrament verfaßten Kirche nicht nur unterschieden, sondern getrennt. Die erstere soll so der letzteren dienstbar gemacht, mithin das obsolet gewordene Instrumentarium kirchenamtlicher Zwangsmittel unter dem Erziehungsgedanken neu belebt werden. Der nachdrücklich verfolgten Durchsetzung äußerer Kirchlichkeit unter den »Unmündigen« – den »Weltkindern« im traditionell pietistischen Sprachgebrauch – bleibt ein im Kern spiritualistisch-überkonfessionelles Kirchenverständnis vorgeordnet, wie die Aufnahme der in diesem Zusammenhang klassischen Stelle von Joh 4,24 zeigt.

Als weiteres Problemfeld, das indirekt dem Ansehen des Kultus schade, wurde das geringe Ansehen der meist aus einfachen Landprediger- oder Handwerkerfamilien, also kleinbürgerlichen Verhältnissen stammenden protestantischen Geistlichkeit und ihrer obersten Vertreter bei den höheren Gesellschaftsschichten betrachtet. Dies wirke sich besonders negativ bei Hofe aus, ein Hinweis auf die ungebrochen starke soziale Distinktionskraft des Adelsethos und seiner bürgerlichen Rezeption.[77] Vergleichbare Klagen trug der thüringische Geistliche Jonathan Schuderoff (1766–1843) im Zusammenhang

---

[76] »Es muß in der Gewalt der Kirche seyn, gewisse Mitglieder der Kirche wie Unmündige zu behandeln, die sich den Gesetzen nicht unterwerfen wollen, ohne die es so wenig eine Kirche, als einen Staat giebt.« Ebda., 46 f.

[77] »Die evangelische Geistlichkeit ist der Einzige Stand, dessen Vorsteher sich an Hoffesten dem Regenten und seiner Familie nicht nahen dürfen, und bei dem Rang und dem Gehalt, das sie jetzt haben, auch nicht gut nahen können.« Ebda., 48 f.

mit seinen vielfach publizierten Gedanken zur Neuordnung des Verhältnisses von Kirche und Staat der Öffentlichkeit vor. Offenbar nahm die Kritik am Pfarrberuf als bürgerlichem Aufstiegsberuf gerade innerhalb des Bürgertums zu, bäuerliche Schichten spielten keine Rolle mehr. Schuderoffs Vorstellungen von einer nur im institutionellen Gegenüber zum Staat zu erringenden Selbständigkeit der Kirche berühren sich in ihrer hierarchisch-jurisdiktionellen Ausrichtung, etwa in der Frage kirchlicher Selbstverwaltung und der Stärkung der Kirchenzucht bei gleichzeitiger Distanzierung von konfessionalistischer Enge, mit denen Ewalds.[78]

Detailliert stellte Ewald seine Reformvorschläge vor.[79] Am Anfang des Gottesdienstlichen stand die Forderung nach Kürzung und Verlebendigung der Predigten durch das schon in Detmold praktizierte Wechselspiel von Predigt und (Chor-)Gesang und die Aufnahme brüdergemeindlicher und katholischer liturgischer Elemente, um die Gemeinde vermehrt in Tätigkeit zu setzen.[80] So sollte die Gemeinde auf das sonntägliche Sündenbekenntnis des Eingangs, das meist nur vom Prediger abgelesen wurde, selbst antworten und durch wiederholten Kniefall die Bereitschaft zum Empfang der Absolution und zum erneuten Befolgen der Gebote Jesu ausdrücken.[81] Eine Verbesserung des Kirchengesangs wurde von der Hebung des Ausbildungsstandards der Schullehrer in Orgelspiel, Gesang und der Bildung von Singchören erhofft.[82] Den ohnehin wenigen sakramentalen Symbolhandlungen des Protestantismus wünschte Ewald eine feierlichere Gestalt, die vorhandenen Festtage sollten mit Symbolen angereichert und einzelne Feiertage neu eingerichtet werden. Von der verbreiteten Haustaufe riet Ewald ab, um der öffentlichen Verpflichtung der Eltern zur christlichen Erziehung ihrer Kinder das nötige Gewicht zu geben. Eine ungebrochen hohe Bedeutung kam der Konfirmation als einprägsamer

---

[78] Vgl. J. Schuderoff, Ansichten und Wünsche betreffend das protestantische Kirchenwesen und die protestantische Geistlichkeit. Beim Eintritt in die neue Zeit [...], Leipzig 1814 (Friedrich Wilhelm III. gewidmet), 67 ff., 94 ff. (zur Rangfrage der Geistlichen als Kirchen- und Staatsdiener im christlichen Staat). Die Wortwahl des Titels ist symptomatisch für das Gefühl des Neuaufbruchs. Zu Schuderoff vgl. kurz Foerster, Landeskirche, 1, 91 ff.

[79] VOR, 52 ff.

[80] Ebda., 57, vgl. 14 f. Neben den responsorischen und litaneiartigen Elementen schätzte Ewald an der brüdergemeindlichen Liturgie auch die Wiederkehr des Anamnetischen, so die Erinnerung an das zuletzt getaufte Kind und den zuletzt Verstorbenen; als besonders eindrücklich hatte Ewald die Feier der Osternacht bei Sonnenaufgang am offenen Grab erlebt. Zur Osternachtsfeier in der poetischen Utopie vgl. Friedrich Leopold Graf zu Stolberg, Die Insel. Faksimiledruck nach der Ausg. v. 1788. Mit einem Nachw. v. Siegried Sudhof (Deutsche Neudrucke. Goethezeit), Heidelberg 1966, 108: »Etwas ähnliches von dieser Sitte befindet sich bei den Brüdergemeinen«; eine Predigt war nicht nötig.

[81] Auch für den Liturgen sah Ewald am Ende des Sündenbekenntnisses einen Kniefall vor; am Schluß des Gottesdienstes wollte er eine Segensbitte der Gemeinde eingeführt wissen, bevor der Pfarrer mit ausgebreiteten Armen den Aaronitischen Segen sprach, VOR, 55 f.

[82] Ebda., 57 ff. Als wegweisend auf dem Gebiet des Chorgesangs galten Karl Friedrich Zelter (1758–1832) und Hans Georg Nägeli. In Zürich war der vierstimmige Choralgesang der Gemeinde ohne Orgel zu einer gewissen Vollkommenheit gelangt, ebda., 60.

Feier der Aufnahme in die Gemeinde und, ganz im Sinn des traditionell im Pietismus betonten subjektiven Bekenntnisses, der eigenen Entschlußfassung zum Christsein zu.[83]

Von zentraler Bedeutung war die liturgische Neubesinnung auf den hohen Stellenwert des Abendmahls als zentraler sakramentaler Feier, die Ewald stärker von der Beichte abgesetzt sehen wollte.[84] Neben wenig glücklichen Formulierungshilfen zum Confiteor machte er praktische Vorschläge, die Handlung möglichst aussagekräftig und nahe am letzten Abendmahl Jesu als einer Tischfeier auszurichten.[85] Hohe Festtage wie Karfreitag und Ostern sollten symbolträchtiger gestaltet werden, etwa durch die Anschaffung von Andachtsbildern. Als mögliche neue kirchliche Feiertage brachte er die Einrichtung eines Frühlingsfestes als Pendant zum Erntedank und die Übernahme des katholischen Allerseelenfestes als Gedenktag der verstorbenen Gläubigen ins Gespräch.[86] Eine entsprechend eingerichtete und strikt verpflichtend gemachte Unionsagende samt Unionskatechismus markierte das Ziel.[87] Als liturgische Kleidung schlug Ewald unter Hinweis auf das alttestamentliche Priestertum ein festliches weißes Gewand vor, das dem Pfarrer als Priester Gottes angemessener sei als der schwarze Talar.[88] Auch im Alltag sollte eine geistliche Kleiderordnung durchgesetzt werden. Für den evangelischen Kirchenbau und die Kirchenausstattung wurde von den staatlichen Behörden mit Hinweis auf die in der Säkularisation eingezogenen Kirchengüter und die bessere Situation der katholischen Kirche größeres finanzielles Engagement gefordert.[89]

---

[83] Ewald gab den Abriß einer Konfirmationsfeier, wie er sie in ähnlicher Form erlebt hatte, ebda., 64 ff. Im Mittelpunkt stand die Konfirmationshandlung, eine Predigt war nicht obligatorisch. Die Verpflichtungsfragen sollten nur enthalten, was die Jugendlichen auch mit gutem Gewissen beantworten konnten. Neben den Konfirmanden wurden die Kirchenvorsteher gefragt, ob sie der Aufnahme der Konfirmanden in die Gemeinde zustimmten. Die im Knien einzeln und mit Handauflegung vollzogene Einsegnung war mit dem Zuspruch individueller Segensworte verbunden, den Schluß des Gottesdienstes bildete die Erneuerung des Konfirmationsversprechens durch die ganze Gemeinde.

[84] Ebda., 68 ff.

[85] Die Kommunion mit Brot und Rotwein sollte gruppenweise mit Anfangs- und Entlaßworten gefeiert werden, während des Genusses war an kurze fürbittende Strophen gedacht, am Schluß stand neben Dankgebet und liturgischem Wechselgesang die Aufforderung zur Erneuerung des Konfirmationsversprechens und der Segen. Das Wechselgespräch beim Sündenbekenntnis am Anfang des Abendmahlsgottesdienstes, das zunächst die Selbstprüfung der Anwesenden befragte, trug dem Zuspruchscharakter der Absolution keine Rechnung, ebda., 69.

[86] Ebda., 72 ff. Vgl. die Idee eines herbstlichen Schöpfungsfestes mit Hymnen und Chorgesang, doch ohne Predigt, in: F. L. Graf zu Stolberg, Die Insel, 108 f.

[87] VOR, 74 ff. Zum einfachen und würdigen Ausdruck des Heiligen, dem die Liturgie diente, bedurfte es einer »gesalbten« Sprache, wie sie nach Ewald Luthers Bibelübersetzung bot. »Das ächt Heilige muß durch sich selbst wirken; und eine Liturgie muß etwas Heiliges seyn.« Ebda., 78.

[88] Ebda., 78 f., vgl. noch vorsichtiger ebda., 26.

[89] Ebda., 61 f., 73.

Hinzu kam eine neuerliche Betonung der Kirchenzucht als legitime Form der Durchsetzung äußerer Pflichten unter den Kirchengliedern. Ewald war sich freilich im klaren darüber, daß nur die Beachtung des Gleichheitsgrundsatzes der Einrichtung eine gewisse Glaubwürdigkeit sichern konnte. Neben der allgemeinen Sonntagsheiligung, die wie bislang in den Bereich der bürgerlichen Strafgesetzgebung fiel, wurde eine Mindestzahl an jährlichen Gottesdienstbesuchen verlangt, deren Mißachtung mit Kirchenstrafen zu ahnden war.[90] Da ein bloßer Ausschluß von den Sakramenten wirkungslos geworden war, blieb nur die Drohung mit dem vollständigen Kirchenausschluß in der Tradition des großen Kirchenbanns. Seiner öffentlichen Kundgabe wurde noch ein gewisser Strafcharakter beigemessen. Prinzipielle Schwierigkeiten kündigen sich an: So vertrug es sich in Ewalds Augen nicht mit dem staatlichen Interesse an der religiösen Erziehung der Untertanen, Kinder von Ausgeschlossenen ungetauft zu lassen. Ungebrochen war das Vertrauen in die Vorbildfunktion des christlichen Herrschers als vorrangigem Träger gemeinschaftlicher Solidaritätsgefühle; ohne sein Mitwirken erschien eine entsprechende Kirchenzuchtgesetzgebung von vornherein als wirkungslos. Dazu gehörte auch die Forderung nach einer die Kirchentreue belohnenden Personalpolitik des Regenten, so daß eine Benachteiligung Nicht- oder Andersgläubiger geradezu wünschenswert war. Als Vorbilder einer altchristlich-toleranten Frömmigkeit in Ewalds Sinn galten der preußische König und der russische Zar Alexander I., der »Mystiker auf dem Thron«, den Ewald auch am Ende seiner Schrift zur Judenemanzipation von 1816 zu Wort kommen ließ.[91]

Ewalds liturgische Vorstellungen von einer Stärkung des Sinnenhaft-Symbolischen und die Kritik an einer zu starken Stellung der Predigt bewegten sich von der Intention her ganz auf der Linie des im Publikandum vom 17. September 1814 vom preußischen König Vorgegebenen, doch für die inhaltlichen Konkretionen mochte sich, wie der Gang der Diskussion in Preußen zeigt, kaum einer einsetzen. Gerade die vermeintliche Zurücksetzung der Predigt und alle als katholisierend empfundenen Tendenzen – ob im Bereich der Liturgie oder auf dem Gebiet der Kirchenverfassung – stießen auf starken Widerstand. Andere Punkte wie die Verbesserung der Predigerbildung, die

---

[90] Ebda., 92 ff. Die Vorschriften waren nicht eben rigoros ausgelegt, wenn außer an den drei hohen Festtagen ein vierteljährlicher Gottesdienstbesuch und ein Abendmahlsbesuchs pro Jahr vorgesehen war. Das Strafsystem setzte bei der Ermahnung durch den Pfarrer ein und endete nach Meldung an die obere Kirchenbehörde beim Gutdünken des Regenten als Inhaber des Summepiskopats. Auch der Ronneburger Superintendent Schuderoff hatte sich für eine Stärkung der Kirchendisziplin ausgesprochen; die Fürsten als nationale Befreier sollten sich nun daranmachen, die »Trümmer der Religiosität ihrer Völker« zu sammeln und dem Gefühl für das Heilige wieder öffentlich Geltung zu verschaffen, vgl. ders., Ansichten und Wünsche, 100 ff.

[91] »Härte überzeugt niemals. Der wahre Glaube kann nur mit dem Seegen Gottes durch Ueberzeugung, Lehre, Schonung, und vorzüglich, durch *gutes Beispiel,* Wurzel fassen.« GdChr, 141 (aus einem Reskript des Kaisers v. 9. Dezember 1816). Zu den von Jung-Stilling nach einer Andeutung 1793 seit 1801 und verstärkt nach 1812 im Zusammenhang der Heiligen Allianz an Rußland und seinen Monarchen geknüpften Heilserwartungen vgl. Schwinge, 137 ff.

Hebung des Ansehens der Geistlichkeit und eine bessere Besoldung, die Stärkung der Kirchenzucht und maßvolle liturgische Reformen konnten dagegen mit weitgehender Zustimmung rechnen.

Neben den Forderungen zur Stärkung des Symbolischen in der Liturgie markieren vor allem die Äußerungen zur Kirchenverfassungsfrage Ewalds Sonderstellung im Rahmen der Reformdiskussion.[92] Er verlangte die Wiedereinführung des Bischofsamtes in einem das landesherrliche Summepiskopat und das Verhältnis von Kirche und Staat stark modifizierenden Episkopalsystem. Die nähere Begründung lieferte ihm das schon in der biblischen Tradition angelegte frühkatholische Bischofsamt, wie es sich in den Briefen des Ignatius spiegelt.[93] Dies bedeutete eine Annäherung an die römisch-katholische, orthodoxe und anglikanische Form des Kirchenregiments, die er in den protestantischen Ordnungen Schwedens, Dänemarks und der Brüdergemeine noch wirksam sah. Gegenüber dem ursprünglich bruderschaftlich gedachten Bischofsideal trat nun freilich das Hierarchisch-Repräsentative im Gegenüber zum Staat in den Vordergrund. Hier ging Ewald weiter als der seit den Steinschen Reformen in Preußen an maßgeblicher Stelle – zunächst im Innen –, dann seit 1817 im selbständigen Kultusministerium – mit Kultusangelegenheiten betraute Georg Heinrich Ludwig Nicolovius (1767–1839), ein Mann, der trotz gewichtiger Differenzen in seiner religiösen und vor allem pädagogischen Grundausrichtung als Geistesverwandter gelten kann.[94] Dieser hatte sich schon 1810 in Preußen für die Neuetablierung des mit geistlicher Autorität und Einfluß versehenen Generalsuperintendentenamtes eingesetzt, dem Gedanken einer förmlichen Einführung einer Episkopalverfassung aber trotz eines gewissen Wohlwollens nichts abgewinnen können. Auch später äußerte er sich in praktischen Reformbelangen trotz zahlreicher gemeinsamer Interessen zurückhaltender als Ewald, vor allem aber schien es ihm dringlicher, das Problem einer sich möglicherweise nur im Äußerlichen erschöpfenden Erneuerung ernst zu nehmen.[95] Erst recht widersprach dieses Konzept den

---

[92] Zur Diskussion in Preußen vgl. Foerster, Landeskirche, Bd. 1, bes. 213 ff., 222 ff.
[93] VOR, 105 (mit Bezug auf Johann Lorenz v. Mosheim).
[94] Vgl. immer noch die von völkischer Ideologie nicht freie, aber reichhaltige Studie von Fritz Fischer, Ludwig Nicolovius. Rokoko – Reform – Restauration (FKGG 19), Stuttgart 1939 (= Fischer, Nicolovius). Grundlegende Gemeinsamkeiten lassen sich im Religions- und Kirchenverständnis (Gründung der Religion im Gefühl, Kantkritik, Ablehnung der »Berliner Aufklärung«, Antikonfessionalismus und Geistchristentum) sowie im weiteren Bereich der praktischen Kirchen- und Bildungsreform ausmachen, Differenzen bleiben im Bibel- und Offenbarungsverständnis, die z. T. mit den schon gegenüber dem verehrten Hamann sichtbaren Vorbehalten identisch sind, auch fehlt jede Christozentrik. Für die sakramentale Auffassung der in Bibel, Natur und Geschichte den Sinnen je eigen gegebenen Sprache Gottes hatte Nicolovius ebensowenig Verständnis wie für das heilsgeschichtliche Drama zwischen Gott und Mensch im Ewaldschen Sinn; dies führte dazu, Nicolovius als einen aus pietistischen Wurzeln genährten religiösen Spiritualisten zu sehen, Fischer, Nicolovius, 14–19; 52 ff.
[95] Vgl. Foerster, Landeskirche, Bd. 1, 228 f. (zum Kommissionsgutachten v. 6. Juni 1815); zur Kirchenverfassungsfrage 1810 s. Fischer, Nicolovius, 350 ff.

von F. Schleiermacher und anderen vertretenen Gedanken zur Kirchenreform. Immerhin aber war damit die Schlüsselfrage angesprochen, die gerade Schleiermacher im Lauf der Diskussion in Preußen vor allem Liturgischen behandelt wissen wollte.[96]

Ewald dachte an eine direkte Wahl des Bischofs durch die Geistlichkeit aus ihrer Mitte mit dem Vorbehalt der Bestätigung durch den Regenten oder ein Vorschlagsrecht der Geistlichen, bei dem der Regent die Wahl traf. Nähere Angaben zur Vorgehensweise, etwa im Rahmen eines Synodalsystems, machte er nicht. Die völlige Vernachlässigung dieser Thematik unterscheidet ihn von den wenig zahlreichen anderen Sympathisanten des Episkopalsystems. Die beträchtlichen Unterschiede der schwedischen, dänischen und englisch-anglikanischen Regelungen blieben ohne Gewicht, doch scheint das dänische System am weitesten von Ewalds Vorstellungen entfernt, da dort der Bischof vom König eingesetzt und nur das geistliche Oberhaupt des Konsistoriums war. Dagegen lag Ewald an der in der Bischofsfrage auf die Nagelprobe gestellten libertas ecclesiae im Sinne einer eigenständigen Körperschaft. So sollten die kirchlichen Gremien – natürlich mit Ausnahme der Presbyterien – bis in die letzte Instanz allein mit Geistlichen besetzt sein, der Bischof als Vorsitzender des geistlichen Kollegiums wie die Minister direktes Vortragsrecht beim Regenten oder wenigstens in dessen Kabinett haben und von keiner anderen weltlichen Behörde und ihren Juristen abhängig sein, was eine klare Absage an die überkommene Besetzung der Konsistorien und die Zuweisung des Kirchenressorts als Kultministerium zum Ministerium des Innern wie auch anderer Lösungen im Rahmen der Staatsbürokratie bedeutete.[97] Da er keiner strikten Trennung von Kirche und Staat das Wort reden wollte, griff er auf die reformatorische Grundunterscheidung von geistlichem und weltlichem Regiment zurück, die, wie er glaubte, ohne Bruch mit der Tradition fortentwickelt werden konnte.[98] Seine episkopalen Reformvorstellungen erinnern in ihrer altkirchlichen Orientierung wie in ihrer Hochschätzung des anglikanischen Kirchentums neben vergleichbaren Grundanliegen bei Nicolovius an die frühen Bemühungen zur Einführung des Bischofsamts in Preußen durch den von der Brüdergemeine geprägten, Spener, Francke und Zinzendorf nahestehenden Berliner Hofprediger Daniel Ernst Jablonski (1660–1741), den frühen Vorkämpfer der preußischen Union von 1817.[99]

---

[96] VOR, 99 ff.; Foerster, Landeskirche, Bd. 1, 181 f., 208 ff.

[97] Ewald pflegte eine auf ausreichende Sachkompetenz der Theologen setzende Juristenschelte, die Tradition hat: »Juristen [...], glauben alles zu verstehen, mischen sich in Alles, sprechen über Alles ab [...]«. Wenn Juristen Direktoren oder Präsidenten sein müßten, dann ohne Vortrag und Stimme, besonders die Pfarrstellenbesetzung sollte allein durch Geistliche verantwortet werden, VOR, 123.

[98] Vgl. den Artikel eines »christlichen Patrioten« in der ChrM 1803.2, 72 ff., der sich aufgrund der Zusammengehörigkeit von religiöser und politischer Aufklärung gegen eine Trennung von Kirche und Staat aussprach und damit im Grundsatz auch Ewalds Auffassung wiedergab.

[99] Vgl. kurz Dietrich Meyer, Art. Jablonski, Daniel Ernst, in: TRE 16, 432–434.

Schon in der Revolutionsschrift hatte Ewald anerkennend auf Edmund Burkes (1727–1797) Idealgemälde des Verhältnisses von Staat und Kirche in England hingewiesen und sich eine ähnlich hohe Wertschätzung des Protestantismus durch den Staat für Deutschland gewünscht.[100] England wird nicht ohne romantische Verklärung seiner Verfassungsinstitutionen zum Gegenbild des revolutionären Frankreich und des bürokratisch-absolutistischen Preußen gleichermaßen. Ähnliche Ansichten wurden im Kreis um F. H. Jacobi und bei den preußischen Reformern um den Freiherrn vom Stein (1757–1831), dem frühen Förderer von Nicolovius, gepflegt.[101] In diesem Rahmen wurde an den Regenten appelliert, alles ihm Mögliche zur Steigerung des öffentlichen Ansehens des Pfarrerstandes zu tun. Dazu gehörten Auszeichnungen wie Ordensverleihungen an verdiente Geistliche und Rangabzeichen – aus dem Preußischen und Württembergischen wurden Maßnahmen in dieser Richtung berichtet – und die in Ewalds Augen allerdings wichtigere Hebung der Ausbildungsstandards durch die Einrichtung von Predigerseminaren.[102] Neben den katholischen Priesterseminaren wies Ewald auf das in Halle bestehende Predigerseminar und vor allem auf das ihm genauer vertraute und für vorbildlich erklärte Seminar in Tübingen hin, das von Jonathan Friedrich Bahnmaier (1774–1841) eingerichtet worden war.[103] Die früheren Vorbehalte gegenüber der leicht mißbrauchten akademischen Freiheit waren vergessen, statt dessen wurde sie mit einem Dictum Jean Pauls als Bedingung der Wahrheitserkenntnis gelobt.[104]

---

[100] Vgl. Edmund Burke, Betrachtungen über die französische Revolution. Nach dem Englischen [...] neu bearb. [...] v. Friedrich Gentz, 2 Bde., Berlin 1793, Bd. 1, 155 ff. (= Burke, Betrachtungen), NB mit einem Nachw. v. Lore Iser (Theorie 1) Frankfurt/M. 1967. Burke gilt als wichtiger Theoretiker des europäischen Konservatismus.

[101] Vgl. Fischer, Nicolovius, 162 ff. Auch der konservative Revolutionskritiker A. W. Rehberg gehörte zu den frühen Bewunderern von Burkes *Betrachtungen*.

[102] VOR, 102 ff. Zum Nutzen eines gesteigerten Sozialprestiges des geistlichen Standes, dem auch das Bischofsamt dienen sollte, und der Hoffnung, dadurch vermehrt Angehörige höherer Schichten zum Theologiestudium zu bewegen, vgl. VA 1811, 283 f. Andere wie Niemeyer hatten die Forderung nach Steigerung des bürgerlichen Ansehens stets abgewiesen; statt dessen wurden verbesserte Auswahlverfahren, Prüfungen, stärkere Verhaltenskontrollen in (!) und nach den Universitätsjahren, Verbesserung der Altersversorgung usw. angemahnt, Niemeyer, Handbuch für christliche Religionslehrer, Bd. 2, Einl., 13 ff. Ewald unterstützte Schuderoffs positive Aufnahme der Verleihung von Ritterorden, teils persönlicher, teils erblicher Art, im Preußischen und Württembergischen, wo neben der besonderen Amtstracht die höhere Geistlichkeit mit silbernen und goldenen Kreuzen ausgestattet wurde; Schuderoff, Ansichten und Wünsche, 94 ff., 98. Nicolovius forderte nach den ersten Provinzialsynoden im März 1819 u. a. auch die Aufhebung der Titel- und Ordensverleihungen an Geistliche, Foerster, Landeskirche, Bd. 2, 1.

[103] »Es müßt' aber auf jeder Akademie, wenigstens in der Provinz, ein solches [Predigerseminar] eingerichtet werden. [...] Auch habe ich nirgends, so viel lebendigen, Christlich-religiösen Sinn gefunden, als unter den Württembergischen [!] Predigern.« VOR, 112. Zur Ankündigung der Gründung eines Predigerseminars in Bremen vgl. ChrM 1800.2, 79 f. Den Vorwurf mönchischer Erziehung und klösterlichen Zwanges, der zuweilen gegen die Seminare erhoben wurde, wollte Ewald nicht verallgemeinert wissen.

[104] VOR, 113.

Wichtig war Ewald die Verknüpfung von Erweckungs- und Bildungsgedanke.[105] Als Gegenstand der Erweckung galt der religiöse Sinn, der von außen angerührt und durch Übung gebildet wurde, ohne daß sich der Erweckte seiner Erweckung bewußt sein mußte. Die äußere Kirchlichkeit arbeitete demnach der Erweckung vor, indem sie die Eindrücke bereitstellte, die das Göttliche zu seiner Aktualisierung im Menschen brauchte. Ewald zog das von ihm geliebte Gleichnis vom Samenkorn heran, das tot, aber schon alles für die künftige Entwicklung enthaltend, in der Erde lag, bis es die Sonne erweckte. Der Erweckungsbegriff wird bewußt offengehalten, eine Zuspitzung im Sinne der Erweckungs*bewegung* erfolgt nicht.

Weitreichende Forderungen stellte Ewald im Blick auf die Sonderrechte der Geistlichen und ihre Kompetenzen im Bereich der Eheschließung und der gerichtlichen Eidesleistung. So sollten Geistliche als solche wegen ihres Ansehens der weltlichen Gerichtsbarkeit entzogen und eine entsprechende Verfolgung nur nach Entlassung aus dem geistlichen Stand möglich sein, alles andere war kirchlichen Rechtsinstanzen zu überlassen. Nicht hinnehmen wollte Ewald den der Kirche entzogenen Einfluß auf die Eheschließung durch die Bestimmungen des Code Napoléon zur Zivilehe (Badisches Landrecht von 1809). Von ihrem nicht nur juridischen, sondern auch geistig-moralischen Charakter her gehöre die Eheschließung zusammen mit der Feststellung von Ehehindernissen außer ihren finanziellen Aspekten voll und ganz in den Amtsbereich der Geistlichen.[106] Für die in Baden eine Minderheit vertretende evangelische Kirche forderte Ewald, dem Grundsatz konfessioneller Parität folgend, ausdrücklich die gleichen Rechte wie für die katholische. Den Geistlichen wollte er ein durch Landesgesetz abgesichertes Eingriffs- und Mitgestaltungsrecht bei der gerichtlichen Eidesleistung zugestanden wissen, und dies nicht aus religiösen, sondern aus sittlich-moralischen Gründen.[107] Mit diesen Forderungen sollten der Kirche gegen den säkularen Zug der großen Reformen im Zeitalter Napoleons Privilegien gesichert und der vorher nie so umfassend erfolgte Zugriff der staatlichen Verwaltung auf die Belange des einzelnen gebremst werden. Das frühe zivilreligiöse Anliegen meldet sich hier wieder in der Form der Einrede gegen die Grundsätze des liberalen Rechtsstaats.

Die Mittel, mit denen die Selbständigkeit der Kirche im Gegenüber zum souveränen bürokratischen Staat und die innere Stärkung der Kirche erreicht werden sollten – verschärfte Kirchenzuchtpraxis und staatliche Unterstützung der Sonntagsheiligung –, tragen ebenso wie die Ablehnung der Zivilehe re-

---

[105] Ebda., 114 ff.
[106] Ebda., 125 ff. »[...] besser, die Ehe durch Geistliche zu etwas Geistigem erhöhen, als sie herabwürdigen zu einem[,] vom Staat garantirten Conkubinat, oder zu einem Vertrag, bei dem jeder Theil blos auf seinen blos äußeren, groben Geld- oder Konvenienzvortheil sieht.«, Ebda., 128 f. Ewald stützte sich auf Eph 5,22 ff. und Fichte, Grundlage des Naturrechts nach Principien der Wissenschaftslehre (1796), GA I,4, 104 ff., bes. § 9, 105 f.
[107] VOR, 134.

staurative Züge. Eine Neubesinnung auf die positiven Möglichkeiten der Kirchenzucht fand allgemein zahlreiche Befürworter.[108] Dies darf jedoch nicht isoliert betrachtet und nur negativ bewertet werden. Was die Grundanliegen von kirchlicher Freiheit im Sinn einer mit den nötigen Mitteln ausgestatteten, sich selbst leitenden evangelischen Kirche mit möglichst wenig Bürokratie, ein von Kirchenzugehörigkeit unabhängiges Staatsbürgerrecht, die Professionalisierung der pfarramtlichen Tätigkeit und die Verwirklichung der Union betrifft, berühren sich Ewalds Gedanken mit den zukunftsträchtigen F. Schleiermachers und anderer preußischer Reformer zur konsequenten Fortsetzung der Reformation in der Gegenwart. Ewald blieb freilich – abgesehen von der bei ihm nicht wie bei Schleiermacher gegebenen theoretischen Grundlegung des evangelischen Kirchenregiments – stark dem administrativ-repräsentativen Denken in vordemokratischen Leitungsstrukturen verhaftet. Anders als in Schleiermachers Reformvorschlägen spielte für ihn die Konkretisierung des Delegationsprinzips in einer fortentwickelten Synodal- oder Presbyterialverfassung keine besondere Rolle. Das von Ewald entworfene Bild der Kirche der Zukunft nahm daher auch deutlich »hochkirchliche« Züge an, die Schleiermacher fremd waren. So hatte dessen Vorschlag von der Einführung von Bischöfen auf Provinzebene zum Zwecke der Visitation einen ganz anderen Charakter als Ewalds hierarchisch-repräsentative Vorstellung von einem evangelischen Bischof im unmittelbaren Umfeld des Regenten.[109]

Was Ewald unter dem Aspekt eines Neugewinns an Freiheit der Kirche gegenüber dem Staat konzipierte, blieb ohne Absicherung gegenüber den Gefahren einer neuen Hierarchisierung und klerikalen Bürokratisierung. Auf die Mitwirkung von Laien konnte im Kirchenregiment vor allem auf höherer Entscheidungsebene offenbar ohne Not verzichtet werden. Die Kehrseite einer rigiden Kirchenzucht, die gegen alle Intentionen forcierte Veräußerlichung des kirchlichen Lebens, kam nicht in den Blick. Gegenüber dem Erscheinungsbild der Kirche als Institution verloren die Fragen der inneren Erneuerung an Gewicht, obwohl auch sie Ewald als wesentlich am Herzen lagen. Die pietistischen Impulse der Verinnerlichung und geistlichen Erweckung traten hinter dem praktischen Gestaltungswillen zur (Wieder-)Gewinnung eines gesellschaftlich achtbaren Kirchentums zurück. Damit wurden die Übergänge zur Restauration fließend.

---

[108] Vgl. z. B. die Schrift: o. Vf., Die Nothwendigkeit einer strengen Kirchendisciplin und Sonntagsfeier freimüthig erörtert. Der Kirche und dem Vaterlande geweiht von einigen protestantischen Geistlichen im Großherzogthum Hessen, Heidelberg 1821. Auch im Gutachten der preußischen Kommission zur Verbesserung der Kirchenverfassung vom 6. Juni 1815 wurde die Notwendigkeit einer strengeren Kirchenzucht angemahnt, vgl. Foerster, Landeskirche, Bd. 1, 223, 352–360.
[109] Vgl. Christoph Dinkel, Kirche gestalten – Schleiermachers Theorie des Kirchenregiments (SchlAr 17), Berlin u. New York 1996, bes. T. 2; zu Schleiermachers Verfassungsentwurf für eine preußische Landeskirche von 1808 s. ebda., 177–187.

Den innerprotestantischen Unionsgedanken hatte Ewald erstmals Neujahr 1804 zum Gegenstand einer eigenen Predigt unter dem Thema »Eintracht« zu II Kor 13,11 gemacht.[110] Schon hier sind die Grundgedanken ausgesprochen worden, die in der Katechismusschrift von 1816 und der Unionsschrift von 1821 wieder zur Sprache kommen.

Zu grundlegender Bedeutung gelangt die kirchen- und dogmengeschichtliche Argumentation, welche die Einsicht in die nur relative Bedeutung der innerprotestantischen Spaltung vertiefte und deren Überwindung, wenn auch in unterschiedlicher Intensität, als innere Konsequenz der Entwicklung anmahnte. Von den neueren populären Darstellungen zur Reformationsgeschichte zog Ewald Philipp Konrad Marheinekes (1780–1846) Werk heran, das, aus Anlaß der Säkularfeier der Reformation geschrieben, vom Glauben an einen neuen reformatorischen Durchbruch hin auf eine höhere Gestaltwerdung des Christentums in der Vereinigung der Kirchen als Moment nationaler Einigung beseelt war.[111] Für die Gesamtanschauung maßgebend zeigt sich Gottlieb Jakob Plancks (1751–1833) Unionsschrift von 1803, welche den förmlichen Schritt zu einer vollen Union als sachlich möglich und an sich überfällig, doch praktisch nicht zuletzt wegen der schlecht vorbereiteten Gemeinden als noch wenig ratsam dargestellt hatte; in historischer Hinsicht gab seine pragmatische Geschichte des protestantischen Lehrbegriffs im Reformationsjahrhundert wichtige Impulse zur Differenzierung von dogmatischen Vorstellungsarten und deren Wahrheitsgehalt.[112] Als in ihrer Freimütigkeit und positiven Erwartung für die Gegenwart vorbildlich stellte Ewald die Schrift Friedrich Samuel Gottfried Sacks (1738–1817) zur preußischen Union vor, die er in den *Heidelberger Jahrbüchern für Literatur* 1813 rezensiert hatte.[113] Die

---

[110] Ewald, Eintracht, empfohlen und gewünscht in einer Predigt über 2 Kor. 13. v. 11. am Ersten Tage es Jahrs 1804, Bremen, o.J. (1804), Steiger Bibliogr. 243. Vgl. die Anzeige der Schrift (o. V.), Religion, wahre Religion, Christenthum, Konfession etc. [...] Bremen 1804, in: ChrM 1804.1, 225.

[111] Philipp Konrad Marheineke, Geschichte der teutschen Reformation, 2 Bde., Berlin 1816.

[112] Gottlieb Jakob Planck, Ueber die Trennung und Wiedervereinigung der getrennten christlichen Haupt-Partheyen, mit einer kurzen historischen Darstellung der Umstände, welche die Trennung der lutherischen und reformirten Partie [!] veranlaßten, und der Versuche, die zu ihrer Wiedervereinigung gemacht wurden, Tübingen 1803; ders., Geschichte der Entstehung, der Veränderungen und der Bildung unsers protestantischen Lehrbegriffs vom Anfang der Reformation bis zu der Einführung der Concordienformel, 6 Bde., Leipzig 1781–1800. Zu weitergehenden Unionsgedanken vgl. ders., Worte des Friedens an die katholische Kirche gegen ihre Vereinigung mit der protestantischen, Göttingen 1809.

[113] Friedrich Samuel Gottfried Sack, Ueber die Vereinigung der beiden protestantischen Kirchenpartheyen in der Preußischen Monarchie [...] Nebst einem Gutachten über die Beförderung der Religiosität, Berlin 1812; Rez. Ewalds in: HJL 1813, 609–618; die partiell kritische Haltung Ewalds zum Wöllnerschen Religionsedikt klang in der Sack beipflichtenden Meinung an, die unter Friedrich II. in Verfall geratene Religiosität habe Friedrich Wilhelm II. durch verkehrte Mittel wieder zu heben gesucht, ebda., 611. Der Westfälische Friede war für die Unionsfrage in doppelter Hinsicht von Belang. Einmal bot er in der Unterscheidung von nur zwei Religionen die reichsrechtliche Basis für fortdauernd freie Religionsausübung und Beibehaltung des Kir-

Rezension hatte die Union in Baden als Aufgabe des Staats thematisiert. Dieser mußte auf der Ebene der Kirchenbehörde die Voraussetzungen schaffen, damit sich Gemeinden auf Antrag vereinigen konnten. Einer Meinungsbildung von unten zur Unionsfrage an sich traute Ewald jedoch nicht.

Für das Gesamtklima günstig schätzte er das in allen Kirchen, Konfessionen und religiösen Sondergruppen gewachsene Zusammengehörigkeitsbewußtsein der wahren Christusgläubigen ein, die ein neues Hören auf die biblische Weisung zur Einheit der Kirche (vgl. I Kor 1,11 ff., 3,4 ff.) erhoffen ließ. Das alte irenisch-philadelphische Ideal sollte also auch für den Unionsgedanken fruchtbar gemacht werden. In Baden schien längst die Zeit gekommen, die entscheidenden Schritte über die 1807 unter Markgraf Karl Friedrich erreichte Verwaltungsunion hinaus zu tun.[114] Den Mitgliedern der anstehenden Generalsynode versuchte Ewald daher im Duktus Plancks deutlich zu machen, daß die Unterscheidungslehren im Abendmahls- und Prädestinationsverständnis ihre kirchentrennende Relevanz eingebüßt hätten. Chance und Aufgabe einer Union ergeben sich hier nicht nur aus dem generellen Verlust an Überzeugungskraft des Dogmatischen, sondern aus einer weitgehenden sachlichen Annäherung durch Abkehr von den Einseitigkeiten der eigenen Tradition, der Lutherischen hinsichtlich der Fassung des Realpräsentischen im Abendmahl und der Reformierten hinsichtlich der absoluten Prädestination.[115] Als ernstzunehmende Streitpunkte bleiben bei Ewald wie bei Planck allein liturgische Differenzen. Beide Konfessionen hatten hier, wollten sie sich auf biblischer Grundlage einigen, etwas einzubringen und aufzugeben. Die Einsetzungsworte konnten nach den bei Lutheranern eher bewahrten Worten Jesu gebraucht werden, die üblichen lutherischen Oblaten waren dagegen durch Weißbrot zu ersetzen und das schon in den ältesten Liturgien gepflegte Brotbrechen als Sinnbild von Jesu Opfer wieder aufzunehmen. Kleinere Änderungen waren beim Wortlaut des Vaterunsers vonnöten.[116] Kirchenrechtlich genügte wie bei Planck der gemeinsame Rückbezug auf die Confessio Augustana in Übereinstimmung mit dem Westfälischen Friedensvertrag.[117]

---

chengutes auch für einen vereinigten Protestantismus, andererseits war dieser auf die Confessio Augustana festgelegt, so daß in der Konfessionsfrage Rechtskontinuität gegeben war und vom Staat gewährte Freiheiten nicht in Frage gestellt werden konnten, vgl. Brauer, Gedanken über einen Kirchenverein, 9 ff.

[114] CAT, 63, GESCH, 23 ff.

[115] Planck, Trennung, 237 ff., 245 ff. Stand Planck in Ewalds Augen für die Beweglichkeit in der Abendmahlsfrage auf lutherischer Seite, so wies der reformierte Wyttenbach wie auch Endemann (1727–1789) in der Prädestinationsfrage auf nicht geringe Differenzen zur Tradition, vgl. Daniel Wyttenbach, Tentamen theologiae dogmaticae methodo scientifica pertractatae, 3 Bde., Berlin 1741, Frankfurt/M. 1747, Bd. 1, § 438.

[116] In der Anrede sollten die Lutheraner vom stilistisch als schlecht empfundenen »Vater unser« zu Luthers »Unser Vater« zurückkehren, die Reformierten in der Erlösungsbitte zum Verzicht auf die Rede vom Bösen zugunsten der vom Übel bewegt werden. Typisch war die Begründung: Beim Bösen denke man leicht an den Teufel, an den Jesus gewiß nicht gedacht habe, GESCH, 38.

[117] Ebda., 38 f., Anm.

Neben Planck spiegelt sich in Ewalds Ausführungen die Position Johann Niklas Friedrich Brauers (1754–1813), der an der Berufung Ewalds nach Baden als Direktor des Evangelischen Oberkirchenrats beteiligt war und mit ihm verbunden blieb. Dieser hatte sich ebenfalls 1803 auf differenzierte Weise zum Thema geäußert.[118] Brauer strebte einen wirklichen »Religionsverein«, nicht nur einen »Kirchen-« oder gar nur einen »Konsistorialverein« an, zielte also auf eine volle Konsens- und nicht nur auf eine Agenden- oder Verwaltungsunion unter dem Namen Evangelische Kirche. Der nötige Minimalkonsens war nach Brauer erreicht, wenn beide Seiten auf apodiktische Wahrheitsbehauptungen in bekenntnisrelevanten konfessionellen Zusammenhängen verzichteten und sich am schlichten Bibelsinn orientierten. Alles Weitere, etwa die Frage des Offenbarungsverständnisses und der Bibelauslegung, bedurfte auf der Ebene der verfaßten Religion keiner Regelung, wie Brauer schon 1802 in seiner Schrift zu Protestantismus und Kirchengewalt dargelegt hatte.[119] Im historisch-rechtlichen Sinne hatte freilich nach seiner Überzeugung nur der Vernunft- und Offenbarungswahrheiten gleichermaßen achtende sog. Altprotestantismus Anspruch darauf, protestantisch zu heißen. Wie tief die Spaltung empfunden wurde, zeigt die Aussage, die innerprotestantischen Gegensätze überträfen inzwischen die zwischen Protestantismus und Katholizismus, ein auch Ewald vertrauter Gedanke. Als ehrliche Alternativen jenseits der

---

[118] Johann Niklas Fri[e]drich Brauer, Gedanken über einen Kirchenverein beeder protestantischen Religionsparthieen, Karlsruhe 1803. Ein direkter Bezug Ewalds auf Brauers Schrift findet sich nicht. Wissenschaftlich-theologische, politische und kirchliche Gesichtspunkte forderten nach Abtretung der linksrheinischen Gebiete auch diesseits des Rheins ein verstärktes Bemühen um eine Union. Brauer hielt die Lage in wissenschaftlicher Hinsicht für günstig, weil einerseits die Schwächen des Dogmatismus im konfessionellen Lager erkannt, andererseits aber die institutionenschwächende Tendenz des Neuprotestantismus (»neues Protestentum«), der auf völlige Subjektivität in Glaubensfragen und Vereinzelung der Gemeinden setzte, noch nicht verfestigt war. Letztere galt es rechtzeitig zu bremsen, um nicht eine Zwangsunion von Staats wegen zu provozieren. In kirchenpolitischer Hinsicht war eine Union notwendig, um den Einfluß des Katholizismus auf die Regierungen zurückzudrängen und die Neutralität des Staates zu sichern. Kirchlicherseits war besonders in den Rheingegenden als Folge des Krieges eine Zersplitterung des Kirchengutes und allgemeine Finanznot eingetreten, so daß sich eine Union schon aus finanziellen Gründen nahelegte. Brauer suchte einen praktikablen Mittelweg, der die Interessen des Staates, der Gemeinden und der Einzelnen gleichermaßen berücksichtigte. Ebda., 3 ff.

[119] Brauer, Gedanken über Protestantismus und dessen Einfluß auf die Rechte der Kirchengewalt und der Religionslehrer [...] Karlsruhe 1802. Die Schrift gibt näheren Aufschluß über Brauers Religions- und Kirchenbegriff. Die drei maßgeblichen hermeneutischen Ansätze der Bibelauslegung, die zugleich für entsprechende Richtungen im Protestantismus standen, wurden als rationalistisch, hierokritisch und altevangelisch charakterisiert; der entscheidende Antagonismus konnte auch auf die neuprotestantische bzw. hierokritische und die altprotestantische bzw. »streng evangelische« Richtung zurückgeführt werden. Statt eines reduktionistischen Kritizismus, der die normative Erkenntnisart der biblischen Schriftsteller nicht würdigte, begnügte sich die altevangelische bzw. altprotestantische Richtung, der sich Brauer selbst verpflichtet sah, ohne deshalb im engeren Sinne als orthodox gelten zu können, mit der Erhebung des Literal- und Christussinns, sofern die Vernunft die bedingte Möglichkeit des Berichteten und seine sittlich-religiöse Abzweckung nicht bestreiten konnte. Ebda., 43 ff.

neuprotestantischen Bibelkritik erschienen Brauer in polemischer Verkürzung nur noch der den Offenbarungsglauben gänzlich aufgebende Rationalismus – im Sinne des Intellektualismus – und der Katholizismus.[120]

Mit Weitblick und Sachverstand war schon Brauer auf die dogmatischen Schwierigkeiten einer Konsensunion eingegangen und hatte konkrete Lösungsvorschläge angeboten.[121] In der strittigen Abendmahlsfrage hielt er nach biblischen Aussagen klar entscheidbar allein das Gebot des Abendmahlsgenusses auf würdige Weise. Dazu gehörten Selbstprüfung, Verlangen nach Sündenvergebung, Glaube an das pro me des Christusgeschehens, der Vorsatz der Besserung, die Sehnsucht nach näherer Christusverbindung und die Hoffnung auf die Parusie. Sein Abendmahlsverständnis blieb in Aufnahme von Joh 6,52 ff. und 61 ff. der reformierten Tradition verpflichtet, auch wenn er einen Mittelweg zu gehen suchte zwischen streng lutherisch-realpräsentischer und calvinisch-symbolischer Auffassung. Den zahlreichen Schwierigkeiten des Prädestinationsverständnisses, welche sich aus der Annahme eines bedingten oder unbedingten göttlichen Erlösungswillens im Blick auf Menschheit und Individuum ergaben, wurde mit der Annahme der Allversöhnung als absoluter Universalisierung der christlichen Botschaft und Endpunkt einer ins Jenseits reichenden Bildungsgeschichte Gottes mit dem Menschen aus dem Weg gegangen, über die sich Brauer an anderer Stelle in Ewalds *Christlicher Monatschrift* näher aussprach.[122] Waren mit einer lehrmäßigen Verständigung auch die wichtigsten Hindernisse einer Union beseitigt, so bedurfte es vor allem wegen der einfachen Menschen weiterer Überlegungen zur »Kirchenpolizei«, worunter Brauer im weiteren Wortsinn alle Momente äußerer Kircheneinheit verstand, so Taufritus, Abendmahlsfeier, Beichte, Predigt, Agenden, Lehr- und Gesangbücher und kirchliche Kleidung.[123] Zahlreiche Punkte griff Ewald wieder auf, etwa den zur symbolträchtigen Abendmahlsfeier. Werbend setzte sich Brauer für ein neues Verständnis der Krankenkommunion ein. Der Zusammenhang ist zugleich aufschlußreich für das Frömmigkeits- und Glaubensverständnis eines erweckten Altprotestanten, als den er sich selbst sah.[124] Für den

---

[120] Für das Verhältnis von Vernunft und Offenbarung gilt wie bei Ewald: Die Vernunft hat auch die Offenbarung als Darbietung von Erfahrungssätzen ernst zu nehmen, da ihr die Welt nicht nur als physischer Kausalzusammenhang gegeben sei, mithin die Vernunft auf die »Empirie der Offenbarungen« im Evangelium und auf die der Natur als Basis ihrer Urteile angewiesen bleibe, ebda., 151 f.
[121] Brauer, Kirchenverein, 19 ff.
[122] Ebda., 42 ff., ChrM 1802.2, 206 ff., vgl. 1804.1, 81 ff.
[123] Brauer, Kirchenverein, 52 ff. Neben einer Kürzung der Predigten empfahl Brauer feste Perikopen, um der Kirchenleitung die Gewißheit zu geben, alle für ein »positives Christentum« nötigen Wahrheiten würden gepredigt. Angesichts einer Abnahme der Hausandachten und des Besuchs der Wochengottesdienste kam der gottesdienstlichen Lesung eine wichtige Rolle zu, welche dem weiteren Verlust an Bibelkenntnis entgegenwirken sollte.
[124] »Man denke sich den erweckten Christen, der nun im nahen Blick auf den Lebenswechsel, die natürliche Unwissenheit über den Zustand nach dem Tode sich vergegenwärtigt, der dabey seine Entfernung von dem Bilde jener moralischen Vollkommenheit demüthig fühlt, auf welche

Religions- und Konfirmandenunterricht plädierte Brauer anders als Ewald für die Erstellung eines unierten Katechismus auf der Basis des Kleinen Katechismus Luthers.[125] Zu den notwendigen Änderungen zählte er neben der dogmatischen Milderung des Abendmahlsartikels die Streichung der als noch zu katholisch empfundenen Artikel von Beichte und Absolution zugunsten eines ethischen Abschnitts »Vom christlichen Sinn« als notwendiger Ergänzung zum Dekalog. So sollte wie bei Ewald die Rolle der für jede Gesellschaft bleibend bedeutsamen praktischen Legalität mit ihrer Überbietung in der christlichen Moralität deutlich gemacht werden, was freilich nur bei der christlicherseits notorischen Mißachtung der Selbstvorstellungsformel am Eingang des Dekalogs möglich war. Auch die Spruchauswahl im Zusammenhang der Haustafel schien nicht günstig. Für die theologische Konzeption insgesamt aber ist die anvisierte Änderung in der Reihenfolge der Hauptstücke aufschlußreich: Die Zehn Gebote bilden den Eingang, gefolgt vom neuen Abschnitt »Christlicher Sinn« (christliche Sittenlehre), Vaterunser, Credo und Sakramente schließen sich an.[126]

Ohne den landesherrlichen Summepiskopat in Frage zu stellen, suchte Brauer im Zeichen der allseitig versuchten Vermittlung von lutherischem und reformiertem Erbe eine Verbindung von konsistorialen und presbyterialen Elementen, so daß sich eine klarere Differenzierung zwischen staatlichen und kirchlichen Organen und Zuständigkeiten ergab. Freilich mußte Brauer zugestehen, daß die alten reformierten presbyterialen und synodalen Elemente ihr Gewicht längst verloren hatten, da Presbyterien oft nichts anderes als Kirchenzensurgerichte und Synoden beratende Organe der die eigentliche Kirchengewalt ausübenden Konsistorien oder Magistrate waren. Immerhin ergibt sich aus Brauers Skizze, daß er die konsistoriale Behörde, den Kirchenrat, auf Verwaltungsaufgaben beschränken und die weiteren innerkirchlichen Angelegenheiten den Synodalversammlungen zuweisen wollte. Die Durchführung ihrer Beschlüsse sollte bei den Presbyterien oder, was die Sittenzucht

---

allein noch die selbstgelassene Vernunft eine Erwartung einer seeligen Zukunft bauen kann, der aber nun in Beziehung auf beides Christum für das nimmt, wofür ihn die Bibel giebt, und wofür ihn unsre protestantische Confession anerkennet – wer, sage ich[,] der diese Stimmung hat, die doch jeder glaubige Protestant billig haben soll, sollte nicht wie dort sein Herr gegen seine Jünger, die er, wie er sie geliebet hatte von Anfang, auch liebte bis ans Ende, Verlangen tragen[,] noch einmahl dieses Mahl mit ihm zu halten, ehe dann er sterbe; sollte nicht, um gegen den sinnlich-niederdrückenden Gedanken, daß er hinfort nicht mehr mit den Seinen trinken werde vom Gewächse des Weinstocks, sich mit Christo, durch die sinnlich-belebende Hofnung wafnen, daß er es neu mit ihnen trinken werde in des Vaters Reich.« Ebda., 60.

[125] Luther verdiente wegen Sprache und Alter den Vorzug vor dem Heidelberger Katechismus, der seine Geltung erst im Zuge der vollständigen Kirchentrennung erhielt, ebda., 70.

[126] Anders als Ewald hielt es Brauer für möglich, im sonntäglichen Gottesdienst auf Beichte, Absolution und Kollekte ganz zu verzichten. Eine regelmäßige allgemeine Beichtformel verfehle ihre Wirkung, weil sie leeres Formelwerk werde und die allsonntägliche Absolution zu »unprotestantischen Ideen von Priestergewalt« führe. Ebda., 65.

betraf, bei den Zensurgerichten liegen. Ein derart starker Nachdruck wie später bei Ewald lag allerdings auf der Kirchenzuchtfrage bei Brauer nicht.[127]

Was Ewald im Zusammenhang mit der preußischen und badischen Union an Kirchenreformvorschlägen unterbreitete, wurzelt in seinen schon in Lippe-Detmold zum Ausdruck gebrachten ekklesiologischen Grundanschauungen. Dabei lassen sich zwei zum Teil gegenläufige Bewegungen ausmachen. Einerseits führt die Würdigung der religiösen Subjektivität im spätaufklärerisch-pietistischen Sinn zu einer konsequenten Relativierung traditionell-konfessioneller Bestimmtheiten, was dem Einsatz für religiöse Toleranz, innerprotestantische Union und ökumenische Offenheit zugute kommt. Andererseits zeigt sich ein starker Drang zur Aufwertung des Sinnlich-Symbolischen und Repräsentativen im Bereich von Kultus, Bekenntnis und Amt, so daß die kirchlich-institutionelle Seite unter bewußter Negierung neuprotestantischer Abgrenzungen vom Katholizismus ein neues Gewicht bekommt. In diese Richtung weist schon die Sympathie für eine »rein biblische« Bekenntnisbildung als Grundlage einer künftigen Lehrverpflichtung wie auch die spätere Propagierung des Episkopalsystems im zunehmend restaurativ geprägten Kontext. Die Forderung nach Freiheit der Kirche meint nun Selbstverwaltung und Freiheit von staatlicher Bürokratie sowie eine verstärkte positive Religionspflege des Staats. Einer strikten Trennung von Staat und Kirche wird bewußt entgegengearbeitet, wie der Anspruch auf kirchliche Zuständigkeiten im Ehe- und Strafrecht zeigt. So sehr sich die Fragestellungen in der Badener Zeit gegenüber der Detmolder Reformtätigkeit verschoben haben, so wenig hat sich doch an den Grundsätzen geändert. Schon damals hat Ewald, wie im folgenden näher zu sehen, die kirchlichen Möglichkeiten genutzt, eine auf das Ideal des Bibelchristentums hin ausgerichtete Volksreligion mit obrigkeitlicher Hilfe in der Bevölkerung zu verankern. Dies geschah im Rahmen des spätaufklärerischen Volksbildungsprogramms, das so seine eigenen Konturen gewann.

---

[127] Zum Schluß seiner Schrift stellt Brauer die erforderlichen Schritte einer sorgsamen Vorbereitung, Einführung und Vollendung der angestrebten Union vor. Ebda., 86 ff. Die ersten Schritte hatten nicht vom Landesherrn oder vom Volk, sondern von Geistlichen beider Konfessionen, die von der Sache überzeugt waren, auszugehen, und zwar zunächst auf der Ebene privater Zusammenkünfte, auf der ein konkreter Plan erarbeitet werden sollte. Ebda., 102 ff.

6 Staatliche Bildungsreform (Volksaufklärung) und die Frage der Volksreligion

6.1 Landschulreform

Ewalds reformerische Tätigkeit umfaßte aufgrund der Verbindung von kirchlichen und staatlichen Bildungsaufgaben das gesamte Gebiet des Elementar- und Landschulwesens.[1] Im Rahmen der Kirchenvisitationen besuchte er die Schulen im Land und kam so in Kontakt mit der westfälischen Landbevölkerung, die er in bildungsbürgerlicher Manier als äußerst roh und gefühllos schilderte, schon da sie nach seinem Eindruck mehrheitlich das Hochdeutsch der Prediger nicht verstand.[2] Seine Erfahrungen brachte er Mitte Januar 1783 in ein Votum zur Reform des Landschulwesens ein.[3] Außer in Oerlinghausen, dem Wirkungsort von Georg Konrad und Dietrich von Cölln, wurde die schulische Situation als verheerend eingeschätzt. Als Hauptprobleme ergaben sich wie in anderen Ländern auch der trotz obrigkeitlicher Verordnungen schlechte Schulbesuch der Schulpflichtigen und die unzureichende Ausbildung und Besoldung der Lehrer.[4] Bei einem merklichen Stadt-Land-Gefälle kamen im Durchschnitt rund ein Drittel der Schüler selbst im Winter nur unregelmäßig in die Schule.[5] Noch im ersten Jahrzehnt des 19. Jahrhunderts

---

[1] Neben Wehrmann u. Arndt s. auch Jürgen Voss, Der gemeine Mann und die Volksaufklärung im späten 18. Jahrhundert, in: Hans Mommsen u. W. Schulze (Hrsg.), Vom Elend der Handarbeit. Probleme historischer Unterschichtenforschung (GuG 24), Stuttgart 1981, 208 ff.; Holger Böning, Reinhard Siegert, Volksaufklärung. Biobibliographisches Hb. zur Popularisierung aufklärerischen Denkens im deutschen Sprachraum von den Anfängen bis 1850, Bd. 1: Holger Böning, Die Genese der Volksaufklärung und ihre Entwicklung bis 1780, Stuttgart-Bad Cannstatt 1990; Hans-Ulrich Wehler, Bibliographie zur neueren deutschen Sozialgeschichte, München 1993.

[2] Ewald, Ueber Schulaufsicht, in: ÜP H. 4, 95–248, 103 f., ERZ, 23. Vgl. Cölln, Beytrag zur Charakteristik der Lippischen, Ritbergischen und Paderbornischen Bauren, wieder in: Stöwer, Landesbeschreibung, 235 ff., 248. Zum Problem der Doppelsprachigkeit vgl. Wehrmann, 154 ff.

[3] Das Votum vom 15. Januar 1783 ist abgedr. in: ÜP H. 4, 105–138, allerdings unter Auslassung lokaler Bezüge wie § 8 (Finanzierungsfragen: Klostereinkünfte von Falkenhagen, Einsparungen bei besser dotierten Küsterstellen von 10–20 Rtl. zugunsten schlechter Schulstellen) und § 9 Abschn. A (mögliche rechtliche Einwände aufgrund der Kirchenordnung von 1571); vgl. StArch Detmold L 65, Nr. 230, 19–50. Zum schulischen Normalzustand vor der Reform vgl. den abgedr. Ausz. aus der »Kurzen Anweisung zum Unterricht der Jugend für die Küster und Landschulmeister der Grafschaft Lippe Detmold« aus dem Jahr 1783, ÜP H. 4, 139–193.

[4] Zu Oerlinghausen vgl. Butterweck, 541; ÜP H. 6, 110 f.

[5] Ewald gab folgende Zahlen nach den vierteljährlich erhobenen Schullisten an: In der Detmolder Klasse (Superintendentur) waren von 2730 Schülern 784 säumig (28,72 %), in der

wurde an den meisten Orten im Sommer nur in der Mittagszeit Schule gehalten.[6] Die Hauptursachen, die Ewald für den mangelnden »Schulfleiß« namhaft machte, sind sozialer und siedlungsgeographischer Art, nämlich die bei den klein- und unterbäuerlichen Schichten meist armutsbedingte Kinderarbeit und weite Schulwege.[7]

Starker Widerstand gegen den schulischen Bildungsgedanken ging von den größeren Bauern aus, deren Prestigebewußtsein es verbot, ihre Kinder mit anderen einfacherer Herkunft in die Schule zu schicken und auf deren Arbeitskraft zu verzichten, die meist schon im Alter von zehn oder elf Jahren in Anspruch genommen wurde.[8] Die vom Konsistorium verhängten Maßnahmen führten zu bitteren Klagen über die obrigkeitlich verordnete »Aufklärung«.[9] Aus der Not geboren waren die 1791 offiziell eingeführten Ernteferien auf dem Lande, die sowohl den Kindern als auch den Lehrern guten Gewissens die nötigen Feldarbeiten erlauben sollten.[10] Verwandte Anstrengungen galten der Regulierung des Konfirmandenunterrichts und eines möglichst einheitlichen Alters bei der zweimal im Jahr abgehaltenen Konfirmation als Abschluß der regulären Schulpflicht.[11]

Varenholzer Klasse von 1586 567 (35,75 %), und in der Bakeschen von 2000 778 (38,9 %), ÜP H. 4, 110. Zur Schulordnung vom 28. März 1767 und zur Verordnung vom 23. September 1783 vgl. Clostermeier, Auszug, Stichwort »Schule« 170 f.

[6] Weerth, Elementar-Schulen, 63.

[7] Zu den bäuerlichen Rechts- und Sozialverhältnissen vgl. Arndt, 245 ff. Die lippische Leibeigenschaft galt, wo sie noch bestand, als vergleichsweise milde, so daß es heißen konnte: »Da kein Leibeigentum, es wäre denn in Schwaben, so gelinde sein kann wie im Lippischen, so leben diese Bauern im ganzen im Wohlstande«, Stöwer, Landesbeschreibung, Anh. I, 148 ff. Bei Clostermeier findet sich folgende Einteilung nach Besitzverhältnissen: die ganzen, mittleren und gemeinen Vollmeier, die Groß-, Mittel- und Kleinkötter und als dritte Gruppe am untersten Ende die Hoppenplöcker, Straßenkötter und Einlieger, Auszug, 127 ff. Zum Problem der Unterschichten vgl. Johann Moritz Schwager, Ueber den Ravensberger Bauer, in: Westphälisches Magazin Bd. 2, 1786, 49–74. Die Leibeigenschaft der Wenden in der Lausitz erschien Jung-Stilling unter fürsorglicher Herrschaft geradezu als Segen, Lebensgeschichte, 640 f.

[8] Stöwer, Landesbeschreibung, 243; eine detaillierte Schilderung der von der Kinderarbeit eingeschränkten Bildungsmöglichkeiten der unteren Schichten zeichnet ein aus dem *Lippischen Intelligenzblatt* von 1789 genommener und in gekürzter Form im *Neuen Westphälischen Magazin* 1790 abgedruckter Bericht, wieder in: Stöwer, Landesbeschreibung, Anh. III, 159–162. Sobald ein Kind laufen konnte, leistete es den Kuhhirten Gesellschaft; mit Beginn der Schulzeit im Alter von sieben Jahren setzte eine ganztägige Beschäftigung nach Jahreszeit und Alter bis zum Aufstieg zum Großknecht im Alter von 20 Jahren ein.

[9] Zu den späteren drastischen Maßnahmen wie der öffentlichen Abkündigung säumiger Schulkinder von der Kanzel und Anzeige der Eltern zur Strafverfolgung vgl. Weerth, Elementar-Schulen, 89 ff.; Rauschenbach, Volksschulen, 53 f. (1808).

[10] StArch Detmold L 65, Nr. 74, fol. 163. Verordnung vom 16. Juli 1791, mit Votum Ewalds. Je nach lokalen Umständen sind höchstens sechs Wochen Ferien vorgesehen gewesen.

[11] Die möglichst frühe Konfirmation lag ganz im Interesse der Eltern, um der in zeitlicher und finanzieller Hinsicht aufwendigen Schulpflicht enthoben zu sein, doch stand dem der mangelhafte Unterrichtsbesuch und der Unwille der Prediger entgegen, nur eine kleine Anzahl von Kindern zu konfirmieren, so daß es öfters zu Verzögerungen kam. 1790 wurde in Aufnahme und Konkretion einer bereits 1767 erlassenen Bestimmung in einer Konsistorialverordnung festgelegt,

Das Grundproblem des ökonomisch behinderten und noch von keinem allgemeinen Bildungsanspruch gedeckten »Schulfleißes« ließ sich freilich mit obrigkeitlichen Zwangsmaßnahmen nicht lösen.[12] Ein Beitrag Ewalds im *Lippischen Intelligenzblatt* 1787 gibt ein Beispiel für die Versuche, die ländliche Bevölkerung von der Notwendigkeit einer allgemeinen Elementarbildung zu überzeugen und legt indirekt die sozialen Zwänge und die Aussichtslosigkeit offen, ohne Wandel der Erwerbsstruktur und ein neues Bildungsbewußtsein Wesentliches zu ändern.[13] Aus dem fingierten Dialog zwischen einem Meier, zweien seiner Einlieger, einem Straßenkötter und dem Pfarrer des Orts nach dem Kirchgang, bei dem eine entsprechende konsistoriale Verordnung verlesen worden war, läßt sich nicht nur auf das Mißtrauen schließen, mit dem die Landbevölkerung obrigkeitlichen Anordnungen begegnete, sondern auch die objektive Notwendigkeit, mit der die Familien bei ohnehin niedrigem und witterungsbedingt gefährdetem Einkommen auf die Arbeit der Kinder angewiesen waren und den Schulbesuch als obrigkeitlichen Übergriff in ihre elterlichen Verfügungsrechte und Verschwendung von Arbeitskraft betrachteten, zumal noch Schulgeld dafür bezahlt werden mußte. So war die Meinung verbreitet, die Schule sei nur eine Arbeitsbeschaffungsmaßnahme für den Lehrer. Demgegenüber versuchte Ewald, die Bildungsinteressen der Obrigkeit auf der Basis des Vertrauens zur Geistlichkeit als fürsorgliche Maßnahmen im ureigensten Interesse der Landbevölkerung plausibel zu machen.[14] Die Anstellung kommunaler Viehhirten, die er mangels Wirksamkeit von Verboten zur Eindämmung der Kinderarbeit anregte, ließ sich nicht realisieren.[15] So war schon viel erreicht, wenn die Kinder wenigstens um der Pfarrer willen in die Schule geschickt wurden. Dies setzte nicht nur deren Respekt vor dem sprichwörtlichen Bauernstolz voraus, sondern erforderte auch eine weitgehende Befriedigung der Anerkennungsbedürfnisse der großen Meier mit allen Folgen

---

daß die Konfirmation in der Regel nicht vor vollendetem vierzehntem und nicht nach Ablauf des sechzehnten Lebensjahres stattfinden sollte, Landesverordnungen Bd. 4, 4–6; 30, wieder in: Sammlung der [...] Verordnungen, Lemgo 1835, 61–63. Ausnahmegenehmigungen mußten beim Superintendenten eingeholt werden, allenfalls beim Mindestalter waren die Prediger ermächtigt, sechs Wochen nachzulassen.

[12] Zu ähnlichen Verhältnissen in Ewalds Heimatland vgl. die Verordnung über das Landschulwesen, 15. Januar 1768, in: BirArch Nr. 2642 (Kopie bei Decker, 223).

[13] Ewald, Warum soll man denn die Kinder durchaus in die Schule schicken? Ein Gespräch auf dem Kirchwege, in: LIB 1787, 23. St., 181–184, unter der Rubrik »Gelehrte Sachen«; Steiger, Bibliogr., verzeichnet den Artikel nicht (zu Zeitschriftenbeiträgen Ewalds s. die einschränkende Bemerkung ebda., 447).

[14] »Die Seele Eurer Kinder braucht Nahrung, so gut wie ihr Leib. Sie bekommen diese Nahrung in der Schule. [...] Am Ende [ohne regelmäßigen Schulbesuch] ists, als wenn sie keine Seele mehr hätten. Wolltet Ihr das Euren Kindern zu leide thun?« (Argument des Pastors). Ebda., 183. Beim Vermieten der Kinder an einen Meier im Sommer sollte dieser verpflichtet werden, dreimal oder wenigstens zweimal in der Woche die Schule besuchen zu lassen, die ja ohnehin nur in der Mittagsstunde abgehalten wurde. Gesetzlich war im Sommer ein Schulbesuch von wenigstens 2 oder 3 Stunden in der Mittagszeit vorgesehen, vgl. Clostermeier, Auszug, 170 f.

[15] Weerth, Elementar-Schulen, 90.

problematischer Abhängigkeit.[16] Der bildungsbeflissenen Annäherung an die oberen bäuerlichen Schichten stand die Distanzierung von der sonstigen bäuerlichen Lebenswelt gegenüber. In Gasthäusern und Krügen durften Pfarrer und Lehrer mit dem Landmann nicht gemein werden. Da dies keineswegs allgemein akzeptiert wurde und Klagen über eine »allzu genaue Bekanntschaft mit den Bauern in ihrem rohestem Zustande« eingingen, erbat Ewald namens des Konsistoriums noch kurz vor seinem Weggang aus Detmold 1796 von der Regierung ein von Superintendenten und Predigern zu überwachendes Verbot entsprechender Kontakte, freilich erfolglos.[17]

Auf der Lehrerseite lag das Hauptproblem in der Ausbildungs- und Einkommensfrage. War durch das Detmolder Lehrerseminar für eine bessere Ausbildung gesorgt, so stellte die Besoldungsfrage und die Umstrukturierung des Unterrichts in der Übergangsphase vor besondere Herausforderungen.[18] Erwerbstätigkeit in Landwirtschaft, Leinenweberei und Schneiderei gehörten zum Berufsbild des oft aus dem Handwerk stammenden Lehrers. Nach Ewalds Erhebungen betrug das Einkommen von achtzehn Lehrern im Lande einschließlich des Schulgeldes, das bei den meisten den größten Teil der Besoldung ausmachte, zwischen 14 und 36 Rtl. jährlich, im schlechtesten Fall also wenig mehr als das eines Großknechtes. Küster standen sich in der Regel besser.[19] Rochow hatte schon 1772 jährlich mindestens 100 Rtl. gefordert, damit die Lehrtätigkeit im Hauptberuf ausgeübt werden könne.[20] In

---

[16] Die großen Meier ließen sich nicht gern »Bauer« nennen, sondern wollten mit »Herr« angeredet werden; von den Predigern werde besonders der geschätzt, der »ihren Toten eine große Lobrede hält, ihre Kinder bei der Konfirmation obenanstellt, ihre Töchtern bei der Proklamation große Titel gibt [...].« Dafür waren sie auch bereit, etwas zu leisten: Neben den Beamten und Advokaten hielten sich vor allem die Prediger durch allerlei »Küchensteuern« beim Bauern schadlos. Vgl. Stöwer, Landesbeschreibung, Anh. I, 150.

[17] L 65, Nr. 261, fol. 3, 24. Oktober 1796.

[18] Vgl. Arndt, 404. Zum Lehrerseminar vgl. Weerth, Elementar-Schulen, Wehrmann, 130 ff.

[19] ÜP H. 4, 113. Zu den Einkommen der Schulmeister und Küster vgl. StArch Detmold L 65, Nr. 250. Der Küster in Lipperode bezog 1781 rund 60 Rtl., Küster Begemann d. Ä. kam 1788 in Detmold auf rund 85 Rtl. aus dem Küsterdienst, 35 aus dem Organistenamt und 25 aus der Mädchenschule, also auf etwa 145 Rtl., wobei er wegen des unregelmäßigen Schulbesuchs und der für die Mädchenbildung eingerichteten »Weiberschulen«, welche die besten Kinder abzogen, allenfalls 15 Rtl. als Schulgeld veranschlagen konnte; sein Sohn Wilhelm Ludwig Begemann erreichte auf derselben Stelle 1803 bereits eine Summe von rund 290 Rtl., das sich durch weitere Einnahmen auf insgesamt rund 297 Rtl. erhöhte, Hauptposten war mit rund 86 Rtl. das Schulgeld. Nach Ewalds Votum (L 65, Nr. 230, fol. 32) verdienten in den drei Klassen (Superintendenturen) 15 Küster zwischen 100 und 130 Rtl.,12 zwischen 130 und 144, und 5 mehr als 150 Rtl. Kantor Pustkuchen erhielt 1803 insgesamt rund 308 Rtl., ebda., fol. 47 f. Eine summarische Angabe der Gehälter lippischer Beamter und der Lebenshaltungskosten findet sich in: Wehrmann, Das ev. Pfarrhaus, 61; zum Verdienst der Knechte s. Stöwer, Landesbeschreibung, XXVIII. Nach Jung-Stillings Erinnerungen betrug um 1760 der höchste erreichbare Lohn eines Schullehrers in der Gegend 25 Rtl., Jung-Stilling, Lebensgeschichte, 162, vgl. 181.

[20] Vgl. Rochow, Versuch eines Schulbuches, 1772, Einl. (o. S.). Die Stelle des Lehrers in Rekahn war zu Zeiten von Heinrich Julius Bruns (seit Anfang 1773) von Rochow mit 180 Rtl. Jahresgehalt ausgesprochen gut dotiert.

Lippe wurde die Lehrerbesoldung zunächst dergestalt verbessert, daß die am schlechtesten dotierten Stellen auf 30 Rtl. angehoben und die durch einen Absolventen des Lehrerseminars besetzten mit 40 Rtl. ausgestattet wurden. Nach 1802 war das Mindesteinkommen bei den 110 Schulstellen auf 60 Rtl. jährlich gestiegen, wobei etwa die Hälfte der Lehrer zwischen 60 und 100 Rtl. und die andere Hälfte z. T. beträchtlich darüber verdiente. Dies war bedeutend mehr als etwa im Hannoverschen, wo viele Lehrer zu dieser Zeit noch mit 15 bis 30 Rtl. auskommen und nebenbei ein Handwerk ausüben mußten.[21]

Ewald hatte anfangs neben der Verbesserung der Lehrerbesoldung eine Aufhebung des Schulgelds, die freie Schulwahl der Eltern, die bislang durch einen Distriktszwang behindert war, und die Einrichtung mehrerer fester Schulmonate nach dem Vorbild anderer Länder gefordert. Angesichts knapper finanzieller Mittel blieb das Schulgeld erhalten, die freie Lehrer-, d. h. Schulwahl aber, die bislang nur durch Doppelbezahlung des Schulgelds erkauft werden konnte, wurde den Eltern zugestanden. Das Schulgeld verlor durch offiziellen Einzug und zentrale Verwaltung auf Landesebene in einer vom Konsistorialsekretär verwalteten Generalschulkasse sowie die Eingliederung in ein Gehaltssystem den Charakter einer Privatzahlung an den Lehrer.[22]

Die abschließenden Bestimmungen traf die im September 1783 erlassene Schulordnung, die mit Beginn des neuen Jahres in Kraft trat.[23] Diese wurde mitsamt den Hilfsmitteln für Unterricht und Verwaltung den Predigern zugesandt, monatliche Schulbesuche mit Berichten angeordnet und mit Aussicht auf bevorzugte Beförderung bei besonderem Eifer gelockt. Die Superintendenten der drei Klassen hatten vierteljährliche Berichte an das Konsistorium zu schicken und die Schulfrage bei ihren Kirchenvisitationen verstärkt zu berücksichtigen. Für die Vermittlung pädagogischen Grundwissens und der Normierung der Unterrichtsmethode stellte Ewald 1783 eine kurze Anweisung zusammen, die mit der neuen Schulordnung gesetzlich vorgeschrieben wurde.[24] 1786 gab er daraus für einen weiteren Leserkreis einen umfangreichen Auszug wieder.[25]

---

[21] Als Ziel setzte man sich eine Entlohnung von 120 Rtl. im ersten Amtsjahr, das nach 7 bis 8 Jahren auf 150 Rth. steigen sollte, Weerth, Elementar-Schulen, 114 ff.

[22] ÜP H. 4, 125 ff.

[23] Das Lehrergehalt sollte in der Regel nicht für mehr als 60 Schüler bezogen werden, dem Prediger kam im Rahmen der Schulaufsicht und der Führung der Kirchenbücher eine wichtige Kontrollfunktion zu, zugleich mußten die Lehrer Anwesenheitslisten an das Konsistorium schicken. Auch die Gelder für die Unterstützung armer Eltern, die das Schulgeld nicht bezahlen konnten, wurden nun zentral verwaltet. Verordnung vom 23. September 1783, ÜP H. 4, 194–200, vgl. Landesverordnungen 3, 83–86.

[24] Ewald (o. Vf.), Kurze Anweisung zum Unterricht der Jugend für die Küster und Schulmeister der Grafschaft Lippe, Lemgo 1783 (Steiger, Bibliogr. 8).

[25] ÜP H. 4, 139–193.

Die Schullehrer wurden noch 1791 vom Konsistorium verpflichtet, den Unterricht nach dieser gedruckten Anweisung zu halten.[26] Darin waren detaillierte Angaben zum Unterricht, zu Klassenbildung und Stundenplan, zum Gebrauch der Buchstabentafeln und der Schreibmuster, der sog. »Vorschriften«, enthalten und Grundsätze zur Schuldisziplin und Jugendbildung dargelegt, welche den bürgerlichen Verhaltenskodex auf dem Land ausbreiten helfen sollten.[27] Da der Prediger hochdeutsch katechisierte und predigte, sollten sich auch die Lehrer im Unterricht um die hochdeutsche Aussprache bemühen.[28] Zum Lehrkanon gehörten Lesen und Schreiben. Rechnen galt nicht als ordentliches Unterrichtsfach, nur wenige Kinder auf dem Land lernten es. Allerdings regte Ewald an, der Lehrer möge zusätzlich freiwilligen Rechenunterricht anbieten, um wenigstens das Addieren und Subtrahieren zu vermitteln und Rechenhefte für das spätere Nachschlagen anlegen zu lassen.[29] Unzufrieden mit den bis dahin gebrauchten ABC-Büchern religiösen Inhalts wünschte sich Ewald für die ersten Leseübungen eine Fibel mit Geschichten in Anlehnung an Rochows *Kinderfreund*. Beispiele von Kurzgeschichten, welche die Lehrer den Jüngsten beim Silbenlernen erzählen konnten, stellte Ewald vor.[30] Sie berührten, oft unter individualethischem Gesichtspunkt und nicht ohne einzelne biblische Bezüge, Bereiche der Biologie, Geographie, Geschichte, Medizin, Landwirtschaft, Gesundheit und Politik. Dabei wurden auch Probleme wie die Sklaverei angesprochen, die im Zusammenhang der Rede vom Zuckerimport scharf verurteilt wurde.[31] Die zentralen Lehrbücher blieben aber einstweilen die Bibel bzw. die

---

[26] L 65, Nr. 75, fol. 4 f., Verordung vom 1. Juli 1791.

[27] Der Begriff der Klasse war hier ein anderer als noch bei Rochow, der 1772 in seinem *Versuch* die Bildung von drei oder vier Klassen damit begründete, daß »kein Kind, länger als eine Stunde, in der Schule bleiben müsse [...]«, ebda., Einl. Ein Lektionsplan findet sich ÜP H. 4, 166 f. Als wichtige Elemente bürgerlicher Schulzucht gelten neben Ordnung und Stille im Unterricht allgemeine Sauberkeit, für die Kinder der Ärmsten ermäßigt zur Sauberkeit von Gesicht und Händen, Verbot von Balgereien zwischen Mädchen und Jungen, Tabuisierung der erwachenden Sexualität und genaue Anstands- und Hygieneregeln. Im Blick auf die Lehrer wird die von den Betroffenen meist als willkürlich empfundene Prügelstrafe problematisiert; vor allem im Religionsunterricht sollten Strafen vermieden werden, um nicht »Ekel gegen die Bibel« zu erregen. Zur Disziplinierung trug ein differenziertes System von Bestrafung und Beschämung mit genauer Buchführung bei, ÜP H. 4, 167 ff.

[28] Ebda., 146 f.

[29] »Weil das Rechnen nur von wenigen Kindern auf dem Lande gelernt wird, und auch Stille erfordert, und Zeit wegnimmt; so geht es nicht wol an, daß solches in den ordentlichen Schulstunden unterrichtet werde.« Nach dem Buchstabenlernen anhand von Fibeln und Buchstabentafeln in der dritten, also der untersten Klasse war für die zweite das Lesenlernen nach Buchstaben und Silben vorgeschrieben. Erst in der ersten Hälfte des 19. Jahrhunderts setzte sich beim Lesenlernen die sog. Lautiermethode durch, welche auch Weerth begünstigte, Elementar-Schulen, 60.

[30] ÜP H. 4, 176 ff.

[31] »Um den Zuker zu bauen, werden jährlich viele tausend schwarze Menschen oder Mohren ordentlich wie das Vieh gekauft und verkauft, wie das Vieh gehalten, und oft wie ein Stük Vieh getödtet.« Ebda., 193. Der Topos von den Untertanen, die wie Vieh behandelt werden, findet sich in der aufgeklärten Absolutismuskritik häufig, vgl. Rousseau, Discours, 250 (schon bei Locke).

1788 eingeführte Bibelgeschichte und notgedrungen der Heidelberger Katechismus. Von diesem waren die Fragen samt Belegstellen ohne Erklärungen und mit dem Prediger vor Ort abgesprochene erbauliche Lieder auswendig zu lernen, doch allein als abzufragende Hausaufgabe. Für die Leseübungen der ersten Klasse waren biblische Geschichten bestimmt, die der Lehrer nacherzählte und mittels der auch von Rochow geübten sokratischen Methode fragend entwickelte.[32] Nur zögernd wurde der im Lehrerseminar ausgebildeten Lehrerschaft zugestanden, die Sätze des Katechismus vor den Kindern nach der im Seminar angewandten Methode näher aufzuschlüsseln.[33]

Nach einem Eingeständnis Ewalds von 1788 half diese analytische Methode des Zergliederns der Fragen und der Unterscheidung von Haupt- und Nebengedanken nicht viel. Größeren Erfolg hatte man, als der Lehrer den Hauptinhalt der Frage erheben und mit eigenen Worten den Kindern wiedergeben mußte. Zu diesem Zeitpunkt war der Wunsch nach einem neuen, die Lehraussagen mittels biblischer Geschichten erhebenden Katechismus schon deutlich formuliert.[34] Ewald folgte den pädagogischen Impulsen von Rochow, dessen *Kinderfreund*, ursprünglich als Lesebuch zur Füllung der Lücke zwischen Fibel und Bibel konzipiert, er ebenso verbreiten half wie das als Anleitung für den Lehrer gedachte Rochowsche Schulbuch, welches sich für die Vermittlung allgemeinbildender Kenntnisse in seiner zweiten Hälfte empfahl.[35] Johann Lorenz Benzler hatte sich schon 1774 im *Lippischen Intelligenzblatt* für volksbildnerische Anstrengungen durch Schriftenverbreitung ausgesprochen und neben Basedows Elementarwerk und Rochows Werken in moralisch-religiöser Hinsicht Schriften Lavaters und Johann Georg Schlossers empfohlen, ebenso machte er 1779 das Erscheinen von Pfennings *Christlichem Magazin* bekannt.[36] Prediger und Schullehrer hielt Benzler damals noch nicht für willens

---

[32] Ewald gibt ein Beispiel für die Katechisation, die sich mit ihren Fragen vom üblichen Vor- und Nachsprechen oder Auswendiglernen unterschied und bei den Schülern auf eine gewisse Selbständigkeit setzte; ähnliches intendierte auch Rochow. ÜP H. 4, 179 ff.

[33] »Es ist gut und nötig, daß die Kinder in den Schulen die 129 Heidelbergischen Fragen, mit denen Sprüchen, welche die darinnen vorkommende Lehren beweisen, auswendig lernen. Ihr gebet ihnen also alle Tage etwas von diesen Fragen und Sprüchen auf, und höret nach geendigter Biblischer Geschichte, ob sie es gelernt haben. [...] In Erklärung der Sachen, der Lehren u.s.w. kann und soll sich der Schulmeister nicht einlassen; sondern dies ist die Sache des Predigers [...]. *Erklärung des Katechismus soll auch von jezt an in keiner Schule mehr auswendig gelernt werden* [...].« ÜP H. 4, 155 f., hervorgehoben im Orig.

[34] ÜP H. 5, 110 ff.

[35] Friedrich Eberhard von Rochow, Versuch eines Schulbuches, für Kinder der Landleute, oder zum Gebrauch in Dorfschulen, Berlin 1772. Ders., Der Kinderfreund. Ein Lesebuch zum Gebrauch in Landschulen, T. 1 Frankfurt 1776, T. 2 Frankfurt 1779. Nachdr. der Originalausgaben Köln 1988 (Schulbücher vom 18. bis 20. Jahrhundert für Elementar- und Volksschulen, hg. von Jürgen Bennack, Bd. 1).

[36] LIB 1774, 23–30; LIB 1779, 485–494. Vgl. Wehrmann, 224 f. Auch Ch. W. v. Dohm, anfangs begeisterter Anhänger Basedows – er war zeitweise dessen Sekretär (in Altona und in der Anfangszeit des Philanthropinums in Dessau 1771) –, setzte sich für eine Verbreitung des *Elementarwerks* und seiner Grundsätze ein. Vgl. Dohm, Schriften, 9, 173.

oder imstande, die Aufgabe der Volksbildung zu übernehmen, wie es ihres Amtes wäre, besonders erschien ihm eine entsprechende Lehrerbildung noch fern jeder Möglichkeit, realisierbar »vielleicht im Jahr 2440«.[37] Der auch mit dem Lemgoer Pastorensohn Christian Wilhelm von Dohm (1751–1820, 1786 preußischer Adel) bekannte Benzler gehörte bald wie der Hofmedikus und Medizinalrat Johann Christian Friedrich Scherf (1750–1818) zum weiteren Freundeskreis Ewalds, beide wußten sich auch mit Jung-Stilling verbunden.[38]

Mit der neuen Schulordnung war ein weiterer Schritt auf dem Weg einer schon länger gewünschten Entwicklung der mit spezifischen Frömmigkeitsinteressen verbundenen Volksbildung in Lippe getan. Die Widerstände richteten sich besonders gegen die amtliche Einziehung des Schulgelds, was pünktliches Bezahlen erforderte, und gegen die neue vereinheitlichte Unterrichtsmethode, aber auch gegen das Ausscheiden von Spruch- und Psalterbüchlein, so daß die ganze Reform unter das Verdikt einer papistischen Zwangsherrschaft zu geraten drohte. Hinzu kamen 1785 kirchenrechtliche Einwände von Seiten der Stände bezüglich der Vereinbarkeit der Bestimmungen mit der Kirchenordnung von 1571 und die Frage der Privilegien des Adels und anderer Exemtionsrechte, die freilich das Reformwerk nicht aufhalten konnten.[39] Zwar beugte sich kaum die Hälfte der Schullehrer der neuen Ordnung, doch sicherte Ewalds Einsatz in den Visitationen vor Ort, konkrete Verbesserungsvorschläge, die Intensivierung der Schulaufsicht durch die örtlichen Prediger und der positive Eindruck vom Unterricht der ausgebildeten Seminaristen den langsamen Erfolg.[40] Nur vereinzelt kam es zu Amtsenthebungen

---

[37] LIB 1774, 309–318. Die Jahresangabe erinnert an den anonym erschienenen reformerisch-utopischen Aufklärungsroman von Louis-Sébastien Mercier, L'An 2440, Amsterdam 1771 (oder Ende 1770, zuerst dt. Leipzig 1772), vgl. Herbert Jaumann (Hrsg.), Louis-Sébastien Mercier, Das Jahr 2440. Ein Traum aller Träume. Aus dem Franz. übertr. v. Christian Felix Weiße, Frankfurt/M. 1989. In der Familie Cölln hatte das Volksbildungsanliegen ebenfalls Tradition; unter Berufung auf Spalding, Resewitz und Leß wurde der praktische Charakter des Christentums betont und die Abschaffung oder Neufassung des Heidelberger Katechismus gefordert, LIB 1774, 435–448.

[38] Vgl. Ewald an Herder, 4. November 1787, wo er um Empfehlung auch an die ihm nicht unbekannte Gattin Herders bat: »Ich kenne sie durch Freund Benzler und Scherf.« Sammlung Autographa, Biblioteka Jagiellońska Krakau (Steiger, Bibliogr. A 47); Jung-Stilling, Lebensgeschichte, Reg. Zu Dohms Werdegang von ihm besonders in der zweiten Phase seiner politischen Wirksamkeit von 1802 an mit großem Engagement an verschiedenen Orten verfolgten Schul- und Kirchenreformen im Sinne aufgeklärter Toleranz vgl. Christian Wilhelm von Dohm, Ausgewählte Schriften. Lemgoer Ausg., bearb. v. Heinrich Detering (Lippische Geschichtsquellen 16), Lemgo 1988, bes. Einl., 9–15, und Anhang (Zeittafel), 173–181; zu dessen Freundeskreis gehörte auch F. H. Jacobi.

[39] Ewald berichtet von über hundert Eingaben an das Konsistorium im Jahr 1784, hinzu kamen zahlreiche persönliche Vorsprachen, ÜP H. 4, 202 f. Die Kinder beeindruckten durch ihre Fähigkeit, biblische Geschichten nacherzählen zu können. Ebda., 203.

[40] Nachdem Ewald die 50 Schulen der Detmolder Klasse visitiert hatte, folgte im Sommer 1785 zusammen mit den zuständigen Superintendenten, mit denen eine gute Zusammenarbeit bestand, die Visitation der beiden übrigen Superintendenturen Varenholz und Brake, ÜP H 4,

solcher Lehrer, die sich ganz und gar nicht auf die neue Unterrichtsmethode einlassen wollten.[41] Andere wiederum, die »vom Pflug an das Schulamt« gekommen waren, arbeiteten sich so gut in die Methode ein, daß sie Ewald durchschnittlichen Seminaristen gleichsetzte.[42] Begleitende Maßnahmen der Reform waren zum einen das Verteilen von Lesestoff, so daß auch ärmere Kinder neben Bibel, Katechismus und Gesangbuch in den Genuß von Rochows »Kinderfreund« kamen und Ältere das von Ewald empfohlene *Noth- und Hülfsbüchlein* von Rudolf Zacharias Becker (1752–1822) erhielten, zu dessen verbesserter Neuauflage er tatkräftig beizutragen beabsichtigte.[43]

Zum andern wurde wie schon von Benzler die ländliche Fest- und Singkultur in den Blick genommen, indem neben der Förderung des Schulfestes auf Ersatz der »häßlichen, unsittlichen« Volkslieder durch »frohe, unschuldige« Lieder, wie sie Voß, Stolberg und Bürger schrieben, gesonnen wurde.[44] Ewald regte 1786 eine Sammlung solcher Lieder an, für die Schulmeister mit Melodien versehen und ohne solche für den Landmann.[45] 1792 erschien im *Musikalischen Wochenblatt* ein Artikel Ewalds, in dem er entsprechend begabte Komponisten aufforderte, zur Förderung der musikalischen Volksbildung eine Liedersammlung mit leicht singbaren Melodien herauszugeben.[46] Ewald nannte bedeutende Komponisten wie Johann Friedrich Reichardt und Johann Abraham Peter Schulz (1747–1800), den Verfasser der Melodie zum Claudius-Lied »Der Mond ist aufgegangen«, außerdem Adolph Karl Kunzen (1720–1781)

---

205 ff. Die monatlichen Schulvisitationen waren von den Predigern wie die allgemeinen Schulvisitationen (mit Lehrprobe) durchzuführen, ebda., 210. Zu den Superintendenten vgl. Butterweck, 282, 345, 398, zur Generalschulvisitation 1784/85 Wehrmann, 157 f.

[41] Verschiedene betroffene Gemeinden hatten angeboten, zur Versorgung des suspendierten Lehrers beizutragen, um den Seminaristen als Lehrer behalten zu können. ÜP H. 4, 212 ff.

[42] Ebda., 216. Als Beispiel für die langsam sichtbar werdenden Erfolge der Schulreform kann Ewalds Bericht von der Visitation der Schulen in Blomberg vom 7. Juli 1787 gelten, die unter der Aufsicht des engagierten Pfarrers Neubourg standen. Bei der öffentlichen Prüfung in der Kirche war auch der Magistrat der Stadt erschienen, StArch Detmold L 65, Nr. 231, 104 f. Zur Lehrerqualifikation geben die Akten zur Neubesetzung der Schullehrerstellen Auskunft, vgl. z. B. L 77 A, Nr. 1972, fol. 14: Als außergewöhnlich gebildet galt ein Lehrer, der einige Fragen des Heidelberger Katechismus zergliedern, eine biblische Geschichte erzählen und bei unvorbereiteten Kindern »durchfragen« konnte, zumal, wenn er sich noch durch gute Kenntnisse im Rechnen und Schreiben, Klavierspiel und Singen auszeichnete.

[43] Zum Büchermangel vgl. die Listen in L 65, Nr. 230, z. B. fol. 166. Aus Heidenoldendorf wurde am 27. Januar 1784 gemeldet, daß von den zwölf armen Kindern acht eine Bibel, sieben einen Katechismus, aber nur eines ein Gesangbuch bräuchten. Rudolf Zacharias Becker, Noth- und Hülfs-Büchlein für Bauersleute oder lehrreiche Freuden- und Trauer-Geschichte des Dorfs Mildheim. Für Junge und Alte beschrieben, Gotha u. Leipzig 1788 (mit Holzschnitten), Rez. in: ÜP H. 5, 241–247; HH, 76, 341. Ewald bat Sachkundige, Fehler zu suchen und ihm mitzuteilen.

[44] VA 1811, 263 f.

[45] ÜP H. 4, 217 f.

[46] Ewald, Einige Wünsche an Tonkünstler, die sie erfüllen können, in: Musikalisches Wochenblatt XXII. 1792, 169 f., s. Steiger, Bibliogr. 70.

und Johann Gottlieb Karl Spazier (1761–1805). Mittels des quasi-liturgischen Charakters der den gemeinschaftlichen Arbeitsrhythmus begleitenden Arbeitsgesänge schienen Einflußmöglichkeiten sittlicher Bildung gegeben, welche die von Predigt und Katechismus übertrafen.[47] Im Hintergrund steht wiederum das bürgerliche Ideal des zivilisatorisch unkorrumpierten ländlichen Naturmenschen mit Geschmack, Empfindung und religiöser Aufgeschlossenheit. Entsprechend konnte Ewald neben der göttlichen Führung in seinen Bildungsbemühungen die »Stimme des Volks« beschwören, die ihm immer heilig gewesen sei.[48] Hierzu fügt sich gut die Herausgabe von sechs Liedsammlungen, die 1793 zusammengefaßt in je einer Text- und Notenausgabe mit 50 Liedern in Lemgo erschienen und Ewalds Unterstützung erfahren haben dürfte.[49] Noch 1811 wußte Ewald nur diese Liedersammlung als empfehlenswerte ihrer Art zu nennen, als er schulischen Musikunterricht mit vierstimmigem Gesang und eine entsprechende Lehrerausbildung forderte.[50] Neben der ungebrochenen Natur- und Landidylle vieler Lieder spiegelt sich in wenigen anderen auch die soziale Not Armer, Behinderter und Auswanderer, die freilich nicht mit eigener Stimme, sondern mit der des Volksaufklärers und Absolutismuskritikers sprechen.[51] Diese Sammlung wurde 1935 von Willi Schramm als »Ernd-

---

[47] Ewald erwähnte seine bisherigen guten Erfahrungen in der Verbreitung entsprechender Lieder und nannte Beispiele, so Lieder von Claudius und Voß, zu denen Reichardt und Schulz Melodien geliefert hatten.
[48] ÜP H. 4, 220 ff.
[49] Funfzig auserlesene Lieder bei Sonnenschein und Regen, beim Heumachen, Kornbinden und Erndtekranz, Flachs- Spinn- und Liebeslieder, daheim und in freier Luft zu singen, wenn man gerne froh ist in sechs Samlungen, Lemgo 1793. Die Notenausg. erschien 1793 in Lemgo u. d. T.: Funfzig Melodien zu den funfzig auserlesenen Liedern [...]. Steiger, Bibliogr. 89, 89b. Die Sammlung wird erwähnt in: ÜP H. 9, 51. Die erste Sammlung von 10 Liedern ist anon. o. O. u. J. erschienen, »herausgegeben von einem Freunde der Landjugend«, die zweite bis sechste Sammlung erschien nacheinander 1793. Nach einer Aussage Ewalds in seiner Volksaufklärungsschrift von 1811 ging die Liedsammlung, sofern es sich um ein und dieselbe handelt, nicht direkt auf ihn zurück: Die Sammlung mit Liedern von Voß, Hölty, Stolberg, Goethe, Bürger u. a. sei »von einer Dame veranstaltet, und mit passenden Melodieen begleitet« in der Grafschaft Lippe verkauft worden, ebda., 263. Freilich deuten Stil und Inhalt des Vorw. auf Ewald: »Mir wills so vorkommen, lieben Leute, als hätt' Euch der liebe Gott so recht dazu auserwält, um durch Euren Fleiß den Segen genießbar zu machen, den Er zu unser Aller Mutter, die Erde, gesprochen hat. Und wenn Ihr das bedenkt, und unterm Denken auch darnach thut; da ists freilich kein Wunder, wenn ihr trotz der beschweißten Stirne, und des nassen durchgeregneten Kittels, ein gut Gewissen habt, froh seyd und gerne singen mögtet. Hier sind 50 Lieder! [...] Die Schulmeister können sie Euch lehren: auf der Kirmes, beim Buchbinder in der Stadt, könnt Ihr die Lieder haben, theuer sind sie auch nicht [...]« Funfzig auserlesene Lieder, 3 f. Einen ähnlichen Charakter hat, wenngleich weit ausführlicher gestaltet: Rudolf Zacharias Becker, Mildheimisches Liederbuch. Faks. nach der Ausg. v. 1815, mit einem Nachw. v. Günter Häntschel (Deutsche Neudrucke, Reihe: 18. Jh.), Stuttgart 1971.
[50] VA 1811, 260 f.
[51] Vgl. z. B. Lied Nr. 31, 6. »[...] ach Gott! der arme Mann auf Stroh / sieht auch zu dir hinauf [...]«; 7. »Er hungert doch nicht, lieber Gott! / Gieb doch dem armen Mann / zum Stroh ein kleines Stükchen Brod, / du, der so vieles kann.« ebda., 43 f.; zur Lage der Bauern heißt es im

tekranz 1793« neu herausgegeben und für den Heimatgedanken und die Gemeinschaftsidee einer Blut- und Bodenideologie vereinnahmt.[52]

Nachdem der religiöse Unterricht mit den beiden Bänden zur Bibelgeschichte eine neue Basis bekommen hatte, wurde ein dritter Teil mit lebenspraktischen Kenntnissen in Angriff genommen, um der Volksaufklärung ihren umfassenden, Kinder und Erwachsene erfassenden Bildungsanspruch zu sichern.[53] Grundlage des gleichsam als Enzyklopädie des »gemeinen Mannes« angelegten Werkes, das Ewald als Redaktor betreute, waren neben Beckers *Noth- und Hülfsbüchlein*, von dem schon dreihundert Exemplare angeschafft und zum Teil im Land verteilt worden waren, einschlägige Schriften über Land-, Obstbau und Bienenzucht, die ein Kreis von Fachkundigen überarbeitete und an die lokalen Bedürfnisse anpaßte.[54] Es wurde im August 1792 fertiggestellt, 1793 als dritter Band des Lesebuchs gedruckt und zugleich als Hand- und Hausbuch veröffentlicht.[55] Damit war ein weiterer Schritt zur Modernisierung des ländlichen Bücherbesitzes getan, der nach Ewalds Auffassung neben dem dreibändigen Lesebuch zusammen mit Rochows *Kinderfreund* und einem noch zu erarbeitenden biblischen Katechismus »das ganze Elementarwerk für den Landmann« bilden sollte – Bibel und Gesangbuch eingeschlossen. Der vom dritten Teil des Lesebuchs angesprochene Wissensbereich des Nützlichen betraf alles, was direkt oder indirekt der Wohlfahrt und Wirtschaftskraft des Landes und der Stabilisierung der politischen Herrschaft zugute

---

Lied Nr. 32, dem Neujahrswunsch eines alten lahmen Invaliden an Bauern und Fürsten: »3. Gehn viele da gebükt, und welken / in Elend und in Müh, / und andre zerren dran und melken, / wie am lieben Vieh. // 4. Und ist doch nicht zu defendiren, / und gar ein böser Brauch; / die Bauern gehn ja nicht auf vieren, / es sind doch Menschen auch. // 5. Und sind zum Theil recht gute Seelen. / Wenn nun ein solches Blut / zu Gott seufzt, daß sie ihn so quälen; / das ist fürwahr nicht gut.« Lied Nr. 49 gibt ein Abschiedslied der Auswanderer nach Südafrika wieder.

[52] Willi Schramm (Hrsg.), Erndtekranz 1793. Auserlesene Lieder bei Sonnenschein und Regen, beim Heumachen, Kornbinden und Erndtekranz, Flachs-, Spinn- und Liebeslieder, daheim und in freier Luft zu singen, wenn man gern froh ist, leicht zu singen und angenehm zu hören, Kassel 1935 (Steiger, Bibliogr. 89a). Schramm nahm in seinem Nachw. an, daß Ewald die Texte zum Teil selbst verfaßt, größtenteils aber gesammelt habe und daß viele Melodien und die leichte Klavierbegleitung von Kantor Pustkuchen stammten.

[53] ÜP H. 8, 113 f. Vgl. Wehrmann, 160 ff., ders., Die lippische Landeskirche, 132 f.

[54] ÜP H. 6, 113–126. Mit Nachdruck wurde die obrigkeitliche Unterstützung zur mustergültigen Einführung der neuen Anbau- und Zuchtmethoden gefordert, etwa auf den Grundstücken der Rentkammer und bei bereitwilligen Meiern, allerdings unter Verzicht auf den Verordnungsweg; auch war denkbar, Beamte, Prediger oder Schullehrer mit einer vorbildlichen Bienen- oder Obstbaumzucht zu beauftragen.

[55] Ziel war, jedem Landschullehrer ein Exemplar zukommen zu lassen, so daß dieser daraus täglich eine halbe Stunde die in der Bibelgeschichte fortgeschrittenen Schüler lesen lassen und das Gelesene erklären konnte. Schulbibliothek, Ausleihe durch Lehrer, Prediger und Beamte sowie die Aussetzung als Fleißpreis bei Schulvisitationen sollten die Verbreitung fördern. ÜP H. 8, 123 f. Ewald (Hrsg.), Hand- und Hausbuch für Bürger und Landleute […], Lemgo u. Duisburg 1793 (= HH; Steiger, Bibliogr. 92). Das Vorw. schrieb Ewald im August 1792, ein Reg. erschloß das Werk. Vgl. Wehrmann, 232 ff.

kam.[56] Anders als Rochow sprach sich Ewald gegen ein Formalisieren des aufklärerischen »Selbstdenkens« in Begriffs- und Urteilsbildung durch Einüben in kategoriale Urteilsformen aus, da überflüssig und unausführbar: Überflüssig, weil der praktische Umgang mit den Dingen eine eigene Thematisierung seiner Logik nicht erforderte, und unausführbar, weil in jeder sozialen Schicht nur wenige dazu befähigt waren.[57] Die praktische Vermittlung »richtiger« Begriffe und Vorstellungen war daher in seinen Augen auch eher die psychologische Kunst, alte Vorurteile durch weniger bedenklich scheinende neue zu ersetzen, als über den Charakter von Vorurteilen Klarheit zu verschaffen und die sie deckenden Autoritäten zu hinterfragen.[58] Das obrigkeitliche Volksaufklärungsprogramm wurde den Betroffenen von Ewald als göttliches Bildungsgebot nach dem Gleichnis von den anvertrauten Talenten Mt 25,14 ff. vorgestellt und mit der Erinnerung an die paradiesische Urbildung des Menschen durch Gott begründet, die von Eltern und Schule fortzutragen sei.[59]

Der dritte Teil des Lesebuchs gibt neben sozialhistorisch interessanten Details zahlreiche Hinweise auf den weltanschaulichen und gesamtgesellschaftlichen Rahmen der ländlichen Bildungsreform. Auf einige charakteristische Merkmale sei hier hingewiesen. Der erste Abschnitt, der Themen der Naturlehre und Naturgeschichte zum Gegenstand hatte, stellte die wissenschaftliche Forschung als notwendige Konsequenz aus dem Schöpfungsglauben und dessen Interesse an einer Überwindung von abergläubischer Todesfurcht und fatalistischer Lebenseinstellung dar, wie sie nach volksaufklärerischer Meinung besonders den »rohen« Landmann bestimmten.[60] So wurde besonders auf die Entzauberung von Naturereignissen wie des Gewitters durch Erklärung der elektrischen Vorgänge hingewirkt, die reservierte Haltung gegenüber dem technischen Fortschrittsgedanken – etwa im Blick auf die noch wenig verbreiteten Blitzableiter – zu überwinden gesucht und die unterschiedlichsten Formen des Volksaberglaubens bekämpft.[61] Vom Grundgedanken eines har-

---

[56] Ebda., 114 f. Vgl. Christian Gottlieb Clostermeier (o. Vf.), Auszug aus den Lippischen Landesgesetzen für den Bürger und Landmann, Lemgo 1791. Ewald bestimmte im Vorbericht zur Schrift einen wöchentlichen Unterricht von zweimal einer halben Stunde mit diesem Unterrichtsstoff in der obersten Klasse. Zur Verteilung des Auszugs s. StArch Detmold L 65, Nr. 261, fol. 1 f. Vgl. auch Wehrmann, »Von dem Versuche, ein neues Schulfach einzuführen« – Die Anfänge politischer Erziehung in den lippischen Elementarschulen an der Wende zum 19. Jahrhundert, in: Lippische Mitteilungen 50.1981, 93–131.
[57] ÜP H. 8, 115 ff. Vgl. die 17. Geschichte des »Kinderfreunds« mit der Überschrift »Ursach und Wirkung« und dem Hinweis auf Sir 7,1 f.
[58] ÜP H. 8, 117 f. Zur volkskundlichen Inventarisierung der Phänomene des Volksaberglaubens vgl. das *Verzeichnis einiger, theils sonderbaren, theils abergläubischen Gewohnheiten und Meinungen des Westphälischen Landmanns,* in: Westphälisches Magazin Bd. 3, 1787, 710–721.
[59] HH, 11, 61.
[60] »Denkt nur immer, daß Gott nichts umsonst machte, und wenn man auch den Nuzen davon nicht gleich einsieht«, HH, 27, vgl. ebda., 45, 47, 55 f.
[61] HH, 19 f. »Es wäre sehr gut, wenn auch hier im Lande solche [Blitz-]Ableiter gemacht würden; und vielleicht geschieht es wol noch einmal.« Freilich herrschte die Meinung, die

monischen Miteinanders von Glaube und wissenschaftlich-empirischer Forschung war auch die Stellungnahme zu den modernen Entdeckungs- und Forschungsreisen bestimmt. Selbst wenn nach der Entdeckung Australiens durch J. Cook kaum noch Spektakuläres in dieser Hinsicht zu erwarten war, blieb doch der visionäre Blick auf die der Erforschung harrende Sternenwelt, die sich Ewald wie auch in anderem Zusammenhang nach Joh 14,2 bewohnt vorstellte.[62]

Hinter einzelnen auf die Volksgesundheit zielenden Warnungen lassen sich die beengten Wohnverhältnisse und schlechten Arbeitsbedingungen erkennen, so etwa im Blick auf Ansteckungs- und Vergiftungsgefahren.[63] Mögliche Ernährungskrisen und Lebensmittelknappheit klingen an, wo unter dem Vorzeichen der Vorurteilskritik Überlebensmöglichkeiten erörtert werden.[64] Die nähere Behandlung der Tier- und Pflanzenwelt spiegelt auf typisch aufklärerische Weise die Verbindung von Ehrfurcht vor dem Leben und Faszination durch das Experiment.[65] Federführend beim medizinischen Teil des Lesebuchs war J. Chr. F. Scherf, selbst Verfasser einschlägiger Schriften.[66] Vorbeugung, nicht Selbstmedikation war das Ziel. Vor den Bräuchen der Volksmedizin wie der Urinschau und dem zu häufigen Aderlassen wurde gewarnt und das Auf-

---

Blitzableiter zögen die Gewitter an, ebda., 21. »Man hört oft in der Wand die sogenannte Totenuhr klopfen, und zält wol die Schläge, weil man denkt, sie kündige uns den Tod an. Und es ist nichts, als ein kleines Thierchen, das sich im Holz nährt, und nicht Anders, als so klopfen kann, wenn es leben will.« Ebda., 53.

[62] Ebda., 355. Vgl. Johann Christian Kuno's Bemerkung zu Emanuel Swedenborg, De Telluribus in mundo nostro Solari, quae vocantur Planetae [...], London 1758: »Dass es mehr Erden gebe, als die unserige, daran wird heut zu Tage wohl kein Weltweiser mehr sonderlich zweifeln«, August Scheler (Hrsg.), Aufzeichnungen eines Amsterdamer Bürgers über Swedenborg [...], Hannover 1858, 66; Vgl. Oetinger, Sämmtliche Schriften, hg. v. Karl Chr. E. Ehmann, Abt. 2, Bd. 6, Stuttgart 1864, 226–255 (Mälzer, Nr. 1883).

[63] Soweit Öfen in den Häusern vorhanden waren, hatten sie in der Regel keinen Kamin, der Rauch wurde durch eine Luke in der Wand abgeleitet, was des öfteren zu tödlichen Rauchvergiftungen führte, vgl. Bröker, Die Grafschaft Lippe, 74 ff., von Cölln, Charakteristik, in: Stöwer (Hrsg.), Landesbeschreibung, 238: »Wer einen Schornstein machen läßt, ist ein Sonderling.«

[64] »Ueberhaupt giebt es noch viele Thiere, die man essen kann, die aber gemeiniglich aus Vorurtheil nicht gegessen werden. Schneken und Frösche schmeken sehr gut. Kazen und Mäuse werden in manchen Gegenden mit dem größten Appetit verzehrt [...]«. Des weiteren wurden Maikäfer, Hunde- und Pferdefleisch empfohlen. »Ihr sehet, daß wir noch nicht verhungern würden, wenn wir auch unsere gewöhnliche Nahrungsmittel nicht hätten.« Ebda., 48 f.

[65] Der jugendlichen Tierquälerei wurde das Schmerzempfinden der Tiere entgegengehalten, ebda., 58, ähnlich Rochow, der generell sagte: »Ihr dürft sie [die Tiere] tödten, aber hütet euch, daß ihr sie nicht unnöthig martert. Der Gerechte erbarmet sich auch seines Viehes, sagt die Bibel [Prov 12,10]«, Versuch eines Schulbuchs, 114; vgl. schon John Lockes Hinweis in seinem Erziehungshandbuch, wieder veröffentlicht in: Campe, Revision, Bd. 9, § 116, Tierquälerei mache auch gegen Menschen hart. »Man siehts, Gott will oft seine Größe, seine Unbegreiflichkeit, im Kleinsten der Natur zeigen.« HH, 58 f.; besonders faszinierten die Versuche mit Polypen, die, halb Pflanze, halb Tier, selbst verschiedene Weisen des Zerschneidens überlebten, ebda., 59.

[66] HH, 63–146. Vgl. ÜP H. 8, 119 f. Zur Bedeutung Scherfs, der 1783 nach Detmold berufen worden war, für die Entwicklung des lippischen Medizinalwesens vgl. Arndt, 360 f., 363 f.

suchen des ordentlichen Arztes zur religiösen Pflicht gemacht.[67] Als großes Problem der Volksgesundheit erschien der Alkoholmißbrauch durch übermäßigen Konsum von Branntwein, dem mit der Anleitung zum Hausbrauen von Bier abgeholfen werden sollte.[68] Die wichtigste gesundheitspolitische Herausforderung stellte die Bekämpfung der durch die Pocken (»Blattern«) verursachten hohen Kindersterblichkeit dar.[69] Neben der fachgerechteren Behandlung der Erkrankten wurde für die moderne Pockeninokulation geworben, wie sie in England, der Schweiz und in Livland mit Erfolg praktiziert wurde, und den Müttern als Aufgabe zugewiesen.[70] Neben Ratschlägen zu weiteren epidemischen Krankheiten wie Masern und Ruhr finden sich solche zur Ersten Hilfe bei Erfrieren, Erhängen, Ersticken und Ertrinken.[71]

Ein besonderes Phänomen aus dem Bereich der Todesängste stellt der publizistisch ausgiebig reflektierte Scheintod dar.[72] Kolportierte Beispielgeschichten malten die Panik lebhaft vor Augen, die einen zu früh Beerdigten heimsuchten.[73] So wurden über die gesetzlichen Wartezeiten vor einer Beerdigung hinaus eine Reihe von Vorsichtsmaßnahmen vorgeschlagen, um ein Fehlverhalten zweifelsfrei zu vermeiden. Dazu gehörte ein längeres Verbleiben der Toten im Schlafraum, was für die beengt lebenden Landbewohner kaum zumutbar war. Selbst nach der Beerdigung sollte das Grab noch einige Tage offengehalten und beobachtet werden.[74] Das Lesebuch reflektiert in dieser Frage Kompromisse zwischen Regierung und Konsistorium. Anfang 1789 hatte Kanzler Hoffmann das Konsistorium mit einem Entwurf zu einer Ver-

---

[67] ÜP H. 8, 120; HH, 90, 94 f., 101 f. (mit Hinweis auf Hiskia Jes 38,21).

[68] Ein Rezept zum Hausbrauen wurde mitgeteilt, ebda., 81 f., vgl. auch 287 (Abschn. 7); Chr. F. Germershausen, Die Hausmutter, Bd. 3, 623 ff.

[69] Ebda., 104 ff. In den drei Jahren von 1789 und 1791 zählte man in der Grafschaft von insgesamt 6207 Verstorbenen 1005 an den Pocken gestorbene Kinder, wovon man rund die Hälfte bei richtiger Behandlung vermutlich hätte retten können. Die Zahlen waren im *Intelligenzblatt* veröffentlicht worden.

[70] Traditionellerweise hatte man eine Behandlung mit Wärme und Branntwein vollzogen, um die Blattern herauszutreiben. Dagegen wurden nun fiebersenkende Maßnahmen wie Umschläge empfohlen. Bei der Inokulation, Vorläuferin der Vakzination, wurde infektiöses Material durch Nadeln zur aktiven Immunisierung übertragen.

[71] Ebda., 127 ff., 139 ff.

[72] Vgl. z. B. die Veröffentlichungen der Londoner Königlichen Gesellschaft zur Rettung Verunglückter und Scheintodter; Becker, Noth- und Hülfs-Büchlein, 13 ff.; Christoph Wilhelm Hufeland, Der Scheintod, Berlin 1808.

[73] HH, 143 ff.

[74] Ebda., 145 f. Über dem offenen Grab wurde das Anbringen einer wiederverwendbaren schützenden Dachkonstruktion angeregt, welche dieselbe Funktion erfüllen sollte wie die an anderen Orten eingeführten Wartehäuser für die Eingesargten. Dabei bezog man sich auf das von Prediger Sickler in Kleinfahrern im Gothaischen eingeführte Holzgehäuse; auch in Weimar war ein solches »Totenhaus« eingerichtet worden; vgl. den für Kinder geschriebenen Dialog beim Schulfest in Reelkirchen über die Einführung der in Amerika schon länger bekannten »Totenhäuser«, ÜP H. 9, 67–71.

ordnung für detaillierte Vorsichtsmaßnahmen konfrontiert.[75] Dieses hielt eine Durchsetzung der dabei vorgesehenen Bestimmungen aufgrund der Wohnverhältnisse und der geringen Bereitschaft der Landbevölkerung, die beschworenen Gefahren anzuerkennen, ohne Zwang für nicht möglich, so neben den längeren häuslichen Liegezeiten in den Betten, von denen es im Haus oft nur eines gab, die Versorgung der Toten durch amtlich bestellte Leichen- oder Totenweiber und der Bau von Warte- oder Totenhäusern. Das Verhältnis von Obrigkeit und Untertan war zu sensibel, als daß es nach Meinung Ewalds und Schleichers noch hätte unnötig belastet werden können.[76]

Die im Februar 1789 erlassene Medizinalordnung regelte die den Arzt betreffenden Maßnahmen, doch Hoffmann wollte mehr.[77] 1792 machte er einen erneuten Vorstoß und verlangte zur Vorbereitung eines näheren Erlasses nicht nur im *Intelligenzblatt* zu veröffentlichende Aufsätze, sondern auch eine Behandlung des Themas in den Schulen. Noch war der dritte Teil des Ewaldschen Lesebuchs nicht erschienen, der Druck stand aber bevor und so konnte auf die entsprechenden Abschnitte darin verwiesen werden. Veröffentlichungen in dieser Sache im *Intelligenzblatt* hielten Ewald und Schleicher diesmal für bedenklich, da das Mißtrauen des Volkes gegen diese halboffizielle Zeitschrift in den vergangenen Jahren stark zugenommen habe, nicht zuletzt durch den Gebrauch der Intelligenzblätter im schulischen Unterricht.[78] 1794 erschien schließlich auf Veranlassung der Regierung ein in mehreren Abschnitten gedruckter Artikel zum Thema im *Intelligenzblatt*, der mit der Schilderung eines im Grab Erwachenden nach dem Berliner jüdischen Arzt Markus Herz (1747–1803), Gatte der durch ihren literarischen Salon bekannt gewordenen Henriette Herz, einsetzte und auf Ewalds Lesebuch hinwies.[79] Erst im Jahr 1800 kam es zu einer detaillierten Verordnung, in die all jene Punkte eingingen, die im Lesebuch berührt und empfohlen worden waren.[80] Die Angst vor Scheintod und zu früher Beerdigung betraf Hoffmann persönlich, wie seine

---

[75] L 65, Nr. 123, fol. 71, 26. Januar 1789.

[76] Auf die Anfrage der Regierung, ob Prediger bei den Leichenpredigten gesundheitlichen Gefahren ausgesetzt seien, antwortete das Konsistorium verneinend und wies auf die besonderen Chancen der Leichenrede hin. Zum Problem des Scheintods und der Tätigkeit amtlich bestellter Totenfrauen vgl. Becker, Noth- und Hülfs-Büchlein, 13–20.

[77] Landesverordnungen 3, 361 f.

[78] L 65, Nr. 123, fol. 73 ff. Das erste Schreiben der Regierung an das Konsistorium (fol. 73) stammte vom 10. Juli 1792.

[79] Ueber die Möglichkeit lebendig begraben zu werden, und über die Mittel, ein solch großes Unglück zu verhüten, in: LIB 1794, 164–168, 175 f., 180–184, 188–192, 199 f. Vgl. Markus Herz, Über die frühe Beerdigung der Juden, 2. Aufl. Berlin 1788.

[80] Die Verordnung richtete sich explizit auch an die jüdische Bevölkerung und verbot ihnen eine Bestattung vor Ablauf von 72 Stunden, es sei denn, untrügliche Anzeichen der Verwesung oder besondere medizinische Gründe erforderten ein schnelleres Handeln. Landesverordnungen 4, 225–230, wieder in: Sammlung [...] der Verordnungen, Lemgo 1835, 71–76. Vgl. schon Clostermeier, Auszug, 1791, 26, Stichwort »Beerdigung«.

testamentarische Verfügung vom 28. Dezember 1796 zeigt. Ewald veröffentlichte sie aus Anlaß des Todes von Hoffmann im Jahr 1802 mit einer kurzen Erinnerung an das gemeinsame Wirken in Detmold und eine Würdigung seiner Person in der *Christlichen Monatschrift*.[81]

Die Anweisungen zu Landbau und Viehzucht im Lesebuch steuerte der erfahrene Landwirt und Kammerkommissar Kleinen aus Salzuflen bei.[82] Sie waren besonders im Blick auf die lippischen Bauern geschrieben und hatten sowohl kleinere landwirtschaftliche Betriebe wie größere Landgüter im Blick. Darin wurden unter betriebswirtschaftlichen Gesichtspunkten detaillierte Vorschläge zur Verbesserung der Bodenqualität, zu kostengünstigerem Einsatz der Arbeitskräfte, effizienterer Nutzung des Bodens und Erhöhung der Erträge gemacht, um den kameralistischen Vorstellungen von Bevölkerungsvermehrung und Steigerung der Nahrungsmittelproduktion durch intensivierte Naturalwirtschaft zu entsprechen.[83] Eine untergeordnete Rolle spielten Urbarmachung und Entwässerung, wichtig waren dagegen bessere Düngemethoden und der vermehrte Anbau ergiebiger Futterkräuter, insbesondere von Klee.[84] Als Indikator optimaler Wirtschaftlichkeit galt das ausgewogene Verhältnis von Ackerland, Grünfutterfläche und Tierhaltung.[85] Die (Gespann-)Dienste standen freilich der Modernisierung im Wege, da sie die Einführung der den Pferden überlegenen Ochsen im Ackerbau behinderten.[86] Weitere Lehrinhalte standen in enger Verbindung mit der praktischen Ausbildung im Detmolder Lehrerseminar, sie stammten von Inspektor Krücke.

In die Behandlung des bislang wenig gepflegten Gartenbaus wurde aufgenommen, was sich in mehreren Jahren im Mustergarten des Lehrerseminars bewährt hatte.[87] Beim Obstbau kam neben dem langsam bekannter werdenden Veredeln der Bäume das Anlegen von Baumschulen zur Sprache, mit deren

---

[81] ChrM 1802.1, 472–476.

[82] ÜP H. 8, 121, HH, 147–195.

[83] Vgl. Arndt, 258 ff. Mit Mergel waren bisher wenig ertragreiche, leichte Böden fruchtbarer zu machen. Wie an der Geschichte des »Erfinders« Simon Schnell aus Lubach/Kurpfalz deutlich gemacht wurde, konnten damit sogar durch Realteilung unwirtschaftlich gewordene Höfe in ihrer Existenz gerettet werden.

[84] HH, 176–187, 182 ff. Wer sich keine Düngemittel leisten konnte, wurde zum Kompostieren angeleitet. Als Düngemittel für die Wiesen diente gebrannter Kalk, die ansonsten verkaufte und als Waschmittel verwendete Asche und Schornsteinruß; roher Gips und Düngesalze, die anderswo Verwendung fanden, galten als noch nicht erprobt genug, ebda., 184.

[85] Ebda., 187 ff.

[86] Im Mittelpunkt stand die Rinderzucht, auch Schafzucht wurde betrieben, für beide war der Kleeanbau von Bedeutung; Schweinezucht war besonders rentabel nur auf großen Landgütern, welchen die Abfälle ihrer Brauereien und Brennereien als Futter zur Verfügung standen. Ebda., 190 ff.

[87] ÜP H. 8, 121 f.; HH, 196–239. Zur Sprache kamen das Umgraben, das Düngen mit Kompost, die Fruchtwechselfolge, Mittel zur Schädlingsbekämpfung usw. Ein Gartenkalender verzeichnete die monatlich anfallenden Arbeiten, alphabetisch geordnet fand sich eine Liste der Gewächse und ihrer Behandlung. Ebda., 216–239.

Ertrag der Schullehrer seine Besoldung aufbessern konnte.[88] Weitere Anregungen galten der obrigkeitlich durch Prämien geförderten Bienenzucht, bei der vor allem der Wachsverkauf von Interesse war.[89] Ein Auszug aus der ersten umfassend angelegten Darstellung der ländlichen Hauswirtschaft aus der Feder des Landpfarrers Christan Friedrich Germershausen (1725–1810) zur Haushaltsführung der Frau mit Anleitungen zu Selbstversorgung, Vorratshaltung und Aufsicht über das weibliche Gesinde ergänzte das Ganze. Die Schilderungen geben einen guten Einblick in die Erwerbsstruktur der herkömmlicherweise vom gemeinsamen Wirtschaften von Hausvater und -mutter bestimmten »großen Haushaltsfamilie« und die Anstrengungen zur Steigerung der ökonomischen Effizienz mit ihrem Ideal (groß-)bäuerlicher Autarkie.[90] Eine zentrale Rolle für die Lipper spielte dabei das in reicheren Haushalten von Mägden, ansonsten je nach Jahreszeit von der ganzen Familie einschließlich der Kinder besorgte Spinnen und Leineweben. Von der Arbeitsbelastung zeugt das Richtmaß einer guten Spinnerin, von der bei einer Arbeitszeit von morgens vier bis abends neun oder zehn Uhr täglich zwei große oder drei kleine Stücke Garn erwartet wurden.[91] Die Maße für die Kinderarbeit wurden in abgemilderter Form im Industrieschulwesen aufgenommen.[92] Deutlich treten die Abgrenzungsstrategien in der ländlichen Sozialhierarchie zutage: Das Gesinde grenzte sich nach unten gegen die »wahren Armen« ab, die Meier fühlten sich den gewöhnlichen Bauern überlegen, diese differenzierten wiederum untereinander nach Besitz und Ansehen.[93]

---

[88] Nach dem Bericht des Pfarrers Schönfeld von Reelkirchen ließen sich auf diesem Wege jährlich 20 Rtl. und mehr dazuverdienen, ÜP H. 9, 1794, 46.

[89] HH, 261–282. Man empfahl die Korbbienenzucht nach der Methode des sächsischen Predigers Johann Ernst Spitzner (1731–1805); die neuere Entwicklung der Magazinhaltung, wie sie im Süden Deutschlands kundige Vertreter hatte, mochte man dem traditionsverhafteten Lipper nicht zumuten. Zur Förderung der Bienenzucht durch Prämien vgl. Landesverordnungen 2, 666 (4. Mai 1779), 3, 116 (16. November 1784); ÜP H. 8, 122 f. Ein guter Korb brachte 2 bis 3½ Pfund Wachs bei einem Pfundpreis von 12–16 Groschen, HH, 282.

[90] Ebda., 283–312. Christian Friedrich Germershausen, Die Hausmutter in allen ihren Geschäfften, 5 Bde., 3. verb. Aufl. Bd. 1–3, 2. Aufl. Bd. 4–5, Leipzig 1782–86; der Frau war vom »himmlischen Hausvater«, dem göttlichen Spitzenökonom, im Rahmen der Ehe auch das kundige Wirtschaften anvertraut, vgl. Bd. 1, Vorr.; die ersten vier Bände sollten nach Germershausen schon Mädchen vom 12. Lebensjahr an als Lesebuch dienen, der 5. Band mit seinen von der Schwangerschaft bis zum Begräbnis reichenden Themen gehörte dagegen in die unmittelbare Ehevorbereitung oder in den Ehestand. Das entsprechende Gegenstück bildete: Der Hausvater in systematischer Ordnung, 5 Bde., Leipzig 1783–1786; zur Bienenzucht nach Prediger Spitzner vgl. Bd. 5, 512 ff.; zur »großen Haushaltsfamilie« vgl. Ingeborg Weber-Kellermann, Die Familie. Geschichte, Geschichten und Bilder, Frankfurt/M. 1984, 29 ff.

[91] Bei feinem Garn wurden Abschläge gemacht. Zu den lippischen Maßen vgl. Arndt, 523 f. Das Garnmaß von 1 Stück umfaßte 20 Gebind = 2666,4 m (langer Haspel) oder 1560 m (kurzer Haspel).

[92] Vgl. die im Zusammenhang der Industrieschulgründung in Varenholz gemachten Angaben zu Arbeitsleistung und Entlohnung der Kinder, in: ÜP H. 7, 123. Vgl. Stöwer, Landesbeschreibung, Anh. III, 159–162.

[93] Die innerhäusliche Hierarchie zeigt sich u. a. in der Verfügungsgewalt über die Lebensmittel;

Auch auf die Vermittlung geographischen und landeskundlichen Grundwissens wurde Wert gelegt. Die Schilderung der einzelnen Länder und Gegenden vermerkte meist wirtschaftlich Auffälliges und führte immer wieder Vergleiche mit Lippe an, so daß sich eine der Selbstvergewisserung dienende Mischung aus Information, Kolportage und Leistungsappell unter Auswertung von R. Z. Beckers *Noth- und Hülfsbüchlein* ergab.[94] Zur relativ ausführlichen Besprechung der engeren lippischen Heimat und der wichtigsten deutschen Länder kamen Notizen zu Europa, Afrika und Amerika einschließlich kritischer Bemerkungen zum Sklavenhandel und zu den unmenschlichen Umständen der spanischen und portugiesischen Kolonisierung Lateinamerikas. Im Blick auf Lippe-Detmold mußte überraschen, daß das relativ kleine Land mit seinen rund 170 Bauernschaften, 6 Städten und 6 Flecken nicht alle seine Bewohner ernähren konnte.[95] So kam im Lesebuch mit kritischem Unterton das Problem der Wanderarbeiter zur Sprache, die sich im Sommer zu Hunderten unter schlechten Arbeitsbedingungen in Holland und Friesland verdingten (sog. Friesland- und Hollandgänger) und oft bleibende Gesundheitsschäden davontrugen.[96]

---

um beim Brotverzehr zu sparen, wurden dem Gesinde Portionen zugeteilt, in großen Haushaltungen das Brot abgewogen; nur in kleineren, wo Gesinde und Herrschaft an einem Tisch aßen, hielt man solche Kontrollen für überflüssig. Der Schlüssel zur Kornbühne galt als Hoheitszeichen des Hausherrn oder Meiers, weshalb dieser in der Regel auch das Mahlen, Brotbacken und Obstdörren besorgte und selbst das Füttern der Mastschweine als sein ureigenes Geschäft betrachtete, Stöwer, Landesbeschreibung, Anh. III, 161, vgl. Lk 15,16. Zur guten »Tischzucht« gehörte das Tischgebet, ebda., 297 f.

[94] HH, 313–355, 324 ff. Vom Schwabenland wurde neben den Schwarzwalduhren und einer fortschrittlichen Landwirtschaft auch Ph. M. Hahn mit seiner großen astronomischen Weltmaschine von 1770 erwähnt, freilich ohne Namensnennung: »Hat ja doch ein Pastor in Schwaben eine Maschine erfunden, wie eine Uhr, an der sich Sonne, Mond und Sterne von selbst bewegen, wie am Himmel. Der muß doch wol Verstand gehabt haben, ob er gleich ein Schwabe war!« Die Redensart, ein Schwabe werde erst mit vierzig klug, wurde als »abscheuliche Lüge« zurückgewiesen, ebda., 341 f.

[95] Als Städte waren in der Städtekurie der Landstände vertreten und wurden genannt: Detmold, Lemgo, Blomberg, Horn, Salzuflen (Uflen), Lippstadt; als »Flecken« galten Barntrup (was auch Stadt genannt wurde, aber nicht landtagsfähig war), Lage, Varenholz, Bösingfeld, Schwalenberg, Alverdissen (weitgehende Rechte bei Bückeburg, Andeutung des Streits um territoriale Zuständigkeiten), ebda., 314., vgl. Stöwer, Landesbeschreibung, 40. Die Unterschiede zwischen den Land- oder Ackerbürgerstädten und den Dörfern waren eher gering, ebda., Anh. I, 148 f. Lemgo war mit 3050 Einwohnern 1788 größer als Detmold mit 2188 Einwohnern; zum Vergleich: Bielefeld zählte 1787 5302 Einwohner. Über die Gesamteinwohnerzahl des Landes gab es aufgrund unterschiedlicher Berechnungsgrundlagen verschiedene Angaben, im Lesebuch war von 70 000 die Rede, sonst wird meist von rund 50 bis 60 000 ausgegangen, HH, 315, Arndt, 237 ff.

[96] HH, 313, 343. In Holland wurden Arbeitskräfte vor allem zum Wiesenmähen, in Ostfriesland zum Ziegelbrennen gebraucht. Zu administrativen Regulierungsversuchen der Wanderungsbewegungen durch Paßvorschriften für Arbeiter und Boten vgl. Landesverordnungen 1, 872 (22. Februar 1734); zur Konzessionsvergabe StArch Detmold, L 77 Nr. 4698.

Das Hauptaugenmerk galt naturgemäß dem stärksten Wirtschaftszweig im Land, dem Anbau und der Verarbeitung von Flachs mit Spinnereien und exportorientierter Leinenweberei, die vornehmlich auf dem Land unter den Landarmen und Landlosen angesiedelt war.[97] Die Probleme des zunehmend weltweit unter Konkurrenz geratenden Wirtschaftszweiges hatte Chr. W. v. Dohm schon 1776 im *Deutschen Museum* analysiert und auf die ökonomischen und gesellschaftlichen Vorteile der kleinen bäuerlichen Leinwandmanufakturen gegenüber landesherrlichen Unternehmen und größeren Einzelbetrieben hingewiesen.[98] Neben der sich insgesamt zufriedenstellend entwickelnden Landwirtschaft in Lippe kommen im Lesebuch auch noch unterentwickelte, aber förderungswürdige Wirtschaftszweige zur Sprache, so die qualitätsmäßig mangelhafte Tontöpferei und die stagnierende Woll- und Lederverarbeitung.[99]

Auf politischer Ebene schärfte das Lesebuch die Treue zum landesherrlichen Patrimonialstaat ein. Der Einführung in die umfassenden Hoheits- und Souveränitätsrechte des Fürsten und die meierstättische Verfassung folgte eine Schilderung der Verwaltungsstruktur von den oberen Verwaltungsbehörden einschließlich des Konsistoriums bis hin zu den zwölf Ämtern und den jährlichen Gogerichten.[100] Das Ende bildeten die Landstände als Repräsentativorgan, das auch die Rede auf den Adel und seine angestammte Funktion als Vertretung des Landmanns brachte, ein in Ewalds Adelsschrift wieder relevantes Thema.[101] Der Unterricht in Menschenrechtsfragen blieb als Teil der

---

[97] HH, 313 ff. Exportiert wurde vorrangig über Bielefelder Händler bis Italien und Spanien, ebda., 351; nur in Oerlinghausen war ein schon in den 1770er Jahren reich gewordener Leinenhändler mit europaweit reisenden Handelsleuten ansässig, der ein Monopol des Bielefelder Linnenhandels verhinderte, Stöwer, Landesbeschreibung, Anh. I, 151. Von Detmold aus veranlaßte Ewald auch Leinwandlieferungen an Lavater, die Cölln ausgesucht hatte, Ewald an Lavater (Frgm., um 1794), Brief 32, vgl. Briefe 33 und 38.
[98] Chr. W. Dohm, Schlechte Aussichten für den deutschen Linnenhandel aus Schottland und Irrland, in: Deutsches Museum 1776, Bd. 1, 318–333. Chr. W. Dohm forderte in diesem Beitrag zu der von ihm und seinem Freund, dem Hainbündler Heinrich Christian Boie 1776 gegründeten Zeitschrift eine stärkere staatliche Unterstützung und Subventionierung des Exports. Unter dem Gesichtspunkt früher Gewöhnung wurde die Kinderarbeit verteidigt und mit Hinweis auf Selbstversorgung und Steigerung der Staatseinkünfte die Arbeit von Frauen, Alten, Schwachen und Kriegsinvaliden beim Spinnen begrüßt. Auch die vom Ackerbau ausgeschlossenen Einlieger waren auf den Linnenmacher als Arbeitgeber angewiesen. Im *Deutschen Museum* erschien auch die bedeutende ökonomische Abhandlung Dohms »Über das physiokratische System«. Zu weiteren Beiträgen Dohms und zum Charakter der Zeitschrift vgl. Dohm, Schriften, 51–57.
[99] HH, 319.
[100] Ebda., 315 ff. Zum Konsistorium hieß es: »Das *Konsistorium* aber spricht Recht in allen solchen Sachen, die die Ehe betreffen. Alle Prediger, die Lutherischen in Lemgo und in Lippstadt ausgenommen, deren ohngefähr 40, und alle Küster und Schulmeister des Landes, deren ohngefähr 116 sind, stehen unter diesem Gericht. Durch das Konsistorium werden auch alle Verbesserungen in Kirchen- und Schulsachen in Vorschlag gebracht und ausgeführt, und es sieht darauf, daß die Kinder ordentlich unterrichtet, daß gute Prediger und Schullehrer angezogen, und durch sie Christenthum und andere gute Kenntnisse ausgebreitet werden.« Ebda., 315 f.
[101] In der Behandlung des Reiches mit seiner Kreiseinteilung – Lippe gehörte zum Westfälischen Kreis – und seinen zentralen Einrichtungen wurde ausschließlich auf den Aspekt der

Pflichtenlehre der Regentenerziehung vorbehalten, die Landbevölkerung war aus politischer Sorge davon ausgeschlossen. Auch kirchengeschichtliches Grundwissen wurde vermittelt. Der historische Überblick zur gewaltsamen Christianisierung des Landes, zur Reformation und deren Schwächen, die in die konfessionelle Trennung trieben, war wesentlich vom Ideal der »apostolischen Christusreligion« und einer auf sie bezogenen Volksreligion bestimmt.

Ein für das Programm der Volksaufklärung insgesamt aufschlußreicher Teilbereich stellt die Kalenderfrage dar, mit der das Lesebuch schließt. Hier wird das abergläubische Tagewählen angegriffen, unter Berufung auf die biblischen Verbote von Wahrsagerei und Zauberei (Lev 19,26b, Dtn 18,10b) die Vermittlung astronomischer Grundkenntnisse betrieben und damit für den seit 1791 amtlich herausgegebenen Kalender als wichtiges Periodikum der Volksaufklärung geworben.[102] S. Krücke hoffte, das Ewaldsche Lesebuch werde zu einem Handbuch, dessen Elementarwissen die jährlichen Kalender immer neu mit fachkundigen Beiträgen vertiefen. Freilich blieb die Regierung gegenüber politischen Themen im Kalender reserviert, so daß ein Aufsatz Krückes über die Französische Revolution nicht abgedruckt werden durfte.[103] Die Meyersche Hofbuchhandlung in Lemgo, welche den offiziellen Kalender vertrieb, suchte ihr landesherrliches Privileg im Sinne eines Einfuhrverbots für traditionelle Kalender aus anderen Ländern auszulegen und deren Verbreitung über den Hausierbuchhandel zu unterbinden.[104] Zensur war im Zusammenhang der Volksaufklärung weithin als pädagogische Notwendigkeit akzeptiert, selbst ein so eifriger Aufklärer wie F. B. Beneken forderte ein scharfes Vorgehen der Polizei gegen fahrende Händler und ihre auf Jahrmärkten vertriebenen Fabelschriften und Liederdrucke.[105] Der obrigkeitliche Einfluß auf die ländlichen Lesegewohnheiten war jedoch begrenzt, trotz der zahlreichen Reformkalender blieben Produktion und Vertrieb von Kalendern mit Horoskopen und Wetterprophezeiungen bis weit ins 19. Jahrhundert hinein intakt.[106]

Mit dem Erscheinen des dritten Teils des Lesebuchs wurde Rochows Schulbuch aus dem Seminarunterricht in Detmold ausgeschieden. Freilich gelang es

---

durch den Zusammenschluß der Einzelstaaten erleichterten Verteidigung abgehoben, ein darüber hinausgehendes Nationalbewußtsein war noch nicht im Blick. Ebda., 316 ff.

[102] Wetterregeln druckte man noch ab, obwohl das Wetterglas favorisiert und Hinweise zu preisgünstigem Bezug gegeben wurden, ebda., 356 ff., zum Kalender vgl. Wehrmann, 211 ff., Arndt, 418 f.

[103] StArch Detmold L 65, Nr. 150, vgl. fol. 16 f. Das ablehnende Schreiben der Regierung an das Konsistorium stammte vom 25. Februar 1794, fol. 19. Dagegen erlaubte sich Ewald, in seiner *Urania* die Französische Revolution zum Thema zu machen, vgl. Ewald an Lavater, 31. Oktober 1793 (Nr. 31), wo er den baldigen Abdruck der Ideen über die französische Revolution ankündigte.

[104] StArch Detmold L 77 B, Fach 14, Nr. 23 I, fol. 18 ff.

[105] Friedrich Burchard Beneken, Lieder- und Büchertrödler, Apostel des Aberglaubens und der Sittenlosigkeit unter dem großen Haufen, in: Jb. für die Menschheit 1788.2, 79–91, vgl. ebda., 1789.1, 550.

[106] Vgl. HDBG 3, 385 f.

241

anders als mit der Biblischen Geschichte nicht, diesen Teil des Lesebuchs an allen Schulen einzuführen. F. Weerth urteilte im nachhinein über die ökonomischen Erfolge des Bildungsprogramms wegen der lokalen Verschiedenheiten eher skeptisch.[107] Insgesamt vermochte sich gegen die Schulreform ein in den Augen der Obrigkeit ernstzunehmender Widerstand der Landbevölkerung nicht zu bilden, nach anfänglichem Widerstreben wurde die Sache als Angelegenheit der Prediger und Schullehrer hingenommen. Nach Ewalds Beobachtung waren die Proteste bei der Aufhebung der Familienbegräbnisse weit stärker als bei der gesamten Schulreform ausgefallen, weshalb er sich auch eher eine Agenden- und Katechismusreform zutraute als Eingriffe in alte Rechte wie die der erblichen Kirchenstühle vorzunehmen.[108] Die Generalschulvisitation von 1794 kam schließlich zu positiven Endergebnissen. Zu Beginn des 19. Jahrhunderts galt das lippische Schulsystem weit über das Land hinaus als vorbildlich.[109]

6.2 Legitimationskrise der Volksaufklärung: Ständeverträgliche Apologie

1789 wurde Ewald von der Vormundschaft aufgefordert, in einer Schrift Vorteile und Grenzen staatlich verantworteter Volksaufklärung darzulegen.[110] Sie sollte ein klärendes Wort in der schon länger im Gang befindlichen, durch die Ereignisse der Französischen Revolution intensivierten Debatte um die politische Opportunität einer Hebung des Bildungsstandes der Landbevölkerung sprechen. Schon 1786 war in den Lippischen Intelligenzblättern zur Anzeige und Empfehlung von Beckers *Noth- und Hülfsbüchlein* ein Artikel von S. Krükke mit der Absicht erschienen, die zunehmender Kritik ausgesetzte Volksaufklärungsbewegung öffentlich zu verteidigen.[111] Ließen sich bislang die Kritiker

---

[107] Weerth, Elementar-Schulen, 28 f.
[108] ÜP H. 5, 103 f. Vgl. die obrigkeitlichen Maßnahmen zur Verlegung der Friedhöfe und Durchsetzung einer Bestattungsordnung seit 1778, StArch Detmold L 77 A, Nr. 9158. Zur Klassifizierung der Kirchenstühle vgl. kurz Johann Georg Rosenmüller, Ausführlichere Anleitung für angehende Geistliche [...], § 164.
[109] Neues Westphälisches Magazin 1795 (3. Quartal), 266 ff., Justus Gruner, Meine Wallfahrt, 2 Bde., Frankfurt/M. 1802–1803, vgl. Bd. 1, 5; auch zur toleranten Stimmung in Bremen, wohin Ewald von Detmold aus wechselte, äußerte sich Gruner, ebda., 223 und 116, Knop, 14, 71 f., Wehrmann, 266. Für Württemberg beklagte Wessenberg noch 1814 das Mißverhältnis zwischen dem nach wie vor geringen obrigkeitlichen Interesse an der Lehrerausbildung im Unterschied zur Pfarrerausbildung im Tübinger Evangelischen Stift, welchem eine Lehrerbildungsanstalt hätte angegliedert werden müssen. So bringe Württemberg zwar gute Pädagogen wie den Pestalozzianhänger Karl August Zeller hervor, doch diese blieben nicht im Land oder ganz auf sich allein gestellt.
[110] ÜP H. 6, 112 f. Die Bildungsaufgabe des Staats stand für Ewald außer Frage, vgl. die Anm. ÜP H. 6, 108 f.
[111] Krücke, Ueber die Aufklärung des Landmanns, in: LIB 1786, 110–112, 115–120. Zur Charakterisierung der Aufklärungsbewegung Anfang der 80er Jahre unter Einbeziehung der Volksbildung vgl. Johann August Eberhard, Ueber die Zeichen der Aufklärung einer Nation. Eine Vorlesung gehalten vor [...] dem regierenden Herzog von Württemberg [...], Halle, 1783.

noch als rückständige Verfechter eines despotischen Absolutismus abtun, so drohte nun eine verschärfte politische und religiöse Polarisierung im Zeichen des Aufklärungsbegriffs selbst. Ewald hatte in einer Anmerkung zu Krückes Aufsatz die Verträglichkeit von Volksaufklärung und Ständesystem betont und selbst den neutraleren Begriff der Volksbildung verwendet. Schon Jahre vor den Wirren der Französischen Revolution bildete sich der in der Volksaufklärungsschrift ausführlicher dargelegte Grundgedanke heraus, das bildungsreformerische Anliegen stärker mit den Interessen des staatlichen Machterhalts zu verknüpfen und so im Namen der Stabilität der Territorialstaaten vor Angriffen zu schützen. Nur der offensiv Reformen angehende Staat, der sich vom Anschein einer feudalen Zwangseinrichtung zu befreien und die Loyalität seiner Untertanen als Bürger (citoyen) zu gewinnen verstand, hatte demnach noch eine Zukunft. Der bildungstheoretische Ansatz war der gleiche, der später J. G. Fichtes Vision einer durch Erziehung zu bewerkstelligenden Überführung des »Notstaats« in ein zunehmend von freier Einsicht bestimmtes Vernunftreich bestimmte, auch wenn hier schon der bildungspraktische Kontext vor allem pragmatische Antworten verlangte. Was Krücke als »wahre« Aufklärung verteidigte, findet sich auch bei Ewald: Die Unterordnung der ständeübergreifenden theologischen unter die ständespezifischen praktischen Begründungszusammenhänge und die gesamteuropäische Perspektive, welche die Volksaufklärungsbewegung zur entscheidenden Kraft politischen und wirtschaftlichen Fortschritts in der Staatenwelt erhob.[112] Ein vergleichbares Konzept ständespezifisch regulierter Aufklärung vertrat Johann Georg Schlosser, der sich in Abwehr einer zu starken Intellektualisierung des Begriffs durch die Betonung der »Urform« von Aufklärung als Herzensbildung und Erweckung angeborener Empfindungen in besonderer Nähe zu Ewald befand.[113] Andere wie A. A. F. Hennings betonten dagegen die politisch-praktische Seite und setzten Aufklärung mit Rede- und Pressefreiheit gleich.[114]

Ewalds an die Regenten appellierende Volksaufklärungsschrift wurde sogleich nach Erscheinen 1790 allen Predigern im Land zugestellt.[115] Übersetzungen ins Schwedische und Holländische folgten. Schon das Titelblatt setzt die entscheidenden Akzente in politischer und theologischer Hinsicht, mit

---

[112] LIB 1786, 111 f.; 117 f., 120. Zur Bildungskonzeption bei J. G. Fichte vgl. kurz: HDBG 3, 79 f.

[113] Vgl. Batscha, 71 f., 74, 77 ff. Zum Aufklärungsverständnis bei A. Frh. Knigge vgl. Anke Bethmann u. Gerhard Dongowski, Adolph Freiherr Knigge an der Schwelle zur Moderne. Ein Beitrag zur politischen Ideengeschichte der Spätaufklärung (QDGNS 112) Hannover 1994 (= Bethmann).

[114] Batscha, 79 f.

[115] StArch Detmold, L 65, Nr. 74, 161 u. 161a. Ewald, Über Volksaufklärung; ihre Gränzen und Vortheile. Den menschlichsten Fürsten gewidmet, Berlin 1790, ND Königstein/Taunus 1979; ders., Ueber Volksaufklärung. Ihre Gränzen und Vortheile. Den menschlichsten Fürsten gewidmet, Berlin u. Leipzig 1791 (= VA). Vgl. Steiger, Bibliogr. 57–57 f.; Wehrmann, 170 ff., zur Schrift s. Böck u. Wagner.

denen für den Volksbildungsgedanken jenseits von Radikalisierung und Suspendierung geworben wurde: Aufnahme der in bildungspolitischer Hinsicht nur ansatzweise gelungenen preußischen Reformpolitik unter Friedrich II. mit seinem Erziehungsideal des von Tugend- und Vaterlandsliebe bestimmten Staatsbürgers und Vergewisserung über die jedem Bildungsbemühen vorgängige schöpfungstheologische Aufklärung in der Mystik des Lichtes (Gen 1,3.4a).[116] In der allgemeinen formalen Bestimmung von Aufklärung als Ermöglichung und Vermittlung vernünftiger Erkenntnis im Rahmen der Perfektibilitätsvorstellung stimmte Ewald mit Philosophen und Praktikern der spätaufklärerischen Volksbildung überein, so mit M. Mendelssohn und I. Kant, A. W. Rehberg (1757–1836), R. Z. Becker und H. G. Zerrenner.[117] Zugleich aber war ihm die Kantsche Annahme einer allgemeinen Fähigkeit der autonomen Vernunft zur Selbstaufklärung zu abstrakt.[118] Ihn interessierte nicht das menschliche Erkenntnisvermögen als solches, sondern sein konkreter Gebrauch im Dienst berufs- und ständespezifischer Notwendigkeiten. Zwar gestand Ewald ein, daß Aufklärung als vernünftige Erkenntnis an sich keine Grenzziehung vertrage, doch verfocht er angesichts begrenzter Fähigkeiten und konkreter Zweckbindung der Erkenntnis für jede Gruppe der Ständehierarchie und hier für die unteren Bevölkerungsschichten jenseits des allgemein menschlichen Strebens nach Vollkommenheit rigorose geburtsständische Grenzziehungen, um über jeden Verdacht der Beförderung politischer Instabilität erhaben zu sein. Er machte deutlich, daß eine allgemeine Erweiterung sozialer Aufstiegsmöglichkeiten nicht im Interesse der Volksaufklärung liege und jedes politische »Raisonnement« über Volkssouveränität oder Menschenrechte beim Volk mit Recht bekämpft werde.[119] Die Bildungs- und Aufstiegschancen begabter Individuen behinderte dies nicht, sie zählten per definitionem nicht zum »Volk«.[120] Wie stark der Volksaufklärungsgedanke in die De-

---

[116] Statt der Bibelstelle nannte Ewald als Autor »Moses Amramssohn«; die wohl kritische Anspielung dürfte Mendelssohns Religionsverständnis gelten.

[117] VA 11 ff. »Aufklärung an sich *giebt* kein Vermögen[,] Dinge zu erkennen; sie hebt nur die Hindernisse, warum sie bisher nicht erkannt worden waren.« Ebda., 12 f. Moses Mendelssohn, Ueber die Frage: was heißt aufklären?, in: Berlinische Monatsschrift 4.1784, 193–200. Repr. Nachdr. in: Hinske (Hrsg.), Was ist Aufklärung? Beiträge aus der Berlinischen Monatsschrift, 4. Aufl. Darmstadt 1990, 444–451; Immanuel Kant, Beantwortung der Frage: Was ist Aufklärung?, ebda., 452–465. Vgl. Kritischer Versuch über das Wort Aufklärung zur endlichen Beilegung der darüber geführten Streitigkeiten, in: Deutsche Monatsschrift 1790.3, 11–43; 205–237, wieder in: Batscha, 45–94.

[118] Der Aufsatz wurde charakterisiert als typisch Kantsche »scharfsinnige philosophische Allegorie«. VA, 12 f., Anm.

[119] »Der Landmann ist bestimmt, in seinem eingeschränkten Kreise treu und stät zu wirken [...]. Weiß er vielerlei [...] so zerstreut, zertheilt ihn das zu sehr.« Ebda., 17, vgl. 19 f., 50 ff. Zur Polemik gegen die prozeßwütigen Bauern und die sie aussaugenden Advokaten vgl. ebda., 26 f., 100 ff., 133, 144, 146. »Das Volk soll das lernen, was Jeden zu einem besseren Menschen, Unterthan, Hausvater, Landmann, Handwerker machen kann.« Ebda., 39, vgl. 14 f., 34, 36 ff.

[120] Vorzügliche Köpfe »gehören nicht zum Volk, und wenn auch ihre Väter Schwein[e]hirten gewesen wären. Sie gehen ihren eigenen Weg, erheben sich mit eigener Schwungkraft in die

fensive gedrängt worden war, zeigt nicht zuletzt Ewalds Betonung der strikten Gehorsamspflicht der Untertanen gegenüber der von Gott gesetzten Obrigkeit nach Röm 13,1, die einzuschärfen in Zeiten drohender Umbrüche zur »wahren« politischen Aufklärung stilisiert wurde.[121] In theologischer Hinsicht wies Ewald die Ansprüche neologisch bestimmter Volksaufklärer ab, die er mit ihrer Art der Vorurteilskritik die positive Offenbarungsautorität der Bibel in Mißkredit bringen und damit einer bibelorientierten Volksreligion die Basis entziehen sah.[122]

Auch innerbürgerliche Distanzierungen machen sich in der Argumentation bemerkbar. Ewald setzte sich im Stil des sozialen Aufsteigers vehement von jenem Teil des etablierten (höheren) Bürgertums ab, das keinen Reformwillen mehr erkennen ließ.[123] Wohl spielte er damit auf Gegner in der Hofbürokratie an, die seiner Vision von einer durch Volksaufklärung beförderten nationalen und religiös-kulturellen Wiedergeburt nichts abgewinnen konnten.[124] Ungebrochen blieb das Vertrauen zu den Regenten, die allein die Volksaufklärung vorantreiben und so zu Schöpfern einer neuen Volksgemeinschaft werden konnten. Dies verdeutlicht besonders die wiederholt erhobene Forderung nach Einrichtung einer religiöse Weihe tragenden Festkultur.[125] Hier zeigt sich die Verknüpfung von nationalen und religiösen Motiven im weiteren Kontext der Volksreligion nach klassisch-biblischem Bildungsideal: Nicht nur in der heidnischen Antike, sondern auch in der alttestamentlichen Tradition fand Ewald entsprechende Vorbilder, so in der Einführung der Circensischen und

---

Höhe, nach der ihr Wesen strebt. Der, der sie schuf, kennt allein die Gränzen ihres Denkens und ihrer Kraft.« Ebda., 38.

[121] Vgl. Ewalds Predigt zum aufgeklärten Bündnis zwischen Kirche und Staat bei der Huldigung der Lippischen Geistlichkeit am 3. März 1790 (Predigttext: Mt 5,14 ff.), in: ÜP H. 7, 5–32; ders., Ueber Regieren und Gehorchen [...], Hannover 1792.

[122] Den »unseeligen Aufklärern« der Neologie hielt Ewald entgegen: »Ihr habt ihm [dem Landmann] den Stab genommen, woran er wandelte [...]; und nun kann er gar nicht mehr gehen, da er recht frei gehen solte!« VA, 22.

[123] Ebda., 30 ff. Zur bürgerlichen Dekadenz hieß es: »Alle Mannskraft und Mannestätigkeit; alle Vaterlandsliebe, aller religiöse Sinn, aller Enthusiasmus für das Gute, Edle, Große; aller Wissensdurst, Weisheitsdurst, Vollkommenheitsdurst stirbt allmälig ab. Die Muskelnkraft der Nation wird gelähmt [...].« Ebda., 32.

[124] Zu den Anzeichen einer entsprechenden »Verfeinerung« oder »Überverfeinerung« einer Nation vgl. 29 ff., 113; präzisere Differenzierung in: VA 1800, 124 ff. Zur vergleichbaren Kritik an Luxus und überfeinerter Kultur bei Knigge vgl. Bethmann, 59 ff.

[125] »Die alten Gesezgeber verstanden weit besser, wie man zu dem Volk spricht. Sie [...] verordneten gewisse Ceremonien, Volksfeste, Feierlichkeiten; drükten das Gepräge der Religion auf manche gute Anstalt, und machten sie dadurch dem Volk heilig. Sie benuzten das Gefül von Ehre und Schande, den Nationalstolz, den *esprit de corps*, die Eitelkeit, selbst gewisse Vorurtheile des Volks, um zu wirken, was sie wirken wolten.« VA, 45 ff. »Offenbar ist der Mensch dazu gemacht, um immer mehr zu werden, immer mehr Einsicht und Vollkommenheit zu erlangen. Er ist so viel weniger als ein Thier, wenn er geboren wird, und soll so viel mehr werden, als es; [...] Wie der einzelne Mensch; so ein Volk! Keim dazu liegt in ihm, der beim Kind auf Entwikelung durch den Vater, beim Volk auf Entwikelung durch den Regenten wartet.« Ebda., 151 f.

Olympischen Spiele und im Passafest.[126] Die nähere Bestimmung der Gegenstände einer staatlich verantworteten Elementarbildung traf Ewald im wesentlichen wie im Lesebuch.[127] In Handwerks- und höheren Bürgerschulen, für deren Förderung sich Ewald in Bremen und Baden im Zeichen einer gesamtgesellschaftlich ausgewogenen Bildung weiterhin eigens einsetzen sollte, empfahl sich ein entsprechend berufsorientierter Unterricht.[128]

Als Kernpunkt der religiösen Legitimation der Volksaufklärung erweist sich ihr Beitrag zur Begründung einer öffentlichen Ethik. Nur eine angemessene religiöse Bildung führe den gegenüber den Gesetzen geforderten Gehorsam von der Legalität zur Moralität und biete den Herrschenden darin ein überlegenes Sicherungsinstrument ihrer Herrschaft.[129] Unbeschadet einer durch Bildung immer auch verbesserten Argumentations- und Einsichtsfähigkeit bot die menschliche Rationalität und der sich selbst regulierende Interessenausgleich innerhalb einer Gesellschaft nach Ewalds Überzeugung keine hinreichende Basis für deren Zusammenhalt. Ohne den auch affektiv ausgeprägten Bezug zum Heiligen im Rahmen einer Volksreligion und ohne (quasi-)religiöse Pietätsbeziehungen zum Regenten war auf Dauer kein Staat lebensfähig. Dies weist deutlich auf ein primär organisch, nicht – wie von der aufklärerischen Vertragstheorie her gefordert – zweckhaft bestimmtes Staatsverständnis hin. Als wichtigen neueren Zeugen für die fundamentale Bedeutung der Religion für das Staatswesen benannte Ewald den populären Bankier und Staatsmann Jacques Necker (1732–1804) mit seinem Werk *De l'importance des opinions religieuses*. Er stand in dieser Frage im Gefolge Montesquieus, der in seiner Prüfung der Religionen im Blick auf das Staatswesen die positive Bedeutung der christlichen Religion nicht nur für die jenseitige Glückseligkeit (félicité), sondern auch für das zeitliche Glück (bonheur) herausgehoben und im Gegensatz zu Rousseaus Idealisierung des einfachen Evangeliums Jesu als rein spiritueller Größe die grundsätzliche Distanz des Christentums zum politischen Despotismus konstatiert hatte.[130] Zwar ließ sich menschliches Handeln nicht nach einem teleologischen Handlungsmuster über Gesinnung und Empfindung bestimmen – denn der Satz, der Mensch handle, wie er denke und

---

[126] VA 47 f.

[127] VA, 39 ff., 41–43 in sieben Punkten dargelegt.

[128] Dazu gehörten Mathematik, Zeichnen, Geographie, Material- und Warenkunde, auf Latein konnte verzichtet werden, ebda., 43 f.

[129] Der politisch Aufgeklärte gehorche um seines Vorteils willen, der christlich-religiös Aufgeklärte um des göttlichen Gebotes willen, das zum Gehorsam selbst gegenüber der ungerechtesten Obrigkeit verpflichte, VA 142 ff., 148 f.

[130] Jacques Necker, Ueber die Wichtigkeit der Religiösen Meinungen [...], Stuttgart 1788. Verweise auf Necker, dessen 1788 in Lüttich ersch. Schrift Ewald im Original las, finden sich bei ihm öfter, so VA 1800, 98 (Necker als »Mann des Volks«); REV, 241 ff.; Ch.-L. Montesquieu, De l'Esprit des Lois, in: Oeuvres Complètes, hg. v. André Masson, Bd. 1, Paris 1950 (enth. die drei ersten Bde. der GA von 1758; vgl. Ausg. v. G. Truc, Paris 1961), XXIV, 3. Vgl. auch VA 1800, 89 f., Burke, Betrachtungen, Bd. 1, 143 ff.

empfinde, gilt auch umgekehrt –, aber wenn überhaupt eine aus innerer Freiheit kommende Handlungsmotivation denkbar war, dann nur im Blick auf die Spontaneität, in der ein Gebot aus absolutem Vertrauen in die Person des Gebietenden erfüllt wurde.[131] Als Grundfigur gilt dabei die religiöse Gebotserfüllung. Der bibelgeschichtliche Unterricht leitet darauf hin, da er nach Ewald die aller Rationalität vorausliegende personale Bindung in der Gottesbeziehung auf ausgezeichnete Weise zu wecken und den freien Gehorsam gegenüber den göttlichen Geboten und um Gottes willen auch gegenüber den Gesetzen des Staates zu begründen versteht. Die Pietätsbeziehung zum Regenten bedarf in dieser Konzeption notwendigerweise einer religiösen Begründung. Ein kritisches Potential gegenüber weltlichen Bindungen kommt der religiösen Bindung auf dieser Ebene nicht zu.[132] Es blieb bei der Feststellung der Analogie auf der Basis psychologischer Beobachtungen zur primär affektiven Handlungsmotivation, wie sie Ewald auch dem neutestamentlichen Verhaltenskanon der Nachfolge zugrunde liegen sah.[133]

Klar erkennbar ist die noch wenig als Problem ins Bewußtsein gekommene Doppelorientierung am normativen Weltbild der Ständegesellschaft und den egalitären Ansätzen des humanistischen Denkens, für das wiederum biblische Grundmotive namhaft gemacht wurden. Beides ging in Ewalds Empfehlung an die Fürsten ein: Diese sollten das Volksaufklärungsprogramm nicht nur unter dem politisch interessanten Aspekt der Schaffung einer neuen Klasse von loyalen Staatsbürgern zum Erhalt ihrer Herrschaft, sondern aufgrund der prinzipiellen Bedeutung der Religion für die Entfaltung der Humanität auch als Beitrag zur vollen Menschwerdung ihrer Untertanen betrachten.[134] In der

---

[131] »Wir finden in Familien: Alles geschieht *um des Vaters willen;* weil er es gesagt hat; auf *sein* Wort! [...] Wir finden in einem ordentlichen Staat: Alles geschieht *um des Herrn willen;* weil er es befohlen hat; auf sein Wort! [...] Wie? wenn sich nun ein Wesen fände, das *für ein ganzes Volk* das wäre, was *ein Vater in seinem Haus*, ein *Regent in seinem Land ist*.« VA, 63 f.

[132] »Bekanntschaft mit Pflichten ist also nicht genug; jede Pflicht muß dem Volk *lieb* und *heylig* seyn [...].« Ebda., 61. »Der Mensch [...] mag nur folgen aus Vertrauen und Liebe. Dieß Gefühl [...] liegt in ihm, weil er Mensch ist, und in so fern er Mensch ist.« Ebda., 144. Zu den Grundlinien von »Moral, Politik, Edukation, Religion« vgl. ChrMag 1780.3, 134–137 (Briefausz.): »Also ist es Gottesforcht [!] und Menschenliebe, von welcher auf Thronen und am Pflug Gerechtigkeit zu erwarten, und die wird nie größer seyn, als die Erleuchtung und Aufklärung der frommgestimmten Menschheit; wo ist größere Gerechtigkeit als unter Vater und Kindern, nicht [rationale] Erleuchtung[,] sondern Liebe bildet diese im Allgemeinen [...].« Ebda., 134 f.

[133] Ebda., 68 ff.; verwiesen wurde u. a. auf Mt 7,12a, Lk 6,37b.38a, Joh 13,34 u. Mk 12,31par.; Eph 5,25.28, Kol 3,18 ff., Eph 6,4 ff., Röm 13,1.7, II Thess 3,10, 1 Petr 4,10. Der Opfertod Jesu wird auf charakteristische Weise nicht als Mittel vorgestellt, die Sündenmacht zu überwinden, sondern zu schwächen, ebda., 70.

[134] Ebda., 70, 73 f., 80 ff. »Man sieht, der Mensch ward Unmensch, ward das grausamste aller Thiere, so bald ihm das Licht fehlte, das ihn erleuchten soll. Er ist nur Mensch in dem Maas, wie wir aufgeklärt ist.« Ebda., 76. Der Fürst hatte notfalls auch anfängliche Widerstände der Landbevölkerung zu brechen, ebda., 82. Polemisches Gegenstück des leistungswilligen, zur Selbsthilfe fähigen aufgeklärten deutschen Landmanns ist der »rohe Pole«, der noch immer halb verhungert im Loch sitze, wenn es der Deutsche schon zu Wohlstand gebracht habe, ebda., 150.

Zielrichtung stimmte Ewald mit aufklärerischen Reformern wie Martin Ehlers überein, doch vertrat dieser im Gegensatz zu Ewalds Volksaufklärungsverständnis ein eher neologisch-aufklärerisches Programm, da er die religiöse Allgemeinbildung auf die Grundsätze der natürlichen (Vernunft-)Religion eingeschränkt wissen wollte.[135] Ewald bezog seine näheren Vorstellungen von Religion jedoch aus dem weiteren Erbe pietistischen Bibelchristentums. Dies bestimmte die Ausprägung seines organischen Staatsverständnisses wie auch seines religiösen Patriotismus.

Zu den politischen und religiösen Gründen, die ein Weiterverfolgen des Volksaufklärungsprogramms dringlich empfahlen, fügte Ewald in typischer Aufnahme historischer Argumentationsformen die spezielle Verpflichtung hinzu, die sich aus der Geschichte des Christentums im allgemeinen und der des Protestantismus im besonderen ergab. Als Gründungsgeschichte christlicher Volksaufklärung stellt er die Verkündigung Jesu und der Apostel und die Ausbreitung des Christentums im römischen Reich vor, welche zu einer glücklichen Symbiose zwischen Evangeliumsverkündigung und römischer Kultur verklärt wird. Die weitere Geschichte des Christentums charakterisiert er dagegen bis zur Reformation als Verfallsgeschichte, von der Ewald Beispiele aus der Kulturgeschichte des als Sprachforscher bekannt gewordenen Johann Christoph Adelung (1732–1806) gab.[136] Erst die reformatorische Bewegung habe der Volksbildung neuen Aufschwung gebracht, Grundlage des besonderen Verhältnisses von Protestantismus und Bildung und fortbestehende Verpflichtung.[137] Dieser konnte nach Ewald nur entsprochen werden, wo die gesamtgesellschaftliche Bedeutung der Religion von ihrem klassisch-idealtypischen Ursprungsort her, der griechischen Polisreligion, erkannt und zum Leitbild einer Volksreligion der Zukunft gemacht wurde.

Ewalds Vorstellungen von einer religiösen Volksaufklärung als staatlicher Elementarbildung zur Religion in antiorthodoxer und -neologischer Stoßrichtung berühren sich in wichtigen Punkten mit den frühen Äußerungen G. W. F. Hegels von 1793/94 zur Volksreligion. Dieser war wie Ewald von Rousseau, Lessings *Nathan* und Herder dazu angeregt worden, die subjektive

---

[135] Ehlers, Winke 1, 1–59, 1. Abh.

[136] Johann Christoph Adelung, Versuch einer Geschichte der Cultur des menschlichen Geschlechts. Mit einem Anh. verm., 2. Aufl. Leipzig 1800 (zuerst Leipzig 1782), 6. Abschn. § 24, 349 f., 7. Abschn. § 22, 410. Neben der Einführung der mittelalterlichen Lehensverfassung wird auch die Vorherrschaft der Juden in den Handelsgeschäften, Verrohung der Sitten in Selbstjustiz und Machtentfaltung unter Regenten und Adel genannt. Dabei galt der mittelalterliche Adel noch als der aufgeklärteste Stand seiner Zeit, eine Perspektive, die in Ewalds Adelsschrift wiederkehrt. Adelung nahm den Gedanken der Lebensalteranalogie von Herder auf, doch verabschiedete er den Gedanken der Gleichwertigkeit der Zeitalter, vgl. W. Maurer, Die Geschichtsphilosophie des jungen Herder, 152 f.

[137] »Nie ist wol Aufklärung in neueren Zeiten schneller gewachsen, als in dem Zeitraum von 1525 bis 1560; und nie war mehr Thätigkeit sichtbar; nie wuchs Muth und Volksglük schneller, als in eben der Zeit.« VA, 77 f.

Religion des Herzens gegen die theologische Abstraktion mit neuem Profil zu versehen.[138] Anders als Hegel, der bald an den nötigen Voraussetzungen einer Bildung des »Volksgeistes« durch eine solche Volksreligion auf der Basis des Christentums Zweifel anmeldete, hielt Ewald an diesem Ideal einer Herz und Phantasie fesselnden Volksreligion fest. Diese stand für ihn zwar nur im Vorfeld der »Christusreligion« der Wenigen, doch gehörte sie, gleichsam als praeparatio evangelica, unabdingbar zu ihr. Wesentliche Elemente dieser Volksreligion waren, formal mit den bei Hegel angesprochenen vergleichbar, die biblische Geschichte, die in Übernahme der Funktion antiker Mythologie die Phantasie zu beschäftigen und in »vernünftige« Bahnen zu lenken hatte, und, da am wenigsten vom ritualistischen Mißverständnis bedroht, Musik und Gesang im Dienst des Heiligen sowie eine religiös überformte Volksfestkultur.[139] Der sich an einem deistischen Gottesbegriff orientierenden, aber nicht intellektualistisch verengten Aufklärungsfrömmigkeit blieb dabei ihr Recht als allgemeine Vermittlungsinstanz gesellschaftstragender Werte und Normen. Der hier angezeigten Weite der gesamtgesellschaftlichen Bildungsverantwortung entsprach die Konzentration auf das von der mystischen Christusgemeinschaft bestimmte Kirchenverständnis.

Für das Volksbildungskonzept bedeuten diese Vorstellungen vor allem eine entschiedene Kritik an der noch im 19. Jahrhundert landläufigen Meinung, Aufklärung vollziehe sich im wesentlichen durch vereinfachte Weitergabe wissenschaftlicher Erkenntnisse. Statt dessen kommt ein freier Aneignungs- und Ausdrucksprozeß des Volkes als Gesamtheit in den Blick, der im Sinne des Herderschen »Volksgeistes« mit der Eigenwertigkeit geschichtlicher Erfahrungen in allen Schichten rechnete und dem Bemühen um bürgerliche Prägung wenigstens teilweise seinen normativen Anspruch nahm. Diese Perspektive findet sich in der Volksliedkultur der Romantik wieder, doch für die künftige Entwicklung der Volksbildung spielte sie wenigstens in Deutschland keine Rolle mehr.[140]

Von besonderem Gewicht für eine auf Überzeugung unschlüssiger Regenten angelegte Apologie der Volksaufklärung war der Nachweis ihrer ökonomischen Vorteile für das Staatswesen durch die Vermehrung des »Menschenkapitals«, des Werts menschlicher Arbeitskraft für den Staat, wie er sich in den verschiedenen Abgaben niederschlug.[141] Auch diesem Thema wandte sich

---

[138] Georg Wilhelm Friedrich Hegel, Frühe Schriften 1, hg. v. Friedhelm Nicolin u. Gisela Schüler (GW 1), Hamburg 1989, 83–114, bes. 102 ff. Vgl. F. W. Kantzenbach, Idealistische Religionsphilosophie und Theologie der Aufklärung, in: Chr. Jamme, G. Kurz (Hrsg.), Idealismus und Aufklärung, 98 ff.
[139] Vgl. Hegel, GW 1, 109, Z. 21 ff.
[140] Anders war dies in Dänemark, wo der evangelische Pfarrer, Pädagoge und Schriftsteller Nicolai Frederik S. Grundtvig (1783–1872) in den 30er Jahren entsprechende Gedanken aufgriff und zu einem demokratischen Volksbildungskonzept (Volkshochschulbewegung) verarbeitete, HDBG 3, 351.
[141] Ebda., 84 f., 101.

Ewald zu. Ein Vergleich der wichtigsten europäischen Staaten der Gegenwart im Blick auf Größe, Einwohnerzahl und staatliche Einkünfte führte zur Errechnung einer Vergleichsgröße, welche den finanziellen Wert eines jeden Einwohners für den Staat angab. Länder, die als aufgeklärt galten, standen an der Spitze von Wohlstand und Macht in Europa, zuerst England, dann Frankreich und Preußen, den wenig rühmlichen Schluß bildeten Spanien, Portugal und der Kirchenstaat. Diese kameralistische Betrachtungsweise bereitete Ewald mit historischen Anmerkungen zur Geschichte Rußlands, Preußens und Siziliens vor. Besonderen Eindruck machte auf ihn der Aufschwung Rußlands zu einer europäischen Großmacht und potenten Handelsnation sowie die innere Reformpolitik unter Peter dem Großen und Katharina II.[142] Ewald legitimierte mit dem Begriff der Aufklärung als »Seele jedes Staats« in diesem Zusammenhang auch Hegemonialstreben und Expansionspolitik.[143] Ein ähnlicher Aufschwung des Staatswesens mit einem beträchtlichen Bevölkerungszuwachs ließ sich für Brandenburg-Preußen seit Friedrich Wilhelm I. feststellen.[144] Trotz positiver Ansätze spiele Preußen in der Bildungs- und Erziehungsfrage freilich noch nicht die herausragende Rolle in Deutschland, die seiner politischen Bedeutung entspreche.[145] Vorbild blieben einstweilen kleinere Länder wie Baden und Anhalt-Dessau.[146]

Einwände gegen eine Wohlstand und Kenntnisse vermehrende Volksaufklärung, die eine Schwächung des ländlichen Arbeitsethos geltend machten, betrachtete Ewald als Vorwand und Mißverständnis.[147] Von Gewicht war dagegen der politische Vorbehalt, der die Volksbildung mitverantwortlich machte für das Aufkommen radikaldemokratischer und revolutionärer Gedanken, wie er sich noch 1854 im Verbot der Arbeiterbildungsvereine durch den

---

[142] Ebda., 88, 97 ff. (Tabelle zwischen 98 und 99, nach Statistiken von Crome, Büsching, Necker, Herzberg u. a.), vgl. VA 1800, zu 26. Die Niederlande und das Großherzogtum Toskana namen eine Mittelposition ein.

[143] Ebda., 91. Die russische Eroberung polnischen Gebiets (1. Teilung Polens 1772) und die Expansion am Schwarzen Meer waren allein wegen des Steueraufkommens interessant, ebda., 87.

[144] VA, 88 ff. Auch weniger Bekanntes kam zur Sprache, so das ökonomisch erfolgreiche Wirken des Fürsten Ignatius von Biskari und seines Nachfolgers, ebda., 91 ff. »Die Katanienser sahen vor Augen, was Fleiß und anhaltende Tätigkeit vermögen; wie sie den Elementen trozen, die Natur nach ihrem Willen lenken, daß der Mensch dadurch wie ein Gott um sich her wirkt.« Ebda., 94. Vgl. Johann Heinrich Bartels, Briefe über Kalabrien und Sizilien, Bd. 2, 238 ff.

[145] Friedrich Wilhelm II. wurde gelobt als einer, »der so gut fortbauet auf dem gelegten Grund, Lüken der vorigen Verfassung mit so vieler Weisheit ausfüllt, und Menschen so menschlich zu regieren weiß.« Ebda., 91. Eine nüchterne Einschätzung findet sich bei Wessenberg, Elementarbildung, 36 ff.; zum preußischen Bildungswesen vgl. Hb. der preußischen Geschichte, hg. v. Otto Büsch, Bd. 2, Berlin u. New York 1992, 627 ff.

[146] VA 106 f.

[147] »Wahre Sitteneinfalt, Mäsigkeit, Arbeitsamkeit, Traulichkeit, stiller Naturgenuß, Häuslichkeit kann bei Aufklärung recht gut bestehen. Ja noch mehr: Der Mensch muß schon etwas aus dem Stand der Rohigkeit ausgegangen seyn, also einen gewissen Grad von Aufklärung haben, eh' er so menschlich werden kann.« Ebda., 115.

Deutschen Bund niederschlug.[148] Dem versuchte Ewald geschichtlich durch einen Rückblick auf bekannte politische Umwälzungen entgegenzutreten. Allein für die neueren revolutionären Turbulenzen in der Republik Genf gestand er eine Mitschuld der allerdings einseitig politisch und nicht genügend religiös geprägten Aufklärung über vorgebliche Freiheitsrechte zu.[149] Freiheit blieb für Ewald wie schon in Fénelons politischer Ethik ein wesentlich innerer Wert, der von der Gottesfurcht bzw. der Liebe zu Gott bestimmt war.[150] Ansonsten ließ sich weder in der Geschichte der eidgenössischen Schweiz, der Niederlande, Rußlands oder Frankreichs eine Bestätigung für die These vom Zusammenhang von Volksaufklärung und Umsturz finden. Was sich dort jeweils an politischen Umwälzungen vollzogen hatte, wurde als Reaktion auf despotische Machtausübung der Regenten erklärt. Nicht Volksaufklärung schafft demnach das politische Subjekt für den Aufruhr, sondern die obrigkeitliche Verhöhnung elementarer Existenz- und Freiheitsrechte. Was sich daraus im Zeichen von Notwehr und Selbstverteidigung bis hin zum Extrem des »Volksdespotismus« ergab, verdiente zwar keine Billigung, aber Verständnis.[151] Ein wesentlicher Unterschied zwischen dem frühen Freiheitskampf der Schweiz gegen die Österreicher und dem Sturm auf die Bastille 1789 bestand in dieser Hinsicht nicht.[152] Die politischen Verhältnisse in Ländern wie Persien, Ägypten und dem Ottomanischen Reich dienten zum Beleg, daß sich gerade mangelnde Aufklärung und despotische Herrschaft gegenseitig bedingten und für politische Instabilität sorgten.[153]

Der von Ewald aufgenommene Topos der Kritik am despotischen Feudalabsolutismus stammt aus der französischen Aufklärung, vor allem von Montesquieu; seine vielfältige publizistische Aufarbeitung im zeitkritischen Sinne fand er in einflußreichen Zeitschriften wie den von Ewald gelesenen *Staats-*

---

[148] »Der Einwurf konnte nie mehr Schein haben als jezt, da allerdings Geist des Aufruhrs wie Schnupfen anstekt; da er sich so gar unter dem zur Subordination von Jugend auf gebildeten Soldatenstand verbreitet; da das Volk, oder vielmehr der Dämagogengeist[,] der es lenkt, die alte Staatsverfassung umstoßen und eine neue einrichten will nach seinem Sinn.« Ebda., 118 f. HGDB 3, 340, 352 ff.

[149] Ebda., 119 f. 1792 etablierte sich eine revolutionäre Regierung nach französischem Muster. Zu Genf als aufgeklärter und darum wirtschaftlich starker Stadt, ebda., 98; »Unpolitischer Druck, politischer Fanatismus, und Sittenlosigkeit, aber nicht Aufklärung hat Genf zerstört.« VA 1800, 203.

[150] Fénelon, Télémaque, 5. Buch, Z. 286 ff., bes. 300 ff.

[151] »Volksdespotismus rächt sich an Fermiers- und Minister- und Aristokraten-Despotismus.« VA, 131.

[152] Ebda., 120 ff., Beispiel für den kränkenden Despotismus war, wie sich die Schweizer Bauern durch die Knechte der Vögte verhöhnen lassen mußten, sie sollten den Pflug selbst ziehen, ebda., 123. Ausgabe 1800: 181 ff.; wichtige Quelle für die historischen Rückblicke war die dt. Übers. der General History of the World, Allgemeine Weltgeschichte von der Schöpfung an bis auf gegenwärtige Zeit [...], v. Wilhelm Guthrie, Johann Gray u. a., 17 Bde., Leipzig 1765–1786; zur Schweiz s. Bd. 17, 1. Abt., 566 ff., 600–607.

[153] Ebda., 128 ff. Vgl. VA 1800, 205.

anzeigen A. L. v. Schlözers (1735–1809). Eine breitere Ausführung des Themas brachte die Revolutionsschrift von 1792.[154]

Ewalds kritische Aussagen zur neologischen Bibelauslegung in der Volksaufklärungsschrift führten zu einer schriftlichen Anfrage mit Bitte um öffentliche Klarstellung. Der Fragesteller glaubte Ewald offenbar näher an neologischen Positionen und fürchtete nun dessen orthodoxe Vereinnahmung.[155] In seiner Antwort, mit der Anfrage 1793 veröffentlicht, bekräftigte Ewald dagegen nochmals die Differenz zur neologischen Version von religiöser Aufklärung, indem er wie der sog. Supranaturalismus die biblisch glaubhaft bezeugten Vorstellungen von Teufel, Geistwirkung und Wunder als historische »Tatsachen« verteidigte und von jeder Vorurteilskritik ausnahm. Die Argumentation verweist auf die grundlegende Bedeutung des für innere Erfahrungen und Eindrücke offenen Tatsachenbegriffs, der noch nicht positivistisch auf das bloße äußere Faktum eingeengt ist. Er spielt für die geschichtliche Gotteserkenntnis und die Wahrheitsfrage in der Differenz zum Abstraktionsverfahren der Neologie bei Ewald, Lavater, Thomas Wizenmann und anderen eine wichtige Rolle.[156]

Das Verhältnis Ewalds zu neologisch geprägten Volksaufklärern wie Johann Moritz Schwager gestaltete sich in der Sache distanziert, aber angesichts eines breiten Spektrums gemeinsamer Bildungsinteressen nicht feindselig. Schwager

---

[154] Charakteristisch war Ewalds Gewissensappell an die Fürsten: »Ihr schaudert vor den Schandpfählen, Zuchthäusern und Galgen um Euch her; vor den Staatsinquisitoren [...]. Euch selbst würde das Herz bluten, wenn Ihr [...] unter lauter Sklavenseelen leben müßtet [...]. Nun Fürsten; so braucht Ihr auch Aufklärung nicht zu scheuen. Euch stößt sie nicht vom Thron! [...] Fahret fort, still und allgemein zu wirken, wie die Sonne, Euer Vorbild. [...] Es ist süß, König zu bleiben, wenn man König war. Und Ihr bleibt es, auch im Lande der Freiheit und Unvergänglichkeit. Eure Herrschaft ist so ewig, wie Dank und Liebe ist.« Ebda., 141 f., 154 ff., vgl. ebda., 132 ff.; vgl. Montesquieu, De l'Esprit des Lois, III, 9 (Du principe du gouvernement despotique); IV, 3 (De l'éducation dans le gouvernement despotique). Zitate bei Ewald dt. u. franz.; das Motto des Despotismus war: »Gehorsam oder Schandpfa[h]l! – Das ist die beste Moral des Bauern [...]«, VA, 135.

[155] Ewald, Ueber Aufklärung in der Religion; eine Auffoderung und Erklärung, in: ÜP H. 8, 1793, 245–256. Die Anfrage stammte von einem Herrn »M. v. W-d«, möglicherweise Wend. Der Anfragende war Ewald Vf. eines kleineren Aufsatzes bekannt, 247.

[156] Th. Wizenmann, von F. H. Jacobi und J. G. Hamann herkommend, umriß seine Position in der Tatsachenfrage so: Sowohl die allgemeinen Vernunftwahrheiten als auch die Geschichtswahrheiten müßten als *zeitliche* Wahrheiten begriffen werden, ihr Unterschied liege allein in ihrem Bezug: einmal auf fortdauernde Tatsachen der Natur und einmal auf vorübergehende Tatsachen der Geschichte; die Wahrheiten der sog. natürlichen Religion ließen sich mithin nicht als zeitlose Wahrheiten den zeitgebundenen Geschichtswahrheiten entgegensetzen; Wizenmann, Resultate, 173 ff., 236; nur als durch Offenbarung vermittelte besondere Absicht der Gottheit und einzelne historische Tatsache, nicht aber als allgemeine Vernunftwahrheit ließ sich demnach die Erscheinung Jesu als des göttlich erwählten Messias und Vermittler eines ewigen Reiches Gottes verstehen; »[...] der *Begriff* eines Christus sagt ein Wunder aus« [weil er den Übergang vom Endlichen zum Unendlichen, die Verknüpfung des Menschlichen mit dem Göttlichen benenne], ders., Geschichte Jesu, 20, 51 ff., 59. Vgl. Reinhart Staats, Der theologiegeschichtliche Hintergrund des Begriffes »Tatsache«, in: ZThK 70. 1973, 316–345.

forderte erstmals 1786 Ewalds öffentliche Reaktion heraus, als er im *Deutschen Museum* vor einem Teufelsaustreiber in der Grafschaft Lippe warnte. Dies veranlaßte Ewald nach ergebnisloser amtlicher Untersuchung zu einer Berichtigung in derselben Zeitschrift, in der Seitenhiebe auf den publizierfreudigen Schwager und sein aufgeklärtes Joellenbecker Land nicht fehlten.[157] 1794 druckte Ewald einen Artikel Schwagers über den Aberglauben in einer eigenen Veröffentlichungsreihe ab, vermerkte aber in einer längeren Anmerkung auf die ihm eigene versöhnliche Weise seine unterschiedliche theologische Haltung und warnte am Ende vor vernunftaufklärerischem Enthusiasmus.[158] Schwager, der den verschiedenen Phänomenen des Volksaberglaubens das nach unwandelbaren Naturgesetzen ablaufende »große Uhrwerk der Schöpfung« entgegenstellte und den Schöpfungsglauben als Beweis für die Unmöglichkeit der Existenz eines Teufels nahm, machte als eine der Quellen des Aberglaubens gerade das auch Ewald unterstellte unkritische Bibelverständnis aus.[159] Dieses verführe dazu, die biblischen Erzählungen als historische Berichte zu lesen und in die Bibel die eigenen abergläubischen Vorstellungen hineinzutragen, wie zum Beispiel Luthers Übersetzung von Ex 7,11 zeige: Statt von wirkmächtigen Zauberern sei im hebräischen Urtext nur von Gauklern und Taschenspielern die Rede. Entsprechend beurteilte er die neutestamentlichen Heilungswunder, die von Besessenheit sprachen, unter Berufung auf Balthasar Bekker, dessen *Bezauberte Welt* aus dem Jahr 1693 von ihm übersetzt und von Semler bearbeitet worden war, ebenso wie das Phänomen der Anfechtung nach rein medizinischen Gesichtspunkten.[160] Ewald beharrte dagegen auf einer biblischen Lehre von der Existenz und Wirksamkeit des Teufels, auch wenn diese für den einzelnen Gläubigen nur mittels spezieller Offenbarung – und daher eher selten – konkrete Bedeutung erlangte und die möglichst kausale Erklärung fraglicher Phänomene nicht behindern sollte.[161] Trotz der

---

[157] Deutsches Museum 1787.1, 587 f.
[158] Johann Moritz Schwager, Ueber den Aberglauben, in: ÜP H. 9, 1794, 82–137. Ewald fügte zwei Schlußbemerkungen hinzu, 138 f. Der Artikel lieferte zahlreiche Beispiele zum Volksaberglauben aus der über zwanzigjährigen Amtstätigkeit Schwagers.
[159] »Menschlichkeit gebot den Fürsten die Folter abzuschaffen, aber die Folter des Aberglaubens blieb, und wer's unternahm, sie zu endigen, hieß leider in schimpfender Bedeutung Neologe und Aufklärer. Es gab Leute, die in blindem Eifer die Gottheit vergaßen, um den Teufel zu erhalten [...].« Ebda., 137.
[160] Ebda., 90 ff. Luther hatte demnach den Kopf noch voll vom Teufel, wie ihn die Mönche ausgeheckt hatten, ebda., 93. »Dikblütige, melancholische Menschen übergiebt man dem Arzte; Aderlassen und Rhabarber, Kräuterthee und Diät thun da die besten Dienste. Durch diese Mittel hab' ich in meiner Gemeinde alle Anfechtungen so ausgerottet, daß mich jezt kein Mensch mehr bemüht, und kein Angehöriger mir weiter zumuthet, Blähungen für höllische Geister zu halten, und sie durch geistliche Mittel auszutreiben.« Ebda., 98. Vgl. Balthasar Bekker, Bezauberte Welt. Neu übers. v. Johann Moritz Schwager [...]; durchg. u. verm. v. Johann Salomo Semler, 3 Bde. Leipzig 1781–1782.
[161] »Ich bemerke hier Einmal für Allemal, daß nach meiner Ueberzeugung Jesus und die Apostel allerdings von bösen Geistern und ihrem Einfluß auf Menschen reden; nicht blos gewisse Krankheiten und Wirkungen diesen bösen Geistern zuschreiben, weil die Juden sie ihnen

theologischen Differenzen stimmte Ewald mit Schwager wie auch mit J. S. Semler darin überein, daß der positive Offenbarungsglaube des Volks nicht mutwillig erschüttert werden dürfe. Gerade Semler hatte gegen die Inanspruchnahme des religiösen Aufklärungsbegriffs bei Vertretern des Philanthropinismus wie J. H. Campe (1746–1818) und E. Chr. Trapp (1745–1818) protestiert, welche im Namen der sog. natürlichen Religion kosmopolitisches Denken und allgemeine Religionsvereinigung durch Volksaufklärung zu befördern suchten.[162] Auch wenn Semler der These zustimmte, daß orthodoxe Lehrinhalte wie Trinitäts- und Versöhnungslehre aufklärerischen Ansprüchen nicht mehr genügten, so war doch zu berücksichtigen, daß sie sich moralisch neutral verhielten und daher selbst als erkannte Vorurteile hingenommen werden konnten.[163] Zu den radikaleren Stimmen gehörte der Berliner reformierte Prediger Andreas Riem, der die religiöse Aufklärung als göttliche Gabe zur Entdeckung der wahren Vernunftreligion in der Sittenlehre Jesu und zur Entlarvung der Lehren von Trinität, Rechtfertigung und Versöhnung als klerikaler Täuschungsmanöver pries.[164] Dies zeitigte freilich über die Forderung nach uneingeschränkter Meinungsfreiheit und öffentlichem Vernunftgebrauch hinaus keine politischen Radikalisierungen, so daß sich bei ihm im Blick auf die These von der durch Aufklärung beförderten Stabilität der politischen Ordnung und der Prosperität der Wirtschaft zu Ewald parallele Argumentationsfiguren finden.[165]

Das Thema »Volksaufklärung«, zum Testfall staatlicher Reform und weltanschaulicher Meinungsführerschaft stilisiert, blieb weiterhin umstritten. Im Jahr 1800 erfolgte die Veröffentlichung einer umgearbeiteten und aktualisierten Fassung der Ewald-Schrift von 1790, wie sie vier in Bremen gehaltenen Vorlesungen zugrunde lag; 1811 erschien die Ausgabe von 1800 erneut in ergänzter Form.[166] Den Ausgaben von 1800 und 1811 stellte Ewald zwei andere, den

---

zuschrieben, sondern daß sie einen Satan als Urheber alles Bösen, Feind Gottes und Christus, und in ihm Licht und Macht zu verführen, zu täuschen, zu verderben, eigentlich *lehrten* [...]«, vgl. z. B. Mt 8,26; Mt 13,39; II Petr 2,4; Eph 6,12), ebda. 86, Anm., vgl. 88, Anm.

[162] Publizistisches Organ war das *Braunschweigische Journal philosophischen, philologischen und pädagogischen Inhalts*, hg. v. Campe, Trapp, Joh. Struve, u. Konrad Heusinger, vgl. ebda., 1788, 12. St.

[163] Semler, Über Denkfreiheit, Glaubenszwang und neuere Aufklärung, in: Jb. für die Menschheit 1790.1, 177–200, 273–287.

[164] Andreas Riem (o. Vf.), Über Aufklärung. Ob sie dem Staate – der Religion – oder überhaupt gefährlich sei und sein könne? Ein Wort zur Beherzigung für Regenten, Staatsmänner und Priester. Erstes Fragm., 3. Aufl. Berlin 1788; wieder in: Batscha, 117–138 (Zitate nach dem letzten Abdr.)

[165] »Je mehr sie [die Aufklärung] sich ausbreitet, je deutlicher setzt sie die Pflichten des Monarchen gegen seine Untertanen, und des Untertans gegen seinen Monarchen, ins Licht; und je williger macht sie sie beide, mit edlem Einverständnis zum Besten des Ganzen tätig zu sein.« Ebda., 128.

[166] Ewald, Ist es jetzt rathsam, die niederen Volksklassen aufzuklären? Leipzig und Gera 1800 (= VA 1800); ders., Ist es rathsam, die niederen Volksklassen aufklären? und: wie muss diese Aufklärung seyn? Verm. Aufl. Leipzig 1811 (= VA 1811); Steiger, Bibliogr. 184, 184a.

theologischen und politischen Aspekt seines Aufklärungsbegriffes präziser beleuchtende Zitate voraus. Was in der ersten Schrift das Genesiszitat zur Erschaffung des Lichtes, ist nun ein darauf Bezug nehmendes Wort Francis Bacons zur schöpfungstheologischen Begründung von geistiger Erkenntnis als göttlicher Erleuchtung, wie es sich verschiedentlich bei Herder findet.[167] Pfenninger hatte einst in der Wiedergabe des Herder-Textes dem Beginn des Bacon-Zitats – prima creatura Dei fuit lux sensus, postrema lux rationis –, in der Übertragung eine auch für Ewalds Anthropologie charakteristische Wendung gegeben: »Das Licht des Gefühls ist Gottes frühestes Geschöpf, hernach erst schuf er das Licht der Vernunft.«[168] Ein weiteres Zitat des schweizerischen Staatsmanns Karl Müller von Friedberg (1755–1836) faßte in prägnanter Kürze das liberalistische Ideal eines den lenkenden Staatsmann entbehrlich machenden Perpetuum mobile einer Gesellschaft ins Auge, in der sich Bevölkerungszahl, Arbeitsproduktivität und Menschenglück wechselseitig positiv beeinflussen.[169]

Ewald warb mit einem weiten Kreis von Autoritäten von der Antike bis zu Goethe, Kant und Fichte für ein Aufklärungsverständnis, das von subjektiver Gewißheit der Erkenntnis, Selbstbescheidung durch Einsicht in die Grenzen der spekulativen Vernunft und von Pflichttreue, Handlungssicherheit und Rationalität im Rahmen des jeweiligen praktischen Lebenszusammenhangs bestimmt war.[170] Indem Ewald gerade aus Fichtes Verteidigungsschrift gegen den kurfürstlich-sächsischen Atheismusvorwurf einen für vorbildlich

---

[167] »Das Erste Geschöpf Gottes war Licht. Licht in der Geisterwelt ist *Wissenschaft* und *Weisheit*. Der Tag, da Gott alles übersah, war der heiligste der Tage. (...) Du Gott, der sein(e) Werk(e) übersah, und rührend [!] (ruhend) sich ihrer (dessen) freute; du, der das sichtbare Licht zum Erstling(e) der Schöpfung machte, und das geistige Licht, das Meisterstück deiner Werke, dem Menschen ins Angesicht hauchte; laß uns, wenn wir in deinem Werke arbeiten, auch etwas von deiner Ruh(e) [und deiner Freude] theilhaftig werden, und uns(e)re Wissenschaft, wenigstens [ein] Allmose(n) der Liebe, für die Dürftigen uns(e)res Geschlechts seyn.« Vgl. Francis Bacon, Sermones fideles ethici, politici, oeconomici [...], Amsterdam 1685, 5–8, (De veritate; »Prima, in operibus sex dierum, Creatura Dei, fuit *lux sensus,* Postrema, *lux Rationis*; Quin Opus ejus, *Sabbatho,* quod deinceps perpetuo exercet, est Spiritus sui Illuminatio. [...].«); Herder,, Briefe, das Studium der Theologie betreffend, T. 3 (Ende Brief 37), SWS 10, 401 f.
[168] Die lat. Form des Zitats findet sich bei Herder, Vom Erkennen und Empfinden, SWS 8, 203, vgl. SWS 10, 181 ff. Pfenningers Ausz. in: ChrMag 1780.3, 133–152. Zur Bedeutung von Francis Bacon vgl. RL, 18 ff.; außerdem Kleukers Übersetzung von dessen Glaubensbekenntnis, in: ChrM 2.1802, 241–266; 333–357; Aschoff, 228.
[169] »Denn *Bevölkerung, Thätigkeit und Menschenglück* sind in einen Kreis geordnet, der immer auf sich selbst zurückgeht und sich befruchtet [...]«. Karl Müller von Friedberg, Philosophie der Staatswissenschaft in Grundsätzen zur gesellschaftlichen Glückseligkeit, St. Gallen 1790, 114.
[170] »[...] Aufklärung ist der Zustand, in dem man die Gegenstände der Erkenntniß, die es für *uns* sind, und seyn sollen, in einem zureichenden Grade von Deutlichkeit und Richtigkeit [das cartesianische ›clare et distincte‹] erkennt [...] Durch wahre Aufklärung werden die Menschen bewahrt vor der Anmaassung, die Dinge *an sich* [...] erkennen zu wollen, zu wissen, was die Gottheit *an sich* ist [...]. Wahre Aufklärung zeigt ihnen, daß dieß [!] über die Grenzen des menschlichen Erkenntnißvermögens gehe [...]«, VA 1800, 8 f., 13 f., vgl. Kant, Kritik der reinen Vernunft (= KrV), Vorr. zur 2. Aufl. XXVI., in: Kant, Werke in sechs Bänden, hg. v. Wilhelm Weischedel, Darmstadt 1983 (Kant-Studienausgabe, hiernach die jeweiligen Kant-Zitate), Bd. 2.

erklärten Abschnitt zur glaubenden Ergebenheit in den Willen Gottes und zum Ethos der selbstvergessenen Pflicht zitierte, bekundete er diesem Philosophen seinen besonderen Respekt. Er kritisierte damit nicht nur auf indirekte Weise die obrigkeitlichen Zensurmaßnahmen, sondern gab auch zu erkennen, daß er Fichtes umstrittene Aussagen zur moralischen Weltordnung, die nicht von einem moralischen Weltregenten abgeleitet werden könne, keinesfalls einen praktischen und wohl – anders als F. H. Jacobi – auch keinen theoretischen Atheismus beförderte sah, hierin mit Lavater einig.[171] Dabei dürfte Ewald wie Lavater die Differenz zwischen Fichtes philosophischem Gottesbegriff und dem des praktischen Christentums nicht verborgen geblieben sein, doch wog die Achtung vor dessen persönlicher religiöser Überzeugung, der man sich nahe wußte, mehr.[172]

Die Notwendigkeit »wahrer« Aufklärung begründete Ewald auf bekannte Weise mit anthropologisch-schöpfungstheologischen, ökonomischen und vorurteilskritischen Argumenten.[173] Nur in dieser schöpfungstheologischen Hinsicht konnte von einer Gleichheit aller Menschen gesprochen werden.[174] Im Unterschied zu wirtschaftlich schwachen und daher »unaufgeklärten« Ländern wie Spanien und Portugal galt England mit seiner fortschreitenden Technisierung als europäisches Vorbild einer zunehmenden Rationalisierung menschlicher Arbeitskraft und Zeit durch maschinelle Fertigungsverfahren, was auf das gute niedere Schulsystem in England zurückgeführt wurde.[175] Zunehmend wurde die (proto-)industrielle Massenproduktion zum Maß der Aufklärung eines Landes.[176] Freilich zeichnete sich neben dem Fortschritt weiterer Mechanisierung auch schon das Problem einer Verdrängung menschlicher Arbeitskraft und damit eine neue Qualität von Erwerbslosigkeit und Armut ab, ohne daß dies schon als soziale Aufgabe erkannt worden wäre.[177] Die statistische Argumentation mit den Staatseinnahmen wurde beibehalten,

---

[171] VA 1800, 16 f., Fichte, Appellation an das Publikum, in: GA I, 5, 409–453 (Einl., 375 ff.). Zur dogmatischen Frage vgl. auch G. Chr. Storr, Lehrbuch der Christlichen Dogmatik, Stuttgart 1803, 260 ff. (zur Lit.).

[172] Lavater kannte Fichte von seinen Hauslehrer-Aufenthalten in Zürich her, er pries ihn, mit seinem Systementwurf der Freiheit bekannt gemacht, als schärfsten der ihm bekannten Denker, Lavater, Monatsblatt für Freunde, in: Orelli 2, 121 f.; vgl. Fichte, GA II, 1, 234 u. ö.; zu Lavater und F. H. Jacobi vgl. Fichte, GA I, 5, 401 ff.

[173] Zu den Tiermenschen, die in Wäldern aufwuchsen und nicht mehr als »Brüder« erkenntlich waren, vgl. VA 1800, 51 f.; zu ihnen gehören auch die Taubstummen, denen »der Sinn fehlt, wodurch Unterricht ertheilt wird, und die ohne künstliche Bildung« blieben, VA 1811, 218. Zum Bildungstrieb als Organisationskraft der Natur im aktiven und passiven Sinn (als Trieb zu bilden und sich bilden zu lassen) vgl. auch Fichte, GA I,5, 117 u. ö.

[174] VA 1800, 19 ff.

[175] Vgl. Gebhard Friedrich August Wendeborn, Der Zustand des Staats, der Religion, der Gelehrsamkeit und der Kunst in Grosbritannien gegen das Ende des achtzehnten Jahrhunderts, Bd. 4, Berlin 1788, 175 ff., 195 ff. Wendeborn war Prediger in London.

[176] VA 1800, 21 ff.

[177] Ebda., 131 f.

auch wenn die Zahlen 1811 als veraltet gelten konnten und manche Einwände dagegen laut geworden waren.[178] So warnte Ewald in der Folgezeit auch vor einer mißverständlichen Verallgemeinerung des statistisch-ökonomischen Arguments etwa dahingehend, daß die Summe der Staatseinkünfte Maßstab für den Grad der Aufklärung eines Landes sei. Er hielt allein daran fest, daß ein aufgeklärter Staat ohne Druck höhere Staatseinkünfte erzielen *könne*.[179] Zur Untermauerung fügte Ewald weitere Informationen über die für die Bauern verheerenden Zustände in Sizilien und dem despotisch regierten Marokko hinzu, um im Gegenzug dazu die finanziell positiven Auswirkungen aufklärerischer Politik Leopolds I. im Großherzogtum Toskana (habsburgische Sekundogenitur) hervorzuheben, der sich insbesondere auch für die Verbesserung des Schulwesens eingesetzt hatte. Neben dem vorbildlichen Wirken Andreas Peter Graf von Bernstorffs (1735–1797) in Dänemark, der sich unter anderem um die Bauernbefreiung in Dänemark verdient gemacht hatte (1788), lobte Ewald die neuerliche Initiative unter König Friedrich Wilhelm III. zur Einrichtung von Bürgerschulen und die Verbesserung der Landschulen in den preußischen Staaten.[180] Aufklärung als Vorurteilskritik wurde an den markanten Themen Hexenwahn, abergläubischen Elementen der Volkskultur und an den die Volksgesundheit hemmenden Verhaltensweisen abgehandelt.[181]

Ein stärkeres Gewicht in der Argumentation bekam nun das Thema Presse- und Meinungsfreiheit. Die Obrigkeiten sollten sich damit abfinden, daß die Zeiten einer kontrollierbaren öffentlichen Meinung vorbei waren, zumal sich die Zensur schon in der Reformationszeit und zuletzt in der Genese der Französischen Revolution als wirkungslos erwiesen habe.[182] Dabei sprach sich Ewald ausdrücklich auch für den Verzicht auf jegliche theologische Zensur aus; dies liege im ureigensten Interesse des christlichen Glaubens als reiner

---

[178] VA 1800, 25–29; Statistik nach 26. Die Problematik derartiger Vergleiche wurde nur ansatzweise geahnt. Nicht nur fehlte es den statistischen Verfahren an Einheitlichkeit, sondern es mangelte auch an Differenzierung der Einnahmen etwa aus Landwirtschaft oder Gewerbe, des Steuersystems, der Struktur der Erwerbstätigen und der jeweiligen Produktionstechniken. Zur Verwendung der Statistik bezüglich der Stellung der Juden vgl. GdChr, 30 f.

[179] VA 1800, 53 f.

[180] VA 1800, 33 f.

[181] »Mir ist selbst, aus Akten, ein Beispiel bekannt, daß zwei Kinder, von zwölf und dreizehen Jahren, erst konfirmirt und zum Abendmal zugelassen, hernach aber, als unmündige Hexen verbrannt wurden, um erst ihre Seele zu retten, und ihnen dann ihre Strafe anzuthun.« VA 1800, 38. »Wär' das Vorurtheil nicht, daß man Gott vorgreife, Ihn versuche, wenn man seinen Kindern die Blattern einimpfen lasse, wie viele Kinder wären gerettet, wie vielen wär' ihre Gestalt und ihr Gesicht erhalten worden! Wie viele Scheintodte wären gerettet worden, herrschte nicht das unselige Vorurtheil, es sey eine Schande, einen Erhenkten oder Ertrunkenen zu retten! Wahrlich! sie sind unzählig, die Nachtheile, die durch religiöse, moralische, medizinische, physische und astronomische Vorurtheile schon der Menschheit zugefügt worden sind. Sie mit Weisheit zu verbannen, ist ein wahres Verdienst um sein Geschlecht.« Ebda., 38 f.

[182] Die Schriften Voltaires, Rousseaus und Helvétius' »waren die Handbücher der Reichen und Großen, trotz aller Verbote und Strafen«. VA 1800, 45. Der Reiz des Verbotenen kam bei manchen Schriftstellern schon gezielt verkaufsfördernd als literarisches Mittel zum Einsatz.

Gewissenssache.[183] Statt wie 1790 den freien Untertanengehorsam und den Bestand politischer Herrschaft primär an die Pietätsbeziehung zum Herrscher zu binden, wurde nun der gemeinsame Vernunftbesitz von Herrscher und Beherrschten angesprochen und die rational vermittelbare Begründung von Herrschaft stärker betont.[184] Die weiteren Schritte präzisierten analog zur Schrift von 1790 die Grundsätze »wahrer« Volksaufklärung und nahmen mögliche Einwände auf.[185] Wichtig blieb für die materiale Seite der Aufklärung das auch theologisch bedeutsame Tatsachenargument und die Verwerfung einer rein negativen Vorurteilskritik. In erkenntnistheoretischer Hinsicht lieferten Pfenningers *Sokratische Unterhaltungen* wichtige Begründungen.[186] Radikalere Forderungen nach einer mit reformatorischer Durchschlagskraft vorangetriebenen Aufklärung wurden zurückgewiesen.[187] Dagegen setzte Ewald sein Bild von Sokrates und Jesus, verbunden durch das Schicksal der Gerechten und Propheten, als den Meistern der Volksbildung, die sich durch die hohe Kunst geduldiger Vermittlung auszeichneten und so je auf ihre Weise dem Jahrhunderte übergreifenden Prozeß religiöser Aufklärung im Rahmen der göttlichen Heilsgeschichte als langsamer, aber steter Erhellung des Gottesglaubens ihren Dienst erwiesen hätten.[188]

Gesamtgesellschaftlich wichtig blieb der Grundgedanke der Ausgewogenheit der Bildungsinhalte und die Wahrung der Verhältnismäßigkeit unter den Ständen und zwischen den Geschlechtern.[189] Hatte Ewald im Blick auf die »Aufklärung der Aufklärer«, die Prediger und Lehrer, zunächst die altsprachliche, vor allem lateinische, und philosophische Bildung zugunsten von Geschichtskunde, Humanwissenschaft (Psychologie, Pädagogik) und Realfächern (Naturlehre, Geographie) zurückgesetzt, so betonte er am Ende wieder in

---

[183] Ebda., 42 ff., 60 ff.
[184] »Eure Herrschaft wird so ewig seyn, wie die Vernunft ist.« VA 1800, 47, vgl. VA 1811, 234.
[185] VA 1800, 50–99; 100–148.
[186] Aufklären sollte nur »reine, unleugbare, erprobte« Wahrheit; auch auf religiösem Gebiet durften glaubwürdig überlieferte Geschichten nicht a priori nach Vernunftgrundsätzen bezweifelt werden, ebda., 65 ff., 106 ff.
[187] VA 1800, 69 ff. Zu Luthers »stürmischer« Reformation hieß es: »[...] der Mann war so Einzig, wie das, was hauptsächlich durch ihn bewirkt ward. Was *er* that, kann und soll ihm Niemand nachthun, der nicht selbst ein *Luther* ist! Und doch wurd' er durch den Strom der Zeitumstände mehr *fortgerissen*, als daß er absichtlich so weit *fortgegangen* wäre. Sprach und schrieb er doch nur gegen den offenbarsten, von allen rechtlichen Katholiken selbst verabscheuten Mißbrauch des Ablasses [...]«, ebda., 80. Ewald las Ludwig Timotheus von Spittler, Grundriß der Geschichte der christlichen Kirche, Göttingen 1782, 3. Aufl. 1791 u. zit. aus Luther, Wider die himmlischen Propheten, WA 18. 62–125 (Jenaer Ausg., dt. Teil, Bd. 3 (1565), 35b–90a).
[188] VA 1800, 83 f. Zur Pädagogik Jesu vgl. Joh 16,12.
[189] Ebda., 86–97, zur politischen Dimension vgl. 122–136. »Auch ist es natürlich, daß der Kopf des Mannes mehr, als der Kopf des Weibes, ans Denken gewöhnt, und im Denken geübt werden muß. Aber *kein* Stand und *kein* Geschlecht, auch nicht die niedrigste Volksklasse, darf doch ganz hintan gesetzt werden, wenn die Aufklärung Alles wirken soll, was sie wirken kann.« Ebda., 91. Freilich galt auch für den Körper der Nation, den Füßen ihre Ledersteifel zu lassen. Ebda., 95.

neuhumanistischer Weise die Bedeutung der alten Sprachen für die innere Fühlungnahme mit dem Geist der Klassik.[190]

Faktisch stand die Volksaufklärungsbewegung nach Ewalds Eindruck auch zu Beginn des neuen Jahrhunderts noch am Anfang, so daß sich kaum mit eindrücklichen Ergebnissen für ihre Fortsetzung werben ließ.[191] Immerhin zeichneten sich erste längerfristige Erfolge bei Rochow in Reckahn und im Lippischen ab. Von Reckahn wurde berichtet, die schulische Elementarbildung habe seit dem Beginn der Arbeit 1773 zu geringerer Mortalität, besserer Berufstreue und höherer kirchlicher Bindung bei den Landleuten geführt. Die lippischen Schulreformen, die Ewald als Fortführung der Arbeit des Dietrich von Cölln in Oerlinghausen darstellte, wiesen in die gleiche Richtung.[192]

Die wichtigste Bezugsgröße der Volksaufklärungsgegner war und blieb die Französische Revolution.[193] Ewald wurde nicht müde, die positive Wirkung der Volksaufklärung und der freien Meinungsäußerung in Verfassungs- und Menschenrechtsfragen hervorzuheben, da der Aufgeklärte sich am ehesten der Vorteile der bürgerlichen Ordnung zu versichern wisse.[194] Der Einfluß aufklärerischer Ideen von Vordenkern wie Rousseau, Voltaire und Diderot und verschiedener Gesellschaftszirkel wie der Freimaurer auf die Französische Revolution wurde nicht geleugnet, doch das Ausmaß ihrer Popularisierung relativiert, indem mit richtigem Gespür auf die Rolle charismatischer Führerpersönlichkeiten wie Mirabeau und auf die soziale Sprengkraft verarmter Unterschichten hingewiesen wurde. Eine Distanzierung von republikanischen Ideen und radikal religions- und kirchenkritischen Elementen der französischen Aufklärung fehlte nicht, wohl aber die Berücksichtigung der politischen Unterschiede im Lager der reformwilligen Aufklärer. Ewald argumentierte hier mit August Wilhelm Rehbergs konservativer Revolutionsschrift von 1793 ebenso wie mit den zeitgenössischen Beobachtungen Louis-Sébastien Merciers (1740–1814) vor Ort.[195] Insgesamt führten die politischen und so-

---

[190] Ebda., 96 f., VA 1811, 285.
[191] VA 1800, 149–206.
[192] VA 1800, 160 ff. Verbesserungen wurden beobachtet in Hinblick auf Fleiß, Ordnungsliebe, Hygiene, Gesundheitsvorsorge und Landwirtschaft.
[193] VA 1800, 164 ff. Wegen der fortdauernden Verbindung, die zwischen Revolution und Aufklärung gezogen wurde, galt noch 1811: »Auch jetzt kömmt diese Schrift nicht zu spät.« VA 1811, 280.
[194] »Der Aufgeklärte [...] kennt seine Pflichten als Mensch, als Staatsbürger und als Christ, der Alles, auch die jetzt bestehende Obrigkeit als Werk und Veranstaltung Gottes ansieht, ohne dessen Wille kein Haar von seinem Kopfe fällt [...].« VA 1800, 172 ff. Der Begriff des Staatsbürgers war im weiteren Sinne ohne Rücksicht auf das Wahlrecht gebraucht. Seine Betrachtungen zur Geschichte der Revolutionen in der ersten Ausg. der Schrift ergänzte Ewald in der zweiten mit Material aus seiner Revolutionsschrift von 1792, Ewald, Über Revolutionen (= REV), 34 ff. (2. Aufl.), s. u. Kap. 7, Anm. 1.
[195] August Wilhelm Rehberg, Untersuchungen über die Französische Revolution nebst kritischen Nachrichten von den merkwürdigsten Schriften welche darüber in Frankreich erschienen sind, 2 Bde., Hannover u. Osnabrück 1793. Vgl. Ursula Vogel, Konservative Kritik an der

zialen Komponenten, die in revolutionären Umbrüchen beobachtet wurden, zu keiner Infragestellung der idealmonarchischen Vorstellungen von Machtausübung.[196]

Ewald ergänzte die Fassung der Volksaufklärungsschrift von 1811 um einen eigenen Abschnitt, der das Stagnieren der Schulreformen mangels staatlichen Engagements eigens zum Thema machte.[197] War die Volksaufklärung in seinen Augen kaum über erste Schritte ihrer Realisierung hinausgekommen, wurde andernorts schon ein Übermaß beklagt, so durch Friedrich Heinrich Jacobi 1807.[198] Vor allem aber war das Volksbildungsanliegen im Zuge der von politischen und militärischen Aufgaben bestimmten Zeit, etwa der Staats- und Verwaltungsreformen in den Rheinbundstaaten, weiter ins Abseits geraten. Die restaurativen Stimmen wurden lauter.[199] Dabei dürfte die 1809/10 unter Wilhelm von Humboldt (1767–1835) angestoßene preußische Bildungsreform mit ihrem Ausbau der Volksschulen und der Verbesserung der Lehrerbildung neue Hoffnungen geweckt haben. Bemerkenswert war die deutliche Einforderung des Rechts auf Elementarbildung mit Hilfe eines von der freien sittlichen Persönlichkeit bestimmten Staatsbegriffs, der den Staatszweck mit der allgemein menschlichen Aufgabe der Vervollkommnung und Selbstentfaltung der Individuen übereinkommen sah.[200] Nach den Grundsätzen des Gesellschaftsvertrages gehöre das staatliche Bildungsangebot zu den dauerhaften Vorteilen, die der Staat dem Bürger als Ausgleich für die Opfer seiner individuellen Freiheiten bieten müsse, solle dem Staat die Anerkennung nicht versagt werden.[201] Hinzu trat der appellative Bezug auf die Tradition des dem Gemeinwohl verpflichteten Idealherrschers, dem bonus princeps et pater pa-

---

bürgerlichen Revolution – August Wilhelm Rehberg, Darmstadt/Neuwied 1972. Mercier hatte von 1781–88 sein 12-bändiges Le Tableau de Paris herausgegeben, detaillierte Schilderungen des zeitgenössischen Lebens; es folgten 6 Bde. Le Nouveau Paris, deren erste Bände Ewald zu Rate zog.

[196] Zu Hennings Ideal des rechtmäßigen Handelns aller Beteiligten nach den Grundgesetzen der Moralität in der »reinen« Monarchie vgl. Erika Süllwold, »Der Genius der Zeit«. Konstitution und Scheitern eines Modells von Aufklärungsöffentlichkeit (Pahl-Rugenstein Hochschulschriften, Gesellschafts- und Naturwissenschaften 203), (Diss.) Köln 1985, 188 ff., 197; anders als Ewald konstatierte Hennings explizit ein Widerstandsrecht zur Beseitigung einer Despotie.

[197] VA 1811, 5. Vorl.

[198] »Ihr [der Volksaufklärung] unnatürlicher Anfang und Fortgang bedeutet ihr natürliches Ende. Die Nachwelt wird sich nicht wundern, wenn man in der Wüste des Unglaubens wieder Schlangen erhöht und zu goldenen Kälbern betet, und wenn bei diesem Schlangen- und Kälberdienst *Philosophen* der Altäre pflegen.« Jacobi, Ueber gelehrte Gesellschaften, in: Werke 6, 57.

[199] VA 1811, 249 ff., 274 ff. Sollte das Militär zu anderen als zu Verteidigungszwecken unterhalten werden, »dann sollte man Millionen aufwenden, um Militär abzuschaffen, statt daß man Millionen aufwendet, um es zu erhalten. Nur der Zweck adelt oder verunedelt die Kraft!«, ebda., 277.

[200] »[Der] Zweck aller Staaten[,] fällt also mit dem Zweck der Menschheit zusammen [...]«, nach dem antiken Motto »Salus populi suprema lex esto!« Ebda., 214, vgl. 222 f.

[201] Ebda., 213 f.

triae, so daß sich ein prinzipieller Konsens über den staatlichen Bildungsauftrag von der Antike über Erasmus bis zu Montesquieu und neueren Natur- und Staatsrechtslehren ergab.[202] Bildungspolitik wurde zur eigentlichen Legitimationsfigur von Herrschaft nicht nur in politischer, sondern auch in theologischer Hinsicht, insofern Gott selbst den Regenten als seinen Stellvertreter auf Erden mit der ihm eigenen Bildungsaufgabe betraute; Stellvertreter der Gottheit war der spätabsolutistische Regent demnach nicht mehr aufgrund einer angeborenen Erhabenheit, sondern nach dem Dienstgedanken aufgrund der Erhabenheit seines Auftrages.[203] Der nunmehr anthropologisch, theologisch und staats- und naturrechtlich legitimierte Bildungsgedanke blieb zwar weiterhin von geburts- und berufsständischen Zwecksetzungen bestimmt, doch war er nicht an diese gebunden und konnte so weiterwirken.[204]

Was zuerst in der lippischen Landschulreform bildungspraktisch angegangen und in der Volksaufklärungsdebatte programmatisch vertieft wurde, zeigt die feste Einbettung Ewalds in das spätaufklärerische Volksbildungsdenken, aber auch dessen Modifizierung nach den Maßstäben des pietistischen Bibelchristentums. Dabei führt Ewald biblisch-heilsgeschichtliche, klassisch-humanistische und frühliberale Ansätze zur Begründung eines elementaren Menschenrechts auf Bildung zusammen. Der durch die Französische Revolution verschärfte Rechtfertigungsdruck intensiviert die historisch-politische Argumentation für eine Fortsetzung der Volksbildungsbemühungen im Geist aufklärerisch-obrigkeitlicher Reformpolitik, um dem positionellen Dilemma zwischen Radikaldemokratie und Feudalabsolutismus zu entkommen und das eigene Anliegen voranzutreiben.

---

[202] Ebda., 217 ff. Vgl. Montesquieu, De l'Esprit des Lois, III, 10; IV, 1 ff.; VI, 21; Kant, Ideen zu einer allgemeinen Geschichte in weltbürgerlicher Hinsicht, in: Werke 6, 31–50; Gottlieb Hufeland, Lehrsätze des Naturrechts, Jena 1795, §§ 427–434.

[203] Ebda., 220 f. »Sobald in einem Staate nicht mehr für Menschenbildung gesorgt wird; so kann man ihn als aufgelöst betrachten«; schon der fehlende Reformwille wurde als Tendenz zum Despotismus ausgelegt. »O! wüßten unsere Regenten, wie es sich belohnt, für Menschenbildung zu sorgen [...]«, sie würden »sich an dem eigentlich-göttlichen Vergnügen sättigen, Stellvertreter der bildenden Gottheit in ihrem Kreise zu seyn.« Ebda., 222 f.

[204] »Die Bildung hat Grenzen und keine Grenzen, wie man es nimmt. Die menschliche Perfektibilität ist grenzenlos. [...] Aber die Bildung muß allerdings Grenzen haben, in Beziehung auf jeden Stand [...].« Ebda., 224 f. Zu Religionsunterricht und religiöser Erziehung vgl. 233 ff., in die Hand des Schülers gehörten demnach nur eine Bibelgeschichte und ein Spruch- und Liederbuch zum Auswendiglernen, aber kein Katechismus; dieser blieb dem Prediger vorbehalten. Die Schulaufsicht mußte nach Lage der Dinge noch bei den Predigern bleiben, solange wie in Baden die Lehrerbildung noch zu wünschen übrig ließ, ebda., 273 f.

7 Staats- und Zeitkritik

7.1 Despotismuskritik: Der Reformappell an die Fürsten 1792

Da Ewald eine öffentliche Stellungnahme angesehener Männer zum Gang der Französischen Revolution und zur Minderung der Revolutionsgefahr in Deutschland vermißte, griff er das schon in der Volksaufklärungsschrift angesprochene Thema von Herrschaft und Humanität auf und erweiterte es 1792 zu einer eigenen Schrift.[1] Wie die Volksaufklärungsschrift war sie als Fürstenspiegel konzipiert, nicht als politische Kampfschrift. Sie setzte auf die Reformierbarkeit der altständischen Gesellschaftsordnung. Im Gewissensappell und den negativen historischen Szenarien lebten Momente der Gesetzes- und Strafpredigt fort, doch wurde nun nicht mehr die Autorität des äußeren göttlichen Gebots, sondern die der menschlichen Natur mittels des angeborenen Prinzips von Gerechtigkeit und Tugend im Rousseauschen Sinne ins Feld geführt.[2] Im Blick waren Länder wie Hessen-Kassel, das für lange Zeit als Beispiel despotischer Herrschaftsausübung mit unzeitgemäßer höfischer Prachtentfaltung galt.[3] Ein vergleichbares Unternehmen ist von keinem anderen Mann der Kirche in leitender Position bekannt geworden.[4] In der Analyse

---

[1] Ewald, Über Revolutionen, ihre Quellen und die Mittel dagegen. Den menschlichsten Fürsten gewidmet, Berlin 1792, 2. Aufl. Berlin 1793 (= REV). Die Schrift ist in 30 Abschnitte gegliedert, hier wird auf die 2. Aufl. v. 1793 verwiesen. Zu den Ausgaben s. Steiger, Bibliogr. 68–68c, zum Thema ebda., Kap. III.3 u. 4; als Generalnenner für Ewalds politische Schriften fungiert wie auch sonst die allgemeine These, Ewald habe »der reformatorischen Lehre von den beiden Regimenten insofern zu neuer Geltung [verholfen], als er sie unter den Bedingungen der mit der Aufklärung neu entstandenen Situation reformuliert« habe, ebda., 375; auf diese Bedingungen wird aber weithin nur schematisch eingegangen, so daß weder der Duktus der Ewald-Schriften noch der historische Kontext – etwa im Umgang mit dem politischen Freiheitsbegriff – ausreichend zum Tragen kommen, und zwar unabhängig von der Richtigkeit der m. E. unzutreffenden These von der Schlüsselstellung reformatorischer Theologie für den Gesamtzusammenhang und der weitgegriffenen Behauptung einer Synthese von Kantscher Philosophie und Lutherscher Zwei-Reiche-Lehre, ebda., 382. In neuerer Zeit kamen Teile der Ewaldschen Revolutionsschrift wieder zum Abdruck in: Jost Hernand (Hrsg.), Von deutscher Republik. 1775–1795, 2 Bde., Frankfurt/M. 1968, Bd. 1, 51–53, Bd. 2, 154–157.

[2] Als Grundsatz galt: »Nur mäßige Regierungsart kann den Staatskörper gesund erhalten; nur Väterlichkeit weckt Kindersinn, Kinderliebe bei dem Volke; und nur dieser Sinn hält die Bande des Staats fest.« REV, 249.

[3] Vgl. kurz in Aufnahme der Kritik eines Reiseberichts in Hennings Genius der Zeit v. 1797 Süllwold, 242 f., zu Ewalds beiläufiger Herrschaftskritik in der Schilderung der Kasseler Wilhelmshöhe im Genius der Zeit, ebda., 244.

[4] Andere zunächst Revolutionsbegeisterte wie F. Nicolai, Chr. M. Wieland oder F. L. Graf zu Stolberg waren in ihrem Urteil ins Schwanken geraten, F. H. Jacobi verstummte angesichts

ähnlich, doch mit einem deutlich positiveren Votum für die Grundsätze der Französischen Revolution, ließ sich noch im selben Jahr Adolph Freiherr von Knigge (1751–1796) vernehmen.[5]

Zunächst schuf sich Ewald Distanz zur aktuellen politischen Diskussion, indem er das Phänomen der Revolution als zielgerichtetes, wenngleich ambivalentes Lebensphänomen in Natur und Geschichte bestimmte. Im Hintergrund steht der pädagogisch akzentuierte Gedanke göttlicher Providenz und historischer Theodizee, die gleichsam als Innenseite aller von Gott als natura naturans durchwirkten äußeren Natur- und Geschichtsprozesse gedeutet wird.[6] Selbst die politische Radikalisierung der Französischen Revolution, welche bei vielen auf schieres Entsetzen stieß, wurde durch diese dem Organismusdenken verhaftete Naturalisierung der Geschichte als fieberhafte Erschütterung des Staatskörpers erklär- und tolerierbar, auch wenn offen blieb, ob Verjüngung und Wiedergeburt der Nation oder aber der Alters- und Schwächetod folgen würde.[7] Vom aufklärungsoptimistischen Glauben an einen steten Fortschritt konnte jedenfalls keine Rede mehr sein. Damit sollte der Reformdruck auf die Herrschenden erhöht werden, denn noch stand für die europäischen Völker zu hoffen, daß das um sich greifende Freiheitsbewußtsein Zeichen ihres jugendlichen Heraustretens aus dem Stand der Unmündigkeit und Befreiung von überalterten Formen feudaler Herrschaft sein würde.[8] Im Blick auf die konkrete Verantwortung der Herrschenden finden sich bei Ewald bekannte Elemente der Luxus- und Despotismuskritik, so der historische Verweis auf den Sittenverfall Roms und die Staatsentwicklung in Griechenland.[9] Insbesondere Johann Christoph Gatterers universalgeschichtliche Konzeption betrachtete er als vielversprechend für das Studium des Auf- und Niedergangs der Staaten, um den äußeren Gesetzmäßigkeiten historischer Entwicklung auf die Spur zu kommen.[10] Zur Kritik totalitärer Herrschaft, als

---

des nahenden Zusammenbruchs der alten Ordnung in grübelndem Nachdenken. Zur Diskussionslage im weiteren Umfeld Ewalds vgl. die Korrespondenz G. A. v. Halems, in: Halem, Selbstbiographie; zu seinen Partnern gehörten Stolberg, Knigge, Boie, Nicolai, Hennings u. a. Zu F. H. Jacobi s. Werke 3, 537 (1790).

[5] Adolph Freiherr von Knigge, Joseph's von Wurmbrand, kaiserlich abyssinischen Ex-Ministers [...] politisches Glaubensbekenntniß, mit Hinsicht auf die französische Revolution und deren Folgen, Frankfurt/M u. Leipzig 1792, in: SW 15; vgl. Bethmann, 97 ff.

[6] Eine im Grundzug vergleichbare Sicht von Niedergang und Neuanfang im Durchschritt zu einer höheren Daseinsstufe vertrat Knigge, vgl. A. Bethmann u. G. Dongowski, Adoph Freiherr Knigge, 63.

[7] Die Natur kennt neben dem steten Reifen und Wachsen auch den Umbruch wie in Sturm und Donner, »wo sich Leben und Segen in der Gestalt von Zerstörung entwickelt [...]«, entsprechendes gilt für die historia civilis. REV, 1 ff.

[8] Unmündigkeit war an sich das Kennzeichen sog. primitiver Völker wie der Mongolen und der Negerstämme, ebda., 198, vgl. 174, 181.

[9] Ebda., 7 ff., 32. Die Rousseausche Sichtweise von der Unnatürlichkeit des Stadtlebens in einer Masse zeigt sich bei Ewald wiederholt.

[10] REV, 31; vgl. Johann Christoph Gatterer, Stammtafeln zur Weltgeschichte, wie auch zur Europaeischen Staaten- und Reichshistorie, 1. Sammlung (Tafel 1–32), Göttingen 1790; ders.,

deren Kennzeichen willkürliche Übergriffe auf die natürlichen Güter von Leben, Ehre und Eigentum der Untertanen galten, lieferte das von Ch. Meiners und L. T. Spittler herausgegebene *Göttingische Historische Magazin* und Pierre Bayles *Dictionnaire* Material genug.[11]

Die Elemente der Naturalisierung weisen auf das Geschichtsbild J. Böhmes, Oetingers und des jungen Herder, aber auch auf Rousseaus Sichtweise von Revolution als zwangsläufigem Umschlag in einen quasinatürlichen Zustand nach unerträglich gewordener Ungleichheit. Der instrumentale Gedanke einer sich selbst regulierenden Geschichte erfaßt nach Ewald nur die Außenseite des (heils-)geschichtlichen Dramas, das Gott zum Subjekt hat.[12] Gottes Handeln in der Geschichte vollzieht sich dabei weder sprunghaft-willkürlich noch naturgesetzlich-stetig, sondern planvoll-erzieherisch. Das Ganze der Weltgeschichte stellt sich dar als eine von göttlicher Liebeskraft durchdrungene organische, also auch spannungsreiche Gesamtentwicklung. Unter theologischen Vorzeichen fallen Freiheits- und Naturgeschichte der Menschheit zusammen, unter politischen müssen sie um der konkreten Verantwortung willen unterschieden bleiben. Dabei ließ Ewald keinen Zweifel daran, daß er den Handlungsspielraum der Regenten unter dem Übergewicht des Naturgeschichtlichen als recht begrenzt ansah.[13] Die Frage der Menschenrechte kam, durch die übliche anthropologische Betrachtungsweise politisch neutralisiert, allein als Gewissensfrage an die Regenten in den Blick.[14] Als kritischer Maßstab aller Reformforderungen diente wie auch später gegenüber dem Adel der in

---

Versuch einer allgemeinen Weltgeschichte bis zur Entdeckung Amerikens, Göttingen 1792. Weiter zog Ewald das nach Grundsätzen aufgeklärter Geschichtsschreibung abgefaßte Werk des Rousseau-Freundes Guillaume-Thomas Raynal, Histoire philosophique et politique des établissements et du commerce des Européens dans les deux Indes, 10 Bde., Genf 1781 (zahlr. Aufl., zuerst 1770) heran; Herder erlebte Raynal, der ihn 1782 besuchte, als »argen Schwätzer«, Herder an Hamann 1782, GA Briefe 4, 217.

[11] Vgl. grundlegend: Meiners, Ueber die Ursachen des Despotismus, in: Göttingisches Historisches Magazin 2.1788, 193–229.

[12] Vgl. im ganzen Herder, SWS 5, 475–594, z. B. 560; SWS 13 u. 14; Rousseau, Discours, 250. Kaiser, Pietismus, 164 ff.

[13] »Revolution steht jedem Staate, wie der Tod jedem Menschen bevor; aber wollt Ihr Revolutionen zurückhalten und das Leben Eurer Staatsverfassung verlängern; so haltet Verderbniß der Sitten und Despotismus zurück [...]. Frühe Ausschweifung befördern Alter und Tod; früher Despotismus beschleunigt die Auflösung der Staaten, die über alle einmal kommen wird. Mäßigung allein erhält Kraft und Leben.« Ebda., 32 f.

[14] REV, 83. »In dem Maaße, wie der Mensch mehr Mensch ist, fühlt er in sich eine Wuth gegen Unmenschen, die jede Kraft in ihm verdoppelt, die ihn zu allem fähig macht. Ich rede natürlich nicht von dem sanften Bande, womit ihn seine Religion zurückhält [...] Ich rede von gerader Menschenempfindung dessen, dem noch Gefühl von Menschenrechten die Brust hebt, der noch nicht durch langen Despotismus zum Sklaven verstümmelt ist. Und wie sich Ein Mensch fühlt, so fühlen sich mehrere, so ein Volk.« Ebda., 178 f. Vgl. AD, 10 ff., 66 f.; REV, 240. Zur eschatologischen Deutung der Menschenrechte von Freiheit, Gleichheit und Brüderlichkeit nach steter Annäherung an die immer lichtere Erkenntnis der christlichen Wahrheit vgl. Meta Post an Lavater, 8. Oktober 1797, Brief 51.

aufklärerisch-naturrechtlicher Tradition stehende Appell an die Gewährung elementarer Lebens-, Freiheits- und Eigentumsrechte einschließlich individueller Religions- und Meinungsfreiheit.[15] Dessen verfassungsrechtliche Verankerung in der französischen Deklaration der Menschen- und Bürgerrechte vom 26. August 1789 ächtete Ewald wegen ihrer gleichsam mechanistisch-ideenhaften Versachlichung der nur vom Organismusdenken her zu würdigenden Pietätsbeziehung zwischen Volk und Herrscher. Eine Partizipation an der Macht durch den auf alle produktiv tätigen Unterprivilegierten gedeuteten Dritten Stand als Inbegriff der Nation, wie sie der revolutionäre Abbé Emmanuel Joseph Sieyès (1748–1836) in Frankreich gefordert hatte, erschien ihm in typisch deutscher Sichtweise als schiere politische Schwärmerei, das Verständnis des Gesellschaftsvertrages blieb gegen Rousseaus *Contrat social* antidemokratisch bestimmt.[16] So verwies Ewald die Vorstellungen von allgemeiner politischer Freiheit und sozialer Gleichheit in das Reich der Illusionen.[17] Entsprechend mißtrauisch äußerte er sich 1794 gegenüber Lavater zum demokratischen Gleichheitsgedanken: Dieser sei nur die Maske zur Begründung eines neuen Despotismus.[18] Seine antidemokratische Einstellung verteidigte Ewald später gerade mit dem Interesse an einer aufklärerischen Reformpolitik, die von demokratischen Strukturen nur behindert werde.[19] Brücken zum liberalen Gedanken der Repräsentativverfassung, wie er für das 19. Jahrhundert bestimmend werden sollte, gibt es hier entgegen der sonstigen Verteidigung individueller Rechte nicht.

Innerhalb des den Großteil der Schrift ausmachenden Entwurfs einer Geschichte der Revolutionen nimmt die Schilderung der durch schroffe Säkularisierungsmaßnahmen mitverursachten Unruhen in Brabant und Lüttich eine gewichtige Rolle ein.[20] Sie bot – gleichsam antitypisch zur Französischen Revolution – ein Beispiel für die Grenzen einer von fremder Obrigkeit im

---

[15] Eine Revolution konnte auch durch tyrannischen Angriff vorschneller »Aufklärung« auf Freiheit, Eigentum, Leben oder Religion und Sitten eines Volks entstehen, REV, 167.

[16] Ebda., 21 f., 15, vgl. 23. Emmanuel Joseph Sieyes, Was ist der Dritte Stand? Hg. v. Otto Dann, Essen 1988 (sprachlich überarbeitete Fassung).

[17] »Man kann keinen Trupp Wilde, keinen Haufen Kinder sehen, ohne sich zu überzeugen, daß die Menschen nicht zu voller Gleichheit bestimmt sind. [...] Manche Menschen sind zum Regieren, und der größte Haufe ist offenbar zum Gehorchen bestimmt, und wär' unglücklich und machte unglücklich, wenn er nicht gehorchte. [...] Freiheit? – ich weiß es wol, daß es jetzt Losungswort für Betrüger ist [...]. Aber ein gewisser Grad derselben ist doch dem Menschen Bedürfniß, wie Brod«, REV, 196 ff. So wenig sich das Volk nach einer Deklaration der Menschenrechte regieren lasse, so wenig auch die Familie nach einer »Déclaration des droits des enfants«, REV, 22 f.

[18] Ewald an Lavater, 1794, Brief 34; vgl. ChrM 1804.1, 35 f. Danach war der Despotismus der Monarchie schrecklich, der der Republik schrecklicher und der der Demokratie am schrecklichsten, freilich in einer weiteren Dimension noch überboten vom Despotismus der Anarchie.

[19] Ewald, Fantasieen auf einer Reise, 1799, 183 f.

[20] REV, 34–166, 174, Brabant: 68–86, Lüttich: 86–97. Ewald berichtete Lavater am 22. März 1794, sein Tagebuch mit dem Bericht über die Begegnung mit Joseph II. habe viel Beifall gefunden, Chr. W. Dohm, A. v. Haller und andere hätten ihm darüber geschrieben, Brief 36.

Namen des religiösen Fortschritts verordneten Volksaufklärung. Obrigkeitliche Maßnahmen wie die Aufhebung von Klöstern und die Einschränkung von Marien- und Reliquienkult verletzten faktisch die Glaubens- und Gewissensfreiheit.[21] Ein übriges tat die offenkundige Mißachtung der landständischen Verfassung, wie sie L. T. Spittler analysiert und publikumswirksam dargestellt hatte.[22] Ewalds Kritik folgte hier wie in anderen politischen Zusammenhängen den einschlägigen Göttinger Publikationsorganen, so auch in der Schilderung des die Gemüter erregenden Falls eines Brüsseler Kaufmanns, der unter fragwürdigen Umständen inhaftiert, nach Wien deportiert und in den Ruin getrieben worden war.[23] Die Unruhen in den Ländern des Fürstbischofs von Lüttich ließen sich ebenfalls auf die Mißachtung der verfassungsmäßig gesicherten Freiheiten der Nation zurückführen, wie Ewald unter anderem im Anschluß an Chr. W. v. Dohm darlegte.[24] Dohm war nicht nur als früher Protagonist bürgerlicher Judenemanzipation für Ewald wegweisend, sondern auch Vorbild in seinem diplomatischen Einsatz für Verfassungsreformen zur Verhinderung oder Beilegung von Unruhen. Entsprechende Aktivitäten hatte Dohm im Zusammenhang mit der Lütticher Revolution 1789/90 und zwischen 1787 und 1792 in Aachen entfaltet, freilich wenig erfolgreich.

Am umfangreichsten fiel naturgemäß die Darstellung von Vorgeschichte und Verlauf der Französischen Revolution aus, die Ewald untrennbar mit der Geschichte des Despotismus der französischen Könige und der fortschreitender Volksverelendung verbunden sah.[25] Ludwig XVI., selbst kein Despot, galt als glückloser Erbe der Schuldenlast und des sozial ungerechten Steuersystems

---

[21] REV, 74 ff. Der »Papstdespotismus« war durch Gewohnheit leicht zu tragen, der aufgeklärte Despotismus nicht: »Das Licht geweihter Kerzen that dem schwachen Auge wohl; *Joseph* [II.] zwang seine Niederländer, in die Sonne zu sehen [...]«. Vgl. schon Montesquieus Rat, die allgemeine Denk- und Handlungsweise einer Nation, den »esprit général«, in der Gesetzgebung zu respektieren, De l'Esprit des Lois, XIX, 2 f., 5; REV, 71, Anm. 22.

[22] Die Edikte des Jahres 1787 betrafen die Einrichtung eines Generalgouvernements, Neuordnung des Justizwesens und der Kreiseinteilung: »Und diese drei Edikte änderten die ganze Verfassung, zerstörten die Konstitution, die Jahrhunderte gedauert hatte«, vgl. Historische Bemerkungen über die in den Oesterreichischen Niederlanden ausgebrochene Unruhen, nebst beygefügter *Joyeuse Entrée* von Brabant, in: Göttingisches Historisches Magazin 1.1787, 714–752 (768).

[23] Auszug aus der dem hohen Rath von Brabant übergebenen Requete des Brüsselschen Kaufmanns Jo. Franz Hondt und seiner Frau Caroline Kerselaars. 3. July 1787, in: Göttingisches Historisches Magazin 2.1788, 85–91.

[24] Christian Wilhelm von Dohm, Die Lütticher Revolution im Jahr 1789 und das Benehmen Sr. Königl. Majestät von Preussen bey derselben [...], Berlin 1790.

[25] REV, 97–166. U. a. zog Ewald heran: Christoph Girtanner, Historische Nachrichten und politische Betrachtungen über die französische Revolution, 13 Bde., Berlin 1792–1798; Bd. 1–5 waren 1792 erschienen, Bd. 1 und 2 im selben Jahr schon in einer verm. und verb. Aufl. »Unter den Ambrosianischen Lobgesängen über Frankreichs Siege hörte man das Ächzen der Elenden, die auf den Straßen vor Hunger starben.« Ebda., 107. Ludwig XIV. »starb wie ein Vulkan verlöscht, der in der Ferne das prächtigste Schauspiel gab, aber die Gegend um sich her für ein Jahrhundert verwüstete.« REV, 120.

seiner Vorgänger.[26] Ihm war jedoch vorzuwerfen, daß er im entscheidenden Moment keinen politischen Handlungswillen gezeigt und durch eine Verfassungsreform die Revolution selbst in die Hand genommen hatte. Wie der Republikaner Thomas Paine (1737–1809) und anders als der konservativ urteilende Edmund Burke hielt Ewald die Chance für verspielt, das überkommene Machtgefüge zu retten.[27] Die Leistungen der französischen Nationalversammlung in der Überwindung von Absolutismus und Feudalismus wurden entsprechend der allgemein positiven Aufnahme dieser ersten Phase der Französischen Revolution in der bürgerlichen Öffentlichkeit Europas auch von Ewald anerkannt, doch war unvorstellbar, daß politische Herrschaft nicht mehr religiös-monarchisch sanktioniert sein sollte.[28] Darin sah sich Ewald mit Burke einig.[29] So wurden denn auch unabhängig von der sonstigen politischen Analyse die Ereignisse des 5. und 6. Oktober 1789 mit dem Sakrileg der Auslieferung des Königs an den Volksprotest als eigentlicher Wendepunkt des revolutionären Prozesses empfunden.[30] Die weitere Entwicklung in Frankreich betrachtete Ewald daher auch mit Skepsis.[31] Für ihn wie den Großteil der reformorientierten Kräfte des aufgeklärten deutschen Bürgertums blieb die konstitutionelle Monarchie unverzichtbare politische Zielvorstellung.

Deutliche Proteste galten den Strategien des bloßen Machterhalts. Den deutschen Fürsten riet Ewald davon ab, auf politische Bündnisse, Stärkung des Militärs und Restriktionen wie der Einschränkung von Presse- und Reisefreiheit zu setzen, mit der nur die eigene Schwäche demonstriert werde.[32] Ein Volk, das nichts mehr zu verlieren habe, werde alles wagen, wie sich schon in der alttestamentlichen Geschichte von Jerobeam I. gezeigt habe.[33] Die

---

[26] Ebda., 145.

[27] Vgl. Burke, Betrachtungen, Bd. 1, 210; Thomas Paine, Die Rechte des Menschen, hg., übers. u. eingel. v. Wolfgang Mönke (Philosophische Studientexte), Berlin 1962. In der Denunziation Knigges als Volksaufwiegler 1792 wegen seiner z. T. demokratischen Ideen, ausgegangen von Johann Georg Zimmermann, wurde wiederholt Paine als geistiger Vater namhaft gemacht, vgl. Bethmann, 121 ff.

[28] REV, 24, vgl. 157 f.

[29] »O Aufklärung! [...], natürliches Menschenrecht! – Und was soll die Stelle dieser[,] durch Religion geheiligten Ehrfurcht gegen die Obrigkeit[,] ersetzen? Worauf will man den[,] doch so nothwendigen Gehorsam gegen ihre Befehle gründen? auf Vernunft? auf demonstrirte Menschenrechte?« Ebda., 25.

[30] REV, 153, 160 ff.

[31] REV, 165 f.

[32] Vgl. die 1793 anon. ersch. Streitschrift von Fichte, Zurückforderung der Denkfreiheit von den Fürsten Europas, die sie bisher unterdrückten. Eine Rede. Heliopolis [Danzig] 1793, wieder in: Batscha, 305–334.

[33] REV 182 ff., 193 ff., vgl. I Reg 12, II Chr 10. Der offene Aufruf zur Gewalt blieb von der Pressefreiheit selbstverständlich ausgenommen, REV 195. Das gewaltsame Niederschlagen eines Aufruhrs mußte nach Ewald ultima ratio der Politik bleiben, war dann aber geboten, wenn nichts anderes mehr Erfolg versprach: »In diesem Falle kann es auch auf einiger Menschen Leben nicht ankommen; so wichtig und heilig dieß auch sonst dem Regenten seyn sollte. Ein brandiger Finger wird dann abgelöset, um den ganzen Leib zu erhalten«, ebda., 192.

Kriegführung deutscher Truppen auf französischem Boden – am 19. August 1792 waren preußische Truppen in Frankreich einmarschiert – stieß auf Kritik, sie verbiete sich schon wegen der Gefahr, die Soldaten könnten revolutionäres Gedankengut mit nach Hause bringen.[34] Die positiven Ratschläge suchten Anschluß an das Ideal des aufgeklärten Herrschers nach dem Vorbild Friedrichs II. Sie betonen zunächst ganz im Sinne der Göttinger Schlözer, Meiners und Spittler, aber auch Kanzler Hoffmanns, das Gebot strikter Treue gegenüber der landständischen Verfassung.[35] Stets blieb das friderizianische Preußen für Ewald – nicht anders als etwa für Chr. W. v. Dohm – das Muster eines der religiösen und politischen Toleranz aufgeschlossenen Gemeinwesens.

Als Gravamina mit leicht unterschätzter revolutionärer Potenz, welche die Untertanen in verschiedenen deutschen Ländern erbitterten, nannte Ewald das Wildhegen und den »Soldatenverkauf«.[36] Ersteres betraf die rigorose Ausübung der hoheitlichen Jagdgerechtigkeiten.[37] Nicht nur wurde keine Rücksicht auf die durch das Wild angerichteten Flurschäden genommen, sondern der Landmann mußte auch noch unbestimmte Jagddienste leisten. Ewald berichtete von handgreiflichen Streitereien zwischen Jägern und Bauern, denen es verboten war, sich gegen das überhandnehmende Wild zu wehren.[38] Das zweite Problem, das Ewald durch Gespräche mit Betroffenen nahe gebracht worden war, stellte die vertragliche Ausleihe von Soldaten an fremde Obrigkeiten dar, von Ewald als »Seelenverkauf« gebrandmarkt.[39] Zu hart wollte Ewald die Regenten selbst

---

[34] Ebda., 185 f.

[35] »Welch ein kühner, aber weiser Gedanke, da Graf *Eberhard* der ältere von *Würtemberg* seinem Lande Stände gab, die es vorher nicht hatte.« REV, 235. Spittler, Historischer Commentar über das erste Grund-Gesetz der ganzen Wirtemberg. Landes-Verfassung [...], in: Göttingisches Historisches Magazin, 1.1787, 49–105, bes. 77 ff. Zu Hoffmann s. Stöwer, Landesbeschreibung, 42 f.; s. auch Art. Stand, in: GVUL 39, 1093 ff. Das absolutistisch-barocke Gegenbild entwarf eine Anekdote, die Ewald berichtete: Zar Peter der Große habe einst einen lippischen Grafen, der mit großem Gefolge nach Pyrmont kam, gefragt, wie viele Regimenter er aufbieten könne: »So eine Frage ist der ganze Lohn dafür, daß man sich in Schulden steckt, und sein Land aussaugt!« REV, 205. Gemeint war wohl Graf Simon Henrich Adolf, der – anders als seine Nachfolger – zu Beginn des Jahrhunderts noch ein Hofleben nach französischem Vorbild zu führen versuchte, Arndt, 55.

[36] REV, 207 ff.

[37] »Es ist unbegreiflich, wie Vorurtheil und gewisse Worte: Jagdgerechtigkeit, Hoheitsrecht, u. d. gl. Kopf und Herz verdrehen können.« Ebda., 209 f.

[38] Das Anlegen eines Wildgeheges oder Jagdparks konnte diese »gesetzmäßige Unmenschlichkeit« beenden helfen. »Und Ihr schießet dann ohne Unterschied nieder was dem Landmann schaden kann; oder lasset, wie im *Würtenbergischen* todtschießen durch die gesetztesten Männer des Dorfs. Das heiß' ich *Hoheitsrechte, Jagdgerechtigkeit* ausgeübt!« Ebda., 211 f. Zu Hoffmanns vergleichbaren Warnungen s. Stöwer, Landesbeschreibung, 65 f. Über die Jagddienste und die Strafen bei Nichterscheinen wurden schon die Schüler im Lippischen informiert, die jüngste Verordnung mit der Festsetzung von Strafen stammte aus dem Jahr 1786, Clostermeier, Auszug, 122.

[39] REV, 212 ff. So waren reguläre deutsche Truppen durch Vertrag unter holländischen und englischen Befehl gestellt worden, um in Afrika und Indien zu dienen. Das freiwillige Söldnerwesen war von der Kritik nicht betroffen. Wie sensibel die Obrigkeit auf die öffentliche

nicht angehen; der alte Topos der Obrigkeitskritik vom guten Herrscher und schlechten Ratgebern findet sich wieder in einer harschen Kritik an den Ränken der Beamtenhierarchie.[40] Ihm blieb vor allem die weltfremde standesorientierte Erziehung, wie er sie in Lippe beispielhaft miterlebt hatte, ein Ärgernis; daher empfahl er eine praktische, mit Handarbeit verbundene Erziehung der Thronfolger, wie sie von England berichtet wurde.[41] Weiter erinnerte er an die zentrale Bedeutung der Volksaufklärung für die politische Stabilität und sein Programm des bibelgeschichtlichen Unterrichts.[42]

Kennzeichnend für den spannungsvollen Umgang mit der politischen Freiheitsproblematik bleibt die immer wieder aufbrechende Abwehr der rationalen Motivation zugunsten vorkritisch-personaler Bindungen, die betont moralische Akzentuierung der Freiheit als in sich ambivalenter Leidenschaft und die fehlende Differenzierung der gesellschaftlich-sozialen und der religiösen Verpflichtungsebene. Dem entspricht der wiederholte Rückbezug auf die Idealwelt der Antike, hier zum Beispiel durch Zitate aus Goethes *Iphigenie*.[43] Das bei Ewald wie auch bei F. H. Jacobi und anderen sichtbare Mißtrauen gegenüber dem abstrakten Ideal allgemeiner Gleichheit und freier Rechtssub-

---

Erörterung des von Ewald angesprochenen Problems reagieren konnte, zeigt ein Nachspiel zu einem Artikel im *Neuen Historischen Magazin* über Aristokraten und Demokraten in Deutschland; von Meiners verfaßt, aber auf dessen Bitte von Feder überarbeitet und unter seinem Namen erschienen, nahm die Regierung Anstoß an einem von Feder allein stammenden Abschnitt über die unwürdige Behandlung von Leibeigenen; eigentlich auf Gutsherren zielend, wurde dies als Kritik am Vertrag Hannovers mit England wegen Überlassung der hannoverschen Truppen aufgefaßt und von der Regierung mit einem Verweis an die Herausgeber der Zeitschrift beantwortet, in: Batscha, Despotismus, 321 f..

[40] »[...] das Interesse seiner Minister und Höflinge ist oft mit dem Interesse der kleinen Tyrannen, der Volks-Blutsauger so innig verwebt [...]«, REV, 218, vgl. die Rede vom »Minister-Despotismus und Beamtendruck« ebda., 231. Ähnlich Knigge, Geschichte des armen Herrn von Mildenburg [...], T. 1, 228.

[41] Ebda., 221 ff.; Schlözer (Hrsg.), Briefwechsel meist historischen und politischen Inhalts, 10 Bde., Göttingen 1776–1782, Bd. 5, H. 28, Nr. 37.

[42] »Sorget, daß die reine Lehre Jesus Euren Unterthanen bekannt und heilig sey!« REV, 237. Äquivalent zum Begriff der »reinen Lehre Jesu« war der des »reinen Urchristenthums«, ebda., 247; Lehrer und Pfarrer waren in dieser Hinsicht die wichtigsten Stützen des Staates; ihnen oblag es, die Grundeinstellung der glaubenden Ergebenheit in den Willen Gottes auch im Blick auf die faktischen Herrschaftsverhältnisse zu festigen: »alles[,] was dir weh thut auf Erden, ist Mittel zu Entwickelung deiner Kräfte, ist Arznei, die dir zu voller Genesung helfen muß! [...] Wer diese Wahrheit im Herzen hat, dem darf nur gewinkt werden: Obrigkeit ist von Gott! und er verehrt sie, – nicht um dessentwillen, was sie *ist*, sondern darum, weil sie *von Gott ist*.« REV, 238 f.

[43] »Von Jugend auf hab ich gelernt gehorchen, / Erst meinen Eltern und dann einer Gottheit, / Und folgsam fühlt ich immer meine Seele / Am schönsten frei; [...]«. Goethe, Iphigenie, Vs 1825 f., Werke 5, 57. Ewald verkehrte die direkte Rede der Iphigenie in eine indirekte der 3. Pers. mask. »So steigst du denn Erfüllung, schönste Tochter / Des größten Vaters endlich zu mir nieder! / Wie ungeheuer steht dein Bild vor mir! [...]«, ebda., Vs. 1094–1108; 1114–1117. Ewald änderte den Anfang in eine Bitte, statt »ungeheuer« setzte er »groß und heilig«; auf die *Iphigenie* nahm er öfters Bezug, so in KA, 49.

jektivität als Basis des Zusammenhalts einer Gesellschaft und das Beharren auf der fundamentalen Bedeutung vorstaatlicher familialer Bindungen für das Staatswesen in der Tradition organischen Denkens weist den Weg zu anderen unmittelbar gedachten Sinnbezügen einer Gemeinschaft, wie sie in die politisch meist konservativen Konzepte einer romantisch-gefühlvollen Bindung an Volk und Nation eingingen.

Sowohl in den Hauptpunkten seiner Kritik an Despotismus und Sittenverfall als auch in der Grundanschauung eines auf dem religiösen Abhängigkeitsgefühl und nicht auf autonomer Vernunfteinsicht basierenden Aufklärungskonzeptes steht Ewald im Rahmen einer pietistisch-patriotischen Tradition, wie sie der württembergische Staatsmann und Publizist Friedrich Karl von Moser (1723–1798) vertrat. Dazu gehört eine prinzipiell organische Staatsauffassung im Gegensatz zur mechanischen, die sich mit rein rationalen Zweck-Mittel-Relationen begnügte.[44] Entsprechend groß war Ewalds Sorge um das rechte Ansehen des frommen Herrschers. So stellte die *Christliche Monatschrift* noch 1804 den Plan einer Galerie christlicher Regentinnen und Regenten vor, welche mittels Anekdoten, Charakterstudien und der Schilderung ihrer Sterbestunde den Gläubigen in ihrer Vertrauenswürdigkeit empfohlen werden sollten.[45]

Die weitere Auseinandersetzung mit der politischen Entwicklung in Frankreich und den folgenden kriegerischen Auseinandersetzungen führte bei Ewald nicht wie bei Jung-Stilling zu apokalyptischen Deutungen, sondern zu einer »patriotischen« Lesart der biblischen Erwählungsgeschichte im Blick auf die deutsche Nation. Frankreich stand in dieser Sicht für das Großmachtstreben der Assyrer, Babylonier und Seleukiden, deren Reich zum Untergang verurteilt war. Dem Pariser Konvent drohte das Schicksal Sanheribs, Napoleon I. wurde durch Vergleich mit Nebukadnezar und Antiochus IV. Epiphanes zum Werkzeug in Gottes Hand mit zeitlich begrenzter Wirkungsmöglichkeit. Entsprechende Deutungen eines zur Umkehr rufenden Gottesgerichts und der Hoffnung auf Rettung trug Ewald zuerst 1795 in der *Urania* vor, wiederholte sie dann 1803 in der *Christlichen Monatschrift* und erweiterte sie schließlich, um sie 1814 nach der Niederwerfung Napoleons im deutschen Befreiungskrieg nochmals als erfüllt in Erinnerung zu rufen.[46] Nationalistisch

---

[44] Friedrich Karl Freiherr von Moser, Wahre und falsche politische Aufklärung, in: Neues Patriotisches Archiv für Deutschland, 1.1792, 519–527; ebda., 1.1792, 527–536, wieder in: Batscha, 104–108; 109–113. Für Batscha ist Mosers Kampf gegen die der Religion entfremdenden Mächte der Zeit schlicht Ausdruck seines schwäbischen Pietismus, ebda., 22 f. Vgl. Kaiser, Pietismus, Kap. 10 (Neuplatonismus, Mystik und organische Staatslehre).
[45] ChrM 1803.2, 293–312. Merkwürdige Charakterzüge frommer und würd[ig]er Fürsten und Fürstinnen, mit einer Vorr., in: ChrM 1804.1, 270 ff., 350 ff., vgl. dagegen auch 466 ff.
[46] Vgl. Ewald an Lavater, Fragm., 1793/1794, Briefe Nr. 33–35, Lavater an Ewald, Brief Nr. 38 (mit einer antifranzösischen »Weissagung«); Ewald, Die Babylonier. Ein historisches Gemälde, dessen Gegenstück sich leicht finden lassen wird, in: Urania 3.1795, 139–150, wieder in: ChrM 1803.2, 81–94; ders., Bis hierher, und nicht weiter! Nach Daniel 11,36–39, und 44,45, in: ebda.,

und fremdenfeindlich wie – wenigstens zeitweilig – bei Ernst Moritz Arndt wurde die Sichtweise nicht, auch fehlt jede nationale Erwählungsvorstellung wie bei Fichte.[47] Ewald betrachtete es als Triumph von Religion und Humanität in der europäischen Staatenpolitik, daß die Siegermächte nicht auf Vernichtung oder übermäßige Demütigung des Gegners, sondern auf eine friedliche Neuordnung des Staatensystems aus waren.[48] Die beiden 1814 erschienenen einschlägigen Schriften wurden 1815 von Heinrich Eberhard G. Paulus in Heidelberg wohlwollend rezensiert.[49]

7.2 Privilegienkritik: Der Reformappell an den Adel 1793

Ewalds Adelsschrift, in der Form eine Rede an den deutschen Adel, bildet das ständespezifische Pendant zur Revolutionsschrift, welche an die Fürsten gerichtet war.[50] Sie fällt in ein Jahr, das für Ewald schwere körperliche und

---

384–396; ders., Zwey Weissagungen von 1803 und eine Dichterahnung von 1806, erfüllt in den Jahren 1813 und 1814. Für fromme Krieger und Nicht-Krieger, o. O. 1814. »Wer Ihn findet, den Gott in der Geschichte – nicht blos in der Bibelgeschichte, wo Gott genannt ist, sondern in jeder Geschichte, wo Er wirkt, ohne daß man ihn nennt, der weiß, daß Despotismus sich selbst stürzt [...]«, ebda., 43 f. Über Napoleon finden sich bei Ewald verschiedene, z. T. bewundernde Aussagen, so VA 1811, wo er ohne Namensnennung als größter Mann der Zeit und allbekanntes Regentengenie tituliert wird, der in Frankreich schrittweise eine geeignete Verfassung eingeführt, die »Quelle aller Revolutionen« verstopft und der Religion wieder Respekt verschafft habe, »das Einzige, was ein Regent thun, und was man von ihm fodern kann.« Ebda., 279, 281 ff. Freilich mischt sich auch Enttäuschung, wenn vermerkt wird, daß Napoleon zwar die Revolutionswut gebändigt, aber darüber hinaus im Innern wenig geleistet habe, ebda., 286.

[47] Vgl. kurz Kaiser, Pietismus, 222 f.
[48] Ewald, Krieg und Friede [...], o. O. 1814. Zur religiös-patriotischen Aufbruchsstimmung vgl. die Privatfeier am 18. Oktober 1814 aus Anlaß des Jahrestages der Völkerschlacht von Leipzig 1813, zu der sich Ewald, Jung-Stilling und einige Familien mangels öffentlicher Gelegenheit in Karlsruhe zusammenfanden, ZNchrS, 1815, 44–59; Jung-Stilling trug eine Ode vor (»Du, der du auf dem Stralenthrone / Der Welten herrschest, höre mich [...]«), Ewald hielt eine Rede zum Gottesgeschenk des europäischen Friedens im Sieg über den von Gott verstockten – von ihm in seinem Übermut als Werkzeug gebrauchten – Napoleon I. und die sozialen Herausforderungen der Friedenszeit (»Deine Kriegssteuer werde zur Armensteuer« zugunsten der Kriegsgeschädigten); am Ende der Rede fielen alle »ohne Verabredung« auf die Knie und sprachen ein Gebet mit feierlicher Selbstverpflichtung zu fortgesetzter Dankbarkeit; bevor man sich in froher Runde zu Tisch begab, wurde die Feier mit dem Lied »Nun danket alle Gott« geschlossen.
[49] HJL 1815, 1168. In den *Weissagungen* (s. Anm. 46) finden sich ohne Namensnennung zwei Gedichte von A.H. Niemeyer, »An Sickingens Grabe« und »Lied der Hoffnung«, entstanden 1807 auf der Deportationsreise 1807, vgl. Niemeyer, Religiöse Gedichte, Frankfurt/M. 1814, 403 ff. (Vaterländische Gedichte).
[50] Ewald, Was sollte der Adel jetzt thun? Den privilegirten Deutschen Landständen gewidmet, Leipzig 1793 (= AD; Steiger, Bibliogr. 93, 93a, vgl. 93b), Vorw. vom 5. März 1793. Zum lokalen Hintergrund und dem Gang des von der Schrift ausgelösten Streits zwischen Ewald und der lippischen Ritterschaft vgl. Wagner, Volksaufklärung, u. Arndt, 382–388.

seelische Belastungen brachte.[51] Ähnlich wie bei der Revolutionsschrift sind auch hier keine aus dem Rahmen der Zeitkritik fallenden Positionen auszumachen, doch als öffentliches Mahnwort eines kirchenleitenden Theologen gegen den »Adelsdespotismus« mit der Aufforderung zum freiwilligen Privilegienverzicht und zur Erleichterung der Abgabenlast gegenüber den landbesitzenden Bauern verdient die Schrift Beachtung. Das erste Auftreten der Sansculotten in Paris am 20. Juni 1792, die Erinnerung an die Geschichte der Bauernaufstände und die zunehmende Verbreitung revolutionärer Freiheits- und Gleichheitsideen nährten die Befürchtung, die revolutionäre Bewegung könnte auf Deutschland überspringen und zu einem Bauernkrieg oder Volksaufstand führen.[52] Auch hier schwelte der bäuerlich-adlige Gegensatz – zwar eher latent, doch von der steigenden Abgabenlast der Bauern und dem Festhalten des Adels an seinen Steuerprivilegien genährt. Der Jubel in Deutschland über die im Juni 1790 vollzogene Abschaffung des französischen Adels und die ebenso uneingeschränkte Empörung über die Hinrichtung Ludwigs XVI. Anfang 1793, welche auch die *Urania* als frevelhaften Justizmord und Tod des Gerechten geißelte, wies auf die gefährdete Stellung des Adels hin.[53] Mochte eine republikanische Verfassung für die Mehrheit des deutschen Volkes auch nicht vorstellbar sein, so offenbar doch eine eingeschränkte konstitutionelle Monarchie ohne privilegierten Adel. Durch restriktive Zensur- und Polizeigesetzgebung hatte sich die Situation verschärft, wie die gestiegene Zahl der Klagen über den Adel zeigte.[54]

Aktuelle Brisanz gab der Privilegienfrage die Befreiung des Adels von der Kriegssteuer, obwohl diese Freistellung einst an die Wehrfähigkeit gebunden und ein allgemeines obrigkeitliches Besteuerungsrecht pro securitate publica nicht schlechterdings zu bestreiten war.[55] In Lippe hatte sich der Adel durch

---

[51] An Lavater schrieb er, er habe im Sommer 1793 gerade noch die Amtsgeschäfte bewältigt, von Depressionen und Sehnsucht nach einer Offenbarung Jesu heimgesucht, Ewald an Lavater, 31. Oktober 1793, Brief Nr. 31.

[52] Den Enthusiasmus der Freiheit sah Ewald in ganz Deutschland um sich greifen, das Wirken der politischen Vereine und der Jakobinerklubs vor allem in den linksrheinischen Städten war Teil davon. Französische Soldaten trugen ihn in die eroberten Gebiete, deutsche Truppen hatten ihn aus Frankreich zurückgebracht. AD, 4. Der »Geist der Freiheit, göttlich in seinem Ursprung, und wie alles Göttliche, fürchterlich in seinem Mißbrauch«, verbreite sich immer mehr, ebda., 10. Diese Aufgeregtheit bestand 1790 noch nicht, als Ewald im Blick auf den Streit um die Kantrezeption schrieb: »Wir können dieser Gährung so ruhig zusehen, wie der Revolution in Frankreich, und dem Aufruhr in Brabant; denn wir leben in einem andern Lande.« KA, 26.

[53] Vgl. die Abbildung Ludwigs XVI. auf dem Schaffott auf dem Titelblatt des 1. Bd.der Urania und Jung-Stillings Zeilen dazu, in: Urania 1.1794, 519f. Zur Reaktion auf die Hinrichtung des franz. Königs vgl. den Brief Emmerichs an Fürst Wolfgang Ernst II. vom 4.Februar 1793, BirArch, in Nr.14439. Lavater teilte die politisch-religiöse Bewertung dieses Frevels als Ausdruck eines gottlosen Anarchismus, Lavater an Meta Post, 9.Oktober 1795, Schulz, Brief 23; vgl. Orelli 2, 115ff.

[54] AD, 17f. Dem »Adelsdespotismus« drohte nach Ewald die radikale Gegenwehr des adelskritischen Bürgertums in einem »Bürgerdespotismus«.

[55] Ebda., 71 f. Vgl. Christoph Meiners, Geschichte der Ungleichheit der Stände unter den vornehmsten Europäischen Völkern, 2 Bde., Hannover 1792, Bd. 1, 472 ff.

eine einmalige Zahlung von der drohenden Steuerpflicht befreien können.[56] Es erschien nur als recht und billig, die Lasten für einen Krieg gerecht zu verteilen, dessen Nutznießer nach Ewald vor allem der Adel und die höhere Geistlichkeit waren.[57] Dabei setzte er auf den reformfreudigen Teil im Adel, der die Forderung auf Privilegienverzicht längst unterstützt und zum Teil schon entsprochen hatte.[58] Ziel war eine Stärkung der Landstände als Repräsentativorgan *aller* freien Untertanen als Nation im Gegenüber zum Regenten, dem die nationale Repräsentation nicht allein zustand. Die absolutistische Variante nationaler Repräsentation wird abgelehnt, die ständische mit neuem Gewicht versehen. Die Argumentation bringt historische und naturrechtliche Gründe für die Privilegienkritik vor, immer wieder gestützt auf einschlägige Werke der Göttinger Gelehrten. Anhand von Christoph Meiners Ständegeschichte wird die überragende Bedeutung der Landstände in der Genese der herrschaftlichen Landeshoheit aufgewiesen und die durch Adel und Königtum im Laufe der Zeit betriebene Entrechtung des freien Landbesitzers in der Einführung von Leibeigenschaft und Lehensverfassung beklagt.[59] Mit der neuerlichen Aufhebung der Leibeigenschaft sei die Zeit gekommen, die einstmals Freien entsprechend ihrer wiedererlangten Mündigkeit erneut in ihre alten Wahlrechte einzusetzen.[60] Eine nur mittelbare Repräsentation des Volks durch den Adel wurde somit als hinfällig betrachtet, auch der freie Ackerbauer sollte, wie schon von Schlözer und anderen gefordert, seine eigenen Repräsentanten wählen können und dadurch in den Landständen eine direkte Mitwirkungsmöglichkeit an der (ihn betreffenden) Gesetzgebung bekommen.[61] Dies setzte freilich einen Fortgang der Volksbildung voraus. Der Adel wurde daran erinnert, daß er als Gegengewicht gegen den Regenten grundsätzlich entbehrlich sei, wie man an den württembergischen Landständen sehe, doch trotz drohender Untertöne vermied Ewald die Forderung nach einer gänzlichen Abschaffung des Adels.[62] Damit sollte die landständische Verfassung im Rahmen der Monarchie, erwei-

---

[56] Stöwer, Landesbeschreibung, 148, Arndt, 150.
[57] AD, 20 f., 74, zur Kriegssteuer vgl. ebda., 71 ff., 78 ff. Der Privilegienverzicht des französischen Adels am 4. August 1789 war zu spät gekommen.
[58] Als vorbildlich wurden Entscheidungen der Stände in Österreich, Böhmen, Sachsen, Hannover und Hildesheim vorgestellt, wo es zu entsprechenden vertrauensbildenden Maßnahmen gekommen war. AD, 18, 75 f.
[59] AD, 22 ff. Vgl. Christoph Meiners, Geschichte der Ungleichheit der Stände unter den vornehmsten Europäischen Völkern, 2 Bde., Hannover 1792.
[60] »So lange die Landbesitzer Deutschlands frei waren, hatten sie Stimmrecht. Jetzt sind sie's wieder; müßten sie nicht haben, was jedem freien Manne gebührt? [...] können Sie sich immer aufdringen zu Vormündern des Volks, das doch wol auch einmal, wie jeder Mensch, mündig werden wird, wo man keines Vormunds mehr bedarf?« Ebda., 33 f. Zur Rede vom »freien deutschen Jünglinge«, »deutschen Mann« und »wahren deutschen Patrioten« vgl. ebda., 3 f., 6 f., 9, 14, 16, 21, 31, 33, 52, 79.
[61] Ebda., 25.
[62] Zur verhaltenen Drohung gehörte der Vergleich der Situation des um seine Rechte gebrachten Landmanns mit dem städtischen Bürgertum im Renaissance-Italien, das sich der Adelsvorrechte zu entledigen gewußt habe, AD, 66 ff.

tert durch alte demokratische Rechte der Landbesitzenden, gerettet werden, ohne den Gedanken von Volkssouveränität und strikter Gewaltenteilung weiterverfolgen zu müssen. Wenn sich Ewald 1799 gegenüber G. A. v. Halem im Unterschied zu dem in den Bahnen der Emkendorfer denkenden Matthias Claudius, mit dem er in Pyrmont in eine heftige politische Debatte geraten war, statt dessen aristokratischer Gesinnung wahren Demokratensinn zuschrieb, dann wohl in Hinsicht auf sein Ja zum eingeschränkten Wahlrecht des »gemeinen Mannes«, von dem die Landlosen weiterhin ausgeschlossen bleiben sollten.[63] Auf die Bedeutung natur- und staatsrechtlicher Argumentation verweist die Berufung auf Grundsätze von Billigkeit und praktischer Rechtsvernunft, nach denen die adligen Steuer- und Statusprivilegien zwar noch als legal, aber nicht mehr als legitim gelten konnten.[64]

Der Kritik unterzog Ewald ferner die zum Teil immer noch bestehende Bevorzugung von Adligen für höhere Verwaltungspositionen am Hof. Er forderte die vollständige Überführung des Geburtsadels in sein bürgerliches Pendant, den durch persönliche Leistung und Verdienst ausgewiesenen Gesinnungsadel.[65] Konservative Positionen wie die von August Wilhelm Rehberg, einem scharfsinnigen Verteidiger des Adels, der in seiner Schrift über die Französische Revolution eine allgemeine Antwort auf die Privilegienfrage noch nicht für möglich gehalten hatte, wies Ewald zurück.[66] Statt dessen stimmte er in die Kritik am fatalen Ineinander von Eigentums- und Regierungsrechten in der Entwicklung der mittelalterlichen Landeshoheit der Regenten mit ihren Vorteilen für den Adel und ihren Nachteilen für den freien Landbesitzer aus der Feder reformerischer Kräfte wie Johann Georg Schlosser ein.[67] Dieser hatte daraus freilich nicht den Schluß gezogen, auf den Adel könne als »Mittelstand«[68] zwischen Volk und Regenten zur Sicherung der

---

[63] Ewald an Halem, 3. November 1799, in: Halem, Selbstbiographie, Brief Nr. 195.

[64] AD 15, 34 ff., 55, 60 ff., 65, 75 f.

[65] Vgl. die Liste der bürgerlichen Tugenden, AD, 42. Ewald schloß sich dem Motto aus Kotzebues Fragmenten über den Adel an: »Vergiß deines Ranges wenn die Menschheit spricht, Gedenke deiner Ahnen nur, wenn die Ehre ruft!«. Das Streben nach Statusgewinn eines sich vielfach benachteiligt fühlenden Bürgertums (»Bürgerstolz«) meldet sich bei Ewald in zahlreichen Varianten zu Wort, vgl. AD, 35, 52, 76 f., 82 f.

[66] AD, 54. Rehberg sah den Hauptgrund der Französischen Revolution in der Staatsverschuldung, nicht in der Privilegienproblematik.

[67] Johann Georg Schlosser, Von dem Adel. Ueber eine Stelle aus Dupatty Lettres sur l'Italie. Den Großherzog von Toskana betreffend, in: Neues Deutsches Museum 1.1789, 369–405 (KS 6, 99–139; SW Nr. 75).

[68] Zur Begriffsgeschichte vgl. Werner Conze, Art. Mittelstand, in: GGB 4, 1978, 49–92, zuletzt wieder in: Gesellschaft – Staat – Nation. Ges. Aufs., hg. v. Ulrich Engelhardt, Reinhart Koselleck u. Wolfgang Schieder (Industrielle Welt, Bd. 52), Stuttgart 1992, 106–154. Der Mittelstandsbegriff wurde im ausgehenden 18. Jahrhundert wie auch später von Schlosser vorwiegend im Gegensatz zum Adel und zur besitzlosen Unterschicht gebraucht, bei Spittler avancierte er zum Kern der Staatslehre; besondere Verbreitung fand der Begriff im Zusammenhang von Bildungspolitik und Volkspädagogik. Auf die hier bei Schlosser vorliegende Begriffsverwendung geht Conze nicht ein.

landständischen Verfassung verzichtet werden. Über den Hofadel dachte Schlosser ähnlich wie Ewald. Das Vordringen des Bürgertums in herkömmlich vom Adel beherrschte Stellen in Verwaltung und Politik aufgrund persönlicher Qualifikationsmerkmale wurde begrüßt, aber dem Geburtsadel ein begrenztes Recht als Paradeadel am Hof im Rahmen der monarchischen Repräsentation der Macht zugestanden.[69]

Der deutsche Adel nahm Ewalds Schrift offiziell nicht zur Kenntnis, wohl aber die lippische Ritterschaft, die nach deren Erscheinen Ewald für den Verfasser eines den lippischen Adel wegen seiner Haltung in der Kriegssteuerfrage kritisierenden anonymen Artikels in Schlözers *Staatsanzeigen* hielt und eine Kampagne vermutete. Die Klage der Ritterschaft beim Reichshofrat in Wien und die harsche Reaktion von dort trug Ewald einen, wenngleich unwillig erteilten, Verweis der lippischen Regierung ein. Eine Bereinigung der Angelegenheit gelang nicht mehr. Ewald geriet wie auch sein Freund Passavant im gesellschaftlichen Leben Detmolds zunehmend in die Isolation, im Sommer/Herbst 1795 überdies noch von einer längeren schweren Erkrankung heimgesucht.[70] Erst der Weggang nach Bremen brachte Erleichterung.

Zu den publizistischen Reaktionen auf Ewalds Adelsschrift gehört eine im Januar 1796 in Hennings ebenfalls stark am Kampf gegen die Adelsprivilegien beteiligten Periodikum, dem *Genius der Zeit,* erschienene ironische Verteidigung der von den adligen Landständen gegen Ewald erhobenen Klage vor dem Reichshofrat.[71] Zwar habe Ewalds Schrift auf den Adel in Deutschland nicht mehr Eindruck gemacht als eine Bußpredigt auf Rechtgläubige, aber in seiner Heimat sei der Prophet, der sich glänzend zu verteidigen wisse, doch der Verfolgung nicht entgangen. Die abschließende Forderung, die Anklageschrift zu veröffentlichen und das Publikum Richter sein zu lassen, bietet ein kleines Beispiel für die zunehmende Bedeutung der öffentlichen Meinung im Prozeß der Egalisierung des Adels.[72]

---

[69] Schlosser, Von dem Adel. Zweites Stück. Ueber ein Fragment des Aristoteles, in: Neues Deutsches Museum 4.1791, 27–70, 97–114 (KS 6, 140–208; SW Nr. 84); vgl. Meiners, Kurze Geschichte des Adels unter den verschiedenen Völkern der Erde, in: Göttingisches Historisches Magazin 1.1787 385–441; ders., Kurze Geschichte des Teutschen Adels, ebd., 577–648.
[70] Ewald lag ein knappes halbes Jahr todkrank mit Bluthusten und Fieber darnieder, von Lebenszweifeln geplagt; Ewald an Lavater, 12. Dezember 1795, Brief Nr. 43.
[71] Ewalds Autor-Sünde, oder Was hatten die Adelichen Landstände von D.....d zu thun?, in: Der Genius der Zeit 1796.1, 306–313. Vgl. Süllwold, »Der Genius der Zeit«, 202 f.
[72] »[...] um die unbestechbare Stimme des aufgeklärten Publikums darüber zu vernehmen [...].« Der Genius der Zeit 1796.1, 307.

7.3 Zeitkritik: »Zeitgeist« und »Gemeingeist«

1799 veröffentlichte Ewald drei Vorträge über die Frage des Zeitgeistes (genius saeculi), die er 1798 im Bremer *Museum* auf Bitte der Direktion bei freier Wahl des Gegenstandes gehalten hatte.[73] Das *Museum* verband als vereinsmäßig organisierte Einrichtung Bildungs- und Geselligkeitsinteressen und galt als vorzüglicher Ort des freien Meinungsaustauschs. Zu den großen Vorbildern aufgeklärt-praktischer Humanität zählten die Mitglieder wie auch Dohm, Herder und Hennings in seinem *Genius der Zeit* Benjamin Franklin (1706–1790). Am Ende seiner Vorträge wies Ewald empfehlend auf Franklins Plan zur Errichtung einer humanitären Gesellschaft hin, auf den ihn Herders erster Band der *Briefe zu Beförderung der Humanität* von 1793 gestoßen hatte.[74] Von den *Briefen* dürften wichtige Impulse für die offene, konstruktiv-kritische und politisch frühliberalen Gedanken verpflichtete Darbietung des Zeitgeist-Themas ausgegangen sein. Sie unterscheidet sich deutlich von konservativ-abwehrenden Standpunkten, wie sie etwa im Emkendorfer Kreis vertreten wurden, aber auch von den späteren antichristlichen Akzentuierungen des Begriffs im Raum der Erweckungsbewegung, und zeigt besonders augenfällig Ewalds offensive Aufnahme des Humanitätsideals.[75]

Wichtig ist die Öffnung der Perspektive des Themas vom reinen Verhängnis zum dialektischen Geschichtsprozeß und zur Aufgabe.[76] Was sich unter epocha-

---

[73] Ewald, Wie nützt man am besten den Geist seines Zeitalters? Eine phil.-hist. Abh., Bremen 1799 (= GZ; Steiger, Bibliogr. 160). Die Schrift ist den Mitgliedern des Bremischen *Museums* gewidmet, die Vorr. datiert vom November 1798, die erste Vorl. fand im April 1798 statt. Vgl. Arnold Wienholt, Geschichte des Museum in Bremen, in: Hanseatisches Magazin 2.1799, 177–264. Die ersten Anfänge dieser zunächst als Lesegesellschaft fungierenden Einrichtung reichen ins Jahr 1774 zurück. Zum Zeitgeist-Thema vgl. Ernst Brandes, Betrachtungen über den Zeitgeist in Deutschland in den letzten Decennien des vorigen Jahrhunderts, Hannover 1808 (Widmung an Hofrat Rehberg; eine Fortsetzungsschrift erschien 1810).

[74] »*Franklins* Bild ziert dieses Zimmer; möge sein *Geist* in uns leben!« GZ, 175 f.; Herder, SWS 17, 1–132. Franklin, der »wahren unsichtbaren Kirche der Humanität« angehörend, war mit seinem tätig-praktischen Sinn für Herder das direkte Gegenbild zu Rousseau, wie er in den *Bekenntnissen* erschien, ebda., 8; vgl. SWS 18, 503–508; auf Franklins religiöse Ansichten ging Ewald nicht ein.

[75] Zu B. Franklin vgl. Herder, SWS 17, 77 ff.; auch für Hennings gehörte Franklin zu den positiven Leitbildern, vgl. Süllwold, »Der Genius der Zeit«, 184 f., 209 ff.; zum in politischer Hinsicht zunehmend ständisch-national orientierten Emkendorfer Kreis vgl. Hartmut Lehmann, Zwischen Pietismus und Erweckungsbewegung, in: Aufklärung und Pietismus im dänischen Gesamtstaat 1770–1820, hg. v. Hartmut Lehmann u. Dieter Lohmeier, Neumünster 1983, 267–279. Zur Erweckungsbewegung vgl. Tânia Ünlüdag, Mentalität und Literatur. Zum Zusammenhang von bürgerlichen Weltbildern und christlicher Erziehungsliteratur im 19. Jahrhundert am Beispiel der Wuppertaler Traktate (SVRKG 108), Köln 1993 (= Ünlüdag), 33, 53 f.

[76] GZ, 8 ff.; Das Motto lautete idealistisch: »Der Mensch kann Alles, was er will; d. h., er kann Alles, was er mit Vernunft wollen kann.« Ebda., 89. »Mit sich selbst konsequent zu seyn, das ist ein kategorischer Imperativ [...] den Geschmack und gesunder Menschenverstand jedem Menschen auflegt.« GZ, 118. Der nach Vollkommenheit Strebende wolle »*in* seinem Zeitalter und *durch* sein Zeitalter« alles werden, was er werden könne. GZ, 125. Vgl. Herder, Ideen, 2. T.,

len Gesichtspunkten als Moment des objektiven geschichtlichen Wandels in Gegensätzen, oder theologisch als Werk von Vorsehung und Nemesis, darstellt, ist zugleich auch als Ergebnis menschlicher Fähigkeit zu immer neuer Selbstorganisation im Ausgleich von Einseitigkeiten im Blick.[77] Als Beispiel dient Ewald die Ablösung der Frühscholastik, der noch Frömmigkeit und Empfindung bescheinigt wird, durch die spekulative Hochscholastik, die wiederum Voraussetzung eines Neuerwachens religiöser und kultureller Kräfte in der Renaissance gewesen sei.[78] Einen entsprechenden Umbruch signalisiert demnach die Französische Revolution, deren Freiheitsideal zwar nicht unkritisch übernommen, aber doch in seiner antifeudalen Stoßrichtung ernst genommen und vor allem im Blick auf Meinungs- und Pressefreiheit von den Obrigkeiten voll akzeptiert werden müsse.[79] Eine weitere Popularisierung der Ideale von Menschenwürde und unveräußerlichen Völker- und Menschenrechten werde mit dafür sorgen, daß die Grundsätze von Gerechtigkeit, Billigkeit und Menschlichkeit eine weit allgemeinere Wirksamkeit erlangten als je zuvor.[80] Die Klage über den Bedeutungswandel der Begriffe wie Aufklärung, Freiheit und Gleichheit verweist freilich auch auf die immer stärker empfundene Schwierigkeit, unter den Bedingungen zunehmender politischer Polarisierung noch Gehör zu finden.[81]

SWS 13, 277. Zur stärkeren Prägekraft der Monarchie im Gegensatz zur republikanischen Verfassungsform vgl. GZ, 51 f.

[77] »Menschenverstand, Sittlichkeit, Freiheitsgefühl und Geschmack lassen sich immer nur bis auf einen gewissen Grad empören. Die Menschheit stellt sich selbst wieder in ihre ursprünglichen Rechte ein, wenn sie ihr ganz genommen werden sollen.« Ebda., 18 f. »Die unbestechliche Nemesis handelt oft spät: aber sie handelt gewiss! Auch der Zeitgeist muss oft ein Executor ihres Willens seyn.« GZ, 60.

[78] GZ, 20 ff. Die Skepsis gegen alles rein Spekulative findet immer wieder ihr Pendant im Lob des Empirischen als begriffsunabhängiger unmittelbarer Erfahrung mit sensualistischem Grundzug; so charakterisiert sich Ewald zu Beginn seiner *Reisephantasien* von 1799 als »rein empirischen Menschen«, der nur sehe und wiedergebe, was (für ihn und in ihm) da sei, ohne etwas über die Dinge an sich sagen zu wollen; dies galt auch für die Gottesbeziehung, deren Wahrheit sich nur in der persönlichen Erfahrung niederschlage. Der Begriff des Empirischen schließt hier aufgrund der Offenheit zum Psychologischen – gegen den üblich gewordenen Sprachgebrauch – das Phantastische und Dichterische mit ein, insofern die Phantasie dem Beobachter zu realen Eindrücken verhilft und den Genuß der Wahrnehmung erhöht; Ewald, Fantasieen auf einer Reise, 1799, 6, 117 f., 251.

[79] Vgl. Ewald, Fantasieen auf der Reise, 1797, 228–240 (politischer Fanatismus).

[80] »Wie schnell verbreiteten sich die Ideen von ordnungsmässiger Freiheit und Gleichheit [...] Die Druckerpresse, obgleich so viel tausendmal uns so schändlich missbraucht, ist doch das Palladium unserer Aufklärung und unserer Freiheit; und so lange es Köpfe giebt, die schreiben, und Millionen, die lesen können, wird weder unser gesunder Menschenverstand, noch unsere Freiheit, auf die Dauer unterjocht.« Ebda., 34 f. Vgl. Wielands Lob der Pressefreiheit im Namen des Kosmopolitismus als »Palladium der Menschheit«, Werke 3, 572, 28 f.

[81] »Was hiess *Aufklärung* vor zwanzig Jahren, und was heisst sie jetzt? [...] Die schönen Begriffe, Freiheit und Gleichheit, wurden im Jahre 1789 in einem ganz anderen Sinne genommen, als man sie jetzt nimmt. Man würde wohl schwerlich zu Freiheit und Gleichheit kommen, wenn die Maximen befolgt würden, die man jetzt noch immer unter diesem Namen giebt.« Ebda., 119 f., vgl. 164 f.

Im unvermeidlichen Rekurs auf die den Zeitgeist und ganze Epochen prägenden Großen der Geschichte wurden weniger die spekulativen Geister als vielmehr die »populären«, auf viele wirkenden Persönlichkeiten gewürdigt. Neben Kant stellt Ewald Herder als einen der größten Geister der Zeit vor, doch beide gehörten zu den Verkannten, deren Zeit noch kommen werde.[82] Ähnlich dachte Jean Paul von J. G. Hamann und Herder.[83] Zum Schlüsselbegriff für Eigenständigkeit und Freiheit im kritischen Gegenüber zum Zeitgeist avancierte freilich nicht das Genie oder ein bestimmtes aristokratisches Bewußtsein, sondern der vom bürgerlichen Moralkodex und seinen religiösen Bezügen geformte Charakter.[84] Ihn nach klassischem Ideal an den sinnlichen Symbolen der ewigen Ideen, den Urbildern des Wahren, Schönen und Guten, zu bilden, stellt Ewald als die primäre (selbst-)erzieherische Aufgabe vor, wie sie im Bereich der Kunstästhetik J. J. Winckelmann (1717–1768) erschlossen hatte.[85] Rousseau und die Philanthropinisten hatten nach Ewald die Aufgabe in pädagogischer Hinsicht erfaßt, wenn auch nur teilweise verwirklicht, wobei die Rousseausche Kulturkritik als zu radikal und den Zeitgeist nur negierend abgelehnt wurde.[86] Ein tieferes Verständnis für die bibeltheologische Fundierung des Pädagogischen konnte ohnehin nicht erwartet werden.

Die Orientierung an Winckelmann signalisiert zugleich die für Ewald bestimmend bleibende Anziehungskraft der Klassik und die Ambivalenz gegenüber der (Früh-)Romantik. Wie sehr sich Ewald in der Frage des Natur- und Kunstschönen von der Empfindungskraft der frühen Romantik für das Erhabene angesprochen fühlte und diese doch in ihrem Interesse an der Freisetzung

---

[82] GZ, 29 ff. Dazu zählten naturgemäß auch Sokrates und Jesus; Ewald mied hier wie in ähnlichen Zusammenhängen den Namen »Jesus« und »Gott« in der ihm eigenen umschreibenden Form, in der er »nach außen« sprach, ebda., 28, 30; 65 ff. vgl. 166 f. Zu Kantschen Philosophie hieß es zusammenfassend: »Vernunft hat die überkluge Unvernunft zum Stillschweigen gebracht. Diese Philosophie hat das Grundprincip der Sittlichkeit gereinigt; freilich das Ziel für den auch aus Empfindung und Sinnlichkeit zusammengesetzten Menschen zu hoch gesteckt [...].« GZ, 135.

[83] »Genies wie Hamann, Herder u. s. f. sind dem Zibet [Duftstoff der Zibetkatzen] und Moschus ähnlich, deren zu starker Geruch sich erst durch die Zeit zum Wohlduft mildert.« Jean Paul, Kleine Nachschule zur ästhetischen Vorschule, in: Werke 5 (SW I, 5), 464, 11–14.

[84] »Was muss es einem Officier kosten, ein Duell förmlich und öffentlich auszuschlagen, wenn er auch genau weiss, aus welchen barbarischen Zeiten die Zweikämpfe stammen [...].« GZ, 49. Auch an der Universität Heidelberg hatte Ewald noch mit der Problematik des Duellierens zu tun, vgl. Ephoratsakten G-III-2, G-III-3.

[85] GZ, 46, 63, 68 f., 79 f., 114. Vgl. die Rede von Sokrates als dem vorbildlichen Lehrer der Ideale des Wahren, Schönen und Guten, ebda., 104. Johann Joachim Winckelmann, Geschichte der Kunst des Alterthums, Sonderausg., unveränd. reprograf. Nachdr. der Ausg. Wien 1934 (Bibliothek klassischer Texte), Darmstadt 1993 (zuerst 1764). Zur griechischen Kunst als Schule der Humanität vgl. Herder, SWS 17, 343 ff.

[86] Die – Rousseau verzeichnende – Ansicht, daß »der Mensch eigentlich nur in dem rohesten Naturzustande gut und glücklich seyn könne«, erklärte sich Ewald als Gegenentwurf zum demütigenden Dahinvegetieren Rousseaus im dekadenten Paris, GZ, 111 f.

des Imaginären und Phantastischen als Modeerscheinung abtat, zeigt Ewalds Schilderung der Kasseler Wilhelmshöhe in Hennings *Genius der Zeit* von 1799.[87] Die Faszination der als weithin gelungenen, sich als Natur darbietenden Kunst der Anlage in einer Gegend, die er von seiner Hoflehrerzeit her ganz anders in Erinnerung hatte, ist unverkennbar. Die romantische Beschreibung unterbricht jedoch auf ihrem Höhepunkt im nächtlichen Traum der Verweis auf Schlegels *Lucinde* von 1799 und die Beteuerung, es sei ihm nur darum gegangen zu zeigen, »daß ich auch in dieser Manier [d. h.: des ästhetischen Experiments] beschreiben und dichten kann.«[88] So beängstigend auf ihn die Nähe des Monumentalen der Wilhelmshöhe wirkte, so befreit fühlte er sich beim Ausblick von höherer Warte, der ihn an die veränderte Sicht des irdischen Treibens aus himmlischer Sicht erinnerte. Damit war der Schritt zur religiösen Betrachtung mit konkreter Verhaltensreflexion getan, zu der alle Naturbetrachtung anregen sollte. Das Religiös-Ethische behielt wie in der Erbauungsliteratur gegenüber dem rein Ästhetischen die Oberhand. Jede Landschaft besitzt demnach eine ihr eigene Physiognomik, die in Ewalds Verbindung von Gestalt- und Symboldenken den Glauben zu inspirieren vermochte.[89] Ähnliche Übergänge finden sich wiederholt in Ewalds Reisebeschreibungen dieser Zeit.[90] Vor allem markante Aussichtspunkte boten beliebte Anlässe zu religiöser Reflexion, so über den in Aufnahme des Erwählungsgedankens nur wenigen gegebenen »Genuß« des Göttlichen mit Leib und Seele.[91] Es handelt sich bei dieser Art der Naturbetrachtung gleichsam um die

---

[87] Ewald (»E.«), Die Wilhelmshöhe, bey Cassel. Schreiben an eine Freundin, in: Der Genius der Zeit 1799.3, 395–411 (dat. Br.[emen] im August 1799). Steiger, Bibliogr. 153 (die Jahrgangszahl »1799« ist vor diese Nr. zu setzen). Vgl. Süllwold, 240 ff., die allerdings Ewald nicht als Verfasser identifiziert.

[88] Ebda., 405. Der anfängliche Versuch galt der Wiedergabe des an sich nicht in Worte zu fassenden, da das Ganze verlierenden, »Totaleindrucks«, ebda., 397. Zu Schlegels *Lucinde* vgl. Schleiermacher, KGA I/3, 139–223 (mit Einf. XLVIII–LXXII).

[89] »Auch hier diese schauerlich große Gegend predigte mir Liebe, wenigstens Duldung, Toleranz, die ja wol ein Theil der Liebe ist. [...] Wenn nur Bildung, an wüsten, finsteren, imposanten Menschen, das thut, was Kultur an Wilhelmshöhe gethan hat!« Ebda., 410 f.

[90] Ewald, Fantasieen auf der Reise, 1797, 16 f. (Abschiedsszene – Tod), 46 (Reise als Bild für den Lebensweg), 53 f. (Gemälde im Kloster Hardenhausen regte aufgrund einer Erinnerung an Philipp Matthäus Hahns Eschatologie zum Nachdenken über das Ende der Welt an); 143 f. (der Tannenwald veranlaßte Gedanken zur Entwicklung des Menschengeschlechts – auch dieses werde nach gehöriger Bildungszeit einmal zur Vollendung im freies Tun des Gerechten und Gebrauch der Menschenrechte kommen). Vgl. Ewald, Fantasieen auf einer Reise, 1799, 11 (Warten auf die Abreise – »Das ganze Menschenleben ist ein Warten«), 54 ff.

[91] »Sie [die Aussicht vom Elbdeich in Hamburg] ist wie das Buch, aus dem der Stoff für die Messiade [Klopstocks] geschöpft ward: – Allen allerlei, Allen alles. Eine Welt im Kleinen, ein Wörlitz, ein Hohenheim, von der Natur angelegt, um jedem zu geben, was er bedarf und wünscht! – Und wie wenig die Aussicht genossen wird! [...] Wundere sich doch niemand, daß das Heiligste, Göttlichste, für Menschenbedürfnisse so genau Berechnete in unserer Religion, das Göttliche, was unsere Sinne berührt, so oft unbeobachtet und ungenossen bleibt! Viele sind berufen zum Genuß, aber Wenige auserwählt [Mt 22,14]!« Ewald, Fantasieen auf einer Reise, 1799, 274 f.

meditative Seite der in der romantischen Naturforschung auf metaphysisch-theologischer Basis entfalteten »Physiognomik der Natur«, die auf denselben Voraussetzungen aufbaute wie die Lavatersche Physiognomik und typisch pietistische Motive der Erbauungsliteratur fortführte.

Weiter kam im Vortrag vor den Mitgliedern des Bremer Museums die bislang nur mangelhafte Ausbildung eines deutschen Nationalcharakters zur Sprache, der sich auf altdeutsch-germanische Werte und Tugenden wie den sprichwörtlichen Freiheitssinn der Deutschen gründen, alle Lebensbereiche wie Lektüregewohnheiten und Kleidermode prägen, aber aufgrund der von Missionsnachrichten und Reisebeschreibungen vermittelten Informationen von nationalistischer Überheblichkeit frei sein sollte.[92] Das klassische Ideal wahrer Sitteneinfalt, die erasmische Simplizität, lehrten die biblischen Patriarchenerzählungen ebenso wie Homers *Odyssee*, die ästhetische Urteilskraft schulten die Glucksche und Mozartsche Musik und das Betrachten von klassischer Kunst und Architektur.[93] Ziel war wie schon früh bei Wilhelm von Humboldt die harmonische Reifung des Individuums. Nur dieses konnte verantwortlicher Träger des erwünschten nationalen Bewußtseins werden.[94]

Die Forderung, zum Zeitgeist in ein konstruktiv-kritisches Verhältnis zu treten, setzte die möglichst genaue Kenntnis der im öffentlichen Raum vorherrschenden wissenschaftlichen, ethischen und ästhetischen Orientierungsmuster voraus. Daher versuchte sich Ewald an einer entsprechenden Skizze. In wissenschaftlicher Hinsicht stand der durch die Entdeckungsreisen vorangetriebene Fortschritt der empirischen Naturwissenschaften und die als spezifisch deutsche Leistung beanspruchte vergleichende Länder- und Völkerkunde mit ihrer geschichtsphilosophischen Deutung, wie sie Herders wahre Humanität atmende *Ideen* darstellten, an der Spitze.[95] Dazu fand sich im Bereich des Philologischen, von dem die Theologie zehrte, nichts Adäquates. Trotz hervorragender Einzelleistungen, die Männer wie der Altmeister Christian Gottlob Heyne und Gottlob Christian Storr erbrachten, wurde im Bereich der Theologie eine zunehmend mißbräuchlich durch die kritische Philosophie motivierte Abkehr von Sprachen und Geschichte und damit vom Konkreten

---

[92] »Staatsverfassung, Soldatendienst unter fremden Völkern, Mangel von Einheit, von Nationalgeist, Grad und Art der Bildung trug dazu bei, um die Neudeutschen charakterloser zu machen.« GZ, 84 f.

[93] Ebda., 105 ff. Als klassische Musiker galten neben Gluck und Mozart Adolph Karl Kunzen (1720–1781) und Muzio Clementi (1752–1832), ebda., 107.

[94] GZ 109, vgl. 143 f., 167. »Erkenntniss, Empfindung und That ist ihm [dem Menschen] eine heilige Dreieinheit seines Wesens!« GZ 172. Das Verhältnis von Vernunft (Erkenntnis) und Empfindung (Gefühl) wurde wie öfters analog zu dem von Steuerruder und Segel bestimmt.

[95] Ebda., 129 ff. Zu Herder hieß es: »Völker, Völkerreligion und Völkersitten aus *ihrem* Standpunkte, nach *ihrer* Organisation, *ihrem* Klima, *ihrem* Geschäfte [...] zu beurtheilen; das Eigene ihrer Bildung zu bemerken, und alle diese verschiedene[n] Bildungsstufen als verschiedene Stimmen zu erkennen, die zum allgemeinen Konzerte der Menschenentwicklung gehören; das war unserer Zeit, und besonders uns Deutschen vorbehalten, die mehr, als Ein Volk, mit andern Völkern bekannt sind, und mehr, als Ein Volk, andere Völker zu würdigen wissen.« Ebda., 132 f.

der Offenbarung konstatiert.[96] Dem Fortschritt in den empirischen Wissenschaften korrespondierte in Ewalds Augen eine sich bedenklich ausbreitende Wissenschaftsgläubigkeit und ein zunehmender Wissenschaftsdogmatismus, wie er sich im Streit um den tierischen Magnetismus und um die Faktizität der biblischen Wunder ausdrückte.[97] Demgegenüber sollte die naturgesetzliche Betrachtungsweise der Wirklichkeit offengehalten werden für die Wahrnehmung einer realen Wechselwirkung von Geist und Materie in neuplatonischer Tradition, wie sie Lavaters und Goethes Naturauffassung bestimmte.[98] Nur eine vorurteilsbeladene Naturwissenschaft und Medizin konnte in dieser Sichtweise den Magnetismus grundsätzlich ablehnen. Ewald hielt das Phänomen inzwischen für empirisch nachweisbar, wenn auch (noch) nicht für erklärbar. Der Magnetismus, mit dem Ewald in Bremen durch den befreundeten Arzt Arnold Wienholt näher in Berührung gekommen war, leistete nach seiner Überzeugung einen bislang unersetzlichen Beitrag zur Heilung von Nervenkrankheiten.[99]

Neben der Zeitklage über säkulare Begründungsformen der Ethik, zunehmenden Werteverfall und Konsumorientierung, nachlassende Handelsmoral und der konkreten Beanstandung der fortdauernden kriegerischen Auseinandersetzungen mit Frankreich (Zweiter Koalitionskrieg gegen Frankreich 1798–1801) als Rückfall in die Barbarei stand die These vom allgemeinen Humanitätsgewinn der Epoche, von dem die Vorkämpfer bisher benachteiligter Gruppen der Gesellschaft zeugten: Kinder hatten Fürsprecher in

---

[96] »[...] wenn der Missbrauch unserer neuesten Philosophie wie bisher fortgehen sollte: so sehen wir von dieser Seite einer Barbarei entgegen, die man nach dem funfzehnten Jahrhunderte [!] kaum mehr erwartet hätte [...]«, GZ, 133 f.

[97] »Was sich nicht erklären, zergliedern, in gewisse Bestandtheile auflösen lässt, das kann nicht seyn, so offenbar es auch wirken mag.« GZ, 136. Zur Wunderfrage vgl. Steiger, Kap. III.6, demzufolge Ewald im Gegensatz zu markanten Lehrpositionen der Zeit wie G. Leß und G. Chr. Storr wieder zu einer reformatorischen Sicht der Dinge durchgedrungen sei, ebda., bes. 438 f., 443; die zentrale Bedeutung von Ewalds Naturauffassung bleibt außer acht. Die Wunderthematik verdiente eine nähere Untersuchung.

[98] Vgl. die beiden Beil. *Der Prophet der Menschen-Embryonen*, BIB, 168–176, aus Pfenninger, Sokratische Unterhaltungen, Bd. 3, 262–271 u. der Ausz. aus SAL über die natürliche Sehnsucht des Menschen nach dem Wunderbaren, ebda., 177–184. Um nicht in den Verdacht der Unterstützung weltflüchtiger Geheimwissenschaft zu kommen, werden Berufstreue und empirische Methoden der Prüfung für alle wunderbar erscheinenden Phänomene der Gegenwart eingefordert.

[99] BIB, 167, Ewald nennt zehn bis zwanzig erfolgreiche Behandlungen, die er selbst gesehen und geprüft hatte. Wienholt gehörte zu den Lavaterfreunden in Bremen, Schulz, Brief 51 (8. Oktober 1797) und 81 (18/19. Oktober 1800), vgl. Lavater an Ewald, 3. Juni 1797, Brief 50 mit Gruß an Wienholt; Lavater an Meta Post, 3. Dezember 1795, Schulz, Brief 26; als Beispiel einer Krankengeschichte (Christine Merrem) vgl. die Briefe 19, 25 f., 34, 36 f., 57. Arnold Wienholt, Bildungsgeschichte als Mensch, Arzt und Christ. Zum Theil von ihm selbst geschrieben, Bremen 1805. Die 1799 erschienenen Reisephantasien Ewalds beziehen sich großenteils auf eine mit Wienholt und dessen Familie ein Jahr zuvor gemachte Reise nach Hamburg und Lübeck bis nach Eutin, auf der u. a. M. Claudius, Klopstock, F. H. Jacobi und J. G. Schlosser besucht wurden; zum tierischen Magnetismus vgl. ebda., 196–202.

Rousseau und den Philanthropinisten gefunden, Frauen in Th. G. v. Hippel und Mary Wolstonecraft (1757–1797), Sklaven in William Wilberforce (1759–1833), Gefangene in John Howard (1726–1790) und Eingeborenenvölker (»Wilde«) in Forschungs- und Entdeckungsreisenden wie James Cook (1728–1779) und Georg Forster (1754–1794).[100]

Weitere Anmerkungen galten dem Anspruch auf Bildung des ästhetischen Urteils im Sinn der »edlen Simplizität« des Klassizismus. Auch die Schwierigkeit wurde bedacht, die Masse mit den von Lessing, Goethe und Jean Paul vertretenen Idealen der schönen Künste bekannt zu machen, die diese bei allen Differenzen im Horizont der Aufklärung miteinander teilten.[101] Gerade die Erwähnung Jean Pauls erinnert an ähnliche Momente einer von Rousseau inspirierten Verbindung von Zeitkritik und pädagogischer Herausforderung.[102]

Eine längere Schrift aus dem Jahr 1801, gewidmet »den Edlen unter Deutschlands Regenten«, nimmt den von Zinzendorf her ursprünglich religiös geprägten, nun aber primär politisch-säkular gewordenen Begriff des Gemeingeistes auf. Angesichts der durch die Revolutionskriege deutlich gewordenen inneren und äußeren Schwächen des Reiches und der von Partikularinteressen bestimmten Politik in den deutschen Territorialstaaten soll nach der maßgeblichen Kraft nationaler Einheit und Stärke und gefragt werden.[103] Der Blick richtet sich im Sinne eines national-reformerischen Patriotismus auf die noch schwache Ausbildung eines vom Friedens- und Humanitätsgedanken getragenen Nationalbewußtseins, Unabhängigkeit von ausländischen Mächten und

---

[100] GZ, 150 ff. Zur Frage der Stellung der Frau vgl. Theodor Gottlieb von Hippel (o. Vf.), Ueber die bürgerliche Verbesserung der Weiber, Berlin 1792, in: SW 6, Berlin 1828 (photom. Nachdr. d. Ausg. Berlin 1828–1839, Berlin u. New York 1978). Maria Wollstonecraft, Rettung der Rechte des Weibes mit Bemerkungen über politische und moralische Gegenstände [...]. Aus dem Engl. übers. Mit einigen Anm. und einer Vorr. v. Christian Gotthilf Salzmann, 2 Bde., Schnepfenthal 1793–1794; Elisabeth Blochmann, Das »Frauenzimmer« und die »Gelehrsamkeit«. Eine Studie über die Anfänge des Mädchenschulwesens in Deutschland (AnthEr 17), Heidelberg 1966 (= Blochmann), 49 ff.

[101] GZ, 159 f., mit Beispielen zur Stilrichtung von Möbeln und Kleidung. Die um 1800 aufkommende stärker entblößende »griechische« Tracht in der Frauenmode wurde als schamverletzend abgelehnt.

[102] Vgl. Gert Ueding, Jean Paul (BsR 629), München 1993 (= Ueding), 153–163.

[103] Ewald, Gemeingeist. Ideen zu Aufregung des Gemeingeistes, Berlin 1801 (= GeG; Steiger, Bibliogr. 191). Als Motto dient ein frz. Zitat v. Montesquieu zum Wechselverhältnis von Vaterlandsliebe und Güte der Sitten und der Abkehr von den »passions particulières zugunsten der passions generales«, Montesquieu, De l'Esprit des Lois, V, 2. Das Schlußzitat stammt ebenfalls von Montesquieu, ebda., XIV, 6: »Les principes du christianisme, bien gravés dans le coeur, seroient infiniment plus forts que ce faux honneur des monarchies, ces vertus humaines des républiques, et cette crainte servile des états despotiques.« Die unter dem Datum vom 7. August 1800 vorangesetzten Strophen Ewalds meinen den wahrhaft aufgeklärten, d. h. von der göttlichen Wahrheit im Herzen erleuchteten Regenten. Zur Definition des Begriffs »Gemeingeist« (esprit général, public) s. GeG, 27 f.; Montesquieu, De l'Esprit des Lois, XIX, 4 (»Plusieurs choses gouvernent les hommes, le climat, la religion, les loix, les maximes du gouvernement, les exemples des choses passées, les moeurs, les manières, d'où il se forme un esprit général qui en resulte«, OC 1, 412); Herder, SWS 17, 268, 399.

die von den Regenten nicht genutzten Chancen politischer und gesellschaftlicher Reformen. Ewald bemängelte, daß der Gemeingeist noch nicht als konstitutive Bindekraft aller sozialen Größen von der Familie bis zum Staat erkannt und Gegenstand der Förderung im Rahmen einer Erziehung zur Freiheit in sozialer Verantwortung geworden sei.[104] Diese Problematik sah Ewald in der ersten populären Schrift Fichtes, der zuerst 1800 erschienenen *Bestimmung des Menschen*, trefflich aufgenommen. Stärker als Kant hatte Fichte, dem die Bedeutung der personalen Vermittlung von Freiheit deutlich geworden war, die Pflichten des Menschen als Glied einer sozialen Gemeinschaft herausgearbeitet.[105] Der dabei intendierte Vernunftzweck verwies nach Ewald auf die höchste Vernunft oder Gott.[106] Die Forderung, Gemeingeist zu beweisen, d. h. Nächstenliebe im Blick auf den Raum sozialer Gemeinschaft zu üben, fiel naturgemäß im familialen Nahbereich dringlicher und konkreter aus als im Blick auf entferntere Bereiche, was als Grund für die Ablehnung eines die Nationaleigentümlichkeiten nivellierenden Kosmopolitismus galt. Diesem gegenüber anerkannte Ewald nur eine negative Verpflichtung.[107] Den abstrakt-aufklärerischen Kosmopolitismus hielten auch Herder und Schleiermacher für inhuman. Als Pflichtbegriff mußte sich der Gemeingeist an der Bereitschaft zu freiwilligem Opfer und Verzicht messen lassen, wie es im Blick

---

[104] GeG, 15 f., mit dt. u. engl. Zitat von Alexander Popes aufklärungsoptimistischem *Essay on Man* (1733/34) zur Selbstliebe als Grund der Tugend und die Erweiterung der Kreise der Nächstenliebe über Eltern, Freunde, Nachbarn Vaterland und Menschheit. Zu A. Pope vgl. auch Ewald, Christliche Familienpredigten (Steiger, Bibliogr. 11), 9. Predigt, wo Popes Lehrgedicht mit den Reden der Freunde Hiobs verglichen wird. Dem Kindesalter entspricht der Gemeingeist aus Instinkt (Stadium des Tierhaften, in dem die sog. Wilden verharrten), dem Knabenalter der aus Klugheit (Stadium der Familien- und Stammesverbände, aber auch innergesellschaftlich der intermediären Organisationsformen wie der Zünfte), dem Jünglingsalter der Gemeingeist aus Legalität (eigentliche Staatenbildung, Gehorsam gegenüber dem äußeren Gesetz), dem Mannesalter der Gemeingeist aus Moralität (Selbstgesetzgebung der Vernunft), GeG 20 ff., 98 ff.
[105] J. G. Fichte, Die Bestimmung des Menschen, in: GA I,6, (145) 183–311, vgl. z. B. 262 ff. Fichte wird hier von Ewald als »verkannter, durch seine Schuld mißverstandener, und leicht mißverstehbarer, über die Grenzen der Vernunft hinaus schwärmender, aber durch Wärme für reine Sittlichkeit ausgezeichneter, und deswegen auch verehrungswürdiger Denker unserer Zeit« eingeführt, GeG, 105. Ein pointierter Satz wie: »Moralität und Religion sind absolut eins« (Fichte, GA I, 5, 428, Z. 29) konnte kaum Ewalds Zustimmung finden, doch schon der erklärende Nachsatz, beides sei ein Ergreifen des Übersinnlichen, einmal durch die Tat, einmal durch den Glauben, gab der Differenzierung wieder Raum, an der Ewald wie Lavater so sehr lag.
[106] Wenn es bei Fichte hieß: »Ich betrachte mich überall nur als eins der Werkzeuge des Vernunftzwecks [...]«, so fügte Ewald erklärend ein: »[d. h.] der höchsten Vernunft oder *Gottes*, – sagen wir andere Leute, die eine Gottheit außer uns *glauben*, ob wir gleich diese Gottheit nur durch unser Ich *erkennen* [...]«, GeG, 105; Fichte, GA I, 6, 303, Z. 27 f.
[107] »Wenn ich die ganze Menschheit mit meiner Liebe umfassen soll; so kann ich eigentlich niemand lieben. Und die Philosophen mit ihrer Weltbürgerschaft, die nirgends zu Hause ist, haben dem Gemeingeiste den größten Schaden gethan. [...] Alles unterlassen, was der Menschheit schaden kann, das ist Alles, was der Mensch mit gewöhnlichen Kräften *für die Menschheit* thun kann.« GeG, 185 f.

auf standesbezogene Partikularinteressen beispielhaft im Privilegienverzicht des Adels deutlich geworden war. Zwar ließ sich auch der militärische Opferbegriff, wie er in der Lebenshingabe des Soldaten für das Vaterland propagiert wurde, mit einer solchen Haltung grundsätzlich vereinbaren, aber er blieb als Ausnahme doch weit weniger gewichtig als die soziale Akzentuierung des Begriffs. Deutlich hervor tritt die Kritik an der Kriegführung mit Frankreich und die Unterstützung der seit 1795 von Preußen verfolgten Neutralitätspolitik. Zweifel waren erlaubt, ob der fortgesetzte Krieg zur Verteidigung Deutschlands nötig war und überhaupt in seinem Interesse geführt wurde.[108]

Unter dem Aspekt der tatkräftigen Beförderung des Gemeingeistes finden die schon im Zusammenhang mit der Volksaufklärung thematisierten Bereiche von vermehrten Anstrengungen in der Bildungspolitik, Abgabenentlastung und Liberalisierung der Märkte erneute Bekräftigung.[109] Wie stark ein entsprechendes Klima zur Humanisierung der Gesellschaft beitragen konnte, zeigen bei Ewald die von bürgerlichen Vereinigungen getragenen Anstrengungen an unterschiedlichen sozialen Brennpunkten in England.[110] Dazu zählte beispielsweise die Gefangenen- und Krankenfürsorge, wie sie vorbildlich durch John Howard vorangetrieben worden war.[111] Stand Howard für die soziale Dimension, so George Washington für die politische, auch wenn dessen Integrität in der Sklavenfrage inzwischen durch kritische Stimmen in Frage gestellt worden war.[112] Für Ewalds Wohnort Bremen ließen sich verschiedene ermutigende Beispiele eines tatkräftigen Patriotismus nennen, so die Fortschritte in der Armuts- und Bettelfrage, in der Krankenpflege, der Schullehrerwitwenversorgung und in der von Ewald mitbegründeten höheren Bürgerschule. Freilich standen wie auch anderwärts noch dringend nötige zukunftsweisende Projekte aus, so Fachausbildungsstätten für Bauhandwerker, Kinderwärterinnen (Erzieherinnen) und Schullehrerinnen.[113] Gerade mit den letzten beiden Forderungen wies Ewald auf Probleme der Mädchenbildung, die noch weit in das 19. Jahrhundert hinüberreichten und im Rahmen einer humanistischen, von Herder, Fichte, Pestalozzi, Niethammer, Schleiermacher und W. v. Humboldt beeinflußten Gesamtkonzeption erstmals von der Bre-

---

[108] Ebda., 40 ff., 202.
[109] Ebda., 69 ff. Vorbildlich vom Gemeingeist bestimmt waren wie schon im Kontext der Volksaufklärung die Politik Friedrichs II., des Großherzogs Leopold I. von Toskana (dann Kaiser Leopold II.) und die Anstrengungen Bernstorffs in Dänemark, etwa zur Beförderung der Handelskonkurrenz durch Beseitigung von Monopolien, ebda., 48 ff.
[110] GeG 72 ff.
[111] Ewald bezog sich u. a. auf die Originalausgabe von John Howard, The State of the prisons in England and Wales, with preliminary observations, and an account of some foreign prisons, Warrington 1777 (Repr. 1977).
[112] GeG 87 ff. In Aufnahme des alten, auf Plato bezogenen Sprichworts meinte er: »Amicus Washington, sed magis amica veritas«. Ebda., 95 (Anm.).
[113] In Preußen existierte seit 1799 eine Bauhandwerksschule, allerdings nur als »Winterschule«; zur Entwicklung der allgemeinen Gewerbeschule vgl. HDBG 3, 300 ff.

merin Betty Gleim, Nichte des Halberstätter Dichters, konsequent, doch ohne rechtlich-emanzipatorische Zielsetzung, angesprochen wurden.[114]

Die Differenz zwischen dem in der menschlichen Natur angelegten, von »wahrer« Aufklärung aufgegriffenen und ausgebildeten Bewußtsein sozialverantwortlichen Handelns und seiner im allgemeinen noch recht schwachen Ausprägung im kritischen Gegenüber zum »Zeitgeist« ließ nach den wichtigsten Hindernissen fragen. Als solche galten die ungleichen Eigentums- und Besitzverhältnisse, wobei insbesondere die Extreme übermäßigen Reichtums und die Armut und sklavenähnliche Abhängigkeit der unterbäuerlichen Schichten im Blick waren, die weder stände- noch geschlechterspezifisch ausgewogen gestaltete Bildung, das allenthalben beklagte Überhandnehmen materieller Wertorientierung (»Luxus«) und Schwinden religiös-christlicher Bindungen. Unter solchen Voraussetzungen konnte kein Interesse für ein übergeordnetes Ganzes geweckt werden, zumal auch die bürgerliche Familie faktisch vom Ideal einer Keimzelle des Staates weit entfernt und mit ihrer Rolle als primärem Ort der Pflege des Gemeingeistes überfordert war. So nahm nach Ewalds Eindruck der Gemeingeist trotz eines allgemein höheren Standes an Aufklärung eher ab als zu.[115]

Dies führte zur speziellen Frage nach der Rolle des Christentums in der Gesellschaft und damit auch zu den religiösen Implikationen des Gemeingeistbegriffs, sprich: zu seinen Wurzeln in der Pneumatologie wie einst bei Zinzendorf. Nach Ewald stellt die Kirche als Leib Christi die Grundfigur einer die Vorzüge von Republik und Monarchie vereinigenden Vergesellschaftung unter den Zeichen von Freiheit und Gleichheit und einem personalen Oberhaupt dar. Der Gottesdienst, besonders die Abendmahlsfeier, gilt als eine den Gemeingeist als Gottesliebe in Vollendung darstellende und befördernde Form menschlichen Zusammenseins. Der Gemeingeist der Kirche ist, wie später wieder bei Schleiermacher, kein anderer als der Heilige Geist, und diesen sieht Ewald implizit auch im politischen Gemeingeist am Werk.[116] Die beobachtete Entchristianisierung der Gesellschaft bot zwar Anlaß zur Klage, doch blieb die Hoffnung, auf einer gewissen Stufe der Menschheitsgeschichte werde die

---

[114] GeG 95 ff. Blochmann, 72 ff.; 111 f.; die meisten der konkreten Forderungen B. Gleims finden sich auch bei Ewald, allein dem Industrieschulwesen zur »Bildung« der untersten sozialen Schichten stand er skeptisch gegenüber. Zur Berliner Luisenstiftung als Ausbildungsstätte für Mütter und Erzieherinnen vgl. ebda., 113 ff.

[115] Ebda., 107 ff., 148 ff.

[116] »Christenthum verbindet die Menschen in eine Republik, bei der jeder Bürger mit hineingezogen wird in des Ganzen Wohl [...] Alle werden durch gemeinschaftliche Gesetze regiert; hier herrscht die wahrste Freiheit und Gleichheit [...]. *Christenthum ist eigentlich – ausgereifter Gemeingeist, durch den Blick auf den Vater des Ganzen geheilgt.*« Ebda., 148 ff. Zum Gemeingeist bei Schleiermacher vgl. Emilio Brito, La Pneumatologie de Schleiermacher (BEThL 113), Löwen 1994, 277 ff.; Ursula Krautkrämer, Staat und Erziehung. Begründung öffentlicher Erziehung bei Humboldt, Kant, Fichte, Hegel und Schleiermacher (Epimeleia. Beiträge zur Philosophie 30), München 1979, 266 ff.

Unentbehrlichkeit des Christentums wieder erfahren und mit seinem erneuten Aufschwung auch der des religiös motivierten Gemeingeistes verbunden sein. Vermutlich wirken hier chiliastische Hoffnungen nach. An der reformatorischen Grundunterscheidung von geistlichem und weltlichem Regiment – die als solche für Ewald nie in Frage stand – wird zwar festgehalten, aber das Interesse gilt nicht der Unterscheidung, sondern den wechselseitigen Beziehungen auf der Basis einer gemeinsamen (heils-)geschichtlichen Dynamik. Unter dem Gemeingeistthema kommt somit ein analoges Verhältnis von Christen- und Bürgergemeinde unter dem Aspekt der Humanisierung in den Blick.

Hinderungsgründe für die Ausbildung des Gemeingeistes lagen nach Ewald in den verfassungsmäßig beschränkten oder fehlenden Informations- und Mitbestimmungsrechten der Staatsbürger hinsichtlich ihrer eigenen Angelegenheiten, hier besonders der (landbesitzenden) Bauern, die wie in der verbreiteten – adelskritisch gewendeten – bürgerlichen Idealisierung des späten 18. Jahrhunderts als »Kern der Nation« gesehen werden.[117] Die insgesamt noch zurückgebliebene Reform der Agrarverfassung, allgemein unter dem Stichwort »Bauernbefreiung« zusammengefaßt, gilt neben der Bildungsreform wie im großen Rahmen der Stein-Hardenbergschen Reformen als zentraler Punkt im gesellschaftlichen Um- und Neubau.[118] Damit verbindet sich bei Ewald eine erneute Betonung der Vorzüge der konstitutionellen Monarchie vor der Republik: Die erstere biete im Monarchen die für die Mehrheit so notwendige sinnliche Verkörperung der Idee des Gemeinwohls.[119]

Als problematisch für die Entfaltung des Gemeingeistes galt fernerhin die lange vor dem formalen Ende des alten Reichs 1806 als überlebt angesehene deutsche Reichsordnung. Die Entstehung eines vom Gemeingeist getragenen Nationalbewußtseins war im »weitverbreiteten Polypenkörper« des Deutschen Reiches kaum möglich, so daß es nach Ewald bislang wohl württembergische und bremische, aber keine deutschen Patrioten gab.[120] Der Mangel an Nationalbewußtsein wurde freilich nur im Falle eines Reichskrieges als wirklich nachteilig angesehen, noch fehlte das nationale Pathos der Befreiungskriege.[121] Soweit ein gesamtdeutsch-nationales Bewußtsein wünschenswert war, blieb

---

[117] GeG 156 ff., 178 f. Ewald wies auf die inzwischen in Preußen eingeführte mittelbare Besteuerung des Adels durch den Lizent hin, der den Grundsätzen von Gerechtigkeit und Billigkeit entspreche und beim Adel, soweit ihm bekannt, auf keinen Widerstand gestoßen sei, ein Zeichen »wahrer« Aufklärung, ebda., 168.

[118] Zum Gesamtzusammenhang vgl. Nipperdey, Geschichte, 40 ff.

[119] »Der Gemeingeist in monarchischen Staaten, verhält sich zu dem in freien Republiken, wie sich der Glaube an eine positive Religion zu dem Glauben an eine natürliche verhält. Nur aristokratische Verfassungen scheinen mir ein Klima zu haben, das den [!] Wachsthum des Gemeingeistes durchaus hindert.« GeG 162.

[120] Ebda., 169 ff., 176 ff.

[121] Ebda., 183 ff. Eine Geschichte der Reichskriege, wie sie etwa Schiller oder Spittler schreiben könnten, hielt Ewald für die beste politische Predigt an die zerstrittenen deutschen Reichsstände, ebda., 193 f.

es vor allem eine Aufgabe im Rahmen des modernen Humanitätsbewußtseins. Der nationale Patriotismus richtete sich vorrangig auf soziale und politische Integration im Innern und gestärkte Verteidigungsfähigkeit nach außen. Erfolge hingen für Ewald wesentlich von der länderübergreifenden Lösung der Bildungs- und Erziehungsfrage wie auch davon ab, ob sich eine nationale Denkmals- und Festkultur etablieren ließ. Diese sollte analog zum kirchlichen Festzyklus den erweckten Gemeingeist darstellen und befördern helfen, das Lebensprinzip der Kirche also für die nationale Neuordnung fruchtbar machen und diese vor nationalistischen Übersteigerungen bewahren helfen.[122] Was somit der Heilige Geist für die religiöse, sollte der Gemeingeist für die patriotische Erweckung werden.

Ewalds politisch-patriotisches Engagement ist, wie ein Rückblick auf seine Despotismus- und Adelskritik zeigt, ganz vom Glauben an die Reformierbarkeit der altständischen Gesellschaftsordnung geprägt. Dies gehört zu den Grundlagen seines spätaufklärungspietistischen, romantisch gefärbten Patriotismus. Sein Ideal war offenbar eine landständische Verfassung, die den Interessenausgleich von freien Bauern und Bürgern sowie dem Adel auf der Basis staatsbürgerlicher Gleichheit organisierte und das monarchische Prinzip festschrieb. Die Ideen von Volkssouveränität und demokratisch-parlamentarischer Repräsentation hielt er wie die Mehrheit der Reformer für illusionär und nicht für realisierbar. Zu den altständisch-monarchischen Bindungen kommt Ewalds Eintreten für zentrale Individualitätsrechte wie Meinungs- und Pressefreiheit sowie die Betonung religiöser und politischer Toleranz und bürgerlicher Rechtsgleichheit, was eine dezidiert (früh-)liberale Grundhaltung bekundet.[123] Hier liegen die Kräfte, die sich auf Dauer nicht mehr mittels ständischer Ordnungsvorstellungen kanalisieren lassen sollten. Die Aufnahme des Zeitgeist- und Gemeingeistthemas verdeutlicht weitere Aspekte des Ewaldschen Patriotismus, der bürgerlich-liberale und romantisch-konservative Momente gegen einen rein sozialapologetisch angelegten Konservativismus verbindet. Vieles weist auf die in den großen preußischen Reformen gebündelt auftretenden Spannungsmomente voraus. Charakteristisch bleibt die betont christliche Bestimmung des Humanitätsideals. Soweit das allgemeine Fortschrittsdenken aufgenommen wird, finden sich Anklänge an die heilsgeschichtlichen Wurzeln, der Widerstand gegen den säkularen Zug der Zeit nimmt pietistische Hoffnungen auf bessere Zeiten des Christentums bzw. der Kirche mit auf.

---

[122] Ebda., 202 ff.
[123] Dafür spricht auch die Haltung in der Adelsfrage. Noch die Liberalen der Paulskirche sollten die Abschaffung der Privilegien, nicht aber des Standes fordern. Vgl. Nipperdey, Geschichte, 255 ff.

8 Kritische Philosophie: Die Rezeption I. Kants

8.1 Über die Kantische Philosophie – Briefe an Emma (1790)

Auf die Popularisierung der Kantschen Philosophie und ihre Inanspruchnahme für eine offenbarungskritische Theologie und Frömmigkeit reagierte Ewald mit seiner Ende 1789 entworfenen und 1790 erschienenen Kantschrift, der er die Form von »Briefen an Emma« gab.[1] Wie die ins Titelblatt aufgenommenen Sätze aus einem Sonett Petrarcas nach Lauras Tode zeigen, signalisiert der Name Emma das weibliche Ideal von Humanität und Schönheit, das bei Herder zur »ewigen Laura«, der das Irdische und Himmlische vereinigenden Madonna, verklärt wurde.[2] In der konkreten Anrede erscheint die Frau von (gemäßigter) Bildung als das geeignete Gegenüber, die Gründung der Religion in Gefühl und Anschauung in seelsorglichem Ton zu thematisieren und für die Grundüberzeugung zu werben, die tugendhafte Handlungsmotivation gehöre nicht in erster Linie in das Gebiet der praktischen Vernunft, sondern in das der religiösen Empfindung.[3] Gerade die Übereinstimmung in

---

[1] Ewald, Über die Kantische Philosophie mit Hinsicht auf die Bedürfnisse der Menschheit. Briefe an Emma, Berlin 1790 (Repr. Michigan, USA 1985) (= KA; Steiger, Bibliogr. 53, 53a-b). 12 Briefe, dat. v. 28. November bis 20. Dezember (1789), Vorr. v. 6. März 1790. In der 1789 veröff. Rez. Ewalds zu Kleuker, Neue Prüfung, 1. u. 2. T., Riga 1787–1789 (3. T., 2 Bde., Riga 1794) findet sich der erste Hinweis auf die bevorstehende Abfassung der Briefe, ÜP H. 6, 229–240. Steiger, Kap. III.2, läßt auch hier Ewald als Bahnbrecher reformatorischer Theologie gegen den Rationalismus agieren; dabei kommt vor allem der zeitgenössische Kontext, in dem Ewalds Kantrezeption steht, zu kurz.

[2] Vgl. Herder, SWS 17, 269 ff. Petrarca wird bei Ewald im ital. Original zitiert, es handelt sich um das Sonett 288 nach der fortlaufenden Zählung der Übers. v. Förster (»Vidi fra mille donne una già tale [...] Ma tropp'era alta al mio peso terrestre«); Karl Förster (Hrsg.), Francesco Petrarca's sämmtliche Canzonen, Sonette, Ballaten und Triumphe, 2. verb. Aufl. Leipzig 1833, 264.

[3] Der Name »Emma« stand für den kleinen »Kreis von Damen, die wie Männer denken können, ohne aufzuhören, wie Weiber zu fülen«, KA, 6; der Schlußteil offenbart den Ausgangspunkt: »Dir [Emma] kann seine [Kants] Philosophie nichts seyn, und keinem weiblichen Wesen; und in dem Maas weniger, wie sie wahres Weib ist. Ich weiß nicht, in wie fern wir Männer durch die Vernunft regiert werden; aber das weiß ich, daß kein wahres Weib dadurch regiert wird; und daß sie darum nicht schlimmer sind, als wir.« KA, 129. Wie nicht anders zu erwarten, hatte Ewald bei der Abfassung der »Briefe an Emma« eine »schwesterliche Freundin« als konkrete Person vor Augen, s. Steiger, 365 (Anm. 246). Literarisch erinnert der Name an die Tochter Kaiser Karls d. Gr. und Gemahlin Eginhards, vgl. Deutsches Museum 1776, 709 ff., 1785 erschien in Leipzig anon. von Christiane B. Naubert deren Geschichte. In anderem Sinn griff Beneken den Namen auf; er veröffentlichte in seinem Jb. 1789.2, 203–229 »Fabeln für Damen und junge

der antiutilitaristischen Auffassung des Sittlichen, die nahe an die neutestamentlichen Zusammenhänge heranführt, ließ Kant in großer Distanz zur Wirklichkeit des religiösen Lebens überhaupt erscheinen. Die Rousseauschen Zweifel an einer Gründung der Tugend in der Vernunft und Herders Anliegen einer neuen ethischen Würdigung der Empfindungskraft der Liebe bestärkten ihn ebenso wie das mystische Denken der sich in der Gottesliebe vollziehenden Einigung mit Gott und der daraus resultierenden christlichen Handlungsfreiheit sowie der Gegensatz zur Wolffschen Tradition vom Primat der Vernunft vor dem Willen.[4] Indirekt mag die pietistische Wertschätzung der Frau, wie sie im Rahmen der Privatversammlungen gefördert wurde, in diese weiterentwickelte Form der literarischen Auseinandersetzung mit einem philosophischen Thema eingegangen sein. Wichtiger aber war der konkrete (literarische) Umgang mit Frauen aus den höheren Schichten, die von Lavater und der von ihm vertretenen spätaufklärerisch-pietistischen Frömmigkeit angetan waren. Der Grundzug der Argumentation gegen den Rationalismus Kants berührt sich dabei mit allgemein pietistischen und spiritualistisch-mystischen Anliegen.

Ebenfalls 1790 erschien der erste Band der zuerst im *Deutschen Merkur* Wielands 1786/87 veröffentlichten und nun in Buchform erweiterten *Briefen über die Kantische Philosophie* aus der Feder des »Kantapostels« Karl Leonhard Reinhold (1758–1823), welche die Tragweite der das gesamte Denken revolutionierenden kritischen Philosophie einem breiteren Publikum erschließen wollten und gerade in dem von Ewald angesprochenen Leserkreis im höheren Bürgertum und an Höfen Verbreitung fanden.[5] So ließ sich die spätere Fürstin Pauline zur Lippe, eine geborene Prinzessin von Anhalt-Bernburg, Anfang 1791 durch Reinholds *Briefe* von Kant begeistern, nicht ohne wie Ewald zu fürchten, die Kantsche Philosophie werde den religiösen Skeptizismus stär-

---

Herrn«, deren zweite den Gefahren der Eitelkeit galt, denen die junge Schönheit Emma ausgesetzt war, ebda., 213 ff.

[4] Zur Liebe als höchster Vernunft und reinstem göttlichem Wollen vgl. Herder, SWS 8, 202. Von der Liebe als wirksamstem Prinzip der Sittlichkeit sprach Herder in explizit christologischem Kontext in der Schrift *Von Gottes Sohn* von 1797, vgl. SWS 19, 359 ff.; vgl. auch M. Claudius, Fenelon's Werke 3, 3 ff. (»Daß die Liebe Gottes unser Erstes und Letztes, die Regel und Richtschnur unsers Lebens, und unser Alles in Allem seyn muß«).

[5] Karl Leonhard Reinhold, Briefe über die Kantische Philosophie, 2 Bde., Leipzig 1790–1792 (verm. Aufl. der zuerst im *Deutschen Merkur* 1786/87 ersch. Briefe), neu hg. in 1 Bd. v. Raymund Schmidt, Leipzig 1924. Lavater schätzte Reinhold wie Kant, vgl. Orelli 1, 325 ff., 2, 122, 170 (Gespräch mit Sailer über Kant und Reinholds *Briefe*). Von den Tübingern um Gottlob Christian Storr sollte sich Johann Friedrich Flatt frühzeitig kritisch mit Reinhold auseinandersetzen, gegenüber Paulus in Heidelberg bescheinigte Flatt Reinhold eine reichlich unbescheidene Kantdeutung, Brief Flatts an H. E. G. Paulus, 24. September 1790, UB Heidelberg, Heidelb. Hs. 854, 155. Reinhold, Wie ist Reformazion der Philosophie möglich? in: Neues Deutsches Museum 1.1789, 31–47, 204–226, 284–304. Zur Rechtfertigung des Offenbarungsglaubens vgl. Johann Friedrich Flatt, Briefe über den moralischen Erkenntnisgrund der Religion überhaupt und besonders in Beziehung auf die Kantische Philosophie, Tübingen 1789.

ken.⁶ Noch die sog. »Kantkrise« Heinrich von Kleists und die schließliche Hinwendung zur Kunst als Lebensretterin im Jahre 1801 führen an eine entsprechend existentiell geprägte Problemlage heran. Es zeigen sich hier vergleichbar motivierte Vorbehalte gegenüber Kant, wie sie im Umkreis von Schwester und adliger Braut in Frankfurt/O. lebendig waren. Greifbar werden sie im Einfluß des von einer spätaufklärerisch-pietistischen Frömmigkeit geprägten Pfarrers und Pädagogen Ernst Heinrich Friedrich Ahlemann (1763–1803).⁷ Dieser teilte mit Ewald neben pädagogischen Interessen wie der Förderung der Mädchenbildung das Ideal einer von religiöser Innerlichkeit und erfahrungsbezogener Glaubensgewißheit getragenen praxis pietatis und die distanzierte Haltung gegenüber dem Konfessionskirchentum. Wie seine *Geistlichen Reden* zeigen, schlägt die spätaufklärerische Umformung und Überbildung pietistischer Grundgedanken jedoch stärker durch als bei Ewald, deutlich etwa im Reich-Gottes-Verständnis. Von der Kantschen Philosophie wurden sie beide angesprochen, doch der erkenntnistheoretische Gewinn schien durch den religionskritischen Mißverstand gefährdet. Damit stand Hohes auf dem Spiel: Die Aussicht auf ein endlich harmonisches Verhältnis von Vernunft und Herzensreligion, das schon immer dem Ideal der »wahren« Aufklärung entsprach, also den frühaufklärerisch weiten Vernunftbegriff aufnahm.⁸

Neben der Lektüre von Kantschriften hatte Ewald in den vorangegangenen Jahren mit besonderem Interesse den Gang der Kantrezeption verfolgt; auch die sich am Streit um Lessings Spinozismus entzündende Diskussion zwischen Moses Mendelssohn und F. H. Jacobi hatte seine Aufmerksamkeit gefunden.⁹

---

⁶ Paul Rachel (Hrsg.), Fürstin Pauline zur Lippe und Herzog Friedrich Christian von Augustenburg. Briefe aus den Jahren 1790–1812, Leipzig 1903, 45, 150 (Brief Paulines vom 4. Februar 1791, 149–151); 152 f. (Brief Paulines vom 3. April 1791). Als Reinhold 1794 nach Kiel berufen wurde, berichtete er von »Kantianerinnen« am Hof in Gravenstein, Friedrich Christian von Augustenburg gehörte zum Korrespondentenkreis von Lavater.

⁷ Vgl. die Hinweise bei Hans-Jürgen Schrader, »Denke du wärest in das Schiff meines Glückes gestiegen«. Widerrufene Rollenentwürfe in Kleists Briefen an die Braut, in: Kleist-Jb. 1983, 122–179, bes. 149, 157–167; Rudolf Mohr, »Denk ich, können sie mir nichts rauben, ... nicht an Gott den Glauben«: Versuch einer theologiegeschichtlichen Charakterisierung des Glaubens bei Kleist, in: Kleist-Jb. 1997, 72–96.

⁸ Vgl. Ernst Heinrich Friedrich Ahlemann, Geistliche Reden. Ausgewählt und nebst einer kurzen Biographie des Verfassers hg. v. Willhelm [!] Traugott Krug [...], Berlin 1805. Aufschlußreich sind etwa die Predigten zur Einigkeit im Geist (nach Eph 4,1–6), ebda., 131–142, vom Reich Gottes, ebda., 330–342 (zu Lk 17,20 f.) und zum gegenwärtigen Zustand der Religion, ebda., 355–370 (nach Lk 7,11–17). Geradezu euphorisch verkündet die letztgenannte Predigt, daß – doch wohl im Blick auf Kant – die lang ersehnte Versöhnung von Vernunft und Religion nun glücklich erreicht sei, und zwar so: »Unsere weltliche Weisheit tritt mit Bescheidenheit in ihre Gränzen zurück, und alle Wissenschaften stehen in einem schönen Bunde, der Religion ihre Dienste anzubieten«, ebda., 360.

⁹ KA, 5 f. Von Kants Schriften zog Ewald heran: Die *Kritik der reinen Vernunft* (KrV) nach der 2. Aufl. 1787, die *Grundlegung zur Metaphysik der Sitten* von 1785 und die *Kritik der praktischen Vernunft* (KpV) von 1788, in: Werke 2; 4, 7–102; 4, 103–302. Friedrich Heinrich Jacobi, Ueber die Lehre des Spinoza in Briefen an den Herrn Moses Mendelssohn, Breslau 1785 (Repr. Aetas

Gleich zu Beginn des ersten Briefes weisen die drei Namen F. H. Jacobi, Th. Wizenmann und Herder auf die entscheidenden Gewährsleute in Aufnahme und Kritik Kants.[10] Uneingeschränkte Anerkennung fand wie bei F. H. Jacobi und Th. Wizenmann Kants erste Kritik, deren unerbittliche Destruktion des metaphysischen Dogmatismus ihren Autor zum »Luther in der Philosophie« machte, eine typisch deutsche Perspektive, die im Blick auf die lange Vorgeschichte der Dogmatismuskritik in der westeuropäischen Aufklärung etwas übertrieben erscheint. Freilich zeigte sich, daß deren Konsequenzen für den Offenbarungsglauben ebenso strittig waren wie die der zweiten Kritik, die einen Weg zur praktischen Gewißheit von Willensfreiheit, Unsterblichkeit und göttlicher Weltordnung wies.[11] Im Blick auf die erste Kritik ging Ewald davon aus, daß sich die Erkenntnis der Grenzen der menschlicher Vernunft positiv für die Annahme einer geschichtlichen und darin noch keineswegs als supranatural im strengen Sinn zu bezeichnenden Gottesoffenbarung und der ihr angemessenen Entsprechung im Glauben geltend machen lasse.[12]

Kritisch beurteilte er dagegen aus Rousseauscher Sichtweise die Kantsche Gewichtung der praktischen Vernunft, deren Postulate er auf »Herzenspostulate« zurückgeführt und damit dem einseitigen Anspruch der von Empfindung und Sinnlichkeit getrennten Vernunft entnommen wissen wollte.[13] Schon in allgemein spätaufklärerischer Perspektive konnte Kants Position als isoliert

---

Kantiana 116, Brüssel 1968), 2. Ausg. 1789, danach im wesentlichen der Abdr. in: Jacobi, Werke 4.1 (Ewald zit. nach d. 2. Ausg.); Wizenmann, An den Herrn Professor Kant von dem Verfasser der Resultate Jakobischer und Mendelssohnscher Philosophie, in: Deutsches Museum 1.1787, 116–156; August Wilhelm Rehberg, Ueber das Verhältnis der Metaphysik zur Religion, Berlin 1787, vgl. ders., Sämtl. Schr., Bd. 1, Hannover 1828, 25 ff.; 61–84 (zur Kantschen Sittenlehre, Rez. der KpV).

[10] KA, 7. Zur Auseinandersetzung F. H. Jacobis mit Herders Gottesbegriff vgl. bes. Jacobi, Werke 4.2, Beil. 4 u. 5, 74 ff.; dann Herder, Gott. Einige Gespräche über Spinoza's System, nebst Shaftesbury's Naturhymnus, Gotha 1800, SWS XVI, 401–580; die Varianten nach dem Gothaer Erstdruck in: Herder, Werke, hg. v. Wolfgang Pross, Bd. 2, 1044 ff. Zum Einfluß Shaftesburys, der auch von Oetinger übersetzt und religiös gedeutet wurde, in spätaufklärerischer Zeit (optimistische Anthropologie) vgl. kurz Kondylis, 577 ff.

[11] KA, 12 ff.

[12] Ebda., 20 ff. Jacobi, Werke 4.1, 74 f.

[13] Als Kants Fehler, der sich so auch von Rousseau her formulieren ließ, galt: »[...] das heiße Verlangen der Seele nach einem Gott, und einer Unsterblichkeit, das *Einer* Seelenkraft viel seyn kann und ist, hat er vor das Departement einer *andern* gebracht, vor der es nichts ist, und nichts seyn kann.« KA, 48. Gerade das Unsterblichkeitspostulat läßt Ewald fragen, ob nicht mit demselben Recht von einem Offenbarungspostulat gesprochen werden könne. Wenn die Vernunft schon nichts von Gott und Unsterblichkeit wisse und sie doch brauche, um recht zu handeln, könne auch erwartet werden, daß ein Gott, der seinen Namen verdiene, sich dem Menschen wenigstens in dieser Frage offenbare. KA, 55 f. Zur Ewaldschen Polemik gegen das Unsterblichkeitspostulat vgl. ÜP H. 4, 10 f., 86, zur Kritik an Kants Postulatenlehre auch die Notiz in den Reisefantasien von 1799, 364 f. (»Unser Herz postulirt ein ewiges Zusammenseyn mit geliebten Menschen, en ewiges Wohnen in liebgewordenen Gegenden stärker und lauter, als unsre praktische Vernunft Gott und Freiheit postuliert [...]«).

gelten.[14] Was der Vernunft allein an metaphysischem Vermögen fehlte, wurde nun in gewisser Weise dem Empfindungsvermögen und damit der Liebe zugesprochen, insofern dem Menschen ein elementares Gottesbewußtsein in Form eines göttlichen Instinkts zugesprochen wurde, der sich je neu im Gottverlangen und der Gottesliebe aktualisierte. Nur so schien erklärbar, daß die existentiellen Grenzerfahrungen des Menschen immer wieder in den Urakt des Gebets als mystischem Verlangen nach Gottesnähe und Unsterblichkeit führten und zugleich die Erfahrung eines passiven Ergriffenwerdens und der Erleuchtung gemacht wurde.[15] Gefragt war eine Ontologie, die Kant mit seiner praktisch motivierten Metaphysik verweigerte, in der mystischen Tradition aber vorausgesetzt war. Schon bei Fichte und erst recht bei Schelling sollte, wenn auch verschieden, die Verbindung von Sollen und Sein neu zum Thema werden und wenigstens soweit Ewalds Interesse finden, wie sich Analogien zum mystischen Denken ergaben.

Die These von der Einheit von Erkennen und Empfinden in der Ergriffenheit, die sich in der Liebe als dem edelsten Erkennen vollzieht, nahm Herders Gedanken auf.[16] F. H. Jacobi vermittelte einen positiven Zugang zu Glaube und Offenbarung, indem er – nach Wizenmanns Analyse – gegen Mendelssohns Anspruch auf unmittelbare Evidenz vernünftiger Gotteserkenntnis im Blick auf die Grundlagen der natürlichen Religion hinter dessen Prämissen zurückfragte und eine Evidenz der Empfindung analog zur unmittelbaren sinnlichen Gewißheit konstatierte.[17] Dies war im Blick auf die Got-

---

[14] Vgl. Kondylis, 637 ff., der die »objektive philosophische Isoliertheit [Kants] innerhalb der deutschen Spätaufklärung« mit Hamanns und Herders Polemiken, Goethes Distanz und die Uminterpretationen Schillers und der Nachkantianer belegt, ebda., 639.

[15] KA, 26 ff. Vgl. Jacobi, Werke 4.1, Vorr. XXXII–XXXIV; 255 ff. »Wem schweben nicht Momente vor, wo er im tiefsten Druk fürchterlicher Leiden aus unwiderstehlichem Instinkt zu Gott als einem Lebendigen, Gegenwärtigen, Erbittlichen sprach, obgleich seine Philosophie und Theologie vielleicht von einem solchen Gott nichts wußte?« KA, 43 f. »Mich dünkt, ein solches unzergliederbares Gefül, das heiße Verlangen nach Gott und Unsterblichkeit, hat *Kant* bei seinen Beweisen für diese Wahrheiten zum Grunde gelegt; hat es in Postulate der praktischen Vernunft verwandelt.« Ebda., 46 f. »Blos die *Innigkeit, Lebendigkeit* des Gefüls ist Beweis, daß es analoge Gegenstände geben müsse: aber natürlich kann es blos *dem* Beweis seyn, *der* so innig fült.« Ebda., 47. Der göttliche oder moralische Instinkt (instinct divin) ist bei Rousseau eine der Benennungen für das Gewissen, Émile, Buch 4, OC 4, 600 f., eine Ewald nicht befriedigende Auskunft. Zum Instinktbegriff vgl. ferner Jean Paul, Vorschule der Ästhetik, Werke 5 (SW I, 5), Darmstadt 1967, § 13, 60 ff. (mit Hinweis auf Plato und F. H. Jacobi).

[16] »Liebe ist das edelste Erkennen: die Gottähnlichste Empfindung! Je näher Gott, desto lauter stärker allgemeiner.« Herder, SWS 8, 296.

[17] Vgl. Wizenmann, Resultate, 148 ff., 159 f. (mit der Einschränkung, er selbst habe die von Jacobi konstatierte Erfahrung von unmittelbarer (Gottes-)Gewißheit nicht, halte sie aber dennoch für möglich und sogar wahrscheinlich). Auch der Mendelssohnsche Anspruch auf natürliche Gotteserkenntnis war demnach nur durch Glaube an eine Offenbarung der Natur einzulösen. Grundsätzlich gab es keine Alternative zwischen Spinozismus – das hieß Atheismus – und Offenbarungsglaube, ebda., 233. Wichtig war für Wizenmann die Klarstellung, daß es Jacobi in seiner Argumentation gegen Mendelssohn nicht um eine Aufforderung zur Konversion, sondern um die Frage der Gewißheit zu tun war, die jeder religiösen Überzeugung zugrunde liegt, ebda., 164 f.

teserkenntnis nur durch das kraft der Gottebenbildlichkeit im Herzen des Menschen wirkende göttliche Leben möglich. Gefühl und Darstellung des göttlichen Bildes in Leben und Tat des Menschen, die Dimension von Geschichte und Sprache eröffnend, stellen somit die einzig gewisse Erkenntnisquelle für das Wahre und die einzige Kraftquelle für die Liebe zum Guten dar.[18] Die sich im Verhältnis von Mensch zu Mensch und Mensch zu Gott analog darstellende Verschränkung von Erkenntnis und Ergriffenheit trifft nach Ewald präzise das Phänomen der Liebe, die den Menschen in der Regel allererst ergreift, bevor sie sich erklärt und zur Handlungsmotivation wird. Demgegenüber erschienen die Postulate der praktischen Vernunft und der kategorische Imperativ abgeleitet, blaß und abstrakt.[19]

Wenig Verständnis fand auf diesem Hintergrund die Unterscheidung von Pflicht und Neigung, die als Ausscheiden jeder ichbezogenen Komponente aus dem sittlichen Akt und damit geradewegs als Aufhebung des Ich gedeutet wurde. Wie jeder Liebe, so eigne zwangsläufig auch der Gottes- und Christusliebe jenes pathologische Moment der Neigung, das Kant gerade aus ihr ausgeschlossen wissen wollte.[20] Die Selbstliebe, von der Selbstsucht geheilt, widerspreche der Selbstvergessenheit wahrer Liebe nicht. Ewald interpretierte sie im Sinne von Herders Selbstgefühl, das dieser unter Hinweis auf das Gebot der Nächstenliebe als notwendiges Mittel und Gradmesser des Mitgefühls mit anderen und damit als ethisch höchst relevant gekennzeichnet hatte.[21] Wohl sei der Mensch Zweck an sich selbst, doch dies umfasse auch sein Glück, das befördert werden könne, ohne daß es zum Ziel des Handelns selbst gemacht zu werden brauche.[22] Damit folgt Ewald der Rousseauschen Grundeinsicht, daß dem sittlichen Handeln des Menschen immer auch ein moralisches Interesse am individuellen Glück zugrunde liegt, die Ethik mithin nicht auch jeden Eudämonismus ausschließen muß, nur weil sie dem Utilitarismus widerspricht.

---

[18] Ebda., 151 f.
[19] KA, 53 f., 61 f., 101 f.
[20] »[...] eigenes Glük ganz bei Seite sezen, und behaupten, auch sichere Aussicht auf Glük, als Folge von Tugend, verunreinige die Tugend: das lautet edel, ist aber [...] baare [...] philosophische Schwärmerei, gegen die *Fenelons* reine Liebe Gottes noch tief in der Natur des Menschen gewurzelt ist.« Ebda., 64, vgl. 71. Ähnlich schon Pfenninger, Von der Popularität im Predigen, Bd. 1, 161 ff.: »In wem diese Neigung [der von Jesus geforderten Liebe] lebt, der, und der allein, ist tugendhaft, der allein erfüllt das Gesetz[e], der allein handelt schon kraft dieser Neigung, allen Specialgesetzen [...] conform«; diese Neigung wird freilich nicht nur geboten, sondern erweckt: »Liebe wird allein durch *Liebe* erweckt [...] das ist nun das große wichtige Capitel *von der sicht- und fühlbaren persönlichen Liebenswürdigkeit des Herrn in Knechtsgestalt* [...]«, die als Hauptzweck der Geschichte Jesu galt und bei näherer Behandlung die »Psychologie Gottes« ins rechte Licht rücken würde, ebda. 162 f.
[21] Herder, SWS 8, 200.
[22] »Wäre es nicht etwa möglich, daß der Mensch sein Glük beförderte, und sich nicht bewußt wäre, daß er um seines Glüks willen handelte? [...]«, KA, 65.

Dem kategorischen Imperativ einer Ethik der Pflicht stellte Ewald die vom Sympathetischen getragene Liebesethik des biblischen Gebots der Gottes- und Nächstenliebe gegenüber.[23] Dies begründete er, inspiriert von Herder und Karl Theodor A. M. von Dalbergs *Betrachtungen über das Universum*, mit dem die ganze Schöpfung durchwaltenden Gesetz der Liebe. Dies wurde als universales energetisches Prinzip allen Lebens vorgestellt, das zu gesteigerter Erkenntnis und Empfindung in der Verähnlichung mit Gott drängt. Wahre Physik und Theologie erklärten sich gegenseitig.[24] Die menschliche Liebe wurde somit als Teil des kosmischen Gesetzes der Anverwandlung aller Dinge gedacht, wie es sich im geschichtlichen Heilshandeln Gottes an der Welt und, in Analogie dazu, im Handeln Jesu und seiner Nachfolger konkret manifestierte. Auch der seinen Bildungsauftrag wahrnehmende Staat konnte Anteil nehmen an diesem Heilshandeln, was auf die Problematik der in der Romantik vollzogenen quasireligiösen Überhöhungen vorausweist.[25]

Andere Grundaussagen in Kants *Kritik der praktischen Vernunft* sah Ewald in Übereinstimmung mit biblischen Glaubensinhalten. Dazu gehört die These von der Willensfreiheit als Ausdruck menschlicher Würde, die seiner Meinung nach mit der paulinischen Lehre der Freiheit vom Gesetz ineins fällt (Gal 5).[26] Demnach bewirkt die Rechtfertigung aus Glauben, daß der Mensch durch eine freie innere Selbstverpflichtung gegenüber dem göttlichen Gesetz sich selbst Gesetz wird und nun aus freiem Trieb nicht nur gut handelt, sondern gut wird. Kants Auffassung wurde hier interpretiert nach dem Augustinischen Verständnis des durch die Gnade geheilten und in die Freiheit der Gebotser-

---

[23] KA, 69 ff., Mt 22,37 ff. Vgl. das Gleichnis vom Barmherzigen Samariter, wo dessen Mitleid als Grund seines Handelns in Liebe genannt wird, Lk 10,29 ff.; wie bei Rousseau spielen Mitleid und Sich-Hineinversetzen in den Andern eine zentrale Rolle für Beginn und Entwicklung sozialer Erfahrung und damit auch für die tätige Nächstenliebe, vgl. Rousseau, Discours, 146 ff. (mit Anm. 184). »Der bessere Theil des philosophischen Mannes ohne Neigung ist immer – *er selbst*; aber der bessere Theil des Liebenden, ist der Geliebte.« KA, 73.

[24] »Aehnlichwerdung, Liebe ist das Band, das alle Wesen in der Schöpfung in ein Ganzes bindet.« Karl Theodor [Anton Maria] von Dalberg, Betrachtungen über das Universum, 6. Aufl. Mannheim 1819, 105 u. ö. (zuerst Erfurt 1777).

[25] KA, 67 ff. Zur Liebe als Flamme alles Denkens und Empfindens und Sensorium der Schöpfung, wie sie nach Herder nicht nur beim Evangelisten Johannes, sondern auch bei Spinoza im Mittelpunkt stand, vgl. Vom Erkennen und Empfinden, SWS 8, 202. Zur Uneigennützigkeit der Liebe als »Grundprinzip des empirschen Charakters« und der Analogie zur Vernunft (Liebe und Vernunft finden nur im Geliebten bzw. Erkannten zu sich selbst) vgl. auch die frühe Hegel-Schrift *Volksreligion und Christentum* (1793/94), in: Herman Nohl (Hrsg.), Hegels theologische Jugendschriften, 1–71, 18. Steiger, 412 ff., betont die sachlichen Parallelen zu Hegels Liebesverständnis, läßt aber das gedankliche Umfeld Ewalds außer acht. Die Vorstellung von der Liebe als einem organischen und organisierenden Lebensprinzip, das auch im politischen Gemeinwesen zur Geltung gebracht werden müsse, findet sich ausführlicher bei Franz Xaver von Baader, SW 6, 11–28 (1815).

[26] KA, 78 ff. Dies bedeutet im Rahmen der Ausweitung des Aufklärungsbegriffs zugleich, daß nicht, wie später vor allem im Neuprotestantismus, die Reformation, sondern das Urchristentum den Beginn aufgeklärter Subjektivität markiert.

füllung gesetzten Willens, wobei Ewald an der primären Willensbestimmung durch Empfindung festhielt.[27] Empirische Unterschiede zwischen den mehr verstandesorientierten »Kopf-« und den mehr empfindungsbestimmten »Herzensgenies«, wie sie Ewald in Kant und Lavater verkörpert sah, wurden freilich zugestanden, doch blieb kein Zweifel über den unterschiedlichen Ansatz und sein Gewicht.[28]

Ein wohl durch Herder vermittelter Hinweis Ewalds auf den seiner Meinung nach zu wenig beachteten Philosophen Nicolas Malebranche (1638–1715) unterstreicht die Bedeutung, die dem Panentheistisch-Mystischen für die Begründung von Erkenntnis und Handeln zukommt. Von der religionsphilosophischen Seite des neuplatonisch-augustinisch geprägten Denkens Malebranches her ließ sich zeigen, daß menschliches Erkennen ein wesentlich passives Teilhaben an den göttlichen Schöpfungsideen oder eine »Schau aller Dinge in Gott« ist. Für die Ethik gilt entsprechend die »Liebe aller Güter in Gott« als einziges Prinzip.[29] Unbeschadet aller näheren Differenzierungen wird hier anders als bei Kant der mystischen Dimension glaubender Existenz Rechnung getragen, so daß auch die affektive Seite der Religion angemessener zur Geltung gebracht werden konnte. Das Defizit bei Kant rührte für Ewald wesentlich von einem mangelnden christologischen Ver-

---

[27] Ebda., 85 f., 95. Die Rechtfertigungslehre wurde als »biblische Heilungstheorie« apostophiert; zur sanatio animae et voluntatis, die das liberum arbitrium hervorbringe, vgl. Augustin, De spiritu et littera XXX, 52 (CSEL 60). Zwar gestand Ewald die Notwendigkeit eines Vernunftprinzips wegen der »natürlichen Dialektik« des Menschen, gegen die Gesetze der Pflicht zu »vernünfteln«, als Regulativ ein, bestritt aber wie Rousseau der Vernunft ihren Anspruch auf Vorrang, da auch sie von der Neigung bestochen und mit sich selbst uneins werden, also das Prinzip selbst in Frage stellen konnte. Gegen die praktische Selbstüberschätzung der Vernunft führte Ewald sogar den ansonsten geschmähten Helvétius an, der in hedonistischer Manier die Selbstliebe zum einzig gültigen Handlungsmotiv erklärt hatte.

[28] »Aus natürlicher, natürlich gewordener Empfindung gut handeln, ist *göttlich*; aus Grundsaz gut handeln, ist *menschlich*. Wer viel Gutes thut aus Empfindung, den hat *Gott* gut gemacht; wer viel thut aus Grundsaz, der machte *sich selbst* gut. Freilich mag das leztere verdienstlicher seyn, als das erste: aber ob auch wahrer, reiner, einfacher? Ich denke nicht!«, ebda., 86 f.

[29] KA, 93 f.; vgl. Nicolas Malebranche, De la Recherche de la Vérité [...], in: Oeuvres complètes 1–3, hg. v. Geneviève Rodis-Lewis, Paris 1962–1964; das zentrale dritte Buch gab Alfred Klemmt auf dt. heraus: Von der Erforschung der Wahrheit (PhB 272), Hamburg 1968 (mit Einl.; zu Kant, der 1770 zu Beginn der kritischen Phase noch seine Nähe zu Malebranches »vision en Dieu« bekundete, zugleich aber dessen Hinaussteuern auf das »hohe Meer solcher mystischen Untersuchungen« als Überschreiten der Schranken des Verstandes beklagte, ebda., XLIV). Zur Gottesliebe vgl. eigens N. Malebranche, Traité de l'amour de Dieu et lettres au P. Lamy, Oeuvres complètes 14, hg. v. André Robinet, Paris 1963; zur neueren systematischen Diskussion vgl. Margit Eckholt, Die christologische Vermittlung des rationalen Systems von Nicolas Malebranche, in: ZThK 117.1995, 296–316; auch wenn Ewalds Interesse nicht der eigentlich philosophischen Ebene galt, so teilte er doch die hier näher benannten Grundgedanken wie den der inneren Verbindung zwischen Vernunft und Offenbarung (der als eigentlich aufklärerisch bei Malebranche gelten kann) und den der Verankerung der Religion in der höchsten Vernunft, wodurch dem Glauben eine ihm eigene Rationalität zuerkannt wird und Vernunft und Glaube in Korrelation zueinander treten.

ständnis für Jesus als Vorbild und Sakrament her.[30] So charakterisierte er diesen inkarnatorisch als glaubhaft sich selbst kommentierende, »versinnlichte, verkörperte Vorschrift« und zugleich als ein in der Gottessohnschaft Gott repräsentierendes Wesen (»être représentatif«) mit sakramentaler Bedeutung. Der dem Repräsentationsgedanken zugrunde liegende philosophische Gottesbegriff ist dabei der des Seins schlechthin, das alles endliche Sein durchdringt und im Dasein hält, wie er für Malebranche charakteristisch ist (»l'Etre«) und zur Grundausstattung der neuplatonisch inspirierten Mystik und des religiösen Spiritualismus gehört. Dahinter tritt die paradoxale Struktur des Christusgeheimnisses zurück. Die Spannungen, die sich zu einer Theologie der Inkarnation und der absoluten Transzendenz Gottes ergeben, bleiben verdeckt. In der Person Jesu, die nicht nur Gott, sondern auch den Menschen repräsentiert, offenbart sich jedoch der grundlegende Zusammenhang von Sollen und Sein, wie es das alte für ihn verwendete Bild der Sonne illustriert: Diese sei in ihrem Gang ebenfalls nicht nur gemeinaufklärerisch zu sehen als moralisches Vorbild ruhigen Wirkens und allgemeiner Wohltätigkeit, sondern deren realer Ermöglichungsgrund.[31] Nur in der mystischen Christusliebe, die zur Willenseinheit mit Gott führt, wird beides erfaßt, Vorbild und Sakrament, ausgedrückt in der Rede von der Leitung der Gläubigen durch den »Blick« Jesu, der allein die konkrete Erfüllung des Willens Gottes möglich mache.[32]

Ein struktureller Vergleich der Merkmale des Doppelgebots der Liebe und des kategorischen Imperativs verdeutlicht die Vorzüge, die Ewald der christlichen Liebesethik in praktischer Hinsicht zuschrieb, ohne daß ein direkter Gegensatz behauptet wurde.[33] Das Argument der hohen Motivationskraft der Liebe fand sich auch dort, wo wie bei K. F. Bahrdt die unübertroffen hohe Wirksamkeit der natürlichen Religion für Moralität und Tugend herausgestellt wird, doch anders als bei Ewald fielen Liebe und Tugend, Religion und Moralität dabei ineins.[34] Noch 1797 ermunterte Lavater Ewald dazu, eine popularphilosophische Broschüre mit dem Thema: »Christus, das reinste und einzige Postulat der gesunden und mit sich selbst bekannten Vernunft« zu schreiben, und diesen Zusammenhängen zu weiterer Verbreitung zu helfen.[35]

---

[30] Es war nicht damit getan, mit Kant auf Jesu Aussage vom alleinigen Gutsein Gottes nach Mk 10,18 hinzuweisen; diese schmale Auskunft Jesu war leicht erklärbar durch den noch wenig verständigen Adressaten. Dagegen kam den johanneischen »Ich-bin«-Worten und Joh 12,45 im Zuge der Christusliebe höchste ethische Relevanz zu.

[31] Ewald spürte das Dilemma messianisch-christologischer Selbstprädikationen, doch schien es unvermeidlich: »Ueberhaupt war es, dünkt mich, immer das Schiksal großer Menschen, daß sie sich selbst kommentiren musten. Die Liebevollsten thaten es auch, so schwer es ihnen ward.« KA, 113 f., vgl. 103 ff., 129 f.

[32] KA, 112.

[33] KA, 116 ff.

[34] Vgl. Bahrdt, Würdigung der natürlichen Religion, 154 ff.

[35] Lavater an Ewald, 3. Juni 1797, Brief 50.

Insgesamt fand die Kantsche Pflichtethik bei Ewald wenig Anerkennung, da auf ihrer Basis nur der Intellekt und nicht der Mensch in seiner psychischen Ganzheit erreichbar schien. So blieb nur der fragwürdige Respekt vor einer spekulativen Intellektualität, die sich nicht zum Helvetianismus bequemen wollte.[36] Für die zentrale ethische Implikation mystischer Theologie, die Willensausrichtung in der Liebe zu Gott, war aber bei Kant keine Offenheit zu erkennen. Entscheidendes Ärgernis blieb dessen Trennung des Erkenntnisvermögens in Sinnlichkeit und Vernunft, die Ewald als Symptom eines verlorenen Zugangs zum Menschen als Wesen der Einheit der verschiedenen Seelenkräfte deutete, hierin J. G. Hamann, Herder und F. H. Jacobi folgend.[37] Die uneingeschränkt positive Aufnahme der ersten Kritik und die zum Teil gravierenden Vorbehalte gegenüber der zweiten teilte Ewald bei vergleichbarem Offenbarungsverständnis mit Jung-Stilling.[38]

In seinen 1797 und 1799 erschienenen *Reisephantasien* spielte Ewald nochmals verschiedentlich auf Kant an, so 1797 auf die Strenge und Erhabenheit des kategorischen Imperativs als »philosophischen Pietismus«, der wohl den rechten Weg weise, aber nicht die Kraft gebe, ihn zu gehen und daher entweder in die Verzweiflung oder in die Selbstrechtfertigung führe. Die Wortwahl bestätigt die Vorbehalte gegenüber einem gesetzlich engen Pietismus. Verschiedene Begegnungen auf der ersten Reise überzeugten ihn freilich davon, den praktischen Gehalt der Kantschen Vernunftpostulate unterschätzt zu haben. Die Bedeutung einer Theorie des Handelns blieb jedoch für das Handeln selbst begrenzt, vergleichbar einer Theorie der Musik für das musikalische Ohr.[39] Das persönliche Gespräch mit F. H. Jacobi und J. G. Schlosser auf der zweiten Reise 1798 bestätigte die grundsätzlich unverändert ablehnende Haltung, die Ewald später in Jean Pauls Kantkritik wiederfand.[40]

Eine den psychologischen Gegebenheiten entsprechende Motivationslehre menschlichen Handelns, wie Ewald sie in der christozentrischen Liebesethik fand, konnte das legitime sittliche Gefühl nicht auf die Achtung vor dem

---

[36] »Kant wollte die Bedürfnisse einer reinen, überverfeinerten spekulativen Vernunft befriedigen. Dem, der nichts annehmen will, als was die allgenugsame Vernunft aus Grundsäzen zu beweisen vermag, dem wolt' er etwas geben, damit nicht seine ganze Sittenlehre – nothgedrungene Politik, *Helvetianismus* werde.« KA, 123 f.

[37] »Mich dünkt, es ist Krankheit des Menschen, daß nicht alle seine Kräfte zusammen wirken; daß sie nicht mehr Ein Wesen ausmachen [...] Es ist ein heiliges Band zwischen seinem Kopf und Herzen, zwischen seinem Geist und seiner Sinnlichkeit.« KA, 124 f., 128. Ähnlich kritisch beurteilte Nicolovius Kants Kategorischen Imperativ, er vermißte die Kraft des Affekts als Ermöglichung realer sittlicher Freiheit, vgl. Fischer, Nicolovius, 48 f.

[38] Die erste Kritik blieb für ihn die einzig mögliche Form der Philosophie im engeren Sinne, Jung-Stilling, Lebensgeschichte, 448 ff., zum Thema in der Stilling-Forschung vgl. Schwinge, 27 ff.

[39] Ewald, Fantasieen auf der Reise, 1797, 240–247.

[40] Vgl. z. B. Jean Paul, Vorschule der Ästhetik, Werke 5 (SW I, 5), § 14, 63. Zu Jean Pauls Kritik an Kant und der zeitgenössischen Philosophie sowie dessen Verteidigung der Lebensphilosophie F. H. Jacobis vgl. kurz Ueding, 117 ff.

Gesetz und der eigenen Würde beschränken. Vielmehr mußte im augustinischen Duktus nach der die Willensbildung formenden Grundintention gefragt werden, die von Vertrauen und Liebe zu einem personalen Gegenüber bestimmt wird. Die Bedeutung des ethischen Rationalismus beschränkt sich daher wesentlich darauf, der rein egoistischen Handlungsmotivation und ihren Verfechtern entgegenzuwirken.[41] So bleibt der Eindruck einer gewissen Ambivalenz, wie ihn auch der 1804 in die *Christliche Monatschrift* aufgenommene Aufsatz Kleukers zur Situation von Religion und Theologie in Deutschland, der auch auf die diesbezügliche Bedeutung der Kantschen Philosophie einging, kennzeichnet.[42] Andere Stimmen traten zu dieser Zeit in den Vordergrund, die ein adäquateres Aufklärungsverständnis boten, so Ernst Moritz Arndt (1769–1860) in seinem *Germanien und Europa* (1803), aus dem Ewald kurz nach Erscheinen des Werkes verschiedene Abschnitte in der *Christlichen Monatschrift* abdruckte.[43] Hierin wird nochmals die zentrale Bedeutung der Mystik des Lichtes klar: Das Licht wahrer (religiöser) Aufklärung, das sich in der Vernunft spiegle, sei immer himmlische Gabe und innere Erleuchtung zugleich, der wahre Aufklärer zu allen Zeiten ein von außerordentlicher Intuition beseelter Gesandter des Himmels. Es galt als gleichermaßen gegenaufklärerisch, dieses innere Licht als religiöse Exaltiertheit und Schwärmerei zu verwerfen, wie die Aufklärung nur verflacht nach Nützlichkeitserwägungen zu bewerten. Für verkannt, aber für eine wahrhaft aufgeklärte Theologie von Bedeutung hielt Arndt wie Ewald die Phantasie als Organ der Religion und die Notwendigkeit der Verleiblichung und sinnbildlichen Darstellung des Unendlichen in religiösen Symbolen, was auf die Forderung einer Reform des protestantischen Kultus hinauslief und Ewalds diesbezüglichen Anschauungen nahekommt.

8.2 »Die Göttlichkeit des Christentums« (1800) –
Apologie des biblischen Offenbarungsglaubens

Die im Jahr 1800 mit indirekter Verfasserangabe veröffentlichte Schrift diente dem Aufweis der Vereinbarkeit der Grundsätze kritischer Philosophie mit dem christlichen Offenbarungsglauben für ein gebildetes Laienpublikum unter Aufnahme von Kants *Kritik der Urteilskraft* von 1790 und der *Religion innerhalb der Grenzen der bloßen Vernunft* von 1793.[44] Das Motto aus Goethes *Bekennt-*

---

[41] Ewald, Fantasieen auf einer Reise, 1799, 119 f.; 238 ff.
[42] Kleuker, Betrachtungen über den gegenwärtigen Zustand der christlichen Religion und Theologie in Deutschland, in: ChrM 1804.2, 147–185; 241–280; 321–356; 401–428.
[43] ChrM 1804.1, 454–458, vgl. Ernst Moritz Arndt, Germanien und Europa, Altona 1803.
[44] Ewald (o. V.), Die Göttlichkeit des Christenthums, so weit sie begriffen werden kann. Vom Vf. der Briefe an Emma über die Kantische Philosophie, Bremen 1800 (= GÖ). Steiger, Bibliogr. 181. Weder äußere noch innere Gründe erlauben es m. E., die Schrift Ewald abzusprechen, soweit ihre klare Zielsetzung beachtet wird. Die im Vergleich zu den sonstigen Schriften größere

nissen einer schönen Seele erinnert an die Bedeutung der Anschauung für die Rede von Gott und die Inkarnation als Voraussetzung umfassender Gotteserkenntnis, die als Teilhabe des gefallenen Menschen an Gott durch Verähnlichung bestimmt wird.[45] Ausgangspunkt ist die aufklärerische These John Lokkes und Christian Wolffs von der die Vernunft zwar übersteigenden, ihr aber nicht widersprechenden Offenbarung, Fluchtpunkt deren konsequente Fortschreibung bei F. H. Jacobi, dessen »wahrer« Rationalismus intuitiver Gottesgewißheit als direkte Entsprechung zum Offenbarungsglauben vorgestellt wurde.[46] Konkret stellte sich die Aufgabe, unter Anerkennung des von Kant herausgearbeiteten konstruktiven Charakters des Denkens nach den zentralen biblischen Offenbarungsinhalten zu fragen und diese im Namen einer die Konstruktion erst ermöglichenden Rezeptivität des Glaubens als wahrhaft vernünftig, weil den Menschen als Ganzheit »im Herzen« ergreifend, erscheinen zu lassen. Es bestand die berechtigte Sorge, die Aufhebung des Gegensatzes von Vernunft- und Offenbarungsreligion in der Religionsschrift könne gegen den biblischen Offenbarungsglauben gekehrt und die Basis christlicher Freiheit in der göttlichen Liebe dem Autonomiegedanken zum Opfer gebracht werden. Statt dessen sollte das auf der Ebene der religiösen Wirklichkeit defizitär Erscheinende einer von Offenbarung unabhängigen Konstruktion der christlichen Glaubenslehre klar erkannt und die zentralen biblischen Glaubenslehren in ihrer sittlichen Bedeutung neu ins Licht gerückt werden.[47] Die Schrift steht von ihrem Anliegen her in Kontinuität mit dem schon von G. Chr. Storr her durchgeführten Versuch, auf der Grundlage des moralischen Gottesbeweises die pragmatische Plausibilität positiver Offenbarung darzulegen. In der Durchführung unterscheidet sie sich davon im wesentlichen durch den Rekurs auf die Subjektivität des Gefühls als entscheidender Gewißheitsinstanz.[48]

---

gedankliche Dichte bleibt freilich auffällig. Das Werk trägt aus Sorge vor einem unfruchtbaren Parteienstreit anonymisierende Züge. Das Lob der Stolzschen Bibelübersetzung dürfte als versöhnliche Geste zu lesen sein. – Vgl. Kant, Die Religion innerhalb der Grenzen der bloßen Vernunft (= RG), in: Werke 4, 645–879.

[45] »O, warum müssen wir, um von solchen Dingen zu reden, Bilder gebrauchen, die nur äußere Zustände anzeigen! [...] Und eben darum ist er uns ähnlich geworden, weil wir sonst keinen Teil an ihm haben könnten.« GÖ, Deckblatt; Goethe, Werke 7, 394, 9–14.

[46] Vgl. die späte Aussage F. H. Jacobis, in: Werke 4.1, Vorbericht. »Wie ich von der Objectivität meiner Gefühle des Wahren, Schönen, Guten, und von einer die Natur beherrschenden Freyheit überzeugt bin, so bin ich von dem Daseyn Gottes überzeugt, und so wie diese Gefühle ermatten, so ermattet auch der Glaube an Gott.« Ebda., XLIII.

[47] Zur Religionsschrift vgl. Horst Renz, Geschichtsgedanke und Christusfrage. Zur Christusanschauung Kants und deren Fortbildung durch Hegel (SThGG 29), Göttingen 1977.

[48] Vgl. Gottlob Christian Storr, Bemerkungen über Kant's philosophische Religionslehre. Aus dem Lateinischen [...] hg. mit Anm. v. F. G. Süskind, Tübingen 1794, Repr. Aetas Kantiana 269, Brüssel 1968.

Religion, Vernunft und Offenbarung

Eingangs bestimmt Ewald Religion als das von der moralisch gebietenden Vernunft im Gefühl entwickelte Bewußtsein des Menschen von der eigenen Unvollkommenheit gegenüber dem Sittengesetz.[49] Die natürliche Religion ließ sich zwar mit Kant als »Religion innerhalb der Grenzen der bloßen Vernunft« verstehen, doch wies die Übernahme der vom Sittengesetz in das Herz des Menschen gelegten göttlichen Gebote als Pflicht und die damit gegebene praktische Gottesbejahung schon über das Vermögen der Vernunft selbst hinaus. Ohne religiösen Glauben konnte also das Sittengesetz keine Geltung beanspruchen. Die religiösen Grundwahrheiten werden im Gefolge Rousseaus als »sentiments intérieurs« dem Herzen zugewiesen. Voraussetzung eines pflichtgemäßen Handelns war also nicht nur, daß die Vernunft, sondern daß auch das Herz als Personmitte des Menschen gewonnen wurde.[50] Gerade dies lasse sich die christliche Offenbarungsreligion als oberstes Ziel angelegen sein, zudem stelle sie sicher, daß die allgemeine Bedingung der Sittlichkeit, die Willensautonomie, gewahrt bleibe.

Inhaltlich wird der Nachweis versucht, die christliche Lehre sei nichts anderes als eine lebendige Darstellung der unter der Voraussetzung des moralischen Mangels als notwendig erwiesenen Vernunftwahrheiten, nur in einer höheren Form von Klarheit und lebenspraktischer Relevanz. Als Christ gilt entsprechend derjenige, der sich eine solche Darstellung zur leichteren Pflichterfüllung zunutze zu machen versteht.[51] Vorauszusetzen war allein das Erwachen eines moralischen Bedürfnisses, wie es sich christlich als Sündenbewußtsein artikuliert.[52] Für die sittliche Würdigung der an sich zeitgebundenen religiösen Vorstellungen des Christentums genügte es, sie als Ausdruck des Einklangs von Gefühl (Phantasie) und moralisch gebietender Vernunft als ein Äußeres eines an sich verehrenswerten Gegenstandes zu betrachten und die nähere Form auf sich beruhen zu lassen.[53] In keinem Fall war eine moralische

---

[49] Vorr., III-XI. Die ntl. Texte werden meist nach der als vortrefflich gerühmten Übersetzung von Johann Jakob Stolz zitiert.

[50] An die Grenzen der vernunftbestimmten Pflichterfüllung gemahnt der Satz: »Diese [die sinnlichen Triebe und Neigungen] sind Kinder der Phantasie; man muß die Mutter auf ihrer Seite haben, um die Kinder zügeln zu können. Vergebens wenden wir uns an den Verstand, wenn das Herz mit im Spiele und nicht zuvor gewonnen ist [...].« GÖ, 5.

[51] Zum Beleg führt Ewald Tit 1,1–3 an; die Übersetzung spiegelt die moralischen Interessen, so wird die »dem Glauben gemäße Erkenntnis der Wahrheit« umschrieben als eine Erkenntnis zur Tugend führender Wahrheiten, GÖ, 9 f.

[52] Die Bedeutung der Lehre von der Sünde liegt demnach nicht nur darin, daß auf die Folgen einer bösen Tat zu reflektieren war, sondern daß der Mensch vor dem Richterstuhl der moralisch gebietenden Vernunft aufgrund des Mißbrauchs der Freiheit sich selbst verwerfen mußte, ebda., 19 ff.

[53] Für das Ganze gilt die schon im Titel der Schrift angemahnte Einschränkung: »[...] so bald man sich dasselbe [das Christentum] nach den Grundsätzen des Verstandes erklären will.« Ebda., 12.

Verpflichtung auf einen bestimmten Kreis von Vorstellungen, etwa in der Versöhnungslehre, möglich, auch wenn sich die biblischen Aussagen sämtlich als vernunftgemäß darstellen ließen und gerade zum Nutzen der Sittlichkeit weit über das hinausgingen, was die praktische Vernunft eher umrißhaft mit Gott, Freiheit und Unsterblichkeit zu glauben gebot.

Zum entscheidenen Hilfsmittel der Erklärung wird die Differenzierung nach Natur- und Freiheitsbegriffen. Zwar räumte Ewald ein, daß etwa die biblischen Vorstellungen von Genugtuung und Versöhnung als Naturbegriffe der Welt der Erscheinung entstammen, doch verdankten sie sich Freiheitsbegriffen, also dem übersinnlichen Freiheitsvermögen aufgrund vorangehender Erweckung des Pflichtgefühls. Dies legen nach Ewald schon die mit ihnen verbundenen hohen sittlichen Forderungen der Heiligung und gottähnlichen Vollkommenheit nahe, die weit über das vernunftgemäße Vollkommenheitsstreben hinausgehen.[54] Die christlichen Glaubenswahrheiten gelten demnach als Vernunftwahrheiten, insofern sie den Forderungen der moralisch gebietenden Vernunft entsprechen. Als Offenbarungswahrheiten gehen sie über die Vernunftwahrheiten der natürlichen Religion hinaus, insofern sie dem sündigen Menschen in seiner Verzweiflung eine konkrete Antwort Gottes als Zusage der Sündenvergebung geben. Freilich ist dies nur auf der Ebene subjektiver Überzeugung möglich, einen objektiven Offenbarungsbeweis gibt es nicht. Immer bleibt der Mensch auf sein Sündenbewußtsein zurückgeworfen, die Erfahrung der Sündenvergebung avanciert somit zum Kriterium der Wahrheit göttlicher Offenbarung. So fiel an dieser Stelle auch der traditionelle Wunder- und Weissagungsbeweis aus, ohne daß damit schon über die Tatsächlichkeit von Wunder und erfüllter Weissagung entschieden war.[55] Gerade am Wunderbegriff ließ sich deutlich machen, daß nach der ursprünglichen Intention das Wunderbare am Wunder nicht das Mirakel ist, sondern der Aufweis eines Freiheitsbegriffs, nämlich der Bekanntmachung mit einer höheren göttlichen Absicht, die nicht kausal und damit natürlich erklärbar war.[56] Somit blieben die Wunder- und Weissagungsberichte in ihrem Verweischarakter weiterhin von Belang, wie schon im Gespräch mit Ph. M. Hahn deutlich geworden war. Bedeutender für die Beförderung der Moralität als der demonstrative Beweis war jedoch der Eindruck des Erhabenen, den eine Religionslehre im Gefühl, dem Ort psychischer Sinnlichkeit, hinterließ.[57]

---

[54] Ebda., 14 ff. Zum Natur- und Freiheitsbegriff bei Kant vgl. Kritik der Urteilskraft, Einl., in: Werke 5, 235–620; 242 ff.

[55] »Dieses fällt so sehr in die Augen, daß es mit Recht befremden kann, wie denkende Männer noch neuerdings auf diese[n] Beweis etwas haben rechnen können.« Ebda., 32. Insofern die religiöse Erfahrung die Beglaubigungsfunktion des Wunder- und Weissagungsbeweises übernahm, konnte es pointiert heißen, ein erfahrenes Wunder sei mehr als ein nur geglaubtes, RL, Vorr. VI.

[56] Vom Weissagungsbeweis gilt entsprechendes. Ebda., 33.

[57] Zum Erhabenen als Verendlichung des Unendlichen oder »Alles in Einem« vgl. Lavater, Pontius Pilatus 4. T., 1785, 78–249, mit Zitat von F. H. Jacobi.

Dieser bestimmte sich nach den bildlichen Vorstellungen, mittels derer die Vernunftwahrheiten der Anschauung nähergebracht wurden, und der Art und Weise, wie die Bilder das Spiel der Phantasie und des Verstandes anzuregen und Eindrücke zu hinterlassen vermochten. Damit wurden Religion und Kunst zu analogen Erscheinungen, so daß die göttliche Offenbarung geradewegs als erhabenes Kunstwerk bezeichnet werden konnte.[58] Beider Zweck lag nicht in ihnen selbst, sondern in der Erhöhung der Moralität, das Ästhetische kam im Ethischen zur Vollendung.

Der Vergleich mit dem Kunstwerk offenbart den tieferen Grund der Abneigung gegenüber allen Formen des analytischen »Zergliederns«, dem Ewald die historische Bibelkritik verfallen sah: Wohl mochte ein Gedicht nach dem Ursprung seines Stoffes befragt werden, aber als Kunstwerk war es auf diesem Wege nicht zu verstehen. Eine Antwort auf die Frage, inwieweit sich die christliche Glaubenslehre als Ganze auf diese Weise als erhaben und damit göttlich darstellen lasse, wird nicht mehr versucht. Das Gewicht verlagert sich auf die praxis pietatis: Der Umgang mit dem »erhabenste[n] aller Kunstwerke« werde nicht ohne Eindruck bleiben, oder anders ausgedrückt: Christus werde sich offenbaren, wenn der Mensch seine Fähigkeiten gemäß den Forderungen der praktischen Vernunft ausbilde und gebrauche.[59] Darin lag der von Paulus für seine Verkündigung in Anspruch genommene und in der Gegenwart vermißte »Beweis des Geistes und der Kraft« (I Kor 2,4), der nach Ewalds Überzeugung von bedeutenden religiösen Virtuosen wie Spener, Wesley und Lavater auch ohne voll ausgebildete begriffliche Klarheit dank ihres Genius geführt bzw. gelebt worden war.[60] Dem kam unmittelbare homiletische Relevanz zu: Die Sorge des Predigers galt im Regelfall der religiösen Empfindung und nicht der kritischen Aufarbeitung ihrer Voraussetzungen, letztere war dessen Privatsache bzw. Aufgabe der Theologie als Wissenschaft.[61] Dabei durfte die durch Geschmacksurteil bestimmte ästhetische Wahrheit so viel Realität beanspruchen wie jede andere durch Vermögen des Verstandes bestimmte Wahrheit, auch wenn jene nicht mit der gleichen Entschiedenheit als allgemeingültig behauptet werden konnte. Für die ästhetische und damit auch für die religiöse Wahrheit genügte der Nachweis, daß sie nicht in Widerspruch zur moralisch gebietenden Vernunft standen. Begriffliches Wissen war vom bildhaften zu unterscheiden, aber nicht zu trennen, von Kern und Schale ließ

---

[58] GÖ, 36.
[59] Ebda., 37 f. Dies läßt sich lesen als ein modernes »facere, quod in se est«.
[60] »[...] sie ahndeten die Wahrheit, ohne ihre Ahndungen zu rechtfertigen.« Ebda., 40, 45 f. Die Legitimation des christlichen Glaubens liegt damit in seinem Vollzug, vgl. Joh 7,16 f., Röm 1,16: »Die eigene gläubige Benutzung des Christenthums ist also nach der Erklärung seines Urhebers zugleich die Legitimation desselben.« Ebda., 46.
[61] »Wer zu einer gemischten Versammlung vom Volke redet, soll nur in der ganzen Stärke der Empfindung, welche dieses erhabenste aller Kunstwerke ihm eingeflößt hat, zu derselben reden.« Ebda., 41.

sich nur reden analog zu Geist und Fleisch als bleibender anthropologische Differenz in höherer Einheit.[62]

Die Heilige Schrift und ihre Auslegung

Als in wissenschaftlicher Hinsicht vorbildlich, weil am Literalsinn orientiert, erachtete Ewald die historische Bibelauslegung nach Zeitbegriffen jüdischer Theologie, wie sie in der nur wenige Jahre überdauernden *Bibliothek für Kritik und Exegese des Neuen Testaments* vorgestellt wurde.[63] Die Zeitschrift, von dem Gießener Theologieprofessor Johann Ernst Christian Schmidt (1772–1831) mitherausgegeben, bemühte sich ausdrücklich um eine Fortführung des Semlerschen Weges historischer Auslegung, nun allerdings bezogen auf eine Verbreitung des historischen Wissens um die ältere jüdische Theologie. Dabei ging es vor allem auch um ein genaueres Bild von der Kabbala, die bislang von christlicher Seite in meist missionarischer Absicht traktiert worden war.[64] Ewald teilte die Ablehnung des Spekulativen, stand Schmidt selbst aber ansonsten theologisch keineswegs nahe. Deutliche Ablehnung erfuhr auch hier die Semlersche Akkomodationshermeneutik und der Grundgedanke einer allmählichen Höherentwicklung des geschichtsgebundenen urchristlichen Glaubens zu einer allgemeinen Vernunftreligion.[65] Ewald schloß gerade von der allgemein anerkannten hohen Sittlichkeit Jesu und der Apostel auf die besondere moralische Leistungsfähigkeit der von diesen vertretenen Vorstellungen. Mit den biblischen Schriftstellern bestehe Gleichzeitigkeit hinsichtlich der inneren Erfahrung des Glaubens und der moralischen Gesinnung bzw. den Bedürfnissen der Moralität. Die Selbsterfahrung spielt also für die Aneignung und Erhellung der Schrift eine Schlüsselrolle. Dies ist Ewalds spätaufklärerisch-pietistische Fassung der reformatorischen Rede von der Selbstauslegung der Schrift.

An anderer Stelle führt Ewald als Beispiel gelungener Exegese die Auslegung des Brautjubels Adams beim Erblicken seiner Gefährtin Gen 2,23 (»[...] das ist doch Bein von meinem Bein und Fleisch von meinem Fleisch [...]!«) bei Luther und Herder an, wo er den Text im Gegensatz zur zeitgenössischen Schulexegese in menschlicher Tiefe erfaßt und poetisch aufgenommen sieht, also Methode und Gegenstand in Übereinstimmung waren.[66] Dies bestätigte

---

[62] »Muß nicht überall dem Menschen immer gesagt werden, daß der Geist es ist, der da lebendig macht, und das Fleisch wenig nütze?« Ebda., 45.

[63] Bibliothek für Kritik und Exegese des neuen Testaments und älteste Christengeschichte, hg. v. Johann Ernst Christian Schmidt u. Karl Christian Ludwig Schmidt, 1.1796–3.1803.

[64] Ebda., Bd. 1, Vorr., IIIff.

[65] Die Akkomodationshypothese führte in ihren Spielarten nach Ewald zwangsläufig zur Aufhebung oder Schwächung des Offenbarungsgedankens. Immer blieb ein falscher Gegensatz zum vermeintlichen jüdischen Vorurteil und Aberglauben bestimmend, was am Ende auch den Offenbarungsglauben selbst zum Vorurteil erklären mußte, GÖ, 49 ff.

[66] BIB, 129 f. Herder, Aelteste Urkunde, Bd. 2, SWS 7, 46 ff., bes. 52 ff., mit Rückbezug auf Luther.

ihm die erkenntnistheoretische Einsicht vom Primat des Herzens (in der Einheit der Seelenkräfte) vor dem Intellekt, wie er sie, von Augustin herkommend, bei Blaise Pascal fand: Der Verstand erkenne nur das Zergliederbare, das Höhere und Göttliche – einschließlich der ersten Prinzipien als Denkprämissen – werde durch die Inspiration der Liebe im Herzen erkannt.[67] Der religiös-ästhetische »Geschmack« gilt als die entscheidende hermeneutische Kategorie, denn auch die Bibel ist ein Werk dieses »Geschmacks«.[68] Dies stellt eine konsequente Fortentwicklung der älteren pietistischen Bibelrezeption dar, welche mit Hilfe der subjektiven Erlebnisfähigkeit des andächtigen Lesers die inspirationstheologisch objektivierte Normativität der Schrift unterlief.[69]

Als symptomatisch für das Verkennen der obigen Zusammenhänge betrachtete Ewald die Art und Weise, wie in den gängigen Sittenlehren die Liebe zu Gott bestimmt wurde. Um diese nicht als schwärmerische oder pathologische Größe erscheinen zu lassen, setzte man sie mit dem gleich, was erst aus ihr folgt, dem Gehorsam – um den Preis ihres Verlustes als unmittelbarer Empfindung.[70] Die Kategorie des Geschmacks verweist auf die Bedeutung des schöpferischen Augenblicks in der Bibelauslegung. Das Moment der Inspiration verbindet den eine Idee realisierenden Künstler mit dem diese Idee zu erfassen suchenden Betrachter, in diesem Fall den biblischen Schriftsteller und den Bibelausleger.[71] Dieser sollte davon ausgehen, daß die geläuterten Vorstellungen einer moralischen Religion auch schon den fremd und vergangen erscheinenden Vorstellungswelten der biblischen Texte zugrunde lagen und nur entdeckt zu werden brauchten. Die Entdeckung selbst wird im Gegensatz zum rationalen Ergründen als Akt des mystisch-sakramentalen Schmeckens

---

[67] BIB, 132. »C'est le coeur qui sent Dieu, et non la raison. Voilà ce que c'est que la foi: Dieu sensible au coeur, non à la raison«, Pascal, Pensées, hg. v. F. Kaplan, Frgm. 83 (in der Ausg. v. Léon Brunschvicg Frgm. 278); vgl. Nr. 81 (Nr. 282). Johann Friedrich Kleuker gab 1777 eine Übertragung heraus: Gedanken Paskals. Mit Anmerkungen und Gedanken, Bremen 1777, vgl. Aschoff, 68 f.

[68] Die innere Distanz zur historisch-kritischen Fragestellung zeigt beispielhaft folgende Äußerung in den Reisephantasien von 1799: »O! Man sage nichts gegen die Menschen, die uns einen Ort zeigen, wo ein verehrter Mensch, ein Heiliger gesessen, getrunken, gearbeitet, gebetet hat! Wenn es auch der rechte Ort nicht ist, es thut unsrer Fantasie wohl, wenn wir uns eine interessante Szene an einem betimmten Orte denken können. Sich an diesem Orte *glauben,* oder an dem Orte *seyn,* thut einerlei Wirkung auf uns. Gäbe es doch keinen schändlicheren Wahn, als diesen!« Ewald, Fantasieen auf einer Reise, 1799, 251.

[69] Vgl. die Hinweise bei Schrader, Literaturproduktion, 39 f. zur Arbeit von Dieter Gutzen, Poesie der Bibel [...], Bonn 1972.

[70] So sah Ewald selbst bei dem ansonsten geschätzten Franz Volkmar Reinhard die mystische Liebe zu Gott vom Aspekt des vernünftigen Gehorsams und der Ehrerbietung überlagert, BIB, 133; vgl. Reinhard, System der Christlichen Moral, Bd. 2, §§ 178 f.; zu dessen Abwehr der nicht für schrift- und naturgemäß erachteten mystischen Liebe bei Fénelon und Gottfried Arnold vgl. ebda., Bd. 2, § 180; statt »müssiger Beschauung« wie in der Mystik sei eine »Kultur der Vernunft« gefragt, welche die Ideen der höchsten Vollkommenheit (der Idee von Gott), immer deutlicher, wahrer und lebendiger mache, ebda., Bd. 1, § 53, S. 194.

[71] GÖ, 58 ff.

gefaßt.[72] Das Ganze zielte auf einen Neugewinn des Inspirationsbegriffs mittels der Phänomene von Bildkunst und Poesie im Rahmen einer Psychologie des Eindrucks, die vom Offenbarwerden des Göttlichen in der Seele und der Biblischen Geschichte als Menschheitsdrama, aber auch generell im »Text« von Natur und Geschichte, bestimmt ist.[73] Soweit die mystisch-sakramentale Grundstruktur dieser Psychologie und der bleibende Rückbezug auf die biblische Offenbarungsurkunde einschließlich der kategorialen Bedeutung der Analogie für die Geschichte mitbedacht wird, läßt sich von einer psychologisch-historischen oder auch, was der Bedeutung des Affektiven deutlicher Rechnung trägt, wie bei J. G. Hamann von einer »emphatischen«, die innere Bewegung der Schreibenden aufnehmenden Auslegung sprechen.[74] In der Auffassung des Inspirativen dürfte das pietistische Motiv des im Herzen redenden Christus fortwirken, das zwar allgemeinreligiös erweitert wird, aber anders als im Sturm und Drang theologisch bestimmt bleibt.[75]

Da sich religiöses Bewußtsein nur im Zusammenspiel von Einbildungskraft und moralischer Gesetzgebung der Vernunft äußert, kann die Religionslehre nicht der Vielgestalt der auf die Einbildungskraft wirkenden Bilder entbehren, auch wenn dies zugleich die Unmöglichkeit einer völlig gleichstimmigen Bibelauslegung mit sich bringt. Geschmacksurteile sind naturgemäß nur begrenzt verallgemeinerbar und ein Streit darüber sinnlos, was Ewald durch das Wort Jesu »Wer nicht gegen uns ist, der ist für uns« (Mk 9,40) bestätigt sieht. Was sich in der Textbegegnung abspielt, setzt sich fort in der Begegnung mit Menschen, wie die Rede vom seelischen Genuß in der Glaubens- und Christusgemeinschaft deutlich macht: Auch das Antlitz des Nächsten ist zu entziffernder heiliger »Text« im Buch der Natur und der Geschichte.

---

[72] Jeder Bibelausleger hatte »alle seine Kenntnisse zu der Begründung der Behauptung auf[zu]bieten, daß diese geläuterten Vorstellungen den Ausdrücken und Bildern des N. Testaments[,] ohne der gelehrten Interpretation zu nahe zu treten, untergelegt werden können.« Ebda., 61.

[73] Vgl. Jean Paul, Vorschule der Ästhetik, § 13, in: Werke 5 (SW I, 5), 60.

[74] Der Begriff der psychologisch-historischen Auslegung muß nicht auf eine einseitig rationalistische Auslegungsart beschränkt sein, wie sie Wilhelm Tobias Lang (Pfarrer in Berghausen/Baden) im Kommentar zum Neuen Testament von H. E. G. Paulus fand, MCDM 9.1803, 130–156 (u. zwei Forts.); der Begriff des Psychologischen dient bei Lang – wie bei manchen heute noch – zur Bezeichnung eines Kunstgriffs, mittels dessen sich der Ausleger den Text erklärbar macht, so etwa, wenn das Wunderbare einer Erzählung möglichst »natürlich« erscheinen soll, sei es, daß das Berichtete als rein innerpsychisches Phänomen dargestellt wird, sei es, daß es der Ausleger als nur wunderbar aufgefaßtes Naturphänomen durchschaut. Dagegen reflektiert der obige Zusammenhang allein die subjektive Seite der Erfahrung des Göttlichen. Zum emphatischen Schriftsinn bei J. G. Hamann vgl. schon Rudolf Unger, Hamann und die Aufklärung, 2. unv. Aufl. Bd. 1, Halle 1925, 78.

[75] Vgl. Hans-Jürgen Schrader, Vom Heiland im Herzen zum inneren Wort. »Poetische« Aspekte der pietistischen Christologie, in: PuN 20.1994, 55–74.

Von Gott

Der materiale Teil der Apologie ging von der Frage der Gottesbeweise und der Begründung praktischer Gottesverehrung in der Frömmigkeit aus.[76] Der einzig noch mögliche Gottesbeweis ist demzufolge der moralische, mochte er auch nicht weiter führen als zu einem allgemeinen Vernunftglauben in Gestalt der Überzeugung, die Natur sei so eingerichtet, daß die Beobachtung des Sittengesetzes zur Hervorbringung des ihr angemessenen Endzwecks wirksam sein könne.[77] Die praktische Gottesverehrung selbst war aus dem allgemeinen Vernunftglauben nicht abzuleiten. Schon der platonische Sokrates hatte im gescheiterten Dialog mit dem Priester Euthyphron gezeigt: Die Frage, was wahre Frömmigkeit als ein dem Wesen des Heiligen entsprechendes Verhalten sei, findet im Verweis auf die Zufriedenstellung der Götter keine Antwort.[78] Die personale Würde des Menschen führt auf Gefühl und Gewissen als moralischen Sinn zurück. In Gottesliebe und Gottvertrauen wird dem Menschen über seinen inneren Widerspruch von Sollen und Können hinausgeholfen und Pflichterfüllung und »Selbstgenuß« in der Selbstannahme möglich, da dem Schrecken der Sinnlosigkeit entrissen. Die Aussagen von den Eigenschaften Gottes verweisen auf den Reichtum der Anschauungsformen und Ausdrucksfähigkeiten der biblischen Schriftsteller, mit denen sie ihre religiösen Eindrücke verarbeiteten, um wiederum entsprechende Eindrücke zu wecken.[79] Sachlich blieb die Unterscheidung nach Natur- und Freiheitsbegriffen leitend.[80] Im

---

[76] GÖ, 66 ff.

[77] In einem eigens entworfenen Dialog nahm Ewald Einwände gegen den moralischen Gottesbeweis auf und erläuterte den Unterschied zwischen philosophischem Vernunft- und religiösem Offenbarungsglauben. GÖ, Anm. 2, 254–267. Für letzteren hatten z. B. Symbole als Darstellungsformen wahrer Begriffe eine herausragende Bedeutung.

[78] Plato, Euthyphron, in: Werke in acht Bänden, Darmstadt 1990, Bd. 1; vgl. Kleukers Übersetzung des Dialogs in: Werke des Plato, Bd. 1, Lemgo 1778. Schleiermachers Übersetzung erschien 1805.

[79] GÖ, 70 ff. Der Erweckung von Ehrfurcht dienten z. B. die Bilder aus der Lebenswelt der morgenländischen Fürsten und der Natur; der Erweckung von Liebe, Vertrauen und Dankbarkeit die Bilder aus dem familialen Vaterverhältnis. »[...] Jesus und seine Apostel wollten uns die Gottheit nicht schildern, wie wir sie uns vorstellen müssen, wenn wir durch äußere Gründe, welche uns etwa die Natur geben möchte, zu ihr geführt worden, sondern wie sich ihr Bild durch die moralisch gebietende Vernunft und die sich darauf gründenden Gefühle in uns erzeugt. Hierdurch kann auch erst die Christenthum brauchbar werden, um auf ächte sittliche Gottesverehrung zu wirken.« Ebda., 78.

[80] Von Naturbegriffen der Schöpfung ausgehend, ist die göttliche Allmacht als Vermögen zu betrachten, das mit den Grenzen endlicher Wesen selbst an seine Grenzen kommt, von Freiheitsbegriffen ausgehend als Vermögen, alles nach Grundsätzen der Heiligkeit und Gerechtigkeit frei zu ordnen. Als Naturbegriff bedeutet göttliche Gerechtigkeit, durch Strafe und Belohnung den Willen zu bewegen, als Freiheitsbegriff dem freien endlichen Wesen den Anteil an Glückseligkeit zu geben, dessen er sich durch seine moralische Gesinnung würdig erwies. Ebda., 73 f. Die Kantsche Sicht der Willensfreiheit wird gegen die Versuche, die für die Sittlichkeit einer Tat notwendige Freiheit nur als formale Größe etwa zum Entschluß als Ausschluß nichtgewählter Möglichkeiten bestehen zu lassen, verteidigt, Anm. Nr. 3, ebda., 268–271.

allgemeinen sah Ewald die neuere Dogmatik in der Lehre von den Eigenschaften Gottes noch immer in den Spekulationen der theoretischen Vernunft gefangen und zu wenig orientiert an den erfahrungsnahen Aussagen des Neuen Testaments.[81]

Von Schöpfung und Vorsehung

Weder eine Schöpfung aus dem Nichts noch ein Endzweck der Welt lassen sich mit der theoretischen Vernunft begründen, doch nötigt die praktische Vernunft zur Annahme von beidem.[82] Diesen für die Gottesverehrung fundamentalen Gedanken entdeckte Ewald im biblischen Schöpfungsbericht Gen 1,1- 2,3(4a) als einer frühen Stufe auf dem Weg zu einer moralischen Religion wieder. Die Bilder dieser religiösen Dichtung ließen vermuten, daß ihr ein Sonnenaufgang die Farben geliehen hatte, der die Natur (als Landschaft) »nach und nach aus dem chaotischen Dunkel der Nacht« hob, ein von Herder angeregter Vergleich, der sich auch sonst bei Ewald für das Schöpfungs- und Auferstehungswunder findet.[83] Trotz Unsicherheiten im einzelnen wurde die Gottebenbildlichkeit im Sinne einer besonderen sittlichen Würde des Menschen als Bewußtsein von Sittengesetz und Willensfreiheit gedeutet.[84] Der moralisch gesinnte Mensch konnte auch vom Neuen Testament her als Endzweck der Schöpfung gelten, wobei Ewald freilich neben den Berufungsaussagen, die als Bestimmung zur moralischen Glückseligkeit gelesen wurden, sogleich auf grundlegende Aussagen zur Schöpfungsmittlerschaft des präexistenten Logos zurückgriff.[85] Insofern die Vorstellung vom Schöpfergott auf die Unmittelbarkeit religiöser Empfindung zielte, waren ihr Spekulation und naturwissenschaftliche Betrachtung fremd.[86] Was für den Schöpfungsglauben galt, traf auch für den Vorsehungsglauben zu, der dem Menschen Mut zur Pflichterfüllung vermitteln sollte.

Besonderen Nachdruck legte Ewald auf die Unterscheidung von Gottes- und Menschengeist bzw. den der Natur unverändert innewohnenden Kräften.

---

[81] Das Neue Testament ging z. B. ohne Bedenken von einer grenzenlosen Allmacht Gottes aus, vgl. Mt 19,26; Lk 1,37, Eph 3,20 f.; es sah Gottes Handeln nicht nur auf das Glück der Geschöpfe bezogen, sondern auch auf seine Ehre (vgl. Röm 11,33 ff.).

[82] Ebda., 78 ff. Wo immer von der »grübelnden« oder »klügelnden« Vernunft die Rede war, war die ihre Grenzen nicht beachtende spekulative Vernunft gemeint.

[83] Ebda., 81 f. Vgl. Herder, SWS 6, 267 ff.

[84] Ewald stütze seine Meinung mit dem Hinweis auf die gerade in der mythischen Erzählung von der ersten Sünde und in der Erzählung vom ersten Brudermord sichtbare sittliche Würde des Menschen und wies die Auffassung zurück, für diesen Gedanken sei die Schöpfungsgeschichte noch nicht reif gewesen.

[85] Vgl. Joh 1,3; Röm 8,28; I Kor 3,22; Kol 1,16 f.

[86] Ebda., 84 f. »Alles muß unmittelbar als durch Gottes Hand geschaffen vorgestellt werden. Jedes Forschen nach Naturursachen schwächt den Eindruck und führt den Menschen weiter davon ab, Gott[,] den Schöpfer zu fühlen, und zu finden [...]. Hier muß Gott sprechen, und Himmel und Erde wurden; hier theilt er dem Menschen seinen Athem mit, hier ist alles von ihm und durch ihn und zu ihm.« Ebda., 84.

Erschien auf der Ebene der Naturbegriffe die Rede von einem unmittelbaren Einwirken Gottes sinnlos, so nicht auf der Ebene der Freiheitsbegriffe. Hier konnte Gott als das von Mittelursachen unabhängige Subjekt der Natur behauptet werden: Er kleide die Blumen auf dem Felde und sage Erfüllung der in rein moralischer Gesinnung vorgebrachten Bitten des Gebets zu.[87] Das gleiche ließ sich sagen, wo Christus in Heilungswunder und Totenauferweckung den Menschen in seiner ganzen Würde und Vollkommenheit zur Erscheinung brachte. Es handelte sich dabei nicht um eine abstrakte, sondern durch das schöpferische Wort sprachlich vermittelte »Unmittelbarkeit«. Zur Religion gehört in dieser Sichtweise notwendig das Wunder, wie zu jedem Epos der Zufall. Zwar wird es als legitime Aufgabe des Verstandes betrachtet, die als Fakten bezeugten Wunder nach dem Maß möglicher Erfahrung zu erklären, aber die religiöse Empfindung bedarf derartiger Erklärungen nicht. Für das religiöse Bewußtsein bleibt Gott der in allem zum Besten des Menschen Wirkende. Aus dem Glauben an einen solchen Gott erwachse nur dann jene gefürchtete und geschmähte Schwärmerei, wenn man ihn dogmatistisch und nicht mehr moralisch verstehe.[88]

Von der Sünde

Die theologisch notwendige Rede von der Allgemeinheit der Sünde, die als schuldhaftes moralisches Unvermögen bestimmt wurde, war erfahrungsbezogen weder schlüssig zu behaupten noch zu bestreiten.[89] Lag der Grund der Sittlichkeit aber im moralischen Gefühl, mittels dessen die Vernunft unmittelbar und unabhängig von aller Erfahrung dem Menschen seine Pflichten als unbedingte Forderungen vorschrieb und war nur das moralisch gut, was ohne Einfluß der so mächtigen Neigungen und Leidenschaften allein aus Achtung vor dem diese Forderungen stellenden Gewissen getan wurde, dann mußte ein ständiger innerer Grundkonflikt des handelnden Menschen nach Röm 7,14 ff. angenommen werden.[90] Um der Moralität willen war ein biologistisches Ver-

---

[87] Vgl. Mt 6,29 f.; Mk 11,23; Joh 16,24.
[88] GÖ, 87 ff. Mit der These vom unmittelbaren Einwirken Gottes stellte sich auch die Frage nach der Angelologie; die Rede von Engeln verdankt sich dem Drang nach Veranschaulichung der unmittelbaren Wirksamkeit Gottes, läßt aber auf eine noch mangelhafte Naturerkenntnis schließen. Eine allgemeine und notwendige Religionswahrheit konnte darauf nicht gebaut werden, mithin konnte die Lehre von den Engeln trotz ihrer Bedeutung für die Veranschaulichung der Vorsehung Gottes nicht Gegenstand einer allgemeinen Religionslehre sein.
[89] Ebda., 90 ff., vgl. Röm 3,9–12.19 f.; 5,12; 7,14 ff.; I Joh 1,8.10. Das Gesetz des inneren Menschen ist das der »Vernunft« (νοῦς), von Luther mit »Gemüt« übersetzt, Röm 7,23. Der Gedanke der Allgemeinheit der Sünde vertrug keinerlei Einschränkungen auf bestimmte Zeiten oder Personen, sollte das Christentum als Offenbarungsreligion nicht hinfällig werden. »Auf diese Weise träfen denn die Worte Pauli auf keinen zu, als etwa auf einen durch das mosaische Gesetz verstimmten Juden.« GÖ, 98.
[90] Ebda., 95 ff. Dazu gehören die Aussagen vom Kampf zwischen »Geist« und »Fleisch«, von Wiedergeburt, Geistsendung und dem Gegensatz von Sichtbarem und Unsichtbarem; vgl. Röm 8,7 ff. (»Der Trieb der Sinnlichkeit empört sich gegen Gott [...].«); vgl. Gal 5,17, I Kor 2,14; Joh 2,5 f.

ständnis der Erbsünde als angeborenes moralisches Unvermögen unhaltbar. Indem die Erzählung Gen 3 das Allgemeine versinnlicht, bringe sie der Einbildungskraft die Wahrheit nahe, daß das moralische Übel die Ursache des physischen sei.[91] Die Frage nach dem Ursprung des Bösen war nach Grundsätzen der moralischen Vernunft nicht mit einer Dämonologie zu beantworten, da die Vernunft nur als Offenbarung anerkennen konnte, wozu die Gründe schon in ihr lagen, was für die Teufelsgestalt als nicht zutreffend behauptet wurde.[92] Diese erklärte sich zum einen als konsequente Fortbildung der Sündenfallgeschichte, insofern die Phantasie dem Reich des Truges und der Verkehrtheit ein Haupt schuf; materialiter stammte sie aus dem Parsismus, wobei die Juden nach dieser Anschauung eine schon zum Determinismus neigende Form dieser einst reineren, weil die Freiheit des Menschen stärker berücksichtigenden, Vorstellung von den zwei Reichen des Guten und Bösen übernahmen.[93] Die Schriftsteller des Neuen Testaments stehen in dieser Tradition, geben aber der menschlichen Freiheit wieder ihr Recht zurück, indem sie die Schuld des Menschen für seine Zugehörigkeit zum Reich des Bösen verantwortlich machen.[94] Für die Rede von der Macht des moralisch Bösen kam der Teufelsvorstellung wegen ihrer Fähigkeit, die Einbildungskraft nachhaltig zu beeindrucken, freilich nach wie vor eine gewisse Bedeutung zu.[95]

Von der Erlösung (Wiederherstellung) durch Christus: Die Epiphanie des Logos

Die Lehre von der Wiederherstellung (restitutio) des gefallenen Menschen durch Christus mußte nach Ewalds Darstellung je nach dem von Naturbegriffen oder von Freiheitsbegriffen ausgehendes Sündenverständnis verschieden ausfallen.[96] Im ersten Fall war sie als Moment eines fortdauernden Überwindens falscher Vorstellungen, also der Vernunftaufklärung, zu denken, welche zu immer größerer begrifflicher Klarheit über die Welt als kausale Naturordnung führte. Dies war freilich der Weg in den das sittliche Moment der Freiheit lähmenden Determinismus.[97] Ein vom Freiheitsbegriff bestimmtes Sündenverständnis forderte dagegen die Erlösung als göttlichen Akt der »Ent-

---

[91] Ebda., 106 ff. Der Vergleich des Ödipusmythos mit der Abel-Kain-Erzählung Gen 4 zeigte, daß sich die semitischen (!) Erzählungen von griechischen und römischen Mythen durch reinere moralische Ideen unterschieden, also mehr an Freiheitsbegriffen orientiert waren.

[92] »Was aber durchaus nicht erkannt werden kann, darüber kann auch keine Offenbarung eine Belehrung ertheilen, und wozu keine Gründe in der Vernunft liegen, zu dessen Annahme kann auch sie nicht bewegen, weil sie alle ihre Auctorität nur durch Vernunft erhalten kann.« Ebda., 116.

[93] Neben Häfeli, s. o., vgl. F. H. Jacobi, Werke 4.1, Vorbericht, XLVII.

[94] Als Beleg führt Ewald Hebr 2, 14, Kol 1,13; Eph 2,2.4 u. Röm 8,3 an.

[95] Ebda., 115 ff.

[96] Ebda., 117 ff.

[97] »Die ganze Veränderung und Verbesserung des Menschen besteht dann in der Vertauschung jüdischer Begriffe mit christlichen; so wie diese im Fortgange der Aufklärung mit besseren vertauscht werden müssen, bis endlich das helle Licht eines alle Thätigkeit für das wahre Gute lähmenden Determinismus überall Tag gemacht hat.« Ebda., 118.

sündigung«, der eine gänzlich neue Willensorientierung vermittelt und die Befolgung des Vernunftgesetzes um seiner selbst willen, d. h. reine Moralität, ermöglicht. Die dermaßen nahegebrachte Notwendigkeit einer Erlösung führte im Blick auf die Gottesvorstellung zu den biblischen Verhältnisaussagen von Vater, Sohn und Geist, welche die Erlösungsidee in ihren Relationen vergegenwärtigten.[98] Die Rede von der Gnadenwahl Gottes (Eph 1,4–6), der Sendung des Sohnes (Joh 3,16–18) und der Sendung des Heiligen Geistes durch Vater und Sohn (Joh 14,16 f.; 16,7) wurde als die bildhafte Gestalt der Vernunftwahrheit interpretiert, daß Gott dem Menschen ungeachtet seiner Unwürdigkeit auf den Weg der Tugend und wachsender Glückseligkeit helfen wolle.

Die näheren christologischen Aussagen zeigen die Verwurzelung im neuplatonischen Denken der erscheinenden Idee und der Repräsentanz des Göttlichen. Die Idee des Gottmenschen fand ihren Ausdruck vor allem in der Vorstellung von einer vollkommenen individuellen Menschheit Jesu, wie sie im präexistenten Logos, dem Ebenbild des unsichtbaren Gottes und dem Erstgeborenen vor aller Schöpfung (Phil 2,6; Kol 1,15), gegeben war. Schwierigkeiten für den Offenbarungs- und Geschichtsbegriff wurden nicht gesehen. Sohn Gottes, Menschensohn und Messias (»Weltverbesserer«) waren die zentralen Hoheitstitel, welche die christologischen Aussagen des Neuen Testaments strukturierten und so der menschlichen Vorstellungskraft die universale Dimension der Erlösung nahe brachten.[99] Diese wurden nicht mehr als Identitätsaussagen, sondern als vom Erkenntnissubjekt abhängige Prädikationen aufgefaßt. Sie waren daher auch prinzipiell revidierbar. Entscheidend war die Möglichkeit, sie als praktische Vernunftwahrheiten zu fassen.[100] Als pointierter Ausdruck der biblischen Erlösungsvorstellung wird der Johannesprolog vorgestellt, der – neuplatonisch interpretiert – die Erscheinung (Epiphanie) der Christusidee und die von ihr geforderte Anerkennung im Glauben verkündet.[101]

---

[98] Ebda., 119 ff. Vgl. z. B. zum Verhältnis von Vater und Sohn: Joh 14,6. 9; I Joh 2,23; Joh 5,25; zum Heiligen Geist Röm 8,8 f., Joh 3,5 ff. Wegweisend für die biblisch begründete Kritik an der nachnizänischen Trinitätslehre wie an sabellianischen und sozinianischen Auffassungen von der Person Jesu war für Ewald der Beitrag: Ueber Jesus und dessen Person und Amt, nach der Meinung der alten Kirchenväter, in: MRP 3.1794, 109–252; 389–454, 455–506.

[99] Ebda., 130 ff. Auch die orthodoxe Vorstellung vom schuldtilgenden Opfer wird in diesem Kontext als legitim betrachtet, sofern sie sich als Stütze der Moralität ausweisen kann. Der Gottessohntitel verweist auf Christus als Repräsentanten Gottes, der auf Dan 7,13 zurückgeführte Menschensohntitel auf Christus als vollkommenen Menschen (die Hoheit des Titels lag in seiner Bescheidenheit, vgl. Herder, SWS 31, 574), der schon im sog. Protevangelium Gen 3,15 angelegte Messiastitel auf Christus als den Beförderer des Reiches Gottes. Ebda., 132 ff. Zur in Christus vollendeten Menschheit vgl. Eph 4,13. Auch Semler betrachtete den Sohnes-Titel als christologische Mitte, Semler, Christologie, 112.

[100] Neben den zur Messiasvorstellung gehörenden Titeln wie dem des Königs verwies Ewald auf die messianische Deutung des sog. Protevangeliums und vor allem auf das Gottesknechtslied Jes 52,13- 53,12, das ihm zufolge aus Erfahrungen von dem bleibend aus dem Opfer entstehenden Guten erwachsen war und möglicherweise auf das Schicksal des Mose anspielte. Ebda., 137 ff.

Die weiteren moralischen Deutungsversuche beziehen sich näher auf Leben und Werk Jesu bis hin zu Tod und Auferstehung. Die Erzählung von der Jungfrauengeburt belegt demnach beispielsweise, daß es auf die Frage nach dem Anfang der moralischen Gesinnung ebensowenig eine allgemeine Antwort gibt wie auf die Frage nach dem Ursprung des Bösen.[102] Ewald erinnerte dabei auch an die Semlersche Widerlegung der Reimarus-Fragmente, der in ihrem grundsätzlichen Widerspruch Recht gegeben wurde, aber doch auch Fragen offenließ.[103] Eine stellvertretende Genugtuung (satisfactio vicaria) war im Kantschen Kontext ausgeschlossen.[104] Allein als religiöses Bild für die begründete Hoffnung auf Gottes Gnade zur Stärkung im Kampf um die Pflichterfüllung war der Stellvertretungsgedanke zulässig. Opfer- und Reinigungsvorstellungen, die Christus als Opferlamm benennen oder von der Reinigung von Sünden durch das Blut Christi sprechen, taugen demnach nur beschränkt für die Vergegenwärtigung des zentralen Gedankens der Sündenvergebung.[105] Die moralische Deutung der Formeln der Christusgemeinschaft sieht den »mit Christus« Gekreuzigten, Gestorbenen und Begrabenen als denjenigen, der sich in der Übernahme von Christi Gesinnung dem Kampf gegen die Sünde stellt und in Gemeinschaft mit ihm die Macht der Sünde über sich bricht.[106] So konnten alle Bilder, welche das Neue Testament zur Darstellung der im Dienst

---

[101] »Die vollendete Menschheit erschien unter den Menschen, welche mit ihr verbrüdert waren; aber diese achteten ihrer nicht (V. 11) [Joh 1,11]. Diejenigen aber, welche sie anerkannten und ihre Gesinnungen darnach bildeten, wurden dadurch neue Menschen, und traten als Kinder Gottes mit ihrem Vater in die genaueste Verbindung (V. 12, 13.) [Joh 1,12 f.].« Ebda., 134.

[102] Ebda., 145 ff. »Es kam darauf an, diese Ideale mit der wirklichen Welt in Verbindung zu bringen. Anders, als unter dem Bilde der Menschheit, wie sie in der Erscheinung gegeben ist, konnten sie nicht im Sichtbaren eingeführt werden. [...] Der Sohn Gottes, das Wort, der Messias, erschien also als Mensch.« Ebda., 146. Vgl. (»Br.«), Die Nachricht, daß Jesus durch den heiligen Geist und von einer Jungfrau geboren worden sey, – aus Zeitbegriffen erläutert, in: Bibliothek für Kritik und Exegese des neuen Testaments [...], 1.1797, 101–110. Zum weiteren Leben Jesu vgl. die Aussage: »Wie die ganze Natur durch das Wort hervorgebracht ist, so gehorcht sie ihm auch, wenn es sichtbar in ihr erscheint. Es kann dem Tode nicht unterworfen seyn, und wird es als gestorben aufgestellt, so muß es die Macht haben, die Bande des Todes zerbrechen zu können. Es muß über Grab und Verwesung siegen.« GÖ, 148.

[103] Ebda., 147 ff., 272 f. (Anm. 8). Zur zweifelsfrei bezeugten göttlichen Sendung Jesu vgl. Joh 8,28; 12,49; 14,24. Im Blick auf die Lehre Jesu werden neben dem Wort der Verkündigung die Aspekte Vorbild (Muster der tugendhaften Nachfolge), Tat (Zeichen der gnädigen Gesinnung Gottes gegen die Menschen) und Geschick (siegreicher Kampf gegen die Macht des Bösen) unterschieden.

[104] Nur der Einzelne kann demzufolge »in seiner Person einen Ersatz *seiner* moralischen Unwürdigkeit bringen«, ebda., 156. Der grundsätzliche Einwand war, daß »ein moralisches Vergehen, also ein Mißbrauch der Freyheit, nie durch einen andern ausgesühnt werden kann.« Ebda., 160. Ob freilich unter diesen Voraussetzungen Vergebung überhaupt noch denkbar ist, blieb offen.

[105] Die biblischen Aussagen über Erhöhung und Herrschaft Christi mußten ebenfalls das Tugendstreben erleichern helfen; wurde ihre Massivität herausgestrichen, konnten sie leicht entmutigend wirken, Phil 2,9 ff., Eph 1,20 ff., I Kor 15,25 ff.

[106] GÖ, 159 f., vgl. 167 ff.

der Sittlichkeit stehenden allgemeinen Vernunftwahrheiten enthielt, religiöse Empfindungen wecken und sich dadurch als moralisch nützlich erweisen, blieben auch temporäre und lokale Beschränktheiten ihres jüdischen Hintergrundes erhalten.

Beneficia Christi: Berufung, Sündenvergebung (Rechtfertigung), Heiligung und Vollendung

Auch die von Jesus mit dem Ziel moralischer Glückseligkeit mitgeteilten Wohltaten (beneficia) mußten für das Bewußtsein von der Unvollkommenheit des Menschen als notwendig erwiesen werden.[107] Dazu gehörte die Berufung als Anfang der Wiederherstellung wahrer Sittlichkeit, die als wiederbelebte und dem Gefühl vermittelte Erkenntnis von Würde und Größe der eigenen Bestimmung gedeutet wurde.[108] Für die weiteren zentralen Begriffe wie Bekehrung und Heiligung fiel die entsprechende moralische Deutung leicht, ohne daß das Moment der Passivität gegenüber dem göttlichen Wirken preisgegeben worden wäre.[109] Das geistliche Wachstum blieb für die Erfahrung ambivalent: Der wachsenden Indifferenz gegenüber dem Irdischen (vgl. Mt 6,33) stand die wachsende Verpflichtung zur Übernahme des Widrigen in der Anfechtung gegenüber.

Der Abschnitt schloß mit der entsprechenden Deutung der näheren eschatologischen Anschauungen vom Jüngsten Gericht und der allgemeinen Totenauferweckung.[110] So ließ sich die biblische Religionslehre als breite Entfaltung dessen lesen, was die praktische Vernunft nur als regulative Ideen faßte.

Der Glaube als Gesinnungsänderung (Buße)

Die einzige Bedingung, unter der die Teilhabe an den von Christus erwirkten Wohltaten stand, war der Glaube, der wesentlich von der Buße als Gesinnungsänderung her verstanden wurde.[111] Um dieser ihren moralischen Wert zu erhalten, mußte sie freie Tat des Menschen sein, zugleich aber war sie aufgrund des geschwächten Vermögens zur Sittlichkeit nicht ohne göttlichen Beistand zu leisten. Also blieb nur die Annahme einer cooperatio von Gott

---

[107] Ebda., 164 ff. Auch Semler zog zunehmend den melanchthonischen Begriff der geistlichen (in seinem Sprachgebrauch: moralischen) Wohltaten dem der Heilsordnung vor, vgl. Semler, Christologie, 111, 150.

[108] Um als moralisch zu gelten, mußte diese Erkenntnis Werk der eigenen Freiheit sein, zugleich aber im Bewußtsein der eigenen Unfähigkeit von Gott abgeleitet werden. Beides sah Ewald in den biblischen Redeformen von Ruf und Berufung zum Ausdruck gebracht. Vgl. I Thess 4,7; Röm 8,30; II Kor 4,6; vgl. Gen 3,9; Ex 3,13; Jes 42,6 u. a.; Jes 55,5 gilt als Vorausschau auf die Verkündigung des Evangeliums.

[109] GÖ, 167 ff. Vgl. u. a. Röm 3,25; 8,3; II Kor 5,17.

[110] Vgl. z. B. Joh 5,22, Acta 17,31; II Kor 5,10. Auch die Aussagen zur Körperlichkeit im Jenseits und zu Himmel und Hölle erklärten sich aus der Notwendigkeit der anschaulichen Vergegenwärtigung des Verheißenen, Phil 3,20 f., II Petr 3,13. GÖ, 170 ff.

[111] Ebda., 178 ff.

und Mensch, die Ewald in Phil 2,12 f. bestätigt fand.¹¹² Dabei erwies sich das göttliche Entgegenkommen als unverhältnismäßig, wurde doch dem Glaubenden sogleich die Zusage einer Rettung im Endgericht gegeben, was nur als Akt der Gnade verstehbar war.

Weitere Überlegungen bestärkten die zentrale Bedeutung des Repräsentationsgedankens für die Entstehung des Glaubens als Akt personaler Anerkennung. Diese anerkennende Vergegenwärtigung und die aus ihr entspringende Überzeugung wurde mit der neutestamentlichen Rede vom geistgewirkten Glauben an den Sohn Gottes identifiziert und mit den Wendungen vom Einwohnen Gottes im Menschen verdeutlicht.¹¹³ Die Selbstbeschämung angesichts des Versagens gegenüber dem Sittengesetz hatte ihren Ort in Gebet und Sündenbekenntnis (vgl. Lk 15,17 ff.).¹¹⁴ Letzteres war Voraussetzung der Sündenvergebung (I Joh 1,9), eine Reihenfolge, an der Ewald aus psychologischen und moralischen Gründen festhielt.¹¹⁵ Die Heiligung ließ sich von hier aus in der Konsequenz als immer treuere Erfüllung des Sittengesetzes (I Kor 15,58) in der Christusgemeinschaft (Joh 15,4) darstellen, allgemein als Gottes- und Menschenliebe bestimmt. Dieser Liebe, von Ewald stets als sinnliche Neigung gefaßt, wurde entgegen den Einwänden rigoroser Pflichtethik der Charakter der Sittlichkeit erhalten durch die Erinnerung an Gott als Richter (I Petr 1,17) und durch die Erinnerung an die dem Nächsten von Christus zugeeignete Würde und Freiheit.¹¹⁶

Media salutis I: Glaubenspraxis, Bibellese, Gebet

Die Mittel zur Erlangung und zum Erhalt einer religiösen Gesinnung oder Empfindung, die den Glauben von seiner habituellen Seite zu erfassen suchten, stellen zum Teil Modifikationen der allgemeinen Tugendlehre dar, zum Teil gehen sie darüber hinaus.¹¹⁷ Als das bedeutendste Hilfsmittel zum Tugenderwerb gilt der sich in fortgesetzter Selbstprüfung und Übereignung an Christus als Urbild des tugendhaften Menschen erneuernde Glaube. Die Rede von der

---

[112] »Gott schafft das Wollen und das Vollbringen nach seiner Güte; aber der Mensch muß mit aller regen Thätigkeit streben, die verheißenen Seligkeit theilhaftig zu werden.« Ebda., 179.

[113] Vgl. Joh 3,16; Röm 8,9 f., Eph 3,17. »Hingegen wird ohne diese Ueberzeugung auch nie ein ernster Entschluß für ächte Sittlichkeit möglich seyn. Deswegen wird auch der Werth des Christen allein von diesem Glauben abhängig gemacht (Röm. 3,28. 4,1–5)«. GÖ, 182.

[114] »Das rein moralische ist bloß Selbstbeschämung; aber wenn diese Empfindung als durch Religion geweckt gedacht wird, da wir Gott als Gesetzgeber und Richter[,] unserer Unangemessenheit zum Sittengesetz als Uebertretung dieses Gesetzes und unsere Unwürdigkeit als Strafwürdigkeit betrachten; so wird sie ihrer Natur nach in Gebet und Sündenbekenntniß übergehen.« Ebda., 184 f.

[115] Einmal lasse jedes Gefühl des Schmerzes nach, wenn es geäußert werde, zum anderen setze das Bekenntnis der eigenen Unwürdigkeit edle Gesinnung voraus und führe zur Stärkung der Überzeugung vom eigenen moralischen Wert. Ebda., 184 f. Zum Unterschied der vor Gott wohlgefälligen und der in die Verzweiflung führenden Traurigkeit nach II Kor 7,10 vgl. 185 f.

[116] Röm 14,15; I Kor 7,23. Ebda., 186 ff.

[117] Ebda., 189 ff.

geistlichen Waffenrüstung Eph 6,10 ff. wies auf die nun möglich gewordene Pflichterfüllung.[118] Hinzu trat das Bibelstudium (Kol 3,16) und ein vorbildliches Eintreten für das Ansehen der die Sittlichkeit über die religiöse Empfindung positiv bestimmenden Bibellehren in der Öffentlichkeit, um den Heiligen Geist nicht zu dämpfen oder zu betrüben. Als vorzügliches Mittel zur Belebung der religiösen Empfindung wird das Gebet als edelste Erhebung der Einbildungskraft vorgestellt, da es sämtliche religiösen Wahrheiten zum Nutzen der Sittlichkeit vergegenwärtige und in das Gottes- und Weltverhältnis Jesu eintreten lasse.[119]

Media salutis II: Kirche, Gottesdienst und Sakramente

Dem Gesamtduktus gemäß bestimmte Ewald die sichbare Kirche als Vereinigung zu Erhalt und Verbreitung moralischer Grundsätze und Gesinnungen, erklärbar aus dem zur Vergesellschaftung drängenden Bewußtsein sittlicher Unvollkommenheit. Sie wurde sowohl als göttliche Stiftung als auch als bürgerliche Institution betrachtet.[120] Zu den notae verae ecclesiae zählten Katholizität, die sich aus der Allgemeinheit menschlicher Bedürfnisse ergab (Eph 2,17 f.), Einheit ihrer Grundsätze, die sich auf die Gleichförmigkeit sittlicher Maximen und darauf gründender Glaubenswahrheiten, nicht aber auf deren einheitlichen Gebrauch erstreckte (vgl. Eph 4,15 f.), Heiligkeit als Absicht zur Beförderung der Sittlichkeit nach den Grundsätzen der praktischen Vernunft (vgl. I Petr 2,9; Eph 5,27), Freiheit des Einzelnen, zu glauben, was er als Offenbarung glauben wollte und konnte, und Infallibilität aufgrund einer sich gleich bleibenden religiösen Vernunftwahrheit bei verändernden Darstellungsformen.[121] Im Sinne der Semlerschen Privatreligion werden alle äußeren Versuche zur Fixierung bestimmter Lehr- und Glaubensnormen abgelehnt, da moralisch sinnlos, doch am prinzipiellen Recht der Lehrverpflichtung, nun allerdings im Namen der Gemeinderechte vorgetragen, zweifelte Ewald nicht. Konfessionalistische Ansprüche im Blick auf die Geltung der Bekenntnisschriften wies Ewald unter Hinweis auf seine religiös-ästhetische, historisch-rechtliche Verpflichtungen relativierende Betrachtungsweise biblischer Lehren zurück, doch konnten jene durchaus eine begrenzte Funktion in der Aufrechterhaltung der bürgerlichen Ordnung haben.[122]

---

[118] Ebda., 191 f. Vgl. die Übers. von V. 11 und 14 f.: »Deswegen legt Gottes Waffenrüstung an, damit ihr zur Zeit der Verfolgung eure Grundsätze behaupten und siegend alle eure Pflichten erfüllen könnt [...] Euer Gürtel sey Rechtschaffenheit, euer Panzer Tugend, euer Fuß stehe fest auf der beglückenden Lehre des Evangeliums.«
[119] Ebda., 193 ff. Vgl. I Thess 5,19, Eph 4,30. Entsprechend wurde das Beten im Namen Jesu Christi bestimmt, vgl. Kol 3,17; Joh 16,23; GÖ, 196.
[120] Ebda., 197 ff., vgl. ebda., 162 ff.; Mt 16,16 ff., Mk 16,15 ff., Act 2,47, Eph 4,11 ff.
[121] Vgl. Mt 16,18; I Kor 3,1–11; Kant, RG, 3. St., 1, IV, in: Werke 4, 759 ff. Zur Individualität der Glaubensvorstellungen im Rahmen der Privatreligion vgl. Semler, Christologie, 117 f., 218 ff.
[122] »In so ferne also symbolische Bücher Verbote unmoralischer, der Ruhe und den Rechten der Staatsglieder nachtheilige Erklärungen enthalten, ist ihr Recht völlig begründet.« GÖ, 201.

Die herkömmlichen Mittel zum Erhalt der Kirche, öffentlicher Gottesdienst, Taufe und Abendmahl, wurden ebenfalls der Legitimationsprobe durch die praktische Vernunft unterzogen.[123] So wird die Teilnahme am öffentlichen Gottesdienst auch für diejenigen als Pflicht behauptet, die seiner zur eigenen sittlichen Vervollkommnung (Erbauung) weniger dringend bedurften, trugen sie doch sonst zur Schwächung einer Institution bei, deren Ziele sie unterstützen mußten. Die Taufe als feierlicher Akt der Kirchenaufnahme (Initiation) und Weitergabe des Glaubens (Mt 28,18 ff.) hatte zwar bedauerlicherweise ihre urchristliche Gestalt mit symbolträchtigem Untertauchen und Glaubensbekenntnis des Täuflings verloren, doch wurde sie unter Hinweis auf ihre Funktion als Erinnerung an die das ganze Leben umgreifende Bestimmung des Menschen und als Hilfe zur Übernahme der Erziehungsverantwortung verteidigt. Entsprechend großes Gewicht bekam die feierliche Konfirmationshandlung. Das Abendmahl behielt – wie auch sonst bei Ewald – seine Stellung als zentrale Symbolhandlung zur Erneuerung und Fortdauer der kirchlichen Gemeinschaft und der sie tragenden religiösen Stimmung.[124] Das »hoc est« der Einsetzungsworte I Kor 11,24 f. deutete er auf den Vollzug der ganzen Abendmahlshandlung.[125]

Ergänzende Betrachtung zu Problemfeldern spezieller Ethik: Wirtschaft und Politik

Ein abschließender Teil fragt nach der Bedeutung der Kantscher Pflichtethik und den damit übereinkommenden Grundsätzen christlicher Ethik, wie sie sich in der Bergpredigt finden, auf die zunehmend vom Anspruch auf Eigengesetzlichkeit bestimmten Bereiche von Politik und Wirtschaft (Handelswesen).[126] Dahinter steht das traditionelle sozialethische Anliegen, die allgemeinen Pflichten des Christen mit den jeweils speziellen Berufspflichten in Übereinstimmung zu bringen. Anhand des umstrittenen absoluten Schwurverbots (Mt 5,34 ff., Jak 5,12) zeigte Ewald die Kongruenz von Pflichtgebot und Sittenlehre Jesu. Bei diesem war nicht der dezisorische Charakter des Eides als Beweismittel vor Gericht im Blick, von dessen Notwendigkeit auch der Christ überzeugt sein mußte, sondern der moralische Anspruch: Der Einzelne durfte den Eid nicht zum Verpflichtungsgrund für seine Wahrhaftigkeit machen, ihm

---

[123] Ebda., 203 ff.
[124] Vgl. Mt 26,23 ff.; I Kor 10,16 f.; 11,23 ff.; ebda., 206 ff.
[125] Das Brotwort wird so umschrieben: »Dieses, die ganze Handlung nehmlich, sey euch Erinnerung meines Todes; denket künftig immer dabey an mich.« Das Kelchwort: »Dieses, ebenfalls die ganze Handlung, deutet auf das neue Verhältniß, worin ihr euch künftig [im Hinblick] auf Gott um meines Todes willen betrachten dürfet; denket künftig auch ebenfalls dabey an mich. So oft ihr also dieses Mahl haltet, soll diese Feierlichkeit eine Verkündigung des Segens seyn, welchen mein Tod der Welt gebracht hat.« Ebda., 209.
[126] Ebda., 210 ff. In Bremen dürfte die wirtschaftliche Seite von besonderem Interesse gewesen sein; die hier vertretenen kritischen Ansichten zum Handelsgeschäft mögen mit erklären, warum Ewald bei den Kaufleuten der Stadt nicht sonderlich angesehen war. Mt 5,30 entsprach dem Gebot unbedingter Pflichterfüllung.

also keinen rein assertorischen Charakter geben. Daraus ergab sich die Forderung an die Obrigkeit auf größere Sorgfalt bei der gerichtlichen Ermittlung der Wahrheit, um die Eidesleistung möglichst entbehrlich zu machen.[127] Später sollte Ewald, wohl aus vergleichbaren Gründen, den Anspruch auf ein kirchliches Mitspracherecht in Gestaltung und Praxis der Eidesleistung erheben.

In der Frage nach der praktischen Relevanz des Sittengesetzes überhaupt und damit auch des Gottesgebots nahm Ewald Überlegungen zum Verhältnis von Theorie und Praxis auf, die Kant 1793 in einem Aufsatz in der Berlinischen Monatsschrift im Anhang zur Schrift *Zum ewigen Frieden* über die Spannung zwischen Moral und Politik und in ausgeführter Weise in der *Metaphysik der Sitten* vorgelegt hatte.[128] Das von der Vernunft gegebene Pflichtgebot wurde in seinem sich selbst genügenden, unbedingten Gehorsam fordernden Charakter als mit dem Gottesgebot identisch betrachtet und war als solches Forderung der Praxis. Es mußte als a priori erfüllbar gedacht und von einer von äußeren Erfahrungen geleiteter Entscheidungsfindung strikt unterschieden werden.[129] Ein objektiver Konflikt zwischen dem Moralgesetz als Theorie der Praxis und der Praxis selbst war daher unmöglich, möglich war allein ein subjektiver zwischen der absoluten Forderung und dem faktischen Ungenügen.

Gleichwohl erschien die Befolgung einer rigorosen Pflichtethik in Wirtschaft und Politik als illusorisch. So verlangten die politischen, ökonomischen und kulturellen Vorteile des internationalen Warenhandels und die Gesetze der Marktkonkurrenz eine spezielle Wirtschaftsethik, die mit der allgemeinen Pflichtenlehre in Spannung geriet.[130] Ewald beharrte auf deren ungeschmäler-

---

[127] Ebda., 211 f. Das biblische und talmudische Recht kennt freilich nur den Beklagteneid (z. B. in der Form des Reinigungseides), nicht den Zeugeneid im modernen Sinn.

[128] Kant, Über den Gemeinspruch: Das mag in der Theorie richtig sein, taugt aber nicht für die Praxis, zuerst in: Berlinische Monatsschrift, September 1793, 201–284, in: Kant, Werke 6, 125–172; ders., Zum ewigen Frieden. Ein philosphischer Entwurf, Königsberg 1795, 2. verm. Aufl. 1796, in: Kant, Werke 6, 191–251, 228 ff.; ders, Die Metaphysik der Sitten, 2. Aufl. 1798, Werke 4, 309 ff.

[129] Ausgenommen von den Pflichten des Sittengesetzes waren Sklaven, die außerhalb der Gesetze der Moralität und des Naturrechts standen. Für sie bestanden aufgrund ihrer Degradierung zu einer Sache allenfalls die Verbindlichkeiten, welche Tagelöhner und Leibeigene hatten. Vgl. die rechtlichen Merkmale des stimmberechtigten, d. h. zur Gesetzgebung berechtigten Staatsbürgers bei Kant: Zur negativen natürlichen Qualität, kein Kind und keine Frau zu sein, tritt die positive des die Ernährung sichernden Eigentums, welches den Staatsangehörigen zum Herrn seiner selbst und damit zum aktiven Staatsbürger qualifiziert. Von der aktiven Staatsbürgerschaft ausgeschlossen waren mangels veräußerbarem Eigentum die bloßen Staatsgenossen wie Diener oder Tagelöhner, die einer bürgerlichen Persönlichkeit ermangelten; auf dieser Ebene argumentierte Ewald auch in der Adelsschrift. Kant, Über den Gemeinspruch, in: Werke 6, 151; vgl. Metaphysik der Sitten, in: Werke 4, 349, 432 f.

[130] In Handelsgeschäften sah man den Kaufmann wohl zur Vertragstreue, nicht aber zur Beachtung des Liebes- oder Wohltätigkeitsgebotes oder auch nur zur Billigkeit verpflichtet. Damit war nach Ewald die Moral zur Verhaltensklugheit degradiert und faktisch den Gesetzen der Marktkonkurrenz geopfert.

ter Geltung auch in diesem Bereich, wollte der Kaufmann seine sittliche Autonomie und damit sich selbst nicht aufgeben und heteronomen Marktgesetzen dienstbar werden.[131] Der Gegensatz zu einer Theorie des sozialen Handelns wie bei Adam Smith, der – bei einseitiger Betrachtungsweise – die Grundsätze ökonomischen Handelns aus den sich selbst regulierenden Mechanismen des Marktes zu entnehmen suchte, war unüberbrückbar, die Zuordnung von Gemeinwohl und Eigennutz in jedem Fall zu lose.[132]

Aus seinen Ausführungen, die sich zum Teil aus der Tradition der antijüdischen Wucherpolemik nährten, sprach Mißtrauen und Ratlosigkeit gegenüber dem modernen Wirtschaftsleben und dem erstarkenden Wirtschaftsbürgertum.[133] Noch bestimmt das Bild einer Bedarfswirtschaft überschaubarer, möglichst autonomer Einheiten das wirtschaftliche Denken. Als pflichtwidrige Form der Bereicherung galt zum Beispiel schon das Festsetzen eines möglichst hohen Preises für eine Ware. Statt dessen sollte der Kaufmann in strenger Gewissensbindung den Preis nach Maßgabe der Billigkeit festlegen und dem Gewissen seine Funktion als Regulativ der blinden Marktkräfte bewahren. Diesem hohen Wirtschaftsethos genügten selbst die ansonsten vorbildlich geführten Manufakturen der Herrnhuter nicht. Doch nicht nur der Grundsatz der Billigkeit, sondern auch das Gebot der Nächstenliebe sollte in Gestalt der Wohltätigkeit für das kaufmännische Handeln leitend sein.[134] Dem in einen finanziellen Engpaß Geratenen war durch günstigen Verkauf die Beschämung zu ersparen, die benötigte Ware geschenkt zu bekommen.[135] Ewald hielt es für vorstellbar und wünschenswert, daß ein weniger von Konkurrenz belebter Handel die Konsumbedürfnisse reduzieren, die wirtschaftliche Leistungsfähigkeit im Innern stärken und zu einer vertretbaren Mehrarbeit für den Erwerb bestimmter Güter führen würde. Vor allem aber barg eine gänzlich freie, zum Reichtum weniger und zur Verarmung vieler beitragende Preisbildung im Bereich elementarer Güter soziale und politische Brisanz.[136] Das wirtschaftliche Risiko spielt bei dieser Betrachtungsweise keine Rolle, es wird den allgemein zu ertragenden Wechselfällen des Lebens zugerechnet. Den Kaufmannsstand als solchen gefährdete demnach eine strenge Pflichtethik ebenso-

---

[131] GÖ, 216 ff.
[132] »Besser es giebt gar keinen Handel, als daß dieser den Zweck des ganzen menschlichen Daseyns, die Sittlichkeit, zernichtet.« Ebda., 222. Das Gemeinwohl blieb ansonsten ohne Kriterium.
[133] GÖ, 219 ff., zur Wucherpolemik vgl. ebda., 227, 233.
[134] Ebda., 224 ff., vgl. 237 f.
[135] »[...] um Brod schreit jeder, und darf jeder schreien, dem es fehlt. Hier kennt der Kaufmann den Mangel und ist verbunden, ohne seinen Eigennutz zu fragen, dieser Noth abzuhelfen.« Ebda., 232. Vorausgesetzt war natürlich, daß sich das Bedürfnis moralisch rechtfertigen ließ.
[136] Die Glieder der bürgerlichen Gesellschaft müßten sich gegebenenfalls zusammentun, um »ein so feindseliges Geschäft nicht länger unter sich zu dulden«; gesetzliche Preisbindungen waren wohl das mindeste, ebda., 230.

wenig wie die staatlichen Fürsorgemaßnahmen zur Verbesserung der Erwerbs- und Ernährungsmöglichkeiten der Untertanen.[137]

Was im Bereich der Wirtschaft von Relevanz war, machte Ewald auch für den Bereich der Politik durch Kritik am Prinzip der Staatsräson geltend, hierin sich eng an Kant anschließend. Es vermißte weithin ein ehrliches Bemühen, die Ideen von Freiheit und Gleichheit im konkreten politischen Handeln zum Zuge zu bringen. Wie der moralische Kaufmann, so war der moralische Politiker gefordert. Der Konkretion gingen allgemeine Erörterungen zum bürgerlichen Staatsverständnis voraus.[138] Ein Widerstandsrecht der Untertanen blieb im Anschluß an die Staatslehre des aufgeklärten Absolutismus – nach der Theorie halbherzig – ausgeschlossen.[139] An der rechtlichen Zwangsfreiheit des Staates hatten nach Ewald alle Repräsentanten des Staats Anteil, und zwar vom Staatsoberhaupt bis zu den niederen Beamten, in denen sich die Idee des Staates darstellte. Kant hatte als den vom Zwangsrecht Ausgenommenen allein das Staatsoberhaupt bestimmt, das nicht Glied des Gemeinwesens, sondern dessen Begründer und Erhalter sei, und damit in der Monarchie dem Monarchen den Charakter des Unverletzlichen (Heiligen) zugesprochen.[140] Ewald dehnte diese Bestimmung im Sinne der Teilhabe auf die mit dem Staatsoberhaupt verbundenen Staatsorgane aus. Staatsoberhaupt und Beamte waren demnach gleichermaßen allein dem Gewissen bzw. der Gottheit verpflichtet. Dies sollte wohl den Ernst der sittlichen Verantwortung betonen und die Unabhängigkeit von Pressionen garantieren helfen, also das Pflichtethos des Staatsbeamten und mit ihm das Staatswesen selbst befestigen. Zugleich wurde der Bürger oder Untertan auf seine Rolle als Gehorchender und als Bittender oder – aufgrund des Prinzips der Billigkeit – an das Gewissen der Amtsträger Appellierender festgelegt, d. h. er durfte auf Ungerechtigkeiten allein mit Beschwerden und Rechtsklagen, nicht mit offenem Widerstand reagieren. In diesem Rahmen galt Ewald die Pressefreiheit immer als »Palladium der Volksrechte«.[141]

---

[137] »Man weiß wenigstens nicht, daß mehrere Kaufleute ihre eingegangene Verbindlichkeiten nicht haben erfüllen können, weil der Staat seine Magazine öffnete, und eben so wenig wäre dieses zu befürchten, wenn Wohlthätigkeit allgemeines Gesetz beym Handel würde.« Ebda., 233.

[138] Ebda., 240 ff. »Staat ist nehmlich eine Verbindung von Menschen zu einem rechtlichen Zwange. Rechtlich ist dieser Zwang, wenn keiner verbunden ist, sich mehr zwingen zu lassen, als nothwendig ist, alle zwingen zu können.« Ebda., 242. »Der Staat besteht nur durch Vertrag [...].« ebda., 247. Vgl. Kant, Metaphysik der Sitten, in: Kant, Werke 4, 427 ff., 434 ff.

[139] Ewald verteidigte Kants Staatsverständnis gegen Einwände, welche die Legitimation der Staatsgewalt betrafen, GÖ, 273 ff. Dabei wird deutlich, daß die Idee rechtmäßiger Staatsgewalt nicht einfach bestehende Verhältnisse legitimieren sollte, sondern eine Aufgabe der praktischen Vernunft war, diese möglichst adäquat zu verwirklichen.

[140] Vgl. Kant, Über den Gemeinspruch, in: Werke 6, 146 ff.

[141] GÖ, 243 f., 251, vgl. Kant, Über den Gemeinspruch, Werke 6, 161; ders., Metaphysik der Sitten, Werke 4, 437 ff. Zum Tyrannenmord vgl. ebda., 439 ff., wo die Hinrichtung Ludwigs XIV. als crimen immortale, ähnlich der nicht vergebbaren Sünde wider den Heiligen Geist, bezeichnet wird.

Die Amtsausübung wird grundsätzlich gefaßt als Pflicht und Schuldigkeit gegenüber der gesetzgebenden Vernunft. Da die Vernunft keinen anderen Zwang als den gesetzlichen gestattete, war eine gerechte Staatsordnung vorausgesetzt. Diese garantierte am ehesten ein repräsentatives System mit strikter Gewaltenteilung. Dabei hielt es Ewald grundsätzlich, wenn auch nicht praktisch, für unerheblich, durch wen das Volk – als die Gesamtheit der Bürger – repräsentiert wurde.[142] Soweit der Volkswille nur als postulierter allgemeiner, nicht als konkreter anerkannt werden mußte, war selbst der Gedanke der Volkssouveränität erträglich, faktisch wird aber der Gedanke ständischer Repräsentation bevorzugt. Fern lag wie bei Kant der Gedanke an eine plebiszitäre Souveränität des Volks im radikaldemokratischen Sinn.[143] Ewald ging hier schon nach seinen Volksaufklärungsgrundsätzen ganz mit Kant konform, der den auf Unmündigkeit berechneten obrigkeitlichen Paternalismus als größten denkbaren Despotismus gebrandmarkt und ihm die patriotische Regierung (imperium non paternale sed patrioticum) mit mündigen staatstreuen Bürgern gegenübergestellt hatte.[144]

Zur Forderung fortgesetzter innerstaatlicher Reformen trat die der Erneuerung der zwischenstaatlichen Verhältnisse. Das ursprünglich von Gewalt bestimmte Verhältnis sollte in ein rechtliches und weltbürgerliches überführt, also der von Kant gewiesene Weg über das Staatsbürgerrecht hinaus zum Völker- und Weltbürgerrecht gegangen werden.[145] Dies setzte voraus, daß sich die Machthabenden nicht fortdauernd unter Hinweis auf das praktisch Unmögliche den Forderungen der Vernunft entzogen. Keinen Bestand vor den Grundsätzen der Vernunft hatte nach Ewalds Überzeugung die durch verfehlte Politik und Handelsmoral mitbedingte Ungleichheit der Stände und der Besitzverhältnisse, da sie durch besseren Ausgleich von Leistung und Lohn relativiert werden konnte.[146]

Die Aufnahme dieser relativ weitgespannten Perspektiven in den spätaufklärerisch-pietistischen Patriotismus Ewalds bestätigt seine fortdauernd vom Gedanken offensiver Gesellschaftsreform bestimmte Grundhaltung in der Bremer Zeit, deren Grenzen freilich zugleich mit dem individualethischen Ansatz gegeben waren. Immerhin wurde versucht, den unbedingten Gehorsam des Christen gegenüber den göttlichen Geboten in einem klar umrissenen Kontext philosophischer Herausforderung neu plausibel zu machen. Die Kantsche

---

[142] GÖ, 242 f.
[143] »Der Ursprung der obersten Gewalt ist für das Volk, das unter derselben steht, in praktischer Hinsicht *unerforschlich*: d. i. der Untertan *soll nicht* über diesen Ursprung, als ein noch in Ansehung des ihr schuldigen Gehorsams zu bezweifelndes Recht (ius controversum), werktätig *vernünfteln*.« Kant, Metaphysik der Sitten, Werke 4, 437.
[144] Kant, Über den Gemeinspruch, Werke 6, 145 f. Das Patriotische definierte sich über sein Abhängigkeitsbewußtsein vom Gemeinwesen als mütterlichem Schoß und dem Land als väterlichem Boden.
[145] GÖ, 244 ff., vgl. Kant, Zum ewigen Frieden, Kant, Werke 6, 203 ff.
[146] GÖ, 249 ff., vgl. Kant, Über den Gemeinspruch, Werke 6, 147 ff.

Pflichtethik markierte demnach ein fortgeschrittenes Stadium der Einsicht in die Verinnerlichung des Gesetzes, das dem in der Tradition betonten äußeren Zwangscharakter für die Sicherung einer gerechten Ordnung der Gesellschaft überlegen, dem Evangelium als wahrer Motivationslehre eines von innen befreiten Handelns aber unterlegen war. Zumindest der Rigorismus, mit dem hier soziale Gesinnung eingefordert wurde, läßt sich als pietistisches Erbe ansprechen.

8.3 Skizze zu den Grundlagen einer christlicher Sittenlehre

1806 legte Ewald eine als akademische Rede konzipierte Schrift zu den Grundlagen einer christlichen Sittenlehre vor, die seinen ethischen Ansatz in Aufnahme und Kritik Kants verdeutlicht.[147] Für die Gesamtkonzeption übernahm er den aufklärerischen Perfektibilitäts- und Tugendbegriff, so daß eine praktische Erziehungslehre zur Vollkommenheit nach dem Gebot der Bergpredigt (Mt 5,48) in den Blick kam, wie sie auch der von Ewald zunehmend geschätzte Dresdner lutherische Theologe und Oberhofprediger Franz Volkmar Reinhard (1753–1812) in seinem *System der christlichen Moral* vortrug. Die charakteristische Differenz zu dem in seinem aufklärerisch gestimmten Luthertum durchaus in psychologisch-moralischen Kategorien argumentierenden Reinhard liegt in der pietistisch geprägten Bestimmung der zentralen Motivationskräfte, unter denen Ewald der affektiven Jesusliebe die erste Stelle einräumte. So konnte er es als Aufgabe der christlichen Sittenlehre sehen, den Menschen zum Gebrauch der Grundelemente von Sittlichkeit und Religion, Dank, Vertrauen und zuvörderst Liebe, anzuleiten und ihn dadurch zu ermächtigen, seiner Bestimmung zur Vollkommenheit näherzukommen.[148] Seine anthropologische Basis hatte das Sittliche nach sensualistischer Grundanschauung wie bei Rousseau im Gewissen als moralischem Sinn (»Gewissenstrieb«) und im Streben nach Vollkommenheit (»Vollkommenheitstrieb«), die beide als positive Anlage nur der Prägung und Ausbildung bedurften.[149] Ob

---

[147] Ewald, Geist und Tendenz der christlichen Sittenlehre. Eine Rede[,] wie sie an Akademiker gehalten werden könnte, Heidelberg 1806 (= SI; Steiger, Bibliogr. 279). Ewald hielt seine moraltheologischen Vorlesungen in Heidelberg nach eigenen Entwürfen, vgl. Anzeige der Vorlesungen [...], Heidelberg [1805–1807].

[148] SI, 5 f. Vgl. F. V. Reinhard, System der Christlichen Moral, Bd. 1, Vorr. z. 1. Ausg.; herausgestellt wird gemeinaufklärerisch die Gottes- und Menschenliebe als Hauptgesetz der christlichen Religions- und Sittenlehre, doch der Liebesbegriff ist ein anderer als bei Ewald, ebda., XLIIIff. Eine treffliche Charakterisierung von Reinhards Weg zu einem biblisch vereinfachten Luthertum findet sich bei Hirsch, Bd. 4, 162 ff., Bd. 5, 80 ff.

[149] Der Gewissensbegriff umfaßt das Gewissen im Sinne der conscientia consequens (böses Gewissen) und das vorausgehende Gewissen (conscientia antecendens) im Sinne des sokratischen Daimonions. Zurückgewiesen wurden Positionen wie die, daß das Gewissen ein reines Produkt der Erziehung sei oder, wie Leibniz, J. A. Eberhard u. a. meinten, von angeborenen moralischen Urteilen ausgegangen werden müsse, SI, 10, 17.

der Vollkommenheitstrieb als Wille zum Guten eine besondere Kraft oder Modifikation des Gewissens darstellte, blieb nebensächlich. Wichtig war der Gedanke, daß die Idee der Vollkommenheit als Idee des Heiligen im Allerheiligsten des Menschen wurzelt, wo sich Gott und Mensch berühren und der Mensch zugleich vor die Forderung der Vervollkommnung gestellt ist: In der Einheit von Verstand und Empfindung, der Heimat der »Gefühlsidee« von Gott, in der Kantschrift als »Herzenspostulat« bezeichnet. Für die zentrale Bedeutung des Bildungs- und Entwicklungsgedanken wurden zahlreiche Stimmen namhaft gemacht, so Rousseau und Herder, J. G. Fichte und F. H. Jacobi, doch die spezifisch theologische Prägung erinnert an die Anfänge des Gesprächs mit Ph. M. Hahn und J. K. Lavater.[150]

Den dermaßen umrissenen anthropologischen Voraussetzungen der Sittlichkeit wurde als ideale Entsprechung die Sittenlehre Jesu als praktische Anleitung zum rechten Leben vor Gott zugeordnet. Für die Gewissensbildung empfahl sich einmal das Studium der Bergpredigt, sodann die Betrachtung des Lebens Jesu nach den Evangelien, um den vorausgesetzten guten Willen durch »Einbildung« der jeglicher Forderung ungeschuldet vorausgehenden Liebe zu stärken und zum Tun des Guten zu bewegen.[151] Mit der Kasuistik und dem Rigorismus einer »Mönchs- oder Jesuiten- oder Pietistenmoral« wollte Ewald die christliche Sittenlehre nicht verwechselt wissen, da dies die personale Bindung in der Christusgemeinschaft und die ihr adäquate Spontaneität des freien Willens in den Hintergrund drängte.[152] Der Streit um die Willensfreiheit wurde unter Hinweis auf F. V. Reinhard als unfruchtbar zurückgewiesen, für die genuin Lutherische Position in *De servo arbitrio* blieb – ebenso wie bei Steinbart – im Gefolge von Melanchthons Abwehr der »Manichaea deliria« zugunsten einer psychologisch gestützten synergistischen Konzeption kein Verständnis.[153] Weitere Überlegungen galten dem Zusammenhang von Sittlichkeit und Glückseligkeit jenseits direkter Zwecksetzung im Handeln, wie er auch von G. Ch. Storr in kritischer Distanz zu Kant erörtert worden war.[154]

Glückseligkeit in der Gottesschau war für Ewald nach der Bergpredigt Frucht am Baum der Sittlichkeit: Selig gepriesen werden nach Mt 5,8, die

---

[150] SI, 11 ff. Auch ein Verweis auf Senecas Briefe fehlt nicht, so auf Brief 102, der den biblischen Aufruf zur Vollkommenheit Mt 6,48 bestätigen sollte.

[151] »Kaum kann eine Biographie so auf Gewissenhaftigkeit wirken, wie seine, obgleich so einfältig geschriebene Biographie. Sie ersetzt den Umgang mit gewissenhaften Menschen, wenn man sie recht benutzt.« SI, 23. »Durch zuvorkommende Liebe legt Er es auch den Menschen recht nahe, sich Ihm zu verähnlichen, also der höchsten sittlichen Vollkommenheit entgegen zu streben.« Ebda., 23 f. »Die Sittenlehre muß *die Triebfedern* (ressorts) in dem Menschen *in Bewegung sezen*, die nach der Organisation des Menschen *am stärksten auf ihn wirken*, ihn von Innen heraus, am meisten und leichtesten in Bewegung sezen«, ebda. 30.

[152] Ebda., 36 ff., vgl. Mt 26,14; I Kor 13,1–3, Mt 20, 1–16; Mt 25,31–40.

[153] Vgl. Steinbart, Glückseligkeitslehre, § 46, 107 f. (mit Berufung auf Melanchthons Loci in der (dritten) Neubearbeitung v. 1543/44, vgl. CR 21, 652 ff. (de humanis viribus seu de libero arbitrio).

[154] SI, 45 ff.

reines Herzens, d. h. guten Willens sind.[155] Davon überzeugend reden konnten nur diejenigen, die vom Heiligen ergriffen waren.[156] F. H. Jacobi und J. G. Fichte bestätigten ihm, daß alle Bildung seiner selbst nicht vom Verstand, sondern vom pflichtbestimmten Willen ausgehe; dieser war nach Fichte im Wechselspiel freier Wesen nur als von einem unendlichen Willen, dem Weltschöpfer, umgriffen und ausgerichtet denkbar. Auf diese nicht hintergehbare Abhängigkeit vom Transzendenten und die bleibende Ausrichtung auf eine jenseitige Welt hat nach Ewald schon Plato hingewiesen, wenn er, wie Jacobi bemerkte, von der Unabdingbarkeit der allem rechten Tun und Denken vorauslaufenden Bitte um den Beistand der Götter sprach.[157] Von spekulativer Schwärmerei oder Mystizismus konnte dabei nicht die Rede sein.[158] Vielmehr wurde an ein Grundelement platonisch-sokratischer Mystik erinnert, die Friedrich Leopold Graf zu Stolberg im Gespräch mit Jacobi in Aufnahme Hamannscher Gedanken als Gipfelpunkt menschlicher Weisheit und Gottsuche in Vorbereitung auf die Christusoffenbarung gerühmt und in Gegensatz zur Konzeption aufklärerischen Tugendlehre gesetzt hatte, die des Mystischen und damit ihrer Basis verlustig gegangen war.[159] Die Differenz zwischen dem neutestamentlichen, primär vom Vergebungs- und Verheißungswort her bestimmten, und dem von der Selbstvergewisserung geleiteten Gewissensbegriff findet sich bei Ewald aufgehoben. Er stimmte mit dem Kantschen überein, insofern eine Verantwortlichkeit gegenüber einem vom Menschen unterschiedenen, aber in ihm »innigst gegenwärtigen heiligen Wesen« gemeint war. Keine Zustimmung fand die Identifizierung mit der moralisch gesetzgebenden Vernunft, vielmehr wurde das Gewissen als vorgängiges Daimonion und innere Stimme Gottes gesehen.[160]

---

[155] Vgl. schon Ewald, Religion, Sittlichkeit und Glükseeligkeit; auch eine Dreieinheit, in: Urania 2.1794, 1 ff.

[156] In der Anrede an die jungen Theologen hieß es: »Das Heilige in Ihnen soll aufgeregt, das Göttliche in Ihnen soll entwickelt werden, um es in Tausenden aufzuregen und zu entwickeln, und sich selbst dadurch glükselig zu fühlen.« Ebda., 54.

[157] Vgl. Jacobi, Ueber die Lehre des Spinoza, 1785, 109 f.; Werke 4.1, 230 ff., 248 ff., Beil. 8, 163 ff. Fichte, Bestimmung des Menschen, GA I,6, 258, Z. 4 ff. Zu Platos 7. Brief an die Freunde und Angehörigen des Dion und seinen Erkenntnisexkurs, auf den Ewald anspielt, vgl. Schlosser, Plato's Briefe nebst einer historischen Einleitung und Anmerkungen, Königsberg 1795 (SW Nr. 89), 220–243, 222, 239; Plato, Werke, Bd. 5.

[158] »[...] es ist Resultat, das die spekulatifsten Köpfe auf ihrem Wege fanden: der Verstand hat sein Licht nicht in ihm selbst, sondern er entwickelt sich durch den Willen [als Erkenntnisdrang]. Wie das Thun des Menschen; so seine Erkenntniß; wie sein Herz, so seine Ueberzeugung und sein Verstand. Aus dem Gewissen stammt die Wahrheit; und nur die Verbesserung des Herzens führt zur wahren Weisheit.« SI, 57 f.

[159] »Du siehst, lieber Bruder, daß ich [...] ein Erzmystiker bin. Unsre ganze Religion ist Mystik.« Ohne diese zerfalle die christliche Religion wie bei denen, die sie auf christliche Moral einschränken wollten, »deren Beobachtung doch nur auf den Weg der Vereinigung mit Gott führen soll, in welcher sich die Tugend von selber findet.« Friedrich Leopold Graf zu Stolberg an F. H. Jacobi, 19. Februar 1794, in: Stolberg, Briefe, hg. v. J. Behrens, Nr. 318, S. 312.

[160] Vgl. Kant, Metaphysik der Sitten, Werke 4, 517, 531 f.; zu Schleiermachers Auseinander-

Rückblickend ergibt sich in Aufnahme und Kritik Kants eine für den spätaufklärerischen Pietismus Ewalds charakteristische Verbindung von aufklärerisch-sensualistischen und panentheistisch-mystischen Motiven. Mit der Gründung der Religion in Gefühl und Anschauung werden sowohl einseitig vernunft- als auch konfessionsorientierte Dogmatismen abgewehrt. Leitgedanke und kritische Instanz bleibt der dem Individualitätsbewußtsein zugehörige religiöse Eindruck bzw. die religiöse Empfindung. Die christliche Liebesethik wird gegenüber der Pflichtethik Kants aufgrund ihrer Motivationsbasis als überlegen herausgestellt. Letztere behält jedoch eine kritische Funktion gegenüber den vermeintlichen Eigengesetzlichkeiten in Wirtschaft und Politik. Im Staatsverständnis werden weitgehende Übereinstimmungen mit Kant sichtbar, auch wenn damit nicht alle Anliegen Ewalds befriedigt waren. Grundlegende Bedeutung kommt dem Versuch zu, dem biblischen Offenbarungsglauben unter den Voraussetzungen der kritischen Philosophie Geltung zu verschaffen, also das Recht der Vernunft auf Prüfung der Offenbarungsinhalte in Anspruch zu nehmen und doch in keinen Widerspruch zu deren Göttlichkeit zu geraten. Hier ergeben sich Berührungspunkte zum Supranaturalismus eines G. Chr. Storr und F. V. Reinhard, die je auf eigene Weise – einmal in strenger, das andere mal in freier Bindung an die dogmatische Tradition – aus der Krise der Neologie mit einem spätaufklärerisch fortentwickelten Luthertum, d.h. einem biblisch erneuerten Konfessionschristentum herauszukommen suchten.

---

setzung mit Kant vgl. die Grundlinien einer Kritik der bisherigen Sittenlehre (1803), SW 3,1, 1–344.

9 Moderne Pädagogik: Die Rezeption J. H. Pestalozzis

Seine pädagogischen Anliegen fand Ewald auf einmalige Weise bei Johann Heinrich Pestalozzi aufgenommen und in den Rahmen einer praxisnahen Erziehungskonzeption erhoben. Die Hermeneutenrolle, die in theologischen Hinsicht Lavater und Hahn gespielt hatten, übernahm auf pädagogischem Gebiet Pestalozzi.[1] Bestimmend blieb die Grundfigur der wechselseitigen Interpretation von Erziehung und Offenbarung.[2] Anlaß für die nähere Beschäftigung mit Pestalozzi war die Elementarschulreform in Bremen. Johann Kaspar Häfeli hatte sie schon seit seinem Amtsantritt 1793 immer wieder angemahnt, doch war angesichts disparater Zuständigkeiten nichts auf den Weg gekommen.[3] Eine Vorlesung Ewalds Ende November 1798 im Bremer *Museum* über die Notwendigkeit einer Bürgerschule zugunsten der unteren bürgerlichen Schichten fand ein derart positives Echo, daß es in Zusammenarbeit mit Häfeli zur Stiftung einer entsprechenden Einrichtung kam, die das Vorbild weiterer schulreformerischer Maßnahmen wurde.[4] Einige Elementarschulen auf Kirchspielebene wurden neu organisiert, eines der größten Bremer Waisenhäuser nach lippischem Vorbild reformiert.[5] Für die im Juli 1799 eröffnete Bürgerschule, die allerdings nur zwei Jahre als selbständige Einrichtung existierte,

---

[1] Ewald, Geist der Pestalozzischen Bildungsmethode, nach Urkunden und eigener Ansicht. Zehn Vorl., Bremen 1805 (= PB; Steiger, Bibliogr. 259), XI. Die Schrift hielt Ewald wegen ihrer thematischen Breite für seine wichtigste (zum Thema). Sie bildete später den 3. Bd. der Vorlesungen über die Erziehungslehre und Erziehungskunst für Väter, Mütter und Erzieher, Mannheim u. Heidelberg 1810 (= EL III), u. d. T.: Geist und Vorschritte der Pestalozzischen Bildungsmethode, psych. entwickelt, ein Versuch. Die ersten beiden Bde. der »Vorlesungen« ersch. in Mannheim 1808 (= EL I–II), s. Steiger, Bibliogr. 290, 290a–b, zum Thema ebda., Kap. I.14 u. 21. Vgl. Pestalozzi-Bibliogr. 3 (MGP 31), Nr. 59 (mit Ausz. aus den Rez. der GGA 1805 und der Jenaischen Allgemeinen Literaturzeitung 1816). Zu einem Teilabdr. der ersten Ausg. von 1805 vgl. Pestalozzi-Bibliogr. 1, Nr. 30cc.

[2] Diese findet sich klassisch bei Lessing ausgesprochen: »Erziehung ist Offenbarung, die dem einzeln Menschen geschieht; und Offenbarung ist Erziehung, die dem Menschengeschlechte geschehen ist und noch geschieht.« Erziehung des Menschengeschlechts, § 2, in: Werke 6, 56 ff.

[3] PB, Einl. (5. April 1805).

[4] Ewald u. Häfeli, Ueber die Entstehung der neuen Bürgerschule in Bremen, und die erste öffentliche Prüfung der Schüler, in: Hanseatisches Magazin 4.1800, 115–155; Steiger, Bibliogr. 183. Ewald beschwor bei seinem Werben unter den Mitgliedern des *Museums* für die Schulreform geschickt den der Aufklärung verpflichteten (politischen und pädagogischen) Patriotismus des dort vertretenen gehobenen Bürgertums.

[5] Zur Erkundung reiste Ewald mit seinem Freund und Kollegen Konrad Buhl, Prediger an St. Remberti, nach Detmold. Eine kurze Aufstellung der Bremer Schriftsteller um 1800 aus der Hand von J. J. Stolz verzeichnet neben Ewald, Häfeli, Chr. G. L. Meister auch Buhl als Verfasser von Schriften populärer Theologie, Hanseatisches Magazin 5.1801, 320–328.

wurde eine am Detmolder Lehrerseminar ausgebildete Kraft, Jakob Blendermann (1783–1862), als Hauptlehrer gewonnen.[6] Die religiöse Unterweisung folgte der Bibelgeschichte Ewalds.[7]

Den wenigen Jahren des Aufschwungs folgte ein Niedergang des Schulwesens, der erst 1817 durch eine Reorganisation der höheren Schulen aufgehalten wurde, so daß Ewald 1810 die unter seiner Mitwirkung zustande gekommene Schulreform für gescheitert erklären mußte. Gleichwohl blieb die Bürgerschule wichtige Vorläuferin des Realschulwesens, das in Bremen erst nach 1848 zur Entfaltung kommen sollte, sich aber in vielen Orten schon in den 30er Jahren merklich fortentwickelte.[8]

Als Schlüsseltext für Ewalds Entdeckung von Pestalozzi kann dessen populäre Darstellung seiner Methode in Briefen an den Verleger Heinrich Geßner (1768–1813) gelten, die dieser unter dem Titel *Wie Gertrud ihre Kinder lehrt* 1801 veröffentlichte.[9] Ewald zeigte sich nach der Lektüre dieser dem Volksunterricht gewidmeten Schrift überrascht, wie viele Elemente der Pestalozzi-

---

[6] Seit 1789 wurden verschiedentlich in Detmold ausgebildete Lehrer nach Bremen berufen, vgl. Hans Otte, Schule zwischen den Konfessionen. Das niedere Schulwesen der reformierten Minderheit des Herzogtums Bremen, in: Peter Albrecht u. Ernst Hinrichs (Hrsg.), Das niedere Schulwesen im Übergang vom 18. zum 19. Jahrhundert (WSA 20), Tübingen 1995, 133–157; zu Ewald vgl. ebda., 135 f., 152; fälschlicherweise wird das Detmolder Lehrerseminar als von Ewald geschaffen bezeichnet; anmerkungsweise wird die offene Frage eines pietistischen Einflusses auf die am Detmolder Lehrerseminar Ausgebildeten durch Ewald angeschnitten, ebda., 140, Anm. 18.

[7] Vom Bremer Rat wurde in der Folge eine Inspektion der sog. Heck- und Klippschulen durch die Prediger angeordnet und Ewald zusammen mit Häfeli mit der Erstellung einer den Unterricht vereinheitlichenden praktischen Anleitung für die Lehrer und Lehrerinnen der Elementarschulen beauftragt; Ewald u. Häfeli, Kurze Anleitung für Schullehrer und Schullehrerinnen in niedern Schulen, Bremen 1801 (Steiger, Bibliogr. 192). Vgl. Ewald, Kurze Anweisung, auf welche Art die Jugend in den niederen Schulen zu unterrichten ist, Mannheim u. Heidelberg 1807 (Steiger, Bibliogr. 282, zu niederl. Ausg. s. 282a-d). Die Vorgänge der Schulreform sind im StArch Bremen dokumentiert: Kommission zur Verbesserung der Heck- und Klippschulen, 2-T.5.b.5.k.1.b; Gründung der Bürgerschule, StArch 2-T.5.b.5.m; Berufung Ewalds zum Professor am Gymnasium, 2-T.5.a.1.g.3.a.

[8] EL III, XI (10. März 1810), Anm.; vgl. kurz Herbert Schwarzwälder, Geschichte der freien Hansestadt Bremen, Bd. 1, Bremen 1975, 537 f. Zu Baden vgl. Ewald, Sind in kleinen Landstädten Bürgerschulen nöthig? [...], Heidelberg 1810 (Steiger, Bibliogr. 307). Die staatliche Bildungsplanung in Baden war mit dem 13. Reorganisationsedikt vom 13. Mai 1803 (abgedr. in: Eduard Winkelmann, Urkundenbuch der Universität Heidelberg, Bd. 1, Nr. 284, 440 ff., Heidelberg 1886) schwungvoll in Angriff genommen worden, ohne den Durchbruch zu schaf--fen; das Edikt, das maßgeblich Brauer mitgestaltet hatte, trat in seiner ursprünglichen Fassung nie in Kraft. Vgl. Nachlaß Schwarz, XIV, 7 ff. (Brief Schwarz v. 2. Juni 1809). Als Beispiel werbenden Eintretens für das Realschulwesen und, damit verbunden, für die Verbesserung der Mädchenbildung in den 30er Jahren vgl. Karl Christoph Vogel (o. Vf.), Ueber die Idee und die Einrichtung einer höheren Bürger- oder Realschule für Knaben, und einer höheren Mädchenschule, zunächst nach den Bedürfnissen der Stadt Leipzig, 2. Aufl. Leipzig 1839 (zuerst 1834); Vogel, geb. 1795, war Direktor der Schule, die unter seiner Leitung 1834 neu organisiert wurde. Zur Gesamtentwicklung des höheren Realschulwesens vgl. HDBG 3, 161 ff.

[9] Pestalozzi, SW 13.

schen Unterrichtsmethode allein aufgrund seiner pädagogischen Erfahrung in die Bürgerschule Eingang gefunden hatten. Die Schrift befriedigte ihn nicht in jeder Hinsicht, doch machte die nähere Beschäftigung mit Pestalozzi ihn schließlich zu einem der frühen öffentlichen Verfechter der Pestalozzischen Pädagogik in Deutschland. Ewald nahm Kontakt mit Pestalozzi auf und vermittelte 1802 die Reise Jakob Blendermanns, der später die Elementarklasse am Bremer reformierten Gymnasium übernehmen und auch außerhalb Bremens zu einem eifrigen Verfechter Pestalozzischer Grundsätze werden sollte, in die Schweiz.[10] Ihn selbst ersuchten die Stifter der Bürgerschule, eine Reise in die Schweiz anzutreten und sich ein eigenes Bild von Pestalozzis Unterrichtswesen zu machen.[11] Zu Gesprächen mit dem Fichte-Schüler Johann Friedrich Herbart (1776–1841), der als Hauslehrer in Bern Pestalozzi bereits 1798 in Burgdorf besucht und schon 1801 während seines Bremer Aufenthalts vor Ewald junge Mütter auf eindrückliche Weise mit dessen Pädagogik vertraut gemacht hatte, traten Kontakte mit Praktikern wie Karl Wilhelm Passavant aus Detmold, der im Auftrag von Fürstin Pauline drei Monate in Burgdorf gewesen war und 1804 seinen Erfahrungsbericht veröffentlichte.[12] Indem Pestalozzi die stufenweise fortschreitende Einübung in die formalen Bedingungen der Wahrheit mit der Anschauung der Dinge beginnen und dann zur elementaren Dreiheit von Zahl, Maß und Sprache (Ton) fortschreiten ließ, kam zum erstenmal eine methodisch geordnete, von Anfang an harmonische Entwicklung von sinnlichen und geistigen Fähigkeiten in den Blick.[13] Die »Schweizermethode« gab Grund zur Hoffnung, die beklagte Spaltung von Erkennen und Empfinden könne im Ansatz verhindert werden, was ihr Ge-

---

[10] Vgl. H. Gerdes, Art. Jakob Blendermann, in: Bremische Biographie des neunzehnten Jahrhunderts, hg. v. der Historischen Gesellschaft des Künstlervereins, Bremen 1912, 37 ff.; zu Ewald s. ebda., 129 (O. Veeck).

[11] Pestalozzi hatte reges Interesse an einem Besuch von Ewald gezeigt und ihm sogar ein Treffen auf halbem Wege zwischen Bremen und Burgdorf angeboten, PB, XII. Zu Ewald und Pestalozzi vgl. Heinrich Morf, Zur Biographie Pestalozzis, Bd. 1–4, Winterthur 1865–1889, bes. Bd. 2, 173 ff. Zum Briefwechsel Ewald – Pestalozzi s. Pestalozzi, Sämtliche Briefe, hg. v. Pestalozzianum u. v. der Zentralbibliothek Zürich, Zürich 1946 ff.

[12] J. F. Herbart, Pestalozzis Idee eines ABC der Anschauung, untersucht und wissenschaftlich ausgeführt, Göttingen 1802; vgl. Blochmann, 80 f.; Karl Wilhelm Passavant, Darstellung und Prüfung der Pestalozzischen Methode nach Beobachtungen in Burgdorf, Lemgo 1804. Passavant hat noch zu Zeiten Storrs in Tübingen studiert.

[13] PB, 33 ff. Zum Stand der Methode vgl. die für die Verbreitung in Frankreich 1802 verfaßte, aber zu Pestalozzis Lebzeiten ungedr. gebliebene Denkschrift, welche die Grundzüge seiner pädagogischen Anschauungslehre vorstellt, Pestalozzi, SW 14, 319–352. Wichtig für die Konzeption ist die lückenlos ineinander übergehende Stufenfolge in der Übung der Sinne nach deren hierarchischer Ordnung von Gesicht, Gehör, Tastsinn, Gefühl, Geschmack und, an unterster Stelle, Geruch. Der Gefühlssinn gilt dabei als »Polyp« unter den Sinnen, er bildet den Übergang vom Sinnlichen zum Geistigen. Vgl. EL I, 189, mit EL III, 3. Vorl., 62 ff. Die zur Stellung des Polypen im Übergang vom Pflanzen- zum Tierreich analoge Plazierung des Menschen als Mittelwesen zwischen Körper- und Geisterreich hatte also im Bereich der Sinne eine Entsprechung, ein Beispiel für den Verweischarakter von Mikro- und Makrokosmos.

wicht für die religiöse Bildungsaufgabe unterstrich. Aus allgemeinen anthropologischen Erwägungen, die Ewald teilte, wurde die Pestalozzische Pädagogik daher auch von Herder und J. G. Fichte begrüßt.[14] Die Rousseausche kritische Diastase zwischen Natur und Kultur schien bei Pestalozzi überwunden, die Kultur für den Dienst an der Natur des Menschen zurückgewonnen.[15]

In Münchenbuchsee bei Bern, wo das Pestalozzische Institut nach der Räumung des Burgdorfer Schlosses 1804 untergekommen war, nahm Ewald mehrere Wochen am Unterricht teil und wirkte selbst bei der Unterrichtsgestaltung mit.[16] Er war von den fachlichen und menschlichen Qualitäten des Kreises um Pestalozzi ebenso tief beeindruckt wie vom dortigen Unterricht und dem guten Lehrer-Schüler-Verhältnis.[17] Als der eigentlich philosophische Kopf galt Johannes Niederer, seit 1803 bei Pestalozzi.[18] Ewald erlebte diesen als originellen, nicht gerade vielseitig gebildeten, aber mit Begeisterung seine Sache verfolgenden Mann. Seit der Errichtung des Halleschen Waisenhauses durch August Hermann Francke war Ewald zufolge wohl keine pädagogische Einrichtung mehr mit derartigem Eifer betrieben worden.[19] Irritierend wirkte Pestalozzis politisch-demokratische Einstellung und seine hohe Sensibilität in Menschenrechtsfragen, für die Ewald nur schwer Verständnis aufbrachte.[20] Pestalozzis Pädagogik aber bot sich als eine alle Standesunterschiede übergrei-

---

[14] Zu Fichte, der Pestalozzis Erziehungssystem als »wahres Heilmittel für die kranke Menschheit« und einziges Mittel, sie zum Verstehen seiner Wissenschaftslehre tauglich zu machen, rühmte, vgl. die Bemerkungen zur Pestalozzi-Lektüre 1807, GA II, 10, 427–457 (mit Einl.); zur Kritik an einer Erziehung, welche das Leben aller Anschauung entrücke und statt Dingen Worte und statt Empfindungen Redensarten vermittle, vgl. GA II, 9, 419–445 (zweiter Patriotismus-Dialog, 1807).

[15] Vgl. den undat. Briefausz. des Pestalozzi-Anhängers Kleinschmidt, abgedr. in: PB XVII–XXVI, EL III, XVII–XXIV.

[16] Zum Ganzen s. neben der Einl. die erste Vorlesung in: PB, und die Vorr. zu Bd. 1 und 2 der EL. Auf der Reise nach Münchenbuchsee besuchte Ewald die Pestalozzische Schule von Georg Geßner in Zürich. Am Ziel angekommen, logierte er bei Philipp Emanuel von Fellenberg (1771–1848), der die ökonomische Leitung des Instituts wegen Pestalozzis Unfähigkeit in diesen Angelegenheiten übernommen hatte, und machte die Bekanntschaft der acht Lehrer, welche die über sechzig Zöglinge unterrichteten. Besonders auffällig waren die Ewalds eigene Fertigkeit übersteigende Rechenleistung der Schüler anhand der Einheits- und Bruchtabelle, PB 16 ff., 21.

[17] Zu den Lehrern zählten Johannes von Muralt (1780–1850) und Johann Georg Tobler (1769–1843), beide nach Ewald vielseitig gebildet, Johann Christoph Buß (1776–1855) und Hermann Krüsi (1775–1844), zwei gewandte Praktiker, ebda., 14 f. »Nie fühlte ich so lebendig wie hier, daß der Mensch zu einem Gottesbilde geschaffen ist.« PB, 21. Der 1783 in Bretten geborene Jakob Friedrich Ladomus war Oberlehrer der Mathematik in Burgdorf gewesen, 1807 wurde er Professor an der polytechnischen Schule in Karlsruhe, Wechmar, Hb., 259. Ladomus hatte es verstanden, mittels Würfeln schon 8–10jährigen Potenzieren und Radizieren beizubringen, EL III, 125 ff., mit detaillierten Angaben zu seiner Methodik.

[18] Niederer redigierte die in Aarau erscheinende *Wochenschrift für Menschenbildung* (1.1807–4.1811/12).

[19] PB, 13.

[20] Ewald konstatierte eine übermäßige Bitterkeit in dieser Frage und verwies auf die Schwierigkeiten politischer Isolierung, PB, 7.

fende einheitliche Unterrichtsmethode an, die, wenn sie weiter ausgearbeitet war, das fundamentale Problem des Landschulunterrichts und damit einer Nationalbildung zu lösen versprach. Die Förderung revolutionärer Tendenzen stand gegen den Verdacht von Pestalozzi-Gegnern weder in religiöser noch politischer Hinsicht zu befürchten.[21] Nach seiner Reise in die Schweiz begann Ewald im Winter 1804 in Bremen mit pädagogischen Vorträgen für Eltern und Erzieher, Grundlage der 1805 gedruckten Vorlesungen.

Eine wichtige Vermittlerrolle näherer Informationen spielte gleich zu Beginn Johannes Niederer, der seinerseits insbesondere zur Frage religiöser Erziehung Ewalds Ansichten erbeten und dessen Hinweise zur Bedeutung der Christusliebe zustimmend aufgenommen hatte.[22] Gegen eine einseitige Betonung des Vorbildcharakters Christi ließ sich Niederer dahingehend belehren, daß die Christus erwiesene Liebe Antwort auf erfahrene Liebe sei und dem mystischen Einwohnen des Christus für ein Leben aus der Dankbarkeit fundamentale Bedeutung zukomme. In Christus als dem vollkommenen Menschen und Ebenbild Gottes, durch Offenbarung zur Anschauung gebracht und damit möglicher Gegenstand menschlicher Liebe, erschienen Menschheit und Gottheit vermittelt, die Gottheit menschlich gemildert, die Menschheit göttlich verklärt.[23]

Schon in der Darlegung der Grundlagen des Pestalozzischen Bildungsbegriffs wird deutlich, wie sehr Ewald von dessen Hauptgedanken einer Erziehung des Menschen zwischen den Polen (roher) »Natur« und (idealer) »Bestimmung« fasziniert war, zumal sich alle wesentlichen Elemente seiner theologischen Anthropologie analog auf der Ebene des Pädagogischen verhandeln ließen.[24] Pestalozzi schärfte den Blick für die empirisch-psychologische Verankerung des Religiösen in der postulierten Einheit frühkindlicher Empfin-

---

[21] Ebda., Einl., XVI. Dies empfahl die Schrift den Regenten, den erziehenden Vätern ihres Volks, und ihren Gehilfen, denen sie gewidmet war. Bd. 1 und 2 der EL war den Bremer Hörerinnen und Hörern gewidmet.

[22] PB, Vorr., XIVf., 2; PB, 186 ff. Niederer ließ Ewald eine Abschrift des noch in Arbeit befindlichen »Prospektes« zugehen, dessen sich Ewald in seinen frühen Vorlesungen bediente. Zu diesem »Prospekt«, der auf Fellenbergs Wunsch von Niederer aufgesetzt worden war, vgl. Pestalozzi-Bibliogr. 1 (MGP 29), 272, Nr. 30aa. Morf, Biographie, Bd. 3, 185 ff. Dem dritten Bd. seiner Erziehungslehre gab Ewald zwei Beil. v. Teilen aus Nachschriften v. Vortr. Niederers über das *Buch der Mütter* und über Grundlagen der Methode bei (u. a. zum »Totaleindruck«, bei dem z. B. in der Wahrnehmung durch das Auge Licht, Glanz, Farbe usw. ursprünglich ungeschieden ineinander liegen, zu Sprachenstehung, Onomatopöie, Instinkt und Erziehung), die Niederer wegen ihrer Verstümmelungen allerdings nicht mehr als sein Werk anerkennen wollte, EL III, 305–311 (1. Beil.); 312–353 (2. Beil.), vgl. Pestalozzi-Bibliogr. 3, Nr. 59, S. 63.

[23] Vgl. die Paraphrase von Gal 2,20: »Ich lebe, aber nun nicht ich; Christus lebt in mir; [d. h.] *belebt, regiert mein ganzes Wesen*. Denn so weit ich hier auf der Erde lebe, lebe ich in Zutrauen an den, der mich geliebt und Erdenglückseligkeit für mich aufgeopfert hat.« PB, 187.

[24] Der Eindruck einer weitgehenden Übereinstimmung zwischen biblisch und empirisch gewonnenen Einsichten in den individuellen und kollektiven menschlichen Bildungsprozeß wurde durch die Intensität des gemeinsamen Bezugs auf die menschliche Natur erklärt. BIB, 162 f.

dung im vorgesellschaftlichen Urvertrauen, das in seiner Konsequenz eine Vereinheitlichung der Bildungskonzeption forderte.[25] Erstmals stand hier nicht mehr die Erziehung zum Gehorsam gegenüber objektiven Ordnungen wie dem der Pflicht oder der Sittlichkeit im Vordergrund, sondern die subjektive Seite seiner Ermöglichung. Die von der Mutter im Kind erweckte und in die Vaterbeziehung hinein erweitert entwickelte Anlage zu Dankbarkeit, Vertrauen und Liebe im Empfindungsvermögen ließ sich als Anlage zur Religiosität verstehen.[26] Da die Empfindungen am stärksten auf den Willen einwirkten, war der Religiosität ihre zentrale Bedeutung für die Sittlichkeit gesichert.[27]

Neben der Ausbildung der intellektuellen Fähigkeiten spielte die ästhetische Bildung für die religiöse eine wichtige Rolle, nahm doch die gesamte geistige Entwicklung nach Pestalozzi ihren Ausgang beim Gesichtssinn. Ästhetik hatte als Lehre vom Schönen die Erscheinung des Göttlichen zum Gegenstand, und zwar in der Natur, im Kunstwerk und im menschlichen Antlitz. Für die Kinder im Vorschulalter gab Ewald daher die Natur als das beste Elementarwerk und die beste Bibel aus.[28] Wie das wahre Kunstwerk als Ort der göttlichen Epiphanie galt, so auch das Gott ebenbildlich gestaltete Antlitz des Menschen, das durch Tugend oder Laster verklärt oder auch verzerrt sein konnte. Als durch die Aura der Tugend verklärt wandelte es sich zum Typus des Heiligen. So führte Ewald Pestalozzis Ansatz mit dem der Lavaterschen Physiognomik zusammen.[29] Jede ästhetische, dem analytischen Zergliedern vorgängige Bildung hatte somit als Erhebung über die Sinne durch die Sinne transzendental-religiösen Charakter.[30] Damit bewegt sich Ewald ganz in der Nähe der von einer mystischen Bildtheorie bestimmten romantischen Bildungsphilosophie Ernst Moritz Arndts, wie sie dieser 1805 vorstellte, ohne allerdings dessen Zurücksetzung des schulischen Unterrichts zu teilen. Arndt wiederum verweist weiter auf Friedrich W. A. Fröbel (1782–1862), dessen Pädagogik ganz auf Einigung des Menschen mit Gott und der Natur zielte und trotz stärker spekulativer Ausprägung auf vergleichbaren theologischen Ansätzen fußte.[31]

---

[25] Vgl. 3. Vorl. EL III, 62 ff., mit dem Grundsatz: »Das Kind aus der Vielheit zu retten, in der es sich zerstreut, verliert, und es zur Einheit zu bringen, in der es sich und sein Bewußtseyn wieder findet; das muß überhaupt ein Hauptzweck des Jugendbilders seyn.« Ebda., 66.
[26] Vgl. EL III, 3 ff., mit Präzisierungen gegenüber PB, ebda., 23 ff.
[27] PB, 54 f., vgl. EL I, 200, EL II, 140. Grundlegend vgl. Ewald, Einige leitende Ideen über das richtige Verhaeltnis zwischen religioeser, sittlicher, intellektueller und aesthetischer Bildung, Heidelberg 1807.
[28] EL III, 92.
[29] Zum Verhältnis von Pestalozzi und Lavater vgl. Peter Stadler, in: Karl Pestalozzi u. Horst Weigelt (Hrsg.), Das Antlitz Gottes im Antlitz des Menschen (AGP 31), 291–299.
[30] Die Welt, die sich als Schöpfung darbot, konnte immer neu zum Ort der Offenbarung und Inkarnation Gottes werden. EL III, 75 f., 79 ff.
[31] Vgl. HDBG 3, 82 ff.

Ewald vermißte anfangs bei Pestalozzi eine angemessene Würdigung der anderen Sinne, insbesondere des Gehörs für die Ausbildung der Anschauungskraft, ein Mangel, der schon von Pestalozzi gesehen worden war und zur Ausweitung seiner Methode führte. Das in der Bildung des Gehörs durch die Musik geschulte Harmonieempfinden eröffnete einen weiteren wichtigen Aspekt der Bildung der Geisteskräfte im allgemeinen und des religiösen Sinns im besonderen.[32] 1805 hatte Ewald noch zu Recht beanstandet, daß die ästhetische Elementarbildung bei Pestalozzi kaum bearbeitet war. Es genügte nicht, auf die selbständige Entwicklung des Schönheitssinns zu setzen und es bei minimalen Anregungen, etwa durch das Zeichnen von geraden und gebogenen Linien, bewenden zu lassen. Nach Ewald mußte das ästhetische Vermögen wie die Denkkraft an äußeren Gegenständen geübt und entwickelt werden.[33] Für die Abfassung eines spezifisch ästhetischen »ABC's der Anschauung« wünschte er sich einen profunden Kenner der Antike und des klassischen Schönheitsideals wie Goethe oder Ludwig Tieck (1773–1853), doch traute er auch einschlägig gebildeten Pädagogen die Lösung der Aufgabe zu, waren sie nur im Studium von Werken Winckelmanns, Anton Raphael Mengs (1728–1779) oder Lavaters geschult. Der Mangel wurde auch in Münchenbuchsee gespürt, wenigstens auf dem Gebiet der Musik gab es in der zweiten Hälfte des Jahrzehnts große Fortschritte. Ewald erkannte das Grundproblem, daß die ursprüngliche Einheit von Musik, Poesie und körperlichem Rhythmus (Tanz) wie die Einheit von Anschauungs-, Denk- und Sprachvermögen verlorengegangen war, obwohl sie doch in gegenseitiger Durchdringung, dem Synästhesieeffekt, wie nichts sonst auf das Göttliche im Menschen wirken und die religiöse Bildung befördern konnte. Es blieb die Hoffnung, ein künftiger ästhetischer Genius werde diese »drei Grazien des Lebens« in höherer Gestalt wieder vereinigen, »und mit dem Leben im Wahren zugleich ein Leben im Schönen auch für das Volk« begründen.[34]

Über die religiöse Orientierung des Pestalozzischen Instituts war um 1805 in der interessierten Öffentlichkeit noch wenig bekannt. Ewald hatte bei seinem Besuch an den Morgen- und Abendandachten Pestalozzis teilgenommen und von den kommunitären Elementen wie dem morgendlichen Fassen von Vorsätzen und der abendlichen Meldung des Vollzugs bzw. Versagens in Gestalt einer öffentlichen Beichte (»Prüfung«) berichtet.[35] Die Überführung von Gewissenserforschung, Bekenntnis, Beichte und Absolution in den Raum der Erziehung, der stark von der Sozialkontrolle der Gemeinschaft bestimmt war, wurde von Ewald positiv aufgenommen, auch wenn er eine stärker religiöse Prägung durch regelmäßiges Schlußgebet und vor allem den abschließenden

---

[32] PB, 78 ff., EL III, 81 ff., 85.
[33] Zunächst sollten mathematische Körper nachgezeichnet, dann das ästhetische Empfinden durch Anschauen und Betasten schöner und vollendeter Formen gebildet werden. PB, 131, 135.
[34] PB 133 ff., EL III, 181 ff.
[35] PB, 159 f.

Gesang vermißte.[36] Der nichtkonfessionelle Religionsunterricht war ganz im Sinne Ewalds rein biblisch orientiert, er folgte in seinem dogmatischen Teil dem Johannesevangelium, im moralischen der Bergpredigt Jesu.[37] Schon 1805 wandte sich Ewald gegen die Inanspruchnahme der pestalozzischen Pädagogik durch eine idealistische Psychologie, für welche die religiöse Unterweisung nicht mehr unabdingbar zur sittlichen Bildung gehörte, und warnte vor einer Selbstüberschätzung der Vernunft als Motivationskraft menschlichen Handelns.[38] In der Sprache psychologisierender Paraphrase von Gen 3 hieß dies: Der Sündenfall im Paradies kindlicher Unschuld sei nicht der Fall der das Pflichtgebot kennenden Vernunft gewesen, sondern der der Empfindung, welche die Vernunft betörte. In die vom Mythos des androgynen Urmenschen inspirierte religiöse Deutung des Geschlechts gewendet, klang es so: Nicht das Männliche im Menschen, sondern das Weibliche in ihm sei gefallen. Zur Heilung des Schadens bedurfte es eines personifizierten Sittengesetzes, das schon den Menschen binden und prägen konnte. Ansonsten stand bei Pestalozzi und Ewald wie schon bei Rousseau das Selbsterhalt und Freiheit ermöglichende Eigentum im Mittelpunkt der sittlichen Bildung. Die Achtung vor dem Besitz des anderen war somit oberstes Gebot der Nächstenliebe.[39] Auf ihm beruhten alle übrigen Tugenden wie Arbeitsamkeit, Selbstbeschränkung und Selbstkontrolle, die bei weitgehendem Verzicht auf äußere Belohnungen und Strafen eingeübt wurden.

Pestalozzis herausragende Bedeutung für die von Rousseau inspirierte neuere Pädagogik stand für Ewald außer Frage, auch wenn er bei Pestalozzi selbst keine allzu große Kenntnis der einschlägigen Literatur feststellen konnte. In der Tat kam nicht jedem Gedanken Originalität zu, von dem jener dies meinte.[40] In religiöser Hinsicht wies Ewald etwa auf die Leistungen des Freundes Friedrich Heinrich Chr. Schwarz hin, der schon in den 90er Jahren Ansätze zu einer Theorie der Entwicklung der Religion aus dem menschlichen Gemüt vorgelegt hatte. Pestalozzis Hauptverdienst blieb, die Elementarbildung als Ganze und den Stellenwert des Religiösen in ihr erfaßt und für den Unterricht

---

[36] PB, 160 f., EL III, 206 f. Zu Pestalozzis Sonntagsunterredungen mit den Kindern vgl. das Tagebuch Johannes v. Muralts, Pestalozzi-Bibliogr. 1, 30bb. Zu den Andachten vgl. ebda., 34,20. Die Ansprachen am Freitag waren dem Thema »Jesus Christus als Sohn Gottes und Heiland der Welt« gewidmet, ebda., 34,20c.

[37] Manchen sahen Pestalozzis Religionsunterricht ganz im Gefolge des Philanthropinismus eines Campe und Salzmann, vgl. die Notiz in der Rez. der ALZ 1816, teilw. abgedr. in: Pestalozzi-Bibliogr. 3 (MGP 31), 66. Vom Bildungsgedanken her stand einer Aufhebung der Konfessionsschulen nichts im Wege, auch wenn der Religionsunterricht getrennt bleiben sollte, vgl. Ewald, Rede bei Vereinigung des reformirten und katholischen Gymnasiums in Heidelberg 1808 [...], Heidelberg 1809; ders., Noch ein Wort über Vereinigung protestantischer und katholischer Gymnasien [...], Heidelberg 1810 (Steiger, Bibliogr. 296 u. 306).

[38] PB, 146 ff., 164.

[39] EL II, 72. Vgl. Rousseau, OC 3, 263.

[40] EL III, 276.

anwendbar gemacht zu haben.[41] Ein Bruch mit dem Philanthropinismus wurde nicht gesehen, vielmehr eine Vertiefung der schon dort versuchten Verbindung der ständeorientierten Nützlichkeitserwägungen, wie sie die Bildung des Staatsbürgers von Belang waren, und des an der »Menschenbildung« orientierten Humanitätsgedankens in der Erziehung konstatiert.[42] Die Pestalozzische Bildungskonzeption schätzte Ewald in ihren Grundlagen als Inbegriff humanitärer Erziehung im Sinne einer Genealogie der Person, die den von der Gottebenbildlichkeit und ihren christologischen Implikationen her motivierten Bildungsgedanken voll zu integrieren vermochte.[43] Eine allgemeine Einführung der Pestalozzischen Unterrichtsmethode ließ hoffen, die Volksbildung werde zwischen Skylla und Charybdis, einem offenbarungskritischen Raisonnement der »Aufklärerei« einerseits und dem Aberglauben und blinden Untertanengehorsam andererseits, hindurchführen.[44]

In Karlsruhe, wo Ewald sich als Mitglied der Generalschulkommission um die Verbreitung der Methode in Baden bemühte, fanden sich kenntnisreiche Mitstreiter.[45] Freilich zeigte sich im Lauf der Jahre an schlechten Beispielen eines allzu starren Umgangs mit der Methode, daß eine allgemeine Einführung in den Land- und Elementarschulen ohne begleitende Maßnahmen kaum förderlich sein würde. Eine solche erwies sich abgesehen von der angesichts allgemeiner Finanznot noch immer nicht befriedigend gelösten Ausbildungs- und Besoldungsfrage der Lehrer schon aufgrund äußerer Schwierigkeiten wie der schlechten Schulraumverhältnisse als illusorisch.[46] Dabei fehlte es nicht an einem entsprechenden Plan. Zusammen mit Pestalozzi und seinen Mitarbeitern, u. a. Johannes von Muralt, hatte Ewald bei seinem Aufenthalt in der Schweiz einen Entwurf erarbeitet, wie unter günstigen Umständen Pestalozzi-

---

[41] PB, 65, 69 f., vgl. EL III, 276 f. Zur religiösen Bildung vgl. PB, 73, 194. Zur Gesamteinschätzung vgl. Wessenberg, Elementarbildung, VIIIff.

[42] EL I, 73. Eine nähere Bestimmung der konkurrierenden Bildungsziele hatte schon Peter Villaume gegeben; mit Resewitz hielt Ewald daran fest, daß sich menschliche Vollkommenheit und Brauchbarkeit gegenseitig bedingten, vgl. Peter Villaume, Ob und in wiefern bei der Erziehung die Vollkommenheit des einzelnen Menschen seiner Brauchbarkeit aufzuopfern sei?, in: Joachim Heinrich Campe (Hrsg.), Allgemeine Revision des gesammten Schul- und Erziehungswesens von einer Gesellschaft praktischer Erzieher (= Campe, Revision), Bd. 3, Hamburg 1785, 435–616.

[43] Zu früheren Aussagen vgl. Ewald, Briefe zu Beförderung der Menschlichkeit, An den Direktor eines Erziehungs-Instituts, in: Urania, 3. 1795, 9–50.

[44] PB. 73 ff.

[45] Zur Pestalozzi-Rezeption in Baden vgl. Steiger, 132 ff.

[46] PB, Zehnte Vorlesung 1805, elfte Vorl. EL III. Manche Landschulen hatten bei über hundert Schülern in einem Raum nur einen Lehrer, die ideale Größe für die Pestalozzische Methode lag bei zwölf bis sechzehn Kindern in einem Raum. Die aktuelle Kritik galt dem Militärhaushalt, der noch immer einen zu hohen Prozentsatz der Staatsfinanzen verschlang und eine zügige Verbesserung des Schulsystems verhinderte, vgl. PB, 282; stehendes Militär hielt Ewald in kleineren Staaten für überflüssig und moralisch gefährlich, eine implizite Kritik an absolutistischer Herrschaft, die sich des stehenden Heeres zur innenpolitischen Sicherung bedienen konnte.

sche Trivialschulen eingerichtet werden könnten.[47] Der erste Gedanke war die zentrale Einsetzung von Schulinspektoren, welche mit der Methode vertraut waren, die Ausbildung der Lehrer im Gebrauch der Elementarbücher in die Hand nehmen und für jede Schule einen Reformplan entwickeln konnten. Später regte Ewald außerdem nach preußischem Beispiel an, geeignete Personen nach Yverdon zu schicken und dann in der Lehrerausbildung einzusetzen, ebenso sollte dafür gesorgt werden, daß an den Universitäten die Theologen des Landes mit der Methode bekannt gemacht und so auf eine fachkundige Schulaufsicht vorbereitet würden. Umgesetzt wurde der Plan nicht.

Zu den von Ewald zurückgewiesenen Kritikern der Pestalozzischen Methode gehörte auch Friedrich Immanuel Niethammer (1766–1848), der am Rande seiner gegen die Vorherrschaft des philanthropinischen Denkens in den bayerischen Schulen gerichteten Schrift über den Gegensatz von Philanthropinismus und Humanismus hatte erkennen lassen, daß er bei Pestalozzi eine zu starke Beschränkung auf die Welt der Dinge zu Lasten der Ideen und damit die beklagte Einseitigkeit in der Vernachlässigung der geistigen Natur des Menschen fortgesetzt fand. Ewald bescheinigte ihm – in diesem Punkt zu Recht – eine mangelhafte Kenntnis der Methode.[48] Insgesamt lobte er aber dessen Schrift, da sie in ihrem Versuch, von der geist-leiblichen Doppelnatur des Menschen her eine höhere Einheit des beklagten idealtypischen Gegensatzes von dingbezogenem Philanthropinismus (Berufsbildung) und ideenbezogenem Humanismus (Menschenbildung) zu erreichen, mit Pestalozzis Intentionen mehr übereinstimmte als der Verfasser glaubte.[49] Ebensowenig gelten ließ Ewald Einwände gegen den Anspruch auf Allgemeingültigkeit der Pestalozzischen Unterrichtsgrundsätze, mit denen einer Einführung in den Volksschulen entgegengewirkt wurde.[50] Anderes betraf die theoretischen Grundlagen. So übte August Hermann Niemeyer Kritik an den drei Elementarformen der Erkenntnis, doch Ewald gab Pestalozzi im Blick auf Zeit (Zahl) und Raum (Form, Gestalt) als Anschauungsformen a priori recht.[51]

Kurz vor Drucklegung des dritten Bandes seiner *Erziehungslehre* erreichte Ewald die Schrift des katholischen Reformtheologen Leonhard (eig.: Benedikt

---

[47] PB, 283–290; mit leichten Änderungen wurde der 1805 veröffentlichte Entwurf 1810 erneut abgedr., in: EL III, 354–359.

[48] EL III, Vorr.; Friedrich Immanuel Niethammer, Der Streit des Philanthropinismus und Humanismus in der Theorie des Erziehungs-Unterrichts unsrer Zeit, Jena 1808, repr. Nachdr.: Fr. I. Niethammer: Philanthropinismus-Humanismus. Texte zur Schulreform. Bearb. v. Werner Hillebrecht (Kleine Pädagogische Texte 29), Weinheim, Berlin u. Basel 1968, 25, 79 ff. Zurückgewiesen wurde auch die 1810 von Josef Schmid, Lehrer in Yverdon, vorgebrachte, Aufsehen erregende Kritik an der dortigen Schulorganisation, vgl. Pestalozzi-Bibliogr. 3, Nr. 234h.

[49] EL III, 14, 39 ff.

[50] EL III, 29 ff., 55 f.

[51] EL III, 12 f. August Hermann Niemeyer, Über Pestalozzis Grundsätze und Methode, Halle 1810.

Maria) Werkmeister OSB (1745–1823) über die Pestalozzische Methode.[52] Dieser warnte, von Ewald als vortrefflicher Pädagoge gewürdigt, auf dem Hintergrund der Diskussion in Württemberg vor Einseitigkeiten des ihm geradezu scholastisch anmutenden formalen Bildungsansatzes, verwies auf die Leistungen der älteren Aufklärungspädagogik und konstatierte eine besondere Nähe zu August Hermann Francke, die sich ihm schon im frühen Bemühen um religiöse Bildung und in der Betonung der religiösen Empfindung zeigte. Von einer ausschließlichen Förderung der Methode riet er ab. Ewald reagierte besonnen, er sah in Werkmeisters Stellungnahme zu Recht keine Fundamentalkritik, doch wünschte er sich ein weit offensiveres Eintreten kundiger Pädagogen für die Methode. Grundsätzliche Einwände kamen dagegen von streng konfessioneller Seite mit der Behauptung, die Methode führe zu einer Auflösung des christlichen Glaubens, da dieser zur reinen Erziehungssache werde. Ewald wies die Kritik zurück, mochten auch Pestalozzis religions- und kirchenkritische Äußerungen anderen als schlechte Empfehlung seiner Methode gelten.

Nicht mehr eingehen konnte Ewald auf die gutachterliche Äußerung Friedrich Gottlieb (von) Süskinds zur Frage der Einführung der Pestalozzischen Methode in den Volksschulunterricht im Württembergischen, welche die im Vergleich zu Lippe und anderen Ländern immer noch rückständige Lage der Elementarbildung wenigstens im Blick auf eine einheitliche Lehrerbildung und -besoldung klar erkennen läßt.[53] Süskinds um Ausgewogenheit bemühte Darstellung, die in wesentlichen Punkten der von Werkmeister entspricht, relativierte zwar den von Pestalozzi-Verfechtern hervorgerufenen Eindruck, ein neues Zeitalter der Pädagogik sei angebrochen, indem er Grundgedanken wie den des anschaulichen Lernens über den Philanthropinismus und Rousseau hinaus bis zu August Hermann Francke zurückverfolgte und das Neue vor allem auf die Methodik beschränkte, kam aber insgesamt zu einem positiven Urteil, sofern nur die besonderen Anforderungen der Religions- und Sittenlehre beachtet würden. Gleichwohl kam kein Votum für eine allgemeine Einführung der Methode zustande, da es an den nötigen Voraussetzungen fehlte. Weder gab es eine entsprechende Vorbildung aller Lehrer noch genaue Unterrichtspläne. Aus vergleichbaren Gründen sollte sich auch Ewald schließlich genötigt sehen, von einer allgemeinen Einführung der Methode in Baden abzuraten, obwohl er sich von ihren Vorzügen nach wie vor überzeugt zeigte. Den erhofften Durchbruch brachte die Pestalozzische Methode für den Elementarschulunterricht auch in anderen Ländern nicht, soweit

---

[52] EL III, 262 f., 276 f. Leonhard Werkmeister (o. Vf.), Ueber das Eigenthümliche der pestalozzischen Methode, Tübingen 1810, zu Francke ebda., 106 ff.

[53] Friedrich Gottlieb von Süskind (o. Vf.), Ueber die Pestalozzische Methode und ihre Einführung in die Volksschulen, Stuttgart 1810. Immer noch gab es kein zentrales Lehrerseminar, kleinere Anstalten waren wie in Stuttgart an das Waisenhaus angegliedert; die Lehrerbesoldung ging z. T. bis auf 30 Gulden im Jahr herunter; ebda., 67 f., 71; freilich konnte die elementare Lesefähigkeit der Bevölkerung in Württemberg als gut entwickelt gelten.

sie überhaupt geduldet wurde. Selbst in Preußen, wo Nicolovius zu einem nachdrücklichen Vorkämpfer einer Schulreform im Sinne Pestalozzis wurde, beschnitt man die Methode schon 1810, bevor sie 1819 endgültig ausgemustert wurde.[54] Schon früh zeigte sich jene im Laufe des Jahrhunderts stärker werdende Tendenz zum Pragmatismus, welche im Streit um das mehr oder weniger Neue der Methode und die Möglichkeiten ihrer praktischen Umsetzung die Diskussion um die grundlegenden Erziehungs- und Bildungsziele des öffentlichen Schulwesens, hier besonders der Elementarschulen, in den Hintergrund treten ließ. Wenn Ewald immer wieder betonte, es gehe ihm nicht um Einzelheiten der pestalozzischen Methode, sondern um ihren »Geist«, dann sprach daraus die auch von Nicolovius festgehaltene Hoffnung, man werde die Grundimpulse nicht preisgeben. Für beide Männer waren diese zutiefst religiöser Natur, da auf die Erweckung und Entbindung des keimhaft im Menschen liegenden Göttlichen bezogen. Mit der späteren konfessionalistischen Domestizierung Pestalozzis sollte sich freilich gerade diese freiheitliche Dimension der Erziehungsarbeit wieder verlieren.[55]

Ewald fand bei Pestalozzi den pädagogisch erschlossenen Zugang zu einer Religion des Herzens, welche die Empfindung als die einzig mögliche innere Anschauung vom Glauben begriff und deren Urelemente nicht in Verstand und Vernunft, sondern im Gefühls- und Empfindungsvermögen entdeckte. Die Notwendigkeit einer möglichst frühen religiösen Elementarbildung des Kindes ergab sich aus der Bedeutung der ersten Eindrücke überhaupt und in seinem noch »reinen Sinn«, d. h. in der noch ungetrübt erhaltenen Tendenz zur Überschreitung der Endlichkeit von Mensch und Natur auf Gott hin dank der dunklen Ahnung vom Unendlichen. Der Begriff von Gott als Gott war nach Ewald freilich nicht aus dem Kind selbst zu entwickeln, sondern mußte ihm gegeben werden, wenn die kindlichen Erfahrungen via eminentiae einen Idealbegriff von Gott als höchster Liebe und höchster Macht zu erfassen erlaubten, eine pädagogische Variante des mystischen Aufstieges der Seele zu Gott. Religiöse Bildung erfüllt somit ihre Aufgabe erst, wenn sie den Weg zum Bekenntnis des Seins in Gott nach Act 17,28 bahnt und im Gebet die vertrauliche Sprache des »reinen Sinns« bzw. »reinen Herzens« (Mt 5,8) einübt, wie sie Ps 139 auf den an sich verborgenen Gott hin formuliert.[56] Pestalozzi klärte weiterhin die äußeren Voraussetzungen, unter denen der Religionsunterricht erfolgreich als bibelgeschichtlicher Unterricht erteilt werden konnte.[57] Dazu gehörte der frühe Unterricht durch die Mutter. Neben den elementaren

---

[54] Vgl. HDBG 3, 251 f. Zu Nicolovius und Pestalozzi vgl. Fischer, Nicolovius, 71–91, 251–295 (u. a. auch zur von Pestalozzi kritisch gesehenen Berufung und Wirksamkeit K. A. Zellers).

[55] Vgl. Fischer, Nicolovius, 292 ff.

[56] PB, 180. Gegenüber war Gott als »Allvater«; ähnliche Bildungen im Klopstockschen Stil waren »Allgeber«, »Allversorger« u. a., PB, 190.

[57] Zu den Vorteilen s. PB, 195 ff. Zu Ewalds Empfehlung der Bibelgeschichte des bayrischen Theologen Christoph von Schmid (1768–1854) als Ersatz für die Hübnersche in Baden s. kurz Schilling, 380 f.

Übungen zur Bildung des religiösen Sinns hatte diese Religionsunterricht anhand ausgewählter Bibelgeschichten zu geben. Ewald empfahl die Biblischen Geschichten von G. F. Seiler, J. G. Rosenmüller und die ersten beiden Teile seines eigenen Lesebuchs, vor allem seinen Gesamtplan.[58]

Charakteristisch für Ewald bleibt die Verschränkung von Mikro- und Makrokosmos im Erziehungsgedanken. In der Anschauung von der religiösen Anlage und der religiösen Bildungsfähigkeit des Menschen lebte der Gedanke vom Reich Gottes als inwendiger Größe nach Lk 17,21 mit der ihr eigenen Gesetzlichkeit fort, ohne daß dessen universale Dimension aufgegeben wurde.[59] Wie sich das Himmelreich in der Menschheitsgeschichte durch die lange Tradition universaler Weisheitslehre bei Plato, Sokrates, Zoroaster und Konfutse seinen Weg bahnte, bis es schließlich in vollendeter Gestalt in Jesu Leben und Werk hervortrat, so sollte in abgeleiteter Form auch die individuelle religiöse Erziehungsaufgabe als schrittweise Hinführung und Vorbereitung auf die volle Gotteserkenntnis in Christus gesehen werden. Religiöse Erziehung leistete im Idealfall am Individuum, was Gott als oberster Erzieher und heilsgeschichtlicher Pädagoge an der Menschheit leistete.

Seine eigene, im Anschluß an Pestalozzi entworfene pädagogische Konzeption legte Ewald in den beiden ersten Bänden der *Erziehungslehre* 1808 vor.[60] Für den Gesamtentwurf griff er im Gefolge des Philanthropinismus hinter Rousseaus *Émile* zurück auf die erste Programmschrift aufklärerischen Erziehungswillens von John Locke (1632–1704), den er als einen der größten Ärzte, Seelenkenner und Erzieher rühmte.[61] Ausgangspunkt sind die anthropologischen Grundkategorien von Perfektibilität und Korruptibilität.[62] Hinzu tritt die Rückversicherung durch die Lavatersche Physiognomik und die naturkundlichen Studien Pieter Campers (1722–1789), die beide Chancen und Grenzen der Erziehungs- und Bildungsaufgabe dokumentierten.[63] Als dring-

---

[58] PB, 270 ff.

[59] Vgl. PB, 201.

[60] Zum umfassenden Anspruch vgl. EL I, 31 f. Erziehung wurde bestimmt als Summe aller menschlichen Bemühungen, dem Menschen mittels der in ihn gelegten Kräfte nach der in diesen selbst liegenden Gesetzen der Entfaltung gemäß der jeweiligen Altersstufe zu seiner Bestimmung zu verhelfen. EL I, 1 ff., vgl. 23 f., 50 f.

[61] EL I, 50 f. John Locke, Some thoughts concerning education, hg. v. John W. u. Jean S. Yolton, Oxford 1989. Rudolphi (Übers.), Handbuch der Erziehung aus dem Englischen des John Locke, in: Campe, Revision, Bd. 9, Wien u. Wolfenbüttel 1787 (mit kommentierenden Anm. der Mitarbeiter am Revisionswerk, die etwa Lockes Kritik am öffentlichen Schulwesen für die neuere Zeit relativierten; zu Locke und Rousseau notierte Campe: »Sie machten Bahn, wir andern folgten«, ebda., Vorw., VIII; die Bde. 12–15 des Revisionswerks brachten die Übers. von Rousseaus »Émile«.

[62] EL I, 23, PB, 200.

[63] Pieter Camper hatte Untersuchungen zur Bemessung von Menschlichkeit und Denkfähigkeit aufgrund der »Gesichtslinie« und zum idealisch schönen Gesicht angestellt, vgl. Martin Blankenburg, Wandlung und Wirkung der Physiognomik: Versuch einer Spurensicherung, in: Pestalozzi u. a. (Hrsg.), Das Antlitz Gottes [...], AGP 31, 179–213; 184, 189.

liche Aufgabe wird vorgestellt, die schon im Wolffianismus in einer substantiellen Seeleneinheit verbunden gedachten Kräfte des Menschen, die auf eine geistige Urkraft und nicht auf eine materielle Lebenskraft zurückgeführt wurden, harmonisch auszubilden. Gefahren drohten bei einseitiger Ausrichtung und Mißachtung des metaphysischen Charakters der einheitsstiftenden Grundkraft. So wichtig etwa die ästhetische Bildung war, so wenig durfte sie doch Autonomie anstreben und das religiöse Moment zurückdrängen oder gar überflüssig machen. Dies bedeutet eine klare Distanzierung vom klassischen Konzept der autonomen Kunstästhetik. Galten die Schriften von Christoph Martin Wieland (1733–1813) und Wilhelm Heinse (1746–1803) als Beleg für die sittliche Ambivalenz des Ästhetischen, so Friedrich Schillers Briefe *Über die ästhetische Erziehung des Menschen* (1795) für die Überstellung des Religiösen an das Spielerisch-Ästhetische und die Etablierung einer Kunstreligion in einem »Staat des schönen Scheins«, wo sich Freiheit und Gleichheit mittels der Kraft der Einbildung erfüllten.[64] Die der Schillerschen Ode *An die Freude* nachgedichtete *Friedensfeier* des Wetzlarer Freiherrn Eugen von Scheler mit ihrer pointierten Zusammenschau von Völkerfriede, »Christusreligion« und Christusnachfolge, von Ewald 1802 in die *Christliche Monatschrift* aufgenommen, steht für die gegenteilige Idee eines spezifisch spätaufklärerisch-pietistischen Humanismus.[65]

Auf gesellschaftlicher Ebene war eine entsprechend integrative Pädagogik gefragt, die den Gefahren der beklagten Militarisierung und Ästhetisierung auf Seiten der bürokratischen und kulturellen Eliten Widerstand entgegensetzte, d. h. vor allem das religiöse Moment zur moralischen Vervollkommnung als Verähnlichung mit Gott und damit das Bewußtsein der Menschenwürde neu stärkte.[66] Ablehnung erfuhren die pädagogischen Ansätze des philosophischen Idealismus, dem in der These von der Vernunftbestimmtheit des Willens die empirische Basis abgesprochen wird, der Rousseausche Optimismus einer vorgesellschaftlich gedachten vollkommenen kindlichen Unschuld und der Pessimismus älterer Anschauungen, welche aufgrund des Erbsündendogmas von einer natürlichen Neigung des Kindes zum Bösen ausgingen und eine wesentliche Aufgabe der Erziehung darin sahen, den Willen des Kindes zu brechen.[67]

---

[64] EL I, 36 ff., vgl. 84. Schiller, Ueber die ästhetische Erziehung des Menschen in einer Reihe von Briefen, in: Schiller, Werke. Nationalausgabe 20,1, Weimar 1962, 309–412. Was Ewald der religiösen Erziehung vorbehalten sehen wollte, schrieb Schiller der ästhetischen zu: Die harmonische Bildung der Gesamtpersönlichkeit und die Gründung des Moralischen im Ästhetischen, ebda., 376 (Anm.), 385, 29 ff.

[65] ChrM 1802.1, 53–56.

[66] EL I, 19, 28, 34.

[67] EL II, 121 ff., mit entsprechenden Ratschlägen zum behutsamen Beugen des kindlichen Eigenwillens. Negativbeispiel einer das Kind in Beschämung und Depression führenden religiösen Erziehung war Karl Philipp Moritz' Anton Reiser. Ewalds Idealvorstellung nach Grundsätzen sittlicher Autonomie war, daß das Kind im Lauf der Zeit den Willen der Eltern als seinen eigenen frei übernahm.

Ausdruck dieser Haltung war Luthers Übersetzung von Prov 3,12 (vgl. Hebr 12,6), wo Erziehung mit Züchtigung und Strafe gleichgesetzt wird, eine Sichtweise, welche Eltern dazu brachte, aus Liebe zum Kind ihre Liebe zu verbergen.[68] Ewald suchte auch hier einen »dritten Weg« zwischen Rousseau und den »alten« Theologen, indem er die allgemeine Sündhaftigkeit des Menschen auf einseitig entwickelte Anlagen und Neigungen zurückführte. Statt von Sünde wollte er lieber von Fehlern sprechen, wie sie die alte Temperamentenlehre bei den einzelnen Temperamenten festgestellt hatte.[69]

Religiöser Erziehung wurde die konkrete Aufgabe zugeschrieben, in die »Mystik des Alltags« einzuführen. Ohne Verständnis für diese Mystik war es dem Individuum unmöglich, die im Drama des menschlichen Lebens zur Entschlüsselung bereitliegende Symbolik als Sprache göttlicher Erziehung zu entziffern.[70] Wird Religion in diesem Sinne als Lese- und Wahrnehmungskunst verstanden, so ist der Erzieher Mystagoge und Priester, der in die Geheimnisse göttlicher Pädagogik einweiht und deren Schau vermittelt. Er hilft dem Menschen zu seiner Bestimmung, indem er zum Erleben des Urphänomens von Religion, dem heiligen Schauer, anleitet. Dieser stellte sich nach Ewalds Überzeugung vorrangig in den erhabensten Momenten des Lebens ein, wo die göttliche Inspiration der Liebe gefühlt und mit »hochpoetischem« und doch (!) wahrem Blick geschaut wird.

Ziel dieser Bereitung war die Menschwerdung des Menschen im wachsenden Bewußtsein der Gottebenbildlichkeit, was mit der Gewißheit übereinkam, Liebling Gottes und Zögling der Vorsehung zu sein.[71] Die traditionell bewahrte Spannung zwischen Sünden- und Gnadenbewußtsein wird zugunsten einer gnadenhaft erlebten Entspannung im überwältigenden Gefühl der Gotteskindschaft aufgegeben, ein besonders der Herrnhuter Frömmigkeit nahestehendes Phänomen. So verwundert es nicht, daß Ewald die Pädagogik, gemessen an ihrem Gegenstand und ihrer Aufgabe, der Bildung des Menschen für das Diesseits und das Jenseits, zur bedeutendsten Aufklärungswissenschaft im Sinne »wahrer« Aufklärung erklärte. Ihr diesbezüglicher Stellenwert wurde freilich im allgemeinen nicht erkannt.[72] Den häufigsten Einwänden gegen den Erziehungsgedanken widmete Ewald daher auch einen eigenen Vortrag.[73] Sie

---

[68] Zur Übersetzung der analogen Stelle von Tit 2,12 bei Jung-Stilling (statt »züchtigende« »erziehende« Gnade) vgl. Schwinge, 67.

[69] EL II, 128. Zum Sündenverständnis im Raum der philanthropinischen Pädagogik vgl. Peter Villaume, Von dem Ursprung und Absicht allen Übels, 2 Bde., Frankfurt u. Leipzig 1786.

[70] »Es ist die Mystik der Lebensführung; das Symbolische in dem Drama des Lebens!« EL I, 16.

[71] EL I, 42 ff.

[72] EL I, 34 f. Zum Topos »wahrer Aufklärung« vgl. ebda., 49, 56, 63, 73; ansonsten blieb der Aufklärungsbegriff allgemein bildungs-, d. h. wissens- und begriffsbezogen. Zur auf Schelling anspielenden Zeitkritik vgl. ebda., 53, die »Philosophie von einem Nichts, von einer Identität aller Dinge, von einer Religion ohne Gott« gelte »in den Modeköpfen als hohe Weisheit«.

[73] EL I, vierte Vorlesung.

reichten von der Behauptung, der Mensch bleibe sich trotz aller Erziehung gleich, über die Vorbehalte gegenüber dem methodischen Vorgehen bis zur Kritik an der Praxis verschiedener Erziehungsinstitute.

Grundsätzlich sah Ewald den Erziehungsgedanken schon durch die Verbesserung der Stellung der Frau in den von abendländisch-christlichen Erziehungsgrundsätzen geprägten Ländern gerechtfertigt. Die Leitgedanken von Humanität und natürlichen Menschenrechten, die in die allgemeine Erziehungslehre eingingen, wurzeln demnach in der christlichen Tradition.[74] Schon immer waren sie in sinnlicher Gestalt in der Abendmahlsfeier präsent, die damit wiederum als an den Wurzelgrund der Humanität reichendes soziales Urphänomen mit gesellschaftlicher Bedeutung behauptet wird. Der Hinweis auf das häufige Mißlingen der Erziehungsbemühungen verfing nicht, da auf das Fehlerhafte der Methode verwiesen werden konnte. So war einer unter ständiger Aufsicht vollzogener Standeserziehung ebensowenig Erfolg verheißen wie einer zu strengen religiösen Erziehung, die nach Ewalds eigener Erfahrung nur Abneigung hervorrief.[75] Dennoch war die aus ähnlichen Einsichten erwachsene Ansicht neuerer Pädagogen falsch, welche zu einer areligiösen Erziehung rieten, bis das Kind selbst entscheidungsreif war; schließlich lag das »Organ der Religiosität« nicht im Denkvermögen.[76]

Andere Einwände wurden als berechtigt anerkannt. So gab Ewald im Rückblick dem pädagogisch versierten Schwaigerner Diakon Johann Jakob Brechter (1734–1772) gegen Basedow und die Philanthropinisten in der Frage von Belohnung und Strafe und der Erziehung zum Gehorsam Recht, ebenso August Wilhelm Rehberg in der Kritik an Rousseau und Campe.[77] Als problematisch galt etwa die den »heiligen Ernst« des Lernens und der Anstrengung verderbende Spielmethode.[78] Gleichwohl sollte der Grundgedanke bestimmend bleiben, dem Kind müsse seine Kindheit so lange wie möglich als »Unschuldsparadies« bewahrt werden.[79] Dies bedeutete, daß das Kind seine Eltern möglichst als fehlerlos erleben, in absolutem Gehorsam an das Gute

---

[74] Auch für F. H. Jacobi schlossen sich wahre Humanität und Gottvergessenheit aus, vgl. Ueber gelehrte Gesellschaften, in: Werke VI, 47.

[75] Nach Ewalds Erinnerung duldete der Vater, Georg Ernst Ewald (gestorben 1772), keinerlei Widerspruch bei seinen Kindern. Als seine früheste Kindheitserinnerung schildert Ewald die Trauer des Vaters bei der toten Mutter, Maria Charlotta geb. Vigelius, er war zu dieser Zeit etwas über 3 Jahre alt, also starb die 1719 geb. Mutter wohl Ende 1751, EL I, 128.

[76] EL I, 63 ff.

[77] EL I, 68 ff. Johann Jakob Brechter, Briefe über den Aemil des Herrn Rousseau, Zürich 1773. Brechter war Vertrauter der Sophie von La Roche. Das Werk widmete sich vor allem der praktischen Erziehungsaufgabe in körperlicher Hinsicht. Nach Rousseau war für das Kind nur das gut, was es als gut empfand – eine nach Ewald einseitige Redeweise, die sich freilich aus dem Gegensatz gegen die Fehler des erzieherischen Despotismus erklären ließ, EL II, 105, 108.

[78] Zur Subsumierung des Lernens unter den modernen Arbeitsbegriff vgl. PB, 122; 222; PB, 6. Vorlesung, 154–156.

[79] EL I, 91 f. vgl. EL II, 60; zur Sexualität EL II, 156, 158; 6. Grundsatz, PB, 298 f.

gewöhnt und von allen Irritationen des Bösen, zu denen auch bestimmte Bibelgeschichten gehörten, ferngehalten werden mußte.[80]

Im weiteren Verlauf vermittelt Ewald Grundkenntnisse zur physischen und psychischen Entwicklung des Kindes. Allgemein virulent war nach wie vor das Problem der hohen Kindersterblichkeit.[81] Die Pockeninokulation war inzwischen nicht mehr der aktuelle Stand der Wissenschaft, an ihrer Stelle wurde die Schutzimpfung (Vaccinieren) nach Jenner empfohlen. Aus Frankreich und England lagen positive Erfahrungsberichte zu Maßnahmen der Gesundheitsvorsorge und zu verbesserten Wohnverhältnissen mit geeigneten Kinderzimmern vor. Zur beschleunigten Überwindung der Vorurteile in Säuglingspflege und Kindererziehung und einer besseren Versorgung der Vorschulkinder machte Ewald gesundheits- bzw. sozialpolitische Vorschläge, die der allgemeinen Entwicklung weit vorausgriffen und in den sich erst langsam öffnenden Freiraum der beruflich eigenständigen sozialen Tätigkeit der Frau weisen. Einmal regte er die Einrichtung öffentlicher Schulen zur qualifizierten Ausbildung von Kindermädchen unter Leitung eines Erziehers und Arztes an.[82] Ewald dachte an eine Initiative von Seiten der Bürger im Sinne des alten Landespatriotismus, der zur Bremer Bürgerschule geführt hatte. Ansonsten blieb nur die Weiterbildung der möglichst jungen Kindermädchen durch die Lektüre von einschlägigen Erziehungsschriften.[83] Zum anderen sprach er sich für die Einrichtung von »Spielschulen« zur Betreuung der Vorschulkinder im Alter von drei bis sechs Jahren aus. Damit sollte die Tendenz der immer früheren Einschulung Einhalt geboten werden, die den Müttern Entlastung und den Lehrern zusätzliches Schulgeld brachte. Schulrechtliche Regelungen erfolgten hierzu erst seit etwa 1820.[84] Ähnliche »Bewahranstalten« gab es nach

---

[80] Vgl. EL I, 158, EL II, 53 ff., 92, 125. Der erste Menschenerzieher, Gott, wählte ein Paradies zur Kinderstube des ersten Menschen; jedes Kind werde »wahr und gerade« mit einem »physiognomischen Sinn« geboren, das alles Falsche im Gegenüber bemerke; gleichwohl entwickle sich ein gefährlicher Hang zum Gefallen.

[81] EL I, 134 ff., Die Hälfte der Kinder starb demnach immer noch im 3. Lebensjahr, 10 % in den Kinderjahren, ebda., 137.

[82] EL I, 141 f. Fachliche Ausbildungsmöglichkeiten für Mädchen boten bislang vor allem die Nähschulen, aber es existierten auch schon wie in Heidelberg Schulen für Krankenschwestern (»Krankenwärterinnen«); entsprechend sollte es Schulen für »Kinderwärterinnen« mit einer jährlichen Entlohnung von 5 bis 6 Louisd'or geben.

[83] Vgl. Christoph Wilhelm Hufeland, Guter Rat an Mütter über die wichtigsten Punkte der physischen Erziehung der Kinder in den ersten Jahren, 2. verb. Aufl. Berlin 1804 (zuerst 1799); das richtige Verhalten (Grundsätze waren kaltes Waschen, lauwarme Bäder, tägliches Luftbad und Reinlichkeit) wurde als Voraussetzung einer harmonischen Entwicklung der Seelenkräfte betrachtet und berührte daher auch die Entwicklung des moralischen und religiösen Sinnes; »[...] wie viele Schiefheiten der Denkart und des moralischen Gefühls sind im Grunde nichts weiter, als Kränklichkeit und Verstimmung des Körperlichen! [...] Witz, Genieflug, erhitzte Einbildungskraft, Schwärmerey u. s. w. [sind] in unserer Generation weit häufiger [...] als reiner natürlicher Sinn und richtige Urtheilskraft [...]« Ebda., 15 f.

[84] EL I, 146; vgl. HBDB 3, 147. Schon Ewald dachte wie Fröbel an einen Kinder*garten:* ein Garten mit Tierhaltung galt als »zweckmäßiger Auszug aus der Schöpfung«; nicht ein Orbis

Ewald bisher nur in Paris und in Detmold, dort 1802 von der Fürstin Pauline nach französischem Vorbild gegründet, allerdings noch im Rahmen der Armenfürsorge. Von Johann Friedrich Oberlins 1770 in dörflichem Kontext eingerichteten Kleinkinderanstalten (Strickschulen), die vom Typus her allerdings eher zum Industrieschulwesen zu zählen sind, hatte er offenbar keine Kenntnis. Seine Grundidee sollte ihre organisatorische Verwirklichung in der von Friedrich Fröbel initiierten Kindergartenbewegung und ihrer Pestalozzi weiterdenkenden Pädagogik finden, bei der Kindergarten und Familie in der Erziehungsaufgabe direkt ineinandergriffen.[85]

Die Erziehungsregeln selbst, die Ewald vorstellte, folgen philanthropinischen und Pestalozzischen Grundsätzen des graduellen Fortschreitens und Vermeidens alles Unvermittelten nach der allgemeinen Leibniz-Wolffschen Regel, die Natur mache keine Sprünge.[86] Bis zum sechsten Lebensjahr wird im Blick auf die geistigen Fähigkeiten nur an eine behutsame Hilfestellung in der Selbstentwicklung des Kindes gedacht, ein eigentlicher Unterricht, etwa im Lesen, und die gezielte Übung des Gedächtnisses sollten vermieden werden. Zur physischen Erziehung gehörte die Schritt für Schritt sich steigernde Abhärtung unter Vermeidung von Erschütterung und Schrecknissen. In den ersten drei bis vier Lebensjahren waren Jungen und Mädchen gleich zu erziehen, vor allem sollten die Mädchen nicht, wie noch üblich, vor der Zeit zum langen Stillsitzen gezwungen werden.

Aus den Ewaldschen Angaben lassen sich zahlreiche Details der bürgerlichen Alltagswelt des Kindes erheben. Sie zeigen, wie schwierig sich die Anerkennung der besonderen Bedürfnisse des Kindes gestaltete, zumal oft die materiellen Voraussetzungen fehlten, sie nach den geforderten Maßregeln zu befriedigen.[87] Am wichtigsten aber war, daß der Ermöglichungsgrund geistigseelischer Entwicklung des Kindes, die in der Liebesfähigkeit gesetzte Gottebenbildlichkeit, nicht aus dem Blick geriet.[88] Sie allein ermächtigt die lieben-

---

sensualium *pictus* nach Art des J. A. Comenius (1653 zuerst ersch.) sondern ein Orbis *vivus* sollte als »Schulbuch« dienen.

[85] Zu Oberlin, von Oetinger und vom Philanthropinismus beeinflußter Pfarrer im Steintal, vgl. H. Weigelt, in: Geschichte des Pietismus 2, 726 ff. Otto Friedrich Bollnow, Die Pädagogik der Romantik. Von Arndt bis Fröbel, 3. Aufl. Stuttgart, Berlin u. a. 1977; HDBG 3, 84 f., 328 ff.

[86] Vgl. EL I, 171 f. So hatte etwa das Entwöhnen (Abstillen, Ablaktation) langsam zu erfolgen, ebda., 166.

[87] Neunte Vorlesung. EL I, 157 ff. Z. B. waren die Kinderstuben in der Regel die schlechtesten Zimmer, niedrig, dunkel und stickig, gelüftet wurde selten, die »gute Stube« blieb für Gesellschaften reserviert. Dagegen forderte Ewald für die Kinderstube einen Windofen, eine annehmbare Zimmertemperatur von rund 19 Grad Celsius, Frischluft und genügend Helligkeit, wenngleich die Sorge vor Augenschäden (»schwarzer Star«) vor Blendung durch das Sonnenlicht warnen ließ; auch stand den Kindern ein eigenes Kinderbett zu; weiterhin sollte an sanftes Aufwecken, bequeme Kleidung und Verzicht auf Gängelung durch spezielle Stühle und Laufbänder gedacht werden.

[88] EL I, zehnte und elfte Vorlesung. Zur Kritik an der sog. Sokratik, dem »Herausfragen« von Begriffen, vgl. PB, 295 f. Die Sokratik als Bildungsmethode hatte nach Pestalozzi nur insofern

de Mutter zu der ihr eigenen Kommunikation mit dem Kind, so daß selbst bei schlechten äußeren Voraussetzungen die Erziehungsaufgabe gelingen konnte. In der von ihrem Ursprung her als heilig apostrophierten Mutterliebe aktualisierte sich der Rest paradiesischer Unschuld, der auch den gefallenen Menschen ins Leben geleitete.[89] Dies unterstreicht die Bedeutung der Erziehung für die Glaubensfähigkeit des Menschen. Religion wird als »Herzensreligion« wie bei Friedrich Heinrich Chr. Schwarz insofern zur Erziehungssache, als die Erweckung des religiösen Sinnes deren Aufgabe darstellt.[90] Der wie selbstverständlich eingeübte Gehorsam gegenüber den Eltern im kindlichen »Paradies des Glaubens und der Liebe« sollte dabei den Gottesgehorsam vorbereiten.

Für die Beschreibung der geistig-seelischen Entwicklung selbst werden fundamentale Spannungsverhältnisse benannt, die in der Erziehung nicht einseitig aufgelöst werden durften. Diese bestanden einmal analog zu physiologischen Erscheinungen, wie sie Albrecht von Haller (1708–1777) – Bahnbrecher der modernen Medizin – experimentell erforscht hatte, im Verhältnis von Sensibilität und Irritabilität, zum anderen im Verhältnis von Denk- und Empfindungsvermögen. Die Vorstellungswelt des Kindes in der Phase überwiegender Sensibilität war mythisch, es lebte die organische Ganzheit und Einheit seiner Kräfte von Phantasie, Verstand und Empfindung, umfangen von einer Welt des Wunderbaren und Geheimnisvollen, Spiegel der analogen Phase in der Frühzeit der Menschheit.[91] Die Mythologie der Völker überlebte demnach in Gestalt der Märchen, die, am besten in erzählter Form, in ihrer dramatischen Gestalt die kindliche Phantasie bildeten, ohne zu moralisieren. Herder hatte eigene Beispiele geliefert.[92] Erst im jugendlichen Alter sollte allmählich mit dem Mittel der rationalen Überzeugung gearbeitet werden. Eine zu kurze Kindheit wurde daher ebenso mitverantwortlich für das Vordringen offenbarungskritischer »totkalter Zweifelsucht« in der Gegenwart gemacht wie für die Hinwendung zu einem rein stimmungsmäßig gefühlsbetonten Christentum.[93]

Das zweite erzieherisch relevante Spannungsverhältnis bestand zwischen Denk- und Empfindungsvermögen, wie es Herder analysiert hatte. Alle Weisen der Menschheitsgeschichte von Homer, Solon und Sokrates über Jesus bis zu

---

Bedeutung, als sie dem vorhandenen Wissen über sich selbst Klarheit verschaffen konnte, seine Methode aber griff zurück auf die vorgängige Entwicklung der Fähigkeit, Wissen aufzunehmen und Gefühle zu äußern.

[89] EL I, 187 f., vgl. EL II, 190 f.
[90] Vgl. kurz: F. H. Chr. Schwarz, Religion, eine Sache der Erziehung, in: Daub u. Creuzer (Hrsg.), Studien 2, 174–227.
[91] »Der Bildungsgang der Völkergeschichte [als Aufklärung] führte immer von der Dämmerung allmählich zum Licht [Klarheit der Begriffe].« Gleichwohl galt: die Periode der Dämmerung war ebenso nötig wie die des Lichts – »vielleicht noch nöthiger« [!]. EL I, 208.
[92] Herder, Palmblätter. Erlesene morgenländische Erzählungen für die Jugend (1786), Vorr. in: SWS 16, 543–590.
[93] EL I, 211.

Luther und Lavater zeichneten sich durch die Fähigkeit aus, den Menschen an seiner Wurzel, der »Urkraft« der Empfindung, der Liebe als Gottesfunken und Mittel zur Vergöttlichung, zu ergreifen.[94] Sittliche Erziehung konnte demnach im Grund nichts anderes sein als Erziehung zur Liebesfähigkeit durch Liebe.[95] In der in der Kindheit zu entwickelnden Liebesfähigkeit sollte die Anlage zur Religiosität gesehen werden, sie zu fördern war Voraussetzung eines gelingenden Katechismusunterrichts. Für die Ausbildung des diskursiven Denkens spielten Assoziation und Analogie eine zentrale Rolle; Vorurteilsbildungen mußten frühzeitig durch Schulung der Beobachtungsgabe verhindert werden.[96]

Weitere Überlegungen galten der Ausbildung guter Gewohnheiten, so das Einüben der Selbstverleugnung durch kleinere Verzichtleistungen und verschiedene Formen der Selbstkontrolle und Selbstbeobachtung.[97] Da es einen angeborenen moralischen Sinn, der aus sich selbst zum Urteil über Gut und Böse kommt, nicht gebe, bedürfe es der Erziehung zur Sittlichkeit mittels der »Goldenen Regel« und der Ausbildung der für verantwortliches Handeln notwendigen sympathetischen Fähigkeiten.[98] Ein wichtiges Element des erzieherischen Handelns stellte die fortlaufende Kontrolle durch unbemerkte Beobachtung des kindlichen Verhaltens mit detaillierter Tagebuchführung dar.[99] Besondere Gelegenheit bot das in seiner Eigenständigkeit noch nicht hinreichend gewürdigte kindliche Spiel, für das der Reform- und Turnpädagoge GuthsMuths reiches Anregungsmaterial lieferte.[100] Die Einstellung gegenüber den kindlichen Gesellschaftsspielen blieb dabei ambivalent: Einerseits verbot das Idealbild kindlicher Unschuld aggressive Ritter- und Räuberspiele, andererseits forderte die Offenheit für die Darstellung des Dramatischen im Shakespeareschen Sinne Nachsicht mit dem gelegentlichen Aufführen großer Schlachten mit Schießen, Hauen und Stechen.[101]

---

[94] In der Liebe verliert der Mensch sein Ich an ein anderes, wodurch Ich- und Selbstbewußtsein entsteht und das Ich genossen, d. h. selbst Gegenstand der Liebe in der Eigenliebe werden kann. Das Empfangen, indem man gibt, und das Gewinnen, indem man verliert, gehört demnach zur menschlichen Natur, vgl. EL I, 244 sowie die Bestimmung der Nächstenliebe in Ewalds Kantschrift.
[95] EL I, 246.
[96] Die Analogie galt neben eigener und fremder Erfahrung als der Hauptquell aller Begriffe und Kenntnisse, sie beruhte auf dem Humeschen »Gesetz der Association der Begriffe«, EL I, 233 f. Zum fiktiven, da nicht kausal erklärbaren und nach Hume somit rein subjektiv-psychologischen Charakter des Zusammenhangs verschiedener Ereignisse vgl. Ulrich Voigt, David Hume und das Problem der Geschichte, 99 f.; das Assoziationsprinzip galt nicht nur für die gedankliche, sondern auch für die gefühlsmäßige Erkenntnis (Phänomen der Sympathie), ebda., 112 ff.; Kondylis, 287 ff.
[97] Dazu zählten Tagebuchführen und wöchentlicher Rechenschaftsbericht, EL I, 239.
[98] Zum »moral sense« bei Francis Hutcheson und vergleichbare Vorstellungen bei Home, Hume, Shaftesbury, Rousseau und Hemsterhuis, vgl. SI, 15 ff.
[99] EL II, zwölfte Vorl., vgl. ebda., 28. Vgl. das Tagebuch Pestalozzis v. 1774, in: SW 1, 117–130.
[100] EL II, 14, vgl. EL III, 92. Vgl. z. B. Johann Christoph Friedrich GutsMuths, Gymnastik für die Jugend [...], Schnepfenthal 1793.
[101] EL II, 25.

Eine wichtige Abgrenzung gegen streng konfessionelle wie pietistische Erziehungspraktiken lag darin, daß kein Kind auf böse Neigungen hin beobachtet werden sollte, da jedes Kind »wahr und gerade« geboren werde und die meisten Verbiegungen wie etwa das Lügen auf das Konto der Erziehung gingen. Statt einer angeborenen Neigung zum Bösen wurde ein ausgeprägter physiognomischer Sinn konstatiert, der jede Falschheit am Gegenüber sogleich bemerke.[102] Das Ur-Böse wurde im Kind allein tendentiell, nicht als entschiedene Neigung vorausgesetzt und eher mit Fichte als Trägheit verstanden.[103] In dieser antirationalen, empirisch-psychologischen Sichtweise erschienen so verschiedene Vorstellungen wie die traditionelle Erbsündenlehre, das radikale Böse bei Kant und die biologische Verankerung des Verhaltens in der Schädellehre Franz Josef Galls (1758–1828) als überzeichnet.[104]

Voraussetzung jeglicher Wertevermittlung war die Atmosphäre der bürgerlichen Häuslichkeit, die nach Ewald in den Familien der höheren Stände fast ganz fehlte. Deutlich abgewehrt wurden die Geselligkeitsideale der höfischen Lebenswelt, die nach wie vor ihre Faszination ausübten. So sollte das bürgerliche Kind nicht in einer die Erwachsenenwelt nachmodellierenden Kinderwelt mit Bällen und Schauspielen aufwachsen, sondern sich in Spiel und Improvisation selbst inszenieren und darstellen lernen. Zu den Erziehungsidealen bürgerlich-häuslicher Tugend gehörten die Ordnungsliebe, der planvolle und zweckmäßige häusliche Fleiß, Sparsamkeit und Genügsamkeit als willige Ergebung in das eigene Geschick als Gotteswille sowie die traditionell als »Eingezogenheit« bestimmte Häuslichkeit im engeren Sinne.[105] Der Begriff der »Eingezogenheit« streicht die Priorität der Privatheit, des häuslichen Familienlebens, vor gesellschaftlichen Bezügen heraus. Die

---

[102] EL II, 54 f., vgl. 62, wo unter den verschiedenen Erziehungsfehlern, welche zum Lügen führten, auch das unmäßige Bestrafen genannt wurde. Als Beispiel nannte Ewald streng pietistische Eltern, die wohl ein frommes Kind, aber kein Kind wollten, und so alle Religiosität durch Furcht vor Strafe zerstörten.

[103] Allein das Phänomen des Neides ließ Ewald zeitweilig schwanken – doch auch dies »Urübel« blieb der erzieherischen Einflußnahme zugänglich, EL II, 21 f., 129.

[104] Die Kantsche Auffassung vom radikalen Bösen in der menschlichen Natur, die der Erziehung die Erschaffung einer andern Natur des Menschen abverlange, hielt Ewald geradezu für gotteslästerlich; freilich gibt es bei Kant unter dem Aspekt sittlicher Freiheit keinen Zwang zum Bösen, Kant, RG, Werke 4, 665 ff.; eine charakteristische, die psychologische Ermäßigung des Problems des Bösen illustrierende Position vertrat F. V. Reinhard, der von einer angeborenen Verderbnis nur abstrakt *vor* aller freien mit Bewußtsein verknüpften Tätigkeit sprechen wollte und sich ansonsten mit dem natürlichen Hang zum Bösen begnügte, Reinhard, System der Christlichen Moral, Bd. 1, § 99, 376 ff. Zur physiologischen Sicht vgl. Franz Joseph Gall, Darstellung des Gehirns, als Organ der Seelenfähigkeiten, Leipzig 1802.

[105] EL II, 53, ebda., 37 f. Dabei dominiert die Vorstellung der ständigen Tätigkeit auch das Spiel. Jede Freizeit im Sinne von Untätigkeit galt als Faulheit und Müßiggang. Häuslichkeit im engeren Sinne wird auch als »Heimischkeit« bezeichnet, EL II, 34. Dem Kind sollte der eigene Garten Ersatz für Naturaliensammlung, Karneval und Oper sein, eine Abgrenzung gegenüber den Idealen des höheren Bürgertums, EL II, 38. Zur Werbung für das Familienfest in Konkurrenz zu Schauspielen, Bällen u. Ä. vgl. Jb. für die Menschheit 1789.2, 289–304.

häusliche Welt wird als entpolitisierter Raum mit eigener Öffentlichkeit präsentiert. In Äußerungen des Thoas aus Goethes *Iphigenie* fand Ewald die im Rückgang auf die Antike noch zugängliche Idealität des im Haus bereiteten Wohles gespiegelt.[106]

In diesem Kontext sollten die Kinder einmal zur Selbstbeschäftigung angeleitet und ihnen zur Ausbildung von Selbstvertrauen und Verantwortungsbewußtsein eigene Zuständigkeitsbereiche angewiesen werden, zu denen auch der Umgang mit Geld gehörte, zum anderen war in Gestalt der Familienfeste wie Geburtstags- und Weihnachtsfeier den Kindern das Haus und die Beziehung zu den Eltern schätzenswert zu machen. Insbesondere das Weihnachtsfest bot sich der religiösen Erziehung als kindlich-sinnliches Sakrament göttlicher Wohltaten an.[107] Ein Blick auf Schleiermachers *Weihnachtsfeier* zeigt an dieser Stelle, wie bei vergleichbaren Grundanschauungen – etwa hinsichtlich der Hochschätzung häuslicher Geselligkeit, des Interesses an der Kindgemäßheit des Festes und der Beobachtung der religiösen Entwicklung der Kinder – doch die Differenzen unübersehbar sind.[108] Für Schleiermacher blieb die religiöse Erziehung immer von der transzendentalen, menschlichem Einfluß entzogenen religiösen Bildung unterschieden. Die praktische Erziehungsaufgabe selbst gestaltete sich im wesentlichen negativ in der eher zurückhaltend-begleitenden Teilnahme der Erziehenden am religiösen Entwicklungsprozeß der Kinder, während für Ewalds theologisch-heilsgeschichtliche Denkweise religiöse Bildung und Erziehung analoge, sich zu einem guten Teil überschneidende Vorgänge waren und das absichtliche Einwirken auf die Kinder bei allem Respekt vor der letzten Unverfügbarkeit des Glaubensaktes in den Vordergrund rückte. Hier zeigt sich, daß Ewald – wie im übrigen auch Pestalozzi – der älteren pietistischen Pädagogik eines A. H. Francke näher steht als der Schleiermachers, der die Religion wohl zur Mitte des transzendentalen Bildungs-, aber nicht (mehr) zum Zentrum des praktischen Erziehungsbegriffs machte.[109] Dies berührte im Sinne der religiösen Volksbildung auch die Er-

---

[106] Goethe, Iphigenie auf Tauris, 226 ff., in: Werke 5, 13 f.
[107] Zum bürgerlichen Familienfest vgl. Jb. für die Menschheit 1789.2, 289–304; Friedrich Leopold Graf Stolberg, Ueber die Sitte der Weyhnachtsgeschenke, 1781, in: Sammlungen zu einem ChrMag 1783.4, H. 1, 124–128.
[108] Schleiermacher, KGA I/5, 39–98 (102).
[109] Bestätigt wird dies auch im Blick auf die Bedeutung, die Liebe und Vertrauen in der von positiver Autorität bestimmten Kind-Eltern- bzw. Kind-Lehrer-Beziehung bei Ewald zukommen, insofern dadurch die erzieherischen Einflußmöglichkeiten vergrößert wurden; Analoges galt dann – unbeschadet des Eigenwertes, welcher der freien personalen Wechselseitigkeit in Liebe und Vertrauen zuerkannt wird – für die Beziehung des Menschen zu Gott als dem wahren Erzieher in der Heils- bzw. Glaubensgeschichte des einzelnen und der Menschheit und dessen Offenbarungsautorität. Gewandelt haben sich gegenüber Francke insbesondere die theologischen Vorgaben vom Sündersein des Menschen aufgrund einer ermäßigten Erbsündenvorstellung und damit die direkte Bedeutung von Erbsünde und Taufbund für das christliche Erziehungshandeln. Zur allgemeinen Orientierung vgl. Kum Hee Yang, Anthropologie und religiöse Erziehung bei A. H. Francke und Fr. D. E. Schleiermacher, (Diss.masch.) Tübingen 1995. Zu Schleiermacher

wachsenenwelt: Auf dem Land hätte Ewald die traditionsreichen Erntefeste gern in den Rahmen des christlichen Familienlebens überführt gesehen. Die Tradition der ausgelassenen Flurfeste mit ihren Umzügen fand wenig Gefallen, wie die Kritik an den sog. Rosenfesten zeigt. Alle Anklänge an das Dionysische und Bacchantische erregten Mißtrauen. Das Bildungs- und Erziehungsideal christlicher Bürgerlichkeit definierte sich deutlich in Abgrenzung nach zwei Seiten hin, zur höfischen und zur bäuerlichen Lebenswelt.

Das Gegenstück zur Tugendbildung in der Förderung der guten Anlagen des Kindes bestand in der Lenkung der für gefährlich erachteten Triebe. Ein besonders heikles Thema stellte die Sexualität dar, die unter dem Vorzeichen drohender sinnlicher Exzesse und entsprechend der gängigen, vom Kultischen ins Moralische transformierten Befleckungsmetaphorik als Verlust der Reinheit abgehandelt wird.[110] Schon Ewalds Einführung in das Thema zeigt die Schwierigkeiten, das tabuisierte Thema in öffentlicher Rede anzusprechen. Die Maßnahmen, mit denen die sexuelle Reifung möglichst verzögert werden sollte, zielten im Gefolge Rousseaus auf Verminderung aller körperlichen und geistigen, auf Nervensystem und Vorstellungskraft wirkenden Reize, welche das sexuelle Verlangen stimulieren konnten. Die günstigsten Voraussetzungen in körperlicher Hinsicht bot das Landleben.[111] Zur geistigen Reizverminderung gehörte das Verbergen des nackten Körpers und der sexuellen Aktivität der Eltern vor den Kindern. Nacktheit wurde auf allen Kulturstufen über dem »Naturmenschen« zum Tabu.[112] Die Angst galt vornehmlich dem Verlust des Schamgefühls.[113] Jean Paul hatte zwar darauf hingewiesen, daß nicht zu früh Schamhaftigkeit zu »lehren« und damit vorzeitig Interesse am Tabu zu wecken sei – aber nach Ewald war doch so früh wie möglich daran zu gewöhnen.[114] Vom Schamgefühl im Angesicht des Heiligen und seine bewahrende Funktion als Genius hatte Herder anhand der Paradiesgeschichte gehandelt.[115] Das Schamgefühl wurde zum Mittel, die Sexualität zum heiligen Geheimnis zu verklären, entsprechend verdeckt sollte auf Fragen der Kinder geantwortet werden.

---

s. näherhin Ursula Frost, Einigung des geistigen Lebens. Zur Theorie religiöser und allgemeiner Bildung bei Friedrich Schleiermacher, Paderborn u. a. 1991 (= Frost, Einigung).

[110] EL II, 154 ff., 18. Vorl.

[111] Zu Mißtrauen und Angst im Blick auf die Anleitung und strenge Beaufsichtigung der mit den Kindern Umgang pflegenden Dienstboten und Kindermädchen vgl. EL II, 170 und PB, 264 ff. Zur körperlichen Reizminderung gehörten ausreichend ermüdende Bewegung an der frischen Luft sowie besondere Schlaf-, Ernährungs-, Kleidungs- und Hygieneregeln – und der Verzicht auf die körperliche Züchtigung mit der Rute.

[112] Anders war dies noch bei den »Wilden« Tahitis (»O-tahiti«), EL II, 176 f.

[113] EL II, 172 ff.

[114] Jean Paul, Levana, § 129, in: Werke 5 (SW I, 5), § 129, 820.

[115] »Wunder der Natur, du Engel am Paradiese mit dem Flammenschwerte, heilige Scham!« Herder, SWS 7, 92. Zur theologischen Ethik vgl. z. B. F. V. Reinhard, System der Christlichen Moral, Bd. 2, § 250.

Neben den religiösen und moralischen Argumenten gegen die sog. Selbstschändung stehen die medizinischen, wie sie in der einschlägigen Literatur von Ärzten und Erziehern namhaft gemacht wurden. Ausführliche Darlegungen zur Frage, wie vor dem angeblich Leib und Seele zerstörenden Laster der Unzucht und Selbstschändung bewahrt und wie der als angesteckt Betrachtete geheilt werden könnte, hatte Campe 1787 einschließlich praktischer Vorschläge zur Sexualaufklärung beider Geschlechter herausgegeben. Die philanthropinische Anti-Onanie-Kampagne wirkte weiter nach, ihre Grundsätze blieben vorbildlich.[116] Bei Campe finden sich wie in der verbreiteten Schrift zur Mädchenerziehung des Pfarrers und Schriftstellers Johann Timotheus Hermes (1738–1821) deutliche Warnungen vor der Masturbation, über die eine öffentliche Erörterung im Vortrag unmöglich war.[117] Die verstärkte Tabuisierung jugendlicher Sexualität blieb Teil der idealen Häuslichkeit bürgerlichen Familienlebens, die neben zweckrationaler Verhaltenseinübung auch emotionale Wärme zu vermitteln beanspruchte.

Der Höhepunkt der Ewaldschen *Erziehungslehre* wird mit den beiden letzten Vorlesungen erreicht, die sich unter Aufnahme früherer Äußerungen eingehend mit der im Mutter-Kind-Verhältnis wurzelnden religiösen Bildung als dem Kernpunkt aller Humanität befassen.[118] Ausgang ist die schon früh im Selbst- und Weltbewußtsein erwachende Frage nach dem Grund des Lebens, die sich in einem schlechthinnigen Abhängigkeitsgefühl ihren ersten Ausdruck verschafft: Jeder Mensch baue sich im Innern jenen Altar, den Paulus nach Act 17,23 dem »unbekannten Gott« geweiht sah.[119] Aus dem unbestimmten Gottverlangen des Menschen erwächst demnach der Wunsch nach näherer Gewißheit über die Grundfragen des Lebens, so daß im Blick auf die gesamte Entwicklung des Menschen gesagt werden konnte, jede Äußerung der Sehnsucht nach dem Höheren sei ein Sakrament seiner Bestimmung zur Religi-

---

[116] Campe, Revision, Bd. 6–7, Wolfenbüttel 1787 (mit Beiträgen – Preisschriften – von J. F. Oest und Peter Villaume).

[117] EL II, 179 ff. Johann Timotheus Hermes (o. Vf.), Für Töchter edler Herkunft. Eine Geschichte, 3 Bde., Karlsruhe 1789. Ewald sah hier das Thema meisterhaft verhüllt angesprochen: nur »Schuldige« würden gewarnt, Unschuldige aber verstünden das Gesagte nicht. Zur Frage des Schamgefühls vgl. z. B. Ewald, Die Kunst ein guter Jüngling [...] zu werden, 4. Vorl., Bd. 1, 85 ff. Weitere Vorl. widmen sich den Tugenden Wahrheit und Gerechtigkeit, Wohlwollen und Liebe, Charakterfestigkeit und Gehorsam, ausgehend von deren Grundlegung im Mutter-Kind-Verhältnis, EL II, 14.- 16. Vorl.

[118] EL II, 182 ff. 19. u. 20. Vorl., vgl. PB, 7. Vorl., EL III, 8. Vorl. Vgl. Ewald (Hrsg.), Was können und sollen Eltern für die religiöse Bildung ihrer Kinder thun? [...], Mannheim 1809 (Steiger, Bibliogr. 298). Die religiöse Bestimmung fand Ewald auch im mythologischen Zusammenhang bei Creuzer bestätigt, der in des Silenen hohem Schädel das Symbol des Himmlischen und Höchsten im Menschen entdeckte; Friedrich Creuzer, Idee und Probe alter Symbolik, in: Daub u. Creuzer (Hrsg.), Studien, Bd. 2, Frankfurt u. Heidelberg 1806, 224–324, 258 (Faks.-Neudr. Stuttgart-Bad Cannstatt 1969).

[119] EL II, 184, 194. Vgl. F. H. Jacobi über den Grundzug seiner Philosophie, Werke 4.1, XVI: »[...] ich wollte über *Etwas zu Verstande* kommen, nämlich über die mir eingeborne *Andacht zu einem unbekannten Gott*.«

on.[120] Was für das Individuum galt, galt auch für die Völker- und Weltgeschichte, so daß ein Volk ohne Religion schlechterdings nicht denkbar war. Die neueren Entdeckungsreisenden bestätigten dies. Religiöse Kindererziehung, die mit der Einübung bedingungslosen Gehorsams aufgrund uneingeschränkten Vertrauens gegenüber den Eltern beginnen sollte, hatte daher so lange wie möglich jede konfessionelle Bestimmtheit zugunsten der Ausbildung allgemeiner religiöser Empfänglichkeit fernzuhalten. Beim »unverkünstelten«, noch mit der Reinheit des Herzens begnadeten Kind findet sich demnach das Gefühl für das Heilige als Spiegel der Gottheit noch ungetrübt (nach Mt 18,3). Die Fähigkeit, im eigenen Innern kraft dessen Verwandtschaft mit dem Göttlichen das Göttliche widerspiegeln zu können, wird zur Bedingung der Möglichkeit, es in tieferer Form zu empfangen, ganz nach dem neuplatonisch akzentuierten Grundsatz: »Geist wird durch Geist, wie Fleisch durch Fleisch genährt. Das Göttliche nur durch Göttliches«.[121] Über die Kindheit hinaus setzt sich die religiöse Bildung fort als Krone aller Bildung und Humanität in der schauenden Hingabe an die allgemeinsten Seinsbestimmungen, die Ideale des Wahren, Schönen und Guten, die nach klassischer Auffassung in Gott personifiziert sind. Dies ermöglicht eine gleichsam naturmystische Unio mit Gott, in der die Gottheit im eigenen Sein angeschaut und dieses Sein zugleich als in Gott gelebt erkannt wird. Diesen Sachverhalt hat nach Ewald Paulus in Act 17,28 gemeint.[122]

Damit war der Rahmen dessen abgesteckt, was im Rahmen des Biblischen »natürliche Religion« heißen konnte. Eine allein auf Vernunftprinzipien beruhende abstrakte natürliche Religion gibt es nach Ewald nicht. Die Grundfigur aller positiven Religion ist für ihn Tradition als Mitteilung. Religion ist demnach immer nur in Mythen, Geschichten, Symbolen und im Kult, also vermittelt, gegeben. Eine im strengen Sinne unmittelbare Offenbarung des Unendlichen an das Endliche anzunehmen, hieße der Schwärmerei huldigen. Als einzig mögliches Medium kategorialer Vermittlung führen die Denkformen des menschlichen Geistes zum Anthropomorphismus als Anschauungsform der Gottheit. Ewald verspottete im Gefolge F. H. Jacobis die Abstraktionen des Verstandes, die weniger religiös inspirierten als ein Jupiter tonans, so, wenn von »Weltordnung« und »Anschauung des Universums« anstatt vom lebendigen Gott die Rede war. Die Kritik traf insbesondere die Bemühungen von Schleiermachers *Reden*, obwohl deren – ebenfalls einer produktiven Auseinandersetzung mit Kant entstammenden – Grundgedanken von der Religion als »eigener Provinz im Gemüt« in Anschauung und Gefühl sowie die Sicherung der Religion als eigenständiger Lebensmacht in Abgrenzung von Metaphysik und Moral den Ewaldschen Intentionen nahe kamen.[123] Es be-

---

[120] EL II, 189 f.
[121] EL II, 191 f., 193; PB, 176 f.
[122] EL II, 193 f., zu Act 17 vgl. PB, 180.
[123] Vgl. F. H. Jacobi, Werke 4.1, XXIIIf. (Vorbericht). Sokrates, Christus und Fénelon galten

stand für Ewald jedoch kein Zweifel, daß es in der religiösen Bildungsaufgabe immer um die Anbahnung der Aufnahme des *geschichtlichen* Reich-Gottes-Gedankens in seiner ganzen biblischen Breite ohne Relativierung des Mittler- und Erlösergedankens und um den glaubenden Eintritt in die *personale*, nicht anders als anthropomorph vorstellbare und aussagbare Gottes- und Christusbeziehung ging. Ein wenn auch nur theoretischer Verzicht auf den personalistischen Gottesbegriff kam somit für Ewald gegen Spinoza und die ihn aufgreifenden »Reden« Schleiermachers mit ihrer Bevorzugung des auf die Vermittlung von Endlichem und Unendlichem zielenden, aber im Grunde doch unbestimmt bleibenden Universumsbegriffs nicht in Frage.[124]

Als die einzige der menschlichen Organisation bzw. Natur völlig entsprechende Religion galt Ewald das biblische Christentum. Es entsprach der grundsätzlichen Wendung zum Subjektiven, ein »Bedürfnis« zum Kriterium der Wahrheit von Offenbarung zu machen. Nur Jesus als Offenbarungsmittler ermöglichte zugleich, was er als Ideal der Vereinigung mit dem Göttlichen auf einzigartige Weise repräsentierte. Nicht der Begriff der Erlösung, der sich allererst auf die Erlösungs*erfahrung* bezog, sondern der Begriff des Mittlers charakterisierte wie auch sonst des öfteren bei Ewald den Kern der christlichen Lehre. Die im Zusammenhang mit der Kantschen Pflichtethik vorgenommenen Anknüpfungen und Abgrenzungen kommen hier erneut zur Geltung, so die Frage der biblischen Lohnverheißung, die im Sinne Storrs verteidigt wird, und die ethische Bedeutung der Selbstliebe. Durch Gottvertrauen und Gottesliebe wachse dem Menschen ein neues Ich zu, das nun Subjekt des Handelns werde: Christus als des Menschen »besserer Teil«.[125]

Die am Schluß der Vortragsreihe vorgestellten praktischen Schritte religiöser Sozialisation, primär gedacht als Entwicklung des religiösen Sinns, gehen vom pädagogischen Konsens aus, daß die formale Bildung der realen vorauszugehen habe. Analog zur stufenweise voranschreitenden Pestalozzischen Unterrichtsmethode sei auch die Bildung des religiösen Sinns voranzutreiben.[126] Leitmotto war I Joh 4,20 über die Verschränkung von Gottes- und Nächstenliebe. Beide bildeten in der Mutter-Kind-Beziehung noch eine Einheit, wo die Mutter und durch sie der Vater als Repräsentanten der Menschheit und

---

ihm aufgrund ihrer starken Persönlichkeit als bester Beweis für den angebeteten Gott, der als Schöpfer dieser Persönlichkeiten erhabener erschien denn als Urheber des nach ihn selbst bestimmenden Gesetzen innerer Notwendigkeit organisierten Sternenhimmels. »Das Christenthum ist wesentlich anthropomorphistisch, es lehrt allein einen die Welt mit Wissen und Willen erschaffenden Gott; das Heydenthum ist cosmotheistisch«, Jacobi, Werke 4.1, XLVIII-XLIX.

[124] Vgl. insg. Günter Meckenstock, Deterministische Ethik und kritische Theologie. Die Auseinandersetzung des frühen Schleiermacher mit Kant und Spinoza (SchlAr 5), Berlin u. New York 1988, bes. 219 ff.

[125] EL II, 195 ff.

[126] Pestalozzi, der seine Grundsätze aus der Beobachtung der Kinder nahm, bildete nach Ewald das Denkvermögen der Kinder genau nach den Grundsätzen, nach denen Gott den religiösen Sinn der Menschen bildete.

der Gottheit walteten. Dies stellte hohe Anforderungen an die gelebte Frömmigkeit der Eltern und ihre religiöse Vermittlerfunktion.[127]

Von großer Bedeutung war die ritualisierte Initiation in heiliger Stunde, wo in erhabener Stunde in freier Natur im Kreis der Familie das Wort »Gott« feierlich vor dem Kind ausgerufen werden sollte.[128] Ähnliches schlug auch Jean Paul vor, dem Ewald in verschiedenen praktischen Ratschlägen folgt.[129] Der Tag sollte dem Kind als unvergeßlicher Festtag wie eine Weihnachtsfeier zelebriert werden. Entscheidend war die andächtige Stimmung, nicht das gesprochene Wort. Darin bestärkte Ewald der Gang einer Konfirmandenprüfung von Taubstummen, deren Zeichensprache nach seinem Eindruck weit mehr Empfindungen der Hingabe zu wecken imstande war als der übliche Katechismusunterricht. Ausgehend von dieser Initiation sollte Gott immer wieder ins Gespräch gebracht werden. Das Weihnachtsfest galt als der geeignete Zeitpunkt, dem Kind Näheres von Jesus zu erzählen.[130] Zur religiösen Erziehung gehörte ferner die Gewissensbildung durch allabendlichen Rechenschaftsbericht vor dem »Familiengewissensgericht«. Die Familie übernahm hierbei die Funktion des Beichtinstituts.[131] Außerdem wurden regelmäßige Gebetszeiten vorgeschlagen.[132] Hinzu traten die regelmäßige Bibellektüre und die kritische Selbstprüfung des eigenen Verhaltens.

Weitere Vorschläge betrafen die feierliche Gestaltung familiärer und gesellschaftlicher Ereignisse, etwa der Tauffeier. Die in der Regel immer noch im Haus vollzogene Taufhandlung sollte in ihrem »mystischen Dunkel« belassen und nicht im einzelnen erklärt werden. Den Kirchgang empfahl Ewald nicht vor dem achten oder neunten Lebensjahr. Katholische Eltern sah er im Vorteil, da ein Hochamt als kindgemäßer galt als ein schlichter reformierter Gottesdienst. Solange das Kind nicht in die kultische Scheidung von profan und heilig eingeweiht war, sollten ihm Natur und Familie die heiligen Räume

---

[127] Zu den z. T. recht demonstrativ wirkenden Frömmigkeitsakten gehörten z. B. die betonte Rede vom Willen Gottes, das Gebet vor den Kindern und das gegenseitige Erinnern der Eltern an Dankbarkeit gegen Gott.

[128] EL II, 207 f. Die Schilderung trägt groteske Züge. Nach der ersten Nennung des heiligen Gottesnamens folgte der wenig tröstliche Satz: »Gott ist *mein* Vater, und auch der *Deinige*, wenn du gut bist!« Unvermittelt zögerliche oder gar ablehnende Reaktionen des Kindes kamen nicht in Betracht.

[129] »Wenn in der Natur das Große hineintritt, der Sturm, der Donner, der Sternenhimmel, der Tod: so sprecht das Wort Gott vor dem Kinde aus.« Jean Paul, Levana, § 40, Werke 5 (SW I, 5), 583, Z. 27–30.

[130] EL II, 208 ff.

[131] Jedes Familienmitglied hatte von sich zu berichten, die Eltern durften freilich nur von ihren inneren Kämpfen, nicht von ihren Fehlern sprechen. Viel offener war hier Pestalozzi verfahren.

[132] Gebete sollten nicht allein von der jeweiligen Stimmung abhängig gemacht werden, sondern durch Gewohnheit verinnerlicht werden, so das Morgen-, Abend-, Tischgebet. Führende Pädagogen des Philanthropinismus hatten das regelmäßige Beten der Kinder aus Sorge um gedankenloses Daherreden abgelehnt, vgl. z. B. Campe, Revision, Bd. 9, Anm. zu § 136 (Locke hatte in seiner Erziehungsschrift vom regelmäßigen Morgen- und Abendgebet der Kinder gehandelt), auch Basedow dachte so.

bleiben. Sein Abendmahl war die Weihnachtsfeier, wo es auf kindliche Weise Gaben empfing. Allenfalls konnte dem Kind mangels eigener Kindergottesdienste einem Ratschlag Jean Pauls zufolge die leere Kirche gezeigt und ihr Inneres erklärt werden.[133] Wenn im Alter von acht oder neun Jahren die Zeit des ersten Kirchgangs gekommen war, empfahl sich wiederum die Weihnachtszeit durch ihre Festlichkeit. Ein regelmäßiger Kirchgang war noch nicht vorgesehen, die Hausandacht blieb der primäre Ort der Gottesbegegnung bis zur Zeit des Konfirmandenunterrichts bzw. der Konfirmation.[134]

Ergänzende praktische Hinweise zur möglichst früh einsetzenden religiösen Erziehung finden sich in Ewalds später Ausgabe der Schrift *Bibelgeschichte* (1819).[135] Zur Einübung des möglichst freien Erzählens durch die Mutter empfahl er unter anderem seine eigene Biblische Geschichte, die von ihm mit Texten versehene Kupferstichsammlung.[136] Wie die biblischen Erzählungen, so sollte auch der Gang in die Natur die Aufmerksamkeit für die Begegnung mit dem Heiligen und Wunderbaren schärfen, Schöpfungs- und Schriftoffenbarung ergänzten sich auf gleicher Ebene: »Auch diese Stunde[,] sei eine Religionsstunde. Die Natur werde dem Kind so heilig, wie die Bibel; die Bibel so freundlich, wie die Natur! dann ist ihr religiöser Sinn gebildet [...].«[137]

Als tragend für die Gesamtkonzeption erweist sich auch hier die Vorstellung von einer im erzieherischen Handeln wirksamen Analogie zwischen Gott und Mensch, wie sie schon im frühen Pietismus und bei Leibniz aufscheint. Sah sich ersterer in seinem Bildungs- und Erziehungsverständnis noch stark von der traditionellen Erbsündenlehre begrenzt, verlagerte sich von Leibniz her der Akzent zunehmend auf die Bildung als Aufgabe menschlicher Selbstvervollkommnung. Bei Ewald durchdringen sich die Impulse, wobei die Vervollkommnung nicht abstrakt, sondern gemäß dem Heiligungsgedanken als Ereignis lebendiger Individualität in der Selbsterfahrung gefaßt ist. Die Erziehungsaufgabe wird – hier treffen sich Lehrer und Prediger – im Kern als heiliger Dienst an der Erweckung und Förderung religiöser Empfänglichkeit begriffen. Maßgebend für den theologischen Bildungs- und Erziehungsbegriff bleiben die Fundamentalaussage von der Gottebenbildlichkeit des Menschen und die heilsgeschichtliche Reich-Gottes-Vorstellung. Unter Ermäßigung des

---

[133] EL II, 217 f. Jean Paul, Levana, § 40, in: Werke 5 (SW I, 5), 584. Es verstand sich von selbst, daß Ewald und Jean Paul nichts vom noch geübten Predigtnachschreiben der Jugend hielten.
[134] EL II, 219.
[135] Noch immer bestand Interesse an eine Rückbindung an den Philanthropinismus. So berief sich Ewald auf ein früheres Gespräch mit Basedow, mit dem er sich in dieser Frage einig sah, BIB, 14 f.
[136] BIB, 18 ff.; Ewald, Biblische Erzählungen des alten und neuen Testaments, a. u. d. Titel: Die Heiligen Schriften [...], s. Steiger, Bibliogr. 339–339d.
[137] Als Grundhaltung jeglicher Aufmerksamkeit galt dabei das Staunen, vgl. Herder, SWS 5, 485 f. Vom Staunen über das Wunderbare menschlicher Handwerkskunst führte der Weg über die Bewunderung von Naturphänomenen ungebrochen bis zum gläubigen Vernehmen der biblischen Wundergeschichten. BIB, 21, 164 f.

Erbsündendogmas bildet sich im Zeichen einer von der Gottebenbildlichkeit her akzentuierten theologischen Anthropologie eine spezifisch spätaufklärerisch-pietistische, Momente des Heiligungsstrebens ins Christlich-Humanistische und Überkonfessionelle transformierende Erziehungskonzeption heraus. Die Lavatersche Gestalttheologie und das aufklärerische Ideal einer harmonischen Ausbildung der Seelenkräfte wirken zusammen und fördern mit der religiösen Bildung auch den Zugang zum klassischen Kunstverständnis. Auf dem Hintergrund der bei Ewald wirksamen pietistischen Impulse erscheint die Pestalozzische Pädagogik gleichsam als spätaufklärerische Modernisierung der frühen Bemühungen A. H. Franckes. Radikale Einreden gegen die gedankliche Basis, die analoge Betrachtungsweise von Gott und Mensch, wie sie J. G. Hamann vorbrachte, wurden ebensowenig ernst genommen wie die orthodoxen Einwände gegen ein allzu optimistisches Menschenbild. Sie blieben ohnehin die Ausnahme in einer vom Bildungsgedanken faszinierten Zeit. Freilich sollten auch die von Pestalozzi und Ewald in Theologie und Frömmigkeit vertretenen Anliegen nicht zu breiterer Wirksamkeit kommen. Der erstarkende Neuhumanismus, der Bildung als mehr oder weniger autonomen Selbstvollzug des menschlichen Geistes interpretierte, bedurfte keiner legitimierenden Rekurse auf die Bestimmung des Menschen zur Gottebenbildlichkeit oder gar auf eine den Geschichtsprozeß theologisch unterfangende heilsgeschichtliche Reich-Gottes-Theologie. Männern wie Pestalozzi und Ewald mußte diese, bei Herder noch vermiedene, wenn auch angebahnte Trennung von humanistischem und religiösem Bildungsbegriff im Zuge zunehmender Säkularisierung als Preisgabe ihrer geistigen Fundamente erscheinen. Für sie stand (noch) außer Frage, daß sich die Menschwerdung des Menschen nur coram deo vollziehen konnte.[138]

---

[138] Zur religiösen Bildungsproblematik im 18. Jh. vgl. den Überblick bei Frost, Einigung, 52 ff.

10 Die gesellschaftliche Stellung der Frau: Bildungschancen und -grenzen

Das späte 18. Jahrhundert führt nach den frühen Anfängen in England auch in Deutschland zur Herausbildung der »modernen« Familie in den Kreisen des gebildeten Bürgertums. Sie wurde im 19. Jahrhundert allgemein bestimmend.[1] Der sozial und kulturell bedeutsame Umbruch bringt ein gesteigertes Orientierungsbedürfnis im Blick auf das nicht mehr in überkommener Weise patriarchalisch bestimmte Verhältnis der Geschlechter und – dafür symptomatisch – eine Neubewertung der Frauenbildung mit sich. Ewalds pietistische Bibelfrömmigkeit gibt auch hier seinem typisch spätaufklärerischen Reformwirken ein eigenes Profil. Dies zeigt sich einmal in seinen praktischen Bemühungen um eine Verbesserung der Mädchenbildung in Detmold, sodann in der Ausformulierung eines bürgerlichen Verhaltens- und Empfindungskanons in Aufnahme und Variation der zeitgenössischen Geschlechteranthropologie. Dies ist mit einer Konzentration auf die sich entwickelnde bürgerliche Kleinfamilie als Keimzelle religiöser Gemeinschaft verbunden. Darin spiegelt sich zugleich die nachlassende Bedeutung obrigkeitlicher Maßnahmen zur öffentlichen Durchsetzung kirchlicher Ideale, wie schon das Problem der Sonntagsheiligung allenthalben deutlich macht.

10.1 Die Reform der höheren Mädchenbildung

1782 unternahm Ewald in Detmold als erster den Versuch, eine öffentliche Mädchenschule – freilich ohne Schulpflicht – für die mittleren und höheren bürgerlichen Schichten einzurichten, nachdem man bislang über Ansätze nicht hinausgekommen war.[2] Zwar war das Interesse an einer höheren Mädchenbildung anfangs noch gering, doch wurde davon ausgegangen, daß einzelne Eltern vom Sinn des Unterrichts in Fächern wie Französisch, Geographie und »feinen« weiblichen Handarbeiten (Nähen und Putz- bzw. Kleidermachen) überzeugt werden konnten. Nicht zuletzt suchten Ewald und sein Kollege Schleicher für ihre eigenen Töchter eine standesgemäße Bildungsmöglichkeit.

---

[1] Vgl. den Überblick bei Nipperdey, Geschichte, 114–130.
[2] Ewald, Bemühungen um Verbesserung der weiblichen Erziehung in Detmold, in: ÜP H. 6, 17–57 (Steiger, Bibliogr. 42). Vgl. StArch Detmold L 77 A, Nr. 1971. Eingabe des Konsistoriums vom 6. Dezember 1782: ebda., fol. 1 f. Zur Situation in Lippe vgl. Wehrmann, 185–197, 369–375; Arndt, 407 f. Als epochal galt die 1773 von Usteri eingerichtete weibliche Erziehungsanstalt mit öffentlichem Unterricht in Zürich, Wessenberg, Elementarbildung, 72 ff.

Der Privatunterricht war zu teuer, die Mütter selbst überfordert und der Besuch der Elementarschulen oder weiterführender Knabenschulen für höhere Töchter undenkbar.[3] Ewalds Umfrage bei interessierten Eltern zeigt die starken Vorbehalte gegenüber einer möglicherweise über den Rahmen künftiger häuslicher Erfordernisse hinausweisenden Bildung, weshalb Ewald auch jede Absicht auf eine sog. brilliante Erziehung von sich wies. Wohl aber beharrte er darauf, daß allgemeinbildende Kenntnisse, besonders auf dem Gebiet der Geschichte und Naturkunde, auch für Mädchen unentbehrlich seien, wollten diese als künftige Mütter den neueren Erfordernissen der Erziehung in der bürgerlichen Kleinfamilie gerecht werden. Der schulische Unterricht bedurfte wie bei J. H. Pestalozzi noch immer der Legitimation durch das Aufzeigen der Defizite häuslicher Erziehung, die auszugleichen nur wohlhabenderen Familien durch die Anstellung eines Hauslehrers möglich war. Den Französischunterricht betrachtete Ewald als Konzession an die ungebrochene Attraktivität des aristokratisch-höfischen Verhaltenskanons, obwohl er ihn für überholt hielt und ihm der muttersprachliche Unterricht schon aus patriotischen Gründen bedeutsamer war.[4] Im Hintergrund stehen die arbeitsteiligen Gegebenheiten im zunehmenden Wandel der Familienstruktur, die von der »großen Haushaltsfamilie« in der Tradition des eine Lebens- und Wirtschaftsgemeinschaft bildenden »ganzen Hauses« weg zur intimisierten »Privatfamilie« führte, gemeinhin als bürgerliche Kleinfamilie bezeichnet.[5] Eine den Aufgaben der Zeit gemäße Mädchenbildung mußte neben der Befähigung zu geschickter Haushaltsführung, die nun unter den eingeschränkteren Aspekt des Konsums trat, alles Gewicht auf die spezialisierte Rolle der Frau als Mutter und als Gattin legen.[6] Dies machte eine frühe Hinführung zur pädagogisch verant-

---

[3] In den später der Regierung vorgelegten Proben über den Unterrichtserfolg finden sich 1785 solche von der 9jährigen Johanna Maria Ewald, von der 8jährigen Wilhelmine Christine und der 11jährigen Friederike Sophia Augustine Schleicher. StArch Detmold L 77 A, Nr. 1971, fol. 17, 21 ff.

[4] ÜP H. 6, 37–41. »Die Erziehung der Kinder beruhet doch wohl meist auf den Müttern [...]. Unmöglich aber können Mütter ihre Kinder bilden, wenn sie nicht selbst gebildet sind, unmöglich können sie die Kräfte ihres Verstandes üben, und die Empfindungen ihres Herzen lenken, wenn sie ihre eigene Verstandtskräfte nicht geübet haben. – Und dazu ist bis jezt im ganzen Lande nicht die geringste Gelegenheit [...].« L 77 A, Nr. 1971, fol. 1.

[5] Vgl. Weber-Kellermann, Die Familie, 95 ff.; bes. Ulrich Herrmann, Familie, Kindheit, Jugend, in: HDBG 3, 53–69. Die familiale Struktur des »ganzen Hauses«, in dem der »Hausvater« die bestimmende Person ist, blieb freilich nicht nur in (groß-)bäuerlichen, sondern auch in reicheren Häusern des Adels und des Bürgertums noch weit ins 20. Jahrhundert hinein erhalten; vom »ganzen Haus« sind trotz vergleichbarer Erwerbsstruktur jene Haushalte zu unterscheiden, deren Arbeits- und Produktionsgemeinschaft vorwiegend der Sicherung des Existenzminimums diente, also jene klein- und unterbäuerlichen Schichten, deren Bildungschancen schon aufgrund der räumlichen Beengtheit und der Notwendigkeit zur Kinderarbeit beschnitten waren, ebda., 56 ff.

[6] ÜP H. 6, 18. Den Männern war durch die Frau »häusliche Gesellschaft nach ihrem Bedürfniß und ihrem Sinn« zu sichern, ansonsten suchten sie »sich schadlos zu halten außer dem Hause [...]« und wählten sich u. U. – wofür durchaus Verständnis signalisiert wurde – »eine Aspasie

worteten Kindererziehung und zur partnerorientierten Wahrnehmung der Pflichten einer Gesellschafterin des Mannes notwendig. Trotz der fortbestehenden Ungleichheit der Geschlechter wurde mit dieser Spezialisierung eine freiere Stellung der von ökonomischen Zwängen weithin entlasteten Frau möglich. In den Rahmen dieses Strukturwandels der Familie gehörte für Ewald auch die Aufgabe, die Chancen der Mädchenbildung für die gelebte häusliche Frömmigkeit künftiger Generationen zu nutzen.

Da im konkreten Fall in Detmold nicht daran zu denken war, die Regierung werde die Kosten der Einrichtung übernehmen, versuchte Ewald, dieselbe als Privatinitiative bürgerlicher Selbsthilfe durchzusetzen. Er scheiterte jedoch an der geringen Bereitschaft der Eltern, für die Anstellung einer Lehrerin auch nur einen Teil des nötigen Geldes als Schulgeld aufzubringen. So wandte er sich Anfang Dezember 1782 an die Regierung mit der Bitte, jährlich wenigstens einen finanziellen Zuschuß zu übernehmen. Nach Ewalds Vorschlag wurde schließlich mit obrigkeitlicher finanzieller Unterstützung die als verläßliche Gouvernante ausgewiesene Johannette Auguste Kroll, Frau eines Tanzmeisters, angestellt. Die für ihre Zeit gebildete Frau zeichnete sich neben der Beherrschung des Französischen – sie hatte wohl wie viele Gouvernanten und Tanzlehrer hugenottischen Hintergrund – durch Kenntnisse in Geographie, Geschichte und Mythologie aus.[7] Von Frühjahr 1784 an unterrichtete und beaufsichtigte sie eine Gruppe von Mädchen vor- und nachmittags bei sich zu Hause.[8]

Nach dem von der Regierung erbetenen Bericht des Konsistoriums vom 18. Oktober 1785 erfüllte die Schule ihren Zweck und verdiente somit weitere finanzielle Unterstützung. Die großen Leistungsunterschiede – bei den meisten mangelte es noch an Grundkenntnissen im Lesen und Schreiben – zeigten jedoch, daß das Abhalten des vollen Unterrichtsprogramms nicht möglich war.[9] Im Juni 1786 erbat das Konsistorium aufgrund des zu Ende gehenden dritten Jahres, für welche die Regierung Gelder zugesagt hatte, eine

---

[Aspasia] oder eine Ninon [de Lanclos (1620–1705), Pariser Kurtisane]«. VA 1800, 93. Vgl. Wehrmann, 191.

[7] Für die ersten 3 bis 4 Jahre wurden jährlich 100 Rtl. aus den ohnehin für die Verbesserung der Schulanstalten vorgesehenen Falkenhagenschen Klostereinkünften erbeten; die Regierung sagte sie in ihrer Antwort vom 17. Dezember für 3 Jahre zu. Zum beruflichen Hintergrund vgl. Irene Hardach-Pinke, Die Gouvernante. Geschichte eines Frauenberufs, Frankfurt/M. u. New York 1993.

[8] Außer Mittwoch und Samstag waren in der Woche ein dreistündiger vormittäglicher und ein zweistündiger nachmittäglicher Unterricht vorgesehen, unterrichtet werden sollten nach dem anfänglichen Programm neben Religion und den sog. weiblichen Arbeiten Französisch, Deutsch, Erdbeschreibung, Geschichte und Naturgeschichte. Daneben lag besonderes Gewicht auf der Vermittlung moralischer Werte und Verhaltensweisen. ÜP H. 6, 23–25 (Instruktion der Lehrerin), L 77 A, Nr. 1971, fol. 8 f. (5. Januar 1784).

[9] L 77 A, Nr. 1971, fol. 12 f. Danach nahmen 11 Mädchen am Unterricht teil, vgl. Wehrmann, 194. Das jüngste war 6 Jahre; mit Geographie war eben erst angefangen worden, Geschichte, Naturgeschichte und Mythologie standen noch aus.

Verlängerung dieser Zusage für weitere drei Jahre.[10] Die Regierung bewilligte diesmal nur für zwei weitere Jahre die Fortzahlung des vollen Zuschusses von 100 Rtl., sagte aber für die folgende Zeit die Zahlung der Hälfte zu.[11]

Obwohl keine ernsthaften Beschwerden vorgebracht werden konnten, gaben Ewald und Schleicher die Schule 1789 auf.[12] Neben unstrittigen strukturellen Schwächen wurde eine persönliche Überforderung der Lehrerin vorgebracht. Es ist zu vermuten, daß Ewald jede Gelegenheit nutzen wollte, sein bibelgeschichtliches Unterrichtsprogramm auch auf die Mädchenbildung auszudehnen und selbst größeren Einfluß auf den Unterricht zu nehmen.[13] Der Fortgang bestätigt dies. Kroll ließ er im unklaren über die weiteren Pläne, der Öffentlichkeit gegenüber stellte er sein Bemühen um das Wohlwollen der Eltern, die Einführung eines genauen Lektionsplans und die monatliche Verhaltenskontrolle als letztlich erfolglose Versuche zur Rettung der Schule dar, um abschließend über das ganze Unternehmen ein vernichtendes Urteil zu fällen. Krolls überdurchschnittliches Engagement und ihre gründliche Bildung getraute er sich freilich auch jetzt nicht in Frage zu stellen, so daß einer weiteren Verwendung der Frau im Rahmen einer neuen Organisation von fachlicher Seite nichts im Wege gestanden hätte.[14] Dazu sollte es nicht kommen. Die Ewald von Karl Gottfried Neuendorf (1750–1798), dem bedeutenden Reformer des Dessauischen Schulwesens, zugeschickte Nachricht von der dortigen Töchterschule aus dem Jahr 1786 bot den willkommenen Anlaß, eine völlige Reorganisation nach dem Vorbild der Antoinetten-Schule zu empfehlen und die eigenen Vorstellungen umzusetzen.[15] Auch hier gab der Philanthropinismus wie meist bei der Gründung von Mädchenschulen den Hauptimpuls, doch darf nicht übersehen werden, daß dem frühe Anstrengun-

---

[10] L 77 A, Nr. 1971, fol. 31 (17. Juni 1786); Kroll hatte demnach inzwischen selbst Kinder bekommen und war angesichts der auslaufenden Bezüge von der Rentkammer über ihr weiteres Auskommen tief beunruhigt. Sie unterrichtete inzwischen ein Dutzend Schülerinnen, die ihr ein jährliches Schulgeld von 96 Rtl. einbrachten, von dem allein sie freilich nicht leben konnte.

[11] Ebda., fol. 36, Reskript vom 24. Juli 1786.

[12] Anfang 1789 empfahl das Konsistorium die Einstellung der ordentlichen Gehaltszahlung an Kroll mit der Begründung, sie habe sich das Vertrauen der Eltern nicht erhalten können. Arndt, 407, spricht fälschlicherweise nach Wehrmann davon, die Schule unter Leitung von Kroll sei »nach wenigen Monaten« wieder erloschen.

[13] L 77 A, Nr. 1971, fol. 40 ff. Kroll hatte nach ihren Angaben allein für Miete und Feuerung jährlich 100 Rtl. aufbringen müssen, fol. 43.

[14] ÜP H. 6, 25 f. Zum neuen Plan Ewalds vgl. L 77 A, Nr. 1791, fol. 52 f. Als Grundprobleme der alten Einrichtung nannte Ewald vier Punkte: die Überforderung einer einzelnen Person durch den Unterricht in allen Altersstufen; die mangelnde Vorbereitungszeit für den Unterricht bei 5 Schulstunden und zusätzlicher Versorgung von Haushalt und Kindern; die daraus resultierende Müdigkeit im Unterricht und disziplinarische Probleme; die Kränkungen und Vorwürfe von Seiten verschiedener Eltern, die ihre Kinder aus der Schule nahmen. Ebda., fol. 52 f.

[15] Karl Gottfried Neuendorf, Nachricht von der Einrichtung einer neuen Töchterschule in Dessau, Dessau 1786. Neuendorf begann als Lehrer und Erzieher am Waisenhaus und Pädagogium in Halle.

gen im Raum des Hallischen Pietismus vorausgingen, die hier in neuen Zusammenhängen weiter ausgestaltet wurden.[16]

In Detmold fand sich für die bisherige Lehrerin Kroll trotz ihrer prekären finanziellen Situation keine Verwendung mehr. Die Leitung der neuen Einrichtung ging an die Frau des Prorektors der Provinzialschule, Köhler, über. Der erweiterte Fächerkanon wurde im wesentlichen durch den Unterricht von Ewald und seinen Vertrauten abgedeckt. Neben dem 1787 nach Detmold berufenen Freund J. L. Passavant unterrichteten Inspektor Krücke und Konrektor Dreves, alle nach Ewalds Sinn von wahrem pädagogischem Patriotismus beseelt.[17] Passavant übernahm den Religionsunterricht als praktische Morallehre, Krücke Geographie, Naturgeschichte und Rechnen, Dreves Geschichte, Orthographie und Briefeschreiben.[18] Auffallend im Vergleich zu sonstigen Lehrplänen von Mädchenschulen war neben dem Fehlen des Gesangs die vom Religionsunterricht gesondert unterwiesene Bibelgeschichte sowie die von Ewald als eigenes Fach unterrichtete »Geschmacksbildung«, eine Art praktische Ästhetik, zu der noch eine Einführung in die Literatur trat.[19] Bedenken gegen den recht weiten Umfang des Lehrplans und Ängste vor der Bildung von »Halbgelehrtinnen« wies Ewald stets zurück. Er verteidigte seine Konzeption als sozial integrativ und stofflich gerechtfertigt.[20]

Die zunehmende Zahl der Schülerinnen – sie wuchs zwischenzeitlich auf rund achtzig – und die gelungene Verbesserung der äußeren Bedingungen ermöglichte die Gründung einer Musterschule.[21] Anfang August 1789 wurde

---

[16] Hier ist vor allem an A. H. Francke und an die Mädchenabteilung der Realschule von Johann Julius Hecker in Berlin zu erinnern, Blochmann, 89 ff.; Geschichte des Pietismus 1, 492; 2, 338.

[17] Ewald lobte seine neuen Mitarbeiter: »Ich nenne sie patriotisch; und das sind sie wirklich mehr als ich, weil sie Alle keine Töchter haben, und ich Töchter habe«, ÜP H. 6, 27; Wehrmann, 194 f.; zu Passavant vgl. Ewalds Brief an Lavater, 25. April 1791 (Brief 17); der Patriotismusbegriff findet bei Ewald noch ganz im ältern Sinne der uneigennützigen Sorge um das Gemeinwohl in den verschiedenen Lebensbereichen Verwendung, so daß von einem politischen, pädagogischen, sozialen oder ökonomischen Patriotismus gesprochen werden kann; erst der Nationalismus verengte den Begriff politisch, vgl kurz Im Hof, Das Europa der Aufklärung, 191.

[18] Zu Passavants Religionsunterricht gehörte auch das Thema weiblicher Selbstbeschäftigung und die passende Gattenwahl, ÜP H. 6, 27 f.

[19] Ewalds neuer Entwurf, eingereicht mit dem Schreiben des Konsistoriums vom 19. März 1789 an die Regierung, findet sich in StArch Detmold L 77 A, Nr. 1971, fol. 52–62; vgl. den Abdr. in: ÜP H. 6, 41–55.

[20] Zum Lektionsplan s. ÜP H. 6, 55–57; L 77 A, Nr. 1971, 46. Vgl. die Übersicht der Fächer, die im Rudolphischen Mädcheninternat, seit 1803 in Heidelberg, »von Zeit zu Zeit« unterrichtet wurden, in: Blochmann, 96 f.; gegenüber dem Detmolder regelmäßigen Unterricht sind dort noch (deutsche) Grammatik, Musik, Tanzen, Englisch und u. U. Italienisch als eigenständige Fächer genannt; zum Lehrplan der Mädchenschule Betty Gleims in Bremen (ab 1806), der ganz untypisch auch die Lektüre klassischer Schriftsteller umfaßte, vgl. ebda., 112. Zur städtischen höheren Mädchenschule in Magdeburg vgl. die Stundentafeln von 1819 und 1861, in: HDBG 3, 182 f.

[21] Die Anwesenheitslisten der Begemannschen Küsterschule in L 65, Nr. 231, sprechen im Januar 1789 von 50 Schülerinnen, im März von 54, ebda., fol. 172 u. 225.

die Detmolder Mädchenschule feierlich als Normalschule eingeweiht. Lavaterlieder, von den Mädchen vorgetragen, umrahmten Festansprachen und Gebet.[22] Wenigstens für eine Übergangszeit war damit eine merkliche Verbesserung des Bildungsangebots für Mädchen erreicht, bis die 1830 in Detmold eingerichtete höhere Töchterschule eine längerfristige Lösung brachte.[23]

10.2 Geschlechteranthropologie: Die »weibliche Bestimmung«

Ewalds Bemühungen um die Verbesserung der Mädchenbildung lassen ein gutes Gespür für die bildungsmäßigen Herausforderungen erkennen, welche sich mit der Ausbreitung des Modells der bürgerlichen Privatfamilie des 19. Jahrhunderts stellten. Sie verblieben freilich unter dem strengen Regulativ einer Anthropologie der Geschlechter, die eine Tätigkeit der Frau im öffentlich-rechtlichen Bereich als naturwidrig ansah und ihre Bildungsinhalte entsprechend begrenzte. Von besonderem Interesse ist dabei die Art und Weise, wie Ewald die zeittypische Geschlechteranthropologie aufnimmt und mit seinem Frömmigkeitsanliegen verbindet. Die alle praktischen Erwägungen überhöhenden idealtypischen Gegensätze im Rollenverständnis sind zunächst wie bei Pestalozzi die von »Weltweib« und Mutter: Das »Weltweib« – der Ausdruck erinnert wie der des »Weltmanns« an die pietistischen »Weltkinder« – versage eigenmächtig den erzieherischen Dienst am Göttlichen in der Menschennatur, während ihn die kindererziehende Mutter als Priesterin des Hauses und Mittlerin der menschlich-göttlichen Trias von Liebe, Dank und Vertrauen verantwortlich wahrnehme. Das priesterliche Motiv findet sich auch in der romantischen Verklärung der Mütterlichkeit.[24] Das eheliche Verhältnis selbst erfuhr dabei eine ideale Vertiefung nach seiner geistigen und affektiven Seite hin, wiederum deutlich in Abkehr vom aristokratisch-höfischen Verhaltens-

---

[22] L 77 A, 1975, fol. 11 ff.; ÜP H. 6, 154–167, mit Vorbemerkung von Ewald.
[23] L 77 A, Nr. 1975, fol. 1 ff. (1788). Ewald hielt die Hindernisse zur Gründung einer Normalschule für Jungen »vorerst« für unüberwindbar, ÜP H. 6, 154 f.; der wichtigste Grund dürfte Rücksicht auf die möglichen finanziellen Einbußen Pustkuchens als Lehrer der Kantorschule gewesen sein. Passavant berichtete dem Konsistorium am 14. April 1789 über die Verbesserungsmaßnahmen der Küsterschule Begemanns, L 65, Nr. 231, 228–231. Vgl. Wehrmann, 370 ff., Blochmann, 87 ff. Zur Gesamtentwicklung vgl. den Überblick von Erika Küpper, Die höheren Mädchenschulen, in: HDBG 3, 180–191.
[24] Es galt als göttliche Ordnung, daß die Mutter durch das Kind selig und vollendet werde (vgl. I Tim 2,15); Liebe, Dank und Vertrauen waren auch hier die Urelemente im kindlichen »Himmel der Anhänglichkeit«. Deutlich kommt die priesterliche Überhöhung der Erziehungsaufgabe und ihre Stilisierung zum Nachfolgeideal zum Vorschein, wenn der mütterliche Dienst als Dienst im Heiligtum der Wohnstube vorgestellt und die Mütter zum eigentlichen Salz der Erde (Mt 5,13) wurden; dagegen bot der herkömmliche Religions-und Katechismusunterricht nur eine Schulung im »Maulbrauchen«, Pestalozzi, SW 16, 347–364 (geschr. Ende 1804/ Anfang 1805). Vgl. Blochmann, 63 ff.

und Empfindungskanon.[25] Eingefordert werden christliche Nachfolgetugenden, so die Grundtugend der Hingabe und des Opfers. Hier schien am ehesten Raum für die Entfaltung idealisierter weiblicher Natürlichkeit in kindlicher Unschuld und Reinheit.[26] Die religiöse Bildung sollte über die auch einem ungebildeten Bauernmädchen bekannten Katechismuslehren bewußt hinausführen und in typisch aufklärerischer Manier »reine, vernünftige, zusammenhängende Religionsbegriffe« vermitteln. Diese hatten jedoch die Aufgabe, zur meditativen Gottesbegegnung in der Natur, zur verständigen Bibellektüre und zur verschwiegenen religiösen Selbstbeobachtung anzuleiten.[27]

Seine allgemeinen Grundsätze zur Frauenbildung sah Ewald in Übereinstimmung mit den philanthropinischen eines J. H. Campe, aber auch mit denen A. Frh. v. Knigges, dem Vertreter der älteren, gegenüber wissenschaftlicher Methodik skeptischen Hausvaterpädagogik. Die spezifischen Akzente setzte das pietistische Frömmigkeitsverständnis, das gegenüber der Empfindsamkeit der Spätaufklärung wie gegenüber klassisch-romantischen Idealen offen war und – stärker als in der philanthropinischen Tradition – die (religiöse) Individualität der Frau zu betonen erlaubte. Als außerbiblischer jugendlicher Lesestoff zu allgemeiner Bildung wurden Werke wie Geßners *Idyllen*, Klopstocks *Oden* und Stolbergs *Insel* empfohlen.[28]

---

[25] »Den Eltern, der Lehrerin und edlen Menschen gefallen; ihre Achtung zu haben, das sey die Richtung, die dieser Mädchensinn [...] erhalten muß [...].« ÜP H. 6, 47. »Nie wird sie ihren künftigen Gatten glücklich machen, wenn sie ihm nicht gefällt; und nie wird sie ihm gefallen, wenn sie nicht gelernt hat, wie und wodurch man gefallen kann.« Urania 4.1794, 33. Nach dem Gesetz der Natur galt: »[...] il s'ensuit que la femme est faite spécialement pour plaire à l'homme; si l'homme doit lui plaire à son tour, c'est d'une nécessité moins directe, son mérite est dans sa puissance, il plait par cela seul qu'il est fort«, Rousseau, Émile, OC 4, 693; dies begründete freilich keine einseitige Abhängigkeit; die Macht der Frau waren ihre Reize, die den Mann ständig darum bemüht sein ließen, auch als der Stärkere anerkannt zu werden, was die List der Frau immer wieder ins Ungewisse zu rücken verstand, ebda., 695 f. Vgl. Blochmann, 62 ff.

[26] »Reinheit im Innern und Aeußern ist ja Erste Tugend des Mädchens und des Weibes!« ÜP H. 6, 44 f., 48. Vgl. Ewald, Einige Ideen [...], 8 f., demzufolge sich ein Geschichtsunterricht für Mädchen vornehmlich an Beispielgeschichten für Aufopferung, Wohltätigkeit, Großmut und Frömmigkeit zu halten hat.

[27] Zur Vermittlung ökonomischer, hauswirtschaftlicher und allgemeinbildender Kenntnisse (die Zeitungslektüre machte auch politische Grundkenntnisse nötig), vgl. ÜP H. 6, 49 ff.

[28] ÜP H. 6, 31 ff. Stolbergs *Insel* wurde von Ewald wiederholt als poetische Utopie empfohlen, da sie die »edle Simplizität« der Patriarchenzeit atme. Zum dichterischen Eschaton gehörte auch die politische Gleichheit aller und das Ende der Geldwirtschaft, ohne daß daraus ein weltimmanentes politisches Ideal wurde. Stolberg thematisierte das Priesterliche der Frau ganz im Sinne Ewalds: Die Frau erlange ihre Bestimmung an der Seite des Mannes in der Überführung des archaischen Kultes in Innerlichkeit und Häuslichkeit, als geborene Vestalin und Hüterin der »heiligen Glut sanfter Empfindung«. Friedrich Leopold Graf zu Stolberg, Die Insel. Faksimiledruck nach der Ausg. v. 1788. Mit einem Nachw. v. Siegried Sudhof (Deutsche Neudrucke. Goethezeit), Heidelberg 1966, 90 ff. Zu »Lesewut« und »Romanfieber« vgl. ERB 1, 175 ff.; Ewald, Vorschlag zu einer moralischen Inokulation. Brief an den Hg., in: Jb. für die Menschheit 1789.2, 19–27; Ewalds launiger Rat, mit Vorschlägen zur Lektüre versehen, war: »man inokulire

Von Juli 1795 an erschienen in Ewalds Zeitschrift *Urania* acht *Vorlesungen über weibliche Bestimmung und weiblichen Beruf,* die Ewald für heranwachsende Töchter aus dem Bürgertum als Hinführung auf die Eheschließung ausgearbeitet hatte.[29] Ewald gab hier seinem Frauenbild in Anknüpfung an literarische Figuren Goethes und F. H. Jacobis konkreten Ausdruck und legte seine biologischen und religiösen Grundanschauungen zur Geschlechterfrage offen. In den Hauptzügen wurde die Rousseausche konservative Sicht der physisch und moralisch von der Natur vorgezeichneten Differenz der Geschlechter in gegenseitiger Zuordnung bei unterschiedlicher Abhängigkeit übernommen, wie sie Rousseau in der Gestalt der Sophie vorgestellt hatte.[30] Für die positive Aufnahme der *Vorlesungen* im pietistisch-spätaufklärerischen Kontext steht das Zeugnis der lebenslang in der Brüdergemeine verwurzelt gebliebenen Schwester von F. Schleiermacher, Charlotte.[31]

Jedes der drei Bezugsfelder, in welche die junge Frau als Gattin, Mutter und Hausfrau im Rahmen der bürgerlichen Ehe eintrat, wurde in seinem eigenen Spezialisierungsbedarf von Ewald anerkannt und gewürdigt. Als zentral betrachtete er jedoch die religiöse Legitimation der mütterlichen Bildungs- und Erziehungsaufgabe als priesterlichem Hausdienst, den die Mutter als irdische Repräsentantin des die Menschheit erziehenden Gottes zu vollziehen hatte. Alle erzieherischen Tätigkeiten partizipierten auf ihre Weise an diesem Dienst, welcher der erwerbsorientierten Berufstätigkeit des Mannes gleichermaßen abgesprochen wurde wie den rein hausfraulichen Tätigkeiten. Gegen das traditionelle Standesdenken wurde selbst der Kindermagd die ansonsten dem Lehrer und Pfarrer vorbehaltene religiöse Dignität zuerkannt, die einer Wäscherin, Putzmacherin oder bloßen Hausmagd wiederum abging. Nicht das weltliche Berufsleben als solches trug, wie in reformatorischer Antithese zur Höhergewichtung der monastisch-geistlichen Lebensführung, die Würde des Gottesdienstlichen, sondern das pädagogische Wirken, das im Gesamtrahmen der Ehe providentiell zu einer neuen Form des heiligen Lebens verklärt und in Gegensatz zu einem an bloßer wirtschaftlicher Produktivität orientierten Arbeitsbegriff gesetzt wurde. Damit war auch die Vereinseitigung gebannt, die der spätaufklärerisch-philanthropinischen Betonung der praktischen Lebens- und Berufstüchtigkeit drohte. Spürbar bleibt die durch Rousseau vermittelte und vorgesellschaftlich akzentuierte Idealisierung des Weiblichen,

---

das Romanfieber, wie man die Pocken inokulirt.« Ebda., 22. Die Ewaldsche Lesekritik war moralisch und nicht politisch motiviert, in ihrer Abwehr von Trivialisierung und Pflichtvergessenheit liegt wohl auch ein Moment sozialer Abgrenzung nach unten. Vgl. Blochmann, 29 ff., 81 ff.; allg. HDBG 3, 85 ff.

[29] Urania 4.1796, 1–53; 161–178; 241–267; 370–386 (Steiger, Bibliogr. 129).

[30] Rousseau, Émile, 5. Buch, OC 4, 692 ff.

[31] Charlotte schrieb ihrem Bruder Friedrich, es handle sich um »eine vortreflich geschriebene Abhandlung! Mit aller Bescheidenheit gegen unser Geschlecht und doch mit vieler Offenheit – so angenehm als lehrreich« für Mädchen, Weiber und Mütter, Schleiermacher, KGA V/2, Brief 456, 63 ff.

aber auch die Abneigung gegen eine romantische Überhöhung weiblicher Individualität ohne religiöse Bindung.

Naturwissenschaftlich-biologische Kriterien zur Begründung der Verhältnismäßigkeit der Bildung des »schwachen Geschlechts« treten hinzu. Sie konnte sich auf die Rousseausche Auffassung von der natürlichen Ungleichheit zwischen Mann und Frau berufen.[32] Die Argumente verlagerten sich in Übereinstimmung mit dem medizinischen Denken der Zeit auf das Anatomische und Physiologische.[33] Die »weiche« Organisation des weiblichen Körpers führte sogar zur These, dieser sei weniger schmerzempfindlich als der des Mannes. Hinzu traten physiognomische Argumente.[34] Alles zielte darauf ab, Gründe für ein spezifisch weibliches Erkenntnisvermögen zu finden, das seine Stärken im intuitiven Erfassen und Empfinden haben und damit auf besondere Weise zum Empfang und zur Vermittlung des religiösen Eindrucks qualifiziert, aber auch für den öffentlichen Tätigkeitsbereich des Mannes disqualifiziert sein sollte.[35] Gefragt war gleichsam eine biologistisch-geschlechtsspezifische Deutung von Herders *Denken und Empfinden*. Beobachtungen des bedeutenden Anatomen und medizinischen Schriftstellers Samuel Thomas Sömmering (1755–1830) zur Perfektibilität organischer Wesen deutete er auf eine geradezu geniale Überlegenheit der Frau – in Gefühl und Ahnung als Zeichen schöpferischer religiöser Uraffektion, die sie an die Seite der ohne Mühe wirkenden Götter stellte.[36] Damit ist ein spätaufklärerisch-pietistisches Äquivalent zur romantischen Vergötterung der Frau gegeben. Weitere Begründungen geschlechtsspezifischer geistiger Differenzen stammten aus Beobachtun-

---

[32] »Heilig ist die Stimme der Natur; ihre Winke sind Gesetze, die wir nicht ohne Schaden übertreten können.« Ebda., 9. Vgl. Rousseaus *Émile*, bes. Buch 5; zur Idealisierung der Frau s. dessen *Julie ou la Nouvelle Héloïse* (1761), OC 2. Diese sollte zum Naturzustand des goldenen Zeitalters zurückhelfen, welche die männliche Vernunft zerstört hatte.

[33] Der schwachen Konstitution der Frau entspreche der weibliche Brustbau, der sich vorzüglich zum Atmen der Stubenluft eigne, Urania 4.1796, 17. Vgl. Lavater an Meta Post, 13. Dezember 1797, Schulz, Brief 59: Lavater stimmte Post darin zu, daß das weibliche Geschlecht zur stillen und geduldigen Wirksamkeit bestimmt sei; die Schwesterseelen sollten Heldinnen sein in der Stärke, die Männer Helden in der Kraft.

[34] Urania 4. 1796, 11 ff. »Die Stirne des Weibes ist in der Regel glatter, runder, heller [...].« Die Physiognomik offenbarte auch religiöse Defizite: »Dem Kenner zeigt sich auch Mangel religiösen Gefüls gleich auf dem Gesicht des Weibes. Es ist sinnlicher, härter, geistloser oder frecher, als es war. Es hat nicht mehr jenes sanft-anziehende, geistig-schöne, jenen Charakter der Liebe [...].« Ebda., 163.

[35] »Zu einer eigentlichen *Denkerin* ist also das Weib nicht bestimmt. Sie soll erblicken, ahnden, empfinden; nicht forschen, grübeln, Begriffe spalten. Sie empfängt Wahrheit nicht durch Schluß, sondern durch einen gewissen Takt, eine gewisse Inspiration des Gefühls.« Ebda., 12.

[36] Urania, ebda., 17 ff. »Die ganze Brust des Weibes ist zum Auffassen schöner Gefüle gebaut [...] Dem Weibe ist oft nicht zu reden erlaubt. Ihr hochgehobener Busen solls nur ahnen lassen, was in ihr vorgeht. Das ist die einzige Sprache, die sie reden darf, und darum nur darf, weil sie in dieser Sprache nicht schweigen kann.« Vgl. Samuel Thomas Sömmering, Vom Baue des menschlichen Körpers, 5 Bde., Frankfurt/M. 1791–1796; Ewald war Sömmering 1796 auch persönlich auf einer Reise begegnet. Ewald, Fantasieen auf der Reise, 1797, 228.

gen zur Verschiedenheit der Sinneswahrnehmung. Die alte hierarchische Stufung der Sinne wurde an das Geschlechterverhältnis weitergegeben, der Mann galt als sehendes, Gestalt, Form und Wesen erfassendes Wesen, die Frau als riechendes, die Wirkung der Dinge aufnehmendes Geschöpf.

In vielfältiger Brechung wurde die Frau zum Symbol von Rousseauscher Unversehrtheit, Natürlichkeit und elementarer religiöser Begabung. Was sie so zu einem geradezu gottgleichen Wesen und Träger menschlicher Erlösungshoffnung machte, hatte sein Gegenstück in der Betonung des Sündenfalls, der unvergleichlich schwer auf ihr lastete, vor allem im Blick auf die Sexualität. So kommt es zu einem zwiespältigen Frauenbild. Figuren wie Lotte aus Goethes *Leiden des jungen Werther*, Klärchen aus *Egmont* und Henriette aus F. H. Jacobis *Woldemar* dienten als Idealgestalten weiblicher Wesen, die je auf ihre Weise die positiven Entfaltungsmöglichkeiten der Frau jenseits des rein Häuslichen vorstellen.[37] Besonders das letztgenannte Werk empfahl Ewald dem genauen Studium, bot doch Henriette ein ergreifendes Bild von der Frau als jungfräulichem Engelwesens mit der Kraft der Erlösung des Mannes aus seiner Selbstverstrickung.[38] Die innere Ambivalenz jedoch macht die Deutung der Gestalt Evas als weiblichen Urbilds menschlicher Größe und menschlichen Falls deutlich. Ewald fand es meisterlich in John Miltons religiösem Epos *Paradise lost* (1667/74) dargestellt, ein in seiner allegorischen Bildwelt schon Klopstock tief beeindruckendes epochales Werk. Eine neuere Übersetzung, von Ewald als »etwas steif« getadelt, lag von Friedrich Wilhelm Zachariä vor.[39] Eva vereinigt demzufolge gänzlich Gegensätzliches: Auf der einen Seite wurde

---

[37] Goethe, Werke 6, 7–124; ders., Werke 4, 370–454; Friedrich Heinrich Jacobi, Woldemar. Faksimiledruck nach der Ausg. v. 1779. Mit einem Nachw. v. Heinz Nicolai (Dt. Neudrucke. R. Texte des 18. Jh.), Stuttgart 1969. Zur Idealisierung der »Weiblichkeit« in der Klassik vgl. Blochmann, 42 ff.

[38] Das Werk dürfe nicht nur wie ein Roman gelesen, sondern müsse »Einzeln und im Ganzen« studiert werden, ebda., 32. Woldemar scheiterte an seinem Ideal sympathetischer Einheit in der Freundschaft mit Henriette, die den Freund aus seinem egoistischen »Seelengenuß« riß. Die von Jacobi geschilderte Stellung Woldemars zwischen den beiden Frauen – er heiratete durch Henriettes Vermittlung deren Freundin Allwina –, zeigte zugleich die Abspaltung des Erotischen aus dem Begriff der Liebe.

[39] Ewald, Die Weiber und das Menschengeschlecht, eine Parallele, durch Milton veranlaßt. Aus einem Brief an P., in: Urania 1794.1, 223–237. John Milton, Das Verlohrne Paradies, aus dem Englischen Johann Miltons in Reimfreye Verse übers. [...] v. Friedrich Wilhelm Zachariä, 2. verb. Ausg. Altona 1762 (vgl. bes. 9. Gesang). Ewald zitierte neben der Übersetzung das Original; die neue Übersetzung von dem Breslauer Kammersekretär Samuel Gottlieb Bürde (1753–1831), Mitarbeiter der *Urania* (von ihm liegen insgesamt acht Beiträge vor) und Verfasser zahlreicher geistlicher Lieder war Ewald noch nicht bekannt (zu Bürdes Textdichtungen vgl. EKG, Ausg. 1953, Anh. Württemberg, Nr. 460 u. 582; in den Stammteil des neuen Evangelischen Gesangbuchs (EG) wurde das Lied zu Ps 126 aufgenommen, Nr. 298). Bei dieser Gelegenheit nannte Ewald den Schriftkanon des Bildungsbürgers nach seinem Geschmack: John Milton und Klopstock, die unter dem Namen Ossians, des gälischen Sängers aus dem 3. Jhd., herausgegebenen Dichtungen, Shakespeare, Goethe und M. Claudius, ebda., 223. Jung-Stilling las Miltons Werk schon um 1765, Schwinge, 294 (Anm. 133).

ihr Reiz, ihr Freiheitsgefühl und ihre bezaubernde Unschuld gepriesen, die nach Milton nicht nur auf Adam, sondern auch auf den Satan ihre Wirkung nicht verfehlte, der in ihrer Gegenwart seiner Bosheit eine Zeitlang nicht mehr mächtig war. Eben diese großartigen Eigenschaften wurden zu ihrem und Adams Verhängnis. Für die Rangordnung der Geschlechter wurde dies relevant, indem die Aussage von I Tim 2,14, Adam sei im Unterschied zu Eva nicht verführt worden, von Ewald verallgemeinernd als eine geringere Schuld des Mannes gedeutet wurde. Das Gesamtbild der Frau bestimmte aber nicht die objektive Schuldfrage, sondern die psychologisch bedeutsame subjektive Entscheidungssituation mit ihrer tragischen Ambivalenz der Möglichkeiten, die sich vom Gegenüber her ergab. Gerade an der stärksten Seite der Frau, ihrer außerordentlichen Fähigkeit zu Liebe und Selbsthingabe, offenbarte sich ihre größte Verwundbarkeit, von Ewald in den Satz gefaßt, ein sie liebender Satan könne sie zum Satan, ein Engel zum Seraphen machen. Tendentielle Vergötterung und Dämonisierung wirkten zusammen.

Es blieb nicht bei der geschlechtsspezifisch eingeengten Sichtweise. Die Möglichkeit der Erlösung durch Liebe spielte Ewald analog für die Beziehung zwischen todverfallener Menschheit und Christus bzw. Engel- und Geisterwelt auf kosmischer Ebene im Blick auf die Allversöhnung weiter durch. Er äußerte die Hoffnung, Gott werde auch das Geschick des Menschen in Größe und Fall dazu nutzen, um auf die höhere (gefallene) Geisterwelt Eindruck zu machen und das Werk der Erlösung an ihr zu vollenden. Damit ist aus dem Sündenfall Evas wieder der des Menschen geworden.

Auch wenn Ewalds Frauenbild von häuslich und gesellschaftlich gegenläufigen Tendenzen bestimmt bleibt, so wohnt den Momenten der Idealisierung und religiösen Überhöhung des Weiblichen, etwa im Gedanken der Herzenskultur und des häuslichen Priestertums, eine entschiedene Tendenz zur Stärkung weiblicher Individualität und damit auch ein Ansatz zur gleichwertigen und komplementären Sicht der Geschlechter inne.

Zu den gesellschaftlichen Randexistenzen gehörte die unverheiratet gebliebene oder verwitwete Frau, die in der von Männern verfaßten Mädchenliteratur kaum berücksichtigt wurde. Ihr an sich schon hartes Schicksal stellte sich auf dem Hintergrund einer allgemeinen Bestimmung der Frau zur Gattin, Hausfrau und Mutter noch verschärft dar. Ewald sprach die Problematik immerhin in der Perspektive des pietistischen Seelsorgers an, indem er den Glauben an die göttliche Erziehung im Leiden und die Liebe zum Bräutigam Jesus zu stärken suchte. Dieser könne allemal wie einst der gekreuzigte Jesus in seinem Wort an Maria und Johannes (Joh 19,25 ff.) noch einen Ersatz in der philadelphischen Seelenfreundschaft bestimmen.[40] Äußere Gründe des Le-

---

[40] »Er [Jesus] sey der Gegenstand ihrer Liebe, ihr Bräutigam, im höhern, reinern Sinn des Worts, der sich für Verklärte schickt, wie sehr auch dieses religiöse Gefül, und dieser selbst durch den Reinsten aller Menschen geheiligte Ausdruck, von unsern Mark- und Herzlosen Theologen ohne Glauben und Liebe gemisdeutet, und gehohnlacht werden mag.« Urania 4. 1794, 30. Zur

digseins werden nicht reflektiert.[41] Zum finanziellen Auskommen riet Ewald zur Annahme einer Stelle, die eine Mutter im weiteren Sinne erforderte, also auch emotionale Bedürfnisse zu befriedigen versprach, vorzüglich in der Kindererziehung oder in der Alten- und Krankenpflege. Gedacht war etwa an die Übernahme einer Gouvernanten- und Lehrerinnenstelle, von der Ewald ansonsten strikt abriet, wohl bestärkt durch seine Erfahrungen als Hofmeister.[42] Dies setzte freilich den Besuch einer höheren Mädchenschule voraus. Eine anderweitige Berufs- und Erwerbstätigkeit der Frau aus höheren Schichten wurde als Verrat an der weiblichen Natur und der mit dieser gegebenen besonderen religiösen Begabung geschmäht.[43] Gänzlich zur Schreckgestalt geriet die Figur der »Kokette« und ihrer Liebhaber, über der nur noch der Weheruf laut wurde.[44]

Zum pietistisch-bürgerlichen Frauenbild, wie es Ewald propagierte, gehört wesentlich die für spezifisch weiblich erachtete religiöse Anlage, die offen in ihrer sublimierenden Wirkung in Anspruch genommen und ganz auf den »Kopf und Herz« gleichermaßen befriedigenden christlichen Glauben hin ausgerichtet gesehen wurde.[45] Die tiefe Gottes- und Christusliebe, die in einer Frau lebendig sein konnte, bot in dieser Sicht reichlich Entschädigung für das Entbehren öffentlicher Anerkennung und das Verausgaben der Kräfte in der Stille von Herz und Haus. Der im Kontext der Mystik thematisierten Passivität als Herzstück christlichen Glaubens und zentraler Bedingung der unio kommt somit auch geschlechtsspezifische Bedeutung zu.[46] Hier setzt Ewalds frauen-

---

allg. Situation vgl. Blochmann, 76 ff.; eine eigene Aufgabe wäre es, Ewalds Predigten und Erbauungsschrifttum auf ihr Frauenbild hin zu untersuchen.

[41] »Ich bete die Wege der Vorsehung an, die schmerzlich tödtet, und herrlich zu beleben vermag: aber ich bin ein Mensch, und jedesmal, wenn ich ein solches Wesen sehe, so blutet mein Herz.« Ebda., 27. Vgl. den Brief einer Gattin und Mutter in: ChrM 1803.1, 303–312.

[42] Ewald fürchtete, daß junge Mädchen aus höheren Ständen, die eine Gouvernantenstelle annehmen, sehr schnell die Vorfreude auf eigene Kinder verlören; vgl. Harach-Pinke, Die Gouvernante, 71 ff..

[43] »Alle irreligiösen Weiber hören auf, Weiber zu seyn. Entweder sie erfüllen ihren Beruf nicht [...]. Oder sie verrichten ihre Berufspflichten – nicht wie Weiber, sondern wie Männer, wie Despoten. Sie haben keine [...] Menschlichkeit.« Urania 4.1794, 163.

[44] »Wehe dem Mann, der sich einer Kokette hingab! Wehe der Kokette, die dreißig Jahre alt ist! Sie hat noch Begierden, und nichts, womit sie befriedigt werden können! Sie taugt nichts für diese und noch weniger für jene Welt.« Ebda., 45, vgl. 174 f.

[45] »Ich getraue mir immer zehn Weiber gegen Einen Mann zu finden, dem Christliche Religion (ich sage nicht: Christliche *Theologie*, Christliche *Philosophie*, sondern Christliche *Religion*) wirklich Leitstern und Stütze des Lebens wäre.« Ebda., 167.

[46] »Wirklich weiß ich kaum, wie ein Weib Alles das seyn kann, was sie seyn soll; wie sie sich so beherrschen, so entbehren, still dulden, verleugnen, sich willenlos unterwerfen, – wie sie immer so thätig seyn kann, ohne Schein und oft ohne Genuß, wenn nicht Religion, d. i. lebendiges Gefül von ihrem Verhältnis zu Gott, von dem Zweck dieses Lebens und von ihrer höhern Bestimmung sie erfüllt?« Ebda., 162. Die Überlegenheit des spezifisch Christlichen stand dabei außer Frage: »Jede andere Religion oder Philosophie würde an ihr [der Frau] verdrehen, Einseitig bilden [...].« Ebda, 165.

bezogene Erbauungsschriftstellerei an. Zustimmend wird Goethes *Iphigenie* zitiert, welche gleich im ersten Auftritt die Anerkennungsproblematik aufgreift und die diesbezüglichen Verhältnisse der Frauen wohl beklagenswert nennt, aber deshalb doch nicht mit den Göttern rechten will.[47] An Erbauungsschrifttum eigens empfohlen werden die *Charakteristik der Bibel* von A. H. Niemeyer, Pfenningers *Christliches Magazin*, ältere Predigten von Häfeli, Herders *Älteste Urkunde*, Kleukers Schrift über den Sohn Gottes und besonders das Schrifttum von J. J. Heß. Gesellschaftlich sah Ewald die Frau nur im Wirkungsbereich des Christentums aus ihrem sklavenähnlichen Status herausgekommen und in den Besitz natürlicher Menschenrechte gelangt.[48] Darunter verstand er die dem schwächeren Geschlecht schöpfungsmäßig adäquate Stellung als Gattin und Gehilfin an der Seite des Mannes, welche den Gleichheitsanspruch im Sinne der neutestamentlichen Haustafeltradition erfüllte.[49] Dies ließ sich ohne weiteres mit der verbreiteten, Unterordnung und Eigenständigkeit gleichermaßen betonenden Rechtsauffassung verbinden, wie sie schon das aufklärerische Universallexikon Johann Heinrich Zedlers (1706–1763) zusammenfassend zum Ausdruck gebracht hatte: Ihres Mannes Willen und Befehl unterworfen, ist die Frau berechtigt und verpflichtet, die Haushaltung zu führen und ihrem Gesinde vorzustehen; mit der Eheschließung tritt sie in die Würde des Mannes ein, von der her ihr ein Anspruch auf prinzipiell gleiche Rechtsbehandlung zuwächst. Zur Profilierung der hiermit behaupteten Fortschrittlichkeit bediente man sich dabei gerne des Verweises auf die angeblich schlechtere Stellung der Frau bei Juden und Muslimen.[50]

Für das liberal-revolutionäre Freiheits- und Emanzipationsmodell, das zur Einforderung politischer Rechte führt, zeigte Ewald in den bisherigen Zu-

---

[47] »Ich rechte mit den Göttern nicht; allein / Der Frauen Zustand ist beklagenswerth. / Zu Haus und in dem Kriege herrscht der Mann / [...] Ein ehrenvoller Tod ist ihm bereitet. / Wie eng gebunden ist des Weibes Glück! / Schon einem rauhen Gatten zu gehorchen / Ist Pflicht und Trost [...].« Goethe, Iphigenie auf Tauris, 24-31, in: Goethe, Werke 5, 8. 162 f. Von der religiösen Frau hieß es: »Sie hat lieben gelernt, und der Mann, dem sie wird, ruht mit wolthuender Gewisheit auf dem Gedanken, er theile das Herz seiner Geliebten mit dem besten, der ihm ein liebendes Herz sichern kann – mit Gott.« Urania 4.1794, 164.

[48] Anders sah es beispielsweise noch bei den alten Griechen aus. Die Klage der vom Gatten verratenen und von der Rückkehr in die Heimat abgeschnittenen rechtlosen, aber unbeugsamen Medea bei Euripides wurde zur Klage der griechischen Frau über ihr Unterworfensein unter männlichen Despotismus. Euripides, Tragödien, Bd. 1. Medea. Griech. u. dt. v. Dietrich Ebener (SQAW 30,1), Berlin 1972, Z. 230 f.

[49] »[...] nirgends werden sie wie der schwächere oder feinere Theil des Menschengeschlechts behandelt; nirgends sind sie Gattinnen, Gehülfinnen des Mannes, gleich mit ihm, nehmen Theil an seinen Gütern, seinen Vorzügen, seinem Stand, als an den Orten, wo Christenthum die Allgemeine Religion ist. Bei Allen Völkern der Erde, sind die Weiber mehr oder weniger Sklavinnen, Beischläferinnen [...].« Ebda., 167 f. Ewald spielte auf Eph 5,25 als Spitzensatz an.

[50] Art. Frau, in: GVUL 9, Sp. 1767. Im Blick auf die jüdische Tradition wurde der Satz im 18-Bitten-Gebet angesprochen, der dem Mann dafür danken ließ, daß er nicht als Frau geboren wurde. Vgl. Art. Ehestand, in: GVUL 8, Sp. 360 ff.

sammenhängen keinerlei Sympathie.⁵¹ Daher überrascht, daß er in der Bremer Zeit — vor der Männerversammlung des *Museums* — mit der positiven Erwähnung der ersten Frauenrechtlerin Englands, Mary Wolstonecraft (1759–1797), auch die Forderungen nach einer rechtlichen Gleichstellung der Frau im Zuge zunehmender Humanisierung des gesellschaftlichen Lebens akzeptierte. Für die Bildungsarbeit selbst spielte diese Perspektive jedoch keine erkennbare Rolle. Ewalds Hauptaugenmerk galt weiterhin der praktisch-stabilisierenden Hilfestellung in Erziehungs- und Bildungsfragen, die sich in umfänglichen Verhaltensbüchern niederschlug, und in der pastoralen Begleitung, die in Korrespondenz und Erbauungsschriften Ausdruck fand. Beides lief auf eine Festigung des in der *Urania* kundgegebenen Rechts- und Rollenverständnisses hinaus. Dies schloß eine grundsätzliche Offenheit für die längerfristige Dynamisierung der Verhältnisse im Zeichen des geschichtlichen Fortschritts und der Macht des Erzieherischen nicht aus, sondern ein. Eine direkte Beförderung kritischer politischer Willensbildung lag Ewald aber schon aufgrund seiner antidemokratischen Vorbehalte und der ängstlichen Sorge, politische Instabilität von unten zu befördern, zeitlebens fern. Dies gilt für die Stellung der Frau ebenso wie für die des (freien) Bauern, dessen eingeschränkte politische Mitbestimmungsmöglichkeiten ihn keineswegs befriedigten.

Bei Ewald finden sich insgesamt die gleichen, zum Teil ambivalenten Strukturmomente wie beim Freund der Badener Zeit, Friedrich Heinrich Ch. Schwarz, der schon 1792 mit einer Schrift zur Mädchenerziehung hervorgetreten war. Für Schwarz wurde die als Dichterin bekannt gewordene Karoline Rudolphi (1754–1811), die 1803 ihre Mädchenerziehungsanstalt aus der Nähe von Hamburg nach Heidelberg verlegte, lehrreiche Gesprächspartnerin.⁵² Ewald traf während seiner Bremer Tätigkeit (1799) mit Rudolphi in Pyrmont zusammen und tauschte sich mit ihr über Erziehungsgrundsätze, »Menschennatur und Kindernatur«, aus.⁵³ Zur typisch spätaufklärerischen Betonung des Praktischen und Nützlichen in klarer sozialer Einbindung trat in diesen Kreisen die freiere humanistische Sicht einer harmonischen Gesamtentwicklung der Persönlichkeit mit ihren Chancen spezifisch weiblicher Entfaltung. Diese werden vorrangig auf eine idealisierte, besonders in ihrer religiösen Begabung und Herzensbildung unübertroffene Weiblichkeit bezogen und so in ihrer gesellschaftlichen Bedeutung relativiert. Ewald stellt seine Bemühungen in diesen weiteren Rahmen und gab ihnen im Zeichen seines Bibelchristentums eine eigene Note.

---

[51] Urania 4.1794, 46 ff. »[...] der, jetzt immer mehr um sich greifende Freiheitssinn verblendet sie so weit, daß auch gar viele von Ihrem Geschlecht eine Art von Revolution gegen den Wolstandsdespotismus, an dem das Publikum noch hängt, anfangen und sich als souveräne Wesen, nach gewissen *droits des femmes* regieren wollen.« Ebda., 46. Zum Begriff des »weiblichen Wohlstands« (decus) vgl. ebda., 46, 48 ff.
[52] Vgl. Blochmann, 63 ff.
[53] Brief Ewalds an G. A. v. Halem, 3. November 1799, in: Halem, Selbstbiographie, 207 (Nr. 195).

Ewalds Grundaussagen zur Rolle der Frau und der ihrer geschlechtsspezifischen Besonderheit angemessenen Bildung gleichen neben den bei Schwarz anzutreffenden weithin denen, die F. I. Niethammer 1808 im Rahmen seiner Abwehr eines einseitig ausgeprägten philanthropinistischen Nützlichkeitsdenkens in der Erziehungs- und Bildungsfrage darlegte. Wie Ewald lehnte auch er sowohl das in der gesellschaftlichen Realität für zu unbestimmt erachtete Ideal des »geistreichen Weibes« als auch die einseitige Vorbereitung auf das Dasein einer Hausfrau und Mutter ab. Mit Nachdruck stellten beide die notwendige »Emanzipation« der Frau zur Gattin und Partnerin des Mannes heraus, der etwa im Kaufmannsberuf eine auch geschäftlich kundige Mitarbeiterin brauchte. Damit wurde ein Individualitätsbewußtsein gefördert, das im Rahmen der soziökonomischen Gesamtentwicklung wenigstens auf die Dauer über den innerfamiliären Bereich hinausdrängte. Die Frage politischer Rechte mußte als unerledigt erscheinen, auch wenn sie nicht eigens thematisiert wurde.[54] Immerhin war ein Grundsatz wie der von Ewald aufgegriffene, die Geschlechter seien im Zuge der Menschwerdung gleichermaßen voneinander abhängig, auch über die konkrete Rollenverteilung hinaus interpretierbar.[55] Die prinzipielle Ambivalenz, die der zeitgenössischen Argumentation mit der Geschlechterpolarität in gesellschaftlicher Hinsicht anhaftet, wird jedoch ebensowenig wie in der (Früh-)Romantik mit ihrer Betonung der spezifisch weiblichen Genuß- und Liebesfähigkeit überwunden.

Vereinzelt führten konkrete Seelsorgeerfahrungen im kirchlichen Raum auch zu weitergehenden emanzipatorischen Forderungen im politisch-rechtlichen Sinn, von denen sich Ewald fernhielt. Als Beispiel sei Johann Moritz Schwager genannt. Er meldete sich bereits 1789 gegen eine konservative Schrift von Ernst Brandes im Namen einer konsequenten Aufklärung mit weitgehenden Vorschlägen zur Verbesserung der Rechtssituation der Frau und ihrer Erwerbsmöglichkeiten in F. B. Benekens *Jahrbuch* zu Wort und forderte eine der Judenschrift von Chr. W. v. Dohm entsprechende emanzipatorische Frauenschrift.[56] Th. G. v. Hippel, der sich schon 1774 in einer wiederholt aufgelegten Schrift zur Ehefrage geäußert hatte, sollte 1792 mit seiner anonym erschienenen Schrift *Über die bürgerliche Verbesserung der Weiber* einen entsprechenden Entwurf versuchen, der freilich stark pädagogisch ausgerichtet war

---

[54] Friedrich Immanuel Niethammer, Der Streit des Philanthropinismus und Humanismus, 322 ff., 339 ff. Wie Ewald konstatiert Niethammer für das weibliche Geschlecht eine dem Mann unbekannte Einheit und Unmittelbarkeit von Denken, Fühlen und Wollen, die romantischen Ansätzen nahesteht, ebda., 352 f., vgl. Blochmann, 84.
[55] Vgl. ChG 2, 148 (Zitat von Plato).
[56] J. M. Schwager, Über die bürgerliche Verbesserung des weiblichen Geschlechts. Eine Skizze, in: Friedrich Burchard Beneken (Hrsg.), Jb. für die Menschheit 1789, Bd. 2, 364–397 (= Schwager, Verbesserung). Ernst Brandes, Über die Weiber, Leipzig 1787. Der konservative Brandes wurde von Schwager nicht namentlich genannt, sondern nur als »Frauenfeind« angeführt; zu dessen Frauenbild vgl. Blochmann, 58 ff.

und entsprechend einseitig rezipiert wurde.[57] Immerhin war das Terrain durch Ch. Meiners' eben erschienenen ersten Teil seiner Frauengeschichte historisch gesichtet.[58] Gegen alle geschlechtsspezifisch begründeten Restriktionen behauptete Schwager für die Frau im Grundsatz die gleichen Fähigkeiten, wie sie der Mann für sich in Anspruch nahm, Einseitigkeiten gingen allein zu Lasten der Erziehung.[59] Er hielt es an der Zeit, aus der wenigstens in den »gesitteten« Ständen in der Aufklärungsepoche allgemein gestiegenen Achtung vor der Frau rechtlich-emanzipatorische Konsequenzen zu ziehen, um den freien Zugang zu Ausbildung und Ausübung aller Berufe nach der jeweiligen Begabung zu ermöglichen. Als Leitbilder fungierten gebildete Frauen wie Sophie von La Roche (1731–1807).[60] Die Berufe, die Schwager ohnehin eher Frauen als Männern zurechnete, waren vor allem handwerklicher Art.[61] Auch alle gelehrten Berufe sollten der Frau offenstehen.

In den medizinischen Berufen gab es in Gestalt der Hebammen schon weibliche Konkurrenz gegen die Ärzte, welches die Zulassung von Frauenärztinnen nur als konsequent erscheinen ließ. Vor allem beklagte er das Fehlen von Mitwirkungsmöglichkeiten an der Gesetzgebung, zumindest in Fällen, die direkt Frauenfragen betrafen. Für die Ausbildung forderte er eigens für Frauen bestimmte Einrichtungen, selbst eine Frauenuniversität schien denkbar, sowie eine staatliche Zugangsregelung zu bestimmten Berufen.[62] Zu derart weitreichend-utopischen Überlegungen sah sich Schwager durch ein aktuelles soziales Problem gedrängt: Die steigende Zahl unverheirateter und verwitwe-

---

[57] Theodor Gottlieb von Hippel (o. Vf.), Ueber die Ehe, SW 5, Berlin 1828 (nach der 5. verm. Aufl., zuerst Berlin 1774, 4. verm. Aufl. Berlin 1793, zahlreiche Nachdr., noch bis in die zweite Hälfte des 19. Jh.).

[58] Christoph Meiners, Geschichte des weiblichen Geschlechts, 4 Bde., Hannover 1788–1800. Wie Ewald stand Meiners einer wissenschaftlichen Frauenbildung ablehnend gegenüber, da sie wie die Propagierung der Volkssouveränität den Bestand der Ständegesellschaft zu bedrohen schien, vgl. Meiners, Historische Vergleichung der Sitten, und Verfassungen, der Gesetze, und Gewerbe, des Handels, und der Religion, der Wissenschaften, und Lehranstalten des Mittelalters mit denen unsers Jahrhunderts in Rücksicht auf die Vortheile, und Nachtheile der Aufklärung, 3 Bde., Hannover 1793–1794, Bd. 3, 551 f.

[59] »[...] ich glaube aber an kein Geschlecht unter menschlichen Seelen, destomehr aber an weibische und männliche Erziehung, die alles thut.« Schwager, Verbesserung, 375. Selbst das Argument körperlicher Schwäche ließ er mit Verweis auf die Stärke der bei den Römer Furcht einflößenden germanischen Mutterahnen nicht gelten.

[60] Ewald lernte sie um das Jahr 1796 persönlich kennen. Ihm erzählte sie freimütig von ihrer ersten, vom Vater gewaltsam zerstörten Liebe zu jenem gebildeten Italiener, bei dem sie Unterricht gehabt hatte, und von ihrer Liebe zu Ch. M. Wieland, von dem sie sich wegen dessen quälender Eifersucht und der Übermacht der Mutter habe trennen müssen, Ewald, Fantasieen auf der Reise, 1797, 208–214. Zum Biographischen vgl. kurz Langner, La Roche, 10 f.

[61] Dazu zählte er das Schneider- und Schusterhandwerk, die Knopfmacherei, das Bäckerhandwerk, die Brau- und die Buchdruckerkunst, das Friseurgeschäft, das Perückenmachen und die Gärtnerei. Schwager, Verbesserung, 387 f. Offenbar ging es vor allem um Tätigkeiten, welche Fingerfertigkeit erforderten oder ohnehin mit der häuslichen Arbeit verbunden waren.

[62] »Errichtet weibliche Schulen und Academien, weibliche Kaufmannsinstitute und Industrieschulen.« Schwager, Verbesserung, 396.

ter Frauen, die sich nicht selbst ernähren konnten und der Armenkasse zur Last fielen. Noch mehr als den bürgerlichen Mittelstand sah er den Adel betroffen, dem Standesgrenzen ohnehin nur enge Heiratsmöglichkeiten ließen. Anstatt – wie herkömmlicherweise im Blick auf die eingeschränkte Erwerbstätigkeit der Juden – über den Müßiggang der Betroffenen zu klagen und aus dem ökonomischen ein moralisches Problem zu machen, sollten die nötigen Verdienstmöglichkeiten geschaffen werden, so daß der soziale Abstieg gebremst und die Armenversorgung entlastet würde.[63] Bei Vertretern des Philanthropinismus wie J. H. Campe vermißte Schwager politisch konkrete Reformvorschläge, auch bei Ewald hätte er sie wohl vermißt. Dessen Beitrag zum Thema »Lebensgenuß« im *Jahrbuch* Benekens schlug denn auch unter Rückgriff auf Rousseau und Goethe die vertrauteren Töne von häuslichem Glück, Versöhntheit der Geschlechter und harmonischem Naturerleben an, das in Liedern von Gellert, F. L. Stolberg und J. H. Voß adäquaten Ausdruck fand.[64] Im Stil der Idyllik wurde eine imaginäre Gegenwelt des Glücks gezeichnet, welche von den Vorurteilen des Standes, der Mode und der Konvenienz befreit, d. h. »aufgeklärt« war und zur geistigen Aneignung einlud.[65] Was sich unter theologischem Vorzeichen noch deutlich in Spannung zur Realität halten ließ – etwa als Vorschein des Goldenen Zeitalters, das Ewald im Millennium erwartete, aber vor einem allgemeinen Publikum nicht zu artikulieren wagte –, konnte diesseitig-optimistisch schnell zur Vorform biedermeierlicher Gemütlichkeit werden.[66] Der sich vom Pietismus im allgemeinen und der Basler Christentumsgesellschaft im besonderen distanzierende Schwager dachte in politisch-rechtlicher Hinsicht weiter als Ewald. Dessen schriftstellerische Bemühungen mußten aus politisch-emanzipatorischer Sicht

---

[63] Auch eine verheiratete Frau konnte sich Schwager als erwerbstätig vorstellen. Gegenargumente wie die von menstruationsbedingter Unpäßlichkeit und Wochenbett ließ er nicht gelten, lösten doch auch die in den Erwerb eingebundenen Handwerks- und Bauersfrauen diese Erschwernisse durch körperliche Abhärtung. Ebda., 387 ff.

[64] Ewald, Ueber Lebensgenuß. Ein Stückchen Philosophie des Lebens. In Briefen an einen Freund, in: Jb. für die Menschheit 1788.1, 70–87; 1789.1, 14–34; der Freund war Rudolph Balthasar Pietsch. Goethe, Iphigenie auf Tauris, 228–230, in: Goethe, Werke 5, 13.

[65] Vgl. Ewalds Vorbemerkung, Jb. für die Menschheit, 1788.1, 74 f. Das nur kurz erschienene *Jahrbuch*, an sich für ein breiteres Publikum der mittleren und höheren Stände und hier wiederum besonders für Frauen gedacht, hatte sich neben der Volksbildungsfrage eigens die Beförderung der häuslichen Erziehung zum Ziel gesetzt. Friedrich Burchard Beneken (Hrsg.), Jahrbuch für die Menschheit oder Beyträge zur Beförderung häuslicher Erziehung, häuslicher Glückseligkeit und praktischer Menschenkenntniß, 1.1788–4.1791 (je 2 Bde., 1791 nur Bd. 1). Zum Leserkreis und den beteiligten Lesegesellschaften vgl. die Liste der Abonnenten im ersten Band 1789 und im zweiten 1790. Auch Wilhelm Ludwig Storr, Bruder des Tübinger Theologen Gottlob Christian, beteiligte sich mit Beiträgen zum Patriotismus und zur Wahrheitsliebe, Jb. für die Menschheit 1789.2, 86–89; ebda., 187–190; Storr warb für den aufgeklärten politischen Patriotismus des Beamten als Verpflichtung gegenüber dem die Ständeordnung übergreifenden Gemeinwohl.

[66] Vgl. Blochmann, 67 f.

als gegenaufklärerisch erscheinen, wie auch seine pietistische Bibelfrömmigkeit von dieser Seite auf wenig Verständnis hoffen konnte.[67]

Ewalds Leitgedanken zur Rolle der Frau in Ehe und Familie fanden ihre weitere literarische Entfaltung in dem in zahlreichen Auflagen und Übersetzungen erschienenen moralischen Handbuch für Frauen des gehobenen Bürgertums, der *Kunst, ein gutes Mädchen, eine gute Gattin, Mutter und Hausfrau zu werden* (zuerst 1798), eine insgesamt noch wenig erforschte Literaturgattung. Auf wiederholte Bitten setzte Ewald dem eine entsprechende Schrift für Männer an die Seite.[68]

Die Katechisationen am 1810 gegründeten Karlsruher Töchterinstitut blieben, soweit sie vereinzelt im Zusammenhang der Pflichtenlehre auf Geschlechtsspezifisches eingingen, in den aufgezeigten Bahnen.[69] Das Lob der Häuslichkeit als Ursprungsort aller Humanität und Keimzelle der Gesellschaft wurde nun konkretisiert mit der als musterhaft religiös vorgeführten bürger-

---

[67] Ein im Stil der zahlreichen Neuigkeiten formulierter Spottartikel über einen umherziehenden Kabbalisten und seine wunderlichen Heilungsmethoden rechnete auch Philipp Matthäus Hahn zu den Verfassern obskurer gegenaufklärerischer Schriften, Jb. für die Menschheit 1788.1, 440.

[68] Ewald, Die Kunst ein gutes Mädchen, eine gute Gattin, Mutter und Hausfrau zu werden. Ein Handbuch für erwachsene Töchter, Gattinnen und Mütter, 2 Bde., Bremen 1798, von den zahlreichen Ausgaben seien erwähnt: 2. verm. und verb. Aufl. Bremen 1801, 3. verm. und verb. Aufl. Frankfurt/M. 1804, 4. verm. und verb. Aufl. (3 Bde.) Frankfurt/M. 1807, 5. Aufl. Frankfurt/M. 1826. Ders., Der gute Jüngling, gute Gatte und Vater, oder Mittel, um es zu werden. Ein Gegenstück zur Kunst, ein gutes Mädchen zu werden, 2 Bde., Frankfurt/M. 1804; die Schrift widmete Ewald dem russischen Zaren Alexander I., als »erstem Priester der Humanität«. Zu weiteren Ausgaben und Übersetzungen s. Steiger, Bibliogr. 149–152q, 240, 240a. Zur Charakterisierung der ersten Schrift vgl. Dagmar Grenz, Mädchenliteratur. Von den moralisch-belehrenden Schriften im 18. Jahrhundert bis zur Herausbildung der Backfischliteratur im 19. Jahrhundert (Germanistische Abhandlungen 52), Stuttgart 1981, 86–98. Festgestellt wird eine »Verquickung« von rousseauistisch-philanthropischem und neuhumanistischem Denken bei Ewald, sein Plauderton wird als gespreizt, geschwätzig und selbstgefällig empfunden. Ob sein Frauenbild, das sich in der Mädchenliteratur nicht durchgesetzt habe, freilich direkt auf heutige populäre Frauenzeitschriften verweist, darf füglich bezweifelt werden. Vgl. weiter Theodor Brüggemann u. a. (Hrsg.), Hb. der Kinder- und Jugendliteratur, von 1750–1800. [Bd. 3]. Von 1750–1800, Stuttgart 1982, 659–667 (mit Schlußhinweis auf die kritische Rez. in der Neuen Allgemeinen Deutschen Bibliothek; vgl. die dortige Bibliogr. Nr. 267 f.). Zur besonderen Rolle Rußlands und des Zaren als christlichem Herrscher im Gegenüber zu Napoleon I. bei Jung-Stilling vgl. Schwinge, 156 u. ö.

[69] Ewald, Christenthums Geist und Christen-Sinn [...], 2 Bde., Winterthur 1819 (Steiger, Bibliogr. 371). Zur Frage der Mädchenbildung in Baden vgl. Wessenberg, Allg. Blicke auf das Schulwesen, in: Unveröffentlichte Mss. u. Briefe 3, KS, Freiburg/Br. 1979, 537 ff., 544 ff.; unter Markgraf Karl Friedrich waren nach der Säkularisation die Stiftungsfonds von Frauenklöstern für weibliche Lehranstalten verwendet worden, daher kam es zur Gründung von Mädchenschulen im Land, so in Rastatt, Baden, Offenburg, Freiburg, Villingen, Konstanz, Breisach u. Meersburg; vgl. ders., Ueber die katholischen Institute der Lehrfrauen für die weibliche Jugend im Großherzogthum [Baden], ebda. 605 ff. (1831). Das Karlsruher höhere Töchterinstitut wurde 1810 gegründet, an ihm unterrichtete neben Ewald auch Jung-Stilling, der zwei Töchter in der Schule hatte, von der eine später die Leitung übernahm.

lichen (Klein-)Familie Jung-Stillings.[70] Die Intensität, mit der Ewald sich für das feste Gefüge von Häuslichkeit und »Eingezogenheit« als sinnstiftendem Ordnungsrahmen gegenüber immer komplexer erscheinenden Außenbeziehungen einsetzte, spiegeln den Grad der allgemeinen Verunsicherung und die Ideologisierung, der das Thema anheimgefallen war.

Die der Frau zugeschriebene besondere religiöse Empfänglichkeit, nicht zuletzt durch ihre gesellschaftliche Benachteiligung bedingt, machte sie für Ewald zum idealen Gegenüber religiöser Betrachtungen, so in dem zuerst 1803 erschienenen Erbauungsbuch für Frauen aller Konfessionen aus den höheren Ständen.[71] Im Zentrum stand die Erfüllung der Berufspflichten gegenüber Ehemann, Kindern und Gesinde bzw. weiteren Untergebenen.[72] Dazu gehörte die Verantwortung der Frau für die häusliche Festkultur mit ihrer großen Bedeutung für die moralische und religiöse Kindererziehung im Hause, das zum einzig wahren Philanthropin stilisiert wurde.[73] Das häusliche Fest, wie es Ewald vorstellte, stand unter strengem Rechtfertigungszwang einer über den bloßen äußeren Sinnengenuß hinausweisenden höheren moralisch-religiösen Zweckmäßigkeit. So durfte das Musizieren nicht nur um des Vergnügens willen getrieben werden, sondern mußte bedacht zur Erzeugung einer religiösen Stimmung eingesetzt werden, war doch die Musik als Gabe des Himmels Zeichen für die Präsenz des Ehrfurcht heischenden Göttlichen im Hause. Dazu eigneten sich besonders Stücke von Joseph Haydn, Lieder von Lavater, Klopstock oder Matthias Claudius und die Vertonungen von Johann Friedrich Reichardt.[74]

Als Fortsetzung und Abschluß der für beide Geschlechter eigenen Verhaltensbücher zur Ehevorbereitung erschienen zwischen 1810 und 1813 vier Bändchen zum Thema Eheführung, in denen das bürgerliche Eheleben in Form von Briefen zum Gegenstand der Betrachtung wurde.[75] Es handelt sich auch hier um eine unter dem Anspruch praktischer Lebensphilosophie stehende Ratgeberliteratur, die auf unterhaltsame Weise zu harmonischer Lebensführung (»Lebensgenuß«) verhelfen wollte. Der frühe, bei Thomasius und

---

[70] Ebda., 12, 44 ff., 111, 148 ff. Zur christlichen Kindererziehung bei Jung-Stilling vgl. Schwinge, 78.
[71] Ewald, Erbauungsbuch für Frauenzimmer aller Konfessionen, 2 Bde., Hannover 1803 (= ERB, ERB II; 2. Aufl. 1808; s. Steiger, Bibliogr. 238, 238a); das Exemplar der Tübinger UB (2 Bde. in 1 Bd.) trägt den Besitzvermerk: Christiane Flatt. »Religiosität ist ihnen im ganzen mehr Bedürfniß, und wird es ihnen mehr durch die Lage, durch die Abhängigkeit, in der sie leider [!] noch so viel leben, und durch die verborgenen Leiden, die sie oft tragen müssen.« Ebda., Vorr., I.
[72] Gegenstand einer Betrachtung war etwa die Vereinbarkeit von Geselligkeit und Selbstdisziplin in der Erledigung der praktischen Aufgaben eines Haushalts. Ebda., 21 ff.
[73] Ebda., 26 ff. Die Ethisierung des Religiösen wird deutlich in Aussagen wie: »Je sittlicher du bist, je näher bist du dem Christenthum [...].« Ebda., 29.
[74] Ebda., 129 ff.
[75] Ewald, Eheliche Verhältnisse und Eheliches Leben, in Briefen. Fortsetzung von den beiden Schriften für Mädchen, Gattinnen und Mütter sowol, als für Jünglinge, Gatten und Väter, 4 Bde., Leipzig 1810–1813. Vgl. Steiger, Bibliogr. 305–305e.

Wolff artikulierte aufklärerische Anspruch auf Eingriff der Philosophie ins tätige Leben findet sich hier unter dem Zeichen des viel beschworenen »gesunden Menschenverstandes« in popularisierter, um eine stark emotionale Komponente bereicherten Form wieder. Im Ansatz wird den Volksbildungsbestrebungen des 19. Jahrhunderts vorgegriffen, die den mündigen Laien gegenüber dem »Priestertum des Wissens« zu stärken versprachen.[76] Die Art und Weise, wie vom Ratgebenden freundschaftliche Nähe und Anteilnahme suggeriert werden, erinnert an die Intimität pietistischer Seelenfreundschaft, mutet aber in ihrer literarischen Verallgemeinerung biedermeierlich an. Der »Schriftsteller im Schlafrock«, als der sich Ewald selbst sah, griff dabei gern zur Stilform des vertraulichen Briefwechsels.[77] In einem weiteren Sinn seelsorgerlich motiviert, vermeinte er so glaubwürdig in die Rolle der ratenden Mutter, des Freundes oder auch des Predigers schlüpfen zu können.[78] Eine entscheidende Rolle für die hier verfolgte Erneuerung und Stabilisierung der vielfältig gefährdeten ehelichen Harmonie spielt die Christusfrömmigkeit, die sich in den täglichen Übungen des Gebets, der Bibellese und der Selbstkontrolle in der Gewissenserforschung, aber auch in der erbaulichen Lektüre, etwa von Lavater-Schriften, Ausdruck verschaffen sollte.[79] Den sozialen Rahmen bestimmte weiterhin das Ideal der – vorzugsweise ländlichen – Häuslichkeit, das auf seiten der Frau weder gelehrte Bildung noch politische Interessen wünschenswert erscheinen ließ.[80]

Zu Ewalds Eheschriften findet sich ein aufschlußreicher Brief an Hofrat Karl August Böttiger (1760–1835) in Dresden aus dem Jahr 1812, in dem er auf dessen positive Anzeige der ersten Bände der Schrift reagierte, der vierte Band war gerade im Druck. Dabei wurde deutlich, wie Ewalds Schriftstellerei am Maßstäbe setzenden Schaffen des inzwischen in die Jahre gekommenen Johann Timotheus Hermes (1738–1821) gemessen und wenigstens von Böttiger als ebenbürtig anerkannt wurde, auch wenn Ewald meinte, ihm fehle noch viel, ein »Hermes für unsere Zeit« zu werden und auf die unterschiedlichen Lebensräume der Menschen literarischen Einfluß zu nehmen. Hermes, der vor allem als Romanschriftsteller der Empfindsamkeit mit feinen Milieu-

---

[76] Vgl. kurz HDBG 3, 348 ff.

[77] Zum »Schriftsteller im Schlafrock« vgl. Ewald, Fantasieen auf der Reise, 1797, 9–15.

[78] Auch wenn Ewald sich mit keiner der Partner des Briefwechsel identifizieren sehen wollte, so stand ihm doch die Figur des väterlichen Freundes der Hauptpersonen, Wandulf, nahe; auf der Seite der Frauen nahm Adelaide, die Mutter einer unglücklich Verheirateten, eine entsprechende Rolle ein, sie wurde als »hoch-religiös« mit hohem Begriff von der Würde der menschlichen Natur und das Gefühl ansprechend, vorgestellt, vgl. die Charakterisierung der Beteiligten in: Bd. 1, Vorr., XI.

[79] Ebda., Bd. 1, 42 ff., 121; vgl. zu Lavaters *Handbibel für Leidende* Bd. 1, 113.

[80] Vgl. z. B. schon Brief 1: »Gestehen Sie mir [...], daß wir Frauen schon darum besser sind, als Ihr Geschlecht, weil wir von Politik nichts wissen und nichts wissen wollen [...] Die Menschen kamen erst recht zum Leben, als sie aus dem Stadt-Dunstkreis heraus waren.« Ebda., 3 f.

schilderungen im Gefolge des englischen Familien- und Gesellschaftsromans bekannt geworden war, vertrat in seinem geistlichen Schrifttum ein »rein biblisches«, praxis- und gefühlsorientiertes Christentum, eine Kombination, in der Ewald offenbar Parallelen zu seiner eigenen Schriftstellerei entdeckte. Die Rezensenten sah Ewald im allgemeinen nicht auf seiner Seite. Er schrieb dies seiner theologisch eher konservativen Position zu, die mit der F. V. Reinhards verwandt sei und die er auch offen bekenne. Deutlich war sein Interesse an einer näheren Bekanntschaft mit dem als Prediger gefeierten Reinhard, dem er über Verleger Cotta seine *Religionslehren* hatte zuschicken lassen.[81]

Ewald verteidigte die Erziehung von Mädchen aus dem Bürgertum in Pensionaten und Schulen noch in seinen letzten Lebensjahren gegen die Meinung, Mädchenbildung sei Gelegenheitsbildung und finde Genüge in der Unterweisung durch die Mutter.[82] Er stimmte zwar der Kritik an einer zu stark standesorientierten und zu wenig praktischen Ausbildung vieler privater Töchterschulen zu, hielt sie aber wie jede schulische Bildung von Mädchen für ein notwendiges Übel, solange Mütter (und Väter) ihrer Erziehungs- und Bildungsaufgabe nicht im nötigen Umfang nachkamen.[83] Hierbei ging es vor allem um die über 12jährigen Mädchen, für die ein öffentlich-staatliches Schulwesen nicht existierte. Ewalds als erprobt vorgestellte Ausführungen lassen auf die Verhältnisse im Karlsruher Töchterinstitut schließen, in dem alle drei christlichen Konfessionen vertreten waren. Der Stoffumfang war gegenüber dem Unterricht der Knaben zwar reduziert, doch nicht grundsätzlich verschieden, die Lerninhalte selbst aber so weit wie möglich religiös »tingiert«. Auch die Technik wurde zum Mittel religiöser Erhebung, so wenn bei besonders eingerichtetem Gelegenheitsunterricht der Blick durch das Fernrohr das Gotteslob nach Ps 104,24 provozieren sollte.[84]

---

[81] Brief Ewalds an Böttiger, 7. August 1812, GNM Nbg. Archiv, Autographen, Böttiger K. 6 (Steiger, Bibliogr. A 53). Über F. V. Reinhard hatte Ewald Näheres durch die als gemeinsame Freundin vorgestellte Geheimrätin von Palm aus Esslingen erfahren. An die für das kulturelle und soziale Gepräge der Stadt wichtige Palmsche Sippe gingen nach der Subskribentenliste 1800 jeweils drei Exemplare der Ewaldschen *Christlichen Monatschrift*.

[82] Ewald, Einige Ideen über weibliche Erziehungs-Anstalten, angeh. an: Christentums Geist [...], Winterthur 1819 (= WEA; Steiger, Bibliogr. 372). Zur sozialen Schichtung vgl. ebda., 12; dort werden die Töchter vornehmer Staatsdiener, adliger Gutsbesitzer und reicher Kaufleute genannt, unterschieden von den Töchtern aus gewöhnlichem bürgerlichem Stand, ebda., 22 f. Töchter von Bauern und einfachen Handwerkern fanden sich hier nicht. Gegen grundsätzliche Einwände hieß es: »Auch traue man den Männern nicht, die gegen weibliche Bildung reden. Meist thun sie es aus dem nemlichen Grund, warum Despoten gegen Aufklärung des Volks sind; damit sie es, in seiner Blindheit, leichter despotisiren können.« WEA, 4.

[83] Vgl. Wessenberg, Elementarbildung, 30, der ähnliche Desiderate wie Ewald bemängelte.

[84] »Von keiner Wissenschaft zu viel; aber das Wenige gut gewält und recht tief eingeprägt, damit es nicht so leicht vergessen werde, weil es nicht wie bei Knaben wiederholt werden kann. Aber alles, so viel möglich, gemütlich und mit Religion tingirt, oder ausgewält für den künftigen Stand.« WEA, 6. Zum Begriff »gemütlich« aus herrnhutischer Tradition, von Klopstock mit dem jungen »empfindsam« gleichgesetzt und von Goethe aufgegriffen, vgl. Langen, Wortschatz, 370; bei Ewald vgl. MYST, 319.

Die vom Frauenbild vorgegeben Grenzen zeigen sich besonders in der Konzeption des Geschichtsunterricht. Politische Inhalte wurden zugunsten weiblicher Tugenderzählungen gemieden, die griechische und römische Mythologie nur toleriert, soweit deren Kenntnis zum Verständnis der Dichter notwendig war. Auf Anschaulichkeit und lebendiges Unterrichtsgespräch wurde besonders Wert gelegt. Der Religionsunterricht mußte den gehobenen Ansprüchen des sonstigen Fächerkanons genügen und die Schranken des Konfessionellen überwinden.[85] Über den Unterricht hinaus trug das ganze schulische Leben ein religiöses Gepräge, so durch die Morgen- und Abendandachten und die wöchentlichen Erbauungsstunden mit öffentlicher Beichte, wie sie Ewald bei Pestalozzi erlebt hatte.[86] Unbedingter Gehorsam der Schülerinnen, Vertrauenserwerb durch das Aufsichts- und Lehrpersonal und die Bindung an eine feste Ordnung möglichst ohne freie, d. h. beschäftigungslose Zeit, waren neben der Vorbildfunktion der Älteren die Pfeiler der Erziehung.[87] Eine detaillierte Verhaltenskontrolle regulierte den gesamten Lebensablauf. Sie bestimmte die Art der Lektüre ebenso wie die als »Seelengymnastik« verstandenen asketischen Übungen zum Verzicht.[88] Den damit angestrebten Tugenderwerb als habitus sollten ritualisierte Formen öffentlicher Belohnung und Beschämung mittels symbolträchtiger Gegenstände unterstützen.[89] Als sicht-

---

[85] Ebda., 8 ff.

[86] »Auf eine freie Art wird dafür gesorgt, daß Morgens und Abends gebetet, daß am Morgen Vorsäze gefaßt, und am Abend Prüfungen angestellt werden, wie weit diese Vorsäze ausgeführt worden seyen. Oeftere Ermunterungen der Aufseherinnen und ihr eigenes Beispiel machen dieß zur Gewohnheit. Am Ende jeder Woche wird eine eigene Erbauungsstunde gehalten, ein Paar Verse aus einem gemütlichen Lied werden gesungen; es wird von der Vorsteherin gebetet, und nun bekennt Jedes, wo es sich erinnert, in der Woche gefehlt zu haben. Die Vorsteherin geht mit ihrem Beispiel vor, wenn es mit Wahrheit geschehen kann. Ich wohnt' einmal verborgen einer solchen Prüfungsstunde bei *Pestalozzi* bei; und nicht leicht hat mich etwas so gerührt, wie diese Stunde.« WEA, 13 f., vgl. 19 f. Das Tagebuchschreiben unterstützte die Selbstprüfung.

[87] So wenig wie möglich sollte verboten oder geboten, dieses aber konsequent verfolgt werden; Widerrede wurde nicht geduldet, Erklärungen über Nutzen oder Schaden eines bestimmten Verhaltens waren allenfalls nach geleistetem Gehorsam zu geben, um den Gehorsam nicht von der Einsicht abhängig zu machen. Ebda., 14 ff.

[88] Das Lektüreverbot für Romane, welche die Liebe als unwiderstehliche Leidenschaft behandelten, sollte eine falsche Vorstellung von Liebe und Ehe verhindern helfen. Zu den wenigen für empfehlenswert erachteten Romanen, die im übrigen ein ausgesprochen freundliches Bild des Landpfarrers zeichneten und so dessen Ansehen zu festigen versprachen, zählten Oliver Goldsmiths *Dorfprediger von Wakefield* (*Vicar of Wakefield*, 1766, dt. Übers. schon 1767, vgl. 2. verb. dt. Aufl. Hamburg u. Altona 1781) und Johann Heinrich Vossens Idyllen *Luise* (zuerst 1782/84), ChG, 55 ff., vgl. schon Ewald, Christliche Familienpredigten [...], 5. Predigt. Die einzige nichtkontrollierte Beziehung nach außen war der Briefkontakt mit den Eltern.

[89] »Das Aeußere wirkt auf das Innere, wie das Innere auf das Aeußere wirkt. Wer viele Handlungen der Wolthätigkeit ausübt, wird wolthätiger, so wie es den Wolthätigen zu Handlungen der Wolthätigkeit treibt.« WEA, 21. In festlicher Stunde erhielten die neu Aufgenommenen goldene Ringe, die bei Fehltritten mahnend berührt und im Wiederholungsfall schwarz überzogen wurden, bis Besserung in Sicht kam. Eine ähnliche disziplinarische Funktion war für Kreuze vorgesehen, die übergeben und zeitweise wieder entzogen wurden. »Mir sind Beispiele

baren Erinnerungszeichen an geistige Werte wurde ihnen ein quasi-sakramentaler Charakter zugesprochen und erzieherisch nutzbar gemacht.[90] Das Pensionatsleben ließ die besondere Pflege eines Standesbewußtseins je nach Herkunft der Mädchen nicht zu, sie nivellierte vielmehr die intern vorhandenen Standesgrenzen.[91] Wie in vielen Einrichtungen dieser Art wurde die Integration von Bürgertum und Adel gestärkt, die niederen Bevölkerungsschichten blieben ausgeschlossen.

Im ganzen ergeben sich bei Ewald, charakteristisch für seine Stellung im Übergang, zahlreiche Überschneidungen mit philanthropinischen, (früh-)romantischen und neuhumanistischen Grundgedanken, ohne daß dies seine spezifischen Frömmigkeitsinteressen verdeckte. Im Gegensatz zu Einzelstimmen aus dem Bereich der neologischen Aufklärung wie Schwager, aber auch zu solchen der frühen Romantik – man denke an F. Schlegel und Schleiermacher – wird politischen oder rechtlichen Fragen, etwa im Blick auf die Benachteiligung der Frau in Erb- und Eigentumsangelegenheiten, keine besondere Aufmerksamkeit geschenkt. Das Frauenbild bleibt im seelsorgerlichen und erzieherischen Kontext ganz vom Dienst- und Opfergedanken bestimmt, wie ihn auch Fichte im Gegensatz zur frühen Romantik vertrat.[92] Dies tendiert hin auf den sich durch die Auf- und Umbrüche der Zeit hindurch neu formierenden Patriarchalismus des 19. Jahrhunderts, der die Frau zunehmend auf ihre kompensatorische Rolle für den männlichen Existenz- und Lebenskampf festzulegen bemüht war. Zugleich fehlt es bei Ewald nicht an emanzipatorischen Ansätzen, etwa im Blick auf ein innerhalb der Ehe stärker partnerschaftlich geprägtes Miteinander von Mann und Frau, wie auch von einer gewissen Offenheit für frauenemanzipatorische Bestrebungen im politisch-rechtlichen Sinn ausgegangen werden kann. Frauen wie Sophie von La Roche wurden als Ausnahmeerscheinungen geachtet. Als eigentlich zukunftsträchtig aber kann Ewalds unermüdlicher Einsatz für die Verbesserung der Mädchenbildung gelten, und dies schon wegen der damit verbundenen Eigendynamik. So wird auf diesem Wege wenigstens indirekt auch die Ausformung des bürgerlichen Lehrerinnenberufs gefördert, der für die Anfänge der Frauenbewegung Mitte

---

bekannt, wo die Kreuze noch getragen werden, wenn die Mächen längst verheiratet waren. Es sind Orden, *pour le mérite féminin.*« WEA, 21 f. Vgl. das Umhängen sog. Unartszeichen in der Erziehung des Erbgrafen Leopold unter Simon August und Kanzler Hoffmanns Kritik, Wehrmann, 36 f.

[90] »Der Mensch, ein geistig-sinnliches Wesen, bedarf Sakramente für alles Höhere, Geistige [...].« WEA, 21.

[91] »Niemand, auch keine Erzieherin hat das Recht, sich zwischen Eltern und Kinder einzudrängen, und der Vertraulichkeit zwischen so heilig-verbundenen Wesen in den Weg zu treten.« Ebda., 24.

[92] Vgl. Claudia Simon-Kuhlendahl, Das Frauenbild der Frühromantik. Übereinstimmung, Differenzen und Widersprüche in den Schriften von Friedrich Schlegel, Friedrich Daniel Ernst Schleiermacher, Novalis und Ludwig Tieck (Diss.), Kiel 1991.

des 19. Jahrhunderts eine bedeutsame Rolle spielen sollte.[93] Ansatzweise kommt es zu einem Nachdenken über erweiterte berufliche Möglichkeiten für die Frau in erzieherischer und diakonischer Hinsicht. In den Mittelpunkt rückt freilich der zum Priesterdienst von Erziehung und religiöser Bildung stilisierte Beruf der Mutter. So beschränkt dies auf den ersten Blick erscheinen mag: Auch hierin liegt im Vergleich zur herkömmlich dominanten Rolle des Hausvaters ein emanzipatorisches Moment, das in der grundsätzlichen Hochschätzung der religiösen Begabung der Frau begründet liegt. Dies bedeutete trotz aller Begrenzungen eine Stärkung weiblicher Individualität und Eigenverantwortung, besonders in Hinsicht auf die selbständige Aneignung geistig-geistlicher Werte und die erzieherische Weitergabe einer überkonfessionell-christlichen Grundhaltung. Gerade hier werden pietistische Anliegen religiöser Innerlichkeit und philadelphischer Gesinnung in spätaufklärerisch transformierter Form weitergegeben, die frühen Ansätze von leitend und lehrend tätigen Frauen abgewandelt fortgeführt und, wenn auch sozial begrenzt, für den allgemeinen Bildungsgedanken fruchtbar gemacht.[94]

---

[93] Vgl. Nipperdey, Geschichte, 120, 124.
[94] Vor allem im radikalen Pietismus konnten sich Frauen innerhalb der religiösen Gemeinschaft aktiver als sonst betätigen. Vgl. Geschichte des Pietismus 1, 89, 254 f., 317, 362, 398, 401, 458, 461; 2, 133, 429, 531 f., 535 f., 559, 570, 595, 598 f., 609, 638.

11 Judenemanzipation und -assimilation

11.1 Der religionsgesetzliche Grundkonflikt

Schon in der Salomoschrift aus dem Jahr 1800 griff Ewald die Frage der Judenemanzipation anhand des bekannten Sendschreibens von David Friedländer (1750–1834) an Propst Wilhelm Abraham Teller (1734–1804) von 1799 auf.[1] Die dort vorgestellte aufklärerische Gestalt jüdischer Religion, welche die Möglichkeit einer Aufnahme von Juden in die »große protestantische Gesellschaft« und Anschluß an die geistige Weite des aufgeklärten Protestantismus ohne Aufgabe ihres Judentums erkunden sollte, fand Ewalds uneingeschränkte Zustimmung. Er hielt das in einer Selbstcharakterisierung abgelegte Bekenntnis zu einer vom Zeremonialgesetz befreiten mosaischen Vernunftreligion ohne endzeitliche Messiashoffnung für ausreichend, eine Staatsbürgerschaft zu begründen. Die am Ende des Schreibens angebotene Bereitschaft der jüdischen Hausväter, gegebenenfalls bestimmten Übergangsriten zuzustimmen, hielt er für überflüssig. Dabei interpretierte Ewald das Sendschreiben eindeutig als Versuch einer Klärung der schwierigen Frage, wie die Rechte von Staatsbürgern ohne förmliche Konversion und Taufe zu erlangen sein könnten, nicht als Angebot einer wie auch immer bedingten Konversion. Angesagt war für ihn die strikte Konfessionalisierung des Judentums und der Verzicht auf ein nationales Sonderbewußtsein. Das von Friedländer vorgestellte Judentum verkörperte für ihn jene Grundgestalt eines religionsgesetzlich reformierbaren »wahren Judaismus« im Sinne weitgehender Liberalisierung religiöser Riten, das seinen späteren Äußerungen zur Bildungs- und Staatsbürgerfrage als Ideal zugrunde lag. Eine genauere Vorstellungen davon, wie die Friedländersche Radikalformel von der »Aufhebung der Zeremonialgesetze«, die weit über die Haltung Moses Mendelssohns hinausging, und das breite

---

[1] Zur Gesamtthematik des Verhältnisses von Juden und Christen sei hingewiesen auf die beiden grundlegenden Übersichten von Martin Schmidt und Karl Heinrich Rengstorf zum Protestantismus vom Aufkommen des Pietismus bis zur Mitte des 19. Jahrhunderts, in: KuS 2, 87–176, sowie auf Martin Friedrich, Vom christlichen Antijudaismus zum modernen Antisemitismus. Die Auseinandersetzung um Assimilation, Emanzipation und Mission der Juden um die Wende zum 19. Jahrhundert, in: ZKG 102.1991, 319–347; s. weiter Walter Grab (Hrsg.), Deutsche Aufklärung und Judenemanzipation, Tel Aviv 1980; Jacob Katz, Zur Assimilation und Emanzipation der Juden, Darmstadt 1982; Julius H. Schoeps, Deutsch-jüdische Symbiose oder Die mißglückte Emanzipation, Berlin 1996 (Aufsatzsammlung, zu Friedländer s. ebda., 33–51); Nipperdey, Deutsche Geschichte, 248–255; Michael A. Meyer (Hrsg.), Deutsch-jüdische Geschichte in der Neuzeit, Bd. 2: Emanzipation und Akkulturation 1780–1871, München 1996, T. 1 (zu Ewald s. die knappe Notiz ebda., 40, zur Situation in Baden s. Reg.).

reformerische Anliegen aufnehmende Wort von der »Reinigung« der religiösen Verfassung im Sendschreiben zu verstehen waren, hatte Ewald nicht.[2] Für die Frage der Staatsbürgerschaft genügte jene zivilreligiöse Grundverpflichtung, wie sie aus dem Friedländerschen Votum herauszulesen und offenbar auch in der Schlußfrage an Wilhelm Abraham Teller nach dem seiner Meinung nach geforderten »öffentlichen Bekenntnis« gemeint war.[3] Der Gewährung der vollen Staatsbürgerrechte einschließlich der freien Religionsausübung, wie sie Christian Wilhelm von Dohm in seinem zentralen Werk zur Judenemanzipation 1781/83 gefordert hatte, stand in dieser Perspektive nichts im Wege, sofern nur die Konfliktfelder rabbinischer und bürgerlicher Jurisdiktion bereinigt waren.[4]

Die Problemlage veranschaulicht August Hennings 1797 in seiner Anzeige von Aktenstücken zur Judenemanzipation von 1795/96 in der anstelle der Vereinigten Niederlande neu errichteten Batavischen Republik im *Genius der Zeit*.[5] Hennings, jugendlicher Freund Moses Mendelssohns, begrüßte den Fortschritt der Emanzipationsdebatte, die im Gefolge der Französischen Revolution über das Humanitäre hinaus in die politische Konkretion geführt und in Einzelfragen schon in verschiedenen Ländern Europas Früchte gezeigt hatte, so etwa in der Zulassung der Juden zu den Zünften in Dänemark seit 1788. Grundsätzlich aber unterschied Hennings Menschen- und Bürgerrechte, erstere standen den Juden wie allen anderen zu, letztere konnte der Staat aus freien Stücken gewähren oder vorenthalten. Für die Juden machte Hennings als eigentliches Hindernis auf dem Weg zur Staatsbürgerschaft wie Ewald nicht die Religion als solche, sondern deren Gesetzestreue mit all ihren Konsequenzen abgesonderter Lebensweise, das Festhalten an einer eigenen »Konstitution«, verantwortlich, derentwegen man zu Recht noch immer von der jüdischen Nation und nicht nur von der mosaischen Religion spreche.[6] Diese

---

[2] Moses Mendelssohn hatte sich explizit gegen eine Aufgabe des Zeremonialgesetzes als Voraussetzung einer bürgerlichen Gleichstellung ausgesprochen, Mendelssohn, Jerusalem, GS, Bd. 3, 355 ff.; ders., Schriften über Religion und Aufklärung, 451 ff., vgl. KuS 2, 154–161.

[3] David Friedländer (o. Vf.) Sendschreiben an Seine Hochwürden Herrn Oberconsistorialrath und Probst Teller zu Berlin, von eingen Hausvätern jüdischer Religion, Berlin 1799, Repr. (mit hebr. Übers. u. Einl.), Jerusalem 1975, zum Text s. auch Schleiermacher, KGA I/2, 381–413; KuS 2, 161–164..

[4] SAL, 334. Christian Wilhelm Dohm, Ueber die bürgerliche Verbesserung der Juden, 2 Bde., Berlin u. Stettin 1781–1783, Faks.-Neudr. Hildesheim u. New York 1973 (= Dohm, Verbesserung); Auszüge aus der Schrift und eine instruktive Einleitung H. Deterings finden sich in Dohm, Schriften, 67–88; vgl. KuS 2, 144–147; Horst Möller, Über die bürgerliche Verbesserung der Juden. Christian Wilhelm Dohm und seine Kritiker, in: Marianne Awerbuch u. Stefi Jersch-Wenzel (Hrsg.), Bild und Selbstbild der Juden Berlins zwischen Aufklärung und Romantik. Beiträge einer Tagung (EHKB 75), Berlin 1992 (= Awerbuch, Bild), 59–79.

[5] Aktenstücke zur Geschichte der Erhebung der Juden zu Bürgern in der Republik Batavien. Aus dem Holländischen, Neustrelitz 1797, Anzeige von Hennings in: Genius der Zeit, 1797.1, 416–429. Vgl. Wessenberg, Elementarbildung, 187.

[6] »Es wäre zu wünschen, daß sie diese Absonderung heben wollten, daß sie einsehen mögten, daß eine Trennung von ihren Mitbürgern durch Heirathen, Speisen, Kleidung, Feier des Sabbaths

zeremonialgesetzliche »Konstitution« war nach Hennings getragen von einem für töricht erachteten Erwählungs- und Messiasglauben, der die Hoffnung auf Rückkehr ins Land Israel und die Gründung eines eigenen Staates einschloß. Einzelne liberal denkende Rabbiner wie der Prager Oberrabbiner Ezechiel Landau änderten in dieser Sicht am Problem einer gespaltenen Loyalität nichts. So wurde die Entwicklung in Holland denn auch nur unter Vorbehalt begrüßt, basierte sie doch ganz auf der Hoffnung, daß sich die Juden, besäßen sie erst einmal volle Staatsbürgerrechte, völlig assimilierten und das »Schisma der Geselligkeit« einschließlich der Messiashoffnung aufgaben.[7] Christian Wilhelm von Dohm hatte in dieser Frage weit offener argumentiert, indem er die religiösen Fragen in bürgerlicher Hinsicht als irrelevant beiseite setzte und eine möglichst weitgehende Gemeindeautonomie einschließlich ziviler Gerichtsbarkeit für unproblematisch erklärte. Am grundsätzlichen Mißtrauen gegenüber dem Rabbinismus änderte dies freilich nichts.[8]

Ewald folgte der politischen Grundlinie Dohms, doch anders als dieser und Hennings hielt er im Rahmen der Endzeiterwartung explizit an einem Ende des jüdischen Exils in der Rückkehr der Juden ins Land der Verheißung und mit Röm 11,25 f. an einer allgemeinen Judenbekehrung fest.[9] Dabei war er offen für entsprechende »Zeichen der Zeit«, sah allerdings keinen Grund, von den in Frankreich im Zuge einer genaueren Fixierung der Rechtsstellung der Juden staatlicherseits einberufenen Versammlungen Spektakuläres zu erwarten.[10] Der in Frankreich eingeschlagene Weg der Judenemanzipation werde wohl in eine weitgehende Assimilation, aber deshalb noch nicht zu einer Annäherung an das Christentum führen. Freilich hielt Ewald den 1807 in Paris tagenden Großen Sanhedrin für ein mögliches Indiz einer umfassenden geistigen Revolution innerhalb des Judentums, was nur eine Abkehr vom orthodoxen Rabbinismus bedeuten konnte. Dies erinnert an die Dohmsche Konzeption, die sich von der bürgerlichen Gleichstellung eine in wenigen Gene-

---

widersinnig und eine solche Absonderung nur für einen Staat möglich ist, der sein Interesse dabei findet, nicht seinen Nachbarn gleich zu werden.« Ebda., 424.

[7] So lautete der Aufruf Hennings: »Bis dahin [zur erhofften Wiederkunft des Messias], lieben Juden, seid Bürger unserer Staaten, und laßt euer Judenthum bei der Bundeslade, oder dem Tempel Salomons!« Ebda., 427. Zu seiner Haltung gegenüber dem Judentum vgl. seine Rez. der gegen Friedländers Sendschreiben gerichteten Schrift: Charlotte Sampson, oder Geschichte eines jüdischen Hausvaters, der mit seiner Familie dem Glauben seiner Väter entsagte. Eine Geschichte der neuesten Zeit, Berlin 1800, in: Genius der Zeit 1800.2, 62–71.

[8] Dohm, Verbesserung, Bd. 1, 124 f.

[9] Vgl. im parätnetischen Zusammenhang Ewald, Der Christ, bei den großen Weltveränderungen [...], Frankfurt/M. 1807 (Steiger, Bibliogr. 281), 2. T., 6. Brief, 222 f.

[10] Im Juli 1806 waren auf Verlangen Napoleons jüdische Notabeln zusammengetreten, um über die Vereinbarkeit von jüdischem Religionsgesetz und staatlichen Belangen zu beraten, im Februar 1807 hatte sich aus Gründen der Rechtsverbindlichkeit ein allerdings nur wenige Wochen tagender Großer Sanhedrin in Paris konstituiert, vgl. Friedrich Battenberg, Das europäische Zeitalter der Juden. Zur Entwicklung einer Minderheit in der nichtjüdischen Umwelt Europas, Bd. 2, Darmstadt 1990 (= Battenberg), 101 ff.

rationen erreichbare Abkehr vom »ängstlichen Zeremoniendienst« der Väter und die Rückkehr zur freieren alttestamentlich-mosaischen Verfassung versprach.[11] Als die auf eine bürgerliche »Verbesserung« am ehesten vorbereiteten Juden galten Dohm daher auch die in Polen lebenden, allein dem mosaischen Gesetz verpflichteten Karäer, die er sich als Vorbild der deutschen Juden wünschte.[12]

Ewalds Festhalten an der heilsgeschichtlichen Perspektive markiert eine Differenz, aber keinen Gegensatz zu Dohm.[13] Dies liegt daran, daß sich für Ewald heils- und entwicklungsgeschichtliches Denken nicht widersprachen und auch Dohm für eine entsprechend synthetische Betrachtungsweise offen war. Dieser hat schon 1773 in der Aufnahme des auch von Lavater rezipierten kosmologisch-metaphysischen Systems von Ch. Bonnet Röm 10 f. als biblisches Zeugnis für die göttlich verbürgte Harmonie und Einheit der Geschichte im Sinn frühaufklärerischer Theodizee lesen gelernt. Damit war in der Relativierung systemgebundener absoluter Wahrheitsansprüche zugleich ein wichtiger Ansatzpunkt für sein Toleranzdenken gegeben. Schon 1774 sollte Dohm aus kulturhistorischer Perspektive Grundsätze der späteren Schrift zur Judenemanzipation niederschreiben, ein wichtiges Indiz für die Eigenständigkeit gegenüber Lessing und Mendelssohn.[14] Dagegen bewahrte Ewald den bei Spener anhebenden pietistischen Grundimpuls, dem Judentum eine zentrale Stellung im noch ausstehenden Endzeitgeschehen zuzuschreiben und somit anders als der Hauptstrom der Orthodoxie und der Aufklärungstheologie die heilsgeschichtliche Pointe von Röm 10 f. zu retten. Dieser biblische Zug der Endzeiterwartung blieb bei Ewald anders als in Dohms allgemeinanthropologisch und kulturhistorisch akzentuierter Sichtweise deutlich erkennbar, ein Gegensatz entwickelte sich daraus nicht, vielmehr dominierte das Bewußtsein von einer großen gemeinsamen Aufgabe. Mit Dohm hat Ewald die durch das historische Bewußtsein und den Bildungsgedanken geschärfte Wahrnehmung der schwierigen realen Existenbedingungen des Judentums und die Bereit-

---

[11] Dohm, Verbesserung, Bd. 1, 143 ff.; vgl Bd. 2, 177 ff., wieder in: Dohm, Schriften, 79 ff. Gerade die letzte Stelle thematisiert eigens die nötige »Umbildung des religiösen Systems der Juden«; möglich und am ehesten wünschenswert erscheint eine Rückkehr zur »ursprünglichen Simplicität« des väterlichen Glaubens oder gleich die Hinwendung zur aufgeklärten Vernunftreligion. Vgl. die schon 1774 gemachte Aussage über die »Hebräer«: »Standhafte, unüberwindliche Anhänglichkeit an die Lehre der Väter; ängstliche Beobachtung der Pflichten und Gebräuche, ist ein Hauptzug des Hebräers von dem wir täglich Beyspiele sehn.« Dohm, Schriften, 34.

[12] Dohm, Schriften, 84 f.

[13] Steiger betont zu Recht Ewalds biblisch-heilsgeschichtliche Argumentationsweise, doch bringt er sie im Interesse an Ewalds bibeltheologisch-reformatorischer Originalität mit Hilfe der These von der Rezeption und Erneuerung der Zwei-Reiche-Lehre in einen gänzlich irreführenden Gegensatz zur aufgeklärt-liberalen Position eines Dohm. Das Urteil, Ewald sei anders als Dohm und Mendelssohn zu »höherer Reflexion und zu tieferer Durchdringung des Problems gelangt«, dürfte ohne nähere Begründung schwerlich haltbar sein, Steiger, Kap. III,1, bes. 315 f., 340 f. Auf Ewalds *Salomo* wird nicht eingegangen.

[14] Vgl. Dohm, Schriften, 24 f., 31–34.

schaft zur Vorurteilskritik gemeinsam. Er teilt jedoch mit Dohm auch die grundsätzliche Schwäche der bildungsorientierten Emanzipationskonzeption. Die vorurteilskritischen Möglichkeiten staatlicher Erziehung und Bildung wurden für Juden und Christen angesichts kaum gemachter Anfänge noch derart optimistisch gesehen, daß deren Voraussetzungen und Grenzen nicht genügend in den Blick kamen. Aus neu eröffneten Bildungschancen für die einen wurde so leicht ein Bildungsdiktat für die anderen. Dies zeigt sich an der Einschätzung des rabbinischen Judentums, das weiterhin von überkommenen Vorurteilen bestimmt blieb. Dabei wären sowohl vom Gedanken der Gottebenbildlichkeit, der Ewald schöpfungstheologisch so wichtig war, wie auch von der aufklärerisch-optimistischen Idee der allgemeinen Menschennatur her eine umfassendere Vorurteilskritik wie auch ein konsequenteres Verfechten der sofortigen und bedingungslosen Gleichstellung der Juden wenn nicht zwingend, so doch möglich gewesen. Angesichts der sich zunehmend polarisierenden Auseinandersetzung, die das politisch Mögliche und Wünschenswerte in den Vordergrund rückte und der allgemeinen Menschenrechtsdebatte angesichts der Entwicklung in Frankreich wenig abgewinnen konnte, verwundert dies nicht. Vor allem wird man diesen zeittypischen Mangel Ewald nicht zum Vorwurf machen wollen. Im Blick auf die pietistische Tradition, die sich bei Ewald meldet, ermöglichen zwei Aspekte den Brückenschlag zum aufklärerischen Emanzipationswirken politisch-rechtlicher Art. Einmal ist dies die Entdramatisierung der Gegenwartsdeutung, sodann der heilsgeschichtlich begründete Verzicht auf die vom kirchlichen Pietismus herkömmlicherweise beförderte Judenmission. Was der radikalpietistische Bußruf an Juden *und* Christen unter Verzicht auf eine offensive Judenmission schon in der ersten Hälfte des Jahrhunderts an gemeinsamer Verantwortung vor Gott einklagte und die Verbesserung der jüdischen Lebensverhältnisse fordern ließ, kehrt hier unter spätaufklärerischem Vorzeichen und damit politisch reflektierter wieder.[15]

11.2 Emanzipationsgesetzgebung und staatliches Bildungsdiktat

Ewalds spätere Äußerungen zur Frage der Rechtsstellung der Juden fallen in die restaurative Phase der Judenemanzipationsgesetzgebung deutscher Länder. Sie entzündeten sich an einer positiven Rezension der Schrift des Berliner Historikers Christian Friedrich Rühs (1781–1820) über die Gefahren der bürgerlichen Gleichstellung der Juden aus der Feder des fachlich von Ewald geschätzten Heidelberger Philosophen Jakob Friedrich Fries (1773–1843) im Jahr 1816.[16] Ewald, der sich im Zusammenhang der badischen Schulangele-

---

[15] Zu entsprechenden Aussagen der *Geistlichen Fama*, dem 1730–44 erschienenen Periodikum der Berleburger Philadelphiergemeinschaft, s. Schrader, Sulamith, 101–104.
[16] Jakob Friedrich Fries, Ueber die Gefährdung des Wohlstandes und Charakters der Deutschen

genheiten mit der Verbesserung der jüdischen Bildungsmöglichkeiten beschäftigt hatte und auf eine staatliche Verwirklichung seiner Vorschläge hoffte, sah die Front der Gegner erstarken, denen unter dem Eindruck der Befreiungskriege der gesamte bisherige Gang der Judenemanzipation im Geiste Christian Wilhelm von Dohms, wie er sich unter französischem Einfluß vollzogen hatte, ein Dorn im Auge war. Gegner wie Befürworter erhofften sich wegweisende Signale für eine reichseinheitliche Regelung vom Bundestag des Deutschen Bundes in Frankfurt. Anfang Juli 1816 griff Ewald in den von Friedrich Rühs angefachten öffentlichen Meinungsstreit ein. Er verfaßte in der Kur in Baden(-Baden) eine schnell zum Druck beförderte Gegenschrift, in der er die preußische Emanzipationsgesetzgebung als vorbildlich verteidigte und ein reichsweites Fortschreiten im Sinne der Hardenbergschen Reformen forderte.[17] Schon am 7. Juni hatte er seine Empörung über die als fanatisch-inquisitorisch empfundene Friessche Rezension und seine Absicht einer Entgegnung dem Freund Friedrich Heinrich Chr. Schwarz mitgeteilt.[18] Wie er diesem am 2. Juli schrieb, als die Schrift schon im Druck war, hatte ihn angesichts der im Badischen den Juden mit dem Emanzipationsedikt von 1809 gewährten Staatsbürgerrechte die Regierung zu einer Stellungnahme aufgefordert und ihm alle nötigen Aktenstücke zur Auswertung zugeschickt.[19] Am 22. September übersandte Ewald Schwarz seine »Schutzschrift für die Juden« mit der Bitte, sie in den *Heidelberger Jahrbüchern* anzuzeigen.[20] Ewald vertrat in seiner ersten Schrift den weitsichtigen Grundsatz einer direkten wechselseitigen Abhängigkeit von Bildung und Recht. Die Gewährung der Staatsbürgerrechte machte demnach zugleich staatliche Bildungsanstrengungen erforderlich, die wiederum für eine konstruktive Inanspruchnahme der neu gewonnenen Rechte Sorge tragen und den Emanzipationsvorgang kontrollierbar machen konnten. Die noch von Chr. W. v. Dohm bedingungslos geforderte Rechtsgleichstellung wurde unter dem konkreten Bildungsanspruch nur noch modifiziert vertreten, der

---

durch die Juden. Eine aus den Heidelberger Jahrbüchern der Litteratur besonders abgedruckte Recension der Schrift des Prof. Rühs in Berlin: »Über die Ansprüche der Juden an das deutsche Bürgerrecht, 2. verb. Abdr.« [...], Heidelberg 1816; vgl. HJL 1816, 241–264. Auch Lavater hatte Chr. W. Dohms Engagement in der Frage der Judenemanzipation in seinem *Pontius Pilatus* gelobt, Orelli 1, 52 ff.; Staehelin 3, 121 ff.

[17] Ewald, Ideen, über die nöthige Organisation der Israeliten in Christlichen Staaten, Karlsruhe 1816 (= ISR; Steiger, Bibliogr. 343, 343a); Motto von Epiktet. Die schnelle Drucklegung sollte die orthographischen Mängel, die Anfertigung im Kurort genauere Quellennachweise mangels Bibliothek entschuldigen, Vorr. V, 198. Insg. vgl. Reinhard Rürup, Die Judenemanzipation in Baden, in: ders., Emanzipation und Antisemitismus, Göttingen 1975, 37–73. Rainer Erb u. W. Bergmann, Die Nachtseite der Judenemanzipation. Der Widerstand gegen die Integration der Juden in Deutschland 1780–1860, Berlin 1989.

[18] Ewald an Schwarz, Baden, 7. Juni 1816, Nachl. Schwarz XVII, 7. »Wo will es mit Aufklärung, Toleranz und Humanität hinkommen, wenn Männer wie Fries, solche Auto's da fe predigen?«

[19] Ewald an Schwarz, Baden, 2. Juli 1816, Nachl. Schwarz XVIII, 7 f.

[20] Ewald an Schwarz, Karlsruhe, 22. September 1816, Nachl. Schwarz XIX, 1.

die reine Vorleistung erlaubende Bildungsoptimismus Dohms war gebrochen.[21] Die gegnerischen Positionen setzten das Gewähren von Staatsbürgerrechten direkt unter den Bildungsvorbehalt, welcher den künftigen Staatsbürgern erst den Nachweis ihrer Qualifikation abzuverlangen und damit die allgemeine Gleichstellung zu vertagen erlaubte, oder lehnten eine bürgerliche Gleichstellung aus prinzipiellen Gründen ab. Die aggressive Polemik von Fries verdeckt leicht, daß er im Grundsatz die gemäßigte gegnerische Variante vertrat, während der vergleichsweise ruhig argumentierende Rühs aufgrund seines Begriffs vom christlichen Staat, der sich durch das christliche Bekenntnis definierte, eine rechtliche Gleichstellung der Juden kategorisch ausschloß.[22] Eine Verweigerung der Gleichstellung sah Ewald als unbillige Zurücksetzung und Benachteiligung, die sich bei Kindern nicht anders als bei Erwachsenen, sozialen Gruppen und Völkern verheerend auf Bildungs- und Integrationsfähigkeit und -willigkeit und damit auf den gesamten Zustand des Gemeinwesens auswirkte, war erst einmal das Freiheitsbewußtsein erwacht.

In einem ersten Abschnitt ging Ewald der Bildungsaufgabe des Staates gegenüber dem Judentum und dessen eigenen Leistungen nach, in einem zweiten zog er daraus die Konsequenz, die im Grundsatz mit der Emanzipationsgesetzgebung in den deutschen Ländern gezogen, aber noch nicht ausreichend konkrete Gestalt angenommen hatte. Der Schritt vom Status des Schutzjuden, der auf einer tolerantia simplicis permissionis beruhte, zum Staatsbürger jüdischen Glaubens war für Ewald auf dem Hintergrund der bisherigen Entwicklung unter dem Vorzeichen aufklärerischer Humanität längst überfällig. Daß jüdischerseits neue Möglichkeiten positiv genutzt wurden, belegte nach Ewald das Engagement in der Schulreform, wie es sich in den jüdischen Schulen von Frankfurt/M., Seesen, Dessau, Berlin, Wolfenbüttel und Breslau zeigte.[23] Johann

---

[21] »Bildung muß mit Rechten, gleichen Schritt halten; Rechte müssen Muth machen[,] zur Bildung; Bildung muß fähig machen zum zwekmäsigen Gebrauch der Rechte.« ISR, 88. Zur Haltung von Rühs und Fries vgl. Jacob Katz, Vom Vorurteil bis zur Vernichtung. Der Antisemitismus 1700–1933, Berlin 1990 (zuerst engl. 1980), 79 ff. Falsch erscheint mir Steigers summarische Aussage zum Staatsverständnis bei Rühs (323), derzufolge dessen Antijudaismus auf eine mangelnde, bei Ewald aber wirksame Unterscheidung von geistlich und weltlich nach der Zwei-Reiche-Lehre zurückzuführen sei. Die Thematik der Zwei-Reiche-Lehre berührt, historisch gesehen, die Rechtsstellung der Juden in der Tradition des Schutzjudentums überhaupt nicht, als deren Sachwalter sich Rühs mit gewissem Recht sehen konnte; gerade die bürgerlichen Pflichten einer christlichen Obrigkeit wollte Rühs in seinem Sinn wahrgenommen wissen; damit ist nicht ausgeschlossen, daß sich mit der Zwei-Reiche-Lehre auch judenfreundlich argumentieren läßt, ein schlechthin reformatorisches Erbe stellt dies aber gewiß nicht dar. Ewalds Argumentation verdankt sich wesentlich seinem spätaufklärerisch akzentuierten religiös-theologischen Bildungsbegriff.
[22] Eine vergleichbare Position wie Rühs vertrat der durch andere Schriften Ewald bekannte dänische Gelehrte Konrad Friedrich von Schmidt-Phiseldeck, der sich 1817 in dieser Frage zu Wort meldete und den Juden zum ewigen Fremden machte, vgl. Katz, Vorurteil, 148 f.
[23] ISR, 1, vgl. 118, 127, 163. Ein weiteres, weniger bekanntes Beispiel für den jüdischen Bildungswillen bot nach Ewald Livorno, wo zwei gut organisierte Schulen für Wohlhabende und Arme existierten, Ewald beschrieb nach einer holländischen Quelle die dortige Schulsitua-

Heinrich von Wessenberg hat in ähnlicher Weise 1814 in seiner Schrift zur Elementarbildung des Volks dem jüdischen Reformschulwesen seine Anerkennung gezollt und dessen Bedeutung für den Fortgang der mit der Erschließung neuer Erwerbsquellen verbundenen Judenemanzipation hervorgehoben. Auch er hielt nur eine von aufklärerischen Bildungsanstrengungen begleitete bürgerliche Gleichstellung für sinnvoll, um das Judentum aus seinem Stand »gemeinschädlicher Parasiten« im Geld- und Kleinhandel zu befreien. Dazu gehörte die Übernahme neuerer Unterrichtsmethoden wie in der 1796 in Dessau gegründeten jüdischen Schule, in der auch Pestalozzi rezipiert wurde. Der Achtung vor den mit der Rolle Moses Mendelssohns als jüdischem Reformator in den Spuren des Maimonides in Verbindung gebrachten Reformanstrengungen stand freilich die generalisierende Denunzierung des Rabbinismus und der jüdischen Messiashoffnung gegenüber. Wenigstens vom ersteren war auch Ewald nicht ganz frei.[24] Wie sich insgesamt zeigt, bestand das Grunddilemma des an sich freiheitlich angelegten Emanzipationsdenkens darin, daß es auf eine mehr oder weniger zwanghafte Spaltung des Judentums, d. h. die Ächtung der in Lehre und Leben unbeweglich erscheinenden Orthodoxie unter dem Diktat aufklärerischer Bildung setzte, mochte deren inhaltliche Bestimmung der jüdischen Seite auch unterschiedlich große Spielräume lassen.[25]

Die in Deutschland nach der Niederlage Napoleons lauter werdenden Einwände gegen eine staatsbürgerliche Gleichstellung der Juden, die nun zu den unseligen Folgen der Französischen Revolution gerechnet wurde, deuten auf ein Klima zunehmender Intoleranz, was Ewald aufgrund seines antirömischen Affekts typischerweise am Wiedererstarken der Jesuiten festmachte. Eine wichtige Argumentationshilfe fand er in dieser Situation in der vom Abdruck verschiedener Emanzipationsedikte begleiteten, den Dohmschen Impuls forttragenden Darstellung zur Judenemanzipation des Lübecker Juristen Karl Au-

---

tion; Schulen und Stiftungen standen unter Oberaufsicht des Oberrabbiners. ISR, 127 ff. Zu der von Israel Jacobson gestifteten Reformschule in Seesen vgl. Ralf Busch, Die jüdischen Reformschulen in Wolfenbüttel und Seesen und ihre Bibliotheken, in: Rainer Erb, Michael Schmidt (Hrsg.), Antisemitismus und Jüdische Geschichte. Studien zu Ehren von Herbert A. Strauss, Berlin 1987, 173–184. Jacobson setzte insbesondere auf dem Gebiet der Gottesdienstreform Maßstäbe (deutsche Predigt, deutsche Lieder, Orgelbegleitung). Zu Seesen und Dessau vgl. Wessenberg, Elementarbildung, 190 f.; in Seesen lehrten nicht nur Juden, sondern auch Christen, zu den Fächern gehörten neben Hebräisch auch Deutsch, Französisch und Latein, Deklamation, Erdbeschreibung, Naturkunde, Geschichte, Mathematik und Technologie.

[24] Wessenberg, Elementarbildung, 181–192. Vgl. GR 49, die Differenzierung zwischen authentischer Gottesrede Jesu und der der »mündlichen Thora« betreffend: »Jesus spricht: wahrlich! nicht, wie der Thalmud.« Ewalds Kenntnisse des Rabbinischen sind meist sekundär, von einem ernsthaften »Studium der jüdischen Tradition« oder gar einem »Talmud-Studium« kann jedenfalls keine Rede sein, gegen Steiger, 332.

[25] Die Problematik wird in ihrer Schärfe oft unterschätzt; auch Steiger überspielt sie, wenn er Ewald allein an den »Depravationsformen jüdischen Unterrichts« Anstoß nehmen läßt, 333; der Verzicht auf christliche Überformung des angestrebten jüdischen Unterrichts ist nur die halbe Wahrheit.

gust Buchholz (1785–1843). Dieser hatte belegt, daß sich die Juden einer beruflichen Eingliederung in die für nützlich erachteten Erwerbszweige nicht widersetzten, sofern die bildungsmäßigen Voraussetzungen gegeben waren.[26] Dennoch wurden immer wieder politische Entscheidungen und Agitationen bekannt, die in Widerspruch zum Artikel 16 der Bundesakte standen, welcher den status quo der bisher den Juden gewährten Rechten bis zur weiterer Entscheidung durch die anstehende Bundesversammlung festgeschrieben hatte. Unter Berufung auf diese Rechtslage beanstandete Ewald das Verhalten der Städte Frankfurt/M. und Lübeck, welche mit ihrer Rücknahme der den Juden unter französischem Einfluß gewährten Rechte Aufsehen erregt hatten, nahm aber seine Schelte in einer Anmerkung aufgrund einer Belehrung über die wegen Usurpationsfällen erfolgte Korrektur des Artikels 16 auf dem Wiener Kongreß wieder zurück und beließ es beim Tadel politischer Unklugheit.[27] Heinrich Eberhard G. Paulus sollte die Literatur zur Rechtslage der Juden in Frankfurt ausführlich in den *Heidelberger Jahrbüchern* vorstellen und keinen Zweifel daran lassen, daß er die jüdischen Ansprüche das Bürgerrecht der Stadt für haltlos hielt.[28] Hatte der Staat erst einmal die schulische Bildungsaufgabe als herausragendes Mittel zur Erreichung seiner spezifischen Zwecke erkannt, war nach Ewald das Haupthindernis für die gesellschaftliche Integration der Juden aus dem Weg geräumt.[29]

Eine staatliche Bildungsverpflichtung bestand in verschiedener Hinsicht. Einmal kam das geschichtliche Argument zum Tragen, die Juden als Träger und Vermittler des mosaischen Gesetzes mit zu den Begründern des modernen Staates und seiner Werte zu rechnen; der jüdische Monotheismus hatte den Grund gelegt für die aus christlich-religiösen Wurzeln erwachsene Humanitätsidee. Dagegen hatte Jakob Friedrich Fries nur einen fiktiven »echten« Mosaismus anerkannt und vor allem das Talmudische als Ausdruck der »jüdischen Krämerkaste« und der rabbinischen Verfälschungskunst geschmäht.[30]

---

[26] Karl August Buchholz, Actenstükke die Verbesserung des bürgerlichen Zustandes der Israeliten betreffend, Stuttgart u. Tübingen 1815.

[27] Die entscheidende Änderung des Art. 16 der Deutschen Bundesakte, welcher die Rücknahme der in napoleonischer Zeit erlassenen Emanzipationsedikte möglich machte, lag darin, daß den Juden nicht die ihnen *in*, sondern *von* den einzelnen Bundesstaaten bereits eingeräumten Rechte vorläufig erhalten bleiben sollten. Den Kompromißvorschlag hatte der Abgesandte der Freien Städte, der Bremer Senator Johann Smidt, eingebracht, vgl. Battenberg, 119. Vgl. die spätere Judenschrift Ewalds, Der Geist des Christenthums und des ächten deutschen Volksthums, dargestellt gegen die Feinde der Israeliten. Bemerkungen gegen eine Schrift des Herrn Prof. Rühs in Berlin, Karlsruhe 1817 (= GdChr; Steiger, Bibliogr. 347), 22 f. (Anm.).

[28] HJL 1817, 513–560.

[29] ISR, 6 ff. Juden und Christen waren hinsichtlich des Staatszweckes nur als »eine Masse« vorstellbar, ebda., 47. Daraus ergab sich auch die Forderung nach dem jüdischen Wehrdienst, den Ewald gemäß der Aussage des Ediktes vom 13. Januar 1809, die Juden müßten die einst im Rahmen ihrer Eigenstaatlichkeit geleisteten Pflichten auch dem christlichen (!) Staat und seiner Verteidigung erweisen, mit Num 1,3 u. 26,2 begründete.

[30] ISR, 14 f.

Die Thora beurteilte er in Verkennung ihres geschichtlichen Charakters als eine Sammlung von unbedeutenden Mythologien, den jüdischen Gottes- und Erwählungsglauben als Ausdruck einer überheblichen Partikularreligion. Hier lag der wesentliche Unterschied zu Friedrich Rühs: Argumentierte dieser von einem konservativen christlichen Staatsbegriff her, der die bürgerliche Gleichstellung im Horizont der Konversion sah, so ging der liberale Fries vom Gedanken einer aufklärerischen Radikalreform des Judentums aus, das die Juden grundsätzlich, wenn auch wohl erst in ferner Zukunft, zur Staatsbürgerschaft befähigte. Immer aber galt die traditionelle jüdische Identität als unüberwindbares Hindernis. Gegen alle darauf zielende Polemik nahm Ewald den jüdischen Erwählungsglauben positiv auf: Alles Partikulare mußte als Stufe auf dem Weg zur Universalisierung nach göttlichem Heilsplan gesehen und die universale Sendung des jüdischen Volks, wie sie die Propheten verkündeten, ernst genommen werden.[31] Was in diesem Sinn für das Judentum galt, traf auch für das Christentum zu, das sich gegenüber nichtchristlichen Völkern partikular darstellte, eine Grundstruktur, die noch für den Glauben des Einzelnen zutraf.[32] Daneben wies Ewald den Friesschen Vorwurf der generellen jüdischen Feindschaft gegenüber allen Nichtjuden (Gojim) zurück, indem er auf das fortschrittliche alttestamentliche Fremdenrecht hinwies.[33] Freilich stammte dies aus der Zeit von Viehzucht und Ackerbau, während für die lange jüdische Geschichte des Exils, die vom Handels- und Geldgeschäft geprägt war, der sittliche Verfall außer Frage stand, mochte er auch nicht den Juden allein anzulasten, sondern Ergebnis ihrer Sonderrolle in der Gesellschaft und des Verfolgungsdrucks sein. Gerade bei denen, welche ein jüdisches Alleinverschulden behaupteten, vermißte Ewald das Eintreten für eine Verbesserung der Bildungssituation, sollte den Juden nicht jedes Aufenthaltsrecht abgesprochen werden.

Für den angesichts der Erfahrungen anderer Länder wenig wahrscheinlichen Fall, daß das Bildungsexperiment scheiterte, hielt auch Ewald die bei Fries anvisierten Gewaltmaßnahmen gegen Religion und Erwerbstätigkeit des traditionellen Judentums für eine zwar schreckliche, aber keineswegs unverständliche Konsequenz politischer Verantwortung.[34] Dies weist auf eine dem

---

[31] Vgl. Jes 11,9, Jer 31,31 ff. u. ö. Ewald zitierte nach der Übers. v. Koppe, ISR, 19 ff.; vgl. Steiger, 327 ff.

[32] ISR, 18 f. »So hat mancher Mensch, an Gott einen Partikulargott, wie wenig andere Menschen.« Ebda., 19.

[33] »Nie hat wol eine Gesezgebung[,] mehr für Fremdlinge (was damals lauter Heiden waren) gesorgt, als die Mosaische.« ISR, 23 f.

[34] ISR, 25. Fries sprach in rücksichtsloser Härte von einer Ausrottung »mit Stumpf und Stiel«, die Ewald so kommentierte: »[...] vor welchem Sinn [...] der Genius der Humanität und christlicher Religiosität alle Regierungen bewahren wird.« Die Zerstörung des rabbinischen Judentums ließ sich für Fries freilich auch auf dem Weg bürgerlicher Gleichstellung erreichen: Die bürgerliche Lage der *Juden* verbessern, »heißt eben das *Judenthum* ausrotten, die Gesellschaft prahlsüchtiger Trödler und Händler zerstören. Judenschaft ist eine Völkerkrankheit [...].« Ohne

bildungsemanzipatorischen Denken innewohnende gefährliche Tendenz zur Selbstaufgabe und zur Verkehrung in die Inhumanität, wo die eigenen pragmatischen Zielsetzungen zu scheitern drohten. Solange aber eine größere jüdische Gemeinschaft im Land war – ihr Anteil an der Bevölkerung in Baden galt mit rund 1,5 % im Vergleich zur Weltbevölkerung als durchschnittlich – mußte nach Ewald zuallererst die staatliche Bildungsaufgabe in Angriff genommen werden. Außerdem war der gerade von den Juden im Südwesten und Süden häufig betriebene Kleinhandel, auch Not- oder Schacherhandel genannt, als schwerwiegendes Ärgernis für die Landbevölkerung betrachtet, zu bekämpfen.[35] Waren erst andere Erwerbsmöglichkeiten erschlossen, konnte an eine Minimierung des mühsamen und oft mit Armut verbundenen Kleinhandels gedacht werden. In der Zwischenzeit hielt Ewald rigorose Handelsbeschränkungen zur Eindämmung des Handelsgeschäfts für angebracht.[36] Die Sicherung der Gewerbefreiheit im Blick auf Handwerk und Ackerbau, Handelsbeschränkungen mit dem Ziel einer künftigen Aufhebung des Kleinhandels und eine Bildungsreform gehörten zu den drängenden Maßnahmen dieser aufklärerisch-etatistischen Emanzipationskonzeption.[37] Auch Jakob Friedrich Fries hat den Bildungsgedanken nicht generell abgelehnt, doch diesen als Verpflichtung gesehen, jüdische Kinder in christlichen Schulen zu unterrichten und von den Rabbinern eine Abkehr von ihrem Zeremonialgesetz zu verlangen.[38] Rühs' Ghettoisierungskonzeption sah dagegen die Bildungsfrage ganz als innerjüdisches Problem.[39]

Ewalds Verknüpfung von Staatsbürgerrecht und Bildung beinhaltete zunächst das Bemühen um einen Zugriff staatlicher Bildungsplanung auf die jüdische Elementarbildung, die Frage der Judenemanzipation war also zunächst ein Sonderfall der Volksbildungsfrage. Jüdische und christliche Elementarbildung hatten das gemeinsame Ziel, den »religiösen Sinn« für das Heilige in Liebe und Gehorsam gegenüber Gott als Basis der Sittlichkeit zu fördern. Entspre-

---

politische Steuerung werde »dies Unwesen [...] nicht ohne schreckliche Gewaltthat [Pogrom] zu Ende gehen [...]«. HJL 1816, 248 f.; zum parallelen Wortgebrauch von Vertilgung und Ausweisung vgl. GdChr, 22 (Anm.). Gegenüber Rühs ist die Militanz der antisemitischen Agitation bei Fries deutlich gestiegen. Wortwahl und Duktus weisen auf spätere, vom Rassenwahn gestützte Antisemitismen voraus. Vgl. das abgewogene Urteil bei Jacob Katz, Vom Vorurteil bis zur Vernichtung, 87.

[35] ISR, 25 f. Demnach lebten in Baden 15079 Personen jüdischen Glaubens bei einer Gesamtbevölkerung von rund einer Million. Im Blick auf die Weltbevölkerung betrug der jüdische Anteil rund 1,3 %. Besonders die süd- und westdeutschen Juden sollten bis nach der Jahrhundertmitte an der Auswanderung nach Amerika beteiligt sein, vgl. mit weiteren Zahlen kurz Nipperdey, Deutsche Geschichte, 251.

[36] ISR, 72.

[37] Vgl. Reinhard Rürup, Emanzipation und Antisemitismus. Studien zur »Judenfrage« in der bürgerlichen Gesellschaft, Göttingen 1975, Nachdr. Frankfurt/M. 1987, 17 f.

[38] HJL 1816, 260 f.

[39] »Den Juden liegt es ob, sich und ihr Volk so zu läutern und zu veredeln, daß der Name geachtet werde [...].« Rühs, Rechte, 439.

chend fiel die Auskunft über die Bildungsmittel aus: Der jüdische Elementarunterricht in Sachen Religion hatte sich wie anfangs der christliche der alttestamentlichen Bibelgeschichte zu bedienen und geeignete deutsche Lieder und Gebete aus dem Bereich des Reformjudentums einzuüben.[40] Die übrigen Fächer entsprachen den auch sonst in der Elementarbildung vorgesehenen wie Lesen, Rechnen, Schreiben, Singen, Einführung in die Naturkunde (Physik), Heimatkunde und Geographie. Zusätzlich wurde eine spezifisch jüdische Charakterbildung gefordert. Zwar bescheinigte Ewald den Juden entgegen dem verbreiteten antijüdischen Vorurteil, sie seien faul, entzögen sich also den gemeingesellschaftlichen Pflichten, lobenswerte Eigenschaften wie Fleiß und Häuslichkeit, doch in Fragen der Handelsmoral und der religiösen Praxis blieben die generalisierenden Schmähungen von Unredlichkeit und bloßem Ritualismus (»Pharisäismus«) bestehen.[41] Der Vorwurf traf, wie die Beispiele des jüdischen Gebetslebens und des Festtagszyklus zeigen, die gesamte traditionsgebundene jüdische Lebensführung, für die kein Verständnis vorhanden war. Zwischen »Mosaismus« als dem wahren Judentum oder Judaismus und Talmudismus bestand gemäß der christlichen Fiktion eines alttestamentlichen Judentums eine grundsätzliche Differenz. Auch wenn Ewald die rabbinisch-talmudische Tradition nicht wie Jakob Friedrich Fries gänzlich verwarf und sie als – wenn auch nur sekundär – gewichtige Fortführung und Konkretion des mosaischen Gesetzes anerkannte, führte der Talmudismus für ihn doch so gut wie zwangsläufig zum Pharisäismus.[42] Als Inbegriff von Legalität kam allein dem Mosaismus eine vorbereitende Rolle für die Moralität zu, das wahre Judentum war mosaisch, nicht rabbinisch. An dieser Grundhaltung änderten auch die rühmlichen Ausnahmen und sonstigen scharfen Abgrenzungen nichts, so, wenn sich Ewald der Bekanntschaft einiger wahrhaft frommer, vom Geist der Religion durchdrungener Rabbiner rühmte, welche ihm ein positives Beispiel von Disziplin und Legalität gaben. Ihnen stellte er die für irreligiös gehaltenen radikalen Anhänger der jüdischen Haskalabewegung entgegen, die sich über das jüdische Religionsgesetz erhaben fühlten, aber in Wahrheit ohne eigenen Standpunkt zwischen Deismus und Mosaismus hin- und herschwankten.[43] Sofern der Rabbinismus noch positive religiöse Werte tradierte, stand er über dem assimilationsbereiten jüdischen Freidenkertum. Mit diesen Grenzziehungen

---

[40] Die Bibelgeschichte sollte eine Sammlung von Beweisen für Gottes Macht, Weisheit und Liebe sein und Beispiele von den Folgen des Glaubens und Unglaubens geben. Für den Gesang empfahl Ewald die von dem Pädagogen und Prediger Joseph Joelson (Johlson, Pseudonym: Bar Amithai) (1777–1851) dem *Deutschen Gesangbuch für Israeliten* beigegebene Sammlung; Joelson, Lehrer an der jüdischen Bürger- und Realschule in Frankfurt/M., verfaßte das bei Ewald öfter erwähnte Reformlehrbuch zum Religionsunterricht, den *Unterricht in der mosaischen Religion*.
[41] Vgl. ISR, 32 ff.
[42] Ewald, Einige Fragen und noch mehr unläugbare Wahrheiten, Juden- und Menschennatur, Juden- und Menschenbildung betreffend, Karlsruhe 1820 (= FRAG; vgl. Steiger, Bibliogr. 373), 24. Die talmudische Bildung der Jugend durch die Rabbinen sei »blos Bildung zu Pharisäismus«.
[43] FRAG, 24.

werden die Kreise bestimmt, die Ewald vom Einfluß auf eine staatlich verantwortete Elementarbildung ausgeschlossen wissen wollte: Die orthodox-rabbinische auf der einen und die religionskritisch-aufklärerische Richtung, die des Deismus verdächtig war, auf der anderen Seite.[44] Auf den dritten Weg zwischen rabbinischer Orthodoxie und religionskritischer Aufklärung vermochte nur der nach christlichen Maßstäben entworfene Mosaismus zu führen. Anders als bei Fries und Rühs beschränkte sich die Kritik am Talmud auf jene aggadischen Midraschim, die auch schon innerjüdisch in langer Tradition moralisch problematisiert worden waren. Im Jugendunterricht spielten sie keine Rolle, in neueren Lehrbüchern fanden sich nur geeignete Stücke.[45] Gegen überkommene Vorurteile wie die, daß der Talmud den Betrug von Nichtjuden erlaube, der Nichtjude generell nicht unter die Kategorie des Nächsten gerechnet werde oder Handwerk und Ackerbau den Juden von jeher ein Greuel seien, führte Ewald verschiedene Belege aus dem Talmud und aus Maimonides an, wie er sie in einem in den österreichischen Staaten verbreiteten, 1810 eingeführten Lesebuch fand. Von einem ausgeprägten rabbinischen Aristokratismus mochte Ewald trotz anderer Stimmen für die jüngere Vergangenheit nicht mehr sprechen, wenigstens seien alle Reste davon dort beseitigt, wo die Juden volle Staatsbürgerrechte genossen.

Für die gewöhnlichen Judenschulen konstatierte Ewald Unwissenheit und Irreligiosität der Lehrer, falsche Lehrmethoden und ungeeignete Lehrbücher. Unter den schlecht besoldeten Lehrern machte Ewald einseitig talmudisch gebildete, von Handelsgeschäften verdorbene und, als größte Gefahr, religionskritisch »aufgeklärte« Personen aus. Der gewöhnliche Unterricht mit seinem weitläufigen Lesen und Auswendiglernen von Thora und Gebetbuch in hebräischer Sprache ließ nach Ewald die nötige Unterweisung in Sittenlehre und Bibelgeschichte vermissen und beförderte die als Pharisäismus beklagte Veräußerlichung des Religiösen, wofür besonders die Gebetspraxis stand, bei der Ewald jeden Sinn für das »Herzensgebet« vermißte. Zudem kamen die spezifischen Bedürfnisse des Kindes wie der Bewegungsdrang beim traditionellen vier- bis achtstündigen Unterricht am Tage zu kurz.[46] Selbst für reformfreudige Stimmen, die dem traditionellen rabbinischen Unterricht im »Cheder« skeptisch gegenüberstanden, blieb zum Mißfallen Ewalds das Vertrautwerden mit dem Gebetbuch in hebräischer und deutscher Sprache, die

---

[44] Vgl. den bei Dohm, Verbesserung, Bd. 2, abgedr. Briefauszug Nr. 6, ebda., 125–137, der zur Inschutznahme der freidenkenden Juden gegen die christlichen Orthodoxen aufrief, die Sozinianer und Deisten generell verabscheuten.

[45] Ewald verwies auf Joseph Joelsons Lehrbuch. Offenbar nahm Ewald wie andere in der christlichen Tradition an, der Talmud sei (auch) formal in zwei Teile, nämlich Halacha und Aggada, geteilt, ISR, 32 f.; vgl. 103, wo vom »lezten Theil des Talmud« die Rede ist. Friedrich Rühs bemerkte diese Schwächen und griff sie als sträfliche Unwissenheit an, Rühs, Rechte, 459 f.; Ewald verteidigte sich damit, er habe nur die inhaltliche Unterscheidung gemeint, GdChr, 93 f. Eine nähere Kenntnis der Materie war aber bei Ewald ganz offensichtlich nicht vorhanden.

[46] ISR, 43.

Einführung in den Talmud und den maßgeblichen *Schulchan Aruch* (שולחן ארוך, *»Der gedeckte Tisch«*) des Josef Karo aus dem 16. Jahrhundert unverzichtbar. Einen wichtigen Fortschritt über den schon von den Berliner jüdischen Aufklärern kritisierten orthodoxen Unterricht hinaus sah Ewald in der schon im Zusammenhang der josephinischen Schulreform in Österreich betriebenen Abkehr vom Hebräischen als »toter« Sprache zur deutschen Muttersprache, der wenigstens für die ersten Schritte religiöser Bildung der Vorzug gebührte.[47] Er verwies auf die eng an die Ursprache anschließenden Übersetzungen von Moses Mendelssohn, die für Kinder einen vollgültigen Ersatz boten. Mendelssohn hatte die Einführung der deutschen Sprache in das religiöse Leben als ersten Schritt einer kulturellen Assimilation gesehen, der mit der politischen Emanzipation verbunden sein sollte.

Auch neuere Lehrbücher entsprachen nicht unbedingt den pädagogischen Erfordernissen, wie Ewald am Beispiel der von dem äußerst engagierten Vertreter des Reformjudentums, dem Halberstädter Juden und Braunschweiger Hoffaktor Israel Jacobson (1768–1828), zusammengestellten Sammlung moralischer Lehren erläuterte. Neben einigen kleineren Gedichten mißfiel ihm die ausführliche Geschichte der Judenverfolgungen in diesem Buch, die ihm für die Ausbildung einer allen Glaubensbekenntnissen gemeinsamen toleranten Religiosität abträglich schien. Er betonte das Recht und die Pflicht des Staates, gegen die Vermittlung von intoleranten Grundsätzen vorzugehen, und führte die früher vorgebrachte Empfehlung Martin Ehlers an, alle Religionsparteien auf den Grundsatz der religiösen Toleranz förmlich zu verpflichten. Nicht einmal das Reformjudentum erfüllte also bislang die moralischen Grundbedingungen freier Religionsausübung in vollem Umfang.

Die Aufgabe der Schulreform stellte das Edikt vom 13. Januar 1809, das bei der Gewährung der Staatsbürgerrechte das Ideal eines »rein biblischen« Judentum vor Augen hatte.[48] Demzufolge sollte der gesamte jüdische Unterricht von Kindern und Erwachsenen in Schulen und Synagogen »nach den reinen Grundsäzen aus Moses und den Propheten« eingerichtet und über die religiöse Praxis derart »Aufklärung« gegeben werden, daß sie nicht mit der bürgerlichen Ordnung in Konflikt geriet. Von einer zielstrebigen Verwirklichung der im Edikt intendierten Gesamtreform konnte freilich keine Rede sein, auch wenn unter Mitwirkung des Anfang 1809 ins Leben gerufenen Oberrats der Israeliten Verschiedenes in Gang gekommen war. So hatte man jüdische Knaben bei christlichen Handwerkern in die Lehre gegeben, Ackerland war an Juden

---

[47] Zur josephinischen Schulreform und zum jüdischen Widerstand in der Sprachenfrage vgl. rückblickend Wessenberg, Elementarbildung, 187 f.
[48] ISR, 47 ff. Das badische Emanzipationsedikt wurde zuerst im Regierungsblatt vom 11. Februar 1809 veröffentlicht; Ewald bezog sich auf Nr. 14 zum (religiösen) Unterricht im allgemeinen, auf Nr. 10 zum Besuch der Ortsschulen durch jüdische Kinder, bis eigene Landschulen vorhanden sein würden und auf Nr. 13 zur Befreiung der jüdischen Kinder vom christlichen Religionsunterricht.

verpachtet und die Ausbildungsmöglichkeiten für jüdische Lehrer durch Teilnahme am Unterricht in höheren Schulen und Privatunterricht verbessert worden. In Mannheim plante man die Errichtung eines Lehrerseminars für Trivialschullehrer durch zwei wissenschaftlich gebildete Juden, in Karlsruhe die Errichtung einer Bürgerschule. Außerdem kam es zu verschiedenen Neugründungen jüdischer Schulen, die mit qualifizierten Lehrern versehen werden konnten.[49] Zu den weiteren erfreulichen Initiativen gehörte das (Erwachsenen-)Bildungsangebot an jüdische Frauen und Mädchen durch religiöse Vortragsreihen, die Friedrich Rühs Anlaß zu besonderem Spott über den künftig zu erwartenden interreligiösen Dialog gab.[50] Von staatlicher Seite war es bisher unterblieben, die Besoldungssituation für jüdische Lehrer durch Anlage eines Fonds zu verbessern und ihnen wie ihren christlichen Kollegen den Schutz und das Prestige eines Staatsdieners zuzuerkennen. Besuchten jüdische Kinder, wie meist üblich, die christlichen Elementarschulen, nahmen sie zwangsläufig auch die dort mit der Elementarbildung verknüpften christlich-religiösen Inhalte auf, was zu berechtigten Klagen von seiten jüdischer Eltern führte. Mit der Freistellung der Kinder vom christlichen Religionsunterricht nach der Bestimmung des Edikts von 1809 (Nr. 13) war daher nicht viel gewonnen. Hinzu kam der Konflikt mit dem spezifisch jüdischen Religionsunterricht. Von Seiten der Rabbiner war man der Meinung, die Kinder im Alter von fünf bis acht Jahren, welche die untere Klasse bildeten, bräuchten täglich vier, die obere Klasse der acht bis vierzehnjährigen täglich fünf Stunden rabbinischen Religionsunterricht, was zusammen mit dem Elementarunterricht in einer christlichen Schule einen bis zu achtstündigen Schulalltag bedeuten konnte. Freilich hielt Ewald auch jüdischen Kindern die alttestamentliche Bibelgeschichte für zumutbar, konnte sie doch von christlichen Lehrern kindgemäßer dargeboten werden als von jüdischen. Wie Ewald aus einem Vergleich zwischen christlichen Bibelgeschichten mit dem zweiten Teil des Lehr- und Lesebuchs von Moses Philippson (1775–1814) entnahm, bestanden keine wesentlichen Differenzen zwischen bibelgeschichtlich orientierter christlicher und jüdischer Erziehung.[51] Die Unterweisung in neutestamentli-

---

[49] ISR, 49 ff. Als Beispiele für neu errichtete jüdische Schulen nannte Ewald die Orte Gailingen, Heidelsheim und Randegg.
[50] Der »Dom« in Karlsruhe könne zur Simultankirche für jüdischen und christlichen Kultus werden, »wo heute der jüdische Doctor, Herr Wolf, vor christlichen Frauen und Mädchen, und morgen der christliche Kirchenrath, Hr. Ewald, vor hübschen Jüdinnen erbauliche Betrachtungen anstellt.« Friedrich Rühs, Die Rechte des Christenthums und des deutschen Volks, vertheidigt gegen die Ansprüche der Juden und ihrer Verfechter, in: Zeitschrift für die neueste Geschichte, die Staaten- und Völkerkunde, 4.1816, 393–472, mit anschl. Beil. (= Rühs, Rechte), 400 f.
[51] Moses Philippson (gen.: Moses Arnswalde, 1775–1814) war Lehrer an der jüdischen Haupt- und Freischule in Dessau, die Ewald zu den besten ihrer Art in Deutschland zählte. Zum ersten nicht traditionell-jüdischen Schulbuch, das aus der Hand David Friedländers stammte, vgl. Zohar Shavit, Aufklärung und jüdische Schulbildung in Berlin: Friedländers Lesebuch, in: Awerbuch, Bild, 107–120.

cher Bibelgeschichte aber war nach Ewald nur bei ausdrücklicher Genehmigung durch die Eltern tragbar, da ansonsten für die religiöse Entwicklung der Kinder verhängnisvolle Loyalitätskonflikte drohten, wie sie schon Chr. W. v. Dohm ausgeschaltet wissen wollte.[52] Missionarische Nebenabsichten waren in Ewalds Augen anders als für Friedrich Rühs ohnehin unstatthaft, wie er auch jeden Anschein einer Indifferenz gegenüber der angestammten Religion bei taufwilligen Juden, dem er auf christlicher Seite die Tendenz zum Deismus an die Seite stellte, als »Hinken auf beiden Seiten« (vgl. I Kö 18,21) verurteilte.[53] Abgesehen davon spielten freilich auch rein pragmatische Überlegungen eine Rolle. In den meist beengten Räumlichkeiten waren nicht auch noch jüdische Kinder erwünscht.

Alles sprach nach Ewald wie schon bei Christian Wilhelm von Dohm für ein getrenntes Schulsystem. Der Mangel an Geld und an tüchtigen Lehrern verhinderte jedoch bislang bei allem guten Willen auf jüdischer Seite eine zügige und umfassende Reform. Ewald schlug daher eine Reihe von Maßnahmen vor.[54] Dazu gehörte ein landesweit einheitliches Auswahlverfahren für jüdische Lehrkräfte und eine zentrale Prüfungsinstanz aus »liberaldenkenden« christlichen Pädagogen und im Geist der mosaischen Religion aufgeklärten Rabbinern. Dieses Fachkollegium sollte zugleich einen Lehrplan aufstellen, der den religiösen Unterricht in jüdischen Schulen einschränken und für das nötige Maß an Realienunterricht sorgen sollte. Zugleich waren, wo immer die finanziellen Mittel es ermöglichten, jüdische Schulen zu errichten. Als Vorbild konnte die jüdische Bürger- und Realschule in Frankfurt/M. dienen, von der eine Beschreibung aus der Hand des Schulleiters Mendel (Michael) Heß (1782–1860) vorlag.[55] Außerdem war an eine Muster- und Übungsschule gedacht, wobei der schulische Religionsunterricht allein dem Schullehrer obliegen sollte. Ein weiterer Vorschlag betraf die Einführung eines geeigneten Lesebuchs. Den Einwand, man bedürfe dazu aus Rechtsgründen die Genehmigung einer Gesamtvertretung der jüdischen Gemeinden, wies Ewald zurück, da keine religiöse Neuerung zur Debatte stehe, sondern allein eine Kurzfassung des allgemein als religiös wichtig anerkannten Stoffes, sofern er

---

[52] Vgl. Dohm, Verbesserung, Bd. 1, 120 f.
[53] Ewald begründete seine Ablehnung der Proselytenmacherei mit Joh 6,44, vgl. GdChr, 42.
[54] ISR, 60 ff.
[55] M. Heß stand der Schule von 1806–1855 vor; er führte u. a. die öffentliche Konfirmation und besondere schulische Andachtsstunden ein; zum Lehrplan gehörte neben Hebräisch und Religion auch ein eigenes Fach »Biblische Geschichte«; pädagogisch suchte M. Heß eine Verbindung von philanthropinischer Realbildung und der – bei Pestalozzi zu einseitig gesehenen – Formalbildung; Mendel (Michael) Heß, Die Bürger- und Realschule der israelitischen Gemeinde zu Frankfurt/M. von ihrer Entstehung im Jahre 1804 bis zu meinem Abtreten von derselben im Juli 1855, Frankfurt/M. 1857; vgl. die Gedenkblätter für den verstorbenen Oberlehrer Dr. Michael Heß, in: S. Stern (Hrsg.), Einladungsschrift zu der [...] öffentlichen Prüfung der Bürger- und Realschule der israelitischen Gemeinde, Frankfurt/M. 1861, 1–42.

für Kinder relevant war. Auch an anderen jüdischen Reformschulen waren Lesebücher ohne Genehmigung einer jüdischen Synode eingeführt worden, so in Frankfurt das Lehrbuch von Joelson. Nach Ewald sollte ein solches Lesebuch eine kindgemäße Kurzfassung der jüdischen Geschichte und der religionsgesetzlichen Bestimmungen (»Quintessenz des gesezlich-geltenden Talmuds für Kinder«), Glaubenslehren und Gebräuche enthalten, soweit sie allgemein akzeptiert waren. Für die jüdischen Gebräuche boten sich Auszüge aus dem 1813 erschienenen Werk über den Kultus der Juden oder das erste Buch von Maimonides *Mischne Thora* (משנה תורה) an, von dem freilich erst eine Übersetzung ins Deutsche angefertigt werden mußte, da den meisten Lehrern die nötigen Hebräischkenntnisse abgingen.[56] Ewald rühmte den Scharfsinn des Maimonides, die jüdischen Bräuche auf ihren Zweck hin zu bestimmen und so mittels Vergeistigung dem Ritualismus entgegenzuwirken, ein in der christlichen Tradition immer wieder gelobtes Verfahren. Aus Rücksicht auf die Bestimmungen des Edikts vom 13. Januar 1809, welche Thora und Propheten zur maßgeblichen Richtschnur des Unterrichts bestimmte, sollten in das Lesebuch Bibelstellen zu Gerechtigkeit und Billigkeit sowie zur allgemeinen Nächstenliebe eingefügt werden. Mit Hilfe der prophetischen Kultkritik war auf eine praktische Frömmigkeit und Spiritualisierung des Rituellen hinzuwirken (vgl. Jes 1,11–17, 58,2–7, Jer 7,3–6, Joel 2,12 f., Micha 6,6–8). Welche Bedeutung das Einschärfen von Bibelstellen zur religiösen Pflicht absoluter Intoleranz gegenüber Ungläubigen (z. B. Gen 17,14, Lev 7,21.23–27 u. ö.) in dem ansonsten von Mahnung zur Toleranz bestimmten Zusammenhang für die Gegenwart noch haben sollte, blieb unklar, möglicherweise war dies Ausdruck für die Unbedarftheit, mit der das Judentum vor offenbarungskritischen Tendenzen geschützt und auf den Mosaismus eingeschworen werden sollte. Weiter war dem Lesebuch ein Abschnitt zur Einführung in die Naturkunde beizugeben, um dem Volksaberglauben entgegenzuwirken. Dies Kompendium sollte es ermöglichen, die täglichen Schulstunden auf vier bis fünf zu reduzieren. Bis zu seiner Einführung sollten die im Unterricht verwendeten Texte übersetzt und zur Prüfung auf ihre Übereinstimmung mit dem Edikt von 1809 den oberen Staatsbehörden vorgelegt werden. Schließlich war vorgesehen, die Aufsicht über das jüdische Schulwesen analog zur kirchlichen Schulaufsicht im Rahmen einer Konsistorialverfassung ganz in jüdische Hände zu legen, selbst wenn aus fachlichen Gründen eine Beratung durch christliche Pädagogen einstweilen unumgänglich schien. Auf lokaler Ebene war die Schulaufsicht der Pfarrer über jüdische Schulen, soweit nicht positive jüdische Religionslehren betroffen waren, als Zwischenlösung anzusehen, bis die Aufgabe von pädagogisch gebildeten Juden übernommen werden konnte. Solange der Staat keine umfassende Schulreform durchführte, waren die jüdischen Kinder mit den entsprechenden Rücksichten religiöser

---

[56] Ignaz Joseph von Obernberg, Majer Bretzfeld, Der Kultus der Juden [...], München 1813.

Toleranz in den christlichen Schulen zu belassen.[57] Hier griff Ewald der Entwicklung weit voraus. Erst 1834 wurde der jüdische Oberrat durch landesherrliche Verordnung über die Einrichtung der Volksschulen zur Oberschulbehörde, das Volksschulgesetz von 1835 brachte die Gleichstellung der jüdischen öffentlichen Schulen.[58] Daneben appellierte Ewald an den Patriotismus wohlhabender Juden, nicht nur im üblichen Maß die Schulen in ihren Gemeinden zu unterstützen, sondern auch das vernachlässigte Landschulwesen in den Blick zu nehmen.

Ein bezeichnendes Zitat von Herder schloß die Überlegungen. Es hielt Ausblick auf eine Zeit, wo das für begabt erachtete Volk der Juden zur freien Mitarbeit an der Gesamtkultur der Menschheit vorangeschritten sein würde. Diese Humanisierung beinhaltete wie bei August Hennings den Verzicht auf den partikularen Erwählungs- und Messiasglauben, die Preisgabe der Hoffnung auf die Rückkehr nach Jerusalem und der für unzeitgemäß erachteten Sitten und Gebräuche, damit der Juden Palästina dann überall sein könne, »wo sie leben und edel wirken«.[59] Die ansonsten für Ewald wichtige heilsgeschichtliche Sichtweise fällt hier mit der humanistischen zusammen, ein von Ewald offenbar nicht als Widerspruch empfundener Sachverhalt. Dabei bleibt zu bemerken, daß Ewald den Blick nicht nur in eine ferne Zukunft lenkte, sondern schon den jetzt lebenden Juden ein hohes Maß an asketischen und häuslichen Tugenden zuerkannte, das nach seinen Beobachtungen der christlichen Umwelt abging.[60]

Die Gewährung der vollen Staatsbürgerrechte an die Juden, die Ewald im zweiten Teil seiner Schrift näher behandelte, war unumgänglich, wollte der liberale Staat um seiner Einheit und seines Selbsterhaltes willen seiner Aufgabe nachkommen, das Vertrauen möglichst vieler Bürger zu gewinnen.[61] Nur auf dieser Basis war die physiokratische Zielvorstellung zu verfolgen, die Juden mehrheitlich in sog. produktiven Gewerben tätig werden zu lassen. In Hinsicht auf die religiösen Belange war eine Gleichstellung mit anderen staatlich anerkannten Minoritäten wie den Mennoniten, Quäkern oder Herrnhutern anzustreben. Damit kam, ein zukunftsweisender Aspekt, nicht nur die rechtliche Emanzipation des einzelnen, sondern auch die der Gemeinde als Trägerin von Rechtsautorität in den Blick, wenn dieser Punkt auch nicht näher verfolgt wurde. Jakob Friedrich Fries hatte dagegen in der Tradition der Wucherpolemik eine gänzliche Verdorbenheit der jüdischen »Krämer- und Schacherkaste« konstatiert und die drohende Verarmung der christlichen Landbevölkerung beschworen, um den Staat an seine Fürsorgpflicht für die christlichen

---

[57] ISR, 71 ff.
[58] Zur finanziellen Absicherung wurde 1839 ein allgemeiner israelitischer Schullehrer-, Witwen- und Waisenfond eingerichtet.
[59] Herder, Adrastea (1802), SWS 24, 74 f., vgl. ebda., 61–67; SWS 14, 283 f.
[60] ISR, 80 (Anm).
[61] ISR, 83 ff.

Untertanen zu erinnern. Diese erlaube es dem Staat nicht, die Schutzjudengesetzgebung und damit die Möglichkeit der Judenvertreibung aus der Hand zu geben.[62] Fries erschien Ewald in seiner Befürwortung der Judenvertreibung härter als Friedrich Rühs, der immerhin noch die Grausamkeit einer Vertreibung oder gewaltsamen Unterdrückung zugestanden hatte, wenn er die Geschichte der Judenverfolgungen auch bagatellisierte.[63] Außerdem hatte Rühs respektable Vorschläge zur bürgerlichen »Verbesserung« der Juden gemacht, die zum Teil schon Gesetzeskraft erlangt hatten, wogegen Fries den Juden mit seiner pauschalen Bestreitung jeglicher Besserungsmöglichkeit stärker dämonisierte. Ewald erinnerte an die vom Judentum im Lauf seiner Geschichte hervorgebrachten Persönlichkeiten, an erster Stelle an den Juden Jesus und die großen Gestalten des Alten Testaments, aber auch an Maimonides und Moses Mendelssohn, die als Hauptvertreter der jüdischen Aufklärungsgeschichte gesehen wurden, und an andere Reformer der Zeit wie Hartwig Wessely und David Friedländer, Mitbegründer der ersten jüdischen Freischule in Berlin 1778.[64] Die Einwände, die Rühs gegen Chr. W. v. Dohm erhob, wies Ewald einschließlich der pauschalen Kritik an der physiokratischen Grundthese und ihrer Inanspruchnahme für eine bürgerliche »Verbesserung« der Juden zurück.[65] Nach Dohm gebot schon das staatliche Interesse an einem Wachstum der Bevölkerung aufgrund des notwendigen Zusammenhangs von Bevölkerungszahl und allgemeinem Wohlstand die bürgerliche Gleichstellung, während Friedrich Rühs gerade umgekehrt nach der Theorie des bekannten britischen Nationalökonomen und Sozialphilosophen T. R. Malthus (1766–1834) den Niedergang des Staatswesens bei unkontrolliert wachsender Bevölkerung prognostizierte, da die Nahrungsmittelproduktion dem ständigen Bevölkerungswachstum nicht werde folgen können. Entgegen der Vermutung von Rühs, Dohm werde seine in noch recht jungen Jahren mit dreißig geäußerte Ansicht inzwischen aufgegeben haben, war sich Ewald sicher, daß dieser seine Meinung zur Frage der Judenemanzipation seit dem ersten Erscheinen seiner Judenschrift 1781/83 nicht geändert hatte.[66] In der Tat waren es vor allem die belastenden Erfahrungen im Streit um dieses Werk, die Dohm von weiteren öffentlichen Äußerungen abgehalten hatten. Seine Grundan-

---

[62] ISR, 88 ff.

[63] Christian Friedrich Rühs, Ueber die Ansprüche der Juden an das deutsche Bürgerrecht. Zweiter, verb. und erw. Abdr. Mit einem Anhange über die Geschichte der Juden in Spanien, Berlin 1816, 32; nach Rühs werde man, »wenn man sich in den Geist jener Zeiten versetzt, [...] sich sehr geneigt finden, sie [die ›sogenannten‹ Judenverfolgungen] zu entschuldigen«; Rühs, Rechte, 450.

[64] Hartwig Naphtali Wessely (–1805) war Mitarbeiter Mendelssohns am Pentateuchkommentar, von ihm sind auch hebräische Oden überliefert.

[65] Die These vom Zusammenhang von Bevölkerungswachstum und zunehmendem Wohlstand, wie sie auch Ewald in seinen Schriften zur Volksaufklärung vertreten hatte, ließ nach Rühs auf ein zu mechanistisches Staatsverständnis schließen, GdChr, 29 ff.

[66] ISR, 93 ff., GdChr, 31.

schauungen zu religiöser Toleranz und Emanzipation der Juden, die er noch 1798 auf dem Friedenskongreß in Rastatt einer politischen Umsetzung näherzubringen versuchte, berührte dies nicht – trotz aller Resignation, die sich in der Endphase seines Lebens über das durch Krieg und Kraft der Restauration äußerst begrenzt gebliebene Reformwirken einstellte.[67]

Im folgenden kam das breite Spektrum antijüdischer Vorurteile zur Verhandlung, das Friedrich Rühs gegen eine bürgerliche Gleichstellung ins Feld geführt hatte. Den Eingang bildet die These von der prinzipiellen Unvereinbarkeit jüdischer Gruppenidentität und Staatsbürgerschaft im allgemeinen und rabbinischer und bürgerlicher Jurisdiktion im besonderen, da beide auf einer miteinander nicht zu vereinbarenden religiösen Grundlage stünden.[68] Gegen die undifferenzierte antirabbinische Polemik, in die antijesuitische und antiaristokratische Momente eingingen, wies Ewald auf die vom Großen Sanhedrin 1807 in Paris explizit übernommene Selbstverpflichtung der Juden auf uneingeschränkte Treue gegenüber der jeweiligen Landesgesetzgebung als von jeher bestehender religiöser Pflicht hin und stellte die allgemeine Akzeptanz der Emanzipationsedikte deutscher Länder durch die jüdischen Autoritäten heraus, obwohl ihnen diese trotz einzelner Differenzen jede bürgerliche Gerichtsbarkeit, etwa im Scheidungsrecht, mit Ausnahme der für spezifisch innerjüdisch erachteten Belange untersagt hatten.[69] Hinzu kam, daß die realen Befugnisse und das faktische Ansehen der Rabbiner in keinem Verhältnis zu dem von der Polemik gezeichneten Bild stand. Ebensowenig konnte von einer Unvereinbarkeit religiöser Pflichten mit dem produktiven Erwerbsleben etwa in Landwirtschaft und Handwerk oder den besonderen Pflichten des Militärs die Rede sein. Vielmehr boten die Befreiungskriege zahlreiche Beispiele vom Opfermut jüdischer Kriegsfreiwilliger und vom außergewöhnlichen sozialen Engagement einzelner Juden zum Wohl der gesamten Bevölkerung.[70] Das

---

[67] Vgl. Dohm, Schriften, 12, 71; s. auch Dohms Rückblick im 2. Band seiner *Denkwürdigkeiten* aus dem Jahr 1815, ebda., 127 f., wo er auf die zufällige Gleichzeitigkeit seiner Reformvorschläge mit den praktischen Reformen Josephs II. hinweist.

[68] Vgl. ISR, 137 ff. Für Rühs' nationalromantische Sicht galt: »Ein christlicher Staat kann [...] durchaus keine andere als christliche Mitglieder erkennen; fremde Religionsverwandte darf er nur *dulden;* er muß sorgen und wünschen, daß sie durch die Annahme des Christenthums sich würdig machen, ihm anzugehören [...].« Rühs, Rechte, 403. Dabei hoffte er auf Abschaffung des Staatsbürgerbegriffs (citoyen), der von der Französischen Revolution ererbt sei, zugunsten des alten Untertanen- und Volksstammesbegriffs (Deutsche, Preußen, Bayern usw.), ebda., 439.

[69] Das Lehrbuch von Joelson bot entsprechende Belege des Talmud. Zum Großen Sanhedrin, dem Buchholz die Befugnis authentischer Doktrinalentscheidungen zusprach, vgl. Buchholz, Actenstükke, 26.

[70] Für gemeinnützige Aktivitäten bekannt waren Salomon Löb Sondheimer aus Mannheim, die Witwe Eleonore Werthheimer aus Fürth und die Gattin des an der Einführung eines reformierten jüdischen Gottesdienstes beteiligten Bankiers Jakob Herz Beer in Berlin (deren Sohn war der Komponist Meyerbeer); im Krieg hatten sich der Hofbankier Wolf Kaula in Stuttgart und der Bankier Salomon Kaula in Augsburg besondere Verdienste erworben. ISR, 144 f.

fortwährende Beharren auf der jüdischen Unfähigkeit, ihr Erwerbsleben neu zu organisieren, von alters her mit der Wucherpolemik und im romantischen Nationalismus mit der Annahme eines vom Geld- und Handelsgeschäft geprägten jüdischen Volkscharakters verbunden, hielt Ewald im Gefolge Chr. W. v. Dohms für grundlos.[71] Dohm hatte die bei den Juden unzweifelhaft als bestehend angenommenen Charaktermängel auf die lange Verfolgungssituation zurückgeführt und damit die christliche Gesellschaft verantwortlich gemacht, wogegen Friedrich Rühs eine vom Handelsgeschäft herrührende, gleichsam erblich gewordene moralische Deformation und eine von alters her verinnerlichte und daher nicht ohne weiteres ablegbare Todfeindschaft der Juden gegenüber den Christen behauptete. Ewald hielt diese Konstruktion für geschichtlich widerlegt, zumal sich in ihr eine Haltung spiegelte, welche die nicht nur wirtschaftliche, sondern auch kulturelle Bedeutung der internationalen Handelsverbindungen verkannte, ein Tatbestand, auf den schon Montesquieu hingewiesen hatte.[72] Die antichristliche Deutung der Gojim im jüdischen Schrifttum wurde relativiert, was sich gleichwohl an Fanatismus darin fand, stand auf gleicher Stufe wie die Ausfälle von christlicher Seite, für die Rühs und Fries selbst die neuesten Beispiele boten.[73] Der unter dem Anspruch strenger Historizität von Rühs verfochtenen Relativierung des Verfolgungsdrucks, den Juden in der Vergangenheit in christlichen Staaten zu erleiden hatten, setzte Ewald die außerordentliche Bereitschaft der Juden zur Duldung offenkundigen Unrechts entgegen, so daß nur hohe Moralität das Fehlen offensiven Widerstands erklärte.[74] Selbst schwerwiegenden antisemitisch-irrationalen Vorwürfen wie Ritualmord und Hostienschändung, mit Zauberpraktiken und kabbalistischen Studien in Zusammenhang gebracht, gab Rühs Gehör, wogegen Ewald auf die fragwürdige Wahrheitsfindung in diesen Fällen und die durchsichtige Motivationslage des finanziellen Eigennutzes in der Geschichte der Judenverfolgung auf christlicher Seite hinwies.[75] Die Verfolgungsgeschichte in christlicher Zeit stand in sachlicher Kontinuität zur Verfolgung in der Makkabäerzeit unter Antiochus IV. Epiphanes (I Makk 1 f.) und war wie diese ob ihrer Unmenschlichkeit unentschuldbar. Dies verschärf-

---

[71] ISR, 100 ff.
[72] Montesquieu, De l'Esprit des Lois, XX, 1 (»[...] c'est presque une règle générale que, par-tout où il y a des moeurs douces, il y a du commerce« und umgekehrt). Die Polemik des Chrysostomus gegen die Juden als Schacherer und Krämer erklärte Ewald aus dessen Hang zur rhetorischen Übertreibung, wie sie auch seinen Antiarianismus geprägt habe. Zur Kritik an der kritiklosen Rezeption Montesquieus bei Ewald vgl. Rühs, Rechte, 443 f., 450 f.
[73] Alle Aussagen über die Gojim betrafen demnach nur die früheren Götzendiener oder Heiden der Umwelt und diejenigen, die Juden unterjochten, nicht aber gegenwärtig lebende Völker, ISR, 103; GdChr, 119.
[74] Zu Montesquieus Kritik an den Judenverfolgungen vgl. De l'Esprit des Lois, XXI, 20; XXV, 13.
[75] »Man träumte Uebel, wenn keine da waren, blos damit die Juden, etwas beschuldigt werden konnten!« ISR, 152.

te sich noch dadurch, daß die Juden bis in die neueste Zeit auch ganz ohne Anlaß Opfer von Verfolgung und finanzieller Erpressung geworden waren.[76] Für den Argumentationsgang entscheidend war die kausale Verknüpfung von rechtlicher Diskriminierung und Verfolgung, deren Unmenschlichkeiten nicht geschehen wären, wenn die Juden die Rechte und Pflichten der übrigen Bürger besessen hätten. Das den Juden zugefügte Verfolgungsunrecht forderte, kurz gesagt, in der konsequenten Fortschreibung der Emanzipationsgesetzgebung eine wenn auch späte Wiedergutmachung. Sie stellte für Ewald ein Anknüpfen an die römische Tradition der religio licita dar, in der sich die Juden, wie auch von Christian Wilhelm von Dohm bemerkt, unter dem Schutz des Römischen Rechts Ansehen und Achtung erworben hatten.[77] Dies war für die Gegenwart erneut zu hoffen. Die historische Begründung spielte im christlich-humanitären Gesamtzusammenhang für Ewald wie für Dohms Emanzipationsforderungen eine entscheidende Rolle.

Hatten Verteidiger der Judenemanzipation wie Karl August Buchholz auf die positiven Ergebnisse der entsprechenden Gesetzgebung in den westlichen europäischen Ländern hingewiesen, so machte Rühs besonders im Blick auf das polnische Judentum negative Erfahrungen geltend.[78] Sofern sich berechtigte Klagen ergaben, waren diese für Ewald nur Ausdruck der Bedeutung begleitender Bildungsmaßnahmen, konnte doch von keinem Erwerbszweig eine abrupte Änderung seiner Gewohnheiten erwartet werden. Im übrigen widersprach er entschieden dem verbreiteten Vorurteil, die polnischen Juden in Galizien seien, auf niedrigster religiöser und kultureller Stufe in Elend und Dumpfheit versunken, die Hauptquelle der Verelendung des polnischen Bauernstandes. Er zitierte aus einem Reisebericht des Jahres 1806, der das Bild umkehrte: Die vorbildliche wirtschaftliche Aktivität und geistige Regsamkeit auf jüdischer Seite stand in direktem Gegensatz zu den ungebildeten, meist dem Alkohol verfallenen Bauern.[79] Was kulturell möglich war, zeigte die Glanzzeit des Judentums im mittelalterlichen Spanien, wo das Judentum zum Vermittler arabischer Wissenschaft und Kunst geworden war. Dagegen erklärte Rühs die spanische Judenvertreibung zum Glück für das Land.[80]

---

[76] Vgl. Montesquieu, De l'Esprit des Lois, XXI, 20; frz. Zitat, Ewald entschuldigt sich, daß er keine andere Quelle dafür zur Hand habe, ISR, 107.

[77] ISR, 115 ff.

[78] Vgl. Rühs, Rechte, 452 ff.

[79] Zwar war demnach richtig, daß die Juden die Branntweinpacht innehatten, Waren importierten und wichtige Rohmaterialien wie Häute, Wolle und Flachs exportierten, statt sie im Lande zu bearbeiten, doch nutzten sie auf diesem Gebiet wie auch in verschiedenen Handwerksberufen und in dem in Pacht betriebenen Ackerbau ihre Möglichkeiten auf vorbildliche Weise. ISR, 120 ff.; Rühs setzte dem andere Berichte entgegen, so den des Regierungsrats Ernst Traugott von Kortum, der sich länger in Gallizien aufgehalten hatte und zu den entschiedenen Gegnern der Judenemanzipation gehörte, Rühs, Rechte, 455 f.

[80] Rühs, Rechte, 457 f.

Ewald verteidigte die in den Emanzipationsedikten vorgenommenen staatlichen Regelungsmaßnahmen der jüdischen Erwerbstätigkeit, auch wenn die Bestimmungen recht unterschiedlich ausgefallen waren. So hatte Baden wie Bayern das Hausieren und den Klein- oder Schacherhandel verboten, im Mecklenburgischen war er mit Konzession weiterhin erlaubt. Die Landjuden sah Ewald dabei zu Recht vor die Alternative gestellt, zu hungern und zu betteln oder die Gewerbefreiheit zu nutzen und einer neuen Erwerbstätigkeit nachzugehen, wobei die Gefahr der Verarmung nicht sonderlich groß veranschlagt wurde.[81] Für das mittlere und höhere Bürgertum wies Preußen die Richtung, wo Juden schon ins akademische Lehramt berufen worden waren und auf der Grundlage der Städteordnung von 1808, die den Juden das Bürgerrecht brachte, durch Wahl in politische Ehrenämter gelangen konnten. Ein Schreiben des preußischen Staatskanzlers Carl August Fürst von Hardenberg an den Lübecker Senat vom Juni 1815 gab nach Ewald Anlaß zur Hoffnung, daß die Mehrheit der Bundesversammlung den Emanzipationsgedanken zur allgemeinen Rechtsverbindlichkeit erheben und damit im Geiste Wilhelm v. Humboldts und des Fürsten Metternich entschieden werde, was freilich eine Täuschung war.[82]

In der wiederholt aufgeworfenen Frage der Eidesleistung sah Ewald aufgrund der Unterscheidung von Person und Amt kein Problem. Wie christliche Richter Juden, so konnten auch jüdische Richter Christen einen Eid abnehmen, insofern sie beide als Amtsträger fungierten. Ein streng orthodoxer Jude, der den Namen *Jesus* grundsätzlich nicht aussprach, konnte freilich nicht Beamter werden. Solche Juden gab es aber nach Ewald kaum noch. Die Mehrzahl der »unterrichteten« Juden waren liberaler.[83]

Weiterhin setzte sich Ewald gegen die Rühsschen Behauptungen von der Unvereinbarkeit von Judentum und Deutschtum und der Verschwörungstheorie einer jüdischen Internationale zur Wehr, für welche nicht der politische Aspekt einer Weltverschwörung, sondern der wirtschaftliche von angeblichen Wettbewerbsnachteilen christlicher Händler im Vordergrund stand.[84] Ewald verwies auf die schon längst etablierten internationalen Handelsgesellschaften und christlichen Großkaufleute. Die Bildung eines exklusiven jüdi-

---

[81] ISR, 130.
[82] Nach Hardenberg war der Artikel 16 der Bundesakte für die Hansestädte einstweilen so auszulegen, daß den Juden bis zur Beschlußfassung durch die Bundesversammlung die von der französischen Gesetzgebung, dem Code Napoleon, gewährten Rechte zu belassen waren, insofern sie mit der preußischen Gesetzgebung und den Grundsätzen vernünftiger Toleranz übereinstimmten. Die Begründung lag auf der Linie Ewalds: Wiedergutmachung der Schuld vergangener Unterdrückung und Erleichterung der Integration. ISR, 133 f. Das Schreiben vom 15. Juni 1815 ist abgedr. in: Sulamith 4. Jg., 7. H., 45–47.
[83] Rühs, Rechte, auch separat Berlin 1816; GdChr, 7 ff. Ewald merkte sarkastisch an, die meisten Juden betrachteten Jesus wie viele christliche Richter schon jetzt, von Theologen entsprechend gelehrt, als religiösen Schwärmer mit ehrenwertem Charakter – eine Aussage, über die Rühs sich empört. »Zum Glük weiß ganz Deutschland, wofür ich Jesus halte, besser, als man es von dem Herrn Rühs je erfahren wird.« Ebda., 8.
[84] ISR, 146 ff., vgl. GdChr 34 f. (Anm.).

schen Gemeinschaftsbewußtseins war für ihn wie für viele Reformjuden ein bedauerliches Produkt der Not des Exils. Das Ende des Schutzjudentums versprach ein Ende dieses für abnorm gehaltenen Sonderbewußtseins ohne Aufgabe der jüdischen Identität. Was trotz weitreichender Annäherung besonders des wohlhabenderen städtischen Judentums an den Gedanken einer gemeinsamen Staatszugehörigkeit noch als jüdischer Abgrenzungswille gegenüber der christlichen Umwelt ausgemacht werden konnte, erklärte sich nach Ewald psychologisch leicht aus den bis in die jüngste Zeit rigoros festgehaltenen Sondergesetzen wie Judenzoll und Schutzgeld.[85] Auch Herder hatte betont, daß die diskriminierende Judengesetzgebung als fortwährende Barbarei des Staats und berechtigte Ursache jüdischer Abneigung verstanden werden müsse.[86] Dem von Friedrich Rühs beklagten National- und Religionsstolz der Juden war, soweit er noch existierte, nur mit Mitteln der historischen Bildung beizukommen.[87] Eine »praktische« Geschichte der Nation würde zeigen, wie weit die Juden im Vergleich zu anderen Nationen in ihrer Entwicklung zurückgeblieben waren und gleichsam in der Kindheitsphase der Menschheit verharrten.[88] Was früher den Juden durch den historischen Beweis vom Niedergang des Judentums und seiner Gottesferne andemonstriert wurde, sollte nun von diesem selbst erledigt werden. Eine »Wissenschaft vom Judentum« konnte in dieser Hinsicht nur an der Auflösung des traditionellen jüdischen Selbstbewußtseins arbeiten. Einstweilen ruhten die Hoffnungen bei unterschiedlichen Erwartungen reformbereiter Kräfte jüdischer- wie christlicherseits auf der Neugestaltung des jüdischen Bildungswesens, das sich aus der Dominanz rabbinischer Unterweisung lösen sollte.

In der weiteren Reihe antijüdischer Stereotype fehlte der Vorwurf der Kreuzigung Jesu nicht.[89] Ewald widersprach jeder kollektiven Schuldzuweisung. Die Kreuzigung Jesu hielt er für eine Folge politischer Demagogie, welche die Angst des Volkes vor den Römern und ihrer Unduldsamkeit gegenüber jüdischen Freiheitsansprüchen genutzt hatte.[90] Jesus selbst trug als gläubiger Jude keinen Judenhaß in sich. Der Anschluß vieler Tausender an die junge Christengemeinde nach Acta 2,41 und 4,4 galt Ewald als deutliches Zeichen für die verbreitete Bereitschaft zur Buße. Gänzlich zu verwerfen war nach Ewald auch die Meinung, den Juden in Vollstreckung göttlichen Zorns um ihrer künftigen Bekehrung zum Christentum willen ihr Judesein nicht zu leicht zu machen. Joh 6,44 war ihm gegen die bei Rühs verfochtene Alter-

---

[85] Ewald bekannte, er sei des öfteren selbst Zeuge von den harten Methoden gewesen, mit denen Schutzgelder eingetrieben worden waren; dazu gehörte z. B. die Pfändung der nötigsten Haushaltsgeräte. ISR, 153.
[86] Herder, Adrastea, SWS 24, 70 ff.
[87] ISR, 161 ff.
[88] »Bei dem Fortschreiten des menschlichen Geistes, giebt es keine ewige Vorurtheile, so wenig es, bei dem Wachsthum des Körpers, eine ewige Kindheit giebt.« Ebda., 165.
[89] ISR, 155 ff.
[90] Vgl. Ewald, Ueber die verschiedenen Gesinnungen [...], 1788, Predigt 6 (zu Kaiphas).

native von Judentaufe oder Ghettoisierung auch hier zentraler biblischer Ansatzpunkt für den Grundsatz von Toleranz und Liberalität gegenüber Andersgläubigen. Die endzeitliche Judenbekehrung war kein Gegenstandsbereich des politischen Handelns. Wenn aber dennoch auf das Judentum positiv eingewirkt werden sollte, dann nur auf dem Weg des Vertrauenserwerbs. Die traditionellen Formen der Judenmission, die durch Nachweis erfüllter alttestamentlicher Weissagungen in Christus zu beeindrucken suchten, waren dazu nicht geeignet, vielmehr zählten allein die Taten christlicher Nächstenliebe, und diese beinhalteten für die Gegenwart die rechtliche Gleichstellung und die Bildungsreform.[91] Dabei sah sich Ewald auf einer Linie mit dem Anliegen von Martin Luthers Judenschrift von 1523 und Aussagen in Herders Zeitschrift *Adrastea* im Jahr 1802.[92] Luther galt ihm von seinen Spätschriften her als bekannter Judenfeind, die früheren Äußerungen hoben sich wie rühmliche Ausnahmen ab. Rühs stützte sich dagegen gerade auf Luthers spätere Äußerungen. Er zitierte ausführlich die härtesten Aufforderungen zum Vollzug der »scharfen Barmherzigkeit« wie die zur Zerstörung ihrer Synagogen und Häuser und ihrer Ausweisung mit der schwachen Einschränkung, Ausdrücke und Einkleidung gingen auf die damalige Zeit, während der Grund, so gegen die Juden aufzutreten, zu allen Zeiten sein Recht behalte: Die »gänzliche Unverträglichkeit des Christenthums und des Judenthums.«[93] Ewald wies alle derartigen Aussagen Luthers als antichristlich-unmenschliche Lästerungen und fanatische Ergüsse zurück.[94] Statt Juden mit unredlichen Mitteln zur Konversion zu bewegen – Rühs hatte finanzielle Zuwendungen vorgeschlagen –, war innerkirchliche Kritik im Namen der »Christusreligion« angesagt: Um für die »Nathanaels« unter den Juden attraktiv zu werden, mußte die christliche Kirche erst selbst zu Christus bekehrt werden. Aufgabe des Staates war es, für die Verkündigung des »reinen Bibelchristentums« zu sorgen. Andere Akzente hatte Herder gesetzt, der vom übermäßigen Einfluß von Juden auf Behörden und an Universitäten ausging und eine dringliche »politische Bekehrung« (zur Pflichterfüllung) bei denjenigen Amtsinhabern anmahnte, welche zum eigenen Nutzen den Juden ungerechte Vorteile verschafften.[95]

---

[91] Zur konservativeren Haltung in der Frage der Judenmission vgl. J. G. Hasenkamp, in: ChrMag 1779.2, 1. St., 5–32.
[92] Luther, Daß Jesus Christus ein geborener Jude sei, WA 11. (307) 314–336 (Jenaer Ausg., dt. Teil, Bd. 2 (1563), 216b-226b). Für Luther war freilich der Gedanke einer christlichen Unterweisung der Juden unverzichtbarer Bestandteil einer Verbesserung ihrer äußeren Lage, WA 11. 315,14 ff. Herder, Adrastea, SWS 24, 69 ff.
[93] Rühs, Rechte, 415. Vgl. Luther, Von den Juden und ihren Lügen (1543), WA 53. (412) 417–552 (Jenaer Ausg., dt. Teil, Bd. 8 (1568), 49a-106a).
[94] GdChr, 63 f. (Anm.); Rühs, Rechte, 408 ff.
[95] Das Zitat aus der *Adrastea* nannte bemerkenswerte Beispiele: ein Ministerium, wo der Jude alles gelte, ein Departement oder Kommissariat, bei dem Juden die Hauptgeschäfte trieben, eine Universität, an welcher Juden als Makler oder Geldverleiher der Studierenden auftraten, seien »unauszurottende Pontinische Sümpfe«, SWS 24, 70.

Das Plädoyer von Friedrich Rühs für ein Belassen der Judenschaft im Status von Schutzjuden mit der entsprechenden Sondergesetzgebung – nichts könne »billiger und gerechter seyn, als die alte Gesetzgebung über die Juden« – war somit nach Ewald ein theologisch, rechts- und bildungspolitisch nicht zu verantwortender Rückfall in veraltete Denkweisen.[96] Dagegen forderte Ewald zur weiteren Konkretisierung und Verbesserung der Emanzipationsgesetzgebung auf.[97] Dazu gehörte auch die Aufnahme entsprechend qualifizierter Juden in den Staatsdienst, den die preußische wie die badische Gesetzgebung noch ausgeschlossen hatte. Gegner wie der preußische Finanzminister Hans Graf von Bülow und Justizminister Leopold von Kircheisen, die sich in Voten an den König gegen den Erlaß von im Emanzipationsedikt vorbehaltenen Bestimmungen im Blick auf die Übernahme von Staatsämtern durch Juden aussprachen, begründeten ihre Ablehnung mit dem mangelhaften moralischen und religiösen Zustand der Juden, wie ihn schon Johann Moritz Schwager gegen Dohm vorgebracht hatte. Erst sollten die Ergebnisse der Bildungsreform abgewartet werden.[98] Dies bedeutete ein in dieser Frage mit Dohm harmonierendes Beharren auf dem Prinzip der Einzelfallregelung bei gleichzeitiger Ausgrenzung der Mehrheit der jüdischen Bevölkerung.[99] Für Ewald aber war zu diesem Zeitpunkt der Verzicht auf einzufordernde Bedingungen und die Forcierung gleichgerichteter Maßnahmen in den Bereichen Wirtschaft, Bildung, Sozialprestige und Recht noch Voraussetzung einer erfolgreichen Judenemanzipation, die im Gefolge Dohms als »moralische Verbesserung« verstanden wurde. So hatte in Preußen schon 1809, freilich erfolglos, Nicolovius im Sinne Humboldts seine Stimme für eine völlige Gleichstellung der Juden mit den Christen einschließlich der Zulassung zu Staatsämtern erhoben und der Vorstellung widersprochen, der Staat müsse mittels Gesetzgebung in ein Erziehungsverhältnis zum Judentum treten.[100] Die Handlungsmaxime hatte

---

[96] ISR, 165 ff. Zu Recht könnten die Juden mit Lessings Odoardo an die Gräfin Orsina sagen, der Tropfen Gift solle ihnen nicht in einem Eimer Wasser verabreicht werden, Lessing, Emilia Galotti, 4. Aufz., 7. Auftr., Werke 2, 263. Rühs, Rechte, 452. Nach der Vorstellung von Rühs war die gesellschaftliche Trennung zwischen Juden und Christen mit allen Mitteln fortzuschreiben; der Staat sollte die Juden soweit wie möglich ihrer rabbinischen Gerichtsbarkeit überlassen und ihre Ghettoisierung weitertreiben; dazu gehörte das Tragen von Abzeichen in der Öffentlichkeit in Anknüpfung an die »Volksschleife« – »wir Deutsche tragen ja Alle eine besondere Schleife, je nachdem wir diese[m] oder jene[m] Stamm angehören [...]« – und das Festhalten am Judenschutzgeld als Sondersteuer. Die »Volksschleife« gab Rühs als Zeichen der Ehre, nicht des Spottes, aus, ebda., 440.
[97] ISR, 172 ff.
[98] Vgl. Dohm, Verbesserung, Bd. 2, 110 f.
[99] Auch wenn prinzipiell für Dohm die Zulassung von Juden zu öffentlichen Ämtern nicht in Frage stand, so empfahl sich praktisch zunächst doch keine generelle Zulassung. »Der noch zu kaufmännische Geist der meisten Juden wird besser durch starke körperliche Arbeiten als durch die stillsitzende des öffentlichen Bedienten gebrochen werden [...], Ebda., Bd. 1, 119. Vgl. Ismar Freund, Die Emanzipation der Juden in Preußen, Berlin 1912, 465 f.
[100] Vgl. Fischer, Nicolovius, 194 f.

Dohm gegen skeptische Stimmen zur Realisierbarkeit, etwa von Schwager, in aller Deutlichkeit ausgesprochen: Die bürgerliche »Verbesserung« müsse die moralische bewirken, wie die politische Herabwürdigung die sittliche bewirkt habe.[101] Die Argumente gegen den jüdischen Kleinhandel und die Geldleihe machte sich Ewald zueigen. Dies bedeutete eine Kampfansage an das Landjudentum, mochte auch die erhöhte Zinsnahme, für die 10–15 % angenommen wurde, als aus der sozialen Not geboren entschuldbar geworden sein. Die Vorteile des Kleinhandels für die Versorgung der Landbevölkerung mit notwendigen Bedarfsgütern wurden nicht in Erwägung gezogen, statt dessen der kulturelle Schaden beklagt, der durch die Juden als Vermittler städtischer Bedürfnisse für die Landbevölkerung entstand. Der zweite Bereich war die staatlich unterstützte Verbesserung des jüdischen Schulwesens im Sinne einer tiefgreifenden Beschränkung des rabbinischen Unterrichts und einer Angleichung des Fächerkanons an die christliche Elementarbildung. Zwar hielt es Ewald immerhin für denkbar, mit der vollen Staatsbürgerschaft noch zu warten, bis eine andere Generation herangebildet war, aber dies erschien ihm psychologisch ungeschickt, da die Juden sich nicht darauf einlassen würden. Ein dritter Bereich betraf die alltägliche Diskriminierung der Juden und ihr mangelndes Ansehen in der Öffentlichkeit. Der Staat mußte die Persönlichkeitsrechte der Juden wie die anderer Mitbürger gesetzlich schützen und das öffentliche Ansehen der Juden fördern. Vor allem die jüdischen Kinder waren gegen diskriminierende Verhaltensweisen in Schutz zu nehmen und Zuwiderhandelnde hart zu bestrafen. Die christlichen Kinder mußten über die religiöse Bedeutung des alttestamentlichen Judentums und seiner »edlen« Gestalten, das Judesein Jesu und – ein beachtlicher Punkt – über die Geschichte der Judenverfolgungen unterrichtet werden. Das Sozialprestige jüdischer Lehrer und Rabbinen war durch öffentliche Auszeichnungen verdienter Persönlichkeiten zu verbessern. Nicht nur sollten wie bisher vorrangig Bankiers und Kaufleute der höheren Schichten im Mittelpunkt öffentlicher Aufmerksamkeit stehen, sondern die Männer der Wissenschaft, deren Ansehen beim Volk nicht sonderlich hoch war. Zuletzt erinnerte Ewald an die Bedeutung der Rechtssicherheit, die keine nachträglichen Einschränkungen und Erschwernisse einmal gegebener Rechte ohne tiefgreifenden Vertrauensverlust zuließ.[102]

Insgesamt knüpfte sich an die Emanzipationsgesetzgebung wie auch bei Karl August Buchholz die Erwartung, es werde sich die von Herder in den *Ideen* vorausgesehene Entwicklung für Europa erfüllen: Der religiöse Unterschied zwischen Juden und Christen werde gesellschaftlich belanglos werden, da auch der Jude nach europäischen Maßstäben leben und nicht mehr von barbari-

---

[101] Dohm, Verbesserung, Bd. 2, 111 (Anm.).
[102] Ein negatives Beispiel zum Umgang mit Art. 16 der Bundesakte im Sinne einer Zurücknahme der Emanzipationsgesetzgebung war die Anordnung des Frankfurter Senats vom 10. Juni 1816, welche die jüdische Freizügigkeit einschränkte, ISR, 186 Anm., 188 f.; GdChr, 26. Seine Kritik nahm Ewald später wieder zurück.

schen Verfassungen, sprich: jüdisch-orthodoxer Gesetzestreue, gehindert werden würde, das Seine zum Staatswohl beizutragen.[103]

1817 erschien Ewalds Entgegnung auf Friedrich Rühs' Rechtfertigung seiner antiemanzipatorischen Haltung vom Jahr zuvor, in der er Ewald als Judenadvokat an der Seite des Leiters der Frankfurter jüdischen Reformschule, Mendel (Michael) Heß, als Judas und unkundigen Erbauungs- und Modeschriftsteller scharf angegriffen hatte.[104] Trotz aller Beteuerungen, eine persönliche Verteidigung nicht nötig zu haben, fühlte er sich doch tief in seiner Ehre verletzt.[105] Politisch fürchtete er den Einfluß derartiger antijüdischer Stimmungsmache auf die Mitglieder des inzwischen zusammengetretenen Bundestages, der über das weitere Schicksal der Juden in Deutschland beraten sollte.[106] Ewald beschwor die besondere theologische und historische Verpflichtung zur Stärkung des Emanzipationsgedankens, die sich theologisch aus dem Ölbaumgleichnis Röm 11, der heilsgeschichtlichen Vorläufer- und Mittlerrolle des Judentums, und historisch aus der Schuld an den Judenverfolgungen ergab. Die ersten Überlegungen galten den von Rühs behaupteten nachteiligen Folgen einer jüdischen Staatsbürgerschaft für Christentum und Deutschtum und seinem Angriff auf Christian Wilhelm von Dohm, dem er christentumsfeindliche Motive unterstellte.[107] Dohm, der strikt zwischen Bürgerrecht und religiösem Bekenntnis unterschied, hatte sich von einer Verbesserung des Judenstatus auch eine Verbesserung der Situation freireligiös Denkender erhofft, so daß im Geist der Toleranz auch deistische Gemeindebildungen möglich werden sollten, eine Perspektive, die Ewald im Zeichen der gewünschten Neuverpflichtung des kirchlichen Lehramtes auf seine biblischen Grundlagen unterstützt hatte. Ewald nahm Dohm gegen den Verdacht in Schutz, er habe sich mit seinen Äußerungen zum Deismus bekannt, ging es ihm doch allein um die Freiheit des religiösen Bekenntnisses. Die Hauptdifferenz bestand daher im Staatsverständnis, das für Rühs aufgrund geschichtlicher Legitimation nur ein christliches sein konnte, während Dohm, hierin konsequenter als Ewald, den Begriff des christlichen Staats ganz aufgegeben hatte.[108] So verteidigte Ewald Dohms Anliegen auch nur als Zurückweisung eines papistischen

---

[103] ISR, 189. Buchholz, Actenstükke, 9 f., Herder, SWS 14, 283 f. Zur Rez. von Ewalds Schrift vgl. ALZ 1817, Nr. 105 f., Ergänzungsbl. zur ALZ 1821, Nr. 109.
[104] GdChr, das Motto der Ewald-Schrift war Röm 11,17 f.; vgl. Rühs, Rechte, 405 u. ö.
[105] GdChr, 4, 6 ff. Außerdem verwies er auf andere seiner Schriften, die nicht zum Erbaulichen gehörten wie die Schriften zur Aufklärung und zum Gemeingeist, ebda., 31, 33, 84 (jew. Anm.).
[106] Vgl. Ewalds Anfrage an Karl August Varnhagen von Ense, 18. Juli 1817 (s. Steiger Bibliogr. A 47): Gerne brächte er eine Verteidigungsschrift gegen Rühs mit der ersten Schrift an den Bundestag, doch wisse er nicht, wie dies anzustellen sei.
[107] GdChr, 12 ff. Zu den von Rühs angegriffenen und als bestechlich verleumdeten Männern gehörte Karl Christian Ernst Graf von Benzel-Sternau; Ewald verteidigte die Integrität des ihm bekannten Mannes, der freilich seiner Meinung nach zu sehr von Napoleon eingenommen war, GdChr, 23 (Anm.).
[108] Dohm, Verbesserung, Bd. 2, 103 (Anm.); 182–184; Rühs, 7.

»Cogite intrare«. Er selbst wies auf seine Schrift zu *Salomo* hin, in der er Deisten und Naturalisten eine staatstragende religiös-moralische Grundüberzeugung bescheinigt hatte.[109] Als solcher bedurfte der Staat nicht der hohen Sittlichkeit der Liebe, wie sie das Christentum vertrat. Es bestand mithin kein Grund, das Christentum zur einzigen Religion zu stilisieren, die den Staatszweck zu erreichen versprach, wie schon die frühere Staatlichkeit Israels und die in vielem vorbildliche mosaische Gesetzgebung zeigte. Zudem hatte die mosaische Religion als das »echte, ursprüngliche« Judentum kraft ihrer Liberalität und Humanität, die den Menschen als Geschöpf Gottes achten lehrte, positiv auf die christlich-europäische Staatenentwicklung und ihr Menschenrechts- und Toleranzverständnis eingewirkt; auch war diesem ursprünglichen Judentum schon die Universalisierungstendenz immanent, die später ins Christentum führte, so daß im Blick auf den Gott der Juden nicht nur von einem bloßen Nationalgott gesprochen werden konnte. Gleichwohl blieb für Ewald die Rangordnung religiös-moralischer Wertigkeit zwischen Judentum und Christentum die zwischen Legalität und Moralität. Erstrahlte in diesem das volle Sonnenlicht des Tages, so im mosaisch gedachten Judentum das vorauslaufende Licht der Morgenröte.[110]

In wirtschaftlicher Hinsicht lagen inzwischen auch für Baden positive Ergebnisse der eröffneten Gewerbefreiheit vor, welche die Erfahrungen anderer westlicher Länder bestätigten.[111] In Dänemark waren bereits beträchtliche Fortschritte auf dem Schulsektor erreicht worden. Unbeeindruckt von allen positiven Zeugnissen der Gegenwart hatte Rühs auf bekannte ältere, ganz in der mittelalterlichen Denkweise bedingter Toleranz wurzelnde antijüdische Schriften wie die von Johann Andreas Eisenmenger (1654–1704), Johann Jakob Schudt (1664–1722) und Johann Christoph Georg Bodenschatz (1717–1797) zurückgegriffen.[112] Deren Grundhaltung suchte er mit Hilfe der vergleichenden Ethnographie, die neben äußeren Merkmalen wie Sprache und körperlicher Konstitution auch nach dem Volkscharakter und dem schon von Herder bemühtem Volksgeist fragte, wissenschaftlich zu untermauern. Wohl konnte es demnach einen deutschen Juden, aber – und dies war für ihn die

---

[109] SAL, 333.
[110] GdChr, 31 f., 44.
[111] GdChr, 25, Anm. Zu den neuen jüdischen Unternehmern in Baden gehörte der einst im Geldhandel tätige David Seligmann, jetzt Freiherr von Eichthal, der in St. Blasien eine Waffen- und Spinnmaschinenfabrik mit drei- bis vierhundert Arbeitern aufgebaut hatte. Die vorgelegte Statistik, welche die Entwicklung seit 1809 verfolgte, stammt aus dem Jahr 1816, FRAG, 18 f.
[112] Johann Jakob Schudt, Jüdische Merckwürdigkeiten [...], 4 Bde., Frankfurt 1714–1717. Nach Rühs war Hamburg dem Elend, »Klein-Jerusalem« genannt werden zu können, jetzt viel näher als zu Schudts Zeiten, Rühs, Rechte, 437 f.; GdChr, 28, vgl. Schudt, Bd. 1, 372–385 (Schudt nahm kritisch auf Jacques Basnages bekannte *Geschichte der Juden* Bezug, da er dort sachliche Fehler feststellte, ebda., 378). Johann Christoph Georg Bodenschatz, Kirchliche Verfassung der heutigen Juden, sonderlich deren in Deutschland, 4 Teile in 1 Bd., T. 1–2, Frankfurt/Leipzig/Erlangen 1748–1749. Zu Eisenmenger vgl. Katz, Vorurteil, 21 ff.

Nagelprobe – keinen jüdischen Deutschen geben. Dieser Einengung des Volksbegriffs begegnete Ewald mit dem Postulat der Menschenrechte, die er freilich auch hier nicht nach dem Vorbild der Französischen Revolution als allgemeinen Rechtsanspruch verstand.[113] Er unterschied sich in diesem Punkt von Rühs auf keine Weise, der die konkrete, geschichtlich legitimierte politische Ordnung wie die der Ständegesellschaft vom allgemeinen Menschenrechtspostulat der Französischen Revolution unberührt sah. Menschenrechte waren nach diesem Verständnis ihrem Wesen nach Individual- und keine Universalrechte. Eine Verbesserung politischer Mitwirkungsrechte für Juden, die Rühs im Rahmen der landständischen Verfassung durchaus für möglich hielt, war daher nur über ein entsprechendes Repräsentativorgan, eine spezielle Judenkammer, denkbar.[114] Zwar begründete auch das von Ewald bemühte Naturrecht keinen Rechtsanspruch der Juden auf Einbürgerung, da bürgerliche Gleichheit sich nicht naturrechtlich ableiten ließ, doch konnte sie das Gemeinwesen, da in seiner Entscheidung darüber frei, nach dem Grundsatz der Billigkeit und sonstigen, dem Staatszweck dienlichen Interessen, gewähren. Hier folgte Ewald der Linie Dohms, während er Rühs' konservativ-ständische Position als geschichtspositivistisch abtat; auf deren Basis ließe sich noch die Sklaverei verteidigen.

Zur Frage des passiven Wahlrechts für Juden und ihre Aufnahme in den Staatsdienst äußerte sich Ewald nun zurückhaltender. Zwar stand er zu den in seiner früheren Schrift zur Staatsbürgerschaft gemachten Aussagen, die er von Rühs nicht widerlegt sah, aber er rückte doch von der Forderung einer sofortigen und allgemeinen Einsetzung der Juden in die vollen Staatsbürgerrechte ab. Diese sollten den Juden zwar sogleich voll *zugesichert*, aber dem einzelnen ihr Gebrauch – 1816 war noch vom *vollen Gebrauch* die Rede gewesen – erst nach gehöriger (moralischer) Qualifizierung durch Bildung gestattet werden.[115] Rühs hatte die Staatsbürgerrechte in seiner auf die Diskussion in den 40er Jahren vorausweisenden Konzeption vom christlichen Staat konsequenterweise an die Taufe gebunden. Ewald lenkte auf die Einzelfallprüfung ein, doch sollte der Mehrheit wenigstens ein Vertrauen förderndes Versprechen über eine künftige allgemeine Regelung gegeben werden. Damit näherte er sich faktisch der preußischen Praxis und im allgemeinen auch der von Fries vertretenen Konzeption des Bildungsvorbehalts wieder an, auch wenn dieser vergleichsweise tolerant gefaßt war. An Ewalds Einschätzung der Gesamtsituation, die von der Geschichte der Judenverfolgungen bestimmt war, änderte sich dagegen nichts. Unverständlich blieb, mit welcher Beharrlichkeit Rühs

---

[113] GdChr, 37 ff.; Rühs, Rechte, 415 ff.
[114] »Offenbar müßten die Juden eine eigene Kammer, die Judenkammer, bilden, denn keine Classe der Volksvertreter kann sie anerkennen.« Rühs, Rechte, 425; vgl. Paulus, Beiträge, 125 ff.
[115] GdChr, 45 f., vgl. Ewald, ISR, 181 f. Steiger bemerkt diese Verschiebung nicht, wie er überhaupt die ambivalente Bedeutung des staatlichen Bildungskonzepts für das Judentum nicht wahrnimmt.

deren Ausmaß herunterspielen, die obrigkeitlichen Maßnahmen rechtfertigen und die Zuverlässigkeit der Quellen durch einzelne Gegenbeispiele bezweifeln konnte, obwohl doch schon Jacques Basnages (1653–1723) in Quellenorientierung und Unparteilichkeit wegweisende Geschichte der Juden genügend Anschauungsmaterial für die Gesamtsicht geliefert hatte.[116]

Dem mit dem »Schachergeist« verbundenen Kleinhandel galt weiterhin Ewalds ganzer Widerwille, hierin mit Fries einig, während Rühs dem Wirtschaftsleben insgesamt eher skeptisch gegenüberstand. Für Ewald stand außer Frage, daß der Groß- und Fernhandel einen unverzichtbaren Beitrag zum Fortgang von religiöser und ziviler Toleranz und Kultur leistete, wie es den bekannten Darstellungen zur Kolonial-, Handels- und Wirtschaftsgeschichte der Historiker Guillaume-Thomas Raynal (1713–1796) und Arnold Hermann Ludwig Heeren (1760–1842) zu entnehmen war.[117] Ein großartiges Beispiel einer vom Welthandel vielseitig befruchteten Kultur bot demnach England, ohne dessen finanzielle Hilfe sich Europa nicht hätte von der Napoleonischen Sklaverei befreien können.[118] Dagegen sprach Rühs die günstige Entwicklung Englands nicht dem Handel, sondern der Verfassung des Landes zu.[119]

Differenzen blieben weiterhin bestehen in der Einschätzung der Rolle der Juden in Polen, der Judenvertreibung aus Spanien, der Beteiligung von Juden an Revolutionen und Aufruhr und deren aktuelle Heranziehung zum Wehrdienst, die nach der Regelung von 1814 für alle männlichen Bewohner Preußens galt.[120] Zur polnischen Situation sah sich Ewald zu Klarstellungen veranlaßt. Einmal betrachtete er es als groben Fehler, daß den polnischen Juden zu viel Freiheit in Handel und Geldgeschäft gelassen und keine Beschränkungen eingeführt worden waren. Sollten sie tatsächlich derart ungebildet oder, was noch schlimmer war, einseitig gebildet sein wie behauptet, könnten die vollen Staatsbürgerrechte noch nicht eingeräumt werden, müßten aber in Aussicht gestellt werden. Auch hier hing die »Hebung« der Nation von einem verbesserten Schulwesen auf jüdischer und christlicher Seite ab. Die Aussage von der den Schachergeist begünstigenden einseitigen Charakterbildung (»Über-

---

[116] GdChr, 48 ff.; Jacques Basnage, Histoire des Juifs, depuis Jesus-Christ jusqu'à present, bes. Bd. 4–5, Rotterdam 1706–1707, vgl. Bd. 1, Rotterdam 1707 (u. d. T.: L'histoire et la religion des Juifs [...]), Plan. Den von vielen Obrigkeiten ständig betriebenen Wechsel von Vertreibung und Neuaufnahme und die damit verbundene finanzielle Ausbeutung der Juden stellte Ewald als besonders hinterhältig heraus; dadurch sei verhindert worden, daß sich die vertriebenen Juden nach einem anderen Ort der Erde umgesehen hätten, um sich in Frieden dem Ackerbau zu widmen; der Gedanke eines Judenstaates oder einer Judenkolonie klingt an. GdChr, 65 f.

[117] Der Göttinger Historiker Heeren vertrat über Montesquieu und Raynal hinaus die These, daß Kultur überhaupt eine Folge des freien Handelsverkehrs der Nationen sei, da erst der Warenaustausch den Ideenaustausch in Gang bringe. Arnold Hermann Ludwig Heeren, Ideen über die Politik, den Verkehr und den Handel der vornehmsten Völker der alten Welt, Bd. 1, Göttingen 1793, 1 ff.

[118] GdChr, 59 f.

[119] Rühs, Rechte, 443.

[120] GdChr, 74 ff.; zum militärischen Erziehungsanspruch vgl. HDGB 3, 364 ff.

bildung«) zeigt, wie schnell sich das Blatt von der Bewunderung zum Mißtrauen wenden konnte, hier zu Lasten des gesetzestreuen Judentums, von dessen Lebensweise Ewald keine nähere Vorstellung hatte.

Rühs hatte schon in seiner ersten Schrift die Judenvertreibung aus Spanien 1492 als zwingende Notwendigkeit eines zerrütteten Verhältnisses von Juden und Christen dargestellt und das Fehlen von politischer Führungskraft bei den Regenten bemängelt, welche die Juden erst begünstigten und dann wie einen Schwamm auspreßten – ein Verhalten, das Ewald als typisch für die europäischen Judenverfolgungen betrachtete. Jacques Basnage lenkte den Blick der Öffentlichkeit dagegen auf den religiösen Fanatismus und die klerikalen Verführungskünste gegenüber Ferdinand und Isabella als Grund der Vertreibung.[121] Ewald hielt es immerhin für möglich, daß die Vertreibung politisch notwendig gewesen war, doch verblieb die Verantwortung für das Ausmaß und die schrecklichen Begleitumstände bei der Regierung.[122]

Zur Frage jüdischer Beteiligung an Revolutionen und Aufständen hatte Rühs neben dem Spionagevorwurf im Zusammenhang der Französischen Revolution auf eine Verschwörung gegen König Johann IV. (reg. 1640–1656) nach der *Geschichte Portugals* des Göttinger Historikers Georg Christian Gebauer (1690–1773) und auf die messianische Bewegung von Schabbatai Zwi hingewiesen.[123] Letztere verdiente nach Ewald den Namen einer Empörung nicht, handelte es sich doch nach der ausführlichen Darstellung bei Jacques Basnage um eine messianische Schwärmerei, die selbst von einem großen Teil der Juden abgelehnt wurde.[124] Fast alle in Ewalds Revolutionsschrift genannten Ursachen von Revolutionen kamen in der jüdischen Geschichte wiederholt zusammen, so daß es höchst verwunderlich bleibe, warum es nur zu einzelnen Messiasbewegungen und nicht zu zahlreichen Judenaufständen in Europa kam.

Abschließend ging Ewald noch auf die Ablehnung der Wehrpflicht für Juden bei Rühs ein: Dieser sollte als ehrenvoller Staatsdienst allein dem christlichen Bürger vorbehalten sein, zumal dessen Glaube im Dienst des christlichen Staates eine stärkere Kampfkraft freisetze.[125] Ewald ging dagegen nicht nur von einer staatsbürgerlichen Gleichwertigkeit der Bekenntnisse aus, sondern gab zudem im Blick auf den jüdischen Widerstand der Makkabäerkriege – ein Kontinuitätsbewußtsein wurde vorausgesetzt – zu bedenken, ob nicht der jüdische Gottesglaube in seiner Diesseitsorientierung dem christlichen im Kriegsfall überlegen sei. Die Grundanschauung von der fundamentalen Bedeutung der Religion zur Stärkung militärischer Disziplin teilte er mit Rühs.

---

[121] Basnage, Bd. 5, 1900 ff.
[122] Von der Judenvertreibung waren nach den überhöhten Schätzungen 600 000 bis 800 000 Menschen betroffen. Tatsächlich wurden etwa 150 000 Juden ausgewiesen, weitere 50 000 ließen sich taufen, und 20 000 kamen in den Wirren der Vertreibung um; Battenberg, Bd. 1, 136.
[123] Georg Christian Gebauer, Portugiesische Geschichte [...], 2 Bde., Leipzig 1759.
[124] Vgl. Basnage, Bd. 5, 1935 ff.
[125] Rühs, 469 f.

Vor allem aber zeigte seiner Meinung nach der jüdische Heldenmut in den Freiheitskriegen deutlich, daß die Mehrheit der Juden in Deutschland dasselbe Vaterland sah wie die Christen und bereit war, dieses an deren Seite zu verteidigen. Schließlich gab er zu bedenken, daß bei einem Ausschluß der Juden deren Stellen von anderen besetzt werden müßten, entsprechende Ersatzleistungen wie Geldzahlungen aber mit dem Wagnis des eigenen Lebens niemals vergleichbar seien. Faktisch kam es aufgrund der Staatsbürgerproblematik im preußischen Staat zu keiner einheitlichen Regelung in der Wehrdienstfrage, doch eins entsprach sicher nicht Ewalds Vorstellungen: Wie die politische Führung den jüdischen Wehrdienst zielgerichtet als pädagogisch-missionarisches Mittel zur Vorbereitung einer Konversion zu betrachten.[126] Rühs ging mit seinem Volksbegriff den Weg der Ausgrenzung. Er schürte das Mißtrauen gegen die jüdische Loyalität im Staat und nutzte mit dem Spionagevorwurf das antifranzösische Ressentiment für seine Judenpolemik. In dieselbe Richtung zielte der Vorwurf überhoher Kriminalitätsraten bei den Juden, dem schon eine Untersuchung David Friedländers entgegengetreten war.[127]

Von besonderer Bedeutung für die Beantwortung der Frage nach der moralischen Integrität der Juden blieb auch weiterhin die Bewertung der rabbinischen Glaubens- und Sittenlehre.[128] Im Gefolge von Johann Andreas Eisenmenger hatte Friedrich Rühs zahlreiche anstößige Stellen aus dem Talmud referiert und die fachlichen Blößen, die sich Ewald in seinen Darlegungen gegeben hatte, als gänzliche Unkenntnis attackiert. Dieser verwahrte sich insbesondere gegen eine in der gegenwärtigen nationalen Krise für das Einheitsbewußtsein des Volkes bedenkliche Fortsetzung der Propaganda Johann Andreas Eisenmengers.[129] Er verteidigte seine früheren Ausführungen zu Halacha und Aggada und versuchte zu zeigen, daß seine Kenntnisse die von Rühs weit überstiegen. Unter Hinweis auf Autoritäten wie Maimonides und Asarja Ben Moses de Rossi (gest. 1578) wurde versichert, daß den beanstandeten Texten keine gesetzliche Verbindlichkeit zukam, da sie für die Praxis der Thora nicht von Bedeutung waren. Über die Grundzüge der Entstehung des babylonischen und jerusalemischen Talmuds nach rabbinischer Überlieferung hatte sich Ewald u. a. mit Hilfe eines älteren apologetischen Werkes des durch sein *Rituale ecclesiasticum* (1705) bekannt gewordenen Kaspar Calvör (1650–1725), seinerzeit Generalsuperintendent in Clausthal, kundig gemacht.[130] Die Einteilung des Talmuds und die Bestimmung der Termini wie Halacha und Aggada

---

[126] HDBG 3, 365.
[127] David Friedländer, Actenstücke, die Reform der jüdischen Kolonien in den Preußischen Staaten betreffend, Berlin 1793. Demnach waren unter 1700 Kriminalprozessen eines Jahres nur 22, in die Juden verwickelt waren.
[128] GdChr, 90 ff.
[129] Vgl. Prov 20,20.
[130] Caspar Calvör, Gloria Christi, oder Beweis der Wahrheit der christlichen Religion, Leipzig 1710; hebräisch-dt. Ausg.: Herrlichkeit Christi, oder Beweisthum der christlichen Religion wider die Juden, Leipzig 1764.

referierte er nun nach der lateinischen Übersetzung der in neuere Talmudausgaben aufgenommenen Einleitung von Rabbi Schemuel HaNagid (Ibn Nagdila, gest. 1055 in Granada), was immerhin sein Interesse an authentischer Interpretation belegt.[131] Vor allem aber ließ sich bei Rühs kein unbefangenes Urteil über die kommentierende Fortentwicklung der um Aktualisierung bemühten religionsgesetzlichen Literatur feststellen, wie sie im *Schulchan Aruch* des Josef Karo ihren letzten Höhepunkt, aber keineswegs ihren Abschluß gefunden hatte. Bereits 1770 war von der preußischen Regierung an den bedeutenden Talmudgelehrten und Rabbiner Hirschel Levin (1721–1800, seit 1782 Oberrabbiner in Berlin) die Bitte ergangen, einen deutschen Auszug aus dem gültigen Ritualgesetz vorzulegen. Rühs erweckte den Eindruck, als handle es sich dabei um ein auf feindschaftliche Abgrenzung und Geheimhaltung gegenüber der christlichen Umwelt bedachtes Machtwissen der Rabbinen. Selbst Moses Mendelssohn habe nicht gewagt, ohne Einwilligung des Rabbiners eine Übersetzung zu fertigen. Ewald stellte dagegen richtig: Hirschel Levin hatte zur Erledigung der Aufgabe Moses Mendelssohn herangezogen, welcher diese aus freundschaftlicher Verbundenheit in Angriff nahm; nach Überprüfung durch den Rabbiner konnte die Arbeit schließlich der Regierung übergeben werden. Sie wurde 1778 veröffentlicht.[132] Gegen die tendenziös-polemische Darstellung Rühs' bemühte sich Ewald, der Öffentlichkeit ein objektiveres Bild der Vorgänge zu vermitteln. Bei aller Begrenztheit der eigenen Kenntnisse lag ihm doch an einem sachgerechten Verständnis der jüdischen Glaubens- und Lebenswelt. Hirschel Levin steht dabei zugleich für die traditionsgebundenen, den geistigen Herausforderungen der Aufklärung aber nicht grundsätzlich verschlossen gegenüberstehenden Juden der Zeit zwischen strikter Orthodoxie und Haskala. Einerseits begrüßte er, der Mendelssohn nahestand, dessen Bibelübersetzung ins Deutsche, andererseits kämpfte er strikt gegen das Erziehungsprogramm der jungen jüdischen Aufklärer, auf die gerade Ewald seine Hoffnungen setzte.

Erst nach Abgabe seines Manuskripts an den Verleger waren Ewald die von Heinrich Eberhard G. Paulus herausgegebenen *Beiträge von Jüdischen und Christlichen Gelehrten zur Verbesserung der Bekenner des Jüdischen Glaubens* zugegangen.[133] Gleichwohl war es noch möglich gewesen, einen Abschnitt dazu einzufügen.[134] Dem von Paulus im Vorwort der Schrift zur Auslegung des

---

[131] GdChr, 96 ff. »Halacha« wurde in der lateinischen Übersetzung durch »constitutio« wiedergegeben, »Aggada« durch »popularis ennaratio«, letzteres ergänzt durch: »Nec inde addiscere teneris, nisi quod in mentem venit«. Ewald korrigierte die lateinische Übersetzung nach dem Hebräischen in: »quod rationi convenit«.

[132] Vgl. Mendelssohn (o. Vf.), Ritualgesetze der Juden, betreffend Erbschaften, Vormundschaftssachen [...], Berlin 1778, 4. Aufl. Berlin 1799, Vorbericht, IV.

[133] Heinrich Eberhard Gottlob Paulus (Hrsg.), Beiträge von Jüdischen und Christlichen Gelehrten zur Verbesserung der Bekenner des Jüdischen Glaubens, Heidelberg 1817 (= Paulus, Beiträge).

[134] GdChr, 102 ff.

Artikels 16 der Bundesakte geäußerten Bildungsvorbehalt bezüglich der Verleihung der Staatsbürgerrechte stimmte Ewald zwar grundsätzlich zu, doch beharrte er auf seiner Forderung einer sofortigen verbindlichen politischen Zusage an die Juden für den Fall, daß der Vorbehalt hinfällig werden sollte. Offenbar sollte gerettet werden, was zu retten war. Artikel 16 hatte nach Ewald eindeutig entschieden: Mit Übernahme aller Bürgerpflichten mußte auch ein Zugeständnis aller Bürgerrechte verbunden sein, eine andere Auslegung, welche Einschränkungen bei den Rechten bei voller Übernahme der Pflichten für möglich hielt, widersprach dem Geist der Akte. Ihre Aufforderung, über die Modalitäten einer einheitlichen nationalen Regelung nachzudenken, setzte die Gewährung der Bürgerrechte als solche voraus. Die bisher ergangenen Emanzipationsedikte ließen daher auch keinen Vorbehalt einer nur provisorischen Regelung erkennen.

Harte Kritik übte Ewald an dem bei Paulus wiedergegebenen, erstmals 1808 gedruckten Beitrag des Wormser Religionslehrers Joseph Bamberger.[135] Dessen Ausführungen wollte er allenfalls in ihrem primären Kontext, dem innerjüdischen Diskurs um die Zuständigkeiten der rabbinischen Orthodoxie im Zusammenhang des Großen Sanhedrin in Paris, akzeptieren, im Rahmen der Staatsbürgerschaftsdebatte, die in Zeiten einer nationalen Krise geführt wurde, aber nicht. Bambergers radikale Kritik an der gesamten rabbinisch-talmudischen Tradition zugunsten einer »reinen« mosaischen Religion war nach Ewald nicht auf der Höhe der Zeit, da sie die schon im Gang befindlichen jüdischen Reformbestrebungen nicht würdigte. Dies belegt einmal mehr Ewalds ungebrochenen Glauben an die jüdische Reform, zeigt aber auch die Schwierigkeit, die Tragweite des innerjüdischen Konfliktes zu verstehen.[136] So hielt er Bamberger die Leistungen der Reformer besonders auf dem Bildungssektor entgegen, um dessen Schilderungen von der Macht des Rabbinismus und seiner veralteten Weltanschauung als überzeichnet und publizistisch unklug, da alte antijüdische Vorurteile bestärkend, abzutun.[137] Wie sich die Verhältnisse nach einem »geläuterten Talmudismus« und dem »echten

---

[135] Joseph Bamberger. Ein Wort zu seiner Zeit. Oder: Betrachtungen bey Gelegenheit des Großen Sanhedrin in Paris (zuerst 1808), wieder in: Paulus, Beiträge, 3 ff.

[136] Zivil- und strafrechtliche Regelungen versuchte Ewald aus den Umständen der Zeit heraus plausibel zu machen und für die Gegenwart als ungültig zu erweisen, so das Verbot, einem »Notzri« die Thora zu erklären und mit Götzendienern bzw. Heiden (»Akum«) Umgang zu haben (Vorwurf der erlaubten Übervorteilung, des Stehlens etc.). Bambergers Verhalten verglich Ewald mit dem eines Christen in Japan, der in der Zeit der Bedrängnis eine Sammlung von harten und mißverstandenen Stellen aus den Psalmen, den Kirchenvätern oder den späten Judenschriften Luthers zusammenträge mit der Vorgabe, den christlichen Lehrbegriff zu bessern, GdChr, 110 f.

[137] Zur Sprache kam etwa die Frage der Zuverlässigkeit der jüdischen Eidesleistung, die aufgrund des Kol-Nidre-Gebetes am Jom-Kippur-Fest immer wieder bezweifelt worden war; Bamberger hatte einen eigenen Vorschlag für einen Judeneid unterbreitet. Zum lange geschürten Mißtrauen gegenüber dem Judeneid und seiner Verteidigung vgl. z. B. ANTL 7.1795, 621–624; 748–751.

Geist« des Judentums darstellten, hatten Männer wie die Reformer Joseph Wolf (geb. 1762) und Gotthold Salomon (1784–1862) gezeigt, die sich auch mit Rühs und Fries auseinandersetzten.[138] Heinrich Eberhard G. Paulus selbst war und blieb der bürgerlichen Gleichstellung der Juden gegenüber ablehnend eingestellt; 1831 legte er seine Haltung ausführlicher in einer Schrift zur »jüdischen Nationalabsonderung« dar, die viel Ähnlichkeit mit dem Denken von Jakob Friedrich Fries erkennen läßt. Paulus' theologische Konzeption unterstützte die Radikalisierung: Hauptübel des Judentums war nicht mehr nur christlich-traditionell die mehr oder weniger gravierend eingeschätzte rabbinisch-talmudische Überfremdung des Mosaischen, sondern der mosaische Legalismus selbst. Damit wurde nicht nur eine alte christliche Fiktion preisgegeben – die eines mosaischen Judentums –, sondern auch der von dieser gewährte Schutzraum in Frage gestellt, der dem Judentum (wenigstens) im Schatten des Christentums nach dem Hauptstrang kirchlicher Auffassung immer offenstand.[139]

Ewald schloß seine Schrift mit einem Appell an wohlhabendere Juden und Christen der höheren Schichten. Die Juden ermahnte er zu Selbstbewußtsein und Selbsthilfe, zur Besinnung auf das »Wesentliche« ihrer Religion und vor allem zur Verbesserung der Bildungsmöglichkeiten für alle Schichten, vornehmlich der ärmeren. Nichts sollte von der Obrigkeit erwartet, sondern ganz auf die reformerische Eigeninitiative, den Patriotismus im alten Stil, gesetzt werden. Ewalds Appell an die Christen schärfte erneut die Achtung vor dem Judentum als Wegbereiter des Christentums und die Verantwortung für den staatlichen Bildungsauftrag ein, der an die Stelle der offensiven Judenmission trat und, hierin ganz im Sinne des frühen Luther, auf die alleinige Überzeugungskraft des christlichen Vorbildes setzte.[140]

1820 meldete sich Ewald erneut zur Emanzipationsfrage mit einer kleinen Schrift aus Anlaß eines antijüdischen Karlsruher Zeitungsartikels zu Wort. Nach wie vor ließ die politische Praxis keine konsequente Umsetzung und Fortentwicklung des badischen Emanzipationsedikts von 1809 erkennen. Schon das Erscheinen des beanstandeten Artikels galt ihm als alarmierendes

---

[138] Joseph Wolf, Gotthold Salomon, Der Charakter des Judenthums, nebst einer Beleuchtung der unlängst gegen die Juden von Prof. Rühs u. Fries erschienenen Schriften, Dessau 1817. Zur umstrittenen Zinsnahme wurde dort eine längere Stelle aus dem *Sefer Mitzwot HaGadol* des Mose von Kuzi zur mosaischen Gesetzgebung übersetzt, welche Ewald wiedergab. Darin wird der generelle Verzicht auf Zinsnahme gegenüber Juden und Nichtjuden als Ideal der Frömmigkeit dargestellt und des Maimonides Deutung, Zinsnahme vom Nichtjuden sei ein Gebot, nur für *den* Ausnahmefall akzeptiert, daß der Jude vom Nichtjuden schon übervorteilt worden ist, also das Recht der Vergeltung Platz griff. Keine Rede konnte davon sein, dem Nichtjuden gegenüber sei es dem Juden geboten, überhöhten Zins zu nehmen. Ebda., 19.

[139] Vgl. Katz, Vorurteil, 154 ff.

[140] GdChr, 133 ff. Ewald schloß mit einem Zitat von Zar (»Kaiser«) Alexander I. von Rußland, der in einem Reskript vom 9. Dezember 1816 an den Kriegsgouverneur von Cherson bezüglich der Duchoborzen festgestellt hatte, daß nicht Härte vom wahren Glauben überzeuge, sondern Lehre, Schonung und vor allem gutes Beispiel. GdChr, 141.

Signal, las er diesen doch geradezu als Ermunterung zu antijüdischen Ausschreitungen im Gefolge der deutschlandweiten Hep-Hep Krawalle von 1819, die auch Karlsruhe und Heidelberg ergriffen hatten.[141] Der Verfasser ging im Rühsschen Sinne von einem fundamentalen Gegensatz zwischen den konstituierenden Elementen eines christlichen europäischen Staates und der den Fortschritten höherer Zivilisation geschlossen gegenüberstehenden und sich ihr verweigernden jüdischen Nation aus und warnte vor jedem Entgegenkommen in staatsbürgerrechtlichen Belangen. Ewald empörte sich insbesondere darüber, daß den Juden die Bildungsfähigkeit abgesprochen wurde und die jüdische Reformbewegung unberücksichtigt blieb.[142] Freilich teilte er die Meinung, ein ungebildetes jüdisches Volk mit Bürgerrechten würde dem Staat mehr schaden als nützen. Ein nationales Sonderbewußtsein sollte es für die Juden nicht mehr geben. Wichtig aber war ihm, daß die Entscheidungskompetenz in Fragen der Rechtsstellung der Juden bei der Regierung blieb und nicht der sich entwickelnden kommunalen Selbstverwaltung überstellt wurde. Das Emanzipationsproblem erschien im Kern nach wie vor nur zentral von oben lösbar, nicht von unten über tendenziell demokratische Formen der Mitbestimmung auf kommunaler Ebene. Die konkrete Frage, ob, wieviel und welche Juden in den Gemeinden aufgenommen werden sollten, war dort nicht kompetent zu entscheiden. Dies aber hatte die zweite badische Kammer im August 1820 im Rahmen der Verabschiedung der Gemeindeordnung beschlossen: Das Schutzbürgerrecht sollte den Juden von den Gemeinden und nicht wie bisher von der Regierung erteilt werden.[143] Wieder wurde an die staatliche Bildungsaufgabe gegenüber dem Judentum und die schon enormen Leistungen des Reformjudentums erinnert, wofür Männer wie Joelson, Jeremia Heinemann, Eduard Israel Kley (Hamburg), David Ben Mose Fränkel und der junge Historiker Leopold Zunz (1794–1886) standen. Jüdische Zeitschriften wie die von Heinemann herausgegebene *Jedidja* und Fränkels *Sulamith* sprachen für sich.[144] Einen großen Teil der Schrift bestritt Ewald mit längeren Zitaten von Herder, Karl August Buchholz und aus seinen eigenen Schriften.[145] Herder hatte die in der jüdischen Geschichte sichtbar gewordenen großen Anlagen und kulturellen Leistungen einschließlich kriegerischem Mut und Innovationen im Ackerbau während der staatlichen Zeit gelobt, Karl August Buchholz hatte seinen Kampf gegen antijüdische Vorurteile und Vor-

---

[141] FRAG, 6 ff., 13, 21; vgl. Katz, Vorurteil, 100 ff.
[142] Das Bezweifeln der Bildungsfähigkeit der Juden erinnerte Ewald an die Debatte, die einst über das Menschsein der Frau geführt wurde. Freilich verwies gerade der Schluß des Artikels auf die Notwendigkeit der Erziehung zur Freiheit – was nach Ewald im Artikel aber nicht ernst genommen wurde, FRAG, 22 f.
[143] Vgl. das Echo in: Jedidja 5, 3. Jg., 1820/21, 276 f.
[144] Vgl. ISR, 125 f.; 133 f., 185. Nach Wessenberg, Elementarbildung, 190, beleuchtete die Zeitschrift »mit Witz die Träumereyen des Talmuds«.
[145] Z. B. Herder, SWS 14, 65 f. Auch Benjamin Franklin kam mit einer Parabel zur Sprache, Franklin, KS, Bd. 2, 71 f.

behalte gegenüber der bürgerlichen Gleichstellung mit ähnlichen »Tatsachen« geführt, zu denen auch die bislang überwiegend positiven Erfahrungen mit der Emanzipationsgesetzgebung gehörten.[146] Freilich blieb auch bei Buchholz eine stark gegen das traditionsgebundene rabbinische Judentum gerichtete Einstellung spürbar, die jüdische Bildung nur im Sinne des aufklärerischen Reformjudentums akzeptieren mochte.[147]

Ein letztes Mal äußerte sich Ewald zur Judenemanzipation 1821 unter Hinweis auf den in Lessings *Nathan* vertretenen Geist der Toleranz, angeregt durch eine ihn erfreuende Stellungnahme des badischen Staatsrats Ernst Philipp Freiherr von Sensburg (1752–1831) zur Rechtssituation.[148] Die Schrift Ewalds ließ nochmals nach verschiedenen Seiten die Ambivalenz des aufklärerisch-etatistischen Emanzipationsmodells erkennen. Das Interesse an der bürgerlichen Gleichstellung der Juden war im Zuge der Restauration weithin erlahmt, die um sich greifende Gleichgültigkeit erachtete Ewald für verhängnisvoller als die direkte Gegnerschaft eines Rühs oder Fries. So beschwor Ewald erneut den Glauben an die Möglichkeit, mit staatlichen (Druck-)Mitteln die kulturelle Assimilationsbereitschaft des Judentums zu fördern. Gegenstand direkter Diskriminierung sollten wie noch lange in der Gesetzgebung der Länder die jüdischen Nothändler sein, die für die »Verbildung« der großen Masse der Juden zu List und Tücke im Kleinhandel standen. Unter den über 15000 in Baden wohnenden Juden zählte Ewald einige Tausend derartiger Nothändler, gegen die er alle Ressentiments der Abneigung wach rief.[149] Immer noch harrte der jüdische Kleinhandel auf seine staatliche Auflösung. Schon zu diesem Zweck drängte die »Zivilisation« und bürgerliche Gleichberechtigung der Juden im Sinne der frühen Emanzipationsgesetzgebung, die Ausweichmöglichkeiten eröffnen sollte. Ein noch immer bestehendes Hindernis auf diesem Weg waren nach Sensburg die unverhältnismäßig hohen Abgabenlasten, die Juden zu tragen hatten. Ewald stimmte der Forderung zu, diese Belastungen zu vermindern.[150] Als weiteres Hindernis erschien das Rabbinat und die zum Teil noch uneingeschränkt geübten Talmudstudien, welche die religiöse Bildung angeblich hemmten. Die Regierungen wurden aufgefordert, alle Mittel anzuwenden, um den nachteiligen Einfluß dieses Talmudismus zu mindern. Freilich verbot der Grundsatz der Gewissensfreiheit einen direkten Eingriff in innerjüdische religiöse Angelegenheiten, doch gegenüber den als halbgebildet

---

[146] Vgl. Buchholz, Actenstükke, 29 ff.
[147] Ebda., 68 ff.
[148] Ewald, Beantwortung der Fragen: Was solten die Juden jetzt, und was sollte der Staat für sie thun? Mit einigen Bemerkungen über die merkwürdige Schrift des Hrn. Staats-Raths v. Sensburg, diesen Gegenstand betreffend, Stuttgart 1821 (= BEANT; Steiger, Bibliogr. 376).
[149] BEANT, 3 ff. Wie tief bestimmte antijüdische Stereotype selbst bei Ewald saßen, zeigt die Aussage, die tückischen Nothändler machten aus der unschuldigen Landbevölkerung selbst Juden »in diesem schlimmen Sinne des Worts«.
[150] Die einzelnen Punkte wurden bei Ewald unter Nr. 9 wieder aufgenommen und mit eigenen Vorschlägen konkretisiert.

geschmähten Juden, die Nothandel trieben und talmudische Bildung weitergaben, fiel das Toleranzgebot hin, ihnen sollte die Berufsausübung verboten werden. Davon betroffen waren etwa die Studenten jüdischer Lehrhäuser, die Bachurim, die als Hauslehrer durch die Lande zogen. Dem stand auch die orthodoxe Wertschätzung der mündlichen Thora als direkter göttlicher Offenbarung nicht im Wege, aufklärerische jüdische Stimmen wußten es besser. Als weiterer Problembereich kam die Gestalt des jüdischen Gottesdienstes in den Blick, der mittels einer Liturgiereform wie in einzelnen Reformgemeinden dem protestantischen Kultus angenähert werden sollte.[151] Aus einem Brief des Breslauer Rabbiners Günsburg hatte Ewald erfahren, daß auch dort ein deutschsprachiger Gottesdienst zustande gekommen war.[152]

Um in der Vereinheitlichung eines reformierten Bildungsganges voranzukommen, hatte Ernst P. von Sensburg verlangt, Juden müßten die christlichen Elementarschulen besuchen und dürften nicht in besondere jüdische Schulen gehen, ein höheres jüdisches Studium dürfe nur mit Staatsgenehmigung erfolgen, die Rabbiner müßten staatlich ernannt werden und herumziehende Hauslehrer, die »Baachers« (Bachurim) dürften nicht geduldet werden. Ewald war mit all diesen Vorschlägen einer staatlichen Bildungsregulierung mit Ausnahme des ersten einverstanden. Nach wie vor hielt er ein eigenes jüdisches Elementarschulwesen für notwendig, der Besuch christlicher Elementarschulen kam nur als Notbehelf in Frage, was sich pädagogisch begründen ließ. Gerade das Landjudentum hing nach Ewald an einem veräußerlichten Talmudismus in scharfer Abgrenzung von der christlichen Umwelt. Da es eine allgemeine Moralehre für Bauernkinder nicht gab, konnte die Forderung nur lauten, jüdische Trivialschulen nach dem Vorbild guter christlicher zu errichten.[153] Entsprechend wurde ein jüdisches Tivialschullehrerseminar von Ewald gefordert. Nicht einmal der Einwand überzeugte, es gebe schließlich auch kein protestantisches, war doch immerhin schon in den 70er Jahren die Gründung einer Lehrerbildungsanstalt in Rastatt für Katholiken in Angriff genommen und 1809 vollendet worden.[154] Zudem gab es unter den Protestanten noch einzelne gute Pädagogen, die andere unterweisen konnten, während

---

[151] Ewald berichtete, er habe mit einem großen Teil der Kirchensektion einer jüdischen Konfirmation, also einer Bar-Mitzwa-Feier, mit Wolf beigewohnt, welche eine öffentliche Prüfung der Glaubens- und Sittenlehren des Mosaismus beinhaltete. Diese erschien Ewald in ihrer Feierlichkeit und liturgischen Stimmigkeit vorbildlich für die christliche Konfirmation.

[152] Günsburg war 4 Jahre Prediger an der Neuen Deutschen Synagoge in Berlin, in Breslau hatte er 126 Familien um den »neuen Kult« vereinigt, von der Regierung wohlwollend begleitet.

[153] Ein gutes Schulwesen mußte dem Staat schon wegen der Senkung der Kriminalitätsrate wichtig sein; von Frankreich hieß es, die Hälfte der Verbrecher bestünde aus vernachlässigten Kindern. Im schulisch gut versorgten Schottland rechnete man auf 20 000 Einwohner nur einen Verbrecher, in England aber auf 900 einen.

[154] Zum badischen Schulwesen v. 1771–1803 vgl. die ältere Darstellung: Geschichte der Entwicklung des Volksschulwesens im Großherzogtum Baden. Im Auftrag des Badischen Lehrer-Vereins bearb. v. Benedikt Schwarz, Bd. 3: Die badischen Markgrafschaften, Bühl (Baden) 1902, 103 ff.

solche bei den Juden fast ganz fehlten. Die wenigen jüdischen Pädagogen waren eher für das höhere Schulwesen ausgebildet. So blieb nur die Möglichkeit, eine Fachkraft aus einem anderen Land heranzuziehen, bis das Land seine Lehrer selbst stellen konnte. Eine geeignete Person für die Gesamtaufsicht des jüdischen Schulwesens hatte Ewald schon im Blick. Freilich war das Besoldungs- und Anstellungsproblem jüdischer Schullehrer auf staatlicher Seite ebensowenig gelöst wie das der christlichen.

Im Zusammenhang der Lehrerausbildung redete Ewald auch einer Reform der Rabbinerausbildung das Wort. Ewald teilte die Klage Sensburgs, der Mosaismus werde durch den Talmudismus der rabbinischen Gelehrsamkeit überfremdet. Talmudische Gelehrsamkeit und traditionelle jüdische Lebensführung blieben ein Fremdkörper für das Emanzipationsdenken. Gesucht wurde nach einer Möglichkeit der Rückkehr zum »reinen Mosaismus«.[155] Ein Rabbiner hatte nach aufklärerischen Maßstäben ein gründliches Studium der »mosaischen Theologie«, der Hilfswissenschaften, der deutschen Sprache und Literatur abzulegen und sich in der Fähigkeit zur deutschen Predigt auszuweisen. Um die nötigen finanziellen Mittel bereitzustellen, wurde der Vorschlag gemacht, einen in Mannheim bestehenden jüdischen Stiftungsfond zur herkömmlichen Ausbildung von Rabbinern von Staats wegen umzuwidmen, was Ewald möglich schien, da nur die Mittel, nicht aber der Zweck geändert werde. Wenn der Staat schon keine Bedenken gegen die Aufhebung der Klöster erhoben habe, um diese nach den Bedürfnissen der Zeit ihrem wahren Zweck zuzuführen, den die Stifter einst hatten, so sei auch ein solcher Eingriff ohne Verletzung der Gewissensfreiheit möglich. Der Staat müsse der Billigkeit halber aber entsprechende Zuschüsse geben, wie sie auch für die Ausbildung christlicher Lehrer erbracht wurden. Ewald versuchte auch hier angesichts staatlicher Finanznot, die Juden zur Selbsthilfe zu bewegen und appellierte an ihren »spekulativen Kaufmannsgeist«, dem gewiß keine Schwierigkeiten zu groß sein würden, das nötige Geld zur Gründung von ländlichen Trivialschulen, städtischen Bürgerschulen und einem Lehrerseminar aufzutreiben. Im Bereich der jüdischen Erwerbstätigkeit plädierte Ewald für einen Ausbau der eingeschlagenen Wege neueröffneter Berufszweige in Landwirtschaft und Handwerk. Im Argen lagen noch die akademischen Ausbildungsmöglichkeiten. Als Studienfach kam bislang nur Medizin in Frage, wobei gerade dieser Berufszweig keine Aussicht auf sicheres Einkommen bot. Der Ausschluß von Juden aus dem aktiven Staatsdienst (§ 7 der Badischen Verfassung) wurde kritisiert und die Forderung wiederholt, der Staat müsse mehr für die Hebung von Einkommen und Sozialprestige der wissenschaftlich gebildeten jüdischen Ärzte, Philologen und Lehrer tun, um ihnen auch innerhalb des Judentums größeren Einfluß zu sichern.[156]

---

[155] FRAG, 32.
[156] FRAG, 39. Ein Gymnasiallehrer, Arzt oder Rabbiner mußte demnach mit vier- bis fünfhundert Gulden (Florin) jährlichem Einkommen zufrieden sein, ein Kaufmann konnte leicht das Zehnfache verdienen.

Das Problem des gegenüber der Geldaristokratie verhältnismäßig niedrigen Sozialprestiges akademisch Gebildeter, das Sensdorf nicht berücksichtigt hatte, stellte sich für Ewald im Judentum schon deshalb als gravierend dar, weil kein Ausgleich, etwa durch entsprechend angesehene Staatsämter, gegeben war. Im Blick auf die in sog. produktive Gewerbe drängenden Juden war zwar mit Widerstand der neuer Konkurrenz ausgesetzten christlichen Geschäftsleute zu rechnen, doch sollte sich der Staat davon nicht beeindrucken lassen, war doch Stärkung der Konkurrenz in seinem Sinne. Die Hep-Hep-Krawalle hatten in Ewalds Sicht zwar die Gefährlichkeit antijüdischen Ressentiments gezeigt, doch auch deren Irrationalität aufgedeckt. Gerade in Heidelberg, wo der Fanatismus schlimm gewütet hatte, bestanden offenkundig die zur Rechtfertigung angeführten Ursachen wie jüdisches Monopol im Handel mit Ellen- und Gewichtswaren oder die Abhängigkeit armer Staatsdiener von jüdischem Kredit nicht. Im Vergleich zu den gewaltigen Eruptionen früherer Judenverfolgungen erschienen Ewald wie Ludwig Börne die Hep-Hep-Krawalle nur noch wie ein fernes Nachbeben.[157]

Am Ende der Schrift ging Ewald nochmals auf die Frage der Judenmission ein, da die bürgerliche Gleichstellung der Juden dem christlichen Interesse an einer Konversion entgegenzulaufen schien. Er erinnerte an die besten missionarischen Mittel, Toleranz und Gewissensfreiheit, aber auch an die missionarische Bedeutung der Bildung als Unterstützung der Teile des antiorthodoxen Reformjudentums, die sich dem christlich-bürgerlichen Bildungsverständnis anschlossen. Wie an verfolgten Kirchen zu sehen, festigten Zwangsmaßnahmen nur den alten Glauben. Ein Abschied vom traditionell rabbinisch geprägten Judentum mittels staatlich geförderter Bildung war nur allmählich von der Rückkehr zur Legalität des Mosaismus und seiner schließlichen Überwindung in der Moralität des Christentums zu erhoffen, aber als solcher auch gewünscht. Christliche Mission wurde nur im Sinn der Heidenmission bei sog. »Naturmenschen« für sinnvoll gehalten, nicht aber bei Völkern auf einer höheren Kulturstufe, die als gebildet oder, wie die Juden, als »verbildet« galten. Diese Richtung war von Gott selbst gewiesen, indem auch Jesus nicht gegen den Mosaismus, sondern gegen den Pharisäismus angegangen sei.[158] Bei mosaisch gebildeten Juden stieg demnach die Chance der Konversion, bei talmudisch gebildeten nicht.[159] Eine organisierte Judenmission, wie sie im Zusammenhang der Erweckungsbewegung neu gefordert wurde, lehnte Ewald zeitlebens ab. Gleichwohl ging auch die 1822 gegründete Berliner Judenmissionsgesellschaft in ihren Statuten von der Hoffnung aus, Bildungsfortschritte – und das kann hier nur im Sinne der Reform gemeint sein – machten die Juden empfänglicher für das Christentum.[160]

---

[157] Zu Ludwig Börne vgl. kurz Katz, Vorurteil, 153 f.
[158] FRAG, 41 f.
[159] »Ich habe mehrere Beyspiele, daß gebildete Juden Christen wurden; von Talmudisten weiß ich keines.« Ebda., 42.

Auch wenn Ewald seine anfängliche Konsequenz in der Staatsbürgerfrage nicht beibehielt und der Hinhaltetaktik Zugeständnisse machte, so wehrte er sich doch bis zuletzt gegen eine Verschleppung des Problems. Gerade der Bildungsvorbehalt sollte als eigentliche Chance für eine Fortsetzung der Gleichstellungspolitik erkannt werden. Auf die Sympathien jüdischer Reformkräfte konnte Ewald dabei rechnen, schätzten diese doch die Mängel traditionell-jüdischer Bildung ähnlich ein. Zudem distanzierte sich Ewald von jeder direkten Nivellierung der religiösen Unterschiede (»Religionsmengerei«). Eine wichtige Stütze blieb das heilsgeschichtliche Denken, das freilich mehr oder weniger deutlich dem fiktiven Leitbild eines mosaischen Judentums verpflichtet blieb und an sich weder für noch gegen eine rechtliche Gleichstellung der Juden sprach. Als charakteristisch für Ewald kann die Figur der Begründung des staatlichen Bildungs- und Erziehungsauftrags vom heilsgeschichtlichen Bildungs- und Erziehungsmodell her gelten, zu dessen Säkularisierung er damit ohne Absicht beitrug.

Die Hoffnung richtete sich auf eine von der jüdischen Reform selbst besorgte »Aufklärung« des Rabbinisch-Talmudischen unter staatlicher Mithilfe. Das Konzept war in sozialer und religiöser Hinsicht ambivalent. Nicht nur sollte das vom Nothandel lebende Landjudentum aufgelöst, sondern auch das traditionsgebundene, dem staatlichen Bildungsinteresse in der Regel ablehnend gegenüberstehende konservative und orthodoxe Judentum, das gegenüber den wenigen Reformgemeinden immer noch die Mehrheit vertrat, zurückgedrängt und auf Dauer beseitigt werden. Mit Hilfe des Bildungsgedankens wurde der Staat faktisch zur tatkräftigen Mithilfe an der Schwächung des traditionsgebundenen Judentums gerufen, dessen Ideal vom Talmud- und Thoragelehrten mit den neuen Bildungszielen ebensowenig vereinbar war wie die streng traditionsgebundene Lebensführung. Selbst die Messiashoffnung mußte, wenn auch so von Ewald nicht intendiert, unter dem Reformgedanken weiter ins Abseits geraten, war diese doch in den Augen vieler Aufklärer zuletzt durch den Sabbatianismus und seine Ausläufer endgültig diskreditiert worden.[161]

Die einseitige Begünstigung der schmalen Schicht des gebildeten Reformjudentums, mit dessen Hilfe man das jüdische Mittelalter zu beenden hoffte, stärkte zwangsläufig die antiemanzipatorische Einstellung traditionsgebundener Kreise. Insofern blieb das Projekt eines staatlichen Bildungsauftrags gegenüber dem Judentum, wie es Ewald vertrat, vorerst zwanghaft und illusionär.

---

[160] Vgl. Gesetz-Sammlung für die Königlichen Preußischen Staaten, Berlin 1823, Nr. 804, 117–128 (Statuten der Gesellschaft zur Beförderung des Christenthums unter den Juden, nebst den Statuten von 1822).
[161] Zu Jung-Stillings Verbindung mit dem Führer der sabbatianischen Sekte der Frankisten, Jakob Frank ben Jehuda Löw (1726–1791), der mit seiner Anhängerschaft zum Christentum übertrat, vgl. den skeptischen Lavater im Brief an Meta Post, 28. Oktober 1797, Brief 55, ebenso Meta Post an Lavater, 8. Oktober 1797, Brief 51.

Erst in den dreißiger Jahren sollte im Zeichen einer neuen jüdischen Orthodoxie, wie sie der bekannte Rabbiner Samson Raphael Hirsch (1808–1888) vertrat, die Haltung offener werden, indem die Emanzipationsforderung grundsätzlich bejaht und Brücken zum neueren Humanitäts- und Bildungsbewußtsein geschlagen wurden.[162] Die unter dem Vorzeichen des Pädagogischen entworfene Heilsgeschichte bewahrte Ewald politisch nicht vor dem typisch liberalen Zwiespalt zwischen grundsätzlicher Bejahung der jüdischen Staatsbürgerschaft und deren faktischer Behinderung durch ein mehr oder weniger streng formuliertes staatliches Bildungsdiktat. An einer konsequenten Liberalität im Sinne Christian Wilhelm von Dohms vermochte die aufklärerisch-etatistische Emanzipationskonzeption nicht festzuhalten.[163] Durchsetzen sollten sich vor 1848 die liberal-konservativen Kompromisse, zu denen auch Ewald neigte. Der Gang der Emanzipation wurde dadurch merklich belastet. Die von Rühs, Fries und Teilen der frühen Burschenschaft verfochtene rigide Ausgrenzungsstrategie mittelalterlicher Prägung scheiterte jedoch – wenigstens für das 19. Jahrhundert – völlig.[164]

Aufs Ganze gesehen verbinden sich in Ewalds Sicht von Judentum und Judenemanzipation spannungsreiche Momente, die meist in getrennten Zusammenhängen auftauchen. Grundlegend ist die in pietistischen Kreisen schon früh ausgeprägte theologische Überzeugung, daß dem Judentum eine heilsgeschichtliche Sonderrolle in der Endzeit zukomme und dessen Fremdheit daher prinzipiell zu ertragen sei. Dies beförderte die Bereitschaft zur Vorurteilskritik und, wie schon im radikalen Pietismus, den bewußten Verzicht auf judenmissionarische Bemühungen. Hinzu tritt die chiliastisch wie humanistisch inspirierte Hoffnung, daß sich die Gegensätze unter staatlicher Bildungshoheit immer mehr relativierten und schließlich im Zuge der allgemeinen Menschheitsentwicklung auflösten. Diese wird aber nicht rein immanent gefaßt, sondern als heilsgeschichtliches Drama, bei dem Gott und Mensch in der Bildungsaufgabe analog zusammenwirken, bis Gott selbst die endzeitliche Einung der Menschheit im universalen Christusglauben herbeiführen wird. So verbanden sich politische Liberalität und biblisch-heilsgeschichtliche Erwartung, doch zu einer theologisch verantworteten Synthese, die wirkmächtig hätte werden können, kam es nirgends. Dies gehört zu den

---

[162] Vgl. Mordechai Breuer, Das Bild der Aufklärung bei der deutsch-jüdischen Orthodoxie, in: Gründer, Rotenstreich (Hrsg.), Aufklärung und Haskala in jüdischer und nichtjüdischer Sicht, 131–142.
[163] Vgl. die Positionen der Emanzipationsdiskussion in Bayern 1819 im Vorfeld der in Würzburg am 2. August beginnenden Hep-Hep-Krawalle; Ewalds Haltung glich der des Würzburger Staatsrechtlers Wilhelm Josef Behr (1775–1851, 1821 Bürgermeister von Würzburg), der die prinzipielle Gleichstellung bejahte, aber zuvor innerjüdische Reformen forderte; den massivsten Widerstand zog die Forderung nach bedingungsloser sofortiger Gleichstellung nach sich, die Dohms Grundsatz aufnahm; Katz, Vorurteil, 100 ff.
[164] Vgl. kurz Nipperdey, Deutsche Geschichte, 250 f.

versäumten Chancen des pietistischen Erbes. Vorherrschend für die offizielle Stellung der Kirche zum Judentum wurde jene politische und theologische Unentschlossenheit, welche bis in die Katastrophe unseres Jahrhunderts hinein so verhängnisvoll gewirkt hat.

12 Die Entfaltung der »apostolischen Christusreligion«: Spätaufklärungspietistische Frömmigkeitstheologie

12.1 Geistliche Betrachtungen und Lehrpredigten

Zu den frühen Erbauungsschriften Ewalds gehören die 1785 erschienenen Betrachtungen zu Passion und Auferstehung Jesu nach dem Johannesevangelium (Kap. 17–21).[1] Gedacht ist an ein gebildetes Publikum, dem zur gläubigen Aneignung der Geschichte Jesu und seiner Person auf dem Weg teilnehmender Empfindung des Menschlichen geholfen und in zuweilen markanter empfindsamer Stilisierung die Bedeutung der Leidensnachfolge und der Veränlichung mit Christus in der mystischen Christusgemeinschaft nahegebracht werden soll.[2] Anfragen historischer Kritik blieben unberücksichtigt, so daß in der Tradition der Evangelienharmonie eine Übersicht zum Gang der Leidensgeschichte nach den vier Evangelien vorangeschickt werden konnte.[3] Zentrales Anliegen war die Proklamation des »reinen Menschseins« Jesu in antineologischer und antiorthodoxer Akzentuierung, wie sie im frühen Gespräch mit Ph. M. Hahn und J. K. Lavater eingeübt worden war.[4] Kreuz und Auferstehung werden unter Aufnahme des Leitgedankens von der himmlischen Menschheit als Spitzenereignisse im Leben Jesu vorgestellt. Zu den charakteristischen Akzentsetzungen gehört, daß das Ecce homo nicht in erster Linie auf das gottmenschliche Paradox, sondern auf die Epiphanie des wahren Menschen und präexistenten Weltenherrn im Geschundenen verweist.[5] An die Stelle der

---

[1] Ewald, Leiden, Tod und Auferstehung unseres Herrn von ihrer menschlichsten Seite betrachtet; nach der Erzählung seines Freunds und Schülers Johannes. Ein Erbauungsbuch für fülende Christusverehrer, Lemgo 1785 (= LTA; vgl. Steiger, Bibliogr. 13–13b). Der ersten und zweiten einführenden Betrachtung liegen Hebr 12,2 und 4,15 zugrunde. Zur Erbauungsliteratur s. insg. die Artikel von Rudolf Mohr, in: TRE 10 (1982), 51–80 (III. Reformation und Neuzeit) sowie von Ute Mennecke-Haustein, in: EKL 1 (3. Aufl. 1986), 1058–1065.

[2] Ebda., Vorr. Die Schlüsselszene boten die Frauen unter dem Kreuz, die in wahrer Empfindsamkeit dem Anblick des Leidens nicht nur standhielten, sondern sich sogar daran sättigten, bereit, den letzten Tropfen der Schmerzen des Erlösers »auszuschlurfen«. Ewald fand psychologisch Analoges bei Menschen in schrecklichen Lebenslagen, die sich – nach seinen Worten – in die Feuerhölle stürzten, um sich (vom Schmerz) verzehren zu lassen, ebda., 209, vgl. 124, 283 ff.

[3] Ebda., 1–18, vgl. Zusatz am Ende, 361 f.

[4] Den christologischen Grundanschauungen entsprach, Jesu Wundertaten auf seine Glaubenskraft und nicht auf göttliche Eigenschaften zurückzuführen; das Außerordentliche sollte als ein in Wahrheit ganz und gar unspektakuläres Helfen verstanden werden, das Jesus als Glaubendem so nahe gelegen habe wie das Atmen. LTA, 21, mit Zusatz am Ende (362); vgl. 66 ff.; zur Wunderfrage ebda., 74 f., 350 f.

[5] Ebda., 197 ff.; 165 ff.

orthodoxen Rede von der Gottheit Jesu tritt die vom immer neuen Aufstrahlen des Göttlichen im Menschen Jesus auf dem Weg seiner irdischen Vervollkommnung, so besonders eindrücklich in Jesu Worten am Kreuz nach Ps 22, die Ewald in der Übersetzung Moses Mendelssohns darbot.[6] Hinsichtlich der Versöhnungslehre, die ihn in ihrer klassischen Gestalt zeitlebens unbefriedigt ließ, gestand Ewald sein mangelhaftes Verständnis der realen physisch-psychischen Vorgänge, die zur Sündenvergebung und zur Vermittlung neuer Lebenskraft führten. Jesu Tod wird vorgestellt als höchster Erweis der Willenlosigkeit und des hingebenden Gehorsams gegenüber Gott (Phil 2,8), als letzte schwere, aber notwendige Läuterungsperiode vom Fleisch zum Geist.[7]

Verschiedentlich kommen neben Beobachtungen zur Erzählstruktur auch soziale und pädagogische Aspekte zum Tragen. So werden anhand der Gestalt des Pilatus Beamte und Richter zu möglichst humanem Umgang mit Delinquenten und ihren Angehörigen ermahnt, Eltern und Lehrer angesichts des schmählichen Verhörs Jesu vor Kaiphas daran erinnert, Kinder ohne Prügelstrafe in Würde zu erziehen und ihnen die Achtung vor den natürlichen Menschenrechten nahezubringen.[8] In einer abschließende Betrachtung zum Zweck des Johannesevangeliums faßte Ewald sein Offenbarungs- und Glaubensverständnis zusammen.[9]

1787 begann Ewald mit der Veröffentlichung einer längeren Reihe von zum Teil an den Festzeiten des Kirchenjahrs orientierten Lehrpredigten für »ungelehrte, aber lichtdurstige Christus- und Bibelverehrer« der sog. mittleren Stände.[10] Als insgesamt charakteristisch kann das Bemühen um strikten Bibelbezug und »Anknüpfung« der biblischen Lehren an elementare menschliche Empfindungen und religiöse Bedürfnisse gelten – das eigene Herz wird mit Jesu Hilfe zum Sakrament göttlicher Liebe –, wobei dem Gefühl der (schlechthinnigen) Abhängigkeit von Gott wie bei Schleiermacher eine fundamentale Bedeutung zukommt. Auf einige Lehrpredigten sei hier eigens hingewiesen. Die Betrachtung des Vaterunser als Inbegriff des christlichen Gebets und in der Passionszeit gehaltene Ansprachen zur Versöhnungslehre bildeten den Eingang, 1788 folgten Auslegungen zu Figuren der Passionsgeschichte und zum Glaubensverständnis.[11]

---

[6] Diese Vorstellung galt noch für das Jüngste Gericht, wo Jesus gerade als Mensch und Bruder sein Herrsein erweisen sollte, nicht aber umgekehrt. LTA, 328 ff., 204 ff.

[7] Vgl. Lk 12,49 f., Joh 17,5, LTA, 232 ff.

[8] Ebda., 114 ff., vgl. 118, 122 ff., 126, 154. Das Zerschlagen der Beine verglich Ewald mit dem verschärften Rädern »von unten«, ebda. 242.

[9] Ebda., 346 ff., nach Joh 20,30 f. u. 21,25.

[10] Ewald, Predigten über die wichtigste[n] [H. 7–12: wesentlichsten] und eigenthümlichste[n] Lehren des Christenthums, H. 1–12, Lemgo 1787–1809 (= PüL). Zu den einzelnen Heften s. die folgenden Anmerkungen und Steiger, Bibliogr. 26 (H. 1), 27 (H. 2), 28–28b (H. 3), 29 (H. 4), 55 (H. 5), 66 (H. 6), 69 (H. 7), 134 (H. 8), 293 (H. 9), 294 (H. 10), 185 (H. 11), 56 (H. 12); Heftnummer und Erscheinungsjahr sind in ihrer Folge nicht stimmig.

[11] Ewald, Der Geist des Christlichen Gebäts, oder Predigten über das Gebät unsers Herrn (PüL H. 1), Lemgo 1787; ders., Über die großen Zwecke des Todes Jesu (PüL H. 2), Lemgo 1787 (Predigten in der Passionszeit wie das f. H.); ders., Über die verschiedenen Gesinnungen gegen

Die Predigtreihe über den Glauben eröffnet eine typische Reihe von Zeugen, an denen sich Ewalds Verständnis des Verhältnisses von Glauben und Wissen und der Notwendigkeit einer positiven Offenbarung exemplarisch zeigt: Abschnitten aus dem Dialog des Sokrates mit Alkibiades nach Plato folgen Worte aus Kants erster Kritik von den Grenzen der Erfahrung und Wizenmanns *Resultaten* zur offenbarungsbedürftigen Menschheit, gekrönt von Joh 1,18 und Mt 11,27.[12] Vom Glaubenden gilt, daß er im Bewußtsein seiner Christuszugehörigkeit im »Selbstempfinden« direkter Zeuge des Himmlischen ist und nicht von den Ergebnissen aufklärerisch-abstrakten Selbstdenkens abhängt.[13] Die weiteren Lehrpredigten wenden sich schöpfungstheologischen, christologischen, pneumatologischen und eschatologischen Themen zu.[14]

Zwei auf der Ebene spätaufklärerisch-pietistischer Frömmigkeitstheologie angesiedelte Schriften mit biblischen Betrachtungen aus den Jahren 1791 und 1794 bieten dogmatische bzw. ethische Grundorientierung im Sinne der Ewaldschen biblischen Dogmatik bzw. Ethik in nuce. Zur ersten Schrift wurde Ewald durch einen Predigtband Georg Joachim Zollikofers angeregt, dessen Drängen auf vernünftige Klarheit und Bestimmtheit religiöser Erkenntnis mit ihrer skeptischen Wendung gegen das Gewicht unmittelbarer religiöser Erfahrung aus der Sicht einer affektiv-empfindsamen Christusfrömmigkeit ergänzungs- bzw. korrekturbedürftig erschien.[15] Vor allem der orthodoxen Ver-

---

Jesus. Sieben Predigten (PüL H. 3), Lemgo 1788; ders., Ueber die Natur und den hohen Werth des Glaubens. Sechs Predigten [= PüL H. 4), Lemgo 1788.

[12] PüL H. 4, 5–10; Plato, Der zweite Alkibiades, oder vom Gebet, übers. v. Stolberg, wieder in RL, 84 f. (neben Zitaten von Ossian und Cicero, De natura deorum), u. RL II, 80 ff. nach Heß, Lehre, Thaten und Schiksale unsers Herrn, 2. Aufl., 326 f. Zu Ossian vgl. Jung-Stilling, der sich an einer metrischen Übers. versuchte, Urania, 2.1794, 341 ff.; Kant, KrV, Vorr. zur zweiten Aufl., Werke 2, 33 (»Ich mußte das Wissen aufheben, um zum Glauben Platz zu bekommen [...])«; ebda., 559 f.; Wizenmann, Resultate, 190 f., vgl. ebda., 54 f., 233 ff.; Wizenmann wurde nur mit »W.« angegeben.

[13] Vgl. PüL H 4, 40 f. (Anm.).

[14] Ewald, Jesus der Mensch und für die Menschen. Sechs Predigten (PüL H. 5), Lemgo 1790; ders., Ueber Geist Geistesempfänglichkeit und Geisteswirkung. Sieben Predigten (PüL H. 6), Lemgo 1791; ders., Ueber Weißagungen und Wunder im Neuen Testamente. Sieben Predigten (PüL H. 7), Lemgo 1792 (die Predigten fanden in der Adventszeit statt); ders., Leitungen zum Christenthum. Sieben Predigten (PüL H. 8.), Lemgo 1796 (ebenfalls in der Adventszeit gehalten); ders., Schöpfung der Erde und des Menschen. Fünf Predigten (PüL H. 9), Lemgo 1809; ders., Der Erste Ungehorsam des Menschen, mit seinen Folgen. Sieben Predigten (PüL H. 10), Lemgo 1809; ders., Ueber Auferstehung der Todten und letztes Gericht. Sechs Predigten (= PüL H. 11), Lemgo 1800; ders., Ueber die Erwartungen der Christen in jener Welt. Sechs Predigten (PüL H. 12), Lemgo 1790.

[15] Ewald, Ueber den Mißbrauch reiner Bibellehren. Ein Lesebuch für Christusverehrer, nach den Bedürfnissen unserer Zeit, Hannover u. Osnabrück 1791 (= ÜML; Steiger, Bibliogr. 64, 64a). Georg Joachim Zollikofer, Warnung vor einigen herrschenden Fehlern unsers Zeitalters, wie auch vor dem Mißbrauche der reinern Religionserkenntniß, in Predigten, Leipzig 1788. Johann Georg Rosenmüller lobte Zollikofers Predigtband uneingeschränkt als aktuell; für die Vergangenheit wies er auf ähnliche Bemühungen im Kampf um ein Ernstnehmen des christlichen Heiligungsstrebens, wobei Spener ebenso erwähnt wurde wie Tellers *Wörterbuch,* Rosenmüller, Ausführlichere Anleitung [...], § 41.

kündigung des sola fide wurde wie von neologischer Seite der Vorwurf gemacht, zur Schwächung des praktischen Christentums beigetragen zu haben.[16] Ewald erklärte es als den Vorzug der »Pietistenlehre« und der »Herrnhuterlehre«, daß erstere – wo sie die Notwendigkeit einer besonderen Bußpraxis betonte – recht ins Gesetz und die andere recht ins Evangelium führe und sich keine mit falschen Ermäßigungen zufrieden gebe.[17]

Als besonders umstrittenes Thema kam auch die pneumatologische Frage des erhörlichen Gebets zur Sprache. Der Wortlaut der biblischen Verheißung ging nach Ewalds Überzeugung weit über das hinaus, was schultheologisch als Resignation in Gottes Willen anerkannt war (vgl. Mt 21,22). In dieser Frage sollte es in der Bremer Zeit eine aufschlußreiche Auseinandersetzung mit dem an Ewalds Berufung nach Baden mitbeteiligten Friedrich Brauer geben, die in der *Christlichen Monatschrift* von 1802 dokumentiert ist und Ewalds pneumatisch-pneumatologische Interessen deutlich erkennen läßt.[18] Zunächst legte Brauer in der ihm eigenen gedanklichen Klarheit und theologischen Weitsicht seine Auffassung dar, die biblisch erleuchtete Vernunft könne im Blick auf äußere Güter nur ein in den Willen Gottes ergebenes Beten und einen Glauben an allgemeine Erhörung zum eigenen Besten als geboten erkennen, da ein Zusammenhang von Gebet als Ursache und Erhörung als Wirkung konkret nicht feststellbar sei. Alles andere verwies er in den Zusammenhang der außerordentlichen Geistbegabung der ersten Christen. Das Heilungsgebet Jak 5,14 f. ließ sich nach Brauer nicht eindeutig auf eine leibliche Erkrankung beziehen, sondern konnte ebensogut eine geistliche Schwermut meinen. Wie die Erfahrung zeige, wirke sich die Lehre von positiven Gebetserhörungen besonders bei Leidenden, die ohne Hilfe blieben, negativ aus, da ihre Glaubensgewißheit ins Wanken komme. Dagegen stürze das resignierte Gebet niemals in die Sorge um den eigenen Gnadenstand. Erst recht bedenklich schien Brauer der Glaube an eine direkt auf Dritte wirksame Fürbitte. Ewald beharrte dagegen auf die den Jüngern aller Zeiten gegebene Vollmacht zum erhörlichen Gebet im Namen Jesu, Jak 5,14 belege auch für die Gegenwart die Notwendigkeit eines Miteinanders von erhörlichem Gebet und me-

---

[16] ÜML (Vorr.), IIIff.; vgl. Steinbart, Glückseligkeitslehre, § 77, 189 ff., ebenso MCDM 1.1796, 230 ff.

[17] ÜML, erste Betrachtung, 1 ff.

[18] Brauer, Ueber die Verheißungen von positiven Gebetserhörungen [...], in: ChrM 1802.1, 25–43, 95–107, mit Ewalds Antwort, ebda., 178–195. Brauer titulierte Ewald zum Zeitpunkt des Schreibens am 28. April 1801 als »innigstgeliebten« Freund, andere Wendungen weisen auf eine länger bestehende Bekanntschaft, die Schlußformel war versöhnlich: »Leben Sie wohl, und lassen Sie uns bis zum Grabe in Liebe zu unserem Herrn und in Liebe unter einander vereint bleiben.«, ebda., 107. Ewald hatte zum Einsenden von Beispielen für offenkundige Gebetserhörungen aufgefordert, seine Antwort war ebenfalls freundschaftlich. Zum Thema vgl. auch ChrM 1804.1, 133 (Bekräftigung der Ansicht Zinzendorfs, das inbrünstige Gebet eines Unbekehrten könne gewisser erhört werden als das eines Gläubigen).

dizinischem Heilungsauftrag. Freilich blieb unbestritten, daß das erhörliche Gebet nicht jedem möglich und nicht mit jeder Situation verträglich sei.[19]

Die Betrachtungen der Schrift über den Mißbrauch der Bibellehren galten zunächst den Themen Schöpfung und Fall, Umkehr und Sündenvergebung.[20] Für das Sündenverständnis charakteristisch ist die Verbindung von Allgemeinheit der Neigung zur Sünde bei gleichzeitiger Differenzierung nach Graden der Moralität, was eine größere oder geringere Nähe zum Reich Gottes begründete (vgl. Mk 12,34).[21] Der theologische Glaubensbegriff wird auch hier von der allgemeinreligiösen Anlage des Menschen und der Notwendigkeit einer entsprechenden Bildung her plausibel gemacht. Was als aktuelle Kraft des Glaubens thematisiert wurde, bezog sich auf die apostolische Vollmacht im Geist nach Röm 15,18 f., die nach Ewald in der traditionellen Pneumatologie keinen angemessenen Platz fand. Dabei drohte einerseits das schwärmerische Mißverständnis, der Geistbesitz erübrige die ständig neue Bitte um den Geist, andererseits das naturalistische Mißverständnis, die Gabe des göttlichen Geistes sei schon mit der kreatürlichen Geistigkeit und den Mitteln, sie zu fördern, gegeben. Demgegenüber wurde an ihrem übernatürlichen, d. h. aus der Kreatürlichkeit nicht ableitbaren Charakter festgehalten, da dieser die Rede von einer Wiedergeburt des Menschen erst sinnvoll mache. Dem Wiedergeborenen war sie in Gestalt der Bitte stetige Aufgabe, um sich Christus im Stillen zu verähnlichen. In ihrer elementaren Notwendigkeit entsprach die Bitte um den Geist der Vaterunserbitte um das tägliche Brot, ein klarer Hinweis auf das Gewicht des Pneumatisch-Pneumatologischen bei Ewald.[22]

Weitere Betrachtungen haben die christliche Freiheit und die Sakramente zum Thema. Die göttliche Erziehungsgeschichte war wie die des Heranwachsenden Freiheitsgeschichte als Entfaltung der in der Gottebenbildlichkeit an-

---

[19] Als klassische Stelle von der Kraft des Glaubens galt Hebr 11, auch Luthers Wort vom frischen Wagnis des Glaubens, der nur auf die Verheißung und nicht auf die Umstände sehe, deutete Ewald in seinem Sinne; ChrM 1802.1, 192 ff.

[20] Zweite Betrachtung, zu Schöpfung und Gottebenbildlichkeit nach I Joh 3,1–3, ÜML 15 ff.; dritte Betrachtung, zum Sündenfall nach Röm 7,22 ff., ebda., 30 ff.; vierte Betrachtung, zu Umkehr und Buße nach Lk 3,8–14, ebda., 47 ff., fünfte Betrachtung, zur Sündenvergebung nach Gal 2,16 f., ebda., 63 ff. Wie auch sonst bevorzugte Ewald statt Buße oder Bekehrung den Ausdruck Reue oder Sinnesänderung, um irrige Vorstellungen vom Bußernst abzuwehren; statt von Rechtfertigung war in typischer Abwendung von der traditionellen Begriffsorthodoxie von der Wiederherstellung des Menschen die Rede.

[21] Eine weitere Betrachtung galt dem Glaubensverständnis, über das – wie auch über andere klassische Themen – schon eine Predigtreihe veröffentlicht worden war, s. die Lehrpredigten PüL; sechste Betrachtung, ÜML 77 ff., nach Joh 6,25–27, Lk 23,8 f., 9,54 ff.; speziell zum Christusglauben die siebte Betrachtung nach Mt 7,21–23, ebda., 91 ff., vgl. PüL H. 4.

[22] ÜML, 105 ff., achte Betrachtung, nach Lk 19,26, neunte Betrachtung, nach Eph 6,11 f. u. I Petr 5,8 f. Auch die Frage des Satans wurde verhandelt; gegen die Ermäßigungen moderner Auslegung der Versuchungsgeschichte, welche die Gestalt des Satans als verkleideten Pharisäer oder psychische Störung plausibel zu machen suchten, rief Ewald – hierin durchaus im Duktus reformatorisch-orthodoxer Theologie – die Dimension des Kampfes Jesu gegen die Macht der Sünde und des Todes in Erinnerung.

gelegten Bestimmung des Menschen, sich selbst Gesetzgeber und Gesetz zu sein, d. h. in Freiheit das Gute zu tun, allein von Gottes Liebe und Geist bewegt. So sollten auch Gebet, Bibellese und Abendmahlsempfang trotz der gelegentlichen Notwendigkeit innerer Überwindung nicht eigentlich als Pflicht, sondern als »Genuß« einer freudig bejahten, weil Freiheit begründenden Abhängigkeit von Gott, also als Ausdruck der Gottesliebe, betrachtet werden. Gegen das libertinistische Mißverständnis wurde festgehalten, daß christliche Freiheit wie die Freiheit bei Kant darin bestehe, zu wollen, was man solle.[23] In der Abendmahlsfrage betonte Ewald den Gemeinschaftscharakter des Mahles, das den Charakter der reinen Gabe und der leiblich vermittelten Verheißung trug. Wie absurd jeglicher innerprotestantische und protestantisch-katholische Streit um das Abendmahl Ewald erschien, zeigen seine Vergleiche: Es sei, wie wenn beim Abschied eines Freundes um die Herkunft des Weines gestritten oder bei einer Passionsmusik über die Machart der Orgel spekuliert würde. Gegen die Veräußerlichung des Abendmahlsgangs empfahl er die vorausgehende Meditation der Einsetzungsworte.[24]

1794 erschien auf Wunsch zahlreicher Leser und des Verlegers eine Fortsetzung dieser Schrift mit Schwerpunkt auf der Ethik.[25] Sie vertieft schon angesprochene Themen, so die Frage von Glaube, Gebet und Gottesdienst, nach ihrer ethischen Seite hin und stellt Betrachtungen zum weiteren Kreis der christlichen Tugenden wie Demut, Sparsamkeit, Selbstprüfung und dem Fassen von guten Vorsätzen an.[26] Die erste der sechzehn Betrachtungen – die vorangestellten Bibelstellen sind meist der Zürcher Übersetzung von 1782 entnommen – verdeutlicht Ewalds theologischen Aufklärungsbegriff nach dem Selbstzeugnis Jesu, das Licht der Welt zu sein (Joh 8,12).[27] Über die

---

[23] Zur Verwirklichung dieser Freiheit in Rücksicht auf die eigenen und fremden Schwachheiten, die keine sog. »unschuldigen Freuden« des Lebens als Adiaphora zulasse, vgl. ebenfalls die zehnte Betrachtung, nach Gal 5,13 f.18, ebda., 144 ff.

[24] Ebda., 159 ff., elfte Betrachtung, nach I Kor 11,20 ff. Die abschließende zwölfte Betrachtung (nach Mt 7,24–27) galt dem allgemeinen Mißbrauch der Bibellehren; Ewald betonte nochmals den Zusammenhang von Empfindung und Glaube (erfahrene Liebe), geistlichem Wachstum und guter Tat (erwiesene Liebe).

[25] Ewald, Ueber den Mißbrauch der wichtigsten Bibelvorschriften. Eine Forts. der Schrift: Ueber den Mißbrauch reiner Bibellehren, Hannover u. Osnabrück 1794 (= ÜMV; Steiger, Bibliogr. 115), Vorr. vom Dezember 1793.

[26] Die dritte Betrachtung widmete sich z. B. der Differenz von bürgerlicher Rechtschaffenheit und christlichem Glauben anhand von Lk 1,11–16, ÜMV, 42 f.; die vierte nach Joh 4,19–24 dem Gottesdienst, ebda., 59 ff., die fünfte nach Jak 5,16 dem Gebet, ebda., 79 ff., die sechste dem Glauben als Gottvertrauen (nach Jer 17,5 ff.), ebda. 95 ff., die siebte nach I Kor 13 der menschlichen Liebe, ebda., 112 ff., die achte nach Lk 3,10 f. der christlichen Wohltätigkeit, ebda., 131 ff., die neunte nach dem Philipperhymnus der christlichen Demut, weitere der Friedfertigkeit, der Sanftmut, der Dienstfertigkeit, der Enthaltsamkeit und der Sparsamkeit. Die fünfzehnte Betrachtung nach II Kor 13,5 galt der Selbstprüfung, ebda., 246 ff., die letzte nach Ex 24,3 ff. dem Vorsatz, ebda., 261 ff.

[27] Ebda., 1 ff., erste Betrachtung, nach Joh 8,12. Vgl. ebda, 60, wo Jesus die samaritanische Frau »aufklärte«, Joh 4,21 ff.

religiöse Empfindung als Oberbegriff von Glaube und Liebe sprach Ewald anhand des paulinischen Wortes von dem durch die Liebe tätigen Glauben Gal 5,6. Das Interesse galt der Unterscheidung von Liebe als Gefühl und Liebe als konkretem Liebeserweis. Für Glaube und Liebe zusammen wird – ganz unreformatorisch – ein affektiver Gefühlswert veranschlagt, welcher der Tat der Nächstenliebe vorausliegt. Auch der Glaube hat Teil am Gefühl als religiösem Ureindruck und ist nicht nur – wie auch strenger traditionsbewußte Theologen unterschiedlicher Prägung zuzugestehen bereit waren – von Gefühlen begleitet.[28] Als Kriterien der Echtheit religiöser Empfindung in Glaube und Liebe nennt Ewald neben der Fruchtbarkeit für Erkenntnis und Tat denn auch die für die mystische Erfahrung zentralen Kategorien von Passivität und Schweigen, ohne daran eine Methodik zu knüpfen.[29]

12.2 Pragmatische Biographie: Leben Davids und Salomos

Zu zwei markanten alttestamentlichen Figuren verfaßte Ewald ausführlichere Charakterstudien pragmatisch-asketischen Zuschnitts, zu David und Salomo. Von J. J. Heß waren 1788 und 1789 zwei Bände zur Geschichte beider erschienen, Kleukers Kommentar zu den Salomonischen Schriften und A. H. Niemeyers schon von Herder empfohlene *Charakteristik der Bibel*, eine als Charakterkunde angelegte textbezogene Fortführung der Lavaterschen Physiognomik, boten weitere Anregungen.[30] Wie er im Dezember 1795 an Lavater schrieb, war er mit keiner seiner Schriften weniger zufrieden gewesen als mit seiner Lebensbeschreibung Davids und hatte doch recht ermunternde Reaktionen erhalten, so daß 1796 der zweite Band erschien.[31] Auch Lavater äußerte sich wie Meta Post erfreut über den ersten Band. Er fand seine Einschätzung von Ewald als eines wichtigen Darstellers der »alten evangelischen Wahrheiten« bestätigt, freilich mit dem für sein Endzeitbewußtsein charakteristischen Vorbehalt, noch sei die Zeit der wahren Zeugenschaft nicht gekom-

---

[28] Bei G. Chr. Storr heißt es z. B. prägnant: »[...] ein *ächter* Glaube muß *von Gefühlen begleitet seyn*, [...] die dem Inhalt der Wahrheit, von der wir überzeugt sind, entsprechen«, Lehrbuch der Christlichen Dogmatik, 1803, § 119, 764 f.
[29] Ein herausragendes Beispiel für die Schule geistlicher Diskretion bot das 14-jährige Schweigen des Apostels Paulus vor dem Antritt seines Apostolats.
[30] Ewald, David, 2 Bde., Leipzig u. Gera 1795–1796, Steiger, Bibliogr. 117–117b; Heß (o. Vf.) Geschichte Davids und Salomos. Von dem Vf. der Geschichte Jesu, 2 Bde., Tübingen 1788–1789. Niemeyer, Charakteristick der Bibel, 5 Bde., Prag 1786 u. ö., zum Programm, das mehr als einen die Zeit bestimmenden »psychologischen Pragmatismus« signalisierte, vgl. Bd. 1, 1 ff., Ackva, 139 f. Kleuker, Salomo's Schriften. Erster Theil welcher den Prediger enthält, Leipzig 1777; ders., Salomonische Denkwürdigkeiten. Als Anhang das Buch der Weisheit übersezt und durch Anmerkungen erläutert, Riga 1785.
[31] Ewald an Lavater, 12. Dezember 1795, Brief 43. Ewald, David, 2 Bde., Leipzig u. Gera, 1795–1796.

men.³² Die Rezension des ersten Bandes in den Rintelnschen *Annalen* begrüßte das religiöse Anliegen Ewalds ebenfalls, sah aber die Durchführung zu stark dem Panegyrischen verhaftet. So wurde etwa – ganz im Sinn der traditionell-aufklärerischen Tugendkritik am Alten Testament – ein deutlicher Tadel von Davids moralischen Gebrechen in der Bathseba-Geschichte vermißt.³³

Als psychologisch-biographische Darstellung folgte im Jahr 1800 die Schrift über Salomo.³⁴ Das als Beitrag zur empirischen Psychologie und Morallehre vorgestellte Werk hatte kein anderes Interesse als Lavaters Physiognomik: Die Erweiterung der Menschenkenntnis im Rahmen der geschichtlichen Gestaltwerdung des Göttlichen in Entschluß und Tat des einzelnen, wie sie sich in der göttlichen Heilsgeschichte exemplarisch beobachten und in eine neue Selbsterfahrung initiierende Beschreibung des Wechselspiels von innerer und äußerer Entwicklung bringen ließ. Dies ergab ein Ineinander von historischer Darstellung, Analogiesetzungen zur eigenen Gegenwart und psychologischer Rekonstruktion von Denk- und Handlungsspielräumen, das in die Nähe des historischen Bildungsromans führt.

Bei Salomo legte schon die elitäre höfische Erziehung, ein Raub der Kindheit, nach Ewalds Deutung den Grund für die künftigen Extreme in seiner seelischen Entwicklung, welche sich in den im Hohelied festgehaltenen überschwenglichen Liebesphantasien der Jugend und in dem Lebensüberdruß atmenden Alterswerk des Predigers (Kohelet) niederschlugen.³⁵ Generelle Zweifel an der Verfasserschaft Salomos für die beiden biblischen Bücher, wie sie der Göttinger Johann Gottfried Eichhorn (1752–1827) vorgebracht hatte, ließ Ewald nicht gelten, auch wenn Zugeständnisse an die sich etablierende historische Kritik unvermeidlich waren.³⁶ Das Hohelied stand für den Urtypus der Liebe zwischen den Geschlechtern, das Landmädchen aus niederem Stand verkörperte in Aufnahme von kulturkritischer Landidyllik die unbefleckte

---

³² Meta Post an Lavater, 27. September 1795, Schulz, Brief 22; Lavater an Meta Post, 3. Dezember 1795, Schulz, Brief 26.

³³ ANTL 7.1795, 593–596, auf die Rezensionen in Eichhorns ABBL und in der ALZ 1798 ging Ewald im *Salomo* ein. Zur hohen Bedeutung der Davidsgestalt für den neutestamentlichen Messiasglauben gegen sittliche Bedenken vgl. schon Wizenmann: »[...] er bleibt doch [trotz moralischer Schandflecken] der leuchtende Mond in der Nacht des alten und göttlichen Bundes; das Symbol der Sonne der Gerechtigkeit und des Hirten der Völker, in seinem Wandel und in seiner Führung«, Geschichte Jesu, 38 f.

³⁴ Ewald, Salomo. Versuch einer psychologisch-biographischen Darstellung, Leipzig u. Gera 1800. Vorr. vom November 1799 (= SAL; Steiger, Bibliogr. 187, 187a). Vgl. die Ankündigung des Erscheinens der Schrift im Brief Ewalds an Lavater vom 26. April 1800. Zur Beschäftigung mit der Salomogestalt vgl. schon Klopstocks Trauerspiel *Salomo* von 1771 u. Lavater, Salomo, Winterthur 1785.

³⁵ Zur Erziehung vgl. SAL, 27 ff. Anders als Heß vermutete er keine strenge Erziehung Salomos.

³⁶ Besondes bei Zahlenangaben wurden Schreibfehler zugestanden, SAL, 79, 141; der Schlußexkurs begnügte sich damit, die *Möglichkeit* einer Verfasserschaft Salomos für Koh festzuhalten, was für Ewalds Zwecke genügte. Zur Intensivierung des Eindrucks wurden Übersetzungen verglichen, so die von Herder, Mendelssohn und Hufnagel, ebda., 65.

reine und unschuldige Liebe, treffend gezeichnet von Goethe in der Figur Klärchens im *Egmont*.[37] Zwar hielt Ewald Salomos Regierungszeit nicht frei von despotischen Zügen, was an die Gefahren der absoluten Monarchie gemahnte, doch verhielt er sich weithin wie ein aufgeklärt-frühliberaler, nach Grundsätzen des Kameralismus regierender Monarch, der nach dem Stufenmodell historischer Entwicklung aus einem Hirten- und Kriegervolk eine wohlhabende Handelsnation mit starker Landwirtschaft als Basis und großen territorialen Gewinnen zu machen verstand. Die theokratische Verfassung nahm Ewald gegen den Vorwurf der religiösen Intoleranz und Inhumanität in Schutz, das Kriegsrecht hielt er unter Verweis auf Dtn 20,19 f. für humaner als das der Gegenwart.[38] Mit diesen Ausführungen sollten antijüdische Vorurteile aufklärerischer Bibelkritik über ein barbarisches Altes Testament bekämpft und die Juden der Gegenwart vor entsprechender Geringschätzung in Schutz genommen werden. Es mutete demnach sonderbar an, wenn nach Jahrtausenden den Juden im Zeitalter der Aufklärung immer noch religiöse Intoleranz vorgeworfen wurde, wo doch diese inzwischen keinen stärkeren Vertreter gefunden hatte als Frankreich, das im Zeichen der Revolution noch die unveräußerlichen Menschenrechte propagiert hatte. Als Salomos Problem, kritisch auf die Gegenwart bezogen, wurde der verhängnisvolle Schritt von der religiösen Toleranz zur religiösen Indifferenz des Staates konstatiert. Dies stellte zwangsläufig die vom aufgeklärten Monotheismus begründete und im kultischen Vollzug einer symbolischen Theologie jeweils erneuerte nationale Einheit in Frage.[39] Damit erinnerte Ewald an die Bedeutung der positiven Religionspflege des Staates für Einheit und Souveränität der Nation auch für die Gegenwart. Die Salomogestalt wird zugleich transparent gehalten für die Idealfigur klassischer Reform- und Toleranzpolitik, Friedrich II., und deren religiös-skeptizistische Gefährdungen.

Als Ausdruck großer Menschenkenntnis und wahrhaft aufgeklärter Religiosität stellte Ewald die salomonische Spruchdichtung vor. In ihr fand sich die von gottesfürchtiger Suche nach der Wahrheit geprägte Haltung des theistisch Aufgeklärten, dem das Neue Testament eine gewisse Nähe zum Reich Gottes bescheinigte (Mk 12,34). Diese Kategorie spielte im Rahmen interner Selbstvergewisserung der im engeren Sinn »Christusgläubigen« eine wichtige Rolle zur Identifizierung von Zeitgenossen, die man als nahestehend betrachtete.[40] Die biblische Spruchdichtung zeigte nach Ewald zugleich auch die

---

[37] SAL, 72 ff.; Goethe, Werke 4, 370–454.
[38] SAL, 115 ff., ebda., 137 f., 181 ff., vgl. 217, 220, 224. Schon die Landnahme betrachtete Ewald unter Berufung auf Dtn 9,4 f. nicht als eigentlichen Religionskrieg. Auch das Töten der Baalspriester unter Elia sollte als verständliche Gegenwehr gegen die noch ärgere Härte gegenüber israelitischen Priestern verständlich gemacht werden. Zur Bewertung des Alten Testaments in der älteren Neologie vgl. Jerusalem, Betrachtungen [...], ausg. u. hg. v. W. E. Müller, 144 ff. (aus Betrachtungen, 2. T., Braunschweig 1774).
[39] Ps 136 diente als biblisches Beispiel für den Chorgesang im Wechsel.
[40] SAL, 200 ff.; ebda., 213, 220 f.

elementare Gefährdung durch die Faszination des Esoterischen und der geheimen Weisheit, der Salomo erlag. Das Predigerbuch deutete er als Akt der Reue eines religiös aufgeklärten, aber innerlich zerrissenen Philosophen, der den Weg zurück zum Vertrauen gegenüber der positiven Gottesoffenbarung in der Geschichte suchte. Das Buch, in das nach Ewalds Überzeugung Kleuker von allen Kommentatoren bislang am tiefsten eingedrungen war, wurde interpretiert als Ausführung des inneren Kampfes nach Röm 7,14 ff.[41] Diese Stelle blieb für Ewald stets die eindringlichste Schilderung von der inneren Zerrissenheit des Menschen zwischen Vernunft und Leidenschaft, letztere verstanden als einseitig physisch gebundene Sinnlichkeit, und des aus dem Zwiespalt geborenen Schreis nach Erlösung.[42]

Einer der angehängten Exkurse griff das Thema Geheimweisheit nochmals auf.[43] Darin versuchte Ewald deutlich zu machen, daß dem Menschen als Übergangswesen zwischen Tier- und Geisterwelt ein natürliches Interesse an der letzteren zugestanden werden müsse, es aber Sache »wahrer« Aufklärung sei, für die nötige Abgrenzung gegenüber abergläubischen Künsten wie Wahrsagen, Theurgie, praktischer Kabbala und Alchemie zu sorgen. Eine wissenschaftliche Verifikation vordergründig als supranatural eingeschätzter Phänomene hielt Ewald aufgrund seines Weltbildes für möglich, wenn nur das erkennende Subjekt das nötige Maß an Resignation in den Willen Gottes aufbrachte und die Phänomene zur Erscheinung kommen ließ, ohne über sie bestimmen zu wollen. Damit wurden Männer wie Lavater und Jung-Stilling, die mancher Absonderlichkeit geziehen wurden, wie auch die Anhänger des tierischen Magnetismus, gegen den Vorwurf der Schwärmerei in Schutz genommen.[44]

---

[41] Als Hinweis auf das Bemühen um Kenntnisse geheimer Weisheit galt Koh 7,24 ff.; Widersprüche und Spannungen des Buches sollten nicht literarkritisch durch die Hypothese eines Dialogs, sondern als Ausdruck existentieller Spannungen zwischen Bejahung der Endlichkeit und Sehnsucht nach dem Unendlichen erklärt werden, ebda., 256 ff. Ewald hatte erst nach der Niederschrift seiner Gedanken zu Koh Kleuker herangezogen und zahlreiche Übereinstimmung mit ihm gefunden, ebda., 258 (Anm.); Kleuker, Salomo's Schriften. Erster Theil welcher den Prediger enthält, Leipzig 1777.
[42] Zur Universalität des inneren Kampfes nach Röm 7 vgl. J.B. Koppe, NT Graece 4, z. St.; als Subjekt galt jeder Mensch und nicht nur der Nichtwiedergeborene.
[43] SAL, 291–305.
[44] Neben J.D. Michaelis und Ch. Meiners galt auch der gegen Pietismus und Orthodoxie schreibende Schwabe Ch. F. Duttenhofer als unsachgemäßer Kritiker Lavaters; Lavater zählte für Gegner wie Duttenhofer mit Ph. M. Hahn und Oetinger zu den frömmelnden Pietisten, die er in ihrer pneumatisch-pneumatologischen Ausrichtung von bloßer Wundersucht beseelt sah; vgl. auch Duttenhofers anonym erschienene Schrift: Württembergische Heiligen-Legende oder das Leben der heiligen Tabea von Stuttgart [...], Halle 1789, Vorbericht.

12.3 Die Intensivierung der christologischen Frage: Die »Fehde« mit J.J. Stolz

Die ersten positiven Eindrücke von Stolz gewann Ewald bei der Lektüre des *Joseph*, den dieser in Offenbach begonnen und 1786 – ein Jahr später als beabsichtigt – veröffentlicht hatte.[45] Anlaß zur öffentlichen Auseinandersetzung wurde eine kritische Anmerkung Ewalds zur neuen Ausgabe von Stolzens Bibelübersetzung in der Vorrede zur zweiten Auflage seiner zuerst 1786 erschienenen Schrift über die Gleichnisse Jesu von 1796.[46] Ewald hatte die Übersetzung – zumindest in weiten Teilen – für so gelungen erachtet, daß er sie für die Wiedergabe der seinen Betrachtungen vorangestellten Bibeltexte heranzog. Kurz vor deren Drucklegung war aber durch das Gespräch im Lavaterkreis die Sorge aufgetaucht, dies könne als vorbehaltlose Empfehlung einer Übersetzung aufgefaßt werden, deren Verfasser man inzwischen zur Neologie tendieren sah. Ewald machte sich den nicht gänzlich unberechtigten Vorwurf zu eigen, Stolz habe an verschiedenen Stellen christologische Vorbehalte in die Übersetzung eingetragen und somit den Grundsatz der Texttreue verletzt, auf den besonders der Laie in seinem Schriftstudium angewiesen sei.[47] Schon Lavater hatte gegenüber Meta Post bemerkt, die Übersetzung sei zwar eine fleißige Arbeit und an vielen Stellen treffend, könne aber doch den schlechten Ausleger nicht verbergen.[48] Stolz sah das bis dahin von ihm als unbelastet empfundene Verhältnis zu Ewald, mit dem er im

---

[45] Vgl. Johann Jakob Stolz an Wolfgang Ernst II., BirArch Korrespondenzen, Nr. 14431, St. 24, 16. April 1784. Stolz, Joseph, prophetisches Symbol von Jesus dem Nazarener, König der Juden. Ein Buch zum Genusse für denkende Christen von Kultur und poetischem Gefül, 2 Bde., Zürich 1786; begeisterte Rez. durch Ewald in: ÜP H. 5, 1788, 221–241; weitere Rez. Ewalds von Stolz, Briefe litterärischen, moralischen und religiösen Inhalts, die gelesen zu werden bitten, 2 Bde., Winterthur 1789–1790, in: ÜP H. 7, 1791, 170–175. In den »Briefen« (Bd. 1, Brief 20) fand sich nicht nur die Aufsehen erregende Verteidigung des Schillerschen Gedichts »Die Götter Griechenlands« gegen Einwände – z. B. von F. L. v. Stolberg –, hier werde der christliche Glaube geschmäht, sondern als Beilage auch ein 40-strophiges Gedicht »Der christliche Glaube« aus Stolzens Hand; zwar wollte dieser hierin kein Gegenstück zum Schillerschen sehen, doch war der Eindruck kaum zu vermeiden, hier werde das Bild der griechischen Göttervorstellung durch »galiläische Ideen« ergänzt oder zurechtgerückt, ebda., 213–226. Zum Josephstoff bei Lavater vgl. Ewald an Lavater, 12. Dezember 1795, Brief 43.

[46] Ewald, Der Blick Jesus auf Natur, und Menschheit und sich selbst; oder Betrachtungen über die Gleichnisse unsers Herrn. Ein Lesebuch für Christusverehrer, 2. verb. und verm. Aufl. Hannover 1796; vgl. Steiger, Bibliogr. 21–21d. Stolz, Sämtliche Schriften des Neuen Testaments, 2 Bde., Neue Ausg., Zürich u. Leipzig 1795–1798. Zum Streitfall vgl. Steiger, 91–99; Stolz muß sich übergroße Wehleidigkeit und den Stil eines »wissenschaftsgläubigen Oberlehrers« vorhalten lassen, während Ewald als Hüter der Wahrheitsfrage mit kompetenten Antworten aufwartet.

[47] Ansonsten galt nach wie vor: »Sie [die Übersetzung] könnte sonst Eine von unseren besten [...] seyn«, Vorr., XI.

[48] Lavater an Meta Post, 9. Oktober 1795, Schulz, Brief 23 (30.). Zum Verhältnis zu Lavater vgl. Günter Schulz, Johann Jakob Stolz im Briefwechsel mit Johann Caspar Lavater 1784–1798, in: Jb. der Wittheit 6.1962, 59–182, als Beil. die Deutung des Schillerschen Gedichts »Die Götter Griechenlands« nach den »Briefen«.

Briefwechsel stand, durch diese unvermittelte Brüskierung empfindlich gestört und antwortete mit einer öffentlichen Erklärung, in der er Ewald auf seine jüngste Schrift über den »Sektengeist« und in sachlicher Hinsicht auf die Fortsetzung seiner *Erläuterungen* zur Übersetzung des Neuen Testaments verwies.[49] Ewald, der die Äußerungen Stolz' zum »Sektengeist« – anders als etwa Meta Post, die darin Stolzens Kritik am Lavaterkreis in Bremen mit ausgedrückt sah – positiv aufgenommen hatte und sich nicht vom Vorwurf der Verketzerung Andersdenkender angesprochen fühlte, glaubte Stolz durch den Hinweis auf seinen baldigen Wechsel nach Bremen und die Möglichkeit des persönlichen Gesprächs besänftigen zu können.[50] Ewald spielte die Angelegenheit einerseits zu einer persönlichen Verstimmung herunter, verschärfte sie aber andererseits durch die Ankündigung, den sachlichen Gehalt seiner Vorbehalte in einer eigenen Schrift auseinandersetzen zu wollen. Dies zwiespältige Verhalten angesichts des gravierenden Verdachts auf Heterodoxie brachte Stolz erst recht in Harnisch. Er forderte Ewald öffentlich zum Beweis oder Widerruf seiner ehrverletzenden Behauptungen auf, stand für ihn doch fest, sein Amt niederlegen zu müssen, wenn Ewalds Vorwürfe in der Martini-Gemeinde in Bremen, an der er seit 1784 wirkte, Glauben fänden.

Die verschiedenen Erklärungen, die 1796 im Intelligenzblatt der *Allgemeinen Literatur-Zeitung* und in den Rintelnschen *Annalen* abgedruckt wurden, münden in zwei Schriften des Jahres 1797, von denen die erste kurz nach Ostern 1797 aus Ewalds Feder erschien und sogleich eine Entgegnung von Stolz provozierte.[51] Ewald hielt daran fest, die Übersetzung von Stolz fördere im Geist deistisch-neologischer Aufklärungstheologie die Destruktion des biblischen Lehrbegriffs. Auch nachdem der Anfangsverdacht, Stolz sei ein offenbarungskritischer Kantianer geworden, ausgeräumt war und Ewald sich um einen versöhnlicheren Ton bemühte, indem er seine Kritik am Tendenziösen der Stolzschen Übersetzung nur als interne Warnung an seine Leserschaft verstanden wissen wollte, blieb der Charakter seiner Schrift widersprüchlich: Einerseits trug sie einen gelehrten Anstrich, andererseits wollte sie nicht in die fachexegetische Diskussion selbst eingreifen, eine Schwäche, die Stolz als blo-

---

[49] Stolz, Sectengeist, Altona 1796, 2. verb. Aufl. Hannover 1800 (zuerst ersch. im *Genius der Zeit*); ders., Erläuterungen zum neuen Testament, für geübte und gebildete Leser, 6 H., Hannover 1796–1802, auch u. d. T.: Anmerkungen zu seiner Uebersetzung sämmtlicher Schriften des neuen Testaments; mit ErgH. Hannover 1802.

[50] Vgl. Meta Post an Lavater, 19. November 1796, Brief 42 (S. 238); Lavater an Meta Post, 3. Dezember 1796, Schulz, Brief 44, der den »Sektengeist« den Neologen zuschrieb.

[51] Ewald, Wahrheit, Gerechtigkeit und Liebe. oder versprochene Erklärung eines Urtheils über die Uebersezung des N. Testaments von dem Herrn Pastor Stolz, Hamburg 1797 (= WG; Steiger, Bibliogr. 145), Vorw. v. 18. Februar 1797, zum Verkauf angeboten am 24. April. Stolz, Nöthige Antwort auf Herrn D. Ewalds: »Wahrheit, Gerechtigkeit und Liebe«, Helmstedt 1797 (Vorr. vom 8. März, Abschluß der Schrift am 4. Mai 1797); im ersten Teil findet sich ein detaillierter Rückblick auf den Gang der Auseinandersetzung einschließlich der Wiedergabe der einzelnen Erklärungen und Schreiben.

ßes Imponiergehabe deutete und den Vorwurf der Bevormundung der Laien zurückgab an Ewalds angemaßte Führerschaft in seinem Leserkreis.[52]

Die Behauptung, Stolz habe in Einzelfällen gegen die elementaren Pflichten eines Übersetzers verstoßen, erläuterte Ewald an Beispielen. Später erklärte er, bei seiner Kritik seien keine anderen Grundsätze in Anwendung gekommen, als die auch bei weithin anerkannten bibelwissenschaftlichen Autoritäten wie Johann August Ernesti (1707–1781) und Johann Salomo Semler zugunsten des sensus grammaticus vorgebrachten.[53] Zwar stand für Ewald außer Frage, daß der Übersetzer immer auch Interpret war, aber diese Interpretation mußte sich am Literalsinn und am Selbstverständnis des jeweiligen Schreibers oder Redners messen lassen.[54] Hier nahm Ewald vor allem berechtigte laientheologische Interessen wahr. Er hob Stellen wie die umstrittene Doxologie Röm 9,5 oder Kol 1,15 ff. und Hebr 1,2 hervor, welche eindeutig von den Schöpfungsmittlerschaft Christi sprachen.[55] Stolz sollte in seinen zwischen 1796 und 1802 erschienenen *Erläuterungen* Ewald in allen Punkten widersprechen, so etwa im Blick auf Kol 1,16, wo allein von Christus als dem Schöpfer einer neuen moralischen Welt die Rede sei.[56] Wiederholt führte Ewald gegen den seiner Meinung nach zu freien und unbestimmten, unnötig »modernisierenden« Umgang mit dem biblischen Text, der den christologischen Spitzensätzen auswich, Luthers mustergültige Übersetzung an, ohne daß er diese doch je zur ausschließlichen Norm erhoben hätte.[57]

Stolzens Antwort ließ das Ausmaß des Aufsehens erkennen, das der Streit weit über Bremen hinaus fand.[58] Einige rieten ihm zum Schweigen, da eine derartige Streitfrage nicht in der Diskussion unter Laien zu lösen und gegen einen vielgelesenen religiösen Schriftsteller wie Ewald nur schwer anzukommen sei. Stolz erwartete jedoch eine öffentliche Entschuldigung Ewalds, und dies unabhängig von unterschiedlichen Meinungen zur Bibelauslegung, welche – übrigens auch nach Ewalds Überzeugung – fachlich im Henkeschen

---

[52] Stolz, Antwort, 31 ff.
[53] GRF, 27. Vgl. z. B. Johann August Ernesti, Institutio interpretis Novi Testamenti, 1761, 3. Aufl. Leipzig 1775, (5. Aufl. 1809), P. 1, Sect. 2, c. 7 (De Versionibus et Commentariis scribendis et iudicandis).
[54] Die – in anderer Reihenfolge – besprochenen Stellen waren: Joh 1,15; 3,13; 3,31; 8,58; 17,5; Röm 9,5; Kol 1,15 ff.; 2,9; Hebr. 1,2.8. Ewald vermerkte gegen Ende seiner Schrift auch Beispiele, wo sich die von ihm unterstellte Tendenz, christologisch bestimmte Aussagen würden ins Unbestimmte aufgelöst oder verzeichnet, nicht fand, GR, 37 f.
[55] Röm 9,5 wollte Stolz nicht als Doxologie auf Christus gelten lassen. Kol 2,9 (»[...]in ihm wohnt die ganze Fülle der Gottheit leibhaftig«) hatte Stolz übersetzt mit: »Er allein ist wahrhaftig der Inbegriff aller göttlichen Weisheit«. Ewald beanstandete zu Unrecht, Stolz habe das σωματικῶς gar nicht übersetzt, Stolz rechtfertige seine Übersetzung mit »wahrhaftig«, Ewald hatte nicht korrekt zitiert, vgl. Stolz, Nöthiger Anhang, 58 f. Αἰῶνας Hebr 1,2b wurde auf die messianischen Zeiten gedeutet (»durch welchen er auch die messianischen Zeiten festsetzte«).
[56] Stolz, Erläuterungen zum neuen Testament [...], H. 5, 10 f.
[57] WG, 19, 25.
[58] Stolz, Antwort, 74 f., 78.

Magazin oder in Eichhorns *Bibliothek* abgehandelt gehörten. Statt dessen machte Ewald den Skandal durch die Veröffentlichung seiner Schrift noch größer. Dadurch sah Stolz nicht nur die persönliche Ehrverletzung aufrechterhalten, sondern auch den Häresievorwurf fortgeschrieben, der sein öffentliches Lehramt in Frage stellte. Schon war die Fehde polarisierender Gesprächsstoff bis in die Martini-Gemeinde hinein geworden und drohte dies vor allem durch die Lesegesellschaften noch mehr zu werden.[59] Stolz kehrte in seiner Antwort die Vorwürfe Ewalds gegen diesen selbst, insbesondere den der dogmatischen Voreingenommenheit: Ewald lege seiner Argumentation das spekulative Dogma von der Präexistenz und Schöpfungsmittlerschaft Christi zugrunde, über das kein Konsens der Exegeten bestehe.[60] Die Ewaldsche Kritik litt demnach gerade an dem, was sie Stolz vorwarf, an mangelnder Klarheit über die interpretatorische Leistung der texttreuen Übersetzung.[61] Da es sich für Stolz um spekulative Aussagen handelte, kam ihnen auch anders, als Ewald behauptete, keine ethische Bedeutung für die konkrete Nachfolge zu, die nach Mt 7,24 aus dem schlichten Hören und Tun des von Jesus Gebotenen bestand.[62]

In wissenschaftlicher Hinsicht war Stolzens Übersetzung insgesamt gewiß keine Leichtfertigkeit nachzusagen, er hatte eine Vielzahl namhafter Exegeten unterschiedlicher Prägung, unter ihnen nicht nur J. S. Semler, W. A. Teller und J. G. Eichhorn, sondern auch J. B. Koppe, J. J. Heß und G. Chr. Storr, unbefangen zur Urteilsbildung herangezogen.[63] Wohl bekannte sich Stolz im Vergleich zur ersten Auflage seiner Bibelübersetzung zu einer liberaleren theologischen Einstellung, doch damit sah er sich nur in Übereinstimmung mit der gesamten Entwicklung der Theologie. Orthodoxe Positionen verloren allgemein an Boden.[64] Er beschuldigte Ewald, den theologischen Fortschritt, besonders auf exegetischem Gebiet, nicht zur Kenntnis zu nehmen und seine Arbeit nicht als Ganze zu würdigen, was diesem in der Tat schwer fiel.[65] Im Interesse an einer Neubegegnung mit dem biblischen Text mußte doch, was auch Ewald nicht bestritt, eine Pluralität von Bibelübersetzungen wünschenswert sein, mit der orthodoxen Stilisierung der Lutherschen zur »Vulgata der Protestanten« war nicht geholfen. So betonte Stolz, er habe nicht eine »wörtliche« Übersetzung beabsichtigt – diese sah er in der Lutherschen schon gegeben –, sondern eine solche, welche dem modernen Sprachgebrauch näher-

---

[59] Ebda., 3 ff.
[60] Zu den exegetischen Schwierigkeiten mit der Logoschristologie vgl. den Erklärungsversuch zu Joh 1,1 in Paulus (Hrsg.), Memorabilien 1.1791, 27–34.
[61] Ebda., 37 f., 70 f.
[62] Ebda., 39 ff.
[63] Ebda., 11. Geradezu lächerlich fand Stolz Ewalds anfängliche Verknüpfung seiner vermeintlichen dogmatischen Einseitigkeit mit der Kantschen Religionsschrift, die zur Zeit seiner Arbeit an der Übersetzung noch nicht erschienen und ihm erst einige Zeit später zu Gesicht gekommen war, ebda., 55 f.
[64] Ebda., 64 f.
[65] Ebda., 42, 46 f.

kam und einem weiteren Laienkreis verständlicher war.[66] Hinzu kam die Hoffnung auf die längst überfällige Vermittlung neuerer theologischer Erkenntnisse an die Interessierten in den Gemeinden.[67] Aus diesem Blickwinkel erschien Ewald als unzeitgemäßer orthodoxer Eiferer gegen eine moderne, auch von der Kritik insgesamt wohlwollend aufgenommene, Übersetzung.[68] Beide Seiten fanden nur schwer auf den Boden einer respektvollen Diskussion zurück, so daß weder Mißverständnisse noch falsche Unterstellungen ausblieben.

Im einzelnen ging Stolz die neun von Ewald beanstandeten Stellen durch, begründete unter Berufung auf den Stand der exegetischen Forschung seine jeweilige Entscheidung und zeigte auf, wie sehr jeder Übersetzer bei seiner Arbeit Interpret war. Dabei kamen die sachlichen Differenzen deutlich zum Vorschein. Ewalds Ansicht zur Doxologie von Röm 9,5 sah Stolz längst durch einen Aufsatz des Marburger Theologen Leonhard Johann K. Justi (1753–1800) in den *Memorabilien* von Heinrich Eberhard G. Paulus widerlegt.[69] Kol 1,15 ff. verstand Stolz im Gefolge von Ernesti und Teller als Aussage über die moralisch-geistige, nicht die kosmologische Schöpfung, also einen durch das Evangelium im Reich der Gnade und nicht im Reich der Natur gewirkten Vorgang.[70] Von einer Präexistenz konnte nach Stolz – dogmatisch orthodox – nur im Blick auf den göttlichen Logos als zweiter Person der Trinität die Rede sein, der sich mit dem in der Zeit geborenen Jesus von Nazareth in der hypostatischen Union verbunden habe, aber nicht mit dessen menschlicher Natur »vermischt« werden dürfe: Als Mensch präexistierte Jesus nicht und hatte als solcher auch keinen Anteil am kosmischen Schöpfungswerk. Ewalds gegenteilige Auffassung sah Stolz vor allem in der Tradition der Brüdergemeine vertreten. Er bemerkte hier das schon im Gespräch Ewalds mit Hahn verhandelte, problematisch erscheinende Theologumenon der himmlischen Menschheit Jesu, an dem Ewald festhielt.[71] Die dogmatische Schwierigkeit bestand in der Rede von einer realen Präexistenz *Christi,* die sich mit dem Verweis auf eine formale Idiomenkommunikation in der Tat nur schlecht begründen ließ. Eine lehrgesetzliche Autorität konnte freilich dem Themenkomplex nach Stolz nicht zukommen, wollte man in den Kir-

---

[66] Ebda., 48 ff.
[67] Ebda., 15.
[68] Ebda., 16 f., 26 ff.
[69] Ebda., 52 f., vgl. Leonhard Johann Karl Justi, Ueber Röm IX, 5. Versuch einer neuen Erklärung, in: Paulus (Hrsg.), Memorabilien, 1.1791, 1–26.
[70] Vgl. Von der moralischen Schöpfung und Regierung Gottes durch Christum, als einer Hauptvorstellungsart des N.T. Eine exegetisch-dogmatische Abhandlung, in: MRP 2.1794, 283–335.
[71] Auf Ph. M. Hahn kam Ewald in der Fortsetzungsschrift beiläufig im Zusammenhang mit der Kritik eines Rezensenten an seinem Stil zu sprechen: Hahn habe einen äußerst »harmlos nachlässigen« Stil gehabt und sei dennoch in seinem »System« verständlich gewesen, GRF, 71.

chen der Reformation nicht ein neues Aufbegehren gegen einen Dogmatismus christologischer Spekulation herausfordern.[72]

Auch im Blick auf die Schöpfungsaussagen Hebr 1,2 und 11,3 bevorzugte Stolz eine nichtkosmologische moralisch-geistige Deutung auf die messianischen Zeiten (des Evangeliums).[73] Die Übersetzung von Kol 2,9 zeigte, wie schwer sich Stolz mit der Aussage einer *leibhaftigen* Einwohnung der göttlichen Fülle in Christus tat. Das erneute intensive Studium des Johannesevangeliums im Zusammenhang des zur Zeit der Antwort an Ewald gerade im Druck befindlichen zweiten Heftes seiner für ein gebildetes Laienpublikum geschriebenen *Anmerkungen* veranlaßten Stolz zu einer Korrektur seiner Übersetzung von Joh 8,58 und bestärkten ihn in der Ansicht, diese Stelle sei allein im Kontext der Messiaswürde Jesu zu sehen und komme als Beleg für die Präexistenz Jesu nicht in Betracht.[74] Dies galt ebenso für Joh 1,15, wobei sich Stolz auch auf Storr berief.[75] Seine Intention sah Stolz übereinkommen mit der von Herders Schrift vom Sohn Gottes nach dem Johannesevangelium: Statt einer spekulativen Theologisierung Jesu wie in der orthodoxen Zweinaturenlehre sollte eine Anthropologisierung der Gottheit erfolgen, um Jesus als tätiges Organ der Gottheit im Menschengeschlecht darzustellen und dadurch Anschauung, »Genuß« (in der Christusliebe) und Mitwirkung am Göttlichen und seinem Werk zu ermöglichen – eine im antiorthodoxen, anthropozentrischen Grundzug auch von Ewald geteilte Ansicht, die keineswegs zwangsläufig, wie bei Lavater und Ph. M. Hahn zu sehen, in einen Gegensatz zur Theozentrik führen mußte.[76]

Insgesamt empfand Stolz die Schrift Ewalds als halbherzig und weder sachlich noch persönlich zufriedenstellend. Auch brachte er deutlich zum Ausdruck, wie ihn die Notwendigkeit, gerade gegen Ewald zu schreiben, schmerzte. Er hatte sich auf dessen Wechsel nach Bremen gefreut und an eine gedeihliche Zusammenarbeit geglaubt, ja, sich sogar die Arbeit in einer Gemeinde mit Ewald vorstellen können. Auch ein Gespräch mit Ewald nach dessen Amtsantritt in Bremen war zu seiner vollen Zufriedenheit verlaufen. Persönlich hielt er Ewald für tolerant, sein »System« allerdings trage den Keim

---

[72] Stolz, Antwort, 53 ff.

[73] Neben der obigen Abhandlung über die moralische Weltschöpfung verwies Stolz noch auf die Exegese von Hebr 11,3 u. 1,2 in: Paulus, Memorabilien, 7.1795, 198–204.

[74] Stolz, Antwort, 60 ff. Joh 8,58 wollte Stolz – wie auch schon Wettstein u. a. – so verstanden wissen: »Ehe denn Abraham war, bin ich es«, d. h. der Messias: Schon vor Abrahams Geburt dachte man, wenn man an den Messias dachte, an Jesus, ebda., 63.

[75] Storr, Über den Zwek der evangelischen Geschichte und der Briefe Johannis, Tübingen 1786, 5. (2. verb. Aufl. Tübingen 1810). Storr deutete das ἔμπροσθεν Joh 1,15 im Sinne einer eminentia dignitatis.

[76] Herder, Von Gottes Sohn, der Welt Heiland, Christliche Schriften, 3. Samml., 1797, SWS 19, 253–424; Stolz, Antwort, 83 ff., verschiedene längere Zitate. Vgl. Kleuker, Briefe an eine christliche Freundin über die Herderische Schrift: Von Gottes Sohn, der Welt Heiland, nach Johannis Evangelium, Münster u. Leipzig 1802. Kleuker sagte Herder neologische Tendenzen nach; zur Besprechung der Nathanaelgeschichte vgl. das zustimmende Echo in: ChrM 1804.1, 449–451 (»W.«).

der Intoleranz in sich. Um so mehr lag ihm an einem Ende dieses nur die Laien verwirrenden und Spaltungen beförderndern Ketzerstreites.[77]

Stolzens Rekurs auf seine seit Jahren angeschlagene Gesundheit trug ein übriges zur Dramatisierung bei. Sein früher Tod würde nicht nur seine Frau und die neun Kinder ins Unglück stürzen, sondern aufgrund der ähnlichen kirchlichen Verhältnisse von Bremen und Hamburg Ewald, wenngleich zu Unrecht, zum neuen Johann Melchior Goeze machen, der Anfang der 70er Jahre Julius Gustav Alberti (1723–1772), Vater von elf Kindern, durch seine Streitsucht unter die Erde gebracht habe.[78] So wurde am Ende nur der Wunsch laut, von Ewald in Frieden gelassen zu werden. Das Urteil in der Sache sollten Fachleute treffen und dem, der Unrecht tat, Stillschweigen auferlegen.

Zwar brachte die Fehde Stolz und seiner Bibelübersetzung eine bislang unbekannte Publizität, die auf einen verstärkten Absatz seiner Schriften hoffen ließ, aber die Angst vor einem gegenteiligen Effekt war nicht gering, sah er sich doch auf die Einnahmen aus seinen Veröffentlichungen angewiesen.[79] Lavater bedauerte in einem Brief an Johann Michael Sailer Anfang Mai 1797 die Fehde zwischen Ewald und Stolz, von der ihm Meta Post im November 1796 geschrieben hatte, doch rückte er sie in einen endgeschichtlichen Zusammenhang der schmerzhaften Scheidung der Geister am Christusbekenntnis.[80] Ewald bat er um schonende Behandlung von Stolz als eines »amaturum«, dem eine Umkehr nicht zu schwer gemacht werden dürfe. Außerdem war ihm zu Ohren gekommen, daß Ewald mit Orthodoxen – offenbar über die Versöhnungslehre – im Streit lag, der ihn bei »Schwachen« in Bremen in Mißkredit gebracht hatte, und empfahl ihm, sich von Meta Post seine *Briefe über die Versöhnung* geben lassen.[81] Angesichts der Forderung von Stolz auf öffentlichen Widerruf oder Beweis der Ewaldschen Vorwürfe verglich Lavater den Streit mit dem, den er mit dem »Erzneologen« Paulus in Jena über das Wandeln Jesu auf dem Meer auszustehen gehabt habe. Paulus hatte öffentlich

---

[77] Stolz, Antwort, 69 ff.
[78] Vgl. kurz Hans Höhne, Johann Melchior Goeze im Urteil seiner Zeitgenossen und der Literatur heute, in: Heimo Reinitzer u. Walter Sparn (Hrsg.), Verspätete Orthodoxie. Über D. Johann Melchior Goeze (1717–1786), (Wolfenbütteler Forschungen 45), Wiesbaden 1989, 27–62, 34.
[79] Stolz, Antwort, 79 ff.
[80] Meta Post an Lavater, 19. November 1796, Schulz, Brief 42; vgl. Brief 43. In der Angabe des Buchtitels von Ewald hat sich bei Schulz, 238, und in der Anm. S. 240 ein Fehler eingeschlichen. Hubert Schiel, Sailer und Lavater, Briefe, Nr. 60, 119,34–36; vgl. 119, 37- 120, 2. Zu Sailers früher Wertschätzung durch Stolz vgl. Brief von Stolz an Wolfgang Ernst II. Fürst von Isenburg v. 2. Oktober 1784, BirArch Korrespondenzen Nr. 14433, worin Stolz Sailers Lese- und Gebetbuch dem Fürsten warm empfahl.
[81] Lavater an Ewald, 23. März 1797, Brief 49; 3. Juni 1797, Brief 50. Post hatte das Manuskript erhalten, Meta Post an Lavater, 11. Februar 1797, Schulz, Brief 45. Lavater, Briefe über die Schriftlehre von unserer Versöhnung mit Gott durch Christus, in: Lavater, Nachgelassene Schriften, hg. von G. Geßner, Zürich 1801, Bd. 2, 1–108. Zu Ewalds Auffassung zu Beginn der 90er Jahre vgl. Briefauszug Ewalds in: ÜP H. 8, 1793, 264–271.

Satisfaktion verlangt, nachdem Lavater seine Auslegung der Sturmstillungsgeschichte als dumm und frech bezeichnet, aber von einer persönlichen Schmähung nichts hatte wissen wollen.[82]

Heinrich Eberhard G. Paulus blieb in seiner zuweilen überspitzt rationalisierenden Schriftauslegung für die Zürcher ein dauerndes Ärgernis. Dies gilt auch für Ewald, der 1804 eine gegen die historisch-kritische Auslegung gerichtete Betrachtung über das Wandeln Jesu auf dem Meer abdrucken ließ.[83] Anders fundiert war dagegen die Wertschätzung, die der Württemberger Paulus trotz aller sachlichen Differenzen bei den Tübinger Theologen Storr, Johann Friedrich Flatt und Süskind genoß.[84] Nach der Vermutung des Paulus-Verehrers Stolz war es Heß, der Johannes Schultheß dazu aufgefordert hatte, in Flatts *Magazin* gegen Paulus zu schreiben.[85] Stolz hielt es für abwegig, daß dieser den Aufsatz ausgerechnet Lavater gewidmet hatte, der doch zu keinem gelehrten Urteil darüber fähig gewesen wäre. Nach Stolz war es inzwischen in Zürich so weit gekommen, daß der buchstäbliche Glaube an ein Wandeln Jesu auf dem Meer zum articulus stantis et cadentis ecclesiae avanciert war. Heß hatte den neuen Bibelkommentar von Paulus als mit seinen Auslegungsgrundsätzen unvereinbar abgelehnt. Gerade dies machte es für Stolz reizvoll, bei Paulus eine Darstellung des Lebens Jesu anzuregen, die dann wie die von Heß in Zürich verlegt werden sollte, den Verleger Füßli hatte Stolz dafür schon gewonnen.[86]

Der Vorwurf mangelnder exegetischer Kompetenz ließ Ewald nicht ruhen, er führte zur Abfassung zweier weiteren Schriften zu Präexistenz und Schöpfungsmittlerschaft Jesu und deren Bedeutung für die Sittenlehre des Neuen Testaments, nun in weithin sachlichem Ton.[87] Auf der persönlichen Ebene sollte es im Jahr 1800 zur Beilegung des Konflikts kommen, doch der Kern

---

[82] Lavater an Meta Post, 3. Dezember 1796, Schulz, Brief 44. Vgl. Stolz an Paulus in Jena, Bremen, 8. August 1802, UB Heidelberg, Heidelb. Hs. 859, 628.

[83] ChrM 1804.1, 343–346 (o. Vf.), nach Mt 14,26. Zum Protest Ewalds gegen die Berufung von Paulus nach Heidelberg 1810 vgl. Steiger, 129–132.

[84] Vgl. die Briefe Storrs, Johann Friedrich Flatts und Süskinds an Paulus, UB Heidelberg, Hss. Abt., Heidelb. Hs. 859, 629; 854, 155; 854, 635. So dankte Süskind am 26. Dezember 1804 für die Übersendung des Kommentars mit der Versicherung, in Paulus den aufrichtigen Wahrheitsforscher zu ehren und der Aufforderung, mit der Kommentierung bis zur Apokalypse weiterzufahren.

[85] Vgl. Johannes Schultheß, Etwas über Matth. 14, 22–33 und über Herrn D. Paulus Erklärung von dieser Schriftstelle. Lavaters Manen geweihet, in: MCDM 8.1802, 1–55. Schultheß veranlaßte 1816 in Zürich einen heftigen Streit um die Basler Christentumsgesellschaft, mit dem Stolz nichts zu tun hatte, vgl. Stolz an H. E. G. Paulus, 16. September 1816, UB Heidelberg, Heidelb. Hs. 859, 628.

[86] Brief von Stolz an Paulus, Frankfurt/M., 29. Juli 1803, UB Heidelberg, Heidelb. Hs. 859, 628.

[87] Ewald, Ueber die Grösse Jesus und ihren Einfluss in seine Sittenlehre, nebst einigen hermeneutischen Ideen, Hannover 1798 (= GR; Steiger, Bibliogr. 152); der Eingang der Schrift – statt einer Vorr. – war auf den 15. Februar 1798 datiert; ders., Ueber die Grösse Jesus und ihren Einfluß in die christliche Sittenlehre. Erste Forts., welche die Beantwortung verschiedener Einwürfe enthält, Gera u. Leipzig 1799 (= GRF; Steiger, Bibliogr. 159).

der inhaltlichen Differenz verlor seine Bedeutung nicht.[88] Ewalds erste Schrift fand mehrmals positive Erwähnung in dem von Karl Christian Flatt (1772–1843) herausgegebenen Lehrbuch Gottlob Christian Storrs zur Dogmatik.[89] Ihren Eingang bilden Überlegungen zur claritas scripturae (»Allverständlichkeit«) anhand des jedem Laien zugänglichen Literalsinns und zum Verhältnis von Übersetzung und Interpretation.[90] Wichtigste Stütze in der Frage der Klarheit der Schrift waren Pfenningers *Vorlesungen über das Neue Testament*.[91] Ewald sah sich hier an seine Erfahrungen in den Erbauungsstunden in Offenbach erinnert, wo die Bibel als Buch des einfachen Christen neu entdeckt wurde. Besondere Sprach- und Sachkenntnisse waren dabei hilfreich, tangierten aber nicht die »Allverständlichkeit« des Evangeliums.[92]

Für das Bibelstudium des Laien eignete sich Stolzens Übersetzung wegen ihrer zu stark paraphrasierenden, das Grammatische und Theologische vermengenden Züge trotz ihres Anspruchs in Ewalds Augen gerade nicht, sie wurde als Tendenzschrift betrachtet.[93] Es wiederholten sich die Vorwürfe, die Pfenninger 1774 bei aller Anerkennung gegen die Bahrdtsche Übersetzung des Neuen Testaments als Paraphrase geltend gemacht hatte.[94] Andere neuere Übersetzungen wie die von Johann Otto Thiess (1762–1810), Professor in Kiel, vermieden ähnliche Einseitigkeiten. Sie trugen mehr dem Grundsatz Rechnung, die Freiheit des Übersetzers und des Lesers müsse in umgekehrtem Verhältnis zueinander stehen.[95] Was eine dem »Urbild« des Originals verpflich-

---

[88] Vgl. Steiger, 99.
[89] Vgl. Storr, Lehrbuch der Christlichen Dogmatik ins Deutsche übers. [...] v. Carl Christian Flatt, Stuttgart 1803, 355 f., 371, § 42 (in Flatts Nachtr.) (2. verm. Aufl. 1813).
[90] GR, Erster Versuch, 1–14; Zweiter Versuch, 15–34.
[91] GR, 7 ff., vgl. Pfenninger, Vorlesungen, Bd. 1, 1. Vorl.; Bd. 4, 64. Vorl.
[92] GR, 1 ff. Zur »uneigentlichen«, aber populären Sprache der Bibel heißt es z. B.: »Wie kann man den kleinen Anfang der Besserung im Innersten unsers Wesens, ihren langsamen aber doch ununterbrochenen Fortgang, treffender und doch allverständlicher bezeichnen, als mit dem Bilde: neue Geburt! [...] wie lässt sich der Einfluss, die Unentbehrlichkeit Jesu[s], wie seine innige Verbindung mit den Christen, durch die Einzigen geistigen Bande, Vertrauen und Liebe, populärer, allfasslicher darstellen! Und wie viel bleibt doch dabei[,] dem tieferen Forscher zum Nachdenken übrig [...].« Ebda., 11. Zur Bedeutung religiöser Empfindung für die Wahrnehmung der Simplizität und allgemeinen Verstehbarkeit der Schrift unter neologischem Vorzeichen s. Johann Friedrich Wilhelm Jerusalem, Betrachtungen über die vornehmsten Wahrheiten der Religion [...], 2. T., Braunschweig 1774, 96 ff., abgedr. in: ders., Betrachtungen [...]. Ausgew. u. hg. v. Wolfgang Erich Müller, 148 f.
[93] GRF 84.
[94] »[...] war denn zwischen Michaelischer Aengstlichkeit und Bahrdtscher Paraphrase *kein Mittel*?? [...] O Kraft der Simplicität, wo fliehst du hin!«, Pfenninger, Fünf Vorlesungen von der Liebe der Wahrheit. Von dem Einflusse des Herzens auf den Verstand. Von fehlerhafter und richtiger Methode, die Heil. Schriften zu studieren, Zürich 1774, 174 ff., 179 f. (mit Anm.).
[95] GR, 21 ff. Johann Otto Thiess, Das Neue Testament, oder die heiligen Bücher der Christen, neu übers., mit einer durchaus anwendbaren Erklärung [...], Bd. 1, 2. Aufl. 1793, VIII, 2. bearb. Aufl. Leipzig und Gera 1794. Vgl. die Rez. Ewalds in: ÜP H. 9, 1794. Ewald empfahl die Übers. wegen ihrer Luther öfters übertreffenden sprachlichen Klarheit und ihres auf zentrale Gedanken führenden Kommentars besonders für Prediger.

tete Übersetzung sein konnte, zeigten für Ewald die grandiosen Shakespeare-Übersetzungen von Schlegel seit 1797, an der sich Theologen für ihre Arbeit messen lassen müßten.[96] An Beispielen machte Ewald deutlich, wie sich dogmatische Vorentscheidungen auf die Übersetzung auswirkten.[97] Besonders markante Beispiele fand Ewald in Eichhorns *Bibliothek* zu Geistausgießung und Engelerscheinungen: Statt vom göttlichen Geist war vom inneren Drang des Menschen, statt von Engeln vom glücklichen Ungefähr die Rede.[98] Hier stand Ewald klar auf Seiten Storrs gegen Eichhorn.[99]

Was sich zum Thema Präexistenz aus dem Neuen Testament erheben ließ, lag für Ewald, wie nicht anders zu erwarten, zwischen orthodoxer Über- und neologischer Unterbestimmung.[100] Bei der Besprechung der einzelnen Bibelstellen wurde von Selbstzeugnissen Jesu ausgegangen. Die vorgeführte Zahl der Exegeten gab der Schrift einen kompilatorischen Charakter. Einmal sollte die Möglichkeit eines Grundkonsenses auf der Basis des Literalsinnes demonstriert werden. Sodann galt es zu zeigen, daß viele der angeblich neuen exegetischen Erkenntnisse schon das sozinianische Schrifttum durchzogen, sich also einem dogmatischen Vorurteil verdankten.[101] Ewald stützte sich in dieser

---

[96] Vgl. A. W. Schlegel, S. W. Shakespeare's dramatische Werke, Berlin 1797, Vorr., VI. Schlegels Übersetzungsgrundsatz war, bei möglichst großer Texttreue die dramatische Wahrheit zur Geltung zu bringen, im Zweifelsfall zuungunsten des poetischen Ausdrucks.

[97] Wurde beispielsweise der Logos nur als göttlicher Gedanke bestimmt, war ein Verständnis der Schöpfungsmittlerschaft *Christi* wie I Kor 8,6 nicht möglich. GR, 26 ff. Weitere Beispiele zu Rechtfertigung und Versöhnung folgten, so Mt 26,28, I Joh 1,7, II Kor 5,20, Eph 1,7.

[98] GR, 28 ff.

[99] Gegenüber Süskind hatte Eichhorn betont, mit Storr wohl niemals zusammenkommen zu können, Süskind an Diez, 1. Juli 1790, UB Tübingen, Mh 633; Süskind berichtete ferner, Storr werde nun aufs neue durch Eichhorn zu tun bekommen, da dieser sich die Versuchungsgeschichte und das Protevangelium in der ABBL vornehmen werde, über die Geistausgießung am Pfingstfest werde es nächstens eine heterodoxe Abhandlung von Eichhorn darin geben. »Der Mann räumt immer weiter auf.« Gegenüber Süskind gab Eichhorn ein sprechendes Urteil über Storrs gedankliche Beharrlichkeit: »Wir andere (sezte er lächelnd hinzu), werfen, wenn wir einen Einfall haben, ihn plözlich wieder weg und substituirn einen neuen, so bald jener nicht recht mehr taugen will. Aber Storr hält alles so fest, und schlingt alles so ineinander, daß keiner s[eine]r[.] Säze ohne den andern bestehen kan.« Ebda., Süskind an Diez, 14. Januar 1791. Vgl. Eichhorn, Urgeschichte, hg. v. Gabler, Bd. 2, 116 ff. (Anm. 54, zu Storr als scharfsinnigem Verfechter des alten Schulsystems), ebda., 295 ff. (Anm. 108, Gabler gegen Storrs Verteidigung des traditionellen Protevangeliums).

[100] GR, 35–117 (dritter Versuch), vgl. 36, 117. Neologie, Sozinianismus und Deismus waren auch hier austauschbare Begriffe, vgl. GRF, 66 ff., u. die ironische Variante 29 f., wo neben dem ausgestopften Bauch eines hyperorthodoxen Oberpriesters und dem fleischlosen Gerippe eines deistischen Magisters der »gesunde, wohlgenährte Körper eines Bibelchristen« zu stehen kam. Zur Kritik an der Unverzichtbarkeit der Präexistenzvorstellung für den christlichen Glaubensbegriff vgl. Jerusalem, Betrachtungen, 270 ff.

[101] Zur Zurückhaltung Ewalds gegenüber der historischen Kritik vgl. die literarkritischen Aussagen zur Stellung von Joh 21: H. E. G. Paulus, zu jener Zeit in Jena, hielt wie schon Grotius das Kapitel für einen Nachtrag und bestritt eine johanneische Verfasserschaft; da Ewald H. E. G. Paulus nicht der exegetischen Leichtfertigkeit beschuldigen konnte und wollte, wie er sie zuweilen bei Grotius fand – dessen oftmals konstruierte Hebraismen hatte schon Michaelis

Hinsicht insbesondere auf Johannes Hoornbeeks *Confutatio* von 1662.[102] Damit folgte er dem frühen Herder, der schon in seinen *Briefen, das Studium der Theologie betreffend*, die sozinianische Verzeichnung der biblischen Präexistenzaussagen in der Exegese moniert hatte.[103] Aufs ganze gesehen werden von Seiten der Fachexegeten Storrs Arbeiten wiederholt positiv erwähnt, Koppes Novum Testamentum blieb grundlegend.[104]

Auch wenn die reale Präexistenz im biblischen Kontext nicht Gegenstand näherer formaler Bestimmung wurde, so gehörte sie doch in den verschiedenen Aspekten des Kosmologischen, Revelatorischen, Soteriologischen und Moralischen zum Gesamtzeugnis der Schrift.[105] Sie entstammte nach Ewald nicht spekulativen Interessen, sondern der religiösen Begeisterung, welche nach Ausdrucksmöglichkeiten für die schlechthin überwältigende Hoheit (»Größe«) Jesu suchte, die auch andere innerlich bewegen konnte.[106] So warb Ewald auf der Basis seiner Grundvorstellung vom religiösen Eindruck und der

---

kritisiert –, baute er eine Brücke; auch die Annahme eines Anhangs schloß die johanneische Verfasserschaft nicht aus, so daß er bei der Meinung, wie sie Rosenmüller und Herder vertraten, bleiben konnte.

[102] Johannes Hoornbeeck, Socinianismi confutati [tomi], 3 Bde., Amsterdam 1650–1664, Bd. 2, l. 1, c. 1 De vera Christi Deitate [...], vgl. z. B. 160 ff. Zu den exegetischen Autoritäten, die am häufigsten besprochen wurden, zählen neben Grotius, Wettstein und Bengel Semler, Michaelis, Ernesti, Eichhorn, Rosenmüller und Niemeyer, Koppe, Knapp, Storr und Paulus sowie Kleuker, Pfenninger und Herder; außerdem wurden Henkes MRP und Eichhorns ABBL herangezogen.

[103] GR, 66 f., vgl. 112, Anm. 21. Herder, Briefe, das Studium der Theologie betreffend, 3. T. SWS 10, 393 f. Zur Ablehnung des Sozinianismus bei Semler vgl. Christologie, 118 f.

[104] Von Storr wurden z. B. herangezogen: Pauli Brief an die Hebräer erläutert, Tübingen 1789; Über den Zwek der evangelischen Geschichte und der Briefe Johannis, Tübingen 1796. Relativ ausführlich besprach Ewald Joh 3,13 und 8,56.58 als Selbstzeugnisse Jesu, außerdem Joh 1,15; 3,31; 17,5; Röm 9,5; Kol 1,16; 2,9 u. Hebr 1,2.18. Dem Johannesprolog kam eine zentrale Bedeutung zu.

[105] Der freie Umgang mit der altkirchlichen dogmatischen Tradition zeigte sich im Verständnis der für die Christologie aufschlußreichen Stelle Joh 17,5, Jesu Bitte um Verherrlichung. Ewald folgte der an der Vergöttlichung der menschlichen Natur orientierten Auslegung des Origenes, GR 52 ff., 109, Anm. 11. Zur Deutung des Johannesprologs auf den historischen Jesus vgl. die erklärende Textfassung bei Basedow, Vermächtniß für die Gewissen, 2. T., 289 f., Jesu Gottheit bestand demnach in der ihm offenbarten Bestimmung zu göttlicher Macht und Hoheit; vgl. ebda., 187 f.

[106] Von den Präexistenzaussagen, die keine eigentlichen Beweise für die Göttlichkeit Jesu waren, wie von orthodoxer Seite beansprucht, galt: »Es *entfährt* ihnen [den Aposteln] mehr, als dass sie es bestimmt *sagen* oder entwickeln wollten. Sie können nicht in sich behalten, das, wovon ihr Herz so voll war. Aber sie brauchen es zu sittlichen Zwecken. Sie wollen dadurch eine Ermahnung, eine Warnung, einen Trost verstärken. Sie wollen zum Dank, zum Vertrauen, zur Liebe gegen Gott und Jesus ermuntern [...].« GR, 60. Vgl. die Äußerungen zum (deutero-)paulinischen Stil Kol 1: »Manchmal war ihm kaum der Name Jesus entfahren, so hatte er für eine Zeitlang den Gegenstand vergessen, über den er schreiben wollte. Er schrieb eine Zeitlang fort, über den, an den er alle Gegenstände knüpfte. Und hier sagt er, dass die Christen in das Reich des Hochgeliebten, Jesus Christus, gehörten. Konnte er ihn da unterlassen, den Erguss über die Grösse und den Umfang des Reichs dieses Jesus?« GR, 66 f.

Schöpferkraft der Sprache um Verständnis für die dem Definitorischen gegenüber vorgängige intuitive, von der Ergriffenheit in der Christusliebe getragenen Redeweise der Annäherung in der Vielfalt assoziativer Bilder.[107] Diese entsprach der eingeschränkten Fassungskraft des Menschen im irdischen Leben als seiner Kindheit.[108] Das bildhaft-mythische Denken blieb demnach für den Glauben und seine Vermittlung gegen alle Vernunftautonomie konstitutiv.[109] Dieses unterlag einer kritischen Instanz, doch nicht primär der historischen Vernunftkritik, sondern der des »kritischen Gefühls« der Gleichzeitigkeit mit den biblischen Zeugen, ein für Männer wie J. J. Stolz wenig aussagekräftiges Kriterium religiöser Unmittelbarkeit. Vor diesem »kritischen Gefühl« – auch als religiös-ästhetischer »Geschmack« gefaßt – war Röm 9,5 als Doxologie auf Christus gerechtfertigt, da aus der Ergriffenheit des Schreibers erklärbar.[110] Der theologische Inspirationsgedanke wird auch hier von der Subjektivität des Schriftstellers her neu gefaßt und damit wie bei Herder poetisch erweitert, aber nicht aufgegeben.

Die (deutero-)paulinische und die johanneische Christologie drückte sich für Ewald hinreichend in der Vater-Sohn-Relation aus. Im Blick auf die Schöpfungsmittlerschaft hieß dies: Alles kam *vom* Vater *durch* den Sohn ins Dasein.[111] Kol 1,16 und Hebr. 1,2 bezog er gegen moralische Deutungen auf die Mittlerschaft Christi bei der Weltschöpfung.[112] Diese physische Deutung stützte sich auf die alttestamentliche Weisheitstradition, welche sich im Christusglauben mit der messianischen Erwartung verband. Gerade das oft miß-

---

[107] Paulus hatte demnach immer den »ganzen Jesus« in Kopf und Herz. »Er fliesst nur gar zu leicht über, sobald von Jesus die Rede ist, und sagt dann mehr von ihm, als er jetzt, seinem Zwecke nach, zu sagen brauchte.« Diese »Schwachheit« müsse man an Paulus tolerieren, der Mehrheit der neueren Theologen sei diese freilich fremd. Ebda., 75 f.

[108] Ebda., 87.

[109] »Er [der biblische Verfasser] sagt sich selbst nie genug; sucht Ausdrücke, Bilder, Vergleichungen zusammen aus dem ganzen Schatze seines Wissens, um das hohe Bild nur einigermaassen darzustellen, was er von Jesus in sich trug. Er schreibt nicht etwa: ›Jesus ist uns von Gott gemacht, zur Weisheit, zur Gerechtigkeit, zur Heiligung und Erlösung‹ [I Kor 1,30] um dadurch etwa alle Verdienste Jesus um die Menschheit zu umfassen. [...] In Jesus hat die Menschheit Alles, bei ihm fehlt es ihr an nichts! Das ists, was er sagen will [...].« Ebda., 80 f., vgl. RL II, 109 f.

[110] GR, 86 f. Zu Joh 8,58 merkte Ewald an: »In dem höheren, göttlichen Sinne, wo Gegenwart und Zukunft in Einem Blick umfasst wird, in dieser Sprache der göttlichen Oekonomie, in der so Vieles in der Bibel geschrieben ist [...] und die durch die neuere Theorie[,] von Zeit und Raum[,] auch vor den Gesichtskreis des Philosophen gerückt ward – ist es da nicht Einerlei, ob Jesus sagt: ich *war*, oder ich *bin*?« Ebda., 45.

[111] GR, 79. Eine ausführlichere Darstellung seiner Auffassung von paulinischer Theologie anhand der Doxologie von Röm 9,5 findet sich in: GRF 84 ff. Der Vater ist demnach die absolute und schlechthinnige Gottheit (letzte Ursache), der letzte und höchste Gegenstand des Glaubens; ihm ist Christus zugeordnet als Ebenbild. »Allerdings ist Christus, der Sohn, dem Vater *subordinirt*, ob er gleich *als Sohn* des *Vaters, Gottes* Natur und Wesen hat [...].« Ebda., 96. Ähnlich J. F. W. Jerusalem, Nachgelassene Schriften. 1. T., hg. v. Ph. Charlotte Jerusalem, Braunschweig 1792, 139 ff., wieder in: J. F. W. Jerusalem, Betrachtungen über die vornehmsten Wahrheiten der Religion (Niedersächsische Bibliothek Geistlicher Texte 2), Hannover 1991, 250 ff.

[112] Ebda., 67 ff.

verstandene erste Kapitel des Hebräerbriefs mit seinen zahlreichen alttestamentlichen Zitaten zeigte, worauf schon Herder hingewiesen hatte, daß es dem Verfasser um die doxologische Rede von Christus und nicht um eine eigentliche Erklärung oder direkt christologische Deutung des Alten Testaments ging.[113] In der Bestimmung des göttlichen Pleroma Kol 2,9 lehnte Ewald jede Einschränkung, etwa auf die göttliche Weisheit, ab. In Christus erschloß sich die Gottheit ihrem ganzen Wesen nach, die sich in der Schechina noch abbildhaft vergegenwärtigt hatte.[114]

Insgesamt wurde festgehalten, daß die reale Präexistenz des Gottessohnes, seine Schöpfungsmittlerschaft und seine Mittlerfunktion bei jeglicher Gottesoffenbarung in Vergangenheit und Zukunft zum unverkürzten biblischen Zeugnis gehörten. Daher war es für die biblischen Schriftsteller wie für die Alte Kirche möglich, auf direkte oder indirekte Weise Jesus Gott zu nennen, obgleich der Vater als solcher über dem Sohn stand, was dieser als Sohn auch anerkannte. Dieses Vater-Sohn-Verhältnis bestimmte das Verständnis von göttlicher und menschlicher Natur: Von einer göttlichen, der Anbetung würdigen Natur Jesu konnte gesprochen werden, insofern von einem Sohn angenommen wurde, er sei von gleicher Natur wie der Vater.[115] Eine nähere Bestimmung erfolgte im Neuen Testament nicht und war nach Ewald auch entbehrlich, insofern in den Relationsbegriffen von Vater und Sohn das Nötige gesagt war.[116] Die strenge dogmatische Fassung der zwei Naturen in Christus erschien ihm ebenso obsolet wie die Aussagen von der ewigen Zeugung des Sohnes durch den Vater (generatio aeterna, immanente Wesenstrinität).[117] Was schon im Blick auf die Entstehung des organischen Lebens nicht gelang, wie ein Blick auf die physiologischen Forschungen Albrecht von Hallers bestätigte, konnte auch nicht im Blick auf das »Geheimnis des Glauben« (I Tim 3,16) gelingen.[118] Der dogmatisch fixierten Begrifflichkeit der Logik blieb die Vitalität der Empfindung und ihrer Sprachwelt überlegen.

In der Frage der ethischen Relevanz der biblischen Logoschristologie knüpfte Ewald an die Grundgedanken seiner Kantschrift an. Die christologischen Hoheitsaussagen gehörten zur Mitte des Christusglaubens, ohne den es

---

[113] GR, 76 f., zu Hebr 1,18 ebda., 98 ff. Vgl. Herder, Erläuterungen zum Neuen Testament [...], SWS 7, 365. Storr, Pauli Brief an die Hebräer [...], Tübingen 1789.

[114] GR, 81 ff.

[115] Vgl. ebda., 122 ff. Die Skepsis gegenüber wesensmetaphysischen Aussagen blieb ungebrochen.

[116] »Das: wie? in dem Verhältnisse zwischen dem Vater und Sohne, ist in dem N. T. nicht bestimmt, und *soll* und *kann für uns* nicht bestimmt werden; wenigstens nicht mehr, als es durch dies einfache, menschliche Bild bestimmt ist. *Dass* es aber so sey, das scheint mir unleugbar.« Ebda., 105 f.

[117] Vgl. z. B. die Semlersche Relativierung der nicänischen Homousievorstellung als nicht zum Wesen des Glaubens gehörender antiarianischer Kampfformel, Semler, Christologie, 172 ff.

[118] Ebda., 153.

wohl eine philosophische, aber keine christliche Sittenlehre gab.[119] Insofern die vielfältigen Selbstzeugnisse Jesu wie die »Ich-bin-Worte« und das Bekenntnis vor Kaiphas (Mt 26,46) von seiner göttlichen Erhabenheit sprachen, waren sie, da auf der Ebene des Selbstbewußtseins moralisch anfechtbar, als Ausdruck des Gehorsams gegenüber seiner Sendung in ihrer höheren Zwecksetzung zur moralischen Besserung seiner Nachfolger zu würdigen.[120] Den Weg aus dem moralischen Dilemma hatte Storr gewiesen, dessen Abhandlung aus dem Jahr 1796 über die historisch erweisbare und bleibend mit dem Begriff des Christentums verbundene Eigentümlichkeit gegenüber naturalistischen und sonstigen religiösen Ansprüchen eine zentrale Rolle für Ewalds Argumentation spielte.[121] So mußte Jesus erst selbst als Gegenstand seiner Verkündigung erkannt sein, bevor er als Sittenlehrer Bedeutung erlangen konnte.[122] Daraus ergaben sich charakteristische Unterschiede zwischen philosophischer und theologischer Moral, zwischen der Autorität der praktischen Vernunft und der Gottesoffenbarung in der Schrift. Jesus begründete seine Weisungen allein mit der göttlichen Autorität seines Wortes, wie die Antithesen der Bergpredigt zeigten.[123] Auch Theologen wie Gottlieb Jakob Planck, der nicht als Parteigänger der Orthodoxie verdächtig war, betonten die unauflösliche Verbindung von christlicher Glaubens- und Sittenlehre und warnten vor den Konsequenzen arianischer Auffassungen für die Sittenlehre.[124] Zudem ließ sich nach Ewald bei Philosophen und Schriftstellern von Rang immer noch eine erstaunliche Achtung vor der inneren Konsequenz und Konsistenz der biblischen und der größtenteils (!) ihr folgenden altorthodoxen Christologie feststellen.[125] Es war nicht einzusehen, warum das angeblich natürlichere und weniger erklärungsbedürftige deistische Bekenntnis zum Schöpfergott weniger den Charakter eines Offenbarungsgeheimnisses tragen sollte als das zu Christus als Gottessohn und Schöpfungsmittler.[126]

---

[119] GR, Vierter Versuch, 118–156 (mit einem Motto von F. L. Graf Stolberg zur Einheit von Glaube und Tugend analog zur Einheit von Seele und Leib).
[120] GR, 118 f.
[121] Storr, Ueber den Geist des Christenthums. Eine historische Untersuchung, in: MCDM 1.1796, 103–169.
[122] GR, 126.
[123] »Die praktische Vernunft ist *er selbst* – [...] Jesus Christus.« Ebda., 129. Das Christusgebot partizipierte aufgrund der Gottessohnschaft an der göttlichen Autorität: Es sollte gehört werden, »als ob« es Gott selbst gesagt hätte. Ebda., 136.
[124] Gottlieb Jakob Planck, Einleitung in die Theologische[n] Wissenschaften, 2 Bde., Leipzig 1794–1795, Bd. 2, 395 ff.
[125] Ewald verwies auf das Notizenblatt des 6. Bd. des von Fichte und Niethammer hg. *Philosophischen Journals*, 6.1797, H. 1, 38 f., wo Kant gegen den Vorwurf, er nehme von der neueren Theologie keine Kenntnis, mit dem Satz in Schutz genommen wurde: »Wenn er [Tittmann] indeß wirklich glaubt, Kant hätte dem consequenten System der Kirche das unzusammenhangende FlickWerk der Theologen, die *er* (Hr. T.) für aufgeklärt hält, vorziehen sollen, so muß man das der Schwäche seines Verstandes zu gute halten.« GR, 152.
[126] GR, 134 ff., u. a. zur Motivation christlicher Ethik durch die Christusliebe.

Für seine Vernunftkritik im Zusammenhang der Begründung der Ethik rief Ewald Jean Paul zum literarischen Zeugen für die Macht der Leidenschaften auf, die nicht durch ein gedankliches Schlußverfahren zu brechen war.[127] Dem trug die biblische Ethik Rechnung, indem sie von der allgemeinen Erfahrung ausging, daß man sich dem leicht und gerne verähnlicht, den man liebt. Die reine Vernunftmotivation war allenfalls einem illusionären philosophischen goldenen Zeitalter vorbehalten.[128] Wie der sittliche Mensch alles aus Achtung vor dem Gesetz tue, so der Christ aus Liebe zu Christus als göttlichem Gesetzgeber. Die Christusliebe galt als »oberstes Prinzip des Kopfs und innigstes Gefühl des Herzens zugleich«, und so als Inbegriff der motivierenden Lebenskräfte, kraft deren eine Annäherung an das Ideal der Heiligkeit, alles vom Gesetz Christi Gebotene gern zu tun, möglich wurde. Der Unterschied zu dem in einen unendlichen Progressus eingebundenen Streben nach dem Ideal bzw. Urbild bei Kant lag darin, daß das Ziel in der Christusgemeinschaft des Glaubens vorausgesetzt und die darin gegebenen Motivationskräfte voll in Anspruch genommen wurden. Ewald widersprach Stolz darin nicht, daß das ganze Neue Testament eine ethische, d. h. für ihn in erster Linie erzieherische Zielsetzung habe.[129] Dies durfte aber nicht zur Vernachlässigung dessen führen, was allein diese Zielsetzung zu erreichen erlaubte. Christliches Handeln war unmöglich ohne Glaube, Glaube aber war Glaube an Jesus als den erhöhten Christus. Nur so vermochte der Glaube Früchte der Tugend zu tragen.

Ewald ließ seiner Schrift eine Antikritik folgen, in der er sich mit den in zwei wenig schmeichelhaften Rezensionen der *Allgemeinen Literatur-Zeitung* und den *Neuen theologischen Annalen* laut gewordenen Einwänden methodischer und inhaltlicher Art auseinandersetzte.[130] In der Tat boten seine Ausführungen zum Problem des Übersetzens und seine nicht immer sorgsame Auswertung der zitierten Literatur zahlreiche Angriffsflächen. So mußte sich seine Darstellung des Zusammenhangs von Christologie und christlicher Moral den Vorwurf gefallen lassen, das Problem der Differenz zwischen der Autorität Jesu und der der Vernunft mehr thetisch behauptet als nachgewiesen zu haben. Ewald fühlte sich freilich von den Rezensenten nicht ernst genommen, sondern wie einst Jacobi von einer Übermacht in die Ecke gedrängt.[131] Am Ende seiner ausführlichen Widerlegungen wirkte er müde, verbittert und nicht frei von Selbstmitleid.[132]

---

[127] Vgl. auch Jacobi, Ueber die Lehre des Spinoza, Werke 4.1, 230 ff.
[128] GR, 137 ff. Vgl. 155, Anm. 18.
[129] Ebda., 144 ff. Ewald verwies beispielhaft auf Mt 7,12 ff.; Eph 5,25 ff.; Tit 2,11 ff., Jak 1,22 ff., 2,14 ff.
[130] Die Rez. aus der ALZ 1798, Nr. 276, 590 ff. und den NTATN.A 1799, 4. St., 106 ff. finden sich am Anfang der Schrift, GRF.
[131] GRF, 123 f.
[132] »Mein Ton ist bitterer, wenigstens derber worden, als ich ihn wünschte und wollte. Aber es ist auch fast unmöglich, ohne Indignation zu bleiben, wenn ein Mann, der sich zwanzig Iahre [!] lang, nach gehöriger Vorbereitung, bemüht hat, den Geist der Bibel zu studiren, der sich

Dabei blieb es nicht. Der kritischen Rezension in der *Allgemeinen Literatur-Zeitung* folgte eine weiter intensivierte Beschäftigung mit der Logosfrage in historischer Hinsicht, aus der 1803 eine neue Schrift hervorging. Damit sollte die Diskussion neu angestoßen werden. Da sich Ewald von diesem Periodikum schon länger ungerecht behandelt fühlte, kam es zu einer Art Generalreplik auf den seiner Meinung nach tendenziös neologischen Charakter der Zeitschrift.[133] Im ersten Beitrag der Schrift werden Gründe für die Wahrscheinlichkeit einer Identität des Memra d'Adonai מימרא דיי, Ausspruch, Wort Gottes) in den Targumim mit dem Logos und Messias dargelegt. Ausgegangen wird von dem religionsgeschichtlichen Phänomen, daß sich alle Völker sinnliche Repräsentanten ihrer Götter schaffen und auch noch in der Gegenwart alles von Gott Geglaubte notwendigerweise anthropomorph sei. Die Intention der jüdischen Redeweise, die Transzendenz Gottes zu wahren, blieb unberücksichtigt. Die personal bestimmte Logosvorstellung wird zurückverfolgt bis in den Parsismus. Auch die starke terminologische Verwandtschaft mit der Logoschristologie bei Philo von Alexandrien wird namhaft gemacht, welche den Logos als Schöpfungsmittler bestimmte und mit göttlichen Prädikaten versah. In seiner Argumentation tritt Ewald in die Tradition des antijüdischen Schriftbeweises für die Messianität Jesu ein. Er griff dazu auf

---

dabei der redlichsten Wahrheitsliebe bewusst ist, der, um nicht Einseitig zu werden, exegetische, dogmatische und philosophische Schriften von *jeder* Art lieset, und prüft, auch solche, die wegen der ärgsten Heterodoxie verschrieen sind, der gerne Jeden denken und glauben lässt, wie er kann, ja selbst mit Menschen, die über alle wichtigen Gegenstände des Christenthums ganz anders, als er, denken, in der innigsten Verbindung leben kann und lebt, – der selbst die Denk- und Schreibfreiheit derer, die ihn mishandelten, aufs ernstlichste vertheidigt, der schon mehr als Einmal öffentlich Proben gegeben hat, dass er seine Meynung zurücknehme, sobald man ihn *durch Gründe* überzeugt, – der funfzehen Jahre lang ein Amt hatte, das die vielseitigsten, auch exegetischen Kenntnisse, und Fortgehen mit den Kenntnissen des Zeitalters erfodert [!], besonders, wenn man dabei noch den Professor der biblischen Dogmatik und Exegese machen muss – wenn *der*, Gott weis! von welchem Unbekannten, Halb-gelehrten und Halbkenner, *ohne* alle Gründe, oder mit *falschen*, nachgeschriebenen Gründen zurückgewiesen, vornehm verhöhnt, an Dinge erinnert wird, die er längst Jünglinge gelehrt, kurz, wie ein Schulknabe behandelt wird.« GRF, 121 f.

[133] Ewald, Was dachten die alten Juden von dem Logos? und was dachten die Vornizänischen Väter von der Gottheit Jesus? Ein kleiner Beitrag zur Beantwortung dieser Fragen, mit einem Intelligenzblatt *an* die Redaktion und *gegen* einen Rezensenten in der Allg. Lit. Zeitung, Leipzig 1803 (= LOG; Steiger, Bibliogr. 239). Zur kritisierten Rez. des »David« in der ALZ vgl. LOG, 95 ff., dem als weiteres Beispiel die Rez. von Kleuker, Grundriß einer Encyklopädie der Theologie oder der christlichen Religionswissenschaft, 2 Bde., Hamburg 1800–1801, zur Seite gestellt wurde. Diese kritische Rezension stellte im Gegenzug zu Kleukers Anspruch auf kirchliche Geltung seiner Ansichten fest, daß er sich selbst Abweichungen von der klassischen kirchlichen Trinitäts- und Erbsündenlehre habe zuschulden kommen lassen. Ewald wies die Vorwürfe schlicht als »Unsinn« zurück, er wünschte sich gegenüber allen »Paläologen« eine Unparteilichkeit, wie sie die ALZ gegenüber dem Tübinger MCDM walten ließ; auch hier kehrte das Argument wieder, unter den theologischen Systemen könne das orthodoxe immer noch als das in sich konsequenteste gelten – was so wenig wie bei Lessing dessen Bejahung bedeutete, LOG, 98 ff.

eine Schrift des Hildesheimer Theologen und Schulreformers Hermann H. Cludius (1754–1835) zurück, der sich aus Anlaß einer Judentaufe zum Thema geäußert hatte.[134] Dagegen waren schon durch Johann Friedrich Flatt 1785 die Differenzen zwischen der biblischen Redeweise, Philo und den Targumim benannt worden. Bei Philo bestand in personaler Hinsicht keine Klarheit, das dem Gottesnamen vorangestellte Memra der Targumim war als Pleonasmus erklärbar, andere Stellen entstammten späterer Zeiten. Für die Zeit des Neuen Testaments ließen sich also entgegen der Aufnahme entsprechender Behauptungen bei Ewald keine direkten Parallelen zur Identifizierung von Messias und Weltenschöpfer finden.[135]

Ein weiterer Beitrag setzte sich mit der vornizänischen Logoschristologie auseinander, eine für Ewalds Orientierung bezeichnende Zäsur, die Gottfried Arnolds Grundgedanken der in den ersten drei Jahrhunderten noch bewahrten Simplizität christlicher Lehre entspricht.[136] Bei aller Verschiedenheit im einzelnen und einer sich erst langsam schärfenden Begrifflichkeit stand für Ewald ein gemeinchristlicher Konsens in der Frage der wesenhaften Gottheit Christi als unitas qualitatis bei gleichzeitig deutlicher Subordination des Sohnes im Vater-Sohn-Verhältnis in der Frühzeit der Kirche fest, und zwar von den Apostolischen Vätern über Origenes und Laktanz bis zu Eusebius von Cäsarea.[137] Die von Euseb – er bezog sich auf eine Schrift des Hippolyt – skizzierte Häresie des Artemon, welcher die Gottheit Christi leugnete, kehrte nach seiner Überzeugung in der Neologie wieder. Diese kündigte damit den christlichen Glaubenskonsens der »Paläologen« auf.[138] Die zur mittelbaren Offenbarungsgröße stilisierte praktische Vernunft vermochte wohl eine Vernunftreligion zu begründen, durfte aber keinen Anspruch darauf erheben, christlich zu sein.[139]

---

[134] Hermann Heimart Cludius, Wahrheiten der christlichen Religion, insbesondere zur Widerlegung der Juden [...], Bremen 1782, bes. 85 ff.; vgl. die oben genannte Abhandlung über Jesu Person und Amt in: MRP 3.1794.

[135] Johann Friedrich Flatt, Etwas über die Beziehung der Lehre Jesu von seiner Person auf die Denkart der palästinensischen Juden, in: Vermischte Versuche, Leipzig 1785, 233–268.

[136] LOG, 30 ff. Der Beitrag bestätigt die Ewaldschen Vorbehalte gegenüber der späteren wesensmetaphysischen Ausgestaltung der Zweinaturenlehre; er ist mehr ein Zeugnis für die Distanzierung von der altkirchlichen Christologie und ihrer reformatorischen Rezeption als für die Übereinstimmung mit dieser; gegen Steiger.

[137] Gegenüber Origenes' Rechtgläubigkeit bestanden allenfalls leichte Zweifel, ebda., 75 ff. Clemens von Alexandrien nannte Ewald wegen seiner zuweilen großen philosophischen Offenheit und moralischen Interpretationen einen »Kantus ante Kantum«, ebda., 43; Laktanz war Ewald gerade wegen seiner geringen Systematisierungsversuche sympathisch, LOG, 66 ff.

[138] Vgl. Euseb von Cäsarea, Historia Ecclesiastica V 28,1 ff. (Eduard Schwartz, GCS II, 1–3, Leipzig 1903, 190). Zur Homousie als »Gleichartigkeit« (unitas qualitatis) vgl. LOG, 75 ff. Zur Kritik an der auf einem Infallibilitätsanspruch beruhenden innerprotestantischen Schmähung der Neologen durch selbsternannte Paläologen vgl. Semler, Christologie, 246 f.

[139] LOG, 74.

12.4 Ekklesiologische Grundlinien

12.4.1 Innere und äußere Kirche

Aufschlußreich für Ewalds Kirchenverständnis sind die von ihm in der Bremer Zeit in die *Christliche Monatschrift* im Zeichen der Sammlung der Christusgläubigen aufgenommenen einschlägigen Beiträge. Anders als bei Jung-Stilling ist der Sammlungsgedanke nicht vom endzeitlichen Bußruf und seinen Dramatisierungen geprägt, aber dennoch in dieser Richtung offen. So findet sich im zweiten Band des Jahres 1800 die Ankündigung einer anonymen Schrift, die sich gegen den Gedanken einer allgemeinen Religionsvereinigung im Zeichen einer »kosmopolitischen Vernunfthierarchie« wandte und die Zeit im Zeichen des Antichristen reif für die Sammlung der Christusgläubigen aus allen Konfessionen und Sondergruppen mittels Separation von den traditionellen Kirchentümern sah.[140] Ewald mißfiel zwar das Propagandistische dieser Schrift, doch glaubte auch er an das früher oder später Unvermeidliche einer solchen Trennung, die vom »Zeitgeist« – hier eindeutig negativ qualifiziert – von selbst so weit vorangetrieben würde. In einer nachträglichen Notiz vermerkte er nach der Lektüre der Schrift, sie habe seine Erwartungen weit übertroffen, sie handle den Gegenstand in großer Klarheit und mit außergewöhnlicher prophetischer Kraft ab.[141] Ein freilich extremes Beispiel dafür, wie weit die »Zeichen der Zeit« fortgeschritten waren, stellte das Auftreten Kaspar David Hartmeyers dar, aus dessen Predigten Ewald Auszüge abdrucken ließ, auch nahm er die gegen denselben gerichteten Lavater-Epigramme in die Zeitschrift auf. Hartmeyer propagierte auf radikale Weise den Abschied von jeder positiven Offenbarungsreligion zugunsten einer rein praktisch orientierten Religion der Vernunft, in der sich der Mensch kraft des in ihm wirkenden Göttlichen selbst Gegenüber war.[142] Die Zeitschrift berichtete in einer kurzen Notiz auch von Hartmeyers Ende als Prediger in Zürich: Von Antistes Heß vorgeladen, wurde er zum Widerruf oder zum Verzicht auf sein christliches Lehramt aufgefordert, er mußte sich in letzteres fügen.[143]

Die Erwartung einer endzeitlichen Trennung von wahrer und falscher Kirche spiegelt sich auf markante Weise in der 1803 abgedruckten Übersetzung einer 1802 in Paris auf Französisch erschienenen Schrift über die »innere Kirche«.[144] Ewald nannte den Verfasser zunächst nicht, da er glaubte, die

---

[140] ChrM 1800.2, 239 f.
[141] ChrM 1800.2, Ende, Inhaltsverzeichnis (zu Nr. 26).
[142] ChrM 1800.1, 213–217, Epigramme Lavaters ebda, 285–291. Nicht alle Leser waren mit dem Abdr. solch negativer »Stimmen der Zeit« einverstanden, ebda., 1800.2, 316 f. (Leser aus Paris). Ewald rechtfertigte den Abdruck unter Hinweis auf das biblische Gebot des Aufmerkens im endgeschichtlichen Kontext, vgl. Mt 24,15, Mt 24,32 f. und II Thess 2,3 f.
[143] ChrM 1800.2, 80.
[144] O. Vf., Einige Züge der innern Kirche, von dem einzigen Wege, der zur Wahrheit führt, und von den verschiedenen Wegen, die zum Irrthum und zum Verderben führen. Nebst einer

Schrift stamme von Louis Claude de Saint-Martin (1743–1804), den man für das Haupt der Martinisten in Frankreich hielt. Um Einwänden zuvorzukommen, betonte er in der ihm eigenen Rücksichtnahme, die Schrift sei nicht gleichermaßen für alle Leser geeignet, ließ aber keinen Zweifel daran, daß die in Bibelauslegung und geistlicher Erfahrung Gereifteren sie wohl verstehen würden. Später stellte sich heraus – Ewald teilte dies seinen Lesern mit –, daß die Schrift im Original auf russisch in Moskau erschienen war und von »Lapuchin« stammte, womit wohl der Geheime Rat und Ritter Ivan Vladimirovich Lopuchin gemeint ist, Mitglied der Lavaterverehrer unter den führenden Freimaurern in Moskau.[145] Die Schrift stand unter dem Motto der wahren Gottesanbetung im Geist und in der Wahrheit nach Joh 4,23. Sie kam Ewald durch ihre Geschichtstheologie entgegen, welche die Heilsgeschichte von der Schöpfung bis zur Vollendung unter den Gedanken göttlicher Erziehung stellte und den im göttlichen Schöpferhandeln fortwährend präsenten Logos mit Christus identifizierte. Auch wurde die aufklärerische Lichtmetaphorik ganz im Sinne des göttlichen Schöpfungslichtes und der Erleuchtung durch den Glauben gegen das trügerische Licht der sich selbst überlassenen Vernunft gebraucht.[146] Die ekklesiologische Konzeption erinnert in einzelnen Zügen an Augustin. Die innere Geistkirche wird bis auf die Reue Adams über den Sündenfall zurückverfolgt. Als ihr eigentlicher Stifter gilt Abel, während Kain als Stifter der Kirche des Antichrists fungiert. Ihre personale Mitte offenbarte sich der inneren Kirche in der Menschwerdung des präexistenten Gottessohns und seines Opfertodes, der sie fortan zum Leib Christi qualifizierte.[147] Die innere Kirche selbst wird einem mystischen Tempel verglichen, der um seine Mitte, das Allerheiligste, die Gläubigen in abgestuften Graden der Vollkommenheit versammelt.[148] Eine ritualistische Frömmigkeitspraxis führt demnach

---

kurzen Darstellung des Charakters und den Pflichten des wahren Christen, Paris 1802, in: ChrM 1803.2, 95–118; 171–184; 401–430.

[145] Vgl. ChrM 1804.2, 400. Ewald hatte die Bestätigung vom Autor selbst erhalten. Bei dieser Gelegenheit wurde darauf hingewiesen, daß Saint-Martin mit den Martinisten in Frankreich nicht verbunden war. Zu Lopuchin vgl. Edmund Heier, J. C. Lavater im geistigen und kulturellen Leben Rußlands des 18. und 19. Jahrhunderts, [...], AGP 31, 337–346.

[146] »Unaufhörlich spricht das Wort, durch welches das Licht geschaffen ward: Es werde Licht! und es wird Licht.« ChrM 1803.2, 98. Vgl. ebda., 113. Zur johanneischen Lichtmetaphorik in Semlers Deutung auf Durchbrechung der »moralischen Nacht« der Unwissenheit und Gaukelei vgl. Semler, Christologie, 235 f.

[147] Die Versöhnungslehre gab sich orthodox, vgl. ChM 1803.2, 98 ff., 112, 171, wenn auch die Hoffnung auf Allversöhnung anklingt.

[148] Im Innersten unmittelbar an der Quelle des Göttlichen saßen die Priesterkönige, welche die höchste Stufe irdischer Vollkommenheit erreicht hatten und im Besitz aller Gaben von Natur und Gnade waren, also auch Empfänger einer persönlichen Offenbarung oder Erscheinung Jesu werden konnten; es folgten vor dem Vorhang des Allerheiligsten die innerlich mit Christus Gekreuzigten, welche nicht mehr in der Gefahr des Abfalls standen (Gal 5,24 f., I Joh 3,9) und so besonders zum Apostelamt auf Erden befähigt waren. Hinter diesen kamen die in Kreuzesnachfolge und Selbstverleugnung noch nicht Vollendeten. Am Tempeleingang warteten schließlich die von den geoffenbarten Wahrheiten des Evangeliums Überzeugten und um Rettung

ebenso wie eine deistische Religiosität nur in den Vorhof dieses Tempels. Außerhalb des Tempels aber irren die Sklaven der Leidenschaften und des Lasters umher, den Verlockungen des Antichristen ausgesetzt. Die dem inneren Gottesdienst im mystischen Tempel ergebenen Gläubigen werden nicht vom äußeren Kult dispensiert gesehen, denn dieser diente wie bei Ewald durch Versinnlichung der göttlichen Geheimnisse der Vorbereitung der inneren Gottesanbetung und war somit bleibender Eingang zur wahren Kirche, einer rein innerlichen Größe. Besonders der griechisch-orthodoxe Ritus, der noch am ehesten seine ursprüngliche Verfassung bewahrt hatte, konnte diese vorbereitende Wirkung ausüben. Ewald sah hierin sein Bestreben um liturgische Reformen bestätigt.[149] Unter die Antichristpolemik fielen sämtliche theurgischen Künste, wozu nicht nur die Kabbala, sondern zu Ewalds Mißfallen auch der tierische Magnetismus zählte, sowie die politische Revolutionsagitation.[150] Im Mittelpunkt der Anklage aber stand die Leugnung der Göttlichkeit Jesu, was die Neologie in den Kreis des antichristlichen Treibens zog. Freilich merkte Ewald gegen jede vorschnelle Personalisierung ganz im Sinne seines freieren Pietismus an, daß der Maßstab des göttlichen Gerichts allein die subjektiv redliche Überzeugung von der biblischen Wahrheit und nicht die objektive Richtigkeit eines Lehrsatzes sei.[151]

Der endzeitlich motivierte Sammlungsgedanke spielte für Ewald weiterhin eine wichtige paränetische Rolle, und zwar auf dem Hintergrund des politischen Verfalls der alten Ordnung, formal besiegelt im Ende des Heiligen Römischen Reiches Deutscher Nation 1806, und dem Hervortreten der von Jean Paul in seinem Hauptwerk treffend gezeichneten Titanenproblematik der Selbstbestimmung des modernen Menschen, dem aus »Stahl und Eisen mit kalter Flamme« das Herz geschmiedet worden war.[152] Wie bei F. H. Jacobi

---

Bemühten; zu ihnen gehörten auch die Tugendhaften, welche durch den Beistand der Gnade dem Gesetz Gehorsam zu leisten vermochten. Ebda., 102 ff.

[149] Ebda., 107.

[150] Ebda., 110, Anm. Die politisch gemünzte Antichristpolemik richtete sich gegen die »Raisonneurs«, welche die Ideale der Französischen Revolution auf eine Röm 13,1 ff. widersprechende Weise weitertrugen.

[151] ChrM 1803.2, 111, Anm. Weitere Abschnitte wandten sich den Kennzeichen des wahren Christen zu, das der Vf. in der Liebe nach I Kor 13 und I Joh 4,16 ff. sah; für das Verständnis der Wiedergeburt war der Gedanke der unio mystica zentral; diese unio führte, gestützt durch radikale Selbstverleugnung, immer näher an die Wiederherstellung der Gottebenbildlichkeit in der ganzen Leiblichkeit des Menschen heran; in die Annäherungsphase gehörten auch spezielle Gnadenerweise göttlicher Nähe in der Empfindung einschließlich ekstatischer Momente und Träume, die freilich der wahre Mystiker nicht für das Ziel nahm.

[152] Ewald, Der Christ, bei den großen Weltveränderungen. Ein Noth-, Trost- und Hülfsbüchlein für Christen, Frankfurt/M. 1807, 170 f. (Vorr. vom 12. Februar 1807, vgl. Brief Ewalds an Verleger Hermann v. 11. Dezember 1806, in: UB Heidelberg, HsAbt.); Steiger, Bibliogr. 281, 281a (niederl. Übers.). Das Ex. der UB Tübingen trägt den Besitzvermerk Christiane Flatt, das Ex. v. Ewalds Schrift: Lazarus, für gebildete Christusverehrer, besonders für Leidende, Berlin 1790 den v. Christiane Friederike Flatt. Jean Paul, Titan, in: Werke 3, München 1966 (SW I, 3), 7–830 (zuerst Berlin 1800–1803); vgl. Jacobi, Werke 4.1 XLVIII (Vorbericht): »Aus der Kraft

wurde von einer zunehmenden Verschärfung des religiösen Grundkonfliktes quer durch alle Kirchen ausgegangen. Was sich anfangs als Streit um die Geltung einzelner Dogmen darstellte, wurde immer mehr zum fundamentalen Dissens in der Offenbarungsfrage, der nur in den quasi-apokalyptischen Kategorien des Kampfes zwischen Gotteskindschaft und Titanentum, wahrem Rationalismus und Hybris der Vernunft, Christentum und Heidentum adäquat erfaßbar schien.[153] Freilich radikalisierte Ewald sein Kirchenverständnis nicht wie Jacobi dahin, daß die sichtbare Kirche gänzlich auf die Rolle des teuflischen Versuchers von Gen 3 festgelegt wurde, wie er auch dessen antikonfessionellen Rückzug auf die bloße Selbstoffenbarung der Vernunft nicht mitmachte.[154]

12.4.2 Mission und Ökumene

Ein weiterer wichtiger Aspekt des Ewaldschen Kirchenverständnisses tritt in der Missionsfrage zutage. In der praktischen Missionsarbeit mußte sich der Grundkonsens aller wahren Christus- und Bibelverehrer über die Konfessionsgrenzen hinweg in gemeinsamer philadelphisch-ökumenischer Gesinnung bewähren. Dies setzte voraus, daß weder der äußeren Kirchenzugehörigkeit noch der dogmatischen Rechtgläubigkeit eine heilsnotwendige Bedeutung zukam. Nach Ewalds Überzeugung sollte jedoch jeder seiner angestammten Kirche aus Traditionsgründen verpflichtet bleiben. Dies deckte sich mit dem Grundanliegen der Herrnhuter Diasporaarbeit, wie es auch die Meinung der Lavaterfreunde und insbesondere Jung-Stillings war. Gemeinsam waren auch die Abgrenzungen. Ohne Zögern bekannte Ewald etwa, mit der katholischen Sakramentsfrömmigkeit verbinde ihn mehr als mit der historischen Kritik der protestantischen Neologie; erstere bewahre in der Verehrung der Hostie immerhin noch ein Wissen um das Heilige, während die letztere es verloren habe. Um so wichtiger wurde die Unterstützung des Sammlungsgedankens unter den Christusgläubigen, auch wenn dieser eng begrenzt blieb. Dies zeigt eine Nachbemerkung zum Bericht der geplanten Arbeit der Londoner Missionsgesellschaft in Frankreich von 1803.[155] Ewald unterstützte einerseits die konfessionsübergreifenden missionarischen Bemühungen dieser Kreise unter dem Aspekt der gemeinsamen Hoffnung auf die endzeitliche Sammlung nach

---

des innern Glaubens an das Unsichtbare gegen die äußerliche Lehrweisheit des Sichtbaren entwickelt sich ein fortdauernder Kampf in der Menschengeschichte, ein Kampf der Kinder Gottes wider Titanen. Lichtphilosophie steht gegen Nachtphilosophie, Anthropomorphismus gegen Pantheismus, der wahre Rationalismus gegen ein verkehrtes Spiegelbild des Verstandes, Christenthum gegen Heiydenthum.« Zur Gesamtdeutung des heroischen (Bildungs-)Romans vgl. Ueding, 132–142.

[153] Ebda., 226 f., vgl. Ewald, Vermischte Gedanken, ChrM 1804.1, 35 f.
[154] F. H. Jacobi, Werke 4.1, LIII (Vorbericht), geschr. kurz vor seinem Tod 1819.
[155] ChrM 1803.1, 92–95.

Joh 10,16.[156] Zugleich sprach er sich aber scharf gegen jedes Werben um Proselyten aus, da er dies den überkonfessionellen Grundsätzen biblischen Christentums entgegenlaufen sah. Dies entsprach ganz dem in der Herrnhuter Mission fruchtbar gemachten Zinzendorfschen Anliegen. Außerdem war in Frankreich mit einer starken katholischen Gegenwehr gegen protestantische Missionsversuche und so mit einer ganz und gar unerwünschten Parteibildung zu rechnen. Der philadelphische Glaube an eine Selbstdurchsetzung des Reiches Gottes in freier brüderlicher Verbindung der einzelnen blieb auch für das Missionsverständnis leitend, das ganz vom Gedanken göttlicher Vorsehung in der Erziehung der Völker bestimmt war. Damit ergaben sich auch Spannungen im Blick auf das Geschichtsverständnis. Dies macht ein Vergleich mit einem im ersten Band der *Urania* 1794 abgedruckten Briefauszug deutlich, in dem Ewald in Aufnahme von Herders *Ideen* und in sachlicher Weiterführung der Tropenidee Zinzendorfs allen Völkern in ihrem geschichtlichen Werdegang den ihnen angemessenen Beitrag zum Erhalt religiöser Wahrheitserkenntnis zuerkannte. Deren Fortentwicklung war – wie schon im Blick auf das Judentum der Gegenwart deutlich – nicht Aufgabe missionarischer Aktivität. Statt vom kommenden Gottesreich ist hier in säkularer Sprache vom ferne winkenden »Paradies von Vernunft und Humanität« die Rede. Dies schloß den Gedanken des Umbruchs und der Ablösung einer Religionsform durch die andere ein, doch verstanden als Teil eines organischen Reifungs- und Läuterungsprozesses, der zu bestimmten Zeiten die hart gewordene Schale des Alten sprengen und den Kern freilegen konnte. Mittels dieser Vorstellung wurde auch der Übergang vom Juden- zum Christentum beschrieben: Die harte Schale drückender mosaischer Satzungen sei zerbrochen, »und wir genießen den Kern«. Hier wird offenbar, wie die heilsgeschichtliche Betrachtungsweise mittels des Entwicklungs- und Organismusgedankens unter Verlust der in Zinzendorfs Tropenlehre noch bewahrten spezifisch christlichen Inhalte rein immanent-humanistisch artikuliert werden konnte. Praktisch traf sich beides in der Selbstbescheidung und Achtung vor dem Andersgläubigen in der Missionsarbeit, wie sie Ewald bei den Herrnhutern und ihrem Bemühen um Distanz zur bloßen Kolonisation fand.[157] Gut fünfundzwanzig Jahre später erschien dieser Briefauszug trotz seiner eindeutigen Aussagen zur Überlegenheit des Christentums wohl wegen seiner tolerant-humanistischen Grundhaltung nochmals in der jüdischen Reformzeitschrift *Jedidja*, wobei der antiorthodoxe Zungenschlag im Blick auf beide Religionen nicht unwillkommen gewesen sein dürfte.[158]

---

[156] Vgl. dag. die innerweltlich-aufklärungsoptimistische Deutung von Joh 10,16 auf ein die Erde beherrschendes Christentum bei Gottfried Leß, Ueber die Religion, Bd. 2, 164 f.
[157] Zur Entwicklung der Brüdermission im 18. Jh. vgl. kurz Geschichte des Pietismus 2, 68–74.
[158] Ewald, Die verschiedenen Religionen, in: Urania 1.1794, 184–190, wieder in: Jedidja 3. Jg. 6. Bd., 1820–1821, 86–93. Vgl. Herder, SWS 32, 145–148.

Um 1800 zeigte sich Ewald dem Missionsgedanken soweit aufgeschlossen, daß er mit seiner *Christlichen Monatschrift* von Anfang an die Verbreitung von Nachrichten aus der Weltmission und weitergehenden Informationen über Christen in anderen Ländern anhand von Reiseberichten unterstützte, hierin vergleichbar den Basler *Sammlungen*, die sich dieser Thematik zunehmend geöffnet hatten. Dabei blieb die Weite des Horizonts kennzeichnend. Gleich im ersten Band des Jahrgangs 1800 finden sich kurze Auszüge aus dem Bericht einer Reise nach Rußland, welche über die nach den Plünderungen des Pugatschew-Aufstandes wieder zu wirtschaftlicher Bedeutung gekommene Mustersiedlung Sarepta der Brüdergemeine an der unteren Wolga (Astrachan) und die erste, unter Katharina II. gegründete, rein armenische Stadt im russischen Reich (Nachtschieran) unter den Don-Kosaken Auskunft gaben.[159] Die armenische Stadt beeindruckte wegen ihrer überragenden wirtschaftlichen Leistungsfähigkeit, so daß der Reisende den Wunsch äußerte, das ganze bedrängte armenische Volk möge sich bewegen lassen, aus der von Persien annektierten Araxebene nach Rußland umzusiedeln. Über den Fortgang der englischen Mission in Südafrika und Tahiti (O-tahity) berichteten Zeitungsauszüge, direkte Informationen lagen anfangs noch nicht vor.[160] Wenig später wurde über die Verhältnisse und Aktivitäten der 1797 in Rotterdam gegründeten niederländischen Missionsgesellschaft berichtet.[161] Deutlich kam hier die endzeitlich gestimmte Bewußtseinslage zur Sprache, in welcher sich die Sammlung der Erweckten und Christusverehrer um die Aufgabe der Weltmission und die Neubelebung der Gemeinden in einem in seinen christlichen Fundamenten erschütterten Europa vollzog.[162]

Von der trotz geringer regierungsamtlicher Unterstützung erfolgreichen Arbeit der Abgesandten der Brüdergemeine im südlichen Afrika unter den Hottentotten berichtete 1802 ein Auszug aus einem Reisebericht.[163] Ewald hielt die missionarische Arbeit der Brüdergemeine für vorbildlich: In der Verkündigung stand die Predigt des Evangeliums vor der des Gesetzes, die Verkündigung selbst stand nicht allein, sondern wurde begleitet durch ökonomische Förderungsmaßnahmen etwa im Bereich des Handwerks. Daraus ergab

---

[159] ChrM 1800.1, 66 ff., Peter Simon Pallas, Bemerkungen auf einer Reise in die südlichen Statthalterschaften des Russischen Reichs in den Jahren 1793 und 1794, 2 Bde., Leipzig 1799–1801, Bd. 1, 75 ff., 445 f. Zu entsprechenden Reiseberichten aus Sarepta von 1802 und 1808 im 3. Band von Hillmers *Christliche Zeitschrift für Christen* 1811 vgl. Schwinge, 181, Anm. 550.
[160] In diesem Fall stammten die Berichte aus dem Moniteur (1800, Nr. 143) und den GAGS (1800, St. 27).
[161] ChrM 1800.2, 302–307.
[162] Zu Jung-Stillings zögerlicher Haltung gegenüber der Weltmission als Vorgriff auf die Parusie vgl. Meta Post an Lavater, 19./20. Oktober 1799, Schulz, Brief 72.
[163] ChrM 1802.1, 57–63. Nach J. Barrows, Reise in das Innere von Afrika in den Jahren 1797 und 1798, Leipzig 1801. Barrows war Oberrechnungsrat auf der Kaphalbinsel. S. auch: Uebersicht der Missions-Geschichte der evangelischen Brüderkirche in ihrem ersten Jahrhundert, Gnadau 1833, zu Südafrika bes. 2. Abt., §§ 42 ff., 3. Abt., §§ 24 f.

sich eine nach dem Verständnis der Landpächter ungebührliche Selbständigkeit der Eingeborenen, was zu Feindseligkeiten gegenüber den Missionaren führte, deren Arbeit aber nach Ewald gerade dadurch ins Recht gesetzt wurde.

Über die Arbeit in Ostindien informierten Auszüge aus den Hallischen Missionsnachrichten.[164] Weitere Nachrichten, wiederholt aus unterschiedlichen, meist englischsprachigen Zeitschriften zusammengestellt, hatten die erfolgreichen Anstrengungen der Baptistenmission in Indien zum Gegenstand, zu denen die Herausgabe eines Neuen Testaments in bengalischer Sprache gehörte. Neben Halle kamen auch die Verbindungen zwischen London und deutschen Missionsvereinigungen zur Sprache, so zur Ostfriesischen Missionsgesellschaft (»Missionssozietät vom Senfkorn«).[165] Ein Schreiben der Englischen Missionsgesellschaft an die Ostfriesische aus dem Jahr 1799, in dem es um eine weitere Stärkung der Mission durch Intensivierung der Brüderkorrespondenz und der Kontakte zur Deutschen Christentumsgesellschaft ging, wurde 1802 abgedruckt.[166] Ewald verfolgte aufmerksam die Veröffentlichungen der Christentumsgesellschaft, aus deren *Sammlungen* er zum Beispiel 1803 eine Erzählung übernahm.[167] Umgekehrt findet sich auch ein Auszug aus einer Predigt Ewalds im Jahrgang 1802, freilich ohne Namensnennung.[168]

Zu den Missionsnachrichten traten Informationen über christliche Gruppierungen anderer Länder, mit denen man sich verbunden wußte. Hier stand die Brüdergemeine an erster Stelle. Charakteristisch ist die Wiedergabe des Lobes aus einem Reisebericht über die Brüdergemeinen in Schweden.[169] Diese hoben sich in der Art ihrer Gottesdienste nicht weniger als in ihrer vorbildlichen Missionsarbeit positiv von anderen Kirchen ab. Zudem fand sich bei der Brüdergemeine eine besondere Wertschätzung der Frau und eine entsprechende Förderung der Mädchenbildung.[170]

---

[164] ChrM 1802.1, 64–75.

[165] Von dort waren Ewald die Informationen über die im Frühjahr 1801 über die Muttergesellschaft in London nach Südafrika ausgesandten drei Missionare zugegangen, die am 1800 eingerichteten Berliner Missionsinstitut ausgebildet worden waren. ChrM 1802.1, 317–320.

[166] ChrM 1802.1, 393–399.

[167] ChrM 1803.2, 59 ff., aus: Sammlungen für Liebhaber christlicher Wahrheit und Gottseligkeit, Basel 1803, 156–159 (der Bericht über ein von Indianern in Nordamerika (»Wilden«) entführtes, aber seinem christlichen Glauben treu gebliebenes Mädchen war schon von den »Sammlungen« aus einer anderen Zeitschrift übernommen worden).

[168] Etwas von dem Urtheilen über das Innere eines Anderen, in: Sammlungen für Liebhaber christlicher Wahrheit und Gottseligkeit, Basel 1802, 33–37.

[169] ChrM 1802.1, 224–233. Vgl. Chr. Ludwig Lenz, Bemerkungen auf Reisen in Dänemark, Schweden und Frankreich [...], 2 Bde., Gotha 1800–1801. Die Eindrücke von den Brüdergemeinen veranlaßten den Verfasser, das wahre Christentum eher bei diesen und anderen kleineren Gruppierungen wie den Remonstranten, Mennoniten und Swedenborgianern zu suchen als bei den großen Kirchen.

[170] ChrM 1802.1, 228. Zur Brüdergemeine zählten in Schweden eher Angehörige der unteren Bildungsschichten, während sich bei den Swedenborgianern mehr Gebildete fanden, welche Lenz als würdige Vertreter von wahrer Aufklärung, Naturwissenschaft und Schul- und Erziehungsreformen lobte; Swedenborgianer, die ihren Hauptsitz in Stockholm und London hatten,

Im Januar 1802 wandten sich die Verantwortlichen der 1799 in London gegründeten Religious Tract Society, die mit der Missionsgesellschaft eng verknüpft war, an Ewald mit der Bitte, den Wirkungskreis der Gesellschaft mit Hilfe seiner Monatsschrift auf Deutschland ausbreiten zu helfen.[171] Auch an Jung-Stilling war ein entsprechendes Schreiben gegangen.[172] Es bestand Interesse an der Einrichtung einer Korrespondenz, welche von ähnlichen Unternehmungen in Deutschland berichten und die Arbeit insgesamt stärken sollte. Der beigelegte Text gab Auskunft über Entstehung, Organisationsgrad und Ziele der Gesellschaft.[173] Markanter Ausdruck des Neuaufbruchs im Sinne konsequenter Christusnachfolge und Nächstenliebe war die auf den Independentismus zurückgeführte Gründung der Missionsgesellschaft. Andere Vereinigungen kamen hinzu, so die bislang erfolgreich in der Sonntagsschularbeit engagierte Gesellschaft, die sich um die Anstellung von Katecheten und den auf religiöse Bildung zielenden Elementarunterricht der Kinder aus den Unterschichten kümmerte. Dabei wurde deutlich, daß die Unterschichten nicht ausreichend mit religiöser Literatur versorgt waren. Dies wurde zum Aufgabenbereich der 1799 gegründeten Religious Tract Society, auf deren Programm neben der eigentlichen Traktatmission auch die Bibelverbreitung stand.[174] Sie sah sich nicht im Gegensatz, sondern als Ergänzung zur sozialen Arbeit anderer Gruppen in den Armenvierteln der Städte. Ewald veröffentlichte das Anschreiben samt den näheren Ausführungen in der *Christlichen Monatschrift*. Er begrüßte dieses Unternehmen, machte aber praktische Einwände, etwa die erst abzuwartende Reaktion der Leser, die wohl kaum so begeistert wie in dem vom Gemeingeist beseelten England ausfallen würde, sodann die Schwierigkeit einer zentralen Organisationsform, die aufgrund der politischen Strukturen in Deutschland nicht so leicht wie in England zu etablieren sei. Ähnlich hinhaltend äußerte sich zunächst auch Jung-Stilling, der allerdings nach Bereitstellung entsprechender Finanzmittel aus London zur Abfassung von Traktaten schritt, während Ewald die Sache nicht weiter verfolgte.[175]

Dem Schreiben aus London lag ein Brief des 1795 zum Sekretär der Basler Christentumsgesellschaft berufenen, inzwischen als Pfarrer nach London an die deutsche Savoy-Gemeinde übergesiedelten Karl Friedrich Adolf Steinkopf (1773–1859), bei.[176] Steinkopf mußte Ewald zu dieser Zeit schon bekannt gewesen sein. Er berichtete von seinen ersten Eindrücken, die er in London

---

waren nachdrücklich, wenngleich vergeblich, für die Abschaffung des Sklavenhandels eingetreten. Auch Nachrichten aus Nordamerika wurden in der Monatschrift abgedruckt, unter anderem mit Polemik gegen die aus Deutschland kommende »falsche« Aufklärung, ebda., 76–80.
[171] ChrM 1802.1, 444–446, Schreiben vom 21. Januar 1802.
[172] Vgl. Jung-Stilling, Lebensgeschichte, 567.
[173] ChrM 1802.1, 447–454; zur Organisationsstruktur 450 ff.
[174] Zur Gründung der *Religious Tract Society* vgl. Ünlüdag, 68 ff.
[175] Vgl. Schwinge, 188 f.
[176] ChrM 1802.1, 457–459, London, 2. Februar 1802.

gewonnen hatte. Das Treiben der Großstadt stieß ihn ab, die Intensität des von sozialem Engagement und gut besuchten Gottesdiensten geprägten religiösen Lebens hingegen beeindruckte. Den beträchtlichen Anfangsschwierigkeiten in den Missionsgebieten – eine positive Entwicklung schien am ehesten in Afrika möglich –, stand die durch die Missionsgesellschaft im Inland beförderte geistliche Erweckung gegenüber, welche anglikanische, presbyterianische und freikirchliche Kreise von Predigern und Laien in die erstmalige Erfahrung einer religiösen Verbundenheit führte. Hinzu kam die erfolgreiche internationale Ausbreitung der Missionsgesellschaft, von der die Leser der *Monatschrift* erfuhren. In Holland, Dänemark, Schweden, der Schweiz und in Deutschland hatten sich ähnliche Einrichtungen gebildet, die mit London in regem Briefwechsel standen und die Arbeit der Muttergesellschaft unterstützten. Wichtige Träger der Erweckungsbewegung in England waren die evangelistischen Reiseprediger mit ihrer Traktatmission. Am augenfälligsten wurde das Ausmaß der neuen Bewegung für Steinkopf bei den jährlich stattfindenden Missionsversammlungen in London, die nicht nur mit gemeinsamen Beratungen, sondern auch mit eindrucksvollen Gottesdienst- und Abendmahlsfeiern der nach vielen Hunderten zählenden Teilnehmer aus allen sozialen Schichten und Altersgruppen verbunden waren. Im Mai 1802 nahm Steinkopf zum ersten Male an einer solchen Massenveranstaltung teil, von der er Ende September Ewald einen begeisterten Bericht sandte.[177] Steinkopf zeigte sich beeindruckt von den dabei gehaltenen Predigten, die nicht nur von persönlicher Christusfrömmigkeit, sondern auch von der Überzeugung geprägt waren, soziale und missionarische Verantwortung übernehmen zu müssen. Deren Dringlichkeit lag in den biblischen Verheißungen, welche die Hoffnung auf eine weitere Ausbreitung des Reiches Gottes in der Heidenwelt und die endzeitliche allgemeine Judenbekehrung beflügelten. Den gesamtkirchlichen Anspruch unterstrichen die gemeinsamen Abendmahlsfeiern. Brot und Wein wurden im Gedächtnismahl als Pfand und Siegel der Liebe Christi geteilt, ein Abendmahlsverständnis, dem Ewald nur zustimmen konnte. In das Jahr 1802 fielen zudem die ersten Anfänge der Judenmission der Gesellschaft. Steinkopf sprach angesichts der noch geringen Erfahrung vorsichtig von einem ersten Versuch. Ewald kommentierte die Thematik nicht, die er ansonsten ablehnend beurteilte. Schließlich informierte Steinkopf noch über die Anfänge der Bibel- und Schriftenverbreitung im nachrevolutionären Frankreich, das nach dem Frieden von Amiens (1802) wieder bereist werden konnte.[178]

---

[177] Auszug aus dem Brief vom 27. September 1802, Nachschrift vom 27. Oktober, ChrM 1803.1, 67–70. An der Missionsversammlung vom 12.–14. Mai nahmen Vertreter aus England, Schottland und Irland teil, auch ein Prediger aus New York war gekommen.

[178] Dem Brief Steinkopfs an Ewald lagen ein Brief der *Religious Tract Society*, drei Bände ihrer Veröffentlichungen *The Publications of the Religious Tract Society*, zwei Predigten von Missionsveranstaltungen und aktuelle Berichte der Gesellschaft (*Reports*) bei, welche Aufschluß über die finanziellen Zuwendungen gaben. Ewald vermerkte eigens, daß sich unter den Subskribenten zahlreiche hochgestellte Persönlichkeiten, unter ihnen Wilberforce, »der bekannte Menschen-

1803 kam ein Auszug aus dem Bericht einer Delegation der Londoner Missionsgesellschaft zum Abdruck, die im Oktober 1802 Paris besucht und Eingang bei einflußreichen Persönlichkeiten gefunden hatte.[179] Europaweite Aktivitäten zur Ausbreitung des Evangeliums bis vor die Tore Roms schienen möglich. Geradezu enthusiastisch wurde die Aussicht auf eine Neuevangelisierung Europas verkündet. Die politischen Umwälzungen im Gefolge der Französischen Revolution bekamen unter dem Zeichen göttlicher Vorsehung einen neuen Sinn. Ewald gab auch diese Stimmungen und Hoffnungen aus dem Kreis der auf die Erweckungsbewegung weisenden Missions- und Bibelgesellschaften bereitwillig an seine Leserschaft weiter.[180]

12.4.3 Naherwartung und Völkerfriede

Die Erwartung einer speziellen Gottesoffenbarung im Vorfeld der Parusie Christi, welche die Lavaterfreunde in den 90er Jahren erfaßte, ergriff auch Ewald. Sie zog sich durch die mit Lavater geführte Korrespondenz dieser Jahre als stets präsentes Thema einer zum Schweigen verpflichteten esoterischen Gemeinschaft, die sich immer wieder mit Andeutungen begnügen mußte.[181] Soweit erkennbar, handelte es sich um mit größter Diskretion behandelte chiliastische Hoffnungen. Im Mittelpunkt standen keine spekulativen Interessen, sondern Anfechtungsprobleme: Das Leiden an der Gottesferne der Zeit und die Sehnsucht nach Trost und Glaubensgewißheit durch eine spezielle Geisterfahrung oder Christusoffenbarung. Lavater tröstete mit dem apokalyptischen Gedanken des Maßes und der Frist; das Schweigen der Liebe ziele auf ihr ewiges Sprechen im Offenbarwerden Gottes.[182] Das Aufklärungsverständnis wird gegen das Erlöschen aktueller Naherwartung endgeschichtlich radikalisiert: Die wahrhaft Aufgeklärten seien diejenigen, welche den kommenden Christus erwarteten und mit ihm die letzte »Aufklärung« der Geschichte. Gemeint sein dürften die Ereignisse im Zusammenhang der weltimmanenten Aufrichtung des tausendjährigen Friedensreiches durch Christus, zu denen auch die allgemeine Judenbekehrung gehörte.

---

freund«, befanden. Dies läßt auf Vorbehalte der Leserschaft schließen, welche die Traktatgesellschaft als Phänomen der Unterschichten (des »Pöbels«) und einiger schwärmerisch veranlagter Frauen abtat, ChrM 1803.1, 71.

[179] ChrM 1803.1, 81–92, mit Nachbemerkung Ewalds, 92–95.

[180] Zu den Vorhaben gehörte neben der Bibel- und Schriftenverbreitung die theologische Ausbildung von französischen Stipendiaten in England und die Herausgabe eines Periodikums; Vorbild für dieses sollte das 1794 gegr. englische *Evangelical Magazine* sein, aus dem Ewald in der *Christlichen Monatschrift* ebenso Übersetzungen abdruckte wie die Basler *Sammlungen* der Christentumsgesellschaft ab 1804 und später Jung-Stilling in seinem *Grauen Mann*, vgl. Schwinge, 62 f. (Anm. 54), 94 f.

[181] So schrieb Ewald im April 1791 an Lavater, er trage eine wunde Stelle in seinem Herzen, die er nicht berühren dürfe, Brief 17.

[182] Lavater an Ewald, 11. Mai 1791, Brief 18.

Bei aller Gespanntheit, welche die Erwartungen kennzeichnete, wurde doch immer wieder der Weg zurück zum ursprünglichen Anliegen gesucht, der Befestigung der Glaubensgewißheit.[183] Dies war nicht leicht. Man empfand sich weit entfernt von der dem schlichten Glauben zugeschriebenen Selbstverständlichkeit, die dem Atmen oder dem Genuß des täglichen Brotes gleichkam. Jede Regung der Ungewißheit stürzte in neue Zweifel.[184] Die Dringlichkeit der Lage brachte Ewald im Oktober 1793 nach schwerer physischer und psychischer Erkrankung gegenüber Lavater auf den Punkt: Noch nie habe er sich durch die Umstände so nach Offenbarung gesehnt wie in den zurückliegenden Zeiten der Anfechtung, nirgends zeige sich der Verfall der menschlichen Natur – und mit ihr die Notwendigkeit göttlichen Eingreifens – so deutlich wie darin, daß der Glaube so schwer falle und nicht so natürlich sei wie das Atmen.[185] Die Bereitschaft wuchs, die politischen und geistigen Umbrüche als schmerzliche Geburtswehen des mit der Wiederkunft Christi hereinbrechenden Reiches Gottes zu deuten und vermehrt nach Anzeichen der verheißenen allgemeinen Judenbekehrung Ausschau zu halten.[186] Als Terminus der gespannten endzeitlichen Erwartungen fand das »Schmachten« als Verlangen nach Christusnähe und -gemeinschaft Verwendung, ein Ausdruck aus der Tradition der Liebesmystik.[187]

Zum Kreis der in ihren Sehnsüchten eng Verbundenen gehörte in Detmold neben Ewald, Passavant und Friedrich August von Cölln die Hofdame der Christine Charlotte Friederike zur Lippe, Caroline von Roeder. Ihr unstillbares religiöses Verlangen fand in Ewalds Briefen an Lavater wiederholt Erwähnung. Mit ihr pflegte Ewald eine Zeitlang eine besonders enge geistliche Freundschaft, die nicht frei vom Verdacht auf eine Liebesbeziehung blieb und Ewald zu größerer Distanz nötigte. Die Fürstin selbst war vom »Erfahrungsdurst« ihrer Hofdame weniger beeindruckt, achtete ihn aber bei ihr wie bei den anderen.[188] Eine Schlüsselrolle spielten die geheimnisvollen Kopenhage-

---

[183] So stellte Meta Post gegenüber Lavater nicht die Bitte um Geistesgaben in den Vordergrund, sondern die um den schlichten Glauben nach dem Vorbild der blutflüssigen Frau, der allein das »Privileg des Glaubens«, das Nehmen, lehre. Meta Post an Lavater, 28. Juni 1794, Schulz, Brief 1.
[184] Meta Post an Lavater, 11. Mai 1797, Schulz, Brief 47.
[185] Ewald an Lavater, 31. Oktober 1793, Brief 31.
[186] Vgl. Meta Post an Lavater, 5. Mai 1798, Schulz, Brief 66; 8. September 1798, Brief 67: »Wir dürfen freudig in die Grube fahren; der Acker reift [...].« Schulz, 278; vgl. Brief 70. Lavater bat Ewald 1797 dringend um nähere Informationen zum Gang der Judenbekehrung, von der er gehört hatte, ohne daß dieser freilich dazu Näheres sagen konnte, Lavater an Ewald, 3. Juni 1797, Brief 50.
[187] Zum »Schmachten« (der Seele) mit Obj. vgl. Langen, Wortschatz, 137, 462.
[188] Ewald an Lavater, 1. Juni 1791, Brief 20; vgl. Brief 31 vom 31. Oktober 1793. Ewald gestand, er sei verloren, und das Liebste seines Herzens auch, »wenn Er [Jesus] nicht hervortritt.« Lavater trug Meta Post noch am 3. März 1798 auf, Cölln zu schreiben, »die Fürstin und Röder« sollten der Zürcher gedenken, Schulz, Brief 62 (die Personen sind in der Anm. falsch identifiziert). Ewald schrieb über sein Verhältnis zu Roeder: »Er [Lavater] wußte unser ganzes Verhält-

ner Geisterweissagungen, über die Ewald mit Lavater bei dessen Besuch in Detmold im Juli 1793 gesprochen hatte.[189] Die Erwartung eines konkreten göttlichen Eingreifens wich freilich aufgrund neuer Nachrichten von Lavater und einem Brief von Benzler einer schmerzlichen Enttäuschung. Ewald bemühte sich, eine gewisse Nüchternheit wiederzugewinnen. So hielt er zwar in seinem Schreiben vom März 1794 gegenüber Lavater am kosmischen Charakter der endzeitlichen Christusoffenbarung fest, betonte aber auch die Unabhängigkeit des Glaubens von außerordentlichen Geisterfahrungen, da er an die göttlichen Verheißungen gewiesen sei. Zu diesen gehörte freilich auch die des nicht nur innerlich, sondern schließlich auch äußerlich »mit Macht« erscheinenden Gottesreiches (vgl. Mk 9,1). Eben dies war Gegenstand der Hoffnung.[190] Die beunruhigende Frage blieb, ob das Nichteintreten des Erwarteten mit der Uneinigkeit des »Reiches«, also mangelndem Glauben und fehlender Liebe auf der Seite der Christusgläubigen, zu tun habe (vgl. Mk 3,24–26).

Von einer den Detmolder Kreis erschütternden Nachricht Lavaters ist im Brief Ewalds vom 20. Oktober 1794 die Rede. Als Betroffene werden auch die Bremer Lavaterfreunde genannt, zu denen Ewald Kontakte hatte. Die Nachricht selbst fiel unter das Schweigegebot. Alle Hoffnung richtete sich auf den Christusboten Lavater. Ewald bat ihn, jenem höheren Orakel die Frage nach der Erhörung seiner jahrelangen Gebete vorzulegen und sich selbst als hörenden Gottesknecht und Mittler zu verstehen.[191] Lavater steigerte die

---

niß, und nahm es ohne Weiteres für das, was es ist. Sein ganzes Wesen war voll von ihrem Geist, ihrer Bravheit, ihrem wahren und doch hohen religiösen Sinn [...].« Am 22. März 1794 schrieb Ewald an Lavater, er habe von Benzler gehört, Lavater wolle ihm wegen Roeder ein (mahnendes) Wort schreiben: Das brauche er aber nicht, denn alles, was man fordern könne, sei geschehen; er sehe sie sehr wenig und »erwarte Vereinigung von dem, der alles Heterogene einmal sondern und Alles Homogene vereinigen wird.« Brief 36. Im Dezember 1795 hieß es dann, Caroline von Roeder habe sich einem »abgestumpften abgeschliffenen Emigranten« hingegeben, er sehe sie nicht mehr, und vieles sei ihr nun Torheit, was ihr früher heilig war, Nr. 43. Lavater dagegen hielt sie weiterhin für eine Auserwählte, 30. Dezember 1795, Brief 44, vgl. Brief 46 v. 27. Februar 1796 mit dem Hinweis, alle müßten durch die arabische Wüste von Schwächen ins Gelobte Land der reinen Liebe ziehen.

[189] Näheres zum Besuch Lavaters in Detmold und Pyrmont ist aus einem Bericht Ewalds zu erfahren, den dieser an Benzler in Lemgo mit der Bitte schickte, ihn Lavater für die Abfassung seiner Reisebeschreibung zur Verfügung zu stellen: Auszug aus einem Brief Ewalds, 8. August 1793, im Briefwechsel Ewald – Lavater, Brief 28. Auch Stolz wurde in den Austausch der Nachrichten über Lavaters Reise einbezogen. Mit Lavater waren Ewald, Pietsch und Cölln nach Pyrmont gefahren, wo sich eine illustre Runde zum Essen und anschließendem Austausch versammelte, anwesend waren u. a. Justus Möser, August Wilhelm Rehberg mit seiner Schwester und Johann Friedrich Blumenbach. In Ewalds Bericht findet eine Begegnung Lavaters mit G. J. Zollikofer Erwähnung, die auf Zollikofers Distanzierung gegenüber Lavater schließen läßt (Lavater hatte in der von ihm bekannten Art einen Satz auf ein Kärtchen geschrieben und Zollikofer zugeschoben, offenbar eine Reaktion erwartend, doch Zollikofer verweigerte sich).
[190] Vgl. Ewald an Lavater, Postskriptum zu Brief 39, 12. Januar 1795.
[191] Ewald an Lavater, 14. Dezember 1794, Nr. 39, vgl. Ewald an Lavater, 8. Januar 1795, Nr. 40. Zum engeren Vorstellungskreis dieser Frömmigkeit gehörte auch ein erfahrungsnaher (Schutz-) Engelglaube; so hatte Cölln des öfteren einen Engel bei sich gefühlt und wollte darüber in der

Spannung durch sein betontes Schweigen, die Bekundungen von Reue über voreiliges Reden, das ihm und der Sache seiner nordischen Freunde geschadet habe, Bitte um Geduld und die gleichzeitige Ankündigung einer wichtigen Nachricht zur »großen Hauptsache« in Wochen- oder Monatsfrist, eventuell noch im Lauf des Jahres 1794; die Glocke sei gegossen, aber er dürfe sie noch nicht erklingen lassen.[192] Zugleich aber betonte er, alles gehe anders, wie man es vermuten oder ahnen könne. Stimulierung und Dämpfung, Erhöhung der Spannung und Verweis auf die auch für die Auserwählten fortdauernde Notwendigkeit, den schlichten Glauben einzuüben, verbunden mit dem warnenden Hinweis auf die Abfolge von »Orakel« und Versuchung in Taufe und Versuchung Jesu (Mk 1,9 ff.) stritten widereinander. Was Lavater öffentlich, wenngleich anonym, zu sagen wagte, legte er als »Weissagungen eines Uninspirierten« für den Abdruck in der *Urania* bei.

Ewald, Cölln und Caroline von Roeder verharrten nach Lavaters Schreiben 1794 drei Monate in gespannter Erwartung; Ewald bat Lavater, noch zwei weitere Frauen, für deren Verschwiegenheit er sich verbürgte, einweihen zu dürfen. In der Sache aber schwieg Lavater. So drängte ihn Ewald im Mai 1795 zu einer Antwort angesichts des kaum erträglichen Verzugs.[193] Im August 1795 teilte Lavater schließlich den Stillstand in der »großen Hauptsache« mit.[194] Zwar hatte er von seinen nordischen Freunden weitere Briefe von deren Fortgang erhalten, aber für ihn wurde Leiden und Schweigen Gottes zum Signum der Zeit, in der sich die göttliche Majestät nur stufenweise nähere und wieder entziehe. Seine Erfahrungen beschrieb Lavater im November

---

Urania schreiben, auch Ewald sah er von einem Engel begleitet, doch wußte dieser einstweilen davon nichts zu berichten.

[192] Zu den Kopenhagener Weissagungen im Briefwechsel mit Meta Post vgl. Schulz, Brief 1; Lavater an Post, 26. Juli 1794, Schulz, Brief 2; außerdem Brief 26, 3./5. Dezember 1795, Brief 48, 24. Mai 1797. Lavater schrieb von seinen Hoffnung auch an Freund Johann Konrad Hotze (1734–1801), Zürcher Landarzt, der sein Lebensende bei seinem Schwiegersohn, dem Arzt Matthias Wilhelm de Neufville (1762–1842) in Frankfurt verbrachte; Ewald schilderte einen Besuch bei Hotze, in: Fantasieen auf der Reise, 1797, 202–205; zu Neufville vgl. Staehelin, Die Christentumsgesellschaft 2, 108; die Familie subskribierte auch die ChrM. Am 28. Oktober 1797 schrieb Lavater an Post: »Aus Norden so viel wie nichts« außer dem, daß Andreas Peter Graf von Bernstorff (1735–1797) in der Überzeugung der bewußten Sache gestorben sei und seine Witwe, die Gräfin Auguste Luise zu Stolberg-Bernstorff (1753–1835) noch immer daran festhalte, Brief 55. Am 4. November 1797 hieß es, Lavater habe eine hoffnungsvolle Nachricht aus Norden bekommen, wovon er aber nur ihr etwas sagen dürfe, Brief 56. Meta Post traute sich kein Urteil zu, Brief 57.

[193] Ewald an Lavater, 9. Mai 1795, Nr. 41 (Frgm.). »Und wenn Gott schweigt und Jesus schweigt, und du schweigst, ich muß wenigstens rufen: Hüter[,] ist die Nacht bald hin?« Lavater zitierte einige Sätze aus Ewalds Brief in seinem Brief an Meta Post, 9. Oktober 1795, Schulz, Brief 23.

[194] Vgl. Lavater an Meta Post, 7. März 1795, Schulz, Brief 16, 189: das aktive und passive Stillschweigen gehe noch immer seinen Geduld fordernden Gang. »Ich erwarte aber große Wirkungen davon.«

1796 in der Sprache der Epiphanie: Nach unnennbaren Leiden habe er wieder eine Stufe des sich »entwolkenden« Herrn gesehen.[195]

Ewald, der 1795 fast ein halbes Jahr schwer erkrankt war, beruhigte sich, doch bekundete er im Dezember 1795 seinen Schmerz, durch Lavater eine Spur göttlicher Offenbarung geahnt und dann wieder schwinden gesehen zu haben. Dabei hatte es in Detmold nicht an besonderen Geistererfahrungen gefehlt, über die sich die Freunde austauschten. So berichtete Ewald Lavater um 1794, Cölln habe eine auffallende Erfahrung mit der augenblicklichen Kraft des erhörlichen Gebets gehabt, und kommentierte: »Ach! daß wir sie alle hätten, wie wir sie bedürfen«.[196] Was anderen an Christusnähe und Geistererfahrung versagt blieb, wurde Cölln gewährt, so daß ihn Ewald gar als »enfant gaté Christi« bezeichnete.[197] Meta Post schilderte Cölln als einen feinsinnigen, durch ungewöhnliche Leiden und Gnaden gezeichneten Gottesmann. Sie hoffte nach Ewalds Weggang von Detmold wohl, auch Cölln werde Ewald folgen und sein Kollege werden, doch die Berufung zum Generalsuperintendenten zerschlug diese Hoffnung.[198]

Lavaters Mittlerfunktion für die Ansage epochaler Gotteserweise wurde trotz seines Schwankens nicht in Zweifel gezogen. Er blieb für Ewald das auserwählte göttliche Werkzeug gerade in der zweiten Hälfte der 90er Jahre, als Lavater, von Todessehnsüchten heimgesucht, vermehrt über das Gefühl der Vergeblichkeit alles Irdischen klagte.[199] Ewald begleitete diese Erfahrungen, die zum Stillhalten und Ausharren nötigten, aus dem eigenen Erleben

---

[195] Lavater an Ewald, 9. (11.) August 1795, Brief 42; 14. November 1796, Brief 47. Lavater an Meta Post, 24. Mai 1797, Schulz, Brief 48. Vgl. Lavater an Ewald, 20. Oktober 1797, Brief 51, ähnlich im Brief an Meta Post, 30. Juni 1795, Schulz, Brief 20; vgl. Lavater an Meta Post, 4. November 1796, Schulz, Brief 41: »Es ist eine Zeit des Schweigens, des stillen Harrens, des stummen Aufblickens, des lichtlosen Lichtdurstes, wie noch keine in meinem Leben war.« Er verschließe sich gegenüber seinen Mitmenschen immer mehr, um unabhängiger zu werden und »Gott durch mich selbst und in mir selbst zu suchen.«

[196] Ewald an Lavater (um 1794, Frgm.), Brief 35.

[197] Ewald an Lavater, 14. Februar 1796, Brief 45. In diesem Brief teilte Ewald auch mit, daß sich seine zweite Tochter mit seinem Kollegen Dreves verheiratet habe, einem Mann ganz nach seinem Herzen. Cölln war zu dieser Zeit gerade sein sechstes Kind geboren worden. Alle drei Pfarrer in Detmold, Dreves, Passavant und Ewald, galten als Vertreter des sog. »Lavaterchristentums«. Meta Post berichtete an Lavater, Christine Merrem in Bremen, Schwester von Cöllns Frau Sarah Esther Merrem, sei durch Cöllns Gebet von heftigen Krämpfen befreit worden, doch kam es zu Rückfällen in dieser langwierigen Krankheit, die man auch durch Magnetisieren zu heilen versuchte, 12. September 1794, Schulz, Brief 5, 174; Vgl. Schulz, Brief 3 (»Cöllns Hierseyn ist mir viel werth«, ebda., 171) u. Ewald an Lavater, 14. Februar 1796, Brief 45 (»Cölln ist den Bremerinnen jetzt viel.«). Zum Magnetisieren vgl. Brief 11, 13. Oktober 1794; auch die Frau von Stolz, Verena geb. Güttinger (1751–1807) wurde in Bremen magnetisiert, Meta Post an Lavater, 11. Oktober 1797, Brief 51, Post traute der Behandlung aber keinen Erfolg zu, da ihre Melancholie nicht körperlich zu sein schien.

[198] Meta Post an Lavater, 5. August 1796, Schulz, Brief 36. 11. Mai 1797, Brief 47.

[199] Vgl. Lavater an Meta Post, 19. März 1796, Schulz, Brief 32.

des Vereinsamten, der in Bremen noch wenig Anklang fand.[200] Die Andeutungen über besondere Offenbarungen rissen nicht ab.[201] Lavater wurde für die Freunde zum endzeitlichen Propheten und Gottesknecht, Cölln sah ihn 1798 schon als Märtyrer Christi, welcher der lauen Christenheit neues Leben schenken werde.[202] Es erwachte die Frage nach der Figur des wiedererstehenden Johannes des Täufers als Wegbereiter des Messias. Lavater hatte in seiner *Reise nach Kopenhagen* 1793 kundgetan, er glaube an dessen Fortexistenz in der Gegenwart nach Joh 21,22, während Ewald diese Anschauung schon 1785 zurückgewiesen hatte.[203] Auch weiterhin blieb er skeptisch gegenüber konkreten Identifizierungen.[204]

Wie aus der Ewald-Lavater-Korrespondenz hervorgeht, zeigte sich selbst ein im Kreis der Berliner Aufklärer so wohlgelittener Mann wie Christian Wilhelm von Dohm von den im Lavaterkreis aufgebrochenen Erwartungen beeindruckt. Seine historischen Forschungen hätten ihn, wie er Ewald gestand, fast völlig von der Notwendigkeit und Gewißheit derartiger Hoffnungen überzeugt.[205] Schon früh hatte Dohm die Vorstellung von der Einheit der Weltgeschichte als eines planvollen göttlichen Ganzen fasziniert, sie zählt, oft übersehen, zu den Grundlagen seines Toleranzdenkens.[206] Ein ungebrochen weltimmanent-optimistischer Fortschrittsglaube ergab sich daraus nicht, vielmehr läßt sich eine erstaunliche Offenheit gegenüber der eschatologisch-chiliastisch motivierten Unruhe im Lavaterkreis feststellen. Ewald zählte Dohm, Vorbild in Sachen Judenemanzipation, damit noch nicht zum engeren Kreis der Christusgläubigen, wohl aber zu den aufrichtigen Gottsuchern theistischer Prägung in unmittelbarer Nähe, die – nach dem Wort Jesu an den verständigen

---

[200] Ewald an Lavater, 6. Dezember 1799, Brief 52. Zu Steigerung der mystischen Genußfähigkeit (als Offenheit für Gott) durch Leiden vgl. Meta Post an Lavater, 28. Juni 1794, Schulz, Brief 1, 165. Brief 3, 171. Ewald klagte über Lauheit, Verschlossenheit und Ferne Gleichgesinnter, »so daß ich oft Blut weinen möchte«, aber er wolle schweigen, »bis der Herr die Blinden sehend mache.« Häfeli hatte in Bremen mehr Zustimmung gefunden, selbst unter angesehenen lutherischen Kaufleuten, vgl. Meta Post an Lavater, 19. April 1800, Brief 78, 25. Juni 1800, Brief 80.

[201] So berichtete Lavater 1798 Meta Post, er habe bisweilen »wichtige Winke von aussen und von innen« zum Gang der Zeit, 13. Februar 1798, Schulz, Brief 60.

[202] Vgl. z. B. Lavaters »Weissagen« von schrecklichen politischen Zuständen in Zürich, Brief an Meta Post 20. September 1797, Schulz, Brief 50; Meta Post an Lavater, 5. Mai 1798, Brief 66 mit Nachricht von Cölln.

[203] Lavater, Reise nach Kopenhagen im Sommer 1793. Auszug aus dem Tagebuch. Durchaus bloß für Freunde, Zürich 1793, Auszüge in: Orelli 2, 158 ff., 167. Dagegen LTA, 340 f.

[204] Zur endgeschichtlichen Wiederkehr des Johannes vgl. auch Herder, Briefe GA 4, 228, Herder an Hamann, 11. Juli 1782, Brief 221: seine Frau halte Hamann, »wofür man den Johannes hielt, für Elias oder einen der alten Propheten. Sie gehören höher hinauf, als ins Buch Esther.«

[205] Historische Forschungen gehörten zu den Grundlagen des Dohmschen Engagements in Sachen Judenemanzipation, auch wenn sie nicht, wie ursprünglich geplant, eigens zur Darstellung kamen; vgl. auch Christian Wilhelm Dohm, Materialien für die Statistick und neuere Staatengeschichte, 5 Bde., Lemgo 1777–1785; ders., Schriften, 31–36.

[206] Vgl. die philosophisch-theologischen Anmerkungen zu Charles Bonnet aus dem Jahr 1773, s. Dohm, Schriften, 17–25.

Schriftgelehrten Mk 12,34 – »nicht fern vom Reich Gottes« waren. Ewald hatte Dohm bald nach seinem Amtsantritt in Detmold, wohl um 1784, persönlich kennen- und schätzengelernt. Dohm, der verschiedentlich auch mit Lavater zusammentraf, hielt sich immer wieder in seiner Heimat Lemgo auf, so mit seiner Frau im Frühjahr 1785 zu einem längeren Besuch. Die in der Lavaterkorrespondenz erwähnte Begegnung Ewalds mit Dohm in der ersten Hälfte der 90er Jahre setzt jedenfalls eine gewisse Vertrautheit voraus.[207] So berichtete Dohm ungeniert von der beengenden geistigen Atmosphäre in Berlin; es sei unglaublich, wie im Preußischen jetzt »aufgelauert« werde, ein Reflex auf die Wöllnersche Politik, die beide ablehnten.

Die gemeinsame Distanz gegenüber den 1791–1797 in der Berliner »immediaten Examinationskommission« mit der Umsetzung des Wöllnerschen Religionsedikts betrauten konservativen Oberkonsistorialräten, zu denen Gottlob Friedrich Hillmer (1756–1835) gehörte, ist offenkundig. Gerade mit dem nach seiner Amtsentlassung 1798 in Neusalz, dem niederschlesischen Gemeinort der Herrnhuter, privatisierenden Hillmer verbanden Ewald jedoch später schriftstellerisch-erbauliche Interessen, wie sich an Hillmers Beiträgen zur *Christlichen Monatschrift* Ewalds und an dessen Initiative zur Neugründung eines entsprechenden Periodikums zeigt.

Zu einem herzlichen Wiedersehen Ewalds mit Dohm kam es im Frühjahr 1801 in Bremen. Beide teilten nicht nur gemeinsame politische und volksaufklärerische Ansichten, sondern standen sich auch in theologischen Grundsatzfragen nahe. Dazu gehörte die Ablehnung jeder Form von »Systemorthodoxie«, aber auch die feste Überzeugung, die Frage religiöser Gewißheit lasse sich nur auf der Ebene von Gefühl und innerer Anschauung adäquat stellen und beantworten.[208]

---

[207] Vgl. Ewald an Röderer, 2. August 1784, in: Stöber (Hrsg.), 131; Ewald an Lavater, Briefe 32 (Frgm., um 1794) u. 43 (12. Dezember 1795); Ewald an G. A. v. Halem, 3. November 1799, in: Halem, Selbstbiographie, Nr. 195.

[208] Zum Wiedersehen in Bremen vgl. die Notiz in Dohm, Schriften, 178 (Zeittafel); zu Dohms volksaufklärerischen Anschauungen ebda., 89–100 (»Ueber Volkskalender und Volksschriften überhaupt«, zuerst in der *Deutschen Monatsschrift* März 1796). Dohm wendet sich dabei wie Ewald im Namen einer standesgemäßen Bildung des »gemeinen Mannes« im Lesen und Schreiben gegen die Denunzierung der Volksaufklärung als Beförderung revolutionärer Umbrüche, weist auf die Bedeutung der Kalenderreform zur Bekämpfung des Volksaberglaubens und zur »zweckmäßigen« Bildung der unteren Bevölkerungsschichten hin und nennt Grundsätze, nach denen zu verfahren sei. Auch hier ist die berufspraktische Förderung nicht Selbstzweck, sondern weist über sich hinaus auf die Stärkung der Humanitäts- und Toleranzideale, und dies in religiöser wie politischer Hinsicht. Über Dohms Religions- und Glaubensverständnis geben indirekte Hinweise auch die späteren Äußerungen zum philosophischen Skeptizismus Friedrichs II. Zur Bewunderung des »redlichen Zweiflers« und seiner konsequent toleranten Haltung gegenüber Andersdenkenden und -glaubenden gehört die Skepsis gegenüber objektivierenden theologischen »Systemen«, seien sie kirchengläubig-orthodox oder aufklärerisch-intellektualistisch. Wie bei Lessing wird die ernsthafte Suche nach der Wahrheit höher bewertet als ihr (vermeintlicher) Besitz. Dohm, Schriften, 139–142.

Die Zeit gespannter Offenbarungserwartung war die Zeit stärkerer Profilierungen und Distanzierungen innerhalb der Anhängerschaft Lavaters, ein auch für das Verständnis der Fehde zwischen Ewald und Stolz wichtiger Vorgang. Stolz hatte sich in seinen *Briefen* von 1789 zwar gegen die Schmähungen Lavaters als eines bloßen Schwärmers zu ihm bekannt, doch zugleich sein überaus kompliziertes Verhältnis zu dem als faszinierend und übermächtig erlebten Lavater offengelegt. Seine wichtigsten theologischen Impulse hatte er anfangs, und dies galt auch für Häfeli, von Pfenninger und nicht von Lavater erhalten, Anfang der 80er Jahre wurde ihm wie Häfeli Johann Georg Hamann zur Leitfigur.[209] Das Verhältnis von Stolz zu Meta Post – als enge Lavatervertraute teilte sie im wesentlichen das Urteil des Meisters – war seit Mitte 1793 gestört, als ihr deutlich wurde, daß dieser in seiner theologischen Entwicklung über den Stand des im *Joseph* Dokumentierten hinausgewachsen war. Im Dezember 1795 berichtete Ewald, Stolz und Häfeli hätten öffentlich mit Cölln gebrochen, nachdem dieser im Jahr zuvor von Stolz Rechenschaft über seinen Glauben gefordert hatte.[210] Alles weist auf eine sich verstärkende Distanzierung gegenüber Stolz in den Jahren 1793/94, der sich schließlich auch Ewald – wohl durch Cölln vermittelt – anschloß. Sie wurde mit zum Anlaß für die kritische Anmerkung zur Stolzschen Bibelübersetzung.[211] Ewald verteidigte den von Cölln vollzogenen Schritt der Trennung von Stolz, der sich einem »christuslosen Christentum«, sprich: der Neologie, geöffnet habe. An Stolz tadelte er dessen wenig freundliche Reaktion; das »christuslose Christentum« habe ihn dem hohen Ideal der Humanität, der »großen Diana unserer Zeit« (nach Act 19,28), nicht nähergebracht. Die polemische Apostrophierung zeigt die internen Vorbehalte gegenüber dem Humanitätsgedanken, dessen er sich doch selbst – wie in den Bremer Museumsvorträgen – gänzlich unspezifisch bedienen konnte.[212]

Lavater gab die Hoffnung auf eine Umkehr der beiden »armen Proselyten zum Weltchristus« bis an sein Lebensende nicht auf. Beiden sagte er eine Zukunft als bedeutende Christuszeugen voraus, waren sie doch für immer Erwählte.[213] Dieser Einschätzung vermochte Ewald anfangs nicht zu folgen.

---

[209] Stolz, Briefe [...], 16. Brief, 91 ff.; 18. Brief, 127 ff., Schulz, in: Jb. der Wittheit 6.1962, 59 ff.

[210] Ewald an Lavater, 12. Dezember 1795, Brief 43.

[211] Cölln stand schon länger in Briefkontakt mit Meta Post. Meta Post an Lavater, 8. Oktober 1797, Schulz, Brief 51, vgl. Brief 66. Häfeli war für Post zwar äußerst talentiert, doch der religiösen Empfindsamkeit nicht genügend aufgeschlossen; Kontakte mit ihm gab es kaum. Theologisch dachte Stolz liberaler als Häfeli. Von den Briefen Meta Posts an Lavater vgl. bes. Schulz, Briefe 1, 5, 11, 17 u. 47.

[212] Vgl. Meta Post an Lavater, 15. Juli 1795, Schulz, Brief 21. Ewald an Lavater, 12. Dezember 1795, Brief 43; vgl. Lavater an Meta Post, 22. Februar 1797, Brief 46: daß weder Stolz noch Häfeli auf seine Schreiben antworteten, gehöre wohl auch zur »Toleranz und Humanität des Neologismus.« Zum Verhältnis Lavater – Stolz vgl. neben deren Briefwechsel auch die Briefe Nr. 50 ff. in der Korrespondenz mit Post.

[213] Lavater an Meta Post, 30. Mai 1795, Schulz, Brief 20 u. ö.; Lavater an Ewald, 30. Dezember

Wenigstens für Häfeli hatte er zu dieser Zeit keine Hoffnung mehr, weshalb er Lavater die Unmöglichkeit der zweiten Buße nach Hebr 6,4 ff. vorhielt.[214] In Bremen kam es dann freilich zwischen Ewald und Häfeli zu einem freundschaftlichen Verhältnis und guter Zusammenarbeit. Auch zu Stolz ergaben sich nach der Fehde wieder versöhnliche Kontakte, aber die innere Distanz blieb, da Stolz sich meist zu den »Antichristen« halte.[215]

Ewalds Berufung nach Bremen hielt Lavater für providentiell; dieser sei der geeignete Mann, Stolz und Häfeli auf den rechten Weg zurückzuführen.[216] So konnte Lavater Ewald als in Deutschland Einzigen rühmen, welcher dem »allbeherrschenden Neologismus« kraftvoll entgegenzutreten verstünde. Wie sehr freilich der endgeschichtliche Erwartungshorizont diese Betrachtungweise herkömmlicher theologischer Standortbestimmung entwerten konnte, zeigt das Eingeständnis: Auch das Ewaldsche Engagement sei »nichts als eitle Eitelkeit – ohne Licht und Kraft, und ohne einschneidende Beweise des Geistes von oben.«[217] Wie aber Lavater mit Stolz nie brach, so wies er auch das harsche Urteil einiger Bremer Freunde über Johann Smidt (1773–1857), Professor am Gymnasium in Bremen, später Bürgermeister und Gründer Bremerhavens, als »Erzneologen« zurück. Er lobte ihn trotz unterschiedlicher theologischer Ansichten als begabten philosophischen Kopf mit Sinn für das Wesentliche und tiefes Verständnis für sein, Lavaters, Anliegen, so daß auch er wie Dohm zu denen gehörte, die nach biblischer Rede »nicht fern vom Reich Gottes« (Mk 12,34) waren.[218]

Anfang 1794 erschienen Ewalds Betrachtungen zur Apokalypse.[219] Das Titelblatt schmückt Klopstocks Ankündigung des Jüngsten Gerichts und der Herrschaft der Märtyrer im Millennium nach den Worten des *Messias* (Apk 20,4–6).[220] Als richtungsweisend für die Apokalypseauslegung sah Ewald Pfenningers *Briefe über die Offenbarung Johannes* aus dem Jahr 1784, in der Überset-

---

1795, Brief 44. Vgl. Lavater an Ewald, 23. März 1797, Brief 49; 11. März 1800, Brief 54. Lavater an Meta Post, 22. September 1798, Brief 68 (9.).

[214] Ewald an Lavater, 14. Februar 1796, Brief 45.
[215] Ewald an Lavater, 6. Dezember 1799, Brief 52.
[216] Lavater an Meta Post, 22. Februar 1797, Schulz, Brief 46.
[217] Lavater an Meta Post, 3. Dezember 1796, Schulz, Brief 44.
[218] Lavater an Meta Post, 20. September 1797, Schulz, Brief 50, vgl. die Briefe 47 u. 51. Von den Predigern in Bremen gehörte außer Ewald noch Heinrich Meier (1752–1813) zu den Lavateranhängern, vgl. die Listen von Meta Post, Schulz, Briefe 51 u. 81.
[219] Ewald, Die letzten Szenen vor der Wiederkunft Jesus, nach der Offenbarung Johannes. Für denkende aber ungelehrte Bibelchristen, Frankfurt u. Leipzig 1794 (= APK; Steiger, Bibliogr. 114), Vorr. v. Anfang Februar. Gegenüber Lavater machte Ewald später eine allgemein bleibende selbstkritische Anmerkung zu den Schwächen der Schrift, die ihm beim wiederholten Durchgang aufgefallen seien, Ewald an Lavater, Brief 35 (Frgm.).
[220] »Ernst ist er, des Gerichts dunkler Tag! [...] o empfangt die Belohnung, Heilerbende! / Erstaunt, bang, und vor Angst stumm hörts / Der Erdkreis! Die verkannt einst schnell bluteten, / Wenn sie Satan Räucherwerke nicht zündeten, / Sie beherrschen die Welt jetzt! sind Könige! / Vom Thron schmückt mit Gewalt Gott euch!«, Klopstock, Werke und Briefe. Hist.-krit. Ausg. (Hamburger Klopstock-Ausg.), IV,2, Messias, 20. Gesang, V. 698, 718–728.

zung der Bibeltexte folgte er Herder.[221] Seine Betrachtungen sind bestimmt vom vielschichtigen Charakter der Johannesapokalypse als Werk der Dichtung, der visionären Prophetie und der Paränese bzw. Paraklese. Eine rein poetische Betrachtungsweise lehnte Ewald ab, da sie den entscheidenden religiösen Mehrwert einer Utopie, die prophetische Vorhersage vom realen Ende der Geschichte, nicht beachtete.[222] Die Apokalypse verwies auf reale Ereignisse der Zukunft, auch wenn sie schon unter dem Gesichtspunkt des Dramatischen ein Werk höchster poetischer Leistung war. Die Beobachtungen zur stringenten und doch spannungsreichen Komposition weisen auf ein Verständnis des Dramas als offener Form nach Shakespeare, wie es sich unter Verzicht auf die klassischen Forderungen nach Einheit von Raum und Zeit in der Poetik Herders und des Sturm und Drang fand. Spannungen werden erklärt aus dem Ringen des Dichters, das in seiner Seele Geschaute in Worte zu fassen und das Drama auf seinen Höhepunkt, den wiederkommenden Christus und seine Anbetung, hinzuführen.[223] Wieder spielt die Rückführung auf den religiösen Eindruck eine zentrale hermeneutische Rolle. Zu ausschließlich auf das Dramatisch-Poetische ausgerichtet sah Ewald den neuesten Kommentar von Eichhorn mit seiner kritisch-zeitgeschichtlichen Auslegung auf das Römische Reich, die im weiteren Gefolge Semlers stand.[224] Dagegen verlangte der gesamtbiblische Zusammenhang vor allem auch mit der alttestamentlichen Prophetie eine endgeschichtliche Auslegung, die allerdings nach der Hermeneutik der Analogie für zeit- und kirchengeschichtliche Deutungsperspektiven offen gehalten werden mußte.

So wenig sich Ewald für Bengels Konzeption hatte erwärmen können, so wenig sollte ihn die *Siegesgeschichte* von Jung-Stilling überzeugen, hierin völlig

---

[221] Pfenninger, Briefe über die Offenbarung Johannes. Ein Buch für die Starken, die schwach heißen, mit dem Motto: Sie erklärt sich, oder taugt nichts, Leipzig 1784. Ein Auszug aus der als geistreich vorgestellten Herder-Schrift findet sich in den Basler *Sammlungen*, 1803, 300–303, zu Joh 20,6.

[222] »Ich habe sie [die Apokalypse] nicht verkleinert, nicht zu Dichtung gemacht. Mich dünkt, dies wäre gegen den Zwek des ganzen Buchs, und die Gerichte selbst.« APK, 158. Eine stringente zeitliche Abfolge ließ sich aus der Schilderung der Ereignisse selbst nicht erheben, APK, 134.

[223] »Oft kann er [der Verfasser der Apk] gar nicht beschreiben, was er sah; er beschreibt dann nur, was es auf Ihn würkte; er sucht etwas von der Empfindung wieder zu geben, die es in ihm aufregte [...].« APK, 23. Entsprechend offen war mit zeitlichen und örtlichen Näherbestimmungen umzugehen.

[224] Johann Gottfried Eichhorn, Commentarius in Apocalypsin Joannis, 2 Bde., Göttingen 1791, zum Gang des Dramas mit Prolog (1, 4–4, 22), Prolusio, 3 Akten und Epilog (22,6–11) ebda., XIXff. Die Deutung entsprach nach Ewald dem Geist der Zeit: Was mystisch aufgeschlossenere Zeiten auf die Geburtsschmerzen des inwendigen Menschen bezogen, machte eine schauspielbegeisterte Gegenwart zu einer um vieles abwegigeren himmlischen »Oper von dem [schon geschehenen] Sieg des Christenthums über Judenthum und Heidenthum«, APK, XIII. Eine metrische Übers., welche über die historischen Probleme hinweghelfen sollte, legte Friedrich Münter vor: Die Offenbarung Johannis, Kopenhagen 1784 (veranlaßt durch Vorlesungen Koppes in Göttingen).

einig mit Lavater.²²⁵ Jung-Stillings endgeschichtliche Deutung der Französischen Revolution und ihrer Folgen gefiel ihm ebensowenig wie Schlosser.²²⁶ Selbst die zeitweiligen Christenverfolgungen und die Inthronisation der Göttin der Vernunft im von Volkstyrannei und Demagogie geplagten revolutionären Frankreich galten ihm nur als Vorläufer der Erfüllung von Apk 13, mochte sich auch eine frappierende Ähnlichkeit der Bilder aufdrängen.²²⁷ Die Ereignisse ließen sich noch in die Vorstellung der sich beschleunigenden Zeit einfügen. Diese war gekennzeichnet durch eine in ihrer Dramatik immer mehr gesteigerte Folge revolutionärer Umbrüche auf allen Lebensgebieten. Vom direkten Eintritt in die endgeschichtlichen Ereignisse, die als solche mit Hilfe der Apokalypse erkennbar sein mußten, konnte nach Ewald erst dann die Rede sein, wenn die friedliche Etablierung einer Universalmonarchie vollzogen war und ihre despotischen Ansprüche in die Wirren eines Weltkrieges führten.²²⁸ Die Differenz zu Jung-Stilling betraf allein die Frage der zeitgenössischen Aktualisierung, während sich zu Johann Jakob Stolz, der sich in seiner zeitgeschichtlichen Auslegung von Pfenninger und Heß distanzieren sollte, grundsätzliche Unterschiede ergaben.²²⁹

Der politisch bestimmten Figur des Antichristen trat nach Ewalds Verständnis im »Erzmagier« eine quasi-religiöse Figur beiseite, die ihn in der Verfolgung der Gläubigen aus Juden (!) und Christen unterstützte. Die Zahl des Tieres (666) wurde gedeutet als politisches Zugehörigkeitsmerkmal zur atheistischen Weltmonarchie mit ihren profanen Heilsversprechen pervertierter bürgerlicher Freiheit. Zu erwarten war die Ausstoßung der Christusverehrer aus der bürgerlichen Gesellschaft, weil sie sich dem Götzendienst ihrer Zeit verweigerten.²³⁰ Kirchenkritisch deutete Ewald die im Sendschreiben an die Gemeinde zu Pergamon (Apk 2,12 ff.) als Betrüger entlarvten Nikolaiten (V. 15), die ihm als Vertreter jener »hohen Aufklärung« galten, welche das Christusbekenntnis negierten, was im sonstigen polemischen Kontext an die Vertreter der Neologie denken ließ. Auffallend war die Rolle der gläubigen Juden, die nicht nur mit den Christen die Verfolgung teilen, sondern auch der besonderen göttlichen Bewahrung sicher sein würden.²³¹ Neben der zeitgenös-

---

²²⁵ Jung-Stilling, Die Siegesgeschichte der christlichen Religion in einer gemeinnützigen Erklärung der Offenbarung Johannis, in: Sämtl. Schr., hg. v. J. N. Grollmann, Bd. 3; Alexander Vömel (Hrsg.), Briefe Jung-Stillings an seine Freunde, Berlin 1905, 2. unver. Aufl. 1925, 20 ff. Lavater an Meta Post, 25. Januar 1799, Schulz, Brief 69; Lavater an Ewald, 11. März 1800, Brief 54; noch 1817 bekannte sich Ewald im Nachruf zum Dissens mit Jung-Stilling in dieser Frage.
²²⁶ Vgl. J. G. Schlosser, in: Urania 1794.2, 181–185 (SW Nr. 93).
²²⁷ APK, 23 f.
²²⁸ Ebda., 17 f., vgl. 26 ff., 134. Zu diesem Regenten hieß es: »Was Rußland, Oestreich und Preußen zusammen für Europa sind; das ist Er für alle Welttheile!« Ebda., 138. Zu Jung-Stillings Auffassung von der Weltmonarchie vgl. Schwinge, 131 f.
²²⁹ Vgl. Stolz, Erläuterungen zum neuen Testament [...], H. 6, 99 ff., 100 (Anm.).
²³⁰ Ebda., 249.
²³¹ So wurden unter der Sonnenfrau die gläubigen Juden verstanden, die während der (wörtlich genommenen!) 3 ½ Jahre dauernden apokalyptischen Drangsal Schutz in der Wüste fanden, nicht

sischen Vorurteilskritik im Blick auf das jüdische Volk stand die Kritik an der neuerlichen Dämonisierung der Franzosen und der Hetze gegen die französischen Emigranten, aber auch das unversöhnliche politische Parteidenken zwischen Aristokraten und Demokraten.[232]

Die Wende der endzeitlichen Drangsal wurde vom sichtbar wiederkommende Christus erhofft, der das Millennium auf Erden begründen und durch das Jüngste Gericht zur vollen Heilszeit, das von allen Völkern ersehnte Goldene Zeitalter, hinführen werde.[233] Von seiner Dauer her legte sich eine Deutung des Millenniums auf den nach sechs Jahrtausenden Weltzeit anbrechenden Weltensabbat nahe. Dies läßt zusammen mit den Elementen endgeschichtlichen Bewußtseins vermuten, daß Ewald die Ereignisse seiner Zeit dem zu Ende gehenden sechsten Jahrtausend (der Menschengeschichte) zurechnete, ohne sich jedoch um eine nähere Terminierung des schließlich unvermittelt Hereinbrechenden zu bemühen.[234] Den Chiliasmus sah Ewald einmal verankert im Zeugnis Jesu und der Apostel, sodann im urmenschlichen Sehnen nach Erlösung und Vollendung schon im Zeitlichen und Vorläufigen, dem die Johannesapokalypse als Ganze mit dem Blick auf die Parusie Ausdruck gab.[235] So wurde das Millennium zum vorläufigen Höhepunkt auf dem Weg

---

– wie herkömmlich – Maria oder die (juden-)christliche Gemeinde, während die jüdischen Einwohner Jerusalems durch Erdbebenerschütterungen »zu sich selbst« gebracht wurden. Die 144 000 Versiegelten setzten sich aus den mit jeweils 12 000 Gliedern bestehenden zwölf Stämmen zusammen, der als abgefallen geltende Stamm Dan wurde nach dieser Deutung vom Stamm Isaschar ersetzt. Ebda., 142. Die messianische Reitergestalt Apk 19,11 sollte jüdischer Herkunft sein, ebda., 27 f. Zur Deutung der Apk bei J.J. Heß s. Ackva, 236 ff.

[232] »Wie viele unter uns halten alle Juden für ein[e] Betrügerisches, Versunkenes, unverbesserliches Volk, weil manche Betrügerische, Unverbesserliche unter ihnen sind. Wie gewöhnlich wird es jezt, von allen Franzosen, als einer sittenlosen, grausamen, blutgierigen Nation, zu reden, weil jene Ungeheuer ihrer Hauptstadt so sind! – Und doch kann kaum etwas unrichtiger, schädlicher seyn, als ein solches Urtheil.« Ebda., 77. »[...] daß wir doch die natürliche und unabläßige Pflicht der Gerechtigkeit erfüllten, Jeden zu beurtheilen nach seinen Werken [...].« Ebda., 84. Zur Emigrantenfrage vgl. H. [Hennings], Apologie der Ausgewanderten, in: Der Genius der Zeit, 1796.1, 314–328 (geschrieben am 14. Januar 1796); Nachtr. in: Der Genius der Zeit, 1796.1, 361–363.

[233] Ebda., 232 ff., 238 ff. Das Millennium wurde gedacht als Erfüllung des Ideals eines irdischen Reichs der Humanität nach Recht und Billigkeit, in dem die auferweckten Heiligen als Mitregenten fungierten.

[234] »[...] der Tag des Herrn, der große Weltsabbath, die Zeit des ruhigen Genießens und des Wirkens, das lauter Genuß ist – das große Frey- und Jubeljahr bricht an, wenn jenes Reich kommt.« Ebda., 243. Vgl. ChrM 1802.1, 162, wo Ewald von der Ankündigung (der Geburt) Jesu für das Jahr der Welt 4003 (!) sprach. Meta Post schrieb an Lavater am 4. Januar 1795: »Gott, zu welcher wichtigen Zeit beriefst Du uns zum Leben. Noch 105 Jahre und das 6te Jahrtausend zu Ende! Mache dich auf und werde Licht [...].« Schulz, Brief 13, 185 f. Zu Jung-Stillings chiliastischen Ansichten in der »Siegesgeschichte« von 1798/99 und im Versepos »Chrysäon« (1809–1812), das in Form eines Traumgesichtes auch auf die endzeitliche Judenbekehrung und den Wiederaufbau Jerusalems zu sprechen kam, vgl. Schwinge, 47, 90 ff., 293 ff.

[235] »Wie schön dieser, durch das ganze Buch fortgehende, mit jedem neuen Gesicht vermehrte, und gleich durch das Hinwinken auf den Strebepunkt des Ganzen, die Ankunft Jesus, so natürlich

der göttlichen Erziehungsgeschichte mit der Menschheit im Sinne einer real-irdischen Gestaltwerdung der in der Schöpfung zur Entwicklung angelegten Gottebenbildlichkeit, also als endgeschichtliche Erfüllung des Schöpfungswortes Gen 1,26 und historische Theodizee Gottes.[236]

Der Entwicklungs- und Erziehungsgedanke bot die Basis für die weitere Deutung der Apokalypse als Paraklese der Angefochtenen zu allen Zeiten. Menschliche Drangsal wurde nicht nur im individuell-biographischen, sondern im ekklesiologisch-kosmischen Zusammenhang als Teil des Weges zur Vollendung in und mit Christus gesehen.[237] So schärft Ewald die Bitte des »Maran-atha« seinen Lesern als das Kennzeichen der Christus Liebenden ein und bestärkt sie in der Hoffnung auf das Ende der Zeit und die Wiederkunft Christi.[238] Höhepunkt des tröstlichen Ausblicks waren die überwältigenden Bilder des neuen Jerusalem (Apk 21 f.). Diese gründeten in der mystischen Sprache der Natur und der Empfindung, wo alles zum Zeichen für Gott werden konnte. So verkündete, wenngleich als schwaches Abbild des Endgeschehens, jeder anbrechende Frühling im Namen Gottes das »Siehe, ich mache alles neu!« (Apk 21,5). Jeder Lieblingsort, das persönliche »Heiligthum für Sinne, Geist und Herz«, wies über sich hinaus auf den am Ende aufgehobenen Unterschied zwischen heilig und profan, wo galt: »hier ist alles Tempel!«.[239]

Im Jahr 1800 veröffentlichte Ewald in der *Christlichen Monatschrift* eine Reihe von Trostbriefen zur Frage christlicher Hoffnung angesichts der poli-

---

gewordene Drang nach dem Ende! [...] Das Land der Ruhe, des Genusses, der Freiheit, das himmlische Jerusalem liegt dem Leser wie den[m] Seher fast immer vor Augen. [...] Der Dichter reißt den Leser mit sich fort, wohin jener will, wovon seine Seele voll ist.« Ebda., IVf. Chiliastisch deutete Ewald I Kor 15,23 f.; Phil 3,8–11; Mt 19,28; I Kor 6,2 f.; Lk 16,9; II Tim 2,11, ebda., 244.

[236] »So fürchterlich der Knoten [der Geschichte] geknüpft ist, so herrlich wird er aufgelößt! So scheint aller Glaube Thorheit, und so wird aller Glaube gekrönt! So wird aus Finsterniß Licht, aus Leiden Seligkeit!« Ebda., 34, vgl. 247.

[237] »Nur die tiefsten, brennenden Leiden machen Gott und Jesus recht unentbehrlich. Nur sie erheben über Sinnlichkeit und Welt. [...] Nur solche Leiden also bilden zu dem hohen göttlichen Beruf, unter und mit Christus zu wirken, zu regieren [...]. Ja; Lieber, dein Leben ist ein lange daurender Tod. Dafür wirst du befreiet vom ewigen Tod. Du hast wol mehr als andere gelitten, dafür wird dir tausendmal mehr Genuß und Seeligkeit, als Anderen werden kann. [...] Keiner hat so viel gelitten [...] wie Jesus; und Keiner hat solchen Genuß, solche Größe [...] wie Jesus. – Und *sein* Gang ist *unser* Gang!« Ebda., 249 f.

[238] »[...] was sich wol am Allgemeinsten regen muß bei Allen, die diese Kapitel [am Ende der Apk] als Gottes Offenbarung glauben, das ist Sehnsucht nach Nähe Jesus. [...] Und wo Liebe ist, wer wird nicht wünschen, daß Er komme, den unser Herz liebt!« APK, 263. »O! daß wir doch wenigstens aus dem Buche mitnehmen das Gefül: Ach komm doch Herr Jesu! und die Gewisheit: Er kommt bald; und daß wir uns reinigten, wie der Mensch gewis thun wird, der jeden Augenblick wartet auf seine Zukunft.« (Schluß), ebda., 264.

[239] Ebda., 259. Als weitere Stimme zur Apk-Auslegung im Ewaldschen Kontext vgl. den Artikel (o. Vf.), Ueber die Apokalypse, in: ChrM 1805.2, 172–189. Hier wurden die 144 000 nicht speziell auf die Juden gedeutet, aber mit dem Eintritt des Millenniums war die Rettung ganz Israels nach Röm 11,26 verbunden; es wurde erwartet, die Juden würden wieder in das Land Israel ziehen und ihre universale Sendung zum Heil der Welt vollenden.

tischen und gesellschaftlichen Krisen der Zeit.[240] Er nahm diese Briefe im zweiten Teil seiner Trostschrift im Jahr 1807 als immer noch aktuell wieder auf.[241] Für die Auslegung der Johannesapokalypse empfahl er erneut Pfenningers *Briefe über die Offenbarung Johannes*, besonders den elften Brief. Ewald erinnerte an die Visionen von einem goldenen Zeitalter in der Dichtung und an die in vielen Religionen tradierten Hoffnungen auf eine paradiesische Zukunft, so in der muslimischen und indischen religiösen Tradition. Diese durften nicht als rein äußerlich und sinnlich abgetan werden, sondern teilten mit der christlichen Hoffnung ihren geistigen Kern. Obwohl sich Ewald auch in diesem Zusammenhang wieder von den Bengelschen Terminierungsversuchen der Wiederkunft Christi distanzierte, ließ sich diese »Schwärmerei« doch als wenn auch irriger Ausdruck einer an sich mit dem Glauben gegebenen Naherwartung verstehen, die schon das Leben der ersten Jünger bestimmte. Eine auf Bengelsche Art lebendig gehaltene eschatologische Hoffnung war in jedem Fall besser als ihr gänzlicher Verlust im Denken einer sich selbst aufklärenden, d. h. nur sich selbst vernehmenden Vernunft, der Ewald auch die Naturphilosophie Schellings verpflichtet sah.[242] Dagegen ließ sich von den älteren Liederdichtern bis zum frühen Herder ein Festhalten an der Hoffnung auf das Nahen der Erlösung – bei Luther der »liebe Jüngste Tag« –, beobachten.[243] Freilich trat die unmittelbare Erwartung des Jüngsten Gerichts für Ewald zurück: Wahre Verstandeserleuchtung oder -aufklärung vollzog sich als innere Erleuchtung über den Gang der Weltgeschichte nach den biblisch-eschatologischen Friedensverheißungen des Alten Testaments (z. B. Jes 11,6 ff., Jes 25,6 ff. und Jes 35) und der Johannesapokalypse, verbunden mit einem zunehmenden Sammlungsbewußtsein philadelphisch-ökumenischer Weite im Vorfeld des Endes der Geschichte.[244]

Die zeitliche Distanzierung des Endes ermöglichte die Aufnahme eines humanistischen Fortschrittsdenkens, das sich rein weltimmanent artikulieren,

---

[240] Ewald, Haben wir bessere Zeiten zu hoffen? und Wann werden sie kommen?, in: ChrM 1800.2, 108–132; 195–214; 340–361.

[241] Ewald, Der Christ, bei den großen Weltveränderungen [...], Frankfurt/M. 1807 (Steiger, Bibliogr. 281). Der erste Teil enthielt 15 Betrachtungen zu Bibeltexten, u. a. zu den Themen Vorsehung (Jes 40,26–31), Leiden als Erziehung (Röm 5,1–5), Anfechtung als Prüfung der Jesusliebe (Joh 21,15–17), Todesbereitschaft in der Vergegenwärtigung des eigenen Endes (Ps 90,12) und zum Endgericht als Ernte (Apk 14,15–18).

[242] Zur Erläuterung griff er auf F. H. Jacobis Schrift an Fichte von 1799 zurück, F. H. Jacobi, Werke 3, 3–57; 13 f., 16.

[243] ChrM 1800.2, 130 f. Neben dem Hinweis auf ein Lied aus dem Gesangbuch der Böhmischen Brüder (»Es wird schon der lezte Tag herkommen, / Denn die Bosheit hat sehr zugenommen. / Was Christus hat vorgesagt, / Das wird jezt beklagt«) wurde verwiesen auf Bartholomäus Ringwaldts »Es ist gewißlich an der Zeit« (EG 149,7) und Erasmus Albers Bitte »Darum komm, lieber Herre Christ; / Das Erdreich überdrüssig ist, Zu tragen solche Höllenbränd [...]«, vgl. Philipp Wackernagel, Das deutsche Kirchenlied 3, 2. Nachdr. d. Ausg. Leipzig 1870, Hildesheim, Zürich, New York 1990, 880 f. (Lied Nr. 1033).

[244] Ewald, Der Christ, bei den großen Weltveränderungen, 226.

aber doch immer wieder auch heilsgeschichtlich relativiert werden konnte. Dies zeigt sich nicht zuletzt im Zusammenhang der politischen Friedensutopie, die Ewald nach dem ersten Koalitionskrieg gegen Frankreich 1798 niederschrieb.[245] Der betont visionäre Ausblick auf das Europa des Jahres 1898 machte keinen Hehl aus der Skepsis gegenüber der politischen Realisierbarkeit eines Völkerfriedens im Sinne der Kantschen Friedensschrift von 1795, die diesen als Gebot der praktischen Vernunft vorgestellt hatte. Als wahrhaft vernünftig konnte unter dem Anspruch des Ewigen zwar nur der Glaube an eine göttliche Friedensstiftung gelten, doch bedeutete dies keine Geringschätzung dessen, was im Sinne fortschreitender Humanität im Rahmen der Völkerfamilie denk- und machbar war. Die Ewaldsche Utopie arbeitete daher auch mit charakteristischen Leitvorstellungen der Gegenwart. Zu ihnen gehört ein bürgerlich-republikanischer Grundzug, der wie bei Kant weniger demokratisch als vielmehr konstitutionell-monarchisch gedacht werden muß. Nicht mehr die Regenten, sondern die Staatsbürger sind in erster Linie die Hoffnungsträger einer friedlicheren Zukunft. Ihnen oblag das eindeutige und die Regenten bindende Nein zu jedem Eroberungskrieg.[246] Im Hintergrund steht die traditionsreiche Idee von einem geschichtlich gewachsenen Gleichgewicht der Mächte in Europa. Zugleich macht sich philadelphisches Gedankengut bemerkbar, wie es Zinzendorf unter Ausscheidung der eschatologischen Spekulation in seiner Tropenlehre verarbeitete, nun wie bei Herder ins Politisch-Kulturelle transformiert. Nicht nur die verschiedenen Konfessionen und Kirchen, sondern auch die Völker sollten in ihrer jeweiligen Eigenprägung als kollektive Träger göttlicher Selbstbekundung in der Geschichte gewürdigt und zu einem friedlichen Miteinander angehalten werden.[247]

Trotz der Aufnahme konkreter völkerrechtlicher Vorschläge aus der aktuellen Friedensdiskussion, zu denen die von Fichte im Anschluß an Kant weitsichtig formulierten Forderungen wie Anerkennung der territorialen Integrität und die Nichteinmischung in die inneren Angelegenheiten anderer Staaten gehören, blieb für Ewald wie für Herder das Kernproblem der Macht ein ethisches und nicht ein institutionelles: Der Streit um Verfassung, Menschen- und Völkerrecht wurde dort hinfällig, wo in der Tradition des augustinischen Naturrechtsverständnisses nach den gottgegebenen und daher ewigen und heiligen Gesetzen der Gerechtigkeit, Billigkeit und Menschlichkeit inner- und zwischenstaatlich regiert wurde. Die Staatsform, in der das geschah, war demgegenüber sekundär. Auf dieser Basis führten nach Ewald schon Fénelon und Charles de Saint-Pierre (1658–1743), Kritiker Ludwigs XIV., die ältere fran-

---

[245] Ewald, Fantasieen auf einer Reise, 1799, 372 ff. (»Noch eine Aussicht von anderer Art«).
[246] An eine generelle Abschaffung des Krieges war nicht gedacht; gerechtfertigt blieb wie bei Klopstock noch Anfang der 90er Jahre der Freiheits- oder Verteidigungskrieg. Die humanistische Perspektive lautete: »Wäre denn Europa zu alt oder zu jung, um gesunden Menschenverstand zu haben, zu ungebildet, um menschlich zu seyn?«, ebda., 374 f.
[247] Vgl. Kaiser, Pietismus, 205 ff.

zösische Diskussion um einen dauerhaften Frieden, die er im 19. Jahrhundert Früchte tragen sah. In seiner ethischen Grundausrichtung folgt Ewald freilich eher Fénelon als Saint-Pierre, der durch sein Nachdenken über die konkrete vertragliche Realisierung des Völkerfriedens und dessen Voraussetzungen gerade für Kant wichtige Anknüpfungspunkte liefern konnte. Kulturell und religiös setzte Ewald auf eine allgemeinere Verbreitung der in Herders *Ideen* dargelegten Grundlinien einer toleranten Denk- und Lebensweise und damit auf eine entsprechende Umsetzung irenisch interpretierter philadelphischer Ideale.[248] Wirtschaftlich sagte er der völligen Liberalisierung des Handels unter Verzicht auf staatliche Regulative, die als »Handelsdespotismus« abgelehnt wurden, eine große Zukunft voraus. Er teilte den liberalistischen Grundsatz, Konkurrenz schaffe allgemeinen Wohlstand, freilich nicht aus sich, sondern auf allgemeinmoralischer Basis. Dies entsprach einer Bildungskonzeption, die sich von der harmonisch gebildeten Gesamtpersönlichkeit, deren Kern die religiöse Bindung war, die Lösung sozialer Konflikte versprach. Anders als auf dem Gebiet von Bildung und Erziehung, wo Ewald staatlichem Handeln Priorität einräumte und dem »Schulstaat« vorarbeitete, lehnte er im ungebrochenen Vertrauen auf die Selbstregulierungskräfte des Marktes lenkende Eingriffe des Staates ab. Ewald steht hier ganz im Gegensatz zu Fichte, der nur im »geschlossenen«, d. h. planwirtschaftlich regulierten und autarken Handelsstaat die Chancen für Bildung wachsen sah. Auch andere liberalismuskritische Stimmen wie Franz Xaver von Baader fanden bei Ewald keine Resonanz.[249] Spätestens als der Wirtschaftsliberalismus mit der zweiten Hälfte des 19. Jahrhunderts zu ungeahnter Blüte kam und der herkömmliche ländliche Pauperismus seine Verschärfung im städtischen Proletariat fand, traten die Defizite des bei Ewald vertretenen Ansatzes gerade für die protestantische Kirche in aller Schärfe zutage. Das Volksaufklärungsprogramm griff hier zu kurz.[250]

Was am Ende der Utopie als Weg zur praktischen Etablierung des Völkerfriedens vorgestellt wurde, zeigt die Schwäche von Ewalds politischem Denken im unentschiedenen Nebeneinander von geistesaristokratischen, hierarchisch-ständischen und direktdemokratischen Elementen.[251] Mit der Redu-

---

[248] Ewald, Fantasieen auf einer Reise, 1799, 381 ff.
[249] Vgl. z. B. J. G. Fichte, Der geschloßne Handelsstaat (1800) GA I, 7, 1–141; Franz Xaver von Baader, Ueber das sogenannte Freiheits- oder das passive Staatswirthschaftssystem (1802), in: SW 6, 167–179.
[250] Als »Prophet« des Wirtschaftsliberalismus wird der aus Portugal stammende Isaak de Pinto (1715–1787) erwähnt, der neben seinen *Essais sur le luxe* von 1762 und einer Apologie der jüdischen Nation aus dem Jahr 1762 durch eine mehrfach aufgelegte, ins Deutsche und Englische übersetzte ökonomische Schrift *(Traité de la circulation et du crédit*, Amsterdam 1771) bekannt geworden war, in der er einem weiterentwickelten Merkantilismus das Wort redete; vgl. NBG 40, 282.
[251] Das entscheidende beschlußfassende Gremium war gedacht als europäische Versammlung von Notabeln aller Stände, die ihre Beschlüsse über Volksrepräsentanten dem Volk mitteilten. Dieses wiederum stand in einem direkten Gegenüber zum Regenten, dem das Volk auch gegen seinen Willen den Beitritt zum Völkerbund des Friedens abverlangen konnte.

zierung des Militärs auf ein Minimum zur Selbstverteidigung und dem Einsatz der Überzähligen für gemeinnützige Arbeit war die Zeit der Bändigung des Ungeheuers Krieg im Sinne Klopstocks gekommen. Im Unterschied zur ausgearbeiteten poetischen Utopie eines goldenen Zeitalters, wie sie Ewald in Stolbergs *Insel* bewunderte, fiel der eigene Gelegenheitsausblick verhalten aus. Pazifistische Tendenzen, wie sie der späte Klopstock mit seiner bedingungslosen Ablehnung jeglicher Form von Krieg verfolgte, lagen ihm fern. Der ewige Friede blieb Gegenstand endgeschichtlicher Hoffnung, die dem Poetischen näher stand als dem Politischen.[252]

12.5 Der Gesamtentwurf einer spätaufklärungspietistischen (Laien-)Dogmatik: »Die Religionslehren der Bibel« (1812)

Als Zusammenfassung langjähriger Bemühungen um die Grundzüge einer biblischen Dogmatik heilsgeschichtlicher Prägung auf den verschiedenen Ebenen des Unterrichts stellte Ewald 1812 seine *Religionslehren der Bibel* vor, die 1814 durch einen Nachtrag ergänzt wurden.[253] Schon in Detmold hatte er jungen Theologen ein Kolleg über biblische Dogmatik gelesen, in Heidelberg folgten im Sommersemester 1806 gleichnamige Vorlesungen nach eigenem Entwurf, im Sommer 1807 Apologetik, erwachsen aus den verschiedenen katechetischen Entwürfen.[254] Die Erarbeitung der Schrift war zunächst unter bewußtem Absehen von der kirchlichen Lehrtradition erfolgt, doch wurde nach verschiedenen Diskussionsgängen mit jüngeren Theologen notwendig Erscheinendes eingearbeitet. Es ging Ewald nie um eine traditionell *kirchliche*, d. h. konfessionell ausgerichtete Dogmatik, sondern immer um eine betont *christliche* Glaubenslehre, die den biblisch-apostolischen Christusglauben stärken und konfessionsverbindend wirken konnte. Wie bekannt, änderte dies nichts am Respekt vor den überkommenen Kirchenzugehörigkeiten und schon gar nicht am selbstverständlichen Interesse an einer soliden Ausbildung der Theologen in dogmengeschichtlicher Hinsicht.[255] Dem irenischen Anspruch gemäß – und wohl auch wegen des nicht primär fachwissenschaftlichen

---

[252] Ebda., 388 ff. Zur Friedensdebatte der Zeit vgl. die Textsammlung von Anita u. Walter Dietze, Ewiger Friede? Dokumente einer dt. Diskussion um 1800, München 1989.

[253] RL, RL II. Als Motto dient ein Zitat von Joachim Camerarius über die Gefahr der Entweihung der göttlichen Wahrheit durch die menschliche ratio, Sententiae Jesu Siracidae [...], Basel 1551, 142. Gegliedert ist das Werk nach Abschn. u. fortlaufenden Nr., die Vorr. erinnert an die Bedeutung von Heß, Hahn und Lavater für seine Neuentdeckung der Bibel. Ewald, Nöthiger Anhang zu der Schrift: Die Religionslehren der Bibel [...], Stuttgart 1814 (= RLA; Steiger, Bibliogr. 323).

[254] Vgl. RLA, 4, Anm.; die apologetische Vorlesung hieß: Kritische Prüfung der historischen Beweise für die Wahrheit des Christenthums, verbunden mit der Literatur seiner Feinde und Vertheidiger. Anzeige der Vorlesungen [...], Heidelberg [1806–1807].

[255] Die bei Ewald schon vom Ansatz her entwickelte Spannung zwischen biblischer Dogmatik und kirchlichem Lehrbegriff wird von Steiger, 127 f., aufgelöst.

Interesses – wurde die direkte Auseinandersetzung mit gegnerischen Positionen gemieden und die theologische Polemik als ein der Religion sachfremdes Element zurückgewiesen.[256]

Der Einleitung vorangestellt finden sich anthropologisch, religionsgeschichtlich und völkerkundlich ausgerichtete Bemerkungen zur Allgemeinheit des religiösen Gefühls und zur Unabhängigkeit der Religion von rationaler Demonstration und Systembildung.[257] Wie Friedrich Heinrich Chr. Schwarz betrachtete es Ewald als Hauptfrucht der Kantschen Philosophie, dem deistischen Denken seine Grundlagen entzogen und eine neue Wendung zur Rehabilitierung der »Herzensreligion« ermöglicht zu haben.[258] Die eigentliche philosophische Quintessenz sah er von dem wie Schleiermacher durch Herrnhuter Erziehung geprägten Jakob Friedrich Fries gezogen, bei dem er die Vernunftkritik auf ihre Basis, eine Psychologie innerer Erfahrung, zurückgeführt und das religiöse Gefühl in seiner Eigenständigkeit als anthropologische Grundtatsache erkannt sah.[259] Auch die sachliche Kontinuität zur sokratischen Weisheit der Antike schien wieder hergestellt. Weder spekulativ aus den Prinzipien der autonomen Vernunft noch moralisch aus denen der Sittlichkeit ableitbar, hatte die Religion ihre eigene »Provinz im Gemüte«, wie sich gegen Kant nicht nur mit Schleiermachers *Reden*, sondern auch von F. H. Jacobis Aussagen zur instinkthaften Gründung der Religion als im Unbewußten wurzelndes Gefühl für das Unendliche her sagen ließ.[260] Freilich bedurfte das religiöse Gefühl der verschiedenen Seelenkräfte, um sich zu entwickeln und auszusprechen. So bildete die Vernunft ihrem Einheitsprinzip gemäß die Idee der Vollkommenheit (Gott) aus, das moralische Gefühl (Gewissen) aktualisierte das religiöse im Vollkommenheitsstreben.[261] Schöpfungstheologisch gesehen

---

[256] RL, Vorr., September 1811. Vgl. RLA, 57 f.

[257] RL, 1 ff. Andere Bezeichnungen für das religiöse Gefühl oder die religiöse Anlage des Menschen waren: menschliches Urgefühl, Gefühl oder Sinn für das Unendliche, Tendenz der intellektuellen und sittlichen Natur, unmittelbare (Erfahrungs-)Tatsache des Innern, ursprüngliche Anlage der Natur, heiliger Instinkt (instinct divin).

[258] F. H. Chr. Schwarz, Religion, eine Sache der Erziehung, 177 f.

[259] Jakob Friedrich Fries, Neue oder anthropologische Kritik der Vernunft, Heidelberg 1807; 2. Aufl. 1828–1831, in: Sämtl. Schr., 4–6; vgl. ders., Tradition, Mysticismus und gesunde Logik, oder über die Geschichte der Philosophie, in: Karl Daub u. Friedrich Creuzer (Hrsg.), Studien 6.1810, 1–73. Ewald war sich in der Ablehnung dreier erkenntnistheoretischer Einseitigkeiten einig: Des auf die äußere Anschauung begrenzten »natürlichen Empirismus«, des beweisorientierten »natürlichen Rationalismus« und des rein ideenbezogenen »künstlichen Rationalismus«, vgl. Fries, Kritik der Vernunft, Einl., XI, XVI.

[260] RL, 18 ff. F. H. Jacobi, Ueber gelehrte Gesellschaften, ihren Geist und Zweck. [...], (München 1807), in: Werke 6, 1–62, vgl. den Schlüsselsatz 45 f.: »Er [der Mensch] ist ein *jenseitiges* Wesen. Sinne und Verstand hat er mit den Thieren gemein. Die *Vernunft* gehört ihm besonders. Durch sie wird er *Gottes* und der *Tugend*, des *Schönen*, des *Guten*, des *Erhabenen* fähig: sein Instinkt ist *Religion*.«

[261] RL, 6 ff. (Nr. 9–12); RLA, 58 f., 73 ff., 82. »Religiosität ist Urgefühl, Uranlage, also nicht Produkt von irgend etwas Ander[e]m.« Gerade als solche bedurfte sie zu ihrer Entwicklung der anderen Seelenkräfte wie Verstand, Phantasie oder moralischem Bedürfnis. Ebda., 74.

war das religiöse Gefühl mit dem nach I Joh 4,7 f. als Liebe in den Menschen gesenkten Gottesfunken gegeben, ein Gedanke, der Ewald den Evangelisten Johannes als den größten Theosophen der Geschichte und dessen Evangelium als die »einzig wahre Philosophie über die Gottheit« rühmen ließ. Das religiöse Gefühl wurde zum eigentlichen Organ der natürlichen Gotteserkenntnis, das mit der Selbstgewißheit der eigenen Existenz alle apriorischen Demonstrationen über Natur und Eigenschaften Gottes, etwa aus der Schöpfung, als sekundär und ungewiß qualifizierte.

Neben die erkenntnistheoretischen Grundeinsichten in die Grenzen einer sich nicht selbst begründen könnenden Vernunft treten als historische Argumente Aussagen zur objektiven Unerforschlichkeit Gottes von Pierre Charron (1541–1603), Blaise Pascal und Herder. Gerade Charron, der von einer strikten Trennung von Glaube und Wissen ausging, hatte die Unentbehrlichkeit des Anthropomorphismus für den über die stumme Anschauung hinausgehenden Gottesglauben besonders eindrücklich formuliert.[262] Zum Gottesbegriff gehörte wie bei F. H. Jacobi wesentlich der Gedanke der Persönlichkeit, insofern dieser untrennbar mit der Idee von Gott als einem frei handelnden Wesen verbunden war, der den Menschen zu seinem Ebenbild geschaffen hatte. Die abstrakte Rede vom Universum oder einer vernunft- und bewußtseinslosen (Natur-)Kraft wie in der spinozistischen Tradition und in Schleiermachers *Reden* reichte also keinesfalls hin.[263]

Die Notwendigkeit einer positiven Gottesoffenbarung ergab sich für Ewald aus den Defiziten der zwar anthropologisch gegründeten, aber aus sich selbst zu keiner hinreichenden existentiellen Gewißheit führenden Gottesidee: Erst die Offenbarungsgeschichte verhelfe der Idee zur (inneren) Anschauung und ermögliche Glaubensgewißheit.[264] Grundsätzlich galt Religion schöpfungstheologisch als allgemein menschliches Phänomen, das sich, wenngleich in unterentwickelter Form, auch schon bei den sog. Primitiven (»Naturmenschen«) findet, ein für die religiöse (Volks-)Bildung ebenso wichtiger Gedanke wie für die Mission.[265]

In der folgenden Einleitung gab Ewald eine ausführliche zusammenhängende Darstellung seiner auf Kants erster Kritik und Jacobis Schrift über Idealismus und Realismus fußenden Anschauungen von Ahnung und Offenbarung des Göttlichen.[266] Sie erläutert die im Titel seiner Schrift als Leitperspektive

---

[262] RL, 4 ff. (Nr. 8), 22 ff.; vgl. RL, 31 (Nr. 4), 77 ff. Pierre Charron, Les trois vérités […], Bordeaux 1594 u. ö., l. 1, c. 5; Pascal, Pensées, Frgm. 800 (Brunschvicg 585); Herder, SWS 7, 335 f.
[263] RL, 9 ff. (Nr. 19 ff.). Vgl. Franz Christ, Menschlich von Gott reden. Das Problem des Anthropomorphismus bei Schleiermacher (ÖTh 10), Gütersloh 1982, 95 ff.; zu Jacobi s. ebda., 59–66.
[264] RL, 14 ff. (Nr. 28 ff.)
[265] RL, 17 f. (Nr. 38 ff.), 29. Von entsprechenden Beobachtungen zum »Naturmenschen« wußten Entdeckungsreisende wie der berühmte Georg Forster zu berichten.
[266] RL, 31 f. (Nr. 5 f.), 79. Vgl. Herder, Briefe, das Studium der Theologie betreffend, 3. T.,

genannten geistigen Bedürfnisse als Bedingung der Möglichkeit von Offenbarung. Diese ließen sich, wie Ewald im Anschluß an Ch. Meiners und F. V. Reinhard ausführte, bei allen Völkern und auf allen Kulturstufen feststellen, ebenso die Tendenz zur Versinnlichung des Unendlichen in den die Gottheit repräsentierenden Bildern.[267] Der schon im Blick auf das Verhältnis von Mikro- und Makrokosmos aufgetretene, für die Physiognomik tragend gewordene Gedanke der symbolischen Repräsentation nimmt dabei eine Schlüsselstellung ein. Er wird einmal für die prinzipiell positive Würdigung des Kultischen in allen Religionen, sodann für die Deutung des Mittlertums Christi in Anspruch genommen.[268] Als Mittler qualifizierte sich Christus dadurch, daß er die Urelemente von Humanität und Religion, die in früher Kindheit herangebildeten Empfindungen Dankbarkeit, Vertrauen und Liebe, auf sich als Mensch und zugleich als religiöse Gefühle auf Gott zu lenken verstand.[269] Wieder zeigt sich die zentrale Stellung des Mittler- und nicht des Erlösergedankens. Wesentlich ist die vom organischen Denken geforderte Besinnung auf die den Menschen bestimmende Urkraft der Liebe als in den Menschen gelegter, feingeistig-materiell gedachter göttlicher Keim. Er nimmt die Stelle des göttlichen Lichtfunkens in der gnostischen Tradition ein und machte den Menschen gleichsam zum liebenden salvator salvandus: Die schon im Irdischen Ewigkeit und Vereinigung suchende Liebe ist göttlicher Natur, bleibend auf die durch den Mittler gestiftete Erfüllung in Gott angewiesen. Endzweck aller höheren geistigen Bedürfnisse des Menschen ist somit der liebende, Vereinigung suchende, und in der Gottes- und Nächstenliebe zur Einheit und Wahrheit gebrachte Mensch. Auf ihn wiesen der biblische Schöpfungsbericht ebenso wie Plato und die mystische Tradition des Urmenschen.[270]

SWS 10, 324 (mit Hinweis auf Luthers »oratio, meditatio, tentatio«, das die neueren Exegeten verlernt hätten; auch Ewald griff diese Dreiheit im frühen Briefwechsel mit Schleicher in Detmold auf).

[267] RL, 34 ff. (Nr. 12 ff.). Vgl. Christoph Meiners, Allgemeine kritische Geschichte der Religion, 2 Bde., Hannover 1806–1807, Bd. 1, 1. Buch; Ewald wollte freilich die religiösen Anlagen im Menschen auf die höheren geistigen Bedürfnisse beschränken und nicht auf religiöse Ideen als solche ausdehnen, da sich diese ohne äußeren Anstoß, also Offenbarung, nicht hätten entwickeln können.

[268] Das Götzendienerische im Bilderkult erschien wie in SAL primär unter dem Gesichtspunkt der moralischen Verkehrung.

[269] Vgl. Gräffe, Lehrbuch, Bd. 3, 4. Abschn., Von den religiösen Gefühlen, § 49. Die weiteren Aspekte, die Gräffe nannte, traten für Ewald zurück: Als moralischer Weltschöpfer begründete Gott nach Gräffe Gefühle wie Achtung, Verehrung und Ehrfucht, als gerechter Richter Hoffnung auf Unsterblichkeit und Furcht.

[270] RL, 37 f. (Nr. 17). Vgl. Ernst Benz, Adam. Der Mythos vom Urmenschen, München 1955. »Der liebende Mensch [...] ist gleichsam prädestinirt, einen Christus zu haben. Christusbedürfniß läge tief in seinem Herzen, und wenn es auch nie einen Christus gegeben hätte.« RL, 86. Der Grundsatz, Gleiches werde nur durch Gleiches erkannt, lautete auf deser Ebene: das Gefühl der Entbehrung setzt Verwandtschaft mit dem Entbehrten voraus, vgl. Jean Paul, Werke 5 (SW I, 5), 60.

Hier ergeben sich Berührungspunkte mit J. G. Fichtes *Anweisung zum seligen Leben* von 1806. Hatte dieser anfangs noch die göttliche Unmittelbarkeit ins reine Denken gesetzt und Seligkeitslehre als Wissenslehre vorgestellt, so folgte doch deren Überbietung in der Thematisierung göttlicher Liebe als über alle Zweifel der Reflexion erhaben. Diese Liebe machte Gott zum Gegenstand der Sehnsucht nach Vereinigung mit ihm und ließ Offenheit zur johanneischen Liebesmystik hin erkennen.[271]

Ein Rückblick zeigt, daß Ewald früh an Fichte interessiert war. Schon der *Versuch einer Kritik aller Offenbarung* von 1792, die erste, zunächst anonyme Veröffentlichung Fichtes, hatte Ewald wie auch den Konrektor am Detmolder Gymnasium, J. F. L. Dreves, tief beeindruckt. Darin war in bemerkenswert schlüssiger Form der Nachweis einer wenigstens bedingten Notwendigkeit von Offenbarung nach den Grundsätzen der reinen praktischen Vernunft geliefert worden.[272] Ewald sollte Fichte in der Folgezeit nicht nur für die notwendige Offenheit der Philosophie gegenüber dem Offenbarungsglauben in Anspruch nehmen, sondern auch immer mehr Verbindungen zwischen dessen Betonung der affektiven Seite der Religion und seinem eigenen Anliegen der Christusmystik entdecken. Die über Kant hinausführende Rückgewinnung von Empfindung und Gefühl sowie die Sensibilität für die pädagogische Fragestellung im Rahmen der idealistischen Philosophie Fichtes spielten dabei eine wichtige Rolle.[273] Das praktisch-idealistische Moment hatte möglicherweise F. H. Jacobi im Blick, als er gegenüber Ewald im persönlichen Gespräch 1798 lobend erwähnte, bei Fichte finde die reine Philosophie wieder Anschluß an den gesunden Menschenverstand.[274] Wiederholt kommt Fichtes Schrift über die *Bestimmung des Menschen* (zuerst 1800) zur Sprache. Ihr Dreischritt von Zweifel, Wissen und Glaube wird auf den christlichen Offenbarungsglauben hin interpretiert und im Gesamtduktus pädagogisch aufgenommen. Beschränkte Fichte in diesem Kontext den Begriff des Glaubens auf das freiwillige Bleiben bei dem vom Sittengesetz innerlich einsichtig Gemachten, so weitete

---

[271] Fichte, Anweisung zum seligen Leben, bes. 10. Vorl.; vgl. das spätere Resümee Eschenmayers, Fichte habe seine »ganze Rationalistik an jenen höheren Stützpunkt an[ge]lehnt, den er mit den Mystikern gemein hat. Darum trifft er auch mit dem Evangelisten *Johannes* zusammen, und begleitet ihn durch mehrere rein symbolische Stellen«, Religionsphilosophie, Bd. 1, § 162, 277 f.

[272] ERU, Nr. 131; Fichte, Versuch einer Critik aller Offenbarung, GA I,1, 1–162; J. F. L. Dreves bezog sich 1793 im Rahmen seiner kurrikularen Lehrplanreform hinsichtlich des Offenbarungsbegriffs, der Bibelgeschichte und der Hinführung zum Glaubensakt positiv auf die erste Ausg. der Fichte-Schrift, freilich noch ohne Fichte als Vf. zu nennen, ÜP H. 8, 188 (Anm.), u. ö.

[273] Zu Fichtes konfliktbereiter Problematisierung der gängigen religiösen Erziehung mit ihrem »mechanischen« Katechismuslernen in seiner Hauslehrerzeit in Zürich, bei der ihm Lavater als Beispiel eines vernünftigen reformbereiten Geistlichen galt, vgl. GA II, 1, 141–203.

[274] Ewald, Fantasieen auf einer Reise, 1799, 124; zur Kritik am Fichteschen Gedanken des absoluten Ich, das sich schlechthin selbst setzt und die Differenz zwischen Sein und Bewußtsein aufzuheben droht, vgl. ebda., 268 f.

sich dieser für Ewald zum positiven Offenbarungsglauben.[275] Da das Problem willkürlicher Setzung und blinder Unterwerfung nicht bedacht wird, bleibt diesem Glaubensbegriff gegen Ewalds Intention das Moment der freien und selbständigen Aneignung fremd. Diese Schwäche ist auf die Sorge um den Verlust des Offenbarungsbegriffs überhaupt zurückzuführen, der von der Einseitigkeit autonomer Vernunftansprüche her drohte. Die Lösung, die der späte Fichte in zunehmender Deutlichkeit mit der wechselseitigen Zuordnung von Offenbarung und (autonomer) Vernunft für das Problem fand, liegt wohl in der Richtung des von Ewald Intendierten. Ein prinzipieller Widerstreit zwischen Offenbarung und Vernunft wurde jedenfalls nach wie vor für ausgeschlossen erachtet, wenn nur die Vernunft in göttlichen Dingen als vernehmendes Vermögen richtig bestimmt war. Ewald unterstrich stets in gewisser Einseitigkeit die Positivität des Empfangens, mit dem alles Leben und so auch der Glaube anhebt.[276]

Im Blick auf das elementare Bedürfnis nach Sündenvergebung angesichts der Anklage des Gewissens bleibt nach Ewald nur die Alternative zwischen der christlichen Erlösungslehre und dem manichäischen Dualismus, wie ihn Pierre Bayle skizziert hatte.[277] Aus christlicher Sicht verlagerte sich der Gegensatz in den Menschen selbst: Vermochten auf frühen Entwicklungsstufen der Religion noch Opfer- und Versöhnungsriten Erleichterung zu verschaffen, so blieb der Aufgeklärte späterer Zeiten in der Erfahrung innerer Zerrissenheit bis hin zum Suizid auf sich selbst geworfen. Seinen klassischen Ausdruck fand dies in der Schilderung des durch kein stoisches Bemühen zu überwindenden inneren Kampfes nach Röm 7,14 ff. Im Sündenverständnis dominierte die anthropologisch-psychologische Betrachtungsweise gegenüber der kosmologisch-metaphysischen von um den Menschen ringenden Herrschaftsmächten. Der sittlichen Selbsterfahrung des Menschen wächst die Schlüsselrolle der Erkenntnis zu.[278]

---

[275] EL I, 198 f.
[276] Franz Xaver von Baader sollte diesen offenbarungsrelevanten Sachverhalt so umreißen: Sein und Leben jeder einzelnen Intelligenz beginne mit Empfangen, also mit Gehorsam und Glaube; Denken sei an der Wurzel kein Erdenken, sondern Fort- und Nachdenken wie das Sprechen ein Nachsprechen. Dabei kam die mystisch-sakramentale Denkweise Baaders auf besonders feine Weise zum Zuge: Mochte die (dankbar empfangene) Gabe auch dem Empfangenden unterworfen sein, so verwandelte sie diesen doch, indem sie in ihn einging, also durch eine – dem Menschen zuhöchst zugute kommende – List, das Objekt wurde zugleich Subjekt; SW 5, 242 f. (1826).
[277] RL, 38 ff. (Nr. 18–21), 91 ff. DHC, Art. Manicheens, Pauliciens, in: Bayle, Oeuvres diverses, Suppl. I, 2, 302–307; 624–636.
[278] Der Kampf konnte auch gut reformatorisch als Kampf zwischen Gott und Teufel beschrieben werden, doch galt das Denken in Machtbereichen, denen der Mensch zugehört, als abgeleitet. Seine Wurzel wurde im inneren Widerstreit gesucht, der über das stoische Ideal der Ataraxie, wie es Rousseau im *Émile* als einzige Möglichkeit einer Versöhnung von Naturmensch und Bürger vorschwebte, hinausweist: »der Gott oder das Thier in mir [!] muß siegen; und das Thier soll nicht, darf nicht. Ich bin zu etwas Besser[e]m bestimmt.« RL, 40. Das Tierische äußerte sich

Die verschiedenen Abgrenzungsbemühungen gelten einem Offenbarungsbegriff, der sich allein auf die (äußere) Natur, die Vernunft oder die religiöse Anlage des Menschen bezieht. Das Ungenügen einer Gottes- und Selbsterkenntnis allein aus dem »Buch der Natur« fand Ewald besonders treffend bei Pascal gezeigt.[279] Mit der Geschichtlichkeit der Offenbarung, für die wiederholt auch auf J. F. Kleukers apologetische Schriften und dessen Bemühen um Rückbindung an frühaufklärerische Positionen wie die eines Francis Bacon verwiesen wurde, war zum einen der Anthropomorphismus als konkrete Rede von Gott, zum andern das Eingebundensein dieser Rede in einen freie Anerkenntnis fordernden Tradierungsprozeß von Erinnerung und Erzählung gesetzt.[280] Zum Offenbarungsbegriff gehörte daher untrennbar das schon von Thomas Wizenmann im Anschluß an F. H. Jacobi eindringlich herausgestellte Traditionsmoment in Ursprung und Weitergabe heiliger Kunde, demzufolge jede Religion mit Geschichte, Tradition und Tatsachen und niemals mit allgemeinen Begriffen anfing und sich auch so fortpflanzte.[281] Jede religiöse Wahrheitserkenntnis wurde als Teilgabe am Göttlichen wie die Liebe dialogisch, nicht subjektautonom, verstanden.[282]

Ein religionsgeschichtlicher Abriß, wie ihn Ewald schon in der Jugendkatechese aufgenommen hatte, diente der weiteren Profilierung des christlichen Offenbarungsanspruches in Nähe und Distanz zu anderen Religionen.[283] Herders *Ideen* leiteten zur geschichtlichen Würdigung der Religionen im Rahmen der Völkerentwicklung an, leisteten diese doch, wenngleich auf unterschiedlicher Stufe, ihren Beitrag zum Erhalt des Religiösen als Ehrfurcht vor dem Heiligen und Triebfeder der Sittlichkeit. Als solche gehörten sie zu den Mitteln göttlicher Erziehung der Menschheit.[284] Der Kreis der »Vorläufer Christi« wird entsprechend weit geschlagen: Neben dem Vorsokratiker Pherekydes

---

in der Macht der Leidenschaften; Menschen, die keine höheren metaphysischen Bedürfnisse ausgebildet hatten, galten als »fein-sinnliche Thiere«, ebda., 41 (Nr. 23). Hier zeigen sich Aufnahme und subjektivitätstheoretisch begründete Abwandlung der klassisch reformatorischen Ansicht besonders deutlich.

[279] Pascal, Pensées, Frgm. 444 (242).
[280] RL, 49 ff. (Nr. 41–57). Vgl. Francis Bacon, A confession of faith, in: The Works, 3 Bde., London 1753, Bd. 2, 365–368; »Concludamus igitur theologiam sacram ex verbo et oraculis Dei, non ex lumine naturae aut rationis dictamine hauriri debere«, Bacon, The Works, 3, 179; demnach hieß es Ps 19,1 mit Bedacht, die Himmel verkündeten die *gloria* Dei, nicht dessen Willen. Zum doppelten Gebrauch der Vernunft in spiritualibus als explicatio mysterii und daraus abgeleiteten logischen Schlußfolgerungen (illationes) s. ebda., 190.
[281] Wizenmann, Resultate, 184 ff., 188.
[282] Vgl. RLA, 16 f.; (o. V.), Etwas über Tradition und Glauben. Fragment eines größeren Aufsatzes, in: ChrM 1805.2, 190–212. Der Vf. hatte auf den Charakter der Religion als Gabe der Götter hingewiesen: »Es [das Heiligtum der Religion] ist, wie jener Scepter des Agamemnon, Werk und Gabe eines Gottes, dem Ersten des Geschlechts geschenkt, und durch Jahrhunderte herabgeerbt.« Ebda., 203.
[283] RL, 51 ff. (Nr. 45 ff.).
[284] RL, 64 (Nr. 54). Herder, SWS 13. Vgl. die Sicht der nichtchristlichen Religionen im Zweiten Vatikanum, Nostra aetate, in: AAS 58.1966, 740 ff.

von Syros, angeblich Lehrer des Pythagoras und Inbegriff der frühen Einheit von Philosophie und Religion, stehen die Religionsstifter Konfuzius und, als größter seinesgleichen, Zarathustra (Zoroaster). Der auf letzteren zurückgehende *Zend-Avesta* galt mit seinen Kommentaren als die neben der Bibel bedeutendste Religionsquelle des Altertums. So wurde dem Parsismus, den schon Häfeli im Gefolge Kleukers und Herders einer besonderen Würdigung unterzogen hatte, die umfangreichste Darstellung zuteil.[285]

Nach wie vor beeindruckt zeigte sich Ewald wie schon Häfeli vom poetisch-mythischen Denken der zoroastrischen Religion, von der Tiefe und Einheit ihrer kultisch gefeierten, mit der christlichen Tradition besonders des Johannesevangeliums und der Johannesapokalypse weithin harmonierenden Vorstellungen von Schöpfung, Erlösung und Weltvollendung (Theodizee) und der damit verbundenen humanitären Einstellung, die dem Volk mit Hilfe des Kultes vermittelt worden war.[286] Nicht nur die Nähe des zarathustrischen, vom ursprünglich schroffen Dualismus abgekehrten Welt- und Menschenbildes zum christlichen einschließlich analoger Präexistenzaussagen hatte einst Häfeli hervorgehoben, sondern auch das Studium dieser Religion aufgrund ihrer Sättigung mit Erfahrungsweisheit im Blick auf einen Neuentwurf von Psychologie und Kosmologie für vielversprechend gehalten.[287] Zarathustra und die Apostel schöpften demnach aus einer gemeinsamen frühen (Ur-)Offenbarungsquelle, die zur Verwendung analoger, sich gegenseitig interpretierender Bilder und Ausdrücke führte und nun die Auslegung des Neuen Testamentes zu bereichern versprach.[288] Gerade das von der Neologie bekämpfte

---

[285] Historische Zweifel am Alter seiner religiösen Schriften, wie sie Meiners und Leß vorgebracht hatten, wurden zurückgewiesen. Kleuker (o. Vf.), Zend-Avesta, Zoroasters Lebendiges Wort, worin die Lehren und Meinungen dieses Gesetzgebers von Gott, Welt, Natur und Menschen; ingleichen die Ceremonien des heiligen Dienstes der Parsen u. s. f. aufbehalten sind, Bd. 1–3, Riga 1776–1777; ders., Anhang zum Zend-Avesta, 1. Bd. in 2 T., 2. Bd. in 3 T., Leipzig u. Riga 1781–1783. Herder, SWS 7, 335 ff., 344 f. Für Herder war der liturgische Grundcharakter dieser Religion eine Form der Lehre durch lebendiges Wort im Gegensatz zum System, ebda., 345; vgl. Gottfried Leß, Ueber die Religion, Bd. 1, § 23.

[286] Häfeli, Ueber Zend-Avesta, oder Zoroasters Religionssystem, in: ChrMag 1779.1, 2. St., 3–16; 1780.3, 1. St., 69–123 (Forts. angekündigt). Zu Häfelis Bemühen um die christliche Hymnik vgl. dessen Übersetzungen des Dies irae und des Stabat Mater, in: ChrM 1803.2, 51 ff.

[287] ChrMag 1780.3, 111 (Anm.).

[288] ChrMag 1779.1, 122 f. Die Gestalt des Ormuzd war für Zarathustra die zentrale Personifikation der Gottheit und Gegenstand der Anbetung, und zwar »ganz nach dem rufendsten Bedürfniß der Menschheit«, denn die Gottheit als solche bleibe unbegreiflicher Urgeist und abstrakter Begriff, der nicht als tätig gedacht, also auch nicht als Antwortender angerufen werden könne; ebda., 75. Ein im Fleisch geoffenbarter Gott wurde demnach von der ganzen Natur gefordert: Der Gott der Dogmatik mit seinen in Lehrbüchern demonstrierten Eigenschaften sei nur für den »abgezogensten Verstand in tiefster Ruhe eine hohe Beschauung – und fürs Volk, im Streben und Weben menschlicher Sinne und Kräfte, in den Kämpfen des Fleisches und Geistes das trostloseste Räthsel.« Auch hier zeige Zarathustra mehr Natur-, Menschen- und Gotteskenntnis als manche »Neuere, die das innigste Bedürfniß des Menschengeschlechts, das sich in der ganzen Natur analogisch ausdrükt, als unphilosophische Sinnlichkeit und Schwärmerey verdammen.« Ebda., 76.

Sinnliche trug demzufolge das »Siegel der Geschichte«, so daß die Entdeckung des Parsismus als Triumph über »deistische Schöngeister und Heuchler« gefeiert wurde.[289] Wie bei Ewald wurde von elementaren religiösen Bedürfnissen, also der menschlichen Selbsterfahrung in der Frage nach Gott und der Erlösung ausgegangen, denen die neologische Kritik im Unterschied zu den Religionen des Altertums nicht zu antworten vermochte. Die Kritik an der neuzeitlichen Vernunftaufklärung machte sich fest an der Entwertung des mythischen Denkens, dessen Erfahrungs- und Erlebnisräume der Anschauung auch für die Moralität unverzichtbar waren.[290] Insgesamt schien Häfeli von einer Wiederkehr des Mythischen auszugehen, so daß auf höherer Stufe eine neue Einheit von Empfindung und Tat erwartet wurde.[291] Er erinnerte an die Tradition der alten Weisheit, nach welcher der Mensch als Gottes Abbild, »Auszug der Schöpfung« und Mikrokosmos sich selbst Begriffs- und Wörterbuch seiner Gottes- und Welterkenntnis war, eine auch von Ewald geteilte Grundüberzeugung.[292] Gegenwartskritisch wurde auch die politische Verfassung des Parsismus wahrgenommen. Ewald beschrieb sie im wesentlichen als ideale monarchisch regierte Ständegesellschaft, fasziniert von der Einheit von Religion, Sittlichkeit und Politik, die dem Staat der Gegenwart abging.[293]

Weitere Überlegungen im Rahmen der Religionsgeschichte galten der ältesten der literarisch belegten Religionen Indiens, dem schon von Leibniz, Wolff und Voltaire gerühmten Vedismus. Über ihn war 1778 Näheres durch eine französische Ausgabe der Veden und durch die vom Schweizer Orientalisten und Offizier Antoine L. H. Polier (1741–1795) aus Indien mitgebrachten und 1809 posthum herausgegebenen Schriften bekannt geworden.[294] Ei-

---

[289] ChrMag 1779.1, 14 ff. »Herr Steinbart hat neulich auch einen schönen Beytrag zu dieser Säuberung des Evangeliums von allem *historischsinnlichen* geliefert«, ChrMag 1780.3, 78, Anm.; gemeint sein dürfte Steinbarts Glückseligkeitslehre, Züllichau 1778.

[290] ChrMag 1780.3, 95 ff. Der vorläufige Charakter des Parsismus im Blick auf die Christusoffenbarung wurde bestimmt durch das Verhältnis von Ahnung, Poesie und Ideal zu Anschauung, Leben und Genuß, oder von Morgendämmerung und Sonnenlicht. Die Terminologie war vielseitig: Auf der einen Seite Zaubergegend des Ideals, der Ahnung und des schönen Traums, das Malerische und Poetische – auf der anderen Tat, lebendige Wahrheit, Genuß, Tatsache, Anschauung; ChrMag, ebda., 106 ff.

[291] »[...] vom Gefühle zur Zergliederung, von Genuß zur abstrakten Reflexion und Ausmessung, von ganzer, warmer, starker Erfassung zur kältern, müßigen Spekulation. [...] Von da – was eine spätere Geschichte heller lehren wird – durch grause Tiefen und Klüfte, Hunger und Ohnmacht, Schande und Blöße zu reinern Ansicht, festern Erfassung, vollerm Genuß und That *zurük*, oder vielmehr *hinauf*.« Ebda., 119.

[292] Ebda., 3.1780, 73.

[293] RL, 51 ff. (Nr. 45 ff.), 106 ff. »Wir haben ein noch vollkommneres Religionssystem, aber wie viel hatten jene Völker schon? Und wann werden wir ein solches Gesezbuch, und eine solche Staatsverfassung haben? Wann wird Religion, Sittlichkeit und Politik so Eins seyn?« Ebda., 59. Vermißt wurde in der Ethik des Parsismus das Gebot der Feindesliebe.

[294] RL, 114 ff. Jean Calmette u. a., L'Ezour-vedam, ou Ancien commentaire du Vedam [...] contenant l'exposition des opinions religieuses et philosophiques des Indiens, 2 Bde., Yverdun 1778. Marie E. de Polier, Antoine-Louis-Henri Polier de Bottens, Mythologie des Indous,

nen wichtigen Beitrag zur näheren Kenntnis des Vedismus hatte Friedrich Schlegel geliefert, insgesamt aber war die Erforschung dieser Religion noch am Anfang.[295] Auffallende Übereinstimmungen mit der biblischen Überlieferung standen für Ewald außer Frage, auch wenn die der Spätphase der vedischen Religion zugehörende Abkehr vom Opfergedanken zugunsten von Reinkarnation und Karman-Gesetz offenbar wenig Verständnis fand und Gebräuche wie Witwenverbrennung, Tempelprostitution und das in den Veden angeblich verlangte Menschenopfer moralischen Tadel erfuhren. Nicht eigens problematisiert wurde das Kastenwesen.[296]

Das weiterhin besprochene *Buch der Urkunden* oder Shu-ching (»Schuking«), eine der heiligen Schriften des Konfuzianismus, 1770 in Paris in französischer Übersetzung erschienen, hatte seine Stärke weniger in religiösen als in praktisch-politischen Grundsätzen, noch in der Gegenwart war es Grundlage der chinesischen Staatsverfassung.[297] Mochte das Religiöse des Buchs auch auf Götzendienst hinauslaufen, so wies Ewald doch aufgrund der noch dürftigen Forschungslage Vorwürfe wie den von Unsinn, Aberglauben und Förderung der Magie bei Leß und Meiners zurück. Er kritisierte das europäische Vorurteil gegenüber asiatischer Weisheit, die in ihrer mythologischen Symbolsprache nicht ohne weiteres zugänglich war.[298]

Ein letzter Blick galt dem Islam, der auf ähnliche Weise schon von Pascal u. a. bewertet worden war: Der Koran bot demnach keine authentische Offenbarung über die Bibel hinaus, doch wurde – gegen die traditionell-christliche Diffamierung – Muhammads religiöse Sendung prinzipiell anerkannt. Gegen den Koran richteten sich die herkömmlichen Vorwürfe der Verherrlichung ungezügelter Sinnlichkeit und der Verbreitung unsinniger Erzählstoffe, denen nach verbreiteter Auffassung selbst durch allegorische Auslegung kein Sinn abgewonnen werden konnte.[299] Auffällig ist, daß das Judentum als Weltreligion nicht eigens zur Sprache kam. Es gilt offenbar wie selbstverständlich als Religion des Alten Testaments.

Das entscheidende Defizit nichtchristlicher Religionen wurde in der mangelnden Authentizität gesehen. Die auch in ihnen mehr oder weniger deutlich entwickelten Postulate der praktischen Vernunft, also die von der Vernunft als wünschenswert aufweisbaren religiösen Ideen, konnten nicht hinreichend

---

travaillée sur des Manuscripts authentiques [...] 2 Bde., Rudolstadt u. Paris 1809. Vgl. Leß, Ueber die Religion, Bd. 1, § 25.
[295] Friedrich Schlegel, Über die Sprache und Weisheit der Inder, Heidelberg 1808.
[296] RL, 59 f. (Nr. 51); 111 ff. Brahma, Vischnu und Schiwa ließen sich als Embleme für Schöpfung, Erhaltung und Zerstörung lesen. Zum Menschenopfer vgl. Schlegel, 124.
[297] Antoine Gaubil, Joseph de Guignes (Hrsg.), Le Chou-king, un de livres sacrés des chinois [...], Paris 1770.
[298] RL, 60 f. (Nr. 52), 122 ff. Vgl. Leß, Ueber die Religion, Bd. 1, § 25.
[299] RL, 61 ff. (Nr. 53), 124 ff. Ewald lag eine zweibändige franz. Übers. des Koran Paris 1783, vor, der Biographisches zu Muhammad vorgedruckt war; vgl. Leß, Ueber die Religion, Bd. 1, § 26.

als göttlich beglaubigt ausgewiesen werden. Dies war der durch Wunder – Weissagungen galten als psychologische Wunder oder »Wundertaten der Erkenntnis« – ins Recht gesetzten biblischen Offenbarung vorbehalten. Der traditionelle Wunder- und Weissagungsbeweis blieb also erhalten, auch wenn ihm für die Mehrzahl der Gläubigen keine nennenswerte praktische Bedeutung mehr zukam und das dem Bereich der Selbsterfahrung zugehörige »innere« Wunder höher gewichtet wurde als das äußere. Für die gedankliche Verantwortung des Glaubens blieb die Thematik wichtig, wie sie Karl Friedrich Stäudlin – u. a. gegen Humes Bestreitung des Wunderglaubens – ausführlich auseinandergesetzt hatte.[300]

Damit war der Boden bereitet, um die Bibel aufgrund ihrer überragend gestalteten historischen Theodizee, der hohen Ideale ihrer Ethik und ihrer weiten Verbreitung als Höhepunkt religiös-kultureller Entwicklung der Menschheit darzustellen. An historisch-kritischen Einleitungsfragen zeigte Ewald kein sonderliches Interesse, auch wenn wie schon bei Gottlob Christian Storr die beanspruchte Authentizität und Integrität der Schriften historischem Urteil standhalten mußte. Wichtig ist, daß die Gesamtperspektive einer unter dem Bildungsgedanken entworfenen Reich-Gottes-Theologie nicht in Frage gestellt wurde.[301] Die auf die äußere Gestalt fixierte historische Kritik traf der Spott Jean Pauls über die »Krippenbeißer« unter den Auslegern, die wie die derart titulierten Pferde statt des Futters den Trog angingen.[302] Immer wieder wird das religiöse Sensorium des Schriftstellers gegen den Fachtheologen ins Feld geführt, ein Hinweis auf die bleibend empfundene Nähe von Kunst und Religion.

Als hermeneutische Grundsätze werden geltend gemacht: Erfassung des Literalsinns (sensus historicus), Suffizienz und Selbstauslegung der Schrift,[303] sachliche Priorität der Erzählung vor dem Begriff, Beachtung der über das Moralische hinausgehenden Zwecksetzung, positive Würdigung des Anthro-

---

[300] RL, 65 ff. (Nr. 55–57, 56 fehlt), RL II, 215 f. Stäudlin, Lehrbuch der Dogmatik und Dogmengeschichte, 3. umgearb. Aufl. Göttingen 1809 (= Stäudlin, Lehrbuch), § 36 (zum Wunder), § 37 (zur Weissagung); Ewald benutzte die Ausg. v. 1801. Vgl. RL II, 215 f. Zur Humeschen Kritik am Wunderglauben vgl. Voigt, David Hume und das Problem der Geschichte, 91 ff.

[301] RL, 70 ff. (Nr. 60 ff.); im Mittelpunkt der eigentlichen Legitimationsthematik standen wiederum der Begriff der Tatsache und der des religiösen Eindrucks. Vgl. Stäudlin, Lehrbuch, § 35, mit Hinweis auf Wizenmann, Geschichte Jesu. Zur Überzeugungskraft des Wunderbaren als einer Tatsache vgl. schon die frühe Aussage in den Basler *Sammlungen*: »Uebersteigt aber diese oder jene Erzählung das Glaubensmaaß unserer Zeit; so konnte man sich doch deßwegen nicht für verpflichtet halten, richtige Thatsachen zu untertrücken [...]«, in: Sammlungen für Liebhaber christlicher Wahrheit und Gottseligkeit Bd. 1, Basel 1786, Vorr.

[302] RL, 67 ff. (Nr. 58 f.), vgl. RLA, 28. Jean Paul, Der Jubelsenior. Ein Appendix [...], Leipzig 1797, 58 f. (Werke I, 4, 432); vgl. Herder, SWS 10, 162 ff.

[303] Vgl. RL II, 30 u. 32 unter dem Aspekt der Deutlichkeit der Lehre Jesu und ihrer inneren Konsistenz und Harmonie des Ganzen (Verhältnis von Wort und Tat, Forderung und Verheißung usw.).

pomorphismus und des Existenzbezugs biblischer Wahrheit. Neben dem sensus historicus sollte auch weiterhin der sensus mysticus oder spiritualis beachtet werden, freilich allein zum Aufweis der Analogien im Gottesverhältnis, es sei denn, Personen oder Dinge wurden ausdrücklich zum Typos bestimmt wie in der Adam-Christus-Typologie (Röm 5,14, I Kor 15,22.45). So konnten Gestalten der Vätergeschichte wie die Josephsfigur schon bei Pascal auf Jesus als den »Prototypen der Menschheit«, »Ideal menschlicher Gottähnlichkeit« und zugleich »Ideal eines vollendeten Menschen« vorausweisen, ohne doch ein Typos im engeren Sinne zu sein.[304] Eine auf analoge Verhältnisse bezogene Typologie gehörte somit zum Grundbestand der mystischen Schriftauslegung im Sinne Ewalds. Die Beobachtung von Analogien war zudem empirisches Instrument zur Erforschung von Natur- und Entwicklungsgesetzen im organologischen Denken – ein junges Pflänzchen konnte als »Typos« der späteren Pflanze betrachtet werden – und empfahl sich auch von daher für die Erforschung naturhaft gedachter geschichtlicher Entwicklungen.[305]

Der materiale Teil der Ewaldschen *Religionslehren* folgt dem bekannten Schema der Offenbarungs- und Bildungsstufe vom Individuellen (Urgeschichte) über das Familiale (Patriarchengeschichte) und Nationale (Judentum) zum Universalen (Christentum) und ordnet ihm, nun in relativ ausführlicher Weise, die Behandlung zentraler Lehrfragen zu. Diese bekommen naturgemäß gegenüber dem Kern der paraphrasenartigen Erzählung ein derartiges Übergewicht, daß die Proportionen kaum mehr gewahrt sind. Das Werk vermittelt einen guten Einblick in Ewalds Rezeption und Transformation aufklärerischen Gedankenguts und entsprechender Rationalisierungsformen auf der Basis seiner pietistischen Grundhaltung. Einige inhaltlich markante Züge seien hier aufgegriffen.[306]

12.5.1 Ur- und Patriarchengeschichte

Die Deutung der Schöpfungsgeschichte folgt Herders *Älteste Urkunde*, die auch auf Jean Paul bleibenden Eindruck gemacht hatte, und Heß' *Bibliothek der heiligen Geschichte*, die von Ewald bald nach Erscheinen rezensiert worden

---

[304] Pascal, Pensées, Frgm. 614 (768).
[305] RL, 188, 196 f.
[306] Die fortlaufend numerierten Abschnitte paraphrasieren den Gang der biblischen Geschichte unter dem Erziehungsaspekt und enden wiederholt mit summarischen »Lehren« nach den Hauptaspekten Theologie und Anthropologie, ein rudimentäres Moment der Loci-Methode. Eigentlich interessant sind – wie auch schon in den vorausgehenden Teilen – die in der Funktion von Anmerkungen eingeschobenen Ergänzungsnummern mit Bezug auf die theologische Diskussion. Der erste Band gilt dem Alten, der zweite dem Neuen Testament, ergänzt durch Ausführungen zur Entsprechung von Vernunft und Offenbarung, zum Wahrheitsbeweis biblischer Offenbarung und zu speziellen Einwänden.

war.[307] Mit Herder unterschied Ewald zwei Urkunden (Gen 1,1–2,3 (!) und 2,4–25). Obwohl er keine Schwierigkeiten sah, die mosaische Verfasserschaft für diese Stücke aufzugeben und wie Eichhorn Mose als Redaktor oder Sammler zu betrachten, ging ihm eine durchgängige Quellenscheidung im Pentateuch nach der sog. älteren Urkundenhypothese zu weit.[308] Im Interesse einer Harmonisierung von Schöpfungsglauben und Naturkunde, die von präadamitischen Erdrevolutionen sprach, hielt es Ewald für wahrscheinlich, daß die in der Bibel erzählte Schöpfung nicht eigentlich Weltschöpfung ex nihilo, sondern Umschaffung eines verwüsteten Zustands (Chaos) auf der Erde gewesen sei.[309] Die Umstände der Erschaffung des Menschen aus Erde und die Aussagen zur Gottebenbildlichkeit als Bestimmung des Unterschieds von Mensch und Tier wurden als ein vorwissenschaftliches Elementarwissen vorgestellt, das die neuere Wissenschaft in Physiologie und Naturkunde nur präzisierte. Immerhin galt auch die Anschauung von der Abstammung aller Menschen von einem Menschenpaar wissenschaftlich als noch nicht widerlegt.[310] Ihre theologische Bedeutung bekam die Schöpfungsgeschichte vor allem als Ursprungsgeschichte der Sprache.[311]

Auch in die Deutung der Sündenfallgeschichte Gen 3 gingen Herders Impulse ein.[312] Historische Erzählung von Vergangenem und gegenwartsbezogene Symbolgeschichte sah Ewald zusammen, da sich beide auf »Tatsachen« bezogen, einmal in Hinsicht auf die Geschichte und einmal in Hinsicht auf die konkrete Existenz. Das Hauptgewicht legte er nicht auf die Sünde, sondern auf deren glückliche Wendung im Rahmen göttlicher Pädagogik, die von einer felix culpa sprechen ließ.[313] Das Poetische der Erzählform half Phänomene wie das Sprechen der Schlange oder die Gestalt der Cheruben erklären, Dichtung und Wissenschaft lagen noch ineinander.[314] Nicht alles durfte freilich

---

[307] RL, 133 ff. (Nr. 65–85). Herder, SWS 6, 193 ff.; 7, 1–172; Heß, Bibliothek der heiligen Geschichte [...], 2 Bde., Frankfurt u. Leipzig 1791–1792, Rez in: ÜP H. 9. Wulf Köpke, Die Herder-Rezeption Jean Pauls in ihrer Entwicklung, in: Johann Gottfried Herder 1744–1803 (Studien zum achtzehnten Jh. 9), Hamburg 1987, 381–408.
[308] RLA, 22 ff., vgl. ebda., 206.
[309] Vgl. Herder, Ideen, SWS 13, 429 f.
[310] Den besten Kommentar zur Erschaffung der Frau als »zweitem Ich«, »feinerer Seite« des Mannes oder eines »Engels in Menschengestalt« gab nach Ewald Herder, SWS 7, 44 ff.
[311] RL, 161 ff., vgl. Herder, Urkunde, SWS 6, 265 ff.; Ideen, 2. T., ebda., 13, 434 f.
[312] RL, 172. Herder, SWS 7, 126 f. Das ohne nähere Begründung ausgesprochene göttliche Verbot war nötig zur Ausbildung der Sittlichkeit des frei geschaffenen Menschen. An sich leicht erfüllbar, trug es wie jedes apodiktische göttliche Gebot seine Autorität in sich und bedufte nicht des Aufweises möglicher negativer Folgen seiner Übertretung. Zur Verteidigung des sensus literalis der Erzählung (mit Leß und Döderlein gegen Rousseau und Wieland) vgl. J. Fr. Flatt, Vermischte Versuche, 189–218 (zu Gen 2,17), bes. 206 ff.; Storr, Lehrbuch der Christlichen Dogmatik, 1803, § 54; Steinbart hatte von einer allegorischen Erzählung gesprochen, deren authentischer Kommentar Jak 1,13 ff. und nicht Weish 2,24 war; Glückseligkeitslehre, § 49.
[313] RL, 173.
[314] »Zu dem lebendigen Morgenländer spricht Alles, wie zu dem Dichter [...].« RL, 167. Der Dichter war dem »kindlichen Naturmenschen« wie dem Alltagsmenschen verwandt, der die

als bloße poetische Form gelten, was sich dem modernen Verständnis sperrte. Dies zeigte Ewald an der Auslegung des Zwiegesprächs zwischen Gott und Adam (Gen 3,9 ff.). Wurde etwa der »kol Jahwe« von G. Leß, J. G. Eichhorn, J. Ph. Gabler und anderen mit Hinweis auf den hebräischen Sprachgebrauch als Natursprache des Donners verstanden, so blieb Ewald beim wörtlichen Verständnis einer von außen ergangenen Stimme Gottes, da der Inhalt des Gesprächs eine nähere Mitteilung voraussetzte, die weder durch ein Ereignis der Natur noch durch eine innere Stimme gegeben werden konnte.[315] Freilich scheute auch Ewald die Strenge des Anthropomorphismus im »kol Jahwe«, so daß er ihn mit dem Logos als dem »höheren, erziehenden Geist« und Stellvertreter Gottes als einer Mittlerfigur gleichsetzte. Das ganze Zwiegespräch trug Züge pädagogischer Weisheit in den Elementen Vaterverhör, Schuldbekenntnis und Strafankündigung.

Zur Urgeschichte gehörte auch die Ätiologie des Opfers. In seinem Kern war es elementarreligiöse Geste und Ausdruck kindlicher Dankbarkeit, nicht knechtischer Furcht zur Besänftigung eines zornigen Gottes. Insgesamt spiegelte die Urgeschichte für Ewald historisch korrekt die dreistufige Entwicklung der menschlichen Kultur vom Sammler und Jäger über den Nomaden zum Ackerbauern. Die biblischen Berichte harmonierten demnach mit den Zeugnissen der Antike über die kulturelle Frühentwicklung der Menschheit bis hin zu der auch geologisch glaubwürdig gemachten Sintflut.[316]

Die abrahamitische Religion, nach Gen 12,3 auf Universalität angelegt, wurde als familiale Urform der Religion aller Völker vorgestellt.[317] Sie gehörte jener urbildhaften Vorzeit an, deren Idealität immer wieder zum Mittel der Gegenwartskritik wurde. Das interpretatorische Hauptproblem der anthropomorphen Gotteserscheinungen und der Gottesrede suchte Ewald mit Hilfe des Repräsentations- und Epiphaniegedankens zu lösen, der seiner Logoschristologie zugrunde lag.[318] Stringente Belege für die Allgemeinheit dieser Auffassung bis ins vierte Jahrhundert, zu der sich Ewald schon in seiner Logosschrift bekannt hatte, fanden sich in Henry Taylors (1711–1785) *Apologie,* in

---

Dinge sprechen ließ; Ewald verwies hier auf den »Natur- und Paradiesesdichter« Johann Peter Hebel. Zu den Cheruben vgl. RL, 173 f., Herder, Vom Geist der hebräischen Poesie, T. 1, SWS 11, 339 ff.

[315] Eichhorn, Urgeschichte, hg. mit Einl. u. Anmerkungen v. Johann Philipp Gabler, 2 Bde., Altdorf u. Nürnberg 1790–1793, Bd. 2, 218 ff.

[316] RL, 169 ff.; vgl. RLA, 23 f. (mit Verweis auf Forschungen von Allessandro Graf Volta u. a., welche den Sintflutbericht der Bibel bestätigten).

[317] RL, 184 ff. (Nr. 86 ff.)

[318] Vgl. RLA, 18 ff. Eine Schlüsselrolle spielt die paulinische Deutung des Felsens von Ex 17,6 auf Christus I Kor 10,4. Offen blieb die nähere Bestimmung der Unterscheidung des »Jehovah« genannten Repräsentanten der Gottheit von der Gottheit Jehova selbst, ohne deren Einheit zu tangieren. Freilich ließ sich in diesen und ähnlichen Fragen auf Storrs Auslegungsgrundsatz verweisen, nicht näher Erklärbares in den biblischen Texten sei anzunehmen, wenn es nur zuverlässig bezeugt sei, so z. B. das Verhältnis von Vater und Logos, vgl. Storr, Ueber den Zweck der evangelischen Geschichte, 486.

zweiter Auflage 1784 erschienen, die empfehlend in dem für Ewald richtungsweisenden Aufsatz in Henkes *Magazin* aufgegriffen worden war, und J.J. Heß' *Geschichte der Patriarchen*.[319] Jede alttestamentliche Gotteserscheinung war demnach Christuserscheinung, jedes göttliche Handeln durch Christus vermittelt. In der Auslegung von Gen 22 beharrte Ewald entgegen psychologischen und religionsgeschichtlichen Ableitungen auf dem göttlichen Befehl zur Opferung des Sohnes der Verheißung als Gehorsamsprobe im Zeichen des Auferstehungsglaubens.[320] Eine dichterische Aufbereitung fand die Thematik des liebenden Glaubensgehorsams in Ewalds kurzem Drama *Mehala, die Jephthaidin* von 1808, welche die Geschichte der um des väterlichen Gelübdes willen geopferten Tochter (Ri 11,29–40) unter Bezug auf Gen 22 zur Geschichte einer Glaubensprobe abwandelte.[321]

12.5.2 Von Mose bis zum Exil

Der Duktus der weiteren Abschnitte göttlicher Erziehungsgeschichte wurde von J.J. Heß bestimmt.[322] In der Deutung der Erzählungen mit wunderbaren Elementen finden sich unterschiedliche Ansätze der Rationalisierung. Soweit möglich, wurde »natürlich« erklärt. Während sich zum Beispiel die Schilderung der ägyptischen Plagen naturgesetzlicher Deutung entzog, wurde der Durchzug durch das Schilfmeer und der Untergang der Ägypter mit dem Eintreten von Ebbe und Flut plausibel gemacht.[323] Nähe und Distanz zur historischen Kritik zeigt besonders auch die Behandlung des Dekalogs und des gesamten mosaischen Rechts, das spätestens seit J.D. Michaelis nicht mehr als göttliche Setzung schlechthin galt. Ewald genügte die historische Betrachtungsweise einer vergangenen Form nationaler Gesetzgebung nicht, vielmehr verlangte er nach einer grundsätzlichen Würdigung ihrer die Zeiten überdau-

---

[319] MRP 3.1794, 118 f.
[320] Vgl. Heß, Geschichte der Patriarchen, Bd. 1, 345 ff. (zu Gen 22).
[321] Ewald, Mehala[,] die Jephthaidin[.] Drama mit Chören, in zwei Akten, Mannheim 1808 (Steiger, Bibliogr. 286).
[322] RL, 197 ff. (Nr. 94 ff.), 206 ff. Vgl. Heß (o. Vf.), Geschichte Moses. Von dem Vf. der Geschichte Jesu, 2 Bde., Tübingen 1788; ders., Geschichte Josuas und der Heerführer. Von dem Vf. der Geschichte Jesu, 2 Bde., Tübingen 1788.
[323] Weitere Beispiele: Die dem Volk in der Wüste voranziehende Feuersäule blieb geheimnisvoll, sie war nicht als bloßes Karawanenfeuer zu erklären. Außerordentlich und doch ans Gewöhnliche grenzend erschien die Versorgung mit den bekannten Wachteln und mit Manna, einem Pflanzenprodukt. Zum Holz, mit dem das Bitterwasser in Mara (Ex 15,23 ff.) trinkbar gemacht wurde, fand sich eine neuzeitliche Parallele in den Ostindischen Missionsnachrichten aus Halle, die regelmäßig über Beobachtungen zur Naturgeschichte und zur Botanik berichteten, hier: Neuere Geschichte der evangelischen Missions-Anstalten zu Bekehrung der Heiden in Ostindien [...], St. 32, Halle 1787, 874–877. Die Vermutung, Mose habe mit seinem Schlag auf den Fels Gen 17,5 ff. nur eine vorhandene Wasserquelle aktiviert, korrigierte Ewald später wieder, RL, 211, vgl. RLA 78.

ernden Bedeutung als göttliches Bildungselement für die Bestimmung des Verhältnisses von Religion und Staat.[324] Selbst dem oft geringschätzig an die Seite gesetzten israelitischen Kult schrieb Ewald eine gegenwartskritische Bedeutung zu, insofern dieser einen – wenn auch vorläufigen – Begriff vom Reich Gottes vermittelte, den der Kultus der Gegenwart nicht mehr erreiche. In religionsgeschichtlicher Hinsicht bestanden keine Berührungsängste gegenüber der älteren Kritik, für die John Spencers (1630–1693) bekanntes Werk über die hebräischen Ritualgesetze stand. Spencer hatte gegenüber der mosaischen Gesetzgebung allerdings einen kritischeren Offenbarungsbegriff vertreten und insgesamt nicht unwesentlich zur deistischen Negativbewertung des Alten Testaments beigetragen.[325]

Die Behandlung der Erzählungen aus der Landnahme- und Wüstentradition zeigt ein erstaunlich freies literarkritisches Urteil im Interesse an einer möglichst plausiblen historischen oder psychologischen Erklärung.[326] So erläutert Ewald die umstrittene Unterredung Bileams mit seiner Eselin als Phänomen des aufgeschreckten Gewissens, wie es Shakespeares *Macbeth* angesichts des blutigen Dolches heimgesucht habe.[327] Im weiteren fand sich für das Volksaufklärungsprogramm ein frühes biblisches Vorbild: Die von Samuel eingeleitete Reform (I Sam 7,2 ff.), die nach I Sam 10,5 und 19,20 mit der Einrichtung von Prophetenschulen zur religiösen Volksbildung verbunden war.

Ein eigenes Feld war die Interpretation der prophetischen Verkündigung. Unbeschadet der individuellen Prägung und dichterischen Gestalt prophetischer Worte wurde an der Realinspiration festgehalten.[328] Zur Lösung des Weissagungsproblems schlug Ewald die aus der Malerei geläufige und in die Auslegungspraxis aufgenommene perspektivische Betrachtungsweise vor: Der

---

[324] So forderte Ewald in Anlehnung an alttestamentliche Bestimmungen eine spezielle Tierschutzgesetzgebung gegen die Mißhandlung von (Nutz-)Tieren: »Eigentlich sollten wir Polizeigeseze dagegen haben, wie sie die Juden hatten, damit den Menschen von Jugend auf, auch das Thier heilig würde, das den Menschen zum Gebrauch, aber nicht zur Mißhandlung überlassen ward.« EL II, 95. Gegen die von Kant in der Religionsschrift vorgebrachte Ansicht, die mosaische Gesetzgebung sei reine Zwangsgesetzgebung einer politischen Verfassung und ziele nur auf äußeren Gehorsam, könne also kein moralisch-religiöses Bildungsmittel darstellen, vgl. Karl Christian Flatt, Etwas zur Apologie der Mosaischen Religion [...], in: MCMD 3.1797, 76–132.

[325] John Spencer, De legibus Hebraeorum ritualibus et earum rationibus libri tres, Cambridge 1685, dt. Übers. Tübingen 1732.

[326] RL, 223 ff. (Nr. 105 ff.). So hielt Ewald die Erzählung von der Eroberung Jerichos für unvollständig und »etwas unordentlich«; auch wenn die Trompeten nicht Ursache des Mauereinsturzes waren und die Israeliten wahrscheinlich über schon eingestürzte Mauern stiegen, blieb doch die Erfahrung eines wunderbaren Widerfahrnisses. Die auf einer älteren Quelle fußende Erzählung von der stillstehenden Sonne Jos 10,12 ff. wurde wie bei Heß als besonderes Naturereignis gedeutet. Vgl. Heß, Geschichte Josuas, Bd. 1, 128 ff., zur Eroberung Jerichos ebda., Bd. 1, 92 ff., gegen die Betonung des Barbarisch-Rohen der Landnahme wurde wie bei Ewald das für die Zeit an sich milde Kriegsrecht herausgestellt, ebda., 101 ff.

[327] Bileam galt als religiöses Genie ohne Moralität, d. h. ohne Liebe, und damit eine Gestalt, wie sie Mt 7,22 f. und I Kor 13,1 ff. zeigten; RL, 239 f.

[328] Vgl. RLA, 31.

prophetischen Verkündigung eigne eine Tiefendimension in Raum und Zeit, die sich nicht auf ein Ereignis beschränke, sondern wie ein Gemälde den Blick auf mehrere Ebenen freigebe, wobei das Fernere durchaus das Größere sein könne.[329] Eine weitere Verstehenshilfe wurde mit dem Gedanken der göttlichen Reproduktion angeboten. Ließen schon die (analogen) Gesetze der Natur auf einen sich gern reproduzierenden Gott schließen – verschiedene Pflanzen entwickelten sich nach denselben Gesetzen, Makro- und Mikrokosmos entsprachen einander –, so erst recht die Geschichte, in der Gott vieles im Kleinen vorgebe, damit der Gang des Großen erkennbar werde. Unter diesem Gesichtspunkt konnte eine erste Erfüllung zum pädagogisch eindrücklichen »Sachbild« oder Sakrament der folgenden werden, etwa die Zerstörung Jerusalems zu dem des Jüngsten Gerichts. Damit erübrigte sich der Streit um das Recht zur christologischen Deutung alttestamentlicher Weissagungstexte. Ewald hielt an einem Grundbestand traditionell christologisch interpretierter Stellen des Alten Testaments wie Jes 52,13–53,12, Ps 22,12–20 und Sach 12,10 fest, ohne der historischen Relativierung ihr Recht zu bestreiten. Der Schlüssel fand sich im Psychologischen: Der neutestamentliche Schriftbeweis wurde dadurch gerechtfertigt, daß die Autoren wie Liebende sprachen, die den Gegenstand ihrer Liebe in allem erblicken konnten.

Nur kurz ging Ewald auf die Zeit des babylonischen Exils und die nachexilische Zeit ein. Die letztere führte nach Ewald in drei Einseitigkeiten, die ihren relativen Wert darin hatten, daß sie als Momente des historischen Prozesses der Vergeistigung vom Juden- zum Christentum begriffen werden konnten, verobjektiviert in den Gruppen der Sadduzäer, Essener und Pharisäer: Diesseitsorientierung, Askese und Ritualismus.[330]

In der Vorrede zum zweiten Band der *Religionslehren* griff Ewald verschiedene Einwände auf, ohne sich zu Korrekturen veranlaßt zu sehen. Nachdrücklich verteidigte er seine Auffassung vom Logos-Christus als in allem göttlichen Handeln am Menschen bis zur Wiederherstellung der eschatologischen Theokratie (I Kor 15,28) präsenten Medium, da von einem unmittelbaren Einwirken der Gottheit auf den Menschen im strengen Sinn nicht die Rede sein könne. Dies hinderte ihn nicht, auch fernerhin in einem weiteren Sinne vom

---

[329] RL, 228 f., 248 ff., vgl. RLA, 57: Der Rezensent in den GGA bezeichnete Ewalds Aussagen zur perspektivischen Weissagung als »recht hübsch neu angestrichenen« Notbehelf der orthodoxen Dogmatik, über den zu streiten man sich versucht fühle. Zur Leitkategorie des Perspektivischen für die Weissagungsauslegung vgl. Johann Arnold Kanne, Biblische Untersuchungen und Auslegungen mit und ohne Polemik, T. 1, Erlangen 1819, 116–152; 116 f. (Deutung der Fremdvölkersprüche gegen Tyrus und Sidon Ez 25–28 auf das Papsttum und seinen Fall) mit Hinweisen auf den auch von Ewald geschätzten katholischen Exegeten und Orientalisten Martin Johann Jahn und dessen *Einleitung in die göttlichen Bücher des Alten Bundes* (2 Bde., 1793–1802), sowie auf Franz Xaver von Baader.

[330] Eine Zusammenfassung zu den aus dem Gang göttlicher Erziehungsgeschichte des Alten Testaments zu ziehenden Lehren und zur Vorläuferrolle des Judentums für das Christentum schließen den Band ab. RL, 232 ff. (Nr. 114 ff.).

unmittelbaren, d. h. nicht nach Naturbegriffen bestimmbaren Einwirken Gottes auf den Menschen zu sprechen wie im Pfingstereignis. Die bei Reinhard und Storr behauptete klassische Bindung der Gnadenwirkung an das Evangelium als Wort der Verheißung erachtete Ewald als zu eingeschränkt.[331]

12.5.3 Die Sendung Jesu und der Apostel

Mit der These von der Erfüllung der in der Allgemeinheit des religiösen (Ur-)Gefühls bzw. Ureindrucks wurzelnden Erwartung einer Menschwerdung Gottes setzt der erste Abschnitt des zweiten Bandes ein. Die Mythologie der Griechen mit ihrer Vermenschlichung der Götter zeugte besonders eindringlich von der Kraft dieses Gefühls, das Ewald in der Symbolik Georg Friedrich Creuzers bestätigt fand.[332] Von einem Ende der Zeit des mythischen und poetischen Denkens, wie es eine intellektualistische Aufklärung nahelegte, konnte also nicht die Rede sein. Das Inkarnationsverständnis blieb vom Gedanken der symbolischen Repräsentation bestimmt. Stellte die Schöpfungsgeschichte noch den Menschen schlechthin als Geschöpf und Bild der Gottheit vor, so tritt auf der nun erreichten höheren Bildungsstufe der vollendete Mensch, der Gottmensch des Evangeliums, in Erscheinung. Pascal und Herder gaben wichtige Impulse im einzelnen, so für die Deutung der Geburtsgeschichte.[333] Eine längere Erklärung legte die exegetischen Probleme der Versuchungsgeschichte dar, die nicht als Traumvision oder Selbstgespräch gedeutet, sondern mit der realen Figur des Versuchers wörtlich genommen wurde.[334] Zu den von Jesus eingesetzten Symbolhandlungen rechnete Ewald nicht nur Taufe und Abendmahl, sondern auch die Fußwaschung, die in ihrer Symbolsprache nach dem Vorbild der Brüdergemeine wiederentdeckt werden sollte. Von den Lehren Jesu handelte Ewald formal nach Art dogmatischer Loci. Der

---

[331] RL II, Vorr.; Reinhard, System der Christlichen Moral, Bd. 4, § 388, bes. Note b; Storr, Lehrbuch, § 116.

[332] Georg Friedrich Creuzer, Symbolik und Mythologie der alten Völker, besonders der Griechen, 4 Bde., Heidelberg 1810–1812. Creuzer gehörte wie Ewald zum Heidelberger Freundeskreis Jung-Stillings, vgl. Schwinge, 185.

[333] Die Deutung der Jungfrauengeburt als Mythos (Göttergeburt) oder jüdischen Volks(aber)glauben kam nicht in Frage; nach Pascal war davon auszugehen, daß der Glaube an die Jungfrauengeburt nicht schwerer oder leichter war als der Glaube an die Schöpfung, vgl. Pensées, Frgm. 110 (222). Zur Erzählung von den Weisen aus dem Morgenland vgl. Herder, Erläuterungen, SWS 7, 397–401. Die Ewaldsche Argumentation enthielt auch antijesuitische Polemik: Das Außerordentliche der Geschichte Jesu falle allein weg, wenn man »die ganze neutestamentliche Geschichte zu einem Gewebe von Fabeln, oder die Helden der Geschichte zu Jesuiten machen will, bei denen der Zwek alle, auch die unredlichsten Mittel heiligt.« RL II, 8.

[334] RL II, 10 ff. Auf die reale Macht des Dämonischen wies auch Eph 6,12, vgl. Koppe, NT Graece 1, z. St.

für Jesu Gottesverständnis zentrale Vaterbegriff bot Gelegenheit zu einer längeren Betrachtung zur Frage des erhörlichen Gebets.[335]

An seinen trinitätstheologischen Vorbehalten hielt Ewald fest. Der Heilige Geist erschien als göttliche Kraft, nicht als Person, vergleichbar der Auffassung vom göttlichen Geist-Logos bei Plotin und bei Philo. Allenfalls konnte von einer Offenbarungstrinität gesprochen werden.[336] Die christologischen Aussagen faßten das in anderem Zusammenhang zum Vater-Sohn-Verhältnis, zum messianischen Selbstbewußtsein und zur Präexistenz Dargelegte zusammen. Wichtige Gewährsmänner sind wiederum J. F. Kleuker, G. Chr. Storr, J. G. Rosenmüller und A. H. Niemeyer.[337] Die alten metaphysischen Unsicherheiten hinsichtlich eines näheren Verständnisses des Opfertodes Jesu und der in ihm liegenden Ermöglichung von Sündenvergebung kehren wieder, in gewissem Sinn gerechtfertigt durch das Schweigen Jesu und der Apostel.

Zum Thema Sündenvergebung, in dem sich gemäß der Konzentration auf die sittliche Selbsterfahrung des Menschen die gesamte Rechtfertigungs- und Versöhnungslehre bündelt, lag eine ausführliche Abhandlung Ewalds in der *Christlichen Monatschrift* vor.[338] In ihr wird der in seiner Allgemeinheit aufweisbare, aber gleichzeitig graduell differenzierte Mangel an Durchsetzungskraft des Guten mit seiner stufenweise über den alttestamentlichen Opferkult eingeführten Aufhebung im Opfertod Christi als Krönung des göttlichen Versöhnungswerkes (II Kor 5,19) vorgestellt.[339] Schon ein anonymer Briefauszug, der im sechsten Heft der *Predigerbeschäftigung* als besonders trefflich empfohlen wurde, charakterisiert die Richtung, die Ewald verfolgte.[340] Der Brief hatte die Erwählung des Menschen in Christus zur Seligkeit (»Einer für alle« und

---

[335] Als Belegstellen für die Befriedigung der (religiösen) Bedürfnisse des Menschen durch Jesus gelten z. B. Mt 11,28 f. u. Joh 7,37; RL II, 20; ebda., 33 ff.

[336] »Von einer Dreieinigkeit und Persönlichkeit des heil. Geistes kann ich mich bis jetzt noch nicht überzeugen, weil ich sie nicht in der Bibel finde, und weil ich mich nur an die Bibel-Lehre halte.« RLA, 43.

[337] RL II, 19, 43 ff.

[338] Ewald, Bedarf der Mensch Vergebung seiner Sünden? und: Was lehrt die Bibel darüber?, in: ChrM 1802.1, 5–24; 81–94; 161–177; 241–277; 321–341.

[339] Röm 7,14–25 beschrieb Paulus demzufolge »entweder an sich selbst, oder unter diesem bescheidenen Ich, im Allgemeinen den inneren Kampf, die Ohnmacht bei dem besten Willen, die wir in uns selbst so oft erfahren; und ohne Zweifel ist dieß die höchste Stufe der Sittlichkeit, die der natürliche, d. h. durch die Anstalten Jesus noch nicht gebesserte Mensch erreichen kann.« Ebda., 15. Das von Luther Röm 3,25 als »Gnadenstuhl« übersetzte ἱλαστήριον, könne man nehmen, wofür man wolle: Als Versöhner, Versöhnopfer oder als Deckel der Lade: immer sage es aus, durch Jesu Blut, d. h. seinen gewaltsamen Tod, sei Versöhnung bewirkt worden, ebda., 247.

[340] An diejenigen, welche sich nach beruhigender Einsicht in die Lehre von Versöhnung und Genugthuung sehnen, in: ÜP H. 6, 6–16 (Briefauszug). Vgl. z. B. ChrM 1804.1, 207 f. Den Verfasser hielt Ewald für leicht erschließbar, nach Lavaters Vermutung handelte es sich um Herder. Lavater an Ewald, 23. Februar 1792, Brief 25. Zur Versöhnungslehre hieß es: »Die Lehre ist mein Kleinod, Eckstein aller Apostel, Schatz des Lutherthums und vielleicht wird's auch Ihr Schatz werden.« ÜP H. 6, 6.

»Alle in einem«) und das Motiv der felix culpa als Mittelpunkt des Christusverständnisses bei Johannes, Paulus und Luther auf eine Weise zum Gegenstand, die Ewald ansprach. Was der Verfasser als Zentrum seines Luthertums vorgestellt hatte, ließ auch Ewald gern lutherisch sein.

Die Skizze zur Versöhnungslehre in den *Religionslehren* nimmt die alten Vorbehalte gegenüber der kirchlichen Zweinaturenlehre wieder auf. Weiter wird die moralpsychologische Seite des auf personalem Vermögen gegründeten Glaubensverständnisses betont: Die Erfüllung des Erlösungsverlangens konnte sola fide zustande kommen, da das Einzige, was geistigen Einfluß ermöglichte und vermittelte, der Glaube als liebendes Vertrauen war. Wie später bei Johann Tobias Beck – bei diesem freilich in wissenschaftlich strengerer Form – wird der formal reformatorische Glaubensbegriff auf seine realen psychischen Voraussetzungen hin erweitert. Es gilt: »Die Notwendigkeit zu glauben, liegt in der Organisation des Menschen [...].«[341] Dieses Glaubensverständnis sah Ewald wie Kleuker in einer Linie mit grundlegenden erkenntnistheoretischen Äußerungen Francis Bacons. In pädagogischer Hinsicht bestätigte ihn noch Jean Pauls *Levana* von 1807.[342]

In der Frage der satisfactio vicaria verblieb Ewald bei aller Vorsicht im Rahmen dessen, was sich etwa bei Daniel Wyttenbach und in einer Normaldogmatik der Zeit wie der von J. Ch. Döderlein an Minimalbestimmungen fand. Vor allem aber schien ihm F. V. Reinhard den biblischen Sachverhalt adäquat wiederzugeben.[343] Von der anfangs mit Lavater erörterten Bluttheologie finden sich keine Spuren mehr.

---

[341] RL II, 162. Der Glaube konnte umschrieben werden als »Talent für die unsichtbare Welt«, als »das edelste Produkt« der Humanität, als Ausdruck der Sehnsucht nach dem Unendlichen und Gefühl für die höheren geistigen Bedürfnisse.

[342] »In *Scientia* enim mens humana patitur a sensu, qui a rebus materiatis resilit; in *Fide* autem anima patitur ab anima, quae est Agens dignius«, Francis Bacon, De [Dignitate et] Augmentis Scientiarum, Leyden 1652, 671; vgl. Bacon, The Works, Bd. 3, London 1753 (Instauratio magna, P. 1); zur Bedeutung des Kinderglaubens für Leben und Sterben vgl. Jean Paul Levana, § 73, in: Werke 5 (SW I, 5), 636 ff.; in der Sterbestunde »grünt endlich nur noch die Nachtblume des Glaubens fort und stärkt mit Duft im letzten Dunkel«, ebda., § 74, 639, 28 f. Wie sich das Heilige in den erziehenden Eltern direkt ohne Mittler an das Heilige in den Kindern wendet, so Jesus an das Volk; daraus erklärte sich Ewald die vollmächtige Rede Jesu selbst gegenüber den »Rohesten«.

[343] Daniel Wyttenbach, Tentamen theologiae dogmaticae [...], Bd. 2, Frankfurt/M. 1747, § 856; Döderlein, Institutio, 6. Aufl. Bd. 2, 441 ff.: dort heißt es zusammenfassend: Einigkeit herrsche darin, daß der Tod Christi Sündenvergebung bzw. Versöhnung bewirke, doch der Modus bleibe umstritten; neben Seiler u. Michaelis wurde bes. Storrs Abhandlung über den Zweck des Todes Jesu empfohlen, angeh. an: Storr, Pauli Brief an die Hebräer, Tübingen 1789, 2. Aufl. 1809, vgl. Storr, Über den eigentlichen Zweck des Todes Jesu. Ein Auszug [...], Nürnberg 1800. Reinhard, Vorlesungen über die Dogmatik, § 108, 405 ff.; zugunsten eines imputativen Rechtfertigungsverständnisses verwies Ewald auf Analogien in Familie und Gesellschaft, wie sie Reinhard in einer Predigt beigebracht hatte. Dagegen auf neologischer Seite z. B. Steinbart, Glückseligkeitslehre, § 59 ff., 141 ff.

Faktisch von der Taufe gelöst, wurde die Wiedergeburt als ein der Selbstbeobachtung grundsätzlich zugängliches psychologisches Phänomen betrachtet. Es reichte vom anfänglich unter Umständen unmerklichen Entstehen neuen Lebens im Innersten bis zur schmerzlichen Geburt des neuen Menschen. Der hohe Stellenwert der Selbstbeobachtung ergab sich aus der dem Menschen von Natur mitgegebenen und auch christlich zur Pflicht gemachten Selbstliebe. Die Entstehung des neuen Lebens als Leben der Innerlichkeit und damit zugleich das Verhältnis von Natur und Gnade fand Ewald treffend bei Bernhard von Clairvaux im Anschluß an Phil 2,13 ausgedrückt: Wenn Gott das cogitare, velle und perficere des Guten in uns wirke, dann tue er das erste ohne uns (Akt der gratia praeveniens in der Eingabe guter Gedanken), das zweite mit uns (Akt der Verbindung Gottes mit dem Menschen per consensum durch Umwandeln des bösen Willens) und das dritte durch uns (»Äußerung« Gottes als internus opifex durch das gute Werk).[344] Das Thema der Wiedergeburt wird eng mit dem der unio mystica verbunden, konkret mit der für Ewald bedeutsamen johanneischen Liebesmystik.[345] Damit harmonierte nicht nur die neuplatonische Vorstellung von je nach Gottesnähe abgestuft gedachten und von der Weltseele durchdrungenen und zur Tat ermächtigten Seinssphären, die tiefere Basis des organischen Denkens Ewalds, sondern auch die christliche Rede von den Gnadenwirkungen des Heiligen Geistes.

Wichtig blieb für Ewald die eschatologische Ausrichtung der Reich-Gottes-Botschaft Jesu. Im Mittelpunkt standen die leibliche Auferstehung Jesu als Symbol der kommenden allgemeinen, die Erwartung der sichtbaren Wiederkunft und die Ansage einer Beteiligung der Jünger am Endgericht.[346] Die biblische Rede von Tod, Leben und Gericht hatte nicht nur eine moralische, sondern auch eine reale physische und kosmologische Bedeutung (vgl. I Kor 15).[347] Die Jenseitsvorstellung ist wie schon in der früheren Predigtreihe bestimmt von der Erwartung einer Aufhebung aller irdischen Hemmungen und Verirrungen im Streben nach Erkenntnis und Tat. Sie blieb im Rahmen seiner Theologie des Geistes und der Kraft zuhöchst kommunikativ gedacht.[348] Im

---

[344] »Si ergo Deus tria haec, hoc est bonum cogitare, velle, perficere, operatur in nobis, primum profecto sine nobis, secundum nobiscum, tertium per nos facit. [...] A Deo ergo sine dubio nostrae fit salutis exordium, nec per nos utique, nec nobiscum. Verum consensus et opus, etsi non ex nobis, non iam tamen sine nobis.« Bernhard von Clairvaux, De gratia et libero arbitrio, XIV, 46, Sancti Bernardi Opera 3, Rom 1963, 199, 9–18.
[345] RL II, 25, nach Joh 17,24–26; mit Verweis auf Johann Georg Müller. Offenbar stand im Hintergrund die Auffassung vom Geist als einer verfeinerten materiellen Lebenskraft.
[346] RL II, 23 ff. (Nr. 15 ff.), 55 ff.
[347] Vgl. Aphorismen zur Darstellung der Kongruenz der christlichen Auferstehungslehre mit physisch-kosmologischen Sätzen, in: NTATN.A 1808, 214 ff. Einen Anhaltspunkt für einen Zwischenzustand nach dem Tod gab es zwar in den Evangelien nicht, wohl aber hielt es Ewald für wahrscheinlich, daß bis zum Endgericht nur die natürlichen Folgen der Sünde zu erdulden waren und erst in diesem die positiven Strafen und Belohnungen zugemessen wurden.
[348] RL II, 24 f.; vgl. PüL H. 12, bes. 3. – 6. Predigt, 46 ff.; zu den aller Langeweile baren »Tätigkeiten« im Jenseits gehörte auch die weitere Nutzung der Naturkräfte zum Wohle anderer,

Sinne der nicht eigens thematisierten Allversöhnung stand eine sukzessive Vollendung in der Liebe für alle, auch die zeitweise Verworfenen, zu erwarten. Weitere Überlegungen galten der realen Zwischenwelt von guten und bösen Geistern im Aufstieg zur absoluten Transzendenz Gottes. Die biblischen Aussagen zur Existenz von Engeln und von einem Satan als Wesen mit Individualität und Personalität sollten wie bei Storr aufgrund der autoritativen Rede Jesu als vernünftige Möglichkeit erscheinen.[349]

Mit I Kor 15,14 ff. band Ewald jegliche Glaubensgewißheit an die historische Faktizität von Tod, leiblicher Auferstehung und Himmelfahrt Jesu. Noch neuere Exegeten verdächtigte er, sie gingen wie ältere radikale Stimmen von einem Scheintod Jesu aus und erleichterten sich dadurch die Erklärung der Erscheinungsberichte. Unbeschadet kleinerer Differenzen der Auferstehungs- und Erscheinungsberichte, die ihrer Natur als historischer Erzählung verschiedener Subjekte und Sichtweisen zugerechnet wurden, hielt Ewald an einer Harmonie der Evangelien fest, wie sie auch J. D. Michaelis, am überzeugendsten aber Heß vorgestellt hatte.[350] Weitere Einzelfragen wie solche zur Himmelfahrt sah er von Tübinger Theologen und von Herder zufriedenstellend beantwortet.[351] Den eigentlichen Schlüssel zum Verständnis Jesu fand Ewald nicht in Kreuz und Auferstehung, sondern im Abendmahl als dem schlechthinnigen Symbol christlicher Religion.[352] Der »ganze Jesus« spreche sich in der Stiftung dieser schlichten Mahlzeit aus, die ihm als symbolischer Katechismus oder allgemein verständliches Kompendium christlicher Dogmatik nach I Joh 4,10 ff. galt. Im Mittelpunkt des Abendmahlsverständnisses steht der Vollzug der Feier als eines gemeinschaftlichen Liebesmahls, die Frage der Elemente und des individuellen Zuspruchs der Sündenvergebung tritt zurück. Momente der pietistischen und kirchlich-aufklärerischen Tradition verbinden sich.

Für die Gegenwart sah Ewald wenigstens in der Abendmahlsfrage Grund zur Hoffnung auf einen Konsens der christlichen Kirchen. Positive Signale von katholischer Seite vernahm er im Mühen um ein erweitertes Verständnis

---

die sich schon irdisch in der Entfaltung der Glaubenskraft im Magnetismus u. ä. Erscheinungen ankündigte. Dies rührte freilich an die Grenzen der Gemeindepredigt: »Es wäre darüber Manches zu sagen, nur könnens nicht Alle tragen«, ebda., 104.

[349] RL II, 26 ff., 66 ff. Vgl. Wizenmann (o. Vf.), Göttliche Entwicklung des Satans durch das Menschengeschlecht, Dessau 1782.

[350] RL II, 98 ff. Vgl. Michaelis, Erklärung der Begräbnis- und Auferstehungsgeschichte Christi nach den vier Evangelisten, Halle 1783. Heß, Lebensgeschichte Jesu, 2 Bde., 7. Aufl. Zürich 1794.

[351] RL II, 103 ff., vgl. 107 f. Storr, Lehrbuch, 4. Buch, § 83, Anm. 9; o. Vf., Warum haben nicht alle Evangelisten, und besonders die nicht, die Apostel waren, die Himmelfahrt Jesu ausdrücklich mit erzählt?, in: MCDM 8.1802, 55–74. Herder, SWS 19, 60 ff., 102 f.; zur Kritik an der unklar gelassenen Authentizität der Leidensweissagungen Jesu und der Bewertung der nachexilischen Zeit bei grundsätzlicher Hochachtung vor den Herderschen theologischen Schriften, in: MCMD 3.1797, 230–240 (Autor: Johannes Tobler (1732–1808, Archidiakon in Zürich).

[352] RL II, 88 ff.

der Transsubstantiation im historischen Rückgriff auf die verschiedenen Anschauungen vor dem IV. Lateranum. Als wichtiges Organ dieser Stimmen nannte er die seit 1806/07 in Ulm erscheinende *Jahresschrift für Theologie und Kirchenrecht der Katholiken*.[353] Innerprotestantisch waren orthodoxe Stimmen längst in die Defensive geraten, namhafte lutherische und reformierte Theologen signalisierten neue Verständigungsmöglichkeiten. Auf diese setzte Ewald besonders in der Unionsfrage.[354]

Die Lehre der Apostel betrachtete Ewald entgegen allen Versuchen einer Herabstufung der neutestamentlichen Briefe, wie sie schon John Locke vorgenommen hatte, in sachlich ungebrochener Kontinuität zur Reich-Gottes-Botschaft Jesu. Daran änderte auch die Tatsache nichts, daß dieser nun selbst zu ihrem zentralen Inhalt wurde.[355] Neu eingeschärft wird die Einsicht in die nur mangelhafte Einwirkungsmöglichkeit des Vernunftvermögens auf die moralische Selbstbestimmung des Menschen, die Ewald nicht nur von Zeitgenossen wie Friedrich Bouterwek, seinerzeit Mitarbeiter an der *Urania*, sondern auch von älteren Werken wie Joseph Butlers (1692–1752) wirkungsreicher *Analogy of Religion* aus der englischen antideistischen Tradition bestätigt sah.[356] Das Sündenverständnis blieb weiterhin stark am Problem fehlgeleiteten Sinnlichkeit und schlechter Gewohnheit orientiert, so daß weder Kants Fassung vom radikalen Bösen noch die traditionelle Erbsündenlehre, die jedem Menschen gleichsam etwas von Adams Sünde »imputiert« sah, als biblisch akzeptiert wurden.[357] Wiedergeburt und Heiligung folgten auch nach der Lehre der Apostel den Gesetzen und Erfahrungswerten von Psy-

---

[353] JThKR 1.1806/07- 6.1824/30.

[354] So ging z. B. Stäudlin vom substantiell Realpräsentischen der beiden Naturen Christi »in, mit und unter« den Elementen ab zugunsten einer moralisch-geistigen Deutung; das Essen des Leibes Jesu und das Trinken seines Blutes konnte demnach nur heißen, von seiner Person und Lehre, seinem Beispiel und seinem Schicksal, besonders seinem Tod, »Nahrung für das Gemüth« zu empfangen, Stäudlin, Lehrbuch, § 106, 527; zur Geschichte des Abendmahlsverständnisses vgl. ebda., 544 ff. Zum symbolischen Abendmahlsverständnis bei Karl Daub vgl. Theologoumena [...], Heidelberg 1806, § 103.

[355] RL II, 109 ff. (Nr. 24 ff.), 134 ff. Die jesuanische Gottesvorstellung fand sich pointiert in I Joh 4,16 wieder. Diffenzen im Gottesbild erklärten sich subjektiv: Jedem erscheine Gott so, wie er selbst sei, so dem liebenden Johannes als Liebe, RL II, 109. Vgl. Heß (o. Vf.), Geschichte und Schriften der Apostel Jesu. Von dem Vf. der Lebensgeschichte Jesu, 2 Bde., Zürich 1775.

[356] Joseph Butler, The Analogy of Religion, natural and revealed, to the constitution and course of Natur, in: The Works [...], London 1841, 57–312; dt.: Bestätigung der natürlichen und geoffenbarten Religion aus ihrer Gleichförmigkeit mit der Einrichtung und dem ordentlichen Laufe der Natur [...], 2. Ausg., Tübingen 1779.

[357] Röm 5,12 gebe nur die Sünde als Quelle allen Elends an. Das »in quo« der Vulgata war falsch, es hätte kausal als quia übersetzt werden müssen, RL II, 142. Zur ähnlichen Kritik Steinbarts am orthodoxen Sündenbegriff vgl. ders., Glückseligkeitslehre, § 49, 110 ff. Auch Fichte ging nach Ewald wohl zu weit, wenn er im *System der Sittenlehre* dem servum arbitrium Luthers im Blick auf den natürlichen Menschen zustimmte und von einer wenn auch nur durch lange Gewohnheit zustandegekommenen gänzlichen Unvermögen des Menschen zum Guten sprach, GA I,5, 184 f.

chologie und Pädagogik, wurden aber dennoch höherem göttlichem Wirken zugeschrieben. Das Lavatersche Wort, Natur sei frühere Gnade und Gnade spätere Natur, stellte auch hier die Aufgabe einer Überwindung überkommener Gegensätze, doch unter Wahrung eines göttlichen Geheimnisses.[358] So fand Ewald in den von den Aposteln erhellten Momenten göttlicher Pädagogik – Konfrontation mit dem Sittengesetz, Erfahrung des Scheiterns (secundus usus legis) und Reue, Zuspruch der Sündenvergebung und freier Gehorsam aufgrund erfahrener Liebe – die wichtigsten Aspekte bzw. Phasen einer Psychologie des Glaubens.[359] Die Momente eines biblischen ordo salutis erkannte er im 4. und 5. Kapitel des Ersten Johannesbriefs wieder, wobei die entsprechenden Verse allerdings in eine andere sachliche Ordnung gebracht werden mußten.[360] Was auf ähnliche Weise in den Missionserzählungen der Apostelgeschichte zur christlichen »Besserungsmethode« ausgesagt war, fand einen reichen Kommentar in klassischen Zeugnissen. Dazu gehörten die Bekenntnisse Augustins, die Geschichte kleinerer Gemeinschaften wie der Waldenser und der Brüdergemeine, neuere Bekehrungs- und Sterbeberichte und die Nachrichten der Ostindienmission, welche sich wieder stärker an der biblischen Methode christlicher Erweckung orientierte. Nur die Übereinstimmung mit psychologischen und pädagogischen Grundwahrheiten von der Rückgewinnung der ursprünglichen Harmonie der Seelenkräfte sicherte dem Evangelium seine Popularität und das erfolgreiche Verdrängen anderer, national oder esoterisch gebundener Religionen. Die Einseitigkeiten der Vernunftautonomie mußten ebenso vermieden werden wie die des geschichtslosen Mystizismus innerer Offenbarung. Von hier ergaben sich zahlreiche Berührungspunkte mit Pestalozzis Pädagogik.[361] Kritisch beleuchtet wurde auf diesem Hintergrund der zu wenig empirisch ausgerichtete orthodoxe ordo salutis, der pietistische Bußkampf und das rein sittliche Verständnis

---

[358] Das Zitat lautete hier (ohne auf Lavater hinzuweisen): »Natur ist *auch* Gnade, und Gnade ist *auch* Natur. Natur ist nur frühere Gnade; Gnade nur spätere Natur«, RL II, 147. Schon Steinbart hatte – aus gegenteiligem Interesse – beklagt, daß Natur und Gnade im Gefolge Augustins zu gegensätzlichen Seins- und Handlungsprinzipien geworden seien, Glückseligkeitslehre, § 42. Zum Satz bei Herder vgl. Friedrich Wilhelm Kantzenbach, Idealistische Religionsphilosophie und Theologie der Aufklärung, in: Idealismus und Aufklärung, 110.

[359] RL II, 112 f., 143 ff., 200. Vgl. die Briefe Ewalds über die »Psychologie des Christenthums«, in: ZNchrS 1. Bd., H. 3, 1816, 350–375, 2. Bd., 1819, 2. H., 151–166. Zum Ewaldschen Stil gehörten die terminologische Anpassung an den Sprachgebrauch der Zeit, um Altbekanntes abseits von Begriffsorthodoxie und »Sprache Kanaans« neu sagbar zu machen; so sprach er in der Regel von christlicher »Besserung« statt von Bekehrung, von Pflichterfüllung statt Heiligung, von Vertrauen statt von Glauben, von Veredlung und Beglückung der Menschen statt von Versöhnung und Erlösung usw. Inhaltliche Verschiebungen sind damit nicht ausgeschlossen.

[360] RL II, 303. Ewald stellte die Verse um und kam damit zum Inbegriff der »ganzen christlichen Besserungsart«: I Joh 4,10.19.11.20; 5,3.

[361] Pestalozzi kam zwar mit seiner Polemik gegen die einseitig Vernunftgebildeten (»Vernunftbestien«) zu Wort, nicht aber mit seiner pädagogischen Theorie, RL II, 151.

der Umkehr. Gegen jedes zu strenge Schema war mit Bengel zu sagen: »Liberum gratia habet ordinem«.[362]

Unter den pädagogischen Prämissen einer nach Lebensperioden gestalteten Heilsgeschichte wird die Zeit der Kirche als Zeit des Heranreifens zum reinen Deismus geschildert. Dieser Deismus war nicht mit den der Vernunft zu Gebote stehenden Mitteln antizipierbar, sondern an Christi Wiederkunft gebunden und ein Stadium auf dem weiteren Weg zum reinen Theismus als Ende der Geschichte.[363] Röm 5,18 ff. und I Kor 15,25 ff. dienten als Hinweis auf die Apokatastasis.[364] Für die Auslegung der Johannesapokalypse blieben Pfenninger und Herder leitend. Storrs *Neue Apologie*, die 1805 in zweiter Auflage erschienen war, wurde wegen ihrer Ausführungen zu Apostolizität, Kanonizität und Historizität der Schrift geschätzt.[365] Die kirchengeschichtliche Deutung des Buches lehnte Ewald weiterhin ab, ebenso die zeitgeschichtliche Auslegung.[366] Als »Zeichen der Zeit« vor dem Eintritt in das apokalyptische Zeitalter machte Ewald nach biblischem Zeugnis geltend: Die allgemeine Judenbekehrung nach Röm 11,12, die Befreiung Jerusalems von der Fremdherrschaft nach Lk 21,24 und das Auftreten des Antichristen nach II Thess 2,3 f. Nähere Periodisierungen und Aktualisierungen wurden unterlassen, auch die früheren Hinweise auf den Gang der Judenemanzipation fehlen. Es blieb beim vagen Ausblick, das endgeschichtliche Szenarium der Apokalypse werde sich aus dem Scheitern einer politischen Utopie, der Universalmonarchie, entwickeln.

Die hier bei Ewald rekapitulierte Gesamtsicht der Apokalypse sollte erst das spätere 19. Jahrhundert wieder zur Entfaltung bringen. Aus dem weiteren Bereich konfessioneller Theologie kann Theodor Kliefoth (1810–1895) genannt werden, der wie Ewald die Zeit der Apokalypse noch kommen sah und ihre paränetische Gegenwartsbedeutung betonte. Den Gedanken eines irdischen Millenniums lehnte er freilich ab, ebenso die Annahme einer Sonder-

---

[362] RL II, 113 f. (Nr. 28), 154. Bengel, Gnomon, zu Act 10,44.

[363] RL II, 152.

[364] Vgl. RLA, 78 ff.; RL II, 119 f. (Nr. 32), 168 f.; Mk 9,48 war bildliche Rede wie Jes 66,24. Paulus äußerte sich eindeutig gegen die Endlosigkeit der Strafen; Reinhard wies der Annahme, daß sich von Gott als weisem und allmächtigem Richter nur bessernde Strafen erwarten ließen, zumindest dieselbe Plausibilität zu wie der Annahme unabänderlicher ewiger Qualen, wobei anders als in der von Reinhard abgelehnten Vorstellung einer Wiederbringung aller Dinge ein ewiger Unterschied von Seligen und Verdammten bestehen blieb; Vorlesungen über die Dogmatik, § 196, 697 f. Zur Bildungsidee im Jenseits vgl. Jung-Stilling, Theorie der Geisterkunde (1808), § 211; später Richard Rothe, Ethik, § 801 ff. Zur Erlösung der durch Hybris gefallenen Geister einschließlich des Satans vgl. RL II, 120 (Nr. 33), 169 f.; zur realen Einflußmöglichkeit der Geisterwelt auf die Menschenwelt vgl. Ewald, Die Bibellehre von guten und bösen Engeln, in: ChrM 1800.1, 326–338; 395–417.

[365] RL II, 170 f., 187. Storr, Neue Apologie der Offenbarung Johannis, Tübingen 1783, 2. Aufl. Tübingen 1805, bes. §§ 1–13.

[366] RL II, 193 f.

rolle des Volkes Israel in der Endzeit.[367] Ewald am nächsten steht die heilsgeschichtliche Auslegung, wie sie sich bei dem Tübinger Johann Tobias Beck in theologisch stringenterer Form findet. Beck wies neben den Vätern des schwäbischen Pietismus und dem unverdientermaßen vergessenen G. Chr. Storr nicht nur empfehlend auf die Auslegungen von Pfenninger, J.J. Heß und – mit Einschränkung – von Herder hin, sondern auch auf Ewald, dessen Schrift ihm wohl über die posthum veröffentlichten *Briefe zur Offenbarung* von J.J. Heß bekannt gemacht worden war. Damit kam der end- und heilsgeschichtliche Gedanke und mit ihm das chiliastische Motiv nochmals, wenn auch nur begrenzt, zur Geltung.[368]

Darüber hinaus finden sich bei Johann Tobias Beck zahlreiche andere theologische Grundgedanken, die in sachlicher Nähe zu den wenig systematisierten Ansätzen Ewalds stehen, erklärbar aus dem gleichen Quellenbezug. Einige Hinweise mögen genügen. Neben der kritischen Rezeption Bengels, Oetingers, Ph. M. Hahns und Herders – dessen *Briefe, das Studium der Theologie betreffend,* hatte Beck schon früh aufgenommen und zeitlebens empfohlen –, steht der lebendige Austausch mit Gedanken Goethes, Fichtes und Karl August Eschenmayers, auf dessen Religionsphilosophie sich Ewald im Zusammenhang seiner späten Schrift zur Mystik stützte. Die gemeinsame Betonung des Pneumatisch-Pneumatologischen zeigt sich in der positiven Stellungnahme zur Tradition mystischer Theologie, wie sie Gottfried Arnold vertrat. Zu den gewichtigen Unterschieden gehört, daß Beck den grundsätzlich gegenweltlichen Charakter des Christentums stärker betonte und damit eine Vergleichgültigung gegenüber der Sphäre des Weltlichen stützte, während Ewald vom Ideal eines mittels reformerischer Bildungsanstrengungen die Welt durchdringenden christlichen Humanismus her dachte. Im eschatologischen Zusammenhang beharrte Beck auf der Endgültigkeit und Ewigkeit der Höllenstrafen, die Ewald im umfassenden göttlichen Liebesgedanken aufgehoben sah. Von Beck weitergetragen und klarer artikuliert wurde neben der analogen Betrachtung von Natur und Geschichte vor allem die dogmatisch folgenreiche anthropologische Unterscheidung von organischer Anlage zur Religion und deren ethischer Entwicklung und Bewährung. Christologisch führte dies zur Ablehnung der traditionellen Zweinaturenlehre, sofern diese von einer vollen Einigung der beiden Naturen ausging. Die Rechtfertigung verlor ihr klares Profil gegenüber der Heiligung, indem in Abwehr eines rein juridischen (Miß-)Verständnisses zur Aufrechterhaltung ihres ethischen Charakters nach

---

[367] Theodor Kliefoth, Die Offenbarung des Johannes, 3 Bde., Leipzig 1874, Einl., 1 ff.
[368] Johann Tobias Beck, Erklärung der Offenbarung Johannis Cap. 1–12, hg. v. Julius Lindenmeyer, Gütersloh 1884, 1 ff.; zum dramatischen Gesamtcharakter der Apk als endgeschichtlicher Schrift und zugleich gegenwartsbezogener Paränese hieß es (ebda., 7): »In bündiger und lebendiger Darstellung macht hierauf aufmerksam der ältere *Ewald* [...]«, mit Hinweis auf J.J. Heß, Briefe über die Offenbarung Johannes. Hg. nach der hsl. Mittheilung des Verewigten von einem Freund und Verehrer desselben, Zürich 1843, IIIff. Zu Beck vgl. Willi Hoffmann, Das Verständnis der Natur in der Theologie von J.T. Beck, Bonn 1975.

einem Realgrund in der Innerlichkeit gesucht wurde. Das Rechtfertigungsgeschehen wird faktisch unter der Zielvorstellung der Vollendung in einen lebenslangen Verinnerlichungsprozeß überführt, ein trotz aller Vorsicht auch bei Ewald deutlich erkennbarer Vorgang, der sich aus der Verbindung von Organischem und Ethischem geradezu zwangsläufig ergab.[369]

Mit ausführlichen Erläuterungen wandte sich Ewald in seinen *Religionslehren* dem Gegenstandsbereich und Wahrheitsanspruch biblischer Offenbarung zu.[370] Dabei kam auch die Wunderfrage wieder im Sinne defizitärer Wirklichkeitserkenntnis der Naturwissenschaften zur Verhandlung.[371] Kants Einwände gegen die Erkennbarkeit von Wundern beruhten nach Ewald auf einem überspannten Wunderbegriff; er sah sie durch Veröffentlichungen im Tübinger *Magazin für christliche Dogmatik und Moral* und durch Stäudlin widerlegt.[372] Es ergab sich: Eine durch erwiesene Wunder und Weissagungen bestätigte Offenbarungsreligion konnte gläubige Unterwerfung fordern, und dies als Akt der Vernunft.[373] Ein gewichtiges negatives Zeugnis für die historische Wahrheit der biblischen Wunder wird wie bei G. Leß darin gesehen, daß sie von frühen Gegnern des Christentums nicht bestritten wurden. Weder die rabbinisch-talmudische Tradition noch heidnische Gegner wie Celsus bedienten sich demzufolge dieses Arguments. Im Blick auf die jüdische Überlieferung berief sich Ewald ohne Bedenken auf Johann Andreas Eisenmengers *Entdecktes Judentum* und die dort aus unterschiedlichen Quellen zusammengetragenen Erklärungsversuche.[374] Insgesamt sah sich Ewald in der Wunderfrage, was ihre zentrale Bedeutung für die Beglaubigung der messianischen Sendung Jesu betraf, in Übereinstimmung mit Herder, Leß, Planck und Kleuker.[375] Entspre-

---

[369] Johann Tobias Beck, Vorlesungen über die Christliche Glaubenslehre, hg. v. Julius Lindenmeyer, 2 Bde., Gütersloh 1886–1887, bes. Bd. 1, 128 ff., Bd. 2, 496 ff., zur biblischen Rechtfertigungslehre ebda., 658 ff., zum Endgericht ebda., 734 ff.
[370] RL II, 200 ff. (Nr. 38 ff.). Allein die Erläuterungen zu den fünf Nummern von sechs Seiten Text umfaßten rund 86 Seiten.
[371] Neben Joh 6,1 ff., Mt. 9,1 ff. und Joh 9,1 ff. besprach Ewald als besonders augenfälliges Beispiel mißlungener »natürlicher« Erklärungsversuche die Auslegung der Auferweckung des Lazarus Joh 11,1 ff. als Wiederbelebung eines Scheintoten, RL II, 227 ff., vgl. 245, RLA, 29 f., 40.
[372] Kant, RG, Werke 4, 740 ff.; vgl. MCDM 1.1796, 90 ff.; Süskind, Einige Bemerkungen über den Begriff und die Möglichkeit eines Wunders, in: MCDM 3.1797, 40–75; 8.1802, 152–157; K. Chr. Flatt, Philosophische und historisch-exegetische Bemerkungen über die Wunder Christi, in: MCDM 3.1797, 1–39; Storr, Hat Jesus seine Wunder für einen Beweis seiner göttlichen Sendung erklärt? Eine historische Untersuchung, in: MCDM 4.1798, 178–250; Stäudlin, Lehrbuch, § 36.
[373] Vgl. RLA, 46 f., 97.
[374] RL II, 240 ff. Leß, Ueber die Religion, Bd. 2, 410 ff.; Johann Andreas Eisenmenger, Entdecktes Judenthum [...], Bd. 1, 148 ff.
[375] Herder, Briefe, das Studium der Theologie betreffend, Brief 35, SWS 10, 382; Leß, Ueber die Religion, Bd. 2, 214 ff., 767 ff.; Planck, Einleitung, Bd. 1, 285–298; Kleuker, Neue Prüfung, T. 1, 358–481.

chende Überlegungen galten den biblischen Weissagungen als »Wunderwerken der Erkenntnis [des Zukünftigen]«.[376]

Es entsprach Ewalds Auffassung vom praktischen Charakter des Christentums, wenn er am Ende seiner Überlegungen wieder zum religiösen Abhängigkeitsgefühl zurücklenkte.[377] Entsprechend gestaltete sich im Rückblick sein Bekehrungserlebnis.[378] Freilich blieb für die Gegenwart die Stärkung des historischen Bewußtseins im Rahmen einer »populären Philosophie des gesunden Menschenverstands« eine wichtige Aufgabe.[379]

Im 1814 veröffentlichten *Anhang* ging Ewald auf verschiedene Rezensionen seiner *Religionslehren* ein, was einige der nicht explizit gewordenen Fronten der Auseinandersetzung verdeutlicht. Besonders kritisch hatte sich der Rezensent der *Marburger Theologischen Annalen* geäußert, von denen sich Ewald auch in der Besprechung anderer Schriften nicht nur sachlich mißverstanden, sondern auch kleinlich und persönlich herabsetzend behandelt fühlte.[380] Dabei waren die Vorwürfe aus akademisch-schultheologischer Sicht in vielem verständlich. Neben einer wenig konsistenten Argumentationsweise, der Mißachtung historischer Kritik zugunsten von Erbaulichkeit, den immer wieder unvermittelt eingestreuten Einfällen und den polemischen Repliken beanstandete der Rezensent das »barocke Ganze« der Schrift mit ihrer sonderbaren Vermischung antiker und moderner Vorstellungsarten, die weder den Ansprüchen des sog. Supranaturalismus noch denen einer vom Rezensenten begünstigten freien Geistesreligion genügten.[381] Ewald schätzte den Rezensenten als parteiisch richtenden Deisten, der Rezensent Ewald als inkonsequenten Supranaturalisten ein.[382] Die Rezension des zweiten Bandes tadelte die polemi-

---

[376] RL II, 204 ff. (Nr. 42), 253 ff.
[377] »Das auf Gefül eigener Schwäche berechnete Christenthum und der für die Kranken, als Arzt gekommene Jesus, wird ihnen theuer, unentbehrlich; sie halten sich an Ihn und folgen Ihm.« RL II, 298. »Alle menschlichen Beweggründe machen höchstens[,] theilweise einen besseren *Menschen;* nur durch den *Gottesfunken* in uns, die Liebe, gelangen wir zur Vollendung unseres *ganzen* Wesens, zur Aehnlichkeit mit *Gott.*« RL II, 303.
[378] RL II, 301. Die »Wende« wurde so beschrieben: »[...] als ich glauben konnte an die Einzige Liebe des Vaters und Jesus, die uns die Bibel verkündigt; als ich mich ehrlich und ernstlich entschloß, Jesus zu meinem Führer zu wählen, und Ihm in dankbarer Liebe zu folgen: da kam diese Ruhe, diese Kraft, dieß Leben in mich, das ich überall vergebens gesucht hatte. Es hat mich diese Zeit her nicht verlassen; und ich weiß, es wird mich nicht verlassen.« RL II, 301.
[379] RL II, 299 f.
[380] RLA, 3, 32 f.
[381] Abgedr. in: RLA, 4–13 (zum 1. T.), 33–41 (zum 2. T.).
[382] Vgl. RLA, 9, 12 f., 32. Naheliegende Kritikpunkte am ersten Band waren z. B.: die Deutung der Schöpfung als Umbildung; die dogmatisch motivierte Umdeutung der Rede von dem den Menschen begegnenden Gott in die von einem göttlichen Repräsentanten (Vätergott, Logos) und die über den Textbefund hinausgehende Erklärung von Salomos Götzendienst. Grundlegende Differenzen klangen in der Frage der göttlichen Providenz und dem Stellenwert des Alten Testaments an: Die Landnahme erschien dem Rezensenten allein als Geschichte roher Gewalt, die Bücher des Alten Testaments wollte er lieber als Heilige Schriften der Juden und nicht der Christen genannt wissen, »obgleich wir Christen sie auch in Ehren halten.« RLA, 8.

schen Spitzen und den nicht immer sachgerechten Umgang mit Äußerungen von Eichhorn, Heinrich Eberhard G. Paulus, Karl Daub, Johann Jakob Stolz und anderen, aber auch von Schleiermacher und – in Grenzen – Jung-Stilling. Vor allem wurde Ewald der Vorwurf gemacht, sich zum »Eiferer für die reine Lehre« aufzuspielen, wo er doch mit seinen Vorstellungen vom Heiligen Geist selbst ein Herzstück kirchlicher Dogmatik verworfen habe. Als erstaunlich leichtfertig erschien Ewalds Umgang mit der pneumatologischen Frage von Gebetserhörung und Wunder, die ebenso wie sein Umgang mit dem Wunder- und Weissagungsbeweis keine innere Stimmigkeit erkennen lasse.[383]

Eine wohlwollendere Würdigung fand Ewalds erster Band der *Religionslehren* in den von ihm als gründlich und unparteiisch gelobten *Göttingischen gelehrten Anzeigen*.[384] Die Schrift wird in ihrem Anliegen begrüßt und dem ins Auge gefaßten Leserkreis empfohlen. Freilich waren mangelnde Präzision des Ausdrucks bei einem derart gedrängt und aphoristisch verfaßten Werk nicht zu übersehen, was zur Warnung vor möglichen folgenreichen Mißverständnissen Anlaß gab. So erschien die These von der Abhängigkeit der Annahme der Bibellehren von einem im voraus gefühlten geistigen Bedürfnis zu stark an subjektiver Einsicht und Gemütsstimmung orientiert. Problematisch mutete zudem die unklare Ausdehnung des Begriffs der Religion auf Ahnung und Urgefühl an, wie dies von F. H. Jacobi und Schleiermacher her vermehrt auf theologische Zustimmung stieß. Diese sprachliche Unklarheit fördere die Selbsttäuschung durch Überschätzung der religiösen Empfindung.[385] Die versteckt polemische Tendenz der Schrift hielt der Rezensent für unausweichlich und sachlich geboten.[386] Als ebenso besonnen (»liberal«) und hilfreich wie diese beurteilte Ewald die in der *Leipziger Litteratur-Zeitung* veröffentlichte Rezension des ersten Bandes.[387] Das als wichtig und lehrreich empfohlene Buch litt freilich auch nach deren Beurteilung an verschiedenen methodischen und begrifflichen Unklarheiten, die zu Selbstwidersprüchen und nicht intendierten Konsequenzen führten.[388]

---

[383] RLA, 33 ff., 37 ff.
[384] Abgedr. in: RLA, 52 ff.
[385] Als wenig überzeugend erschien dem Rez. Ewalds Vergleich des angeborenen religiösen Urgefühls mit der dichterischen Begabung: So wenig wie von Homer oder Shakespeare auf eine allgemeine Dichtergabe war bei Paulus, Fénelon oder Lavater auf ein angeborenes religiöses Urgefühl zu schließen, RLA, 54 f. Ewald gestand die Umkehrbarkeit des Schlusses ein und wählte den Vergleich mit dem Geselligkeitstrieb, beharrte aber auf der Tatsache, daß im größten Genie nichts sei, was als Keim nicht in jedem Menschen existiere, RLA, 59.
[386] Den wohlwollenden Charakter der Rezension unterstrich die Anmerkung am Ende, an neueren Forschungen zum Pentateuch sei Ewald wohl absichtlich vorbeigegangen, RLA, 56 f., was Ewald bestätigte, RLA, 60 f.
[387] RLA, 61 ff., vgl. 22.
[388] Zur Wunderfrage hieß es z. B., in die Erklärung der Erzählungen schlichen sich immer wieder natürliche Erklärungsversuche ein: »Nimmt man einmal Wunder an, warum nicht überall, wenn ausdrücklich etwas als Wunder erzählt wird?« RLA, 71.

Unter die besten neueren Schriften zur Offenbarungsproblematik rechnete die von Franz Karl Felder in Landshut herausgegebenen *Litteratur-Zeitung für katholische Religionslehrer* Ewalds ersten Band der *Religionslehren*, obwohl auch hier Inkonsequenzen und Unklarheiten im Blick auf die Bestimmung des religiösen Gefühls, die Art seiner Entwicklung und die Differenz von subjektiver und objektiver Erkenntnis angemahnt wurden.[389] Diese Würdigung von katholischer Seite nahm Ewald zum Anlaß, empfehlend auf weitere katholische Zeitschriften der Gegenwart und die unter Protestanten noch zu wenig bekannten Werke von Vertretern katholischer Erweckung bzw. Reich-Gottes-Theologie und einer überwiegend antiintellektualistischen, am Erfahrungswert des Glaubens interessierten Aufklärung hinzuweisen. Dazu gehörten neben Johann Michael Sailer, Leonhard Werkmeister und dem mit Sailer befreundeten Joseph Anton Franz Maria Sambuga (1752–1825) die Theologen Johann Leonhard Hug (1765–1846), Thaddäus Anton Dereser (1757–1827), Aloysius Sandbichler (1751–1820), Martin Johann Jahn (1750–1816) und der früh verstorbene Ildephons Schwarz (1752–1794).[390]

12.6 Mystische Theologie

Die 1822 im letzten Lebensjahr Ewalds erschienenen *Briefe über die alte Mystik und den neuen Mystizismus* greifen eine für Ewalds Glaubensverständnis ebenso zentrale wie umstrittene Thematik auf.[391] Dabei ging es vor allem darum, die schon bei Johannes und Paulus beobachtete mystische Dimension des Glaubens auch für die Gegenwart als fundamentales Phänomen des christlichen Lebens zu behaupten und gegen den Vorwurf der schwärmerischen Sektiererei und des weltflüchtigen Quietismus in Schutz zu nehmen.[392] Das hier entfaltete

---

[389] Litteraturzeitung für katholische Religionslehrer, hg. von Franz Karl Felder, 4. 1813, 220–236, 241–253, 257–268; RLA, 81 ff.

[390] RLA, 87 f. Zu den genannten Theologen mögen folgende Hinweise genügen: der Freiburger Hug mühte sich früh wie auch I. Schwarz, Benediktiner im Stift Banz im Bambergischen, um eine angemessene Rezeption Kants; Dereser, zeitweilig im Badischen tätig und stärker rationalistisch geprägt, galt als Gesinnungsfreund I. H. Wessenbergs; Sandbichler gehört zu den Vermittlern von J.J. Heß in den katholischen Raum, z.B. durch die Schrift: Entwicklung des Reiches Gottes nach der Offenbarung Johannis als Erläuterung und Bestätigung der Heßschen Gedanken vom Reiche Gottes, Salzburg 1794.

[391] Ewald, Briefe über die alte Mystik und den neuen Mysticismus, Leipzig 1822 (= MYST; Steiger, Bibliogr 378). Zu Jung-Stillings neuerlicher Hinwendung zur quietistischen Mystik, die ihm in den letzten Lebensjahren das praktische Christentum der Endzeit schien, vgl. Schwinge, 159 ff.

[392] Zur Kritik vgl. Jakob Friedrich Fries, Wissen, Glaube und Ahndung, Jena 1805, in: Sämtl. Schr. 3. Fries wandte sich gegen den Verdacht, er stütze mit seiner Entgegensetzung von Glauben und Wissen die »neue fromme Liebe zum Mystizismus und ähnlichen Süssigkeiten«, wie sie selbst Schellings neue Schriften kennzeichne; vgl. dagegen Eschenmayers Abgrenzung vom »unechten« Mystizismus, die sich mit der Ewaldschen berührt, Religionsphilosophie Bd. 2, 1822, § 103.

Verständnis christlicher Mystik steht im wesentlichen in sachlicher Kontinuität mit Gottfried Arnolds *Mystischer Theologie,* die hier im spätaufklärerischen Kontext neu artikuliert wird.[393]

Verschiedentlich berührte schon die *Christliche Monatschrift* die Frage. 1802 wurden Abschnitte aus einer Erstlingsschrift von Jeanne-Marie Bouvière de la Mothe Guyon (1648–1717), der *Geistlichen Ströme,* zur unio der Seele mit Gott und dem mystischen Tod als Durchgang zu einem Sein im Gebet veröffentlicht.[394] Ewald anerkannte das hier beschriebene Streben des Gläubigen nach liebender Vereinigung mit Gott, das im Erleiden der Gottesferne vorbereitet wird, und bestätigte, wie notwendig die Ertötung des Ich auf dem Weg zur Wiedergeburt sei. Dennoch blieb Ewald auf Distanz zu einer reinen Verschmelzungsmystik, welche die Seele, aller Kreatürlichkeit entledigt, wie einen Strom ins göttliche Meer münden läßt.[395] Auch erschien die Rede vom mystischen Tod insofern bedenklich, als hier der Aufstieg der Seele allein auf dem rein negativen Weg der Ertötung des Selbst vorgestellt wurde, wo sich doch der Christ erst den für ihn individuell richtigen Weg zwischen Passivität und Aktivität von Gott zeigen lassen müsse.[396] Vor allem aber vermißte Ewald eine klare Aussage über den Glauben an den gekreuzigten Christus, der als einziges Mittel der Erweckung in Frage kam. Weiter warb Ewald mit kurzen Briefauszügen 1804 um ein besseres Verständnis der »reinen Mystik« im Sinne der johanneischen und paulinischen Christusmystik, die für ihn einen stark willensorientierten Charakter trug.[397]

Diesen Grundgedanken folgt die Schrift von 1822, die sich dem Thema in größerer Weite und unter Intensivierung der schon in Offenbach aufgenommenen und nicht mehr aufgegebenen Impulse stellt. Vorausgeschickt wird im beliebten Stil der Zitatensammlung ein Kreis von Autoritäten von der griechischen Antike bis zur Gegenwart, der auf unterschiedliche Weise das primär von der mystischen Liebe bestimmte Transzendenzverhältnis des Menschen gegenüber dem Heiligen beleuchtete. Sentenzen von Plato, Makarios (Symeon von Mesopotamien) und Augustin, Tauler, Sebastian Franck (1499–1542) und des niederländischen Mystikers Matthes Weyer (1520/21–1560), die ihre Würdigung bei Gottfried Arnold gefunden hatten, standen neben solchen von Blaise Pascal, dem niederländischen Platoverehrer Frans Hemsterhuis (1721–1790) und Johann Kaspar Lavater. Weyers Sprüche zum in-

---

[393] Gottfried Arnold, Historie und Beschreibung der Mystischen Theologie, Faks.-Neudr. der Ausg. Frankfurt 1703 (Hauptschriften in Einzelausgaben 2), Stuttgart-Bad Cannstatt 1969.
[394] ChrM 1802.1, 108–111, mit Komm. Ewalds ebda., 111–114.
[395] Vgl. Lavater, in: Orelli 1, 246–253, 25. September 1787.
[396] Vgl. die Rede von der Willenstreue als entscheidender Voraussetzung der auf Erden begonnenen »Umschaffung« des Menschen unter dem Wirken des Heiligen Geistes im kurzen Beitrag: Die heiligste Sache (ohne das verschrieenste Wort), in: ChrM 1803.2, 25–28 (als Vf. wurde S.[Johann Michael Sailer?] angegeben), im Titel gemeint war die »reine Mystik«, die in den Verruf des Schwärmerischen geraten war.
[397] ChrM 1804.1, 157–159.

wendigen Christentum waren erst 1817 von Johann Arnold Kanne in einer freien Bearbeitung, Jung-Stilling gewidmet, neu herausgegeben worden.[398] Hemsterhuis, schon früh von Herder aufgenommen und neben dem Kreis von Münster um die Fürstin Gallitzin auch für F. H. Jacobi wie für manche Romantiker von Bedeutung, zeigte sich aufgrund seiner Betonung von Gefühl und Empfindung als vollgültiger Erkenntnisweisen besonders aufgeschlossen gegenüber dem Phänomen mystischer Passivität als Erwartung Gottes, Lavater verwies auf den Zusammenhang von Religion und Magie, insofern Religion den stetigen Übergang zwischen Sinnlichem und Nichtsinnlichem zum Gegenstand habe. Sein Glaubensverständnis hing eng am Begriff der Magie. Es konnte heißen, die »Magie des Glaubens«, dem Menschen als Wunderkraft ins Herz gegeben, schaffe Gott im eigenen Innern, um ihn sich als Du zu denken. Diese magia fidei ist gedacht als erschlossene magia naturalis, die ihren Quellgrund in der Kraftsphäre der Gottebenbildlichkeit des Menschen hat. Die Anschauung, leicht als Projektionsphänomen mißverstehbar, wurzelt in den der göttlichen Sprache zugeschriebenen schöpferischen Fähigkeiten. Sie weist aber – wie im übrigen auch Teile der jüdisch-kabbalistischen Tradition – auf das theologische Problem, ob und inwieweit von einer Gottmächtigkeit des Menschen die Rede sein kann, ohne Gott zum Diener des eigenen (frommen) Ich zu machen und ihn damit abzuschaffen. Ewald sah die Gefahr offenbar so wenig wie Lavater. Relevant wurde der Sachverhalt vorrangig in pneumatisch-pneumatologischen Zusammenhängen, etwa in der Lehre vom Gebet und der realen Geistmitteilung durch Berührung, wie auch im medizinischen Bereich des Magnetismus.[399] Für die Philosophie der Gegenwart sprachen Fichte, der mit seiner *Anweisung zum seligen Leben* erneut zu Ehren kam, und, den Akzent anders setzend, der spätere Schelling mit von Jakob Böhme inspirierten Aussagen zur Offenbarung des göttlichen Urgrundes in der Welt- und zur Menschwerdung Gottes.

---

[398] Johann Arnold Kanne (Hrsg.), Matthes Weyers Geistreiche, Mündliche Sprüche das Inwendige Christenthum betreffend für solche, die weiter wollen. Neubearbeitet [...], Nürnberg u. Altdorf 1817. Grundlage war die deutsche Ausgabe von 1720. Kanne verwahrte sich in der Vorrede gegen den Weyer und anderen Mystikern immer wieder gemachten Vorwurf, sie setzten sich in Gegensatz zur reformatorischen Rechtfertigungslehre, und berief sich u. a. dazu auf Äußerungen Gerhard Tersteegens; allenfalls eine Akzentverschiebung wollte er bei denen zugestehen, die den »Christus für uns« in den Darstellungen der vom »Christus in uns« verursachten Sterbens- und Lebensprozesse nicht genügend hervorhoben, ebda., XIV. Eine ironisch-humoristische Behandlung des Mystik-Themas in kritischer Wendung gegen die Amtskirche bietet Kannes Schrift: Des Johann van Eyffern Wahrhafte kalifornische Geschichten und geistreiche mystische Gespräche mit dem Herrn Präsidenten von Heerrauch [...], Nürnberg 1820.

[399] »Religion! Du höchste Zauberkraft! / Du Schöpferinn des ungeschaffnen Wesens! [...] Kein Daseyn gleicht dem Daseyn, das des Glaubens / Magie erschafft – [...]«. Staehelin 3, 257. (aus dem 6. Gesang des dem Lob der guten, empfindsamen Seite des menschlichen Herzens gewidmeten Gedichts, 1787–1790); zum Magnetismus s. ebda., 187 ff.; zur Magie bei F. X. von Baader im Gefolge von J. Böhme und Saint-Martin vgl. SW 12, 31 f.; 15, 280; 4, 12 ff.

Das Interesse an einem weiten Konsens in Grundfragen ließ Differenzen zurücktreten, doch stand der Tübinger Mediziner und Philosoph Karl August Eschenmayer (1768–1852) neben den älteren Stimmen Ewald sachlich am nächsten. Dieser unterschied gegen den einseitigen Rationalismus, wie er ihn bei Kant, Fichte und Schelling fand, nach der Organisation der menschlichen Seelenkräfte Rationalismus (Wissen), Mystizismus (Schauen) und Supranaturalismus (Glauben an positive Offenbarung) als integrale Momente von Religion im allgemeinen und der christlichen im besonderen. Vor allem dem geschmähten Mystizismus wollte er sein Recht in diesem Rahmen wiedergeben.[400] Hinzu traten aus dem Umkreis der Romantik der Philosoph und Naturforscher Henrik Steffens (1773–1845), der zur konfessionellen Erweckungsbewegung neigte, mit einem Abschnitt seiner *Caricaturen der Heiligen* (2 Bde., 1819–1821). Von den Dichtern kamen Goethe und der Novalis-inspirierte Graf von Loeben (Isidorus Orientalis) zu Wort. Der schon früher bemühte ehemalige Kapuziner Ignaz Aurelius Feßler, seit 1819 als evangelischer Bischof in Saratow, betonte das Miteinander von freier Reflexion und lebendiger Anschauung in Übereinstimmung mit der neutestamentlichen Mystik.[401]

Der erste Brief läßt eine längere fruchtbare Beschäftigung Ewalds mit der älteren einschlägigen Literatur erkennen, deren hohen Wert er – für ihn charakteristisch – in der Übereinstimmung mit dem Offenbarungszeugnis der Bibel, den Beobachtungen der Gesetze der Natur und der göttlichen Führung im eigenen Leben liegen sah.[402] Mystik wurde im Gefolge K. A. Eschenmayers allgemein als von der Liebe inspiriertes religiöses Schauen göttlichen Glanzes in der Einheit von Wissen und Glauben bestimmt, welches, obgleich das Geschaute an sich unnennbar war, doch in der Sprache des Gefühls und der Dichtung zur Äußerung drängte.[403] Der gerechten Würdigung half die unparteiische Darstellung der historischen Erscheinungsformen und die Erfassung der eigentlichen Intention, der Liebe zu Gott allein um Gottes willen. Diese sah Ewald in der Mosheimschen Charakterisierung der Gnosis bei Clemens von Alexandrien als mystischer Theologie und bei dem ansonsten gegenüber allen ihm schwärmerisch erscheinenden Phänomenen äußerst mißtrauischen Franz Volkmar Reinhard gegeben.[404]

---

[400] Karl August Eschenmayer, Religionsphilosophie, 3 Bde., Tübingen 1818–1824. Der erste Band war dem Rationalismus, der zweite dem Mystizismus und der dritte dem Supranaturalismus gewidmet; schon der 1. Bd. legte die Grundlinien dar.
[401] MYST, Statt Vorr. Die Schrift ist in 35 Briefe gegliedert, an »Herrn v. Sch.« (Brief 1–24); an die »Gräfin D.«, Brief 25, an »Herrn Präsidenten von S.« Brief 26–35; zum literarischen Charakter der Briefe vgl. Vorr., 3 f.
[402] Genannt wurden zunächst Thomas a Kempis, Tauler und Arndt, sodann Hugo v. St. Viktor, Bonaventura und Gerson, MYST, 3.
[403] Ebda., 14 f.; statt Mystizismus wollte Ewald lieber von Mystik sprechen; Eschenmayer, Bd. 1, 5 f.
[404] MYST, 16 ff.; zur Kritik an J. L. v. Mosheims Rückführung der Mystik auf platonische Motive vgl. ebda., 37 f., zu Reinhard vgl. ebda., 38 f. Wiederholt wurde auf H. Ph. K. Henke

Als religiöses Urphänomen des Menschen nach dem Fall fand sich Mystik nach Ewald als auf innere Erfahrung und Anschauung gegründet in freilich unterschiedlich verstellter Form in der Zahlenlehre des Pythagoras und seiner Anhänger wie im (Neu-)Platonismus, den Systemen der Gnostiker und der jüdischen Kabbala. Bei intensiver Innenschau mußte das dem Menschen als Geschöpf mitgegebene Bedürfnis nach Gottesnähe angesichts der faktischen Gottesferne erwachen und der Versuch gemacht werden, dieses zu befriedigen. Die schmerzliche Erfahrung, daß dies auf unmittelbare Weise und mit eigener Kraft nicht möglich war, erzwang den Mittlergedanken als Element natürlicher Religiosität wie in der Antike, die zur Aufnahme seiner jüdisch-christlichen Fassung vorbereitet war. Der Messiasgedanke wird dem Mittlergedanken zeitlich und sachlich nachgeordnet, er gilt als die spezifisch jüdische Ausprägung des Mittlergedankens, dem allein religiöse Ursprünglichkeit zugestanden wird, da er mit der mystischen Grundausrichtung des Menschen auf Gott hin gegeben sei.[405] Die Vermittlung zwischen Sinnlichem und Übersinnlichem, Endlichem und Unendlichem, nicht die Erlösung von der Sündenmacht, bleibt auch hier der zentrale Gedanke des Christentums, ein für Ewald charakteristischer Sachverhalt. Jesus gilt daher auch als der größte Mystiker, insofern in ihm das Streben nach Vereinigung mit Gott durch Glaube und Liebe und das willenlose Handeln allein nach Gottes Willen zur vollendeten Darstellung kam, und zugleich als Erscheinung des Grundes aller Mystik, insofern er mit dem göttlichen Logos identisch war.[406] Deutlicher kann die Wendung zur Subjektivität in der Begründung von positiver Gottesoffenbarung und die an Schleiermachers »Reden« erinnernde Zentralstellung des Mittlergedankens kaum ausgedrückt werden.

Wenn die Bergpredigt von den Christen als Salz und Licht der Welt spricht, dann gilt dies nach Ewald im besonderen Maße für die hohe Zeit der Mystik bei Bernhard von Clairvaux und Bonaventura, die dem religiösen Niedergang der ganzen Epoche entgegensteuerten. Als den Gang der Geschichte mitbestimmendes sittliches Phänomen stand dies für Ewald in Analogie zu den Selbstregulierungskräften der physischen Natur, die nach denselben Gesetzen organisiert gedacht war. Im unmittelbaren Gefolge der jesuanischen und apostolischen Mystik aber stand unstreitig Dionysios der Areopagite, der mit seiner

---

Bezug genommen; diesem wurde zwar jedes (tiefere) Verständnis für Mystik abgesprochen, doch unbestreitbar war, daß er ihr wenigstens historisch ihr Recht ließ.

[405] Zum Messias- und Mittlergedanken vgl. ebda., 328 ff., Brief 33, mit der zusammenfassenden Bemerkung nach dem Lob der Christusliebe: »So sind die echten Mystiker! In ihrem Innern hat sich das Bedürfniß eines Mittlers entwickelt; es ist durch die Bibel zu einer Messiasidee geworden; nicht blos Idee, sondern Wirklichkeit; sie haben den Mittler nicht blos erkannt, sie lieben ihn, ihr ganzes Herz hängt an ihm. Sie finden in dieser Liebe ihren höchsten Genuß, ihre höchste Tugend, ihre vollste Seligkeit. Wer möchte nicht ein solcher Mystiker seyn?« Ebda., 336.

[406] Vgl. MYST, 283 f. »Ja, ihm ist Keiner gleichgekommen als Mystiker. Das schließt indeß nicht aus, daß er nicht auch der größte Philosoph und der größte Moralist seyn konnte und war; vielleicht eben wegen seiner Mystik.« Ebda., 284.

breiten Wirkungsgeschichte trotz Zweifel am Alter seiner Schriften noch immer eine prominente Stelle einnahm. Auch Luther gehörte demnach mit seiner Herausgabe der *Theologia deutsch* in die Wirkungsgeschichte des Dionysios, wie überhaupt das Reformatorische in diesem Zusammenhang mit dem Antischolastischen und Antiintellektualistischen zusammenfällt. Innerkatholische Reformimpulse des Reformationszeitalters wie die von Teresa von Avila und Johannes vom Kreuz werden daher auch in einer überkonfessionellen Sichtweise mit dem Protestantisch-Reformatorischen zusammengesehen. Fundamentaler konnte die Kritik am Konfessionschristentum nicht ausfallen. Wichtig war dabei die aller äußeren Systematisierung theologischer Lehrinhalte und Verfestigung in verschiedenen Kirchentümern überlegene innere Einheit, die in der Vielgestaltigkeit der mystischen Gotteserfahrung zutage trat. Auf der Ebene dogmatisch-kirchenamtlicher Richtigkeit war dem Phänomen einer gemeinchristlichen Mystik von Origenes und Augustin bis in den Pietismus hinein nicht beizukommen. Damit ist zugleich die Bedeutung der Mystik für die ekklesiologische Unterscheidung von äußerer und innerer Kirche bei Ewald deutlich gemacht.[407]

Die Grundanschauungen, welche die innere Einheit des Phänomens erklären sollten, umriß Ewald in einer weiteren Reihe von Briefen.[408] Was schon in anderen Zusammenhängen als göttlicher Liebeskeim im Menschen, religiöse Anlage oder Gottebenbildlichkeit beschrieben wurde, wird hier vor allem von Plato und der Logoslehre des als Haupt der Mystiker titulierten Clemens von Alexandrien her zu erklären versucht.[409] Es wird davon ausgegangen, daß dem Menschen jenseits der Stimme des Gewissens etwas Göttliches innewohne, das zu seinem Ursprung zurückstrebe, und zwar in personaler Beziehung.[410] Ihren Ermöglichungsgrund hat die unio mystica als urmenschliches Bedürfnis und höchstes Ziel menschlichen Strebens im göttlichen Logos, der die geschichtliche Außenseite Gottes, den Mittler zwischen Gott und Mensch, die Gestalt des Gottessohns des Johannesprologs und das Leben und die Lehre Jesu als Verkörperung des göttlichen Wortes gleichermaßen umfaßt.[411] Als einzige Mittel der unio mystica gelten wie in jeder geistigen Ver-

---

[407] MYST, 19–51, 4. bis 7. Brief. »Fixe Ideen [in Fragen der Rechtgläubigkeit] sind schlimmer als Phantasien [mystischer Überspanntheit]«, ebda., 41. Die Zeugenreihe der Neueren umfaßte hier u. a. Johannes vom Kreuz (1542–1591), Stephan Prätorius (1536–1603), Johann Arndt (1555–1621), Franz von Sales (1567–1622), Richard Baxter (1615–1691), Christian Scriver (1629–1693) und, öfter erwähnt, Spener. Vom Pietismus war explizit nur noch negativ als »Pietisterei«, gleichbedeutend mit Frömmelei, die Rede, ebda., 186.
[408] 8.–14. Brief, ebda., 52–113, kurz 53 f.
[409] Zu Clemens von Alexandrien vgl. ebda., 63.
[410] Vgl. Brief 25, ebda., 234 ff.
[411] Die Bestimmung der unio mystica als »Vereinigung« und »Zusammenfließen mit der Gottheit« erschien hier ohne kritische Einschränkung, da das personale Gegenüber in der reinen Liebe als Anschauung gewahrt schien. »Anschauen des Schönen, des Wahren, des Göttlichen ist augenblickliche Besitznahme dieser Güter«, ebda. 56 f.; vgl. ebda., 184, wo die Rede vom Eingang des Seelischen in den göttlichen Urgrund des Meeres und das Verschmelzen mit dem

bindung Glaube und selbstlose Liebe. Der Glaube wird als Glaube an (personale) Liebe vorgestellt, der wiederum Liebe wirke, ein schon in der frühen Korrespondenz mit Krafft gesetzter Akzent. Willenlose Hingabe in Demut, das Moment der mystischen Passivität und der annihilatio sui, folgten notwendigerweise aus dieser Liebe, deren Grund nicht in einer reinen Verstandesreligion gesucht werden konnte. Dies bestätigte neben zahlreichen Zeugnissen auch ein Diktum Luthers zur Unbegreiflichkeit der unio mit Gott und der »tiefe, fromme Novalis«, der die Liebe als höchste Form des Bewußtseins dachte.[412] Die Zeugnisse der Mystiker von der Liebe zu Gott ließen sich nach Ewald ohne weiteres auch auf die Erscheinungsformen wahrer menschlicher Liebe in Ehe und Freundschaft beziehen, weshalb der Christ auch von der Beobachtungsgabe guter Schriftsteller profitierte.[413]

Für die Sprachwerdung der mystischen Erfahrung wichtig war Ewald das Analogieverhältnis zwischen innerer und äußerer Natur, physischem und geistig-sittlichem Leben, wie es schon die Gleichnisse Jesu bestimmte. Die aufsteigenden Entwicklungsstufen der äußeren Natur und der Körperwelt ließen sich als Physiognomie der inneren Entwicklung des Einzelnen und der Menschheit lesen, weshalb Ausdrücke wie Wachstum und Ernte, Erweckung, Zeugung und Wiedergeburt nicht nur uneigentliche Redensarten für geistige Vorgänge waren.[414] Entsprechend ließ sich die göttliche Offenbarung als Ausdruck eines Innenverhältnisses und Jesus als Physiognomie Gottes für den Menschen betrachten. Selbst auf naturwissenschaftlicher Ebene – Ewald zog die Naturforscher Gottfried Reinhold Treviranus (1776–1837) und Johann Friedrich Blumenbach heran –, war das Wirken der Naturgesetze nur unter dem Aspekt der Analogie verständlich. Mikro- und Makrokosmos interpretieren sich demnach gegenseitig, im Kleinsten kann sich die größte, kaum zerstörbare Lebenskraft offenbaren. Die ganze Natur bot sich so den Sinnen dar als Reich der Symbole für eine höhere Welt und ihre Offenbarung. Das »Buch der Natur« hatte dieselbe Funktion wie die Bibel als Buch der Geschichte: Die Herrlichkeit Gottes anschaulich zu machen. Wiederholt zeigt sich die zentrale Stellung des gestalttheologischen Denkens bei Ewald, das die für den Pietismus durch Johann Arndt wegweisend gewordene Grundfigur von den drei offenbarungsmächtigen Büchern der Schrift, des Herzens (Gewissens) und der (äußeren) Natur aufnimmt. Die hierin bekundete Sinngebung galt auch für scheinbar Gegenteiliges wie das Phänomen der Gifte in der

---

Urgrund selbst anders als in der früheren Äußerung in der ChrM nur mit dem Hinweis versehen wurde, die Ausdrücke seien »nicht abgemessen, sondern aus der wärmsten Empfindung geflossen«. Ähnlich wurde auch die später aufgenommene Rede von der Vergottung als Durchdringenwerden vom Göttlichen beurteilt.

[412] Ebda., 60 f. Nicht umsonst hatte Novalis in seiner Programmschrift »Die Christenheit und Europa« 1799 auf Böhme und Zinzendorf als Ausnahmegestalten des im Zerfall begriffenen Protestantismus hingewiesen, vgl. die weiteren Zusammenhänge bei Kaiser, Pietismus, 156 ff.
[413] Ebda., 64 ff., 71.
[414] Ebda., 72 ff.

Natur, die nicht als absolut negative Größen für sich existierten, sondern im höheren Zusammenhang der Durchsetzung des Positiven dienten.[415] Analog dazu verhielt es sich mit dem Satan als Inbegriff des Bösen, auf den Ewald hier nochmals zu sprechen kam. Dieser war wohl als »moralisch-vergiftendes« Wesen zu betrachten, doch hatte er auch eine positive Funktion, indem er den Menschen mit sich und seinen Grenzen bekannt machte. Am Ende mußte auch er zur Verherrlichung Gottes beitragen, »durch der Liebe Allmacht besiegt und gebessert.«[416]

Zur Analogie zwischen der äußeren Welt der Natur und der inneren der Freiheit tritt als weitere Grundanschauung der Mystik die Analogie zwischen der biblisch-heilsgeschichtlichen Führung des Gottesvolkes und der des Individuums, allerdings nur in ihren Hauptzügen, um ein uferloses Allegorisieren zu vermeiden.[417] Als positives Beispiel nannte Ewald die Joseph-Schrift des frühen Johann Jakob Stolz, welche frappierende Ähnlichkeiten zwischen der Geschichte Josephs und Jesu herausgearbeitet hatte.[418] Schließlich bestand im Raum der Mystik Übereinstimmung darin, daß nur die eigene Erfahrung in das Geheimnis einweihen konnte. Die mystischen Grundanschauungen waren Grunderfahrungen, die der näheren philosophischen Rechtfertigung weder fähig noch bedürftig waren. Das innere Anschauen des Göttlichen war die dem Gefühl selbstevidente Geistgeburt, welche dem Menschen Teil gab am göttlichen Gut der Glückseligkeit. Anschauung blieb auch die eschatologische Kategorie der Gottesgemeinschaft, die I Joh 3,2 in Aussicht stellte. Dabei lag Ewald wie Jung-Stilling an der Unterscheidung zwischen praktischer Mystik und Theosophie als System. Hatte jene die Welt des inneren Menschen zum Mittelpunkt, von der aus Natur und Schriftoffenbarung gedeutet wurden, so diese wie bei Jakob Böhme, Swedenborg, Saint-Martin und anderen die Geheimnisse der Natur und der Schrift, die sich über das eigentlich Mystische hinaus nur spekulativ erschlossen. Die gemeinsame Basis blieb unbestritten, auch wenn Ewald dem Spekulativen gegenüber wenig Sympathie aufzubringen vermochte.

---

[415] »Sie sehen, auch in der Natur sind Symbole von einem Nazareth, einer Schafhöhle, Krippe, von Offenbarung der Größe Gottes, in dem Unangesehensten, Kleinsten, das es gibt.« Ebda., 82.
[416] Ebda., 82, 290; zur biblisch begründeten Dämonologie, die nicht durch Hinweis auf Judenvorurteil abzutun war, vgl. ausführlich den 30. Brief, 285 ff. Anders als die wahren Mystiker schlugen sich Theosophen wie Böhme (zu) viel mit dem Satan herum; bei Böhme fand Ewald die Meinung einer vom Bösen infizierten Materie, der er noch in Kants Fassung des radikalen Bösen wirksam sah, aufgenommen, ansonsten habe Böhme durchaus biblisch geredet, ebda., 286 f.; Ewald brachte hier das Diktum Lavaters ein, das er beim frühen Treffen in Pyrmont mit Möser u. a. von ihm gehört hatte: Satan sei ein Wesen, »das Alles könne, nur nicht lieben«, und kommentierte es: »Wie? wenn er nun lieben lernte von dem, der auch einen Satan lieben kann [...]? Oder wäre Gott im eigentlichsten Sinne *Alles in Allem*, wenn nicht so Etwas geschähe?« Ebda., 300.
[417] Ebda., 83 ff., 11. Brief.
[418] Ebda., 88 ff. (mit 17 Beispielen).

In drei Briefen befaßte sich Ewald näherhin mit der von zeitgenössischen Theologen in der Morallehre abgelehnten mystischen Gottes- und Christusliebe. An dieser mußte um der Erfahrbarkeit des Glaubens willen festgehalten werden. Nur so kam auf menschliche Weise zum Ausdruck, was Selbstübereignung an Gott allein um Gottes willen hieß. Fénelons pointierte Aussage, ein Motiv der resignatio ad infernum aufnehmend, diese Liebe höre selbst dann nicht auf, wenn der Mensch in der Stunde des Todes nur die Vernichtung seiner selbst zu erwarten hätte, wurde voll bejaht.[419] In dieser Radikalisierung sprach sich nichts anderes als die der Liebe eignende Unbedingtheit und Unbegrenztheit aus, wie sie schon das Dichterwort des Psalmisten (73,26) oder das paulinische Hohelied der Liebe (I Kor 13) bestimmten. Die Scheu, sich die Gottes- und Christusliebe als Empfindung vorzustellen, führte Ewald auf die an sich berechtigte Sorge vor der Übermacht der Sinnlichkeit als dem Erbübel der Menschheit zurück, die jedoch nicht mit Empfindung und Gefühl als solchen gleichzusetzen war. Die reine Liebe trug im Sinne der Fénelonschen Überwindung des kreaturgebundenen Eros durch die geistgebundene Agape nichts mehr von der den Dingen verhafteten Sinnlichkeit an sich. Bis zu dem von Fénelon benannten abstrakten Indifferenzpunkt völliger Gelassenheit in der Tradition des antiken Apathie-Axioms mochte Ewald nicht gehen. Damit blieb die mystische Gottesliebe im Raum menschlicher Subjektivität und Endlichkeit, die ansonsten im göttlichen Ganzen zu verschwinden und das unmöglich zu machen drohte, was Ewald bewahrt wissen wollte: Sich nach dem Aufstiegsgedanken *mittels* der Dinge zu Gott zu erheben und sie so nicht überflüssig zu machen, sondern zu vergeistigen, ein auch für Herders Sinngebung der Geschichte wichtiger Gedanke.[420] Trotz mancher Überzeichnungen, wie sie Ewald in der Hoheliedauslegung beanstandete, bot die Literatur der Liebesmystik reiches Anschauungsmaterial für eine die geistliche Erfahrung reflektierende Physiognomie der Seele und des inneren Menschen.[421] In der Gegenwart war die reine Liebe als Ideal eine Sache der Dichtung geworden, Klopstock, aber auch Schiller und Jean Paul boten Beispiele; in der Realität beschränkte sich das Phänomen für Ewald weithin auf die Begegnung mit religiös hochgestimmten Frauen.[422]

---

[419] Ebda., 92 ff., Briefe 12–14. »Sie wissen, daß bei Mystikern Alles auf Liebe beruht, von Liebe ausgeht und zu Liebe hinführt [...].« Ebda., 92. Zur reinen Liebe vgl. Matthias Claudius (Hrsg.), Fenelon's Werke religiösen Inhalts, Bd. 1, 90–104. Zu F. L. Graf zu Stolbergs Hochschätzung von Fénelons hingebungsvoller und freier Frömmigkeit, wie er sie bei der Fürstin Gallitzin wiederfand, vgl. Stolberg, Briefe, Nr. 288 (Brief an Christian und Luise Stolberg, 8. Juli 1791).
[420] Vgl. Kondylis, 632 ff.
[421] Im Rahmen der Sprache der Liebesmystik kam hier auch explizit die Rede auf das »Schmachten« nach Gottes- und Christusnähe, wie es die Detmolder Lavateranhänger in den 90er Jahren bewegt hatte, MYST, 96, 101.
[422] Zur Sorge um Assoziationen krasser Sinnlichkeit im Rahmen aufgeklärter Gesangbuchrevision vgl. die Anekdote zum geänderten Liedvers »Gott, der Vater wohn uns bei«, MYST, 106 f.; zu Tauler, Spener, Fénelon u. a. als Vertreter eines anerkenneswert aktiven »Mystizismus«

Weitere Briefe zur Rechtfertigung der Mystik galten der Abgrenzung von sachfremden philosophisch-moralischen Ansprüchen an die Religion, die wie bei F. Schleiermacher als eigenständige, in Gefühl und Anschauung des inneren Menschen gründende Größe verteidigt wurde.[423] Dabei wird explizit auf die Verwandtschaft zwischen der vom Christentum ausgegangenen reinen Mystik und dem Platonismus in der Bestimmung des summum bonum hingewiesen, deren glückliches Zusammentreffen in der Alten Kirche Antike und Christentum mit »heiligem Kuß« verbunden habe.[424] Grundsätzlich sah Ewald jede tiefere Philosophie, die wie Pascal mit der Liebe als Quelle aller Gewißheit und Realität Ernst machte, sich auf den mystischen Gedankenkreis hinbewegen, auch wenn ein tieferes Verständnis die eigene Erfahrung voraussetzte.[425] Wie schon in der Kantschrift wird die von der Liebe bestimmte Ethik der Mystiker gegenüber der bloßen Pflichtethik als überlegen verteidigt. Selbst ein illusionäres Heiligungsstreben verdiente noch Achtung.[426] Dies liegt auf einer Linie mit Johann Arnold Kannes pietistisch-erwecklicher Verteidigung der »Leidentlichkeit« als zentralem Charakteristikum des Christentums, sofern auch hier in der Mystik als liebender Einigung der Seele mit Gott der Hauptgegensatz zu jeder Tugendlehre gesehen wurde.[427]

Im folgenden wandte sich Ewald näher den Grundaussagen johanneischer und paulinischer Mystik und dem Vorwurf der Selbstaufgabe des eigenen Willens und des Quietismus zu. Ewald stellte heraus, daß die mystische Passivität der konkreten Aktivität in der Nachfolge zugeordnet blieb, erforderte doch der konkrete Gehorsam ein Vernehmen der »Winke« Gottes. Auf diesen Zusammenhang geistlicher Diskretion wies – wie die Zurüstung des Paulus in der Einsamkeit – schon das 30jährige Warten Jesu, bevor er zur Klarheit seiner Sendung kam. Wenn weiterhin alles menschliche Tun der Gnade zugeschrieben wird, so aus dem Grunde, die Demut zu erhalten, die aller Tugend zugrunde liege. Ewald erinnerte an das Lavaterwort von der Natur als früherer

---

vgl. Jean Paul, Vorschule der Ästhetik, in: Werke 5 (SW I, 5), 424, mit dem Schlußbekenntnis: »Das Mystische ist das Allerheiligste des Romantischen [...]«, ebda., 426.
[423] MYST, 114 ff., 15. u. 16. Brief, vgl. RL, Einl.
[424] MYST, 122 f.; zu Jacobi und Hume vgl. Brief 16, ebda., 129 ff.
[425] »Es läßt sich Nichts mittheilen, wofür der *Sinn* des Verständnisses noch geschlossen ist, was nicht unter der Mittheilung im Lernenden zugleich als innere verborgene Kraft aus seinem Schlaf erwacht.« MYST, 127. Der mystischen Weltbetrachtung nahe war demnach auch der »ahnende Schiller«, wenn er in seinen Philosophischen Briefen davon sprach, daß jeder Zustand der menschlichen Seele eine »Parabel« in der physischen Schöpfung habe, ebda., 125 f.
[426] MYST, 137 ff.
[427] Vgl. Kanne, Leben, Bd. 2, XXXIff. Auch geschlechtsspezifischen Deutungen der »Leidentlichkeit« als »Weiblichkeit« und dem sich daraus ergebenden Vorzug des weiblichen vor dem männlichen Geschlecht wird nachgegangen, zu den biblischen Belegen zählt Jer 31,22b; Luthers Übersetzung (»Das Weib wird den Mann umgeben«) wird als sinnlos kritisiert und so »berichtigt«: »Das Weib (die weibliche Natur) wird den Mann (die Männlichkeit) umwenden[,] d. i. umkehren, zu seiner ersten Natur umkehren«. So wird u. a. die Wiedergeburt als Umwandlung der selbstgerechten männlichen in die sich entäußernde weibliche Natur gesehen. Ebda., XXXIII.

Gnade und der Gnade als späterer Natur, welches sich im Sinne von I Kor 4,7 deuten ließ (»Was hast du, das du nicht empfangen hast?«).[428]

Konkretionen erfuhren diese Überlegungen durch Darstellungen zum Leben und Wirken bekannter Mystiker. Vorgestellt und in den jeweiligen Schriftauszügen mit Kommentierungen versehen werden Fénelon, Mme. de Guyon und Antoinette Bourignon (1616–1680), sodann ein Auszug aus der *Theologia deutsch* und, gleichsam als Anhang, Ausführungen zu Jakob Böhme.[429] Die Schilderung des Lebensgangs der Antoinette Bourignon mit ihrer gegenüber Kirchentümern und Konfessionen immer indifferenter werdenden und sich auf das *eine* Haupt der Gläubigen, Christus, konzentrierenden Haltung veranlaßte Ewald zu einem charakteristischen Einschub, der diese Sichtweise als wahrhaft liberal und ökumenisch pries. Jede Kirche und Glaubensgemeinschaft ist demnach nur »Depositär« einer *bestimmten* zentralen christlichen Wahrheit. Der vom Prinzip der Legalität geprägten römisch-katholischen Kirche, die ihre Glieder im Stand der Unmündigkeit ließ, kam als »Mosaismus des Christentums« eine eher propädeutische wenn auch unverzichtbare Funktion zu, während das Luthertum mit seiner Begrenzung des Kultischen, der Gewährung der Lehrfreiheit in den Grenzen der Bibel (!) und der Lehre von der Allgemeinheit der Gnade, was wohl das Priestertum aller Gläubigen einschloß, den Austritt aus dem Stand der Unmündigkeit markierte. Die Differenzen zur Reformierten Kirche waren in dieser Hinsicht gering, auch wenn Spezifisches wie die demokratisch angelegte Kirchenverfassung, die besondere Würdigung der Kirchenzucht und die im Geist des Protestantismus für konsequenter erachtete Ausbildung des Lehrsystems, in dessen Rahmen auch die Prädestinationslehre gehörte, bestehen blieb. Ihre eigentliche Bedeutung bestand darin, daß sie wie keine andere die große Wahrheit vom Leib Christi unter einem Haupt (I Kor 12,12 ff.) bewahrt hatte. Die Unionsfrage kam nicht zur Sprache. Als Verwalterin der wichtigsten Lehre des Christentums, der vom

---

[428] »Sind Naturanlagen, ist Erziehung, Umgang mit guten Menschen, Gelegenheit Gutes zu sehen, davon ergriffen zu werden, es auszuüben, nicht *auch* Gnade?« MYST, 149, zum Lavaterzitat s. ebda., 150 u. 207; weiteres Lavaterzitat ebda., 281. Mit anderen prinzipiellen Einwänden gegen die Mystik (philosophische Unbestimmtheit der Begriffe, Vorwurf der Weltentsagung und des Quietismus) setzt sich der 29. Brief auseinander, MYST, 270 ff.

[429] MYST, 156 ff., Brief 20–24. Ewald erwähnte u. a. die von Poiret hg. Werke von Guyon, weiter die 1817 ersch. Übersetzung der *Geistlichen Ströme*, die als »Inbegriff und Grundriß der echten reinen Mystik« vorgestellte wurden, ebda., 176; zur »Theologia deutsch« wurden Luther, Arndt und Spener zitiert sowie auf eine Neuausgabe durch den Berliner Prediger Grell verwiesen; in den Aussagen der Schrift zu der das Leben leicht machenden Liebe fand Ewald »das Erhabenste der Kantischen Sittenlehre auf die natürlichste, einfachste Art dargestellt«, ebda., 214; an der Rede von der »Vergottung« des Menschen durch die göttliche Liebe wurde festgehalten, um das Moment des gänzlichen Durchdrungenseins von der Gottheit auszusagen, ebda., 218 f. (Anm.); zugleich konnte auch die I Joh 2,9 benannte Geburt aus Gott als Vergottung gedeutet werden, ebda., 222; der Vorstellungskreis fand sich wieder in dem von Ewald mehrfach aufgegriffene Augustinzitat von der Liebe, die den Menschen in ihren Gegenstand verwandelt (»Liebst du Erde, so bist du Erde, liebst du aber Gott [...], so bist du Gott«).

Erlösungstod Christi, fungierte nun freilich nicht die eigene Kirche, sondern die bis zuletzt hochgeschätzte Brüdergemeine, während den Mennoniten die Bewahrung der patriarchalen Sitteneinfalt und den Quäkern das Zeugnis der Lehre von den Geisteingebungen aufgetragen war.[430] Hier kommt der Hauptunterschied zu anderen kirchlich freieren Stimmen zum Tragen, die wohl die vorbildliche Frömmigkeit und tätige Menschenliebe der Herrnhuter schätzen konnten, doch im Sünden- und Rechtfertigungsverständnis große lehrmäßige Einseitigkeiten beanstandeten und keine derart ausgeprägt tolerant-philadelphische Haltung zeigten.[431] Diese findet sich wiederum ausgesprochen deutlich bei Johann Arnold Kanne, der sich aus vergleichbarer Hochschätzung des inneren Geistchristentums auffallend offen für das Leben und Wirken radikaler Pietisten zeigte.[432]

In einem eigenen Brief versuchte Ewald trotz seines Unbehagens gegenüber der dunklen Sprachwelt der Böhmeschen Theosophie, die er aus »alchymistischen Schriften zusammengestoppelt« fand, eine Würdigung Böhmes als Mystiker, dem er selbst Entscheidendes für sein Welt- und Menschenbild verdankte. Dabei erinnerte er an seine frühe, seelsorgerlich motivierte Auseinandersetzung mit den Offenbacher Böhmeanhängern, die anfangs den Kirchgang verweigert hatten, aber durch Ewalds Offenheit und die Wertschätzung ihrer Erklärungshilfen bei der Böhme-Lektüre wieder gewonnen worden waren.[433] Ewald bekannte, wie ihn vor allem Böhmes Aussagen zur Bedeutung der Selbsterkenntnis für die Gottes- und Naturerkenntnis beeindruckt hatten: Im Menschen selbst als Abbild der Gottheit und Mikrokosmos liegt demnach der Schlüssel zur Erkenntnis Gottes und der ganzen Welt der Dinge nach ihrer leiblichen und geistigen Natur.[434] Ähnliches findet sich beim frühen Lessing und bei J. G. Hamann.[435]

---

[430] MYST, 194 f. Zur Hochschätzung der Herrnhuter in endzeitlicher Perspektive – sie tragen das Siegel der Gotteskindschaft an der Stirn – und gleichzeitiger Kritik an deren übermäßiger Betonung der fühlbaren Nähe des Heilands bei Friedrich Leopold Graf zu Stolberg vgl. dessen Brief an die Fürstin Gallitzin vom 10. September 1798, in: Stolberg, Briefe, hg. v. Jürgen Behrens, Nr. 372.

[431] Vgl. Johann Georg Rosenmüller, Ausführlichere Anleitung für angehende Geistliche [...], § 89. Neben den Herrnhutern wies Rosenmüller eigens auf die »herrnhutisch Gesinnten« in den Landeskirchen hin.

[432] In Kanne, Leben, Bd. 1, werden u. a. J. E. Petersen, in Bd. 2 – neben A. H. Francke – J. G. Gichtel und Ch. Hoburg vorgestellt.

[433] MYST, 224–226. Die Angaben in der Korrespondenz mit Ph. M. Hahn erfahren hier weitere Präzisierungen. Die Böhmeanhänger argumentierten demnach zunächst mit Böhmes Hauptschriften *Von dem dreifachen Leben des Menschen* und *Von der Menschwerdung Jesu Christi* gegen Ewalds Predigten; er erhielt sodann zur eigenen Meinungsbildung zuerst den *Weg zu Christus* und fand »ohnerachtet des wunderlichen Styls gar manche nicht gemeine Wahrheit« darin; die intensive Lektüre weiterer Schriften folgte, ebda., 225. Dazu gehörte wohl auch die Erstlingsschrift *Aurora* von 1612, die Ewald für Böhmes »genialischestes Werk« hielt, ebda., 228.

[434] Ebda., 226 (Zitat J. Böhme: »Nur wenn du dich selbst recht erkennst, erkennst du auch Gott und die Natur recht, denn du bist Gottes Gleichniß, Bild, Wesen und Eigenthum [...] Der Mensch ist der Mikrokosmos und hat der ganzen großen Welt Eigenschaft in sich.«). Vgl. Koh

Damit ist die theologische Basis des anthropozentrischen Denkens von Ewald umrissen, auf der das empirisch-psychologische Interesse ebenso wie die wenn auch begrenzte Offenheit gegenüber der Subjektivitätsphilosophie Fichtes beruhte. Von deren solipsistischer Einseitigkeit distanzierte sich ein Kenner der Mystik wie Franz Xaver von Baader deutlicher. Böhme war und blieb für Ewald das religiöse Genie, das aufgrund seiner mystischen Tiefe zum »deutschen Plato« hätte werden können, wäre er sich nicht selbst durch seine dunkle Sprache im Weg gestanden. Das theosophische Anliegen behielt für Ewald immer etwas von der Hybris des Strebens nach dem Absoluten. Immerhin fand er seine Vorbehalte gegenüber der Personalität des Heiligen Geistes bei Böhme bestätigt, den er hier näher an den biblischen Aussagen sah als die kirchliche Lehrtradition.[436]

Nicht verzichten wollte Ewald auf eine Vertiefung der These von der religiösen Anlage eines jeden Menschen, die ihn bei entsprechender Förderung zum geborenen Mystiker machte. Jeder Mensch war an sich so organisiert, daß er seinen inneren Menschen beobachten und auf den Zwiespalt zwischen Sein und Sollen aufmerksam werden mußte. Das Gefühl oder die Stimme der Sehnsucht erwachte demzufolge schon im »edlen Heiden«, der nach Gemeinschaft mit dem Göttlichen verlangte und doch nur im christlichen Kontext der liebenden Gottesgemeinschaft zur Erfüllung kommen konnte. Das eigene Innere, die Bibel und die äußere Natur vermochten nur die Augen der Liebe neu zu sehen, selbst die Gottesferne der Anfechtung brachte Vertiefung und half zur Annäherung an die mystische »reine Liebe« und den »nackten Glauben«, die sich in ihrer absoluten Gottergebenheit nicht mehr unterschieden.[437] Gleichwohl waren nicht alle Menschen zur mystischen Gottesliebe – und damit zum Glauben im engeren Sinn – fähig, da nicht alle die biblische Bedingung der Herzensreinheit als Demütigung ihrer selbst vor Gott erfüllten.[438] Dies spiegelte sich in der ersten Stufe des mystischen Weges zu Gott, der Reinigung, die der Erleuchtung und Vereinigung notwendigerweise vorausging. Eine derart positive Aufnahme der Lehre vom dreifachen Weg findet sich schon bei Philipp Jakob Spener und Gottfried Arnold.[439] Sie

---

3,11 als Motto zu Lavaters Gedicht »Das menschliche Herz«: Gott hat die Welt [!] in des Menschen Herz gelegt (alte Zürcher Übers.), Staehelin 3, 249.
[435] Vgl. Kondylis, 596.
[436] MYST, 232. Zu Böhme vgl. Eschenmayer, der sich auf Oetingers Darstellung stützte und Böhme zusammen mit Swedenborg zur »idealen Mystik« rechnete, Religionsphilosophie 2, § 117 ff.
[437] Ebda., 234 ff., 25. Brief. Als Beispiel wahrer Mystik, die nicht als solche wahrgenommen wurde, erwähnt Ewald die getroste Ergebung zweier jüngeren Frauen in ihre Krankheit als von Gott gewollt; die an sich »ungebildeten Personen« erwiesen sich von hoher religiöser Bildung. »Ihre ganze Mystik war ihr innerer Mensch und die Bibel, ob sie gleich im Ganzen genommen auf gleiche Art waren geführt worden als die Mystiker.« Ebda., 241 f., 325 f.
[438] Ewald interpretierte die Bedingung der Torliturgie von Ps 24,4 auf derselben Ebene wie die Seligpreisung Mt 5,8, ebda., 244.
[439] Vgl. Gottfried Arnold, Historie und Beschreibung der Mystischen Theologie, 103 ff., 174 ff.

geht über die Grenzen dessen hinaus, was die kirchliche Lehre meist als legitime Theologia mystica im Bereich allegorischer Schriftauslegung und ihrer Nutzanwendung auf die Heiligung anzuerkennen bereit war.[440]

Den verschiedenen Entschuldigungsversuchen, für diese Art von Mystik nicht zu taugen, begegnet Ewald mit dem Hinweis auf den Glauben an die aufopfernde Liebe Jesu, die das reine Herz schaffe, und die jedem gegebene Möglichkeit, für die Stimme Gottes im eigenen Innern wenigstens offen zu sein.[441] Vor allem aber galten ihm Glaube und Liebe als Gegenstände der Erfahrung und wurden von dieser ins Recht gesetzt. Deren Intensität bestimme den jeweiligen Grad der Perfektibilität im Christsein. Wie bei den Mystikern zu lernen, war die Kategorie der Perfektibilität als rein innerliche Größe zu betrachten, welche dem Faktum des geistlichen Wachstums in vertiefter subjektiver Glaubenserkenntnis Rechnung trägt. Sie erstreckt sich keinesfalls wie bei J. S. Semler auf die vernünftige Neubestimmung der lehrmäßig zu verantwortenden Inhalte der geschichtlichen Gottesoffenbarung im Horizont einer Fortbildung des Christentums zu einer universalen Liebesreligion.[442]

Ewald präzisierte in der Folge sein Verständnis des Glaubens als Quell aller Liebe. Ausgangspunkt ist die Beobachtung, daß die positive Erwiderung der Liebe eines Menschen »Glauben« – im unspezifisch-allgemeinen Sinn des Wortes – an dessen Liebe voraussetzt. Als Medium geistiger Mitteilung in der Gottesbeziehung auf dem Weg göttlicher Erziehung fand die Sache ihren meisterhaften Ausdruck in den Ausführungen Guyons zum leidenden und nackten Glauben (foi passive, foi nue), der auch in der Gottesferne Bestand hat. Freilich ließ sich dasselbe auch von der reinen Liebe (pur amour) Fénelons sagen, die – als Gnadengabe verstanden – selbst im Bewußtsein der Verdammnis Gott noch ganz und gar liebte. Was Ewald hier dem Glauben an Profil gegenüber der Liebe geben wollte, blieb am Glaubensbegriff F. H. Jacobis

---

[440] Vgl. die Art. Mystici, in: GVUL 22, 1759 f., u. Theologie (mystische), in: GVUL 43, 928 ff., mit Hinweis auf die einschlägige Schrift zur mystischen Theologie des Alten und Neuen Testaments vom Tübinger lutherischen Theologen Johann Wolfgang Jäger (1647–1720). Gerade der von Ewald geschätzte Jakob Böhme wurde wie Madame Guyon den »fanatici« einer »unreinen«, von platonischen, gnostischen und enthusiastischen Prinzipien angesteckten Mystik zugerechnet.

[441] Die Rede vom Blut Christi, das von aller Sünde reinige (I Joh 1,7), wurde subjektiv als Glaube an die Liebe Jesu verstanden, ebda. 246.

[442] Vgl. ebda., 303 ff., Brief 31. Als objektive Größe konnte die Perfektibilität allenfalls den charakteristischen Unterschied zwischen Mensch und Tier bezeichnen. Der Brief griff mittels eines längeren Zitates von I. A. Feßler die Semlersche Perfektibilitätsthese an und gab dessen Polemik gegen die Neologie und den nach zeitgenössischer Betrachtung inzwischen aus ihr herausgewachsenen Rationalismus weiter, ebda., 309–312. Schleiermachers Fassung des Perfektibilitätsgedankens hätte Ewald wohl kaum widersprochen, soweit er die theologische Aufgabe der Kirche bezeichnete, immer tiefer in den unerschöpflichen Inhalt der Christusoffenbarung hineinzuwachsen, doch blieb Ewalds Interesse beim Einzelnen. Vgl. Gottfried Hornig, Der Perfektibilitätsgedanke bei J. S. Semler, in: ZThK 72.1975, 381–397; ders., Perfektibilität. Eine Untersuchung zur Geschichte und Bedeutung dieses Begriffs in der deutschsprachigen Literatur, in: ABG 24.1980, 221–257.

orientiert und damit ohne eigenes Gewicht. So konnte im Blick auf die religiöse Virtuosität Jesu auch der nackte, auf nichts Äußeres sich stützende Glaube, und die reine, selbstlose Liebe zu Gott parallelisiert werden.[443]

Die jedem religiösen Menschen aufgetragene regelmäßige Selbstprüfung wird zum Gegenstand eines eigenen Briefes.[444] Diese Beichte vor sich selbst gab sich als Rudiment der segensreichen katholischen Ohrenbeichte zu erkennen, deren positive Funktion Ewald protestantischerseits besser gewürdigt sehen wollte. Zugleich verwies die religiöse Selbstprüfung aber auch auf einen pneumatologischen Sachverhalt: Auf die Bedeutung des Glaubens an eine persönliche Seelenführung Gottes, die für die Mystik von zentraler Bedeutung war und nach geistlichen Kriterien der Selbstwahrnehmung fragen ließ.[445]

In den letzten Briefen versuchte sich Ewald mit seinem Mystikverständnis von den verschiedenen Spielarten des Mystizismus abzugrenzen. Dieser hat demzufolge sein Kennzeichen darin, daß er sich nicht mehr als authentische religiöse Erfahrung einer transzendenten Beziehung zum Heiligen in personalen Kategorien ausweisen kann.[446] Dazu gehörte nach Ewalds Überzeugung auf philosophischer Seite die Schellingsche Naturphilosophie, die schon von K. A. Eschenmayer unter Rückgriff auf Friedrich Gottlieb Süskinds Analyse im Rahmen seiner Behandlung des Rationalismus kritisch beleuchtet worden war.[447] Hinzu tritt ein das Religiöse ins Ästhetische aufhebender Mystizismus, wie ihn Ewald in Schlegels *Lucinde* fand, und der gleichermaßen den historischen Grund der christlichen Offenbarungsreligion nivellierende mythische Mystizismus in der Bibelexegese.[448] Eine letzte problematische Form stellte der »spielende« Mystizismus dar, wie er sich im christlichen Traktatschrifttum ausbreitete. Die an sich rühmenswerten Ansätze der Londoner Religious Tract Society waren in Ewalds Augen nicht konsequent fortgeführt worden. Die verschiedenen Traktatgesellschaften, die inzwischen im deutschsprachigen

---

[443] MYST, 283.

[444] MYST, 258 ff., Brief 28.

[445] Ewald zitierte ausgiebig aus einer Schrift zur Seelenführung durch Gott, die er mit eigenen Anmerkungen versah, ebda., 260 ff.

[446] MYST, 337 ff., 34. u. 35. Brief. Anders als bei Eschenmayer wurden (»wahre«) Mystik und (»falscher«) Mystizismus zum Gegensatz. Eschenmayer, Religionsphilosophie, bes. Bd. 2, Mystizismus, Tübingen 1822; vgl. Bd. 1, 311 f.: »Der Mystizismus ist ein religiöses Schauen, ein Schauen in eine Helldunkel, in welchem aus der unergründlichen Tiefe der Gottheit einzel[n]e Stralen hervorbrechen, welche, obgleich an sich unnennbar, doch das sterbliche Wort noch fassen will [...]«.

[447] Vgl. Eschenmayer, Religionsphilosophie, Bd. 1, §§ 166 ff., § 193; Friedrich Gottlieb Süskind, Prüfung der Schellingschen Lehren von Gott, Weltschöpfung [...], Tübingen 1812.

[448] Es war von mythischem, allegorischem und symbolischem Mystizismus die Rede; dazu zählte die gesamte historisch-kritische Exegese, sofern sie die zentralen biblischen »Tatsachen« nicht als geschichtliche Fakten bestehen ließ, etwa in der Deutung der Sündenfallgeschichte als bloßem Mythos vom Entstehen des Bösen oder in der Erklärung des Außerordentlichen als innerpsychisch-subjektive Vorstellungen wie bei H. E. G. Paulus, aber auch die Eichhornsche Auslegung der Apk, die den realen Zukunftsaspekt der Schrift nicht mehr akzeptieren wollte, ebda., 350 ff.

Raum entstanden waren – zu der unmittelbar auf englische Anregung zurückgehenden Basler *Gesellschaft zur Verbreitung erbaulicher Schriften* (1802) waren 1814 als Frucht der nationalen »Erweckung« die Berliner und die Wuppertaler Traktatgesellschaft sowie 1820 und 1821 entsprechende Vereine in Hamburg und Bremen getreten –, hatten in ihrem Massenschrifttum das Niveau nicht halten können, das ein »mit reinem Bibelgeist genährter Christentumsverehrer« erwarten konnte.[449] Daher wurden die Verantwortlichen ermahnt, unter den Verteilschriften mit ihren zahlreichen moralisierenden Bekehrungsgeschichten sorgfältig auszuwählen. Eine allgemeine Polemik gegen die Traktatliteratur verbot sich jedoch. Diese grundsätzliche Nähe und Sympathie ohne direkte Parteinahme, wie sie schon Ewalds Haltung gegenüber der Christentumsgesellschaft bestimmte, dürfte auch gegenüber der von ihren Gegnern mit dem Vorwurf des Irrationalismus (Schwärmerei und Mystizismus) belegten Erweckungsbewegung bestimmend gewesen sein, die in Baden noch in den Anfängen steckte. Gegen Ende der *Briefe* taucht in knapper Form die polemisch zugespitzte Grundfrage wieder auf, die Ewald mehr als äußere Organisationsformen, welche die Erweckung gleichsam institutionalisieren wollten, schon in den ersten Anfängen seiner Umorientierung in Offenbach bewegte und auf ihre Weise auch einen Mann der Erweckung wie A. Henhöfer bestimmte: Ob die Predigt des Reiches Gottes Moral oder Evangelium sei.[450] Die Mystikschrift ist ein spätes Zeugnis für das Bemühen, letzteres gegen aufklärerische Verzeichnungen wie konfessionelle und pietistisch-erweckliche Verengungen deutlich zu machen. Dies geschah auf der Basis eines weit gefaßten toleranten Geistchristentums, das den Mystiker in neuplatonischen Bahnen zum wahren Christen erhob. In ihm sah er zu allen Zeiten die innere Kirche und mit ihr das Reich Gottes Gestalt gewinnen.[451]

Wenige Jahre nach Erscheinen der Ewaldschen Schrift nahm der württembergische Pfarrer und Schriftsteller Johann Gottfried Pahl (1768–1839), Anhänger von H. E. G. Paulus, in einer Streitschrift gegen die Abkehr von rationalen Glaubensbegründungen auf Äußerungen Ewalds zu Christus als dem größten Mystiker und einer entsprechenden Identität von Mystik und hoher

---

[449] MYST, 358 ff. Ewald fand abstoßende Spielereien mit dem Blute Jesu, übertriebene Leidensdarstellungen, leicht (zur falschen Beruhigung) zu mißbrauchende »hyperorthodoxe« Dogmatik und allzu krasse »Mönchsmoral«, ebda., 360. Eine Aufstellung der bekannten Traktat- und Schriftenvereine im deutschsprachigen Raum findet sich bei Ünlüdag, 363 f., vgl. ebda., 58 f.; zur Thematik der Traktate vgl. die Aufstellung ebda., Anh. 1, 351 ff.

[450] MYST, 365; vgl. Gerhard Schwinge (Hrsg.), Die Erweckung in Baden im 19. Jahrhundert. Vorträge und Aufsätze aus dem Henhöfer-Jahr 1989 (VVKGB 42), Karlsruhe 1990.

[451] Eine vergleichbare Grundanschauung findet sich auch bei G. H. Schubert in einem Brief an G. v. Kügelgen (23. April 1818). Nachdem er zunächst die allgemeine Unklarheit des Mystik-Begriffs festgestellt hatte, hieß es: »Die eigentlichen Mystiker waren recht das Salz der Erde, waren recht die wahre, innre Kirche Gottes, mitten in der verdorbnen äußern.« Als Kennzeichen gelten: Beharren auf dem Geheimnis der Wiedergeburt und auf dem inneren Leben »aus und in Christo«. Nathanael Bonwetsch, Gotthilf Heinrich Schubert in seinen Briefen. Ein Lebensbild, Stuttgart 1918, 296.

Religiosität Bezug. Auch wenn Ewald das Zusammenwirken von Mystik als lebendiger innerer Anschauung und freier philosophischer Reflexion zur Vermeidung von Einseitigkeiten in der Bildung des inneren Menschen durchaus nicht aufgekündigt wissen wollte, sah ihn doch Pahl schlicht als Vertreter eines in der Erweckungsbewegung beheimateten mystischen *und* logischen Irrationalismus – ein Beispiel für die Schwierigkeit, sich jenseits der gängigen Grenzziehungen mit einem derart umstrittenen Thema verständlich zu machen.[452]

Blicken wir auf Ewalds erbauungsschriftstellerisches Werk und seine theologischen Positionsbeschreibungen zurück, so zeigt sich ein durchgängig starkes Interesse an der aktualisierenden Vermittlung und Ausbildung gestalttheologischen und heilsgeschichtlichen Denkens im Gefolge von Lavater und der früh über den württembergischen Pietismus vermittelten Anstöße mit reichem böhmistischem Erbe. Für eine überkonfessionell-tolerante Weite sorgte die pietistisch-philadelphische und aufgeklärt-liberale Momente verbindende Grundhaltung. Das stete Bemühen um Biblizität in Abgrenzung gegenüber der Neologie und dem rationalistischen Intellektualismus der Aufklärung führte zu Einbußen an dogmatischer Präzision, doch die frömmigkeitstheologischen Interessen mit ihrem Unbehagen gegenüber der mit deistischem Erbe belastet gesehenen historisch-kritischen Forschung brachten eine große Offenheit gegenüber außertheologischen philosophischen und literarischen Strömungen mit sich, die sich mit dem eigenen Anliegen religiöser Innerlichkeit verbinden ließen. Dies ergab zahlreiche Berührungspunkte mit idealistisch-humanistischen und romantischen Positionen, vor allem auch eine analoge Betrachtungsweise von Religion und Kunst im Dienst der Erhellung religiöser Phänomene. Ein Kennzeichen der Ewaldschen Theologie bleibt die starke, auf Gefühl und innere Anschauung zielende Anthropologisierung. Den Gefahren einer sich selbst genügenden Anthropozentrik wird dabei durch das Festhalten an der theonomen Begründung menschlicher Subjektivität im Horizont einer heilsgeschichtlichen und mystisch-sakramentalen Gesamtdeutung der Wirklichkeit begegnet.

---

[452] Johann Gottfried Pahl, Ueber den Obscurantismus, der das teutsche Vaterland bedroht, Tübingen 1826, 216 f.; die Schrift ist u. a. H. E. G. Paulus gewidmet.

13 Zusammenfassung

Als Mann der Kirche in meist kirchenleitenden Positionen steht Johann Ludwig Ewald für das enge Wechselverhältnis, das sich zwischen Spätaufklärung und Pietismus in der Zeit des Übergangs vom 18. zum 19. Jahrhundert ausbilden konnte. Vor und neben Schleiermacher, zu dem sich Analogien und Differenzen feststellen lassen, vertrat er eine auf religiösem Urgefühl und Anschauung basierende christozentrische Bildungsreligion, die mit dem von aufklärerischen und philadelphischen Impulsen gespeisten Humanitäts- und Toleranzdenken der Zeit eine enge Symbiose einging. Von grundlegender Bedeutung für Ewalds theologisches Denken und bleibende innere Mitte seines reformfreudigen Wirkens war die als »Wende« thematisierte Neuorientierung in der frühen Zeit des Offenbacher Pfarramts. Diese vollzog sich, begünstigt durch die religiöse Ausrichtung am Birsteiner Hof, als ein um 1774 einsetzender, über Jahre dauernder Prozeß, der ihn von einem intellektualistisch-moralischen zu einem mystisch-eschatologischen Reich-Gottes-Verständnis und zur Neuaufnahme und Reinterpretation aufklärerischen Gedankengutes führte. Dabei spielte neben frühen Einflüssen J. G. Herders die Begegnung mit dem dritten Teil von Lavaters *Physiognomischen Fragmenten* Ende 1777 eine Schlüsselrolle. Lavater vermittelte mit seiner Gestalttheologie den Zugang zu einer in der Gottebenbildlichkeit des Menschen gründenden Mystik der Christusliebe, die als geistgewirkte Erlebnisgestalt des Glaubens erkannt und zum Kernpunkt des im Ansatz überkonfessionellen Kirchenverständnisses der antineologisch und antideistisch akzentuierten »Christusreligion« wurde. So unversöhnlich sich der Gegensatz zur Neologie und zum sog. Rationalismus auch darstellte, so sehr blieb doch das frühe, Pietismus und Aufklärung verbindende antiorthodoxe Anliegen einer dogmatisch unverstellten biblischen Theologie mit lebenspraktischer Relevanz weiterhin wirksam. Bei Ewald zeigt sich dies nicht zuletzt in seinem Bemühen um Integration des aufklärerischen Antiintellektualismus, wie er sich etwa bei Rousseau zeigte, wie in der positiven Aufnahme des frühaufklärerischen Vernunftbegriffs.

Frühe Impulse zur religiösen Volksbildung (Volksaufklärung) und zur Bibelgeschichte kamen von Johann Jakob Heß und Johann Konrad Pfenninger aus dem Zürcher Umfeld Lavaters. Pfenninger spielte insgesamt für die theologische Meinungsbildung eine wichtige Rolle, seine Bedeutung wird weithin noch unterschätzt. Vor allem aber war es Philipp Matthäus Hahns eschatologisch ausgerichtete Reich-Gottes-Theologie, die Ewald die Bibel als Offenbarung eines realgeschichtlichen Dramas zwischen Schöpfung und Vollendung lesen lehrte, auch wenn in der Frage der Apokalypseauslegung eine Terminierung immer abgelehnt wurde. Der dramatische Fortgang der Offenbarungsgeschichte als göttlicher Erziehungsgeschichte mit dem Ziel der Apokatastasis blieb für Ewald die äußere Grundfigur biblischer Theologie, deren Eigenständigkeit gegenüber Ansprüchen kirchlicher Dogmatik ebenso wie gegenüber philosophischen Systementwürfen betont wurde. Die dogmatische Wahrheit wird nicht mehr nach regelkonformer Begrifflichkeit, sondern nach den Grundgesetzen der Psychologie erfaßt, welche die Vielzahl der biblischen Ausdrucksformen auf die durch das jeweilige konkrete göttliche Erziehungshandeln verursachten religiösen Eindrücke zurückführen ließ. Spannungen und Gegensätze dogmatischer Art ergaben sich zu konfessionell-orthodoxen wie zu neologisch-aufklärerischen Positionen, aber implizit auch zur aufkommenden Schleiermacherschen Theologie, die trotz zahlreicher Berührungspunkte im Grundverständnis von Religion und Kirche (Union) dem heilsgeschichtlich-eschatologischen Denken und seiner Erneuerung in biblischen Kategorien nicht genügend Rechnung trug. Gleichwohl besteht eine Affinität zu zentralen Anliegen Schleiermachers, die sich für Ewald vor allem von Lavaters und Herders Religionsverständnis und seinen praktisch-kirchenreformerischen Bemühungen her erklären. Der Gefühlsbegriff blieb eher unspezifisch auf die unmittelbare Glaubenserfahrung bezogen, für die philosophische Legitimation bot sich vor allem F. H. Jacobis Glaubensphilosophie an.

Schon im Gespräch mit Hahn wurde das Interesse Ewalds an der effektiven Seite des Rechtfertigungsgeschehens als realer »Entsündigung« gegenüber intellektualistisch-moralischen und orthodox-juridischen Ermäßigungen herausgehoben und der in der Logos-Mystik wurzelnde Gedanke der Erlösung als erfahrungsrelevanter »Vergottung« des Menschen in der Durchdringung mit der göttlichen Liebe aufgegriffen. Der Erbsündenbegriff verlor vom Bildungsgedanken her ähnlich wie in der Neologie seine Schärfe. Das Glaubensverständnis war stark vom Gedanken psychologischer Innerlichkeit her bestimmt. Psychische und physische Sinnlichkeit fanden gegenüber der intellektualistischen Tradition der Aufklärung, wie sie sich theologisch in der Neologie niederschlug, in Gefühl und Anschauung und in der Neuentdeckung der Analogie von Kunst und Religion ihre Rehabilitation. Diese lehrten die Anschauung der Gottesliebe in der Harmonie der Natur, im Antlitz des Nächsten und in der Vergegenwärtigung des Gekreuzigten, Natur und Geschichte wurden in aufklärerischer Weise zum Zentrum und unter dem (neu-)platonisch-panentheistischen Vorzeichen der Vergeistigung des Materiellen in einer organischen Gesamtschau der Wirklichkeit religiös neu interpretiert. Die Johann Arndtsche Vorstellung von den drei »Büchern« Schrift, Herz und Natur wird dabei variiert aufgenommen, wobei dem (heils-)geschichtlichen Aspekt eine verstärkte Bedeutung zukommt. Der (neu-)platonische Einfluß ist zunächst auf das pietistisch vermittelte Böhmesche Erbe zurückzuführen, läßt aber auch andere bis in die Romantik hinein wirkmächtige Rezeptionswege, etwa durch den Niederländer F. Hemsterhuis, erkennen. Es herrscht eine mystisch-sakramentale Weltsicht, vom Oetingerschen Lebensbegriffs mitgeprägt. Um eine gnostische Weltanschauung im herkömmlichen Sinne handelt es sich bei Ewald insofern nicht, als daß die Sinnlichkeit nicht desavouiert, sondern rehabilitiert wurde, wenn auch in eingeschränkter Form. Das Pneumatische verband sich zusammen mit dem Psychischen gegen das rein Sarkische der physischen Sinnlichkeit. Zu einer expliziten Kreuzestheologie kam es dabei nicht, auch spielte die reformatorische Theologie des 16. Jahrhunderts für diese Entwicklung keine tragende Rolle.

In der Frage der Trinitätslehre blieb Ewald zeitlebens in deutlicher Distanz zur kirchlichen Tradition, da er eine Personalität des Heiligen Geistes als nicht biblisch begründet ablehnte, ebenso ergab sich eine empirisch-psychologisch begründete Kritik an der Erbsündenlehre. Die Lektüre Oetingers und der Mystiker, vor allem Jakob Böhmes, vertiefte in entscheidender Weise die mystische Weltsicht im Blick auf die Analogien zwischen Mikro- und Makrokosmos und das tautologische Wechselverhältnis von Außen und Innen, die zu Hauptkategorien der Beschreibung der in dynamischer Verflechtung gesehenen Lebensphänomene in Geschichte und äußerer Natur wurden. Das nicht an Ideen, sondern am Organismus orientierte Denken weist auf das Zentrum von Ewalds spezifisch spätaufklärerisch-pietistisches Welt- und Daseinsverständnis.

Anthropologisch zentral war die von Herder herausgearbeitete Einheit von Erkennen und Empfinden, die das aus der Schulphilosophie überkommene Grundproblem der Einheit von Leib und Seele aufzuarbeiten versuchte. Die Gottebenbildlichkeit wurde auf den göttlichen Liebeskeim hin gedeutet, der als religiöse Anlage im Menschen lag, um von Kindheit an durch Liebe geweckt und auf Vereinigung mit seinem Ursprung in Gott hingelenkt zu werden. Göttliches und menschliches erzieherisches Handeln standen in Analogie zueinander, die göttliche Pädagogik galt als reine Liebe, die noch im Jenseits weiterwirkte. Hier lag der – sich von Schleiermacher unterscheidende – Ansatzpunkt für die pädagogische Aufgabe religiöser Bildung im besonderen und der »Menschenbildung« im allgemeinen, die mit zu den Grundlagen des von Ewald vertretenen Programms der Volksaufklärung gehört.

Der Aufklärungsbegriff blieb dabei als grundsätzlich offener Bildungs- und Reformbegriff in Geltung, wie noch das fortdauernde Bemühen um inhaltliche Präzisierung der »wahren« Aufklärung zeigt, während der Begriff des Pietismus trotz der Kontinuität in frömmigkeitsgeschichtlicher Hinsicht vorwiegend pejorativ im Sinne des Separatistischen und Frömmlerischen auftrat. Gerade das pietistische Ideal der Innerlichkeit mahnte zur Vorsicht gegenüber der Gefahr der Veräußerlichung im Konventikelwesen und in gesetzlicher Frömmigkeit. Wie der Supranaturalismus Storrs stand auch der Pietismus Ewalds auf dem Boden aufklärerischer Grundpositionen. Die Nähe zum sog. Supranaturalismus ergab sich vor allem aufgrund des gemeinsamen Interesses an einer Bewahrheitung der biblischen Offenbarung in der Auseinandersetzung mit der Kantschen Philosophie. Diese Bewahrheitung blieb jedoch bei Ewald *primär* subjektiv-innerlich und nicht historisch bestimmt. Die Differenzen im Religions- und Glaubensverständnis traten dabei zugunsten der Wahrung der Schriftautorität zurück.

Wichtiger Beweggrund der praktischen Bildungs- und Reformaufgaben, in die Ewald schon in Offenbach im Auftrag des Fürsten mit der Katechismus- und Gesangbuchrevision eintrat, und seine sonstigen frühen Überlegungen wie die zum Entwurf eines christlichen Lesebuchs für den »gemeinen Mann« oder die Gründung einer theologischen Zeitschrift durch die Zürcher um Lavater, war die als tiefgreifend empfundene Krise der traditionellen kirchlichen und familialen Glaubensvermittlung, die weder durch orthodoxes Beharren auf der Bekenntnistreue noch durch neologische Reduktion der Glaubensinhalte nach Maßstäben der »Berliner Aufklärung« gelöst werden konnte. Durch Johann Jakob Heß trat der Gedanke religiöser Bildung mittels Bibelgeschichte in den Vordergrund, Ph. M. Hahn vermittelte die entscheidenden Anstöße zur praktischen Umsetzung durch die Einrichtung der Erbauungsversammlungen und katechetischen Kreise von Jugendlichen. Die Neuansätze in der Gemeindearbeit wurden nötig, nachdem die Ewaldschen Bußpredigten keine Wirkung gezeigt hatten.

Mit der Berufung nach Lippe-Detmold in das Amt des Generalsuperintendenten 1781 begann eine Periode relativ ungehinderter Entfaltungsmöglichkeiten vor allem auf dem Gebiet der Elementarschulreform, die er insgesamt erfolgreich voranzutreiben verstand. Das auf Verdrängung des Heidelberger Katechismus zielende Programm religiöser Elementarbildung durch eine pragmatisch bestimmte Bibelgeschichte, für das Ewald schon bald nach seinem Amtsantritt unter Aufnahme spätaufklärerischer pädagogischer Ansätze aus dem Philanthropinismus geworben hatte, blieb freilich auch nach Einführung der Ewaldschen Bibelgeschichte im Unterricht umstritten. Vor allem war der hohe Anspruch, eine Gesamtsicht der biblischen Geschichte als Erziehungsgeschichte der Menschheit zu vermitteln, schon gegenüber den Elementarschullehrern nicht einlösbar. Für Ewalds theologisches Denken in dieser Hinsicht charakteristisch und Hinweis auf das von ihm verfolgte Ideal eines überkonfessionellen, biblisch-apostolischen Christentums in irenisch-philadelphischer Weise war der 1793 veröffentlichte Unterrichtsentwurf, der dem Konfirmandenunterricht des Erbprinzen Casimir August zugrunde lag. Die christliche Sittenlehre, die typisch aufklärerisch bei Ewald auch die kirchlichen Heilsmittel umfaßte, war grundsätzlich als christozentrische Liebesethik konzipiert. Ihre Motivationskraft qualifizierte sie höher als jede Pflichtethik, da in der Christusliebe allererst das willige Subjekt des Handelns konstituiert wurde, das jene nur gesetzlich einzufordern vermochte.

Für die historische und theologische Argumentation spielen neben Herder und Johann Friedrich Kleuker von Anfang an auch maßgebliche Vertreter der Göttinger Theologie und Geschichtswissenschaft eine wichtige Rolle, was der herausragende Bedeutung der dortigen Universität entsprach. Neben Kleuker und Storr kamen auch andere »Altgläubige« im Laufe der Zeit stärker ins Bewußtsein, vor allem der ein aufgeklärtes Luthertum vertretende Franz Volkmar Reinhard. Insgesamt läßt sich bei Ewald eine größere Nähe zu dem dogmatisch freieren, der religiösen Individualität mehr Raum gewährenden Reinhard als zu Storr beobachten. Die pädagogische Orientierung hat das Interesse an Halle und hier vor allem an August Hermann Niemeyer nicht erlahmen lassen.

Die staatskritischen Schriften sind als Ausdruck eines pietistischen Patriotismus zu werten. Sie argumentierten strikt auf der Ebene der Gewissensverantwortung für Gerechtigkeit und Billigkeit. Diese Grundhaltung in der politischen Ethik kam insbesondere 1792 im Gewissensappell an die Fürsten, sich zur Minderung der Revolutionsgefahr einer umfassenden Reformpolitik nicht zu verweigern, und 1793 im Appell an den Adel, auf unzeitgemäße Privilegien zu verzichten, zum Tragen. Neben den Einflüssen der Göttinger politischen Aufklärung und I. Kants zeigt sich, daß auch Ewalds Staatsauffassung stark organisch geprägt war, was auf die Staatslehre der Romantik vorausweist. Dabei spielte der Gedanke des Volkes als patriotischer Gemeinschaft und ihre religiöse Konstitution eine wichtige Rolle. Dies entspricht dem von neuplatonisch inspirierten Gedanken Lavaters, Herders, Oetingers und Ph. M. Hahns bestimmten Welt- und Daseinsverständnis insgesamt. Hier liegt auch die Wurzel von Ewalds christlich-humanistischem Patriotismus und seinem Interesse an einer lebendigen Volksreligion, die sich ohne den pietistischen Gemeinschaftsgedanken wohl kaum in der vorliegenden Form ausgeprägt hätten. Einzelne Verschiebungen blieben nicht aus. So treten Staat und Volk mittels des Bildungsgedankens – wenigstens im Ideal – in ein entspannteres Verhältnis zueinander als etwa bei Herder, während die politisch-quietistischen Tendenzen des romantisch-organologischen Staatsdenkens noch vermieden werden.[1] Der Staat behält auf dem (Volks-)Bildungssektor seine prominente Lenkungsaufgabe, während sie ihm auf dem Gebiet der Wirtschaft zunehmend streitig gemacht wird. Hier werden wirtschaftsliberale, dort bürokratische Tendenzen gestärkt. Die öffentliche Ethik bleibt im wesentlichen Individualethik, wie in der an Kant anschließenden Verteidigung der rigorosen Pflichtethik für die Bereiche von Wirtschaft und Politik sichtbar wird.

An der exklusiven Bedeutung der Bibelgeschichte als religiösem Bildungsmittel hielt Ewald zeitlebens fest, zumal er diese von der Pestalozzischen Pädagogik bestätigt sah. Bildung und Offenbarung wurden als kongruente Größen betrachtet, wobei der vom Bildungsgedanken bestimmte Offenbarungsbegriff, der auf die biblische Offenbarungsgeschichte verwies, seine Wurzeln in der Logosmystik auch im säkularen Kontext nicht verbergen konnte.

Zu den frühen Reformversuchen Ewalds im Amt des lippischen Generalsuperintendenten gehörten detaillierte Vorschläge zu einer umfassenden Neugestaltung der universitären theologischen Ausbildung unter dem Vorzeichen einer Stärkung der geistlichen Qualifikation der künftigen Prediger. In ihrer

---

[1] Vgl. Kaiser, Pietismus, 154 ff.

Praxis- und Bibelorientierung erinnern sie an Speners *Pia desideria,* doch waren starke kirchenamtlich-reglementierende Akzente gesetzt, die bis in die schulische Auswahl und Förderung religiös Begabter reichten. Weiterer Gegenstand der Ewaldschen Reformbemühungen war das gottesdienstliche Leben. Einmal sollte der Gemeinde ihr Selbstbewußtsein als singende Gemeinde wiedergegeben werden, was im weiteren Gefolge Klopstocks vor allem Maßnahmen zur Erneuerung des vierstimmigen Choralgesangs erforderlich machte. Anregungen hatte Ewald sowohl bei den Herrnhutern als auch im Betsaal des Dessauer Philanthropins gefunden. Die Agendenfrage sah Ewald nur lösbar auf der Ebene einer länderübergreifenden Regelung, doch blieb sein weitsichtiges Werben um eine »rein christliche« und zeitgemäße Liturgie, gewonnen aus Elementen der reformierten, brüdergemeindlichen und römisch-katholischen Tradition, ohne nennenswertes Echo. Ein wichtiger Aspekt des Ewaldschen Kirchenverständnisses klingt an. Jeder Kirchengemeinschaft ist nur eine bestimmte christliche Teilwahrheit anvertraut, wobei Ewald wie auch Jung-Stilling der Brüdergemeine den Ehrenplatz zuerkannte, da sie und nicht die reformatorischen Kirchen die Lehre vom Erlösungstod Christi und damit auch das rechte Verständnis der Rechtfertigung bewahrten. Hier wird zugleich eine irenisch-philadelphische Grundhaltung sichtbar, wie sie schon für Zinzendorf charakteristisch war. Im Feld der Homiletik förderte Ewald durch seine pastoraltheologischen Veröffentlichungen eine neue Würdigung der Kasualrede, die als noch zu wenig situativ und hörerbezogen galt, obwohl sie sich bestens zur Vorurteilskritik eignete. Das reformerische Engagement im gottesdienstlichen Bereich hatte sein Pendant in der volksaufklärerischen Forderung nach Schaffung einer religiöse Weihe tragenden Festkultur, wie sie ihre Vorbilder im biblischen Passahfest und im antiken Schauspiel hatte, wo die Einheit von Zivil- oder Volksreligion und Politik sinnenfälligen Ausdruck fand.

Sein Verständnis von religiöser Toleranz gab Ewald aus Anlaß des Wöllnerschen Religionsedikts von 1788 zu erkennen. Dabei sprach er sich wie schon Christian Wilhelm von Dohm, mit dem ihn neben guter Bekanntschaft auch gemeinsame volksaufklärerische Interessen verbanden, grundsätzlich für eine Trennung von bürgerlichen Rechten und religiösem Bekenntnis aus. Zur Sicherung des »sublimen« Charakters der »Christusreligion«, der sich weder mit der orthodoxen noch der neologischen Universalisierungstendenz vertrug, beharrte er jedoch auf dem Recht und der Pflicht der Kirche zur amtlichen Lehrverpflichtung. Diese sollte nicht wie das Religionsedikt orthodoxes Gepräge tragen, sondern einem neuen Begriff der Reinheit der Lehre Raum geben, der sich aus dem exklusiven Bibelbezug ergab und in ein »Bibelsymbol« gefaßt war. Faktisch bedeutete dies eine Kampfansage an die Anhänger der des Deismus verdächtigten Neologie, die auf diesem Weg aus der Kirche entfernt und zur Gründung eigener Gemeinden gedrängt werden sollten.

Höhepunkt und Abschluß in der Auseinandersetzung mit der Kirchenfrage stellten die im Zusammenhang mit der preußischen Union gemachten Vorschläge zu einer gesamtprotestantischen Kirchenreform dar, die in liturgischer und kirchenverfassungsmäßiger Hinsicht starke brüderische Akzente trugen, aber auch deutliche Sympathien für die anglikanische und römisch-katholische Kirche erkennen lassen. Voraussetzung war die Übernahme der These von der Unabgeschlossenheit der Reformation des 16. Jahrhunderts wie die Offenheit gegenüber der reformbereiten katholischen Aufklärung. In seiner »hochkirchlichen« Tendenz unterschied sich Ewald von Unionsbefürwortern wie F. Schleiermacher und anderen preußischen Reformern, war sich mit diesen jedoch einig im Gesamtziel einer Stärkung der Kirche in weitgehender Selbständigkeit gegenüber dem Staat. Bis zuletzt setzte sich Ewald für die Beförderung der badischen Union ein. Lehrmäßig sah er das Terrain für eine Bekenntnisunion schon durch die Grundimpulse Gottlieb Jakob Plancks aus dem Jahre 1803 sondiert, praktisch nahm er Johann Niklas Friedrich Brauers Anliegen wieder auf, der sich im selben Jahr im Zuge der napoleonischen Neuordnung konkret mit der Unionsfrage in Baden befaßt und sie als geschichtlich notwendig dargestellt hatte.

Auch nach der Französischen Revolution, als sich die Rechtfertigungszwänge für den Volksaufklärungsgedanken verstärkten, blieb Ewald im weiteren Rahmen seines pietistischen Patriotismus dem Grundgedanken der staatlichen Bildungsaufgabe gerade gegenüber den unteren Schichten der Bevölkerung treu. Seine Apologie der Volksaufklärung, die sich von der aufklärerischen Reformpolitik Friedrichs II. her legitimierte, war ständespezifisch reguliert und stets ohne direktdemokratischen Anspruch. Gleichwohl spielte das moderne Freiheitsbewußtsein eine wichtige argumentative Rolle, indem den Regenten die Alternative zwischen Bildung und revolutionärer Anarchie der Untertanen vor Augen gestellt wurde. Appellative Erhöhung des Reformdrucks bei gleichzeitiger Beschwörung der Reformfähigkeit der Obrigkeit charakterisieren das Vorgehen. So warb Ewald für eine Form der Volksbildung, welche den Regenten unter Zurücktreten des Zwangscharakters des Staates den freien Gehorsam der Untertanen als Bürger sicherte und nach kameralistischen Zielsetzungen eine Steigerung der ökonomischen Leistungsfähigkeit mit höheren Staatseinnahmen in Aussicht stellte. Dabei konnte sowohl das Moment des Untertanengehorsams als auch das der Freiheit eigens hervortreten. Elementare religiöse Bildung war auf dieser Ebene der politischen zugeordnet, da sich eine öffentliche Ethik nicht allein auf Rationalität und einen sich selbst regulierenden Interessenausgleich im Rahmen des (fiktiven) Gesellschaftsvertrags gründen ließ. Der vom Staat verlangten Legalität schuf die Religion in der Moralität ihre Basis, eine klare funktionale Beschreibung der Volksreligion, die sich durch den Anspruch auf Allgemeinheit von der spezifisch mystischen »Christusreligion« unterscheiden, aber deren Züge ausgeprägter Innerlichkeit übernehmen sollte. Dabei ging es nicht mehr um die abstrakt-zeitlose Allgemeingültigkeit einer vernunftzentrierten natürlichen Religion, sondern um eine Herz und Gemüt erfassende Volksreligion im Gefolge von Rousseau und Herder. Ihr wurden die besten Chancen zugeschrieben, eine für das Volksleben insgesamt prägende Kraft zu werden und damit antiken wie alttestamentlichen Idealen näherzukommen. Wichtig blieb auch für die Volksaufklärungsthematik die theologische Argumentation mit der göttlichen Bildungsgeschichte bis hin zur fundamentalen Rückbindung an die auch schon frühaufklärerisch bedeutsame schöpfungstheologische Mystik des Lichtes im Urgeschehen von Aufklärung als erstem Schöpfungswerk Gottes. Die wesentlich vom Pietismus weitervermittelte Naturmystik findet somit auch im Rahmen der Legitimation der Volksaufklärung eine prominente Stelle.

In pädagogischer Hinsicht fand Ewald seinen Lehrmeister in Pestalozzi. Dessen Erziehungskonzeption, mit der er zuerst im Rahmen der Bremer Schulreform in Berührung gekommen war, wurde als empirisch gewonnenes Äquivalent zur biblisch erhebbaren göttlichen Erziehungsmethode begrüßt, mit eigenen Einsichten bereichert und als christlich-humanitär früh nach Kräften zu verbreiten gesucht. Über die philanthropinischen Ansätze hinaus schien hier ein gangbarer Weg eröffnet, die als Grundproblem der Erziehung empfundene Spaltung von Erkennen und Empfinden im Ansatz zu überwinden und das natürliche Fundament religiöser Bildung in der offenbarungsanalogen Mutter-Kind-Beziehung neu als pädagogische Aufgabe zu erfassen. Die entsprechende Zurüstung junger Mädchen als künftiger Mütter und Ehefrauen war Ewald schon in den Anfängen in Detmold im Zusammenhang mit der Verbesserung der höheren schulischen Mädchenbildung ein wichtiges Anliegen gewesen. Obwohl das Ewaldsche Frauenbild in rechtlicher Hinsicht konventionell geprägt blieb und ebensowenig wie die Konzeption der Volksaufklärung direkt politisch-emanzipative Absichten verfolgte, wurden doch eigene Akzente zur Stärkung der Rolle der Frau im Rahmen des Ideals bürgerlicher Häuslichkeit als Ursprungsort von Religion und Humanität gesetzt. Dabei wurde bevorzugt die mütterliche Erziehungsaufgabe wie auch bei Pestalozzi, F.L. Graf zu Stolberg und in der Romantik zum priesterlichen Mittlerdienst verklärt. Die analoge Betrachtungsweise von göttlichem und menschlichem Erziehungs- und Bildungshandeln führte zu einer gewissen religiösen Idealisierung jeder erzieherisch-bildenden Tätigkeit als einer Vermittlung von Endlichem und Unendlichem und damit auch zu einer wenigstens tendentiellen religiösen Überhöhung ihrer Träger, ob es sich nun um das Individuum, die Familie oder den Staat handelte. Die stets festgehaltene heilsgeschichtliche Verankerung des Bildungsgedankens, seine nähere Ausgestaltung wie seine spezifisch religiöse Prägung lassen Ewalds Anstrengungen auf diesem Gebiet auch als interessanten spätaufklärerischen Teil der pietistischen Bildungsgeschichte insgesamt erscheinen.

In der Frage der Rechtsstellung der Juden gehörte Ewald noch in der restaurativen Phase der Emanzipationsgesetzgebung zu den entschiedenen Verteidigern Christian Wilhelm von Dohms, auch wenn er dessen konsequent-liberale Haltung nicht durchhielt. Von Anfang an spielten geschichtstheologisch begründete Vorurteilskritik, die Absage an überkommene Formen der Judenfeindschaft und – wie besonders im radikalen Pietismus – der organisierten Judenmission eine wichtige Rolle. Die Dominanz des (Volks-)Bildungsgedankens förderte auch ambivalente Züge zutage. Alle Hoffnung ruhte auf einem nach der Fiktion des reinen Mosaismus gestalteten Reformjudentum, wobei die rabbinisch-talmudische Tradition im Gegensatz zu radikalen Stimmen der religionskritischen jüdischen Aufklärung zwar nicht gänzlich verworfen, aber doch als überholt gekennzeichnet und zurückgesetzt wurde. Die Dohmsche Grundthese von der direkten moralischen Relevanz der bürgerlichen Gleichstellung für die »Besserung« der in Kleinhandel und Geldleihe korrumpierten Judenschaft blieb auch für Ewald leitend. Es zeigt sich jedoch die Bereitschaft zum Kompromiß mit der gegenläufigen These, die Gewährung staatsbürgerlicher Rechte setze eine durch aufgeklärte Bildung erst zu erreichende Würdigkeit voraus. Die realen Existenzbedingungen der breiten jüdischen Unterschicht wurden nur ungenügend wahrgenommen, die Möglichkeiten pädagogischer Erfolge überschätzt. Gleichwohl bleibt der Ansatz richtungsweisend, daß mit dem Übergang vom Schutzjudentum zur jüdischen Staatsbürgerschaft eine staatliche Aufgabe zur Mitgestaltung der jüdischen Elementarbildung gegeben war. Für sie machte Ewald auch seine Vorstellungen zur religiösen Bildung durch Bibelgeschichte geltend. Davon versprach er sich im Zuge einer Konfessionalisierung und Entnationalisierung des Judentums die allmähliche Heranführung an das Christentum in dem Maße, wie es ohne äußeren Zwang und direkte Mission im Vorfeld der Parusie Christi möglich war. Die Frage der Heidenmission beantwortete Ewald überwiegend in der Herrnhuter Tradition, wobei auch Herder – der selbst zu deren Bewunderern gehörte – mit einer stärker säkularisierten Geschichtsschau aufgenommen wurde.

Insgesamt charakteristisch für Ewalds Wirken ist die enge Verbindung von spezifisch eschatologisch ausgerichteter Christusmystik, geschichtlichem Offenbarungsglauben und tätiger Weltverantwortung. Die Ausprägung des antiintellektualistisch-mystischen Frömmigkeitstypus mit ihrer Hinkehr zum Konkret-Geschichtlichen im Welt- und Selbstverhältnis vollzog sich auf der Basis eines pietistischen Erfahrungsbegriffs. Dieser war zur empirischen Psychologie wie auch zur romantischen Naturforschung hin offen und erhielt mit dem physiognomischen Ansatz (»Seelenphysiognomik« wie auch »Physiognomik der Natur«) eine eigene Prägung. Als spezifisch pietistische Organisationsform blieb die Einrichtung der Erbauungsversammlungen in Offenbach Episode, ungebrochen weiter wirkte die überkonfessionelle, irenisch-philadelphische Grundeinstellung. Praktisch-ekklesiologisch übernahm wie bei Jung-Stilling die Brüdergemeine eine Leitfunktion, der kirchliche Reformwille blieb ungebrochen. Auch die Annäherung an die Christentumsgesellschaft und das stärkere Hervortreten des eschatologischen Sammlungsgedankens, wie sie sich in den Zeitschriftenprojekten zeigen, beseitigte nicht die Scheu vor Veräußerlichung in selbstgewählter christlicher Sondergruppenpflege und Parteilichkeit. Sein nicht mehr von orthodox-konfessioneller Bekenntnisbindung geprägtes Bibelchristentum war zugleich vom Gedanken der inneren Kirche getragenes Geistchristentum, das ohne besondere Verpflichtung auf eine bestimmte Vätertradition auskam, die geistliche Freundschaft der Einzelnen über das Gruppenbewußtsein stellte und doch nicht welt- und kirchenflüchtig wurde.

Wenn der Aufklärungsbegriff enthistorisiert und auf seinen Kern in der Logosmystik hin zurückgeführt wurde, dann in kritischer Wendung gegen die Autonomie der kritischen Vernunft gegenüber der Offenbarung zugunsten eines Glaubens an positive geschichtliche Offenbarung der gerade mittels der kritischen Philosophie über ihre Grenzen aufgeklärten Vernunft. Der wahre Offenbarungsglaube wurde zum Rationalismus höherer Ordnung. Aufklärungskritik war nur aufklärerisch möglich. So konnte Ewald etwa den Rousseauschen Perfektibilitätsgedanken als subjektive Größe auf das christliche Vollkommenheitsstreben in der Heiligung übertragen, eine objektive Perfektibilität des Christentums im Rahmen der Offenbarungsgeschichte aber ablehnen.

Menschenbild und Weltwahrnehmung boten vielschichtige Verbindungslinien zur Klassik, zum Idealismus, zur (Früh-)Romantik und zum Neuhumanismus, doch das spätaufklärerisch-praktische Moment, das nicht zuletzt die Verhaltensbücher Ewalds kennzeichnet, verlor sich nie. Was die Brücken zu Romantik, Erweckung und Erweckungsbewegung betrifft, sei hier besonders auf den aus Lippe-Detmold stammenden, in früher Kindheit von Lavateranhängern unterrichteten und später unter anderem durch die Lektüre von Schriften Ph. M. Hahns zu den »Erweckten« gestoßenen Johann Arnold Kanne aus dem Jean-Paul-Kreis hingewiesen.

Prägend für Ewald blieben die frühen Grundmomente des von Oetinger und Böhme inspirierten Lebens- und Entwicklungsbegriffs mit einer organisch bestimmten Deutung von Natur und Geschichte, eine entsprechende, von der Würde der Gottebenbildlichkeit getragene theologische Anthropologie mit praktischer Ausrichtung auf Bildung und Erziehung, sowie die Verankerung des Ganzen in einem biblisch-heilsgeschichtlichen Reich-Gottes-Denken. Geschichte ist für Ewald immer, wenn auch nur für die Glaubenden sichtbar, sich entfaltende universale Heilsgeschichte mit einem absoluten Ziel und damit auch Gegenstand spannungsreicher eschatologischer Erwartung geblieben. Neben dieser grundlegend metaphysischen Sinngebung der Geschichte zeigen sich Übergänge zu einem immanent-genetischen Geschichtsverständnis, das bei Herder aufscheint. Es sollte die heilsgeschichtliche Betrachtungsweise beerben und jenseits aufgeklärter Pragmatik im Historismus des 19. Jahrhunderts seine eigentliche Ausgestaltung finden. Für das (auto-)biographische Interesse in pietistischer Tradition gilt eine ähnliche Ambivalenz. Einerseits bleibt es pneumatisch-pneumatologisch begründet, andererseits deutet sich in der Betonung des Empirischen schon die psychologische Verselbständigung an, wie sie etwa Karl Philipp Moritz vertrat.[2]

---

[2] Ebda., 172 ff.

Als Kernpunkt von Ewalds Denken und Wirken kann, wie die späte Mystikschrift bestätigt, die von Johannes und Paulus inspirierte und in augustinisch-neuplatonische Bahnen gelenkte Logos- und Christusmystik der Anfänge gelten. Freilich wird diese innere Mitte in der weit ausgreifenden Schriftstellerei Ewalds nicht immer sichtbar, so daß gelegentlich der Eindruck eines am Ende doch unentschiedenen Nebeneinanders von spätaufklärerischer Pragmatik in der Verfolgung pädagogisch-ethischer Interessen und der Exklusivität einer pietistisch genährten christlichen Mystik entsteht. Zwar wünschte man sich nicht zuletzt eine tiefere Durchdringung des Wechselverhältnisses von Heils- und Bildungsgeschichte und eine nähere Besinnung auf ihre Grenzen. Deutlich bleibt jedoch der Wille, auf zeit- und sachgemäße Weise etwas von dem zu verwirklichen, was nur als Erweckung und Gestaltwerdung des Göttlichen im Menschen mittels einer biblisch gegründeten Christuserfahrung zu denken war: Humanität. So erscheint Ewalds Wirken auch als Versuch, dem Pietismus in der Zeit der Spätaufklärung auf der Basis des zeitgenössischen Humanitäts- und Bildungsideals einen neuen innovativen Schub zu vermitteln. Die geistige Weite, in der sich Ewald ein modernes Freiheits- und Subjektivitätsbewußtsein ohne christlichen Substanzverlust anzueignen und für Kirche und Gesellschaft nutzbar zu machen suchte, ließ sich jedoch nicht breitenwirksam vermitteln. Dominierend wurden die sich unter dem Einfluß der Befreiungskriege gestärkten Kräfte einer konservativen Reform von Kirche und Theologie, die dem Kampf um die »wahre« Aufklärung endgültig den Abschied gaben.

Blickt man zurück, so steht Friedrich Karl Moser – als Laie – für eine vergleichbare, wenn auch praktisch eingeschränktere frühere Verbindung von pietistischer Frömmigkeit und aufklärerischer Weltoffenheit, die sich ähnlich wie bei Ewald im Eintreten für die »wahre« Aufklärung jenseits konfessions- und vernunftorthodoxer Abgrenzungen in einem pietistischen Patriotismus manifestierte. Von den Zeitgenossen Ewalds bietet in theologischer Hinsicht der sog. »Idealherrnhutianismus« ein ähnliches Bild geistiger Weite und Toleranz, ebenfalls bestimmt von der Zusammenschau von Christusglauben und Humanität.[3] Deutlich sind die übergreifenden Bezüge zum herrnhutischen Erbe. Dies unterstreicht die Bedeutung, die der brüderischen Tradition neben dem württembergischen Pietismus und dem Kreis um Lavater für die Ausprägung des spätaufklärerischen Pietismus zukommt. In unmittelbarer Nähe Ewalds steht auch Gottfried Menken, Wegbereiter der Bremer Erweckungsbewegung, der mit seinem heilsgeschichtlichen Biblizismus vor allem das Erbe des älteren niederrheinischen Pietismus aufnahm und wirkungsvoll gestaltete. Neben Gemeinsamkeiten in kirchenreformerisch-unionistischer, geschichts- und versöhnungstheologischer Hinsicht sind erhebliche Differenzen festzustellen. Dies betrifft etwa den Bildungsbegriff, dessen humanistische

---

[3] Vgl. kurz: Dietrich Meyer, Zinzendorf und Herrnhut, in: Geschichte des Pietismus 2, 86 f.

Weite Menken nicht erreicht, wie auch die politische Orientierung, die deutlich konservativer ausfällt.[4]

Frömmigkeits- und theologiegeschichtlich gehört somit Ewald wie Lavater und Jung-Stilling mit ihrer je eigenen Stellung in den Übergang zur Erweckungsbewegung. Zwar fehlt es bei Ewald nicht an Hinweisen, die eine klare Distanz nahelegen. So stand er der allzu dringlichen apokalyptischen Gegenwartsdeutung, der pauschalen Denunzierung der Aufklärungsbewegung und der neu beflügelten Judenmission gleichermaßen ablehnend gegenüber.[5] Gleichwohl lassen sich zahlreiche gemeinsame Anliegen benennen, die aus pietistischen Wurzeln stammen und eine Zusammenschau rechtfertigen. Dazu gehört die programmatisch bibelorientierte Christusfrömmigkeit, die Betonung der Erfahrbarkeit des Glaubens in der Verschränkung von Gottes- und Selbsterfahrung durch den Gedanken der Teilhabe am göttlichen Leben, das überkonfessionelle und länderumspannende Bewußtsein einer Gemeinschaft der Christusgläubigen, die Hoffnung auf Versöhnung der Konfessionen und die Vorbildfunktion der Herrnhuter Brüdergemeine, die heilsgeschichtliche Reich-Gottes-Vorstellung, das prophetische Motiv der Zeitgeistkritik, das soziale Bewußtsein und das Interesse an spezifischen Formen kirchlicher Jugend- und Erwachsenenarbeit wie auch an einer entsprechenden Erbauungsliteratur.

Der Eindruck einer trotz beträchtlicher Verschiebungen und Verengungen in vielem kontinuierlichen Fortentwicklung verstärkt sich im Blick auf die von Schleiermacher vielfach inspirierte Theologie im weiteren Umfeld der Erweckungsbewegung. Hier kehren zentrale Motive wieder, die Ewald im Rahmen seines Erbauungs- und Gelegenheitsschrifttums entfaltete. Besonders hingewiesen sei auf Friedrich August G. Tholuck und seine Nachfolger in Halle. Tholuck trug neben aufklärerischen Grundmomenten wie der prinzipiellen Harmonie von Vernunft und Offenbarung vor allem die pietistischen Impulse religiöser Innerlichkeit auf charakteristische Weise weiter. Wie bei Ewald rückt ganz gegen die reformatorische Tradition die sittliche Selbsterfahrung ins Zentrum der Offenbarungsproblematik und drängt die noch im Supranaturalismus Storrs dominante Frage der historischen Glaubwürdigkeit der biblischen Offenbarungszeugen zurück. Dies vollzieht sich wesentlich auf der Basis der Kantschen Philosophie, deren epochale Bedeutung, wie Ewald zeigt, gerade im Raum des spätaufklärerischen Pietismus früh erkannt wurde.[6]

---

[4] Zu G. Menkens Interessen im Zusammenhang mit Ewalds Zeitschriftenprojekten s. die Bemerkungen u. S. 548 f.; Hartmut Hövelmann, in: TRE 22,442–444. Eine nähere Untersuchung des Verhältnisses Ewald – Menken steht noch aus.

[5] Zur neueren theologischen Charakterisierung der Erweckungsbewegung und ihrer historischen Einordnung s. Ulrich Gäbler, »Auferstehungszeit«. Erweckungsprediger des 19. Jahrhunderts. Sechs Porträts, München 1991, 161–186.

[6] Vgl. die knappen, aber präzisen Sachhinweise zur Erweckungstheologie (Tholuck) bei Pannenberg, Problemgeschichte, 78–89. Inwieweit überhaupt von einer Erweckungstheologie als einheitlicher Gesamterscheinung gesprochen werden kann, ist hier nicht näher zu erörtern. Allerdings besagt das Fehlen einer lehrbuchartigen (Gesamt-)Darstellung nicht viel; entscheidend

Die theologischen Schwachpunkte, die sich aus der zentralen Rolle der religiösen Innerlichkeit für die Neubegründung des biblischen Offenbarungsglaubens und der unklaren bzw. ablehnenden Haltung gegenüber der historischen Kritik ergaben, blieben erhalten. Die spezifische Verbindung von Heils- und Bildungsgeschichte auf biblischer Basis und die Deutung der gesamten Wirklichkeit von einem dynamischen Lebens- und Geistbegriff her sollte nochmals bei dem Tübinger Johann Tobias Beck Gestalt gewinnen, nun gegen die idealistische Symstembildung, vor allem Hegels, und deren Adaption durch die historisch-kritische Theologie gerichtet.[7] Becks Wirkung blieb freilich begrenzt. Auch hatte sich der liberal-tolerante Geist, der das gesamtgesellschaftliche Reforminteresse Ewalds kennzeichnet, verloren. Immerhin aber trug das heilsgeschichtlich, eschatologisch und pneumatisch-pneumatologisch ausgerichtete Denken im Bemühen um eine biblische Theologie mit dazu bei, die für Kirche und Theologie wesentliche Grundfrage nach dem Handeln Gottes in der Geschichte wachzuhalten.

---

ist das Vorhandensein einer für Vergleichszwecke brauchbaren systematischen Konzeption, und die ist z. B. bei Tholuck durchgängig zu erkennen, wie Pannenberg m. E. zu Recht feststellt, ebda., 84. Maser, Kottwitz, 234, läßt nur Einzelelemente gelten, die das Denken der Erweckten besonders geprägt haben, und hebt die apokalyptische Geschichtsschau mit einer entsprechend kirchenkritischen Haltung als strukturbestimmend hervor. Wird nach einer Erweckungs*theologie* gefragt, sind m. E. die Verschiebungen im Offenbarungsverständnis entscheidend.

[7] Vgl. Pannenberg, Problemgeschichte, 100 f., 108 f.

14 Anhang

14.1 Rezensionen als Spiegel theologischer Interessen

Die in den auch von A. H. Niemeyer empfohlenen Heften *Über Predigerbeschäftigung und Predigerbetragen* zwischen 1788 und 1794 vorgestellten Schriften stammen hauptsächlich aus dem Umfeld Lavaters.[1] Die Buchbesprechungen waren nicht als kritische Rezensionen, sondern als persönliche Anschaffungs- und Lektüreempfehlungen Ewalds an die Geistlichkeit des Landes gedacht. Von Lavater wurden zwei Werke vorgestellt. 1789 war es der erste Band seiner *Handbibel für Leidende,* der sich für die Seelsorgearbeit der Prediger eignete, einmal für die eigene Lektüre, dann aber auch zur Weitergabe.[2] Lavater galt als ein im Leiden Erfahrener, der um den Grund allen Trostes, den im Verborgenen nach heilvollem Plan wirkenden Gott, wußte. 1791 empfahl Ewald den zweiten Band von Lavaters *Evangelienbetrachtungen* zu Lukas und Johannes, der erste zu Matthäus und Markus war bereits 1783 erschienen.[3] Den zweiten Band hielt Ewald für gelungener als den ersten, weil ideen- und empfindungsreicher. So lobte er Lavaters Spitzen gegen eine rigorose Pflichtethik, welche bei Phänomenen wie dem Gebet oder der Liebe an ihre Grenzen kam, zeigte sich aber weniger angetan von polemischen Seitenhieben gegen andere Exegeten, auch wenn er ihr sachliches Recht nicht bestritt. Weitaus häufiger als Lavater kam Pfenninger mit seinen zum Teil unter pseudonymen Kürzeln erschienenen Werken ins Gespräch. Den Anfang bildeten die fünf Bände der *Philosophischen Vorlesungen* zum Neuen Testament, deren wegweisende Bedeutung für eine Laientheologie unter dem Vorzeichen der von der Göttlichkeit der Schrift gesetzten »Allverständlichkeit« in der Emanzipation von gelehrter Tradition, schwärmerischer Geisterleuchtung und neologischen Weltanschauungsvorgaben Ewald hervorhob.[4] Zu Ewalds Bedauern vermied es Pfenninger, konkrete Schlußfolgerungen aus seinen exegetischen Bemühungen zu ziehen und den Grundriß einer antineologischen biblischen Theologie zu entwerfen. Statt dessen war es bei verschiedenen Andeutungen und der Aufforderung zum exemplarischen Vergleich mit den Positionen Bahrdts, Steinbarts, Dö-

---

[1] Niemeyer, Handbuch für christliche Religionslehrer, Bd. 2, 249 ff.
[2] Lavater, Handbibel für Leidende, Bd. 1, Zürich 1788. ÜP H. 6, 1789, 194–199.
[3] Bd. 2 war der gräflichen Familie Stolberg-Wernigerode gewidmet. ÜP H. 7, 1791, 160–164. Auf Bd. 1 hatte Ewald schon 1783 im Zusammenhang seiner Ausführungen zur Biblischen Geschichte empfehlend hingewiesen.
[4] ÜP H. 5, 247–255. Nach Erscheinen des sechsten und letzten Bandes der Vorlesungen wurde auch dieser besprochen. Ebda., H. 6, 212–227.

derleins und Herders im vierten Band geblieben.⁵ Weiter kamen trotz ihres zuweilen schwer verständlichen Inhalts Pfenningers *Sokratische Unterhaltungen* zur Sprache.⁶ Im ersten Band, der unter anderem eine jede Benennung vermeidende Skizze der wichtigsten »Religionssysteme« der Zeit enthielt, erregten die abgedruckten Predigtfragmente das Mißfallen Ewalds, da sie nicht zu sokratischen Unterhaltungen paßten und die erhoffte Verbreitung der Schrift unter jungen Philosophen und Vertretern des Philanthropinismus unnötig behinderten, ebenso ärgerlich erschien der zum Teil ausgeprägte Antijesuitismus.⁷ Der dritte Band enthielt neben der Analyse des preußischen Religionsedikts kritische Anmerkungen zu Reinholds Versuch einer Befriedung des philosophischen Streits um die Gottesfrage mittels der Kantschen ersten Kritik, zur religiöser Toleranz und zu Swedenborg.⁸ Besondere Beachtung fanden die schon im zweiten Band begonnenen, gegen die Einseitigkeiten einer statutarischen Orthodoxie und Vernunftaufklärung gerichteten Gespräche über das Christentum als biblisch-historische Offenbarungsreligion.⁹

Die für Lavater wie auch für Ewald maßgebliche wechselseitige Zuordnung von Mensch- und Christsein kam in einem der Wahlsprüche Pfenningers so zum Ausdruck: »Um *Christ* zu werden, sey *Mensch*. Um *Mensch* zu werden, sey *Christ*«.¹⁰ Dies beleuchtet die fundamentale Zuordnung von Vernunft und Offenbarung, wie sie verschiedentlich mittels des Verhältnisses von Sokrates und Jesus in geschichtlicher Sichtweise erläutert wurde: Das sokratische Bekenntnis zum Nichtwissen als höchster Form menschlicher Weisheit und Vernunft, interpretiert als wissendes Nichtwissen um die tragenden Gründe der eigenen Existenz, verweise direkt auf das jesuanische »Ich bin's« der Offenbarung, das dem Menschen – freilich nur in der ständigen Bewegung des Glau-

---

⁵ Pfenninger, Philosophische Vorlesungen, Bd. 6, Vorbericht IV, §§ 3327 ff.; Bd. 4, §§ 2031 ff., 2182 ff. Auf Herders »Erläuterungen« wurde positiv hingewiesen, auch auf Bahrdts Bibelübersetzung. Zur Kritik an Semlers christologischen Vorbehalten vgl. zur Auslegung von Joh 5,19 ff. Bd. 4, § 2124 ff.

⁶ Rez. in: ÜP H. 5, 225–260; H. 6, 208–211.

⁷ Vgl. Pfenninger, Sokratische Unterhaltungen, Bd. 1, 94–115 (Nr. 8). Empfohlen wurden aus Bd. 1 die Nummern (Stücke) 6 (»Die Sophisten unsrer Zeit«, eine Kritik am ›deistisierenden‹ Christentum, das sich aufgrund der Zwänge des Staatskirchentums nicht offen äußern könne, und zu Täuschungsmanövern führe), 11 (»Sokrates und Saulus«, gegen den religiösen Fanatismus), 13 (»Die Natur«, zu Naturbetrachtung und Frömmigkeit), 35 u. 36, trotz formaler Probleme die Nummern 14, 19, 20 u. 21.

⁸ Ebda., Bd. 3, Nr. 24, 305–325 (Anm. zu Reinholds Resultaten, der Geschichte der philosophischen Lehre von Gott); Nr. 26, 327–342 (Thesen zur Religionsfreiheit in der Kirche); Nr. 27, 342–380 (Religionsedikt); Nr. 29, 383–406 (Über Swedenborg und Swedenborgianismus, mit längeren Zitaten aus Kants früher Analyse *Träume eines Geistersehers* [...] (1766), in: Werke 1, 923–989).

⁹ Ueber Christianismus, ebda., Bd. 2, Nr. 6 ff., 164–296; Bd. 3, Nr. 7–10, 13, 15–17 (Gespräche 14–21); zu Ph. M. Hahn als einem der herausragenden biblischen Wahrheitszeugen vgl. ebda., Bd. 2, 216.

¹⁰ Vgl. den weiteren, an Mk 2,27 anschließenden, Wahlspruch: »Die *Vernunft* ist nicht um der Offenbarung willen; sondern *die Offenbarung* um der *Vernunft* willen.« Ebda., Bd. 2, V; 386.

bens – die Gewißheit gebe, seiner Bestimmung gemäß in der Christusnachfolge Gottes Ebenbild zu sein und immer mehr zu werden.[11]

1791 wurde der erste Band von Pfenningers *Bibliothek für die Familie von Oberau* vorgestellt.[12] Ewald fand, hier werde vorbildlich von Toleranz und Wahrheitsliebe gehandelt. Die geschilderte Familie, die alle nur denkbaren Gegensätze vom Atheisten bis zum Swedenborgianer, vom Anhänger kritischer Philosophie bis zum »Bedientenverstand« vereinigte, suchte ihre Einheit über praktische Wahrheiten. Der in Aussicht gestellte folgende Band sollte Fragen wie Aufklärung, allgemeinchristliches Liedgut, natürliche Religion und Kantsche Philosophie umfassen.[13]

Die nach längerer Zeit wieder unter eigenem Namen veröffentlichte Schrift Pfenningers war der erste Band der *Familie von Eden*, 1793 von Ewald vorgestellt.[14] Positiv vermerkt wurde die Beschränkung des möglichen Leserkreises, der nicht mehr so allgemein wie noch bei der *Familie von Oberau* war. Ewald selbst bekannte in diesem Zusammenhang, er sei immer mehr zur Überzeugung gelangt, daß zum Verständnis des Christentums ein dem Sinn für Kunst, dem ästhetischen Gefühl, entsprechender religiöser Sinn (religiöses Gefühl) gehöre, der zwar bei allen Menschen potentiell vorhanden, aber bei vielen erstickt sei.[15]

---

[11] Vgl. die Titelvignette mit zwei Medaillons (Jesus – Sokrates, sich zugewandt) und den beigegebenen Insignien von Dornenkrone und Giftbecher, s. Erläuterung, ebda., Bd. 3, 501 f., u. Bd. 1, 67–72; jeder Band schloß mit dem erasmischen »Sancte Sokrate[s], ora pro nobis«. Am Weltweisen Sokrates faszinierte die »Entbindung« der im Menschen schon bereitliegenden Wahrheit im Gespräch (Maieutik), die Bescheidenheit in spekulativen und die Unerbittlichkeit in sittlichen Belangen. Zu denen, die der Gegenwart am meisten sokratische Weisheit vermittelten, zählte Pfenninger neben Lavater, Heß, Herder, Claudius, Kleuker, Schlosser und Jacobi auch Rousseau, Gellert, Basedow, Campe, Resewitz, Spalding, Steinbart, Mendelssohn, Kant u. a., ebda., Bd. 1, 78 f.; zu Rousseaus Wertschätzung des Evangeliums vgl. den Abdr. des entspr. Abschnitts aus dem 4. B. des *Émile*, ebda., Bd. 2, 319–324; die dort herausgehobene hohe Überlegenheit Jesu über Sokrates kommentierte Pfenninger relativierend: »Damit wird dem Sokrates weit weniger genommen und Jesus weit weniger gegeben, als Rousseau [...] wol gemeynt haben mogte«, ebda., 322, Anm.; in der Wunderfrage urteilte freilich nach Pfenninger auch Rousseau kurzschlüssig, da er nicht mit unbekannten Naturgesetzen und -kräften rechnete, die – wie bei Ewald – das (gut bezeugte) Wunder (vermutungsweise) zum natürlichen Ereignis im höheren Sinn machten.
[12] Pfenninger (o. Vf., »S. B. V«), Bibliothek für die Familie von Oberau – Wahrheitsfreunde der allerverschiedensten Denkungsart, Bd. 1: Conversationen im Vorhof des Tempels der Warheit. Die nöthigsten Präliminarien für Denker der verschiedensten Systeme, Zürich 1790, Rez. in: ÜP H. 7, 165–170.
[13] Vgl. Pfenninger, Bibliothek für die Familie von Oberau, Bd. 2: Klagen wider gewisse Sachwalter des Christenthums vor dem Richtstuhle der Vernunft, Zürich 1790; Bd. 3: Über Aufklärung, Zürich 1790.
[14] Pfenninger, Die Familie von Eden oder gemeinnüzige Bibliothek des Christianism für seine Freunde und Gegner, H. 1, Zürich 1792; ÜP H. 8, 277–285.
[15] Wichtig war Ewald auch hier das entschiedene Eintreten Pfenningers für Toleranz und freie Meinungsäußerung, vgl. Pfenninger, Die Familie von Eden, 115 f., §§ 206 f.

In der Reihe der vorgestellten Autoren fehlte auch Johann Jakob Heß nicht, dessen Schriften besonders Laien wichtige Hilfestellung zum Bibelverständnis geben konnten, etwa zum Verhältnis von Poesie, Mythos und Geschichte und Altem und Neuem Testament. Der erste Band von Hessens *Geschichte der Regenten von Juda nach dem Exil* wurde 1788 vorgestellt.[16] Die beiden Bände der *Bibliothek der heiligen Geschichte* folgten 1794, die wegen ihrer grundsätzlichen Ausführungen zum Bibelstudium nach dem Grundsatz pragmatischer Geschichtsbetrachtung besonders für junge Predigtamtskandidaten geeignet erschienen.[17]

Johann Jakob Stolz war mit seinem *Joseph* von 1786 und den beiden Bänden der *Briefe* von 1789 und 1790 in der Reihe der empfohlenen Literatur vertreten.[18] Von Stolz hatte Ewald bis 1788 wenig Überzeugendes gehört. Um so erfreuter war er, eine an religiöser Empfindung derart reiche Bearbeitung des Josephstoffes gefunden zu haben. Hier schien das Ideal frommer Bibellektüre, der reine Genuß, erreicht, die biblische Geschichte war zum Gefäß der eigenen Empfindungen geworden. So störte Ewald auch weiter nicht, daß das Werk Züge von Modernisierung und Idealisierung trug, war doch stets wahres menschliches Gefühl zugegen.[19] Sprache und Stil riet Ewald nach dem Vorbild von Zimmermanns Schrift über die Einsamkeit zu verbessern.[20] Eine rühmliche Offenheit charakterisierte nach Ewald die *Briefe* von Stolz zu den Themen Toleranz, Denkfreiheit, Kirchenunion und Theologiestudium. Stolzens Ausführungen zu letzterem wünschte er besonders den an der Universität Göttingen Studierenden mit auf den Weg zu geben. Demnach gefährdete gerade das dortige hohe akademische Niveau die den Studierenden eigene Originalität und Individualität, so daß Ewald die Konzentration auf das gelehrte Studium, wurde es zum Lebensinhalt, geradezu zu einer Form des sublimen (geistlichen) Selbstmords erklären konnte.[21]

---

[16] Heß (o. Vf.), Geschichte der Regenten von Juda nach dem Exilio [...], Bd. 1, Zürich 1788, ÜP H. 5, 261–263 (Bd. 2 ebenfalls Zürich 1788). Bei Heß konnte man sich nach Ewald davon überzeugen, daß »*Israelitenthum* die Grundlage zum *Christenthum* ist, und daß man, wie Mendelssohn sagt, thöricht wähnt, im obern Stokwerk sicher zu wohnen, wenn das untere Stokwerk untergraben wird.« ÜP H. 5, 262.

[17] Heß, Bibliothek der heiligen Geschichte [...], ÜP H. 9, 279–284. Als Beispiel für den Nutzen pragmatischer Geschichtsbetrachtung nannte Ewald die Leidensgeschichte Jesu, die gewöhnlich mit der Erzählung vom letzten Passamahl einsetzte, nun aber aufgrund genauerer Nachfrage nach inneren Verknüpfungen mit der Flucht aus dem Tempel Joh 10,39 f. einsetzte, vgl. Heß, Neuer Versuch einer pragmatischen Erzählung der Leidensgeschichte Jesu, in: Heß, Bibliothek der heiligen Geschichte, Bd. 2, 255–356 (1. Abschn.).

[18] ÜP H. 5, 221–241, H. 7, 170–175.

[19] ÜP H. 5, 239.

[20] Johann Georg Zimmermann, Von der Einsamkeit, Frankfurt u. Leipzig 1777 (u. ö.), vgl. Werner Milch, Die Einsamkeit. Zimmermann und Obereit im Kampf um die Überwindung der Aufklärung, Frauenfeld u. Leipzig 1937. Betonte Zimmermann die Einsamkeit in ihrer Bedeutung für die im vernünftigen Denken vorbereitete aufgeklärte Weltgestaltung, setzte Obereit die mystische Dimension der Gottesbegegnung an die erste Stelle.

[21] Vgl. Stolz, Briefe [...], Briefe 26 u. 38.

Von Johann Kaspar Häfeli, zu dieser Zeit Hofkaplan in Anhalt-Dessau, rezensierte Ewald ein Bändchen mit drei Reformationspredigten.[22] Darin wurde die Unabgeschlossenheit der Reformation des 16. Jahrhunderts betont und deren Fortführung im Blick auf Denk- und Gewissensfreiheit und Toleranz gefordert und die Beschränkung auf Lehr- und Kultusfragen kritisiert. Ewald sah Häfeli als geistigen Haupterben des 1788 verstorbenen Georg Joachim Zollikofer.[23] Von diesem hatte Ewald 1788 einen Predigtband zu Fragen der Zeit vorgestellt, der ihm Anlaß zu seiner Schrift über den Mißbrauch von Bibellehren wurde.[24] Zollikofer hielt er für aufgeklärt und ehrlich genug, um das Thema der »reineren Religionserkenntnis« würdig vorzustellen und praktische Vorurteile zu bekämpfen. Gleichwohl blieb eine gewisse Reserviertheit gegenüber dem argumentativ starken, aber empfindungsarmen Stil Zollikofers spürbar.

Wichtige Orientierungen im theologischen Streit um die Offenbarungsfrage bot Kleuker.[25] Kleukers Stellungnahme zur Kantschen Philosophie, deren Bedeutung für die Theologie auch unter den »Christusverehrern« umstritten war, hob deren Vernunftkritik positiv hervor, da sie sich zugunsten des Offenbarungsglaubens deuten ließ. Kleuker hatte sich in Zugaben neben Kant auch zu Mendelssohns *Jerusalem* und Lessings *Erziehung des Menschengeschlechts* geäußert. Ewald kündigte in diesem Zusammenhang indirekt seine Schrift zu Kant an und verwies auf das seiner Meinung nach bestehende Mißverhältnis zwischen der trefflichen ersten Kritik und der die Erwartungen nicht entsprechenden *Grundlegung zur Metaphysik der Sitten*.[26]

Als »Hauptbuch« zur Beförderung des christlich-religiösen Sinnes empfahl Ewald die 1789 erschienene Fortsetzung der Lebensgeschichte Jung-Stillings, wobei ihm die vorausgegangenen Teile offenbar vertraut waren, auch wenn sich Näheres über eine sehr viel weiter zurückliegende engere Wertschätzung Jung-Stillings nicht ausmachen läßt.[27]

---

[22] Häfeli, Drei Predigten über die Reformation, in der Stadtkirche zu Wörliz gehalten, und auf Befehl Seiner Hochfürstlichen Durchlaucht, des regierenden Fürsten herausgegeben, Dessau 1790; ÜP H. 7, 183–187.

[23] »Es ist, als ob *Zollikofers* Geist jezt auf *Häfely* zwiefach ruhete«, vgl. II Kö 2,9. Ebda., 187.

[24] Georg Joachim Zollikofer, Warnung für einigen herrschenden Fehlern unsers Zeitalters, wie auch für dem Mißbrauche der reinern Religionserkenntniß, in Predigten, Leipzig 1788; ÜP H. 5, 263–265.

[25] ÜP H. 6, 229–240, Kleuker, Neue Prüfung [...], 2 T., Riga 1787–1789; vgl. Christian Ludwig Paalzow (o. Vf.), Hierokles oder Prüfung und Vertheidigung der christlichen Religion angestellt von den Herren Michaelis, Semler, Leß und Freret, Halle 1785. Die Schrift stellte die Meinungen von Michaelis, Semler und Leß nebeneinander und zeigte unter dem Namen Freret ihre Widersprüchlichkeit auf.

[26] Man stoße auf die Frage, wie es komme, »daß der Mann, der so trefflich *umreißen* kann, nur so *aufzubauen* vermag, wie er aufgebauet hat? – Daß die Schuld nicht immer *am Baumeister* liege; wissen wir Alle.« ÜP H. 6, 239 f.

[27] Henrich Stillings häusliches Leben. Eine wahrhafte Geschichte, Berlin und Leipzig 1789, in: Benrath (Hrsg.), Johann Heinrich Jung-Stilling. Lebensgeschichte, 289–440. ÜP H. 6, 228 f. 1817 sprach Ewald von einer 30jährigen Freundschaft, die demnach um 1787 begann.

1791 kam als Vertreter des »Bibelchristentums« Ludwig Friedrich August von Cölln mit einem katechetischen Werk, dem *Christlichen Unterricht* zum Zuge.[28] Die Schrift umfaßte die Inhalte religiöser Unterweisung bis zur Konfirmation und war vom Verfasser als Gabe zur Konfirmation gedacht, um eine weitere Beschäftigung mit dem Gelernten zu ermöglichen und der Konfirmation ihren die Beschäftigung mit religiösen Stoffen ein für allemal abschließenden Charakter zu nehmen. Von Cöllns biblischen Geschichts- oder Erzählliedern, die vertont für Schulchöre Verwendung finden sollten, ließ Ewald als Textbeispiel eine Bearbeitung der Auferstehungsgeschichte abdrucken.[29] Als weiteres Werk Cöllns wurde dessen *Christliches Hausbuch* vorgestellt und im Zeichen wahrer biblischer – und nicht religionskritischer – Aufklärung der Landbevölkerung empfohlen.[30] Dieses Werk sollte ältere Predigtbände verdrängen und beim Vorlesen einer Predigt durch den Schulmeister im Gottesdienst, in den Betstunden der Dörfer und in der privaten Andacht Eingang finden. Die Prediger wurden zur Vermittlung und Weitergabe dieses Werks aufgerufen, das den Anspruch auf eine gleichermaßen vernunft- und offenbarungsbezogene Aufklärung vertrat und sowohl den Sprachgebrauch der orthodoxen »Systeme« mied wie den gemeinaufklärerischen Gottes-, Vorsehungs- und Unsterblichkeitsglauben überstieg. Eine Pfingstpredigt klärte anhand der in jedem Jahr durch wunderbare Kraft wieder neu erstehenden Natur über den Heiligen Geist als nicht eigentlich gekannte, aber wohl an seinen Früchten erkannte reale Größe auf. Die kirchlichen Sakramente wurden als Merkzeichen göttlicher Liebe im Dienst der Erweckung verhandelt; eine Predigt sprach über das Ungenügen der Taufe zur Erlangung der Seligkeit und ging gegen den Volks(aber)glauben an, welcher die Taufe mit Namensgebung, Vermittlung einer Seele oder Teufelsaustreibung gleichsetzte.[31]

In volkspädagogischer Hinsicht wurde neben Beckers *Noth- und Hülfsbüchlein* das von Prediger Moritz Casimir Pothmann in Anlehnung an Becker erarbeitete und 1791 schon in zweiter Auflage vergriffene *Sittenbuch* empfohlen, das trotz des vergeblichen Bemühens, an das Beckersche Ideal eines Volksbuches heranzukommen, Ewalds Anerkennung als Ausdruck rühmlichen En-

---

[28] Ludwig Friedrich August von Cölln, Christlicher Unterricht nach der Geschichte und Lehre der Bibel, zum Privatgebrauche für Kinder auf dem Lande, Duisburg 1789; ÜP H. 7, 190–194.
[29] Ebda., 195–202.
[30] Ludwig Friedrich August von Cölln, Christliches Hausbuch oder Predigten auf alle Sonn- und Festtage, zur Erbauung, Erwekung, Warnung und zum Trost für den Landmann, nebst einem Anhang von Gebäten, Lemgo 1792; ÜP H. 8, 285–295.
[31] Zu Konfirmation und Katechese vgl. die Besprechung einer Schrift des reformierten Predigers Johann Gabriel Maurenbrecher aus Kopenhagen, der Ewald auf der Durchreise besucht hatte, ÜP H. 8, 298–310. Maurenbrecher hatte zusammen mit seinem Amtskollegen das Presbyterium der Gemeinde davon überzeugt, daß die Konfirmation nicht, wie noch in einigen Städten – besonders in reformierten Gemeinden – üblich, in das Haus des Predigers, sondern als öffentliche gottesdienstliche Feier in die Kirche gehöre; auch Maurenbrecher hatte die Unterbrechung der Predigt durch Gesang eingeführt.

gagements für Volksbildung unter Geistlichen fand. Diese hatten sich nach Ewalds Meinung noch keineswegs ausreichend dieser Aufgabe angenommen, obwohl ihnen in der Praxis eine Schlüsselrolle zufiel und es als spezifische Berufung des Geistlichen gelten mußte, eine auf der Bergpredigt (»Jesuslehre«) gegründete Volksaufklärung voranzutreiben.[32]

Was die Amtstätigkeit insgesamt betraf, bot der früh verstorbene Marburger Theologe Johann Jakob Pfeiffer eine gute pastoraltheologische Anleitung.[33] Ewald ergänzte seine inhaltliche Übersicht durch eigene, für seine Gesamtanschauung charakteristische Anmerkungen. So schlug er für die Wochengottesdienste statt der gewöhnlichen Predigten öffentliche Katechisationen vor, die dem »gemeinen Mann« weit verständlicher sein würden; in Lippe waren die Schulmeister zur öffentlichen Katechisation an Bettagen verpflichtet worden. Es verstand sich von selbst, daß Ewald auf die Bibelgeschichte als Hauptmittel im religiösen Elementarunterricht und die Untauglichkeit des Heidelberger Katechismus zu diesem Zweck hinwies. Zur Verbesserung der Konfirmationshandlung hatte Pfeiffer ebenso gute Vorschläge gemacht wie zur Verbesserung der Abendmahlsliturgie.[34] Weniger befriedigend fand Ewald jedoch Pfeiffers Aussagen über Toleranz, Denkfreiheit und Kirchenrecht, so etwa in der Frage des kirchlichen Rechts auf Exkommunikation, die Mendelssohn als unzeitgemäß bestritten hatte. Für Ewald war die Exkommunikation an sich kein Zeichen von Intoleranz, solange diese nicht mit bürgerlichen Nachteilen verbunden war. Gleichwohl sah Ewald seine Haltung in der Öffentlichkeit als intolerant gebrandmarkt, eine Ausgrenzung, die er mit den überwunden geglaubten Etikettierungen als Ketzer, Heterodoxer oder Pietist verglich.[35] Ebenfalls unzufrieden war Ewald mit Pfeiffers Ratschlägen zum Verhalten gegenüber Separatisten. Wie schon in Offenbach setzte er auf die Kraft der Überzeugung, die eine Kenntnis der Schriften der Gegner voraussetzte, um sie nach Möglichkeit mit ihren eigenen Waffen zu schlagen.[36] Das von Pfeiffer zur Schulaufsicht und zur Einrichtung von Landschulen Vorgeschlagene war in Lippe weithin verwirklicht.[37] Vermißt wurde bei Pfeiffer ein stärkeres Eingehen auf Predigerpersönlichkeit und erweckte Gemeinde. So

---

[32] Moritz Casimir Pothmann, Sittenbuch für den Christlichen Landmann mit wahren Geschichten und Beyspielen zur Lehre und Erbauung geschrieben, Leipzig 1790; eine verb. Aufl. war in Arbeit, ÜP H. 7, 187–189.

[33] Johann Jakob Pfeiffer, Anweisung für Prediger, und die es werden wollen, zu einer treuen Führung ihres Amts, nebst eingestreuten historischen und literarischen Bemerkungen, Marburg 1789. ÜP H. 6, 199–208.

[34] Zur Ansteckungsgefahr beim Abendmahl meinte Ewald: »Mir ist dabei immer das Mükendurchseigen und Kameelverschluken eingefallen, da so wenig mehr gegen gewisse öffentliche Häuser und dergleichen geredet wird, wobei man nicht zu streiten braucht, ob Anstekung *möglich* sey, sondern von ziemlich häufigen Erfahrungen ausgehen kann.« Ebda., 203.

[35] ÜP H. 6, 203 f.

[36] Ebda., 206.

[37] Pfeiffer, 339, vgl. 356. Pfeiffer griff auch den Schulfestgedanken auf.

forderte Ewald weitere Ausführungen über die Festigung des »religiösen Sinns« beim Prediger, die Einführung von Erbauungsschriften in der Gemeinde, die Einmischung des Predigers in weltliche Angelegenheiten und die Einrichtung von Lesegesellschaften und Predigerversammlungen, Fragen, die auch Ewald in Detmold nur unbefriedigend gelöst sah.

Eine weitere pastoraltheologische Schrift aus der Hand von Johann Georg Rosenmüller wurde 1793 vorgestellt.[38] Daran lobte Ewald unter anderem die im Unterschied zu Pfeiffer ausführliche Berücksichtigung des Kirchenrechtlichen, die für die Praxis keine Wünsche offen lasse.[39]

14.2 Zeitschriftenprojekte

Urania, 1794–1796

Ewald unterrichtete Lavater im Mai 1791 von seinem Plan der Herausgabe einer gegen den publizistischen Einfluß der »Berliner Aufklärung« gerichteten religiösen Zeitschrift für Gebildete. Er vermutete, Stolz habe schon von diesem Plan an Lavater geschrieben und hoffte auf dessen Mitarbeit, ohne die er dem Unternehmen keine Chance gab.[40] Lavater begrüßte Ewalds Vorhaben, den er gegenüber Dritten als »einzig ächt christlichen Schriftsteller in Deutschland« rühmte, und stellte wöchentliche Beiträge in Aussicht, zumal er für eine eigene Monatsschrift noch keinen Verleger gefunden hatte. Freilich wollte er auch seiner *Handbibliothek* nichts entziehen.[41] Eine derartige Mitarbeit hatte Lavater bislang noch keinem angeboten. Gleichwohl wollte er seinen Namen nicht zu sorglos mit der Zeitschrift in Verbindung gebracht wissen, bevor deren Charakter nicht eindeutig war. Bei aller Freundschaft mißfiel ihm zuweilen Ewalds »Weltton«, der ihn offenbar im Gegensatz zu seinem eigenen elitären Sprachbemühen einen Verlust an christlicher Eindeutigkeit fürchten ließ.[42]

Im August 1791 hatte Ewald noch nicht genügend Mitarbeiter gefunden, so daß er erneut bei Lavater um Unterstützung nachsuchte und ihn bat, Pfenninger, Johann Georg Müller aus Schaffhausen und Stolberg, der im August 1791 bei Lavater zu Besuch weilte, zu gewinnen.[43] Vom vielbeschäf-

---

[38] Rosenmüller, Ausführlichere Anleitung für angehende Geistliche zur weisen und gewissenhaften Verwaltung ihres Amtes, 2. verb. und verm. Aufl. Leipzig 1792, ÜP H. 8, 295–298. Die erste Aufl. war Ewald nicht bekannt.
[39] Von den allgemeinen Pflichten hob Ewald besonders die §§ 41–43, 52 und 55 ff. hervor.
[40] Ewald an Lavater, 25. April 1791, Brief 17.
[41] Lavater, Handbibliothek für Freunde, 24 Bdchen, Zürich 1790–1793.
[42] Lavater an Ewald, 11. Mai 1791, Brief 18;, 1. Juni 1791, Brief 19. Sein erster Beitrag sollte anon. erscheinen.
[43] Zum Verhältnis Stolbergs zu Lavater und zur Berliner Aufklärung vgl. dessen Briefe an Gerhard Anton von Halem, in: Halem, Selbstbiographie. Ewald äußerte sich von Stolbergs

tigten Johann Georg Schlosser hatte er zu dieser Zeit noch keine Antwort, wohl aber von Johann Georg Jacobi, dem Bruder von Friedrich Heinrich, in Freiburg, der zur Mitarbeit bereit war.[44] Lavater reagierte in den folgenden Monaten nicht, schickte auch keine Beiträge, da er seinerseits auf das Erscheinen des ersten Bandes wartete und dies auch zur Bedingung weiterer Beigaben machte. J. F. Reichardt hatte inzwischen Melodien eingesandt; Schlosser zeigte sich offen, ebenso Kleuker und Jung-Stilling.[45] Auch Gotthard Ludwig Theobul Kosegarten (1758–1818) sagte seine Mitarbeit zu. Letzterem mißtraute Lavater; obwohl er wenig von ihm kannte, bescheinigte er ihm einen Stil »gezierter Trivialität«.[46] Derartiger Argwohn Lavaters kam auch gegenüber anderen möglichen Mitarbeitern zum Ausdruck, sie war Ewald fremd und berührte ihn persönlich. Gern hätte er neben Stolberg auch Goethe gewonnen, Lavater aber riet ab, da es unter der eigenen Würde sei, einen vom »Weltgeist« so bedenklich Infizierten wie Goethe für eine betont christliche Zeitschrift verpflichten zu wollen. Indirekt kündigte er seinen Rückzug an, sollte Goethe mitarbeiten.[47] Ewald blieb seinerseits gegenüber Goethe trotz dessen späterer Kritik in den *Xenien* offen und voller Hoffnung. Vor allem die *Bekenntnisse einer schönen Seele* im *Wilhelm Meister* galten ihm als Ausdruck reinsten, geist- und liebevollsten Christentums. Auch wenn diese keinem Privatbekenntnis Goethes gleichkamen, so waren sie doch Ewald in ihrer Dichte nur mittels göttlicher Inspiration erklärbar.[48]

Platonischen Gesprächen gegenüber Lavater sehr beeindruckt; auch Stolberg galt ihm zu dieser Zeit als »nicht fern vom Reich Gottes«. Ewald an Lavater, 14. Februar 1796, Brief 45.

[44] Ewald an Lavater, 21. August 1791 (Brief 21). J. G. Jacobi wurde als Schriftsteller charakterisiert, der »sich nicht zu den Hungrigen, sondern zu den Satten« gesandt fühle, um ihnen nach Möglichkeit das Phänomen des Hungers zu erklären. Am 14. Februar 1796, Brief 45, schrieb Ewald Lavater, Schlosser gehe jetzt für immer nach Eutin zu Stolberg und seiner Tochter.

[45] Ewald an Lavater, 11./12. Januar 1792 (Brief 22), Lavater an Ewald, 21. Januar 1792 (Brief 23). Die Kontakte zu Jacobi in Freiburg wurden offenbar von Schlosser hergestellt.

[46] In einem Brief Kosegartens an Gerhard Anton von Halem vom 6. August 1798, mit dem er fünf Exemplare der neuen Ausgabe seiner Dichtungen schickte, vermerkte dieser: Die »unsichtbare ästhetische Kirche Deutschlands« habe zu seiner nicht geringen Beschämung seine Werke begierig aufgenommen; freilich traue er der gegenwärtigen Lage nicht, er wisse nur zu gut, daß seiner Poesie Allgemeingültigkeit und reine Objektivität fehle und ihr allein die möglicherweise interessante Subjektivität Wert gebe; in: Gerhard Anton von Halem, Selbstbiographie, Brief 190. Kosegarten beteiligte sich wie auch Jung-Stilling an Wilhelm Aschenbergs *Taschenbuch,* das zwischen 1798–1806 erschien, Schwinge, 287 ff.

[47] Lavater an Ewald, 23. Februar 1792, Brief 25. Ewald sah sich durch den Vorwurf Lavaters, Goethe sei zu sehr vom »Weltgeist« bestimmt, selbst angegriffen und bot Lavater eine persönliche Erklärung in der *Handbibliothek* an; zwar scheute er den Vorwurf, wollte aber doch seiner Individualität treu bleiben. Ewald an Lavater, 3. Oktober 1792, Brief 26. Lavater hatte mit seinem *Nathanael* wohl auf Goethe angespielt, vgl. Staehelin 3, 212 ff. Zu Goethe und Lavater in der Spätzeit vgl. Lavater an Meta Post, 20. September 1797, Schulz, Brief 50; vgl. Karl Pestalozzi, Lavaters Hoffnung auf Goethe, in: AGP 31, 260–279.

[48] Ewald an Lavater, 14. Februar 1796, Brief 45.

Im Februar 1792 mangelte es immer noch an Beiträgen, so daß ein Druck vorläufig nicht in Frage kam. Gleichwohl blieb Ewald zuversichtlich. Die Drucklegung sollte bei Göschen in Leipzig erfolgen, da sich ein Erscheinen bei Unger in Berlin wegen der Zensur als unmöglich erwies.[49] Schließlich übernahm die Helwingsche Hofbuchhandlung in Hannover das Verlegen der Zeitschrift.[50] Anfang 1793 waren an namhaften Mitarbeitern Lavater, Herder, Dalberg, Johann Georg Jacobi, Schlosser, Jung-Stilling, Rehberg und Kosegarten gewonnen, um Gerhard Anton von Halem bemühte sich Ewald in einem Brief vom 11. Januar.[51] Gegenüber Halem kam das Zensurproblem nochmals zur Sprache, das in Hannover keineswegs gelöst war: Auch dort war die *Urania* erst verboten, dann aber wieder freigegeben worden, was zu erhöhter Vorsicht mahnte und Ewald in der Zukunft wiederholt zu Eingriffen in Textbeiträge oder entschärfenden Kommentierungen veranlaßte.[52] Die Zensur wurde neben der Unzufriedenheit des Verlegers Helwing zum ernsten Problem, so daß der dritte und vierte Band im Jahr 1795 und 1796 in Leipzig bei Voß erschienen.[53] Im März 1794 berichtete Ewald Lavater, daß der Aufsatz über Revolutionen die Zensur nicht passiert habe; dieser Aufsatz stammte offenbar von einem Schweizer, Ewald hatte Lavater um Vermittlung eines Autors für einen politischen Artikel gebeten, den er nach dem Zweck der *Urania* zu überarbeiten gedachte.[54]

Mit dem Niveau seines Periodikums war Ewald von Anfang an nicht zufrieden, da sich trotz aller guten Ansätze nicht genügend renommierte Autoren zur festen Mitarbeit gewinnen ließen und er selbst sich mit Amtsgeschäften überlastet fühlte.[55] Nachdem Stimmen über den zu engen und zu stark empfindsam geprägten Charakter der Zeitschrift laut geworden waren, gelobte Ewald in der Allgemeinen Literatur-Zeitung Besserung, ohne daß er Entschei-

---

[49] Ewald an Lavater, 11. Februar 1792, Brief 24. Am 7. Oktober 1792 ging Ewald noch von einem Erscheinen in Berlin bei Unger aus, Ewald an Herder, s. Steiger Bibliogr. A 47.
[50] Vgl. Knop, 74–86; Ewald an Lavater, 3. Oktober 1792, Brief 26. Zur Charakterisierung der Zeitschrift s. kurz Schwinge, 58 f. (der längst verstorbene Rousseau sollte freilich ebensowenig wie Hölderlin, von dem das Gedicht *Griechenland*, Gotthold Stäudlin gewidmet, im 3. Bd. (1795) zum Abdruck kam, unter die Mitarbeiter gezählt werden, ebda., Anm. 36). Die theologische Zensur war aufgrund des Wöllnerschen Religionsedikts strenger geworden als die politische: Die Adelsschrift konnte noch in Berlin erscheinen. Zur Ankündigung der *Urania* durch die Frankische Buchhandlung in Berlin s. das Intelligenzblatt der ALZ 1792 (Nr. 133 v. 14. November), 1094 f.
[51] Ewald an Herder, 7. Oktober 1792. Ewald wies eigens auf den nichtpolemischen Charakter hin, den die Zeitschrift haben sollte; von Herder suchte Ewald zu erfahren, ob Johann Georg Müller zur Mitarbeit gewonnen werden könne.
[52] Gerhard Anton von Halem, Selbstbiographie, 153 (Brief Ewalds vom 11. Januar 1793), 156 f. (Brief vom 19. März 1793). Daher wollte Ewald z. B. Halems *Gesicht* »irgend einen Begleiter geben, der ihm durch die Censur hilft«, ebda., 157.
[53] Ewald an Lavater, o. D., 1794 (Frgm.), Brief 35. Ewald schrieb am 2. Juni 1796 an die Buchhandlung, er begreife nicht, warum er von der *Urania* nichts mehr höre; der am 21. Juni eingegangene Brief wurde erst am 24. September beantwortet.
[54] Brief 36, vgl. Brief 35 (Frgm., um 1794).
[55] Ewald an Lavater, 25. Dezember 1792, Brief 27.

dendes zu ändern vermochte.[56] Im August 1793 meldete sich Lavater mit einer detaillierten Stellungnahme zum ersten und zweiten Heft der *Urania* zu Wort, die für den Abdruck bestimmt war; sie erschien allerdings erst 1796.[57] Lavater begrüßte darin das Erscheinen der Zeitschrift und versprach, sie zu empfehlen. Deren Untertitel *für Kopf und Herz* hielt er freilich für entbehrlich – Ewald strich ihn dann zum neuen Jahr –, lieber hätte er eine genauere Erläuterung zum anspruchsvollen Titel *Urania* gefunden, die er seinerseits als »himmlische Freundin« und »Weisheit von oben«, der Humanität verpflichtet, umschrieb.[58] Als bislang unbefriedigend empfand Lavater die gelehrte Diktion mancher Beiträge und das zum Teil nachlässig ausgeführte Versmaß in einigen poetischen Arbeiten, die ihn zu Verbesserungsvorschlägen nötigten und den Autoren einen deutlichen Tadel eintrug. Im allgemeinen aber äußerte er sich positiv zu den Beiträgen der ersten beiden Hefte, so neben der als meisterhaft empfundenen Einleitung Ewalds über Menschenbedürfnisse, zu Jung-Stillings Erzählungen, zu den beiden Stücken des von Ewald geschätzten und in seiner hohen Sensibilität als wesensverwandt betrachteten Jakob Michael Reinhold Lenz als »Reliquien« auffälliger genialischer Exzentrik, zu Goethes Gedicht *Sehnsucht* und zu Kosegartens *Malstein auf Sonnenschmidts Grab*, aus dem er Strophen in ein eigenes Periodikum zu übernehmen gedachte. Zustimmung fanden außerdem die Auszüge aus Briefen Wizenmanns aus dem Jahr 1784. Bei dieser Gelegenheit erklärte Lavater sein Einverständnis mit allem, was der verstorbene Wizenmann geschrieben hatte, insbesondere empfahl er allen Geistlichen seine Erklärung des Matthäusevangeliums. Weitere Beiträge stammten von Friedrich Bouterwek, der ein Gedicht aus dem dritten Teil seiner noch nicht veröffentlichten Briefe beisteuerte, und Samuel Gottlieb Bürde (»O vanitas! Omnia vana«).

---

[56] ALZ, Intelligenzblatt Nr. 139, 21. Dez. 1793, 1109 f. (Steiger, Bibliogr. 88), Knop, 78 f. Zu den politischen Artikeln Ewalds in der Urania vgl. Knop, 74–86. Zum Titel vgl. später das Biedermeiertaschenbuch *Urania*, 1810–1848; auch auf dem ersten Titelblatt der Adelsschrift Ewalds war Urania mit dem Globus abgebildet.

[57] Lavater an Ewald, 25. August 1793, Brief 29. Ewald an Lavater, 31. Oktober 1793; Urania Bd. 4, 1796, 68–73.

[58] Ewald bezog die Wendung »für Kopf und Herz«, die sich so und in ähnlicher Form allgemeiner Beliebtheit erfreute, auf die Einheit von Erkennen und Empfinden, sie fand sich schon im Brief an Hahn, 11. Oktober 1778, LB Stuttgart, cod. hist. 8° 103a, 121; vgl. z. B. auch Pfenninger, Von der Popularität im Predigen, Bd. 1, 146; ders., Sokratische Unterhaltungen, Bd. 3, 230 f. u. ö.; Herder, SWS 15, 145. Zur Deutung der *Urania* vgl. den Kupferstich auf dem Deckblatt des dritten Bandes: Die auf den Wolken des Himmels mit ausgebreiteten Armen heraneilende Urania trägt zu ihren Füßen Medaillons der Reformatoren Wycliff und Hus (obere Reihe), Erasmus (!), Luther, Bucer und Melanchthon (untere Reihe); Zwingli und Calvin fehlen. Zur Muse Urania vgl. z. B. Klopstock, Oden und Elegien. Mit einem Nachw. u. Anm. hg. v. Jörg-Ulrich Fechner, Stuttgart 1974, 117 (»Izt reist dich Gottes Tochter, Urania, / Allmächtig zu sich. Gott der Erlöser ist / Dein heilig Lied. Auf! segn' ihn, Muse! / Segn' ihn zum Liede der Auferstehung!«); F. L. Graf zu Stolberg, Brief an Halem, 14. Juli 1786, in: Halem, Selbstbiographie, Brief 37; zur Venus Urania als Göttin der himmlischen Liebe vgl. Goethe, Werke, 10, 340, Z. 31 (mit Anm.).

In der Folgezeit finden sich neben zahlreichen Artikeln von Ewald, der die Hauptlast trug, in gewisser Regelmäßigkeit Beiträge von Bürde, Jung-Stilling und Bouterwek. Lavater ließ in der Folge kein besonderes Engagement mehr erkennen, im zweiten und dritten Band finden sich keine namentlich gekennzeichneten Beiträge mehr aus seiner Hand. Johann Georg Schlosser und Johann Georg Jacobi trugen zum zweiten Band bei, Johann Georg Müller, von dem Ewald gern mehr mitgeteilt hätte, nur zum dritten. Zu einer kontinuierlichen Mitarbeit kam es also nur vereinzelt. Immer wieder bat Ewald Lavater um Beiträge und Vermittlung neuer Kräfte, meist vergeblich.[59] Von Kleuker, dem das Unternehmen zu wenig wissenschaftlich war, wurde der Anfang der Übersetzung von Tertullians Apologetik angenommen.[60] Die Fortsetzung lag Ewald vor, wurde aber nicht mehr abgedruckt, Kleuker ließ das Ganze 1797 gesondert erscheinen.[61] Lavater klagte im Oktober 1794 erneut über den zu gelehrten Charakter der Zeitschrift, bescheinigte ihr eine langweilige Trockenheit und erbat mehr Beiträge von Ewald; zugleich übersandte er ihm zum Abdruck einige Zeilen seiner *Weissagungen eines Uninspirierten*, die anonym erscheinen sollten, wohl wegen ihres politisch-apokalyptischen Charakters.[62] Die Lavatersche Klage wiederholte sich auch im Namen anderer Leser im August 1795.[63]

Von den weiteren Stimmen, die in der *Urania* zu Wort kamen, sind noch Gotthold Friedrich Stäudlin, Bruder des Göttinger Professors Karl Friedrich, und Jakob H. Obereit zu nennen. Über den ersteren dürfte Hölderlins Gedicht »Griechenland« in die Zeitschrift geraten sein; Obereit hatte gewünscht, daß über die Helwingsche Buchhandlung in Hannover einige Exemplare der von ihm selbst verfaßten Buchanzeige zu seiner neuesten Schrift an die Mitarbeiter der *Urania* übergeben würden, was Ewald zum Anlaß nahm, die Anzeige ohne Verfasserangabe abzudrucken und eine Empfehlung der Schrift auszusprechen, nicht ohne den für das philosophische Laienpublikum kaum verständlichen Sprachstil zu bedauern und eine allgemeinverständliche Fassung des Werks

---

[59] Vgl. Ewald an Lavater, Frgm. (um 1794), Brief 33.
[60] Urania, 2.1794, 123–162; 277–306 (die ersten 15 Kap. der Übers.), vgl. Aschoff, 184 f., Zitat 185, aus Brief vom 5. November 1791, in: Kleukers Briefe an Benzler, Nr. 54, S. 4: Daraus geht hervor, daß dieser gleich nach Pfingsten von Ewald um die Zusendung seiner Tertullianübersetzung gebeten worden war; Kleuker brachte seine Skepsis gegenüber der zu wenig anspruchsvollen *Urania* klar zum Ausdruck; wirklicher Genuß könne auf Dauer nur von ernsthafter Lehre (Belehrung) ausgehen.
[61] Vgl. Aschoff, 185.
[62] Lavater an Ewald, 31. Oktober 1794, Brief 38. Die »Weissagungen« bezogen sich auf den wenig Gutes verheißenden Fortgang der Geschichte nach den Siegen des »despotisierenden Antidespotismus« in der sich radikalisierenden Französischen Revolution; demnach stand der Rückfall in heidnischer Dämonen- und Aberglauben als Folge des fanatischen Unglaubens an, der »hierarchischste Aberglaube«, d. h. das römische Papsttum, werde mit dem Despotismus eine neue Allianz eingehen.
[63] Lavater an Ewald, 9. (11.) August 1795, Brief 42.

anzuregen.[64] Obereits Antwort an Ewald, in der er dessen inhaltliche Erwartungen an das neue Werk als richtig bestätigte, ohne dem Anliegen des Populären direkt entsprechen zu wollen, wurde ebenfalls wiedergegeben.[65]

Sommer und Herbst 1795 erkrankte Ewald fast ein halbes Jahr schwer an Bluthusten und Fieber.[66] Im Dezember teilte er Lavater mit, daß er die *Urania* wohl kaum werde fortsetzen können. Neben Amtsgeschäften und Korrespondenz blieb nicht die Zeit für die gewünschten regelmäßige Beiträge aus seiner Hand.[67] Nach seinem Weggang von Detmold schrieb er im April 1796 an Gerhard Anton von Halem, er habe die Zeitschrift wegen Arbeitsüberlastung aufgeben müssen.[68] Lavater rechnete weiterhin mit deren Erscheinen. Noch im November 1796 schickte er einen Beitrag für die *Urania* und kündigte anderes an, auch bat er Ewald erneut, mehr selbst beizusteuern und das Feld nicht trockenen Pedanten zu überlassen.[69] Eine Fortsetzung gab es jedoch nicht.

Auch wenn das – wie manch andere Zeitschriftenprojekte der Zeit – kurzlebige Unternehmen von Anfang an, etwa im Blick auf die Weite des Mitarbeiterkreises, nicht frei von illusionären Zügen war, bleibt es doch ein bemerkenswerter Versuch, das eigene religiöse Anliegen in geistig-religiöser Weite zu präsentieren und ihm so in breiteren bildungsbürgerlichen Schichten Gehör zu verschaffen. Friedrich Schleiermachers Schwester Charlotte, die in der Brüdergemeine Gnadenfrei wirkte, bezeugt für sich und einen Teil ihres Bekannten- und Freundeskreises die positive Aufnahme der *Urania*.[70] Die weiteren Projekte verfolgten einen spezifischeren, wenn auch immer auf eher gebildete Kreise ausgerichteten Sammlungsgedanken. Sie konzentrierten sich stärker auf eine Leserschaft im engeren Raum des spätaufklärerisch-pietistischen und konservativ-offenbarungsgläubigen (»altgläubigen«) Bibelchristentums, freilich mit eher mäßigem Erfolg.

Christliche Monatschrift, 1800–1805

Bereits im Februar 1796 äußerte Ewald gegenüber Lavater, er plane eine christliche Monatschrift im engeren Sinne für alle Konfessionen nach dem

---

[64] Jakob H. Obereit (o. Vf.), Des Sprechers mit der Nachteule Avertissement von der Herausgabe einer endlich real-kritischen Final-Vernunft-Kritik und darzu allgemein zielfüglichen Syntheokritik. Auf die Ostermesse 1795, in: Urania 4.1796, 143–152 (datiert auf Sonntag Judica 1795), mit Anm. Ewalds ebda., 151 f.
[65] Des Sprechers mit Minervens Nachteule Antwort auf die Ermunterung des Herausgebers der Urania, in: Urania 4.1796, 394–396 (unterzeichnet mit »Abaris«).
[66] Vgl. Brief Ewalds an Lavater, 12. Dezember 1795, Brief 43.
[67] Ewald an Lavater, 12. Dezember 1795, Brief 43.
[68] Gerhard Anton von Halem, Selbstbiographie, 178 f. (Brief vom 15. November 1795), 182 (20. April 1796).
[69] Lavater an Ewald, 14. November 1796, Brief 47.
[70] Vgl. Schleiermacher, KGA V/2, Brief 340, 290–309; 347, 51–54; 355, 67 f.; 384, 52–57; 396, 163 ff.; 402, 112–121; 456, 61–70.

Vorbild des *Christlichen Magazins* Pfenningers.[71] Ziel war wie schon dort Glaubensstärkung und Sammlung der »Christusverehrer« und die Verbreitung des »echten« Bibelchristentums, wobei volle geistige Freiheit gewährleistet und jede Aszetik vermieden werden sollte. Lavater wurde um Mithilfe und Vermittlung von Mitarbeitern gebeten, er begrüßte das Unternehmen und hoffte auf Mitarbeit von Johann Georg Müller.[72] Im Dezember 1799 brachte er diesen Plan erneut zur Sprache; die Zeitschrift sollte neben Abhandlungen, Aufsätzen, Auszügen, Liedern, Lebensbeschreibungen, Anzeigen von lesenswerten Schriften usw. auch Bemerkungen zu den eschatologischen »Zeichen der Zeit«, Nachrichten aus der Weltchristenheit und der Mission enthalten.[73] Er bat Lavater nicht nur um eigene Beiträge und Vermittlung von Mitarbeitern wie Heß und Lavaters Schwiegersohn Georg Geßner (1765–1843), sondern auch um Vorschlag von Korrespondenten in Rußland, Schweden und Italien, wo es ihm noch an solchen fehle.[74]

Im Februar 1800 erinnerte Ewald Lavater mit näheren Angaben an seine Wünsche bezüglich der *Monatschrift* und kündigte die Mitarbeit von Georg Christian Knapp in Halle (1753–1825) und Franz Volkmar Reinhard in Dresden an; auch hob er den unermüdlichen Einsatz von Meta Post und anderen Frauen – wohl aus dem Umkreis der von ihr abgehaltenen Erbauungsstunden – beim Abschreiben, Übersetzen und dem Erstellen von Auszügen hervor.[75] Meta Post beurteilte ihr Verhältnis zu Ewald von Anfang an als angenehm und freundschaftlich, auch wenn noch eine Vertiefung wünschenswert blieb; der Eindruck von Ewalds Persönlichkeit war stärker als der, den Meta Post von seinen Schriften bekommen hatte.[76] Lavater sagte die ihm noch mögliche Unterstützung zu, ließ aber keine Hoffnung auf eine Mitarbeit des vielbeschäftigten Heß aufkommen, der seit 1795 Pfarrer am Großmünster und Antistes in Zürich geworden war. An die von Ewald erbetenen Subskriptionen

---

[71] Eine Charakterisierung der Ewaldschen Zeitschrift gibt Schwinge, 169 ff., zu Lavaters *Christlicher Monat-Schrift für Ungelehrte* von 1794/95 vgl. ebda., 56 f.

[72] Ewald an Lavater, 14. Februar 1796, Brief 45; Lavater an Ewald, 27. Februar 1796, Brief 46. Vgl. Lavater an Meta Post, 1. März 1796, Schulz, Brief 30 (10.). Zur ablehnenden Haltung Jung-Stillings gegenüber Polemik und kritischem Rezensionswesen im Gegensatz zu Belehrung und Erbauung in dem 1795 erörterten Plan eines christlichen Gelehrtenbundes, zu dem neben Storr in Tübingen Meister in Bremen und Urlsperger in Augsburg gehören sollten, vgl. Schwinge, 53.

[73] Vgl. die gedruckte Nachricht von dieser »Monatschrift für Christen aus allen Kirchen, und von allen Denkarten«, in Ewalds Schreiben an Heß, Brief 57 in der Korrespondenz Lavater – Ewald.

[74] Ewald an Lavater, 6. Dezember 1799, Brief 52.

[75] Ewald an Lavater, 14. Februar 1800, Brief 53. Um Meta Post bestand ein Kreis von Frauen, die sich alle zwei Wochen donnerstags zur Erbauung versammelten, vgl. Meta Post an Lavater, 16. April 1796, Schulz, Brief 33.

[76] Meta Post an Lavater, 11. Februar 1797, Schulz, Brief 45. Wenig später urteilte sie, Ewalds Begabung liege darin, die »liebenswürdigen, wahrheitssuchenden Heiden« zu gewinnen. Es kam zu regelmäßigen 14tägigen Treffen am Freitag zwischen Ewald und Meta Post.

war nicht mehr zu denken, entweder kamen die Bücher nicht oder später als in die Buchläden; nach Italien hatte er keine Verbindungen.[77]

Im April 1800 konnte Ewald Lavater mitteilen, daß ihm jeweils aktuelle Nachrichten aus England, Amerika, Holland und Frankreich angeboten worden seien und die Schrift sogleich ins Holländische übersetzt würde. Lavater erfuhr bei dieser Gelegenheit auch, daß Ewald nun korrespondierendes Mitglied der ihm gänzlich unbekannten, 1785 gegründeten *Haager Gesellschaft zur Verteidigung der christlichen Religion* geworden war, die sich vorrangig in ihrer ersten Phase (bis 1810) antineologische Apologetik zum Ziel gesetzt hatte.[78] In die Reihe der Mitarbeiter wollte Ewald auch Karl Ulysses von Salis (d. Ä.) aufnehmen, doch Lavater riet ab. An eigenen Beiträgen zur Monatsschrift stellte Lavater seine Epigramme gegen Kaspar David Hartmeyer in Aussicht.[79] Jung-Stilling gab seinem *Grauen Mann* eine empfehlende Ankündigung mit auf den Weg, was der Zeitschrift weitere Leser erschlossen haben dürfte.[80]

Im Mai 1800 kündigte Ewald dem Fürsten von Isenburg, Wolfgang Ernst II., das Erscheinen seiner neuen Zeitschrift an und bat um Unterstützung dieses Werks, das er zur Förderung des (Bibel-)Christentums und der bürgerlichen Ordnung gleichermaßen für geeignet hielt. Er unterstrich das Gewicht dieser neuen international informierenden Publikation, bei der die Mitarbeit von Korrespondenten in ganz Deutschland, Holland, England, Frankreich, Spanien, Ungarn, Dänemark und Nordamerika zu erwarten stand.[81] Hatten sich nach Ewald Stolberg, Knapp und Reinhard inzwischen zum »Altchristentum« bekannt, so stand ähnliches von Gottlieb Jakob Planck und Friedrich Samuel Gottfried Sack (1738–1817) zu erwarten – alle fanden sich schließlich auf der Subskribentenliste. Ewald schien die Hoffnung zu hegen, es werde sich ein entsprechend weiter Kreis von Mitarbeitern bilden, doch waren auch diesmal die Erwartungen zu hoch gesteckt. Das nun für wesentlich erkannte Schibbolet kam im Blick auf Häfeli zur Sprache. Dieser hatte sich zur Zufriedenheit Ewalds am Karfreitag 1800 öffentlich zur biblischen Versöhnungslehre und ihrer Vereinbarkeit mit Vernunftgrundsätzen bekannt.[82]

Einzelne Beiträge lieferten schließlich neben einigen der Bremer Kollegen Ewalds wie Johann Nikolaus Tiling (1748–1809), Heinrich Meier (1752–

---

[77] Lavater an Ewald, 11. März 1800, Brief 54. Vgl. Brief, gedruckte Nachricht und Rundschreiben Ewalds an Heß, letzteres datiert auf 20. Januar 1800.

[78] Vgl. RE, 3. Aufl. Bd. 7, 273–276.

[79] Ewald an Lavater, 26. April 1800, Brief 55. Lavater an Ewald, 25. Juni 1800, Brief 56. Hartmeyer (1772–1835), seines Amtes in Bayreuth entsetzt, kehrte 1800 nach Zürich zurück. Er vertrat eine reine Vernunftreligion.

[80] Vgl. Schwinge, 170.

[81] BirArch Korrespondenzen, Nr. 14431, St. 12, Brief vom 23. Mai 1800. Immer noch bestanden Verbindungen zu Marschall, auch dieser könne im Sinne des Fürsten gegebenenfalls antworten.

[82] Ewald an Lavater, 26. April 1800, Brief 55.

1813), Gottfried Menken (1768–1831), Häfeli und der Jung-Stilling-Freund Henrich Nikolaus Achelis die alten Vertrauten aus der Detmolder Zeit, Cölln, Dreves und Passavant, aber auch Kleuker und der schon erwähnte Georg Christian Knapp, Johann Michael Sailer und Friedrich Leopold Graf zu Stolberg. Der Sammlungsgedanke blieb maßgebend. Vom Bemühen um Integration der älteren Tradition des Pietismus und seiner Anhänger zeugt die Art und Weise, wie Ewald auf Karl-Heinrich von Bogatzkys (1690–1774) autobiographische Schilderung, die 1801 wieder aufgefunden und veröffentlicht worden war, hinwies.[83] Auch wenn er dessen vom »großen Haufen« der Ungläubigen verspottetes *Schatzkästlein*, seit 1718 in zahlreichen Auflagen erschienen, nicht herabsetzen wollte, da es gerade in seiner Einfalt vielen eine Hilfe gewesen sei, stand für Ewald doch fest, daß es keine Lektüre für gebildetere Christen war. Die Lebensgeschichte las er dagegen als Beleg für die fundamentale Wahrheit, daß Christsein nach dem für ihn zentralen Wort Joh 6,44 ein Gnadengeschenk und nicht ohne göttliche Erweckung möglich sei.[84] Jung-Stilling empfahl die Zeitschrift wiederholt in seinem *Grauen Mann*.[85]

Das im zweiten Band des Jahrgangs 1800 abgedruckte Subskribentenverzeichnis ermöglicht einen Einblick in die Leserstruktur der Zeitschrift. Insgesamt werden über 400 Subskribenten aufgeführt, einschließlich der mitbestellten Mehrexemplare ergibt sich ein Verteilerkreis von rund 500, wobei der Leserkreis durch Weitergabe gewiß höher anzusetzen ist. Bei der in Deutschland, Holland und der Schweiz verteilten *Monatschrift* zeigen sich klare örtliche und regionale Schwerpunkte. An der Spitze mit rund 70 Exemplaren stand Bremen, gefolgt vom Württembergischen – in Stuttgart wurden allein 34 Exemplare abgenommen – und Holland mit Schwerpunkt in Amsterdam. Auf einen dortigen breiten Leserkreis weisen auch die zahlreichen niederländischen Übersetzungen von Ewaldschriften hin. Weiter wurde eine größere Anzahl der *Monatschrift* in Hannoversch Münden, Altona und Frankfurt/M. bezogen.[86]

---

[83] Bogatzkys Lebenslauf von ihm selbst beschrieben, als Beitrag zur Geschichte der Spenerschen theologischen Schule, Halle 1801.
[84] ChrM 1802.1, 160.
[85] Im 8.-10. und 16. Stück, Schwinge, 72; Jung-Stilling empfahl selbstredend seiner Leserschaft auch andere Schriften Ewalds.
[86] Eine Übersicht ergibt folgendes Bild (die zweite Zahl nennt die bestellten Mehrexemplare): Bremen 67 + 2, Stuttgart 17 + 17, Amsterdam 31 (und weitere fünf Orte in Holland: s'-Gravenhage (Den Haag) 12, Harlem 2 und 3 andere je 1), Hann. Münden 25, Altona 5 + 14, Frankfurt/M. 11 + 6, Osnabrück 9 + 6, Karlsruhe 9 + 1, Tübingen 9, Dresden 8, Regensburg 5 + 3, Hamburg 8, Detmold 7 + 1 (+ 1 Brake + 1 Horn), Düsseldorf 5 + 2, Offenbach 6 + 1, Wetzlar 6 (+ 1 Dillheim bei Wetzlar), Barmen 5 + 1 / Elberfeld 2, Kleve 5, Mühlheim/R. 5, Straßburg 5, Nürnberg 4 + 1, Berlin 4, Leer 3 + 1, Lengerich (Tecklenburg) 4, Ulm 4, Göttingen 3, Basel 3 (+ Zürich 2, Bern 1, St. Gallen 1), Halle 1 + 2, Oschatz 3, Delmenhorst 3, Oldenburg 2, Grimma 1 + 2, Reutlingen 2, Ludwigsburg 2, Kirchheim/T. 2, Lübeck 1, Merseburg 1, Bayreuth 1, Büdingen 1, Pforzheim 1, Kloster Ebersberg bei München 1, Ingolstadt 1, Leipzig 1, Frankfurt/O. 1; im Württembergischen waren noch mit je 1 Ex. vertreten: Besigheim,

Rund 2/3 der Bezieher machten Angaben zum Beruf, so daß sich wenigstens tendentielle Angaben zur Leserschaft machen lassen. Den Angaben zufolge handelte es sich bei circa 20% um Pfarrer und Prediger. Studenten und Pfarramtskandidaten fanden sich vor allem in Tübingen, wo neben dem Theologieprofessor Johann Friedrich Flatt auch die Magister (Johann Christian Friedrich) Steudel und Jonathan Friedrich Bahnmaier, der spätere praktische Theologe und Gründer des Tübinger Predigerseminars, vertreten waren. Unter den Theologen in kirchenleitenden Positionen finden sich sieben Hofprediger, darunter die Oberhofprediger Sack (Berlin) und Reinhard (Dresden), Gottlob Christian Storr und Hofkaplan Gottlieb Heinrich Rieger aus Stuttgart sowie Gottlieb Jakob Planck in Göttingen. Hinzu kamen mit Ewalds Nachfolger in Detmold, Cölln, und Johann Leonhard Callisen (Rendsburg) zwei Generalsuperintendenten. Damit ergibt sich ein zahlenmäßiger Gesamtanteil der Theologen von rund einem Drittel. Unter den Nichttheologen waren mit einem Gesamtanteil von rund 14% Kaufleute und Gewerbetreibende in der Mehrheit, gefolgt von bürgerlichen Räten und Hofbeamten und schließlich Schullehrern und Rektoren. Diese Nichttheologen bildeten nochmals rund 1/3 der angegebenen Zeitschriftenbezieher, wobei Handwerksberufe fast nicht vorkommen. Beim hohen Adel und den regierenden Häusern war der Frauenanteil hoch.[87] Lesegesellschaften, welche die *Monatschrift* bezogen, gab es in Bremen, Detmold, Horn, Pforzheim und Karlsruhe. Insgesamt betrug der Anteil der Frauen, soweit ersichtlich, rund 15%, doch dürfte dieser erheblich höher zu veranschlagen sein, zumal etliche Männer im Namen der Frauen bestellt haben dürften.

Auch bei der *Monatschrift* zeigte sich bald, daß ihre Existenz ohne Ewald nicht zu sichern war. Mit seinem Weggang aus Bremen kam dann auch ihr Ende. Im Juni 1806 kündigte Gottfried Menken, seit 1802 Prediger zu St. Paulus in Bremen, der schon die Herausgabe der vorigen vier Stücke betreut hatte, mit dem Erscheinen des 12. Stücks zum Abschluß des Jahrgangs 1805 an, die Zeitschrift werde ihr Erscheinen einstellen. Menken, der aus dem Collenbusch-Hasenkampschen Kreis kam und als Wegbereiter der Erwek-

---

Esslingen, Kornwestheim, Maichingen, Mundelsheim, Nürtingen, Oberstenfeld, Schrozberg und Unterhausen.

[87] Unter den Beziehern waren: Die regierende Fürstin von Anhalt-Bernburg-Schaumburg, der regierende Markgraf Karl Friedrich von Baden, Gräfin Caroline von Bentheim-Steinfurt, Landgraf Friedrich Ludwig von Hessen-Homburg, die regierende Gräfin von Isenburg-Büdingen, der regierende Fürst Wolfgang Ernst II. von Isenburg-Birstein mit Gemahlin, die verwitwete Fürstin Christine Charlotte Friederike zur Lippe (geb. Solms-Braunfels), Gräfin Louise von Lippe-Weißenfels, Fürstin Christine von Schwarzburg-Sondershausen (geb. Prinzessin von Anhalt-Bernburg), Fürst Ludwig und Fürst Friedrich von Solms-Braunfels, die verwitwete Fürstin von Solms-Laubach, die regierende Gräfin von Solms-Rödelheim, der regierende Graf Christian Friedrich von Stolberg-Wernigerode mit Gemahlin und weiteren Familienmitgliedern; die Erbprinzessin von Thurn und Taxis (geb. Prinzessin von Mecklenburg-Strelitz), Fürstin Friederike von Wittgenstein (geb. Prinzessin von Schwarzburg-Sondershausen), die Reichsgräfin Louise von Wittgenstein-Berleburg und die verwitwete Herzogin Franziska von Württemberg.

kungsbewegung in Bremen gilt, hatte mit dem Abdruck zweier Lieder und des Selbstbekenntnisses von Johann Albrecht Bengel seine Verbundenheit mit dem schwäbischen Pietismus zum Ausdruck gebracht.[88] Da nach Menkens Überzeugung keine vergleichbare christliche Zeitschrift in Deutschland bestand, kündigte er die Fortsetzung des Unternehmens durch die Herausgabe einer nicht näher bekannt gewordenen *Christlichen Quartalschrift* an. In der positiven Stellungnahme des Verlegers Paul Gotthelf Kummer zu diesem Vorhaben beklagte sich dieser über seine finanziellen Verluste, die er beim Vertrieb des Ewaldschen Periodikums in Holland gemacht hatte. Offenbar leistete der Mittelsmann, der mit Lavater und dem niederrheinischen Pietismus in Verbindung stehende Prediger Jorissen im Haag, jahrelang keine Zahlungen.[89]

Eine erbauliche Zeitschrift ähnlichen Charakters, die stark vom Herausgeber lebte, stellt die gleich anschließend von 1806–1836 erschienene *Christliche Zeitschrift für Christen* des politisch und theologisch konservativeren Gottlob Friedrich Hillmer (1756–1835) dar, der sich auch schon an der Ewaldschen *Monatsschrift* mit Briefbeiträgen beteiligt hatte. Hillmer, der Herrnhuter Brüdergemeine nahestehend und ein alter Freund des Barons Ernst von Kottwitz (1757–1843), weist auf weitere Übergänge zur Basler Christentumsgesellschaft und zur Erweckungsbewegung.[90]

Zeitschrift zur Nährung des christlichen Sinns, 1815–1819

An diesem letzten Periodikum Ewalds wirkten vor allem Württemberger Theologen mit. Gleich in den ersten beiden Heften steuerten neben Ewald, der auch bei diesem Unternehmen die Hauptlast trug, dem Frankfurter Juristen und Schriftsteller Johann Friedrich von Meyer (1772–1849) und Pfarrer Christian Adam Dann aus Öschingen/Württ. die Tübinger Professoren Jonathan Friedrich Bahnmaier, Karl Philipp Conz (1762–1827) und Johann Christian Friedrich Steudel (1779–1835) Artikel bei. Als Mitherausgeber fungierte der Storr-Schüler Karl Christian Flatt, zu der Zeit Oberkonsistorialrat und Stiftsprediger in Stuttgart.[91] Das Zeitempfinden war bestimmt von einem durch

---

[88] ChrM 1805.2, 391 ff., 454–460. Menken hielt die Lieder, die er von diesem »großen, unvergeßlichen Manne« als Manuskript besaß, besonders in Niedersachsen und Westfalen für unbekannt; von ihrem Abdruck in der Liedersammlung von Johann Albrecht Burk, Gnade und Wahrheit, die durch Jesus Christum worden ist, 2. Aufl. Tübingen 1776, wußte er lange nichts. Menken hob als besondere Leistungen Bengels dessen zu wenig geschätzten *Gnomon* und seine *Sechzig Reden über die Apokalypse* hervor.

[89] ChrM 1805.2, 478–480, Schreiben von Menken und Kummer an die Leser, datiert auf den 12. und 26. Juni 1806.

[90] Zur Zeitschrift Hillmers vgl. Schwinge, 178–183.

[91] Zeitschrift zur Nährung christlichen Sinnes, 1815–1819 (= ZNchrS). Zu Karl Christian Flatt s. kurz NDB 5, 224 f. Vgl. Ewalds Ankündigung der Schrift in einem Brief an Frau v. Chuzy in Karlsruhe, in dem er um Mitarbeit bat; er habe mit mehreren Württembergern, Schweizern und Frankfurtern vor, zur nächsten Herbstmesse eine Zeitschrift zur Nährung des christlich-re-

die Befreiungskriege neu entfachten religiösen Aufbruch, für Ewald unter anderem sichtbar im Engagement höhergestellter Persönlichkeiten für die Arbeit der Bibelgesellschaften. Zielsetzung der Zeitschrift war, nach Eph 5,16 die Kräfte zu sammeln und die Zeit zu nutzen, um das mit dem Nationalbewußtsein neu erstandene religiöse Interesse besonders unter dem höheren Bürgertum nicht wieder erlahmen zu lassen.[92] Auf anderer Ebene hatte Jung-Stilling im *Grauen Mann* 1815 die drängende Frage aufgeworfen, ob die Erschütterungen der Befreiungskriege nicht ebenso wie in Rußland in eine Erweckungs*bewegung* münden könnten.[93] Ewald war für diese Frage offen, doch sah er seine eigentliche Aufgabe nicht im Rahmen des Volksmissionarischen. Auch spielte für ihn das endzeitlich motivierte Drängen zur Umkehr, wie es zu Jung-Stillings prophetischem Bußruf gehörte, keine besondere Rolle.

Die religiösen Bedürfnisse des höheren Bürgertums sollte die Zeitschrift durch Stärkung der Überzeugung von der Göttlichkeit des Christentums und seiner Urkunden anhand biblischer Auslegungen, Betrachtungen zu dogmatischen Lehrgegenständen, historisch-biographischen Erzählungen und seelsorglichen Beiträgen nebst Missionsnachrichten und Buchempfehlungen unter Absehen von kritischen Rezensionen stärken. Wichtig war eine gemeinverständliche, im Sinne der religiösen Empfindsamkeit als geist- und geschmackvoll geltende Darbietung des Stoffs, wobei besondere Rücksicht auf die weibliche Leserschaft genommen werden sollte.

Die Formulierung des Lehrkonsenses, den die Mitarbeiter eingingen, war so geschickt gehalten, daß er zwar die zentrale Autorität der Bibel hervorkehrte, aber doch jede weitere Bestimmung offenließ. Wenn die Annahme als verpflichtend vorgestellt wurde, die Bibel enthalte »göttliche Offenbarungen ohne Irrthümer«, so hieß dies noch nicht, sie enthalte ausschließlich solche.[94]

Wie im Zeichen der Sammlung der unter dem Vorwurf des Schwärmertums leidenden »Christusverehrer« die gängigen Gruppenbezeichnungen hinfällig und nach ihrer wahren Seite wieder ins Recht gesetzt wurden, zeigt ein Beitrag Ewalds zur Auslegung von Apk 3,14–20, in dem er die Inkonsequenz christlicher Lebensführung als zentralen Schaden der Gegenwart diagnostizierte und die Bedeutung der mystischen Christusliebe als Implikat wahrer religiöser Aufklärung hervorhob.[95] Wo die mystische Seite des Glaubens verstan-

---

ligiösen Sinns herausgeben. Varnhagen Sammlung. Als gemeinsame Bekannte wurde die Familie Schenkendorf vorgestellt, die auch zu Jung-Stilling vertraute Beziehungen unterhielt, vgl. Erich Mertens, Max von Schenkendorf und Johann Heinrich Jung-Stilling, in: Jung-Stilling-Studien (Schriften der J. G. Herder-Bibliothek Siegerland 15), 2. durchges. u. erw. Aufl. Siegen 1987, 26–125.

[92] ZNchrS 1815, 1–9 (Einl.).
[93] Vgl. Schwinge, 151 f.
[94] ZNchrS 1815, nach 160.
[95] Ewald, Das Verderbliche, Eckelhafte der Lauheit, nach Offenbarung Johannis 3,14–20, in: ZNchrS H. 2, 1816, 161–180.

den wurde, waren Pietisten, Herrnhuter oder Quäker Glieder der einen wahren Kirche Jesu Christi, auch wenn sie sich (noch) nicht selbst so sahen. Was der kritische »Zeitgeist« als Schwärmerei abqualifizierte, sollte als Ehrentitel praktischen Christentums hochgehalten und in Bibellese, Gebet, regelmäßigem Gottesdienst- und Abendmahlsbesuch und religiösen Frömmigkeitsübungen bewährt werden, ohne diese nach Art der »Pietisterei« zur Schau zu stellen.[96]

In praktisch-kirchenreformerischer Hinsicht vertrat Ewald eine weit engagiertere Haltung als die Tübinger Mitarbeiter. So beharrte Steudel in seinen Gedanken zur Einheit der Christen darauf, christliche Einheit sei primär ein pneumatologisches Thema und, da immer noch auf Kosten der Überzeugung und Bekenntnisbindung gehend, keines einer äußeren Vereinigung.[97] Auch in anderen Fragen bot sich eine gewisse Breite der Meinungen, so in der Wunderfrage, die Steudel aus der Perspektive der durch das Wunder beförderten Sittlichkeit, Johann Friedrich von Meyer dagegen unter naturphilosophischen Prämissen abhandelte.[98]

Insgesamt blieb auch dieses Zeitschriftenprojekt ein kurzlebiges Unterfangen. Wie schon der in der *Urania* ehrgeizig in Angriff genommene Versuch mißlang, eine breite bildungsbürgerliche Öffentlichkeit für eine anspruchsvolle Behandlung religiöser Themen zu finden, so galt dies schließlich auch für die beiden folgenden Unternehmungen, die mehr von der Innenperspektive der Glaubensstärkung und Seelsorge bestimmt, ohne Ewald aber nicht lebensfähig waren. Mit der zunehmend in großer Zahl vertriebenen Traktatliteratur war, wie noch die Mystikschrift Ewalds reflektiert, nicht zu konkurrieren. Eine direkte Brücke zum Volksmissionarischen der Erweckungs*bewegung*, wie sie bei Jung-Stilling erkennbar ist, ergab sich bei Ewald trotz seiner frühen Ansätze im Rahmen der Volksaufklärung nicht.

---

[96] Ewalds geistlicher Rat gipfelte in drei Punkten: 1. seine Liebesfähigkeit neu beleben durch Werke der Liebe (Aufnahme der These von der Wechselwirkung von »Außen« und »Innen«), 2. sich »vereinfachen« durch innere Sammlung und Konzentration im alltäglichen Leben der Zerstreuung auf Christus, 3. den *ganzen* Jesus kennenlernen durch biblische Meditation und innere Erfahrungsbereitschaft, Empfindung der Nähe Jesu.

[97] Steudel, Ueber die Einigkeit der Glieder der christlichen Kirche. Gedanken, veranlaßt durch 1 Cor 12,1–11, ZNchrS H. 1, 1815, 60–74. Zur Erweckung der Christenheit in der Gemeinschaft des Gebets als der wahren »inneren« Kirche, welche die eigentliche Aufgabe der Zeit sei, vgl. (o. Vf.), An einen Freundes-Kreis, den 4. May 1815, in: ZNchrS H. 3, 1816, 448–456 (mit starken Vorbehalten gegenüber jeglicher endgeschichtlicher Deutung der politischen Ereignisse der Gegenwart).

[98] Steudel, Sollte der Glaube an Wunder einer würdigen Vorstellung von Gott nicht gemäß seyn? in: ZNchrS H. 2, 180–215, vgl. Meyer, Ueber das Wesen des Wunders, ebda., H. 1, 1815, 10–44.

15 Werk-, Quellen- und Literaturverzeichnis[1]

15.1 Verzeichnis der Werke Ewalds

Nicht aufgenommen sind Zeitschriftenbeiträge, Vorworte u. ä. Insgesamt siehe die jahrgangsmäßig angeordnete ausführliche Bibliographie bei Steiger, 448–498 (mit Standortnachweisen); die Verweise auf Ewald-Schriften in den Fußnoten beziehen sich auf die dortigen Nummern, sie werden im folgenden in Winkelklammern angefügt. Eine nähere Sichtung der Übersetzungen ist bislang nicht erfolgt.

1. Abschieds-Predigt an meine liebe Detmolder Gemeinde gehalten am 4ten Dec. 1796 über Apostelgesch. 20; 25.26.27.28.31.32., Lemgo (1797). <139>
2. Abschiedspredigt, in der Stephans Kirche in Bremen, gehalten, den 4ten August 1805, Bremen o. J. (1805). <262>
3. Ankündigung des, am 1ten May dieses Jahrs erfolgten Ablebens des weil. Hochgeborenen Grafen und Herrn, Herrn Simon August, regierenden Grafen und Edlen Herrn zur Lippe etc. unseres innigst geliebteste Landesvaters; in einer am 5ten d. M. zu Detmold gehaltenen Predigt, Lemgo (1782). <7>
4. Auch in den schwersten Leiden kannst du dich glücklich fühlen, als Christ. Eine Betrachtung für Leidende zum neuen Jahre 1824, Straßburg o. J. (1823?). <379, unter dem Jahr 1824>. Vgl. die zweite Predigt von Ewald, Der Christ, bei den großen Weltveränderungen [...], 1807. <281>
5. Ausführlicher Plan der äussern und innern Einrichtung des Instituts zum Unterricht junger Bürgersöhne, Bremen 1799 (zusammen mit J. K. Häfeli). <154>
6. Beantwortung der Fragen: Was sollten die Juden jetzt, und was sollte der Staat für sie thun? Mit einigen Bemerkungen über die merkwürdige Schrift des Hrn. Staats-Raths v. Sensburg, diesen Gegenstand betreffend, Stuttgart 1821. <376>
7. Bedarf der Mensch Vergebung seiner Sünden? und: Was lehrt die Bibel darüber? Eine historisch-dogmatische Abhandlung, Leipzig 1802 <214, vgl. 195>
   7.1 Niederl. Übers.: Behoeft de mensch vergeving von zijne zonden? en wat leert ons de bijbel daaromtrent? [...], Utrecht 1803. <214a>
8. Beweis, dass manche Recensenten in der A. L. Z. Unwahrheiten sagen und sich durch neue Unwahrheiten vertheidigen, Leipzig u. Gera 1801 (Standort in Deutschland nicht nachweisbar, vgl. LOG, 78). <188>

---

[1] Allgemeine Hinweise: Die Abkürzungen folgen, soweit möglich, dem Abkürzungsverzeichnis der Theologischen Realenzyklopädie (TRE), 2. überarb. u. erw. Aufl., zusammengestellt v. Siegried M. Schwertner, Berlin u. New York 1994. In den Anm. aufgeführte Standardwerke und Ausgaben, die über die TRE zu entschlüsseln sind, werden hier nicht mehr eigens aufgeführt, ebensowenig die Lexikonartikel. Für die originale Text- und Titelwiedergabe ist Buchstaben-, nicht Zeichentreue angestrebt. Eckige Klammern zeigen Zusätze, Korrekturen oder Hinweise an.

9. Bibelgeschichte das einzig wahre Bildungsmittel zu christlicher Religiosität. Briefe an Aeltern, Prediger, Lehrer und Lehrerinnen und die es werden wollen, Heidelberg 1819 (= BIB); 2. Aufl. Heidelberg 1823. <361, 361a>
   9.1 Niederl. Übers.: De bijbelsche geschiedenis het eenige echte middel, om den mensch tot waarlijk christelijke godsdienstigheid op te leiden [...], Amsterdam 1819. <361b>
10. Biblische Erzählungen des alten und neuen Testaments [...] Freiburg o.J., versch. Ausgaben unter versch. Titeln, s. auch: Die heiligen Schriften des Alten und Neuen Testaments [...], Freiburg o.J. (um 1814–1818). <339–339c, vgl. 380–380d (mit *frz. u. ital. Übers.* 1832, 1836, 1834)>
    10.1 Niederl. Übers.: Bijbeltafereelen uit het Oude en Nieuwe Testament [...], 2 Bde., Rotterdam 1830. <339d>
11. Briefe über den Gebrauch der Bibelgeschichte beim Religionsunterricht (ÜP H. 1), Lemgo 1783. <10>
12. Briefe über die alte Mystik und den neuen Mysticismus, Leipzig 1822. <378>
13. Christenthums Geist und Christen-Sinn, allen gebildeten Christen, besonders dem weiblichen Geschlecht dargelegt, 2 Teile, 1 Bd., Winterthur 1819 (= ChG). <371>
    13.1 Niederl. Übers.: Geest des christendoms en christelijke gemoedsgesteldheid [...], 2 Bde., Amsterdam 1819. <372a>
14. Christliche Betrachtungen auf alle Abende im Jahr, 2 Bde., Frankfurt/M. 1818. <354>
    14.1 Niederl. Übers.: Christelijke overdenkingen op alle avonden des jaars [...], 2 Bde., Amsterdam 1818. <354a>
15. Christliche Erweckungen auf alle Tage [in der Woche, 3. Aufl.: am Morgen und Abend], in Freuden und Leiden, in Gesundheit und Krankheit; auch Fest-, Abendmals- und Erndtebetrachtungen, Hannover 1808, 2. Aufl. Hannover 1822, 3. verb. und verm. Aufl. Hannover 1824. <287–287b>
    15.1 Niederl. Übers.: Christelijke opwekkingen op alle dagen der week [...], Amsterdam 1811. <287c>
16. Christliche Familienpredigten für mittlere Stände mit Anmerkungen und Zusätzen, Lemgo 1784. <11>
17. Christliche Monatschrift zur Stärkung und Belebung des christlichen Sinns, Nürnberg [1802–1805: Leipzig] 1800. 1802–1805, hg. v. J.L. Ewald. <161>
    17.1 Niederl. Übers.: Christelijk tijdschrift tot opwekking en sterking van den christelijken zin, 2 St., Utrecht 1802. <161a>
18. Christliche Sonntagsfeier oder Christensinn und Christenseeligkeit, in Betrachtungen auf alle Sonntage im Jahre, Bremen 1803. <236>
    18.1 Niederl. Übers.: Christelijk zondagsboek of Stichtelijke overdenkingen op alle zondagen in het jaar [...], 4 St., Amsterdam 1811 <236a>
19. Christliches Hand- und Hausbuch. Oder: Betrachtungen auf alle Tage im Jahre; zu Beförderung des Glaubens an Jesus, und der christlichen Gottseligkeit, 4 T., Hannover 1797–1798; 2. verb. Aufl., 2 Bde., Hannover 1806; neue verb. Aufl. Reutlingen 1810; 3. verb. Aufl. Hannover 1811. <147–147c>
    19.1 Niederl. Übers.: Christelijk huis- en handboek, of Bespiegelingen voor elken dag des jaars, ter bevordering van geloof in Jesus Christus en christelijke godzaligheid [...], Rotterdam u. Amsterdam 1801–1805, 2. Ausg. 1813, neue Ausg. in 4 T., Amsterdam 1826. <147d.e, 148>

20. Christliches Kommunionbuch. Mit einer Vorrede die durchaus vorher gelesen werden muß, Bremen 1801; 2. verm. u. verb. Aufl. Frankfurt/M. 1813; 3. verm. u. umgearb. Aufl. v. Gerhard Friedrich, Frankfurt/M. 1826. <190–190b>
   20.1 Niederl. Übers.: De godvruchtige avondmaalganger [...], 1803, 2. Aufl. Amsterdam 1814, 3. Aufl. Amsterdam 1834. <190c–e>
21. David, 2 Bde., Leipzig u. Gera 1795–1796. <117>
   21.1 Niederl. Übers.: De geschiedenis, lotgevallen en het karakter van David [...], o. O. 1801–1802, 2. Aufl. Amsterdam 1818. <117a.b>
22. Denkmal des Andenkens und der Liebe, an Christen, von einem Christenlehrer, Bremen 1805. <258>
23. Der Blick Jesus auf Natur und Menschheit oder Betrachtungen über die Gleichnisse unsers Herrn. Ein Lesebuch für Christusverehrer, Leipzig 1786; 2. verb. u. verm. Aufl.: Der Blick Jesus auf Natur, Menschheit und sich selbst; oder Betrachtungen über die Gleichnisse unsers Herrn. Ein Lesebuch für Christusverehrer, Hannover 1796; 3. verb. u. verm. Aufl.: Der Blik Jesus auf Natur, Menschheit und sich selbst; oder Betrachtungen über die Gleichnisse unseres Herrn. Ein Lesebuch für Christusverehrer, Hannover 1812. <21–21b>
   23.1 Niederl. Übers.: Jezus menschenkennis, of overdenkingen over de Gelijkenissen van onzen Heiland [...], 2. Aufl., Amsterdam 1810, 3. Aufl.: De Gelijkenissen van onzen Heiland [...], Amsterdam 1845. <21c.d>
24. Der Christ, bei den großen Weltveränderungen. Ein Noth-, Trost- und Hülfsbüchlein für Christen, Frankfurt/M. 1807. <281>
   24.1 Niederl. Übers.: De Christen, bij de groote wereldveranderingen [...], Amsterdam 1807. <281a>
25. Der Christ, gebildet und beseligt durch Liebe, Elberfeld 1813 (nur bibliogr. nachgewiesen). <315>
   25.1 Schwed. Übers.: En Christen [...], Christianstad 1814. <315a>
26. Der Erste Ungehorsam des Menschen, mit seinen Folgen. Sieben Predigten (PüL H. 10), Lemgo 1809. <294>
27. Der fürstliche Menschenfreund Friedrich, Markgraf von Baden. Züge aus seinem Leben, (Karlsruhe) 1817. <345>
28. Der Geist des Christenthums und des ächten deutschen Volksthums, dargestellt, gegen die Feinde der Israeliten. Bemerkungen gegen eine Schrift des Hrn. Prof. Rühs in Berlin, Karlsruhe 1817 (= GdChr). <347>
29. Der Geist des Christlichen Gebäts oder Predigten über das Gebät unsers Herrn (PüL H. 1), Lemgo 1787. <26>
   29.1 Niederl. Übers.: De geest van het christelijk gebed [...], Amsterdam 1814. <26>
30. Der gute Jüngling, gute Gatte und Vater, oder Mittel, um es zu werden. Ein Gegenstück zur Kunst ein gutes Mädchen zu werden, 2 Bde., Frankfurt/M. 1804 (in 5 versch. Ausg. vom Prachtband bis zur »wohlfeilen« Ausg.). <240>
   30.1 Niederl. Übers.: De goede jongeling, echtgenoot en vater, of middel om zulks te worden, 2 T., Amsterdam 1805. <240a>
31. Des Pfarrers Ewalds lezte Worte an seine Offenbacher Gemeinde. Den 9. September 1781, Offenbach/M. 1781 (= WO). <6>
32. Deutschlands Erwartungen und Dank. Eine Predigt nach der Wahl und Krönung Sr. Majestät des Kaisers Leopold des Zweiten über Ps 72;1–7 gehalten zu Detmold am 24ten October 1790, Duisburg/Rh. 1791. <58>

33. Die Erziehung des Menschengeschlechts nach der Bibel, 16 Predigten, Lemgo 1783 (= ERZ). <9>
   33.1 Niederl. Übers.: De opvoeding van het menschdom volgens den bijbel, in leerredenen [...], 2 T., Neudr. Amsterdam 1799. <9a>
34. (O. Vf.) Die Göttlichkeit des Christenthums so weit sie begriffen werden kann. Vom Verfasser der Briefe an Emma über die Kantische Philosophie, Bremen 1800 (= GÖ); 2. Aufl. 1804? (nur bibliogr. Nachweis). <181.181a>
35. Die heiligen Schriften des Alten und Neuen Testaments [...], Freiburg i. Br. o. J. (1814–18), versch. Aufl., niederl. Übers., s. oben: Biblische Erzählungen.
36. Die Kunst ein gutes Mädchen, eine gute Gattin, Mutter und Hausfrau zu werden. Ein Handbuch für erwachsene Töchter, Gattinnen und Mütter [...], 2 Bde., Bremen 1798; zahlreiche Neuaufl. und Übers., so Nachdr. Wien 1799; 2. verm. u. verb. Aufl. Bremen 1801; 3. verm. u. verb. Aufl. Frankfurt/M. 1804; 4. verm. u. verb. Aufl. Frankfurt/M. 1807; 5. Aufl. hg. v. F. Jacobs, Frankfurt/M. 1826, Nachdr. 5. Aufl. Wien 1827. <151–151 f.>
   36.1–5 Dän., frz., niederl., schwed. und russ. Übersetzungen <151g-q>
37. Die lezten Szenen vor der Wiederkunft Jesus, nach der Offenbarung des Johannes. Für denkende, aber ungelehrte Bibelchristen, Frankfurt u. Leipzig 1794. <114>
   37.1 Niederl. Übers.: De laatste tooneelen voor de wederkomst van Jezus, volgens de openbaring van Johannes [...], Groningen 1817. <114a>
38. Die Religionslehren der Bibel aus dem Standpunkt unserer geistigen Bedürfnisse betrachtet [...], 2 Bde., Stuttgart u. Tübingen 1812. <313>
   38.1 Niederl. Übers.: De godsdienstleer van den bijbel uit het standpunt van onze geestelijke behoeften beschouwd [...], 2 T., Dordrecht 1817–1818. <313a>
39. Eheliche Verhältnisse und Eheliches Leben, in Briefen [...], 4 Bde., Leipzig 1810–1813; 2. verb. Aufl. 1821, 3. verb. Aufl. 1822 (nur bibliogr. Nachweis). <305, 305a>
   39.1 Niederl. Übers.: Huwelijks-betrekkingen en huwelijks-leven [...], 5 T., Amsterdam 1810–1814; u. a. T.: Groningen 1819, 2. Aufl. ebda., 1824; weitere Ausg.: Leeuwarden 1858. <305b-e>
40. Ehestandsscenen. Als Folgen liebevoller Weisheit und eigensüchtiger Thorheit, 2 Bde., Elberfeld 1813–1815. <316>
41. Einige Fragen und noch mehr unläugbare Wahrheiten, Juden- und Menschennatur, Juden- und Menschenbildung betreffend, Karlsruhe 1820. <373>
42. Einige Ideen über weibliche Erziehungs-Anstalten, Winterthur 1819 (auch angeh. an: Christenthums Geist [...]). <372>
43. Einige leitende Ideen über das richtige Verhaeltniss zwischen religioeser, sittlicher, intellektueller und aesthetischer Bildung, Mannheim 1807. <284>
44. Einiges Geschichtliche woran bei einer bevorstehenden Vereinigung der beiden protestanischen Kirchen wohl erinnert werden darf, mit Winken auf ihre Zweckmäßigkeit. Der Badenschen General-Synode vorgelegt, Heidelberg 1821 (= GESCH). <377>
45. Eintracht, empfohlen und gewünscht in einer Predigt über 2. Kor. 13. V. 11 am Ersten Tage des Jahrs 1804, Bremen (1804). <243>
46. Eintrittspredigt bey der Gemeine zu St. Stephan in Bremen, am ersten Christtage 1796, zum Besten der St. Stephan Armenkasse, (Bremen 1797). <140>
47. Entwurf eines christlichen Religionsunterrichts für die Jugend in gebildeten Ständen, Hannover 1793 (= ERU). <77, vgl. 74>

48. Entwürfe zu den Sonn- und Festtagspredigten, In der Kirche zu St. Stephani in Bremen im Jahr 1797 gehalten, Bremen 1797; weitere Jg.: 1798 (1798), 1799 (1799), 1800 (1800), 1801 (1801), 1802 (1803), 1803 (1804), 1804 (1805). <148, 149, 156, 182, 189, 215, 242, 260>
49. Erbauungsbuch für die Jugend beiderlei Geschlechts, mit Betrachtungen auf jeden Morgen und Abend eines jeden Wochentags, Fest- Confirmations- Abendmahlsandachten und für das Krankenbett. Allen gutgesinnten Kindern gewidmet, Hannover 1808 (das Ex. der UB Tübingen enthält eine Widmung von F. G. Süskind an seine Tochter zur Konfirmation 1811). <285>
    49.1 Niederl. Übers.: Godsdienstig handboekje bijzoner voor de jeugd [...], Amsterdam 1808. <285a>
50. Erbauungsbuch für Frauenzimmer aller Konfessionen, 2 Bde., Hannover 1803 (= ERB, ERB II); 2. Aufl. Frankfurt/M. u. Leipzig 1808. <238, 238a>
    50.1 Niederl. Übers.: Godsdienstig handboek voor christen-vrouwen en dochters [...], Amsterdam 1809. <238b>
51. Erklärung über die Schrift des Herrn Katecheten Hübbe in Hamburg, eine Stelle in meinen neuesten Reisefantasien betreffend, Hamburg 1799. <157>
52. Erzählungen von Heinrich Jung genannt Stilling, hg. v. J. L. Ewald, 3 Bde., Frankfurt/M. 1814–1815. <vgl. 324>
53. Etwas über Catechismen überhaupt, über Ursins und Luthers Catechismen insbesondere, und über Vereinigung der beiden evangelischen Confessionen, Heidelberg 1816. <341>
54. Etwas über Lehrmethode in Trivialschulen; mit Rücksicht auf die Antwort des Katecheten Hübbe, Bremen 1799. <158>
55. Etwas von Schulanstalten und Liturgieen (ÜP H. 5), Lemgo 1788.
56. Evangelium. Drei Festtags-Predigten, auf Verlangen hg., Lemgo 1788. <30>
    56.1 Niederl. Übers.: <30a>
57. Ewalds Rosenmonde. Beschrieben von ihm selber, und herausgegeben von Tellow (= Ludwig Theobul Kosegarten), Berlin 1791. <67, mit Erörterung der Vf.frage>
    57.1 Niederl. Übers.: Ewalds Rozenmond [...], Rotterdam 1792. <67a>
58. Fantasieen auf der Reise, und bei der Flucht vor den Franken, von E. P. V. B., hg. v. J. L. Ewald [Autor ist Ewald], Berlin 1797. <146>
59. Fantasieen auf einer Reise durch Gegenden des Friedens. Von E. P. V. B., hg. v. J. L. Ewald [Autor ist Ewald], Hannover 1799. <146>
60. Frohsinn und Religion ein heiliges Band. Abschiedsrede an meine Zuhörerinnen und Zuhörer nach Endigung pädagogischer Vorlesungen [...], Bremen 1805. <261>
61. Funfzig auserlesene Lieder bei Sonnenschein und Regen, beim Heumachen, Kornbinden und Erndtekranz, Flachs-, Spinn- und Liebeslieder, daheim und in freier Luft zu singen, wenn man gerne froh ist, in sechs Samlungen, Lemgo 1793. <89, 89a,b>
62. Gast- und Gelegenheitspredigten, Elberfeld u. Leipzig 1809 (= GaGe). <292>
    62.1 Niederl. Übers.: Liefde- en gelegenheids-leerredenen, Amsterdam 1810. <292a>
63. Geist der Pestalozzischen Bildungsmethode, nach Urkunden und eigener Ansicht. Zehn Vorlesungen, Bremen 1805. <259>
64. Geist und Tendenz der christlichen Sittenlehre. Eine Rede wie sie an Akademiker gehalten werden könnte, Heidelberg u. Frankfurt 1806. <279>

64.1 Niederl. Übers.: Geest en strekking der Christelijke zedekunde, near het Hoogduitsch, Leeuwarden 1808.
65. Geist und Vorschritte der Pestalozzischen Bildungsmethode, psychologisch entwickelt; ein Versuch (= Vorlesungen über die Erziehungslehre und Erziehungskunst, für Väter, Mütter und Erzieher, Bd. 3) Mannheim und Heidelberg 1810. <290>
66. Geist und Würde des christlichen Religionslehrers. Eine Rede als Einleitung zu homiletischen Vorlesungen, Heidelberg 1806. <280>
67. Gemeingeist. Ideen zu Aufregung des Gemeingeistes, Berlin 1801 (= GeG). <191>
68. Gesinnungen und Trostgründe des Christusverehrers in unserer bedenklichen Zeit,[.] d[D]rei Predigten, Hannover 1793; 2. Aufl. Hannover 1798. <90, 90a>
69. Glaubensbekenntniß und Vorsäze des Prinzen Casimir August zur Lippe bei Seiner öffentlichen Konfirmation am 23ten Sept. 1792, nebst den Reden, die dabei gehalten worden, Lemgo 1793. <91>
70. Hand- und Hausbuch für Bürger und Landleute welches lehrt wie sie alles um sich her kennen lernen, sich gesund erhalten, sich in Krankheit helfen, wie sie ihr auf die vortheilhafteste Art bauen, ihre Gärten bestellen, sich gutes Obst ziehen, Bienen mit Nuzen halten, und wie Hausfrauen ihre Wirthschaft ordentlich führen sollen, nebst noch vielerlei guten Ratschlägen, Lemgo u. Duisburg 1793; 2. Aufl. 1795; Ausg. v. 1806 nur bibliogr. nachgewiesen. <92, 92b>
71. Ideen über Bibelstudium und Jugendbildung mit Versuchen und Erfahrungen (ÜP H. 4) Lemgo 1786. <19>
72. Ideen, über die nöthige Organisation der Israeliten in Christlichen Staaten, Karlsruhe 1816. <343>
72.1 Niederl. Übers.: Gedachten over de vorming der Israëliten in christelijke staten [...], Groningen 1817. <343a>
73. Ideen über Kasualpredigten und Volksbildung (ÜP H. 8), Lemgo 1793. <78>
74. Ist es jetzt rathsam, die niederen Volksklassen aufzuklären? Leipzig u. Gera 1800 (= VA 1800). <184>
75. Ist es rathsam, die niederen Volksklassen aufzuklären? Und: Wie muß diese Aufklärung seyn? Verm. Aufl. Leipzig 1811 (= VA 1811). <184a>
76. Jesus der Mensch und für die Menschen. Sechs Predigten (PüL H. 5) Lemgo 1790. <55>
77. Jesus von Nazareth, Was solt' Er uns seyn, nach der Bibel? und Was ist Er uns? Sechs Predigten, Lemgo 1786. <22>
77.1 Niederl. Übers.: Jezus van Nazareth, wat moest hij voor ons zijn volgens den bijbel? en wat ist hij voor ons? [...] Amsterdam 1812 u. 1813. <22a>
78. Kantate, als Seine Durchlaucht, unser regierende Fürst mit Höchstderoselben Frau Gemalin, der Fürstin Pauline Christine Wilhelmine zum erstenmal die Kirche besuchten; in der Kirche zu Detmold gesungen. Die Verse sind von dem Generalsuperintendenten Ewald[,] die Komposition ist von dem Kantor Pustkuchen, Lemgo 1796. <135>
79. Kleine vermischte Schriften. Erstes Bändchen. Fromme Wünsche, für Menschenwol, größtentheils aus Akten, Duisburg/Rh. 1800 (ohne Forts.). <186>
80. Krieg und Friede, aus dem Standpunkt des Christen betrachtet, mit Hinsicht auf die jetzige Zeit, (Heidelberg u. Karlsruhe) 1814. <319>
80.1 Niederl. Übers.: Oorlog en vrede uit het standpunt van den Christen beschouwd [...], Amsterdam 1814.

81. Kurze Anleitung für Schullehrer und Schullehrerinnen in niedern Schulen [...], Bremen 1801 (zusammen mit J. K. Häfeli). <192>
   81.1 Russ. Übers.: <192a>
82. (O. Vf.) Kurze Anweisung zum Unterricht der Jugend für die Küster und Schulmeister der Grafschaft Lippe, Lemgo 1783. <8>
83. Kurze Anweisung auf welche Art die Jugend in den niederen Schulen zu unterrichten ist, Mannheim u. Heidelbeg 1807. <282>
   83.1 Niederl. Übers.: Korte handleiding voor het onderwijs der jeugd in de Lagere scholen [...], Amsterdam 1807; 2. Aufl. 1816, 4. Aufl, Amsterdam 1826. <282a–d>
84. (o. Vf.), Kurzer Unterricht im Christenthum zum Gebrauch der Fürstlich Isenburgischen Schulen, Offenbach (1775). <1>
85. Lazarus, für gebildete Christusverehrer, besonders für Leidende, Berlin 1790. <49>
   85.1 Niederl. Übers.: Lazarus voor lijdenden [...], Amsterdam (1791). <49a>
86. Leben und Tod eines christlichen Ehepaars, Herrn Dr. J. H. Jung-Stilling Großherzogl. Baden'schen Geheimen Hofraths, und dessen Gattin. Stuttgart 1817 (Separatdruck aus ZnchrS 2. Bd., 1817, H. 1, 80–94; s. auch: Sammlungen für Liebhaber christlicher Wahrheit und Gottseligkeit, Basel 1817, 8. St., 225–239). <351, 352, 352a>
87. Leiden, Tod und Auferstehung unseres Herrn von ihrer menschlichsten Seite betrachtet; nach der Erzälung seines Freunds und Schülers Johannes. Ein Erbauungsbuch für fülende Christusverehrer, Lemgo 1785. <13>
   87.1 Niederl. Übers.: Overdenkingen over het lijden, den dood en de opstanding van Jezus [...], Utrecht o. J.; 2. Ausg., Amsterdam 1815. <13a-b>
88. Leitungen zum Christenthum. Sieben Predigten (PüL H. 8) Lemgo 1796. <134>
89. Lesebuch für die Landschulen auch zum Gebrauche der Landleute in ihren Häusern, 3 Bde., Lemgo u. Duisburg 1788–1793; neue Ausg. Bd. 1 u. 2, 1826. <38, 38a>
90. Mancherlei besonders über Predigerthätigkeit und Predigerwürde (ÜP H. 3), Lemgo 1786.
91. Mancherlei Beherzigungswerthes für Prediger (ÜP H. 9), Lemgo 1794.
92. Mancherlei; insbesondere über Jugendbildung und Armenversorgung (ÜP H. 6), Lemgo 1789. <vgl. 42>
93. Mehala[,] die Jephthaidin[.] Drama mit Chören, in zwei Akten, Mannheim 1808. <286>
94. Menschenbestimmung und Lebensgenuß. Moralische Unterhaltungen, 2 Bde., Elberfeld 1814–1815. <320>
   94.1 Niederl. Übers.: Menschenbestemming en levensgenot. Zedekundige voorlezingen, 2 T., Amsterdam 1814–1815.
95. Neue Predigten über Naturtexte, H. 1–4, Hannover 1791–1793. <52>
96. Neuer Calender für das Jahr 1802. Oder Handbuch für den Bürger und Landmann, 10. Jg., hg. v. J. L. Ewald, Hannover 1802. <216>
97. Neuester Volkskalender oder Beiträge zur nützlichen, lehrreichen und angenehmen Unterhaltung [...], Hannover 1803. <220>
98. Noch ein Wort über Vereinigung protestantischer und katholischer Gymnasien, besonders derer in Mannheim und Heidelberg, Heidelberg 1810. <306>

99. Nöthiger Anhang zu der Schrift: Die Religionslehren der Bibel, aus dem Standpunkt unserer geistigen Bedürfnisse betrachtet, welcher einige Wahrheiten mehr erläutert, und manche Behauptungen gegen Einwürfe vertheidigt, Stuttgart 1814 (= RLA). <323>
100. Predigten auf alle Sonntage und Feiertage des Jahrs, 2 Bde. Leipzig 1789.
101. Predigten bei allerhand Gelegenheiten und für allerlei Gemüthslagen, Frankfurt/M. 1786.
102. Predigten für Unterthanen und Eltern, Lemgo 1792.
103. Predigten über die wichtigste[n] [einzelne H.: wesentlichsten] und eigenthümlichste[n] Lehren des Christenthums, 12 H., Lemgo 1787–1796 (nicht alle Hefte nachweisbar).
104. Predigten über Naturtexte, 4 H., Hannover 1789–1791; zweite verb. Ausg. der *Predigten über Naturtexte* und der *Neuen Predigten über Naturtexte* u. d. T.: Predigten über Naturtexte, 2 Bde., Hannover 1806. <51–52b>
104.1 Niederl. Übers.: Korte natuur-preeken [...], Amsterdam 1804, 2. Aufl. Amsterdam 1814. <52c-d>
105. Predigten und Reden an feierlichen Tagen, Karlsruhe u. Heidelberg 1814. <321>
106. Predigten zur Beförderung der Liebe zu Jesus, für Christen aller drey Kirchen. 2 T., Münster u. Osnabrück 1797. <143>
107. Prolog am Geburtsfeste Unsrer Fürstin zu dem Schauspiel von Kotzebue: Armuth und Edelsinn im Character der Luise gesprochen von Hannchen Ewald am 23ten Febr. 1796, Lemgo o. J. <136>
108. Rede bei Vereinigung des reformirten und katholischen Gymnasiums in Heidelberg, gehalten in dem kleinen katholischen Seminarium am 21[.] November 1808, Heidelberg 1809. <296>
109. Salomo. Versuch einer psychologisch-biographischen Darstellung, Leipzig u. Gera 1800. <187>
109.1 Niederl. Übers.: De geschiedenis, lotgevallen en hat karakter van Salomo [...], Groningen 1806; neue Ausg. Amsterdam 1818. <187a>
110. Schöpfung der Erde und des Menschen. Fünf Predigten (PüL H. 10), Lemgo 1809. <293>
111. Sechs Lieder, in Musik gesetzt von Ferdinand Fränzl[2], Frankfurt 1801. <193>
112. Sind in kleinen Landstädten Bürgerschulen nöthig? Eine leichte Frage, einfach beantwortet, Heidelberg 1810. <307>
113. Soll und kann die Religion Jesu allgemeine Religion seyn? Fortsetzung und Erweiterung, Leipzig 1790 (= AR II). <54>
114. Soll und kann die Religion Jesu allgemeine Religion seyn? Parallele zwischen Christenthum und Kosmopolitismus, Leipzig 1788 (= AR). <37>
114.1 Niederl. Übers.: Moet en kan de godsdienst van Jezus algemeen zijn? [...], Amsterdam 1805. <37a>
115. Ueber Auferstehung der Todten und letztes Gericht. Sechs Predigten (PüL H. 11), Lemgo 1800. <185>

---

[2] Der Musiker und Komponist F. Fränzl (1770–1833) heiratete die älteste Tochter Ewalds, Johanna Maria, geb. 28. 8. 1776; vgl. Ewalds *Fantasieen* von 1797, 19 f., 169; zur Familie Fränzl s. MGG 4, 613–615.

116. Ueber Deklamation und Kanzelvortrag. Skizzen und Ergüsse; auch zum Leitfaden akademischer Vorlesungen brauchbar, Heidelberg 1809. <299>
   116.1 Niederl. Übers.: Over de uiterlijke kanselwelsprekendheit [...], Zutphen 1814. 2. Aufl. Arnhem 1839 u. d. T.: Voorlezingen over [...]. <299a-b>
117. Ueber den Mißbrauch der wichtigsten Bibelvorschriften. Eine Fortsetzung der Schrift: Ueber den Mißbrauch reiner Bibellehren, Hannover u. Osnabrück 1794 (= ÜMV). <115>
118. Ueber den Mißbrauch reiner Bibellehren. Ein Lesebuch für Christusverehrer nach den Bedürfnissen unsrer Zeit, Hannover u. Osnabrück 1791 (= ÜML). <64>
   118.1 Niederl. Übers.: Over het misbruik eeniger hoofdwaarheden van den christelijken godsdienst [...], Utrecht 1794. <64a>
119. Ueber die Erwartungen der Christen in jener Welt. Sechs Predigten (PüL H. 12), Lemgo 1790. <56>
120. Ueber die Grösse Jesus und ihren Einfluss in die christliche Sittenlehre. Erste Fortsetzung, welche die Beantwortung verschiedener Einwürfe enthält, Gera u. Leipzig 1799 (= GRF). <159>
121. Ueber die Grösse Jesus und ihren Einfluss in seine Sittenlehre, nebst einigen hermeneutischen Ideen, Hannover 1798 (= GR). <152>
122. Ueber die großen Zwecke des Todes Jesus (PüL H. 2), Lemgo 1787. <27>
123. Über die Kantische Philosophie mit Hinsicht auf die Bedürfnisse der Menschheit. Briefe an Emma, Berlin 1790 (Repr. Michigan/USA 1985). <53, 53a>
   123.1 Niederl. Übers.: Brieven Aan Emma over de philosophie van Kant [...], Utrecht 1793. <53b>
124. Ueber die Natur und den hohen Werth des Glaubens. Sechs Predigten (PüL H. 4), Lemgo 1788. <29>
125. Ueber die verschiedenen Gesinnungen gegen Jesus. Sieben Predigten (PüL H. 3), Lemgo 1788. <28>
   125.1 Niederl. Übers.: Karakterschetsen van sommige personen, voorkomende in de lijdensgeschiedenis van Jezus [...], Amsterdam 1809; 2. Aufl. Groningen 1841. <28a-b>
126. Ueber Geist Geistesempfänglichkeit und Geisteswirkung. Sieben Predigten (PüL H. 6), Lemgo 1791. <66>
127. Ueber Geist und Bemühungen Christlicher Volkslehrer. Ideen und Erweckungen (ÜP H. 7), Lemgo 1791. <vgl. 61>
128. Ueber Predigerbildung, Kirchengesang und Art zu predigen. Erfahrungen, Bemerkungen und Wünsche (PüL H. 2), Lemgo 1784 (= PB). <12>
129. Ueber Volksaufklärung; ihre Gränzen und Vortheile. Den menschlichsten Fürsten gewidmet, Berlin 1790 (Repr. Königstein/Tn. 1979), mit Frakturausg., davon: 2. veränd. Aufl. Berlin u. Leipzig 1791. <57–57c>
   129.1 Niederl. Übers.: Over volks-verlichting [...], Amsterdam 1793, Utrecht 1793. <57d-e>
   129.2 Schwed. Übers.: Öfwer folkuplysning [...], Lund 1792. <57 f.>
130. Ueber Weißagungen und Wunder im Neuen Testamente. Sieben Predigten (PüL H. 7), Lemgo 1792. <69>
131. Über Predigerbeschäftigung und Predigerbetragen, 9 H., (mit jew. eigenem Tit.) Lemgo 1783–1794 (= ÜP).

132. Ueber Regieren und Gehorchen; bey dem Tode Leopolds des zweiten Römischen Kaisers, Hannover 1792. <72>
133. Über Revolutionen, ihre Quellen und die Mittel dagegen. Den menschlichsten Fürsten gewidmet, Berlin 1792; 2. u. 3. Aufl. Berlin 1793 (2. Aufl.: = REV). <68–68b>
   133.1 Niederl. Übers.: Over staatsomwentelingen, derzelver bronnen en behoedmiddelen [...], Utrecht 1793. <68c>
134. Unmaasgebliche Vorschläge zu Verbesserung des evangelischen Kirchenwesens, der Königl. Preuß. Regierung ehrerbietig vorgelegt, Berlin 1818. <359>
135. Urania, 4 Bde., (Bd. 1–2: Urania für Kopf und Herz), Hannover [Bd. 3–4: Leipzig] 1794–1796. <Vgl. 104–113; 118–126; 129–132>
136. Vermischte Christliche Ideen und Empfindungen, 2 Bde., Hannover 1794–1795 (= IE). <116>
   136.1 Niederl. Übers.: Gedachten en gevoelens van eenen Christen [...], Groningen 1820. <116a>
137. Von der Natur, und dem hohen Werth der Liebe. 5 Predigten über I. Cor. 13. Offenbach/M. 1781 (= LIEB). <5>
138. Vorlesungen über die Erziehungslehre und Erziehungskunst für Väter, Mütter und Erzieher, 3 Bde., Mannheim (3.: u. Heidelberg) 1808–1810; neue Ausg., Mannheim 1816 (= EL I–III). <290, 290a>
   138.1 Niederl. Übers.: Vorlezingen over de opvoeding der jeugd [...], 2 T., Amsterdam 1809–10. <290b>
139. Vorstellung an Bremens patriotische und edelgesinnte Bürger die Errichtung einer Bürgerschule betreffend, Bremen o. J. (1798?), zusammen mit J. K. Häfeli. <150>
140. Wahrheit, Gerechtigkeit und Liebe. oder versprochene Erklärung eines Urtheils über die Uebersetzung des N. Testaments von dem Herrn Pastor Stolz, Hamburg 1797 (= WG). <145>
141. Was dachten die alten Juden von dem Logos? und was dachten die Vornizänischen Väter von der Gottheit Jesus? Ein kleiner Beitrag zur Beantwortung dieser Fragen, mit einem Intelligenzblatt *an* die Redaktion und *gegen* einen Rezensenten in der Allg. Lit. Zeitung, Leipzig 1803 (= LOG). <239>
142. Was fehlt unseren Trivialschulen noch? Zwei Reden, bei dem Schlusse der Bürgerschule gehalten [...], Bremen 1804 (zusammen mit J. K. Häfeli). <241>
143. Was können und sollen Eltern für die religiöse Bildung ihrer Kinder thun? Eine Predigt am zweiten Sonntage nach dem neuen Jahr in der Schloßkirche gehalten über das Evangelium: Luc 2,41–52. Allen Vätern und Müttern gewidmet von M. Gottlieb August Knittel, Spezial und Hofdiakon in Karlsruhe, und hg. v. J. L. Ewald, Mannheim 1809. <298>
144. Was sollte der Adel jetzt thun? Den privilegirten Deutschen Landständen gewidmet, Leipzig 1793 (Repr. Königstein/Ts. 1982) (= AD). <93, 93a>
   144.1 Niederl. Übers.: Wat behooren Adel en Grooten thans de doen? Eene beantwoordde vraag, Amsterdam 1793. <93b>
145. Wie nützt man am besten den Geist seines Zeitalters? Eine philosophisch-historische Abhandlung, Bremen 1799 (= GZ). <160>
146. Zeitschrift zur Nährung christlichen Sinnes, [1. Bd.] H. 1: Stuttgart 1815, H. 2 u. 3 1816; 2. Bd. H. 1, 1817, H. 2 1818, H. 3 1819, hg. v. J. L. Ewald u. Carl Christian Flatt (= ZNchrS).
147. Zeugniss von dem Werth der Lehre Jesu; eine Predigt über Luc. 10, 38–42, Frankfurt/M. 1785. <15>

148. Zwey Weissagungen von 1803 und eine Dichterahnung von 1806, erfüllt in den Jahren 1813 und 1814. Für fromme Krieger und Nicht-Krieger, o. O. 1814. <322>

Zu weiteren Übersetzungen ins Niederl. mit kompilatorischem Charakter s. Steiger, 497 f.

Auflösung der für Ewaldschriften verwendeten Abkürzungen (vollst. Titel s. o.)

AD: Was sollte der Adel jetzt thun? [...], Leipzig 1793.
APK: Die lezten Szenen vor der Wiederkunft Jesus [...], Frankfurt u. Leipzig 1794.
AR, AR II: Soll und kann die Religion Jesu allgemeine Religion seyn? [...] Leipzig 1788 (= AR); Forts., Leipzig 1790 (= AR II).
BEANT: Beantwortung der Fragen: Was solten die Juden jetzt, und was sollte der Staat für sie thun? [...] Stuttgart 1821.
BIB: Bibelgeschichte, das einzig wahre Bildungsmittel [...], Heidelberg 1819 u. 1823.
BRU: Briefe über den Gebrauch der Bibelgeschichte [...], Lemgo 1783.
CAT: Etwas über Catechismen [...], Heidelberg 1816.
ChG: Christenthums Geist und Christen-Sinn [...], 2 Bde., Winterthur 1819.
ChrM: Christliche Monatschrift, 1800–1805.
EL I-III: Vorlesungen über die Erziehungslehre [...], 3 Bde., Mannheim u. Heidelberg 1808–1810.
ERU: Entwurf eines christlichen Religionsunterrichts [...], Hannover 1793.
ERZ: Die Erziehung des Menschengeschlechts [...], Lemgo 1783.
FRAG: Einige Fragen [...], Juden- und Menschenbildung betreffend, Karlsruhe 1820.
GdChr: Der Geist des Christenthums [...] Karlsruhe 1817.
GaGe: Gast- und Gelegenheitspredigten, Elberfeld u. Leipzig 1809.
GeG: Gemeingeist [...], Berlin 1801.
GESCH: Einiges Geschichtliche, woran bei einer bevorstehenden Vereinigung der beiden protestantischen Kirchen wohl erinnert werden darf [...], Heidelberg 1821.
GÖ: Die Göttlichkeit des Christenthums [...], Bremen 1800.
GR, GRF: Ueber die Grösse Jesus [...], Hannover 1798; Forts., Gera u. Leipzig 1799.
GZ: Wie nützt man am besten den Geist seines Zeitalters? [...], Bremen 1799.
HH: Ewald (Hrsg.), Hand- und Hausbuch für Bürger und Landleute [...], Lemgo u. Duisburg 1793.
IE: Vermischte Christliche Ideen und Empfindungen, Hannover 1794–1795.
ISR: Ideen, über die nöthige Organisation der Israeliten [...], Karlsruhe 1816.
KA: Über die Kantische Philosophie [...], Berlin 1790.
LB I-III: Lesebuch für die Landschulen [...], 3 Bde. Lemgo u. Duisburg 1788–1793.
LIEB: Von der Natur, und dem hohen Werth der Liebe [...[, Offenbach/M. 1781.
LOG: Was dachten die alten Juden von dem Logos? [...], Leipzig 1803.
LTA: Leiden, Tod und Auferstehung unseres Herrn [...], Lemgo 1785.
MYST: Briefe über die alte Mystik und den neuen Mysticismus, Leipzig 1822.
PB: Geist der Pestalozzischen Bildungsmethode [...], Bremen 1805.
PüL: Predigten über die wichtigste[n] [H. 7-12: wesentlichsten] und eigenthümlichste[n] Lehren des Christenthums, H. 1–12, Lemgo 1787–1809.
REV: Über Revolutionen [...], Berlin 1792, 2. Aufl. Berlin 1793.
RL, RL II: Die Religionslehren der Bibel [...], 2 Bde., Stuttgart u. Tübingen 1812.

RLA: Nöthiger Anhang zu der Schrift: Die Religionslehren der Bibel [...], Stuttgart 1814.
SAL: Salomo [...], Leipzig u. Gera 1800.
SI: Geist und Tendenz der christlichen Sittenlehre [...], Heidelberg 1806.
ÜML: Ueber den Mißbrauch reiner Bibellehren [...], Hannover u. Osnabrück 1791.
ÜMV: Ueber den Mißbrauch der wichtigsten Bibelvorschriften [...], Hannover u. Osnabrück 1794.
ÜP: Über Predigerbeschäftigung und Predigerbetragen, 9 H., Lemgo 1783–1794 (H 1: Briefe über den Gebrauch der Bibelgeschichte [...], 1783; H 2: Ueber Predigerbildung, Kirchengesang und Art zu predigen [...], 1784; H. 3: Mancherlei besonders über Predigerthätigkeit und Predigerwürde, 1786; H. 4: Ideen über Bibelstudium und Jugendbildung mit Versuchen und Erfahrungen, 1786; H. 5: Etwas von Schulanstalten und Liturgieen, 1788; H. 6: Mancherlei, insbesonders über Jugendbildung und Armenversorgung, 1789; H. 7: Über Geist und Bemühungen Christlicher Volkslehrer [...], 1791; H. 8: Ideen über Kasualpredigten und Volksbildung [...], 1793; H. 9: Mancherlei Beherzigenswerthes für Prediger [...], 1794).
VA: Ueber Volksaufklärung [...], 2. Aufl. Berlin u. Leipzig 1791.
VA 1800/1811: Ist es jetzt rathsam, die niederen Volksklassen aufzuklären? Leipzig u. Gera 1800; Ist es rathsam, die niederen Volksklassen aufklären? [...] Verm. Aufl. Leipzig 1811.
VOR: Unmaasgebliche Vorschläge zu Verbesserung des evangelischen Kirchenwesens [...], Berlin 1818.
WEA: Einige Ideen über weibliche Erziehungs-Anstalten, Winterthur 1819, angeh. an: Christentums Geist [...], 1819.
WG: Wahrheit, Gerechtigkeit und Liebe]...], Hamburg 1797.
WO: Des Pfarrer Ewalds lezte Worte an seine Offenbacher Gemeinde [...] Offenbach/M. 1781.
ZNchrS: Zeitschrift zur Nährung christlichen Sinnes, 1815–1819.

15.2 Ungedruckte Quellen

Ein ausführliches Verzeichnis der Autographen Ewalds und ihn betreffende Archivalien finden sich bei Steiger, 498–516.
    Ergänzend sei hier hingewiesen auf Briefe aus dem Briefwechsel mit Johann Georg Müller, s. Endre Zsindely, Katalog des Johann Georg Müller-Nachlasses der Ministerialbibliothek Schaffhausen, Schaffhausen 1968, auf die Korrespondenzen im Hausarchiv der Fürsten zu Lippe-Detmold, s. Martin Sagebiel (Bearb.), Das Hausarchiv der Fürsten zur Lippe. »Biesterfelder Archiv« (Inventare nichtstaatlicher Archive Westfalens N. F. 10), Münster, 1986, Nr. 643, sowie auf die unten mit * markierten Archivalien.

In der vorliegenden Arbeit fanden insbesondere Berücksichtigung:
Universitätsbibliothek Basel: Handschriftenabteilung, Nachlaß Schwarz VIII, 6–8, XIV,1–24.
Fürst von Isenburgisches Archiv, Schloß Birstein: Korrespondenzen Nr. 14431, 14432 f., 1439 f.; Isenburgische Kirchen- und Schulangelegenheiten, Nr. 4663.

*Kulturgut Fürst zu Ysenburg und Büdingen, Archiv: C. G. L. Meister, Predigten, Gedichte und Schriften, 1778–1811, unsort.
Zentralarchiv der Evang. Kirche in Hessen und Nassau, Darmstadt: Best. 137, St. 15.[3]
Lippisches Landeskirchenamt Detmold, Archiv: Konsistorial-Registratur II/13/1.
Nordrhein-Westfälisches Staatsarchiv Detmold: D 71 – 404, 536, 936, 1027; L 41a, Nr. 1055 f.; L 65, Nr. 74 f., 120 ff., 138, 150, 193 f., 204, 227, 230, 250, 261; L 77 A, Nr. 1856, 1971 ff., 5379, 9158; L 77 B, Fach 2; L 86, Nr. 1207.
*Stadtarchiv Frankfurt/M.: Ratssupplikationen 1775, III, Bl. 269–276; Ratssupplikationen 1812, E/124.[4]
Universitätsarchiv Heidelberg: Akten der Theologischen Fakultät 1806.1807: Nr. 5; Personalakte Nr. 1462 (Carl Daub); G-III-1/1, G-III-2; G-III-3.
Generallandesarchiv Karlsruhe: 76 Nr. 2091.
Biblioteka Jagiellońska Krakau: 2 Briefe Ewalds an Herder.
Germanisches Nationalmuseum Nürnberg, Archiv: Autograph Böttiger K. 6.
Landesbibliothek Oldenburg: Nachlaß G. A. v. Halem, Cim I 88m.
Württembergische Landesbibliothek Stuttgart: Cod. hist. 8° 103a. b.
Universitätsbibliothek Tübingen: Handschriftenabteilung, Mh 633.
Zentralbibliothek Zürich: FA Lav. Ms 507, 266–294; 558, 83–105; FA Hess 1741, 31b, 101, 181ak, 181 au, 181e, 292, 297 (zusammengestellt in den Kopien im Staatsarchiv Detmold: D 71–536).

Ergänzend zu den bei Steiger, 515 f. erwähnten edierten Autographen Ewalds sei hingewiesen auf:
Brief Ewalds an Theodor Gottlieb von Hippel (9. Oktober 1792, Bitte Ewalds an den anonymen Verfasser der *Lebensläufe* um Mitarbeit an der *Urania*), in: Joseph Kohnen, Theodor Gottlieb von Hippel. 1741–1796. L'homme et l'oeuvre (Serie I. Langue et littérature allemandes [...] 727), 2 Bde., Bern, Frankfurt/M. u. a. 1983, Bd. 1, 371 f. Anm. 85); vgl. ders., Eine zentrale Persönlichkeit der Königsberger Geistesgeschichte, Lüneburg 1987, 242 f.

15.3 Gedruckte Quellen

Adelung, Johann Christoph, Versuch einer Geschichte der Cultur des menschlichen Geschlechts. Mit einem Anh. verm., 2. Aufl. Leipzig 1800 (zuerst Leipzig 1782).
Aland, Kurt (Hrsg.), Philipp Jacob Spener, Pia desideria (KIT 170), 3. Aufl. Berlin 1964.
Anzeige der Vorlesungen [...], Heidelberg [1805–1807].
Archiv für die Pastoralkonferenzen in den Landkapiteln des Bisthums Konstanz. 1814, Konstanz u. Freiburg, Bd. 1, 1814.
Arndt, Ernst Moritz, Germanien und Europa, Altona 1803.

---

[3] Es handelt sich um einen Brief des Landgrafen Wilhelm von Hessen-Philippstal vom 21. Januar 1772 an Wolfgang Ernst II. von Isenburg-Birstein mit der Bitte, den als Hofmeister angestellten Ewald in Kassel ordinieren lassen zu dürfen, um ihm als Pfarrer mittels einer gehobeneren Stellung am Hof die Erziehungsaufgabe zu erleichtern.

[4] Zwei Supplikationen Ewalds bezüglich der Beibehaltung bzw. Aufgabe des Bürgerrechts.

Arnold, Gottfried, Historie und Beschreibung der Mystischen Theologie, Faks.-Neudr. der Ausg. Frankfurt 1703 (Hauptschriften in Einzelausgaben 2), Stuttgart-Bad Cannstatt 1969.

—, Die Geistliche Gestalt Eines Evangelischen Lehrers [...], 2 T., Frankfurt u. Leipzig 1722–1723 (2. Aufl.)

Auszüge aus dem Briefwechsel der Deutschen Gesellschaft thätiger Beförderer reiner Lehre und wahrer Gottseligkeit, Bd. 1, Basel 1783, 16–21.

Baader, Franz Xaver von, SW, Neudr. der Ausg. Leipzig 1851 ff., Aalen 1963.

Bacon, Francis, Sermones fideles ethici, politici, oeconomici [...], Amsterdam 1685.

—, A confession of faith, in: The Works, 3 Bde., London 1753, Bd. 2, 365–368.

Bahrdt, Karl Friedrich, Das Neue Testament oder die neuesten Belehrungen Gottes durch Jesum Christum und seine Apostel, Berlin 1783.

—, Die Lehre von der Person und dem Amte unsers Erlösers in Predigten rein biblisch vorgetragen, Frankfurt/M. 1775.

—, Katechismus der natürlichen Religion als Grundlage eines jeden Unterricht [!] in der Moral und Religion, zum Gebrauche für Eltern, Prediger, Lehrer und Zöglinge, 2. verm. Aufl. Görlitz 1795.

—, Die Kleine Bibel, 2 Bde., Berlin 1780.

—, Ueber das theologische Studium auf Universitäten [...], Berlin 1785.

—, Versuch eines biblischen Systems der Dogmatik, 2 Bde., Eisenach u. Leipzig 1785.

—, Würdigung der natürlichen Religion und des Naturalismus in Beziehung auf Staat und Menschenrechte, Halle 1791.

Bamberger, Joseph, Ein Wort zu seiner Zeit. Oder: Betrachtungen bey Gelegenheit des Großen Sanhedrin in Paris (zuerst 1808), wieder in: H. E. G. Paulus (Hrsg.), Beiträge von jüdischen und christlichen Gelehrten zur Verbesserung der Bekenner des jüdischen Glaubens, Frankfurt/M. 1817, 3 ff.

Barrows, J., Reise in das Innere von Afrika in den Jahren 1797 und 1798, Leipzig 1801.

Barth, Christian Gottlieb (Hrsg.), Süddeutsche Originalien, Hahn, Hosch und Andere [...], H. 4, Stuttgart 1836.

Basedow, Johann Bernhard, Betrachtungen über die wahre Rechtgläubigkeit und die im Staate und in der Kirche nothwendige Toleranz, Altona 1766.

—, Methodischer Unterricht der Jugend in der Religion und Sittenlehre der Vernunft [...], Altona 1764, Nachdr. Hildesheim 1985 (zus. mit: ders., Methodischer Unterricht in der überzeugenden Erkenntniß der biblischen Religion [...], Altona 1764).

—, *(o. Vf.),* Einer Philadelphischen Gesellschaft Gesangbuch für Christen und für philosophische Christgenossen, Germanien (!) 1784.

—, Vermächtniß für die Gewissen, 2 T., Dessau 1774.

Basnage, Jacques, Histoire des Juifs, depuis Jesus-Christ jusqu'à present, 5 Bde., Rotterdam 1706–1707 (Bd. 1 u. d. T.: L'histoire et la religion des Juifs [...]).

Baur, Samuel, Charakteristik der Erziehungsschriftsteller Deutschlands. Ein Handbuch für Erzieher, Leipzig 1790, Nachdr. Vaduz/Lichtenstein 1981 (Paedagogica, hg. v. Heinz-Joachim Heydorn und Gernot Koneffke).

Bayle, Pierre, Oeuvres diverses, hg. v. Elisabeth Labrousse, Suppl. I, Hildesheim u. New York 1982.

Beck, Johann Tobias, Erklärung der Offenbarung Johannis Cap. 1–12, hg. v. Julius Lindenmeyer, Gütersloh 1884.

—, Vorlesungen über die Christliche Glaubenslehre, hg. v. Julius Lindenmeyer, 2 Bde., Gütersloh 1886–1887.

Becker, Rudolf Zacharias, Noth- und Hülfs-Büchlein für Bauersleute oder lehrreiche Freuden- und Trauer-Geschichte des Dorfs Mildheim. Für Junge und Alte beschrieben, Gotha u. Leipzig 1788.

—, Mildheimisches Liederbuch. Faks. nach der Ausg. v. 1815, mit einem Nachw. v. Günter Häntschel (Deutsche Neudrucke, Reihe: 18. Jh.), Stuttgart 1971.

Bekker, Balthasar, Bezauberte Welt. Neu übers. v. Johann Moritz Schwager [...]; durchg. u. verm. v. Johann Salomo Semler, 3 Bde. Leipzig 1781–1782.

Beneken, Friedrich Burchard (Hrsg.), Jahrbuch der Menschheit oder Beyträge zur Beförderung häuslicher Erziehung, häuslicher Glückseligkeit und praktischer Menschenkenntniß, 1.1788–4.1791 (je 2 Bde., 1791 nur Bd. 1).

Bengel, Johann Albrecht, Gnomon Novi Testamenti [...] 2. Ausg. Ulm 1763.

—, Erklärte Offenbarung Johannis [...], Neue Aufl. Stuttgart 1773.

—, Sechzig erbauliche Reden über die Offenbarung Johannis [...], Stuttgart 1771.

Benthem, Henrich Ludolf, Holländischer Kirchen- und Schulenstaat, Bd. 1, Frankfurt u. Leipzig 1698.

Bibliothek für Kritik und Exegese des neuen Testaments und älteste Christengeschichte, hg. v. Johann Ernst Christian Schmidt u. Karl Christian Ludwig Schmidt, 1.1796–3.1803.

Bodenschatz, Johann Christoph Georg, Kirchliche Verfassung der heutigen Juden, sonderlich deren in Deutschland, 4 Teile in 1 Bd., T. 1–2, Frankfurt/Leipzig/Erlangen 1748–1749.

Boehmer, Justus Henning, Jus ecclesiasticum Protestantium [...], 3 Bde., 5. Aufl. Halle u. Magdeburg 1756–1774.

Bogatzkys Lebenslauf von ihm selbst beschrieben, als Beitrag zur Geschichte der Spenerschen theologischen Schule, Halle 1801.

Bossuet, Jacques, Exposition de la doctrine de l'église catholique, Paris 1761.

Brandes, Ernst, Betrachtungen über den Zeitgeist in Deutschland in den letzten Decennien des vorigen Jahrhunderts, Hannover 1808 (Fortsetzung 1810).

—, Über die Weiber, Leipzig 1787.

Brastberger, Gebhard Ulrich, Über den Ursprung und Werth der kirchlichen Gewohnheit, durch Symbolische Schriften den Innhalt der christlichen Religion festzusetzen, mit Anwendung auf die neuesten Unionsprojekte, Ulm 1788, hg. v. Christian Friedrich Duttenhofer.

Brauer, Johann Niklas Friedrich, Gedanken über einen Kirchenverein beeder protestantischen Religionsparthieen, Karlsruhe 1803.

—, Gedanken über Protestantismus und dessen Einfluß auf die Rechte der Kirchengewalt und der Religionslehrer [...] Karlsruhe 1802.

Brechter, Johann Jakob, Briefe über den Aemil des Herrn Rousseau, Zürich 1773.

Buchholz, Karl August, Actenstükke die Verbesserung des bürgerlichen Zustandes der Israeliten betreffend, Stuttgart u. Tübingen 1815.

Burk, Johann Albrecht, Gnade und Wahrheit, die durch Jesus Christum worden ist, 2. Aufl. Tübingen 1776.

Burke, Edmund, Betrachtungen über die französische Revolution. Nach dem Englischen [...] neu bearb. [...] v. Friedrich Gentz, 2 Bde., Berlin 1793; NB mit einem Nachw. v. Lore Iser (Theorie 1) Frankfurt/M. 1967.

Butler, Joseph, The Analogy of Religion, natural and revealed, to the constitution and course of Natur, in: The Works [...], London 1841, 57–312, dt.: Bestätigung der natürlichen und geoffenbarten Religion aus ihrer Gleichförmigkeit mit der Einrichtung und dem ordentlichen Laufe der Natur [...], 2. Ausg., Tübingen 1779.

Calmette, Jean u. a., L'Ezour-vedam, ou Ancien commentaire du Vedam [...] contenant l'exposition des opinions religieuses et philosophiques des Indiens, 2 Bde., Yverdun 1778.

Calvör, Caspar, Gloria Christi, oder Beweis der Wahrheit der christlichen Religion, Leipzig 1710.

Camerarius, Joachim, Sententiae Jesu Siracidae [...], Basel 1551.

Catechismus, oder kurtzer Unterricht Christlicher Lehre, wie derselbe in denen Reformirten Kirchen und Schulen der Chur-Fürstlichen Pfalz, auch anderwärts getrieben wird [...] Heidelberg 1767.

Charron, Pierre, Les trois verités, Bordeaux 1594.

Clairvaux, Bernhard von, Opera 3, Rom 1963.

Claudius, Matthias, Fénelon's Werke religiösen Inhalts nebst einem Anhang aus dem Pascal. Aus dem Franz. übers., 3 Bde., neue Aufl. Hamburg 1823 (zuerst 1800–1811).

—, *(Hrsg.),* Irrthümer und Wahrheit, oder Rückweiß für die Menschen auf das allgemeine Principium aller Erkenntniß [...], Breslau 1782, Nachdr. 2 Bde., Stuttgart 1922–1925.

Clostermeier, Christian Gottlieb (o. Vf.), Auszug aus den Lippischen Landesgesetzen für den Bürger und Landmann, Lemgo 1791.

Cludius, Hermann Heimart, Wahrheiten der christlichen Religion, insbesondere zur Widerlegung der Juden [...], Bremen 1782.

Cölln, Ludwig Friedrich August von, Christlicher Unterricht nach der Geschichte und Lehre der Bibel, zum Privatgebrauche für Kinder auf dem Lande, Duisburg 1789.

—, Christliches Hausbuch oder Predigten auf alle Sonn- und Festtage, zur Erbauung, Erwekung, Warnung und zum Trost für den Landmann, nebst einem Anhang von Gebäten, Lemgo 1792.

Cramer, Johann Andreas, Poetische Übersetzung der Psalmen, mit Abh. über dies., 4 Bde., Leipzig 1755–1764.

Creuzer, Georg Friedrich, Idee und Probe alter Symbolik, in: Daub u. Creuzer (Hrsg.), Studien, Bd. 2, Frankfurt u. Heidelberg 1806, 224–324 (Faks.-Neudr. Stuttgart-Bad Cannstatt 1969).

—, Symbolik und Mythologie der alten Völker, besonders der Griechen, 4 Bde., Heidelberg 1810–1812.

Dalberg, Karl Theodor [Anton Maria] von, Betrachtungen über das Universum, 6. Aufl. Mannheim 1819.

Döderlein, Johann Christoph, Institutio theologi christiani in capitibus religionis theoreticis nostris temporibus accomodata, 2 Bde., 6. Aufl. Nürnberg/Altdorf 1797 (zuerst 1782).

Dohm, Christian Wilhelm von, Ausgewählte Schriften. Lemgoer Ausg., bearb. v. Heinrich Detering (Lippische Geschichtsquellen 16), Lemgo 1988 (= Dohm, Schriften).

—, Schlechte Aussichten für den deutschen Linnenhandel aus Schottland und Irrland, in: Deutsches Museum 1776, Bd. 1, 318–333.

—, Die Lütticher Revolution im Jahr 1789 und das Benehmen Sr. Königl. Majestät von Preussen bey derselben [...], Berlin 1790.

—, Ueber die bürgerliche Verbesserung der Juden, 2 Bde., Berlin u. Stettin 1781–1783, Faks.-Neudr. Hildesheim u. New York 1973.

—, Materialien für die Statistick und neuere Staatengeschichte, 5 Bde., Lemgo 1777–1785.

Duttenhofer, Christian Friedrich, Freymüthige Untersuchungen über Pietismus und Orthodoxie, Halle 1787.

—, *(o. Vf.)* Würtembergische Heiligen-Legende oder das Leben der heiligen Tabea von Stuttgart [...], Halle 1789.

Eberhard, Johann August, Neue Apologie des Sokrates, oder Untersuchung der Lehre von der Seligkeit der Heiden, neue verb. Aufl., 2 Bde., Frankfurt/M. u. Leipzig 1787 (zuerst Berlin u. Stettin 1772).

—, Ueber die Zeichen der Aufklärung einer Nation. Eine Vorlesung gehalten vor [...] dem regierenden Herzog von Würtemberg [...], Halle 1783.

Ehlers, Martin, Winke für gute Fürsten, Prinzenerzieher und Volksfreunde, 2 Bde., Kiel u. Hamburg 1786–1787.

Eichhorn, Johann Gottfried, Commentarius in Apocalypsin Joannis, 2 Bde., Göttingen 1791.

—, Urgeschichte, hg. mit Einl. u. Anmerkungen v. Johann Philipp Gabler, 2 Bde., Altdorf u. Nürnberg 1790–1793.

Eisenmenger, Johann Andreas, Entdecktes Judenthum [...], 2 Bde., Königsberg [d. i. Berlin] 1711.

Emmerich, Georg Heinrich (Hrsg.), Glaubensbekenntniß Seiner Durchlaucht des Erbprinzen von Isenburg Carl Friedrich Ludwig, nebst denen bei dieser Gelegenheit gehaltenen Reden, Offenbach 1781.

Ernesti, Johann August, Institutio interpretis Novi Testamenti, 3. Aufl. Leipzig 1775 (5. Aufl. 1809).

Eschenmayer, Karl August, Religionsphilosophie, 3 Bde., Tübingen 1818–1824.

Euripides, Tragödien, Bd. 1. Medeia. Griech. u. dt. v. Dietrich Ebener (SQAW 30,1), Berlin 1972.

Ewalds Autor-Sünde, oder Was hatten die Adelichen Landstände von D.....d zu thun?, in: Der Genius der Zeit 1796.1, 306–313.

Fénelon, François de S. de, Les aventures de Télémaque, fils d'Ulysse, hg. v. Marguerite Haillant, Paris 1993 (s. auch: Claudius, Matthias).

Feßler, Ignaz Aurelius, Ansichten von Religion und Kirchenthum, 3 Bde., Berlin 1805.

Fichte, Johann Gottlieb, Gesamtausgabe der Bayerischen Akademie der Wissenschaften, hg. v. Reinhard Lauth, Hans Jacob u. Hans Gliwitzky, Stuttgart-Bad Cannstatt 1962 ff.

Flatt, Johann Friedrich, Briefe über den moralischen Erkenntnisgrund der Religion überhaupt und besonders in Beziehung auf die Kantische Philosophie, Tübingen 1789.

—, Etwas über die Beziehung der Lehre Jesu von seiner Person auf die Denkart der palästinensischen Juden, in: Vermischte Versuche, Leipzig 1785, 233–268.

Flatt, Karl Christian, Etwas zur Apologie der Mosaischen Religion [...], in: MCMD 3.1797, 76–132.

—, Philosophische und historisch-exegetische Bemerkungen über die Wunder Christi, in: MCDM 3.1797, 1–39.

Förster, Karl (Hrsg.), Francesco Petrarca's sämmtliche Canzonen, Sonette, Ballaten und Triumphe, 2. verb. Aufl. Leipzig 1833.

Friedländer, David (o. Vf.), Sendschreiben an Seine Hochwürden Herrn Oberconsistorialrath und Probst Teller zu Berlin, von eingen Hausvätern jüdischer Religion, Berlin 1799, Repr. (mit hebr. Übers. u. Einl.), Jerusalem 1975.
— , Actenstücke, die Reform der jüdischen Kolonien in den Preußischen Staaten betreffend, Berlin 1793.
Fries, Jakob Friedrich, Ueber die Gefährdung des Wohlstandes und Charakters der Deutschen durch die Juden. Eine aus den Heidelberger Jahrbüchern der Litteratur besonders abgedruckte Recension der Schrift des Prof. Rühs in Berlin: »Über die Ansprüche der Juden an das deutsche Bürgerrecht, 2. verb. Abdr.« [...], Heidelberg 1816.
— , Sämtliche Schriften, hg. v. G. König u. a., Aalen 1967 ff.
— , Tradition, Mysticismus und gesunde Logik, oder über die Geschichte der Philosophie, in: Karl Daub u. Friedrich Creuzer (Hrsg.), Studien 6.1810, 1–73.
Funfzig auserlesene Lieder, bei Sonnenschein und Regen, beim Heumachen, Kornbinden und Erndtekranz, Flachs- Spinn- und Liebeslieder, daheim und in freier Luft zu singen, wenn man gerne froh ist in sechs Samlungen, Lemgo 1793 (mit gesonderter Notenausgabe).
Gall, Franz Joseph, Darstellung des Gehirns, als Organ der Seelenfähigkeiten, Leipzig 1802.
Gatterer, Johann Christoph, Stammtafeln zur Weltgeschichte, wie auch zur Europaeischen Staaten- und Reichshistorie, 1. Sammlung (Tafel 1–32), Göttingen 1790.
— , Versuch einer allgemeinen Weltgeschichte bis zur Entdeckung Amerikens, Göttingen 1792.
Gaubil, Antoine, Guignes, Joseph de (Hrsg.), Le Chou-king, un de livres sacrés des chinois [...], Paris 1770.
Gebauer, Georg Christian, Portugiesische Geschichte [...], 2 Bde., Leipzig 1759.
Germershausen, Christian Friedrich, Die Hausmutter in allen ihren Geschäfften, 5 Bde., 3. verb. Aufl. Bd. 1–3, 2. Aufl. Bd. 4–5, Leipzig 1782–86.
— , Der Hausvater in systematischer Ordnung, 5 Bde., Leipzig 1783–1786.
Gesetz-Sammlung für die Königlichen Preußischen Staaten, Berlin 1823.
Girtanner, Christoph, Historische Nachrichten und politische Betrachtungen über die französische Revolution, 13 Bde., Berlin 1792–1798.
Gräffe, Johann Friedrich, Vollständiges Lehrbuch der allgemeinen Katechetik nach Kantischen Grundsätzen zum Gebrauche akademischer Vorlesungen, 3 Bde., Göttingen 1795–1799.
Greiling, Johann Christoph, Theorie der Popularität, Magdeburg 1805.
Gruner, Justus, Meine Wallfahrt, 2 Bde., Frankfurt/M. 1802–1803.
Guthrie, Wilhelm, Gray, Johann u. a., Allgemeine Weltgeschichte von der Schöpfung an bis auf gegenwärtige Zeit [...], 17 Bde., Leipzig 1765–1786.
GutsMuths, Johann Christoph Friedrich, Gymnastik für die Jugend [...], Schnepfenthal 1793.
Haab, Philipp Heinrich, Religions-Unterricht durch Bibel-Geschichten [...] Mit einer Vorr. von [...] Johann Ludwig Ewald [...], 1. T. Glaubenslehre, Stuttgart 1817, 2. T. Pflichtenlehre, Stuttgart 1818.
Häfeli, Johann Kaspar, Ueber Zend-Avesta, oder Zoroasters Religionssystem, in: ChrMag, 1. Bd., 2. St., 1779, 3–16; 3. Bd., 1. St., 1780, 69–123 (Forts. angek.).
— , Drei Predigten über die Reformation, in der Stadtkirche zu Wörliz gehalten, und auf Befehl Seiner Hochfürstlichen Durchlaucht, des regierenden Fürsten herausgegeben, Dessau 1790.

Hahn, Philipp Matthäus, Bescheidene Untersuchung der Dreieinigkeitslehre des Herrn D. Urlspergers [...], in: Schwäbisches Magazin von gelehrten Sachen, 1778, 201–210; 333–341; 442–457, 565–578.

— , *(o. Vf.),* Die Stuffenweise Entwiklung des Schöpfungs-Plans Gottes in Ansehung des Menschengeschlechts. Ein Versuch, über die verborgene Weisheit Gottes im Geheimnisse des Kreuzes Christi, welche Gott vor den Weltzeiten zu unserer Herrlichkeit bestimmt hat. I Kor 2,7, Dessau u. Leipzig 1784.

— , *(o. Vf.),* Eines ungenannten Schriftforschers Betrachtungen und Predigten über die Sonn- und Feiertägliche Evangelien wie auch über die Leidensgeschichte Jesu für Freunde der alten Schrift-Wahrheit, 2. aufs neue durchges. u. verb. Aufl. Leipzig 1780.

— , *(o. Vf.),* Eines ungenannten Schriftforschers vermischte Theologische Schriften (= Hahn, Theol. Schr.), Bd. 1, Winterthur 1779.

— , Hinterlassene Schriften [...], hg. v. Ch. Ulr. Hahn, 2 Bde., Heilbronn u. Rothenburg/Tauber 1828.

— , Erzählung von Anfang und Fortgang der Erbauungsstunden in Kornwestheim, Winterthur 1779.

— , Die heiligen Schriften der guten Botschaft vom verheissenen Königreich, oder das sogenannte neue Testament [...] neu übersetzt; und mit vielen zum lautern Wortverstand leitenden Hülfsmitteln, Fingerzeigen und Erklärungen versehen, o. O. 1777.

— , *(o. Vf.),* Sammlung von Betrachtungen über alle Sonn-[,] Fest[-] und Feyertägliche Evangelien, durch das ganze Jahr. nebst Sechszehen Passions-Predigten für Freunde der Wahrheit, o. O. 1774 (= Hahn, Betrachtungen).

Hahnzog, Christoph Ludwig, Über den Einfluß des Ackerbaus und der dahin gehörigen Geschäffte auf die Charakterbildung des Landmanns, in: Jb. für die Menschheit 1788.1, 547–581.

Halem, Gerhard Anton von, Selbstbiographie nebst Sammlung von Briefen an ihn [...], hg. v. C. F. Strackerjan, Oldenburg 1840 (= Halem, Selbstbiographie).

Haller, Albrecht von, Briefe über die wichtigsten Wahrheiten der Offenbarung, 3. Aufl. Reutlingen 1779.

Hamann, Johann Georg, Sokratische Denkwürdigkeiten. Aesthetica in nuce. Mit einem Komm. hg. v. Sven Aage Jørgensen, Stuttgart 1968.

Hartleben, Theodor Konrad, Statistisches Gemälde der Residenzstadt Karlsruhe und ihrer Umgebungen, Karlsruhe 1815, Anh. (mit eigener Seitenzählung): Litterärisches Karlsruhe [...].

Heeren, Arnold Hermann Ludwig, Ideen über die Politik, den Verkehr und den Handel der vornehmsten Völker der alten Welt, Bd. 1, Göttingen 1793.

Hegel, Georg Wilhelm Friedrich, GW, Hamburg 1968 ff.

Henke, Heinrich Philipp Konrad, Beurtheilung aller Schriften welche durch das Königlich Preußische Religionsedikt und durch andre damit zusammenhängende Religionsverfügungen veranlaßt sind, Kiel 1793.

Herbart, Johann Friedrich, Pestalozzis Idee eines ABC der Anschauung, untersucht und wissenschaftlich ausgeführt, Göttingen 1802.

Herder, Johann Gottfried, Journal meiner Reise im Jahr 1769. Hist.-krit. Ausg., hg. v. Katharina Mommsen, Stuttgart 1976.

Hermes, Johann Timotheus (o. Vf.), Für Töchter edler Herkunft. Eine Geschichte, 3 Bde., Karlsruhe 1789.

Heß, Johann Jakob, Bibliothek der heiligen Geschichte [...], 2 Bde., Frankfurt u. Leipzig 1791–1792.

—, Briefe über die Offenbarung Johannes. Hg. nach der hsl. Mittheilung des Verewigten von einem Freund und Verehrer desselben, Zürich 1843.

—, *(o. Vf.),* Geschichte der drey letzten Lebensjahre Jesu, samt dessen Jugendgeschichte, 2 Bde., Tübingen 1779.

—, *(o. Vf.),* Geschichte der Israeliten vor den Zeiten Jesu. Von dem Vf. der Geschichte Jesu, 12 Bde., Zürich 1776–1788; Tübingen 1785–1792 (hier: Geschichte der Patriarchen, 2 Bde., Zürich 1776; Geschichte Moses, 2 Bde., Tübingen 1788; Geschichte Josuas und der Heerführer, 2 Bde., Tübingen 1788; Geschichte Davids und Salomos, 2 Bde., Tübingen 1788–1789; Geschichte der Regenten von Juda nach dem Exilio [...], 2 Bde., Zürich 1788).

—, *(o. Vf.),* Geschichte und Schriften der Apostel Jesu. Von dem Vf. der Lebensgeschichte Jesu, 2 Bde., Zürich 1775.

—, Lebensgeschichte Jesu, 2 Bde., 7. Aufl. Zürich 1794.

—, *(o. Vf.),* Ueber die Lehren, Thaten und Schicksale unsers Herrn. Von dem Vf. der Lebensgeschichte Jesu. Ein Anh. zu derselben, Zürich 1782.

—, Von dem Reiche Gottes. Ein Versuch über den Plan der göttlichen Anstalten und Offenbarungen, 2 Bde., Zürich 1774, 2. Aufl. 1781 u. ö.

Heß, Mendel (Michael), Die Bürger- und Realschule der israelitischen Gemeinde zu Frankfurt/M. von ihrer Entstehung im Jahre 1804 bis zu meinem Abtreten von derselben im Juli 1855, Frankfurt /M. 1857.

Heyne, Christian Gottlob, Nonnulla in vitae huminae initiis a primis Graeciae legumlatoribus ad morum mansuetudinem sapientes instituta (1765, mit Nachtr.), in: Opuscula academica [...], Bd. 1, Göttingen 1785.

Hiller, Philipp Friedrich, Geistliches Lieder-Kästlein zum Lobe Gottes bestehend aus 366 kleinen Oden über soviel biblische Sprüche, 2. Aufl., 2 Bde., Stuttgart 1768–1771.

Hippel, Theodor Gottlieb von (o. Vf.) Ueber die bürgerliche Verbesserung der Weiber, Berlin 1792, in: SW 6, Berlin 1828 (photom. Nachdr. d. Ausg. Berlin 1828–1839, Berlin u. New York 1978).

—, Ueber die Ehe, SW 5, Berlin 1828 (nach der 5. verm. Aufl., zuerst Berlin 1774, 4. verm. Aufl. Berlin 1793, zahlreiche Nachdr.

Hölderlin, Friedrich, SW, Stuttgart 1943 ff.

Hoornbeeck, Johannes, Socinianismi confutati [tomi], 3 Bde., Amsterdam 1650–1664.

Hufeland, Christoph Wilhelm, Guter Rat an Mütter über die wichtigsten Punkte der physischen Erziehung der Kinder in den ersten Jahren, 2. verb. Aufl. Berlin 1804 (zuerst 1799).

—, Einige Schönheitsmittel, nicht aus Paris, in: Journal des Luxus und der Moden, 1.1786, 228–233.

—, Der Scheintod, Berlin 1808.

Hufeland, Gottlieb, Lehrsätze des Naturrechts [...], Jena 1795.

Jacobi, Friedrich Heinrich, Woldemar. Faksimiledruck nach der Ausg. v. 1779. Mit einem Nachw. v. Heinz Nicolai (Dt. Neudrucke. R. Texte des 18. Jh.), Stuttgart 1969.

Jaumann, Herbert (Hrsg.), Louis-Sébastien Mercier, Das Jahr 2440. Ein Traum aller Träume. Aus dem Franz. übertr. v. Christian Felix Weiße, Frankfurt/M. 1989.

Jean Paul (Friedrich Richter), Werke (seit 1974: SW), München 1959–1985 (Hanser-Ausgabe).

Jerusalem, Johann Friedrich Wilhelm, Betrachtungen über die vornehmsten Wahrheiten der Religion. Ausgew. u. hg. v. Wolfgang Erich Müller (Niedersächsische Bibliothek Geistlicher Texte 2), Hannover 1991 (= Jerusalem, Betrachtungen).

Jung-Stilling, Johann Heinrich, Sämmtliche Schriften, hg. v. J. N. Grollmann, 13 Bde. u. Erg.-Bd., Stuttgart 1835–1838, Repr. in 7 Bd., Hildesheim 1979.

Kanne, Johann Arnold, Aus meinem Leben[,] gefolgt von Georg Heinrich von Berenhorst Selbstbekenntnisse, hg. v. Albéric Caron de Viat mit einem Beitr. v. Carl Schmitt (1918), Wien u. Leipzig 1994.

— , Biblische Untersuchungen und Auslegungen mit und ohne Polemik, 2 T., Erlangen 1819–1820.

— , Des Johann van Eyffern Wahrhafte kalifornische Geschichten und geistreiche mystische Gespräche mit dem Herrn Präsidenten von Heerrauch [...], Nürnberg 1820.

— , Leben und aus dem Leben merkwürdiger und erweckter Christen aus der protestantischen Kirche, 2 Bde., Bamberg u. Leipzig 1816–1817 (= Kanne, Leben).

— , Matthes Weyers Geistreiche, Mündliche Sprüche das Inwendige Christenthum betreffend für solche, die weiter wollen. Neubearbeitet [...], Nürnberg u. Altdorf 1817.

Kant, Immanuel, Werke in sechs Bänden, hg. v. Wilhelm Weischedel, Darmstadt 1983.

Kleuker, Johann Friedrich (o. Vf.), Zend-Avesta, Zoroasters Lebendiges Wort, worin die Lehren und Meinungen dieses Gesetzgebers von Gott, Welt, Natur und Menschen; ingleichen die Ceremonien des heiligen Dienstes der Parsen u. s. f. aufbehalten sind, Bd. 1–3, Riga 1776–1777.

— , Anhang zum Zend-Avesta, 1. Bd. in 2 T., 2. Bd. in 3 T., Leipzig u. Riga 1781–1783.

— , Betrachtungen über den gegenwärtigen Zustand der christlichen Religion und Theologie in Deutschland, in: ChrM 1804.2, 147–185; 241–280; 321–356; 401–428.

— , Briefe an eine christliche Freundin über die Herderische Schrift: Von Gottes Sohn, der Welt Heiland, nach Johannis Evangelium, Münster u. Leipzig 1802.

— , *(o. Vf.),* Briefe über die Natur und Mittheilung der Kräfte und Gaben des Göttlichen Geistes [...], Leipzig 1780.

— , Einige Belehrungen über Toleranz, Vernunft, Offenbarung, Theologie, Wandrung der Israeliten durchs rothe Meer und Auferstehung Christi von den Todten [...], Frankfurt/M. 1778.

— , *(o. Vf.),* ΜΑΓΙΚΟΝ oder das geheime System einer Gesellschaft unbekannter Philosophen unter einzelne Artikel geordnet [...] 2 T. in 1 Bd., Frankfurt/M. u. Leipzig 1784 (Nachdr. 1980).

— , Neue Prüfung und Erklärung der vorzüglichsten Beweise für die Wahrheit und den göttlichen Ursprung des Christenthums, wie der Offenbarung überhaupt [...], 1. u. 2. T., Riga 1787–1789 (3. T., 2 Bde., Riga 1794).

— , Salomonische Denkwürdigkeiten. Als Anhang das Buch der Weisheit übersetzt und durch Anmerkungen erläutert, Riga 1785.

— , Salomo's Schriften. Erster Theil welcher den Prediger enthält, Leipzig 1777.

Kliefoth, Theodor, Die Offenbarung des Johannes, 3 Bde., Leipzig 1874.

Klopstock, Friedrich Gottlob, Oden und Elegien. Mit einem Nachw. u. Anm. hg. v. Jörg-Ulrich Fechner, Faks.-Druck der [...] 1771 ersch. Ausg., Stuttgart 1974.

—, Werke und Briefe. Hist.-krit. Ausg. Begr. v. Adolf Beck u. a., hg. v. Elisabeth Höpker-Herberg u. a., Berlin u. New York 1974 ff. (Hamburger Klopstock-Ausg.).
Knapp, Georg Christian, Die Psalmen [...] mit Anm., 3. verb. u. verm. Aufl. Halle 1789.
Koppe, Johann Benjamin, NT Graece perpetua annotatione illustratum, Bd. 1, Göttingen 1778 (zu Gal, I-II Thess u. Eph); 1783 ersch. Bd. 4 (zu Röm).
Lampe, Friedrich Adolf, Milch der Wahrheit, nach Anleitung des Heidelbergischen Catechismi zum Nutzen der Lehr-begierigen Jugend aufgesetzt [...], 6. Aufl. Frankfurt/M. und Leipzig 1760 (zahlreiche Aufl.).
Landesverordnungen der Grafschaft Lippe, 35 Bde., Lemgo 1779–1947.
La Roche, Sophie (von), Briefe an Lina, ein Buch für junge Frauenzimmer, die ihr Herz und ihren Verstand bilden wollen, 3 Bde., Mannheim 1785–1797.
Lavater, Johann Caspar, (Hrsg.), Auserlesene Geistliche Lieder, Aus den besten Dichtern Mit Ganz neuen leichten Melodieen versehen, Zürich 1769 (Komponist: J. Z. Gusto).
—, Betrachtungen über die wichtigsten Stellen der Evangelien. Ein Erbauungsbuch für ungelehrte nachdenkende Christen, Bd. 1 Dessau u. Leipzig 1783.
—, Geheimes Tagebuch. Von einem Beobachter Seiner Selbst, Leipzig 1771, Photom. Nachdr. (Schweizer Texte 3), Bern u. Stuttgart 1978 (zus. mit Lavaters Unveränderten Fragmenten aus dem Tagebuch, 1773).
—, Handbibel für Leidende, Bd. 1, Zürich 1788.
—, Handbibliothek für Freunde, 24 Bdchen, Zürich 1790–1793.
—, Nachgelassene Schriften, hg. von G. Geßner, Zürich 1801.
—, Physiognomische Fragmente, zur Beförderung der Menschenkenntniß und Menschenliebe [...], Dritter Versuch [...], Leipzig u. Winterthur 1777.
—, Pontius Pilatus. Oder Die Bibel im Kleinen und der Mensch im Großen, 4 T., Zürich 1782–1785.
—, Reise nach Kopenhagen im Sommer 1793. Auszug aus dem Tagebuch. Durchaus bloß für Freunde, Zürich 1793.
—, Sämtliche kleinere Prosaische Schriften vom Jahr 1763–1783, Bd. 3, Briefe, Winterthur 1785 (Nachdr. 1987, 3 Bde. in 1 Bd.).
—, Salomo, Winterthur 1785.
—, Unveränderte Fragmente aus dem Tagebuch eines Beobachters seiner Selbst; oder des Tagebuchs Zweyter Theil, nebst einem Schreiben an den Herausgeber desselben, Leipzig 1773; photomech. Nachdr. (Schweizer Texte 3) Bern u. Stuttgart 1978.
Lechler, Gotthard Victor, Geschichte des englischen Deismus. Mit einem Vorw. u. bibliogr. Hinweisen v. Günter Gawlick, Repr. Nachdr. d. Ausg. Stuttgart – Tübingen 1841, Hildesheim 1965.
Lenz, Chr. Ludwig, Bemerkungen auf Reisen in Dänemark, Schweden und Frankreich [...], 2 Bde., Gotha 1800–1801.
Leß, Gottfried, Ueber die Religion: Ihre Geschichte, Wahl und Bestätigung, 2 Bde., Göttingen 1784–1785 (u. ö., 3. Bd.: Anhänge, auch u. anderem Titel), 5. verm. u. verb. Aufl. Göttingen 1785.
Lessing, Gotthold Ephraim, Werke in sechs Bänden, Zürich 1965.
Lightfoot, Johannes, Opera omnia, Bd. 1, 2. Ausg. 1699.
Litteraturzeitung für katholische Religionslehrer, hg. von Franz Karl Felder.

Locke, John, Some thoughts concerning education, hg. v. John W. u. Jean S. Yolton, Oxford 1989.
Malebranche, Nicolas, Oeuvres complètes, Paris 1958 ff.
— , Von der Erforschung der Wahrheit. Drittes Buch, hg. v. Alfred Klemmt (PhB 272), Hamburg 1968.
Marheineke, Philipp Konrad, Geschichte der teutschen Reformation, 2 Bde., Berlin 1816.
Meiners, Christoph, Allgemeine kritische Geschichte der Religion, 2 Bde., Hannover 1806–1807.
— , Geschichte der Ungleichheit der Stände unter den vornehmsten Europäischen Völkern, 2 Bde., Hannover 1792.
— , Geschichte des weiblichen Geschlechts, 4 Bde., Hannover 1788–1800.
— , Grundriß der Geschichte der Menscheit, Lemgo 1785 (2. Aufl. 1783).
— , Historische Vergleichung der Sitten, und Verfassungen, der Gesetze, und Gewerbe, des Handels, und der Religion, der Wissenschaften, und Lehranstalten des Mittelalters mit denen unsers Jahrhunderts in Rücksicht auf die Vortheile, und Nachtheile der Aufklärung, 3 Bde., Hannover 1793–1794.
— , Kurze Geschichte des Adels unter den verschiedenen Völkern der Erde, in: Göttingisches Historisches Magazin 1.1787 385–441; ders., Kurze Geschichte des Teutschen Adels, ebd., 577–648.
— , Ueber die Ursachen des Despotismus, in: Göttingisches Historisches Magazin 2.1788, 193–229.
Meister, Leonhard, Über die weibliche Lektüre, in: Jb. für die Menschheit 1788.2, 35–50.
Mendelssohn, Moses Jerusalem oder über religiöse Macht und Judentum, GS, Bd. 3, Leipzig 1863, Nachdr. Hildesheim 1972.
— , *(o. Vf.),* Ritualgesetze der Juden, betreffend Erbschaften, Vormundschaftssachen [...] Berlin 1778, 4. Aufl. Berlin 1799.
— , Schriften über Religion und Aufklärung, hg. u. eingel. v. Martina Thom (Texte zur Philosophie- und Religionsgeschichte), Berlin 1989.
Mercier, Louis-Sébastien, L'An 2440, Amsterdam 1771 (oder Ende 1770, zuerst dt. Leipzig 1772), s. auch u. H. Jaumann (Hrsg.).
Michaelis, Johann David, Deutsche Uebersetzung des Alten Testaments, mit Anm. für Ungelehrte, 13 Bde., Göttingen u. Gotha 1769–1785 (u. ö.).
— , Erklärung der Begräbnis- und Auferstehungsgeschichte Christi nach den vier Evangelisten, Halle 1783.
— , Mosaisches Recht, 6 Bde., Frankfurt/M. 1770–1775, 3. Aufl. 1775–1793.
— , Moral. Hg. [...] v. D. Carl Friedrich Stäudlin, Bd. 2, Göttingen 1792.
— , Uebersetzung des Neuen Testaments, 2 T., Göttingen 1790.
Milton, John, Das Verlohrne Paradies, aus dem Englischen Johann Miltons in Reimfreye Verse übersetzt [...] v. Friedrich Wilhelm Zachariä, 2. verb. Ausg. Altona 1762.
Möser, Justus, Briefwechsel. Neu bearb. v. William F. Sheldon u. a. (VHKNS 21), Hannover 1992.
Montesquieu, Charles de S. de, De l'Esprit des Lois, in: Oeuvres Complètes, hg. v. André Masson, Bd. 1, Paris 1950, Ausg. v. G. Truc, Paris 1961.
Müller, Johann Georg, Von dem christlichen Religions-Unterricht, 2. Aufl. Winterthur 1811.

Müller von Friedberg, Karl, Philosophie der Staatswissenschaft in Grundsätzen zur gesellschaftlichen Glückseligkeit, St. Gallen 1790.
Münter, Friedrich, Die Offenbarung Johannis, Kopenhagen 1784.
Necker, Jacques, Ueber die Wichtigkeit der Religiösen Meinungen [...], Stuttgart 1788.
Neuendorf, Karl Gottfried, Nachricht von der Einrichtung einer neuen Töchterschule in Dessau, Dessau 1786.
Niemeyer, August Hermann, Charakteristick der Bibel, 5 Bde., Prag 1786 u. ö.
— , Handbuch für christliche Religionslehrer, 2 Bde., 5. verb. Aufl. Halle 1805–1807 (Bd. 1 u. d. T.: Populäre und Praktische Theologie oder Methodik und Materialien des christlichen Volksunterrichts, Bd. 2 u. d. T. Homiletik, Pastoralwissenschaft und Liturgik).
— , Über den Geist unseres Zeitalters in pädagogischer Rücksicht, Bd. 1, Halle 1787.
— , Über Pestalozzis Grundsätze und Methode, Halle 1810.
— , Religiöse Gedichte, Frankfurt/M. 1814.
Niethammer, Friedrich Immanuel, Der Streit des Philanthropinismus und Humanismus in der Theorie des Erziehungs-Unterrichts unsrer Zeit, Jena 1808, repr. Nachdr.: F. I. Niethammer: Philanthropinismus-Humanismus. Texte zur Schulreform. Bearb. v. Werner Hillebrecht (Kleine Pädagogische Texte 29), Weinheim, Berlin u. Basel 1968.
Obernberg, Ignaz Joseph von, Bretzfeld, Majer, Der Kultus der Juden [...], München 1813.
Oetinger, Friedrich Christoph (o. Vf.), Biblisches und Emblematisches Wörterbuch, dem Tellerischen Wörterbuch und Anderer falschen Schrifterklärungen entgegen gesezt, o. O. 1776.
— , *(o. Vf.),* Inbegriff der Grundweisheit, oder kurzer Auszug aus den Schriften des teutschen Philosophen [...], Frankfurt/M. u. Leipzig 1774.
— , Sämmtliche Schriften, hg. v. Karl Chr. E. Ehmann, Abt. 2, Bd. 6, Stuttgart 1864.
— , Swedenborgs und anderer Irrdische (!) und himmlische Philosophie [...], 2 T., Frankfurt/M. u. Leipzig 1765.
Paalzow, Christian Ludwig (o. Vf.), Hierokles oder Prüfung und Vertheidigung der christlichen Religion angestellt von den Herren Michaelis, Semler, Leß und Freret, Halle 1785.
Pahl, Johann Gottfried, Ueber den Obscurantismus, der das teutsche Vaterland bedroht, Tübingen 1826.
Paine, Thomas, Die Rechte des Menschen, hg., übers. u. eingel. v. Wolfgang Mönke (Philosophische Studientexte), Berlin 1962.
Pallas, Peter Simon, Bemerkungen auf einer Reise in die südlichen Statthalterschaften des Russischen Reichs in den Jahren 1793 und 1794, 2 Bde., Leipzig 1799–1801.
Pascal, Blaise, Les Pensées de Pascal, hg. v. Francis Kaplan, Paris 1982.
Passavant, Karl Wilhelm, Darstellung und Prüfung der Pestalozzischen Methode nach Beobachtungen in Burgdorf, Lemgo 1804.
Paulus, Ernst Philipp (Hrsg.), Philipp Matthäus Hahn. Ein Pfarrer aus dem vorigen Jh. nach seinem Leben und Wirken aus seinen Schriften und hinterlassenen Papieren geschildert, Stuttgart 1858.
Paulus, Heinrich Eberhard Gottlob (Hrsg.), Beiträge von Jüdischen und Christlichen Gelehrten zur Verbesserung der Bekenner des Jüdischen Glaubens, Heidelberg 1817.
— , Memorabilien [...], 1.1791–8.1796.
Pestalozzi, Johann Heinrich, SW, hg. v. A. Buchenau u. a., Berlin 1927 ff.

—, Sämtl. Briefe, hg. vom Pestalozzianum und von der Zentralbibliothek Zürich, Zürich 1946 ff.

Pfeiffer, Johann Jakob, Anweisung für Prediger, und die es werden wollen, zu einer treuen Führung ihres Amts, nebst eingestreuten historischen und literarischen Bemerkungen, Marburg 1789.

Pfenninger, Johann Konrad (o. Vf., »S. B. V«), Bibliothek für die Familie von Oberau – Wahrheitsfreunde der allerverschiedensten Denkungsart, Bd. 1: Conversationen im Vorhof des Tempels der Warheit. Die nöthigsten Präliminarien für Denker der verschiedensten Systeme, Zürich 1790.

—, Bibliothek für die Familie von Oberau, Bd. 2: Klagen wider gewisse Sachwalter des Christenthums vor dem Richtstuhle der Vernunft, Zürich 1790; Bd. 3: Über Aufklärung, Zürich 1790.

—, Briefe über die Offenbarung Johannes. Ein Buch für die Starken, die schwach heißen, mit dem Motto: Sie erklärt sich, oder taugt nichts, Leipzig 1784.

—, Die Familie von Eden oder gemeinnüzige Bibliothek des Christianism für seine Freunde und Gegner, H. 1, Zürich 1792.

—, *(o. Vf., »K. K. S.«),* Philosophische Vorlesungen über das sogenannte Neue Testament. Vor Gelehrten, für Nichtgelehrte Denker ohne Glauben und Unglauben, 6 Bde., Leipzig 1785–1789 (Bd. 6: Philosophische Vorlesungen Vor Gelehrten [...] über das sogenannte Neue Testament).

—, Von der Popularität im Predigen, 2 Bde., Zürich u. Winterthur 1777–1781, Bd. 3 o. O. 1786.

—, *(o. Vf.),* Sokratische Unterhaltungen [Bd. 1 und 2:] über das Aelteste und Neuste aus der christlichen Welt. Ein Versuch. 3 Bde., Leipzig 1786–1789.

Planck, Gottlieb Jakob, Einleitung in die Theologische[n] Wissenschaften, 2 Bde., Leipzig 1794–1795.

—, Geschichte der Entstehung, der Veränderungen und der Bildung unsers protestantischen Lehrbegriffs vom Anfang der Reformation bis zu der Einführung der Concordienformel, 6 Bde., Leipzig 1781–1800.

—, Ueber die Trennung und Wiedervereinigung der getrennten christlichen Haupt-Partheyen, mit einer kurzen historischen Darstellung der Umstände, welche die Trennung der lutherischen und reformirten Partie [!] veranlaßten, und der Versuche, die zu ihrer Wiedervereinigung gemacht wurden, Tübingen 1803.

Plato, Werke in acht Bänden, Darmstadt 1990.

Polier, Marie E. de, Bottens, Antoine-Louis-Henri Polier de, Mythologie des Indous, travaillée sur des Manuscripts authentiques [...] 2 Bde., Rudolstadt u. Paris 1809.

Pöschel, Philipp Friedrich, Ideen über Staat und Kirche, Kultus, Kirchenzucht und Geistlichkeit. Ein Beitrag zur Verbesserung des protestantischen Kirchenwesens, Nürnberg 1816.

Pothmann, Moritz Casimir, Sittenbuch für den Christlichen Landmann mit wahren Geschichten und Beyspielen zur Lehre und Erbauung geschrieben, Leipzig 1790.

Prolog am Geburtsfeste Unsrer Fürstin zu dem Schauspiel von Kotzebue: Armuth und Edelsinn im Character der Luise gesprochen von Hannchen Ewald am 23ten Febr. 1796, Lemgo (o. J.).

Pustkuchen, Anton Heinrich (Hrsg.), Choralbuch für die Gesangbücher der reformirten Gemeinden im Fürstenthum Lippe, Rinteln 1810.

—, Kurze Anleitung, wie Singechöre auf dem Lande zu bilden sind, o. O. (Rinteln), 1810.

Rachel, Paul (Hrsg.), Fürstin Pauline zur Lippe und Herzog Friedrich Christian von Augustenburg. Briefe aus den Jahren 1790–1812, Leipzig 1903.

Rassmann, Friedrich, Pantheon deutscher jetzt lebender Dichter und in die Belletristik eingreifender Schriftsteller, begleitet mit kurzen biographischen Notizen und der wichtigsten Literatur, Helmstedt 1823.

Raynal, Guillaume-Thomas, Histoire philosophique et politique des établissements et du commerce des Européens dans les deux Indes, 10 Bde., Genf 1781 (zahlr. Aufl., zuerst 1770).

Rehberg, August Wilhelm, Untersuchungen über die Französische Revolution nebst kritischen Nachrichten von den merkwürdigsten Schriften welche darüber in Frankreich erschienen sind, 2 Bde., Hannover u. Osnabrück 1793.

Reichardt, Johann Friedrich (Hrsg.), Musikalisches Kunstmagazin, 2 Bde., 1782–1791, Repr. Nachdr. Darmstadt 1969.

Reimarus, Hermann Samuel, Apologie oder Schutzschrift für die vernünftigen Verehrer Gottes, hg. v. Gerhard Alexander, Bd 2, Frankfurt/M. 1972.

— , Die vornehmsten Wahrheiten der natürlichen Religion. Mit einer Einl. [...] hg. v. Günter Gawlick (Reimarus, GS), 2 Bde., Göttingen 1985.

— , *(o. Vf.),* Von dem Zwecke Jesu und seiner Jünger. Noch ein Fragment des Wolfenbüttelschen Ungenannten, hg. von G. E. Lessing, Braunschweig 1778.

Reinhard, Franz Volkmar, System der Christlichen Moral, 4 Bde., Reutlingen o. J. (nach der 4. verb. Aufl. v. 1802, Bd. 3 Reutlingen 1813).

— , Vorlesungen über die Dogmatik, hg. v. Johann Gottfried Im. Berger, 3. Aufl. Sulzbach 1812.

Reinhold, Karl Leonhard, Briefe über die Kantische Philosophie, 2 Bde., Leipzig 1790–1792, neu hg. in 1 Bd. v. Raymund Schmidt, Leipzig 1924.

— , Wie ist Reformazion der Philosophie möglich? in: Neues Deutsches Museum 1.1789, 31–47, 204–226, 284–304.

Resewitz, Friedrich Gabriel, Predigten für die Jugend. Neue Sammlung. Zu Kloster Bergen gehalten [...], Frankfurt u. Leipzig 1782.

Rochow, Friedrich Eberhard von, Versuch eines Schulbuches, für Kinder der Landleute, oder zum Gebrauch in Dorfschulen, Berlin 1772. Ders., Der Kinderfreund. Ein Lesebuch zum Gebrauch in Landschulen, T. 1, Frankfurt 1776; T. 2, Frankfurt 1779. Nachdr. der Originalausgaben Köln 1988 (Schulbücher vom 18. bis 20. Jahrhundert für Elementar- und Volksschulen, hg. von Jürgen Bennack, Bd. 1).

Roos, Magnus Friedrich, Einleitung in die biblische Geschichten [!] von der Schöpfung an bis auf die Zeit Abrahams, Tübingen 1774.

Rosenmüller, Johann Georg, Ausführlichere Anleitung für angehende Geistliche zur weisen und gewissenhaften Verwaltung ihres Amtes, 2. verb. und verm. Aufl. Leipzig 1792.

Rousseau, Jean Jacques, Diskurs über die Ungleichheit. Discours sur l'inégalité. Krit. Ausg. des integralen Textes [...] neu ediert, übers. u. komm. v. Heinrich Meier, 3. Aufl. Paderborn 1993 (= Rousseau, Discours).

— , Oeuvres Complètes, hg. v. Bernard Gagnebin u. Marcel Raymond, 4 Bde., Paris 1959–1969.

Rühs, Christian Friedrich, Die Rechte des Christenthums und des deutschen Volks, vertheidigt gegen die Ansprüche der Juden und ihrer Verfechter, in: Zeitschrift für die neueste Geschichte, die Staaten- und Völkerkunde, 4.1816, 393–472 (mit anschl. Beil.), auch separat Berlin 1816.

Sack, Friedrich Samuel Gottfried (Hrsg.), Glaubensbekenntniß [...] des Prinzen Friedrich Wilhelm Kronprinzen von Preussen. Nebst den bei der Konfirmazion Sr. Königl. Hoheit gesprochenen Reden [...], Berlin 1813.

— , Ueber die Vereinigung der beiden protestantischen Kirchenpartheyen in der Preußischen Monarchie [...] Nebst einem Gutachten über die Beförderung der Religiosität, Berlin 1812.

Sailer, Johann Michael, SW, hg. v. J. Widmer, 40 Bde., Erg.-Bd., Sulzbach 1830–1845.

Salzmann, Christian Gotthilf, Gottesverehrungen, gehalten im Betsale des Dessauischen Philanthropins, 4 Sammlungen, 2. Aufl. Wolfenbüttel 1786–1787.

— , Verehrungen Jesu, gehalten im Betsale des Dessauischen Philanthropins, Leipzig 1784.

Sammlung der [...] Verordnungen, Lemgo 1835.

Sammlungen für Liebhaber christlicher Wahrheit und Gottseligkeit, Basel 1786–1912.

Scheler, August (Hrsg.), Aufzeichnungen eines Amsterdamer Bürgers über Swedenborg [...], Hannover 1858.

Schiller, Friedrich, Werke, Nationalausgabe, Weimar 1943 ff.

Schlegel, A. W., S. W. Shakespeare's dramatische Werke, Berlin 1797.

Schlegel, Friedrich, Über die Sprache und Weisheit der Inder, Heidelberg 1808.

Schleiermacher, Friedrich, Krit. GA, hg. v. H.-J. Birkner, G. Ebeling u. a., Berlin u. New York 1980 ff. (= KGA).

— , SW, Berlin 1834–1862.

Schlözer, August Ludwig von (Hrsg.), Briefwechsel meist historischen und politischen Inhalts, 10 Bde., Göttingen 1776–1782.

— , *(Hrsg.)*, Staatsanzeigen, Göttingen 1782–1793.

Schlosser, Johann Georg, Noch etwas über die Deistenpredigten, bei Gelegenheit einer Rezension in der allgemeinen deutschen Bibliothek, an Herrn **, in: Neues Deutsches Museum, 4.1791, 207–229.

— , Über die Duldung der Deisten. An Herrn Geheimen Rath Dohm in Berlin, Basel 1784.

— , Von dem Adel. Ueber eine Stelle aus Dupatty Lettres sur l'Italie. Den Großherzog von Toskana betreffend, in: Neues Deutsches Museum 1.1789, 369–405 (KS 6, 99–139; SW Nr. 75).

— , Von dem Adel. Zweites Stück. Ueber ein Fragment des Aristoteles, in: Neues Deutsches Museum 4.1791, 27–70, 97–114 (KS 6, 140–208; SW Nr. 84).

Schramm, Willi (Hrsg.), Erndtekranz 1793. Auserlesene Lieder bei Sonnenschein und Regen, beim Heumachen, Kornbinden und Erndtekranz, Flachs-, Spinn- und Liebeslieder, daheim und in freier Luft zu singen, wenn man gern froh ist, leicht zu singen und angenehm zu hören, Kassel 1935.

Schuderoff, Jonathan, Ansichten und Wünsche betreffend das protestantische Kirchenwesen und die protestantische Geistlichkeit. Beim Eintritt in die neue Zeit [...], Leipzig 1814.

Schudt, Johann Jakob, Jüdische Merckwürdigkeiten [...], 4 Bde., Frankfurt 1714–1717.

Schwager, Johann Moritz, Die Kunst, sich das Zutrauen des gemeinen Mannes zu bemächtigen, in: F. B. Beneken (Hrsg.), Jb. für die Menschheit 1788.1, 459–489.

— , Ueber den Ravensberger Bauer, in: Westphälisches Magazin 2, 1786, 49–74.

— , Über das Einförmige im Character des gemeinen Mannes, in: Jb. für die Menschheit 1788.1, 283–296.

—, Über die bürgerliche Verbesserung des weiblichen Geschlechts. Eine Skizze, in: Jb. für die Menschheit 1789.2, 364–397 (= Schwager, Verbesserung).

—, Von dem Einflusse des Schulmeisters auf den Charakter des gemeinen Manns, in: Jb. für die Menschheit 1788.2, 524–543.

Schwarz, Friedrich Heinrich Christian, Religion, eine Sache der Erziehung, in: Daub u. Creuzer (Hrsg.), Studien, Bd. 2, Frankfurt u. Heidelberg 1806, 174–227.

Segelken, Gerhard, Eine Gedächtnispredigt, Bremen 1811.

Seiler, Georg Friedrich, Liturgisches Magazin [...], 2 Bde., Erlangen 1784–1786.

Semler, Johann Salomo, Beantwortung der Fragmente eines Ungenanten insbesondere vom Zweck Jesu und seiner Jünger, Halle 1779.

—, Christologie und Soteriologie. Mit Einl., Komm. u. Reg. hg. v. Gottfried Hornig u. Hartmut H. R. Schulz, Würzburg 1990 (= Semler, Christologie).

—, Letztes Glaubensbekenntniß über natürliche und christliche Religion, mit einer Vorr. hg. v. Chr. G. Schütz, Königsberg 1792.

—, Über Denkfreiheit, Glaubenszwang und neuere Aufklärung, in: Jb. für die Menschheit 1790.1, 177–200, 273–287.

—, Vertheidigung des königlichen Edikts vom 9ten Jul. 1788, wider die freimüthigen Betrachtungen eines Ungenannten, Halle 1788.

—, Vorläufige Antwort auf eines Naturalisten unbillige Prüfung der vertrauten Briefe über die Religion, Halle 1786.

Sieyes, Emmanuel Joseph, Was ist der Dritte Stand? Hg. v. Otto Dann, Essen 1988 (sprachlich überarbeitete Fassung).

Smith, Adam, Untersuchung über die Natur und die Ursachen des Nationalreichthums, 2. verb. Aufl., Bd. 3, Breslau 1799.

Sömmering, Samuel Thomas, Vom Baue des menschlichen Körpers, 5 Bde., Frankfurt/M. 1791–1796.

Spalding, Johann Joachim, Die Bestimmung des Menschen, neue verb. u. verm. Aufl. Schaffhausen 1776.

—, Neue Predigten, Tübingen 1787.

—, Ueber die Nutzbarkeit des Predigtamtes und deren Beförderung, 2. verm. Aufl. Berlin 1773.

Spencer, John, De legibus Hebraeorum ritualibus et earum rationibus libri tres, Cambridge 1685, dt. Übers. Tübingen 1732.

Spittler, Ludwig Timotheus, Historischer Commentar über das erste Grund-Gesetz der ganzen Wirtemberg. Landes-Verfassung [...], in: Göttingisches Historisches Magazin, 1.1787, 49–105.

Staehelin, Ernst (Hrsg.), Johann Caspar Lavaters ausgewählte Werke, 4 Bde., Zürich 1943 (= Staehelin).

—, Die Christentumsgesellschaft in der Zeit von der Erweckung bis zur Gegenwart. Texte aus Briefen, Protokollen und Publikationen (ThZ.S 2 u. 4), Basel 1970 u. 1974.

Stäudlin, Karl Friedrich, Geschichte des Rationalismus und Supernaturalismus vornehmlich in Beziehung auf das Christenthum [...] Nebst einigen ungedruckten Briefen von Kant, Göttingen 1826.

—, Lehrbuch der Dogmatik und Dogmengeschichte, 3. umgearb. Aufl. Göttingen 1809 (= Stäudlin, Lehrbuch).

Steinbart, Gotthelf Samuel, Anweisung zur Amtsberedsamkeit christlicher Lehrer unter einem aufgeklärten und gesitteten Volke, 2. Aufl. Züllichau 1784 (1. Aufl. 1779).

—, System der reinen Philosophie oder Glückseligkeitslehre des Christenthums für die Bedürfnisse seiner aufgeklärten Landesleute [...] eingerichtet, 3. verb. Aufl. Züllichau 1786 (= Steinbart, Glückseligkeitslehre).

Stern, S. (Hrsg.), Einladungsschrift zu der [...] öffentlichen Prüfung der Bürger- und Realschule der israelitischen Gemeinde, Frankfurt/M. 1861.

Stöber, August (Hrsg.), Johann Gottfried Röderer von Straßburg und seine Freunde. Biographische Mitteilungen nebst Briefen an ihn und von Goethe, Kayser, Schlosser, Lavater, Pfenninger, Ewald, Haffner und Blessig, 2. Aufl. Colmar 1874.

Stöwer, Herbert (Hrsg.), Wilhelm Gottlieb Levin von Donop, Historisch-geographische Beschreibung der Fürstlichen Lippeschen Lande in Westphalen, 2. verb. Aufl. Lemgo 1790, Faks. mit Einf. und Erg. von Herbert Stöwer, Lemgo 1984 (= Stöwer, Landesbeschreibung).

Stolberg, Friedrich Leopold Graf zu, Auserlesene Gespräche, Bd. 1, Königsberg 1796.

—, Briefe, hg. v. Jürgen Behrens (Kieler Studien zur deutschen Literaturgeschichte 5), Neumünster 1966.

—, Die Insel. Faksimiledruck nach der Ausg. v. 1788. Mit einem Nachw. v. Siegried Sudhof (Deutsche Neudrucke. Goethezeit), Heidelberg 1966.

Stolz, Johann Jakob, Briefe litterärischen, moralischen und religiosen Inhalts, die gelesen zu werden, bitten, 2 Bde., Winterthur 1789–1790.

—, Einige Blicke auf die Gegenwart und in die Zukunft in Beziehung auf das Reich Jesu, in: ChrMag 1779, Bd. 1, 1. St., 73–108.

—, Erläuterungen zum neuen Testament, für geübte und gebildete Leser, 6 H., Hannover 1796–1802 (= Anmerkungen zu seiner Uebersetzung sämmtlicher Schriften des neuen Testaments); ErgH. Hannover 1802.

—, Sämtl. Schriften des Neuen Testaments, 2 Bde., Neue Ausg., Zürich u. Leipzig 1795–1798.

—, Sectengeist, Altona 1796, 2. verb. Aufl. Hannover 1800.

Storr, Gottlob Christian, Bemerkungen über Kant's philosophische Religionslehre. Aus dem Lateinischen [...] hg. mit Anm. v. F. G. Süskind, Tübingen 1794, Repr. Aetas Kantiana 269, Brüssel 1968.

—, Dissertatio hermeneutica de sensu historico, Tübingen 1778 (engl. Übers. Boston 1817).

—, Hat Jesus seine Wunder für einen Beweis seiner göttlichen Sendung erklärt? Eine historische Untersuchung, in: MCDM 4.1798, 178–250.

—, Lehrbuch der Christlichen Dogmatik ins Deutsche übers. [...] v. Carl Christian Flatt, Stuttgart 1803, 2. verm. Aufl. 1813.

—, Neue Apologie der Offenbarung Johannis, Tübingen 1783, 2. Aufl. Tübingen 1805.

—, Pauli Brief an die Hebräer, Tübingen 1789, 2. Aufl. 1809.

—, Ueber den Geist des Christenthums. Eine historische Untersuchung, in: MCDM 1.1796, 103–169.

—, Über den eigentlichen Zweck des Todes Jesu. Ein Auszug [...], Nürnberg 1800.

—, Über den Zwek der evangelischen Geschichte und der Briefe Johannis, Tübingen 1786, 5. (2. verb. Aufl. Tübingen 1810).

Süskind, Friedrich Gottlieb (von), Einige Bemerkungen über den Begriff und die Möglichkeit eines Wunders, in: MCDM 3.1797, 40–75; 8.1802, 152–157.

—, *(o. Vf.)*, Ueber die Pestalozzische Methode und ihre Einführung in die Volksschulen, Stuttgart 1810.

Teller, Wilhelm Abraham, Wörterbuch des Neuen Testaments zur Erklärung der christlichen Lehre, 2. Aufl. Berlin 1773; ders., Zusätze [...], Berlin 1773.
— , Lehrbuch des christlichen Glaubens, Helmstedt u. Halle 1764.
Thiess, Johann Otto, Das Neue Testament, oder die heiligen Bücher der Christen, neu übers., mit einer durchaus anwendbaren Erklärung [...], 2. bearb. Aufl. Leipzig u. Gera 1794.
Uebersicht der Missions-Geschichte der evangelischen Brüderkirche in ihrem ersten Jahrhundert, Gnadau 1833.
Villaume, Peter, Von dem Ursprung und Absicht allen Übels, 2 Bde., Frankfurt u. Leipzig 1786.
— , Ob und in wiefern bei der Erziehung die Vollkommenheit des einzelnen Menschen seiner Brauchbarkeit aufzuopfern sei?, in: Joachim Heinrich Campe (Hrsg.), Allgemeine Revision des gesammten Schul- und Erziehungswesens von einer Gesellschaft praktischer Erzieher (= Campe, Revision), Bd. 3, Hamburg 1785, 435–616.
Vömel, Alexander (Hrsg.), Briefe Jung-Stillings an seine Freunde, Berlin 1905, 2. unver. Aufl. 1925.
Vogel, Karl Christoph (o. Vf.), Ueber die Idee und die Einrichtung einer höheren Bürger- oder Realschule für Knaben, und einer höheren Mädchenschule, zunächst nach den Bedürfnissen der Stadt Leipzig, 2. Aufl. Leipzig 1839 (zuerst 1834).
Voltaire, François-Marie Arouet, Dictionnaire philosophique 2 (Les Oeuvres Complètes de Voltaire / The Complete Works of Voltaire 36), Oxford 1994.
Weerth, Ferdinand, Ueber Elementar-Schulen im Fürstenthum Lippe. Ein historischer Bericht, Duisburg und Essen 1810.
Wendeborn, Gebhard Friedrich August, Der Zustand des Staats, der Religion, der Gelehrsamkeit und der Kunst in Grosbritannien gegen das Ende des achtzehnten Jahrhunderts, Bd. 4, Berlin 1788.
Werkmeister, Leonhard (Benedikt Maria) (o. Vf.), Ueber das Eigenthümliche der pestalozzischen Methode [...], Tübingen 1810.
— , *(o. Vf.)* Aloys Henhöfers [...] religiöse Schwärmereien und Schicksale, Gmünd 1823.
Wessenberg, Johann Heinrich von, Die Elementarbildung des Volks im Achtzehnten Jahrhundert, Zürich 1814.
Wieland, Christoph Martin, Werke, hg. v. Fritz Martini u. Hans Wernder Seiffert, Bd. 3, München 1967.
Wienholt, Arnold, Bildungsgeschichte als Mensch, Arzt und Christ. Zum Theil von ihm selbst geschrieben, Bremen 1805.
Winckelmann, Johann Joachim, Geschichte der Kunst des Alterthums, Sonderausg., unveränd. reprograf. Nachdr. der Ausg. Wien 1934 (Bibliothek klassischer Texte), Darmstadt 1993 (zuerst 1764).
Wizenmann, Thomas, Die Geschichte Jesu nach dem Matthäus als Selbstbeweis ihrer Zuverläßigkeit betrachtet; nebst einem Vorbereitungsaufsatze über das Verhältniß der Israelitischen Geschichte zur Christlichen [...] mit einer Vorr. v. Johann Friedrich Kleuker, Leipzig 1789 (= Wizenmann, Geschichte Jesu).
— , *(o. Vf.),* Die Resultate der Jacobischen und Mendelssohnschen Philosophie; krit. untersucht v. einem Freywilligen, Leipzig 1786 (= Wizenmann, Resultate).
— , *(o. Vf.),* Göttliche Entwiklung des Satans durch das Menschengeschlecht, Dessau 1782.

Wochenschrift für Menschenbildung, Aarau 1807 ff.

Wolf, Joseph, Salomon, Gotthold, Der Charakter des Judenthums, nebst einer Beleuchtung der unlängst gegen die Juden von Prof. Rühs u. Fries erschienenen Schriften, Dessau 1817.

Wolstonecraft, Maria, Rettung der Rechte des Weibes mit Bemerkungen über politische und moralische Gegenstände [...]. Aus dem Engl. übers. Mit einigen Anm. und einer Vorr. v. Christian Gotthilf Salzmann, 2 Bde., Schnepfenthal 1793–1794.

Wudrian, Valentin, Schola crucis et tessera christianismi [...], 6. Aufl. Frankfurt 1719 (1. Ausg. Hamburg 1627).

Wyttenbach, Daniel, Tentamen theologiae dogmaticae methodo scientifica pertractatae, 3 Bde., Berlin 1741, Frankfurt/M. 1747.

Zachariä, Gotthilf Traugott, Biblische Theologie oder Untersuchung des biblischen Grundes der vornehmsten theologischen Lehren, 4 Bde., Göttingen u. Kiel 1771–1775.

Zerrenner, Heinrich Gottlieb, Etwas über die akademische Bildung des künftigen Dorfpredigers, in: Jb. für die Menschheit, 1788.1, 384–369.

Zimmermann, Johann Georg, Von der Einsamkeit, Frankfurt u. Leipzig 1777 (u. ö.).

Zollikofer, Georg Joachim, Warnung vor einigen herrschenden Fehlern unsers Zeitalters, wie auch vor dem Mißbrauche der reinern Religionserkenntniß, in Predigten, Leipzig 1788.

15.4 Literatur

Ackva, Friedhelm, Johann Jakob Heß (1741–1828) und seine Biblische Geschichte (BSHST 63) Bern, Berlin u. a. 1992.

Albrecht, Christian, Schleiermachers Theorie der Frömmigkeit. Ihr wissenschaftlicher Ort und ihr systematischer Gehalt in den Reden, in der Glaubenslehre und in der Dialektik (SchlAr 15), Berlin u. New York 1994.

Albrecht, Wolfgang, Deutsche Spätaufklärung. Ein interdisziplinärer Forschungsbericht bis 1985, hg. v. Thomas Höhle, Halle (Saale) 1987.

Ameln, Konrad, Johann Gottfried Herder als Gesangbuch-Herausgeber, in: JLH 23. 1979, 132–144.

Aner, Karl, Die Theologie der Lessingzeit, Nachdr. der Ausg. Halle 1929, Hildesheim 1964.

Arndt, Johannes, Das Fürstentum Lippe im Zeitalter der Französischen Revolution 1770–1820, Münster und New York 1992.

Aschkewitz, Max, Die Pfarrergeschichte des Sprengels Hanau (»Hanauer Union«) bis 1968. Nach Lorenz Kohlenbusch bearb. v. Max Aschkewitz, Bd. 2 (VHKHW 33), Marburg 1984.

Aschoff, Frank, Der theologische Weg Johann Friedrich Kleukers (1749–1827) (EHS.T 436), Frankfurt/M. u. a. 1991.

Awerbuch, Marianne, Jersch-Wenzel, Stefi (Hrsg.), Bild und Selbstbild der Juden Berlins zwischen Aufklärung und Romantik. Beiträge einer Tagung (EHKB 75), Berlin 1992.

Batscha, Zwi (Hrsg.), A. Bergk, J. L. Ewald, J. G. Fichte u. a. Aufklärung und Gedankenfreiheit. Fünfzehn Anregungen, aus der Geschichte zu lernen, Frankfurt 1977 (= Batscha).

Battenberg, Friedrich, Das europäische Zeitalter der Juden. Zur Entwicklung einer Minderheit in der nichtjüdischen Umwelt Europas, 2 Bde., Darmstadt 1990.

Bausinger, Hermann, Volkskundliche Anmerkungen zum Thema »Bildungsbürger«, in: Jürgen Kocka (Hrsg.), Bildungsbürgertum IV, Stuttgart 1989, 206–214.

Beck, Hermann, Die religiöse Volkslitteratur der evangelischen Kirche Deutschlands in einem Abriß ihrer Geschichte (Zimmers Handbibliothek der praktischen Theologie 10c. Die religiöse Volkslitteratur), Gotha 1891.

Benrath, Gustav Adolf (Hrsg.), Johann Heinrich Jung-Stilling, Lebensgeschichte, 2. Aufl. Darmstadt 1984 (= Jung-Stilling, Lebensgeschichte).

Benz, Ernst, Adam. Der Mythos vom Urmenschen, München 1955.

Bethmann, Anke, Dongowski, Gerhard, Adolph Freiherr Knigge an der Schwelle zur Moderne. Ein Beitrag zur politischen Ideengeschichte der Spätaufklärung (QDGNS 112) Hannover 1994 (= Bethmann).

Beyreuther, Erich, Die Erweckungsbewegung (KIG 4, Lief. R, T. 1), 2. erg. Aufl. Göttingen 1977.

Blankenburg, Martin, Wandlung und Wirkung der Physiognomik: Versuch einer Spurensicherung, in: Pestalozzi u. a. (Hrsg.), Das Antlitz Gottes [...], AGP 31, 179–213.

Blochmann, Elisabeth, Das »Frauenzimmer« und die »Gelehrsamkeit«. Eine Studie über die Anfänge des Mädchenschulwesens in Deutschland (AnthEr 17), Heidelberg 1966.

Blume, Friedrich, Geschichte der evangelischen Kirchenmusik, 2. neu bearb. Aufl. Kassel u. a. 1965.

Böck, Amelie, »... daß der Handel blüht, die Sitten sich mildern, daß mehr Freudenquellen geöffnet werden dem Volk ...«. Versuch einer kritischen Analyse des Programms der Volksaufklärung am Beispiel des Johann Ludwig Ewald (1747–1822), Tübingen 1984 (masch.).

Böning, Holger, Siegert, Reinhard, Volksaufklärung. Biobibliographisches Hb. zur Popularisierung aufklärerischen Denkens im deutschen Sprachraum von den Anfängen bis 1850, Bd. 1: Holger Böning, Die Genese der Volksaufklärung und ihre Entwicklung bis 1780, Stuttgart-Bad Cannstatt 1990.

Bößenecker, Hermann, Pietismus und Aufklärung. Ihre Begegnung im deutschen Geistesleben des 17. und 18. Jahrhunderts. Eine geistesgeschichtliche Untersuchung, (ungedr. Diss.) 2 Bde., Nürnberg 1958.

Bollnow, Otto Friedrich, Die Pädagogik der Romantik. Von Arndt bis Fröbel, 3. Aufl. Stuttgart, Berlin u. a. 1977.

Bonwetsch, Nathanael, Gotthilf Heinrich Schubert in seinen Briefen. Ein Lebensbild, Stuttgart 1918.

Braasch, Ernst-Otto, Die Mitglieder der Generalsynode 1821. Biographien, in: Hermann Erbacher (Hrsg.), Vereinigte Evangelische Landeskirche in Baden 1821–1971. Dokumente und Aufsätze, Karlsruhe 1971.

Braun, Karl, Die Krankheit Onania. Körperangst und die Anfänge moderner Sexualität im 18. Jahrhundert (Historische Studien 16), Frankfurt/M. u. a. 1995.

Brecht, Martin, Der Spätpietismus – ein vergessenes oder vernachlässigtes Kapitel der protestantischen Kirchengeschichte, in: PuN 10. 1984, 124–151.

— , Hahn und Herder, in: ZWLG 41.1982, 364–387.

— , Pietismus und Aufklärung in Lippe. Johann Ludwig Ewald und seine Freunde, in: Lippische Mitteilungen aus Geschichte und Landeskunde 56. 1987.

— , Wir sind correspondierende Pietisten, in: PuN 7.1981, 69–86.

— , *(Hrsg.)*, Der Pietismus vom siebzehnten bis zum frühen achtzehnten Jahrhundert (Geschichte des Pietismus 1), Göttingen 1993.

— , *Deppermann, Klaus (Hrsg.)*, Der Pietismus im achtzehnten Jahrhundert (Geschichte des Pietismus 2), Göttingen 1995.

Bremische Biographie des neunzehnten Jahrhunderts, hg. v. der Historischen Gesellschaft des Künstlervereins, Bremen 1912.

Breymayer, Reinhard, »Anfangs glaubte ich die Bengelische Erklärung ganz ...« Philipp Matthäus Hahns Weg zu seinem wiederentdeckten »Versuch einer neuen Erklärung der Offenbarung Johannis« (1785), in: PuN 15.1989, 172–219.

Brito, Emilio, La Pneumatologie de Schleiermacher (BEThL 113), Löwen 1994.

Brüggemann, Theodor u. a. (Hrsg.), Hb. der Kinder- und Jugendliteratur. [Bd. 3]. Von 1750–1800, Bd. 3, Stuttgart 1982.

Büsch, Otto (Hrsg.), Hb. der preußischen Geschichte, Bd. 2, Berlin u. New York 1992.

Busch, Ralf, Die jüdischen Reformschulen in Wolfenbüttel und Seesen und ihre Bibliotheken, in: Rainer Erb, Michael Schmidt (Hrsg.), Antisemitismus und Jüdische Geschichte. Studien zu Ehren von Herbert A. Strauss, Berlin 1987, 173–184.

Butterweck, Wilhelm, Die Geschichte der Lippischen Landeskirche, Schötmar 1926 (= Butterweck).

Christ, Franz, Menschlich von Gott reden. Das Problem des Anthropomorphismus bei Schleiermacher (ÖTh 10), Gütersloh 1982.

Conze, Werner, Art. Mittelstand, in: GGB 4, 1978, 49–92, zuletzt wieder in: Gesellschaft – Staat – Nation. Ges. Aufs., hg. v. Ulrich Engelhardt, Reinhart Koselleck u. Wolfgang Schieder (Industrielle Welt, Bd. 52), Stuttgart 1992, 106–154.

Dann, Otto, Gleichheit und Gleichberechtigung. Das Gleichheitspostulat in der alteuropäischen Tradition und in Deutschland bis zum ausgehenden 19. Jh., Berlin 1980.

Decker, Klaus Peter, Wolfgang Ernst II. Fürst von Isenburg – ein Regent im Zeitalter der Aufklärung. Erbauer des Birsteiner Schlosses und Förderer Offenbachs, in: Der Kreisausschuß des Main-Kinzig-Kreises (Hrsg.), Mitteilungsblatt, Beiträge zur Heimatgeschichte, 18. Jg., H. 3, 1993, 194–224.

Deetjen, Hans, Prediger Georg Conrad von Cölln und seine Söhne. Ein Beitrag zur von Cöllnschen Familiengeschichte, in: Mitteilungen aus der Lippischen Geschichte und Landeskunde 5. 1907, 62–88.

Detering Heinrich (Hrsg.), »In magischen Kreisen«: Goethe und Lippe, Lemgo 1984.

Dienst, Karl, Der »Bund« zwischen Frankfurt/M. und Offenbach/M. – Ein kleines Kapitel »Goethe und Ewald« –, in: JHKGV 40. 1989, 305–311.

Dietz, Alexander, Frankfurter Handelsgeschichte, Bd. 2 u. 4.1, Glashütten i. T. 1970.

Dietze, Anita u. Walter (Hrsg.), Ewiger Friede? Dokumente einer dt. Diskussion um 1800, München 1989.

Dinkel, Christoph, Kirche gestalten – Schleiermachers Theorie des Kirchenregiments (SchlAr 17), Berlin u. New York 1996.

Dohmeier, Hans Jürgen, Das kirchliche Leben zwischen Tradition, Aufklärung und Erweckung, in: Erhard Wiersing (Hrsg.), Lippe im Vormärz. Von bothmäßigen Unterthanen und unbothmäßigen Demokraten, Bielefeld 1990, 83–127.

Drüll, Dagmar, Heidelberger Gelehrtenlexikon, Bd. 2, 1803–1932, Berlin u. a. 1986.

Ebeling, Gerhard, Frömmigkeit und Bildung, in: Ebeling, Wort und Glaube 3, Tübingen 1975, 60–95.

— , Johann Caspar Lavaters Glaubensbekenntnis, in: ZThK 90.1993, 175–212.
Ebert, Arnold, Die Spuren der Französischen Revolution in Lippe. Untersuchung der Wirkungen – Reformerische Pionierarbeit des Generalsuperintendenten Johann Ludwig Ewald und der Fürstin Pauline, in: Lippische Blätter für Heimatkunde Nr. 2, 1989.
Engelhardt, Dietrich von, Schuberts Stellung in der romantischen Naturforschung, in: Gotthilf Heinrich Schubert. Gedenkschrift [...], Erlangen 1980, 11–36.
Erb, Rainer, Bergmann, W., Die Nachtseite der Judenemanzipation. Der Widerstand gegen die Integration der Juden in Deutschland 1780–1860, Berlin 1989.
Fischer, Fritz, Ludwig Nicolovius. Rokoko – Reform – Restauration (FKGG 19), Stuttgart 1939 (= Fischer, Nicolovius).
Foerster, Erich, Die Entstehung der Preußischen Landeskirche unter der Regierung König Friedrich Wilhelms des Dritten nach den Quellen erzählt [...], 2 Bde., Tübingen 1905–1907 (= Foerster, Landeskirche).
Frels, Wilhelm, Deutsche Dichterhandschriften von 1400 bis 1900. Gesamtkatalog der eigenhändigen Handschriften deutscher Dichter in den Bibliotheken und Archiven Deutschlands, Österreichs, der Schweiz und der CSR (Bibliographical Publications, Germanic Section Modern Language Association of America, 2), Leipzig 1934, Nachdr. Stuttgart 1970.
Freund, Ismar, Die Emanzipation der Juden in Preußen, Berlin 1912.
Friedrich, Martin, Vom christlichen Antijudaismus zum modernen Antisemitismus. Die Auseinandersetzung um Assimilation, Emanzipation und Mission der Juden um die Wende zum 19. Jahrhundert, in: ZKG 102.1991, 319–347.
Frost, Ursula, Einigung des geistigen Lebens. Zur Theorie religiöser und allgemeiner Bildung bei Friedrich Schleiermacher, Paderborn u. a. 1991 (= Frost, Einigung).
Gäbler, Ulrich, »Auferstehungszeit«. Erweckungsprediger des 19. Jahrhunderts. Sechs Porträts, München 1991.
Gericke, Wolfgang, Theologie und Kirche im Zeitalter der Aufklärung (KIG III,2), Berlin 1989.
Goeters, J. F. Gerhard; Rogge, Joachim (Hrsg.), Die Geschichte der Evangelischen Union. Ein Handbuch, 2 Bde., Berlin 1992–1994 (= Goeters, Union).
Grab, Walter (Hrsg.), Deutsche Aufklärung und Judenemanzipation, Tel Aviv 1980.
Grenz, Dagmar, Mädchenliteratur. Von den moralisch-belehrenden Schriften im 18. Jahrhundert bis zur Herausbildung der Backfischliteratur im 19. Jahrhundert (Germanistische Abhandlungen 52), Stuttgart 1981.
Groth, Friedhelm, Die »Wiederbringung aller Dinge« im württembergischen Pietismus. Theologiegeschichtliche Studien zum eschatologischen Heilsuniversalismus württembergischer Pietisten des 18. Jahrhunderts (AGP 21), Göttingen 1984.
Grube, Walter, Israel Hartmann. Lebensbild eines altwürttembergischen Pietisten, in: ZWLG 12.1953, 250–270.
Gründer, Karlfried, Rotenstreich, Nathan (Hrsg.), Aufklärung und Haskala in jüdischer und nichtjüdischer Sicht (WSA 14), Heidelberg 1990.
Guenter, Michael, Die Juden in Lippe von 1648 bis zur Emanzipation 1858, Detmold 1973.
Haase, Carl, Ernst Brandes 1758–1810, 2 Bde. (VHKNS 32, Niedersächsische Biographien 4), Hildesheim 1973–1974.
Hahn, Otto W., Jung-Stilling zwischen Pietismus und Aufklärung. Sein Leben und sein literarisches Werk 1778 bis 1787 (EHS.T 344), Frankfurt/M. u. a. 1988.

Hahn, Walter, G. H. Schubert im Kreise der Erweckten, dargestellt anhand von Briefen J. T. Naumanns, in: Gotthilf Heinrich Schubert. Gedenkschrift [...], Erlangen 1980, 137–147.
Handbuch der deutschen Bildungsgeschichte, Bd. 3, 1800–1870, hg. v. Karl-Ernst Jeismann und Peter Lundgreen, München 1987 (= HDBG 3).
Hardach-Pinke, Irene, Die Gouvernante. Geschichte eines Frauenberufs, Frankfurt/M. u. New York 1993.
Hauer, Friedrich, Johann Christoph Gatterers »Historischer Plan« (Wie schreibt man Geschichte?), in: Historiographiegeschichte als Methodologiegeschichte. Zum 80. Geburtstag von Ernst Engelberg, SDAW 1.1991, 106–111.
Heidrich, Beate, Fest und Aufklärung. Der Diskurs über die Volksvergnügungen in bayerischen Zeitschriften (1765–1815), München 1984.
Heier, Edmund, J. C. Lavater im geistigen und kulturellen Leben Rußlands des 18. und 19. Jahrhunderts, [...], in: AGP 31, 337–346.
Heppe, Heinrich, Die Dogmatik der evangelisch-reformierten Kirche [...]. Neu durchg. u. hg. v. Ernst Bizer, Neukirchen 1958.
Hernand, Jost (Hrsg.), Von deutscher Republik. 1775–1795, 2 Bde., Frankfurt/M. 1968.
Hinske, Norbert (Hrsg.), Was ist Aufklärung? Beiträge aus der Berlinischen Monatsschrift, 4. Aufl. Darmstadt 1990.
— , Die tragenden Grundideen der deutschen Aufklärung. Versuch einer Typologie, in: Aufklärung und Haskala in jüdischer und nichtjüdischer Sicht, hg. v. Karlfried Gründer u. Nathan Rotenstreich (WSA 14), Heidelberg 1990, 67–100.
Hirsch, Emanuel, Geschichte der neuern evangelischen Theologie im Zusammenhang mit den allgemeinen Bewegungen des europäischen Denkens, 5 Bde., 5. Aufl. Gütersloh 1975 (= Hirsch).
Höhne, Hans, Johann Melchior Goeze im Urteil seiner Zeitgenossen und der Literatur heute, in: Heimo Reinitzer u. Walter Sparn (Hrsg.), Verspätete Orthodoxie. Über D. Johann Melchior Goeze (1717–1786), (Wolfenbütteler Forschungen 45), Wiesbaden 1989, 27–62.
Hoffmann, Willi, Das Verständnis der Natur in der Theologie von J. T. Beck, Bonn 1975.
Homrichhausen, Christian, Evangelische Pfarrer in Deutschland, in: Werner Conze, Jürgen Kocka (Hrsg.), Bildungsbürgertum im 19. Jahrhundert. T. I. Bildungssystem und Professionalisierung in internationalen Vergleichen (Industrielle Welt 38), Stuttgart 1985, 248–278.
Hornig, Gottfried, Der Perfektibilitätsgedanke bei J. S. Semler, in: ZThK 72.1975, 381–397.
— , Perfektibilität. Eine Untersuchung zur Geschichte und Bedeutung dieses Begriffs in der deutschsprachigen Literatur, in: ABG 24.1980, 221–257.
Huber, Ernst Rudolf (Hrsg.), Deutsche Verfassungsgeschichte seit 1789, 8 Bde. (mit RegBd.), Stuttgart [u. a.] 1957–1991.
Huizing, Klaas, Verschattete Epiphanie. Lavaters physiognomischer Gottesbeweis, in: H. Pestalozzi u. a. (Hrsg.), Das Antlitz Gottes [...] 61–78.
Huneke, Friedrich, Die »Lippischen Intelligenzblätter« (Lemgo 1767–1799). (Forum Lemgo, H. 4), Bielefeld 1989.
Iggers, Georg G., Die Göttinger Historiker und die Geschichtswissenschaft des 18. Jahrhunderts, in: Mentalitäten und Lebensverhältnisse. Beispiele aus der Sozialgeschichte der Neuzeit, FS Rudolf Vierhaus, Göttingen 1982, 385–398.

Im Hof, Ulrich, Das Europa der Aufklärung, München 1993.
Jamme, Christoph, Kurz, Gerhard (Hrsg.), Idealismus und Aufklärung. Kontinuität und Kritik der Aufklärung in Philosophie und Poesie um 1800 (Deutscher Idealismus 14), Stuttgart 1988.
Jørgensen, Sven-Aage, Hamann und seine Wirkung im Idealismus, in: Chr. Jamme u. G. Kurz (Hrsg.), Idealismus und Aufklärung, 153–161.
Kaiser, Gerhard, Pietismus und Patriotismus im literarischen Deutschland. Ein Beitrag zum Problem der Säkularisation (VIEG 24), Wiesbaden 1961, 2. erg. Aufl. Frankfurt/M. 1973 (= Kaiser, Pietismus).
Kantzenbach, Friedrich Wilhelm, Idealistische Religionsphilosophie und Theologie der Aufklärung, in: Chr. Jamme, G. Kurz (Hrsg.), Idealismus und Aufklärung, 97–114.
Katz, Jacob, Zur Assimilation und Emanzipation der Juden, Darmstadt 1982.
—, Vom Vorurteil bis zur Vernichtung. Der Antisemitismus 1700–1933, Berlin 1990 (zuerst engl. 1980).
Keller, Richard August, Geschichte der Universität Heidelberg im ersten Jahrzehnt nach der Reorganisation durch Karl Friedrich (1803–1813), (HAMNG 40), Heidelberg 1913.
Kempen, Wilhelm van, Die Korrespondenz des Detmolder Generalsuperintendenten Ewald mit dem Fürsten Leopold Friedrich Franz von Anhalt-Dessau 1790–1794/1798, in: Lippische Mitteilungen aus Geschichte und Landeskunde 33.1964, 135–177.
Kiewning, Hans, Generalsuperintendent Ewald und die lippische Ritterschaft, in: Lippische Mitteilungen aus Geschichte und Landeskunde 4.1906, 147–184.
Kirn, Hans-Martin, »Ich sterbe als büßende Christin ...« Zum Suizidverständnis im Spannungsfeld von Spätaufklärung und Pietismus, in: PuN 24, 1998, FS M. Brecht / G. Schäfer, 252–270.
Knop, Gerhard, Johann Ludwig Ewald (1747–1822) in den politischen Wandlungen seiner Zeit, Münster 1960 (masch.).
Kohnen, Joseph, Theodor Gottlieb von Hippel. 1741–1796. L'homme et l'oeuvre (Serie I. Langue et littérature allemandes [...] 727), 2 Bde., Bern, Frankfurt/M. u. a. 1983.
Köpke, Wulf, Die Herder-Rezeption Jean Pauls in ihrer Entwicklung, in: Johann Gottfried Herder 1744–1803 (Studien zum achtzehnten Jh. 9), Hamburg 1987, 381–408.
Kondylis, Panajotis, Die Aufklärung im Rahmen des neuzeitlichen Rationalismus, München 1986 (zuerst Stuttgart 1981).
Kosch, Wilhelm, Deutsches Literatur-Lexikon. Biographisches und bibliographisches Hb., Bd. 1, Halle 1927.
Kraemer, Hilde, Die Handbibliothek der Fürstin Pauline zur Lippe, in: Lippische Mitteilungen 38.1969, 17–100.
Krautkrämer, Ursula, Staat und Erziehung. Begründung öffentlicher Erziehung bei Humboldt, Kant, Fichte, Hegel und Schleiermacher (Epimeleia. Beiträge zur Philosophie 30), München 1979.
Langen, August, Der Wortschatz des deutschen Pietismus, 2. erg. Aufl. Tübingen 1968.
Langner, Margit, Sophie von La Roche – die empfindsame Realistin (Reihe Siegen. Beiträge zur Literatur-, Sprach- und Medienwissenschaft 126), Heidelberg 1995.
Lehmann, Hartmut, Zwischen Pietismus und Erweckungsbewegung, in: Aufklärung und Pietismus im dänischen Gesamtstaat 1770–1820, hg. v. Hartmut Lehmann u. Dieter Lohmeier, Neumünster 1983, 267–279.

Maser, Peter, Hans Ernst von Kottwitz. Studien zur Erweckungsbewegung des frühen 19. Jahrhunderts in Schlesien und Berlin (KO.M 21), Göttingen 1990 (= Maser, Kottwitz).

Maurer, Michael (Hrsg.), Ich bin mehr Herz als Kopf. Sophie von La Roche. Ein Lebensbild in Briefen, München 1983.

Maurer, Wilhelm, Die Geschichtsphilosophie des jungen Herder in ihrem Verhältnis zur Aufklärung, in: Gerhard Sauder (Hrsg.), Johann Gottfried Herder 1744–1803 (Studien zum achtzehnten Jahrhundert 9), Hamburg 1987, 141–155.

Meckenstock, Günter, Deterministische Ethik und kritische Theologie. Die Auseinandersetzung des frühen Schleiermacher mit Kant und Spinoza (SchlAr 5), Berlin u. New York 1988.

Mertens, Erich, Max von Schenkendorf und Johann Heinrich Jung-Stilling, in: Jung-Stilling-Studien (Schriften der J. G. Herder-Bibliothek Siegerland 15), 2. durchges. u. erw. Aufl. Siegen 1987.

Meyer, Michael A. (Hrsg.), Deutsch-jüdische Geschichte in der Neuzeit, 4 Bde., München 1996–1997.

Meyer, Philipp, Die Pastoren der Landeskirchen Hannovers und Schaumburg-Lippes seit der Reformation, Bd. 2, Göttingen 1942.

Milch, Werner, Die Einsamkeit. Zimmermann und Obereit im Kampf um die Überwindung der Aufklärung, Frauenfeld u. Leipzig 1937.

Möller, Horst, Vernunft und Kritik. Deutsche Aufklärung im 17. und 18. Jahrhundert, Frankfurt/M. 1986.

— , Über die bürgerliche Verbesserung der Juden. Christian Wilhelm Dohm und seine Kritiker, in: Bild und Selbstbild der Juden Berlins zwischen Aufklärung und Romantik, Berlin 1992, 59–79.

Mohr, Rudolf, »Denk ich, können sie doch mir nichts rauben, ... nicht an Gott den Glauben«. Versuch einer theologiegeschichtlichen Charakterisierung des Glaubens bei Kleist, in: Kleist-Jb. 1997, 72–96.

Morf, Heinrich, Zur Biographie Pestalozzis, Bd. 1–4, Winterthur 1865–1889.

Müller, Wolfgang Erich, Aspekte der theologischen Spätaufklärung in Oldenburg, in: JGNKG 90.1992, 63–81.

— , Johann Friedrich Wilhelm Jerusalem. Eine Untersuchung zur Theologie der »Betrachtungen über die vornehmsten Wahrheiten der Religion«, Berlin 1984.

Narr, Dieter, Studien zur Spätaufklärung im deutschen Südwesten (Veröff. der Kommission f. gesch. Landeskunde in Baden-Württemberg, Reihe B Forschungen, 93), Stuttgart 1979.

Neumann, Hildegard, Der Bücherbesitz der Tübinger Bürger von 1750 bis 1850. Ein Beitrag zur Bildungsgeschichte des Kleinbürgertums, München 1978.

Nikolitsch, Peter-Michael, Diesseits und Jenseits in Johann Caspar Lavaters Werk: »Aussichten in die Ewigkeit« 1768–1774 vor dem Hintergrund seiner religiösen Entwicklung – ein Beitrag zum Christologieverständnis Lavaters, (Diss.) Bonn 1977.

Nipperdey, Thomas, Deutsche Geschichte 1800–1866. Bürgerwelt und starker Staat, 6. Aufl. München 1993 (= Nipperdey, Geschichte).

Nippold, Friedrich, Hb. der neuesten KG seit der Restauration von 1814, Elberfeld 1867.

Nowak, Kurt, Schleiermacher und die Frühromantik. Eine literaturgeschichtliche Studie zum romantischen Religionsverständnis und Menschenbild am Ende des 18. Jahrhunderts in Deutschland (AKG(W) 9), Weimar 1986.

Ohst, Martin, Schleiermacher und die Bekenntnisschriften. Eine Untersuchung zu seiner Reformations- und Protestantismusdeutung (BHTh 77), Tübingen 1989.

Ostendorf, Berndt, Identitätsstiftende Geschichte: Religion und Öffentlichkeit in den USA, in: Merkur 49.1995, 205–216.

Otte, Hans, Schule zwischen den Konfessionen. Das niedere Schulwesen der reformierten Minderheit des Herzogtums Bremen, in: Peter Albrecht u. Ernst Hinrichs (Hrsg.), Das niedere Schulwesen im Übergang vom 18. zum 19. Jahrhundert (WSA 20), Tübingen 1995, 133–157.

Pannenberg, Wolfhart, Problemgeschichte der neueren evangelischen Theologie in Deutschland. Von Schleiermacher bis zu Barth und Tillich (UTB 1979), Göttingen 1997 (= Pannenberg, Problemgeschichte).

Pestalozzi, Karl, Weigelt, Horst (Hrsg.), Das Antlitz Gottes im Antlitz des Menschen. Zugänge zu Johann Kaspar Lavater (AGP 31), Göttingen 1994.

Pönnighaus, Klaus, Kirchliche Vereine zwischen Rationalismus und Erweckung. Ihr Wirken und ihre Bedeutung vornehmlich am Beispiel des Fürstentums Lippe dargestellt (EHS.T 182), Frankfurt/M. u. a. 1982.

Pohlmann, Klaus (Bearb.), Vom Schutzjuden zum Staatsbürger jüdischen Glaubens. Quellensammlung zur Geschichte der Juden in einem deutschen Kleinstaat (1650–1900), (Lippische Geschichtsquellen 18), Lemgo 1990.

Rauschenbach, Leo, Die geschichtliche Entwicklung der Volksschule in Lippe bis zum Ersten Weltkriege, in: Lippische Mitteilungen aus Geschichte und Landeskunde 32.1963, 16–87.

Renz, Horst, Geschichtsgedanke und Christusfrage. Zur Christusanschauung Kants und deren Fortbildung durch Hegel (SThGG 29), Göttingen 1977.

Reuter, August, Schulfest in Oerlinghausen. Ein Beitrag zur lippischen Schulgeschichte, in: Mitteilungen aus der lippischen Geschichte und Landeskunde 23.1954, 289–293.

Rürup, Reinhard, Die Judenemanzipation in Baden, in: ders., Emanzipation und Antisemitismus, Göttingen 1975, 37–73.

— , Emanzipation und Antisemitismus. Studien zur »Judenfrage« in der bürgerlichen Gesellschaft, Göttingen 1975, Nachdr. Frankfurt/M. 1987.

Scheier-Binkert, Ruth, Das Bild des Kindes bei Jean Paul Friedrich Richter, (Diss.) Zürich 1983.

Schilling, Johannes, Johann Peter Hebel als Theologe, in: PTh 81.1992, 374–390 (= Schilling).

Schmaltz, Karl, Kirchengeschichte Mecklenburgs, Bd. 3, Berlin 1952.

Schnabel, Franz, Deutsche Geschichte im 19. Jahrhundert, Bd. 4, Die religiösen Kräfte, 3. Aufl. Freiburg i. Br. 1955.

Schneider, Franz, Geschichte der Universität Heidelberg im ersten Jahrzehnt nach der Reorganisation durch Karl Friedrich (1803–1813), (HAMNG 38), Heidelberg 1913.

Schneiders, Werner, Die wahre Aufklärung. Zum Selbstverständnis der deutschen Aufklärung, Freiburg u. München 1974.

Schoeps, Julius H., Deutsch-jüdische Symbiose oder Die mißglückte Emanzipation, Berlin 1996.

Schrader, Hans-Jürgen, »Denke du wärest in das Schiff meines Glückes gestiegen«. Widerrufene Rollenentwürfe in Kleists Briefen an die Braut, in: Kleist-Jb. 1983, 122–179.

—, Literaturproduktion und Büchermarkt des radikalen Pietismus. Johann Heinrich Reitz' »Historie Der Wiedergebohrnen« und ihr geschichtlicher Kontext (Palaestra 283); Göttingen 1989 (= Schrader, Literaturproduktion).

—, Sulamiths verheißene Wiederkehr. Hinweise zu Programm und Praxis der pietistischen Begegnung mit dem Judentum, in: Hans Otto Horch u. Horst Denkler (Hrsg.), Conditio Judaica. Judentum, Antisemitismus und deutschsprachige Literatur vom 18. Jahrhundert bis zum Ersten Weltkrieg. Interdisziplinäres Symposion der Werner-Reimers-Stiftung Bad Homburg v.d.H., T. 1, Tübingen 1988, 71–107 (= Schrader, Sulamith).

—, Vom Heiland im Herzen zum inneren Wort. »Poetische« Aspekte der pietistischen Christologie, in: PuN 20. 1994, 55–74.

Schubert, Gotthilf Heinrich. Gedenkschrift zum 200. Geburtstag des romantischen Naturforschers (ErF 25), Erlangen 1980.

Schütz, Christian, Einführung in die Pneumatologie, Darmstadt 1995.

Schulz, Günter, Johann Jakob Stolz im Briefwechsel mit Johann Caspar Lavater 1784–1798, in: Jb. der Wittheit zu Bremen 6. 1962, 59–197.

—, Meta Post im Briefwechsel mit Lavater (1794–1800), in: Jb. der Wittheit zu Bremen 7. 1963, 153–301.

Schulz, Hans, Zur Frauenzimmer-Moral. Von Pauline Fürstin zur Lippe Prinzessin von Anhalt-Bernburg, Leipzig 1903.

Schwartz, Paul, Der erste Kulturkampf in Preußen um Kirche und Schule (1788–1798), Berlin 1925.

Schwarz, Benedikt, Geschichte der Entwicklung des Volksschulwesens im Großherzogtum Baden. Im Auftrag des Badischen Lehrer-Vereins bearb. v. [...], Bd. 3: Die badischen Markgrafschaften, Bühl (Baden) 1902.

Schwarzwälder, Herbert, Geschichte der freien Hansestadt Bremen, Bd. 1, Bremen 1975.

Schwinge, Gerhard, Jung-Stilling als Erbauungsschriftsteller der Erweckung. Eine literatur- und frömmigkeitsgeschichtliche Untersuchung seiner periodischen Schriften 1795–1816 und ihres Umfelds (AGP 32), Göttingen 1994 (= Schwinge).

—, *(Hrsg.),* Die Erweckung in Baden im 19. Jahrhundert. Vorträge und Aufsätze aus dem Henhöfer-Jahr 1989 (VVKGB 42), Karlsruhe 1990.

Scriba, Heinrich Eduard, Biographisch-literärisches Lexikon der Schriftsteller des Großherzogthums Hessen im neunzehnten Jahrhundert, Abt. 2, Darmstadt 1843.

Siegert, Reinhart, Aufklärung und Volkslektüre. Exemplarisch dargestellt an Rudolph Zacharias Becker und seinem »Noth- und Hülfsbüchlein.« Mit einer Bibliogr. zum Gesamtthema, Frankfurt/M. 1978 (= Siegert, Aufklärung).

Simon-Kuhlendahl, Claudia, Das Frauenbild der Frühromantik. Übereinstimmung, Differenzen und Widersprüche in den Schriften von Friedrich Schlegel, Friedrich Daniel Ernst Schleiermacher, Novalis und Ludwig Tieck (Diss.), Kiel 1991.

Sprenger, Hans, Johann Ludwig Ewalds Trivialschulen, in: Lippische Mitteilungen aus Geschichte und Landeskunde 41. 1972, 144–180.

Staats, Reinhart, Der theologiegeschichtliche Hintergrund des Begriffes »Tatsache«, in: ZThK 70. 1973, 316–345.

Stadler, Peter, Lavater und Pestalozzi, in: Karl Pestalozzi u. Horst Weigelt (Hrsg.), Das Antlitz Gottes im Antlitz des Menschen [...] (AGP 31), 291–299.

Stäbler, Walter, Pietistische Theologie im Verhör. Das System Philipp Matthäus Hahns und seine Beanstandung durch das württembergische Konsistorium (QFWKG 11), Stuttgart 1992.

Staercke, Max (Hrsg.), Menschen vom lippischen Boden, Lebensbilder, Detmold 1936.
Steiger, Johann Anselm, Johann Ludwig Ewald (1748–1822). Rettung eines theologischen Zeitgenossen (FKDG 62) Göttingen 1996.
Süllwold, Erika, »Der Genius der Zeit«. Konstitution und Scheitern eines Modells von Aufklärungsöffentlichkeit (Pahl-Rugenstein Hochschulschriften, Gesellschafts- und Naturwissenschaften 203), Köln 1985.
Ueding, Gert, Jean Paul (BsR 629), München 1993 (= Ueding).
Unger, Rudolf, Hamann und die Aufklärung, 2. unv. Aufl., 2 Bde., Halle 1925.
Vogel, Ursula, Konservative Kritik an der bürgerlichen Revolution – August Wilhelm Rehberg, Darmstadt/Neuwied 1972.
Voigt, Ulrich, David Hume und das Problem der Geschichte (Historische Forschungen 9), Berlin 1975.
Voss, Jürgen, Der gemeine Mann und die Volksaufklärung im späten 18. Jahrhundert, in: Hans Mommsen u. W. Schulze (Hrsg.), Vom Elend der Handarbeit. Probleme historischer Unterschichtenforschung (GuG 24), Stuttgart 1981, 208 ff.
Wackernagel, Philipp, Das deutsche Kirchenlied 3, 2. Nachdr. d. Ausg. Leipzig 1870, Hildesheim, Zürich, New York 1990.
Wagner, Caroline, Volksaufklärung und Ständewesen in Lippe – Johann Ludwig Ewald als politischer Schriftsteller, Bielefeld 1986 (masch.).
Wallmann, Johannes, Der Pietismus (KIG 4/O1), Göttingen 1990.
— , Vom Katechismuschristentum zum Bibelchristentum. Zum Bibelverständnis im Pietismus, in: Richard Ziegert (Hrsg.), Die Zukunft des Schriftprinzips (Bibel im Gespräch 2), Stuttgart 1994, 30–56.
— , Was ist Pietismus?, in: PuN 20.1994, 11–27.
Weber-Kellermann, Ingeborg, Die Familie. Geschichte, Geschichten und Bilder, Frankfurt/M. 1984 (zuerst 1976).
Wehler, Hans-Ulrich, Bibliographie zur neueren deutschen Sozialgeschichte, München 1993.
Wehrmann, Volker, Die Entwicklung des Erziehungs- und Bildungswesens im Lande Lippe im Zeitalter der Aufklärung, Detmold 1972, zugl. u. d. T.: Die Aufklärung in Lippe. Ihre Bedeutung für Politik, Schule und Geistesleben (Lippische Studien 2), Lemgo 1972.
— , *(Hrsg.)*, Die Lippische Landeskirche (1684–1984), Detmold 1984.
— , »Von dem Versuche, ein neues Schulfach einzuführen« – Die Anfänge politischer Erziehung in den lippischen Elementarschulen an der Wende zum 19. Jahrhundert, in: Lippische Mitteilungen 50.1981, 93–131.
Weigelt, Horst, Lavater und die Stillen im Lande. Distanz und Nähe. Die Beziehungen Lavaters zu Frömmigkeitsbewegungen im 18. Jahrhundert (AGP 25), Göttingen 1988.
Wittmann, Reinhard, Der lesende Landmann. Zur Rezeption aufklärerischer Bemühungen durch die bäuerliche Bevölkerung im 18. Jahrhundert, in: Der Bauer Mittel- und Osteuropas im sozio-ökonomischen Wandel des 18. und 19. Jahrhunderts. Beiträge zu seiner Lage und deren Widerspiegelung in der zeitgenössischen Publizistik und Literatur, hg. v. Dan Berindi u. a., Köln 1973, 142–196.
Yang, Kum Hee, Anthropologie und religiöse Erziehung bei A. H. Francke und Fr. D. E. Schleiermacher, (Diss.masch.) Tübingen 1995.
Zande, Johan van der, Bürger und Beamter. Johann Georg Schlosser 1739–1799 (VIEG 119), Stuttgart 1986.
Zsindely, Endre, Katalog des Johann Georg Müller-Nachlasses der Ministerialbibliothek Schaffhausen, Schaffhausen 1968.

Register

Namen und Begriffe[1]

Abendmahl 58[71], 82, 113 f., 120, 139, 141, 144, 164[203], 170, 172 f., 174, 180, 182[288], 209, 217, 219 f., 257[181], 315, 339, 351, 426, 456, 490, 494, 495[354], 538, 551

Aberglaube, Volks- 14, 43, 47, 66, 129, 130[41], 233, 253, 332, 393, 463, 482, 543[62]

Absolutismus, s. auch Despotismus 26, 213, 227[31], 231, 243, 251, 261, 267, 268[35], 273, 318, 332

Achelis, Henrich Nikolaus 547

Adel 31[26], 207, 229, 240, 248, 264, 271 ff., 284, 286, 287[123], 369, 375, 523, 541[50], 542[56], 548

Adelung, Johann Christoph 248

Agende 164, 166[210], 169, 171, 205, 209, 218 f., 242, 524

Ahlemann, Ernst Heinrich Friedrich 290

Akkomodationshypothese 123, 161 f., 303

Alber, Erasmus 470[243]

Alberti, Julius Gustav 437

Alexander I. von Rußland 170[233], 210, 370[68], 412[140]

Allversöhnung, Apokatastasis 23, 55 f., 57[68], 109, 116, 141, 199, 219, 363, 449[147], 494, 497, 520

Analogie 16, 49, 69[118], 70 f., 88, 96, 98, 99[229], 106, 124 f., 136 f., 193, 247, 286 f., 292 ff., 302 f., 305, 328, 342 f., 345, 349, 351 f., 363, 419, 428, 466, 480, 484, 489, 492[343], 495, 498, 506, 508 f., 518 ff., 526

André, J. Anton 83[174]

Anglikanische Kirche 206, 211 f., 456, 525

Anhalt-Bernburg, Viktor Amadeus I. von 94

Anhalt-Dessau, Leopold Friedrich Franz von 113[287], 134[62]

Anschauung 17, 22, 60, 65, 123, 201, 205, 288, 299, 302, 309, 323, 326, 327[14], 328, 330, 333, 335 f., 348, 436, 463, 474[259], 475, 481, 504 ff., 507[411], 509, 511, 518 ff.

Anthropologie, s. a. Geschlechteranthropologie 14, 33[32], 69 ff., 93, 128, 136, 144[109], 255 f., 261, 264, 291[10], 303, 320 f., 327 f., 336, 352 f., 358, 380, 436, 474 f., 478, 484[306], 498, 518, 521, 528

Anthropomorphismus 76[144], 163, 348, 446, 450[152], 475, 479, 484, 486

Antichrist, antichristlich 66, 88, 144[109], 276, 397, 401, 448 ff., 465, 467, 497

Antike 125 f., 137, 189, 193, 206[70], 245, 249, 255, 260[200], 261, 269, 330, 345, 365[48], 474, 486, 500, 503, 506, 510 f.

Antiochus IV. Epiphanes 270, 397

Anquetil-Duperron, Abraham Hyacinthe 137[72]

Apokalypse, Johannes- 57, 65 ff., 86, 90, 122, 138, 438[84], 465 ff., 470, 480, 497 f., 519, 549[88]

Apokalyptik 34, 56, 59[74], 63, 66 f., 87, 89, 105, 117, 124, 270, 451, 457, 467, 497, 530, 543

Apokatastasis s. Allversöhnung

Arndt, Ernst Moritz 271, 298, 329

---

[1] Das Register umfaßt historische Personennamen (ohne »Ewald«, biblische Namen und i. d. R. ohne Herausgeber) und eine Auswahl von Begriffen.

Arndt, Johann 48[37], 505[402], 507[407], 508, 512[429], 520
Arnold, Gottfried 73, 88, 99[232], 151, 152[143], 194[17], 304[70], 447, 498, 503, 514
Artemon 447
Asarja Ben Moses de Rossi 409
Aschenberg, Wilhelm 540[46]
Athanasius 160
Auferstehung 54[56], 57, 60[78], 61, 70, 71[124], 75, 77, 84[180], 105, 107, 114, 130, 143[104], 166[212], 180, 307 f., 310, 312, 421, 423[14], 487, 493 f., 499[371], 537, 542[58]
Augustenburg, Friedrich Christian, Herzog von 290[6]
Augustin, Aurelius 144[109], 295, 304, 449, 503, 507
Baader, Franz Xaver von 57[71], 59[74], 79[156], 117, 118[306], 294[25], 472, 478[276], 489[329], 504[399], 514
Bacon, Francis 125, 255, 479, 492
Baden, Karl Friedrich von 149[130], 217, 370[69], 548[87]
Baden, Ludwig I. von 148[129]
Bahnmaier, Jonathan Friedrich 213, 548, 549
Bahrdt, Karl Friedrich 16[10], 30[23], 121[8], 135, 156, 197, 203, 296, 439, 533[5]
Bamberger, Joseph 411
Barrows, J. 453[163]
Bartels, Johann Heinrich 250[144]
Barth, Christian Gottlieb 53[55]
Basedow, Johann Bernhard 68, 76 f., 120 f., 169[230], 170 f., 200, 228, 339, 350[132], 351[135], 441[105], 534[11]
Basnage, Jacques 405[111], 407 f.
Bauern, Landbevölkerung, s. a. Landwirtschaft 31[28], 46, 80[161], 156[160], 174[248.251], 183[292], 187 f., 223 ff., 230 ff., 237 ff., 242[111], 244[119], 245[122], 247[134], 251[152], 252[154], 257, 268, 272 f., 286 f., 354[5], 359, 366, 369[63], 373[82], 398, 415, 486, 536 ff.
Baur, Samuel 26
Baxter, Richard 507[407]
Bayle, Pierre 194, 264, 478[277]
Beck, Johann Tobias 22, 492, 498 f., 531

Becker, Rudolf Zacharias 31[25], 122[13], 230, 231[49], 235[72], 236[76], 244, 537
Beer, Jakob Herz 396[70]
Beerdigung, Begräbnis 180 ff., 235 f., 238[90], 242
Befreiungskriege 270, 286, 382, 396, 529, 550
Begemann, Karl G. 225[19], 357[21], 358[23]
Begemann, Wilhelm Ludwig 225[19]
Behr, Wilhelm Josef 419[163]
Bekenntnisschriften 57[68], 89[192], 111, 193, 203, 314
Bekker, Balthasar 253
Beneken, Friedrich Burchard 64[98], 241, 288[3], 367, 369
Bengel, Johann Albrecht 56, 65 ff., 72[131], 77, 87 f., 123[18], 161, 199[42], 441[102], 466, 470, 497, 549
Bentheim-Steinfurt, Caroline Gräfin von 42, 94, 548[87]
Benthem, Heinrich Ludolf 146
Benzel-Sternau, Karl Christian Ernst Graf von 404[107]
Benzler, Johann Lorenz 33, 121[8], 185 f., 228 ff., 459, 543[60]
Bergpredigt 78, 79[156], 80, 82, 95[215], 106, 141, 144, 146, 315, 320 f., 331, 444, 506, 538
Bernhard von Clairvaux 493, 506
Bernstorff, Andreas Peter Graf von 257, 284[109], 460[192]
Bibel-, Schriftauslegung 36[41], 51, 54[58], 55, 65, 67 f., 70, 77[174], 80, 82, 90, 91[101], 93, 95[216], 96, 101, 105, 111[280], 118, 122, 124, 128[39], 138, 148, 154[154], 160 f., 178[270], 199[42], 218, 252, 303 ff., 425[22], 431, 433, 438, 441[105], 449, 465 ff., 470, 480, 482 f., 486 ff., 497, 510, 515, 516[448], 519, 533[5], 550
Bibelgeschichte 24, 26, 30[19], 45, 75, 87, 107, 120 ff., 127[34], 128, 130[42], 131 f., 133[54], 134, 138[79], 140[91], 142[98], 143 f., 148, 150, 162[191], 193, 228, 232, 242, 247, 249, 261[204], 269, 305, 325, 335 f., 339, 351, 356 f., 388 f., 391 f., 477[252], 484[306], 519, 522 f., 527, 532[3], 535, 537 f.

593

Bibelübersetzung 84[176], 95[216], 135, 154[154], 168[220], 171[239], 177[265], 209[87], 253, 298[44], 300[49.51], 308[89], 338, 410, 422, 426, 428[26], 431 ff., 439 f., 445, 464 f., 491[339], 495[357], 511[427], 533[5]
Biester, Johann Erich 117[303], 166
Biskari, Ignatius von 250[144]
Blendermann, Jakob 325 f.
Bodenschatz, Johann Christoph Georg 405
Boehmer, Justus Henning 172
Böger, Franz Henrich 176
Bogatzky, Karl-Heinrich von 547
Böhme, Jakob 58, 59[74], 65, 73 f., 78[152], 81, 88, 264, 504, 508[412], 509, 512 ff., 515[440], 521, 528
Boie, Heinrich Christian 240[98], 262[4]
Bolinbroke, Henry St. John 194
Bonaventura 505[402], 506
Bonnet, Charles 462[206]
Boßhard, Heinrich 54[58], 62[87]
Bossuet, Jacques 145[113]
Bottens, Antoine-Louis-Henri Polier de 481[294]
Böttiger, Karl August 372 f.
Bourignon, Antoinette 512
Bouterwek, Friedrich 495, 542 f.
Brandes, Ernst 198, 205[69], 276[73], 367
Brastberger, Gebhard Ulrich 196[29]
Brauer, Christoph Friedrich 40[8]
Brauer, Johann Niklas Friedrich 30, 40[8], 216[113], 218 ff., 325[8], 424, 525
Brechter, Johann Jakob 339
Bretzfeld, Majer 393[56]
Brüdergemeine, Herrnhuter 35, 50[42], 76, 80 f., 111[279], 116, 146[114], 164, 168, 170, 190, 201, 208, 211 f., 317, 338, 360, 373[84], 394, 424, 435, 451 ff., 463, 474, 490, 496, 513, 524, 527, 529 f., 544, 549, 551
Bruns, Heinrich Julius 225[20]
Bucer, Martin 542[58]
Buchholz, Karl August 384 f., 396[69], 398, 403, 413 f.
Buhl, Konrad 324[5]
Bund, Bundestheologie 103 ff., 108, 178, 123
Bürde, Samuel Gottlieb 362[39], 542 f.

Bürger, Gottfried August 230, 231[49]
Bürger, Bürgertum 24 f., 31, 46, 152, 159 f., 174, 178, 184, 192 ff., 199 f., 202 ff., 206 ff., 210, 222, 227, 231, 243 ff., 247, 249, 259 f., 266 ff., 274 f., 278, 284 ff., 289, 314, 317 ff., 324, 340 f., 344, 346 f., 353 ff., 358, 360, 364, 367, 369 ff., 373, 375, 378 ff., 390, 394 ff., 398 f., 403 ff., 411 ff., 467, 471, 524 ff., 538, 544, 546, 548, 550 f.
Bürgerschule 246, 257, 284, 324 ff., 340, 391, 416
Burger, Matthias 116
Burk, Johann Albrecht 549[88]
Burke, Edmund 213, 267
Büsching, Anton Friedrich 90, 92[203], 250[142]
Buß, Johann Christoph 327[17]
Butler, Joseph 495
Callisen, Johann Leonhard 548
Calmette, Jean 481[294]
Calvin, Johannes 206, 542[58]
Calvör, Kaspar 409
Camerarius, Joachim 473[253]
Campe, Joachim Heinrich 198[39], 234[65], 254, 331[37], 336[61], 339, 347, 350[132], 359, 369, 534[11]
Camper, Pieter 336
Chapon, Gottlieb Friedrich Wilhelm 91[202], 176
Charron, Pierre 475
Chiliasmus, s. a. Millenium 14, 23, 141, 286, 419, 457, 462, 468, 498
Christentumsgesellschaft, Deutsche 12, 15, 32, 35, 83[173], 87[188], 101 ff., 116 f., 152, 202[58], 369, 438[85], 454 f., 457[180], 517, 527, 549
Christologie, s. a. Opfer, Präexistenz 20[19], 45[26], 57 ff., 61, 68[116], 71, 74, 77, 84[180], 95, 105 f., 108[265], 110, 111[280], 113 f., 133[54], 138, 145, 159, 289[4], 295 f., 305, 310, 332, 421[4], 423, 431 ff., 441 ff., 486, 489, 491, 498, 533[5]
Chrysostomus, Johannes 397[72]
Cicero 125 f., 192[10], 423[12]

Claudius, Matthias 17[14], 38[1], 102[244], 117, 150, 168[220], 230, 231[47], 274, 281[99], 289[4], 362[39], 371, 510[419], 534[11]
Clemens von Alexandrien 447[137], 505, 507
Clementi, Muzio 280[93]
Clostermeier, Christian Gottlieb 181[283], 182[288], 222[5], 224[14], 233[56], 236[80], 268[38]
Cludius, Hermann Heimart 447
Coccejus, Johannes 123[18]
Collenbusch, Samuel 41[10], 548
Cölln, Dietrich von 75[142], 183 ff., 222, 259
Cölln, Georg Konrad von 75[142], 183, 222
Cölln, Ludwig Friedrich August von 33, 75, 76[144], 89, 115, 162 f., 165, 175, 183[292], 187 f., 240[97], 458, 459[189], 460 ff., 464, 537, 548
Comenius, Johann Amos 340[84]
Conradi, Johannes 78
Cook, James 234, 282
Cramer, H. M. A. 181[281]
Cramer, Johann Andreas 135
Creuzer, Georg Friedrich 347[118], 490
Crome, August Friedrich Wilhelm 250[142]
Crugot, Martin 58
Dalberg, Karl Theodor Anton Maria 72, 294, 541
Dann, Christian Adam 74[138], 549
Daub, Karl 495[354], 501
De Marées, Johann Friedrich 147
De Wette, Wilhelm M. L. 148
Deismus 18 f., 20, 43, 45, 50[45], 55, 66, 76[146], 86, 88, 123[18], 138, 192 ff., 197, 199 f., 388 f., 392, 404 f., 432, 440[100], 444, 450, 474, 481, 488, 495, 497, 500, 518 f., 524, 533[7]
Dekalog 68[113], 127[32], 138[77], 143, 146, 220, 487
Dereser, Thaddäus Anton 502
Despotismus, s. a. Absolutismus 25, 243, 246, 251, 252[154], 257, 260[196], 261[203], 262 ff., 265 f., 269[40], 270, 272, 282[103], 287, 319, 339[77], 364[43], 365[48], 366[51], 373[82], 429, 467, 472, 543[62]
Diderot, Denis 202, 259
Diez, Carl Immanuel 57[68], 440[99]
Diogenes Laertios 194

Dionysios der Areopagite 506 f.
Diterich, Johann Samuel 132 f.
Döderlein, Johann Christoph 103[245], 114[290], 143[104], 145[111], 203[61], 485[312], 492, 532 f.
Dohm, Christian Wilhelm von 16, 121[8], 178, 193[12], 228[36], 229, 240, 265[20], 266, 268, 276, 367, 378 ff., 381 ff., 389[44], 392, 395 ff., 402 ff., 462 f., 465, 524, 526 f.
Dordrechter Synode 146, 148
Döring, Heinrich 27
Dreves, Johann Friedrich Ludwig 29[17], 115 f., 127, 182[291], 357, 461[197], 477, 547
Duttenhofer, Christian Friedrich 79[156], 196[29], 430[44]
Eberhard, Johann August 69, 89, 242[111], 320[149]
Eberhard I., im Bart, Graf von Württemberg 268[35]
Ehlers, Martin 202 f., 248, 390
Eichhorn, Johann Gottfried 128[39], 138, 428, 434, 440, 441[102], 466, 485 f., 501, 516[448]
Eisenmenger, Johann Andreas 405, 409, 499
Emanzipation, s. a. Judenemanzipation 31[28], 32, 179, 285, 365, 367 ff., 375 f., 387, 390, 526, 532
Emmerich, Georg Heinrich 42[14], 47, 83[174], 84, 92, 93[207], 95, 141, 272[53]
Empfindsamkeit 16, 18, 24, 29[16], 75, 76[144], 124, 158, 198, 359, 372, 373[84], 421, 423, 464[211], 504[399], 541, 550
Endzeiterwartung, s. a. Apokalyptik, Millennium, Parusie 34, 54[56], 62, 65 f., 67[107], 79, 81, 87 f., 108, 112 f., 115 f., 117[300], 164[203], 177 ff., 377, 379 f., 401, 419, 427, 448, 450 f., 453, 456 ff., 462, 468, 470, 498, 502, 513[430], 550, 551[97]
Erasmus von Rotterdam 261, 542[58]
Erbauungsversammlungen 14, 23, 77 ff., 84 ff., 374[88], 439, 521 f., 527, 545
Erbsünde, s. a. Sünde 93, 116, 144, 309, 337, 344, 345[109], 351 f., 446[133], 495, 520 f.

595

Erlösung 59, 61[85], 94[211], 95, 106, 114, 142, 144 f., 217[116], 219, 309 f., 349, 362 f., 430, 442[109], 468, 470, 478, 480 f., 492, 496[359], 497[364], 506, 513, 520, 524
Ernesti, Johann August 433, 435, 441[102]
Erweckung, katholische 502
Erweckung, nationale (patriotische) 189[318], 287, 517
Erweckung, religiöse 11, 21 f., 33 f., 52, 81, 109, 116, 126, 128, 157, 189, 198, 214 f., 243, 306[79], 335, 342, 351, 456, 496, 503, 508, 517, 528 f., 537, 547
Erweckungsbewegung 11 f., 15, 17[14], 21 f., 24, 30, 32, 65, 90, 116 f., 150, 214, 276, 417, 456 f., 505, 517 f., 528 ff., 548 ff.
Eschenmayer, Karl August 477[271], 498, 502[392], 505, 514[436], 516
Euripides 365[48]
Europa 26, 87, 186, 213[100], 239, 240[97], 243, 250, 256, 263, 267, 271, 291, 298, 378, 398, 403, 405, 407 f., 453, 457, 467[228], 471, 472[251], 482, 508[412]
Eusebius von Cäsarea 447
Familie 85, 98, 129[40], 130[42], 181, 191, 207, 224, 238, 242, 265[17], 283, 285, 341, 344 ff., 350, 353 ff., 358, 370 f., 373, 492[343], 526
Feder, Johann Michael 128[38], 268[39]
Fellenberg, Philipp Emanuel von 327[16]
Fels, Kaspar 42[14]
Fénelon, François de Salignac de la Mothe 100[237], 102[244], 150, 251, 304[70], 348[123], 471 f., 501[385], 510, 512
Feßler, Ignaz Aurelius 146[114], 515[442]
Festkultur, s. a. Schulfest, Weihnachtsfest 75[141], 120[7], 166[210], 172, 175, 181[281], 188 f., 205, 208 f., 210[90], 230, 245 f., 249, 287, 345 f., 350 f., 358, 371, 374[89], 388, 411[137], 422, 524
Fichte, Johann Gottlieb 32, 149, 202[58], 214[106], 243, 255 f., 267[32], 271, 283 f., 292, 321 f., 327, 344, 375, 470[242], 471, 472[249], 477 f., 495[357], 498, 504 f.
Flatt, Christiane 177[265], 371[71], 450[152]
Flatt, Johann Friedrich 289[5], 438, 447, 485[312], 548

Flatt, Karl Christian 439, 488[324], 499[372], 549
Forster, Georg 282, 475[265]
Francke, August Hermann 79[156], 113, 151[140], 152[143], 212, 327, 334, 345, 352, 357[16], 513[432]
Frank, Jakob ben Jehuda Löw 418[161]
Fränkel, David Ben Mose 413
Franklin, Benjamin 276, 413[145]
Franz von Sales 507[407]
Fränzl, Ferdinand 559[2]
Franziska von Württemberg 548[87]
Frauen, s. a. Geschlechteranthropologie 78[153], 80[161], 94[211], 176, 236[76], 238, 240, 258, 282, 288 f., 316[129], 339 f., 353 ff., 391, 413[142], 421[2], 426[27], 437, 454, 456[178], 467[231], 485[310], 510, 511[427], 526, 545, 548
Freiheit(en), Denk-, Glaubens- Gewissens-, s. a. Lehrfreiheit, Presse- und Meinungsfreiheit 41, 72, 92[203], 118, 133[57], 140, 148, 153, 161[185], 173[246], 178 f., 193, 195, 197, 200 f., 203, 205 f., 213, 215, 216[113], 221, 247, 251, 252[154], 254, 260, 262[1], 263 ff., 269, 272, 277 f., 280, 283, 285, 289, 291, 294, 297[37], 299 ff., 306 ff., 313 f., 317 f., 321, 331, 335, 337, 344[104], 363, 365 f., 383 f., 387, 399 f., 404 f. 407, 413[142], 414, 416 f., 425 f., 445[132], 468[235], 471[246], 509, 525, 529, 533[8], 535 f., 538, 545
Freimaurer 117, 259, 449
Friede, Westfälischer 216[113], 217
Friede, Völker- 271, 282, 337, 396, 457, 470 ff.
Friedländer, David 377 f., 379[7], 391[51], 395, 409
Friedrich II., König von Preußen 216[113], 244, 284[109], 429, 525
Friedrich Wilhelm I., König von Preußen 250
Friedrich Wilhelm II., König von Preußen 250[145]
Friedrich Wilhelm III., König von Preußen 204, 208[78], 257
Friedrich Wilhelm IV. von Preußen 142[96]

Fries, Jakob Friedrich 381 f., 383[21 f.], 385 ff., 394 f., 397, 406 f., 412, 414, 419, 474, 502[392]
Fröbel, Friedrich W. A. 329, 340 f.[84]
Gabler, Johann Philipp 440[99], 486
Gall, Franz Joseph 344
Gallitzin, Amalia Fürstin von 504, 510[419]
Gatterer, Johann Christoph 125[24], 263
Gebauer, Georg Christian 408
Gebet 41[12], 47, 50, 54, 62 f., 80, 82, 96[218], 112[282], 116, 119[3], 120, 124[22], 139, 141[93], 144, 150[136], 159[175], 161[189], 168[225], 171[239], 180, 183, 186, 209[85], 220, 238[93], 271[48], 292, 308, 313 f., 330, 335, 350, 358, 365[50], 372, 374[86], 388 f., 411[137], 422, 423[12], 424 ff., 459, 461, 491, 501, 503 f., 532, 551
Geist, Heiliger, s. a. Geistesgaben, Pneumatologie 17, 20 f., 39 f., 48 f., 50, 52 f., 54[58], 55[59], 59[76], 60, 62 ff., 70 f., 78, 81, 87, 89 f., 96 ff., 107 f., 111[280], 112 f., 118, 125, 138, 139[85], 149, 163, 165, 193 f., 207, 211[94], 252, 285, 287, 290, 302 f., 308[90], 310, 311[102], 313 f., 318[141], 348, 423[14], 424 ff., 440, 449, 457, 459, 461, 465, 486, 491, 493, 501, 504, 509, 513 f., 517, 521, 527, 531 f., 537
Geistesgaben 47 f., 48, 52, 57, 62 f., 107, 161[189], 167, 171[235], 458[183]
Gellert, Christian Fürchtegott 75, 76[146], 184, 369, 534[11]
Gemeingeist 25, 276, 282 ff., 287, 404[105], 455
Genie(gedanke) 39, 69, 73, 87, 159, 278, 295, 488[327], 501[385], 514
Genius 275 f., 302, 330, 346, 386[34]
Germershausen, Christian Friedrich 155[156], 235[68], 238
Gerson, Johannes 505[402]
Gesangbuch 74 ff., 155, 164[203], 165 f., 168, 230, 232, 362[39], 388[40], 470[243], 510[422], 522
Geschlechteranthropologie 331, 353, 355, 358 ff., 363 ff., 367 ff., 511[427]
Gesetz (und Evangelium) 15, 47, 51, 78 f., 81, 105 f., 111[280], 139[83], 142, 144[109], 197[36], 262, 293[20], 294, 297 f., 308[89], 445, 453

Geßner, Georg 327[16], 545
Geßner, Heinrich 325
Gichtel, Johann Georg 513[432]
Girtanner, Christoph 266[25]
Gleim, Betty 285, 357[20]
Gluck, Christoph Willibald von 280[93]
Glückseligkeit 14, 30, 38[2], 56, 93, 95, 132 ff., 136, 246, 306[80], 307, 310, 312, 321, 328[23], 369[65], 509
Goethe, Johann Wolfgang von 27, 29[18], 38[1], 53, 67[107], 115[294], 231[49], 255, 269, 281 f., 292[14], 298 f., 330, 345, 360, 362, 365, 369, 373[84], 429, 498, 505, 540, 542
Goeze, Johann Melchior 437
Goldsmith, Oliver 374[88]
Gottebenbildlichkeit 14, 19, 39, 49 ff., 54[56], 61, 96 ff., 100[236], 104, 109, 128, 141, 293, 307, 310, 328 f., 332, 338, 341, 351 f., 381, 425, 450[151], 469, 475, 485, 504, 507, 519, 521, 528, 534
Gottesdienst, Kultus 75, 77, 78[152], 81, 83[170], 131, 139 f., 141[93], 144, 146[114], 163 ff., 170 ff., 185, 188 f., 191, 200, 204 ff., 220[126], 221, 285, 298, 314 f., 348, 350 f., 360, 383[23], 391[50], 393, 396[70], 393, 415, 426, 450, 454, 456, 488, 524, 536, 537 f., 551
Gräffe, Johann Friedrich Christoph 142[97], 476[269]
Greiling, Johann Christoph 157[164]
Griesinger, Georg Friedrich 57[68]
Grotius, Hugo 440[101], 441[102]
Grundtvig, Nicolai Frederik S. 249[140]
Gruner, Justus 242[109]
Günsburg, Carl Siegfried 415
Guthrie, Wilhelm 251[152]
GutsMuths, Johann Christoph Friedrich 343
Guyon, Jeanne-Marie de 503, 512, 515
Haab, Philipp Heinrich 97[225], 127[34], 150[133]
Häfeli, Johann Kaspar 28, 30[21], 53[55], 84, 137, 147[123], 164, 309[93], 324, 325[7], 365, 462[200], 464 f., 480, 536, 546 f.

597

Hahn, Philipp Matthäus 12, 16, 23, 25, 28 f., 32, 38 f., 41[11], 47, 50, 52 ff., 59 ff., 65 ff., 91, 101[239], 102[244], 104 ff., 113, 116, 118, 123, 124[19], 125, 150, 163[195], 165, 239[94], 279[90], 301, 321, 324, 370[67], 421, 430[44], 435 f., 473[253], 498, 513[433], 519 f., 522 f., 528, 533[9], 542[58]
Hahnzog, Christoph Ludwig 154, 156
Halem, Gerhard Anton von 165 f., 262[4], 274, 463[207], 539[43], 540[46], 541, 542[58], 544
Haller, Albrecht von 30[23], 53, 265[20], 342, 443
Hamann, Johann Georg 12, 17[14], 22[23], 32, 35, 65, 68[115], 72, 97[226], 98 f., 110[278], 126 f., 136, 137[70], 211[94], 252[156], 263[10], 278, 297, 305, 352, 462[204], 464, 513
HaNagid, Schemuel Ibn Nagrela 410
Handwerk 152, 207, 225 f., 244[119], 246, 284, 351[137], 368, 369[63], 373[82], 387, 389 f., 396, 398[79], 416, 453, 548
Hardenberg, Carl August Fürst von 399
Hartleben, Theodor Konrad 33[33]
Hartmann, Israel 86[187]
Hartmeyer, Kaspar David 448, 546
Hasenkamp, Johann Gerhard 401[91]
Hebel, Johann Peter 133[54], 148, 485[314]
Hecker, Johann Julius 357[16]
Heddäus, D. Gottlieb 76[144]
Heeren, Arnold Hermann Ludwig 407
Hegel, Georg Friedrich Wilhelm 137[70], 248 f., 294[25]
Heiligung 14, 44, 48[37], 79 f., 82, 95, 98, 106, 111[280], 142, 175, 197[36], 210, 214, 301, 312 f., 351 ff., 442[109], 495, 496[359], 498, 511, 515, 528
Heilsgeschichte 18 f., 23, 30, 38, 53, 56, 98, 103, 118, 122 f., 125, 138, 143, 150, 162, 177 ff., 197[36], 211[94], 258, 261, 287, 336, 345, 351 f., 380 f., 394, 404, 418 f., 428, 449, 452, 471, 473, 497 f., 509, 518, 520, 526, 528 f., 530 f.
Heinemann, Jeremia 413
Heinse, Wilhelm 337
Helvétius, Claude Adrien 257[182], 295[27], 297

Helwing, Friedrich Wilhelm 92[203]
Hemsterhuis, Frans 343[98], 503 f., 520
Henhöfer, Aloys 517
Henke, Heinrich Philipp Konrad 192[11], 433 f., 441[102], 505[404]
Hennings, August Adolf Friedrich 166[210], 243, 260[196], 262[3], 275, 276[75], 378 f., 394, 468[232]
Herbart, Johann Friedrich 326
Herder, Johann Gottfried 16 f., 20, 36, 38[1], 48[36], 50, 53, 54[58], 57, 64 f., 67 ff., 74, 88, 106 f., 110[278], 123[18], 124, 126[29], 127, 128[39], 132, 134, 136 f., 140[89], 142[96], 150, 152, 153[150], 159, 160[180], 162[190], 164[204], 180, 197 f., 229[38], 248[136], 255, 263[10], 264, 276, 278, 280, 282[103], 283 f., 288[2], 289[4], 291 ff., 297, 303, 307, 310[99], 321, 327, 342, 346, 351[137], 352, 365, 394, 400 f., 403, 404[103], 405, 413, 427, 428[36], 436, 440[101], 441 f., 452, 462[204], 466, 470 f., 475, 479 f., 483[302], 484 f., 490, 491[340], 494, 496[358], 497 ff., 504, 519, 521 ff., 525, 527 f., 533, 534[11], 541, 542[58]
Hermes, Johann Timotheus 347, 372
Herz, Henriette 236
Herz, Markus 236
Heß, Johann Jakob 24 f., 29, 38 f., 40[7], 42 f., 45 ff., 53[55], 93[208], 102[244], 103[245], 104[247], 108, 123, 124[19], 125, 133[54], 136, 142, 143[103], 150, 161, 365, 427, 428[35], 434, 438, 448, 467, 473[253], 484, 485[307], 487, 488[326], 494, 495[355], 498, 502[390], 519, 522, 534[11], 535, 545, 546[77]
Heß, Mendel Michael 392
Hessen-Homburg, Friedrich Ludwig, Landgraf von 102, 548[87]
Hessen-Philippstal, Wilhelm, Landgraf von 23, 564[3]
Heyne, Christian Gottlob 128[38], 132, 280
Hiller, Philipp Friedrich 76
Hillmer, Gottlob Friedrich 116 f., 453[159], 463, 549
Hinduismus, s. a. Religionen 137
Hippel, Theodor Gottlieb von 282, 367 f.
Hippolyt 447
Hirsch, Samson Raphael 419
Hoburg, Christian 513[432]

Hoffmann, Ferdinand Bernhard von 119, 130 f., 140, 153, 174, 190, 236, 268, 374[89]
Hofmeister 23, 134, 153, 364, 564
Hölderlin, Friedrich 126, 541[50], 543
Home, Henry 343[98]
Homer 126, 280, 342, 501[385]
Homiletik 24, 26[1], 151[140], 153, 156, 157[164.168], 158[173], 159 f., 176, 189, 302, 524
Homilie 160
Hoornbeeck, Johannes 441
Hosch, Wilhelm Ludwig 63[95]
Hotze, Johann Konrad 460[192]
Howard, John 282, 284
Hübner, Johannes 133[54], 335[57]
Hufeland, Christoph Wilhelm 235[72], 340[83]
Hufeland, Gottlieb 261[202]
Hufnagel, Friedrich Wilhelm 134[60]
Hug, Johann Leonhard 502
Hugo v. St. Viktor 505[402]
Humanität, Humanisierung 19, 97, 128, 131, 138[77], 140, 149, 188, 247, 262, 271, 276, 278[85], 280 ff., 286 ff., 332, 339, 347 f., 366, 370, 378, 382[18], 383, 385, 386[34], 387, 394, 398, 405, 419, 429, 452, 463[208], 464, 468[233], 471, 476, 480, 492[341], 519, 526, 529, 542
Humanismus, Neu- 16, 20, 25, 33, 247, 259, 261, 284, 333, 337, 352, 366, 370[68], 375, 394, 419, 452, 470, 471[246], 498, 518, 523, 528 f.
Humboldt, Wilhelm von 260, 280, 284
Hume, David 125, 136, 343[98], 483, 511[424]
Hus, Jan 542[58]
Hutcheson, Francis 343[98]
Idealismus 11 f., 16, 123[18], 137[70], 149[131], 276[76], 337, 475, 477, 518, 528, 531
Industrieschule 238, 285[14], 341
Innerlichkeit 15, 22, 39, 53, 81, 290, 359[28], 376, 450, 459, 477, 493, 499, 515, 518, 520 f., 525, 530 f.
Inspiration, -slehre 95[214], 162[191], 203, 304 f., 338, 361[35], 442, 488, 540
Isenburg, Karl Friedrich Ludwig Moritz von 141

Isenburg-Birstein, Sophie Charlotte von 94[210], 108[267]
Isenburg-Birstein, Wolfgang Ernst II. Fürst von 23, 40 ff., 45[26], 49, 74, 84, 90[197], 93[207], 94[210], 108[267], 115, 119[1], 272[53], 431[45], 437[80], 546, 548[87], 564[3]
Isenburg-Büdingen, Caroline Ferdinandine von 94
Isenburg-Büdingen, Eleonore von 94
Isenburg-Büdingen, Ernst Kasimir Graf zu 94
Islam 72[129], 133[54], 365, 470, 482
Jablonski, Daniel Ernst 212
Jacobi, Friedrich Heinrich 17[14], 18, 41[10], 98, 104, 110[278], 116, 136 f., 192[10], 213, 229[38], 252[156], 256, 260, 262[4], 269, 281[99], 290 ff., 297, 299, 301[57], 309[93], 321 f., 339[74], 347[119], 348, 362, 445[127], 450 f., 470[242], 474 f., 477, 479, 501, 504, 511[424], 520, 534[11], 540
Jacobi, Johann Georg 41[10], 540 f., 543
Jacobson, Israel 383[23], 390
Jäger, Johann Wolfgang 515[440]
Jahn, Martin Johann 489[329], 502
Jean Paul Friedrich Richter 150, 213, 278, 282, 292[15], 297, 305[93], 346, 350 f., 445, 450, 476[270], 483 f., 492[342], 510, 528
Jerusalem, Johann Friedrich Wilhelm 43[20], 137[74], 429[38], 439[92], 440[100], 442[111]
Joelson, Joseph 388[40], 389[45], 393, 396[69], 413
Johannes vom Kreuz 507[407]
Johannesapokalypse s. Apokalypse
Joseph II., Kaiser 179, 265[20], 266[21], 390, 396[67]
Juden, Judentum 37, 50, 72, 131, 133, 146, 175, 177 ff., 181[280], 203, 236[79], 248[136], 253[161], 257[178], 308[89], 309, 317, 365, 369, 377 ff., 429, 446, 452, 466[224], 467, 469, 472[250], 482, 484, 488[324], 489, 499, 500[382], 526 ff.
Judenbekehrung, allgemeine (endzeitliche) 108, 116, 177 f., 379, 401, 456 ff., 468[234], 497
Judenemanzipation 16, 24 f., 178, 210, 266, 377 ff., 384, 387, 395, 398, 402, 413 f., 419, 462, 497, 526

599

Judenmission, -taufe, 176 ff., 292[17], 377, 381, 386, 392, 401, 412, 417, 418[161], 419, 447, 456, 497, 526, 530
Judenverfolgungen 386, 390, 395, 397 f., 403 f., 406 ff., 417, 467
Jugendarbeit 183 ff.
Jung-Stilling, Johann Heinrich 12[6], 14, 17[14], 22[23], 24, 30, 32 ff., 41[10], 42, 79, 87 ff., 94, 101[239], 102, 109, 116, 117[300], 164[203], 170[233], 186, 210[91], 223[7], 225[19], 229, 270, 271[48], 297, 338[68], 362[39], 370[69], 371, 430, 448, 451, 455, 457[180], 466 f., 490[332], 497[364], 501, 502[391], 504, 509, 524, 527, 530, 536, 540 f., 543, 546 f., 549[91], 550 f.
Justi, Leonhard Johann Karl 435[69]
Kabbala 303, 370[67], 397, 430, 450, 504, 506
Kalender 237[87], 241, 463
Kanne, Johann Arnold 116 f., 489[329], 504, 511, 513, 528
Kant, Immanuel 16, 19, 25, 197, 244, 255, 262[1], 278, 283, 288 ff., 298 ff., 314[121], 316 ff., 322 f., 343[94], 344[104], 348, 423, 426, 444[125], 445, 447[137], 471, 474, 477, 488[324], 499, 505, 521, 523, 534, 536
Karo, Josef 390, 410
Kasualrede 176 ff., 189, 524
Katechismus 23, 33[32], 40, 44 f., 76[144], 94 f., 97[224], 119 ff., 126 f., 132 ff., 142 ff., 146 ff., 150 f., 162[194], 166[210], 192[11], 209, 216, 220, 228, 229[37], 230 ff., 242, 261[204], 343, 350, 359, 477[273], 494, 522, 538
Katharina II. von Rußland 250, 453
Katholizismus, römischer; s. a. Messe 68[118], 78[152], 80[159], 85, 91, 100, 111[279], 117, 127[32], 133[57], 144 ff., 148, 149[130], 150[133], 167, 169, 187 f., 202, 204, 206, 208 ff., 213 f., 218 ff., 258[187], 266, 331[37], 333 f., 350, 370[69], 415, 426, 451 f., 489[329], 494, 502, 507, 512, 516, 524 f.
Kaula, Salomon 396[70]
Kaula, Wolf 396[70]
Kinderarbeit 223 f., 238, 240[98], 354[5]
Kindersterblichkeit 235, 257[180], 339

Kirche und Staat 200, 207 f., 211 ff., 215, 221, 245, 525
Kirche, unsichtbare; Geistkirche 19 f., 101[242], 112, 207, 276[74], 449 f., 540[46]
Kirchengesang, -musik, s. a. Gesangbuch 75[141], 141[93], 151[140], 164 ff., 205, 208, 209[86], 429[39], 524
Kirchenordnung, -recht, -verfassung 33[32], 102, 146 f., 172, 190 f., 197, 210 f., 215[108], 217, 222[3], 229, 512, 525, 538 f.
Kirchenzucht 160, 170[233], 173, 206 ff., 210 f., 214 f., 221, 512
Kirnberger, Johann Philipp 167
Klassik, Klassizismus 22[23], 259, 278, 280, 282, 330, 352, 359, 362[37], 528
Kleinschmidt, Ernst Karl 327[15]
Kleist, Heinrich von 290
Kleuker, Johann Friedrich 32 f., 72, 103[245], 105, 117 f., 137 f., 143[104], 195 f., 255[168], 288[1], 298, 304[67], 306[78], 365, 427, 430[41], 436[76], 441[102], 446[133], 480, 491 f., 499, 522, 534[11], 536, 540, 543, 547
Kley, Eduard Israel 413
Kliefoth, Theodor 497 f.
Klopstock, Friedrich Gottlieb 50[45], 67[107], 158, 164, 279[91], 281[99], 335[56], 359, 362[39], 371, 373[84], 428[34], 465, 471[246], 473, 510, 524, 542[58]
Knapp, Georg Christian 135, 441[102], 545 ff.
Knigge, Adolph Freiherr von 243[113], 245[124], 262[4], 263, 267[27], 359
Knoch, Friedrich Georg 119
Knoch, Johann Ludwig 119[2]
Konfessionalität, Konfessionalismus, s. a. Orthodoxie 14 f., 19 ff., 34, 36 f., 43 ff., 53, 74, 76 f., 91, 99, 102, 110, 111[279], 120, 122[12], 126, 134, 141 ff., 145 ff., 150 f., 159, 164[203], 169 f., 171, 189, 193, 199 f., 204, 206[74], 207 f., 211[94], 214, 216[113], 217 f., 221, 241, 290, 314, 323, 331, 334 f., 344, 348, 352, 371, 373 f., 376 f., 448, 451 f., 471, 473, 497, 505, 507, 512, 517 ff., 522, 527, 529, 530, 544

Konfirmation 44[23], 82, 92[205], 121, 134, 140 ff., 208 f., 223, 225[16], 257[181], 315, 350 f., 392[55], 415[15], 536 f.
Konfutse, Konfuzianismus 137[74], 336, 480, 482
Konventikel, s. Erbauungsversammlungen
Koppe, Johann Benjamin 128[38], 138, 162, 178[270], 197[36], 199[42], 386[31], 430[42], 434, 441, 490[334]
Koran, s. a. Islam 138, 482[299]
Kortum, Ernst Traugott von 398[79]
Kosegarten, Gotthard Ludwig Theobul 160[184], 540 ff.
Kosmopolitismus 192 ff., 197, 254, 277[80], 283, 319, 448
Kosmos, Mikro-, Makrokosmos 70, 73, 113, 326[13], 336, 476, 481, 489, 508, 513, 521
Kottwitz, Hans Ernst von 116[299], 549
Kotzebue, August von 166[210], 274[65]
Krafft, Justus Christoph 55[59], 90 ff., 94, 110 f., 113, 118, 158, 508
Krankheit 95[215], 96[219], 106[256], 116, 122[14], 134[62], 140, 176, 180, 183 f., 186, 198, 204[62], 219, 235, 253[161], 275, 281, 284, 297[37], 340[82], 364, 386[34], 424, 458, 461, 500[377], 514[437]
Krieg, s. a. Befreiungskriege 40[8], 67[110], 138[77], 218[118], 240[98], 268, 272 f., 275, 281 f., 284, 286[121], 365[47], 382, 396, 408 f., 413, 429, 467, 471, 473, 488[326]
Kroll, Johannette Auguste 355 ff.
Krücke, Simon Ernst Moritz 128, 237, 241 ff., 357
Krüsi, Hermann 327[17]
Kultus, s. Gottesdienst
Kummer, Paul Gotthelf 549
Kuno, Johann Christian 234[62]
Kunst 16, 47, 67[107], 127, 139, 147, 158, 160, 206, 278 ff., 290, 302, 305, 329, 337, 351[137], 352, 398, 483, 518, 520, 534
Kunzen, Adolph Karl 230, 280[93]
La Roche, Sophie von 141[94], 339[77], 368, 375
Ladomus, Jakob Friedrich 327[17]
Laktanz 447
Lampe, Friedrich Adolf 104[249], 132, 133[54]

Landau, Ezechiel 379
Landbevölkerung, s. Bauern
Landstände 172 ff., 239[95], 240, 266, 268, 273, 275, 287, 406
Landwirtschaft, s. a. Bauern 155[157], 225, 227, 237, 239[94], 257[178], 259[192], 386 f., 389, 396, 398[79], 407[116], 413, 416, 429
Lang, Wilhelm Tobias 305[74]
Lavater, Johann Kaspar 12, 14, 16 f., 21, 22[23], 23 f., 27 ff., 32, 36, 38 ff., 47 ff., 56[63], 58, 62 f., 66 ff., 71[124], 73[133.135], 75, 79, 83[174], 86[187], 88 f., 96[220], 98[227], 100, 102[243] f., 106[259], 108 ff., 111[280], 113 ff., 117, 118[305.307], 123, 124[21], 125, 131, 140[88], 147[123], 158, 162[190], 166, 167[213], 171[237], 180, 186[304], 194, 197, 240[97], 241[103], 252, 256, 264[14], 265, 270[46], 272[51.53], 275[70], 281, 283[105], 289[5], 290[6], 295 f., 301[57], 302, 321, 324, 329, 343, 358, 361[33], 371 f., 380, 381[16], 418[161], 421, 427 f., 430 ff., 436 ff., 448 f., 453[162], 457 ff., 473[253], 477[273], 491[340], 492, 496, 501[385], 503, 513[434], 518, 519, 522 f., 529 f., 532 f., 534[11], 539 ff., 549
Lechler, Gotthard Victor 18[16]
Lehrerseminar 28, 132, 149[130], 153[151], 154[154], 166[210], 167 f., 225 f., 228 f., 237, 241, 242[109], 325, 334[53], 391, 415 f.
Lehrfreiheit, -verpflichtung, 162[194], 192, 195 f., 203, 221, 314, 512, 524
Leibniz, Gottfried Wilhelm 20, 23, 54[58], 70, 87, 89[192], 320[149], 341, 351, 481
Lenz, Chr. Ludwig 454[169]
Lenz, Jakob Michael Reinhold 72, 542
Leopold I./II., Kaiser 257, 284[109]
Lesebuch 26, 45, 122[11], 128[39], 129 ff., 228, 232 ff., 246, 336, 389, 391 ff., 522
Lesegesellschaft 83, 105, 131[47], 185, 276[73], 369[65], 434, 539, 548
Leß, Gottfried 89[192], 103[245], 107[262], 136, 137[73], 138, 162[190], 229[37], 281[97], 452[156], 480[285], 481[294], 482, 485[312], 486, 499, 536[25]
Lessing, Gotthold Ephraim 66, 89[192], 103 f., 106[255], 123[18], 192, 282, 324[2], 380, 402[96], 446[133], 463[208], 513, 536

601

Lightfoot, John 145[111]
Linné, Carl von 122[12]
Lippe, Casimir August, Graf zur 134, 140, 522
Lippe, Casimire, Gräfin zur 94[210], 108[267], 1193, 121[8], 149[130]
Lippe, Christine Charlotte Friederike zur 29, 115, 458, 548[87]
Lippe, Leopold I. Fürst zur 134[62], 140
Lippe, Leopold II., Fürst zur 94[210]
Lippe, Pauline zur 30, 94[210], 134[62], 166[210], 289, 290[6], 326, 341
Lippe, Simon August, Graf zur 24, 115, 153, 177[267], 374[89]
Lippe, Simon Henrich Adolf, Graf zur 268[35]
Lippe-Weißenfels, Louise von 548[87]
Liturgie, s. a. Abendmahl, Gottesdienst, Messe, Trauung, Taufe 130, 137[72], 141, 164 ff., 170 ff., 174, 189, 205, 208 ff., 217, 231, 415, 450, 524, 538
Locke, John 137, 227[31], 234[65], 299, 336, 350[132], 495
Loeben, Otto Heinrich Graf von 204, 505
Logos 55, 57, 61, 63[95], 70, 145[111], 149, 307, 309 f., 434[60], 435, 440[97], 443, 446 f., 449, 486, 489, 491, 500[382], 506 f., 520, 523, 528 f.
Lopuchin, Ivan Vladimirovich 449
Ludwig XIV. von Frankreich 100, 266[25], 318[141], 471
Ludwig XVI. von Frankreich 266, 272
Luther, Martin 35, 95[216], 110[276], 112, 135, 145, 147[119 ff.], 149, 150[133], 197, 206, 220, 253, 258[187], 262[1], 291, 303, 308[89], 343, 401, 412, 425[19], 433, 439[95], 470, 475[266], 491[340], 492, 495, 507 f., 511[427], 512, 542[58]
Mädchenbildung, -schule 25, 225[19], 284, 290, 325[8], 340[82], 353 ff., 370[69], 373, 375, 454, 526
Magnetismus 281, 430, 450, 461[197], 493[348], 504
Maimonides, Moses 384, 389, 393, 395, 409, 412[138]
Makarios Symeon von Mesopotamien 503
Malebranche, Nicolas 295 f.

Malthus, Thomas Robert 395
Marheineke, Philipp Konrad 216
Marschall, Heinrich Georg 80, 83 f., 91[201], 93[207], 546[81]
Massenbach, Caroline von 105[252]
Maurenbrecher, Johann Gabriel 537[31]
Medizin, Volks- 114, 156, 180, 186[304], 187, 227, 234, 236, 253, 257[181], 281, 342, 347, 361, 368, 416, 425, 504
Meier, Heinrich 465[218], 546
Meiners, Christoph 264, 268, 273[55], 273, 275[69], 368, 430[44], 476, 480[285], 482
Meister, Christoph Georg Ludwig 92[205], 94, 324[5], 545[72]
Melanchthon, Philipp 81, 145, 206, 312[107], 542[58]
Mendelssohn, Moses 171[237], 195 f., 244, 290, 292[17], 378, 380, 390, 395, 410, 422, 428[36], 534[11], 535[16], 536, 538
Meng, Anton Raphael 330
Menken, Gottfried 22, 529, 530[4], 547, 548 f.
Mennoniten 394, 454[169], 513
Menschenrechte 134[62], 140, 202, 240, 244, 259, 261, 264 f., 267[29], 277, 279[80], 327, 339, 365, 378, 405 f., 422, 429, 471
Mercier, Louis-Sébastien 229[37], 259
Merrem, Christine 281[99], 461[197]
Merrem, Sarah Esther 75[142], 461[197]
Messe, römisch-katholische 145, 146[114], 170, 350, 451
Messias, s. a. Christologie, Endzeiterwartung, Reich Gottes 55, 66[104], 68, 104[251], 178, 252[156], 279, 296[31], 310 f., 377, 379, 384, 394, 408, 418, 428[33], 433[55], 436, 442, 446 f., 462, 465, 467[231], 491, 499, 506
Meyer, Johann Friedrich von 549, 551
Michaelis, Johann David 93, 135 f., 186[304], 430[44], 440[101], 441[102], 487, 492[343], 494, 536[25]
Mieg, Johann Friedrich 76[144], 91[198]
Militär 185[299], 260, 267, 284, 332[46], 396, 407[120], 408, 473
Millennium, s. a. Chiliasmus 55 f., 89, 104[248], 195, 369, 457, 465, 468, 469[239], 497

Milton, John 362 f.
Mirabeau, Honoré Gabriel R. 259
Mission, s. a. Judenmission 22, 85, 280, 392, 417, 451 ff., 475, 487[323], 496, 527, 545, 550 f.
Monarchie 68[116], 140, 254[165], 259, 265[18], 267, 272, 274 f., 276[76], 282[103], 285 ff., 318, 429, 467, 471, 481, 497
Montesquieu, Charles de S. 152, 246, 251, 252[154], 261, 266[21], 282[103], 397, 398[76], 407[117]
Moritz, Karl Philipp 337[67], 528
Mose von Kuzi 412[138]
Moser, Friedrich Karl von 36, 79, 270, 529
Möser, Justus 122[13], 159, 459[189], 509[416]
Mozart, Wolfgang Amadeus 280[93]
Müller von Friedberg, Karl 255
Müller, Johann Georg 37[43], 72[130], 127, 142, 150, 493[345], 539, 541[51], 543, 545
Münter, Friedrich 466[244]
Muralt, Johannes von 327[17], 331[36], 332
Musculus, Wolfgang 100[235]
Musik, s. a. Kirchenmusik 139, 152[145], 164 f., 185, 194[19], 206, 230 f., 249, 280, 297, 330, 357[20], 371, 426
Mutzenbecher, Esdras Heinrich 166
Mystik 12[6], 14 f., 17 ff., 24 f., 34 ff., 39, 49 f., 55, 58, 64, 67 f., 70, 73 f., 78[152], 81, 87 ff., 96, 99 f., 102, 107 f., 112 f., 115 ff., 124, 145, 151[139], 156, 161, 193 f., 210, 244, 249, 270[44], 289, 292, 295 ff., 304 f., 322 f., 328 f., 335, 338, 348, 350, 364, 421, 427, 449 f., 458, 466[224], 469, 476 f., 484, 493, 498, 502 ff.
Mystizismus 24, 90, 322, 496, 502, 505, 510[422], 516 f.
Mythos, Mythologie 126, 249, 307[84], 309[91], 331, 342, 347[118], 348, 355, 374, 386, 442, 480 ff., 490, 516, 535
Nägeli, Hans Georg 208[82]
Naherwartung, s. Endzeiterwartung
Napoleon I. 206[70], 214, 270, 271[48], 370[68], 379[10], 399[82], 404[107], 407
Nation, Nationalismus 95[214], 98, 138, 143, 159[176], 189, 210[90], 216, 240[101], 245, 258, 263, 265 f., 270 f., 273, 276[75], 280, 282 f., 286 f., 328, 357[17], 377 f., 396[68], 397, 400, 405, 407, 409, 411 ff., 429, 467, 468[232], 484, 487, 496, 517, 527, 550
Natur, Naturverständnis 17, 19, 43, 46, 49, 57, 64 f., 70, 73, 88, 98 f., 106 f., 109, 113, 122, 124 f., 136 f., 144 f., 149, 156, 159, 163, 166, 188, 206 f., 211[94], 231, 233, 253, 262 ff., 278 f., 285, 301, 305 ff., 327 ff., 333, 335, 341, 344, 346, 349 ff., 359, 364, 369, 417, 435, 458, 469, 474 ff., 479 f., 486, 488 ff., 493, 496, 498, 505 f., 508 f., 511 ff., 520 f., 526, 528
Naturgeschichte 233, 264, 355[8.9], 357, 487[323]
Naturphilosophie 71[125], 114, 470, 516, 551
Naturrecht 134[62], 140, 149, 261, 265, 273, 406, 471
Naturkunde, -wissenschaft 53, 65, 122[12], 125, 234 f., 258, 280 f., 307, 361, 363, 354, 361, 383[23], 388, 393, 454[170], 484 f., 499, 508 f., 513, 527
Naubert, Christiane B. 288[3]
Necker, Jacques 246, 250[142]
Neologie 12, 15 f., 18, 20 f., 30, 34 f., 38, 42 f., 56, 60, 68 f., 75, 77, 78[151], 79[152], 84, 91 ff., 99, 102 ff., 108, 110[278], 118, 121 f., 123[18], 144, 153 ff., 161 f., 166, 189, 193, 195, 199 f., 203[61], 245, 248, 252, 253[159], 323, 375, 421, 424, 429, 431 f., 436[76], 437, 439[92], 440, 446 f., 450 f., 464 f., 467, 480 f., 492[343], 515[442], 518 ff., 522, 524, 532, 546
Neuendorf, Karl Gottfried 356
Neufville, Matthias Wilhelm de 460[192]
Nicolai, Friedrich 69, 165, 166[210], 197, 262[4]
Nicolovius, Georg Heinrich Ludwig 211 ff., 297[37], 335, 402
Niederer, Johannes 327 f.
Niemeyer, August Hermann 120[4], 144, 156[163], 159, 213[102], 271[49], 333, 365, 427, 441[102], 491, 523, 532
Niethammer, Friedrich Immanuel von 284, 333, 367

603

Novalis 508
Obereit, Jakob Heinrich 72, 535[20], 543, 544[64]
Oberlin, Johann Friedrich 341
Obernberg, Ignaz Joseph von 393[56]
Oetinger, Friedrich Christoph 16, 18[15], 54[58], 56 ff., 65, 70, 72 f., 83, 88, 97[223], 109[269], 111[280], 114, 234[62], 264, 291[10], 341[85], 430[44], 514[436], 520 f., 523, 528
Offenbarung, s. Vernunft und Offenbarung
Organismus 70[121], 105, 124, 137, 246, 248, 263 ff., 270, 294[25], 342, 443, 452, 476, 484, 493, 520 f., 523, 528
Origenes 160, 441[105], 447, 507
Orthodoxie 21, 23, 28, 35 ff., 44, 55, 58, 60, 78[151], 79[156], 81, 84, 88, 90[197], 91, 95, 97 ff., 103, 105, 108 ff., 121 f., 133[54], 140[91], 145, 147[119], 149 f., 153, 155 ff., 161, 170 f., 193, 195 ff., 200, 203, 211, 248, 252, 254, 310[99], 352, 389[44], 421 f., 423, 425[20.22], 430[44], 434 ff., 440, 441[106], 444, 446[133], 449[147], 463, 489[329], 495[357], 495[357], 496, 519 f., 522, 524, 527, 529, 533, 537
Orthodoxie, jüdische 379, 384, 389 ff., 404, 410 f., 415, 417 ff., 452
Osiander, Andreas 81
Ossian 362[39], 423[12]
Paalzow, Christian Ludwig 536[25]
Pahl, Johann Gottfried 517 f.
Paine, Thomas 267
Pallas, Peter Simon 453[159]
Paracelsus 59[74]
Parsismus 137, 309, 446, 480 f.
Parusie, s. a. Endzeiterwartung 55, 65, 101, 107, 113, 122, 128[39], 138[79], 159, 167, 179, 195, 219, 453[162], 457 f., 465[219], 468 ff., 527
Pascal, Blaise 304, 475, 479, 482, 484, 490, 503, 511
Passavant, Jakob Ludwig 42, 43[19], 83[171], 89, 90[197], 115 f., 134[62], 182[291], 275, 357, 358[23], 458, 461[197], 547
Passavant, Karl Wilhelm 326
Patriotismus 36, 85[182], 189, 248, 270 f., 273[60], 282, 284, 286 f., 319, 324[4], 340, 354, 357, 369[65], 394, 412, 523, 525, 529
Paulus, Heinrich Eberhard Gottlob 148, 271, 289[5], 305[74], 385, 406[114], 410 ff., 435, 436[73], 437 f., 440[101], 441[102], 501, 516[448], 517, 518[452]
Perfektibilität 13, 51, 57, 100, 139, 244, 260 f., 315, 320 f., 336 f., 351, 361, 422, 515, 528
Pestalozzi, Johann Heinrich 19, 28, 150, 184, 284, 324 ff., 341, 345, 349[126], 350[131], 352, 354, 358, 374, 384, 392[55], 496, 523, 526
Peter I., der Große, Zar von Rußland 250, 268[35]
Petersen, Johann Wilhelm 56
Petersen, Johanna Eleonora 116[299], 513[432]
Petrarca, Francesco 288
Pfaltz, Johann Andreas 83[174]
Pfaltz, Johann Balthasar 83[174]
Pfeiffer, Johann Jakob 154, 538 f.
Pfenninger, Johann Konrad 19 f., 29, 39[19.21], 43, 47, 53[55], 63[94], 72, 77[150], 83 f., 95[215], 123[18], 136, 156 ff., 176[260], 186[304], 196 f., 200, 255, 281[98], 293[20], 365, 439, 441[102], 464 f., 466[221], 467, 497 f., 519, 532 ff., 539, 542[58]
Pherekydes von Syros 479 f.
Philadelphia (philadelphisch) 16, 20, 37[44], 53, 59[74], 77, 84, 87, 217, 363, 376, 381[15], 451 f., 470 ff., 513, 518 f., 522, 524, 527
Philanthropinismus 16, 33, 68, 120, 121[8], 122, 159, 164, 170, 186 f., 189, 198[41], 254, 278, 282, 331[37], 332 ff., 336, 338[69], 339, 341, 347, 350[132], 351[135], 356, 359 f., 367, 369, 370[68], 371, 375, 392[55], 522, 524, 526, 533
Philippson, Moses 391
Philo von Alexandria 446 f., 491
Physiognomik 17, 19, 42[13], 49, 51 ff., 72, 90, 98 f., 194, 279 f., 329, 336, 339[80], 344, 361, 427 f., 476, 508, 510, 519, 527
Pietsch, Balthasar 42[14], 80, 83, 93[207], 134[62], 369[64], 459[189]
Pinto, Isaak de 472[250]

Planck, Gottlieb Jakob 216 ff., 444, 499[375], 525, 546, 548
Plato, (Neu-)Platonismus 73[137], 147[121], 284[112], 292[15], 306, 322, 336, 367[55], 423, 476, 503, 507, 511, 514, 517, 520, 523, 529
Plotin 491
Pneumatologie, s. a. Geist, Heiliger; Geistesgaben 14, 19 f., 21[20], 38, 47, 55, 57 f., 63, 75, 90, 95, 108, 112 ff., 161[189], 162, 194[17], 195[21], 197[36], 285, 423 ff., 430[44], 498, 501, 504, 521, 528, 531, 551
Poesie 27, 51, 65, 67 f., 74[139], 89[193], 97, 124[21], 126, 128[39], 135[65], 138, 158, 208[80], 303 ff., 330, 338, 359[28], 431[45], 440[96], 442, 466, 473, 480, 481[290], 485 f., 490, 535, 540[46], 542
Poiret, Pierre 512[429]
Polier, Antoine Louis Henri 481
Polybios 123
Pope, Alexander 283[104]
Popularität, Popularisierung 27[8], 28, 121, 124[21], 146 f., 156 ff., 171, 216, 259, 277 f., 283, 288, 296, 324[5], 325, 370[68], 372, 410[131], 439[92], 496, 500, 544
Pordage, John 78[152]
Pöschel, Philipp Friedrich 205
Post, Meta 30, 40[6], 50[43], 52[50], 58[73], 66[106], 71[124], 75[142], 89[193], 98[227], 147[123], 264[14], 272[53], 281[99], 361[33], 418[161], 427 f., 431 f., 437, 438[82], 453[162], 458[183 f.186], 460[192 ff.], 461, 462[200 ff.], 464, 465[216 ff.], 467[225], 468[234], 540[47], 545[72.76]
Pothmann, Moritz Casimir 537 f.
Prädestination 41, 47, 50, 57, 217, 219, 512
Präexistenz 58 f., 61, 71, 103, 133[54], 166[212], 307, 310, 421, 434 ff., 438, 440 f., 449, 480, 491
Prätorius, Stephan 507[407]
Predigerseminar 164, 213, 548
Predigt(en) 54, 55[59], 62[86], 72, 78, 86, 91[201], 96, 101, 103 f., 141[94], 147[122], 158 ff., 176 ff., 219[123], 227, 236[78], 262, 275, 279[89], 383[23], 493[348], 517, 522, 536 ff.
Predigt, Lehr- 157, 421 ff., 425[21]

Predigt, Natur- 64, 156[162], 185[298]
Predigtamt 28, 54, 78, 90[197], 94[211], 118[307], 148, 151 ff., 160 ff., 172, 176[263], 183 f., 187 f., 190, 193, 203, 207, 213[106], 214, 221, 229, 432, 445[132], 463, 538
Presse- und Meinungsfreiheit, s. a. Menschenrechte 14, 243, 254, 257, 259, 265, 267, 276 f., 287, 318, 534[15]
Psychologie 21 f., 25, 51, 59, 66, 93, 96, 112[282], 124, 131[48], 132, 134, 137, 143, 152, 157 f., 163[198], 205, 233, 247, 258, 277[78], 293[20], 297, 305, 313, 320 f., 328, 331, 343[96], 344, 363, 400, 403, 421[2], 427[30], 428, 474, 478, 480, 483, 487 ff., 492 f., 495 f., 514, 520 f., 527 f.
Pugatschew-Aufstand 453
Pustkuchen, Anton Heinrich 141[93], 167, 169, 225[19], 232[52], 358[23]
Pythagoras 194, 480, 506
Quäker 185, 551
Rassmann, Friedrich 27
Rationalismus 11 f., 15, 17 f., 22, 28 ff., 31[26], 33, 65, 79[156], 93, 121, 122[11], 137, 192[11], 218[119], 219, 256, 288[1], 289, 298 f., 305[74], 438, 450 f., 474[259], 477[272], 484, 487, 502[390], 505, 515[442], 516, 517 ff., 528
Raynal, Guillaume-Thomas 263[10], 407
Rechtfertigung, -slehre 14, 35, 48[37], 59 f., 70, 78, 81, 91, 95[215], 98 f., 106, 110, 111[280], 112, 157[167], 163[195], 202[58], 254, 294, 295[27], 312, 425[20], 440[97], 491, 492[343], 498 f., 504[398], 513, 520, 524
Reformation, reformatorisch 23, 35 f., 44, 56[66], 58[72], 67, 68[116], 72[129], 105, 107, 109 f., 111[280], 112, 118, 130, 146 ff., 150, 193, 196[29], 202, 206[70], 207, 212, 215 f., 241, 241, 248, 257 f., 262[1], 281[97], 286, 288[1], 294[26], 303, 360, 380[13], 383[21], 425, 427, 436, 447[136], 478[278], 492, 504[398], 507, 521, 524 f., 530, 536, 542[58]
Rehberg, August Wilhelm 198[41], 213[101], 244, 259, 274, 276[73], 290[9], 339, 459[189], 541
Reich Gottes 49, 55, 88[189], 143[104], 150, 157[164], 159, 164[203], 252[156], 290[8],

605

310[99], 425, 429, 452, 456, 458, 463, 465, 488, 517, 539[43]
Reichardt, Johann Friedrich 164 f., 168[220], 230, 231[47], 371, 540
Reimarus, Hermann Samuel 66, 143[104], 171[237], 192 f., 200, 311
Reinhard, Franz Volkmar 202[55], 304[70], 320 f., 344[104], 346[115], 373, 490, 492, 497[364], 505, 523, 545 f., 548
Reinhold, Karl Leonhard 289, 290[6], 533
Religionen 133[54], 137 f., 246, 452, 470, 476, 479, 481 f., 496
Religionsedikt, Wöllnersches 192, 195 f., 200, 203, 216[113], 463, 524, 533, 541[50]
Religionsunterricht 120, 127, 132, 134[62], 135, 227[27], 261[204], 331, 335 f., 357, 374, 388[41], 390[48], 391 f.
Resewitz, Friedrich Gabriel 158, 229[37], 332[42], 534[11]
Restauration 11 f., 25, 142, 204, 215, 221, 260, 381, 396, 414, 526
Reuß, August Christian 53[55]
Revolution, Französische 11, 33, 131, 198[41], 202, 213, 241 ff., 251[149], 252, 257, 259, 261 ff., 265 ff., 271 ff., 274, 277, 282, 365, 378, 384, 396[68], 406, 408, 429, 450, 456 f., 467, 523, 525, 541, 543
Rieger, Gottlieb Heinrich 548
Riem, Andreas 254
Ringwaldt, Bartholomäus 470[243]
Rischenau, Christian Ludwig (Salomon Simon Levi) 177
Robert, Carl Wilhelm 23, 42
Rochow, Friedrich Eberhard von 92[203], 129[40], 131, 184, 186 f., 225, 227 f., 230, 232 f., 234[65], 241, 259
Röderer, Johann Gottfried 115, 193[12], 463[207]
Roeder, Caroline von 115, 458, 460
Roman 359[28], 362[362], 372, 374, 450[152]
Romantik 12, 16, 116 f., 249, 278, 294, 367, 375, 504 f., 510[422], 520, 523, 526, 528
Roos, Magnus Friedrich 72[131], 77, 164[200]
Rosenmüller, Johann Georg 153, 176[260], 179, 242[108], 336, 423[15], 440[101], 441[102], 491, 513[431], 539

Rothe, Richard 497[364]
Rousseau, Jean-Jacques 16 f., 19, 46, 93, 111[280], 139 f., 145, 202 f., 227[31], 246, 248, 257[182], 259, 262, 263[10], 264 f., 276[74], 278, 282, 289, 291, 292[15], 293, 294[23], 295[27], 300, 320 f., 327, 331, 334, 336 ff., 343[98], 346, 359[25], 360 ff., 369, 478[278], 485[312], 519, 525, 528, 534[11], 541[50]
Rudolphi, Karoline 336, 357[20], 366
Rühs, Christian Friedrich 381 ff., 385[27], 386 f., 389, 391 f., 395 ff., 404 ff., 412 ff., 419
Sabbatianismus 418
Sachsen-Weimar, Karl Friedrich von 142[96]
Sachsen-Weimar, Karoline Luise von 142[96]
Sack, Friedrich Samuel Gottfried 142[96], 201[52], 216, 546, 548
Sailer, Johann Michael 40[6], 79[156], 289[5], 437, 502, 503[396], 547
Saint-Martin, Louis Claude de 449, 504[399], 509
Saint-Pierre, Charles de 471 f.
Sakrament, sakramentales Denken; s. a. Abendmahl, Messe, Taufe 21, 52, 58[71], 64, 68, 78[152], 80, 81[165], 99, 102, 107, 114, 139, 141, 162, 172, 190[2], 207 ff., 220, 296, 304 f., 314, 345, 347, 375, 422, 425, 451, 478[276], 489, 518, 520, 537
Salis, Karl Ulysses von 546
Salomon, Gotthold 412
Salzmann, Christian Gotthilf 159, 164[203], 169[230], 170 f., 282[100], 331[37]
Salzmann, Johann Daniel 115[294]
Sambuga, Joseph Anton Franz Maria 502
Sandbichler, Aloysius 502
Schabbatai Zwi 408
Schäblen, Georg Jakob 85[184]
Scheler, Eugen von 337
Schelling, Friedrich Wilhelm Joseph 65, 292, 338, 470, 504 f., 516
Schenkendorf, Max von 549[91]
Scherf, Johann Christian Friedrich 229, 234

Schiller, Friedrich 126, 150, 286, 337, 431[45.48], 510, 511[425]
Schlegel, August Wilhelm 440
Schlegel, Friedrich 375, 482, 516
Schleicher, Christoph Ferdinand August von 91[198], 92 f., 94[213], 119, 162[194], 173, 187, 236, 353, 356
Schleiermacher, Charlotte 201, 360, 544
Schleiermacher, Friedrich Daniel Ernst 11, 22, 50[41], 156[162], 168[220], 200 f., 205, 212, 215, 279[88], 283 ff., 306[78], 322[160], 345, 348, 360, 375, 378[3], 422, 474, 501, 506, 511, 515[442], 519 ff., 525, 530, 544
Schlosser, Johann Georg 72, 192, 193[12], 200, 228, 243, 274 f., 281[99], 297, 322[157], 467, 534[11], 540 f., 543
Schlözer, August Ludwig von 83, 252, 268, 273
Schmid, Christoph von 335[57]
Schmid, Josef 333[48]
Schmid, Ludwig Benjamin 87
Schmidt, Friedrich Traugott 192[10]
Schmidt, Johann Ernst Christian 303
Schmidt-Phiseldeck, Konrad Friedrich von 383[22]
Schnell, Simon 237[83]
Schönfeld, Johann Heinrich Friedrich 185[299], 238[88]
Schöpfung 49, 54, 59, 64 f., 71, 74, 84[180], 94[211], 97, 99, 104 f., 136, 138, 149, 159, 171[239], 180, 205, 209[86], 233, 244, 253, 255 f., 294 f., 306[80], 307, 310, 329[30], 340[84], 351, 365, 381, 423, 425, 433 ff., 438, 442 f., 449, 469, 474 ff., 480 f., 482[296], 484 f., 490, 500[382], 511[425], 519, 526
Schubert, Gotthilf Heinrich 65, 116, 517[451]
Schuderoff, Jonathan 207 f., 210[90], 213[102]
Schudt, Johann Jakob 405
Schulfest 184 ff., 230, 235[74], 538[37]
Schullehrer, s. a. Lehrerseminar 78[151], 85, 120 f., 126 ff., 129[40], 130 ff., 149[130], 153, 161, 168 f., 173 f., 178[269], 184, 187, 208, 222 ff., 238, 240[100], 242, 258, 260, 269[42], 284, 325[6], 327, 332 ff., 340, 351, 360, 389, 391 ff., 394[58], 411, 416, 422, 522, 537 f., 548
Schullehrerin 284, 355 ff., 364, 375
Schulreform 24, 26, 28, 30[21], 92[203], 118 f., 128 ff., 149[130], 154[154], 222 ff., 230[42], 242, 246, 259 ff., 284, 324 ff., 332 f., 335, 340, 353 ff., 390 f., 393, 415 f., 447, 522, 526, 538
Schultheß, Johannes 438
Schulz, Johann Abraham Peter 230
Schwager, Johann Moritz 154 ff., 184[295], 223, 252 ff., 367 ff., 375, 402 f.
Schwarz, Friedrich Heinrich Christian 24, 28, 45[26], 127[34], 142, 143[102], 145[112], 146 ff., 201, 325[8], 331, 342, 366 f., 382, 474
Schwarz, Ildephons 502
Schwarzburg-Sondershausen, Christine von 548[87]
Schwenckfeld, Kaspar von 59[74]
Scriver, Christian 507[407]
Seckendorff, Johann Karl Christoph Freiherr von 83[173.174]
Seelsorge 29[17], 66, 105[254], 107, 116, 151[140], 153, 156, 180, 191, 288, 363, 367, 372, 375, 513, 532, 550 f.
Segelken, Gerhard 94[212]
Seiler, Georg Friedrich 170, 336, 492[343]
Semler, Johann Salomo 20[19], 38[2], 43[20], 93, 123, 138[81], 157[164], 163[195], 178[270], 195, 197, 200, 253, 254, 303, 310[99], 311, 312[107], 314, 433, 434, 441[102 f.], 443[117], 447[138], 449[146], 466, 515, 533[5], 536[25]
Seneca 321[150]
Sensburg, Ernst Philipp Freiherr von 414 ff.
Separatismus 78 ff., 85, 111[279], 185, 448, 521, 538
Sextroh, Heinrich Philipp 153
Sexualität 184[294], 186 f., 227[27], 339[79], 346 f., 362
Shaftesbury, Anthony Ashley Cooper 291[10], 343[98]
Shakespeare, William 343, 362[39], 440, 466, 488, 501[385]
Sieyès, Emmanuel Joseph 265

Sinnlichkeit 16 f., 21[20], 43, 49 f., 70, 71[127], 74, 76[144], 95[216], 114[291.293], 122, 131, 137, 139, 141, 157[167], 160, 163, 170[234], 186, 188, 205 f., 219[124], 221, 278, 286, 291 f., 296 f., 300[50], 301, 307[90], 309, 313, 326, 339, 345 f., 361[34], 375[90], 430, 446, 450, 469[237], 470, 476, 478[278], 480 ff., 495, 504, 506, 510, 520 f.
Sitten-, Morallehre 50[45], 77, 95[215], 101, 127[34], 129, 131, 140 f., 143 f., 146, 148, 154[154], 197[36], 220, 254, 290[9], 297[36], 304, 315, 320 ff., 334, 357, 389, 409, 415, 428, 438, 444, 495[357], 510, 512[429], 522
Sklaverei 227, 239, 252[154], 264[14], 282, 284 f., 316, 365, 406 f., 450, 454
Smidt, Johann 385[27], 465
Smith, Adam 26, 317
Sokrates, sokratisch 39, 89[192], 97[226], 125, 196, 200[48], 228, 258, 278[82.85], 306, 320[149], 322, 336, 341[88], 342, 348[123], 422, 474, 533 f.
Solms-Braunfels, Ludwig und Friedrich von 548[87]
Solon 342
Sömmering, Samuel Thomas 361
Sondheimer, Salomon Löb 396[70]
Sozinianismus 20[19], 45, 58, 86, 121[10], 166, 170[234], 197, 200, 310[98], 389[44], 440 f.
Spalding, Johann Joachim 43[20], 49, 50[45], 69, 73[135], 92[203], 152, 155 ff., 159[177], 163[195], 171[237], 197[34], 229[37], 534[11]
Spazier, Johann Gottlieb Karl 231
Spencer, John 488
Spener, Philipp Jakob 44[22], 79[156], 113, 151, 152[143], 161, 165[207], 212, 302, 380, 423, 507[407], 510[422], 512[429], 514, 524, 547[83]
Spinoza, Spinozismus 70, 74, 101, 109, 290, 291[10], 292, 294[25], 348, 475
Spittler, Ludwig Timotheus Frhr. von 162[190], 258[187], 264, 266, 268, 274[68], 286[121]
Spitzner, Johann Ernst 238[89]
Staatsbürger, -rechte, s. a. Judenemanzipation 203 f., 215, 259[194], 286, 316[129], 319, 399, 404, 406 f., 411, 413, 527

Starck, Johann Friedrich 48[37]
Stäudlin, Gotthold Friedrich 541, 543
Stäudlin, Karl Friedrich 17, 483, 495[354], 499, 543
Steffens, Henrik 505
Stein-Hardenbergsche Reformen 211, 213, 286, 382
Steinbart, Gotthelf Samuel 38[2], 93, 95[216], 144[109 f.], 145, 157[164], 159, 194[17], 197, 321, 424[16], 481[289], 485[312], 492[343], 495[357], 496[358], 532, 534[11]
Steinhofer, Friedrich Christoph 48[37]
Steinkopf, Karl Friedrich Adolf 455 f.
Steudel, Johann Christian Friedrich 142[100], 548 f., 551
Stolberg, Christian Friedrich Graf zu 548[87]
Stolberg, Friedrich Leopold Graf zu 149[132], 150[133], 165, 166, 167, 187, 208[80], 209[86], 230, 231[49], 262[4], 322[159], 345[107], 359, 369, 423[12], 431[45], 444[119], 473, 510[419], 513[430], 526, 539, 540, 542[58], 546, 547
Stolberg-Bernstorff, Auguste Luise zu 460[192]
Stolberg-Wernigerode, Familie 532[3]
Stolz, Johann Jakob 30[21], 41, 42[13], 53[55], 66 f., 82[167], 83 f., 93[207], 100, 103[245], 117, 126, 164, 171[235], 187, 298, 300, 324, 431 ff., 442, 445, 459[189], 461[197], 464, 465, 467, 501, 509, 535, 539
Storr, Gottlob Christian 34, 48[37], 68, 123, 142[100], 144[109], 162, 197[34], 256[171], 280, 281[97], 289[5], 299, 321, 323, 326[12], 349, 369[65], 427, 434, 436, 438 ff., 442[113], 444, 483, 485[312], 486[318], 490 f., 492[343], 494, 497, 498, 499[372], 521 ff., 530, 545[72], 548 f.
Storr, Wilhelm Ludwig 369[65]
Stosch, Ferdinand 28[16], 33, 90, 165
Suizid 140, 176, 257[181], 478, 535
Sünde, Sündenvergebung; s. a. Erbsünde 57[71], 59[76], 60[78], 72, 95, 96[222], 97, 100, 102 ff., 130, 133[64], 144, 197[36], 208, 209[85], 219, 247[133], 300 f., 307[84], 308 f. 311 ff., 331, 338, 362 f., 425, 449, 478, 485, 491, 492[343], 493[347], 494 f., 506, 513, 515[441], 516[448]

608

Supranaturalismus 17 f., 28 f., 34, 137, 252, 291, 323, 430, 500, 505, 521, 530
Süskind, Friedrich Gottlieb von 57[68], 334[53], 438[84], 440[99], 499[372], 516
Swedenborg, Emanuel 52[51], 72, 89, 234[62], 454[169 f.], 509, 514, 533 f.
Symbol 147, 156, 205, 347, 362, 428, 431, 493, 494
Synode 29[16], 75[141], 91, 146, 148, 205, 212, 213[102], 215, 217, 220, 393
Talmud 138, 179, 316[127], 384[24], 385, 388 ff., 393, 396[69], 409 ff., 413[144], 414 ff., 499, 527
Targum 446 f.
Taufe 48[37], 77, 84, 111[279], 113, 134[59], 139, 141, 144, 163, 171, 176 ff., 181[281], 208, 315, 345[109], 350, 377, 392, 401, 406, 447, 460, 490, 493, 537
Tauler, Johannes 505[402]
Taylor, Henry 486
Teller, Wilhelm Abraham 43[20], 69, 73[134], 110[278], 122[14], 161, 377 f., 423[15], 434 f.
Teresa von Avila 507
Tersteegen, Gerhard 35, 89[193], 504[398]
Tertullian 543
Theodizee 18, 161, 197[36], 263, 380, 469, 480, 483
Thiess, Johann Otto 439
Tholuck, Friedrich August Gottreu 22, 530
Thomas a Kempis 505[402]
Thomasius, Christian 371
Tieck, Ludwig 330, 375[92]
Tiling, Johann Nikolaus 546
Tobler, Georg Christoph 41, 82[167]
Tobler, Johann Georg 327[17]
Tobler, Johannes 494[351]
Tod, Schein- 41[12], 43[19], 56, 61, 64[98], 84[180], 95, 98, 106, 114, 129[40]. 130, 133, 137, 156[162], 158, 159[176], 176, 180 ff., 198[39], 206, 219[124], 233, 235 ff., 257[181], 263, 264[13], 272, 279[90], 288, 310, 311[102], 363, 365[47], 425[22], 437, 461, 470[241], 493 f., 503, 510
Todesstrafe 176, 182 f.
Toleranz 14, 20, 88, 90[197], 91, 99, 102, 109, 111, 145, 177, 179, 192 f., 195, 199 ff., 210, 221, 229, 242[109], 268,

279[89], 287, 380, 382[18], 383 f., 390, 393 f., 396, 399[82], 401, 404 ff., 414 f., 417, 429, 436 f., 452, 462, 463[208], 464[212], 472, 513, 517 ff., 524, 529, 531, 533 ff., 538
Töllner, Johann Gottlieb 138
Trapp, Ernst Christian 254
Trauer, Trauerbräuche 107, 177, 180 ff., 339[75], 428[34]
Trauung 171, 175
Trinität, -slehre 63, 87, 104[250], 112, 118, 254, 310[98], 435, 443, 446[133], 491, 521
Union 16, 24, 29[18], 30[19], 37, 142, 147 f., 170[234], 189, 193, 204 f., 209, 212, 215 ff., 221, 495, 512, 520, 524 f., 529, 535
Unsterblichkeit 71[124], 84[180], 107, 114, 291 f., 301, 537, 476
Urlsperger, Johann August 63, 545
Utopie 208[80], 229[37], 359[28], 368, 466, 471 ff., 497
Varnhagen von Ense, Karl August 404[106]
Vernunft und Offenbarung 15, 219[120], 295[27.29], 300 ff., 478, 484[306], 530, 533
Vervollkommnung s. Perfektibilität
Versöhnung, -slehre; s. a. Erlösung 57[71], 58[73], 59 ff., 95, 106, 109 f., 111[280], 114, 133[54], 141, 180, 197[36], 199, 254, 301, 363, 422, 437, 440, 449[147], 478, 491 f., 494, 496[359], 529 f., 546
Vierling, Johann Gottfried 167 f., 169[228]
Vigelius, Johann Ludwig 23
Vigelius, Maria Charlotta 339[75]
Villaume, Peter 332[42], 338[69], 347[116]
Vogel, Karl Christoph 325[8]
Volksaufklärung, -bildung 26, 30 f., 44[23], 47[33], 85[184], 119[3], 122[13], 167[217], 185[299], 186 ff., 222 ff., 229[37], 231[49], 232 f., 241 ff., 254, 258 ff., 266, 269, 284, 319, 332, 345, 369[65], 372, 387, 395[65], 463[208], 472, 488, 519, 521, 525 f., 538, 551
Volksliedkultur 162[191], 188, 230, 249
Volks-, Zivilreligion 25, 203 f., 214, 221 f., 241, 245 f., 248 f., 294[25], 378, 523 ff.
Volta, Allessandro Graf 486[316]

Voltaire 55, 66, 88, 96[217], 137[73], 257[182], 259, 481
Vorurteil(skritik) 14, 43, 47, 66, 79, 130 f., 140, 161, 176, 180, 182 f., 189, 233 f., 245, 252, 254, 256 ff., 281, 303[65], 340, 343, 369, 381, 388 f., 396, 398, 411, 413, 419, 429, 440, 467, 482, 524, 526, 536
Voß, Johann Heinrich 126, 166, 230, 231[49], 369, 374[84]
Weerth, Ferdinand 26, 33, 120[5], 132, 168[220], 189[321], 223[69], 224[15], 225[18], 226[21], 227[29], 242
Weigel, Valentin 59[74]
Weihnachtsfest, s. a. Festkultur 168[220], 345, 350 f.
Wendeborn, Gebhard Friedrich August 256[175]
Werkmeister, Leonhard 90, 334, 502
Werthheimer, Eleonore 396[70]
Wessely, Hartwig Naphtali 395
Wessenberg, Ignaz Heinrich von 502
Wessenberg, Johann Heinrich von 26, 189[320], 242[109], 250[155], 332[41], 353[2], 370[69], 373[83], 378[5], 383 f., 390[47], 413[144]
Wettstein, Johann Jakob 436[74], 441[102]
Wieland, Christoph Martin 194, 262[4], 277[80], 289, 337, 368[60], 485[312]
Wienholt, Arnold 276[73], 281
Wilberforce, William 282, 456[178]
Winckelmann, Johann Joachim 278, 330
Wirtschaft 16, 31[26], 155, 178, 225, 232, 237 f., 240, 243, 250, 251[149], 254, 256, 315 ff., 323, 354, 359[28], 360, 397 ff., 402, 405, 407, 416, 429, 453, 472, 523
Wittgenstein, Friederike von 548[87]
Wizenmann, Thomas 71[125], 98[228], 104, 105[252], 136, 137[70], 166, 252, 290[9], 291 f., 422, 428[33], 479, 483[301], 494[349], 542
Wöllner, Johann Christoph, s. Religionsedikt
Wolf, Joseph 412
Wolff, Christian 18, 20, 23, 70, 289, 299, 337, 341, 372, 481
Wolstonecraft, Mary 282, 366
Wudrian, Valentin 48
Wunder 58[72], 62 f., 107[261.162], 112, 113[289], 122, 138, 166[212], 252 f., 281, 301, 305[74], 307 f., 342, 346[115], 351, 421[4], 430[44], 483, 487, 499 ff., 504, 534[11], 537, 551
Wycliff, John 542[58]
Wyttenbach, Daniel 217[115], 492
Zachariä, Friedrich Wilhelm 362
Zachariä, Gotthilf Traugott 21[20]
Zedler, Johann Heinrich 365
Zehn Gebote, s. Dekalog
Zeitgeist 35, 198, 276, 277[77], 278, 280, 285, 287, 448, 530, 551
Zeller, Karl August 242[109], 335[54]
Zeno aus Kition 194
Zensur 82[168], 105[252], 192, 220 f., 241, 256 f., 272, 541
Zerrenner, Heinrich Gottlieb 154 f., 156[162], 244
Zimmermann, Johann Georg 267[27], 535
Zinzendorf, Nikolaus Ludwig Graf von 50[42], 158[174], 194, 212, 282, 285, 424[18], 452, 471, 508[412], 524
Zollikofer, Georg Joachim 92, 108[267], 158, 423, 459[189], 536
Zoroaster 336, 480
Zunz, Leopold 413
Zwingli, Huldrych 542[58]

Bibelstellen

Gen		28	131[48]
1 ff.	128[39]		
1–2	149	*Jos*	
1,1–2,3	307, 485	1 ff.	128[39]
1,3 f.	244, 255	10,12 ff.	488[326]
1,26(f.)	98[227], 104[248], 469		
2,4–25	485	*Ri*	
2,7	71	11,29–40	487
2,17	485[312]		
2,18	171[239]	*I Sam*	
2,23	303	7,2 ff.	488
3	309, 331, 451, 485	10,5	488
3,5	100[235]	19,20	488
3,9(ff.)	312[108], 486	19,23 f.	206[70]
3,15	105[254], 310[99]		
4	309[91]	*I Reg*	
6,9	183	12	267[33]
12,3	105[254], 486		
17,5 ff.	487[323]	*II Reg*	
17,14	393	3,15	206[70]
22	487		
49,33	176[261]	*II Chr*	
50,1	176[261]	10	267[33]
Ex		*Hi*	
3,13	312[108]	1 ff.	128[39], 138[76], 283[104]
7,11	253		
15,23 ff.	487[323]	*Ps*	
17,6	486[318]	1	105[252]
24,3 ff.	426[26]	2,7	61[80]
29,36	106[259]	19,1	479[280]
		22	422, 489
Lev		24,4	514[438]
7,21.23–27	393	34,9	99
11,44	98[277]	39,8 ff.	94[211]
19,26b	241	51,7	144[109]
		65	168[220]
Num		73,26	510
1,3	385[29]	78,1.3 f.6	150[133]
22–24	129	90,12	470[241]
26,6	385[29]	104,24	373
		126	362[39]
Dtn		127,2	129[40]
9,4 f.	429[38]	128	171[239]
18,10b	241	136	429[39]
20,19 f.	429		

611

139	335	9	105[254]

Prov
3,12	338	
8,30 f.	61	
12,10	234[65]	
20,20	409[129]	

Hos
3,4 f.	178[270]

Joel
2,12 f.	393
3	63, 107

Koh
1 ff.	128[39], 428
3,11	513[434]
7,24 ff.	430[41]

Mi
5	105[254]
6,6–8	393

Cant
1 ff.	128[39,] 138[77], 428, 510

Sach
12,10	489

Jes
1,11–17	393
10,20	178[270]
11	105
11,6 ff.	470
11,9	386[31]
25,6 ff.	470
35	470
36,6	50[44], 101[239], 102[244]
38	180
38,21	235[67]
40,26–31	470[241]
40,31	86[187]
42,3	114
46,6	312[108]
52,13–53,12	105[254], 310[100], 489
55,5	312[108]
58,2–7	393
66,24	497[364]

Weish
1,7	64
2,24	485[312]

Sir
7,1 f.	233[57]
7,40	129[40]
30,1	129[40]
38,16 ff.	129[40]

Mt
4,3	62[88]
5,8	63[93], 82[166], 321, 335, 514[438]
5,13	358[24]
5,14 ff.	245[121]
5,17 f.	106
5,30	315[126]
5,34 ff.	315
5,48	320
6,29 f.	308[87]
6,33	312
6,48	321[150]
7,12a	247[133]
7,12 ff.	445[129]
7,21–23	425[21], 488[327]
7,24–27	426[24]
8,26	253[161]
9,1 ff.	499[371]
10,27	194[17]
10,32 f.	141[94]
11,5	85
11,25 f.	194[17]

Jer
7,3–6	393
17,5 ff.	426[26]
31,18	101[240]
31,22b	511[427]
31,31 ff.	178[270], 386[31]

Ez
25–28	489[329]

Dan
7,13	310[99]

11,28 f.	194[17], 491[335]	3,8–14	425[20]
13,11 f.	194[17]	6,37b.38a	247[133]
13,39	253[161]	7,11–17	290[8]
14,26	438[83]	8,4 ff.	82[168]
15,11	129[40]	9, 54 ff.	425[21]
16,16 ff.	314[120]	10,29 ff.	294[23]
16,18	314[121]	12,49 f.	422[7]
18,14	101[239]	15,16	238[93]
18,19	139[86]	15,17 ff.	313
19	171[240]	16,9	468[235]
19,6	71	17,20 f.	290[8], 336
19,26	307[81]	19,26	425[22]
19,28	468[235]	21,24	497
20,1–16	321[152]	23,8 f.	425[21]
22,14	194[17], 279[91]	24,26	59[75]
22,37 ff.	294[23]		
24,15	448[142]	*Joh*	
24,32 f.	448[142]	1,1	434[60]
25,14	233	1,3	307[85]
25,21	176[263]	1,11 ff.	310[101]
25,31–40	321[152]	1,15	433[54], 436, 441[104]
26,14	321[152]	1,18	422
26,23 ff.	315[124]	1,44 ff.	198[37]
26,28	440[97]	2,5 f.	308[90]
27,34	130[42]	3,3.5	171[235]
28,18 ff.	315	3,5 ff.	64[96], 310[98]
		3,13	433[54], 414[104]
Mk		3,16 ff.	84[180], 310, 313[113]
1,9 ff.	460	3,31	433[54], 441[104]
2,27	533[10]	4,19–24	426[26.27]
3,24–26	459	4,23 f.	207, 449
4,9	195[22]	5,19 ff.	533[5]
4,26–29	82	5,22	312[110]
5,1–20	129	5,25	107[263], 310[98]
9,1	459	5,26	61[80]
9,40	305	6,1	499[371]
9,48	397[364]	6,25–27	425[21]
10,9	71	6,37	80
10,18	296[30]	6,44	80[160], 109, 392[53], 400, 547
11,23	308[87]	6,51	59[75], 60[78]
12,31	247[133]	6,52 ff.	113, 219
12,34	425, 429, 463, 465	7,16 f.	302[60]
16,15 ff.	314[120]	7,37	491[335]
		8,12	426
Lk		8,28	311[103]
1,11–16	426[26]	8,56.58	441[104]
1,37	307[81]	8,58	433[54], 436, 442[110]
2,29	204[62]	9,1	499[371]

613

10,16	452	1,19	178[271]
10,27 f.	64	3,9–12.19 f.	308[89]
10,39 f.	535[17]	3,20	105, 111[280]
11,1 ff.	499[371]	3,25	312[109], 491[339]
12,45	296[30]	3,28	313[113]
12,49	311[103]	4,1–5	313[113]
13,1	57[71]	5,1–11	470[241]
13,34	247[133]	5,5	64
14,2	234	5,12	104[248], 495[357]
14,6.9	310[98]	5,14	484
14,12	62	5,18 ff.	497
14,16 f.	310	6,10	61
14,24	311[103]	7(f.)	111[280], 430[42]
15,4	313	7,14 ff.	106, 144, 308, 430, 478, 491[339]
16,7	310		
16,12 f.	194[17], 258[188]	7,22 ff.	106[256], 111[280], 308[89], 425[20]
16,23	314[119]		
16,24	308[87]	8,3	309[94]
17,5	59[75], 113, 422[7], 433[54], 441[104.105]	8,7(ff.)	144[108], 308[90], 310[98], 313[113]
		8,22	99[229]
17,24–26	493[345]	8,28	139, 307[85]
19,25 ff.	363	8,29	100[235]
20,6	466[221]	8,30	312[108]
20,29	115	9–11	177
20,30 f.	422[9]	9,5	433, 435, 441[104], 442
21	440[101]	10 f.	380
21,15–17	470[241]	11,12	497
21,22	462	11,17 ff.	177, 404
21,25	422[9]	11,25 ff.	178 f., 379, 469[239]
		11,33 ff.	108, 109[268], 307[81]
Act		13,1 ff.	129[40], 247[133], 245, 450[150]
2,33	107[261]		
2,41	400	14,15	313[116]
2,47	314[120]	15,18 f.	425
4,4	400		
10	198[37]	*I Kor*	
10,44	497[362]	1,11 ff.	217
11,26	19	1,26–28	85
13,33	61[80]	1,30	442[109]
17	348[122]	2,2	96, 103
17,23	347	2,4	302
17,28	335, 348	2,7	105[252]
17,31	312[110]	2,9 f.	40[9]
19,28	464	2,10	64
20,26 f.	101	2,14	95[216], 308[90]
		2,16	63[93], 194[17]
Röm		3,1–11	314[121]
1,15 f.	102, 302[60]	3,2	75, 77

3,4 ff.	217	*Eph*	
3,22	307[85]	1,4–6	310
4,7	512	1,7	440[97]
6,2 f.	468[235]	1,9 f.	60
7,23	313[116]	1,20 ff.	311[105]
8,6	61, 440[97]	2,2.4	309[94]
10,12 f.	182 f.	2,17 f.	314
10,16 f.	315[124]	3,16	139[85]
10,40	486[318]	3,17	313[113]
11,20 ff.	426[24]	3,20 f.	307[81]
11,24 f.	315	4,1–6	290[8]
12,12 ff.	512	4,5	110[279]
13	51, 96, 426[26], 450, 488[327], 510	4,11 ff.	310[99], 314[120]
		4,15 f.	314
13,1–3	321[152]	4,24	144[109]
13,6 f.	52[48]	4,30	314[119]
13,13	96	5,16	550
14	63	5,22 ff.	214[106]
15	493	5,25 ff.	111[280], 247[133], 314, 365[59], 445[129]
15,14 ff.	494		
15,20 ff.	107, 468[235], 484	5,29	129[40]
15,25 ff.	311[105], 497	6,4 ff.	247[133]
15,28	109, 313, 489	6,10 ff.	314, 425[22]
15,47 ff.	59[75]	6,12	253[161], 490[334]
II Kor		*Phil*	
1,24	163[199]	2,6	310
3,6	55[59]	2,8	422
4,6	312[108]	2,9 ff.	311[105]
5,10	312[110]	2,11	65
5,17	312[109]	2,12 f.	313, 493
5,19	491	3,8–11	468[235]
5,20 f.	440[97], 61[80]	3,20 f.	312[110]
7,10	313[115]		
13,5	426[26]	*Kol*	
13,11	114[293], 216	1	441[106]
13,13	107	1,13	309[94]
		1,15 ff.	61[83], 71[123], 98, 307[85], 310, 314, 433, 435, 441[104], 442
Gal			
2,16 f.	425[20]		
2,20	328[23]	1,19 ff.	62[86], 106[258]
3,22	199[42]	2,9	433[55], 436, 442
5	294	3,16	139[86], 168[221]
5,6	108[264], 427	3,17	314[119]
5,13 f.18	426[23]	3,18 ff.	247[133]
5,14	129[40]		
5,17	308[90]	*I Thess*	
5,24	449[148]	4,7	312[108]

5,19	314[119]	4,16 ff.	450[151], 495[355]
5,23 f.	100	4,20	349

II Thess

		Hebr	
2,3 f.	297, 448[142]	1,2	433, 436, 441[104]
3,10	247[133]	1,18	441[104], 442[113]
		2,5 ff.	59[75]
I Tim		2,9 ff.	59[75]
2,14	363	2,14	309[94]
2,15	358[24]	4,15	421[1]
3,16	59[75], 443	5,12 ff.	77
		6,1 ff.	77
II Tim		6,4 ff.	465
2,11	468[235]	11	425[19]
		11,3	436
Tit		12,2	421[1]
1,1–3	300[51]	12,6	338
2,11 ff.	338[68], 445[129]	12,23	199[43]
		13,17	129[40]

I Petr		*Jak*	
1,16	98[227]	1,13 ff.	485[312]
1,17	313	1,22 ff.	445[129]
2,9	314	2,14 ff.	445[129]
3,19 f.	145[111]	5,12	315
4,10	247[133]	5,14 ff.	424, 426[27]
5,7	176[263]		
5,8 f.	49[38], 425[22]	*Apk*	
		2,12 ff.	467
II Petr		3,14–20	550
2,4	253[161]	3,15	78
3,13	312[110]	4,8	109[269]
		12,4	62[87]
I Joh		13,1 ff.	88, 467
1,3	120	13,8	63[94], 65
1,7	113, 114[292], 440[97], 515[441]	13,11 ff.	88
1,8 ff.	308[89], 313	14,4	55
2,9	512[429]	14,15 ff.	470[241]
2,23	310[98]	17,1 f.	56, 63[94]
3,1–3	425[20]	18,3	63[94]
3,2	108, 509	19,11	67[110], 467[231]
3,9	449[148]	20,4–6	465
4,7 f.	97, 475	21 f.	469
4,10 ff.	494, 496[360]